El gran libro
de la
SALUD

El gran libro de la SALUD

BUENOS AIRES • MADRID • MÉXICO • MIAMI • SANTIAGO DE CHILE

Reader's Digest México, S.A. de C.V.
Departamento Editorial de Libros

Director: Gonzalo Ang

Responsables de Libros Especiales:
Irene Paiz (editora senior), Patricia Díaz Hirata, Arturo Ramos Pluma e Iván Vázquez (editores asociados)

Responsables de Libros Condensados:
Myriam Rudoy (editora senior) y
Sara Giambruno (editora asociada)

Auxiliares editoriales: Ma. Teresa Cava y Silvia Estrada

Supervisor de Arte: Rafael Arenzana

Título original de la obra en alemán: *Das Grosse Reader's Digest Gesundheitsbuch*

D.R. © 1971, 1995 Reader's Digest México, S.A. de C.V.
Av. Lomas de Sotelo 1102
Col. Loma Hermosa, Delegación Miguel Hidalgo
C.P. 11200, México, D.F.

Derechos reservados en todos los países miembros de la Convención de Buenos Aires, de la Convención Interamericana, de la Convención Universal sobre Derechos de Autor, de la Convención de Berna y demás convenios internacionales aplicables.

Prohibida la reproducción total o parcial.

Primera edición: 1971

Esta segunda edición actualizada, de 40,000 ejemplares más sobrantes para reposición, se terminó de imprimir el 19 de junio de 1995 en Gráficas Monte Albán, S.A. de C.V., Fraccionamiento Agroindustrial La Cruz, Municipio del Marqués, Querétaro, Qro.

La figura del pegaso, las palabras Selecciones, Selecciones del Reader's Digest y Reader's Digest son marcas registradas.

ISBN 968-28-0035-8

Editado en México por Reader's Digest México, S.A. de C.V.

Impreso en México
Printed in Mexico

Entre las muchas lecciones permanentes que debemos a los médicos hipocráticos, una hay especialmente actual: que el hombre culto debe saber algo de medicina, en primer término porque así lo exige su condición de tal "hombre culto", y en segundo porque ese saber le conduce a ser, llegado el caso, "mejor enfermo". Quien sin alardes de erudito a la violeta sabe un poco de medicina puede curarse por sí mismo dolencias que no requieren la formal intervención del galeno —quede el tiempo de éste para quienes de veras le necesiten— y es capaz, por otra parte, de ayudar más eficazmente al médico a conocer y tratar la enfermedad, cuando la asistencia técnica sea de veras necesaria. ¿No es ésta, me pregunto, la clave del feliz éxito mundial del libro que ahora tiene el lector entre sus manos?

PEDRO LAÍN ENTRALGO

La edición alemana de esta obra fue dirigida por el

Prof. H. Lucas

con la colaboración de los doctores

E. Brinkmann, H.-J. Ernesti, W. Friemann, W. Gaertner,
W. Gülck, H. Heidt, K. Jürgens, G. Kluge, A.V. Knack, F.
Lehmann-Grube, H. Löns, H. Lüubow, W. Michaelsen, H.
Müller-Platow, G. Panka-Dietz, J. Rosenbaum, W. Sander,
H. Scheele, K. Schmersahl, G.A. Schoger, W. Stoeckel,
H.J. Tepe y A. Winkler

La edición en español fue redactada por el

Dr. José Otte

con la colaboración de los doctores

J.M. Aguilar Bartolomé, M. Asín Gavín, J. Cabezas
Cerrato, M. Díaz-Rubio, A. Folqué Gómez, J.
García-Orcoyen Tormo, J. de la Hoz Fabra, J.A. Jiménez
Cossío, Ana María Kardel, J. Mañes Suero, A. Marugán,
F.J. Morales Belda, C. Serra Martínez y G. Uribarri
Murillo

*La primera edición de Reader's Digest México fue
revisada por el*

Dr. Ignacio Iturbe Zabaleta

*del Servicio de Medicina Interna del Hospital Español y
profesor de endocrinología de la UNAM*

Esta segunda edición fue revisada y actualizada por el

Dr. Juan Carlos Helu Vázquez

*médico cirujano egresado de la Universidad Nacional
Autónoma de México*

Ilustradores:

A. Bartolaminelli, A.M. Bertolasi, R. Bolla, L. Corbella,
B. Dossi, E. Giglioli, P. Turlizzi

ÍNDICE

ANATOMÍA Y BIOLOGÍA DEL CUERPO HUMANO

pág.

EL HOMBRE ENTRE LOS SERES VIVOS 17

LAS CÉLULAS (CITOLOGÍA) 18
Metabolismo celular y vida de
    relación 21
Reproducción y diferenciación
    celulares 24

LOS TEJIDOS (HISTOLOGÍA) 27
Tejido epitelial 27
Tejido glandular 30
Tejido conjuntivo 32
Tejido adiposo 33
Tejido cartilaginoso 33
Tejido óseo 34
Huesos con contenido aéreo 36
Fisiología ósea 36
Tejido muscular 38
    Clases de músculos 39
    Función muscular y de entrenamiento 40

LOS ÓRGANOS Y SISTEMAS ORGÁNICOS
    (ORGANOGRAFÍA) 43
Aparato digestivo 45
Aparato respiratorio 47
Aparato circulatorio 49
Aparato excretor 52
Aparato genital 53
Sistema nervioso y órganos de los sentidos 54
Sistema endocrino 56

EL HOMBRE COMO PERSONA 58
El organismo humano como unidad
    funcional 58
Crecimiento y ritmo de crecimiento 59
El envejecimiento del cuerpo humano 60
Factores ambientales 61
Factores hereditarios (genética) 63
Factores constitutivos 65

ANATOMÍA HUMANA 68
Anatomía del cráneo 68
    Musculatura masticadora 69
    Musculatura mímica 69
Anatomía del tronco 70
Postura corporal 71

pág.

Anatomía de las extremidades 72
    Extremidades inferiores 72
    Movimiento del cuerpo 74
    Extremidades superiores 76

BIOQUÍMICA DEL CUERPO HUMANO 80
Composición química 80
    Hidratos de carbono 82
    Lípidos 83
    Proteínas 84
    Sustancias biológicamente activas
        (biocatalizadores) 86
    Enzimas 86
La alimentación como aporte calórico 87

NATURALEZA E IDENTIFICACIÓN DE LAS ENFERMEDADES

EL DIAGNÓSTICO DE LAS ENFERMEDADES 89
¿Qué es la enfermedad? 89
Historia natural de la enfermedad 91

EL EXAMEN MÉDICO 92
La inspección 92
La palpación 92
La percusión 92
La auscultación 93
La exploración del sistema nervioso 94

LA EXPLORACIÓN MEDIANTE APARATOS 95
Medida de la temperatura 95
La tensión arterial 95
El electrocardiograma 98
El electroencefalograma 98
La exploración instrumental de las
    cavidades orgánicas 98
La exploración radiológica 101
El diagnóstico mediante isótopos
    radiactivos 102
Diagnóstico anatomopatológico 108
El diagnóstico mediante computadoras
    electrónicas 109
El chequeo 109

LOS SÍNTOMAS DE LAS ENFERMEDADES 110
Síntomas más importantes en orden
    alfabético 111
El peso ideal 134

7

EL TRATAMIENTO DE LAS ENFERMEDADES

	pág.
MÉTODOS TERAPÉUTICOS	137
Métodos dietéticos	140
El ayuno terapéutico	141
Guía para el régimen alimenticio durante el ayuno	144
Ayuno discontinuo	144
Curas de sed	145
Cura de Schroth	145
Tratamientos a través de la piel	147
Las zonas de Head	147
La derivación a través de la piel	148
Baños de vapor y medios estimulantes	148
La derivación a través del intestino	150
Derivaciones a través del aparato urinario	153
La derivación a través de las vías respiratorias	153
Terapéutica respiratoria	153
Las inhalaciones	155
Oxigenoterapia	157
Terapéutica inespecífica	158
Terapéuticas varias o métodos sometidos a revisión científica	160
Métodos clínicos	163
Psicoterapia	163
Terapia mediante sueño artificial (narcoterapia)	165
La transfusión de sangre	166
Métodos quirúrgicos	166
Métodos quirúrgicos de implantación y trasplantes de órganos	167
Los tratamientos farmacológicos (farmacopea y farmacología)	170
Fisioterapia	170
Diatermia con onda corta o microondas	171
Ultrasonidos	171
Galvanización, faradización y corrientes diadinámicas	171
Rayos ultravioleta	172
Rayos infrarrojos	172
Iontoforesis	173
Radiaciones ionizantes (rayos X e isótopos radiactivos)	173
Métodos terapéuticos climáticos	176
Métodos balneoterápeuticos (cura termal)	178
Clases de aguas mineromedicinales	178
Curas termales por bebida	181
Las curas termales por baño	186
Las curas termales por fango (peloides)	188
Elección del balneario	190
Talasoterapia	191

	pág.
Terapéuticas mediante el ejercicio físico (cinesiterapia)	191
El masaje	191
La gimnasia terapéutica	193
Los ejercicios en el agua	194
El deporte y la gimnasia en las personas sanas	194
La terapéutica del agua (hidroterapia)	195
Abluciones	196
Envolturas	197
Cataplasmas	199
Afusiones	199
Los baños	203
Los vapores	205
Baños especiales y aromáticos	206
El baño de sol	207
Calor y frío	207
LOS MEDICAMENTOS	208
Mecanismo de acción de los medicamentos	208
Los medicamentos que influyen en el metabolismo	210
Medicamentos indicados en las enfermedades infecciosas	211
Medicamentos indicados en las enfermedades de la sangre y del aparato circulatorio	216
Medicamentos de acción sobre el sistema nervioso	217
Medicamentos que actúan sobre los órganos del aparato digestivo y del urinario	222
Medicamentos de acción sobre las vías respiratorias	224
Medicamentos de acción sobre el útero	224
Formas medicamentosas	224
Formas medicamentosas sólidas de uso externo	225
Formas medicamentosas sólidas de uso interno	225
Formas medicamentosas líquidas de uso externo	225
Formas líquidas de uso interno	225
Formas de uso mixto: interno y externo	226
Formas medicamentosas gaseosas	226
Métodos fitoterapéuticos (plantas medicinales)	226
Hierbas medicinales de uso más frecuente	229
LA ASISTENCIA DEL ENFERMO	239
La habitación del enfermo	239
La dieta del enfermo	240
El cuidado del enfermo	240

	pág.
Pautas especiales	242
La rehabilitación	242

EXAMEN DE LAS ENFERMEDADES

LOS DIENTES Y SUS ENFERMEDADES	
(ODONTOLOGÍA)	245
Estructura y función.	245
Enfermedades de los dientes	246
Degeneración e inflamación de los alvéolos dentarios	251
Sustitución dentaria	254
Ortodoncia	254
Higiene dental	255

EL APARATO DIGESTIVO Y SUS	
ENFERMEDADES.	257
Estructura y función	257
Patología general de los síntomas en las enfermedades digestivas	262
Enfermedades del aparato digestivo	264
Cavidad bucal	264
Esófago	267
Estómago y duodeno	269
Complicaciones de la úlcera gastroduodenal	277
Medidas generales	281
Dieta en las gastritis crónicas	282
Régimen dietético en la úlcera gastroduodenal	283
Régimen en los brotes agudos de úlcera gastroduodenal	284
Régimen progresivo en el tratamiento de la úlcera gastroduodenal	285
El intestino	285
Parasitosis intestinales	304
Cestodos	305
Nematodos	306
El hígado y las vías biliares	308
Enfermedades de las vías biliares	313
La dieta en las enfermedades del hígado y vías biliares	318
Páncreas	321

LA SANGRE Y SUS ENFERMEDADES	
(HEMATOLOGÍA)	322
Estructura y función	322
Coagulación sanguínea	325
Los grupos sanguíneos	325
Enfermedades de la sangre	328
El bazo	333

EL APARATO CIRCULATORIO Y SUS	
ENFERMEDADES	333
Estructura y función	333
Misión de la circulación linfática	335

	pág.
Presión sanguínea	336
Comportamiento del pulso	336
Rendimiento del corazón	337
La enfermedad de los ejecutivos	339
El conductor y su corazón	340
Enfermedades del aparato circulatorio	340
Patología general de las enfermedades del corazón	340
Enfermedades del corazón	351
Enfermedades de las arterias	360
Enfermedades de las venas	366

EL APARATO RESPIRATORIO Y SUS	
ENFERMEDADES	370
La función respiratoria	370
Anatomía del aparato respiratorio	373
Fisiología del aparato respiratorio	378
Síntomas principales en las enfermedades del aparato respiratorio	379
Patología general de las infecciones respiratorias	381
Enfermedades de la nariz y senos paranasales	384
Enfermedades de la faringe	388
Enfermedades de la laringe	392
Enfermedades de la tráquea y de los bronquios	394
Enfermedades de los pulmones	401
Enfermedades de la pleura	419
Ejercicios de gimnasia respiratoria	420

EL APARATO URINARIO Y SUS ENFERMEDADES	
(UROLOGÍA)	422
Estructura y función	422
La orina: composición y características	424
La insuficiencia renal (uremia)	427
Riñón artificial	429
Trasplante de riñón	430
Enfermedades de los riñones	431
Enfermedades de las vías urinarias	438
Dieta para los enfermos renales	447

LAS GLÁNDULAS DE SECRECIÓN INTERNA Y	
SUS ENFERMEDADES (ENDOCRINOLOGÍA)	450
Estructura y función	450
Las hormonas más importantes	451
Enfermedades más frecuentes de las glándulas endocrinas	454
Enfermedades de la tiroides	466

EL METABOLISMO Y SUS ENFERMEDADES	472
La función metabólica	472
Las enfermedades del metabolismo	478

LAS ENFERMEDADES INFECCIOSAS	491
Vías de infección	492

	pág.
Características generales de las infecciones	492
Alteraciones producidas por la infección	494
Profilaxis de las enfermedades infecciosas	496
Enfermedades infecciosas producidas por bacterias	500
Enfermedades infecciosas producidas por virus	513
Enfermedades infecciosas producidas por microorganismos rudimentarios	523
Enfermedades infecciosas producidas por protozoos	526
Enfermedades infecciosas producidas por hongos (micosis)	529
Enfermedades infecciosas producidas por gusanos (vermes o helmintos)	530
EL APARATO LOCOMOTOR Y SUS ENFERMEDADES	531
Estructura y función del aparato locomotor	532
Enfermedades del aparato locomotor	536
Malformaciones congénitas del esqueleto	536
Trastornos del desarrollo	537
Enfermedades de los huesos	538
Enfermedades de la columna vertebral	545
Enfermedades de las articulaciones	551
Enfermedades de los músculos, tendones y cápsulas	559
El pie y sus enfermedades	566
EL SISTEMA NERVIOSO Y SUS ENFERMEDADES (NEUROLOGÍA)	573
Estructura y función	573
Sistema nervioso central	573
La médula espinal	578
El sistema nervioso periférico	579
Sistema nervioso vegetativo o autónomo	579
Principales trastornos neurológicos	581
Enfermedades neurológicas	583
Enfermedades de los nervios periféricos	583
Enfermedades de la médula espinal	586
Enfermedades del encéfalo	589
Enfermedades del sistema extrapiramidal	593
Enfermedades del sistema nervioso vegetativo	594
LA MENTE Y SUS ENFERMEDADES (PSIQUIATRÍA)	595
Breve historia de la psiquiatría	597

	pág.
Las enfermedades mentales	598
Psicosis endógenas	598
Psicosis exógenas	605
Toxicomanías	608
Psicosis seniles y preseniles	610
Psicopatías, reacciones, neurosis	612
Personalidades psicopáticas	612
Neurosis	615
Reacciones vivenciales anormales	621
Perversiones sexuales	622
Trastornos del sueño	623
LOS OJOS Y SUS ENFERMEDADES (OFTALMOLOGÍA)	624
Constitución anatómica	624
Formación de las imágenes	626
Agudeza visual y campos visuales	629
Enfermedades de los ojos	632
Alteraciones de la musculatura extrínseca del ojo	635
Enfermedades del aparato lagrimal	637
Enfermedades de los párpados	638
Enfermedades de la conjuntiva	640
Enfermedades de la córnea	641
Inflamaciones de la úvea	643
Enfermedades de la retina	643
Enfermedades del cristalino	644
Alteraciones de la tensión ocular	645
Traumatismos oculares	647
Enfermedades profesionales	649
EL OÍDO Y SUS ENFERMEDADES (OTOLOGÍA)	649
Constitución anatómica y función	649
Enfermedades del oído	652
Oído externo	652
Oído medio	655
Oído interno	656
Las sorderas	657
El ruido y sus efectos	659
LA PIEL Y SUS ENFERMEDADES (DERMATOLOGÍA)	660
Estructura anatómica	660
El color de la piel	662
Los anexos de la piel	663
Funciones de la piel	665
Patología general de la piel	666
Las enfermedades de la piel (dermatosis)	668
Dermitis inflamatorias de causa física o química	668
Efectos crónicos de la luz solar	674
Reacciones fototóxicas o fotoalérgicas	675
Dermitis infecciosas	675
Parásitos	681

	pág.		pág.
Reacciones cutáneas	685	Alteraciones en la vida sexual de la mujer	763
Enfermedades de los anexos de la piel (glándulas, pelos y uñas)	689	Enfermedades de los órganos reproductores femeninos	768
Discromías cutáneas	693	Cambios de posición de la matriz	771
Tumores de la piel	695	Enfermedades tumorales	771
LA ALERGIA Y SUS ENFERMEDADES	695	Localización de los cánceres en los órganos genitales femeninos	773
Conceptos de alergia e inmunidad	695		
Inmunidad	696		
Alergia	697	LOS NIÑOS Y SUS ENFERMEDADES (PEDIATRÍA)	775
Patología general de las enfermedades alérgicas	699	Peso y talla	775
Principales enfermedades alérgicas	701	Desarrollo de la dentadura	777
		Desarrollo corporal y psíquico	779
SEXO Y EMBARAZO (OBSTETRICIA)	702	La estatura y el peso de los niños y adolescentes	780
Aparato genital masculino	703		
Aparato genital femenino	705	Higiene del lactante	782
Fisiología de los órganos de la reproducción	709	Bases para un sano desarrollo físico y psíquico	784
Aspectos clínicos de la menstruación	712	Higiene mental	789
El climaterio de la mujer	714	La alimentación del niño	792
La forma del cuerpo	715	Alimentación natural del lactante sano	792
El impulso sexual	716		
Tensión sexual en el joven	716	Alimentación artificial del lactante	795
El problema del onanismo	717	La alimentación del niño en la segunda infancia	797
La regulación de nacimientos	719		
El embarazo	721	El sueño del niño	798
Fecundación	721	Enfermedades de los niños	798
Anidación	721	Enfermedades producidas por el parto y enfermedades presentes en el periodo natal	798
El desarrollo embrionario	723		
Anexos fetales	726		
Modificaciones del organismo de la mujer durante la gestación	728	Lesiones umbilicales	799
		Malformaciones	802
Diagnóstico del embarazo	729	El niño prematuro	803
Embarazo gemelar	730	Enfermedades de los lactantes	803
Las enfermedades generales durante el embarazo	732	La regurgitación y los vómitos del lactante	805
Manifestaciones patológicas del embarazo	732	Trastornos de la nutrición del lactante	805
		Enfermedades particulares en la segunda infancia y edad escolar	807
Higiene de la gestación	738		
El parto normal y sus diferentes periodos	741	Alteraciones nerviosas y psíquicas durante la infancia	809
Nociones sobre el puerperio	750	Otras enfermedades de la infancia	810
Higiene puerperal	753	Enfermedades genéticas	811
Patología de las mamas en el puerperio	756	LAS ENFERMEDADES TUMORALES (ONCOLOGÍA)	814
Gimnasia puerperal	757	La leyenda negra del cáncer	814
		Naturaleza de los tumores	815
ALTERACIONES EN EL ORGANISMO FEMENINO (GINECOLOGÍA)	757	Clases de tumores	815
		Sistema de clasificación	816
Significación del calendario menstrual	757	Causas del cáncer	816
Alteraciones del ritmo de las menstruaciones	760	Diagnóstico del cáncer	818
		Etapas de la enfermedad	819
Alteraciones del ritmo a consecuencia de insuficiente desarrollo de los ovarios	761	Técnicas de diagnóstico precoz	819
		Tratamiento del cáncer	820

	pág.
LAS ENFERMEDADES DE LA VEJEZ (GERIATRÍA)	822
El envejecimiento como proceso biológico natural	822
Causas del envejecimiento	823
Alteraciones orgánicas producidas por el envejecimiento	825
Previsión, higiene y tratamiento de la vejez	828

TRATAMIENTOS ESPECIALES

	pág.
LA ALIMENTACIÓN (DIETÉTICA)	831
Los alimentos: composición y valor nutritivo	833
Requerimientos nutritivos en la ración alimenticia	837
Principios inmediatos	837
Sales minerales	839
Agua	840
Vitaminas	840
Vitamina A (axeroftol, vitamina del crecimiento)	842
Vitamina B_1 (tiamina, aneurina)	843
Vitamina B_2 (riboflavina, lactoflavina)	843
Vitamina PP (niacina, amida del ácido nicotínico)	844
Vitamina B_6 (adermina, piridoxina)	845
Vitamina B_{12} (factor antipernicioso)	845
Ácido pantoténico	845
Vitamina H (biotina)	846
Ácido fólico	846
Vitamina C (ácido ascórbico, factor antiescorbútico)	846
Vitamina D (ergosterina irradiada, calciferol)	847
Vitamina E (tocoferol)	848
Vitamina K (vitamina antihemorrágica)	848
Vitamina P (citrina, rutina, vitamina de la permeabilidad)	848

	pág.
Valor biológico de los alimentos	849
Alimentos vegetales	850
Bebidas alcohólicas	876
Alimentos animales	880
Carnes	881
Pescados	881
Huevos	881
Grasas animales	882
Leche	882
Mantequilla	883
Cuajo y quesos	883
Composición de los alimentos en la ración alimenticia	884
Regímenes especiales	885
LA COSMÉTICA	887
La gimnasia y los ejercicios físicos	887
La celulitis	891
La cosmética femenina	892
La niña	892
La adolescente	894
La futura mamá	897
Los treinta años	899
La edad madura	900
La edad avanzada	902
La cirugía estética	903
La nariz	903
Las bolsas bajo los ojos	904
El estiramiento cutáneo	904
Cirugía plástica del pabellón auricular	905
El "perfil de pájaro"	905
Eliminación de cicatrices	907
Los senos	907
El abdomen	907
Los muslos rollizos	908
Liposucción	908

PRIMEROS AUXILIOS

	pág.
PRIMEROS AUXILIOS	909
Consejos generales	911

INDICE DE LAMINAS DE COLOR

Anatomía topográfica del cuerpo humano	I
Huesos del esqueleto	II-III
Sistema muscular	IV-V
Aparato circulatorio	VI
Sistema linfático	VII
Sistema endocrino	VIII
Sistema nervioso	IX
Sistema neurovegetativo	X-XI
Aparato genital	XII

entre las páginas 64 y 65

La dentadura	XIII
Caries dental	XIV
Aparato digestivo	XV
Aparato respiratorio	XVI

entre las páginas 256 y 257

La boca	XVII
Cavidad nasofaríngea y bucal	XVIII
Los órganos de la digestión en la parte superior del abdomen	XIX
Tramo inicial del intestino grueso y el apéndice vermiforme	XX

entre las páginas 272 y 273

Los elementos formes de la sangre	XXI
El corazón	XXII-XXIII
Circulación de la sangre	XXIV
Estructura de la arteria	XXV
Infarto cardiaco	XXVI
Sistema linfático y circulación portal	XXVII
El hígado	XXVIII

entre las páginas 336 y 337

Anidación del óvulo fecundado en la mucosa uterina	XXIX-XXX
Desarrollo del feto durante el embarazo	XXXI-XXXIV
Placenta-circulación-parto	XXXV-XXXVI

entre las páginas 720 y 721

PRÓLOGO

Vivimos en una época de extraordinarios progresos técnicos: el hombre ha explorado el cosmos; nuestras condiciones de vida son infinitamente más cómodas que las de nuestros abuelos; nuestros hogares y nuestro trabajo no se parecen en nada a los del pasado. Sin embargo, los problemas que se plantean a la hora de proteger nuestra salud están todavía muy lejos de resolverse de manera definitiva. Por un lado, la civilización aporta inmensas mejoras y grandes beneficios, mientras que por otro provoca influjos y tentaciones extremadamente nocivos para la salud del hombre. Hoy contamos con medios para remediar males que no perdonaban; se ha conseguido combatir la mortalidad infantil y se erradican epidemias que antes eran fatales. Pero el progresivo alargamiento de la vida ha determinado, en cambio, que enfermedades apenas conocidas ayer adquieran hoy una difusión alarmante. Pensemos, por ejemplo, en los trastornos circulatorios, en las alteraciones psíquicas, en el cáncer, en el sida o en las secuelas de los accidentes laborales y de tránsito.

Hoy, más que nunca, la humanidad necesita preocuparse por su salud, protegerla conscientemente y con sentido común. Sólo de esa manera podrá enfrentarse con serenidad y eficacia a los peligros que encierran el progreso y la civilización.

De lo dicho se desprende la necesidad de difundir con mayor amplitud y racionalidad los diversos preceptos de la medicina. Esto es lo que se propone Reader's Digest México al ofrecer al público la versión actualizada de EL GRAN LIBRO DE LA SALUD, con el que, al mismo tiempo, le brinda la posibilidad de ampliar y profundizar sus conocimientos en un tema de vital interés.

Al llegar aquí debemos puntualizar algunos conceptos: la lectura de un tratado sobre las enfermedades puede suscitar peligrosas aprensiones. ¿Quién no conoce la figura del «enfermo imaginario», el hipocondriaco, la persona que, de tanto leer noticias sobre diversas enfermedades, acaba creyendo que las padece? Pues bien; he aquí la primera advertencia: nadie deberá recetarse a sí mismo, porque nadie es capaz de juzgar con serenidad los problemas que le afligen directamente. Hasta los médicos recurren a sus colegas cuando enferman. Este libro, como es lógico, no pretende facultar para el ejercicio de la medicina; comprender al médico y dialogar con él no presupone que se le pueda suplantar.

Se hace necesaria, además, una segunda aclaración: existe otro tipo de enfermo que se empeña en que se le prescriba un determinado tratamiento o que rechaza un remedio o medicamento específico. Estas personas olvidan por completo que el principio fundamental de cualquier medida terapéutica consiste en la plena confianza en el médico. En resumen, EL GRAN LIBRO DE LA SALUD pretende que, llegado el caso, el lector inteligente se comporte como un enfermo inteligente. Y, lo que es más importante todavía, se propone mostrar que la salud no es un hecho pasivo, sino un estado que exige conocimientos, atención y cuidados. Las páginas que siguen constituyen un instrumento eficaz para conservar el más preciado de los dones que ha recibido el hombre: su propio bienestar.

LOS EDITORES

Anatomía y biología del cuerpo humano

El hombre entre los seres vivos

La Tierra está poblada aproximadamente por un millón de especies animales diferentes que cubren todo un vasto programa de formas y tamaños. En la escala zoológica, el hombre se clasifica junto a los monos antropomorfos (similares al ser humano) dentro de un grupo singular de mamíferos que reciben el nombre de **primates** o animales superiores, y que constituye el más alto nivel que la vida puede alcanzar. El parentesco entre el hombre y algunos simios puede deducirse de su constitución corporal, pero la especie humana no desciende directamente de ninguna variedad de mono actualmente existente. En conjunto, ambas ramas de primates derivan de una forma ancestral que todavía desconocemos y que se separó del gran tronco de los mamíferos hace algunos millones de años. Sin embargo, el hombre ha sabido conservar mejor algunas peculiaridades de ese antepasado común. En comparación con los monos que conocemos en la actualidad, quizá la especie humana se vio obligada a reducir la importancia de algunas funciones específicas (uso más limitado de las extremidades, menor agudeza en la apreciación sensitiva, aparato de masticación más reducido), pero pudo retener una diversidad general en relación con la capacidad de adaptación y unas posibilidades de aprovechamiento de sus estructuras corporales que no tienen parangón entre los demás animales.

La posición privilegiada del hombre no puede explicarse sólo por los detalles de su compleja construcción anatómica. Se distingue del resto de los mamíferos por su incompleto desarrollo al nacer, la postura bípeda, la marcha erguida, el lenguaje y el pensamiento consciente. Se ha postulado que estos atributos se deben al peculiar desarrollo del cerebro humano. Sin embargo, su cerebro no es el más grande, tanto en términos relativos como absolutos. El peso de la masa encefálica del elefante, por ejemplo, viene a ser de unos 4 a 6 kg, mientras que el del hombre es solamente de 1.3 a 1.5 kg. Su preponderancia radica, más bien, en la armonía existente entre sus diferentes órganos, en el encadenamiento acompasado de las funciones biológicas con las reacciones psíquicas. El hombre, como ser racional y consciente de su temporalidad, tiene un discurrir personal que se puede describir en una biografía. Por sí mismo forja su destino y a la vez, por sus lazos sociales, es sujeto y objeto de lo que llamamos historia.

Anatomía y biología del cuerpo humano

El hombre tiene una vida limitada en el tiempo, predeterminada biológicamente por un reloj inexorable cuyo mecanismo no alcanzamos a comprender. Si los mamíferos en general tienen un promedio de vida de 12 a 25 años y muy pocas especies animales sobrepasan los 50 años, el hombre ocupa una posición privilegiada también en cuanto se refiere a la duración de la vida. Siempre ha habido longevos e incluso centenarios, aunque en otras épocas las enfermedades diezmaban las poblaciones, por lo que el promedio de vida era relativamente bajo. Actualmente, los grandes avances de la medicina permiten una esperanza de vida de unos 70 años. Posiblemente hayamos llegado muy cerca del límite máximo, al menos en el estado actual de nuestros conocimientos, pero la ciencia médica todavía tiene mucho que ofrecer. No es poco, para el hombre, conseguir un máximo rendimiento de las posibilidades vitales, realizarse dentro de la más fecunda plenitud física y psíquica.

PROMEDIO DE VIDA DE LOS ANIMALES

Elefante	60-70 años	Hormiga	10-15 años
Búho, loro	60-70 años	Perro	10-15 años
Halcón	60-70 años		(rara vez hasta los 20 años)
Almeja de río	60 años	Gato	10-15 años
Carpa, anguila	60 años		(rara vez hasta los 25 años)
Caballo, burro	40-50 años	Lombriz de tierra	8-12 años
Buey, cerdo	20-30 años	Abeja	6-8 años
Monos	20-30 años	Mosca común	4 años
Arenque, trucha	20 años	Mosca efímera	3 años
Sapo	10-20 años	Rata de laboratorio	2-3 años
Tenia (en el hombre)	10-15 años	Peces de colores	2-3 años
Rana verde	10-15 años	Ratón	hasta 2 años

Las células (citología)

Todos los seres vivos están constituidos por pequeñas unidades de construcción, las células, que se unen y se interrelacionan mediante diferentes sustancias llamadas intercelulares. Se ha calculado que el hombre alberga unos 100 cuatrillones de células. Las formas y dimensiones de estos elementos básicos son sumamente variables. Las hay con un tamaño inferior a la micra (milésima de milímetro); en su mayoría tienen un diámetro de varias micras y sólo excepcionalmente alcanzan una longitud que puede medirse en milímetros e incluso centímetros.

La complejidad estructural de los seres pluricelulares, los llamados **metazoos,** se ha creado a partir de organismos mucho más sencillos, que en su forma más primitiva denominamos **protozoos,** que cuentan con una única célula (amiba, infusorios, etc.). No sabemos cómo se originaron sobre la Tierra los primeros cuerpos celulares. Sin embargo, podemos describir los procesos característicos que transcurren en el **protoplasma** o sustrato físico de la materia viva. Ya los unicelulares muestran una

Las células

ORGANISMO VIVIENTE UNICELULAR (AMIBA)

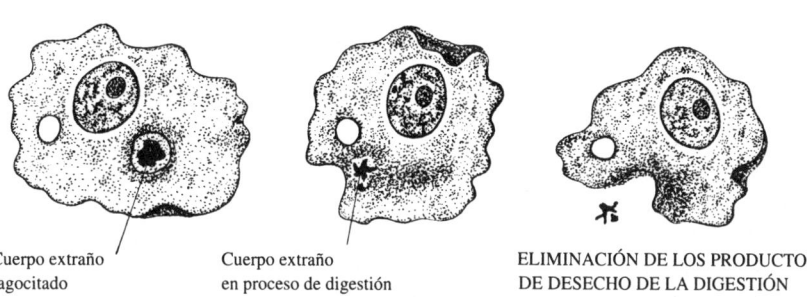

La célula no es una estructura estática, ni tiene una composición uniforme. En el ser unicelular, la parte más densa del citoplasma (ectoplasma) emite unas prolongaciones transitorias, o seudópodos, que sirven para los movimientos rudimentarios de traslación y también para la aprehensión e incorporación de cuerpos extraños (fagocitosis). El núcleo, con su nucleolo, preside la división celular. En el citoplasma, aparecen periódicamente en sitios diferentes unos espacios redondeados que crecen para luego desaparecer. Son las vacuolas, que tienen función digestiva. En la célula del animal pluricelular también se encuentran numerosas estructuras diferenciales. La membrana celular no es una simple envoltura, pues de una manera activa interviene en los procesos de intercambio nutritivo. En el seno del citoplasma existen numerosos organitos con función propia: las mitocondrias, que dirigen el metabolismo celular; los lisosomas, que son almacenes de enzimas; el aparato de Golgi, que interviene en la vida de relación. De hecho aún no se conocen bien todas las funciones de las formaciones subcelulares.

Anatomía y biología del cuerpo humano

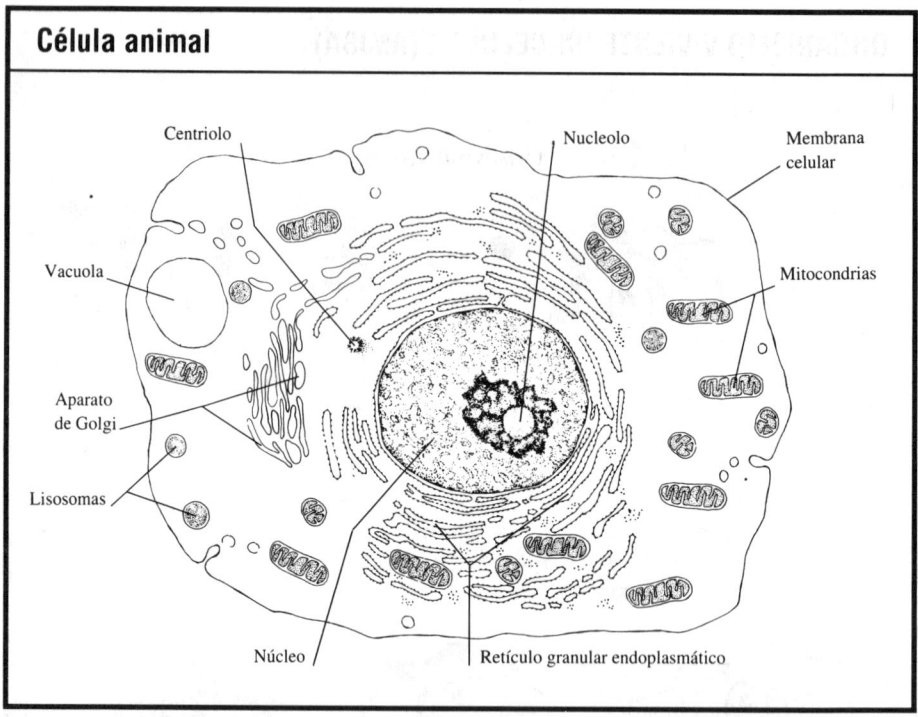

imagen rudimentaria de los fenómenos que se suceden durante el ciclo vital. Al microscopio se observa que tienen un cuerpo celular o **citoplasma,** de aspecto gelatinoso, que químicamente corresponde a una mezcla de diferentes proteínas, y un **núcleo,** que contiene los cromosomas responsables de los mecanismos de reproducción. También las células de los metazoos constan de núcleo y citoplasma. Los cromosomas o unidades de información hereditaria se presentan en un número fijo, específico para cada especie. El citoplasma está limitado con el exterior por una membrana que, lejos de ser un simple envoltorio, cumple importantísimas misiones. En el cuerpo celular aparecen ciertas estructuras especiales de muy diferente índole y, en general, se diferencian por su constitución morfológica y por su apariencia, de tal manera que a medida que el animal es más complejo y asciende en la escala zoológica, también es más variado el muestrario de células que integran el conjunto corporal. La razón estriba en el principio de la división del trabajo. Las diversas tareas que han de cumplirse en el organismo se realizan con el máximo aprovechamiento; las células se especializan; divergen en forma y función; en una palabra, se diferencian. Pero por sí misma, la diversidad celular no es suficiente para que en cada una de las funciones encomendadas haya un rendimiento y una eficacia óptimos. Las células en régimen funcional similar y con apariencia análoga se agrupan para formar tejidos. En sucesiva progresión jerárquica, algunos tejidos se unen funcionalmente para establecer los órganos, que son entidades que llevan a cabo una misión quizá unilateral pero imprescindible para el conjunto. Algunos órganos se acoplan, también se unen entre sí, definiendo sistemas o aparatos orgánicos cuyos diferentes componentes se reparten y ejercen su jurisdicción por la totalidad corporal. Por otro lado, tanta heterogeneidad exige la presencia de una organización coordinadora que permita la convivencia armónica y la correlación superior entre elementos tan dispares. Al mismo tiempo es necesario que algunas células se organicen para facilitar los inevitables contactos con el medio ambiente. En este sentido, las células que forman el sistema nervioso se constituyen, a la vez, en responsables de las relaciones, tanto interiores como exteriores.

Metabolismo celular y vida de relación

En toda célula puede describirse una vasta gama de actividades vitales que pueden clasificarse bajo tres epígrafes: funciones de nutrición, funciones de relación y funciones de reproducción y diferenciación.

La vida se caracteriza por un continuo intercambio entre materia y energía, tanto en relación con el propio interior como con el medio ambiente. La nutrición de la célula depende fundamentalmente del exterior, pero la elaboración física y química de los alimentos aprovechables es algo específico del protoplasma. Se denomina **metabolismo** al complejo fenómeno de aprovechamiento y transformación de las sustancias ingeridas que, en el seno de cualquier ser vivo, constituye el método de provisión de la suficiente energía y los necesarios elementos químicos para que puedan realizarse sus funciones y formarse sus distintos constituyentes morfológicos. Simplificando, si la alimentación es un medio, el metabolismo significa un fin. Mediante la actividad metabólica, las células son capaces de asimilar materia inerte —los alimentos—, transformarla debidamente para incorporarla como algo propio al conjunto, hacerla «viva». Y al mismo tiempo es capaz de devolver al estado inanimado, inerte, todo lo que significa escoria, desgaste o residuo que ha de ser eliminado al exterior de alguna manera. En los seres unicelulares esto es bastante sencillo: devuelven todo lo que es residual y no tiene aprovechamiento. En los metazoos se diferencian algunas células, tejidos u órganos —según la complejidad del organismo en cuestión— para servir de aparato excretorio. Pero junto a esta actividad de recambio de sustancias, el metabolismo también suministra energía para que la célula pueda efectuar su trabajo.

Existe un metabolismo de tipo constructivo o «plástico» que sirve para la creación de nueva materia viva y permite el crecimiento y desarrollo de los seres vivos. A partir de sustancias químicas sencillas, las células edifican sus complejas estructuras mediante la síntesis de compuestos químicos de una increíble diversidad. Esta actividad se denomina **anabólica** porque crea nuevas células, renueva los elementos desgastados y es base de la diferenciación o especialización celular. Pero junto al anabolismo existe una función destructiva, creadora de energía, o **catabólica,** mediante la cual las diversas sustancias orgánicas, ya sean propias, es decir, constituyentes corporales, o extrañas (alimentos), son escindidas, degradadas o reducidas a compuestos mucho más sencillos, y así liberan una energía siguiendo las reglas de la combustión. De esta manera se desprende el calor necesario para que el organismo pueda mantener una temperatura esencial para su funcionamiento. La energía desarrollada es también imprescindible para efectuar trabajos, ya sean mecánicos o químicos. No sólo para mantener una postura o realizar un movimiento hace falta un despliegue energético. También para sintetizar las sustancias vivas, para la actividad de cualquier célula en sus funciones de relación o reproducción hay que disponer de esa energía, que sólo puede facilitarse si se «queman» ciertos combustibles. Sin embargo, no se justifica una analogía entre los seres vivos y el calor generado por un fuego o la energía liberada por un motor de explosión. Es cierto que en el sentido literal de la palabra se queman sustancias durante el proceso metabólico, pero los combustibles no sólo provienen del exterior (alimentos); en gran parte proceden de los propios sillares constructivos del cuerpo. En este constante tejer y destejer, los tejidos continuamente cambian y se renuevan. Lo verdaderamente maravilloso e incomprensible de la materia viva es que a pesar de ello se mantiene la forma y la función. Es como si un automóvil no sólo quemara gasolina, sino que también convirtiera en energía o consumiera sus propias partes (motor, chasis, ruedas, radio, etc.), pero regenerando siempre, por sí mismo, los accesorios usados para conservar sus características genuinas.

Así pues, el metabolismo no sólo dispensa energía o construye protoplasma, sino que también produce residuos inaprovechables que han de ser descartados, pues su acumulación sería incompatible con la vida. En este sentido, la «máquina animal» se asemeja al fuego o al motor de explosión. Lo mismo que una llama se apaga si las cenizas ahogan la combustión o si se obstruye el tubo de escape de un automóvil, también el organismo vivo depende de un adecuado y eficiente sistema excretorio. Es más, parece demostrado que es más fácil que un hombre muera por intoxicación interna al fallar la eliminación de residuos que por hambre al faltar el aporte nutritivo.

Existe un segundo paralelismo entre el metabolismo y la combustión. Sólo pueden persistir bajo la insustituible presencia del oxígeno, desprendiéndose también en ambos casos, como residuo, una determinada cantidad de anhídrido carbónico. De aquí el fenómeno de la respiración o recambio gaseoso, que a nivel de todas las células vivas adquiere una importancia capital, pues el protoplasma es sumamente vulnerable, tanto a la falta de oxígeno como a la acumulación de anhídrido carbónico. Los animales carecen de un sistema de almacenamiento de oxígeno como lo tienen para todos los demás elementos nutritivos y no toleran que se retenga el anhídrido carbónico. Por ello, un grupo de células especializadas, organizadas en tejidos, órganos y aparatos, se encargan continuamente de garantizar la oxigenación del medio interno. Lo curioso del caso es que lo mismo que se aviva una llama mediante un fuelle o rinde más un automóvil cuando el acelerador permite una mezcla más rica de aire y gasolina, también en el metabolismo celular el organismo dispone de mecanismos que dirigen la actividad del protoplasma mediante mayor o menor consumo o aprovechamiento del oxígeno. Así, un grupo de células se diferencian para formar un tejido glandular, un órgano de secreción interna, la tiroides, cuya misión específica es la de producir una hormona, la tiroxina, que actúa a modo de fuelle o acelerador.

Otra propiedad general de la materia viva es su respuesta ante los estímulos que provienen del medio ambiente y que forma la base de su increíble capacidad de adaptación. Siempre que el normal quehacer del metabolismo en el protoplasma no sufra impedimentos, la célula será irritable o excitable, es decir, corresponderá de una manera definida ante cualquier cambio procedente del exterior. Las alteraciones de forma, el movimiento en todas sus modalidades y, sobre todo, la lucha por la existencia no tienen explicación si no se precisa lo que es la función de relación. En el ser unicelular, la nutrición y el metabolismo son bastante rudimentarios; también es bastante primitivo el aspecto de su vida «social». Las reacciones son muy estereotipadas, pues la célula puede modificar su contorno, desplazarse, engullir partículas extrañas, encapsularse cuando las circunstancias le son adversas, para desplegar toda su actividad cuando el medio sea más favorable, etc.

En el organismo superior, la vida comunitaria de las células tiene no sólo esa vertiente externa frente al medio ambiente, sino también otra interna, de mutua interdependencia, que obliga a que el mundo de relación adquiera una extraordinaria complejidad. Se ha definido la vida como una perpetua lucha contra la muerte, lo que ya establece que los organismos viven en un mundo hostil que continuamente les plantea situaciones imprevistas que el conjunto celular ha de acusar, elaborar y afrontar. Pero también la especialización celular, la organización laboral imperante, exige en los seres pluricelulares que ciertas estructuras se encarguen de estos menesteres de defensa, de gobierno cooperativo. La mayor complejidad del cuerpo implica una más fácil aparición de averías de servicio, de la misma manera que en una máquina son más frecuentes los fallos a medida que se complican los engranajes, o sea, más elaborada la misión por cumplir. El organismo vivo se defiende de estos percances de muy diferentes maneras. Contra las perturbaciones exteriores desarrolla un sistema especial de defensa que garantiza su integridad física. Los mayores enemigos no sólo son los virus, las bacterias y demás microorganismos o parásitos, sino también multitud de agentes físicos, químicos o biológicos, más o menos tóxicos o potencialmente nocivos, que continuamente están al acecho. La agresión externa es repelida a muy diferentes niveles y no sólo por una especie de policía de frontera (la piel o las mucosas). Diversos grupos de células se unen en esta función defensiva interna que llega, en su celo y eficacia, más allá de lo imprescindible. La reacción alérgica no es más que una respuesta desmesurada a un estímulo posiblemente agresivo. En efecto, en el conjunto celular también existe una organización «cuasisocial». El trabajo de los elementos celulares es, en sí mismo, capaz de responder ante una «arbitrariedad»; quizá una alergia no es más que una especie de «huelga laboral». Ante las alteraciones internas (las averías de servicio), el organismo se protege de otra manera. Mediante una multiplicidad de las funciones reguladoras y gracias a la generosidad con que se establecen las diferentes actividades aparece el principio de la ayuda mutua, de la sustitución o, dicho en términos científicos, de la acción vicariante o sustitutiva. Cuando falla un mecanismo siempre hay otro capaz de «echar una mano». Esto explica el lujo con que está construido el organismo humano: siempre existen células de repuesto en increíble cantidad y calidad, listas para entrar inmediatamente en juego si llegará a hacer falta.

Sin embargo los mecanismos protectores van mucho más allá, como demuestran los modernos estudios inmunológicos. El ser vivo, parte integrante de su medio ambiental conserva con el máximo celo la propia integridad, su unidad. Todo organismo es capaz de reconocer entre «propio» y «extraño», pero no sólo en cuanto se refiere a un intruso ajeno a su especie o naturaleza, sino que también rechaza cualquier intromisión de un ser similar. Éste es el principal problema de realizar los trasplantes o injertos, como veremos en otro lugar.

Esto nos da una idea de la perfección con que está construido el organismo humano, pues siempre existen células de respuesta y mecanismos alternativos de defensa, en una increíble cantidad y calidad, que permite una respuesta inmediata al organismo con amplio respaldo ante cualquier tipo de alteración, motivada por factores externos que puedan presentarse.

Reproducción y diferenciación celulares

La materia viva presenta la facultad de la duplicación celular y su más inmediata consecuencia, el crecimiento y desarrollo corporal. En el proceso de la reproducción intervienen tanto el citoplasma como el núcleo. El resultado es la formación de dos células hijas, semejantes entre sí. Para ello, la célula madre ha de sufrir una compleja serie de transformaciones que se suceden en varias fases. En primer lugar se difumina el límite entre el núcleo y el cuerpo celular. Los cromosomas nucleares, antes apelotonados en una masa compacta, se individualizan ahora para luego hendirse longitudinalmente y separarse en dos mitades simétricas y rigurosamente idénticas. Se dice que se reduplican; las dos partes divergen de la misma manera que lo hace el cierre de una cremallera cuando se abre. También en el citoplasma aparece una estructura especial, el corpúsculo central, que se divide en dos, quedando unidas entre sí ambas mitades por un sistema de finos hilos en forma de huso. Estos filamentos se adhieren firmemente a los pares de cromosomas para jalarlos y apartarlos uno de otro. Así, cada cromosoma, ya reduplicado, es atraído a un extremo de la célula. Después desaparece el huso. La célula se estrangula por su diámetro central, completándose la partición al independizarse cada célula hija. Todo este proceso, llamado **mitosis**, se desarrolla en un tiempo relativamente corto, variable según la célula, pero que en general oscila entre unos minutos y algunas horas.

En los seres pluricelulares, junto a este fenómeno de la reproducción aparece un nuevo principio, el de la diferenciación celular. Las células hijas son totalmente idénticas entre sí y contienen cada una el mismo número de cromosomas que la célula madre. Pero algo las distingue de la progenitora. Para cumplir la ley de la división del trabajo que ya hemos mencionado, las células adquieren una especialización; divergen en forma y función, por lo que el fenómeno de la reproducción celular no sólo sirve para crear nuevas células similares (crecimiento), sino también para que los seres se desarrollen en cuanto a complejidad.

Ya los animales más simples, como las medusas, muestran células localizadas interiormente para formar un tubo o rudimento de intestino que sirve para fines nutritivos, mientras que otras células exteriores se constituyen en tejidos de protección y relación (piel y sistema nervioso). Entre ambos sistemas se intercalan células con una finalidad primordial de apoyo, a modo de esqueleto. En los animales superiores esta diferenciación va mucho más lejos y la divergencia morfológica y funcional entre las células progenitoras y su incontable prole adquiere proporciones ilimitadas. Gracias a la multiplicación y diferenciación celular es posible que todos los organismos pluricelulares se originen desde una sola célula: el huevo fecundado. Pero no se piense que a partir de la concepción la divergencia celular es un proceso continuo y regular. Para formar los tejidos y los órganos no todas las células integrantes de los mismos adquieren el mismo grado de desarrollo. Así, en cada tejido, encontramos células totalmente inmaduras que tienen una capacidad ilimitada de reproducción. Junto a ellas existen células más maduras, con una actividad de mitosis más limitada, pero que ya tienen evidentes signos de una especialización funcional. Por último, aparecen las células maduras, cada vez más diferenciadas, que sólo son capaces de realizar un trabajo. Han perdido el mecanismo reduplicador y cuando cumplen con su misión sucumben sin dejar descendencia. Existen células muertas que son capaces de realizar

Las células

Esquema de la división celular (mitosis)

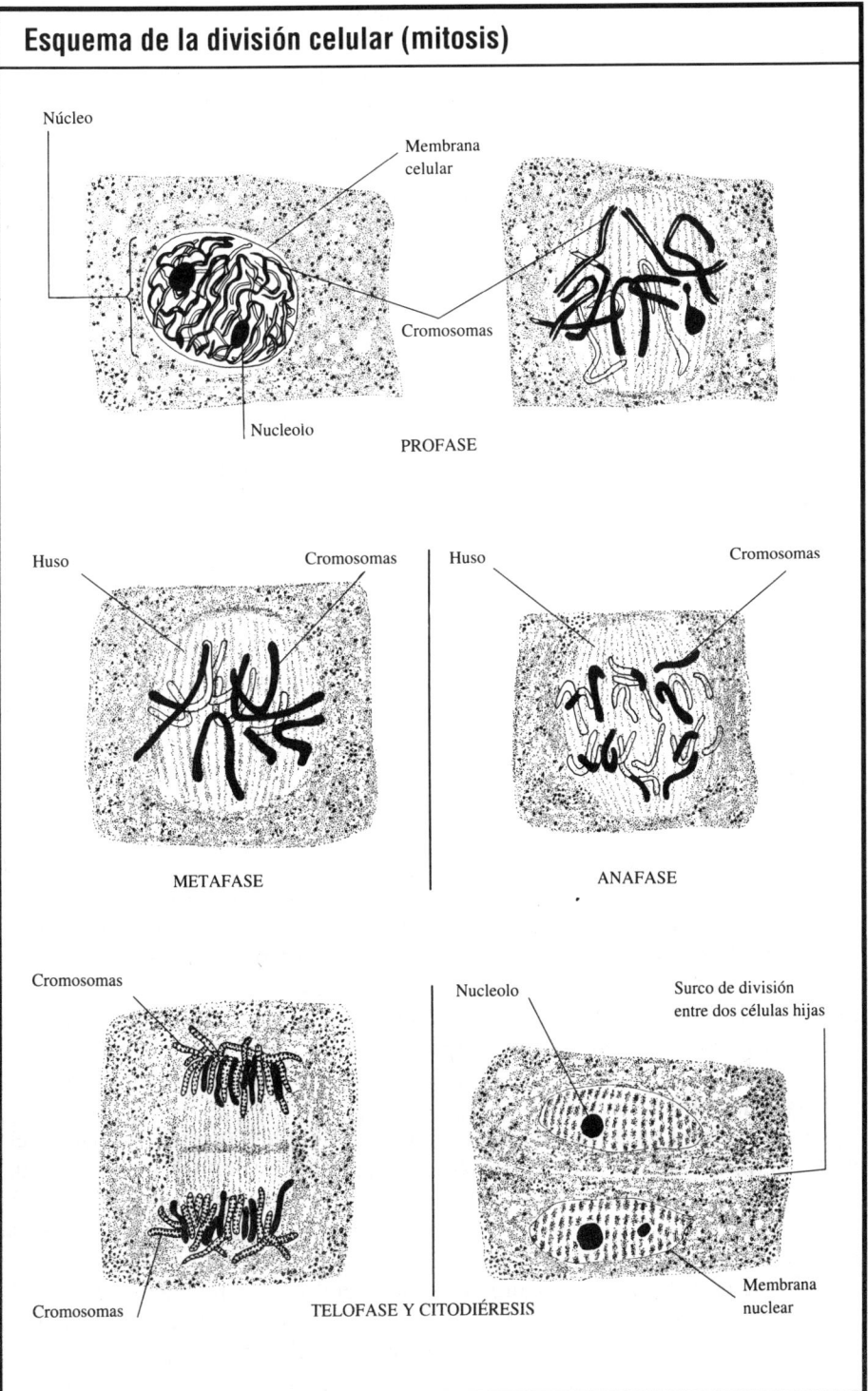

un trabajo útil durante un tiempo más o menos largo. Por ejemplo, las células de la capa córnea, la parte más externa de la piel, están desprovistas de vitalidad, pero son imprescindibles para la tarea de protección que tiene encomendada la piel. Los glóbulos rojos de la sangre o hematíes han perdido su núcleo durante el proceso de maduración, lo que prácticamente los convierte en células muertas. Sin embargo son fundamentales para la respiración al transportar el oxígeno desde los pulmones hasta los tejidos. La especialización celular es, pues, la base para que los organismos trabajen con el máximo rendimiento, pero esta diferenciación lleva consigo una pérdida de vitalidad. En la escala animal se observa claramente una merma en la fuerza de crecimiento a medida que se diferencian los tejidos. En un gusano se regenera la mitad del cuerpo cuando se secciona la otra parte.

En la lagartija sólo puede renovarse la cola. En el mamífero sana la piel sin dejar una cicatriz. En el sistema nervioso, como máxima expresión de especialización de la materia viva, las posibilidades de regeneración no existen.

Pero no sólo se limita la capacidad de renovación al más alto grado de perfeccionamiento funcional; también se hace más difícil la sustitución de alguna parte. En los seres inferiores, por ejemplo en la rana, puede cambiarse un órgano por otro similar de la misma especie. En los animales superiores los trasplantes de tejidos sólo son posibles bajo condiciones muy especiales. Sin embargo, los avances de la ciencia experimental ofrecen resultados muy esperanzadores que contemplan con bastante optimismo el problema de la sustitución de órganos en el hombre.

Para que un trasplante pueda realizarse es necesario evitar la reacción de incompatibilidad, de rechazo, que normalmente impide que «prenda» el injerto. Cuanto más diferenciado es un tejido, más difícil resulta el problema. La transfusión de sangre constituye un método terapéutico de sustitución que se practica desde hace muchos años, pero para el cual ha costado mucho esfuerzo demarcar exactamente el límite de tolerancia. En la actualidad se trasplantan córneas, huesos, tendones, incluso porciones de piel. Es más, los tejidos por sustituir pueden conservarse en un «banco», debidamente preparados y dispuestos.

Es asombroso el funcionamiento de los injertos de válvulas del corazón para remediar ciertas enfermedades cardiacas. Se hacen trasplantes de tejido cartilaginoso para reconstruir articulaciones enteras; la sustitución completa de un órgano todavía tropieza con dificultades, pero es posible gracias a nuevas preparaciones y a los inmunodepresores. Los trasplantes de riñón van a la vanguardia, pero también se ejecutan satisfactoriamente los de médula ósea, hígado, corazón y pulmón. Son exitosos también los de córnea, debido a que es un tejido poco antigénico y constituye una zona relativamente avascular.

Novedosas técnicas de preparación y congelación de tejidos (huesos, cartílagos, tendones) permiten implantes en cirugía ortopédica con gran éxito. Sin embargo, aún queda mucho camino por recorrer, a pesar de los tan divulgados éxitos iniciales. El trasplante permite alargar la supervivencia del receptor, que sin esta operación estaría destinado a una muerte inminente; en el trasplante como terapéutica está muy lejos de conseguirse la sustitución de un órgano gastado por otro similar en mejores condiciones. En tejidos sumamente diferenciados, como el sistema nervioso o el sensitivo, este intercambio es, en la actualidad, totalmente utópico, y no sólo porque el riñón o quizá el corazón y el hígado son más sencillos estructuralmente que los ojos o el cerebro, sino porque, sobre todo, estos órganos de relación y gobierno establecen tantas conexiones e intervienen de una manera tan decisiva en el íntimo quehacer del cuerpo que su influencia sobre el conjunto no se determina únicamente por la simple presencia en un lugar de la anatomía humana.

Los tejidos (histología)

Las células del cuerpo humano se agrupan para organizar diferentes comunidades funcionales o tejidos. El ordenamiento tisular puede verificarse de diversas formas, pero, en esquema, se reduce a dos tipos opuestos. Por un lado, la disposición celular cerrada, apenas sin intersticios, y por otro, la abierta, esponjosa o reticular, con amplios huecos y poros, con numerosas construcciones intermedias. La sustancia intercelular, más o menos abundante, es líquida al principio, pero luego se forman o depositan en ella elementos sólidos. En el tejido maduro, la sustancia intercelular adopta una forma organizada (fibras, membranas, láminas óseas, etc.), otra viscosa o gelatinosa, llamada sustancia fundamental, y por último forma parte de la misma un componente líquido o jugo tisular.

En el cuerpo existen tres tejidos básicos: el **epitelial,** con muy escasa sustancia intercelular llamada cemento en este caso particular y que en trama apretada cubre todas las superficies de revestimiento internas o externas; el **muscular,** también en cerrado conjunto celular; y el tejido **conjuntivo,** que constituye el elemento mecánico de sostén que da forma, conexión y apoyo a la totalidad orgánica, aparte de cumplir con otras misiones de capital importancia. Frecuentemente, se citan también entre los tejidos fundamentales el nervioso y la sangre. Sin embargo, el caudal sanguíneo es, en realidad, un verdadero órgano de jerarquía superior, mientras que el sistema nervioso tiene difícil inclusión entre los tejidos primarios al pertenecer a estructuras más nobles y diferenciadas, y por ello convendría tratarlo aisladamente.

Tejido epitelial

Todas las superficies corporales están revestidas por tejido epitelial, predominando las envolturas internas sobre las externas, pues si el área de la piel es de 1.6 a 2 metros cuadrados, el desarrollo de la superficie útil de los pulmones alcanza un área de 80 metros cuadrados. El intestino, con una longitud de unos ocho metros, aumenta entre cinco y seis veces su superficie interna mediante una serie innumerable de excrecencias o vellosidades, que tienen cada una aproximadamente 3 000 células epiteliales. Cada centímetro cuadrado de superficie intestinal está recubierto por unos 20 millones de células. Estas cifras muestran la enorme extensión de las superficies internas y la complejidad del organismo. Los epitelios poseen varias fórmulas arquitectónicas con arreglo a sus diferentes misiones. Existen epitelios de una o de varias capas, y también de transición.

La parte exterior de la piel o epidermis tiene una trama celular dispuesta en varias capas, llamada **epitelio pavimentoso estratificado.** Las capas más superficiales están endurecidas por una sustancia inerte o queratina, que protege al cuerpo contra la desecación y las radiaciones. Las células se encuentran íntimamente unidas entre sí por una especie de finos puentes formados por minúsculas fibras. Continuamente, las células queratinizadas más superficiales se van desprendiendo en forma de escamas córneas, desgastadas por el roce con objetos o la pérdida de su vitalidad por la continua lucha contra el medio ambiente. Desde las zonas más internas (capa germinativa) van creciendo nuevas células que poco a poco se aplanan y se queratinizan para reemplazar a las que se descaman.

El estrato germinativo puede separarse del estrato córneo, por ejemplo en las quemaduras, en las que se acumula un líquido seroso entre ambos, formándose una ampolla. El epitelio pavimentoso se adhiere muy firmemente a la capa basal interna de la piel, el corion o dermis, de estirpe conjuntiva, mediante una serie de prolongaciones o raíces —las papilas— que no sólo sirven a modo de pilares de apoyo, sino que también, al determinar un aumento de la superficie de contacto, garantizan una mejor irrigación sanguínea.

Existen, asimismo, epitelios pavimentosos no queratinizados, por ejemplo en la boca, vagina, cuerdas vocales, etc. En el lugar donde el epitelio de las superficies internas sufre un desgaste mecánico, se forma —como protección— un epitelio estratificado no queratinizado. También existen diversos tipos de glándulas para humedecerlo, por lo que se constituyen verdaderas **mucosas** (por ejemplo, en la boca y en el esófago). El epitelio de varias capas termina bruscamente al final del esófago para pasar a la capa celular única que reviste el estómago.

El **epitelio vibrátil** se encuentra sobre todo en las vías respiratorias. En realidad se trata de un epitelio de una sola capa, pero como las células tienen diferente altura, la impresión es de un tejido estratificado. Las células más superficiales son cilíndricas y las basales tienen forma piramidal o alargada. Sobre las primeras se asientan, en apretado haz, multitud de finísimas pestañas o cilios, que se mueven con autonomía en vaivén y al mismo ritmo, por lo que ejercen una función de escoba: sirven para barrer y eliminar las partículas de polvo que con la inspiración puedan entrar en las vías respiratorias. Así se consigue una autolimpieza de tan importantes órganos. También en las vías genitales existe un epitelio vibrátil, por ejemplo en las trompas del útero, que permiten que el óvulo maduro sea transportado desde el ovario a la matriz. La mucosa del epitelio vibrátil se encuentra humedecida por numerosas glándulas aisladas. En el mismo epitelio se diferencian, además, unas células pequeñas en forma de copa (células caliciformes) que segregan un líquido viscoso.

El **epitelio pavimentoso simple,** de densa trama firmemente unida por un cemento intercelular, se constituye en una sola capa de células cúbicas, planas o cilíndricas que se asientan sobre una membrana lisa. El epitelio cilíndrico se encuentra en el revestimiento interior de los conductos por donde las glándulas vierten sus productos —conductos excretores—, en las vías biliares, en determinadas partes internas del ojo y en el aparato genital. Cilíndricas o prismáticas son también las células que forman la capa más interna del estómago y del tubo digestivo en general. Las cavidades corporales están tapizadas por un epitelio pavimentoso de células planas que, en conjunto, adopta una apariencia de firme cubierta (peritoneo o pleura). Su superficie está bañada en suero para facilitar el deslizamiento de intestinos o pulmones. Un epitelio especialmente plano y fino recubre la pared interior de los vasos sanguíneos (endotelio), para formar sin solución de continuidad una separación entre el continente

Los tejidos

Epitelio pavimentoso estratificado queratinizado

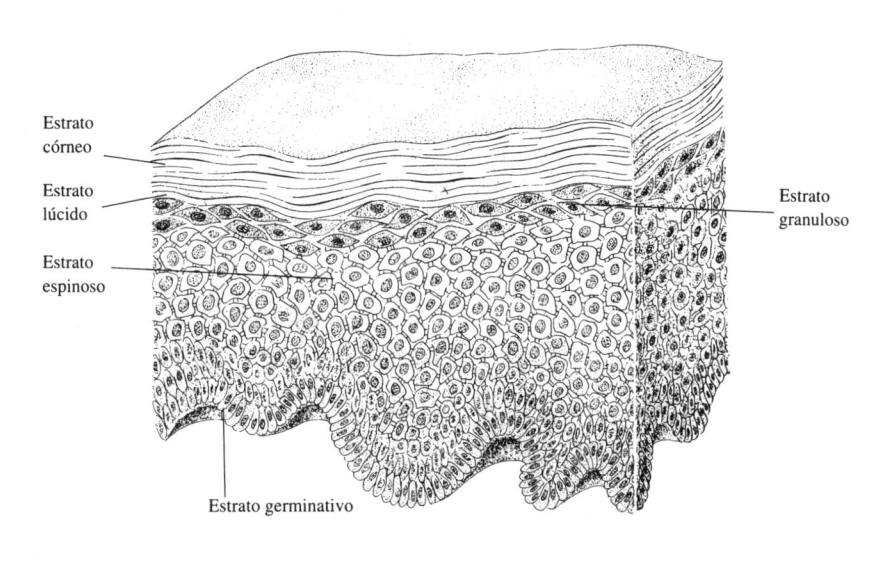

Epitelios de revestimiento

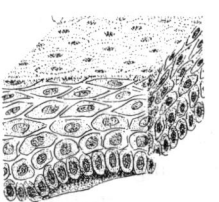
PAVIMENTOSO
ESTRATIFICADO NO
QUERATINIZADO

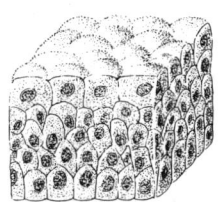
DE TRANSICIÓN
(DE LAS VÍAS URINARIAS)

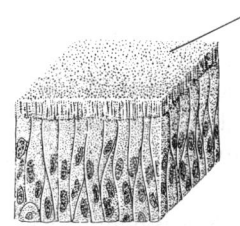
CILIADO (SEUDOESTRATIFICADO)
DE LAS VÍAS RESPIRATORIAS

PAVIMENTOSO SIMPLE
(MONOESTRATIFICADO)

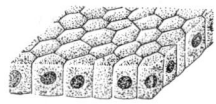
CÚBICO
(MONOESTRATIFICADO)

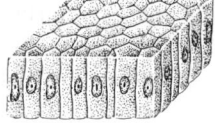
CILÍNDRICO
(MONOESTRATIFICADO)

(vaso sanguíneo) y el contenido (sangre). Si esta capa lisa garantiza por un lado el estado líquido del humor sanguíneo, por otro permite el intercambio de sustancias y elementos nutritivos entre la sangre y los tejidos irrigados.

El **epitelio de transición** es una variante especial del epitelio estratificado que se presenta en las vías urinarias. Se caracteriza por estar constituido por numerosas células muy grandes, de varios núcleos, que en forma de escudo o pantalla se constituyen en barrera para evitar que la orina se filtre a los tejidos circundantes. Cuando la vejiga está repleta de orina, el epitelio aparece plano, distendido. Vacía, se presenta en varias capas.

Todos los epitelios llaman la atención por su gran capacidad de regeneración o autorrenovación. Los trozos de epitelio separados del organismo muestran una extraordinaria supervivencia: el epitelio vibrátil de la tortuga todavía tiene actividad ciliar a los 15 días de la muerte del animal. El epitelio de la mucosa nasal del hombre es capaz de realizar cierta función vital hasta unas 112 horas después de que el organismo al que pertenece haya muerto.

Tejido glandular

Una forma diferenciada de tejido epitelial es el glandular, caracterizado por su función elaboradora y secretora de diferentes sustancias de composición fija. A veces, las células glandulares son únicas e incluidas entre las demás células epiteliales, y adoptan entonces una forma de copa (células caliciformes), y secretan un líquido mucoso cuyo componente químico esencial es una proteína llamada mucina. Esta facultad de las células glandulares, diseminadas por el epitelio pavimentoso no queratinizado o vibrátil, de mantener la superficie de revestimiento bañada continuamente en un medio viscoso, convierte a dichas cubiertas en mucosas, como la mucosa respiratoria o digestiva, que prácticamente recubren toda la superficie interior de las vías respiratorias y digestivas.

A veces, la función secretora exige la asociación de varias células glandulares, agrupándose dentro del epitelio. Estas **glándulas simples** pueden adoptar una forma tubular más o menos arborizada o una forma alveolar semejante a la de una fresa. Las glándulas sudoríparas son, por ejemplo, del tipo tubular, con una longitud entre 0.3 y 0.4 mm, para desembocar en la cresta de los pliegues cutáneos. Están repartidas con relativa uniformidad por toda la piel y su número total llega a ser de más de 2 millones. Intervienen en la regulación de la temperatura corporal mediante la eliminación de agua. En menor escala juegan un papel en el desecho de productos residuales del metabolismo como la urea, el potasio y el ácido láctico, después de un exceso de trabajo muscular. El contenido en sal común (cloruro sódico) asciende en el sudor al 0.3 o 0.4%. En días muy calurosos o después de haber realizado un esfuerzo intenso, el hombre puede perder por sudoración hasta 10 gr de sal en una cantidad de sudor que oscila alrededor de los 5 litros.

Las glándulas sebáceas de la piel son alveolares y secretan un humor graso, lubricante, untuoso: la materia sebácea o sebo, escasa en las pieles más secas. Estas glándulas desembocan en el folículo piloso o raíz del pelo. Una forma especial de glándula sebácea la constituye la glándula odorífera, que en determinadas zonas (párpados,

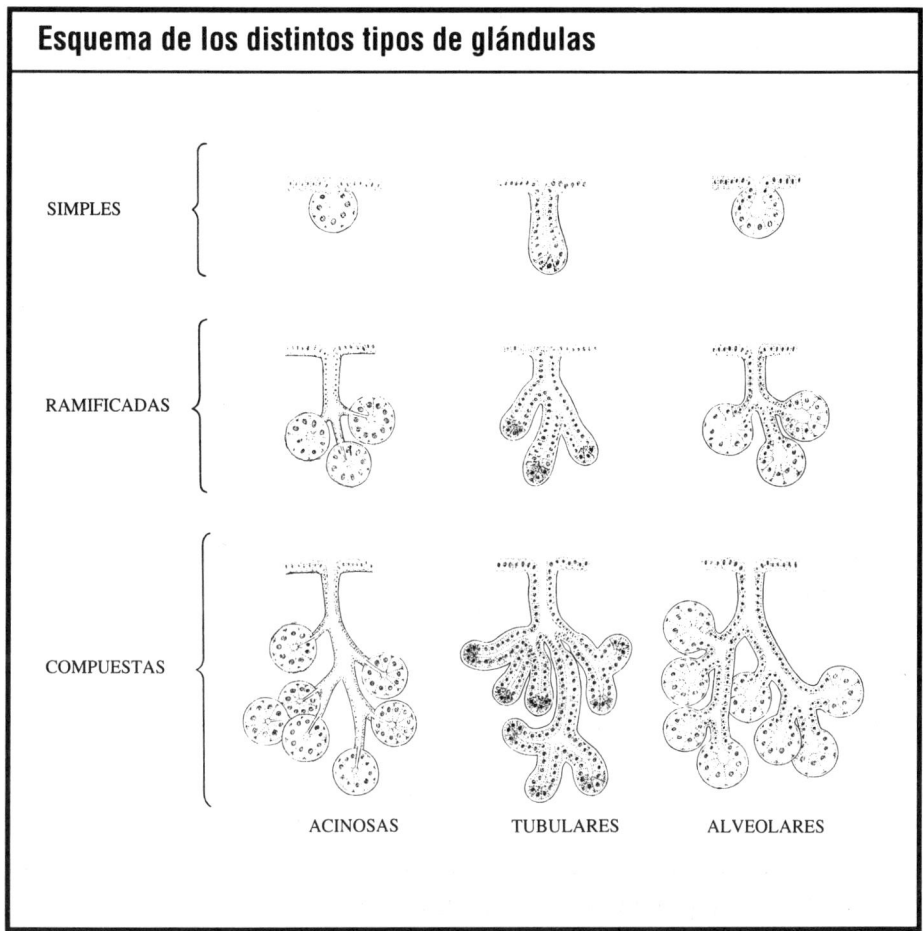

órganos genitales, boca, oído externo y axila) segrega un líquido con olor característico. Si en los animales estas glándulas aromáticas juegan un gran papel en el olor específico de cada especie que sirve para el reconocimiento mutuo, en el hombre apenas tienen importancia funcional.

Cuando la glándula ejerce funciones muy complejas, las estructuras glandulares necesarias ya no encuentran sitio, por así decirlo, en el seno del epitelio, debiendo aislarse en determinadas zonas anatómicas. Entre estas **glándulas compuestas** se distinguen las de secreción externa y las de secreción interna. Aquéllas tienen un conducto excretorio; eliminan sustancias químicas activas, especialmente fermentos; son del tipo mixto tubuloalveolar y pueden llegar a adquirir gran tamaño, por ejemplo la parótida, que segrega al día entre medio y 2 litros de saliva, o el páncreas, que mediante el jugo pancreático —más de 1.5 litros diariamente— tiene un papel primordial en el mecanismo digestivo.

Las glándulas de secreción interna o endocrinas no tienen conductos excretores; segregan sustancias químicas definidas u hormonas que regulan las actividades orgánicas generales de gobierno superior, estimulando o frenando, según las circunstancias, la actividad particular de las células, y por lo tanto serán vertidas directamente a la sangre sin pasar por conducto excretorio alguno. Su estructura tisular es muy compleja y diferente; casi siempre son glándulas endocrinas puras, como en los casos de la hipófisis, tiroides y paratiroides, pero a veces son mixtas, endocrinas-exocrinas, pues en el caso del páncreas se segrega tanto jugo pancreático —a través del conducto del mismo nombre— como insulina, que pasa directamente a la sangre; aunque por supuesto, estas secreciones son producidas por diferentes células englobadas en el mismo tejido glandular.

Tejido conjuntivo

Si los epitelios sólo se encuentran en las superficies corporales, la forma orgánica se crea mediante el tejido conjuntivo o conectivo, que no sólo rellena los espacios intermedios sino que además configura su armazón. El tejido epitelial recubre «desnudeces», mientras que el conjuntivo actúa de «percha». Su solidez varía entre límites muy amplios según la proporción entre sus células y la cantidad de sustancia intercelular, pudiéndose distinguir entre una agrupación reticular o laxa, que toma parte en la composición de los diferentes órganos, y el tejido conjuntivo denso que se halla en tendones, envolturas musculares y en las membranas que sirven de asiento al epitelio vibrátil o al pavimentoso simple. Junto a una función puramente estática, el tejido asume importantísimas tareas de protección, como la de establecer barreras defensivas y mantener un orden interior.

Sus dos componentes esenciales son varias clases de células y la llamada colágena, sustancia gelatinosa amorfa y rica en agua. En esta materia intercelular pueden aparecer elementos formes, pero siempre está muy lejos de ser un componente pasivo

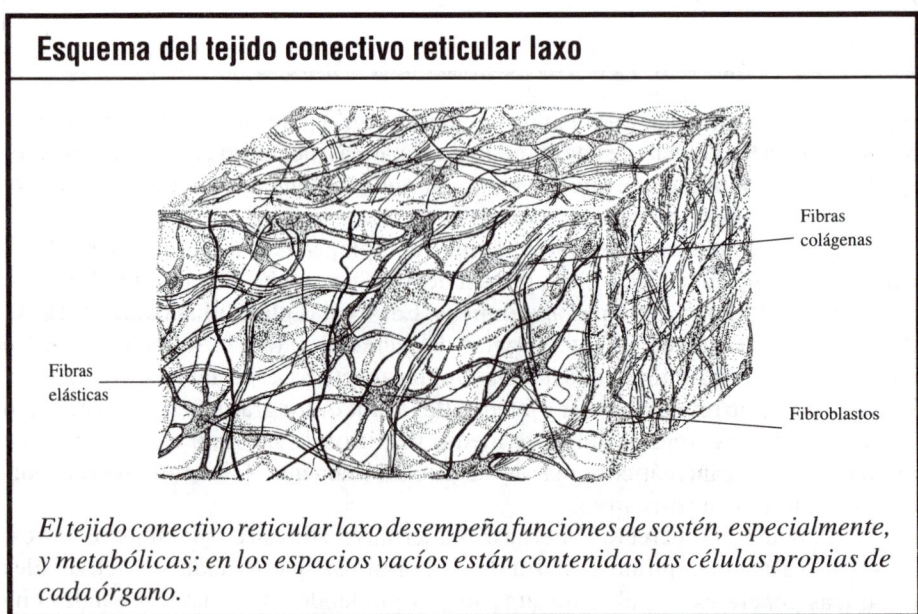

Esquema del tejido conectivo reticular laxo

Fibras colágenas
Fibras elásticas
Fibroblastos

El tejido conectivo reticular laxo desempeña funciones de sostén, especialmente, y metabólicas; en los espacios vacíos están contenidas las células propias de cada órgano.

de relleno. En su seno, sea denso o laxo, se desarrollan la mayor parte de las funciones de relación. La lucha contra las agresiones ambientales, la conservación de la integridad individual, e incluso la prestancia en la apariencia externa por el mayor o menor almacenamiento de tejido graso, todo ello es regulado en el tejido conjuntivo. Podríamos citar también que una gran parte del agua que se encuentra en el organismo, ya sea en forma libre o unida a los diversos compuestos químicos, se halla en esta sustancia fundamental. En un organismo adulto la cantidad total de agua oscila entre el 52 y el 60 % (en el lactante puede llegar al 78 %). Así pues, el hombre maduro tiene unos 40 litros de agua, de los que 28 se encuentran en el interior celular, mientras que los 12 litros restantes se hallan fuera de las células. Es el tejido conjuntivo el que regula esta proporción y mantiene así la vitalidad y turgencia de los órganos. Se puede afirmar que todos los procesos vitales sin excepción se realizan en un medio semilíquido.

Tejido adiposo. En algunas células del tejido conjuntivo reticular se depositan pequeñas gotas de grasa, con lo que se vuelven más redondeadas. En el tejido adiposo ya formado se fusionan las gotitas y se producen unos corpúsculos grasientos con un diámetro de 0.05 a 0.1 mm.

Debe distinguirse entre la grasa de depósito y la plástica o constructiva. La primera es almacenada por el tejido adiposo y no juega ningún papel mecánico. En cualquier momento, como ocurre en las épocas de hambre, puede fundirse y ponerse a disposición del metabolismo general del organismo como elemento básico nutritivo. Este tejido adiposo no sólo es almacén de sustancias de alto valor energético, sino que actúa también como reserva de agua, ya que puede fijar y liberar una gran cantidad de líquido. El contenido acuoso en este tejido puede oscilar entre el 5 y el 70 %. Por el contrario, la grasa plástica tiene una función puramente mecánica, por lo que normalmente no participa en el quehacer metabólico. Se localiza, por ejemplo, en las articulaciones, en las órbitas de los ojos o en las mejillas.

Cuando después de largos periodos de privación se hunden los ojos o menguan las mejillas, es un signo evidente de máxima penuria, pues el organismo sólo en estas condiciones extremas usa dicha grasa como alimento. En el pubis de la mujer (monte de Venus) y en las palmas de las manos y pies, este tejido adiposo plástico adopta una estructuración a modo de almohadilla. Las alteraciones del metabolismo celular, en especial las intoxicaciones, también pueden conducir a depósitos grasos, sobre todo en el hígado y riñón. Asimismo, en algunas enfermedades del aparato circulatorio, como la arterioesclerosis, aparecen depósitos grasos patológicos en las paredes internas de los vasos sanguíneos.

Tejido cartilaginoso. El cartílago es un tejido de aspecto vidrioso-translúcido que no contiene vasos sanguíneos y que a pesar de su solidez se deja cortar con facilidad. Se caracteriza especialmente por su resistencia, de tal manera que 1 mm cuadrado de cartílago tolera una presión de 1.5 kg. Esta resistencia se consigue al estar encapsuladas las células cartilaginosas como en una esfera y al encontrarse repartidas homogéneamente en el seno de la sustancia fundamental. Así, una presión unilateral se transmite hidrostáticamente en todas las direcciones a la totalidad del tejido.

Se distinguen tres clases de tejido cartilaginoso: el cartílago **fibroso**, el **hialino** o **translúcido** y el **elástico**. El primero se localiza preferentemente alrededor de las inserciones tendinosas en los huesos. Pero la mayor parte de la materia cartilaginosa del cuerpo es hialina, como el cartílago articular, los anillos de la tráquea y bronquios y el cartílago de la nariz. La modalidad elástica es mucho menos frecuente: se encuentra, por ejemplo, en el pabellón de la oreja y en la epiglotis, que cierra las vías respiratorias cada vez que se deglute un alimento.

El contenido de agua en el cartílago es muy elevado: alrededor del 60%, pero al no poseer vasos sanguíneos, su actividad metabólica es bastante reducida. Por ello, con la edad sobrevienen fácilmente fenómenos degenerativos e incluso depósitos calcáreos. El desgaste de las sustancias mucilaginosas o gelatinosas provoca la aparición de fibras en la sustancia fundamental. Así, a medida que avanzan los años se endurecen las articulaciones y se producen ruidos de rozamiento al momento de dificultarse el libre juego articular.

Tejido óseo. Durante el desarrollo corporal, el cartílago forma el estadio precursor del hueso. En el claustro materno, la totalidad del esqueleto es de tipo cartilaginoso, por lo que aparece como un grosero bosquejo del armazón que luego se formará. Con la paulatina osificación se adquieren los finos detalles que caracterizan la configuración del ser adulto. La calcificación del cartílago a nivel de las extremidades es la causa desencadenante del proceso de osificación. Desde la inmediata vecindad, el tejido conjuntivo y los vasos sanguíneos invaden el esbozo cartilaginoso, disolviendo su parte central. Así se origina la cavidad ósea medular. Alrededor de este hueco primario se depositan, desde dentro, unas finas laminillas o trabéculas, ya calcificadas, que tienen un aspecto esponjoso. Por fuera, también se produce una osificación, pero en forma de capa compacta por aposición íntima de envolturas sucesivas firmemente unidas por la calcificación. Poco a poco crece el hueso: la cavidad medular se agranda, con lo que se crea espacio para el nuevo tejido óseo esponjoso; al mismo tiempo aumenta el grosor del hueso compacto. Si en un comienzo el proceso es puramente central, pronto aparece en las extremidades de los esbozos óseos un núcleo calcificado que se expande en forma radial. A la larga, del cartílago primitivo sólo queda una parte periférica que se constituye en articulación entre un hueso y otro, y también una capa intermedia entre el centro y los extremos del hueso, llamada «zona de crecimiento» o «placa epifisaria». Esta región mantiene el ulterior crecimiento longitudinal de los huesos largos. El cartílago remanente se extiende, pero desde la periferia siempre es reabsorbido para ser transformado en hueso. El crecimiento en grosor prosigue por depósitos sucesivos en la envoltura compacta ósea. Llega un momento en que la placa epifisaria pierde su decisiva influencia en el crecimiento; se unen los núcleos óseos periféricos y el central; puede prescindirse de dicha zona de unión y se detiene el desarrollo óseo. Pero la osificación de las diferentes partes del esqueleto sigue un orden prefijado. Todavía en los niños pequeños la mayor parte del esqueleto permanece en estado cartilaginoso, como los huesos de los pies y manos, de los dedos, costillas, esternón y partes articulares de los huesos largos. Cada año que transcurre señala un nuevo eslabón en la osificación sucesiva, de tal manera que en una radiografía de la muñeca puede apreciarse si en el niño existe un defecto de desarrollo.

La osificación del cráneo sigue un camino diferente. Sin pasar por el esbozo cartilaginoso previo, se calcifican directamente las envolturas membranosas de la cabeza fetal. En el lugar en donde se ven las eminencias frontales y parietales se

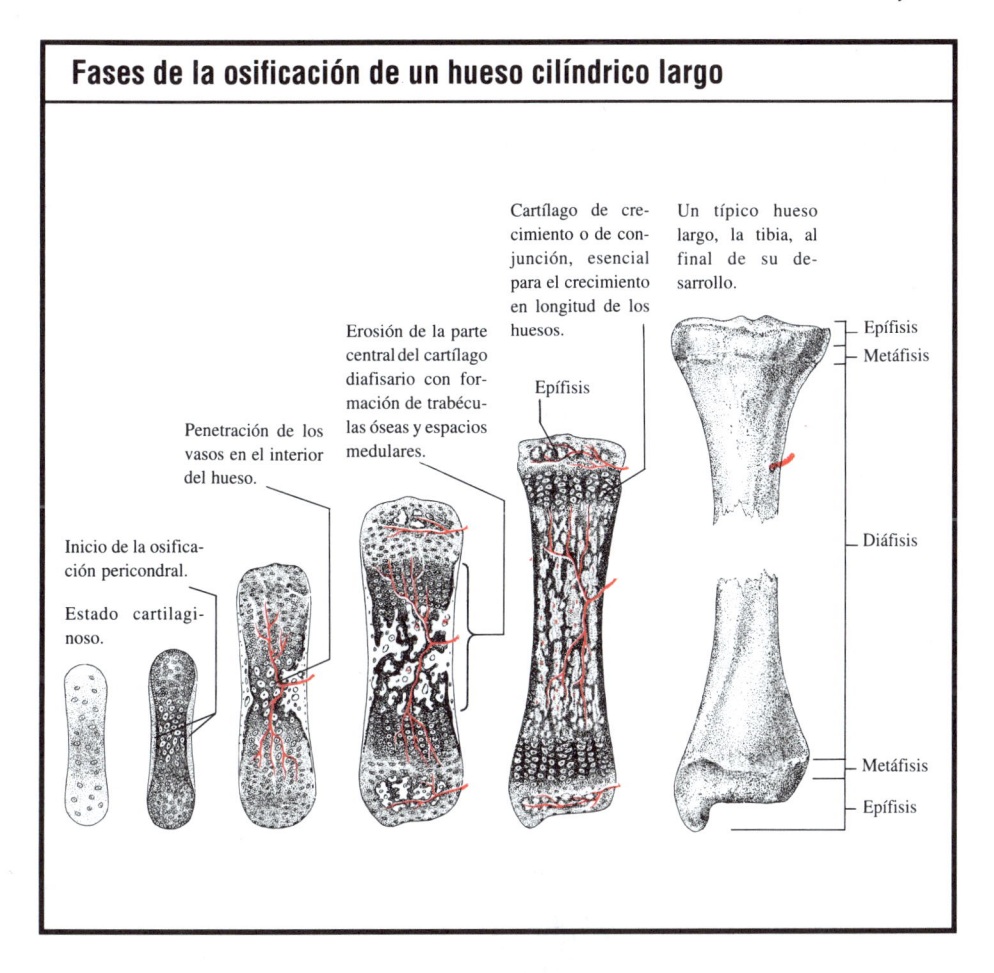

Fases de la osificación de un hueso cilíndrico largo

Estado cartilaginoso.

Inicio de la osificación pericondral.

Penetración de los vasos en el interior del hueso.

Erosión de la parte central del cartílago diafisario con formación de trabéculas óseas y espacios medulares.

Cartílago de crecimiento o de conjunción, esencial para el crecimiento en longitud de los huesos.

Epífisis

Un típico hueso largo, la tibia, al final de su desarrollo.

Epífisis
Metáfisis
Diáfisis
Metáfisis
Epífisis

---

originan trabéculas óseas que crecen radialmente y que acaban por unirse con las correspondientes del lado opuesto para formar con ellas las suturas. Pero esta unión es desigual, por lo que en determinadas zonas estas suturas permanecen temporalmente abiertas, sin osificar, originándose así las llamadas «fontanelas» o «molleras», que, una vez cerradas, concluyen el crecimiento craneal. Se distingue en el recién nacido una fontanela frontal, la occipital y las laterales. La primera es la mayor: al nacer aún mide de 2 a 3 cm y no se cierra hasta el segundo o tercer año de vida. Pero lo importante es que los huesos del lactante son todavía escamosos, susceptibles de moldearse, por lo que se adaptan perfectamente al crecimiento de su contenido: el cerebro infantil. Al final de su desarrollo presentan también una disposición en forma de «sandwich»: dos capas de hueso compacto, englobando una estructura ósea más laxa, esponjosa.

Tanto en la cavidad medular de los huesos largos de las extremidades como en la capa esponjosa de los huesos planos que forman la bóveda craneal, se establece un tejido capaz de generar la sangre en sus partes más importantes. Es la llamada médula ósea roja. Pero muy pronto ésta se transforma, a nivel de las extremidades, en médula grasa (el tuétano amarillo) ya inoperante para regenerar tan vital humor. En el adulto, la sangre sigue produciéndose en los huesos planos (ilíacos, esternón, omóplato y bóveda craneal) y en los cortos (vértebras, huesos de manos y pies).

Huesos con contenido aéreo. Algunos huesos del cráneo se ahuecan al introducirse en ellos algunas prolongaciones de la mucosa nasal que engloban un espacio lleno de aire. Así se originan los senos maxilares, frontales y etmoidales, también llamados senos paranasales, que no están desarrollados completamente en el recién nacido, sino que aumentan de tamaño hasta la época de la pubertad. Los senos maxilares no acaban de formarse hasta después de que se ha completado la segunda dentición, a los 14 o 16 años. Los senos frontales aún tardan más; hasta los 20 a 24 años de edad no alcanzan el definitivo grado de desarrollo.

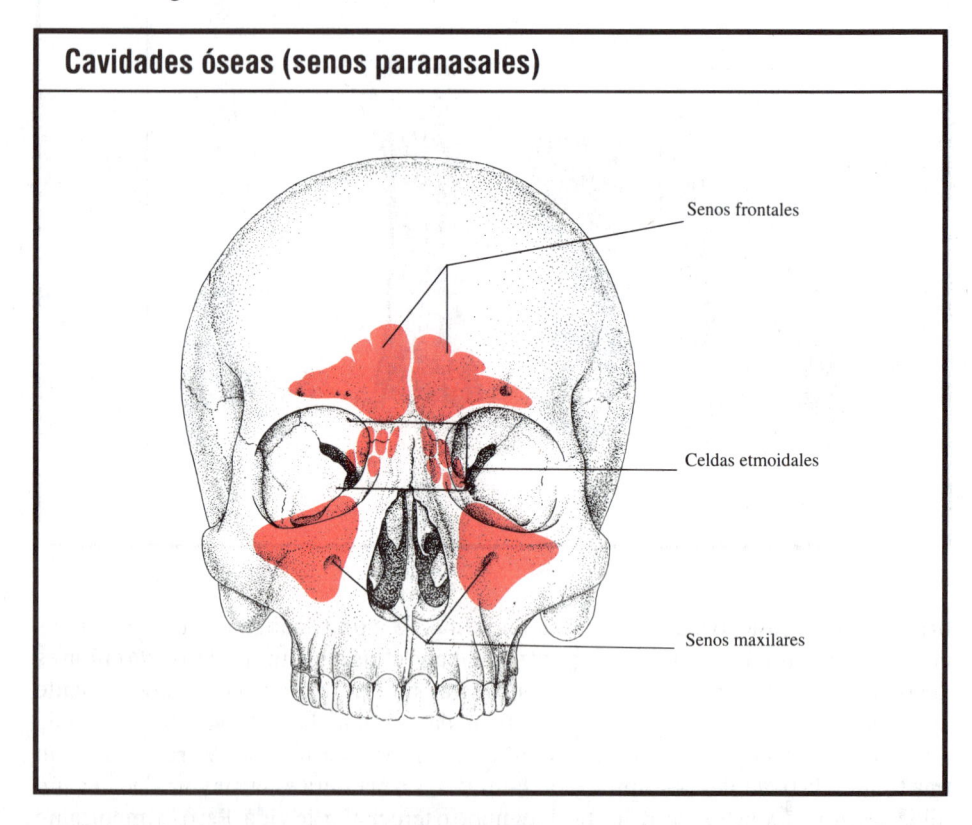

Cavidades óseas (senos paranasales)

- Senos frontales
- Celdas etmoidales
- Senos maxilares

También a partir del oído medio sobreviene, poco a poco, un proceso similar de ahuecamiento óseo que comprende fundamentalmente la apófisis mastoides del hueso temporal. En este caso, la cavidad está revestida por un epitelio similar al de la garganta. Estos huecos se comunican a través de las trompas de Eustaquio con la parte posterior de las fosas nasales (nasofaringe) para que se establezca, a cada lado del tímpano, una presión atmosférica equilibrada.

Fisiología ósea. El hueso, al contrario que el cartílago, posee una amplia red vascular. Las células del tejido óseo forman una trama sumamente diversificada, y se

Estructura del hueso

Sistema de láminas concéntricas óseas que delimitan una cavidad central (conductos de Havers)

Laminillas óseas

Periostio

Vasos del periostio

Vasos sanguíneos del hueso

Tejido óseo esponjoso (estructura esponjosa)

Tejido óseo compacto (estructura compacta)

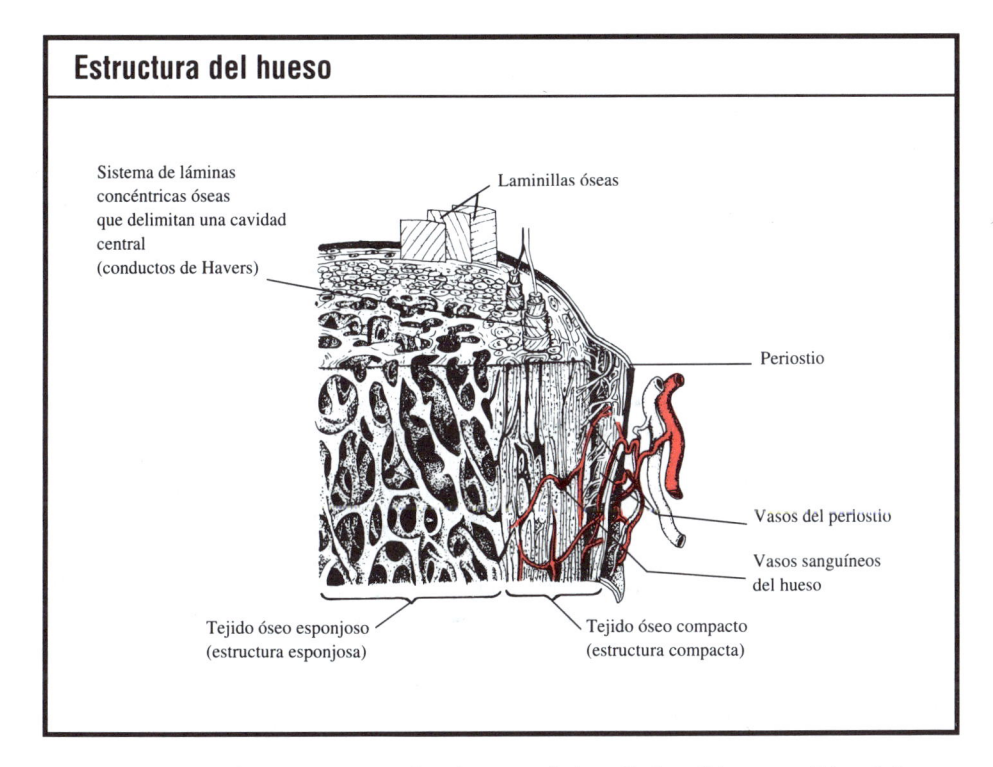

relacionan entre sí por unas comunicaciones radiales. Cada milímetro cúbico de hueso contiene aproximadamente entre 750 y 900 células. Por todo ello, el hueso es un tejido conjuntivo mucho más vital que el cartílago. Su actividad metabólica es realmente extraordinaria. En contra de lo que dicte el sentido común, el hueso dista mucho de ser una percha inmutable; el esqueleto está muy lejos de significar un elemento pasivo que sostiene la «carne».

En el hueso sobrevienen continuos procesos formativos y destructivos (metabolismo óseo), lo que implica una intervención activa en los procesos metabólicos generales del organismo. Ello explica también por qué una fractura ósea puede consolidarse perfectamente, incluso en una persona de edad avanzada. El recién nacido muestra una estructura ósea que en su mayor parte es fibrosa o reticular y relativamente primitiva. En el transcurso de los primeros años de vida se sustituye por una disposición en laminillas, entrelazadas por capas. Como en una placa de madera contrachapada, las trabéculas óseas que contienen fibras entrelazadas en diferentes sentidos están unidas por un cemento de especial consistencia. Así se consigue una extraordinaria solidez junto a una gran elasticidad. Se ha comparado la constitución del hueso con la técnica del hormigón armado, pero el símil se queda corto. En el tejido óseo no existe hierro, pero su resistencia es al menos tan firme como si lo tuviera.

El hueso difiere de los demás tipos de tejido conjuntivo en que su sustancia fundamental está impregnada de compuestos minerales cristalizados; el más importante es la apatita (fosfato ácido de calcio), aunque existen también carbonatos, fluoruros y derivados del magnesio. A pesar de su solidez, el tejido óseo puede tener hasta un 50 % de agua, pero el agua libre nunca sobrepasa al 20 % de la composición tisular. Lo importante es que con la edad disminuye el contenido líquido de la misma manera que sobreviene una pérdida de componentes orgánicos (sobre todo proteínas), y estas mermas son compensadas con un aumento de sales minerales. Con ello, el hueso pierde en «matriz» o trama fundamental lo que gana en residuo seco. Se hace más poroso y menos elástico, más frágil; lo mismo que un fósil o una piedra son más deleznables conforme aumenta en ellos la cantidad de materia calcárea seca. Pero la edad no sólo condiciona un cambio químico, sino también anatómico, al disminuir el número de trabéculas óseas. Dicho de otra manera, así como en la edad adulta se equilibran los procesos formativos con los destructivos, en la edad senil predominan los fenómenos de reabsorción.

Hay «menos» hueso, cuantitativamente hablando, por lo que aparece una menor resistencia y una mayor propensión a las fracturas. Este desgaste, hasta cierto punto paralelo a la involución general del organismo, se denomina **osteoporosis** y se manifiesta especialmente en las mujeres, que acusan sus consecuencias principalmente en los huesos de la pelvis y en las vértebras. Cuando aparece en edades más tempranas o tiene repercusiones en todos los huesos del cuerpo, entra de lleno en el terreno de la enfermedad.

Si anteriormente señalamos que el tejido óseo se caracteriza por un increíble recambio, añadiremos que este metabolismo cambia de intensidad. En los huesos largos, por ejemplo, cada 50 días se renuevan los compuestos químicos que contienen fósforo; así lo ha demostrado la técnica de los isótopos radiactivos. Por otro lado, se sabe que la apófisis mastoides, en la que se localiza el oído interno, carece prácticamente de actividad metabólica.

Para el organismo en su totalidad, el tejido óseo ejerce la importante función de almacén de calcio que, como tal elemento químico, es imprescindible para numerosos fenómenos biológicos. En este sentido, en la regulación del metabolismo mineral del cuerpo humano, las hormonas segregadas por las glándulas paratiroides desempeñan un papel primordial.

Tejido muscular

El 40 % del cuerpo humano está formado por músculos. En el aparato locomotor hemos de considerar una parte pasiva (tejido conjuntivo en general, hueso, cartílago y tendones) y otra activa: el tejido muscular. Su característica fundamental reside en la capacidad de contracción, permitiendo este proceso de acortamiento la liberación de una fuerza útil. Para ello, el organismo ha diferenciado unas células que contienen numerosas fibras, o **miofibrillas**, cuyo número depende de la fuerza que puede desarrollar una célula muscular determinada. Todos los músculos esqueléticos están formados por estas células, que pueden llegar a tener un gran tamaño, alcanzando una longitud media de 12 cm, y un grosor de 0.04 a 0.06 mm. Cada célula tiene miles de núcleos y cientos de miles de miofibrillas. Cuanto más especializado sea un músculo para poder realizar un trabajo preciso tanto menos grosor tendrán sus células (por ejemplo, los músculos oculares). Para trabajos que requieren un gran despliegue de fuerza, como el simple caminar con los músculos encargados de realizarlo —en este caso los del muslo y de la pierna—, se dispone de células mucho más anchas, ya que

Los tejidos

aumenta la potencia con el número de unidades contráctiles. Durante la contracción, las fibras sufren un acortamiento, pero éste tiene un límite máximo que se cifra, más o menos, en la mitad de su longitud total.

La fuerza generada durante la contracción muscular puede servir para recorrer un determinado camino; por ejemplo, al levantar un cubo lleno de agua desde el suelo, decimos que se ha efectuado un trabajo dinámico. Pero el cuerpo también puede trabajar sin que los músculos y las extremidades hagan un movimiento. Así, cuando un cubo sostenido en el aire se va llenando poco a poco de agua, la posición corporal no cambia, pero tendrá que disponerse de tanta más fuerza cuanto más lleno esté el recipiente. Se trata, en este caso, de un trabajo estático. Todo esfuerzo muscular exige un aumento de la irrigación sanguínea. Este incremento corresponde, aproximadamente, al rendimiento conseguido durante un trabajo dinámico. En el esfuerzo estático el aumento de irrigación es mucho menos acusado, por lo que también es notablemente más pronunciado el cansancio durante este tipo de trabajo.

Clases de músculos. Los distintos músculos corporales varían mucho entre sí. Por su apariencia pueden ser planos o fusiformes, dispuestos en fascículos aislados o en manojos (columnas musculares). También es diversa la estructura de las fibras musculares. Hay fibras claras y otras turbias: blancas o rojas. Las miofibrillas claras tienen poco protoplasma; las turbias contienen gránulos y gotitas de grasa. El músculo blanco tiene poco pigmento (mioglobina), mientras que el rojo lo presenta en abundancia. Asimismo, su contenido de agua es muy variable. Las fibras rojas tienen hasta un 70% de agua y de 16 a 18% de proteínas. Son, además, muy ricas en potasio, fósforo y glucógeno.

Anatómicamente, el tejido muscular es de tres tipos fundamentales: el músculo liso, el estriado y el músculo cardiaco.

La musculatura lisa consta de fibras especialmente finas y de pequeñas células fusiformes entrelazadas que generalmente no tienen una longitud mayor de 0.02 a 0.5 mm. Se encuentran en la pared intestinal, en los conductos biliares y urinarios, en las vías respiratorias y en los vasos sanguíneos. Para el mantenimiento de un determinado estado de contracción (tono muscular) no gastan energía, únicamente cuando cambian este estado en uno u otro sentido. Tienen una función de sostén y son lentos en su contracción para garantizar un tono tensional acompasado y uniforme en todos los órganos internos. La actividad de estos músculos no está sujeta a nuestra voluntad. En efecto, se trata de músculos autónomos y están regidos por el llamado sistema nervioso vegetativo. Sólo en determinados estados patológicos sus contracciones pueden hacerse de una manera violenta y espasmódica (por ejemplo, en los cólicos biliares o en los urinarios).

La mayor parte de la musculatura del cuerpo tiene fibras más diferenciadas y mucho más largas, que al microscopio muestran una estriación regular transversal, por la sucesión alternativa de una sustancia proteínica clara y otra oscura. Este **tejido muscular estriado** se gobierna por nuestra voluntad.

El **músculo cardiaco,** tanto estructuralmente como por su manera de contraerse, se encuentra entre el músculo liso y el estriado. Por un lado presenta estrías, por otro constituye una red celular como en la forma lisa. La actividad cardiaca escapa al gobierno de nuestra fuerza volitiva.

Anatomía y biología del cuerpo humano

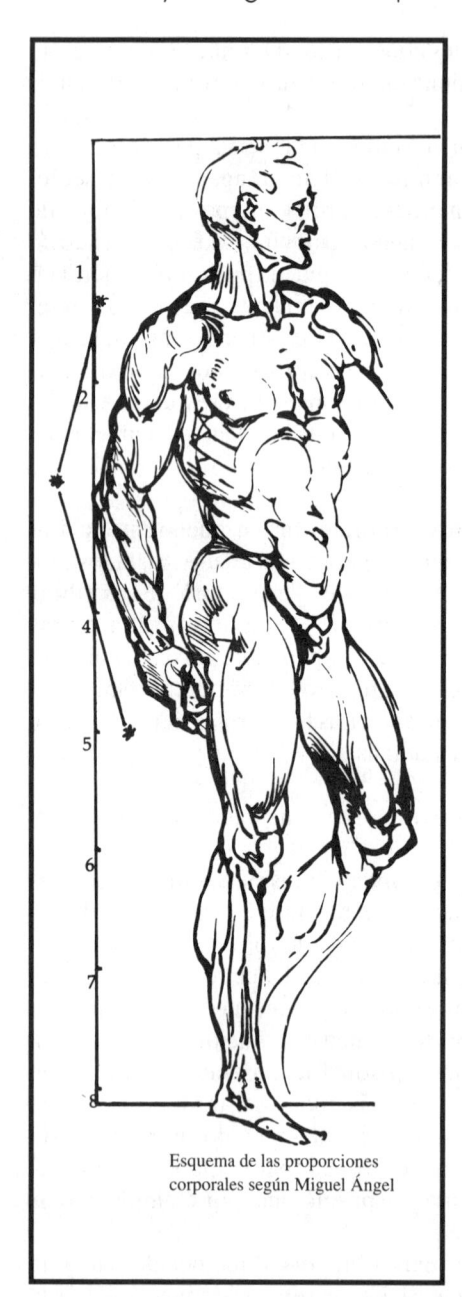

Esquema de las proporciones corporales según Miguel Ángel

Función muscular y entrenamiento. Incluso durante el reposo, el tejido muscular gasta una parte considerable del metabolismo energético global, hasta el 40%, mientras que después de ejercicios físicos violentos, este consumo puede elevarse al 90%. La musculatura, estriada y lisa, aun sin realizar un trabajo determinado, mantiene un estado tensional básico (tono muscular) que requiere un gasto de energía. Durante el trabajo intelectual sobreviene el cansancio, no por agotamiento nervioso sino por tensiones musculares inconscientes. Por ello también después de un trabajo psíquico es necesario intercalar periodos de descanso y relajación muscular.

Hay dos tipos de cansancio: el central y el local o muscular. La contracción se desencadena por excitaciones nerviosas; si estos estímulos se repiten continuamente llega un momento en que disminuye el trabajo contráctil, sobreviene un cansancio o fatiga muscular —que en el sentido fisiológico implica una respuesta deficiente ante el estímulo y en el sentido metabólico entraña el aglutinamiento local de sustancias de desecho (en especial ácido láctico)— que si sobrepasa una determinada cantidad límite puede traducirse en un calambre muscular. Después de un ejercicio extenuante pueden requerirse hasta 4 o 5 minutos para una recuperación que, por supuesto, supone la eliminación del exceso de ácido láctico anteriormente producido. Una característica fundamental del tejido muscular es su capacidad de adaptación para poder aumentar su fuerza y potencia de trabajo, como asimismo el tejido nervioso es capaz de desarrollar la destreza de los diferentes músculos. Esta acomodación puede ser dirigida sistemáticamente: es lo que se denomina **entrenamiento**. No es que el músculo cambie, sino que se utiliza más económicamente, haciendo uso de sus posibilidades de reserva, aunque a veces esto implique un aumento de grosor. Normalmente, un músculo trabaja con la mitad de su fuerza, ya que sólo se contrae una parte de sus elementos constituyentes. El aumento de fuerza se consigue incrementando el número de fibras musculares en contracción. Hay que tener en cuenta que cuando una fibra se contrae lo hace de una manera completa (ley del todo o nada), por lo que la regulación del trabajo muscular no se efectúa por diferencias en la contractibilidad, sino únicamente por el número de fibras que intervienen en la contracción. Se consigue un mayor rendimiento con un incremento de fibras contráctiles por engrosamiento del músculo, pero también esto tiene sus límites, ya que junto al mayor diámetro muscular disminuye proporcionalmente la irrigación sanguínea, y puede llegar a producirse una evidente desproporción. En una musculatura demasiado desarrollada la potencia muscular se hace cada vez menos rentable por una aportación sanguínea deficiente. Por ello, los rendimientos deportivos tienen ciertos límites fisiológicos. Los récords mundiales se modifican muy poco a poco, pero no porque se haya conseguido algún cambio estructural básico en la musculatura del atleta, sino porque los métodos de entrenamiento son cada vez más racionales.

Para aumentar el rendimiento muscular, sobre todo en esfuerzos muy continuos (ciclistas, corredores de larga distancia, etc.), todo el cuerpo aprenderá a supeditarse a ese mayor suministro de energía: en los aparatos circulatorio y respiratorio especialmente, se verifican cambios sustanciales que hacen del hombre sumamente entre-

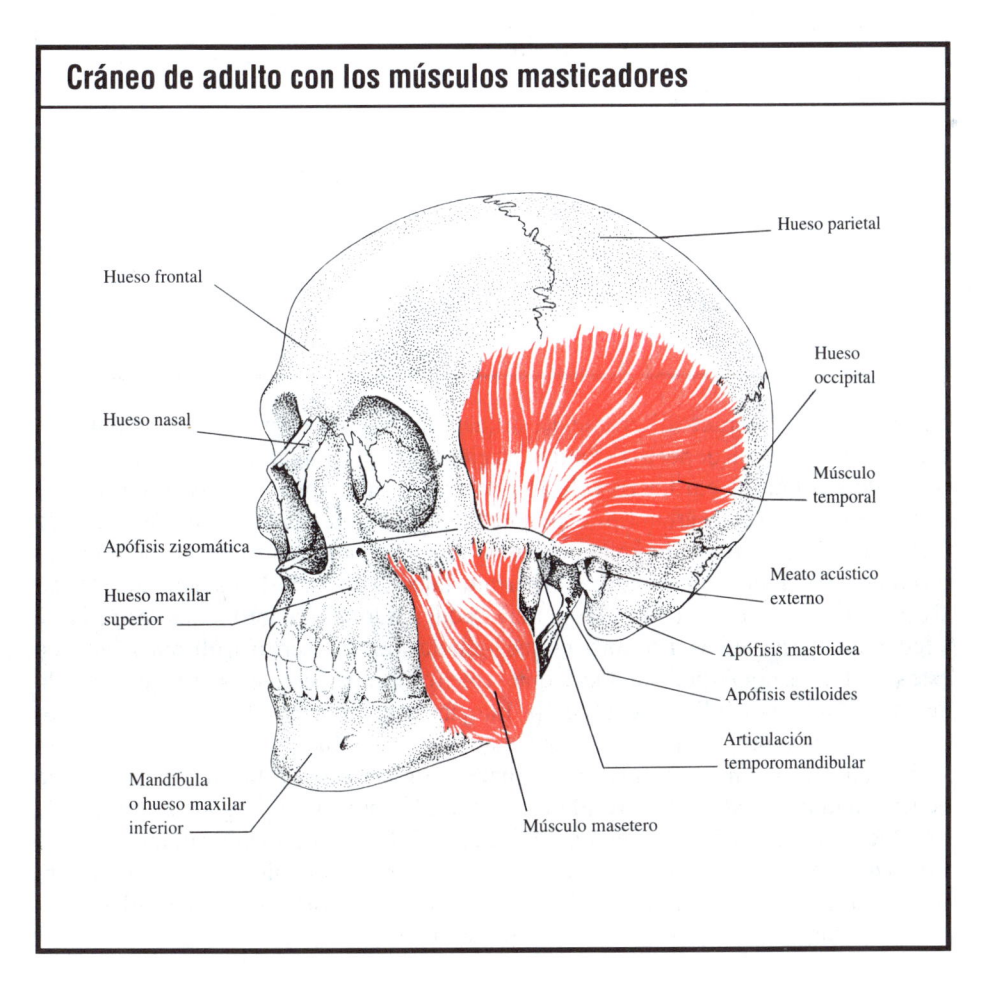

Cráneo de adulto con los músculos masticadores

Eje corporal y centro de gravedad

Eje corporal

Musculatura dorsal

Músculo glúteo mayor

Centro de gravedad

Músculos posteriores del muslo

POSICIÓN NORMAL (ORTOSTÁTICA)

POSICIÓN LIGERAMENTE INCLINADA HACIA ADELANTE

(El baricentro se desplaza hacia adelante respecto al plano de apoyo)

Músculos posteriores de la pierna

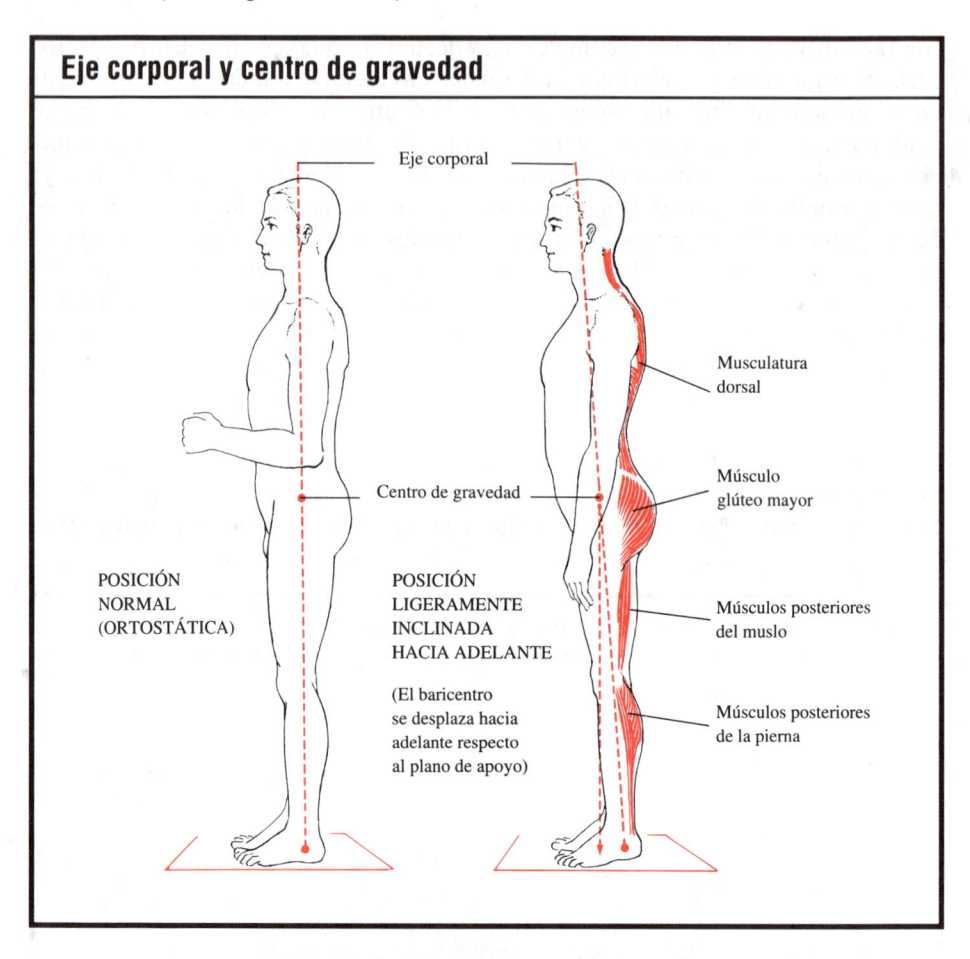

nado un ser por completo diferente. Resulta llamativo, por ejemplo, que después del gran esfuerzo que un deportista realiza en ejercicios prolongados apenas se altere el ritmo de sus latidos cardiacos o la frecuencia de su respiración. A pesar de que continuamente aporta una enorme cantidad de oxígeno y metaboliza un exceso de ácido láctico en el músculo, sólo una coordinación perfecta de todos sus tejidos tras un prolongado periodo de entrenamiento permite tales hazañas. Se ha especulado mucho si esto es sano, si el organismo «se quema», reduciendo sus posibilidades de una larga y fecunda supervivencia. Lo cierto es que todavía no se ha escrito la última palabra en este sentido. Quizá sólo podamos decir que, si bien científicamente se están aprovechando las casi infinitas posibilidades del cuerpo humano, éstas tienen un límite, aún desconocido, que si se sobrepasa puede llevar a lesiones irreparables.

Si el aparato locomotor se adapta al esfuerzo, también acusa la falta de trabajo, como ocurre cuando se reduce la actividad muscular. El reposo prolongado conduce a la involución y a la atrofia; para el mantenimiento de la estructura muscular es necesario un mínimo de actividad. Un brazo enyesado por fractura pierde ya en la primera semana un 36% de su fuerza original. Los músculos se atrofian por inactividad, pero pueden recuperarse fácilmente con el entrenamiento.

El hombre vive hoy sin cumplir las exigencias mínimas que su aparato locomotor en particular y sus demás sistemas en general han postulado durante miles de generaciones. Todavía es incalculable el efecto que nuestra civilización provocará en la evolución biológica del futuro ser humano, pero no es aventurado afirmar que en las generaciones sucesivas sobrevendrán cambios apreciables. No se trata tan sólo de que, por los avances tecnológicos, la existencia humana se haya hecho mucho más sedentaria, con una actividad muscular proporcionalmente reducida en relación con la de nuestros antepasados, sino que nuestra manera de vivir también ha impedido que la –ya por sí misma disminuida– actividad muscular se acompañe de la imprescindible relajación o descanso fisicopsíquico. La ciencia ha demostrado que el paro circulatorio, primera causa de mortalidad en el mundo, se debe fundamentalmente al uso irracional que hacemos de nuestro sistema nervioso-muscular, así como a los malos hábitos alimenticios.

Los órganos y sistemas orgánicos
(organografía)

Para que los tejidos descritos realicen sus trabajos específicos con la máxima eficacia es preciso que sus células no dediquen su actividad a las necesidades básicas de la vida animal (nutrición, respiración, excreción y defensa). Para los tejidos especializados, estas funciones primarias serían un lastre. Por ello, en los seres superiores aparecen órganos que se encargan de estas necesidades elementales. Todos persiguen la misma ambición: aumentar el rendimiento del conjunto. Es similar a lo que ocurre en nuestra sociedad desarrollada: además de la industria dedicada primordialmente a la fabricación de objetos de consumo sumamente diferenciados, es imprescindible disponer de una vasta red de «servicios». Las células tisulares necesitan nutrirse, de ahí la existencia de órganos digestivos que elaboren debidamente los alimentos. El aparato genital se especializa para garantizar la conservación de la especie. Las células nadan, por así decirlo, en un líquido o humor tisular que posibilita los procesos vitales. Si los productos de desecho de esta actividad se acumularan en este medio, acabaría por perturbarse todo el mecanismo. Los órganos circulatorios se encargan no sólo de retirar estos residuos para llevarlos a los órganos de excreción (riñones), sino también de aportar los elementos nutritivos necesarios.

Todos los tejidos necesitan una continua provisión de oxígeno, ya que todos los fenómenos vitales, en especial cuando se despliega una energía, se basan en la combustión interna. A un ser unicelular que vive en el mar le basta un simple intercambio entre el oxígeno del agua y algunos sencillos cuerpos químicos residuales. En cambio, en el organismo pluricelular la respiración de los tejidos solamente es posible mediante una difusión entre el medio ambiente y el interior de la célula, pero una molécula de oxígeno tardaría unos 50 años en recorrer un trayecto similar a la totalidad de la longitud del cuerpo humano si no fuese transportado por portadores o vehículos especializados (los glóbulos rojos de la sangre) que llevan tan vital elemento con la máxima rapidez a todos los tejidos.

Anatomía y biología del cuerpo humano

El organismo humano también precisa de órganos rectores, es decir, de una administración o servicio público que coordine las distintas industrias del cuerpo. La vida de relación depende de los órganos de los sentidos. El sistema nervioso, por su parte, es la máxima autoridad coordinadora y de gobierno. En su misión rectora es auxiliado por mediadores químicos (hormonas) que se producen en las glándulas endocrinas. Cada glándula está ubicada en un sitio estratégico del organismo.

Por la unión de varios tejidos se forman los órganos, que tampoco actúan aisladamente, sino que constituyen una especie de comunidad para establecer sistemas orgánicos o aparatos que extienden su actividad a todo el organismo. En esquema, puede establecerse el siguiente diagrama, por orden jerárquico:

Órganos	Sistemas orgánicos	Función
de sostén	aparato locomotor	postura corporal y movimiento
de intercambio gaseoso	aparato respiratorio	toma de oxígeno y eliminación de anhídrido carbónico
de nutrición	aparato digestivo	alimentación, y desecho de sustancias no aprovechables
de excreción	aparato urinario	eliminación de residuos metabólicos
de transporte	aparato circulatorio	aporte de oxígeno y sustancias nutritivas; retirada de anhídrido carbónico y demás desechos; distribución de sustancias activas
de producción	aparato genital	conservación de la especie
de los sentidos	aparato sensorial	comunicación con el medio ambiente
de regulación superior por la vía sanguínea	aparato endocrino	producción de hormonas específicas que aceleran o inhiben, dirigen o regulan los fenómenos vitales
de regulación y dirección superior por la vía nerviosa	sistema nervioso	coordinación y máxima instancia de gobierno ejecutivo

Aparato digestivo

La energía gastada durante el trabajo físico o psíquico será restituida mediante el aporte de sustancias nutritivas. Sin embargo, los alimentos en su forma natural no son aprovechables directamente por unas células tan especializadas como las musculares o nerviosas, por ejemplo. Por ello, el organismo desarrolla un aparato digestivo en el que los alimentos son desmenuzados, licuados y, por último, escindidos hasta llegar a sus componentes primarios, para permitir así su ulterior absorción. Este proceso se conoce con el nombre de **digestión**. En ella juega un papel muy importante un órgano, el **hígado**, que inspecciona, transforma y almacena todos los alimentos que a través del intestino ingresaron en el cuerpo. El hígado modifica los elementos nutritivos de tal manera que una vez pasados por esta «cocina y despensa» químicas pueden ser utilizados por los diferentes tejidos.

Para la vida es esencial el continuo aporte de proteínas, grasas, hidratos de carbono, agua, sales minerales y vitaminas. El agua, las sales y los más sencillos azúcares pasan a la sangre sin ser modificados. Pero los hidratos de carbono, proteínas y grasas tienen que ser degradados a sus más elementales compuestos químicos para que puedan atravesar la barrera intestinal. A partir de estos sencillos elementos, el hígado reconstruye las más complejas moléculas de proteínas e hidratos de carbono, antes de que pasen al aparato circulatorio.

La degradación de los alimentos comienza en la **boca** con la masticación, que los desmenuza y tritura para mezclarlos con la saliva y formar el bolo alimenticio, apto para ser deglutido. En la saliva existe, además, una enzima (amilasa) que inicia la digestión química de las féculas.

Después de pasar por el **esófago**, mero conducto de unión para salvar la distancia entre la boca y los órganos digestivos, situados en la cavidad abdominal, el alimento llega en oleadas al **estómago**, órgano hueco en forma de gaita o de bolsa alargada, que lo almacena durante unas horas para que se mezcle homogéneamente con el jugo gástrico y forme una papilla semilíquida —lo cual es facilitado por potentes movimientos musculares—. La acidez de dicho jugo —que se debe precisamente a la presencia de ácido clorhídrico, segregado por unas glándulas insertas en el epitelio gástrico— cumple dos finalidades: en primer lugar, se evita con dicho ácido la fermentación y putrefacción de los alimentos allí depositados y se destruye la multitud de microorganismos que ingresan con la comida. En segundo lugar, el ácido crea el ambiente necesario para que comience la degradación de las proteínas mediante una enzima llamada pepsina. Sólo en los lactantes existe otra enzima llamada renina o fermento lab, que cuaja la leche ingerida para hacer más fácil su digestión.

Intermitentemente, la papilla o quimo elaborado por el estómago pasa al intestino delgado, en cuyo primer segmento (**duodeno**) se realiza quizá la más importante función digestiva. En su pared existen numerosas glándulas que segregan el llamado **jugo entérico** y también desemboca aquí el conducto excretorio del **páncreas**, que elimina otro jugo, el **pancreático**, también muy rico en enzimas. Entre ambos jugos se complementa la degradación química de los alimentos. Sin embargo, las grasas, que no han sido atacadas por el jugo gástrico, necesitan para su digestión, junto a ciertas enzimas entéricas y pancreáticas, la presencia de la bilis, segregada por el hígado y vertida al duodeno por un conducto llamado **colédoco**. Ya en el propio duodeno, pero sobre todo en el resto del intestino delgado —yeyuno e íleon—, comienza la absorción de las sustancias nutritivas (para facilitar esta absorción la mucosa intestinal posee una amplia superficie por la presencia de numerosos pliegues o vellosidades). Las sustancias pasan directamente a la sangre a través de unos vasos capilares que forman una tupida maraña que cubre toda la pared intestinal. Pero esta sangre, ya cargada de sustancias nutritivas, entra en la circulación general del organismo después de pasar por el hígado. Por ello, todos esos capilares terminan en un colector común: la vena porta, que desemboca a su vez en el órgano hepático. Así se constituye una especie de filtro y laboratorio que corre con la transformación última de los alimentos y actúa de mecanismo defensivo eliminando las sustancias tóxicas.

La absorción de las grasas digeridas no sigue exactamente este camino. Las proteínas y los hidratos de carbono, ya degradados, junto a diversas cantidades de agua, sales minerales y vitaminas, pasan obligatoriamente por el hígado a través de la vena porta, pero las grasas son absorbidas por los vasos linfáticos que existen en la pared intestinal. La linfa, cargada de grasa (por ello tiene un aspecto lechoso), transita por los numerosos ganglios linfáticos repartidos por toda la cavidad abdominal, para desembocar en un gran colector linfático llamado **conducto torácico**, que termina, atravesando casi todo el tórax, en las grandes venas del lado izquierdo del vértice torácico, en donde vierten su contenido para su distribución por todo el organismo. El hecho de que las grasas absorbidas no pasen por el filtro hepático quizá se deba a que estos compuestos químicos necesitan incorporarse más rápidamente a la circulación general, pues constituyen, precisamente, la mayor fuente de sustancias combustibles necesarias para la producción energética y calorífica.

Para que el contenido intestinal progrese —y también para que primero se verifique la óptima mezcla con los jugos digestivos y luego su contacto con la mucosa que absorbe las sustancias nutritivas— todo el intestino realiza continuos movimientos, unos llamados **peristálticos** (semejantes a la traslación de un gusano) y otros **pendulares**, constrictivos. Después de una permanencia de 4 a 6 horas en el intestino delgado, y habiéndose completado la absorción de los alimentos debidamente elaborados, queda todavía un contenido acuoso (mezcla del agua bebida y de los jugos digestivos) rico en sales minerales y bilis, y una masa de alimentos no digeridos o no digeribles. Todo esto pasa al **intestino grueso.** Aquí se absorbe más del 85% del agua que llega; la casi totalidad de las sales minerales y parte de la bilis (que tiñe del característico color al contenido intestinal). Pero en el intestino grueso también abundan los microorganismos que constituyen la flora intestinal normal y que todavía son capaces de digerir algunos alimentos (sobre todo la celulosa que forma la trama vegetal) que no han sido atacados en los segmentos anteriores.

Gracias al paulatino espesor del contenido por la progresiva absorción del agua, acaba por formarse el residuo fecal, las heces, que se acumulan en el recto para ser expulsadas periódicamente bajo el control de la voluntad. Estas heces contienen todo lo no digerible teñido por la bilis no absorbida y además toda clase de detritus celulares, vegetales y microorganismos (sobre todo colibacilos) que, aunque formen parte de la flora intestinal normal, son continuamente expulsados para evitar un crecimiento desmesurado de las colonias bacterianas, lo cual podría causar infecciones que pondrían en grave peligro la salud. De aquí se deduce la importancia de evacuar el intestino en cuanto se sienta la necesidad de hacerlo.

Aparato respiratorio

Desde la más remota antigüedad, la función respiratoria ha sido motivo de las más aventuradas explicaciones; hasta que hace unos 300 años se demostró que en la atmósfera existe una sustancia imprescindible, tanto para alimentar el fuego como para conservar la vida, pues en un recinto cerrado se apaga una llama casi en la cantidad de tiempo en que muere por asfixia un animal. Cien años después se identificó dicho elemento esencial, el **oxígeno**, y casi simultáneamente se descubrió que el aire espirado por los pulmones es rico en **anhídrido carbónico**, un gas que se desprende también durante la combustión del carbón. Fue fácil deducir que «algo» se quema en el organismo aunque la llama no sea visible y el calor desarrollado sea poco aparente. Toda combustión genera una fuerza que puede ser aprovechada. En el interior animal, los combustibles utilizados son las sustancias nutritivas que al quemarse mantienen la temperatura corporal y constituyen la energía necesaria para realizar un trabajo o para sintetizar los diferentes componentes orgánicos. En el seno de las células animales se consume siempre oxígeno y se desprende anhídrido carbónico cuando se inflaman los materiales combustibles, ya sean materia inerte (carbón o gasolina) o azúcares, grasas o incluso proteínas.

En el reino vegetal se produce un proceso diferente que se asemeja a los de la física atómica: se realiza un trabajo sin pasar por la fase previa de producción calórica. Pero si en los elementos radiactivos se libera una fuerza emanada de la propia desintegración espontánea, las plantas verdes recurren a la luz solar para disponer de la energía que necesitan para sintetizar sus compuestos y realizar sus funciones vitales. Mediante la intervención de un pigmento (clorofila) que les presta su color, combinan el anhídrido carbónico del aire con el agua que aportan sus raíces desde el suelo para formar azúcares. Durante este proceso, llamado **asimilación** o **fotosíntesis**, se libera oxígeno, que es cedido a la atmósfera. Las féculas sintetizadas así forman más de la mitad de la alimentación humana.

Como el hombre no es sólo vegetariano y consume también proteínas y grasas, que sólo en pequeña proporción son de origen vegetal (algunas plantas son capaces de formarlas a partir de los azúcares), tiene que recurrir a la alimentación animal, que constituye la mayor parte de las grasas y proteínas que le son necesarias. El hombre no dispone de energía atómica propia ni puede utilizar el calor solar; tiene que quemar sus alimentos y para ello necesita oxígeno; tiene, además, que desprenderse del anhídrido carbónico tóxico que, como residuo, se origina durante la combustión. La respiración no es más que la garantía del intercambio gaseoso.

En los animales unicelulares este intercambio es muy sencillo: se realiza directamente a través de la membrana celular. En los seres más complejos, en los que aparece la ley de la división del trabajo, todas sus células siguen respirando, pero al encontrarse en un medio líquido o sólido, sin estar en contacto con el medio ambiente, se diferencian ciertas estructuras orgánicas encargadas de suministrar oxígeno y de retirar el anhídrido carbónico. Así, aparecen los órganos respiratorios externos. En el nivel celular la respiración interna se complementa con la externa, que viene a ser una función de **ventilación**. A través de la evolución animal los órganos respiratorios externos cambian de estructura y localización. En los insectos basta un sistema tubular que comunica la piel con los órganos internos. En los peces, las branquias permiten la entrada y salida de agua, que actúa de vehículo de los gases que se intercambian. En los mamíferos y en el hombre aparecen los **pulmones**, encargados de efectuar la ventilación. Estos pulmones no son simples sacos inflables como la cámara de un balón, sino órganos muy complejos, multicavitarios, formados por cientos de millones de sacos pequeñísimos o **alvéolos**. Una membrana finísima actúa de barrera; por un lado, limita el espacio en comunicación directa a través de las vías respiratorias con el mundo circundante, y por otro entra en contacto con la sangre, el vehículo que lleva el oxígeno a los diferentes tejidos del organismo y recoge también el anhídrido carbónico desechado por él.

Si las branquias actúan en los peces a modo de filtro para purificar el agua que entrará dentro del animal con fines respiratorios, también los pulmones disponen de una protección; si el aire inspirado, lleno de humo, polvo e impurezas, entrara en contacto directo con la membrana intercambiadora, rápidamente fracasaría tan sutil barrera. De ahí la existencia de las **vías respiratorias**, que cumplen dos finalidades. En primer lugar, los delicados pulmones están escudados por la pared torácica y su situación también les sirve para estar en contacto más íntimo con el aparato circulatorio, que al fin y al cabo actúa de intermediario (mediante el transporte gaseoso en la sangre) entre la ventilación externa y la respiración interna celular. Pero las vías respiratorias (nariz, garganta, laringe, tráquea y bronquios) no sólo actúan de simples conductos pasivos del aire desde el exterior al interior y viceversa. Cumplen una segunda función, la de salvaguardar los pulmones de sus mayores enemigos: los microorganismos, capaces de producir inflamaciones y alteraciones que dificultarían o imposibilitarían la función ventilatoria. En condiciones normales, los pulmones son estériles; es decir, no contienen agentes patógenos, lo que demuestra la eficacia de su trabajo, teniendo en cuenta la enorme proporción de estos agresores en la atmósfera. Pero además, las vías respiratorias dotan de manera también activa al aire inspirado, de ciertas condiciones de humedad y calor, imprescindibles para el normal intercambio gaseoso alveolar. Por muy seco que sea un clima, por muy caluroso o frío que sea un ambiente, por mucho que fumemos o respiremos en una ciudad de atmósfera contaminada, el aire llegará al alvéolo con ciertas garantías de pureza. Sin embargo, sabemos que en ciudades con alto índice de contaminación se percibe la ocurrencia de daños a los sistemas respiratorio, neurológico y circulatorio.

En la espiración del aire ventilado, las vías respiratorias ya no tienen una misión protectora, pero cumplen ahora una función vital, la de la **fonación**, que permite la emisión de sonidos y la articulación de la palabra hablada o cantada.

En la respiración externa intervienen una serie de gases. El nitrógeno atmosférico no tiene significación biológica alguna, por lo cual tanto el aire inspirado como el espirado contienen más o menos la misma proporción: el 79.03%. En condiciones atmosféricas normales el aire que respiramos contiene un 20.93% de oxígeno y un 0.04% de anhídrido carbónico. Este último en el aire espirado puede subir al 5.5 %, bajando proporcionalmente el oxígeno. Durante la ventilación también juega un papel importante la proporción de vapor de agua, pues sirve para los fines de la regulación de la temperatura corporal. En ambientes cálidos o cuando se tiene fiebre se exhala un aire mucho más húmedo y caliente, mientras que si la temperatura exterior es muy fría, la eliminación fisiológica de vapor es capaz de producir un vaho visible que empaña generalmente los cristales.

Los órganos y sistemas orgánicos

La **ventilación** o **aerización** de las vías respiratorias es un fenómeno rítmico, autónomo, que escapa a nuestra voluntad. Respiramos intermitentemente, queramos o no. La razón estriba en que ambos gases que se intercambian no pueden almacenarse en el organismo. El oxígeno inspirado se gasta en pocos minutos y una acumulación de anhídrido carbónico provocaría pronto gravísimas alteraciones tóxicas. Resulta evidente la diferencia con el otro sistema de aporte nutritivo, el aparato digestivo (que tiene amplias posibilidades de almacenamiento de alimentos muy diferentes y cuyo ingreso en el organismo está sometido a nuestra voluntad, tanto en el sentido cualitativo como cuantitativo).

Aparato circulatorio

La actividad del cuerpo humano se hace posible solamente con un sistema interior unificado de transporte. Los procesos metabólicos de los tejidos presuponen la existencia de un medio líquido que bañe todas las células. La vida es intercambio entre esta fase humoral y los elementos constructivos básicos, las células. Pero no basta que éstas naden en una solución nutritiva inmóvil y estancada. La composición química y las características físicas se mantendrán invariables; continuamente es restituido lo que se haya consumido, del mismo modo que hay que retirar o depurar los productos de desecho. La sangre se encarga de estas tareas de intercambio, y el corazón, con los vasos sanguíneos, garantiza que la sangre llegue a todas partes y se renueve sin interrupción. La sangre es considerada un tejido porque es un conjunto de células que cumple con la importantísima misión de transportar oxígeno, nutrientes, mecanismos defensivos del organismo, hormonas y sustancias reguladoras de otras funciones. Un poco más de la mitad de su volumen corresponde a la fase líquida o plasma, de idéntica constitución que el humor que se encuentra en todos los tejidos y con los que está en continua interdependencia.

La **sangre** aporta los alimentos necesarios para la actividad celular y al mismo tiempo limpia el líquido tisular. Se hace cargo del reparto homogéneo de las sustancias nutritivas para que los órganos, en todo momento, puedan realizar sus funciones específicas. Si un sistema celular necesita de pronto sustancias energéticas, se liberan a partir del hígado o de otros órganos y se transportan por la sangre al sistema en cuestión. Por otro lado, la sangre acumula grandes cantidades de sustancias de desecho que se producen en el transcurso de la actividad tisular; las transporta, neutraliza y elimina a su paso por los riñones.

La sangre, además, se encarga de la rápida distribución de las hormonas, para que éstas puedan ejercer su importante función reguladora. También se ocupa del mantenimiento homogéneo de la temperatura. En muchos procesos metabólicos celulares se genera calor: el caudal sanguíneo que se encuentra en circulación evita un calentamiento local de los tejidos.

Una de sus misiones más importantes es la función respiratoria: grandes cantidades de oxígeno se fijan en los glóbulos rojos a su paso por los pulmones para su ulterior transporte a los tejidos, en donde se cambia por anhídrido carbónico. Un concepto de la importancia y extensión de este proceso respiratorio lo expresa el hecho de que la superficie total de la masa de glóbulos rojos se estima en unos 3 200 metros cuadrados.

Anatomía y biología del cuerpo humano

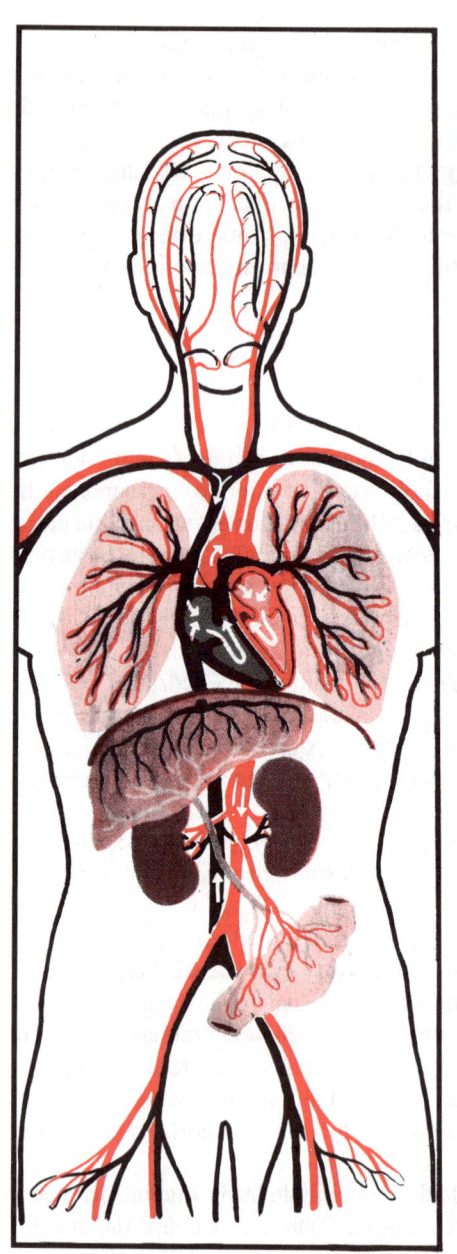

Otra misión que cumple es la de defensa: atrapa a las sustancias extrañas, venenos o agentes patógenos para hacerlos inofensivos. Esta misión la realizan, sobre todo, los glóbulos blancos o leucocitos y las proteínas de la sangre, que así se constituyen en una especie de policía interior. Están en relación con un sistema de defensa celular extendido por todo el organismo, en el que el bazo y los ganglios linfáticos juegan un papel fundamental. Este sistema produce los llamados anticuerpos, que tienen la propiedad de neutralizar las sustancias tóxicas introducidas en el organismo.

Una propiedad muy importante de la sangre es su coagulabilidad, con la cual el cuerpo se protege contra la hemorragia en las heridas o lesiones vasculares. Durante la coagulación, las llamadas **plaquetas** de la sangre, en unión con determinadas sustancias activas y una especial proteína sanguínea, transforman el estado líquido en sólido, constituyendo una especie de tapón que cierra la fuga de sangre.

Para que la sangre pueda llegar en cantidad suficiente a los tejidos y dirigir los procesos de intercambio con los líquidos tisulares, es necesario un sistema de distribución a base de conductos cerrados, sin solución de continuidad y con una fuerza central que mueva el torrente sanguíneo: el **corazón**. En los distintos órganos, los vasos sanguíneos se arborizan en finísimos capilares para que cada célula pueda estar bañada en sangre, de la misma manera que en una ciudad moderna cada vivienda tiene un suministro de agua mediante la adecuada canalización y red de distribución. La cantidad de sangre es relativamente pequeña: en el hombre, entre 5 y 5.4 litros, lo cual corresponde a 1/13 del peso corporal. La superficie de los vasos capilares es, sin embargo, muy grande, pues la longitud de todos los que se encuentran en un cm cúbico de tejido llega a representar unos 2 000 metros. Es imposible, pues, que todos los capilares estén llenos de sangre en un momento determinado. Normalmente, el cuerpo nutre sólo los órganos que trabajan o son de importancia vital, mientras que los demás están excluidos en mayor o menor grado. Esta distribución obedece a una fina regulación. En el pulmón, bazo e hígado siempre se

Los órganos y sistemas orgánicos

encuentra sangre de reserva que puede ser lanzada a la circulación general en caso de necesidad. Si se abre bruscamente un número excesivo de redes vasculares existe el peligro de que la cantidad disponible no sea suficiente y el corazón lata en vacío, por lo que se puede llegar a la pérdida de conocimiento y, en casos extremos, a la muerte. Por ello no debe uno bañarse en agua caliente después de una comida copiosa, ya que la sangre no basta para irrigar al mismo tiempo los vasos capilares del aparato digestivo, en pleno trabajo de digestión, y los de la piel, abiertos por el calor del agua.

El **corazón** es el encargado de mantener la sangre en movimiento continuo. A partir de un conducto simple en los animales inferiores ha terminado por ser, en el hombre, un músculo hueco, dividido en cuatro cavidades —dos aurículas y dos ventrículos—, que normalmente realiza un trabajo de unos 8 kg por minuto, lo que corresponde aproximadamente a un motor de una potencia de 1/375 de caballo, aunque ciertos atletas pueden aumentar su rendimiento cardiaco hasta una potencia diez veces superior. Durante cada contracción en reposo, el corazón lanza unos 70 cm cúbicos de sangre; es decir, que en 100 latidos (en un minuto y medio) toda la sangre del cuerpo ha pasado una vez por el corazón.

La sangre atraviesa el músculo cardiaco mediante una regulación a base de cuatro válvulas diferentes, que se encuentran en un mismo plano entre aurículas y ventrículos. El lado derecho del corazón es atravesado por sangre venosa, que se encuentra en camino hacia los pulmones (el llamado **círculo menor** o pulmonar); el lado izquierdo del corazón, más potente, impulsa sangre arterial al resto de los tejidos (**círculo mayor**). Ambos sistemas están coordinados en función y ritmo que sólo se alteran por lesiones valvulares o debilidad del propio músculo cardiaco.

El ventrículo izquierdo es, pues, el motor principal de la circulación; el derecho actúa como bomba auxiliar para impulsar la irrigación pulmonar. Este reparto de trabajo explica el diferente grosor de las paredes ventriculares y la anatomía de los grandes vasos sanguíneos en la base del corazón. El latido cardiaco tiene una frecuencia que varía con arreglo al tamaño del organismo:

Pulsaciones por minuto					
	pájaros:	aprox.	200	lactantes:	aprox. 120
	gatos:	»	130	caballos:	» 35
	hombres:	»	75	elefantes:	» 25

El aparato circulatorio y el corazón de los animales inferiores es mucho más sencillo. La disposición en cuatro cavidades y la completa separación entre el círculo mayor y el menor son fases finales de un largo proceso evolutivo. Para hacer una comparación válida podría hablarse de que desde los seres más sencillos a los más complicados la red viaria se hace cada vez más compleja e intrincada. El conjunto celular de un animal superior tiene un sistema de comunicación con tan alta capacidad que las distancias por recorrer se reducen en la práctica y los órganos de servidumbre están en íntima y rápida conexión con las células en actividad. Se ha calculado, por ejemplo, que una molécula de oxígeno no necesita más de 5 segundos para llegar desde los pulmones a la célula muscular más distante.

Aparato excretor

Desde hace más de un siglo sabemos que el medio en que vive el hombre no es ni el aire ni el agua, sino un líquido que baña todas las células de los organismos. Este humor tisular comprende también el plasma de la sangre, pues prácticamente la única diferencia estriba en que el plasma sanguíneo está encerrado todavía en los vasos sanguíneos, aunque en continuo intercambio con lo que llamamos el **medio interno**. Establecer que este medio interno mantiene constante su composición, es decir, el principio de la homeostasis, fue el gran mérito del fisiólogo francés Claudio Bernard. El mantenimiento de esta constancia fisicoquímica de los líquidos intersticiales y del plasma sanguíneo incumbe principalmente al riñón. Puede afirmarse que su composición no depende de lo que ingresa por la boca en forma de sustancias nutritivas, sino de lo que el aparato urinario no excreta. Un adulto con un peso de 70 kg tiene aproximadamente un volumen circulante de sangre de 5 litros, que transitan por los riñones en su totalidad unas 35 veces; esto correspondería a unos 175 litros en 24 horas, no sólo para eliminar una amplia gama de sustancias extrañas que indiscriminadamente han entrado por el aparato digestivo, sino también para que el medio interno quede depurado de todas las sustancias residuales originadas durante el trabajo celular. Sólo así no se perturba el exquisito equilibrio que existe en el interior del organismo humano.

La aparición de los riñones es un capítulo relativamente tardío en la historia evolutiva de las especies. Comienzan a desarrollarse al surgir los primeros seres vertebrados, mejor dicho, cuando los animales comienzan a vivir en agua dulce, abandonando el medio salino. Los peces marinos tienen todavía un contenido en sal común (cloruro sódico) idéntico al del medio en que viven. La estabilidad de su medio interno —en agua y sal—, es relativamente fácil de mantener, y su aparato respiratorio se encarga de eliminar posibles excesos. Sus riñones, cuando los tienen, son bastante rudimentarios y no tienen otra misión que la eliminación de algunos desechos metabólicos. Actúan sólo como «bote de la basura». Pero una vez que los vertebrados, sobre todo los mamíferos, comenzaron a desplegar sus inmensas posibilidades vitales, fenómeno que culminó con la aparición del hombre, la homogeneidad del medio interno exigió el desarrollo de un aparato urinario diferenciado y sumamente selectivo, que junto a una actividad excretora presentara también un finísimo mecanismo de regulación para conservar el equilibrio homeostático. En síntesis, los riñones tienen que ahorrar agua y eliminar excesos de sal, por lo que **concentran** una orina cuya composición es muy diferente a la del plasma sanguíneo.

Los **riñones** eliminan, sobre todo, los productos finales del metabolismo de las proteínas, agua, sales minerales y sustancias extrañas al organismo, como restos de medicamentos, venenos o condimentos no alimenticios. Los riñones tienen la asombrosa capacidad de decidir por sí mismos qué sustancias deben ser eliminadas y en qué cuantía. Esta función selectiva se adapta a las necesidades del cuerpo en cada momento. Si bebemos demasiado líquido, el riñón excreta el exceso de agua; si tenemos sed se reduce la eliminación acuosa, con lo que la orina se concentra y se hace más densa. Los riñones son órganos totalmente esenciales para la vida. Se puede prescindir de un riñón porque el otro aumenta de tamaño y suple su función. La pérdida de ambos riñones significa, sin embargo, la muerte, que sobreviene en pocos días por acumulación de sustancias tóxicas en los líquidos tisulares, es decir, por una especie de envenenamiento

Los órganos y sistemas orgánicos

interno. Como los riñones pueden eliminar los productos de desecho sólo en forma disuelta, la sangre circula a través de ellos en gran cantidad para que, mediante un complicado y sucesivo proceso de filtración, se separe la orina. Por el riñón circula un litro de sangre por minuto, aproximadamente, lo que equivale a una cantidad diaria oscilante entre 1 500 y 1 700 litros. De esta enorme cantidad de sangre filtrada, sólo una pequeñísima parte se elimina en forma de orina (entre 1.5 y 2 litros al día).

La orina se acumula en pequeñísimos canales que desembocan en la pelvis renal, desde donde, a través de los uréteres, pasa a la **vejiga urinaria**, que la almacena, y regula su vaciamiento periódico mediante una compleja musculatura gobernada por el sistema nervioso.

De la vejiga sale la **uretra**, que en el hombre se une a las vías seminales a su paso por la próstata, situada en la parte inferior de la primera, para luego, en conducto común a lo largo de todo el pene, desembocar al exterior. En la mujer, la uretra es mucho más corta (3 a 5 cm) y no entra en relación con el aparato genital, pues es un conducto independiente que, cuando está en la posición erecta, es casi vertical, y termina en el vestíbulo de la vagina.

Aparato genital

La reproducción de los seres superiores pluricelulares puede considerarse como una forma especial de excreción. No sirve a la conservación del individuo por eliminación de sustancias de desecho, sino a la conservación de la especie por separación de células sexuales, o gametos, de cuya unión surge un nuevo ser vivo del mismo género. Ya en los estadios más tempranos del desarrollo corporal se aíslan unas células sexuales del resto de los tejidos y aguardan en el seno de los órganos genitales hasta que llega el momento de su maduración.

Los **testículos** se encuentran en el exterior, descendiendo poco antes del nacimiento por el conducto inguinal a la bolsa del escroto que los alberga. Los testículos sólo maduran completamente después de la pubertad. Producen células sexuales o espermatozoides y las hormonas masculinas, responsables del desarrollo de los caracteres sexuales secundarios (distribución del pelo, timbre de voz, proporciones corporales, etc). Los espermatozoides se forman en los conductos seminíferos, que se encuentran apelotonados en el interior del testículo y que, estirados, pueden llegar a tener una longitud de 300 metros.

Después de su maduración, las células sexuales se almacenan en una estructura anexa denominada epidídimo, que puede contener hasta un billón de espermatozoides que, en un medio ligeramente ácido, conservan su vitalidad durante muchas semanas. La composición final del **semen** o esperma se consigue sólo en las vías seminales excretorias, al mezclarse varias secreciones glandulares. Las más importantes son las de las **vesículas seminales** y de la **próstata,** que son alcalinas y favorecen la movilidad de los espermatozoides.

Las llamadas glándulas de Cooper, localizadas en la raíz del pene, en el suelo de la pelvis, lanzan su viscosa y filamentosa secreción a la uretra, poco antes de la eyaculación seminal, para neutralizar los restos de orina y preparar la mucosa para la polución. Ya que los ácidos paralizan e incluso matan a los espermatozoides, la mezcla de secreciones alcalinas con el líquido seminal es de capital importancia. Cada cm cúbico de semen contiene unos 100 millones de espermatozoides, por lo que en una eyaculación pueden liberarse hasta 500 millones en total.

El **órgano masculino** o **pene** consta de tres cuerpos eréctiles: el uretral, que forma también el **glande,** y los dos cuerpos cavernosos, que se insertan en la pelvis y están rodeados de firmes envolturas conjuntivas. La polución seminal –también llamada eyaculación– se posibilita por la fuerte musculatura, constituida espiralmente en tres capas, de los conductos deferentes, cuya contracción en oleada lanza el líquido seminal desde el epidídimo a la uretra.

Los **órganos genitales femeninos,** situados internamente, efectúan también durante el desarrollo embrionario, una migración parecida a la del varón, pero no llegan a salir del cuerpo. Los **ovarios** se sitúan, en la mujer madura, en unos huecos junto a la pelvis menor, manteniéndose fijos por unos ligamentos. Los óvulos o huevos se forman a intervalos periódicos y son trasladados por las trompas de Falopio a la matriz. También las glándulas sexuales femeninas producen hormonas responsables de la constitución corporal de la mujer, de sus ciclos menstruales y de las características propias de la naturaleza femenina.

El **útero** o **matriz** es un órgano muscular cuyo revestimiento interior define el medio más adecuado para recibir, albergar, cuidar y desarrollar el fruto de la concepción. Al contrario de lo que ocurre en muchas especies animales, el crecimiento del feto transcurre en el seno mismo del revestimiento mucoso uterino, no en la propia cavidad uterina. Durante cada menstruación se elimina esta mucosa en su totalidad, para que después vuelva a formarse, en espera de que el óvulo sea fecundado.

La **vagina** une los órganos sexuales con el exterior. Su mucosa consta de epitelio pavimentoso, pero faltan en ella células glandulares. Sólo a la entrada se encuentran unas glándulas mucosas (las llamadas glándulas de Bartolino). Si el semen masculino se deposita en la cúpula vaginal posterior, los espermatozoides, mediante un movimiento activo de su cola, tienen que atravesar el cuello del útero, la cavidad uterina propiamente dicha y llegar a las trompas para producir, en su caso (si encuentran un óvulo maduro), una fecundación. Una secreción vaginal demasiado ácida destruye los espermatozoides, los cuales en la cavidad uterina y en las trompas de falopio pueden sobrevivir hasta dos días, mientras que en la vagina tienen una vida limitada a una o dos horas, como máximo.

La **glándula mamaria** también pertenece a los órganos reproductores. Interviene en los cambios periódicos que experimentan los órganos genitales femeninos; su actividad es dirigida por hormonas, que también gobiernan la secreción láctea después de dar a luz.

Sistema nervioso y órganos de los sentidos

Si se comparan la sangre y los órganos de la circulación con la red de carreteras de un país por la que diariamente ruedan los medios de transporte, el sistema nervioso correspondería a la línea telefónica que permite el contacto rápido e inmediato entre diversas partes y, con ello, un «gobierno a distancia». De esta forma, el sistema

Los órganos y sistemas orgánicos

nervioso está brillantemente condicionado para ejercer funciones de regulación. En el hombre ha alcanzado un refinamiento no conseguido en ningún otro ser vivo. La posición dominante del hombre en la naturaleza, sus producciones creadoras de cultura, así como su superioridad frente a las demás criaturas, en una palabra, su propio destino, depende de la estructura particular de este sistema. El poderoso desarrollo del cerebro ha sido siempre considerado como una característica de la especie humana. Las **funciones del sistema nervioso** dependen de su capacidad de percepción de estímulos y de la transmisión e interpretación de las excitaciones. Estas facultades forman parte de las propiedades fundamentales de todo tejido vivo, al igual que el metabolismo, la respiración y la contractibilidad (capacidad de retraerse sobre sí mismo). El más sencillo ser unicelular es capaz de reaccionar a los estímulos del mundo exterior. En los animales multicelulares superiores se desarrolla, sin embargo, un sistema orgánico para este fin.

Para la apreciación de los estímulos se forman los órganos de los sentidos; para la transmisión, los nervios, y para la elaboración de las respuestas, el encéfalo y la médula espinal. La conservación y continuidad de la vida dependen del trabajo ordenado del sistema nervioso. Con frecuencia, la reacción adecuada a un estímulo o a una percepción sensorial puede salvar la vida en situaciones de accidente, como sabe muy bien todo conductor de automóvil.

Pero el sistema nervioso no sólo tiene importancia para la relación con el mundo ambiental; también influye sobre los procesos vitales de las células y regula la actividad de los distintos sistemas orgánicos entre sí. La contracción de los músculos no sólo es iniciada, sino que es coordinada entre ellos, de tal forma que se produzcan movimientos armónicos. Las formas nuevas de movimiento poco acostumbradas (como por ejemplo andar en bicicleta, tocar el piano, el patinaje, la danza, la natación, etc.) han de ser aprendidas. El proceso de aprendizaje es una función del sistema nervioso. La rigidez y la falta de habilidad de los primeros movimientos dependen del trabajo, todavía incompletamente coordinado, del sistema nervioso en relación con la nueva tarea que debe entrenarse hasta llegar a ser casi mecánica.

La mayor parte de la actividad nerviosa se sustrae a la conciencia. La parte del sistema nervioso que realiza las regulaciones inconscientes e involuntarias se llama **sistema nervioso autónomo,** o vegetativo. Regula la actividad de las glándulas y del intestino, el riego de los órganos, la secreción sudoral, la actividad respiratoria y cardiaca, etc. En el aspecto anatómico, sus centros se encuentran dentro de las mismas vísceras y en la médula espinal. La parte consciente del sistema nervioso está localizada, sobre todo, en el encéfalo. Como los estímulos del mundo exterior llegan a nuestra conciencia a través de los órganos de los sentidos, nos encontramos en situación de elaborar las impresiones y reaccionar de forma meditada o de modo más o menos reflejo. Si el sistema nervioso es una organización superior para la distribución, almacenamiento y elaboración de estímulos y, a nivel superior, de señales e informaciones, se comprende que existan mecanismos autónomos y otros de mayor jerarquía que condicionan preferentemente su relación con el medio ambiente. Es un proceso similar al del gobierno de un país que, mediante una Secretaría de Gobernación (sistema nervioso vegetativo) y una Secretaría de Relaciones Exteriores (sistema nervioso central), regulara conjuntamente toda la actividad de sus elementos constituyentes o habituales.

Voluntariamente podemos influir en nuestro sistema musculoesquelético y así reaccionar de modo adecuado a las circunstancias ambientales. Hay también grupos musculares «voluntarios» que, en buena parte, están sustraídos a la voluntad; así ocurre con la musculatura de la faringe y de la cavidad bucal, que representan un papel en el acto de la deglución o en la producción de la voz, o bien con la musculatura de la vejiga y del recto, que actúan en los procesos de eliminación de residuos. Aunque podemos modificar su frecuencia a voluntad, no somos capaces de suprimir la respiración durante mucho tiempo. La mayor parte del sistema nervioso trabaja de modo reflejo, es decir, a un estímulo sigue inmediatamente la respuesta, independientemente de la voluntad o la conciencia del sujeto afectado. El centro de estos procesos reflejos se encuentra en la médula espinal.

Los nervios autónomos por un lado y, paralelamente, el sistema nervioso central por otro, trabajan coordinadamente; sin embargo, la mayor riqueza funcional del sistema nervioso en los seres superiores se basa en las conexiones intermedias. La masa principal del encéfalo humano consta de células nerviosas estacionadas en dichas asociaciones. Realizan la estructuración ordenada y jerárquica de las células del encéfalo que caracteriza al hombre en comparación con los demás seres vivos. Igual que en una central telefónica, el sistema tiene mayor capacidad funcional cuantas más asociaciones diversas sea capaz de realizar, la mayor diferenciación del sistema nervioso del hombre queda reflejada en el número de células intermedias. De esta forma se consigue una regulación y un gobierno de la actividad de todos los grupos tisulares del cuerpo. Se calcula que un hombre que sube una escalera o va en bicicleta recibe diez mil estímulos nerviosos por segundo, que son elaborados y luego informados a multitud de tejidos: músculos, respiración, corazón, metabolismo, etc. No es extraño, pues, que las computadoras electrónicas tengan todavía mucho que envidiar al cerebro humano.

Sistema endocrino

El organismo regula sus funciones celulares a través de unos mediadores químicos, las hormonas, que se forman en determinadas glándulas endocrinas y se distribuyen con la sangre. Son sustancias activas que no participan directamente en el metabolismo celular, pero que, con su presencia, dirigen en definitiva la actividad tisular. Así, junto a las vitaminas y las enzimas, las hormonas intervienen como biocatalizadores o compuestos químicos que en el organismo vivo desencadenan o retrasan determinados procesos de tipo químico, sin que ellos mismos sufran transformación alguna.

Para esta actividad, las cantidades necesarias son mínimas. De la misma manera que el nervio necesita una cierta estructura que provoca efectos en el órgano dirigido para que responda al estímulo excitante, también la acción especial de las hormonas se basa en que en los órganos existen formaciones concretas que reaccionan de manera específica a su influjo. Se distingue entre las hormonas glandulares, que se producen en las seis glándulas endocrinas, y las hormonas tisulares, que se forman en células muy repartidas por todo el organismo.

Las glándulas de secreción interna son la **hipófisis**, la **tiroides**, las **paratiroides**, el aparato insular del páncreas o **páncreas endocrino**, las **suprarrenales** y las **sexuales**.

Los órganos y sistemas orgánicos

El **timo** y la **epífisis** del cerebro medio, según conocimientos recientes, no pueden incluirse entre los órganos incretores. Para que las hormonas desarrollen toda su actividad en el nivel tisular es necesario que se cumplan dos condiciones: que haya suficiente cantidad de hormonas en la sangre y que el tejido sea capaz de reaccionar. Existen situaciones en las que, a pesar de una adecuada concentración hormonal sanguínea, no aparece respuesta específica por estar disminuida la demanda celular. Esta merma reactiva de los tejidos puede tener diversas causas, como una insuficiencia hereditaria, oscilaciones periódicas en el ritmo biológico (por ejemplo en las glándulas sexuales) o lesiones específicas.

La actividad hormonal tiene ciertos límites, por lo que su misión presenta carácter de regulación. Así, la mayoría de las hormonas después de un tiempo relativamente corto dejan de ser activas; se degradan químicamente o se eliminan como tales. De la misma manera que el nervio estimula continuamente los diferentes órganos para provocar una determinada actividad, por ejemplo una contracción muscular, la glándula endocrina también tiene que segregar hormonas en forma ininterrumpida para mantener la actividad en el nivel del órgano efector.

La duración del efecto varía según las diferentes hormonas; una de las producidas por las suprarrenales (la hidrocortisona) se inactiva a las 3-4 horas; la hormona tiroidea tarda unos días. Las glándulas endocrinas trabajan entre sí en perfecta armonía e interdependencia. Existen glándulas que no actúan directamente sobre un órgano efector, sino que regulan la actividad de otras glándulas endocrinas. La función glandular también se regula por un mecanismo de autogobierno humoral: el exceso de hormonas frena la producción en las glándulas que las segregan.

Todas las regulaciones hormonales son influidas directamente por el control superior del sistema nervioso, generalmente a través de la hipófisis, que, siendo una especie de director de orquesta de la actividad glandular, realiza su función a través de sustancias hormonales que gobiernan la actividad de todas las demás glándulas endocrinas. También la capacidad de reacción del órgano efector puede ser influida por el sistema nervioso. Por otro lado, después de una administración prolongada de hormonas con fines terapéuticos se pueden producir antihormonas que debilitan o anulan la actividad hormonal. En esquema, la regulación hormonal puede sintetizarse de esta manera:

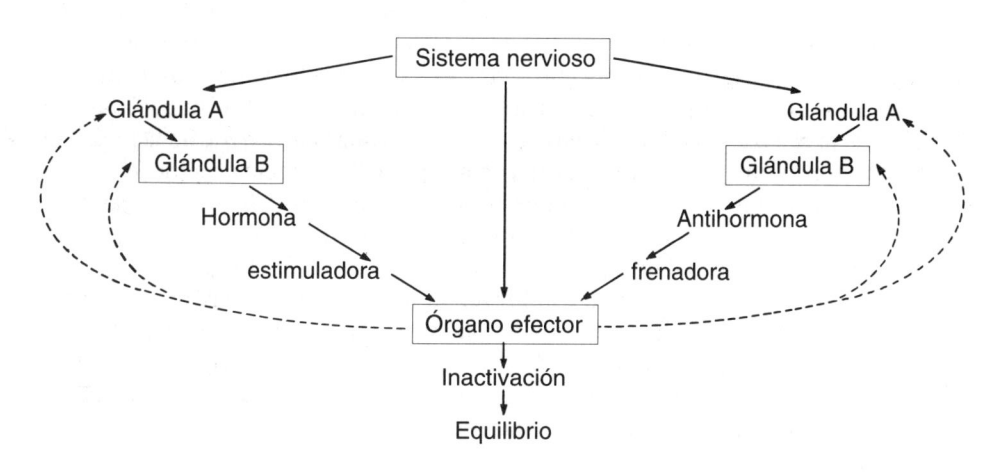

El hombre como persona

El organismo humano como unidad funcional

La morfología del hombre, al contrario de la de los demás animales, se ha adaptado poco a las circunstancias del medio ambiente. Las extremidades superiores se mueven con libertad y tienen multitud de funciones, pero han prescindido de algunas misiones especializadas que caracterizan a los miembros de los restantes mamíferos. Por la marcha erguida, la cabeza se sostiene altivamente; la boca y la nariz pierden su contacto con la tierra; la mirada adquiere un horizonte más amplio y la expresión facial toma toda la compleja significación del rasgo individual. Precisamente por la pérdida del inmediato amoldamiento del cuerpo humano a su medio ambiente descubre la persona sus procesos anímicos. Fundamental en este sentido es la mímica, por la cual un grupo muscular entra en servicio exclusivo para revelar el estado espiritual; se habla de músculos de la sonrisa, existe una frente pensadora, pero también la marcha, el movimiento de los brazos, la postura corporal, etc., forman parte de la esencia humana.

La belleza, la armonía y la capacidad de expresión del organismo dependen, sobre todo, de sus respectivas proporciones, que además cambian de hombre a mujer. La mujer tiene formas más suaves y sinuosas por la mayor proporción de tejido adiposo bajo la piel; el armazón óseo y la musculatura determinan la complexión y el relieve corporal masculino. La mujer es, en general, más pequeña; su tronco es relativamente más largo y sus brazos y piernas más cortos que en el hombre. La mujer tiene los hombros más estrechos y su pelvis es más ancha; se acentúa esta característica por la abundante almohadilla grasa que presentan sus caderas.

Las extremidades inferiores tienen una posición dirigida hacia dentro en la mujer; en el varón se dirigen un poco más hacia afuera. También varía el tamaño relativo de los muslos y la configuración del cuello. Varía, pues, la complexión entre hombre y mujer; por ello, el «peso ideal» también es diferente: un esqueleto ancho tolera más kilos que uno estrecho; la proporción entre músculos y grasa no es igual, por lo que a igual estatura la mujer ha de pesar siempre algo menos que el hombre.

Pero las diferencias en la construcción corporal no dependen sólo del factor sexual. También intervienen la edad, la raza, el clima, la nutrición y, sobre todo, la constitución; a grandes rasgos: **factores ambientales** y **factores hereditarios.** Cambian mucho las proporciones por influencia de la edad. Disminuye, sobre todo, el tamaño relativo de la cabeza. Su altura en el recién nacido es una cuarta parte de la longitud corporal; en el adulto sólo representa una octava parte. En el recién nacido, el centro del cuerpo se encuentra cerca del ombligo; en el adulto, muy por debajo. Estos cambios se originan por un crecimiento relativo más acusado de las piernas después del nacimiento y durante la pubertad.

Se ha especulado mucho para establecer un canon que fije las proporciones corporales. Los griegos tomaron como unidad la medida de la cabeza, que debería representar la octava parte de la longitud total del cuerpo. Durante el Renacimiento, Leonardo de Vinci y Miguel Ángel introdujeron leyes científicas junto al componente puramente estético-artístico, alargando las proporciones del tronco y de las extremidades. Pero fue Alberto Durero quien señaló un método matemático: mediante el dibujo del cuerpo humano situado en una serie de cuadrículas o papel milimetrado halló los esquemas proporcionales de las partes corporales entre sí. Así, se ha podido demostrar que estas relaciones corresponden a lo que en geometría se denomina «regla áurea»: se divide una recta mediante un punto de separación de tal modo que la parte más corta sea proporcional a la más larga en la misma proporción que la parte mayor lo es a la totalidad.

Crecimiento y ritmo de crecimiento

El crecimiento y el desarrollo corporales tienen una influencia decisiva sobre la constitución física, pues los diferentes segmentos anatómicos crecen de manera desigual en las distintas épocas de la vida. Por esto, y según la edad, varían también las proporciones entre las partes orgánicas. El sistema nervioso es el más precoz; se adelanta considerablemente a la formación de los demás aparatos, ya que su desarrollo tiene que estar prácticamente terminado al nacer, pues el proceso de maduración es tan intrincado que no puede prescindirse de un órgano de gobierno como el cerebro «puesto a punto».

Esto condiciona una relativa desproporción del tamaño de la cabeza del recién nacido y lactante: predomina una bóveda craneal muy acusada, pero el aparato de masticación y el maxilar inferior no llegan a tener aún relieve característico alguno. La abertura palpebral del lactante está elevada, por lo que el blanco del ojo todavía es visible en su parte superior. Todo ello presta a los infantes una especial y casi uniforme expresión facial.

El crecimiento y la maduración física no constituyen un proceso continuo; alternan en fases rítmicas irregulares. Se distinguen periodos en los que las formas se hacen patentes, con aumento de grosor y por consiguiente de peso, de otras etapas en que predomina el aumento longitudinal. Estos periodos de crecimiento son al mismo tiempo fases de moldeamientos internos y externos. De forma esquemática pueden ordenarse en ritmos que tienen una duración de siete años. Después de la primera época septenal, el niño está capacitado para ir al colegio; después de la segunda, alcanza la pubertad y se prepara para la lucha por la vida, por la propia conservación y de la especie. Al completar los 21 años ya es adulto, tanto en sentido anatómico como en el social. Todo ello se produce quizá con mayor anticipación en las mujeres que en los hombres. Estos periodos de maduración coinciden con unos cambios acusados, alternando el «estirón» con las épocas en que la matización de las formas es más notable. En estos últimos años se observa en la raza blanca una maduración cada vez más precoz, fenómeno que ha recibido el nombre de **aceleración,** cuya última causa permanece desconocida, aunque parece deberse al influjo de la civilización.

Así, la **menarquía** –la aparición de la primera menstruación– ya no sobreviene a los 13-14 años, sino que se presenta en niñas de 10-11 años e incluso antes. No sólo existe mayor precocidad en el terreno de la pubertad, al menos en la raza blanca, sino que el hombre y la mujer son más altos (se han ganado más de 10 cm en lo que va de siglo) y tienen una figura más estilizada, lo que incluso ha hecho cambiar los parámetros que establecen el peso ideal para cada persona.

Anatomía y biología del cuerpo humano

El largo y accidentado periodo de maduración, es decir, la duración de la época juvenil, es exclusivo de la especie humana y no tiene paralelo en las demás especies animales, inclusive antropoides. Es una de las bases biológicas más importantes que definen la capacidad de aprendizaje y formación intelectual del hombre. Quizá sea el factor primordial que explica su hegemonía y su dominio de la naturaleza. Esto también implica que la plenitud corporal precede a la intelectual-sensitiva. Un hombre no alcanza la cumbre de sus posibilidades hasta los 30-35 años de edad. Después ya comienza el declive, que se acentúa a partir de los 50 años: incluso el tamaño corporal puede disminuir (en general en un 3%), lo que se debe sobre todo a fenómenos involutivos especialmente relacionados con la columna vertebral.

Los periodos de crecimiento y maduración no sólo se suceden con ritmos anuales, sino que también varían según la estación del año. En la primavera, el cuerpo suele aumentar de tamaño; al final del verano y en el otoño sobreviene una etapa de maduración. Asimismo, durante un solo día acontecen cambios regulados en los diferentes procesos vitales: **ritmo circadiano**. En general, todos los fenómenos biológicos obedecen a un ritmo propio, inherente. Así, por ejemplo, es más frecuente la terminación del parto durante las horas de la madrugada que durante el resto del día. Por la noche los riñones reposan, por así decirlo, y atenúan su función depuradora. Incluso durante la noche se muere más fácilmente que durante el día, lo que indica que de madrugada declinan, en cierto modo, las fuerzas vitales.

El crecimiento y el desarrollo tienen un gobierno central. Las glándulas de secreción interna juegan un papel fundamental, ya que la hipófisis y la tiroides son capaces de acelerar el proceso de maduración. Incluso la misma hipófisis o glándula pituitaria segrega una hormona específica del crecimiento cuya falta condiciona enanismos y deformidades corporales. Por el contrario, las glándulas sexuales frenan el crecimiento, por lo que después de la pubertad se hace más lento el desarrollo físico. Si se castran los animales o el hombre, falta esta normal inhibición y se producen grandes desproporciones en tamaño y peso.

El envejecimiento del cuerpo humano

Desde el punto de vista biológico, el crecimiento se caracteriza por unos procesos constructivos o formativos llamados también anabólicos. En la época de la madurez del ser humano se equilibran estos fenómenos con los procesos de desgaste o destructivos, denominados **catabólicos**. A partir de los 50 años predominan estos últimos, sin embargo, hay estudios efectuados en la década de los ochenta que demuestran que el proceso de envejecimiento se inicia a los 20 años; y en la sexta década de la vida se hace absoluto. Existen seres vivos que no envejecen nunca, como los unicelulares, pues tras un periodo variable de vida se transforman simplemente en dos organismos hijos iguales: se trata de una especie de inmortalidad potencial. Los virus, que sólo pueden reproducirse en el seno de células vivas, tampoco envejecen. Lo mismo ocurre con las células humanas que se cultivan artificialmente en el laboratorio, usando determinados medios de mantenimiento: si se renueva continuamente el medio nutritivo, estas células pueden mantenerse vivas indefinidamente, aunque para ello hayan de sacrificar cualquier trabajo altruista encaminado a mantener el organismo en su totalidad. El problema de estos seres potencialmente inmortales reviste caracteres casi filosóficos: puede postularse que la colonia sobrevive a costa del cese de toda actividad individual animal. Sin persona, no hay envejecimiento, y a la inversa.

En el organismo humano, la sustancia intercelular o intersticial que podría corresponder a aquella sustancia nutritiva con que prolongamos artificialmente la vida en los cultivos de tejidos citados, no puede ser cambiada de manera continua. Aunque la sangre mantenga un intercambio, a partir de la segunda mitad de la vida se produce un aglutinamiento progresivo de sustancias residuales que cambian la composición de los humores tisulares y provocan depósitos de sustancias en el seno de las propias células. Sin embargo, esto no lo explica todo y el proceso íntimo del envejecimiento y su última consecuencia, la muerte, todavía escapan a la comprensión humana. Por ello se han originado infinidad de teorías. Sabemos que la edad implica un almacenamiento progresivo de calcio, colesterol y nitrógeno en los tejidos, mientras que disminuye el contenido de potasio y sobre todo de agua. Esta acumulación de residuos es más acusada en los tejidos menos activos por naturaleza, al carecer de una suficiente irrigación sanguínea: córnea, cristalino del ojo, ligamento de la columna vertebral, revestimientos cartilaginosos de las articulaciones y pared interior de los vasos sanguíneos. En estas estructuras anatómicas aparecen precozmente los fenómenos objetivos que señalan el envejecimiento: cataratas, endurecimiento articular, arterioesclerosis, etc. La pérdida de la elasticidad vascular acaba por afectar al corazón, que luchará contra una mayor resistencia, estando en sí mismo afectado por el desgaste senil al recibir una nutrición más deficiente por las arterias coronarias. Pero si la única definición satisfactoria de la vida entraña el concepto de que es una continua lucha contra la muerte, habremos de concluir repitiendo que se desconoce el porqué de esta lucha, y a medida que transcurren los años se hace cada vez más difícil. La vida es un equilibrio dinámico, como lo es una llama que, reaccionando ante los más diversos estímulos, tiene una increíble capacidad de adaptación. Esta capacidad disminuye con la edad, pero a diferencia de la llama, el organismo no se acaba por falta de material combustible, sino porque esa combustión resulta cada vez más difícil de mantener.

Al igual que en la chimenea es necesario retirar de vez en cuando todas las cenizas de la combustión para asegurar un buen fuego, puede ocurrir que el envejecimiento de los seres vivos tenga que ver con una progresiva acumulación de escorias procedentes del metabolismo que los aparatos de excreción no puedan eliminar. Pero esta explicación es demasiado simplista. La realidad es que existe una **biomorfosis** o conjunto de características que nos muestran las modificaciones producidas en el organismo a medida que avanza el reloj biológico. Estos cambios no obedecen únicamente a leyes fisicoquímicas.

Factores ambientales

Se ha dicho, con razón, que lo que el hombre trae consigo como cuerpo y alma y lo que el mundo introduce en ambos, así como las relaciones de uno y otra y todo lo que de ello resulta, forjan la personalidad humana. Si la constitución y demás propiedades hereditarias dependen de factores internos, la constitución física, el crecimiento y el desarrollo del hombre también se basan en influencias externas. La lucha continua

Anatomía y biología del cuerpo humano

contra los microorganismos, la alimentación en sus facetas cualitativa y cuantitativa, las condiciones sociales de vivienda, trabajo, recreo, actividad física, etc., pueden actuar positiva o negativamente sobre el desarrollo corporal. También el clima adquiere una gran importancia; precisamente si las razas humanas, tan diferentes, prolongan indefinidamente las adaptaciones específicas que el medio ambiente les impone, estos factores externos habrán actuado durante un largo tiempo para que, por mecanismos evolutivos, se haya fijado hereditariamente una diversidad tan acusada.

En el principio, estructural y funcionalmente hablando, el hombre estaba organizado para vivir como cazador en un ambiente húmedo y cálido, es decir, cerca del ecuador. Para el hombre desnudo, la temperatura crítica del aire oscila entre los 27 y los 33 grados; por debajo de esta temperatura tiene que aumentar su metabolismo (quemar más alimentos) a fin de mantener su temperatura dentro de los límites normales. Es posible que ningún otro animal tenga tan grande capacidad de excreción de sudor como el ser humano, característica que ha conservado desde que se estableció durante su vida primitiva en aquel clima tropical. Gracias al fuego y al vestido, el hombre pudo amoldarse al clima frío cuando comenzó a colonizar el resto de la Tierra. Adquirió también caracteres nuevos o, mejor dicho, perdió unos para ganar otros. Por ello, su retorno a los trópicos requiere una temporada de reaclimatación y adaptación, para evitar trastornos y enfermedades. En los climas templados, el crecimiento es más lento; la maduración corporal y sexual se adelanta, sin embargo, respecto de los habitantes de climas fríos. Varían también las necesidades nutritivas:

Necesidad de:	*Climas fríos*	*Climas cálidos*
Agua	disminuida	aumentada
Sales minerales	disminuida	aumentada
Hidratos de carbono	aumentada	inalterada
Grasas	aumentada	inalterada
Proteínas	inalterada	aumentada
Vitaminas	inalterada	inalterada

Resulta curioso este aumento de la necesidad de proteínas en los climas tropicales, quizá reliquia de nuestra herencia de cazadores en este ambiente. De todos es conocido por las fotos publicadas, que en Etiopía y Nigeria la falta de proteínas condiciona, en los niños, una enfermedad especial llamada «kwashiorkor», típicamente carencial, mientras que entre los europeos sometidos a dietas de hambre, también faltos de proteínas (en campos de concentración durante las guerras europeas, por ejemplo), las enfermedades carenciales adoptan un cariz completamente diferente.

Resulta innegable la influencia del factor climático sobre la aparición y el curso de ciertas enfermedades. Es sabido que, si bien en los climas fríos y húmedos predominan las enfermedades inflamatorias del aparato respiratorio y el reumatismo, el hombre es más «sano» en los ambientes tropicales, siempre que sepa guardar ciertas reglas higiénicas, tenga una dieta adecuada y salga victorioso en su lucha contra los animales agresivos, especialmente insectos y parásitos. No sólo el clima, sino también el suelo, el paisaje, los cambios atmosféricos y las variaciones meteorológicas estacionales ejercen su influjo. Si el nórdico durante el largo y oscuro letargo invernal presenta una especial situación animicocorporal, también todo ser humano reacciona a la presencia de los frentes atmosféricos, incluso con anticipación, como lo demuestra la exacerbación del dolor en los reumáticos crónicos.

Los cambios que produce la contaminación atmosférica en el organismo humano se manifiestan de diversas formas, como irritación de mucosa nasal y conjuntivas ocasionada por el dióxido de azufre; somnolencia y letargo por el monóxido de carbono; formación de metahemoglobina, que consiste en la unión permanente del CO a la hemoglobina; fibrosis y hemorragia alveolar por el ozono; y retardo en el aprendizaje, causado por depósitos de plomo alojados en el sistema nervioso central.

Pero la influencia de los factores ambientales va mucho más allá; parece ser importante en la frecuencia de las malformaciones congénitas. Se ha postulado que en la altiplanicie de los países de América del Sur son más frecuentes las alteraciones anatómicas del corazón, simplemente por existir, en este nivel, menor proporción de oxígeno en el aire que respiran sus habitantes. Mucha importancia adquieren también recientes investigaciones que indican que las relaciones sexuales frecuentes son más «sanas» para el producto de la concepción. Si la fecundación sobreviene con óvulos o espermatozoides de más de 40 horas (si el coito es esporádico), existe mayor incidencia de malformaciones congénitas, en especial del síndrome de Down.

Factores hereditarios (genética)

Los grandes progresos científicos conseguidos en el campo de la biología conducen a la delimitación entre los factores ambientales y los hereditarios. Ambos intervienen en la maduración del organismo, condicionan su personalidad y juegan un papel relevante en la aparición y curso de las enfermedades.

Al conjunto de las propiedades manifiestas que caracterizan al ser vivo (apariencia y forma exterior, constitución, disposición fisicopsíquica, etc.) se le denomina **fenotipo.** Si el medio ambiente, la educación, la manera de vivir, el influjo social, la alimentación, el clima y muchos otros factores externos moldean el fenotipo de cada individuo, una parte muy importante del mismo se basa en características transmitidas de padres a hijos, las cuales reciben el nombre de **genotipo.** La ciencia que estudia los procesos hereditarios, la **genética,** es relativamente joven; nació hace poco más de 100 años, cuando al padre agustino Gregorio Mendel se le ocurrió cruzar diferentes clases de chícharos entre sí. Hoy, las cosas se han complicado extraordinariamente, pues ya no se trata de describir cómo se distribuyen determinados atributos entre los descendientes de una pareja, de una familia, sino que se pretende averiguar la base química del mensaje biológico transferido a las células, tejidos, órganos y aparatos en sucesivas generaciones para que los millares constituyentes de cada especie se repitan indefinidamente de manera específica.

El ser humano se origina por la unión de dos **gametos** o células sexuales diferenciadas: óvulo y espermatozoide. Ambos contienen todo aquello que el nuevo individuo heredará de sus dos ascendientes. Pero esta herencia puede reducirse a determinadas unidades que pueden describirse en el sentido fisicoquímico y que existen como tales entidades, y pueden analizarse. Estos elementos hereditarios se llaman **genes;** se cifran en muchos millares, todos ellos de constitución química definida pero diferente entre sí. Se disponen, linealmente, en sucesión fija, en unos portadores especiales, a modo de marco o guía, que son visibles al microscopio: son los **cromosomas,** cuyo número varía según las especies. El caballo tiene en sus células sexuales 64 cromosomas; el burro 62, el rinoceronte 82. El hombre tiene 46, que se agrupan en 23 pares; uno de estos pares es designado con el número 23 y es el que precisamente determina el sexo del nuevo ser viviente. De importancia capital resulta que los demás pares de cromosomas se asemejen, mientras que el par sexual varía entre varón y mujer. El de la mujer cuenta con dos cromosomas llamados X, iguales entre sí, mientras que el del hombre está formado por un cromosoma X, igual a los femeninos, y otro mucho más pequeño y rudimentario, denominado Y.

Característica de toda célula del organismo humano es que tiene 46 cromosomas; por ello, siempre que se divide una célula los cromosomas han de duplicarse para que cada célula hija vuelva a tener los 46 cromosomas. Pero existe una excepción: durante la fecundación del óvulo por el gameto masculino no existe división sino unión, pues, en caso contrario, la célula fecundada tendría 92 cromosomas, que ya, indefinidamente, transmitiría a toda su descendencia. Para evitarlo, la naturaleza se vale de un subterfugio de importancia capital: durante la fase de maduración, en los óvulos y en los espermatozoides, los cromosomas se unen por pares. Los gametos sexuales maduros son las únicas células del organismo que sólo contienen la mitad de cromosomas. Así, durante la fecundación, el nuevo ser tiene el número primitivo y específico de la especie. Aunque el óvulo inmaduro, al ser del sexo femenino, tiene un par de cromosomas sexuales iguales (XX), al unirse éstos durante la maduración, el óvulo maduro tiene siempre un solo cromosoma X. En el espermatozoide inmaduro con un par sexual desigual (XY), la maduración conduce a que el 50% de los espermatozoides maduros contengan un cromosoma sexual X, y el otro 50% uno de característica Y. Esto es sumamente importante, pues si el óvulo es fecundado (al azar, como se sabe hoy en día) por un gameto de constitución cromosómica 22 + X, el sexo del nuevo individuo será femenino, al unirse los dos X. Pero si el óvulo es fecundado por un espermatozoide 22 + Y, el producto de la concepción será masculino. Según esta ley de tipo estadístico el número de varones y mujeres debería ser el mismo.

Es fácil comprender que estos procesos tan complejos puedan sufrir importantes alteraciones. En 1959 se descubrió que el **síndrome de Down** —**trisomía 21** (la causa más frecuente de subnormalidad física y mental en los niños)— consiste realmente en una anormalidad cromosómica adquirida durante la maduración de las células sexuales: el par 21 de cromosomas consta de tres elementos en vez de los dos habituales. Por ello, las células de estos seres tienen 47 cromosomas y no 46.

Otras veces, las duplicaciones cromosómicas anormales ocurren en el par sexual 23: son las «supermujeres», que tienen una dotación celular de XXX; generalmente son mujeres con graves perturbaciones tanto físicas como mentales. También existe el «superhombre», con dotación XXY, que como hecho de importancia social trascendente parece implicar una especial inclinación hacia la criminalidad. De confirmarse esta hipótesis, estos seres necesitarían de una especial atención preventiva.

Pero el azar no sólo juega un papel fundamental en los cromosomas, que por sus anomalías numéricas pueden condicionar graves trastornos en la descendencia. Los

ANATOMIA TOPOGRAFICA DEL CUERPO HUMANO

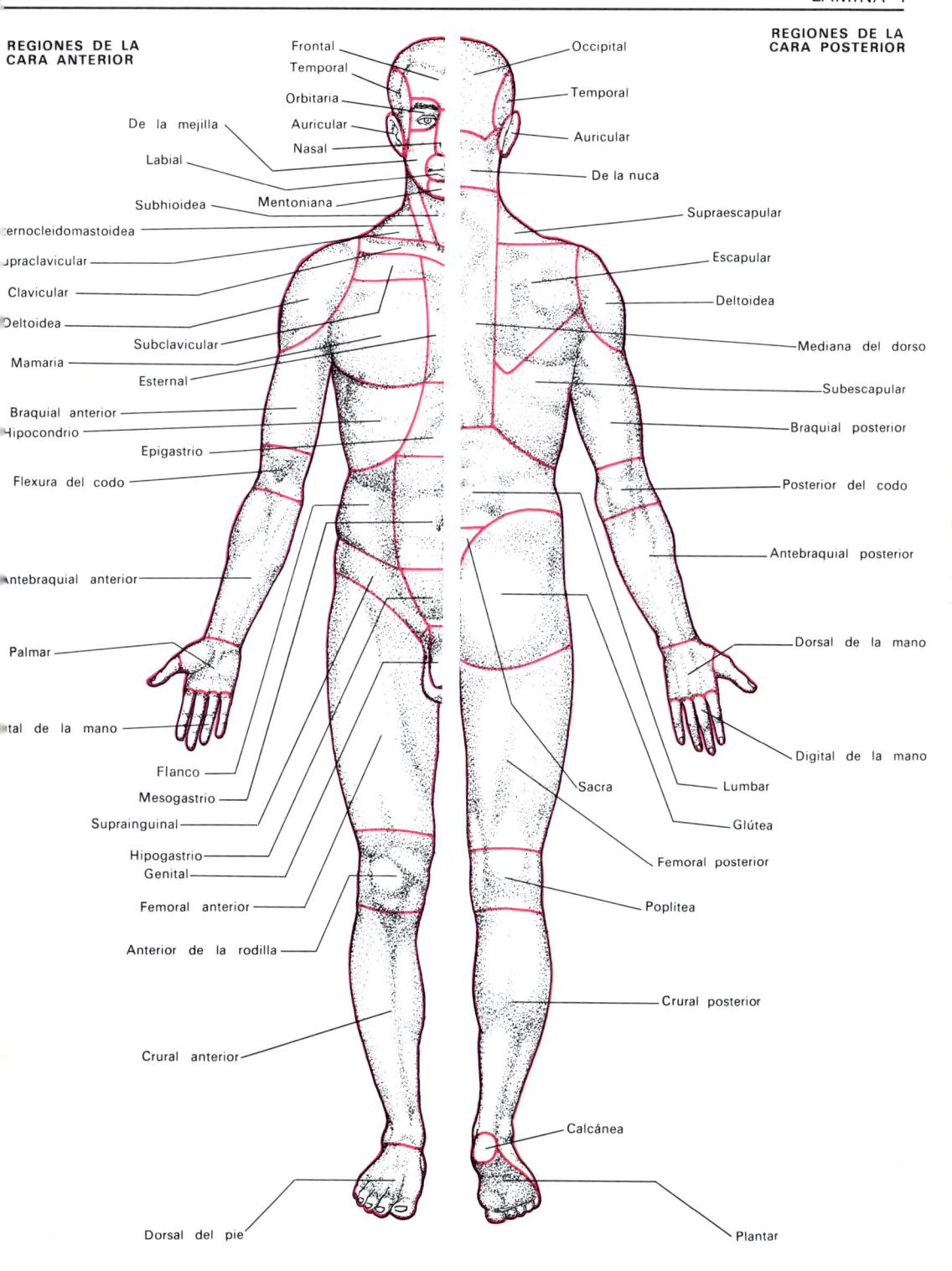

LAMINA I

REGIONES DE LA CARA ANTERIOR

- Frontal
- Temporal
- Orbitaria
- De la mejilla
- Auricular
- Labial
- Nasal
- Subhioidea
- Mentoniana
- Esternocleidomastoidea
- Supraclavicular
- Clavicular
- Deltoidea
- Subclavicular
- Mamaria
- Esternal
- Braquial anterior
- Hipocondrio
- Epigastrio
- Flexura del codo
- Antebraquial anterior
- Palmar
- Digital de la mano
- Flanco
- Mesogastrio
- Suprainguinal
- Hipogastrio
- Genital
- Femoral anterior
- Anterior de la rodilla
- Crural anterior
- Dorsal del pie

REGIONES DE LA CARA POSTERIOR

- Occipital
- Temporal
- Auricular
- De la nuca
- Supraescapular
- Escapular
- Deltoidea
- Mediana del dorso
- Subescapular
- Braquial posterior
- Posterior del codo
- Antebraquial posterior
- Dorsal de la mano
- Digital de la mano
- Lumbar
- Sacra
- Glútea
- Femoral posterior
- Poplitea
- Crural posterior
- Calcánea
- Plantar

HUESOS DEL ESQUELETO

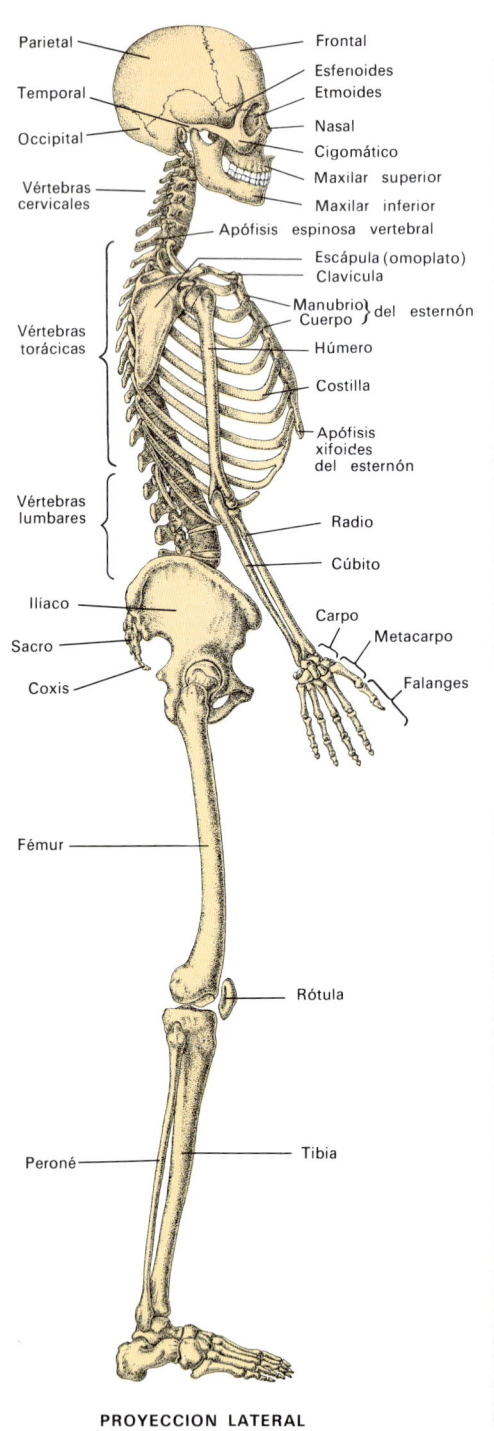

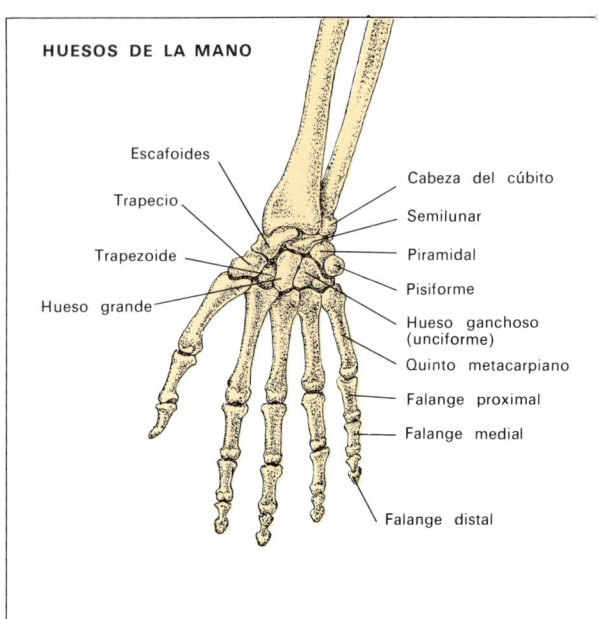

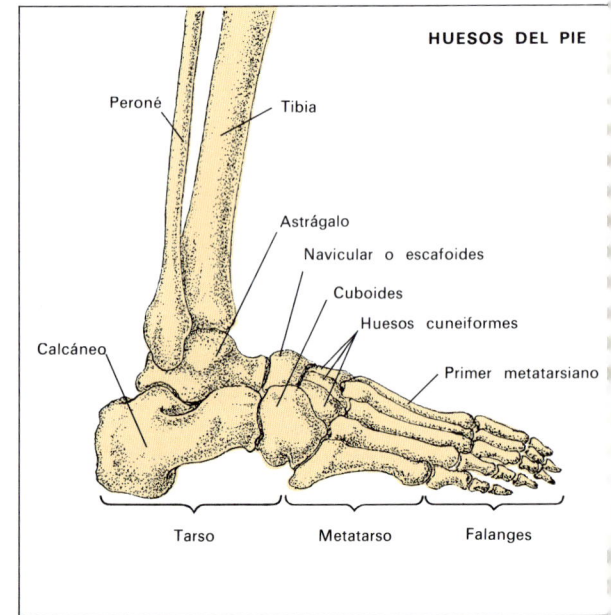

Proyección lateral — etiquetas:
- Parietal
- Temporal
- Occipital
- Vértebras cervicales
- Vértebras torácicas
- Vértebras lumbares
- Ilíaco
- Sacro
- Coxis
- Frontal
- Esfenoides
- Etmoides
- Nasal
- Cigomático
- Maxilar superior
- Maxilar inferior
- Apófisis espinosa vertebral
- Escápula (omoplato)
- Clavícula
- Manubrio } del esternón
- Cuerpo
- Húmero
- Costilla
- Apófisis xifoides del esternón
- Radio
- Cúbito
- Carpo
- Metacarpo
- Falanges
- Fémur
- Rótula
- Peroné
- Tibia

PROYECCION LATERAL

HUESOS DE LA MANO

- Escafoides
- Trapecio
- Trapezoide
- Hueso grande
- Cabeza del cúbito
- Semilunar
- Piramidal
- Pisiforme
- Hueso ganchoso (unciforme)
- Quinto metacarpiano
- Falange proximal
- Falange medial
- Falange distal

HUESOS DEL PIE

- Peroné
- Tibia
- Astrágalo
- Navicular o escafoides
- Cuboides
- Huesos cuneiformes
- Primer metatarsiano
- Calcáneo
- Tarso
- Metatarso
- Falanges

LAMINAS II-III

CARA ANTERIOR

CARA POSTERIOR

SISTEMA MUSCULAR

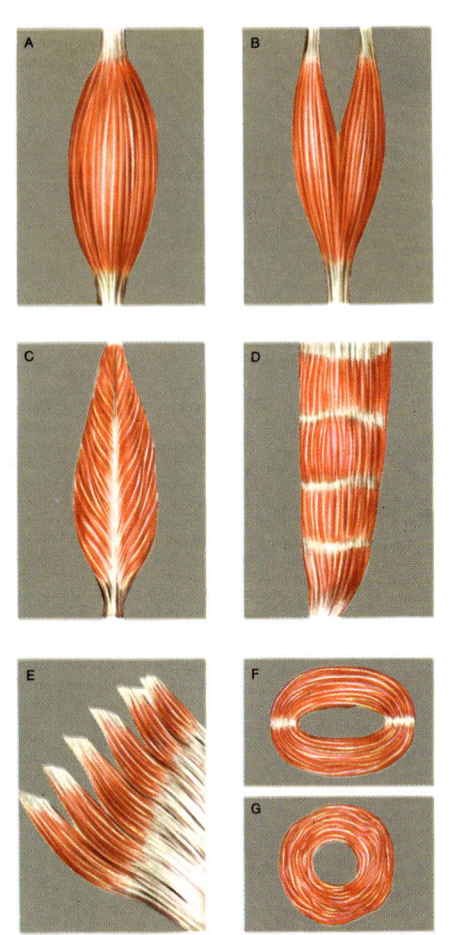

PRINCIPALES FORMAS DE MUSCULOS. A) Músculo con vientre muscular bien delimitado y dos tendones en los extremos: B) Músculo bicipital; C) Músculo penniforme; D) Músculo aplanado con inserciones tendinosas; E) Músculo ancho con aponeurosis de inserción; F) Músculo orbicular; G) Músculo esfínter.

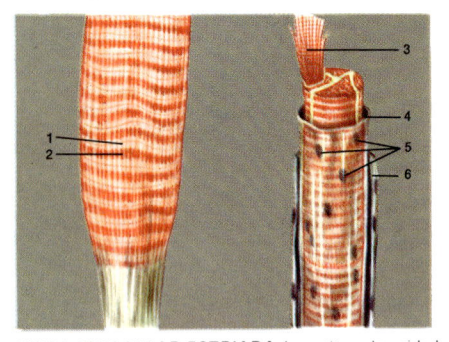

FIBRA MUSCULAR ESTRIADA (constituye la unidad fundamental de la musculatura estriada del esqueleto). 1. Disco claro, 2. Disco oscuro, 3. Haz de miofibrillas, 4. Membrana que rodea a la fibra, 5. Núcleos de la fibra, 6. Sarcolema o vaina elástica.

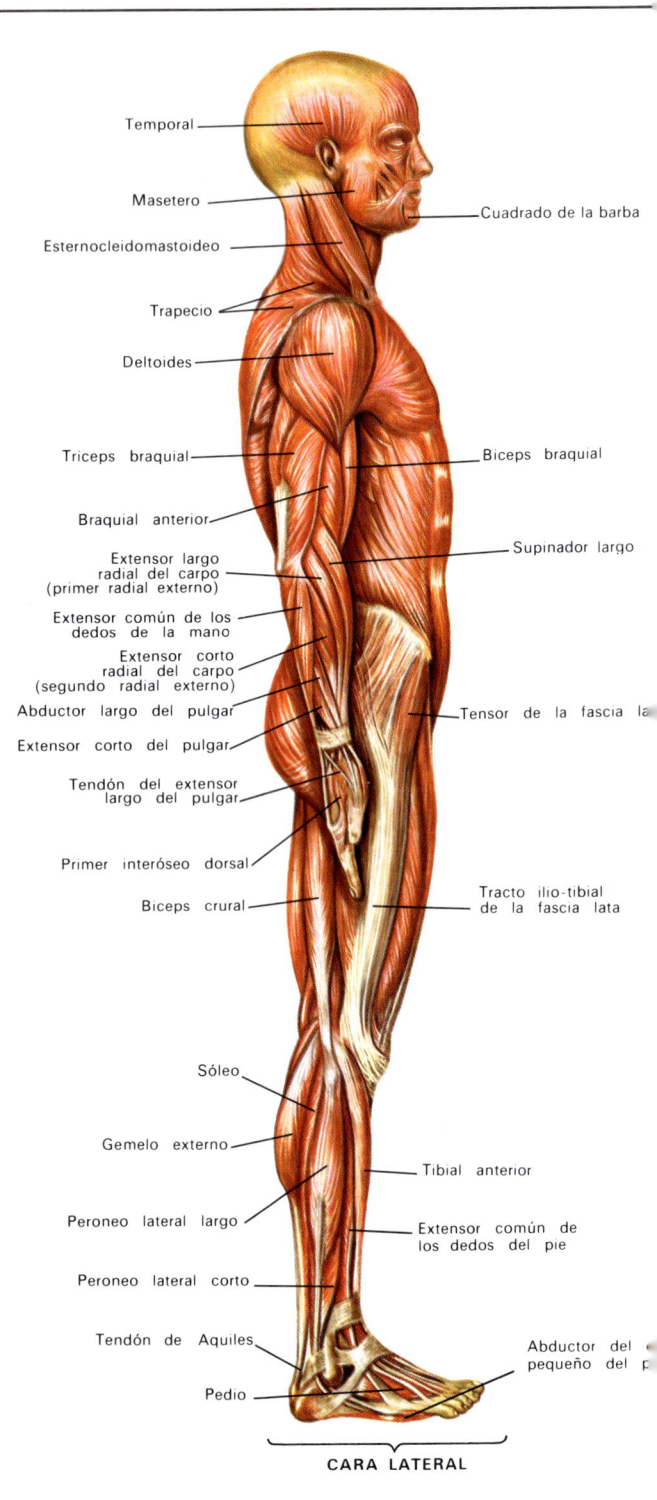

- Temporal
- Masetero
- Esternocleidomastoideo
- Trapecio
- Deltoides
- Triceps braquial
- Braquial anterior
- Extensor largo radial del carpo (primer radial externo)
- Extensor común de los dedos de la mano
- Extensor corto radial del carpo (segundo radial externo)
- Abductor largo del pulgar
- Extensor corto del pulgar
- Tendón del extensor largo del pulgar
- Primer interóseo dorsal
- Biceps crural
- Sóleo
- Gemelo externo
- Peroneo lateral largo
- Peroneo lateral corto
- Tendón de Aquiles
- Pedio
- Cuadrado de la barba
- Biceps braquial
- Supinador largo
- Tensor de la fascia lata
- Tracto ilio-tibial de la fascia lata
- Tibial anterior
- Extensor común de los dedos del pie
- Abductor del pequeño del p

CARA LATERAL

LAMINAS IV-V

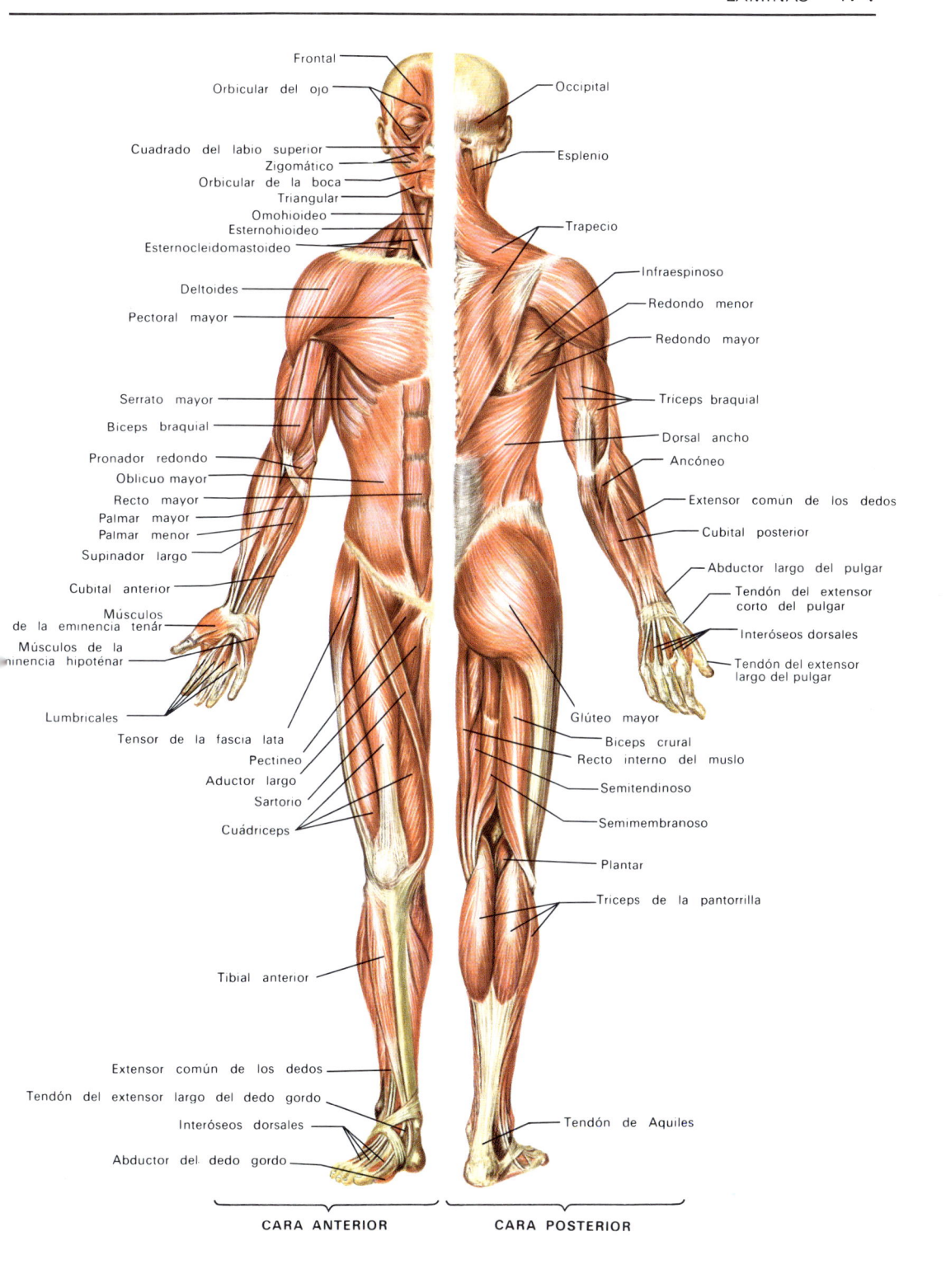

CARA ANTERIOR

- Frontal
- Orbicular del ojo
- Cuadrado del labio superior
- Zigomático
- Orbicular de la boca
- Triangular
- Omohioideo
- Esternohioideo
- Esternocleidomastoideo
- Deltoides
- Pectoral mayor
- Serrato mayor
- Biceps braquial
- Pronador redondo
- Oblicuo mayor
- Recto mayor
- Palmar mayor
- Palmar menor
- Supinador largo
- Cubital anterior
- Músculos de la eminencia tenár
- Músculos de la eminencia hipoténar
- Lumbricales
- Tensor de la fascia lata
- Pectineo
- Aductor largo
- Sartorio
- Cuádriceps
- Tibial anterior
- Extensor común de los dedos
- Tendón del extensor largo del dedo gordo
- Interóseos dorsales
- Abductor del dedo gordo

CARA POSTERIOR

- Occipital
- Esplenio
- Trapecio
- Infraespinoso
- Redondo menor
- Redondo mayor
- Triceps braquial
- Dorsal ancho
- Ancóneo
- Extensor común de los dedos
- Cubital posterior
- Abductor largo del pulgar
- Tendón del extensor corto del pulgar
- Interóseos dorsales
- Tendón del extensor largo del pulgar
- Glúteo mayor
- Biceps crural
- Recto interno del muslo
- Semitendinoso
- Semimembranoso
- Plantar
- Triceps de la pantorrilla
- Tendón de Aquiles

APARATO CIRCULATORIO

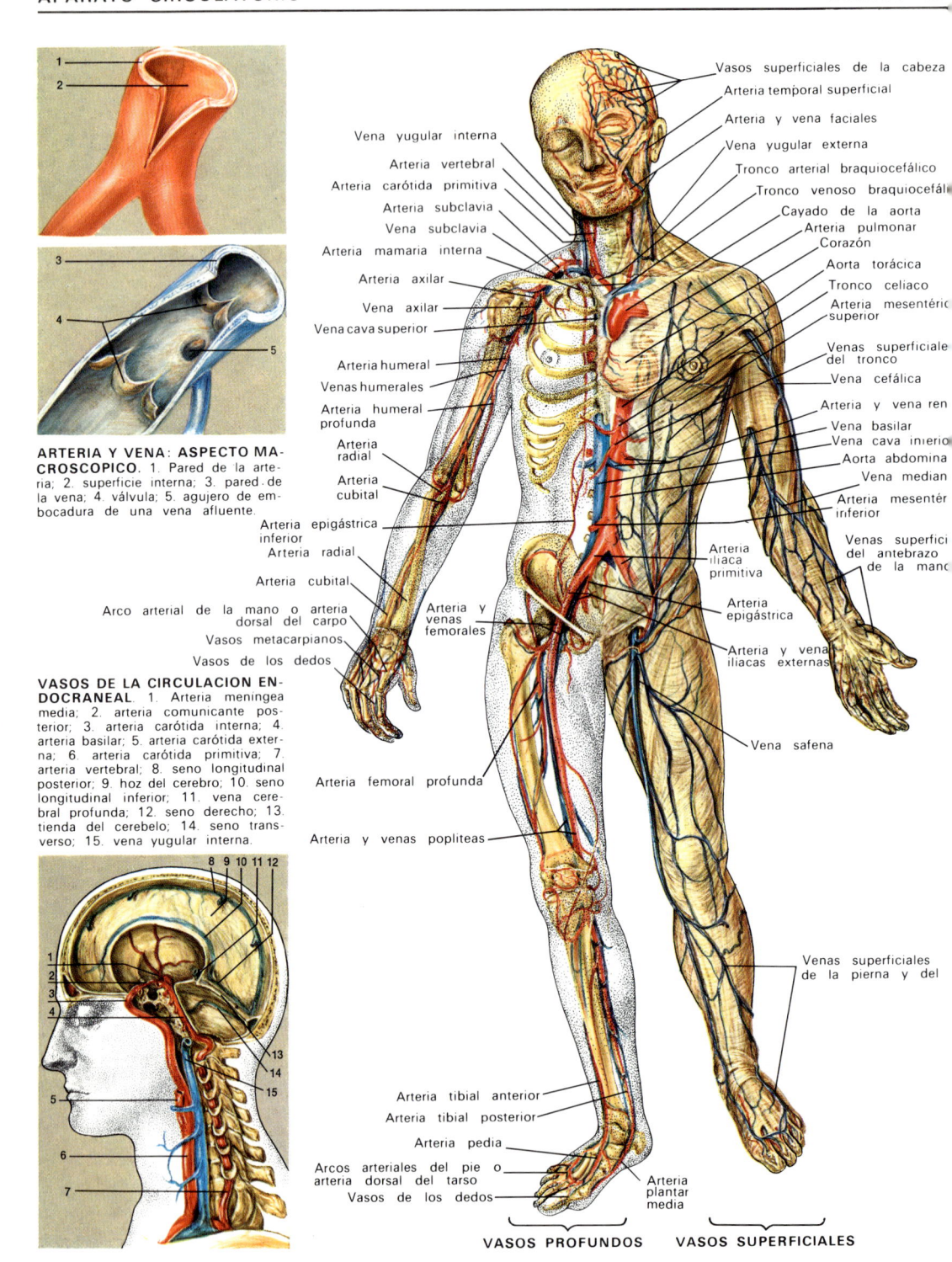

LAMINA VI

ARTERIA Y VENA: ASPECTO MACROSCOPICO. 1. Pared de la arteria; 2. superficie interna; 3. pared de la vena; 4. válvula; 5. agujero de embocadura de una vena afluente.

VASOS DE LA CIRCULACION ENDOCRANEAL. 1. Arteria meníngea media; 2. arteria comunicante posterior; 3. arteria carótida interna; 4. arteria basilar; 5. arteria carótida externa; 6. arteria carótida primitiva; 7. arteria vertebral; 8. seno longitudinal posterior; 9. hoz del cerebro; 10. seno longitudinal inferior; 11. vena cerebral profunda; 12. seno derecho; 13. tienda del cerebelo; 14. seno transverso; 15. vena yugular interna.

Vena yugular interna
Arteria vertebral
Arteria carótida primitiva
Arteria subclavia
Vena subclavia
Arteria mamaria interna
Arteria axilar
Vena axilar
Vena cava superior
Arteria humeral
Venas humerales
Arteria humeral profunda
Arteria radial
Arteria cubital
Arteria epigástrica inferior
Arteria radial
Arteria cubital
Arco arterial de la mano o arteria dorsal del carpo
Vasos metacarpianos
Vasos de los dedos

Arteria femoral profunda

Arteria y venas poplíteas

Arteria tibial anterior
Arteria tibial posterior
Arteria pedia
Arcos arteriales del pie o arteria dorsal del tarso
Vasos de los dedos

Vasos superficiales de la cabeza
Arteria temporal superficial
Arteria y vena faciales
Vena yugular externa
Tronco arterial braquiocefálico
Tronco venoso braquiocefálico
Cayado de la aorta
Arteria pulmonar
Corazón
Aorta torácica
Tronco celiaco
Arteria mesentérica superior
Venas superficiales del tronco
Vena cefálica
Arteria y vena renal
Vena basílica
Vena cava inferior
Aorta abdominal
Vena mediana
Arteria mesentérica inferior
Venas superficiales del antebrazo de la mano
Arteria iliaca primitiva
Arteria epigástrica
Arteria y vena iliacas externas

Vena safena

Venas superficiales de la pierna y del pie

Arteria plantar media

VASOS PROFUNDOS — VASOS SUPERFICIALES

SISTEMA LINFATICO

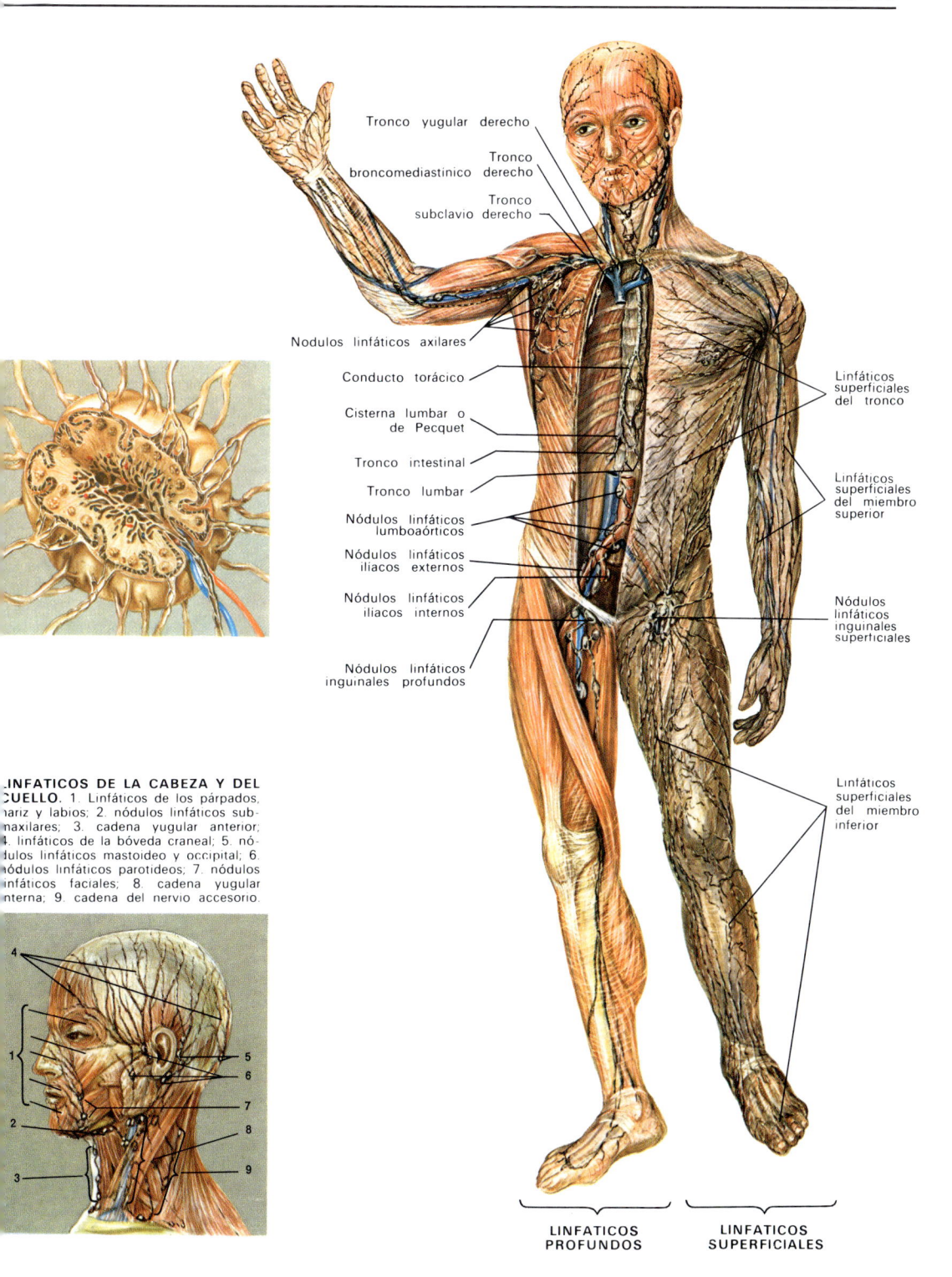

LAMINA VII

LINFATICOS DE LA CABEZA Y DEL CUELLO. 1. Linfáticos de los párpados, nariz y labios; 2. nódulos linfáticos submaxilares; 3. cadena yugular anterior; 4. linfáticos de la bóveda craneal; 5. nódulos linfáticos mastoideo y occipital; 6. nódulos linfáticos parotídeos; 7. nódulos linfáticos faciales; 8. cadena yugular interna; 9. cadena del nervio accesorio.

- Tronco yugular derecho
- Tronco broncomediastínico derecho
- Tronco subclavio derecho
- Nodulos linfáticos axilares
- Conducto torácico
- Cisterna lumbar o de Pecquet
- Tronco intestinal
- Tronco lumbar
- Nódulos linfáticos lumboaórticos
- Nódulos linfáticos ilíacos externos
- Nódulos linfáticos ilíacos internos
- Nódulos linfáticos inguinales profundos
- Linfáticos superficiales del tronco
- Linfáticos superficiales del miembro superior
- Nódulos linfáticos inguinales superficiales
- Linfáticos superficiales del miembro inferior

LINFATICOS PROFUNDOS   LINFATICOS SUPERFICIALES

SISTEMA ENDOCRINO

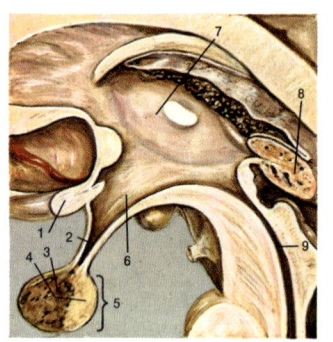

LAMINA VIII

HIPOFISIS Y EPIFISIS: 1. quiasma óptico; 2. pedúnculo de la hipófisis; 3. lóbulo anterior de la hipófisis; 4. lóbulo posterior de la hipófisis; 5. hipófisis; 6. hipotálamo; 7. tálamo; 8. epífisis; 9. acueducto cerebral o de Silvio.

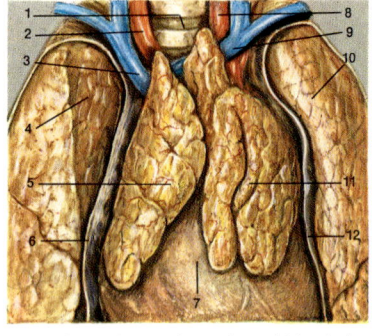

TIMO: 1. tráquea; 2. arteria carótida primitiva derecha; 3. tronco venoso braquiocefálico derecho; 4. pulmón derecho; 5. lóbulo derecho del timo; 6. pleura mediastínica derecha; 7. pericardio; 8. arteria carótida primitiva izquierda; 9. tronco venoso braquiocefálico izquierdo; 10. pulmón izquierdo; 11. lóbulo izquierdo del timo; 12. pleura mediastínica izquierda.

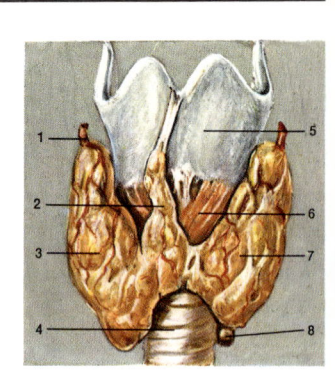

TIROIDES: 1. arteria tiroidea; 2. lóbulo piramidal; 3. lóbulo derecho del tiroides; 4. tráquea; 5. cartílago tiroides; 6. músculo cricotiroideo; 7. lóbulo izquierdo del tiroides; 8. glándula paratiroides inferior izquierda.

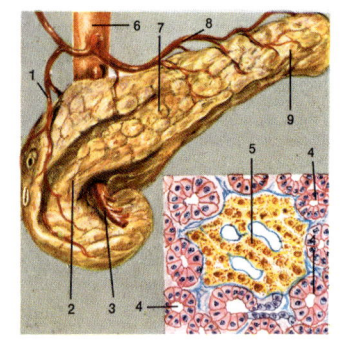

PANCREAS: 1. arteria pancreática-duodenal superior; 2. cabeza del páncreas; 3. arteria mesentérica superior; 4. acinos glandulares pancreáticos; 5. islote de Langerhans o aparato insular; 6. aorta; 7. cuerpo del páncreas; 8. arteria pancreática; 9. cola del páncreas.

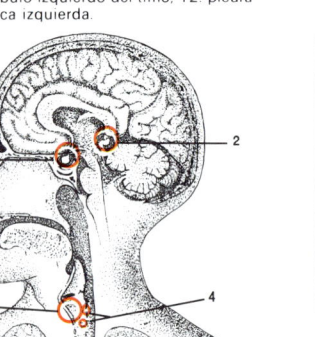

GLANDULA SUPRARRENAL: 1-2. arterias suprarrenales; 3. vena suprarrenal; 4. sustancia cortical; 5. sustancia medular.

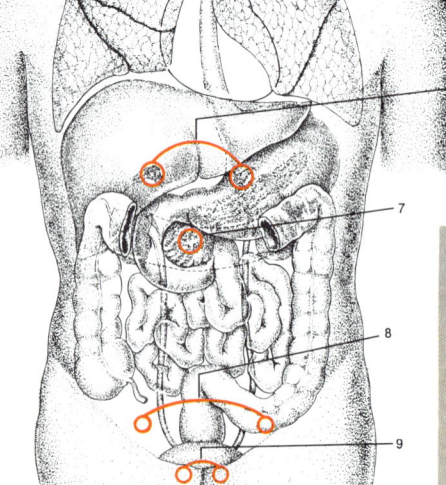

OVARIO: 1. ligamento útero-ovárico; 2. ovario; 3. cuerpo lúteo; 4. trompa de Falopio.

TESTICULO: 1. testículo; 2. conducto deferente (cordón espermático); 3. epidídimo; 4. túnica vaginal propia; 5. túnica vaginal común.

1. hipófisis; 2. epífisis; 3. tiroides; 4. paratiroides; 5. timo; 6. glándulas suprarrenales; 7. páncreas; 8. ovarios; 9. testículos.

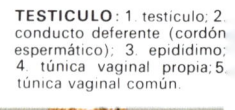

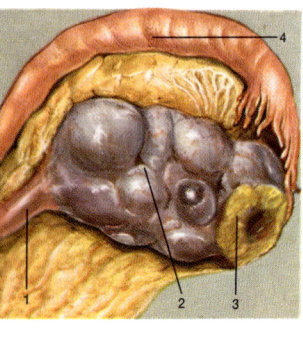

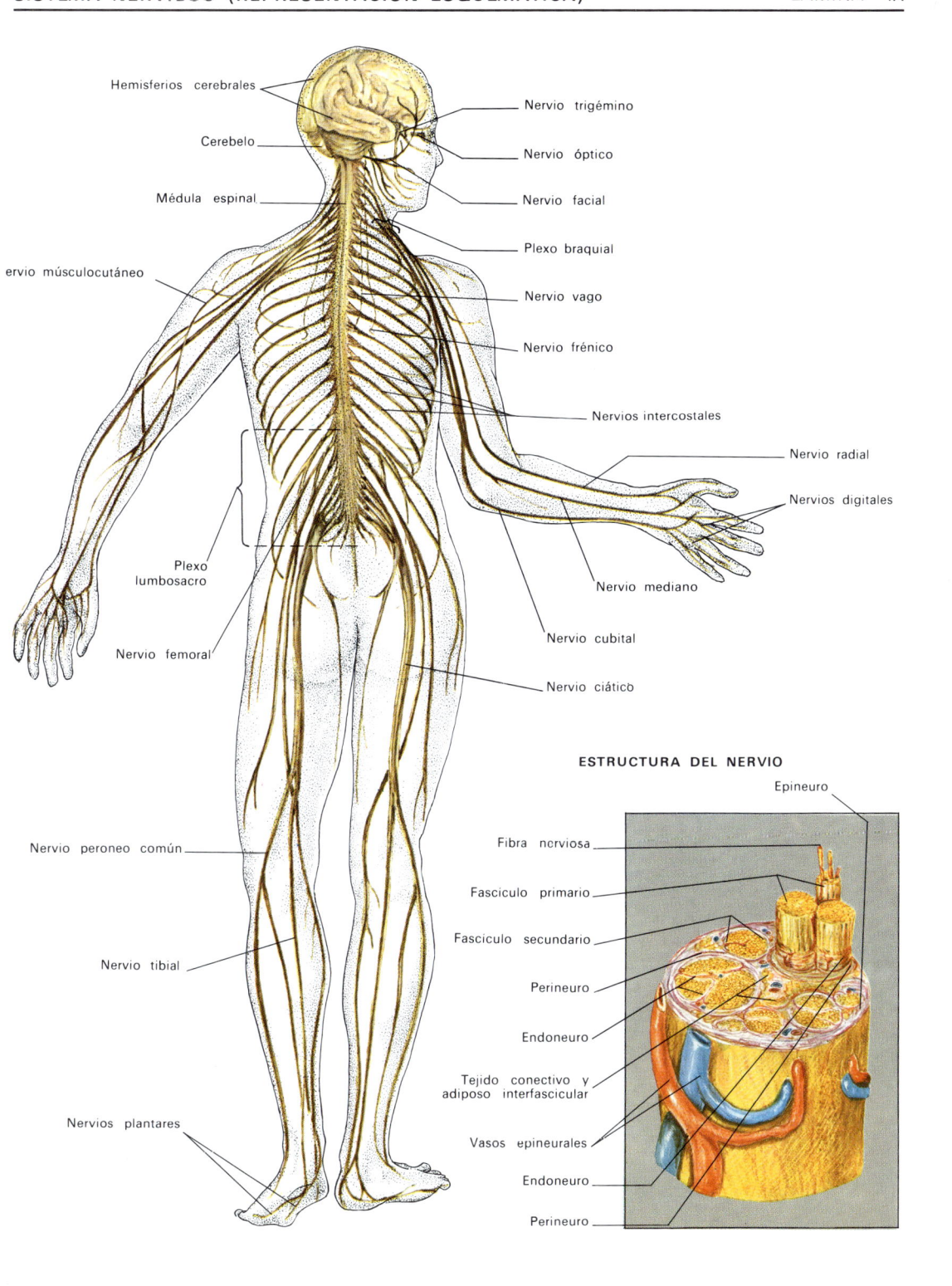

SISTEMA NERVIOSO (REPRESENTACION ESQUEMATICA)

LAMINA IX

- Hemisferios cerebrales
- Cerebelo
- Médula espinal
- Nervio músculocutáneo
- Plexo lumbosacro
- Nervio femoral
- Nervio peroneo común
- Nervio tibial
- Nervios plantares
- Nervio trigémino
- Nervio óptico
- Nervio facial
- Plexo braquial
- Nervio vago
- Nervio frénico
- Nervios intercostales
- Nervio radial
- Nervios digitales
- Nervio mediano
- Nervio cubital
- Nervio ciático

ESTRUCTURA DEL NERVIO

- Epineuro
- Fibra nerviosa
- Fasciculo primario
- Fasciculo secundario
- Perineuro
- Endoneuro
- Tejido conectivo y adiposo interfascicular
- Vasos epineurales
- Endoneuro
- Perineuro

SISTEMA NERVIOSO VEGETATIVO O AUTONOMO

SIMPATICO

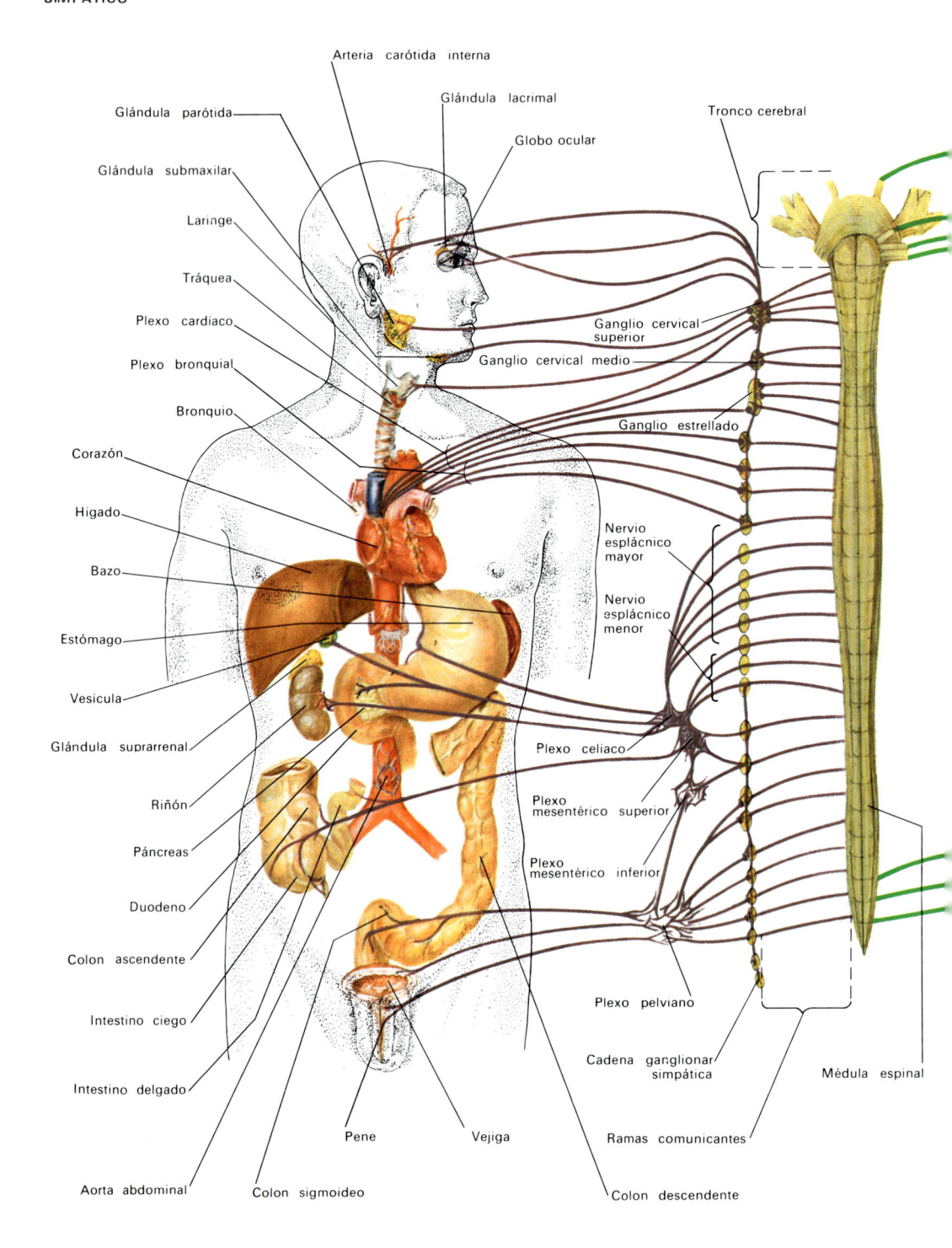

LAMINAS X-XI

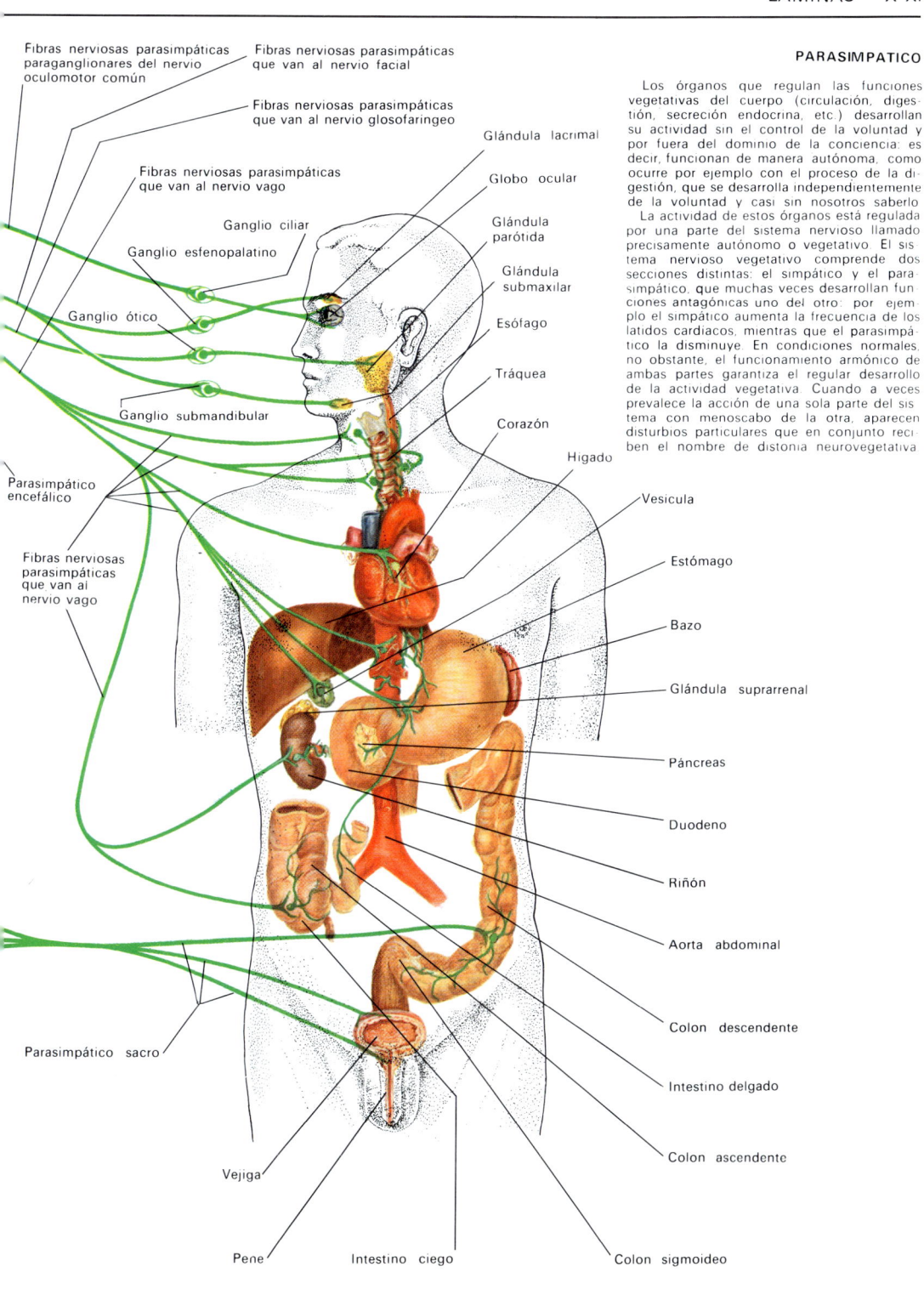

PARASIMPATICO

Los órganos que regulan las funciones vegetativas del cuerpo (circulación, digestión, secreción endocrina, etc.) desarrollan su actividad sin el control de la voluntad y por fuera del dominio de la conciencia: es decir, funcionan de manera autónoma, como ocurre por ejemplo con el proceso de la digestión, que se desarrolla independientemente de la voluntad y casi sin nosotros saberlo.

La actividad de estos órganos está regulada por una parte del sistema nervioso llamado precisamente autónomo o vegetativo. El sistema nervioso vegetativo comprende dos secciones distintas: el simpático y el parasimpático, que muchas veces desarrollan funciones antagónicas uno del otro; por ejemplo el simpático aumenta la frecuencia de los latidos cardiacos, mientras que el parasimpático la disminuye. En condiciones normales, no obstante, el funcionamiento armónico de ambas partes garantiza el regular desarrollo de la actividad vegetativa. Cuando a veces prevalece la acción de una sola parte del sistema con menoscabo de la otra, aparecen disturbios particulares que en conjunto reciben el nombre de distonía neurovegetativa.

- Fibras nerviosas parasimpáticas paraganglionares del nervio oculomotor común
- Fibras nerviosas parasimpáticas que van al nervio facial
- Fibras nerviosas parasimpáticas que van al nervio glosofaringeo
- Fibras nerviosas parasimpáticas que van al nervio vago
- Ganglio ciliar
- Ganglio esfenopalatino
- Ganglio ótico
- Ganglio submandibular
- Parasimpático encefálico
- Fibras nerviosas parasimpáticas que van al nervio vago
- Parasimpático sacro
- Vejiga
- Pene
- Intestino ciego

- Glándula lacrimal
- Globo ocular
- Glándula parótida
- Glándula submaxilar
- Esófago
- Tráquea
- Corazón
- Higado
- Vesícula
- Estómago
- Bazo
- Glándula suprarrenal
- Páncreas
- Duodeno
- Riñón
- Aorta abdominal
- Colon descendente
- Intestino delgado
- Colon ascendente
- Colon sigmoideo

APARATO GENITAL

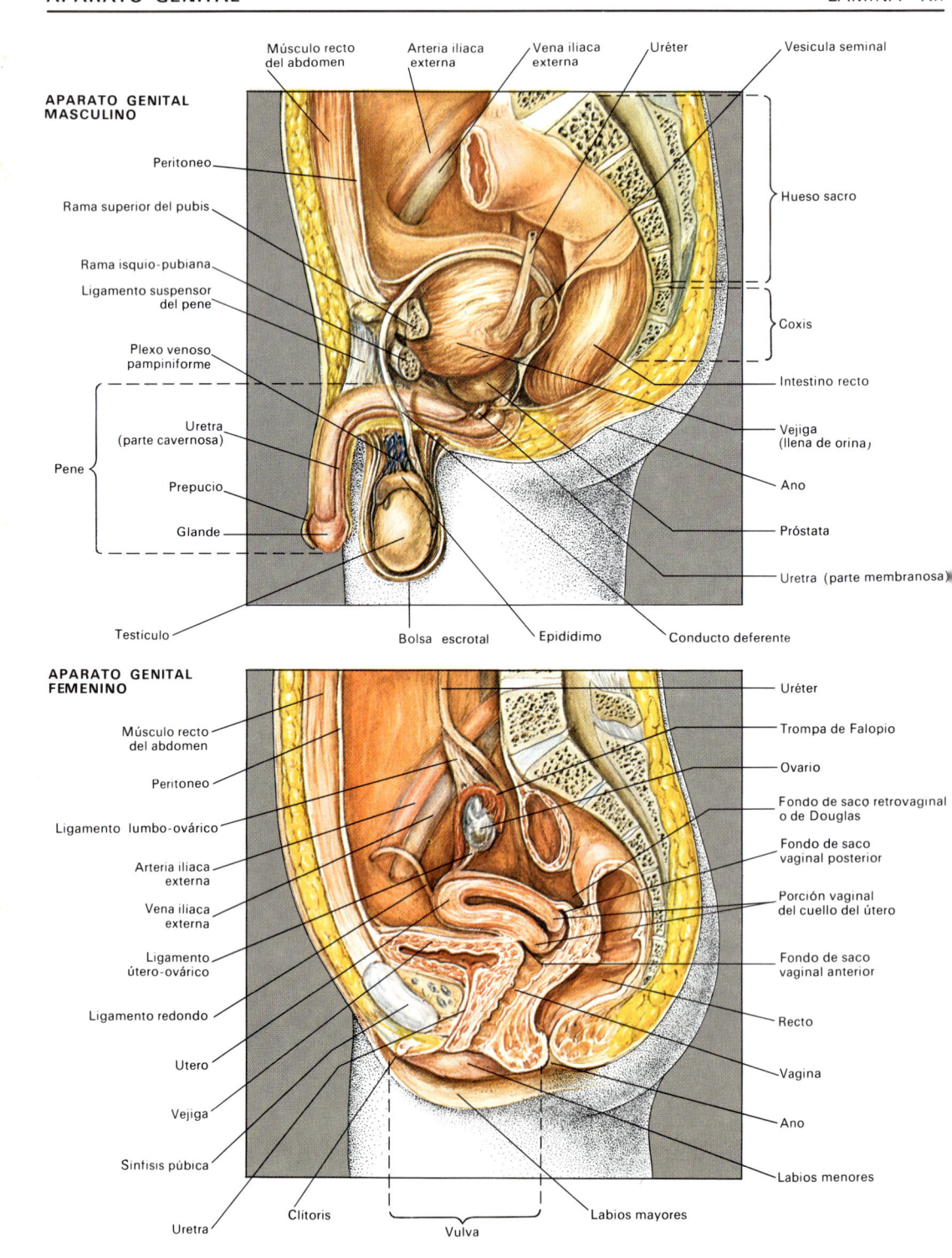

LAMINA XII

APARATO GENITAL MASCULINO

Labels:
- Músculo recto del abdomen
- Arteria iliaca externa
- Vena iliaca externa
- Uréter
- Vesicula seminal
- Peritoneo
- Hueso sacro
- Rama superior del pubis
- Rama isquio-pubiana
- Ligamento suspensor del pene
- Coxis
- Plexo venoso pampiniforme
- Intestino recto
- Uretra (parte cavernosa)
- Vejiga (llena de orina)
- Pene
- Prepucio
- Ano
- Glande
- Próstata
- Uretra (parte membranosa)
- Testiculo
- Bolsa escrotal
- Epididimo
- Conducto deferente

APARATO GENITAL FEMENINO

Labels:
- Músculo recto del abdomen
- Uréter
- Trompa de Falopio
- Peritoneo
- Ovario
- Ligamento lumbo-ovárico
- Fondo de saco retrovaginal o de Douglas
- Arteria iliaca externa
- Fondo de saco vaginal posterior
- Vena iliaca externa
- Porción vaginal del cuello del útero
- Ligamento útero-ovárico
- Fondo de saco vaginal anterior
- Ligamento redondo
- Recto
- Utero
- Vagina
- Vejiga
- Ano
- Sinfisis púbica
- Labios menores
- Uretra
- Clitoris
- Vulva
- Labios mayores

mismos genes, que en número fijo se alinean en cada cromosoma, cambian de estructura química. Cada cambio o **mutación** tiene por supuesto una consecuencia en el descendiente. Puede ser un simple cambio de color o de forma anatómica en alguna parte; quizá se resalten algunos rasgos o se eliminen otros; algunas veces son incompatibles con la vida (de ahí la existencia de numerosos abortos) o condicionan defectos físicos o psíquicos bien precisados (se sabe que algunas enfermedades como la rubéola, algunos medicamentos como la talidomida, o las radiaciones atómicas provocan mutaciones que llevan aparejadas malformaciones congénitas). Es natural que estas alteraciones puedan ser no sólo causa de deformidades, sino también de verdaderas enfermedades llamadas genéticas: se ha calculado que son más de mil las enfermedades que de esta manera son condicionadas exclusivamente por factores internos hereditarios. Cuando los genes afectados corresponden a los cromosomas sexuales, generalmente al X por ser más grande y tener muchos más genes, se habla de una herencia ligada al sexo (por ejemplo, la hemofilia o el daltonismo).

La importancia básica de la herencia en la aparición y desarrollo de las enfermedades está fuera de toda discusión. Todas nuestras características, ya sean fisiológicas o patológicas, que surgen por alteraciones de cualquier índole, todos los aspectos de nuestra existencia están determinados por la interacción de factores genéticos y ambientales. Existen enfermedades esencialmente hereditarias, mientras que en otras (traumatismos, infecciones, etc.) el factor ambiental es el determinante; en el color de la piel o de los ojos influye la herencia trasmitida mientras que en el cáncer en general, apenas interviene el mecanismo genético; ambas facetas, la recibida y la adquirida, actúan conjuntamente, de tal modo que si los hijos nunca se asemejan del todo a sus padres, tampoco existen enfermedades, sino que cada enfermo «hace» su propia enfermedad. La diferencia es esencialmente un problema que implica caracteres filosóficos. Una persona puede escoger e incluso dominar sus factores ambientales; pero ante la herencia, todavía regulada por facetas estadísticas y dominada por el azar, estamos bastante desarmados. Sabemos que la concepción de un hijo anormal casi nunca es «culpa» de los padres. Quizá algún día sepamos también evitar este azote. Sería el mayor triunfo de la medicina.

Factores constitutivos

El organismo humano se caracteriza por la unión de una constitución física y una disposición psíquica que le confieren su individualidad y lo elevan a la categoría de persona. Sin embargo, por encima de los atributos raciales o étnicos, que no son más que adaptaciones específicas condicionadas por el medio ambiente y ya firmemente ancladas genéticamente, la diversidad humana no excluye la posibilidad de encontrar ciertas analogías entre los diferentes hombres, agrupándolos o clasificándolos en determinados tipos. La estructuración global, morfológica y anímica, en su casi infinita gama de variedades, puede reducirse a un corto número de prototipos en los que pueden encasillarse los diferentes hábitos funcionales y las apariencias externas. Estos rasgos comunes se engloban bajo el concepto de **constitución,** que más allá de lo puramente descriptivo, tiene bastante importancia práctica. Es natural que la posesión de una constitución determinada implique tanto la intervención de factores externos o

Anatomía y biología del cuerpo humano

ambientales como de influencias hereditarias; pero desconocemos todavía el mecanismo íntimo y la significación final que tienen estas configuraciones, que hacen que la especie humana parezca cortada según un pequeño número de patrones tipo. Así pues, podemos distinguir a los humanos no sólo por el color de su piel o sus reacciones psicológicas. La pulmonía de un negro puede ser idéntica a la de un blanco; su temperamento semejante y su capacidad intelectual similar; pero en la raza negra, como en la blanca o en la amarilla, existen individuos con una constitución en la que, por ejemplo, predomina la función muscular sobre la sensitiva, en quienes existe una mayor propensión a padecer una pulmonía; en quienes es más o menos acusada la capacidad de aprendizaje o la facultad de expresión mímica.

Estos diferentes tipos constitutivos han sido motivo de numerosos estudios, variando mucho el enfoque a la hora de establecer una clasificación. Es conocido el calificativo de asténicos para los individuos delgados, con debilidad muscular, poco resistentes, que tienden a la baja tensión arterial y que por vagos síntomas digestivos, son fácilmente diagnosticados de «estómago caído». También es conocida la llamada constitución «linfática», unida a un temperamento algo pasivo, aunque se ha demostrado que el padecimiento de los vasos linfáticos nada tiene que ver con ese hábito.

Más científica es la clasificación que sigue la escuela del alemán Kretschmer, que distingue tres constituciones: la pícnica, la atlética y la leptosómica, correspondiendo a cada una de ellas tanto arquitecturas corporales específicas como determinados atributos psíquicos. Los pícnicos son bajos de estatura, tienen una caja torácica hundida y estrecha, poseen formas corporales suaves, huesos finos con músculos débiles, manos pequeñas pero anchas; la cara es redonda, muy acusada y a menudo enrojecida; el cabello es escaso. A medida que avanzan los años tienden a la obesidad y a la calvicie. En la esfera psíquica muestran ser extrovertidos, gustan del contacto humano; son seres sociales que disfrutan con el juego, la comodidad, la afectividad y el colorido de la vida.

Los leptosómicos son delgados, estilizados, con extremidades largas con poco tejido subcutáneo; manos largas y estrechas, cara oval con nariz puntiaguda y piel pálida. La cabeza es pequeña, con abundante desarrollo piloso. Son rápidos en sus

---

Tipos constitutivos

Pícnicos: *son de estatura baja, piernas cortas y manos relativamente grandes. Su cara es ancha y redondeada. En la edad avanzada, tienden a la obesidad y a la calvicie. Aman la relación con sus semejantes, la sociedad y la vida cómoda.*

Atléticos: *ocupan una posición intermedia entre el tipo anterior y el siguiente. Son corpulentos, con musculaturas bien desarrolladas y armónicas. Su temperamento es más bien serio.*

Leptosómicos: *son delgados, de huesos largos y escaso panículo adiposo. Su cabeza es pequeña, con cara redonda y cabellera abundante. Tienden a ser de carácter reservado.*

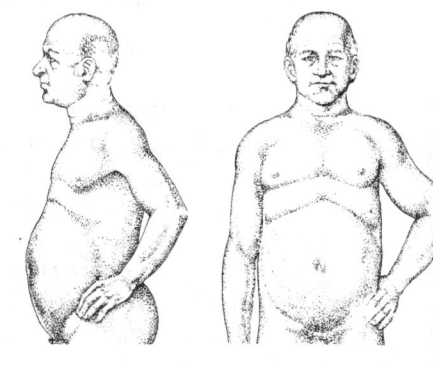

PÍCNICO

El hombre como persona

reacciones pero inhibidos en su expresión; fríos y calculadores, introvertidos y poco adaptables, tendiendo al aislamiento. Un pensamiento analítico, extremadamente crítico, que llega incluso al fanatismo, predomina en sus manifestaciones afectivas.

Los tipos atléticos adoptan posición intermedia entre ambas constituciones extremas. Tienen una constitución fuerte y pronunciada: hombros anchos y musculatura prominente; manos grandes, huesos fuertes y toscos; cara plástica y cuello ancho. Su temperamento es pesado, viscoso, reiterativo. Esta tipología quizá adolezca del defecto de ser excesivamente esquemática y simplista, pero las demás clasificaciones no han aportado innovaciones decisivas.

La psicología moderna también describe tipos intermedios, los cuales no se basan en la constitución física de los anteriormente citados y curiosamente, su comportamiento también varía. Hay quienes agrupan al hombre en brevilíneo y longilíneo, según predominen las dimensiones transversales o las longitudinales, siempre en términos relativos. La escuela francesa prefiere hablar de tipos musculares, respiratorios, digestivos o cerebrales, según la influencia de uno u otro sistema orgánico en los demás. Efectivamente, una determinada función corporal puede imponer su supremacía: el hombre que disfruta comiendo es diferente del que es calificado de intelectual puro; el deportista nato tiene rasgos muy distintos del que gusta de la vida bohemia y artística. En síntesis, podemos afirmar ecuánimemente que todavía no se ha establecido una constitución que, conceptualmente, satisfaga todos los criterios: todos nosotros tenemos algo de cada uno de los tipos, aunque no puede negarse que existen polarizaciones evidentes.

La constitución juega un papel sumamente importante en la génesis, evolución y desenlace de las enfermedades; en la susceptibilidad y en el curso de las alteraciones tanto físicas como psíquicas. Los individuos calificados como leptosómicos, asténicos o longilíneos son más propensos a las infecciones crónicas, como la tuberculosis pulmonar; padecen con frecuencia úlceras de estómago y duodeno y muestran una cierta labilidad nerviosa. Los pícnicos son más vulnerables a las enfermedades del metabolismo, como la gota, la arterioesclerosis, los cálculos renales y biliares, y

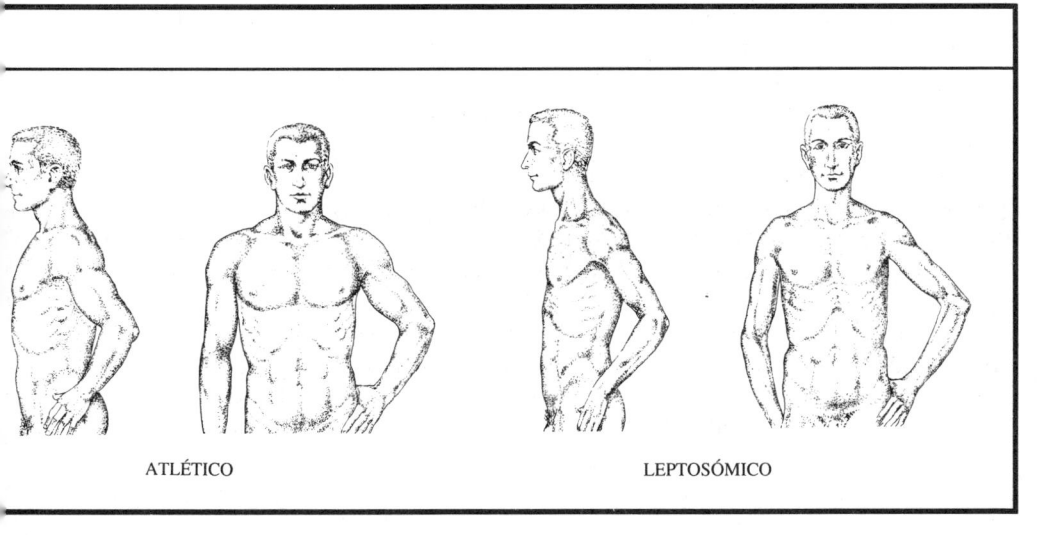

ATLÉTICO   LEPTOSÓMICO

tienden a la obesidad, hipertensión arterial, diabetes y trombosis vascular. En los tipos atléticos es más difícil señalar un determinado predominio, aunque se sabe que padecen jaquecas con mayor frecuencia. Por supuesto, existen enfermedades en que la constitución apenas interviene. En el campo de la psiquiatría, el estudio de las constituciones es de una importancia decisiva: dos tercios de todos los enfermos maniacodepresivos son pícnicos, mientras que más de la mitad de los esquizofrénicos pertenecen al tipo leptosómico. Entre los atléticos abundan los epilépticos. Estos patrones, sin embargo, no tienen carácter absoluto; al enunciarlos se pretende proporcionar una idea general de las tendencias que manifiestan los grupos humanos que tienen en común ciertos rasgos físicos. No es acertado evaluar la situación anatómica y fisiológica de un individuo basándose únicamente en su aspecto; es preciso realizar estudios médicos rigurosos.

Anatomía humana

Anatomía del cráneo

El cráneo humano es como un mosaico compuesto de huesos de muy diversa forma y tamaño. La unión se establece mediante un tejido conjuntivo fibroso más vascularizado: son las llamadas suturas de crecimiento. Una vez que estas zonas intermedias se osifican, termina el desarrollo del cráneo. En el recién nacido estas suturas son muy anchas, sobre todo en la bóveda craneal, pudiendo ser palpadas; reciben el nombre de **fontanelas** o **«molleras».** La mayor de ellas —fontanela bregmática— se encuentra en la parte anterior de la cabeza, entre el hueso frontal y los parietales; tiene forma romboidal y comienza a osificarse después del segundo año de la vida. La menor o posterior está situada entre ambos parietales y el occipital, y se cierra poco después del nacimiento, lo mismo que las otras dos, muy pequeñas, que se encuentran en la parte lateral del cráneo. Con la osificación de las fontanelas y de las suturas en general (que se completa aproximadamente a los cuatro años de vida) termina el desarrollo del cráneo infantil y las posibilidades de cambiar de forma.

La piel y la envoltura o **periostio** que cubre los huesos craneales son fácilmente desplazables en la cabeza del niño, por lo que algunas hemorragias o hematomas y la bolsa serosanguinolenta que suele formarse cuando el parto es realizado con ayuda de fórceps pueden llegar a extenderse entre ambos planos. De igual manera, y debido a la rica irrigación sanguínea en este nivel, los hematomas se reabsorben con gran rapidez.

La cara del lactante tiene un desarrollo muy limitado. La forma de los huesos faciales aparece después del nacimiento, sobre todo con la irrupción de los primeros dientes, entre el quinto y noveno mes de la vida. Después del segundo año se constituye la primera dentadura en su totalidad, y es entonces cuando la cara adquiere su forma definitiva al cambiar considerablemente el maxilar inferior y los superiores por la aparición de los dientes. El ángulo de la mandíbula se hace más pequeño, la cavidad de la articulación maxilar se excava, el maxilar superior se ensancha y aparece el seno

Anatomía humana

maxilar. El desarrollo de los senos paranasales (frontales, maxilares, etmoidales y esfenoidales) no termina hasta después de los 14 años; por ello, la expresión final de la cara se hace definitiva bien entrada ya la época de la pubertad.

Musculatura masticadora

La cabeza humana es como un edificio: la bóveda craneal, las órbitas, las fosas nasales y la cavidad bucal están colocadas en sentido vertical como si fuesen pisos. Entre ellas existen paredes óseas de separación, como la bóveda del paladar entre la boca y la nariz y la lámina cribosa del etmoides entre las fosas nasales y la fosa anterior del cráneo.

Atravesando unos pequeños orificios óseos se sitúan en tres diferentes zonas los nervios que conducen la sensibilidad dolorosa e inervan la piel y las mucosas de la cabeza y dientes. En primer lugar, en el borde superior de la órbita se sitúa el primer punto sensible a la presión, correspondiente al quinto par craneal; el segundo punto sensible aparece a un centímetro y medio por debajo del reborde óseo orbitario inferior e incluye las fibras nerviosas que inervan los dientes del maxilar superior. El tercer lugar de salida se halla a un lado del maxilar inferior, aproximadamente a la altura del segundo molar (tercer punto sensible del quinto par, que inerva también los dientes de la mandíbula).

La unión de la mandíbula se constituye en la articulación maxilar, situada delante de la oreja en una fosa del hueso temporal, por debajo del arco del pómulo o zigomático. Está dividida en dos compartimientos por un disco fibrocartilaginoso. La cabeza articular del maxilar inferior se mueve dentro de una cavidad, llamada cotiloidea. Si se introduce un dedo en el conducto auditivo y se abre la boca del todo pueden apreciarse los desplazamientos de la cabeza articular. La gran movilidad de esta articulación no se encuentra en los animales. En el hombre, la mandíbula puede realizar tres tipos de movimientos: en bisagra (de apertura y cierre), de deslizamiento (hacia adelante y hacia atrás) y laterales (de trituración).

Existen cuatro músculos masticadores: el temporal, que rellena toda la fosa temporal y cuya función principal es la de cerrar la boca o desplazar la mandíbula hacia atrás; el masetero o músculo masticador propiamente dicho, que se extiende desde el pómulo hasta el ángulo maxilar y que con el músculo pterigoideo interno constituye un potente lazo muscular alrededor del ángulo de la mandíbula, permitiendo el cierre y desplazamiento hacia adelante del maxilar inferior, y el músculo pterigoideo externo, escondido bajo la base del cráneo, que sirve para abrir la boca y constituye el músculo más importante en los movimientos de trituración. La fuerza de los músculos masticadores es muy grande; la presión que ejercen a nivel de los molares es de 72 kg y a la altura de los incisivos de unos 20 kg.

Musculatura mímica

Partiendo de la misma piel o de un hueso craneal aislado los músculos de la mímica se insertan en el tejido cutáneo. Sólo mueven la piel; no sirven a ningún hueso o articulación. Sus suaves movimientos de deslizamiento se facilitan por estar dotados de tendones elásticos. La musculatura mímica corresponde a la manga muscular cutánea de los mamíferos, en los que se extiende por todo el tronco y que sirven para repeler insectos o para abrir y cerrar los orificios anteriores (boca, nariz y orejas). En el hombre adquieren una nueva función: la posibilidad de expresar estados anímicos, como alegría y tristeza.

Primitivamente, todos los orificios de la cabeza poseen músculos anulares (para cerrar) y radiales (para abrir), que así permiten realizar las funciones más importantes de estas puertas de entrada.

Los movimientos de los músculos de la frente y base nasal se consideran como la manifestación del pensamiento; los movimientos de las alas de la nariz con respecto a los de los párpados son la expresión del sentimiento afectivo. Las alteraciones mínimas en la disposición de la piel hacen ya variar el semblante.

Anatomía del tronco

El tronco constituye el pedestal que sujeta la cabeza y el lugar de inserción de las extremidades. Debido a la posición vertical que adopta el cuerpo en el transcurso de los dos primeros años de vida, los miembros superiores quedan libres, la cabeza se balancea sobre el extremo superior de la columna vertebral, que desarrolla diferentes curvaturas. La columna cervical, con siete vértebras, y la lumbar, con cinco, están incurvadas hacia adelante; la dorsal, con doce vértebras y sus correspondientes doce costillas, es convexa hacia atrás. El armazón de la columna erguida se debe a un cordón muscular complejo y muy potente. Asciende en ángulo entre las apófisis transversas y las costillas desde el sacro y la pelvis; se continúa hasta la columna cervical y la región occipital del cráneo y recibe el nombre de erector del tronco. Situado profundamente, apenas es visible.

Los músculos superficiales de la espalda pertenecen en realidad a las extremidades superiores. La gran movilidad del hombro, posible por la posición erguida, conduce a la extensión amplia de los músculos de la cintura escapular hacia el tronco, por ejemplo en los músculos más anchos del cuerpo: trapecio mayor y dorsal ancho. El omóplato o escápula está como colgado por un lazo muscular que le permite libertad de movimientos y también condiciona su fijación, ya que en determinadas acciones (llevar una maleta, colgar el cuerpo de los brazos, apoyarse sobre una superficie) es necesario que este hueso se aplique sólidamente contra el tronco. El músculo deltoides, siempre que se haya fijado la posición de la escápula, mueve el brazo mediante la articulación del hombro. Es uno de los músculos más completos y más diversificados funcionalmente.

Por debajo del músculo deltoides, otros músculos profundos como el supra e infraespinoso facilitan los movimientos matizados en esta articulación. En el cuello nos encontramos con un sistema muscular especialmente complejo que se inserta en el tronco, ya que por la marcha erecta sus posibilidades de movimiento son casi infinitas. Por último, señalaremos que la musculatura de las piernas no pasa de la cresta ilíaca y, por lo tanto, no se extiende al tronco.

La musculatura del tronco es importante para el equilibrio y la posición normal del cuerpo. Cuando el individuo está de pie, tiene su centro de gravedad a la altura de las primeras vértebras sacras. El eje corporal transcurre por un punto intermedio entre las articulaciones de la cadera, la rodilla y el tobillo, con lo que los músculos están relajados y sólo los ligamentos mantienen la posición erecta. Si se inclina el cuerpo ligeramente hacia adelante, el centro de gravedad se desplaza también en sentido anterior. Para mantener el equilibrio entra en tensión la musculatura del tronco y la de la parte posterior de las piernas. De esta manera, el estar de pie en posición forzada, como ocurre muchas veces en «una cola» o en una guardia militar, requiere un esfuerzo que, junto a trastornos circulatorios, puede llevar a una lipotimia o desmayo. En la posición de descanso tanto el tronco como la pelvis se desplazan hacia atrás; no hay gasto energético porque los ligamentos son capaces de mantener el tronco sin recurrir a una actividad muscular determinada.

Los músculos de los brazos no se extienden tanto por la parte anterior del tronco como por la posterior. Sólo el pectoral mayor, que forma el pliegue axilar anterior, y el serrato lateral pertenecen al miembro superior y cubren la caja torácica. Los demás músculos forman parte del tronco propiamente dicho y constituyen los grandes planos musculoabdominales que se superponen en tres capas entrecruzadas. Éstas se unen en su parte anterior por un ancho tendón que alberga en su seno, como en una bolsa, al músculo recto anterior, surcado por tendones intercalados, perceptibles a través de la piel. Como los músculos abdominales se extienden desde la caja torácica hasta la pelvis, su contracción hace que descienda el tórax (espiración), con lo que aumenta la presión intra-abdominal (al toser, orinar o defecar, como también durante el parto) y moviliza la pelvis.

Postura corporal

La posición de la pelvis es muy importante para la postura normal del cuerpo. Muchas de las alteraciones posturales en niños y adultos se deben a una posición defectuosa de la pelvis. La contracción de los músculos abdominales eleva la pelvis, reduciendo la curvatura de la columna vertebral lumbar, al actuar conjuntamente también los músculos posteriores de los muslos. Los músculos lumbares posteriores hacen descender la pelvis al mismo tiempo que intervienen los músculos anteriores de los muslos; con esto se acentúa la curvatura lumbar. Los tendones aplanados de los músculos abdominales presentan un punto débil en su parte anteroinferior, que se origina en el hombre por el obligado paso del cordón espermático hacia los testículos. Este canal inguinal también existe en la mujer, pero apenas se puede decir que juega papel funcional alguno.

El canal atraviesa todas las capas de la pared abdominal y tiene de 4 a 6 centímetros de largo. Como se encuentra principalmente en la zona no muscular de los músculos abdominales oblicuos, se producen fácilmente hernias inguinales, pudiendo penetrar el contenido abdominal, como el intestino, en la parte herniada, que aparece sobre la ingle como una masa, más o menos grande. Ésta, a su vez, puede llegar a localizarse también en la bolsa del escroto, junto al testículo. Por debajo de la ingle puede producirse otro tipo de hernia donde existe una zona débil, en la llamada ventana oval del muslo, por la que una vena superficial de la pierna penetra en el interior (hernia crural). Este tipo de hernia aparece más a menudo en las mujeres.

Anatomía y biología del cuerpo humano

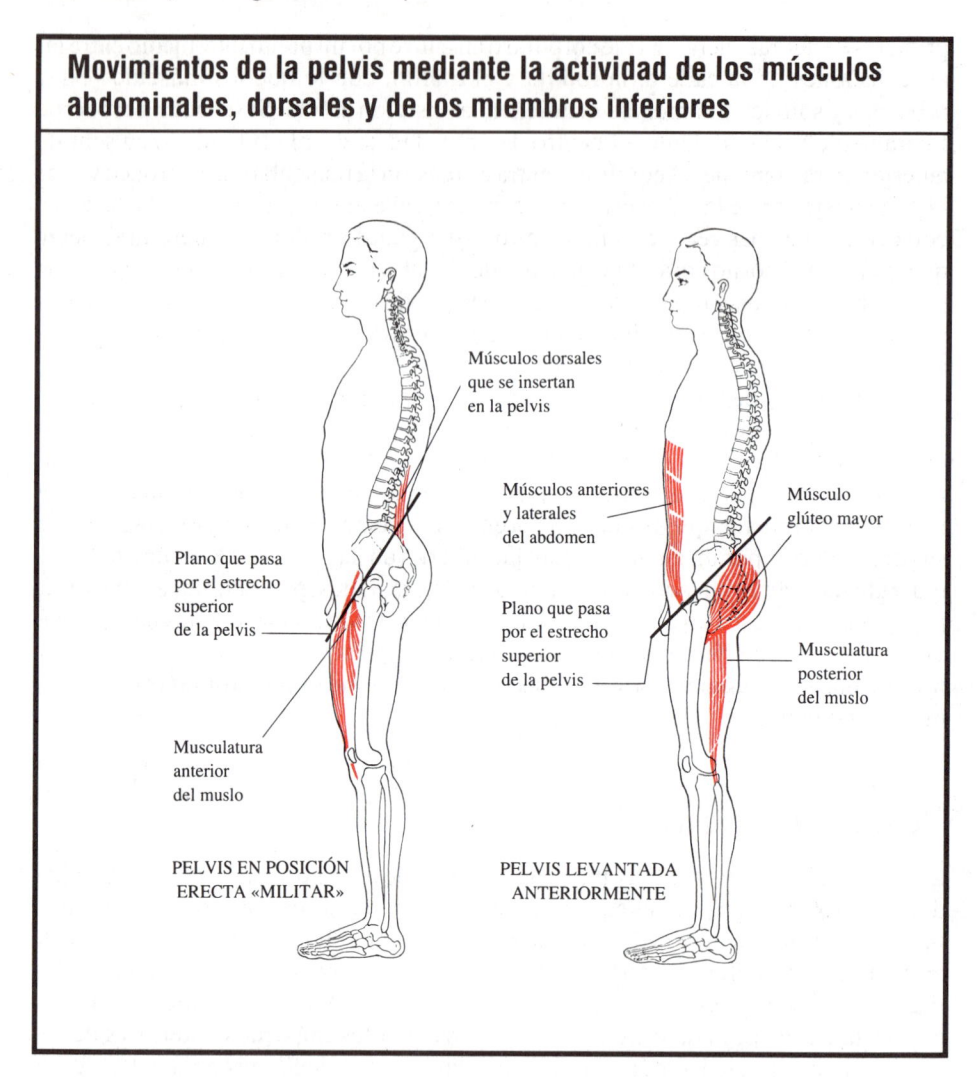

Movimientos de la pelvis mediante la actividad de los músculos abdominales, dorsales y de los miembros inferiores

Músculos dorsales que se insertan en la pelvis

Músculos anteriores y laterales del abdomen

Músculo glúteo mayor

Plano que pasa por el estrecho superior de la pelvis

Plano que pasa por el estrecho superior de la pelvis

Musculatura posterior del muslo

Musculatura anterior del muslo

PELVIS EN POSICIÓN ERECTA «MILITAR»

PELVIS LEVANTADA ANTERIORMENTE

Anatomía de las extremidades

Extremidades inferiores

Por la marcha erguida, las extremidades inferiores constituyen soportes del peso corporal y órganos de traslación. Para estas misiones, la pierna humana ha sufrido numerosas adaptaciones. Una condición indispensable para que la pierna pueda moverse libremente en el nivel de la articulación de la cadera es que exista una íntima conexión entre la pelvis y el tronco. Los movimientos de la pelvis se originan mediante variaciones en la curvatura vertebral lumbar. Con respecto al sacro, la pelvis apenas presenta movimiento alguno. Su inclinación normal es de 63 grados. Al sentarse el individuo, se eleva, con lo que el plano del estrecho superior de la misma se coloca casi horizontalmente; el peso corporal es soportado ahora por tuberosidades isquiáticas. Al

La pelvis en las posiciones sedente y erecta

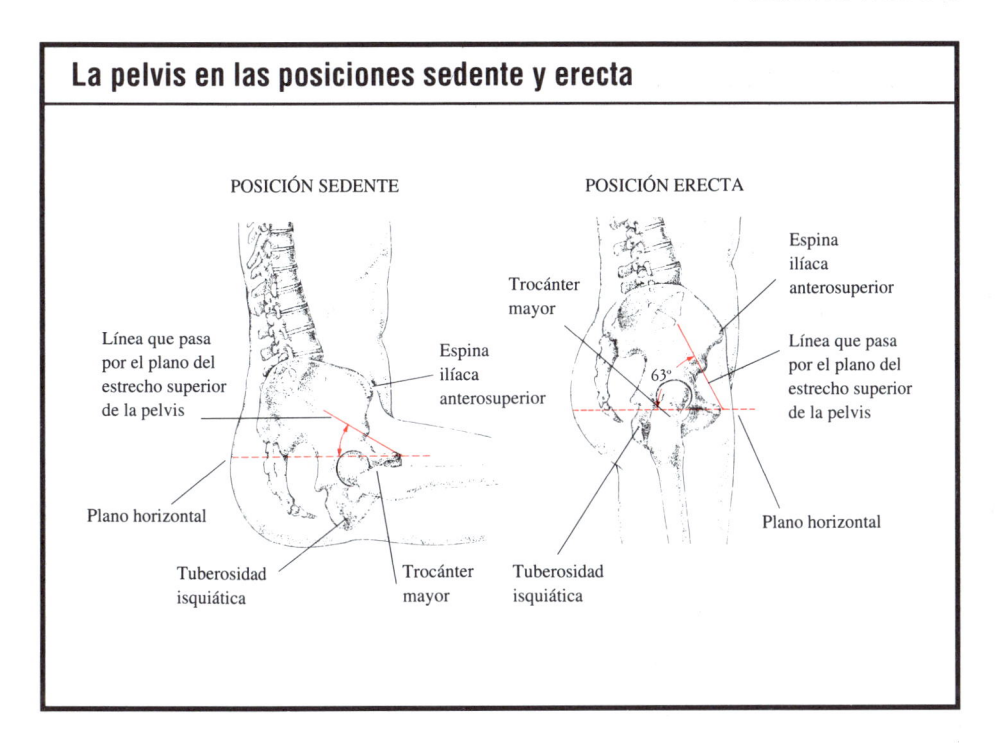

POSICIÓN SEDENTE — Línea que pasa por el plano del estrecho superior de la pelvis; Espina ilíaca anterosuperior; Plano horizontal; Tuberosidad isquiática; Trocánter mayor.

POSICIÓN ERECTA — Trocánter mayor; Espina ilíaca anterosuperior; Línea que pasa por el plano del estrecho superior de la pelvis; 63°; Plano horizontal; Tuberosidad isquiática.

estar de pie, la pelvis se inclina para que la pierna se coloque en dirección al eje vertical del cuerpo. La protuberancia del fémur se encuentra casi en línea recta con la espina ilíaca anterior y con la tuberosidad isquiática (es la llamada línea de Roser-Nelaton). En la luxación de la cadera o en la fractura de la pierna esta línea ya no es recta; es, pues, un signo fácil para determinar la integridad funcional del miembro.

La articulación de la cadera, del tipo esferoidal, tiene una capacidad de movimientos, sobre todo hacia atrás, mucho más limitada que la del hombro. Durante la flexión aumentan las posibilidades de movimiento, como también ocurre en las demás articulaciones de la pierna. La de la rodilla, que funciona a modo de bisagra, tiene, después de una progresiva flexión por relajación de los ligamentos laterales, una segunda posibilidad de movimiento: la de rotación. En posición de flexión forzada, los cóndilos femorales poseen solamente una pequeña superficie de contacto con la tibia. Son los discos articulares fibrocartilaginosos (meniscos) los que proporcionan un contacto más amplio. Como durante la flexión se relajan los ligamentos de sostén de la rodilla, cualquier esfuerzo brusco puede producir pellizcamientos o lesiones de estos meniscos (como en la práctica del futbol, esquí, etc.). En la flexión los ligamentos, cruzados, situados en el interior de la articulación, se encargan de sujetar la rodilla. Cuando se desgarran (por ejemplo después de una caída sobre los pies desde gran altura con las rodillas flexionadas), la articulación se desplaza hacia adelante o hacia atrás (fenómeno del cajón). En la extensión completa se fija la rodilla en una ligera rotación externa, lo cual imposibilita la marcha. Para caminar es necesario eliminar primero esta pequeña rotación.

Las articulaciones del tobillo tienen un solo eje; la superior actúa en forma de bisagra; la inferior, situada en el mismo pie, puede girar. En la superior, la tibia y el

Anatomía y biología del cuerpo humano

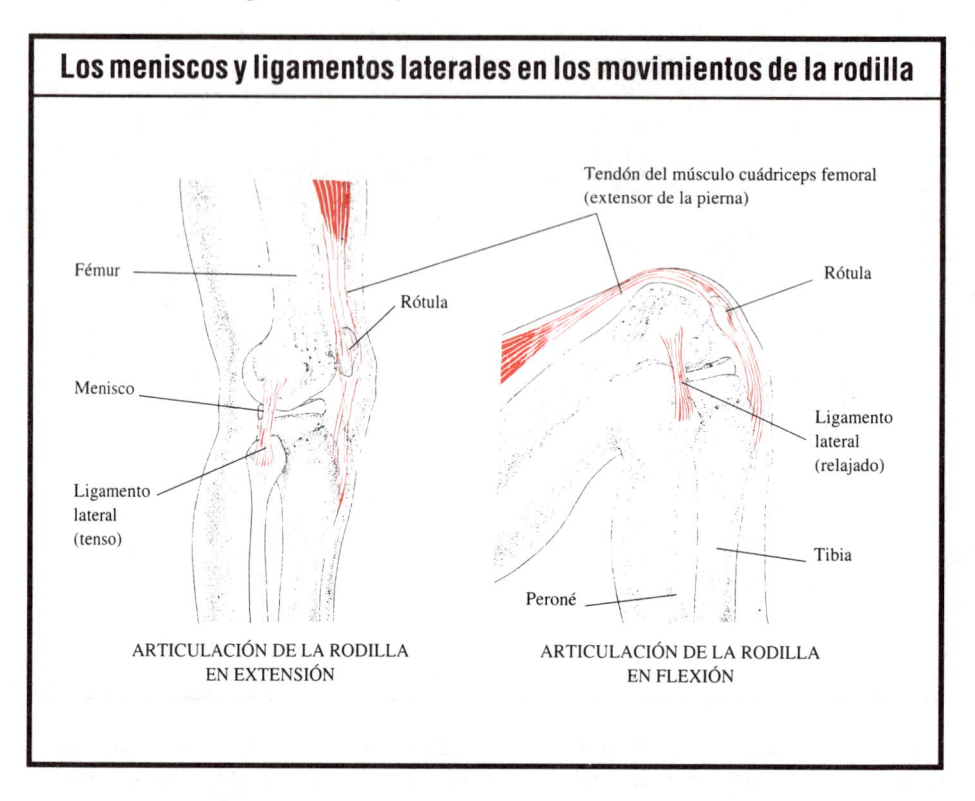

Los meniscos y ligamentos laterales en los movimientos de la rodilla

ARTICULACIÓN DE LA RODILLA EN EXTENSIÓN

ARTICULACIÓN DE LA RODILLA EN FLEXIÓN

peroné forman una especie de tenaza u horquilla que sujeta al astrágalo, sólo movible alrededor de un eje transversal. Esta tenaza está fijada lateralmente por fuertes ligamentos, tan potentes que en los traumatismos en este nivel es más fácil que se rompa el hueso y no que cedan los ligamentos.

El **pie** forma una bóveda para que el peso corporal se apoye sobre el suelo de una manera flexible y elástica. La función más importante de los músculos de la pantorrilla y del pie consiste en mantener dicha bóveda. El pie plano o pie transverso no es más que la manifestación visible del fracaso de aquella función. La articulación inferior del tobillo puede efectuar ligeras rotaciones alrededor de un eje oblicuo, dirigido de adentro afuera. Con ello, el pie adquiere cierta capacidad elástica de adaptación, de gran importancia para andar sobre superficies desiguales.

Movimiento del cuerpo

Entre las extremidades superiores e inferiores existen grandes diferencias en cuanto a forma y función. La misión del brazo, a consecuencia de su gran campo de movimiento y su considerable fuerza de expresión, es más bien de naturaleza dinámica; la de la pierna, a causa de la limitación de sus movimientos y de su acentuada mecánica de palanca y automatismo para la marcha, es de tipo estático. La movilidad libre del brazo

Anatomía humana

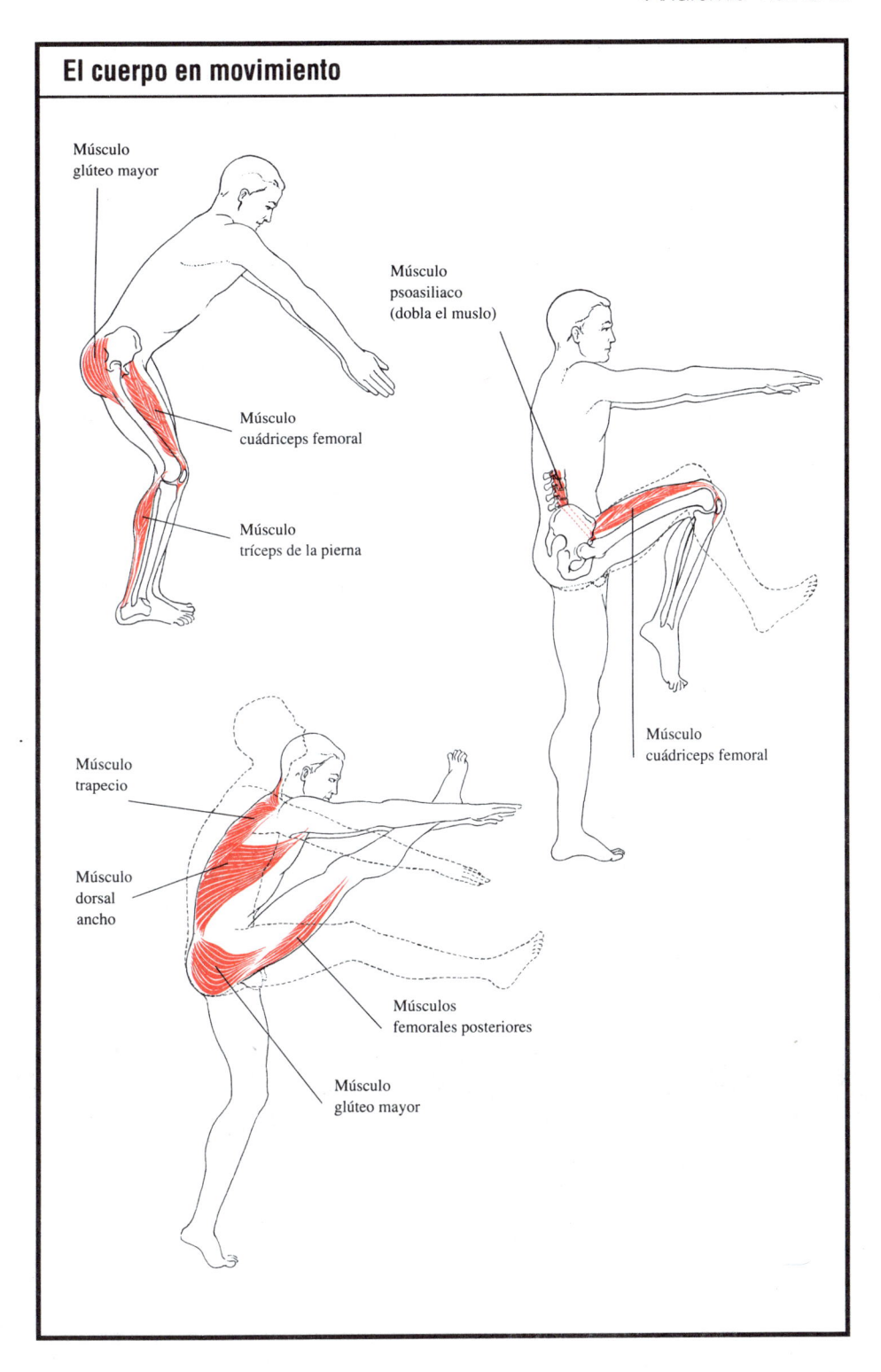

El cuerpo en movimiento

Músculo glúteo mayor

Músculo cuádriceps femoral

Músculo tríceps de la pierna

Músculo psoasiliaco (dobla el muslo)

Músculo cuádriceps femoral

Músculo trapecio

Músculo dorsal ancho

Músculos femorales posteriores

Músculo glúteo mayor

75

se alcanza por el desplazamiento amplio de la cintura escapular sobre el tronco, mientras que por el contrario, la pelvis está firmemente unida al sacro.

Ya que la función más importante de la pierna consiste en mantener la marcha erguida, sus músculos extensores son los más potentes. Ni en la articulación de la rodilla ni en la cadera se puede forzar la extensión más allá de la vertical. Aun así predominan los músculos extensores sobre los flexores, ya que los extensores, a partir de la postura de flexión, tienen que extender la pierna contra el peso del cuerpo, o sea, levantarlo, mientras que los flexores sólo tienen que trabajar contra el mismo peso de la pierna. Los músculos de la pantorrilla, de la región glútea y de los muslos sólo se desarrollan de manera tan potente en el organismo humano, faltando en el resto de los mamíferos terrestres, que tienen miembros para correr, trepar o escarbar, pero que carecen de marcha erguida. En una postura de flexión ligera de las piernas (al esquiar o al levantar un peso) se tensan, sobre todo, los músculos extensores. En el brazo esta función de soporte de la musculatura extensora está casi abolida; predominan los músculos flexores con sus múltiples posibilidades dinámicas.

Extremidades superiores

Al contrario que la pierna, el brazo humano se ha convertido en un órgano de aprehensión muy movible. La escápula y la clavícula están unidas entre sí por dos

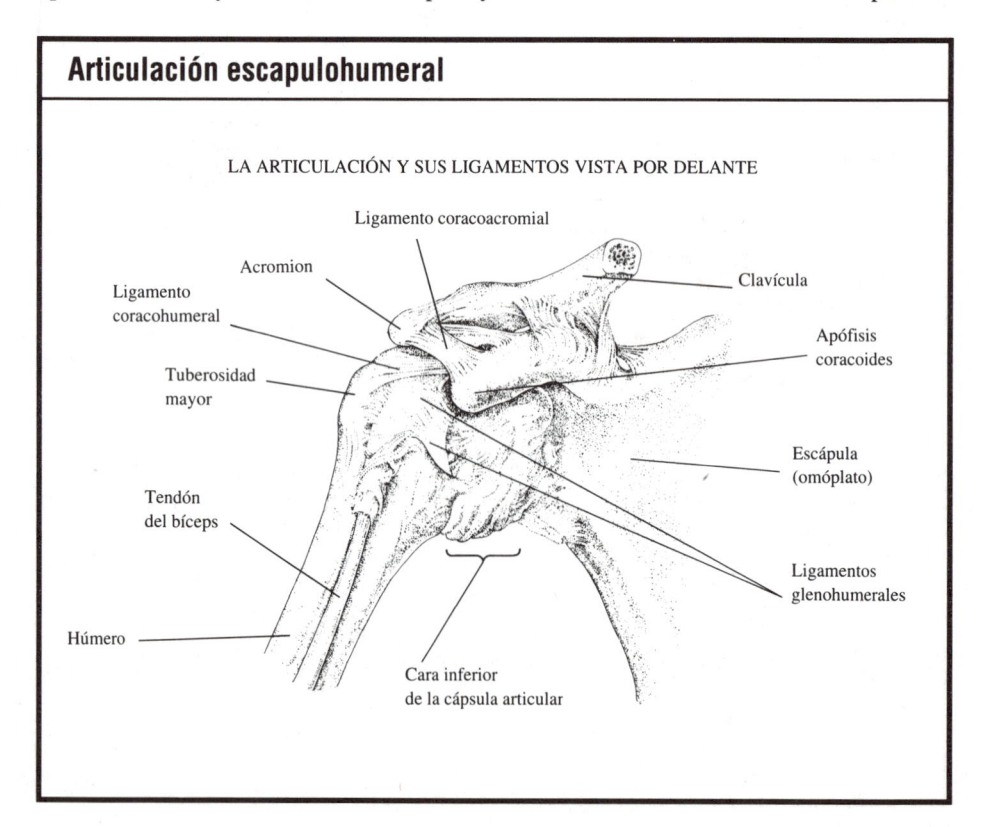

Articulación escapulohumeral

LA ARTICULACIÓN Y SUS LIGAMENTOS VISTA POR DELANTE

- Ligamento coracoacromial
- Acromion
- Ligamento coracohumeral
- Tuberosidad mayor
- Tendón del bíceps
- Húmero
- Clavícula
- Apófisis coracoides
- Escápula (omóplato)
- Ligamentos glenohumerales
- Cara inferior de la cápsula articular

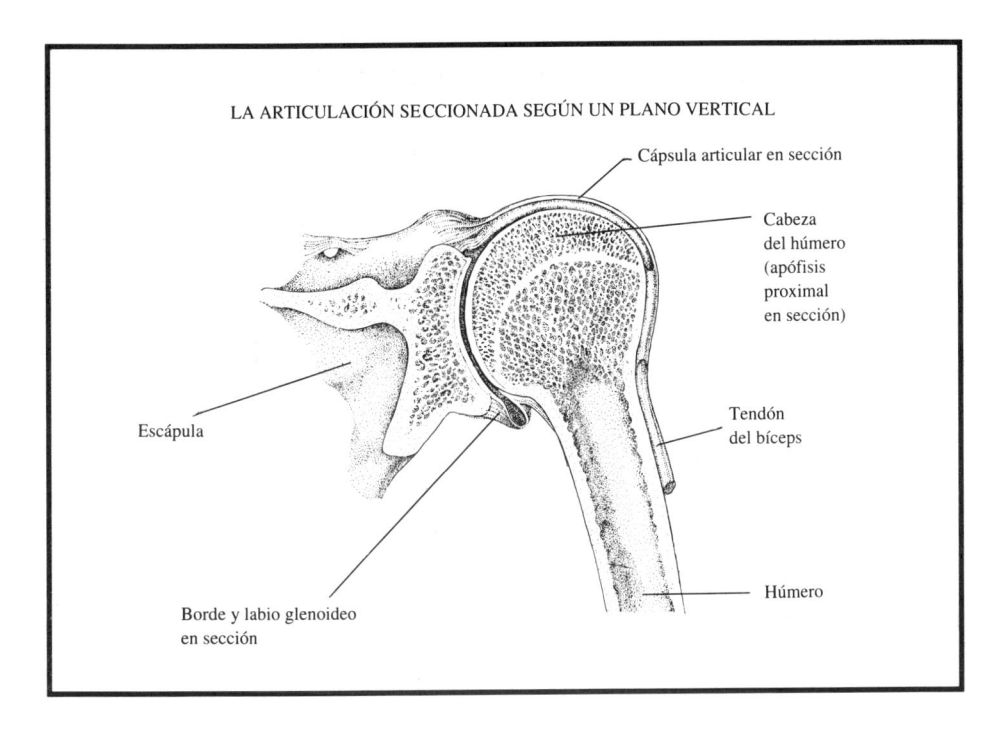

LA ARTICULACIÓN SECCIONADA SEGÚN UN PLANO VERTICAL

- Cápsula articular en sección
- Cabeza del húmero (apófisis proximal en sección)
- Escápula
- Tendón del bíceps
- Borde y labio glenoideo en sección
- Húmero

articulaciones esféricas que pueden desplazarse ampliamente sobre el tronco. El brazo está unido al tronco únicamente por la articulación anterior de la clavícula, que se une a su vez al esternón. La articulación del hombro también es del tipo esférico y puede realizar movimientos en tres direcciones: hacia los lados, hacia arriba y hacia abajo. Al contrario que la articulación de la cadera, está rodeada de una potente musculatura que asegura la sujeción, pues la cavidad articular es demasiado pequeña para albergar toda la cabeza del húmero. Por ello, resulta mucho más frecuente la luxación del hombro que la de la cadera.

La articulación del codo es en bisagra y tiene dos ejes, lo cual permite que pueda rotar siguiendo todas las posturas del brazo. Esta libertad de movimiento es debida al conjunto de tres pequeñas articulaciones englobadas en la cápsula articular del codo.

Los músculos flexores están situados con la parte anterior del brazo y los extensores en la parte posterior. En la rotación del antebrazo, el radio gira alrededor del cúbito, que no se mueve. Además, interviene una segunda articulación a nivel de la muñeca. No son posibles, sin embargo, los movimientos laterales. La masa principal de la musculatura del antebrazo sirve para mover la mano y los dedos. Los músculos se insertan a ambos lados del húmero y sus tendones se fijan a la muñeca por una ancha banda transversal. La articulación de la muñeca tiene dos ejes y permite movimientos de flexión y laterales. Para los movimientos de los dedos se dispone de numerosas articulaciones de un solo eje, con excepción del pulgar. Como protección de los músculos correspondientes se forma un tendón plano que puede ser contraído por los del antebrazo y la mano; al agarrar un objeto, encuentra un firme apoyo. Este mecanismo se ha perdido en el pie. Las articulaciones media y distal de los dedos son en bisagra, mientras que las proximales, es decir, las más cercanas a la muñeca, son del

Anatomía y biología del cuerpo humano

Cambio de movimiento de máximo giro del húmero

Articulación escapulohumeral

Húmero

Clavícula

Articulación esternoclavicular

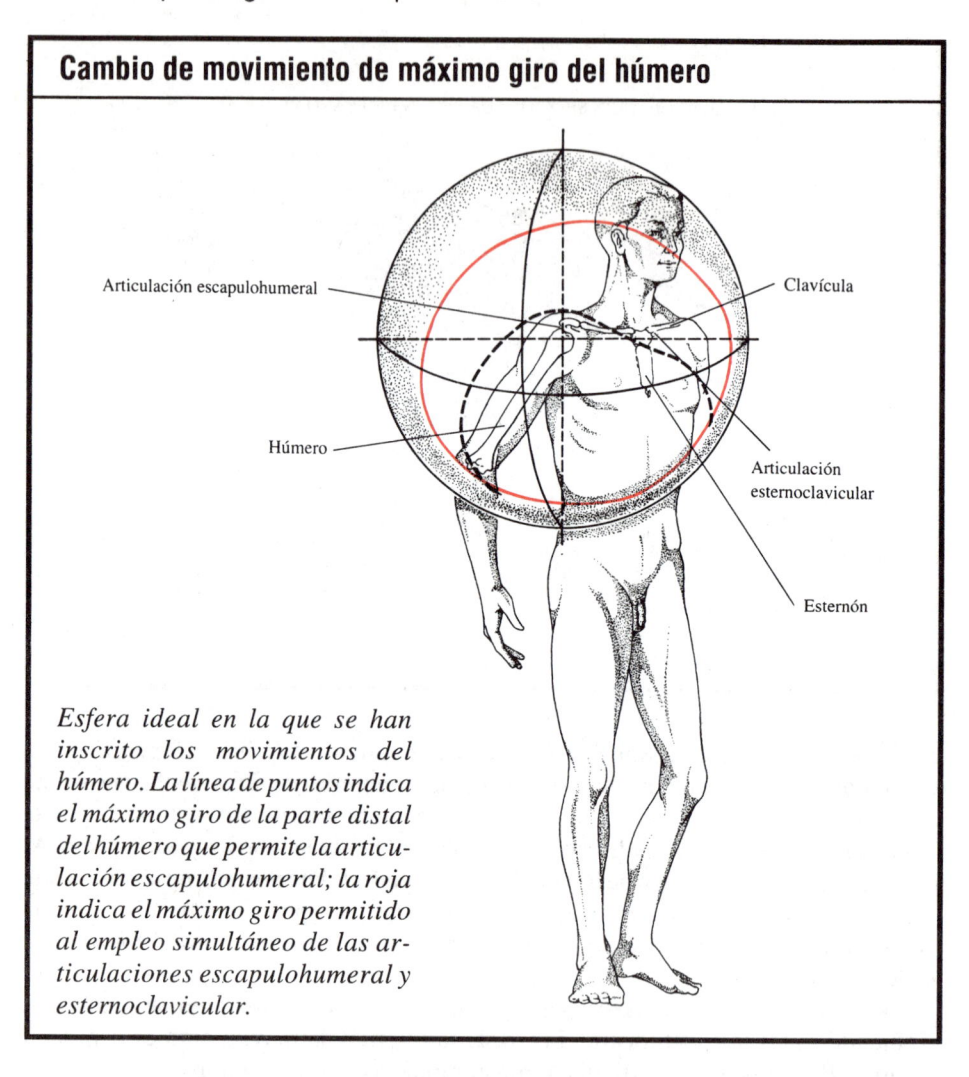

Esternón

Esfera ideal en la que se han inscrito los movimientos del húmero. La línea de puntos indica el máximo giro de la parte distal del húmero que permite la articulación escapulohumeral; la roja indica el máximo giro permitido al empleo simultáneo de las articulaciones escapulohumeral y esternoclavicular.

tipo esférico. Con ello, los dedos se convierten en pequeñas extremidades que, en cierto modo, cuelgan del metacarpo, más rígido.

La función aprehensora de la mano implica la capacidad de separación o abducción del pulgar en contraposición a los demás dedos. La yema del pulgar posee músculos que lo separan y aproximan a la mano. También el dedo meñique puede separarse algo, aunque en mucho menor escala. La mayoría de los músculos destinados a mover los dedos y las articulaciones de la mano se encuentran, sin embargo, en el antebrazo. Mediante largos tendones, actúan sobre los distintos elementos articulares. Estos tendones pasan por la muñeca a través de un canal tendinoso que los mantiene sujetos y ordenados. Se fijan a los dedos por medio de ligamentos cruzados y anulares. En la palma de la mano y a nivel de los dedos, los tendones flexores están envueltos en unas vainas tendinosas de superficie viscosa para facilitar el deslizamiento y reducir el roce, como en una articulación. Estos tendones tienen, además, en la palma de la mano, una

Anatomía humana

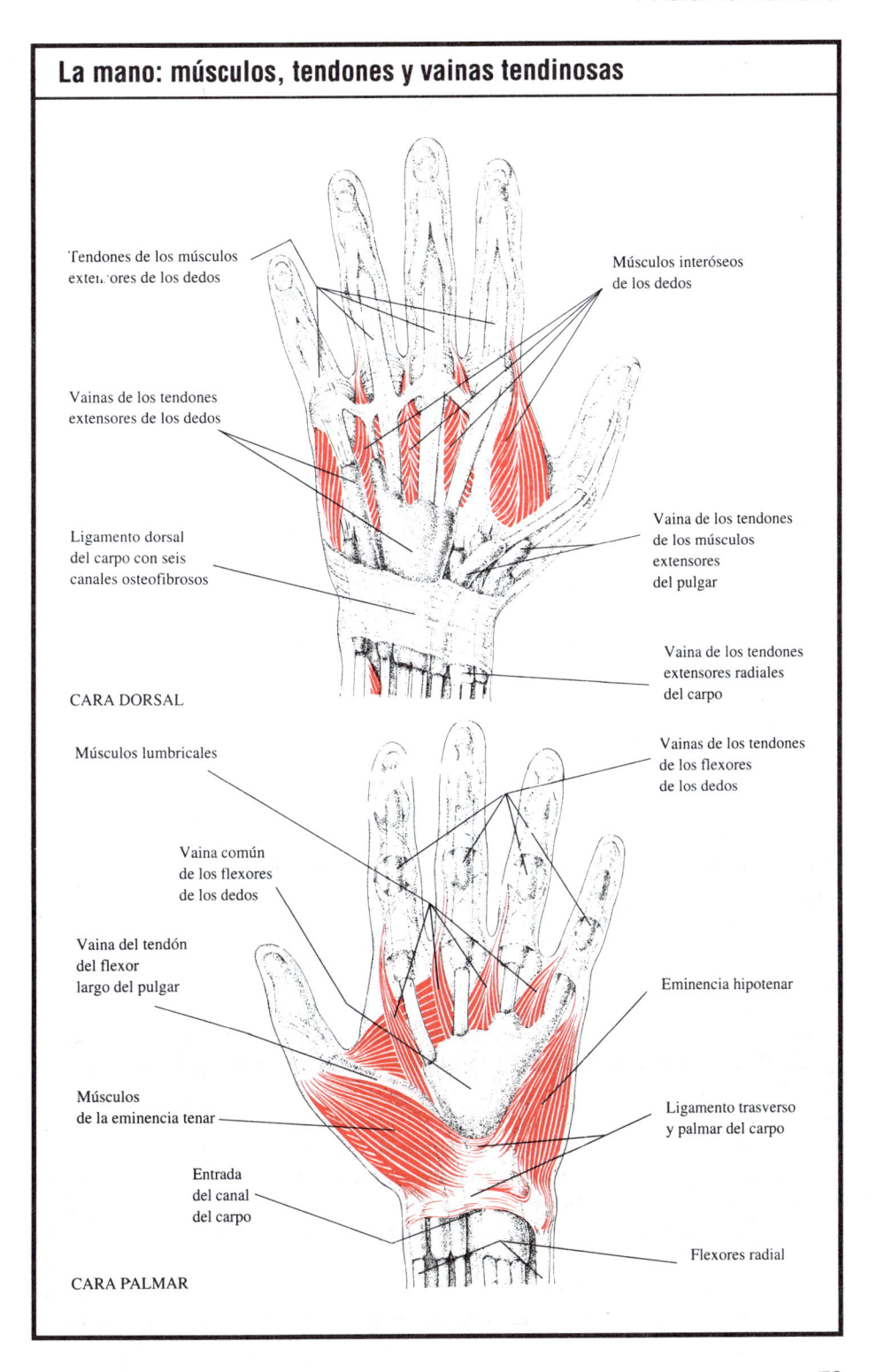

La mano: músculos, tendones y vainas tendinosas

CARA DORSAL

- Tendones de los músculos extensores de los dedos
- Vainas de los tendones extensores de los dedos
- Ligamento dorsal del carpo con seis canales osteofibrosos
- Músculos interóseos de los dedos
- Vaina de los tendones de los músculos extensores del pulgar
- Vaina de los tendones extensores radiales del carpo

CARA PALMAR

- Músculos lumbricales
- Vaina común de los flexores de los dedos
- Vaina del tendón del flexor largo del pulgar
- Músculos de la eminencia tenar
- Entrada del canal del carpo
- Vainas de los tendones de los flexores de los dedos
- Eminencia hipotenar
- Ligamento trasverso y palmar del carpo
- Flexores radial

79

bolsa tendinosa común que se comunica por la vaina del pulgar y del meñique; por ello, la inflamación del meñique puede extenderse a toda la mano e incluso al pulgar. En el dorso de la mano, cada grupo tendinoso tiene su propia vaina. Especial atención requieren las vainas tendinosas de los músculos del pulgar, que se cruzan oblicuamente sobre el radio y pueden inflamarse ocasionalmente a este nivel. En el dorso, los tendones de extensión se unen entre sí, lo que dificulta el movimiento aislado de los dedos, sobre todo del tercero y del anular (de importancia para guitarristas, violinistas, pianistas y otros ejecutantes que emplean primordialmente los dedos).

Entre los huesos metacarpianos se encuentran los llamados músculos interdigitales, que actúan principalmente sobre las articulaciones proximales de los dedos, permitiendo una flexión de las mismas con extensión simultánea de las articulaciones media y distal. Este mecanismo tiene una importancia decisiva para la utilización de la mano como órgano de palpación y agarre, pues la fuerza y la habilidad motora dependen de él en gran medida.

Bioquímica del cuerpo humano

Una vez considerado el organismo humano en su aspecto estático dependiente de factores hereditarios y ambientales, resulta lógico abordar algunas nociones de su contrapartida dinámica, su fisiología, comenzando por su composición química para terminar con la **bioquímica,** es decir, la ciencia que estudia los incesantes cambios que sufren los componentes primarios del cuerpo.

La función de nutrición es la conjunción de todos los procesos de intercambio que se efectúan entre la célula y el medio ambiente. Gracias a esta función, los seres vivos son capaces de crecer, desarrollarse y mantener su forma y su función. Para que la célula o el organismo cumpla con este principio nutritivo, necesita de los **alimentos,** materiales de construcción, que podríamos calificar de sustancias plásticas, como el combustible para proporcionar la energía que se disipa en forma de calor o se emplea para realizar un trabajo.

Composición química

Un hombre de unos 70 kg de peso está compuesto, aproximadamente de un 64% de agua; 20% de proteínas, 10% de grasas, 5% de sales minerales y 1% de diversos hidratos de carbono.

Si consideramos el protoplasma animal en el nivel atómico, los elementos químicos que intervienen estructuralmente en su composición son tan sólo unos cuarenta, del centenar que existe en la naturaleza. Sólo seis de estos elementos se encuentran invariablemente en todas las células: carbono, oxígeno, hidrógeno, nitrógeno, azufre y fósforo. En determinados compuestos podemos hallar, además, átomos de sodio, cloro, calcio, potasio y magnesio, pero siempre en cantidades mínimas. Con estos 11 elementos básicos se forma hasta el 99% del cuerpo humano. En el 1% restante entran otros elementos tan raros o tan irregularmente distribuidos que se habla de

Bioquímica del cuerpo humano

oligoelementos (hierro, cobre, cobalto, etc.), fundamentales para determinadas funciones, pues forman parte de ciertos componentes imprescindibles para la vida.

En un nivel químico superior, aparecen las moléculas o agrupaciones definidas de átomos, que comprenden la menor partícula a que puede reducirse una sustancia, cuerpo simple o compuesto, y que presenta los caracteres químicos que especifican a dicha sustancia. Desde las moléculas más sencillas de los cuerpos compuestos, como el agua, en que se unen dos átomos de hidrógeno y uno de oxígeno (H_2O), o el anhídrido carbónico, con dos átomos de oxígeno y uno de carbono (CO_2), en el organismo se encuentran complejas moléculas que constan de miles y miles de átomos, configurados de la manera más dispar y complicada en las tres dimensiones del espacio. Las moléculas más elaboradas son las que tienen que ver con los procesos hereditarios (las proteínas que forman los genes de los cromosomas) y las que protegen el organismo contra las agresiones externas e internas (proteínas inmunológicas, como son los anticuerpos, antitoxinas, etc.), y que ya tienen una especificidad, es decir, son diferentes entre sí, ya sea debido a que tienen distinto número de átomos o porque su disposición adopta una u otra de las infinitas posibilidades que la naturaleza es capaz de crear.

Esta diversidad confiere un carácter único a la especie, al individuo e incluso a ciertas células, pues les imprime un sello indeleble. Si el uso del microscopio permitió estudiar el sustrato vital en el nivel celular, en la actualidad los avances de la técnica permiten desentrañar los fenómenos vitales en el nivel de esta fase molecular, mucho más íntima y con posibilidades todavía insospechadas para comprender la vida y evitar o remediar ciertas enfermedades que comprometen la evolución normal del ser vivo.

Casi todas las moléculas que se integran en el protoplasma se encuentran en un estado físico que llamamos de dispersión coloidal. Si una dispersión implica una compenetración tal entre sustancias de índole diferente, sólidas o líquidas, que perseveran indefinidamente en este estado de mezcla, las dispersiones coloidales (la palabra coloide proviene de *cola*, caso típico de este estado) son mezclas heterogéneas de partículas sólidas del tamaño de una cienmilésima de milímetro que, aun en reposo, se mantienen inmutables en el seno de un medio líquido. Sin embargo, se puede comprender que tan diversos engranajes entre moléculas de todos los tamaños y de cualquier constitución acaben por establecer un difícil equilibrio. Las mínimas alteraciones en su composición, en su continuo intercambio, en su interdependencia y mutuo acoplamiento al fin vital trazado explican muchos trastornos y la naturaleza de la mayoría de las enfermedades. Las células degeneran o mueren porque en el seno de su protoplasma aquella dispersión coloidal de sus moléculas ha sufrido cambios: se ha precipitado alguno de sus componentes o se ha depositado alguna sustancia extraña; no se intercambian o eliminan adecuadamente los compuestos que han cumplido su papel o, más simplemente todavía, una agresión cualquiera (mecánica, química o biológica) traspasa el umbral de tolerancia característico para cada tipo celular. Hemos mencionado ya en varias ocasiones lo importante que es el que se mantenga constante el medio interno en que «flotan», por así decirlo, todos los tejidos, independientemente de los ingresos nutritivos, plásticos o energéticos, y de las inevitables pérdidas representadas por la eliminación de los residuos metabólicos. Tan fundamental es esto que en los seres superiores el sistema de aporte es totalmente distinto, estructural y funcionalmente, al sistema excretorio, aunque su resultado mancomunado señale un

Anatomía y biología del cuerpo humano

único fin: la composición constante (o al menos entre límites sumamente estrechos) del organismo humano.

Hidratos de carbono

Los hidratos de carbono o carbohidratos son compuestos orgánicos que están formados por carbono, hidrógeno y oxígeno (combinaciones ternarias), que reciben su nombre por el hecho de que estos dos últimos elementos se encuentran en ellos en la misma proporción que en el agua, 2 a 1; es decir, dos átomos de hidrógeno y uno de oxígeno por cada molécula. Las plantas sintetizan los hidratos de carbono gracias a la intervención de un pigmento, la clorofila, por efecto de la energía que aporta la luz solar. Estos vegetales provistos de clorofila reciben el nombre de autótrofos, pues son capaces de transformar materiales inorgánicos (agua, sales minerales) en materia orgánica. Por el contrario, los seres animales (y también los vegetales sin clorofila, como las algas y los hongos) son heterótrofos y no pueden sintetizar materia orgánica a partir de productos inorgánicos; necesitan una alimentación orgánica para poder transformarla en protoplasma propio.

Los hidratos de carbono reciben a veces el nombre de sacáridos o glúcidos porque algunos de ellos tienen sabor dulce, pero esto no es correcto, pues los más complejos carecen de tal sabor. Los carbohidratos más sencillos son los **monosacáridos;** los más importantes desde el punto de vista fisiológico son los que tienen seis átomos de carbono (hexosas): la **glucosa** o dextrosa (azúcar de uva) y la **fructosa** (componente esencial del azúcar de caña y de la remolacha). Estos monosacáridos pueden ser absorbidos directamente en el intestino, sin necesidad de ser escindidos o degradados. Una vez absorbidos pasan al hígado, que es capaz de almacenarlos en forma de glucógeno (llamado almidón animal, producto de la unión de varias moléculas de glucosa). Éste es continuamente transformado en glucosa, que pasa a la sangre, en la que mantiene un determinado nivel o **glucemia,** que en ayunas viene a ser de un gramo por litro de sangre. El consumo de glucosa por todas las células del organismo es muy grande, al constituir uno de los combustibles más usados para producir energía. En los tejidos musculares (corazón incluido) la glucosa aportada se almacena también en forma de glucógeno para aprovecharla en los momentos de necesidad o de esfuerzo.

Los **disacáridos** son azúcares que resultan de la unión de dos monosacáridos. El azúcar común (sacarosa), de tanta importancia alimenticia y que se obtiene de la caña o de la remolacha, es un disacárido constituido por una molécula de glucosa y otra de fructosa. Otros disacáridos importantes son el azúcar de la leche o lactosa (glucosa y galactosa) y la maltosa, depositada en la cerveza. Estos disacáridos ya no pueden absorberse directamente en el intestino. Durante el proceso de la digestión se desdoblan o escinden en sus dos componentes gracias a la actividad de ciertos fermentos específicos, y así pueden pasar a la sangre, y de aquí, por las ramificaciones de la vena porta, al hígado.

Los **polisacáridos** son compuestos más complejos formados por la unión de varios monosacáridos (en ocasiones más de mil). Actúan como materiales de construcción (celulosa en las plantas; quitina en la piel de los insectos; condroitina en los cartílagos articulares humanos) y también como reserva de alimentos. La mayor parte de las secreciones que lubrican los tejidos (líquido sinovial, moco, etc.) contienen polisacáridos. Éstos ya no son dulces y el organismo los utiliza de forma variable. La celulosa o armazón vegetal no se absorbe como tal. En los tramos intestinales más inferiores (colon) hay algunas bacterias capaces de desdoblarla, pero esto no sirve a los fines nutritivos. La importancia de la celulosa en la dieta estriba en que actúa como sustancia de lastre para dar consistencia a las heces y estimular la función evacuadora. La fécula de las papas, al natural, apenas es absorbida; en cambio la de los cereales es absorbida en una mayor proporción. Pero una vez hervidos, estos polisacáridos (con excepción de la celulosa) sufren una transformación que los hace vulnerables a la acción de las enzimas digestivas y así, una vez desdoblados en monosacáridos, sí pueden ser absorbidos.

Otros polisacáridos de gran interés nutritivo son la pectina, constituyente de los frutos ácidos (sobre todo de la manzana y algunas raíces vegetales), y la miel, muy absorbible una vez transformada en el aparato digestivo, donde se liberan sus mayores constituyentes (glucosa y fructosa).

Lípidos

Los lípidos o grasas en general son compuestos ternarios (carbono, oxígeno e hidrógeno), insolubles en agua y cuyos constituyentes específicos son los llamados ácidos grasos, de los que, tanto en el reino vegetal como en el animal, se conocen unos 50. Desde el punto de vista biológico revisten gran importancia los ácidos grasos de cadena larga, con muchos átomos de carbono, que se clasifican en saturados y no saturados (la palabra saturación se refiere a que las cuatro valencias del carbono estén o no ocupadas por átomos diferentes sin que haya doble unión entre dos átomos de carbono contiguos).

Los ácidos grasos no saturados cumplen una trascendental misión en la alimentación humana, pues algunos no pueden ser sintetizados en el organismo, y son por lo tanto **esenciales**. Para evitar ciertos procesos patológicos es necesario que ingresen con la alimentación. Los más conocidos son los ácidos linoleico y linolénico, que se encuentran en los aceites vegetales (de oliva, maíz, soya, girasol). Parece demostrado que estos aceites esenciales no saturados juegan un papel negativo en la formación de depósitos de grasa en la pared arterial (arterioesclerosis), pues son capaces de evitarlos hasta cierto punto, mientras que los ácidos grasos saturados, no esenciales, de cadena más corta y de origen generalmente animal (manteca, nata, tocino, etc.) favorecen dicha formación, de tan graves consecuencias. Por otro lado, las grasas animales son más difíciles de digerir. Pero cuando afirmamos que los vegetales son más «sanos», debe tenerse en cuenta que el refinado merma siempre su valor biológico.

Los ácidos grasos se encuentran raramente en estado libre; por lo general se combinan con la glicerina para formar las grasas en el sentido estricto de la palabra. Estas grasas pueden ser líquidas (aceites) o sólidas, vegetales o animales. Toda sustancia grasa que ingerimos es en parte una mezcla de diferentes combinaciones de glicerina con ácidos grasos. En las grasas animales predominan los ácidos grasos saturados (de ahí su problemática en relación con la arterioesclerosis). En las grasas vegetales predominan los no saturados.

En el organismo, estas grasas tienen una gran utilización: se absorben casi en su totalidad (95%), lo cual explica que en las heces siempre haya algún componente graso. Sin embargo, la absorción no se realiza de modo directo; deben digerirse previamente, no por el estómago, sino por los jugos intestinales y pancreáticos, que segregan una enzima específica —la lipasa— que las desdobla y las convierte en ácidos grasos y glicerina. Para ello es necesaria la presencia de la bilis, que dispersa (emulsiona) dicho alimento, con lo que aumenta la superficie de ataque para que actúe el fermento tal como un detergente que forma espuma. Los ácidos grasos y la glicerina son absorbidos por la mucosa intestinal, pero en lugar de pasar directamente al hígado, lo hacen al sistema linfático, que los lleva a la sangre. Los ácidos grasos son un eficiente combustible del organismo y su utilización con fines energéticos es inmediata. De todos modos, el exceso es almacenado en los depósitos de grasa, de los que saldrá en caso de necesidad. Sólo una pequeñísima parte es transformada y constituye grasa de formación o plástica, que ya no actúa de reserva (sólo en casos de extrema penuria), sino como almohadilla o para dar relieve a ciertas estructuras anatómicas (grasa subcutánea).

Junto a estos ácidos grasos poseen especial importancia otros lípidos, los **fosfolípidos**, que no son sólo compuestos ternarios sino que también contienen fósforo. Se encuentran en el cerebro (cerebrósidos) o en la yema del huevo (lecitinas) y tienen una misión metabólica de primer orden; son sintetizados en el organismo humano a partir de los ácidos grasos.

Por sus características, consideramos lípidos a las llamadas **ceras**, como la lanolina, que en la piel de ciertos animales desempeña una función protectora y en medicina tiene un papel cosmético.

Para el hombre, los lípidos no energéticos más importantes son los **esteroides**. El más conocido es el colesterol, al que se atribuye un papel central en la génesis de la arterioesclerosis, pero que también tiene su lado positivo: es fundamental durante el crecimiento y desarrollo del organismo, y también el precursor de hormonas y parte esencial de muchos compuestos celulares. Otros esteroides importantes son los ácidos biliares, las hormonas sexuales y suprarrenales y la vitamina D.

Proteínas

Las proteínas o sustancias albuminoideas (nombre derivado de la albúmina o clara de huevo, que es un caso típico) son compuestos cuaternarios formados por carbono, nitrógeno, hidrógeno y oxígeno, a los que se añaden casi siempre el fósforo y el azufre. Las proteínas son el andamiaje constructivo propiamente dicho de todo ser animal; también juegan un papel energético, pero menos importante que el de las grasas o carbohidratos. El contenido proteínico de los tejidos varía mucho: el cristalino es el más rico, pues tiene hasta un 35%.

Una sexta parte, más o menos, de cada molécula de proteína está formada por nitrógeno, de lo que se deduce que cada gramo de nitrógeno eliminado por la orina, corresponde a la escisión o combustión de 6 gramos de proteínas, ya que no existe otro tipo de eliminación nitrogenada por el organismo. La determinación de este balance es muy importante, pues expresa mejor que ningún otro índice si un organismo se encuentra en equilibrio metabólico o si predominan los procesos anabólicos (constructivos) sobre los catabólicos (involutivos), o viceversa.

Desde el punto de vista químico, las proteínas están constituidas por una sucesión de orden prefijado, en el que pueden intervenir hasta 24 componentes básicos llamados aminoácidos (en el organismo hay 20 comunes y cuatro raros o de aparición ocasional en la formación de proteínas); se han encontrado unos 150 aminoácidos que pueden permanecer solos o unidos, aunque nunca formando parte de las proteínas. Las combinaciones posibles en número, orden, secuencia y disposición estructural en las tres dimensiones del espacio son infinitas. Existen proteínas formadas por unos pocos aminoácidos diferentes entre sí y, por lo tanto, de poco peso molecular; pero también es frecuente el caso de otras de muy alto peso molecular en las que multitud de aminoácidos, en cantidad y cualidad diferentes, adoptan las más complicadas configuraciones. Esta ilimitada posibilidad explica la individualidad de la especie e incluso del individuo. Si no existen dos seres totalmente iguales es porque siempre habrá alguna proteína que difiera en algo. Esto vale también a la inversa: la composición única de las proteínas en todo organismo permite que éste «sepa» distinguir y, en su caso, luchar contra toda proteína extraña. A la postre, esta infinita gama es la base de todos los mecanismos de defensa (inmunológicos, hereditarios, etc.).

La alimentación cubre las necesidades proteínicas del organismo, pero éste no puede utilizarlas directamente: tienen que transformarse durante el proceso de la digestión, reduciéndose a sus más sencillos componentes, los aminoácidos. Los fermentos del estómago (pepsina) y del jugo pancreático (tripsina) son los encargados de esta función. Una vez que estos compuestos simples han traspasado la frontera intestinal comienza de nuevo la síntesis de nuevas proteínas, unas sencillas y otras complejas, donde el hígado juega un papel primordial. Aquí intervienen los fenómenos más íntimos del quehacer individual, pues por mecanismos hereditarios o derivados de la propia personalidad bioquímica, sólo se sintetizan aquellas proteínas específicas de cada ser. Los genes hereditarios dan la clave para que sean «propias». Es algo parecido al mecanismo de las llaves para las cerraduras. El ingenio humano ha descubierto que por muchas cerraduras que haya siempre cabe una llave diferente, y que solamente ésta es capaz de realizar su misión. Ahora bien, en la llave, el material constitutivo es siempre el mismo, varía únicamente su disposición. En el organismo, la mayoría de los aminoácidos constituyentes de las proteínas que pasan la barrera intestinal son sustituibles entre sí o el organismo puede formarlos por sí mismo; pero los hay insustituibles y tienen que ser aportados necesariamente por la alimentación.

De los veintitantos aminoácidos que suelen formar parte de nuestra alimentación, nueve son los llamados **aminoácidos esenciales**, de los que el cuerpo dispondrá siempre en la dieta. Son, por ejemplo, la valina, treonina, lisina, triptófano, metionina, etc. De aquí que no baste que en la ración alimenticia haya el mínimo necesario de proteínas; también ha de aportarse la suficiente cantidad de estos aminoácidos esenciales. Quizá sea éste uno de los argumentos fundamentales para combatir las dietas unilaterales, como lo son las prácticas vegetarianas, pues en las plantas o vegetales es precisamente donde los aminoácidos esenciales están en franca minoría o faltan. Aproximadamente la mitad de las proteínas necesarias para nuestra alimentación son de origen animal, siendo la leche y sus productos derivados los más completos, ya que poseen casi todos los aminoácidos esenciales. Resulta paradójico que la clara de huevo (albúmina), que ha prestado su nombre a estos compuestos tan imprescindibles, sea precisamente una sustancia pobre en aminoácidos esenciales.

Sustancias biológicamente activas (biocatalizadores)

Las diversas funciones metabólicas que continuamente se desarrollan en el organismo no podrían realizarse sin el concurso de ciertas sustancias, siempre presentes en pequeñas cantidades, que aceleran o retrasan y, en general, regulan las diferentes reacciones químicas en el nivel celular, tisular u orgánico. Entre estas sustancias activas indispensables o biocatalizadoras figuran las enzimas, las hormonas, las vitaminas y las prostaglandinas. En realidad, resulta difícil establecer diferencias entre estos grupos y señalar exactamente su función específica, pues, en general, su intervención decisiva es interdependiente, y su clasificación es algo convencional y de origen histórico. Tienen en común que no pueden ser considerados como alimentos, pues ni aportan material energético ni sufren cambio alguno durante la reacción o función sometida a su regulación. Si en una gran urbe semáforos y guardias ordenan el tránsito sin intervenir directamente en los sistemas de transporte, también los biocatalizadores dirigen, ordenan y aceleran o retrasan las funciones metabólicas para conseguir un conjunto armónico subordinado al bien común del organismo.

Enzimas

Las fermentaciones son aprovechadas por el hombre desde tiempos prehistóricos, por ejemplo, para convertir los jugos de fruta en bebidas alcohólicas y, a su vez, los vinos en vinagre. Hoy sabemos que estos fenómenos se deben a la presencia de cantidades ínfimas de ciertas sustancias químicamente definidas: los fermentos o enzimas, que actúan de modo específico, es decir, sólo sirven para una determinada reacción. Desde el punto de vista químico, las enzimas son sustancias proteínicas. Algunas ingresan con la alimentación, pero la mayoría son producidas por el propio organismo. Precisamente, uno de los fenómenos más curiosos que caracterizan a las enzimas es que respetan el propio tejido que las produce. De la misma manera que el jugo gástrico no digiere el estómago donde se fabrica pero es capaz de digerir cualquier otro estómago, tampoco las enzimas intervienen en los procesos metabólicos que se producen en las células que las forman. En la digestión de los principios inmediatos de la nutrición es donde las enzimas alcanzan su mayor importancia. Desde la amilasa de la saliva, capaz de desintegrar las féculas, hasta la tripsina del páncreas, necesaria para la digestión de las proteínas, pasando por la importantísima pepsina del jugo gástrico, también activa sobre el sustrato proteínico, son muchas las enzimas necesarias para que el organismo aproveche los alimentos ingeridos.

Además de degradar los alimentos como en el caso de las enzimas digestivas, éstas tienen también fines anabólicos y catalizan las reacciones de síntesis para la creación de nuevas sustancias estructurales. Es curioso hacer constar cómo a partir de sustancias muy sencillas que pasan la frontera intestinal (glucosa, fructosa, ácidos grasos, glicerina, aminoácidos, agua, sales minerales, vitaminas) el organismo es capaz de crear la enorme multitud de sustancias que lo forman. Los aminoácidos, ácidos grasos e hidratos de carbono se queman directamente en las células o entran a formar parte del llamado ciclo metabólico. Paso a paso, por medio de reacciones químicas encadenadas y de suma precisión, una sustancia genera a la siguiente adquiriendo mayor complejidad hasta formar parte básica de un constituyente celular fundamental. La dirección de cada ciclo, su sucesivo encadenamiento, depende de la intervención de un fermento especial, que sólo actúa en él.

La alimentación como aporte calórico

Los hidratos de carbono, las proteínas y las grasas, y sólo estos alimentos básicos, que se engloban bajo el término de **principios inmediatos,** generan la energía necesaria para mantener una temperatura y efectuar un trabajo. Todo proceso vital está unido a la producción de calor mediante la combustión de estos principios inmediatos, reducida durante el reposo, aumentada en los esfuerzos. La necesidad de una fuente de energía se origina por el simple hecho de que la materia viva es un sistema fisicoquímico inestable, que no puede mantenerse salvo que, de una manera continua, le sean aportados combustibles diferenciados. La fuerza generadora se obtiene por la degradación de las sustancias químicas que sirven de combustible y que provienen del exterior (alimentos) o de los depósitos o almacenes de sustancias nutritivas como la grasa, hígado, músculos, etc. Por ejemplo, la glucosa se descompone en ácido láctico, que a su vez pasa por sucesivas transformaciones para terminar siendo agua y anhídrido carbónico. En las grasas ocurre algo parecido, pero en las proteínas (o mejor dicho en los aminoácidos) queda un residuo nitrogenado que será eliminado por los riñones en forma de urea.

El valor energético que se libera durante las transformaciones químicas se mide en relación con el calor que se desprende durante su combustión en el proceso metabólico. Se llama caloría o unidad calórica a la cantidad de calor necesaria para elevar en un grado Celsius la temperatura de un gramo de agua.

En la combustión de los principios inmediatos se producen diferentes cantidades de calor o energía. Para el mantenimiento de las funciones y de la temperatura orgánicas, el hombre sano de peso normal (70 kg) y en reposo absoluto gasta aproximadamente una caloría por kilo de peso y hora, o sea, 24 x 70 = 1 680 calorías al día. Durante el trabajo físico o psíquico aumenta la necesidad calórica, y son necesarias las siguientes cantidades adicionales:

Durante un trabajo ligero	75 cal. por hora
Durante un trabajo de grado medio	75-150 cal. por hora
Durante un trabajo duro	150-300 cal. por hora
Durante un trabajo muy duro	300 o más cal. por hora.

Por día, las necesidades calóricas varían según la actividad corporal; la composición óptima, cuantitativa y cualitativamente, puede establecerse así:

Anatomía y biología del cuerpo humano

Tipo de trabajo	Proteínas – Gramos	Grasas – Gramos	Hidratos de carbono – Gramos	Calorías
Trabajo ligero	70	55	400	2 400
Trabajo intenso	80	70	500	3 000
Trabajo muy fuerte	95	90	700	4 000

Los aportes calóricos para los niños serán:

Niños de 1 a 2 años: 840 cal.   Niños de 7 a 9 años: 1 680 cal.
Niños de 2 a 3 años: 1 000 cal.   Niños de 9 a 11 años: 1 920 cal.
Niños de 3 a 5 años: 1 200 cal.   Niños desde los 12 años: 2 400 cal.
Niños de 5 a 7 años: 1 440 cal.

En las mujeres que desarrollan actividad doméstica se puede calcular un promedio diario de 2 600 calorías.

El consumo básico se mide por el llamado **metabolismo basal** que, si bien puede estimarse directamente, introduciendo al sujeto en una cámara calorimétrica que registra el calor desprendido, en la práctica se mide indirectamente mediante la determinación del consumo de oxígeno y la eliminación de anhídrido carbónico. El consumo básico en un sujeto en ayunas y reposo, en determinadas circunstancias de temperatura ambiental, y su medida o metabolismo basal son proporcionales a la superficie del cuerpo; un hombre adulto produce 39.8 calorías por metro cuadrado de superficie cutánea y hora (en las mujeres, un 10 % menos), en total, unas 1 700 calorías al día, cifra análoga a la anteriormente citada, que calculaba el consumo básico sobre el número de calorías gastadas por unidad de peso. Está demostrado que la determinación del metabolismo basal da valores más altos después de la ingestión de alcohol, nicotina o café, pero mayor importancia clínica adquiere el hecho de que la tiroxina u hormona tiroidea influye decisivamente sobre el consumo basal, de tal manera que la medida del metabolismo basal sirve para diagnosticar ciertos estados de hiperfunción o hipofunción tiroidea.

En cuanto al valor energético de los alimentos para cubrir las necesidades del consumo básico y del consumo de esfuerzo, los principios inmediatos pueden sustituirse unos por otros siempre que el calor de combustión global alcance las cifras establecidas. En esto consiste la llamada isodinamia de los alimentos. Sin embargo, se ha demostrado que son absolutamente necesarias cantidades mínimas de los tres principios inmediatos. Una alimentación unilateral, por ejemplo la vegetariana, no aporta el mínimo proteínico y graso imprescindible, independientemente del hecho ya señalado de que algunos ácidos grasos y aminoácidos esenciales, imprescindibles, provengan del reino vegetal o animal.

Naturaleza e identificación de las enfermedades

El diagnóstico de las enfermedades

La medicina es una ciencia que permite conocer las enfermedades y es un arte que capacita a los médicos para tratar, curar o aliviar al hombre enfermo. Esta asistencia individual a cada paciente es lo que caracteriza a la llamada clínica médica. El conocimiento del proceso de la enfermedad permite establecer la naturaleza y la extensión de sus repercusiones orgánicas y psíquicas en la totalidad del organismo enfermo. Sólo así se podrán prescribir las bases de un plan terapéutico, que siempre tenderá a la erradicación de la enfermedad o, al menos, a suprimir sus manifestaciones, subjetivas u objetivas.

El enfermo consulta con su médico porque algo le duele o le molesta; algo que interfiere con su bienestar físico y mental, menoscaba su productividad o hiere su sentido estético, o porque simplemente desea conservar una buena salud. Toda enfermedad tiene su vertiente personal, vivencias que se exteriorizan por unos síntomas. Pero junto a estos «sentimientos» todo proceso morboso (relativo a la enfermedad) provoca unas alteraciones objetivas o signos que serán detectados y evaluados por el médico. Sólo después de una cuidadosa interpretación de los síntomas de una enfermedad (sintomatología) y de sus signos (semiología) el médico podrá identificar la enfermedad (diagnóstico), establecer su origen (etiología), analizar el modo como la causa morbosa actuó sobre el organismo (patogenia) y juzgar la trascendencia que pueda tener para el futuro del individuo afectado (pronóstico).

En este capítulo se tratarán los síntomas más importantes que considerará el médico clínico, así como los diversos métodos de exploración de los que se vale la ciencia para poder evaluar los signos de las enfermedades.

¿Qué es la enfermedad?

En los pueblos más primitivos la enfermedad fue considerada como algo execrable e inadmisible: una tara para la sociedad. De ahí que el enfermo fuese relegado a su suerte. Más tarde surgió el concepto de que toda anormalidad física o psíquica era la manifestación de extrañas fuerzas secretas o sobrenaturales: el enfermo estaba poseído o hechizado. Por ello el origen de la medicina tiene algo de magia o de sacerdocio. Con el Antiguo Testamento la enfermedad comienza a considerarse un justo castigo de los pecados cometidos. El enfermo no es sino una víctima que alcanzará el perdón a través de sus sufrimientos.

En la civilización griega reina un culto a la perfeccción y a la salud, a la belleza del cuerpo humano. Así, los padres de la medicina (Esculapio e Hipócrates) llegaron a adquirir una aureola casi divina. Por vez primera aparece la higiene, tan importante en su vertiente preventiva como la propiamente curativa de la medicina. El cristianismo nos trae el mensaje de la caridad, pues si las anteriores culturas estaban hechas a la medida de los fuertes y sanos, la venida de Jesucristo apela a los inválidos, como dice Santa Hildegarda: «Dios no visita los cuerpos sanos». Con ello el médico se convierte en instrumento de la divina providencia. Tal concepto continuó casi durante veinte siglos. Pero ahora estamos asistiendo a un nuevo cambio. La enfermedad deja de ser un asunto privado para transformarse en materia de interés social. Hoy se admite que toda merma corporal o psíquica en el individuo aislado, puede ir en detrimento del conjunto de los habitantes.

La salud no puede admitirse en sentido negativo, es decir, como mera ausencia de enfermedad, sino como la define la Organización Mundial de la Salud: por ausencia de dolor o de alguna desviación de lo que, de un modo convencional, se admite como «normal». Salud es el bienestar físico, mental y social al que todo ser humano tiene derecho. Para resaltar aún más este punto de vista, dicha organización añade: «La salud implica el disfrute de la mayor norma posible de bienestar orgánico, psíquico y social, sin distinción de raza, religión, creencia política o condiciones económicas.»

Se comprende que a medida que la ciencia ha abarcado un mayor número de facetas, el concepto de medicina se haya diversificado y tan vasto campo no pueda ser atendido por una sola rama profesional. La relación médico-enfermo continuará y cada vez será mayor la especialización. Además si el Estado entra como mediador, para velar por los intereses de la persona afectada y de la sociedad amenazada, no es difícil predecir que la medicina tiene ante sí un panorama de una extraordinaria complejidad.

No debe olvidarse, al fin y al cabo, que si la medicina del siglo XX ha conseguido disminuir, de manera importante, la mortalidad infantil y las epidemias infecciosas, también los médicos contribuirán a resolver el mayor problema con que se enfrentará la humanidad en el próximo siglo: la superpoblación del mundo y la cada vez mayor longevidad de sus habitantes.

Se ha dicho que la vida es una continua lucha contra la muerte. Sin embargo, la enfermedad de ninguna manera debe ser considerada como la única batalla de una larga guerra fría, como un fenómeno aislado. Es más, el hombre rara vez es huésped pasivo de alguna materia «morbosa» capaz de producir enfermedad. La enfermedad es, por así decirlo, un esfuerzo de la naturaleza para eliminar toda alteración o menoscabo en la armonía del cuerpo y de la mente, en la totalidad de la persona, como también en relación con el equilibrio establecido entre la persona y su medio ambiente. La reacción morbosa será más o menos violenta según la naturaleza de la agresión física, química o biológica a que es sometido el hombre, dependiendo también del estado previo del organismo agredido, que puede responder con varias manifestaciones que serán cuantitativamente y cualitativamente diversas, según la capacidad que cada individuo posea de reacción.

El diagnóstico de las enfermedades

Historia natural de la enfermedad

Si aceptamos que la enfermedad es algo activo, entenderemos que no haya nada tan variable como el curso de un proceso morboso: su historia natural. Su duración, la intensidad de sus manifestaciones subjetivas o síntomas y de las objetivas o signos, dependerán de múltiples factores interdependientes. Por ello se ha dicho que no hay enfermedades, sino enfermos. También podrá admitirse que haya enfermedades que no ofrezcan síntomas, sólo signos; o sea, que cursen sin sensaciones percibidas por el propio enfermo. Precisamente en esto consiste la técnica del chequeo: la detección de personas enfermas que todavía no han experimentado síntomas subjetivos, a fin de tratarlas antes de que el posible mal sea ya irremediable. Del mismo modo, también existen enfermos con síntomas en los que no se aprecian signos. Es muy fácil tildar a estas personas de hipocondríacas o histéricas. Sin embargo, el problema es mucho más hondo. Si siempre se han distinguido los síntomas funcionales (sin base física) de los orgánicos (con signos objetivos para el médico), actualmente sabemos que una función alterada puede llevar, a muy corto plazo, a las más variadas lesiones anatómicas, de la misma manera que, en la inmensa mayoría de los casos, toda alteración anatómica lleva consigo un trastorno de la función.

Teniendo en cuenta su forma de evolución, distinguimos dos grandes grupos de procesos: los agudos y los crónicos, con independencia de todo tratamiento. Las enfermedades agudas son todas aquellas que alcanzan su apogeo con celeridad y, en general, se acusan por la especial espectacularidad de sus síntomas. Las enfermedades crónicas son más largas, con persistencia de los síntomas durante mucho tiempo, sin que los periodos de relativo declive sintomático jueguen papel alguno. En toda enfermedad se distinguen tres periodos:

1º De incremento, que se extiende desde el principio del mal hasta que éste adquiere su mayor intensidad sintomática.
2º Estacionario, en el que las manifestaciones continúan sin gran variedad.
3º De declive, que se extiende hasta la curación por crisis repentina o por lisis (curación lenta).

Siempre existe un periodo de convalecencia intermedio, en el cual el organismo se va recuperando de las alteraciones sufridas. Todavía cabe la recaída, o aparición de los síntomas cuando no se había establecido por completo la recuperación, como la recidiva, manifestación morbosa que aparece después de un periodo más o menos largo, pero sin síntomas clínicos. Por último, la recuperación o la curación no define siempre una *restitutio ad integrum*, o sea, una vuelta al estado anterior en todos los sentidos, porque el proceso morboso pudo dejar una secuela, cicatriz, invalidez o merma de alguna función, ya irreversible, pero que no puede ser calificado de enfermedad, en el sentido estricto de la palabra, sino como la huella del mal padecido. Naturalmente, en ocasiones esta secuela podría originar una nueva enfermedad.

También conviene insistir en que ciertas oscilaciones funcionales o determinadas actividades biológicas no pueden considerarse como enfermedades. El médico no acepta que el embarazo fisiológico sea anormal, como tampoco las pequeñas alteraciones debidas a los ritmos biológicos (día, noche, hambre, cansancio, ciclo menstrual, etc.). Tampoco es enfermedad el declive de la vida por la edad. Nadie se muere de viejo, sino por una enfermedad manifestada en la vejez.

Naturaleza e identificación de las enfermedades

El examen médico

Para llegar al diagnóstico de una enfermedad, el médico reseñará los síntomas o manifestaciones subjetivas que obligaron al enfermo a considerarse como tal. Al trazar esta **historia clínica** de la sintomatología actual, también tiene importancia la historia previa o **anamnesis**, con lo que se pretende averiguar cualquier acontecer en la vida de un sujeto que pueda tener relación causal con la enfermedad presente. Esta anamnesis incluye también todas las circunstancias personales del enfermo: su sexo, edad, peso, profesión, problemas sociales, hábitos alimenticios, antecedentes familiares, hereditarios, desarrollo físico y psíquico, etc. Una vez completada la historia clínica, el médico dispone de una especie de biografía del paciente y de un diagrama de cada uno de los síntomas, su presentación y evolución y las complicaciones a que haya dado lugar. Desde el primer momento debe haber una confianza mutua en la relación médico-enfermo. El arte del médico consiste en obtener una máxima información, para poder valorar cada uno de los síntomas.

Para detectar los signos producidos por la enfermedad, el médico se vale del **examen físico** o **exploración clínica directa**, o sea, sin instrumentos; y del examen con aparatos o **exploración complementaria**, utilizando una serie de análisis de rutina; también someterá al enfermo a las más variadas pruebas o «tests» que implican aparatos sumamente complejos. La exploración se compone de los procedimientos que a continuación se enlistan y se explican brevemente:

    1. **La inspección.** Mediante la observación directa del enfermo se obtienen valiosos datos diagnósticos: la manera de comportarse, su actitud mental, la postura, la marcha, la mímica, su estado de nutrición, el habla, la manera de moverse, la coloración de la piel y mucosas, la existencia de manchas o erupciones, la manera de respirar, su aspecto angustiado o apático, etc.

    2. **La palpación.** En la exploración manual, el médico emplea su sentido del tacto para percibir cualquier anormalidad en las diferentes estructuras accesibles. La presencia de nódulos o durezas en la piel y tejido subcutáneo; la existencia de ganglios linfáticos tumefactos en el cuello, axilas o región inguinal; la apreciación en esta última de hernias, etc., revisten gran valor diagnóstico. En el abdomen, el médico podrá delimitar el tamaño normal o aumentado del hígado y del bazo, la existencia de puntos dolorosos o la protrusión de tumoraciones. En la mujer es muy importante la palpación de la glándula mamaria, pues sólo así se puede detectar un tumor incipiente. La exploración manual directa se completa con la toma del pulso, no sólo en la muñeca, sino también en las piernas. El médico, provisto de un guante de goma, puede proceder al tacto rectal para apreciar la existencia de induraciones y, en el hombre, de un aumento del tamaño de la próstata. El tacto genital en el examen ginecológico tiene una importancia fundamental. Esta palpación puede ser bimanual: con una mano el médico explora los genitales internos mientras que simultáneamente, palpa el abdomen con la otra mano.

    3. **La percusión.** Mediante el golpeteo en la piel del enfermo se provoca en ésta y en las estructuras subyacentes una vibración capaz de generar un sonido que por su tono e intensidad tiene gran importancia diagnóstica. La percusión puede realizarse de una manera directa, por ejemplo, al golpear el médico la piel del enfermo con la palma de

Reconocimiento de la enfermedad mediante la percusión torácica

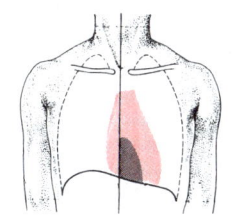

Área de matidez cardiaca absoluta (en color oscuro) y relativa (color más claro)

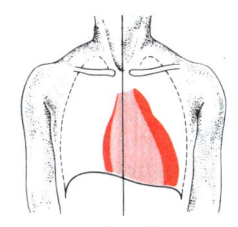

Corazón de configuración «mitral»

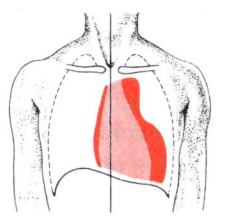

Corazón de configuración «aórtica»

Por medio de la percusión se puede obtener una imagen aproximada del límite cardiacopulmonar. La percusión puede, por ejemplo, establecer si el corazón tiene una configuración «mitral» que indica una dilatación del corazón, particularmente del ventrículo izquierdo, a causa de una insuficiencia de la válvula mitral; o bien una configuración «aórtica» (forma de zapato) que hace deducir una dilatación del ventrículo izquierdo y del cayado de la aorta. La forma «aórtica» se presenta en la insuficiencia de la válvula aórtica y, de manera menos evidente, en la hipertensión arterial.

la mano. Pero generalmente se usa la percusión mediata, en la que entre el dedo que percute (dedo medio de la mano derecha) y la piel del enfermo, el médico interpone un objeto sólido (casi siempre el dedo medio de su mano izquierda). Si se percute la piel que se encuentra sobre un órgano hueco, lleno de aire (pulmón, cámara de gases del estómago, colon, etc.), se obtienen diversos matices de un sonido resonante; mientras que la percusión de un órgano denso (corazón, hígado, bazo, etc.) origina diversos tonos mates. De esta manera, percutiendo sistemáticamente todas las zonas, pueden delimitarse al máximo los confines de los pulmones, averiguar si el corazón está aumentado de tamaño o no (dilatación cardiaca); si en el pulmón existe una zona de condensación (pulmonía), o si un derrame pleural impide que el pulmón sea ventilado.

4. **La auscultación.** El paso del aire por el árbol respiratorio, lo mismo que la corriente sanguínea a su paso por los vasos o las válvulas del corazón, provoca una serie de sonidos que el médico puede oír, directamente, aplicando el oído sobre la pared torácica; o bien, indirectamente, con un instrumento transmisor. El estetoscopio consiste en un cilindro con un canal en el centro y dos extremos: uno en forma de campana (el receptor, que se aplica sobre la piel), y otro (auricular), que se coloca en el oído del médico. En el fonendoscopio el receptor es una membrana que vibra con el sonido producido y que transmite estas ondas sonoras a través de unos tubos de plástico o goma, que se insertan en ambos oídos del explorador. Este instrumento es mucho más perfecto que el anterior, pues no sólo amplifica el sonido, sino que también lo transmite sin interferencias. Todavía se usa el estetoscopio fetal, con una gran campana receptora que capta perfectamente el sonido de los latidos cardiacos del feto en el seno materno. La auscultación es uno de los métodos de exploración física más importantes, pues

Naturaleza e identificación de las enfermedades

cualquier alteración del sonido normal adquiere una especial significación diagnóstica. Por ejemplo, al auscultar a un asmático son inconfundibles las sibilancias originadas durante el paso del aire por los bronquios estenosados. También cualquier defecto en las válvulas cardiacas origina unos soplos determinados que permiten llegar a un increíble grado de penetración diagnóstica respecto a la lesión causante. El sistema Doppler permite amplificar los sonidos arteriales de las extremidades, lo mismo que percibe con agudeza latidos fetales difíciles de localizar.

5. **La exploración del sistema nervioso.** Después de los exámenes clínicos citados, el médico verifica el estado de los reflejos nerviosos (tendinosos, musculares y cutáneos), las reacciones de la pupila, el estado del equilibrio, etc. Para provocar los reflejos tendinosos tendrá que recurrir a un martillo especial, con extremos de goma o caucho, con el que golpea la zona que desencadena el fenómeno (en el caso del reflejo patelar, al golpear el tendón que existe por debajo de la rodilla, la pierna responde con un brusco movimiento de extensión). El médico explorará la sensibilidad al tacto, al dolor o a la temperatura con la mano o un pedazo de algodón, algún alfiler o un objeto frío o caliente.

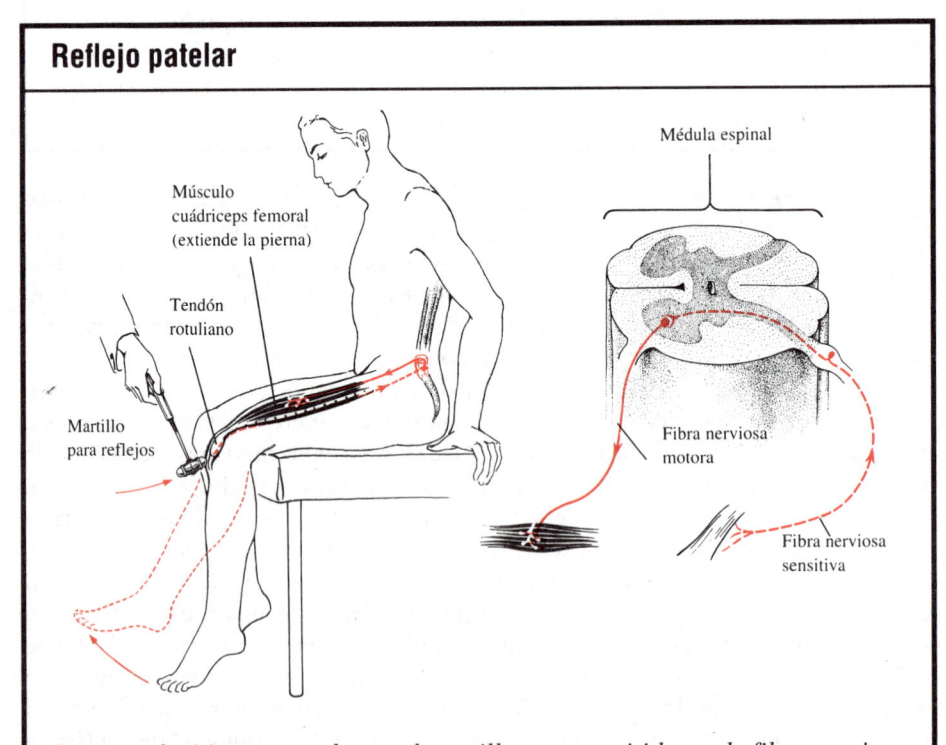

Reflejo patelar

La estimulación provocada por el martillo es transmitida por la fibra nerviosa sensitiva a la médula espinal, donde es transformada en impulso motor que, mediante la fibra nerviosa motora, es conducido al músculo cuádriceps femoral provocando su contracción y la inmediata extensión de la pierna. Mediante la evocación de tales reflejos se indaga la integridad de la vía nerviosa interesada.

La exploración mediante aparatos

1. **Medida de la temperatura.** El aumento de la temperatura corporal (fiebre) es un signo corriente en multitud de enfermedades. La temperatura normal del hombre, medida en la axila, es de 36.6° a 36.8°C; es algo más baja por la mañana que por la noche. Una temperatura subfebril es la que se registra cuando el enfermo tiene entre 37° y 38°C, a partir de los cuales se habla de fiebre, y por encima de 40°C de fiebre alta. Las temperaturas bajas, por debajo de 36°C (mucho menos frecuentes que las hipertérmicas), se califican de subnormales o hipotermias. Por último, recibe el nombre de febrícula una temperatura subfebril mantenida, en los casos más acusados, durante largo tiempo, y cuyo origen generalmente es algo impreciso, al menos a primera vista. Las temperaturas medidas en la boca o en el recto son algo más exactas que las tomadas en la axila; pero son siempre de 2 a 3 décimas más. Con un termómetro bien fabricado y calibrado —como los que se venden en farmacia—, basta medir la temperatura durante dos minutos, y no cinco o más, según preconiza el rumor popular. En cualquier enfermedad febril se registra esta temperatura, tomada dos veces o más al día, para obtener la llamada gráfica o curva térmica cuyo trazo puede servir de orientación diagnóstica, pues muchas enfermedades tienen un tipo de fiebre característico. La causa más frecuente de la fiebre es la presencia de una enfermedad inflamatoria, ya sea inducida por microorganismos, estados de hipersensibilidad o alérgicos, lesiones tisulares con destrucción de las proteínas celulares, o por la existencia de tumores. Sin embargo, no debe olvidarse que la temperatura corporal es regulada por la vía nerviosa a partir de un centro especial situado en la base cerebral. Esto explica el hecho de que haya fiebres centrales por lesión de dicha regulación. Es difícil juzgar la gravedad de una enfermedad sólo por la temperatura, pues la fiebre casi siempre es una reacción de autodefensa del organismo.

La medida de la **temperatura basal** tiene especial importancia en la mujer para conocer sus días fértiles durante el ciclo menstrual. Con un termómetro especial que permite una lectura meticulosa, se mide la temperatura en la vagina por la mañana; siempre a la misma hora, en ayunas y tendida sobre la espalda (posición supina) o también en el recto, en algunos casos. Generalmente la temperatura tomada se mantiene por debajo de los 37°C durante la primera mitad del ciclo, pero al coincidir con la ovulación (uno o dos días después) sube varias décimas, y persiste esta subida, aunque quizá no tan acusadamente, hasta el final del ciclo, es decir, hasta el comienzo de la nueva menstruación.

2. **La tensión arterial.** Entendemos por tensión arterial la presión con que circula la sangre por las arterias. Fundamentalmente, contribuyen dos factores a que exista esta tensión: la presión con que es impulsada la sangre en las arterias por la bomba impelente que, en definitiva, es el músculo cardiaco, y por la resistencia que a esta corriente opone la mayor o menor tonicidad de las paredes arteriales. Durante cada contracción, el corazón lanza a las arterias una determinada cantidad de sangre, por lo que en este momento de repleción la tensión vascular acusa un valor máximo. Es la llamada **presión sistólica** o **tensión máxima.** Durante la fase de relajación muscular del corazón (diástole), la sangre sigue circulando en las arterias hacia la red capilar por el impulso recibido durante la sístole, pero ya la tensión a que está sometida es muy

Naturaleza e identificación de las enfermedades

inferior. Existe, en consecuencia, un valor mínimo que es la llamada **presión diastólica** o **tensión mínima**.

Disponemos de varios sistemas para medir la tensión arterial. El más conocido consiste en que alrededor del tercio medio del brazo del enfermo se ajusta un manguito que contiene una almohadilla hueca de goma que se infla por medio de una perilla que actúa de bomba. Una vez hinchada la almohadilla —operación que se realiza lentamente—, el brazo es sometido a una compresión cada vez mayor, es decir, a una presión que se puede medir mediante un manómetro de mercurio intercalado entre la perilla y el manguito. En el instante en que esta compresión adquiere una intensidad algo superior a la tensión arterial mínima, la sangre ya no puede fluir por la arteria braquial, que está comprimida; sólo circula la sangre a impulsos intermitentes después del aumento sistólico de la tensión. Durante la diástole el vaso está colapsado. La arteria está pues sometida a bruscas y rítmicas aperturas, lo que se traduce en un sonido que puede auscultarse, por ejemplo, aplicando un estetoscopio sobre una arteria de la cara interna del codo (arteria cubital). Entonces el sonido indica que se ha sobrepasado la presión diastólica. Si el manguito continúa hinchándose, el sonido continuará hasta que deja de percibirse, pues se ha sobrepasado la presión sistólica: ya no circula sangre por la arteria.

En la práctica se procede así: se hincha el manguito aplicando una presión superior a la de la tensión máxima (por ejemplo, 160-180 mm de mercurio). Muy lentamente

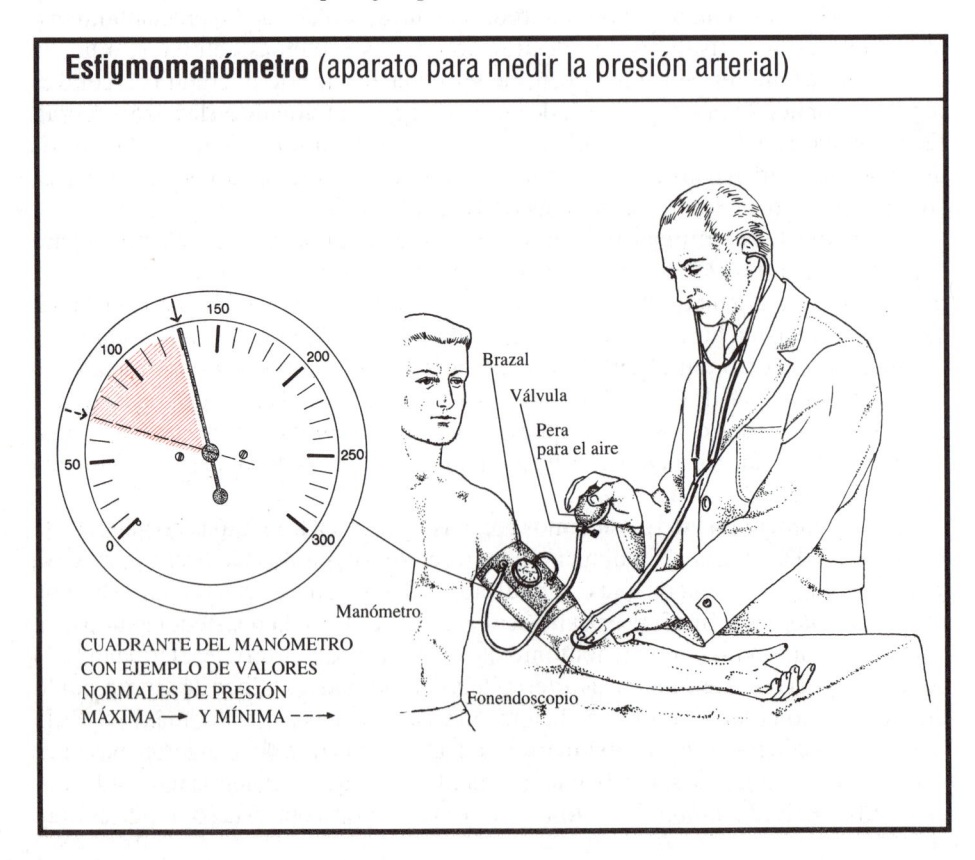

Esfigmomanómetro (aparato para medir la presión arterial)

CUADRANTE DEL MANÓMETRO CON EJEMPLO DE VALORES NORMALES DE PRESIÓN MÁXIMA → Y MÍNIMA --→

Manómetro
Brazal
Válvula
Pera para el aire
Fonendoscopio

La exploración mediante aparatos

se deja salir el aire, con lo que cede la compresión. Llegará el instante en que comenzará a auscultarse el sonido sobre la arteria cubital. La tensión que registra el manómetro corresponde a la presión sistólica. Se sigue dejando escapar el aire, con lo que continúa oyéndose el sonido hasta perderse por completo: es el instante que registra la tensión diastólica o mínima; existen aparatos que miden presión arterial usando un manguillo alrededor del dedo.

La tensión arterial varía, aun en la misma persona, con arreglo a multitud de circunstancias (psicológicas, hora del día, relación con la comida, etc.). Por ello, para obtener una impresión más fiel deberán realizarse varias mediciones. Al hablar ahora de los valores normales, conviene señalar que en algunos países suele medirse la tensión en milímetros de mercurio, mientras que en otros se mide en centímetros. La conversión es fácil, ya que un centímetro equivale a diez milímetros.

Valores normales de la presión arterial, según la edad y sexo, en milímetros de mercurio

Edad	Hombres Máxima	Hombres Mínima	Mujeres Máxima	Mujeres Mínima
Recién nacido	70	50	70	50
1 año	80	55	80	55
2-14 años	105	65	110	70
15-20 años	115	65	120	75
21-30 años	120	70	120	75
31-40 años	120	75	125	75
41-50 años	125	75	130	80
51-60 años	130	75	140	85
61-85 años	135	80	140	90

La presión aumenta transitoriamente después de esfuerzos físicos o choques emocionales, generalmente sólo en lo que se refiere a la tensión sistólica. Con la edad aumenta la tensión debido a una pérdida de la elasticidad de las paredes vasculares. Existe hipertensión arterial cuando la tensión mínima es superior a los 90 mm o cuando, tras varias medidas, la sistólica es superior a los 160 mm. La hipertensión arterial puede ser una enfermedad primaria (hipertensión esencial) o secundaria (en trastornos renales, endocrinos, arterioescleróticos, etc.). Existe una hipotensión persistente en muchas personas por factores constitucionales. Las disminuciones bruscas de tensión se presentan tras grandes hemorragias, diarreas, en caso de colapso circulatorio y en ciertas enfermedades cardiacas (especialmente después de un infarto al miocardio).

Conviene añadir que por el hecho de que la sangre retorna al corazón por la circulación venosa, existe también una tensión sanguínea en las venas, pero que es muy inferior a la de las arterias, y que para su medida no existen sistemas tan simples como

Naturaleza e identificación de las enfermedades

para medir la arterial. La presión venosa desciende de la periferia hacia el corazón (al revés que en la arterial) y es, por ejemplo en una vena del pie, de unos 12 mm, mientras que en el brazo a nivel del codo es sólo de unos 7 mm.

3. **El electrocardiograma.** El corazón es un músculo que se contrae rítmicamente por unos impulsos nerviosos que, de forma autónoma, excitan periódicamente sus fibras musculares. Esta excitación recorre en forma de onda todo el miocardio, comenzando por las aurículas y avanzando después hacia los ventrículos. Ahora bien, entre una fibra en reposo y otra en estado de excitación necesariamente debe existir una diferencia de tensión eléctrica (la parte activa es negativa, en el sentido eléctrico, con respecto a la parte en reposo). Como el corazón no se contrae en todas sus fibras al mismo tiempo, sino que lo hace al compás de la excitación nerviosa recibida en forma de onda, siempre habrá fibras en excitación como las hay en relajación. El electrocardiógrafo es un aparato muy sensible que recoge estas diferencias de potencial eléctrico y las registra gráficamente en el electrocardiograma. Mediante la interpretación de esta gráfica, el médico puede detectar cualquier alteración en el ritmo de la onda excitadora que recorre el miocardio, si existe alguna zona mal o poco irrigada (o sea desvitalizada, por ejemplo por una angina de pecho o infarto al miocardio) o si existen trastornos en el propio músculo.

4. **El electroencefalograma.** También la corteza cerebral se encuentra en continua actividad, incluso durante el reposo físico y psíquico más absoluto. Esta función cerebral origina unas diferencias de potencial eléctrico que pueden detectarse mediante un complejísimo aparato de extraordinaria sensibilidad: el electroencefalógrafo. El registro de las corrientes en el electroencefalograma da una serie de ondas rítmicas cuyas alteraciones tienen importancia diagnóstica decisiva (tumores, epilepsia, focos de reblandecimiento cerebral por trastornos circulatorios, traumatismos craneales, etc.). La total ausencia de estas oscilaciones, el llamado silencio cerebral (un electroencefalograma plano), es uno de los criterios de muerte del sujeto, aunque todavía puedan mantenerse de una manera automática la respiración y la actividad cardiaca del «fallecido». Dicho de otra manera, la muerte cerebral y su verificación adquieren un valor pronóstico decisivo.

5. **La exploración instrumental de las cavidades orgánicas.** Algunas exploraciones de las estructuras huecas entrañan el uso de unos aparatos especiales que consisten en un sistema óptico y una luz. La fuente iluminadora puede ser exterior, como en el caso de la laringoscopia. También puede estar contenida en el sistema explorador, en cuyo caso se trata de un tubo rígido o semiflexible. Hay verdaderas obras maestras en estos sistemas ópticos, con lentes y espejos, o fuentes de luz minúsculas, factor muy importante en la exploración de cavidades muy pequeñas. Estos instrumentos permiten que durante el examen pueda introducirse en el aparato una pinza especial que permite la extirpación de un pequeño trozo de tejido para su análisis microscópico (biopsia). Este procedimiento ofrece menos peligro, pues no hay riesgo de cortar tejido sano o lesionar un vaso sanguíneo. Otros instrumentos de este tipo contienen dispositivos para adaptar una cámara fotográfica, que permite la visualización de ciertos órganos «por dentro» y fotografiarlos, en su color natural. Las exploraciones instrumentales más importantes son:

a) La oftalmoscopia: Es la inspección interior del globo ocular que se lleva a cabo mediante el envío, a través de la abertura pupilar, de un haz de rayos luminosos.

La exploración mediante aparatos

Electrocardiograma (E.C.G.)

Aurícula izquierda
Aurícula derecha
Ventrículo derecho
Ventrículo izquierdo

Complejo ventricular

Onda auricular (onda P) — Tramo PQ — Complejo ventricular (onda QRS) — Línea isoeléctrica

El trazado del electrocardiograma es la expresión gráfica, compuesta por ondas y líneas, de las corrientes eléctricas que se generan durante la actividad del corazón, reveladas por el electrocardiógrafo. El impulso eléctrico que acompaña la contracción de las cavidades superiores del corazón (aurículas), queda registrado en el electrocardiograma (onda P), sigue en breve tramo rectilíneo (PQ) que corresponde a la propagación del estímulo de las aurículas a los ventrículos; a éste sigue un complejo de ondas de mayor amplitud (QRS) que representan su propagación en las cavidades inferiores del corazón (ventrículos). La onda T concluye el ciclo representando la vuelta al estado de reposo de los ventrículos; tras la onda T aparece un tramo rectilíneo (línea isoeléctrica) que representa el momento en el que ninguna parte del músculo cardiaco se encuentra excitada.

Naturaleza e identificación de las enfermedades

La imagen obtenida se amplía con una lente convergente que se coloca cerca del ojo del médico. Mediante el oftalmoscopio se pueden descubrir hemorragias en el vítreo, desprendimientos de retina y otras alteraciones del fondo del ojo (diabetes, arterioesclerosis, uremia, etc.).

b) La rinoscopia: Es la observación de la fosa nasal, tanto desde las ventanas nasales anteriores como de las posteriores. Permite al médico juzgar sobre el estado de la mucosa respiratoria en esta zona (malformaciones de tabique o cornetes, catarros nasales, existencia de pólipos, etc.).

c) La otoscopia: La exploración del conducto auditivo externo permite la visualización del tímpano y ofrece la posibilidad de diagnosticar procesos inflamatorios, cuerpos extraños, cerumen, catarros tubáricos, etc.

d) La laringoscopia: Es una exploración fundamental para diagnosticar el origen de cualquier afonía. Es útil en el diagnóstico de cualquier disfonía, estridor u obstrucción laríngea.

e) La traqueobroncoscopia: Suele llevarse a cabo con anestesia local o general para evitar el reflejo de la tos; aporta datos muy importantes sobre el estado de la mucosa respiratoria de las vías traqueal y bronquiales. Es fundamental para extraer cuerpos extraños en estas estructuras.

f) La esofagoscopia: Permite la observación de la mucosa del esófago, el diagnóstico de los tumores e inflamaciones y la extracción de cuerpos extraños.

g) La gastroscopia: Se realizaba con un sistema de lo más ingenioso, pues el tubo que se introduce en el estómago para la visualización de la mucosa gástrica es flexible y consta de multitud de espejos, lentes y fuentes de luz. Con este instrumento se puede diagnosticar la existencia de una úlcera o tumoración del estómago. El surgimiento de las fibras ópticas ha revolucionado la endoscopia y eliminado la rigidez de los instrumentos, así como la necesidad de espejos, con este instrumento más delgado y flexible, lo cual permite hacer mayor número de esofagogastroscopias (exploración endoscópica de la cavidad abdominal) con riesgo mínimo; también pueden realizarse intervenciones quirúrgicas endoscópicas, incluso en vesícula, en casos seleccionados.

h) La rectoscopia: Permite el diagnóstico de hemorroides internas, tumores de recto, etc. En este caso hay que distender el intestino mediante una insuflación de aire para que la mucosa pueda verse.

i) La cistoscopia: Permite la inspección de la uretra y vejiga urinaria; ofrece también la posibilidad de que el médico introduzca un catéter en cada uno de los orificios donde abocan los uréteres, y así sacar conclusiones sobre el estado de cada uno de los riñones por separado. El cistoscopio es fundamental en la práctica urológica y no sólo tiene valor diagnóstico (infecciones, tumores, malformaciones, etc.), sino terapéutico, pues permite la visualización de un cálculo vesical y su destrucción sin operación.

j) La colposcopia: Es una técnica que permite al médico la observación de la vagina y del cuello de la matriz. Es una exploración fundamental, a la que todas las mujeres después de los cuarenta años deberían ser sometidas periódicamente, pues de esta manera puede detectarse precozmente el cáncer cervical en una fase siempre curable. Por otro lado, es una inspección totalmente indolora que, además, carece de riesgo.

La exploración mediante aparatos

Radiografía normal del tórax

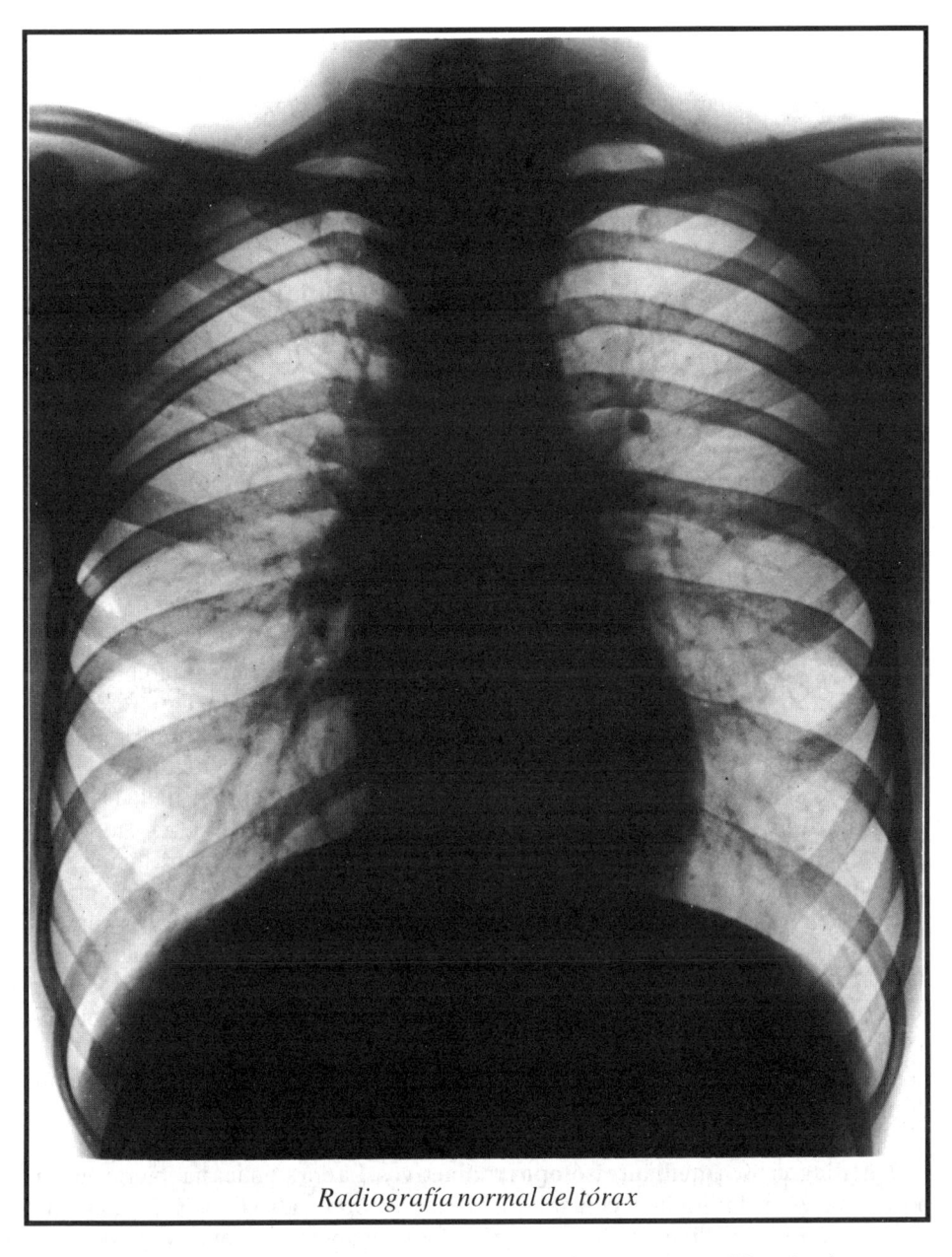

6. **La exploración radiológica.** El examen mediante los rayos X es muchas veces complemento imprescindible para llegar a un diagnóstico exacto. Estas radiaciones electromagnéticas tienen una longitud de onda muy pequeña que las capacita para atravesar las estructuras orgánicas. Por otro lado, son capaces de imprimir en una pantalla fotosensible o fotográfica. Es decir que, después de haber atravesado el cuerpo humano, pueden ser detectadas. Sin embargo, al pasar por estructuras de diferente densidad son absorbidas en parte, según el grado de mineralización que tienen estos

Naturaleza e identificación de las enfermedades

tejidos. Dicho de otra manera, el pulmón hueco y lleno de aire es más transparente para los rayos X que los huesos calcificados. De esta manera se producen, después de haber atravesado alguna parte del organismo, unas imágenes diferenciales. Un órgano denso produce una sombra más o menos acusada; un órgano hueco es mucho más transparente. En la radioscopia, el médico observa en la pantalla fotosensible una imagen que es fiel traducción de la distinta densidad de los órganos. En la radiografía ya no existe el criterio subjetivo del médico; su aplicación deja un documento objetivo. La imagen obtenida puede ser amplificada (mediante un sistema televisivo), lo que ha facilitado mucho la labor del cirujano, por ejemplo en la reducción de fracturas óseas.

Para la exploración radiológica de los órganos internos las técnicas usuales han sido eficazmente complementadas mediante la introducción de las llamadas sustancias de contraste. Por ejemplo, estómago e intestino son muy difíciles de visualizar directamente, pues en sus estructuras no existen tejidos diferentes que dejen pasar los rayos X en mayor o menor grado en relación con otros. Pero si en la cavidad gástrica se introduce alguna sustancia muy opaca a los rayos X (o sea que absorbe más radiaciones que los tejidos circundantes, radiotransparentes), entonces podrá obtenerse una imagen gástrica perfecta. Para la exploración radiológica del tubo digestivo se emplea como contraste una sal de bario, totalmente inocua. Para la exploración de las vías biliares y urinarias se emplean unos compuestos químicos yodados, que se excretan al poco tiempo de ser ingeridos o inyectados, por la bilis o la orina, respectivamente (colecistografía y pielografía). Las sustancias de contraste pueden inyectarse también en las aberturas de fístulas, con lo que el cirujano puede averiguar exactamente su extensión y trayecto. La inyección intraarterial de una sustancia de contraste permite la visualización de todo el árbol arterial inyectado: es el fundamento de la angiografía cerebral, cardiaca, etc. Estas técnicas con ayuda de las computadoras han facilitado la localización de trombos, estrecheces vasculares, malformaciones, etc. El ultrasonido funciona de manera similar al sonar de los barcos, emitiendo ondas ultrasónicas que chocan contra los objetos y, al regresar, son captadas por el transductor e integradas como imagen en un monitor, según sus distintas densidades; esta técnica es muy útil e inocua. La tomografía axial computarizada (TAC), utilizando el principio de emisión de rayos X, realiza finos y múltiples cortes (como rebanadas), de segmentos del cuerpo proyectando las imágenes en computadora, lográndose gran definición para detectar lesiones o tumores hasta de 0.3 a 0.5 cm. La resonancia magnética es el estudio más novedoso, mediante el cual se captan ondas emitidas por protones al moverse dentro de una molécula; son captadas por una especie de antena de televisión y traducidas a imagen en una computadora.

7. **El diagnóstico mediante isótopos radiactivos.** La era atómica ha abierto nuevas posibilidades exploratorias mediante el uso de los isótopos radiactivos. Cada elemento químico consta de distintos átomos que, si bien químicamente son totalmente idénticos entre sí, pueden diferir físicamente: unos pesan más que otros al tener mayor número de neutrones en su núcleo atómico. Los diferentes tipos de átomos reciben el nombre de isótopos del elemento en cuestión. Algunos de estos isótopos pueden obtenerse artificialmente, irradiando, por ejemplo, un elemento químico en una pila atómica o en un ciclotrón. En este caso se consiguen isótopos que pueden ser estables y otros que no lo son (isótopos radiactivos). La inestabilidad de estos últimos se manifiesta por una desintegración espontánea mediante la emisión de radiaciones corpusculares (rayos

La exploración mediante aparatos

Gammagrafía de la tiroides

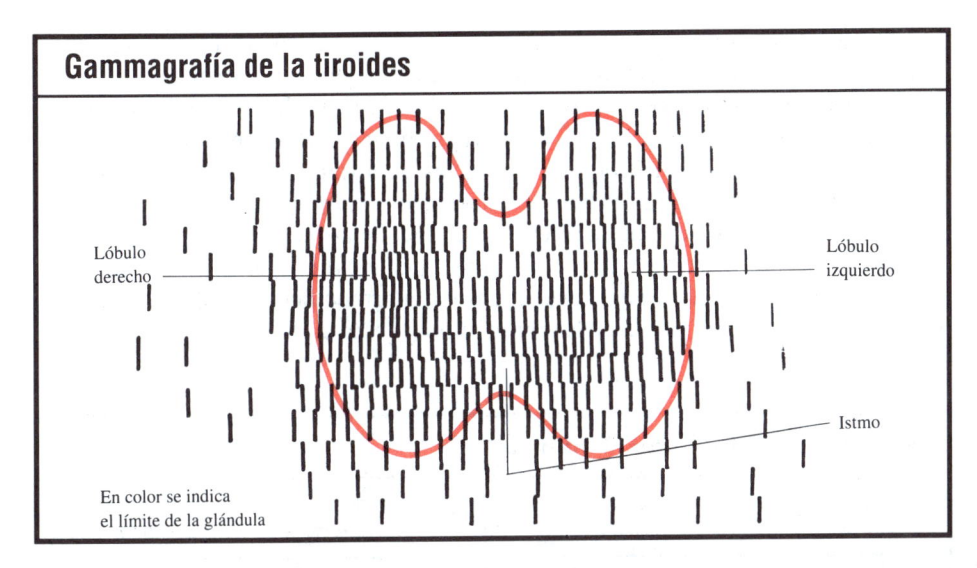

Lóbulo derecho
Lóbulo izquierdo
Istmo
En color se indica el límite de la glándula

beta por ejemplo) o electromagnéticas (rayos gamma, parecidos a los rayos X). Pongamos un ejemplo: si se inyecta un compuesto yodado en un organismo, una gran parte del yodo va a la tiroides para ser metabolizado allí. Es muy difícil averiguar por métodos químicos cómo se lleva a cabo este proceso, pues habría que realizar continuos análisis en muestras extraídas de tejido tiroideo. Pero si al compuesto yodado que inyectamos, añadimos alguna cantidad de yodo radiactivo, que químicamente es idéntico por completo al yodo natural estable, no sabiendo distinguir el organismo entre uno y otro, el yodo radiactivo podrá ser detectado desde fuera, dondequiera que esté, pues, al desintegrarse, emite una radiación gamma, capaz de ser captada por un aparato especial, a modo de contador de radiactividad. Así, poniendo este aparato de medida delante de la tiroides de una persona, podremos averiguar cuánto yodo absorbe la glándula, cuánto tiempo permanece el elemento en ella, si existe algún bloqueo o dificultad en la absorción, etc., y de estos datos reunir muy importantes resultados diagnósticos. De este modo, las radiaciones gamma, al igual que los rayos X, imprimen las películas fotográficas y se obtienen así gammagrafías. En medicina no sólo se emplea el yodo radiactivo: cada vez se usan más otros isótopos radiactivos que, una vez captados permiten obtener gammagrafías de los órganos.

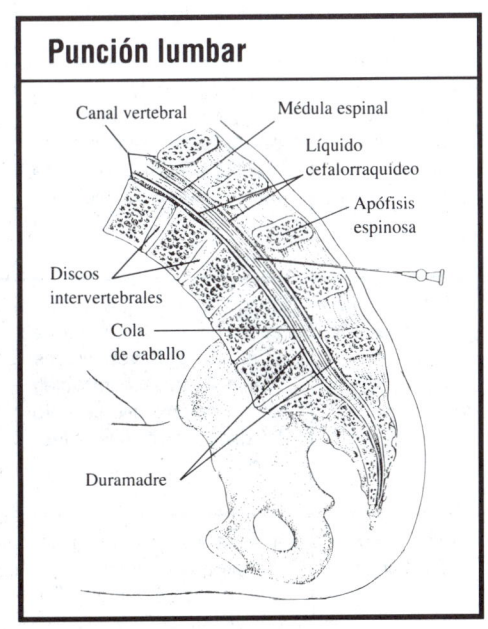

Punción lumbar

Canal vertebral
Médula espinal
Líquido cefalorraquídeo
Apófisis espinosa
Discos intervertebrales
Cola de caballo
Duramadre

REPRESENTACIÓN ESQUEMÁTICA DE LA INTERVENCIÓN

Naturaleza e identificación de las enfermedades

8. Los análisis clínicos. Muchas veces resulta difícil, casi imposible, establecer un diagnóstico sin ayuda del laboratorio. Una muestra de algún líquido o materia orgánica (sangre, orina, esputos, heces, etc.) es enviada al analista que la someterá a complejos análisis fisicoquímicos o microscópicos para determinar exactamente su composición, sus propiedades o la existencia de algún compuesto anormal. A veces, no sólo interesa analizar las materias excretadas por los emuntorios naturales, sino que para obtener alguna muestra, el médico tiene que recurrir a una pequeña intervención previa. Es muy sencillo extraer jugo gástrico (mediante sondas especiales que el enfermo ha de tragar); pero si por ejemplo se quiere analizar el líquido cefalorraquídeo habrá que efectuar una punción (generalmente a nivel de la región lumbar). Para analizar un líquido acumu-

Análisis de sangre más comunes

Tipo de análisis	Procedimiento técnico	Importancia diagnóstica	Valores normales
Determinación de la hemoglobina.	Existen varios métodos, usándose una medida comparativa de la sangre diluida con una solución estándar.	Las cifras bajas de hemoglobina indican la presencia de una anemia, generalmente por falta de hierro.	14 a 16 g por 100 cc de sangre = 80 a 95%.
Recuento de glóbulos rojos (hematíes).	Una pequeña fracción de sangre se introduce en una cámara especial que se examina al microscopio para el cómputo de las células.	Las cifras bajas de hematíes indican la presencia de una anemia de cualquier tipo.	En el hombre: 4.5 a 5 millones por mm^3. Mujer: algo menos.
Recuento de glóbulos blancos (leucocitos).	Una fracción de sangre se introduce en una cámara especial que se examina al microscopio para el cómputo de los elementos celulares.	Las cifras altas indican la existencia de una infección generalmente purulenta. Las cifras bajas aparecen en ciertas enfermedades infecciosas (tifoidea) o en las de la médula ósea.	5 000 a 8 000 por mm^3 de sangre.
Fórmula leucocitaria.	Una gota de sangre se extiende en fina película sobre un cristal. Una vez teñidos con colorantes especiales se examinan al microscopio las diferentes clases de leucocitos.	La proporción porcentual de los diferentes tipos de leucocitos se altera en muchos procesos (infecciones, alergias, etc.).	Neutrófilos: 60 a 70%. Eosinófilos: 1 a 3%. Linfocitos: 20 a 30%. Monocitos: 3-6%.
Tiempo de coagulación.	Se trata de determinar el tiempo que tarda la sangre en coagularse fuera del cuerpo humano, en ausencia de todo tejido orgánico.	Muy importante para diagnosticar las diátesis hemorrágicas (hemofilia, etc.).	5 a 8 minutos.

La exploración mediante aparatos

Tipo de análisis	Procedimiento técnico	Importancia diagnóstica	Valores normales
Tiempo de hemorragia.	Se trata de determinar el tiempo que tarda la sangre en dejar de brotar espontáneamente después de una punción de la piel.	Importante también para diagnosticar las diátesis hemorrágicas.	1 a 3 minutos.
Tiempo de protrombina.	Es una prueba similar a la del tiempo de coagulación, pero añadiendo a la sangre algunas sustancias.	De importancia capital como guía de la coagulabilidad de la sangre en el interior vascular. Imprescindible durante los tratamientos con anticoagulantes para prevención de la trombosis.	10 a 14 segundos =100%. Durante los tratamientos con anticoagulantes interesa bajar estas cifras al 70%, o menos.
Velocidad de sedimentación de los hematíes.	Se coloca sangre incoagulable en un tubo de cristal muy fino. Los glóbulos rojos se sedimentan con mayor o menor velocidad; se mide en mm el volumen sedimentado a la hora y a las dos horas, en el tubo usado.	Es una prueba muy sencilla y sumamente útil. Aumenta con las infecciones e inflamaciones y durante el embarazo normal.	De 3 a 8 mm a la 1ª hora; alrededor del doble a la 2ª hora. Índice de Katz: suma del valor de la 1ª hora más la mitad del de la 2ª hora, dividida esta suma por dos.
Nivel de alcohol (alcoholemia).	Determinación química de la cantidad de alcohol en la sangre.	La sensibilidad al alcohol varía individualmente. En casos de accidentes de tránsito, hasta 0.8 no hay irresponsabilidad; de 1 a 1.5 la capacidad de reflejos está disminuida; más de 1.6 indica un estado de alcoholismo agudo.	0.03 g por 1 000 g de sangre. Esta cifra se tiene en ausencia de toda ingestión de alcohol.
Reacción de Wassermann.	Prueba serológica de floculación de la sangre con antígenos inespecíficos.	Importante para el diagnóstico de la sífilis. Su resultado positivo puede ser, a veces, de significado dudoso. En estos casos se usa el «test» de Nelson, con antígeno específico cuyo resultado es terminante.	

Naturaleza e identificación de las enfermedades

Tipo de análisis	Procedimiento técnico	Importancia diagnóstica	Valores normales
Reacciones de aglutinación.	Prueba serológica para la determinación de antígenos específicos de ciertas bacterias.	Importante para el diagnóstico de la fiebre tifoidea, fiebres paratíficas y de Malta. Una vez padecidas, la prueba puede seguir siendo positiva durante mucho tiempo.	
Determinación de proteínas en la sangre.	Análisis químico cuantitativo de proteínas en el plasma. Para la determinación cualitativa se recurre a la electroforesis: en un campo eléctrico las proteínas emigran a distinta velocidad según su composición; las albúminas se distinguen de las globulinas con diferentes subfracciones.	Es un análisis fundamental, pues numerosas enfermedades crónicas (malnutrición, malabsorción, afecciones de riñón, hígado, etc.) cursan con alteraciones proteínicas.	Proteínas totales: 6.5 a 7 g por 100 cc de plasma.
Determinación de la urea.	Análisis químico cuantitativo.	Es un valor cuyo aumento indica siempre una alteración del medio interno; por ejemplo, una insuficiencia renal.	Entre 20 y 40 mg por l00 cc de sangre.
Determinación del colesterol.	Análisis químico cuantitativo.	Es un valor que últimamente ha adquirido gran importancia por su relación con la arterioesclerosis.	De 150 a 250 mg por 100 cc.
Determinación del ácido úrico.	Análisis químico cuantitativo.	Aumentado en caso de gota y en otras enfermedades.	De 3 a 5 mg por 100 cc.
Determinación de la glucosa.	Análisis químico cuantitativo.	Aumento en la diabetes.	De 80 a 120 mg por 100 cc.
Determinación de creatinina.	Análisis químico cuantitativo.	Se aumenta en casos de insuficiencia renal.	0.5 a 1.5 mg por 100 cc.
Electrolitos en suero (sodio, potasio, cloro, calcio).	Análisis químico cuantitativo.	Muy útiles para el diagnóstico y manejo de varias enfermedades.	Varía según el electrolito de que se trate.

La exploración mediante aparatos

lado en el espacio pleural es necesaria otra punción; del mismo modo, la cavidad abdominal se punciona para analizar, por ejemplo, un líquido ascítico.

a) Análisis de sangre: Una vez obtenida una muestra de sangre por punción de alguna vena, interesa analizar sus diferentes componentes, averiguando la proporción de sus elementos y la presencia de aquellos que no lo son.

b) Análisis de orina: Suele mandarse al analista una muestra de la primera orina emitida por la mañana. El frasco que la contiene deberá estar muy limpio y es preferible que no haya servido para envase de perfumes o agua de colonia.

En la orina, después de la inspección del color y olor, se determina su acidez (es generalmente algo ácida, pero dependiendo de la dieta) y su densidad (normalmente entre 1.010 y 1.025, dependiendo de la cantidad de agua ingerida o de las pérdidas en líquidos). Lo importante es determinar la presencia de sustancias anormales, que en estado de salud no aparecen. Son, sobre todo, la albúmina (proteínas) y la glucosa.

c) Determinación de la existencia de embarazo: Existen varios métodos analíticos para el diagnóstico precoz del embarazo. Hoy son muy conocidas las pruebas de reacción antígeno-anticuerpo; se efectúan desde la segunda semana de ausencia menstrual. También hay pruebas caseras que se expenden en farmacias y son de fácil preparación. Antiguamente se efectuaba la prueba de la rana (prueba de Galli-Mainini). Se inyectaba orina o sangre de la presunta embarazada en el saco linfático dorsal de una rana, y si al cabo de unas horas aparecían espermatozoides en la orina del animal, la prueba era positiva, ya que la sangre y orina de la embarazada contienen gran abundancia de unas hormonas producidas por la hipófisis, las gonadotropinas, que provocaban la citada reacción. Esta prueba no era positiva hasta las dos o tres semanas después de la concepción. Las gonadotropinas se cuantificarán en pacientes en que se esté investigando viabilidad fetal o con embarazos molares.

d) Análisis de los esputos: La materia expulsada durante el acto reflejo de la tos puede ser motivo de una determinación en que interesa sobre todo el análisis microscópico para verificar el germen o microorganismo causante de una enfermedad inflamatoria del bronquio o pulmón. A veces se cultivan estos gérmenes, una vez aislados, para determinar su sensibilidad hacia los diferentes antibióticos (antibiograma). En casos dudosos, cuando no aparece el bacilo de Koch en el esputo y, sin embargo, la sospecha de una tuberculosis pulmonar es muy grande, no hay más remedio que inyectar el material expectorado a un conejillo de Indias, que si demuestra estar contaminado señalará la razón de aquella sospecha.

e) Examen del jugo gástrico: Para este análisis es necesario introducir una sonda gástrica en el estómago. Una vez allí situada se aspira el contenido del estómago mediante una jeringuilla conectada con ella desde el exterior. Al médico le interesa averiguar en el jugo gástrico su contenido total (hipersecreción o falta de ella), la cantidad de ácido clorhídrico libre y combinado que tenga y la presencia de sangre. A veces, es necesario inyectar una sustancia en el paciente (histamina) que estimula normalmente la secreción gástrica. Si tras esta administración, en intervalos regulares, no se efectúa la producción normal del jugo, pueden obtenerse valiosos datos diagnósticos.

Naturaleza e identificación de las enfermedades

f) **Examen del jugo duodenal y de la bilis:** Con sondas especiales que pasan el píloro gástrico puede aspirarse el contenido de los primeros tramos de duodeno, e incluso la bilis, para someterlos a diversas determinaciones químicas.

g) **Examen del líquido cefalorraquídeo:** Después de una punción lumbar, el líquido obtenido se somete a diversas pruebas analíticas. Interesa saber también la presión a que sale dicho líquido (midiéndola con un manómetro especial). En los análisis químicos por realizar es importante determinar el contenido en glucosa y proteínas; suele ser muy útil la demostración de la presencia de células de origen sanguíneo (linfocitos y otros leucocitos). La presencia de un germen (por ejemplo, de un meningococo o del bacilo de Koch) es prueba fehaciente de la existencia de una meningitis epidémica o tuberculosa, respectivamente.

h) **Análisis de semen:** En casos de infertilidad conyugal es fundamental el análisis de semen. El volumen usual en cada eyaculación es de 2.5 a 7 cc. Interesa averiguar el número de espermatozoides (normalmente de 25 a 200 millones por centímetro cúbico), y también su vitalidad, o sea su movilidad, mediante microscopio.

i) **Análisis de heces:** En los residuos fecales es importante determinar la presencia de parásitos intestinales (el parásito vivo, algunos fragmentos del mismo, sus larvas o quistes y sus huevos). Para ello es necesario que las heces sean examinadas al poco tiempo de ser emitidas, pues la conservación desintegra las formaciones parasitarias y dificulta su identificación. La presencia de sangre es muy importante (para el diagnóstico de úlceras o tumores), pero la existencia de hemorroides dificultará el diagnóstico.

De la misma manera, para realizar un diagnóstico exacto deberá evitarse la comida de carne (que al fin y al cabo tiene sangre) o la administración terapéutica de hierro (pues la determinación de sangre en las heces se basa en la presencia de hemoglobina o hierro). Otra determinación de interés es el aprovechamiento digestivo de los principios inmediatos, de los alimentos básicos. Cuando éstos (féculas, grasas, proteínas) se encuentran en las heces, más o menos a medio digerir, indican la existencia de un problema de malabsorción.

9. **Diagnóstico anatomopatológico.** En muchas ocasiones para llegar a un diagnóstico es necesario analizar directamente el órgano o tejido enfermo, observarlo al microscopio una vez que haya sido preparada la muestra debidamente y teñida con colorantes para su mejor observación. En la autopsia este diagnóstico se efectúa después de fallecido el enfermo, proceder que es obligatorio cuando se sospecha que la muerte fue violenta, para así determinar exactamente la causa del óbito. La autopsia es también una práctica sumamente usada en medicina con fines didácticos y científicos, pues no hay mejor medio para determinar los efectos de una enfermedad que analizar uno a uno todos los órganos del cuerpo, y poner de manifiesto la naturaleza y extensión de las lesiones halladas. Pero el análisis anatomopatológico (o histopatológico, pues se analiza un tejido anatómicamente) también se hace «in vivo». Para ello hay que extirpar una pequeña porción del órgano o tejido por analizar. Puede ser necesaria una pequeña intervención quirúrgica (biopsia). Cuando el tejido es accesible el problema no ofrece mayor complicación, pues, mediante unas pinzas especiales, se pueden extraer partículas pequeñísimas, suficientes para el análisis. A veces este procedi-

La exploración mediante aparatos

miento se utiliza combinándolo con la inspección visual de una determinada cavidad (bronquio, estómago, esófago, laringe, vejiga, recto, etc.) con el instrumento adecuado. Otras veces, con una aguja especial se efectúan punciones de hígado, bazo, pulmón y riñón para aprehender una fracción del tejido orgánico. Estos procedimientos pueden resultar alguna vez molestos, e incluso dolorosos, pero carecen prácticamente de todo peligro. Asimismo, es sumamente útil la punción de la médula ósea en ciertas enfermedades de la sangre, punción que se efectúa generalmente en el esternón o en los huesos de la pelvis.

Comúnmente se asocia la idea de biopsia a la del diagnóstico del cáncer. En efecto, no hay prueba más concluyente sobre la presencia incipiente de un cáncer en un tejido que su análisis al microscopio. Pero la biopsia sirve para muchísimos otros fines. La naturaleza de una inflamación crónica, de una obstrucción vascular, una lesión química o física puede ser aclarada mediante una biopsia.

El análisis anatomopatológico ha encontrado últimamente una nueva faceta: el estudio microscópico de las células desprendidas por la normal descamación. Por medio de tinciones especiales, estas células son examinadas muy detenidamente, para observar en ellas la más pequeña anormalidad. Esta técnica citológica fue descubierta por Papanicolau, que la aplicó para hacer extensiones de un frotis vaginal (con un instrumento se recogen suavemente las secreciones vaginales y se frota el cuello de la matriz, y el material obtenido se coloca sobre un cristal para que, una vez teñido, pueda ser observado al microscopio). La prueba se ha revelado como la más eficaz para descubrir un cáncer incipiente del cuello de la matriz que, en esta fase, es curable prácticamente en un 100 %. De ahí la importancia de que toda mujer se someta a esta prueba periódicamente (sobrepasados los 25 años de edad), sea sexualmente activa o no. Si la prueba es negativa, se efectuará otra al año; si también resulta negativa, se repetirá a los tres años y después cada cinco. Unida a la colposcopia y otras pruebas diagnósticas, resolvería el problema del cáncer genital. Sin embargo, la técnica del análisis citológico no es sólo aplicable a la descamación celular de la vagina: sirve también para las secreciones bronquiales, estomacales, etc. En todos estos casos, la interpretación, que exige una verdadera especialización, permite el diagnóstico precoz de un cáncer de pulmón o estómago, con alta probabilidad de curación.

10. **El diagnóstico mediante computadoras electrónicas.** Se está trabajando muy seriamente en la aplicación de las técnicas de la informática aplicadas a la ciencia médica en general y al diagnóstico clínico en particular. Conviene aclarar un extremo: no se pretende en absoluto sustituir al médico, únicamente que la informática le ayude en su trabajo. Imaginemos que un síntoma o un signo puedan deberse a una lista casi interminable de causas morbosas. Ante este cúmulo de datos, el médico realizará un **diagnóstico diferencial,** hará una cuidadosa valoración de todos los síntomas para averiguar con la máxima probabilidad de éxito a qué enfermedad específica corresponden dichas manifestaciones. Así, podría haber un error del médico de tipo apreciativo: de ahí que la medicina siga siendo un arte, cada vez más basado en hechos objetivos o científicos. Pero si el médico, que puede equivocarse (por un exceso de datos, nunca por el síntoma o signo aislado), recurre a la informática, quizá muchas de sus dudas podrían quedar resueltas. Una máquina bien provista de un programa almacenado puede contestar en fracciones de segundo lo que la mente del médico quizá tardaría varias horas de estudio intensivo. Puede pronosticarse que el diagnóstico mediante

computadoras nunca eliminará al médico familiar, al médico general que, como figura humana, tiene una intervención en la vida del enfermo que va mucho más allá de lo puramente patológico, pero sí facilitará la labor del médico hospitalario, del especialista que tratará casos concretos con la máxima eficiencia y rapidez.

11. **El chequeo.** Dada la importancia del diagnóstico precoz de muchas enfermedades para poder establecer un tratamiento eficaz, se comprende que en estos últimos años los médicos hayan querido diagnosticar la enfermedad en su fase más primaria, cuando su portador no intuye todavía la espada de Damocles que pende sobre él. La determinación de signos sin existencia de síntomas es el último objetivo de la técnica del chequeo. Quizá esta técnica diagnóstica surgió con la medicina de los seguros de vida: había que establecer el riesgo que corría una determinada persona en relación con su periodo de supervivencia para poder fijar la prima actuarial. El riesgo es mayor ante determinados signos (hipertensión arterial, diabetes, albuminuria, etc.), por lo que la exploración de estos individuos subjetivamente no enfermos, se dirigía específicamente a buscar esos signos. En el chequeo ocurre algo similar: el médico explorador busca de la manera más rápida posible algunos signos de la mayor trascendencia clínica para el futuro del sujeto: diabetes, arteriosclerosis, cáncer, gota, hipertensión arterial, enfermedades del riñón e hígado, alteraciones cardiacas, pruebas funcionales respiratorias, etc. Quizá se haya sobrevalorado el chequeo, pues puede ser que el examinado, en caso de resultados negativos, adopte una actitud de excesiva confianza, o que aquél no haya podido abarcar todas las facetas patológicas posibles. Ahora bien, esta técnica tiene un valor inmenso, nunca bien ponderado, en relación con ciertas enfermedades que podríamos llamar básicas, y en las que, desde luego, el diagnóstico precoz juega un papel capital a la hora del tratamiento eficaz. Un chequeo completo incluye por lo general:

1. Historia clínica.
2. Examen físico exhaustivo (sin aparatos).
3. Examen complementario que comprende la medida de la tensión arterial, radiografía de tórax, rectoscopia, electrocardiograma, análisis completo de sangre y orina y otras pruebas necesarias surgidas durante el examen.

Los síntomas de las enfermedades

Al incluir una descripción esquemática de los principales síntomas, no se presupone que una persona enferma llegue a autodiagnosticarse (o que lo hagan sus familiares). Los síntomas sólo son una vertiente de las enfermedades, sus manifestaciones objetivas: lo que siente y sufre el propio enfermo. Pero junto a esta faceta, todo diagnóstico se basará siempre en los signos o manifestaciones objetivas, y éstos sólo pueden ser apreciados o valorados por el médico. Aun así, el problema es todavía mucho más complejo: existen enfermedades con cuadros clínicos muy parecidos (cuadro clínico puede definirse como la suma entre los síntomas y los signos de una enfermedad). Aquí no basta ya un diagnóstico simple: hay que efectuar el llamado diagnóstico diferencial, o sea, establecer la distinción entre los diferentes procesos morbosos posibles.

Los síntomas de las enfermedades

Sin embargo, puede ser muy útil para el médico que todo enfermo tenga conocimientos someros sobre los síntomas más importantes. Su conocimiento puede inducirlo a visitar a su médico, pues, desgraciadamente, de forma mucho más frecuente de lo que se cree, la ignorancia es la causa de que no se consulte a tiempo, dando lugar a que una enfermedad empeore o se haga crónica, e incluso lleve a situaciones irremediables. Por otra parte hay personas demasiado aprensivas que consultan por los trastornos más insignificantes, por dar demasiada importancia a algún síntoma. Queremos, pues, subrayar que esta visión panorámica de los síntomas más importantes no debe sustituir al médico sino facilitar esta visita. En caso de duda es necesario visitar al médico. Como norma general puede afirmarse que: **siempre que persista un síntoma, siempre que aparezca cualquier empeoramiento del estado general (temperaturas febriles o el hecho de que en el enfermo se produzca un proceso morboso), se debe consultar inmediatamente al médico.**

Antes de abordar la exposición de los síntomas cabe analizar el tema del dolor. Muchas veces se ha intentado sin resultado, medir su intensidad. Existen tantas diferencias entre los hombres y tantos grados de adaptación, costumbres, insensibilidad y exageración que es difícil su interpretación correcta. Pero en todo dolor podemos describir las siguientes características fundamentales:

1. **Carácter.** Puede ser de quemazón, punzante, de compresión, de expansión, de taladro, de desgarro, de descarga eléctrica, etc.
2. **Intensidad.** Para establecer la intensidad de un dolor tenemos que valorar muchos factores, como son la cultura del paciente, su personalidad afectiva, su estado psíquico, etc.
3. **Localización.** Si es localizado, difuso, único o múltiple.
4. **Irradiación.** Zonas en que se manifiesta.
5. **Duración.**
6. **Frecuencia.** Es decir, si es continuo.
7. **Factores que lo alivian o agravan.** Por ejemplo, el frío, la humedad, el calor.

El lugar donde se produce el dolor no siempre corresponde al lugar donde se localiza. Hay dos posibilidades principales:

1. En el lugar de una lesión o alteración se nota el dolor (por ejemplo, un forúnculo de la nuca, cortadura en un dedo).
2. El enfermo nota un dolor en una zona sin lesión ni alteración: es un dolor reflejo (dolor en la espalda en las afecciones de la vesícula biliar).

Encontramos otra forma de percibir dolor en las personas que han sufrido la amputación de algún miembro; es el llamado «dolor fantasma». Las terminaciones nerviosas del muñón, que han conducido las sensaciones de este miembro, son las responsables de que el enfermo siga percibiendo una sensación dolorosa y molestísima. Siempre que el dolor es muy intenso se acompaña de una serie de otros síntomas: pulso acelerado, respiración forzada, palidez, sudoración, llanto, ansiedad, angustia e intranquilidad.

Síntomas más importantes, en orden alfabético

Adelgazamiento. Acompaña frecuentemente las llamadas enfermedades consuntivas. La demacración o emaciación general del organismo lleva a un estado extremo que recibe el nombre de caquexia. Dejando a un lado las causas nutritivas (falta global de sustancias alimenticias en épocas de penuria), las razones psíquicas — huelgas de hambre— y las causas posiblemente psiquiátricas —anorexia nerviosa (generalmente en jóvenes del sexo femenino que morbosamente comienzan a adelgazar de una manera totalmente anómala, sospechándose que la causa es siempre de origen nervioso)— el adelgazamiento progresivo siempre es motivo de preocupación y puede deberse a alteraciones endocrinas (muy llamativo en el hipertiroidismo, menos acusado en la diabetes), a enfermedades infecciosas crónicas (tuberculosis) y, sobre todo, a los tumores malignos.

Adenopatías dolorosas. La sensación de tumefacción dolorosa de los ganglios linfáticos del cuello, axila o ingle es algo muy frecuente. Generalmente se debe a una inflamación circunscrita, tributaria de algún órgano enfermo, del cual los ganglios afectados recogen el drenaje linfático. Así, los ganglios del cuello se deben a inflamaciones de dientes, anginas, abscesos bucales, infecciones del oído, nariz o senos paranasales. En la axila, señalan un proceso inflamatorio del brazo correspondiente, lo mismo que lo hacen los ganglios inguinales en relación a la pierna. Debe ponerse especial atención a los ganglios inflamados, no dolorosos, de consistencia dura o ahulada, ya que pueden deberse a enfermedades tumorales (metástasis). En caso de detectar alguno, se recomienda ver al médico.

Aerofagia. No es realmente un síntoma, pero debe considerarse en este resumen sinóptico porque su manifestación más llamativa, el eructo (expulsión ruidosa y brusca de aire por la boca), se asocia generalmente con la deglución de aire. El eructo puede ser normal tras haber ingerido un exceso de comida o bebida, si es efervescente. Si en nuestra civilización este acto no está bien «visto», no debe olvidarse que entre ciertos pueblos es un fenómeno tolerado y aun celebrado, pues traduce el agradecimiento del huésped tras una buena comida. Como síntomas patológicos, la aerofagia y los eructos tienen poco significado. Traducen sólo una alteración de la secreción o motilidad gástrica que puede deberse a transgresiones dietéticas, a gastritis e incluso a úlceras de estómago o duodeno. En la indigestión o dispepsia los eructos sólo muestran que la función digestiva está alterada sin causa orgánica aparente.

Afonía. La pérdida o disminución de la voz puede deberse a inflamaciones agudas o crónicas de la laringe, a sobreesfuerzos en la fonación (cantantes u oradores), etc. Pero ante toda afonía que dure más de cuatro o cinco días, en un adulto, debe consultarse a un especialista, ya que existe la posibilidad de un tumor.

Alopecia. Es una deficiencia, congénita o adquirida, en la cantidad de pelo que cubre la superficie corporal, sobre todo en las zonas habitualmente más pobladas. Es un síntoma que acompaña a numerosos estados. La caída del cabello en el hombre tiene una base constitutiva y hereditaria en la mayoría de los casos. De ahí la dificultad de su tratamiento.

En el estado actual de nuestros conocimientos es sumamente difícil dar una solución al problema de la calvicie. En las mujeres la alopecia se debe a menudo a factores adquiridos, es decir, tiene mejor remedio. Durante el embarazo o después de él sobreviene una caída del cabello. Esto carece de importancia y el pelo se regenera rápidamente al cabo de unos meses. Desde luego, no exige un tratamiento especial para su recuperación. Más importancia revisten las alopecias

Los síntomas de las enfermedades

por deficiencias en la función tiroidea, tanto por hiperfunción como por hipofunción, muy frecuentes en las mujeres. También es corriente la alopecia tras infecciones (sífilis, fiebre tifoidea, escarlatina, etc.) y tarda muchos meses en recuperarse el pelo perdido. A menudo una alopecia circunscrita se debe a intoxicaciones (mercurio, arsenio, talio, etc.).

Anorexia. La sensación de inapetencia es un síntoma poco característico que acompaña generalmente a muchas enfermedades. Es corriente en la indigestión, gastritis, úlceras gastroduodenales, cáncer de estómago, tuberculosis, enfermedades febriles y también, a menudo, en algunos procesos psíquicos. Hay que distinguir entre el hambre (necesidad imperiosa de alimentarse) y el apetito (apetencia de comer). Cuando disminuye el hambre o se extingue el instinto natural de nutrición, disminuye el aporte normal de alimentos. En la inapetencia todavía puede conseguirse un aporte suficiente mediante una dieta especialmente preparada. El hambre puede faltar a veces, temporalmente, sobre todo tras conflictos psíquicos o sobreesfuerzos laborales; sin embargo, la anorexia continuada tiene mayor significación y siempre debe ser investigada a fondo.

Ansiedad y angustia. Son manifestaciones subjetivas, muy penosas, que traducen un estado de miedo o terror, de que algo irremediable se avecina. Etimológicamente, la expresión de ansiedad figura como una sensación de expectación temerosa más concreta o consciente, mientras que la angustia es una sensación física más intensa procedente de un determinado órgano (dolor, constricción, sufrimiento), aunque, por ser mucho más vaga, también puede partir de una simple aprensión o de una molestia banal. Ahora bien, si en la ansiedad puede faltar el componente físico, en la angustia es un factor motivante. Puede tener una localización definida, en la boca del estómago o en la región precordial; puede acompañarse de un dolor constrictivo o de una evidente dificultad respiratoria. También es característico que con la angustia aparezca a menudo un miedo indefinible a la muerte, que parece inminente. Las causas de estos síntomas son múltiples, desde las enfermedades más «orgánicas», es decir, reales (disneas respiratorias, angina de pecho, embolia pulmonar, espasmos laríngeos, etc.), hasta las enfermedades de estirpe nerviosa o psiquiátrica (neurosis, esquizofrenia, depresiones, etc.). La ansiedad y la angustia son tan llamativas que incluso han dado nombre a enfermedades específicas: neurosis de ansiedad y angustia.

Ardor. La sensación irritante característica de calor y molestias, localizada preferentemente en la boca del estómago (epigastrio), que puede subir a lo largo del esternón hacia el cuello, incluso a la boca, se llama pirosis. El ardor se produce por una hipersecreción de jugo gástrico con aumento de ácido clorhídrico, aunque también sobreviene cuando la secreción está muy disminuida (hipoclorhidria o aquilia). Generalmente indica la existencia de trastornos funcionales (indigestión, dispepsias) y, asimismo, es síntoma de gastritis o úlcera de estómago y duodeno.

Astenia. La debilidad general o sensación de cansancio, que el hombre común engloba bajo el concepto de fatiga (menos en algunas regiones de España y América, en donde la fatiga se identifica con la náusea), es muy difícil de definir, pues los términos de cansancio (tras un trabajo o sin relación al mismo), agotamiento, fatiga, etc., escapan a todo rigor terminológico por la sencilla razón de que son descripciones de sensaciones físicas en gran parte motivadas por el estado de

Naturaleza e identificación de las enfermedades

ánimo del individuo que las padece. Así pues, la astenia es posible en cualquier tipo de enfermedad, aunque a menudo adquiere características de síntoma predominante (anemias, hipotensión arterial, enfermedad de Addison, etc.).

Borborigmo. Es el clásico «ruido de tripas», producido por una masa hidroaérea alimenticia que pasa rápido a través de un segmento intestinal. En general, carece de importancia e indica una comida excesiva o ingerida demasiado de prisa: un aumento de gases intestinales, por ejemplo en una dispepsia fermentativa, un tránsito acelerado por un catarro intestinal o una intoxicación alimenticia.

Bulimia. El apetito desmesurado o polifagia puede considerarse normal después de un ayuno prolongado o en la convalecencia de enfermedades que han cursado con inapetencia; pero también puede ser síntoma de enfermedad metabólica, endocrina, diabética o hipertiroidea.

Cefalalgia y cefalea. Véase *Dolor de cabeza*.

Centelleo ocular. Se produce este síntoma en las afecciones circulatorias, trastornos de la refracción ocular y en el glaucoma. Las llamadas «moscas volantes» expresan bien las características de este síntoma.

Cianosis. Es una coloración azulada de la piel que puede presentarse en las extremidades, como secuelas de sabañones o alteraciones de la irrigación sanguínea por factores hormonales, nerviosos, vasculares o cardiacos. Cuando la coloración está más circunscrita, en forma de mancha en cualquier parte del cuerpo, se debe a traumatismos o a enfermedades de la sangre —alteraciones de la coagulación o de la pared vascular—. Estas manchas reciben numerosos nombres: petequias, cardenales, púrpuras, etc.

Ciática (neuritis del nervio ciático). Es un dolor que se origina en cualquiera de los lados de la región glútea y que baja a la cara posterior de los muslos e incluso de las pantorrillas y de los pies. Generalmente suele acompañarse de sensaciones de anestesia o parestesias (acorchamiento). Se debe a irritaciones mecánicas o inflamaciones del nervio ciático por compresiones a la altura de la columna vertebral, a infecciones o intoxicaciones (diabetes, infecciones focales de origen dentario o amigdalino). Es característico el dolor cuando se tose, al agacharse o estando acostado y al levantar la pierna correspondiente por encima de un ángulo determinado.

Claudicación intermitente. Este síntoma se caracteriza por una súbita cojera por dolor (calambre), parestesias o impotencia para mover una pierna, y siempre aparece durante el ejercicio físico (caminando, subiendo unas escaleras), y cesa tras unos minutos de reposo. La claudicación se debe a un espasmo arterial que interrumpe la irrigación sanguínea, generalmente por arterioesclerosis, espasmos vasculares, abusos de tabaco, etc.

Colapso. Una falla súbita de la regulación circulatoria periférica puede adoptar múltiples formas que reciben nombres diferentes (lipotimia, síncope, «shock», etc.), que serán expuestos con detalle en el capítulo correspondiente a las enfermedades circulatorias (pág. 333). Aquí sólo mencionaremos que, junto a causas totalmente banales (impresiones emotivas en la lipotimia), el colapso puede deberse a una insuficiencia circulatoria tras hemorragias, insuficiencia cardiaca, intoxicaciones, lesiones cerebrales, etc., de grave pronóstico. El síntoma cursa con extrema palidez de la piel, nariz afilada, sudoración fría, a menudo inconsciencia, res-

Los síntomas de las enfermedades

piración jadeante o muy difícil, pulso lento y apenas perceptible. En estos casos, es necesario mantener al paciente en posición horizontal hasta que llegue el médico, para permitir la irrigación en el cerebro, que es sumamente vulnerable a la falta de sangre.

Coma. Véase *Inconsciencia*.

Convulsiones. Son las contracciones musculares más o menos globales que sobrevienen en crisis, accesos o paroxismos involuntarios. Son típicas en la epilepsia, pero también pueden aparecer en algunas enfermedades de las glándulas paratiroides con alteraciones metabólicas del calcio (tetania), en la infección tetánica, en ciertas intoxicaciones, etc.

Diarrea. Es un síntoma que denota frecuencia en las deposiciones, carácter líquido de las heces y el evidente tránsito acelerado de los alimentos (a veces incluso puede observarse la presencia de sustancias nutritivas a medio digerir). Las causas de la diarrea son múltiples, y pueden dividirse en agudas (intoxicaciones alimenticias) y crónicas (enterocolitis persistentes, por ejemplo). Consúltese el capítulo correspondiente en las enfermedades del aparato digestivo (pág. 257).

Disfagia. La dificultad para tragar puede estar condicionada por una neurosis, pero su persistencia indica la posible presencia de algún proceso orgánico. Es corriente en las inflamaciones de garganta, angina, faringitis, laringitis, etc.; dura entonces poco tiempo y se acompaña de otros síntomas obvios (fiebre, dolor, etc.). Sólo cuando la disfagia es, prácticamente, el único síntoma y se mantiene unos días debe consultarse inmediatamente al médico, pues puede ser síntoma precoz de un tumor maligno.

Disnea. Siempre que existe dificultad en la oxigenación de los tejidos aparece este síntoma que, si bien tiene un componente subjetivo con sensación de anhelo y «hambre» para respirar, también se manifiesta objetivamente por una respiración acelerada, como si algo se opusiera a la inspiración. La disnea aparece tanto en enfermedades respiratorias (asma bronquial, afecciones inflamatorias del pulmón) como cardiacas (insuficiencia cardiaca, defectos valvulares), pero también acompaña la simple obesidad, o se manifiesta tras un esfuerzo en personas que no están acostumbradas a efectuar ejercicios físicos.

Disuria. La micción dolorosa o difícil señala siempre la existencia de un proceso inflamatorio de las vías excretorias. Puede acompañarse o no de polaquiuria, (aumento del número de micciones). Para más detalles, véase el capítulo correspondiente a las enfermedades del aparato urinario (pág. 422).

Dolor abdominal agudo (abdomen agudo). El dolor abdominal que aparece bruscamente es un síntoma frecuente que por su trascendencia exige un rápido diagnóstico. De ahí la responsabilidad del médico en llegar a una conclusión antes de que sea demasiado tarde. El dolor agudo puede deberse a un proceso banal, por una simple indigestión, pero también puede traducir una enfermedad gravísima que acaba con el enfermo en pocas horas si no se aplica el tratamiento adecuado. Ante el abdomen agudo el médico decidirá si se trata de un cólico, es decir, de un dolor violento, brusco y espasmódico, de origen intestinal, biliar, urinario o genital femenino (que, en general, no requiere tratamiento quirúrgico); de un dolor agudo genuino, por peritonitis, perforación de una úlcera de estómago o duodeno, apendicitis aguda, hemorragias digestivas, pancreatitis, etc. (que, en general,

Naturaleza e identificación de las enfermedades

requieren una intervención quirúrgica), o si se trata de un dolor reflejo, procedente de otro órgano y que tampoco requiere un tratamiento radical. Las hemorragias digestivas generalmente no cursan con dolor y constituyen un síntoma cardinal; cuando hay dolor significa que hay sufrimiento de algún asa intestinal (infarto intestinal, vólvulo, hernia incarcerada con isquemia intestinal, etc.)

Dolor abdominal crónico o persistente. El síntoma doloroso de larga duración intermitente, periódico, caprichoso en su evolución en la región abdominal es de presentación habitual y plantea a veces grandes problemas diagnósticos. Según las características del dolor, su intensidad, su irradiación, su relación con las comidas y los demás síntomas que le acompañan, el médico será capaz de localizar su origen que, en general, corresponderá a enfermedades del estómago, duodeno, vías biliares, riñones, páncreas, aparato genital femenino, apéndice, etc.

Dolor articular. En la edad juvenil o media el dolor de una o varias articulaciones se origina generalmente por cualquier proceso reumático. En la edad madura cabe pensar más en reumatismos degenerativos o artrosis. Cuando el dolor se fija predominantemente en los pies, su origen puede residir en un calzado defectuoso o en malformaciones congénitas o adquiridas. También es frecuente el dolor articular en las inflamaciones tuberculosas y blenorrágicas, pero este aspecto ha perdido importancia últimamente. En cambio sigue de plena actualidad el dolor en las articulaciones provocado por la gota.

Dolor de cabeza. Más del 60 % de la población humana padece o ha padecido alguna vez dolor de cabeza, aunque se estima que sólo una quinta parte de estas personas consultan por ello al médico. Es, pues, uno de los síntomas más comunes, que puede aparecer aislado o acompañar prácticamente a todas las enfermedades internas. Es muy difícil hacer una distinción entre los dolores de cabeza. Hay quien habla de una cefalea, que abarca aparentemente toda la cabeza, distinguiéndola de la cefalalgia, que es el dolor sensitivo provocado por una irritación de un nervio y, por lo tanto, aparece más localizado; y de la jaqueca o migraña, cuando el dolor aparece en accesos repetidos y abarca generalmente sólo medio lado y se acompaña de trastornos oculares y vegetativos característicos (cefalea vasomotora). Desgraciadamente esta distinción resulta muy difícil en la práctica, pues unos cuadros se confunden fácilmente con otros. Quizá sea preferible resaltar el nombre de cefalea para todo dolor de cabeza y añadir el adjetivo de primaria cuando se trata de un síntoma único, y de sintomática cuando el dolor acompaña a otros síntomas originados por las más variadas causas. Aunque el dolor de cabeza en su gran mayoría es del tipo primario, y por lo tanto, por muy molesto que sea, es de pronóstico benigno, no hay que olvidar que existen cefaleas sintomáticas muy graves, pues señalan la existencia de procesos de pronóstico muy difícil. En el siguiente cuadro se relacionan las manifestaciones del dolor de cabeza y sus causas. Puede servir de ayuda al enfermo para que pueda explicar detalladamente al médico todos los factores interesantes para el diagnóstico observados en forma personal. En la primera columna se listan las partes de la cabeza en las que puede sentirse el dolor. En la segunda, se proporcionan características del dolor, como intensidad, duración y violencia. La tercera columna consigna los síntomas que aparecen en otras partes del cuerpo, junto con el dolor de cabeza. Por último, en la cuarta se proporcionan los nombres de las enfermedades causantes del malestar.

Los síntomas de las enfermedades

Cuadro sinóptico sobre los tipos y causas del dolor de cabeza

Parte afectada	Tipo de dolor	Síntomas concomitantes	Causas
Todo el cráneo.	Continuo, persistente.	Salivación, trastornos de la marcha, risa o llantos espasmódicos.	Encefalitis, meningitis.
	Violento, particularmente cuando se mueve la cabeza.	Vértigos, vómitos, trastornos en la marcha.	Abscesos y tumores cerebrales.
	Violento, a veces más acusado en la región occipital y en la nuca.	Ligera rigidez de la nuca.	Enfermedades con manifestaciones similares a las de las meningitis (meningismo) pero de naturaleza benigna. A veces, síntoma precoz en la gripe y escarlatina; parásitos intestinales; insolaciones.
	Moderado.		A veces, síntoma precoz en difteria, fiebre tifoidea, septicemia y poliomielitis.
	De tensión o peso (cefalea gravitativa), como si un animalillo rodease la cabeza o como si el cerebro quisiese «estallar»; sensación de cabeza vacía o de que el cráneo «retumba». Puede mejorar con el trabajo o con distracciones.	Aparece a pesar de disfrutar de un sueño normal y sin causas aparentes.	Reacciones neuróticas.
Cefalea localizada, aunque puede irradiarse a todo el cráneo.	Muy violento, continuo, lancinante o perforante.	Vómitos.	Abscesos y tumores cerebrales, sobre todo del cerebelo.

117

Naturaleza e identificación de las enfermedades

Parte afectada	Tipo de dolor	Síntomas concomitantes	Causas
Cefalea localizada, aunque pueda irradiarse a todo el cráneo.	Muy violento, como de estallido, con presión interna.	Zumbidos de oídos, vértigos. En casos graves: inconsciencia (coma).	Intoxicaciones (especialmente por arsénico y óxido de carbono).
	Acceso violento, imprevisto y repentino.	Náuseas, vómitos, visión de anillos coloreados (cromatopsia) y visión nublada.	Glaucoma (aumento de la tensión intraocular).
	Sordo, con sensación de peso y presión interna.	A veces, vómitos.	Traumatismos craneales (fractura de la base del cráneo), epilepsia, alcoholismo.
Cefalea limitada a un solo lado del cráneo (cefalea hemicraneana) aunque pueda irradiarse a la totalidad.	Violentísimo, con sensación de peso y presión interna.	Cansancio, obnubilación, vómitos y espasmos.	Nefritis, uremia, insuficiencia renal.
	Menos violento, con sensación de peso.		Síntoma inicial de muchas enfermedades infecciosas.
	Moderado, con sensación de peso.	Deposiciones mucosas o hemorrágicas, inapetencia, pérdida de peso y mareos.	Inflamaciones crónicas gastroenterocólicas.
		Lengua pastosa y saburral, inapetencia, pesadez de estómago, meteorismo, náuseas, eructos y vómitos.	Gastritis agudas y crónicas, dispepsias e indigestiones.
	Moderado. Mejora con el reposo.	Inapetencia.	Anemias.

118

Los síntomas de las enfermedades

Parte afectada	Tipo de dolor	Síntomas concomitantes	Causas
Cefalea limitada a un solo lado del cráneo (cefalea hemicraneana) aunque puede irradiarse a la totalidad.	Menos intenso, con sensación de peso o de presión interna.	Náuseas, trastornos digestivos, sensación de peso en el vientre.	Afecciones ginecológicas, sobre todo inflamaciones genitales y trastornos de la menstruación.
		Ictericia.	Enfermedades del hígado y vías biliares.
	Poco intenso o moderado, generalmente con sensación de tensión.		Cansancio y sobreesfuerzos de trabajo físico o psíquico, insomnios, fatiga escolar en los niños, excesos de calefacción o en atmósferas con poca ventilación, estados de hambre (por falta de glucosa).
	Cefalea en accesos que aumenta paulatinamente de intensidad hasta ser penetrante, lancinante e insoportable, mejorando muy lentamente (similar a la jaqueca).	Vértigos, mareos, zumbidos en los oídos, centelleo ocular, cansancio.	Enfermedades del aparato circulatorio.
Cefalea predominantemente occipital.	Violento y muy persistente.	Rigidez de la nuca, hipersensibilidad a los estímulos acústicos y visuales, vómitos, dolor a la presión en la región occipital, nuca y vértebras; fiebre y malestar general.	Meningitis.

Naturaleza e identificación de las enfermedades

Parte afectada	Tipo de dolor	Síntomas concomitantes	Causas
Cefalea con predominio en la parte anterior del cráneo.	De iniciación brusca, intensidad constante y persistente uniformemente; lancinante, con sensación de arrancamiento.		Dolor neurítico de origen reumático o por frío.
	Violento, lancinante, punzante, con sensación de desgarro.	Dolor en la región ocular.	Inflamación del nervio óptico.
Cefalea anterior, más acentuada en el fondo de las órbitas.	Pulsátil, lancinante, de martilleo, con sensación de presión interna; generalmente poco intenso, pero persistente.		Afecciones visuales, cansancio ocular; gafas inadecuadas.
Cefalea anterior, irradiada al maxilar superior y oídos.	Pulsátil, lancinante, de martilleo y perforante.	Sensibilidad a los golpes en la frente y las mejillas, especialmente en las sacudidas al saltar y bajar una pendiente.	Sinusitis maxilar, frontal, esfenoidal o etmoidal.
	Violento, tirante, lancinante, generalmente muy limitado o localizado.		Enfermedades de los dientes, caries.
Cefalea frontal.	Sensación de pesadez y de presión al despertar, que aumenta en el curso del día. Mejora o desaparece durante el reposo.	Generalmente, en personas con más de cincuenta años, mareos y trastornos del sueño con impedimento para conciliarlo.	Arterioesclerosis, sinusitis frontal, uso de gafas inadecuadas.
Cefalea frontal que comienza en un lado (aunque también puede surgir de una región parietal u occipital), con irradiación al interior craneal o a la nuca y espalda.	En accesos bruscos, perforante, de martilleo, lancinante; aumenta progresivamente y tarda bastante en desaparecer.	Más frecuente en las mujeres, malestar, náuseas, vómitos, cambio del color de la cara (palidez o rubicundez), sensibilidad a los ruidos o a la luz.	Es la manifestación típica de la jaqueca o hemicránea; pero también puede aparecer en otras enfermedades del sistema nervioso central, como la esclerosis en placas y la sífilis nerviosa.

Los síntomas de las enfermedades

Parte afectada	Tipo de dolor	Síntomas concomitantes	Causas
Cefalea sobre la mitad superior del cráneo, cuero cabelludo o regiones parietales, con irradiación a la nuca.	Quemante, perforante, lancinante, como un «clavo en la cabeza», cuya intensidad disminuye muy gradualmente.	Hipersensibilidad en la raíz de los cabellos; a veces dolor en la cara.	Enfermedades nerviosas de origen psíquico.
Cefalea en la región temporal izquierda o derecha.	Violento, a veces pulsátil.	Vértigos, hipersensibilidad a la presión sobre las apófisis mastoides.	Afecciones del oído medio y del interno.
Cefalea occipital uni o bilateral, a veces con dolor en la frente o cuello.	Continuo, violento, con sensación de estiramiento o distensión.	Dolores musculares, mareos y náuseas.	Enfermedades de la columna vertebral cervical, generalmente de origen artrósico.
Cefalea de tipo indefinido, difuso o muy impreciso.	Sordo, con sensación de presión interna, difícil de precisar.		Abusos alcohólicos, excesos nicotínicos, uso de drogas o medicamentos; en la hipertensión arterial y en algunas enfermedades infecciosas, como la gripe, varicela.
Cefalea localizada en el rostro, generalmente en un solo lado.	Violento, de aparición brusca y en accesos.	Hipersensibilidad de la piel de la cara, lagrimeo, espasmos musculares.	Neuritis del trigémino.

Distinción de las cefaleas según su causa:

Cefaleas primarias. Son las más corrientes y pueden clasificarse en: *a)* Cefaleas vasomotoras (jaquecas y sus dolores equivalentes). *b)* Cefaleas de tensión. *c)* Cefaleas postraumáticas.

Naturaleza e identificación de las enfermedades

La distinción entre las jaquecas y los dolores de cabeza por tensión es muy difícil y su tratamiento apenas varía. En las jaquecas predomina su carácter hereditario, y su comienzo se produce a edades relativamente tempranas, antes de los treinta años. Se supone que el origen de las cefaleas vasomotoras se debe a una especial labilidad de la regulación vascular arterial del cerebro, aunque se desconoce en esencia su mecanismo de producción. En las cefaleas de tensión la causa radica especialmente en la producción de espasmos o contracciones musculares en el cuello o en los propios músculos de la cabeza

Entre las jaquecas también existen distintas variedades. Hay una jaqueca de origen vasomotor simple que se manifiesta periódica o intermitentemente (cabeza cargada), llegando en ocasiones a una fase aguda de variada localización, pero siempre sin náuseas o vómitos. En la jaqueca corriente el dolor es unilateral, aparece en accesos y puede cursar con náusea o vómitos. Existe también una jaqueca oftálmica, con manifestaciones preferentemente oculares (lagrimeo, velo en la visión, centelleos, irritación, etc.).

Por último, tiene interés citar la llamada jaqueca de Horton o eritroprosopalgia, que afecta especialmente a los hombres de edad madura, apareciendo como un dolor agudo, en forma de accesos, violentos por las mañanas y localizados en una órbita, detrás del globo ocular, en el maxilar superior o en la frente, que se acompañan de un enrojecimiento de la piel de la parte afectada del rostro, lagrimeo e incluso de una hipersecreción nasal en el lado afectado.

Las cefaleas de tensión se atribuyen, generalmente, a espasmos musculares originados en músculos de la cabeza o cuello. Como en el tono muscular se refleja el estado central de la emotividad y afectividad, se comprende que estos dolores de cabeza sean habituales en personas psicológicamente inestables, en individuos sometidos a sobreesfuerzos psíquicos o personas neuróticas.

En casi un 40% de las personas que han sufrido un traumatismo craneal aparece una cefalea, que a veces puede ser muy persistente y muy molesta. Por supuesto se trata de dolores que nada tienen que ver con lesiones objetivas de los huesos, los músculos o las articulaciones, por lo que pueden ser englobados como de origen vasomotor o derivados de alguna tensión.

Cefaleas secundarias o sintomáticas. Quizá sólo afecten a la décima parte de los enfermos que acuden a consulta por un dolor de cabeza, pero su importancia es grande, ya que son numerosos los enfermos que presentan este síntoma por padecer una enfermedad grave. Entre estas cefaleas tenemos que considerar las que se originan por enfermedades vertebrales cervicales, por tumores o abscesos cerebrales, por anomalías congénitas de los vasos cerebrales, por hematomas (colecciones sanguinolentas, generalmente posteriores a accidentes), etc.

En este grupo se incluyen también las cefaleas que aparecen en la arterioesclerosis, en las insuficiencias renales, en las intoxicaciones (sobre todo las producidas por el gas de alumbrado), en las meningitis, en las enfermedades de los dientes (muy frecuente es la cefalea por una muela del juicio que no sale adecuadamente), en las sinusitis o en las afecciones otológicas u oculares (glaucoma o vicios de refracción), etc. En estos casos, el diagnóstico, generalmente, no ofrece mayor problema. Más difícil es la delimitación de las cefaleas tan frecuentes en las llamadas distonías neurovegetativas y, sobre todo, en las depresiones que sufren algunos pacientes.

Los síntomas de las enfermedades

Dolor de espalda. Se origina un dolor de espalda difuso o localizado en el reumatismo, alteraciones seniles en el esqueleto, cartílagos y ligamentos de la columna vertebral y en las enfermedades inflamatorias o tumorales de las vértebras. También, a veces, en las afecciones del estómago, del hígado, de las vías biliares o del páncreas. Muy rara vez en las enfermedades inflamatorias o tumorales del pulmón y, con mayor frecuencia, en los tumores del esófago o sencillamente, por problemas de postura.

Dolor de nuca. Véase *Dolor de cabeza*.

Dolor de oído. Una otalgia puede irradiarse a la garganta, dientes, cuello o sienes. Se debe generalmente a una inflamación del oído medio, lesión inflamatoria de la apófisis mastoides (mastoiditis), forúnculo del conducto auditivo externo, enfermedades de los dientes y de las amígdalas.

Dolor de pecho o costado. Síntoma que traduce multitud de enfermedades de los órganos de la cavidad torácica o sus paredes: tuberculosis, cáncer de pulmón, neumonía y bronconeumonías, pleuresías, tosferina, gripe, infarto al miocardio, etc. Sin embargo, no debe olvidarse que el dolor torácico puede deberse a una simple neuralgia originada en algún nervio intercostal, a un **herpes zóster**, a un dolor muscular por enfriamiento o a reumatismo.

Dolor de piernas. Se produce por neuritis del ciático, várices, flebitis, trastornos circulatorios arteriales, enfermedades de los huesos o periostio y también por trastornos esqueléticos o malformaciones de los pies, obesidad, defectos posturales, artritis.

Dolor de pies. Aparece sobre todo después de sobreesfuerzos y cansancio físico. Es un síntoma importante que indica tanto el uso de un calzado inapropiado como una deformidad del esqueleto del pie o una alteración morbosa de la estructura de los huesos del mismo.

Dolor del hombro. Puede ser reflejo, en el lado derecho, por enfermedades de las vías biliares, pero aparece, en general, por una neuritis, reumatismo, enfermedades del pulmón y pleura. Una forma especial es la llamada bursitis subacromial, con dolor muy localizado (por ejemplo cuando el paciente tiene la sensación de hombro congelado), por problemas reumáticos.

Dolor en el hipocondrio izquierdo. Un dolor punzante que aparece en el costado izquierdo, bajo las costillas, puede ser síntoma precoz de una pleuresía. Cuando el bazo se llena de sangre y sufre una distensión, aparece este tipo de dolor, sin significado patológico. Generalmente se debe a un sobreesfuerzo físico prolongado y carece de importancia.

Dolor en las extremidades. El quebrantamiento general o síntoma doloroso impreciso, que se manifiesta sobre todo en brazos y piernas, acompaña a menudo al reumatismo, pero también es el primer síntoma de fiebre, sin importar el origen de la misma y que generalmente es infecciosa (gripe, resfriados, poliomielitis, otras infecciones virales, etc.). También sobreviene con un estadio precoz de la hepatitis.

Dolor lumbar. Es un síntoma sumamente frecuente y a veces de difícil diagnóstico. Aparece en algunas mujeres durante la menstruación o en las enfermedades ginecológicas, en las malformaciones o malposiciones de la columna vertebral, enfermedades reumáticas de las vértebras (espondilartritis y espondilartrosis

Naturaleza e identificación de las enfermedades

lumbares), en las lesiones óseas de la columna vertebral por tumores, osteoporosis (falta de calcio), en las enfermedades renales, en trastornos de la musculatura espinal inferior (lumbago) y, no muy rara vez, por calzados inadecuados o problemas de los pies.

Dolor muscular. La mialgia puede estar provocada por fatiga debida a sobreesfuerzos musculares; en este caso se debe a un exceso de producción de ácido láctico durante el metabolismo proteínico, que no ha sido eliminado por la circulación en cantidad suficiente. También puede haber dolor muscular en las infecciones, en ciertas inflamaciones (miositis) y tras enfriamientos.

Dolor precordial. Es fácil confundir el dolor propiamente dicho que aparece en la región del corazón (detrás del esternón, con irradiación hacia arriba y a la izquierda) con el dolor de la angina de pecho (**angor pectoris**), en el que, junto a un violento dolor, existe un componente psíquico evidente: una sensación de angustia, temor de muerte o dolor constrictivo inconfundibles. Pero esta distinción, absolutamente necesaria, indica que existen dolores torácicos localizados en el área precordial que nada tienen que ver con la angina de pecho, aunque se acompañen de ansiedad o angustia (quizá motivados por aprensión). Las llamadas falsas anginas de pecho, por lesiones pulmonares o pleurales, por problemas cardiacos no coronarios o, simplemente, por un exceso de gases en el estómago que desplaza el corazón (aerofagia), forman legión. Es muy corriente también un dolor de tipo anginoso por una hernia del diafragma, sobre todo en los ancianos. El verdadero dolor de angina de pecho es, sin embargo, bastante típico: comienza de repente (quizá tras un exceso de comida, un ejercicio físico o un disgusto), es intensísimo desde el primer momento, y se irradia hacia el cuello, hombro y brazo izquierdos, hasta las puntas de los dedos. Siempre se acompaña de angustia y de terror, cediendo también con cierta rapidez.

Edema. La acumulación de líquido en los espacios tisulares puede deberse a muchas causas: deficiencia en la circulación de retorno por el sistema venoso o linfático, enfermedades de corazón o riñón, lesiones o inflamaciones de los vasos linfáticos, tumores que compriman algún vaso, cicatrices por accidentes o intervenciones quirúrgicas que también engloban el vaso, dificultando la circulación; en el embarazo, es efecto de: climaterio, hipofunción tiroidea (mixedema), alergias, estados de hipoalimentación por falta de proteínas y las avitaminosis B1 (beriberi) o B2 (esprue o pelagra). Los edemas de origen cardiaco se manifiestan generalmente en las piernas, tobillos o pies, así como en la región lumbar en personas encamadas. Aparecen después de esfuerzos corporales durante el día, para llegar a un máximo por la noche. En reposo vuelven a bajar (diuresis nocturna). Los edemas renales son más acusados durante la mañana y se manifiestan, sobre todo, en el rostro (abotagamiento).

Enuresis nocturna. La emisión involuntaria de orina durante la noche puede ser simplemente un trastorno nervioso vegetativo, sobre todo en los niños, pero también puede ser síntoma de una enfermedad orgánica, sobre todo en los ancianos.

Epistaxis. La hemorragia nasal puede ser consecuencia de estornudos forzados, catarros nasales, arterioesclerosis, hipertensión arterial, enfermedades cardiacas, embarazo, menstruaciones, etc.

Los síntomas de las enfermedades

Eructos. Véase *Aerofagia*.

Escalofríos. La sensación de frío con temblor es el primer síntoma de una defectuosa regulación térmica del cuerpo, y puede estar provocada por llevar vestidos muy ligeros en época de invierno, o por infecciones e inflamaciones. En las enfermedades febriles, sobre todo en las de naturaleza séptica, alternan los escalofríos con sensaciones de calor. En las anemias también es llamativa la sensación de frío en el cuerpo.

Estornudo. Producido por un mecanismo reflejo que se origina en la mucosa nasal (a diferencia de la tos, que tiene su punto de partida en numerosas zonas del aparato respiratorio), provoca la expulsión violenta del aire respiratorio. El estornudo tiene, generalmente, poca significación patológica (en contra de lo que se opinaba en otras épocas, en que por el miedo que inspiraba un estornudo en tiempos de epi-

Tipo de esputo	Causas productoras	Comportamiento
Mucoso, blanquecino.	Inflamaciones catarrales de la mucosa nasal, de los senos paranasales, de la faringe o bronquios, y en ciertas neumopatías inflamatorias.	El esputo mezclado con agua no se deposita en el fondo.
Purulento, denso, amarilloverdoso.	Bronquitis purulentas; a menudo en la tuberculosis.	Mezclado con agua se deposita en el fondo.
Denso, vítreo.	Asma bronquial y ciertas neumonías o bronconeumonías.	Al inclinar el vaso de agua que contiene el esputo, no se vierte éste.
Muy abundante, vítreo.	Bronquiectasias.	Se deposita en varias capas.
A manera de un cocido de jugo de ciruelas.	Sospecha de congestión pulmonar en las neumonías.	Muy líquido, espumoso, con agua.
Denso, vítreo.	Asma bronquial.	Se posa en el fondo con pequeñas partículas vítreas.
Abundante, verdoso o sanguinolento.	Absceso y gangrena pulmonar, a veces hemorragias de la cavidad rinofaríngea, de las encías y del esófago.	A menudo es de muy mal olor.
Rojo rutilante.	Hemorragias pulmonares (hemoptisis).	Espumoso.

Naturaleza e identificación de las enfermedades

demias se invocaba el nombre de Jesús al oír estornudar a una persona). Puede estar producido por una irritación de la mucosa nasal que provenga de la contaminación atmosférica, pero suele deberse a una reacción alérgica o de hipersensibilidad, en el curso de ciertos catarros.

Estreñimiento. Es un tránsito intestinal retrasado, con evacuaciones poco frecuentes (más de cuarenta y ocho horas entre las deposiciones) y heces duras o secas. Hay muchas clases de estreñimiento (atónico, espástico o rectal, etc.). La tensión nerviosa, una dieta no balanceada y la falta de tono muscular provocan el estreñimiento. Para más detalles sobre este síntoma, responsable de prejuicios y malentendidos, véase el capítulo de enfermedades del aparato digestivo (pág. 257).

Expectoración. Es la expulsión, mediante el reflejo de la tos, de alguna materia contenida en el aparato respiratorio. El esputo producido puede tirarse o tragarse; en este caso se incorporará de inmediato al aparato digestivo. En el cuadro de la página 125 se puede establecer el tipo de esputo, las causas que le dieron origen y su comportamiento.

Fatiga. Véase *Astenia*.

Fiebre. La sensación febril con elevación de la temperatura corporal es síntoma que acompaña a numerosas enfermedades como expresión de la actividad defensiva del organismo contra una agresión física, química o biológica. Sólo en muy excepcionales circunstancias la fiebre es de origen central, por una alteración del centro cortical que regula el calor corporal.

Flatulencia. Véase *Meteorismo*.

Flujo. Aunque este término comprende cualquier exceso en la evacuación de un líquido, normal o patológico, el síntoma flujo se refiere —en la mujer— a un derrame que afecta a la vagina. Generalmente se trata de pequeñas secreciones de diferente color (la leucorrea es con flujo blanco) que a veces pueden revestir gran abundancia. Siempre interesa determinar su origen y naturaleza, pues, junto a procesos banales (inflamaciones de la mucosa vaginal, infecciones por hongos, nerviosismo y estados de agotamiento, presencia de cuerpos extraños, exceso de lavados vaginales, infestación por *Trychomonas,* etc.), puede ser también síntoma de enfermedades de mayor trascendencia: inflamaciones de la matriz, cáncer de cuello del útero, blenorragia (conocida más comúnmente como gonorrea), sífilis, tuberculosis, diabetes, etc.

En el hombre, el flujo uretral blanquecino o amarillento puede deberse a una infección venérea (blenorragia) y también a inflamaciones inespecíficas de la próstata o de las vesículas seminales.

Fotofobia. La sensación molesta que hace huir de la luz aparece sobre todo en el **sarampión** y demás enfermedades infantiles infecciosas; mientras que en el adulto puede deberse a graves lesiones cerebrales o nerviosas.

Hematemesis. El vómito de sangre siempre es síntoma de gravedad, pues señala la existencia de una úlcera sangrante, cáncer o várices esofágicas (por una enfermedad hepática, como la cirrosis con hipertensión portal).

Hemoptisis. La expectoración más o menos sanguinolenta es siempre motivo de alarma. Puede deberse a simples inflamaciones de la mucosa de las vías respiratorias, pero también puede ser un síntoma de enfermedades graves (tuberculosis, cáncer, insuficiencias cardiacas, etc.). En una hemorragia masiva puede ser difícil

Los síntomas de las enfermedades

la distinción entre hemoptisis y hematemesis (vómito de sangre), y serán los síntomas restantes los que decidan el origen de la rotura vascular.

Hemorragia. La pérdida de sangre por la nariz señala generalmente una zona lábil en la pared nasal, y carece de importancia. Es frecuente en las mujeres durante la menstruación, por un defecto fisiológico periódico de la coagulabilidad de la sangre. Después de traumatismos: una hemorragia nasal, o por el oído externo, tiene gran importancia diagnóstica; puede evidenciar la existencia de una fractura de la base craneal.

Cuando las hemorragias son de las encías hay que pensar en avitaminosis o intoxicación por plomo, mercurio, talio, etc.

Las grandes hemorragias por la boca, en forma de hemoptisis o hematemesis, por ano (melena), por vagina (metrorragias, sin relación con la menstruación), o por uretra, en la orina (hematuria), tienen especial significación diagnóstica y obligan siempre a consultar al médico, ya que pueden denotar la existencia de una úlcera, de un tumor o de una seria infección. Muy importante es la llamada hemorragia oculta o interna, en que la pérdida es escasa, aunque continua y persistente y conlleva síntomas aparentes de anemia progresiva. A veces se dificulta descubrir su origen. Este problema es, sobre todo, muy acusado en el caso de sangrados ocultos, en que la pérdida de sangre puede deberse a una úlcera de estómago o duodeno sangrante que no produzca dolor, o a tumores del tubo digestivo.

Hipo. El espasmo muscular del diafragma, que se repite periódicamente, resulta muy molesto, pero carece de importancia en la gran mayoría de los casos. Sólo adquiere valor de gravedad sintomática en personas de edad que permanecen en cama durante mucho tiempo, después de operaciones quirúrgicas, o cuando su causa reside en la presencia de tumores que compriman el diafragma.

Hirsutismo. Cuando el pelo crece en cualquier región con mayor intensidad que la normal, tanto en longitud como en grosor o densidad, se presenta este signo: hirsutismo o hipertricosis. Por supuesto, existen grandes variaciones individuales con relación a la edad, raza, sexo, etc., en cuanto a la distribución e intensidad de la cobertura pilosa de la piel humana. El problema surge cuando aparecen estas alteraciones cuantitativas o cualitativas de repente o a destiempo. Esta alteración se debe, frecuentemente, al poder virilizante de ciertas hormonas (andrógenos), y puede ser también producida por ciertas enfermedades de origen endocrino, con producción anormal de hormonas.

Inconsciencia (coma). Es un estado de sopor profundo, con pérdida total de la consciencia (cuando no es total, se habla de estado semicomatoso o confusión mental). El diagnóstico del coma como tal no es difícil: el enfermo no reacciona a los estímulos, ni existe manera de «despertarlo». Pero el problema comienza a la hora de señalar la causa, pues se trata de un estado a que se puede llegar por múltiples caminos, desde la falta de aporte de oxígeno al cerebro hasta las enfermedades psíquicas, pasando por intoxicaciones, traumatismos, alteraciones circulatorias, tumores, envenenamientos internos por trastornos metabólicos (coma urémico, coma hepático, coma diabético, etc.). El coma adquiere un especial significado en medicina legal, pues el silencio cerebral —reflejado por un electroencefalograma plano, que indica falta total de actividad eléctrica— señala

Naturaleza e identificación de las enfermedades

la muerte del enfermo, incluso aunque todavía se mantenga o pueda mantenerse la función respiratoria o circulatoria.

Induraciones musculares. Las alteraciones circunscritas en el tejido muscular, con formación de nudosidades a veces dolorosas, se deben a un trastorno de la mecánica del aparato locomotor (movimientos bruscos o desacompasados), a enfriamientos o a procesos reumáticos. Pueden llevar a una evolución crónica si no se les presta la debida atención.

Insomnio. Es un síntoma general que carece de una causa morbosa característica. Es frecuente en casos de dolor o tras preocupaciones y demás estados de tensión psíquica. Aparece a menudo en personas de edad, sobre todo si tienden a la depresión.

Jaqueca. Véase *Dolor de cabeza*.

Lengua saburral. No es sino la lengua sucia, de superficie blanca o amarillenta. Su presencia se manifiesta casi en todas las infecciones o enfermedades febriles y también en los trastornos digestivos. Puede aparecer, además, sin causa aparente, y carece entonces de valor diagnóstico. En general, tiene mayor significado cuando la saburra se encuentra en la parte anterior; mientras sea predominantemente posterior no reviste mayor importancia. Es muy frecuente en los fumadores empedernidos.

Manos sudorosas. Es frecuente en personas sensibles y nerviosas y también es síntoma habitual en la hiperfunción tiroidea (hipertiroidismo, enfermedad de Basedow). Cuando ocurre tras estados de excitación (al aparecer en escena o en actos públicos) carece de importancia y sólo demuestra cierta labilidad vegetativa. Es corriente en casos de debilidad general, por ejemplo en algunas convalecencias. Hay personas que tienen una evidente hipersecreción sudoral en las palmas de las manos. Es fundamental tranquilizarlas, pues en general, exceptuando las causas antes citadas, es de orden funcional y carece de importancia, aunque a veces su tratamiento sea difícil.

Melena. La eliminación de sangre por el recto o ano, mezclada o no con heces, es un síntoma que indica la presencia de una hemorragia digestiva. Cuando ésta es abundante (úlceras de estómago y duodeno, várices esofágicas, tumores intestinales, etc.) la sangre aparece digerida y, al ser eliminada por el ano, se presenta completamente negra, como la pez o el alquitrán, generalmente en forma pastosa o diarreica. Cuando la sangre es roja, la hemorragia tiene su origen en el propio recto, a consecuencia de pólipos, divertículos, tumores o, simplemente, por hemorroides.

No todas las heces de color negro o rojizo se deben a hemorragias. La coloración se debe, en ocasiones, a fermentos vegetales o metálicos contenidos en las espinacas, ensaladas, moras, morcilla, carbón animal, preparados medicamentosos de hierro, etc.

Meteorismo. Este síntoma denota el aumento de tensión del vientre por acumulación de gases en la luz intestinal. Cuando el recargo es de origen funcional (aerofagia, indigestión, etc.), quizá podría hablarse de flatulencia, pero la distinción es casi imposible. El meteorismo es, generalmente, un síntoma banal y pasajero que, muchas veces, depende de la ingestión de ciertos alimentos (cebollas, coles, hortalizas, etc.); pero también puede deberse a una insuficiencia circulatoria, enfermedades del páncreas, etc. Cuando persiste o aumenta progresivamente hay que pensar en una lentitud del tránsito intestinal a consecuencia de un íleo paralítico o mecánico, incluso por tumores o una peritonitis; pero en estos casos los demás síntomas concomitantes son también tan manifiestos que ayudan a establecer el diagnóstico. Adquiere gran interés en la práctica el meteorismo que aparece tras los tratamientos con antibióticos y que se debe a alteraciones en la composición de la flora intestinal.

Náusea. El síntoma nauseoso tiene una significación similar a la del vómito.

Obesidad. El aumento de peso, en la gran mayoría de los casos, no puede considerarse como síntoma de una enfermedad (en esto se diferencia fundamentalmente del adelgazamiento), sino como una simple trasgresión dietética o un ritmo de vida totalmente inadecuado (falta de ejercicio y costumbres sedentarias). En ciertas enfermedades del metabolismo o de las glándulas endocrinas (mixedema, climaterio, alteraciones hipofisarias o suprarrenales, etc.) se origina una cierta obesidad, pero esto no resulta muy frecuente.

Olor corporal. Es muy variable, según la persona. El olor que despide un individuo no suele tener valor de característica sintomática. Solamente ciertas afecciones provocan un olor específico del aliento o del sudor.

Palpitaciones. Son la sensación de latido cardiaco percibido por el propio enfermo. La palpitación puede ser regular o irregular, lenta o rápida, según las circunstancias. Son frecuentes en muchas personas inestables o neuróticas y, por otro lado, en muchas enfermedades cardiacas, incluso graves, no hay palpitaciones; su aparición se presta a muchas confusiones y prejuicios. En general es un signo que no reviste demasiada importancia. Aparece en las intoxicaciones nicotínicas, en la aerofagia, en las indigestiones y dispepsias, etc. Es síntoma frecuente en lo que se viene a llamar corazón irritable o neurosis cardiaca. Sólo cuando es síntoma que acompaña a una arritmia cardiaca producida por lesión de la propia víscera se le debe prestar la debida atención.

Parálisis musculares. La incapacidad motora de los músculos (parálisis cuando es total, paresia cuando es parcial) puede deberse a multitud de causas nerviosas, del propio músculo, etc. Cuando sólo se afecta medio lado del cuerpo (hemiplejía) la lesión tiene origen cerebral a consecuencia de una apoplejía por una trombosis, embolia o hemorragia cerebral. Para más detalles, véase el capítulo correspondiente a las enfermedades del sistema nervioso (pág. 573).

Parestesias. El «adormecimiento» de una parte del cuerpo, con hormigueo, pequeños alfilerazos, sensación de extremidad acorchada, es un síntoma muy corriente por multitud de causas. Cuando se manifiesta en piernas o brazos se habla de acroparestesias, que se acentúan unas veces con el frío, aunque también pueden empeorar, en otras ocasiones, con el calor o estando en cama. Se deben a trastornos circulatorios (arterioesclerosis, insuficiencias vegetativas o espasmos vasculares) y, más habitualmente, a la simple compresión de un vaso de relativo calibre tras permanecer demasiado tiempo en una postura. Hay parestesias de origen nervioso, por intoxicaciones, en el climaterio, por avitaminosis y por secuela de ciertas enfermedades infecciosas (por ejemplo, la gripe).

Peso corporal. El aumento y la disminución del peso son síntomas muy frecuentes que no sólo dependen de factores alimenticios. Hay enfermedades consuntivas, de la

Naturaleza e identificación de las enfermedades

misma manera que existen algunos trastornos metabólicos que llevan a la obesidad. Al final de este apartado se incluye la tabla del peso ideal para las distintas edades y complexiones en hombre y mujer. Cualquier desviación exagerada, en uno u otro sentido, deberá ser motivo de un estudio causal.

Pies fríos. Son síntoma de capacidad disminuida en la regulación térmica de los vasos sanguíneos de pie y pierna; a veces se deben a influencias nocivas de origen social (poco entrenamiento muscular por una ocupación sedentaria o por un calzado inadecuado); en otras ocasiones su origen reside en alteraciones circulatorias, tanto venosas como arteriales (arterioesclerosis, etc.).

Postración. Es una sensación de laxitud, decaimiento y depresión, o abulia, que puede aparecer en el curso de cualquier enfermedad aguda o crónica. Síntoma que adquiere carácter predominante e incluso exclusivo en ciertas anemias. Debe distinguirse de la astenia o fatiga, donde el componente psíquico es mucho menos acusado.

Prurito. La sensación de fuerte picor en la piel, que obliga a rascarse, es un síntoma que acompaña a muchas enfermedades de la piel y de otros órganos, en ausencia de signos cutáneos aparentes. Su aparición obliga a sospechar la presencia de parásitos, picaduras de insectos, ictericia, enfermedades de los ganglios linfáticos (linfogranulomatosis), ciertas neurosis, etc.

Prurito anal. Síntoma habitual en las parasitosis intestinales, sobre todo por oxiuros, en los niños. En los adultos, por hemorroides o eczemas.

Regurgitación. Cuando suben a la boca pequeñas cantidades de alimentos ya deglutidos previamente, sin náuseas o vómitos, carece, en general, de importancia clínica, sobre todo cuando su origen reside en el propio estómago (excesos alimenticios, indigestiones). Más valor tiene cuando el contenido regurgitado proviene del esófago, es decir, sin haber pasado al estómago, pues entonces puede deberse a lesiones orgánicas: divertículos, estrecheces, etc.

Rigidez de nuca. Véase *Dolor de cabeza*.

Sed. Una sed excesiva (polidipsia) es síntoma típico y muy frecuente en la diabetes, tanto en su forma latente, no diagnosticada, como en su forma clínica cuando está descompensada. Pero no sólo se produce por una alteración de la glándula pancreática por falta de insulina, sino también por un trastorno en la regulación del metabolismo del agua en algunas alteraciones de la hipófisis (diabetes insípida). También se presenta sed tras grandes hemorragias y en las enfermedades del corazón o riñón. También se presenta en las deshidrataciones, cuando cursan con mucha acumulación de sodio.

Sofoco. Se trata de un trastorno vasomotor con súbito aflujo de sangre y vasodilatación circunscrita, sobre todo en cabeza y cuello. Se acompaña de sensación de calor, e incluso de sudoración. Aparece en algunas enfermedades infecciosas, sobre todo en la convalecencia de las mismas, y durante el climaterio femenino por las consiguientes alteraciones hormonales.

Sopor u obnubilación. Son síntomas parecidos a la inconsciencia que aparecen en ciertas enfermedades circulatorias o cardiacas, intoxicaciones medicamentosas, envenenamientos por gases o por productos metabólicos (uremia o insuficiencia hepática), después de una apoplejía por trombosis, hemorragia o embolia cerebral, en los tumores cerebrales, después de traumatismos craneales y en las meningitis

Los síntomas de las enfermedades

o encefalitis. Estos síntomas de semiinconsciencia no deben confundirse con el coma ni con los síncopes o lipotimias, de diferente significado.

Sudor. La sudoración, prescindiendo de la que se produce en axilas, regiones genitales o pies, sirve preferentemente a los fines de la regulación de la temperatura corporal. Por la evaporación del sudor sobreviene una pérdida de calor que el organismo provoca de manera refleja y autónoma cuando existe un exceso térmico. A menudo se acompañan los descensos de la fiebre con fuertes sudoraciones. La supresión del sudor, por ejemplo en la axila, mediante preparados cosméticos no ofrece riesgo alguno, ya que en estas zonas no existe una regulación térmica. El olor del sudor, muy variable según la persona, se origina por una secreción de las glándulas específicas de tipo odorífero, por ejemplo, las de la región genital y, sobre todo, por la descomposición bacteriana del sudor en aquellas zonas del cuerpo mal ventiladas. El resto del sudor del cuerpo humano carece de olor en condiciones normales. Existen alteraciones de la secreción sudorífera de origen nervioso, por enfermedades neurológicas o psíquicas. Pero las simples alteraciones del estado emotivo o afectivo, y las excitaciones fuertes por choques psíquicos, provocan una sudoración repentina, a veces con sensación de decaimiento. Generalmente esto carece de importancia y se debe a fenómenos de debilidad vegetativa. Más importancia reviste el sudor en los estados de insuficiencia circulatoria (hipotimias, colapso o «shock»), que generalmente es frío, sobre todo en las palmas de las manos, y que se acompaña de una sensación de angustia y malestar general, con náuseas e incluso vómitos. La sudoración abundante durante la noche denuncia en general la presencia de una enfermedad infecciosa (es muy llamativa en el caso de la tuberculosis), pero también puede deberse a afecciones renales cardiacas o del sistema linfático. Existe, asimismo, una sudoración nocturna, no tan acusada en los estados anémicos por falta de hierro, en las alteraciones, en el metabolismo mineral o, más sencillamente, provocadas por el hábito de ingerir demasiados líquidos antes de acostarse. Muchas enfermedades producen un sudor con un olor característico, lo que ayuda considerablemente a establecer el diagnóstico de las mismas.

Temblor. Las oscilaciones o contracciones rítmicas involuntarias de algún músculo, grupo muscular o de toda la masa muscular del organismo constituyen el temblor, síntoma que obedece a numerosas causas. Es muy acusado en algunas personas durante la época senil, sobre todo en las manos. Existe un temblor «normal» tras choques psíquicos (miedo, terror, impresiones). Hay un temblor constitutivo, ya desde la juventud, de causa desconocida. Al temblor senil hay que distinguirlo del temblor por enfermedad de Parkinson, de la que constituye uno de los síntomas más importantes. También aparece en otras enfermedades del sistema nervioso, como la esclerosis en placas, y en algunas enfermedades circulatorias. El temblor acompañado de escalofríos denota la existencia de una enfermedad febril, generalmente infecciosa.

Tos. La expulsión de aire brusca y ruidosa, generalmente repetida en accesos, procedente de los pulmones, se realiza mediante un acto reflejo (tos), que, generalmente, denota una irritación de las vías respiratorias y sirve para la eliminación de los cuerpos extraños que producen obstrucción o esputos acumulados en estas estructuras. Existen los siguientes tipos de tos, de acuerdo con sus características más acusadas:

Naturaleza e identificación de las enfermedades

Tipo de tos	Causas productoras	Expectoración
Poco intensa pero persistente.	Enfermedades crónicas pulmonares en una fase todavía poco activa; tos del fumador empedernido.	Ausente o muy escasa.
Atormentadora, con irritación notoria.	Infecciones gripales agudas y enfermedades crónicas de los bronquios (tuberculosis, pólipos, cáncer).	Muy escasa o ausente; a veces con algún esputo sanguinolento.
Perruna, ruidosa, a veces unida a una afonía.	Enfermedades de la faringe o de la laringe.	Ausente o muy escasa.
En accesos espasmódicos, con coloración azulada de la cara.	Tos ferina (inspiración jadeante o silbante), asma bronquial y, a veces, en las afecciones de los ganglios del hilio pulmonar.	Ausente o muy escasa.
Persistente.	Bronquiectasias, absceso del pulmón y tuberculosis avanzada.	Muy abundante, de aspecto turbio o incluso purulento.

Trismo. El espasmo de los músculos de la masticación, sobre todo del masetero, con imposibilidad para abrir la boca, puede aparecer en las alteraciones del metabolismo del calcio, en las enfermedades de las glándulas paratiroides (tetania), en la triquinosis, tétanos y en inflamaciones de la articulación temporomaxilar. Rara vez en enfermedades psíquicas.

Ulceraciones persistentes en las piernas. Una úlcera tórpida de muy difícil cicatrización en las piernas (sobre todo en el tobillo) indica, generalmente, la existencia de una enfermedad varicosa o de una flebitis. También pueden aparecer en los trastornos de irrigación arterial o por edemas muy acusados.

Vértigo. Se trata de una sensación subjetiva como si los objetos inmediatos se desplazaran en relación al cuerpo; aunque también puede ocurrir a la inversa: la sensación de que el cuerpo se desplaza en relación con los objetos. La inestabilidad o mareo pasa, gradualmente, a un síntoma mucho más acusado: el vértigo propiamente dicho, en el cual la sensación de rotación es completa e impide mantener la postura erguida o la marcha y llega incluso a provocar la pérdida de la consciencia.

El vértigo puede producirse en personas totalmente sanas, por ejemplo, tras someterse a una rotación rápida y continuada (en carrusel o noria, en un ascensor

Los síntomas de las enfermedades

o bailando con vueltas rápidas, etc.). Tampoco puede considerarse patológico el vértigo que acompaña la cinetosis o mareo producido en los viajes en avión, coche o tren. Se trata de pequeñas irritaciones provocadas en el oído interno (en el laberinto) en ciertas personas sensibles, en las que cualquier cambio brusco de postura desencadena el síntoma. Los vértigos aparecen con mayor frecuencia después del climaterio, tanto en la mujer como en el hombre, y carecen de importancia clínica. Hay vértigos sintomáticos en enfermedades cardiacas que aparecen a consecuencia de una tensión arterial demasiado alta o demasiado baja; también por anemia, arterioesclerosis, insuficiencia circulatoria cerebral, enfermedades del oído interno, tumores o abscesos cerebrales y algunas afecciones renales; en el estreñimiento pertinaz y en las intoxicaciones producidas por alcohol, nicotina, y ciertos medicamentos. Hay un vértigo muy molesto y persistente, como secuela después de un traumatismo cerebral. Es muy importante que el enfermo advierta el tipo de vértigo que padece y estudie detenidamente todos sus síntomas acompañantes (cefalea, vómitos, dolores en las extremidades, sensación de angustia, zumbido de oídos, sordera global o hacia ciertos tonos, etc.). Sólo de este modo será posible ayudar al médico a establecer un diagnóstico correcto y eliminar tan molesto síntoma.

Visión doble o diplopía. La diplopía o visión de un objeto en dos versiones idénticas, una al lado de la otra o ambas superpuestas, indica siempre un trastorno de la coordinación de los músculos motores oculares o de las vías nerviosas ópticas. El individuo que padece esta alteración, manifiesta una acusada pérdida del equilibrio. La diplopía puede ser monocular, cuando afecta a un solo ojo, pero lo más común es que afecte a los dos, en cuyo caso se denomina binocular.

Vómito. La expulsión violenta de sustancias contenidas en el estómago, es un acto muy frecuente que se debe a un complicado reflejo, regulado centralmente en determinadas estructuras de la base del cerebro. Sus causas más frecuentes son: inflamación de la mucosa gástrica por deficiencias nutritivas o dietéticas, ingestión excesiva de refrescos o helados, enfriamientos e insolaciones, intoxicaciones por venenos o alimentos contaminados (intoxicación alimenticia), úlceras de estómago o duodeno, hipersensibilidad en el embarazo (aunque todavía no está bien aclarado el mecanismo de producción), alteraciones de la función hepática o biliar, inflamaciones del páncreas, insuficiencia renal con uremia, mareos por viajes (cinetosis), alteraciones del órgano del equilibrio en el oído interno, aplicación de anestésicos generales en intervenciones quirúrgicas, traumatismos con contusiones cerebrales, tumores cerebrales, ciertas infecciones (cólera sobre todo), etc. En los niños se produce cuando existen toses espasmódicas (tos ferina), pues el reflejo de la tos y el del vómito están imbricados. Existe un vómito acetonémico continuado que se debe a una alteración del metabolismo de los hidratos de carbono, generalmente en niños con enfermedades infecciosas febriles. Unos vómitos persistentes exigen el ingreso hospitalario por el evidente peligro al provocar una rápida deshidratación.

Zumbidos de oídos. Son típicos en los tapones de cerumen del oído externo, en las enfermedades del oído medio, en las alteraciones del órgano del equilibrio, también en la hipertensión arterial y otras enfermedades cardiocirculatorias. Pero pueden ser de origen neurótico.

Naturaleza e identificación de las enfermedades

El peso ideal

Siempre que se alude a la delgadez y a la obesidad es necesario referirse al peso. La tabla que sigue muestra el peso *ideal* con arreglo a diversos factores: edad, sexo, estatura y constitución física. Sin embargo, debemos recordar que peso ideal no es lo mismo que peso medio; este último es al que se refieren las estadísticas, al considerar a las personas de cada grupo. Al referirnos al peso ideal hemos tenido en cuenta no sólo factores estéticos, sino sobre todo consideraciones médicas: el peso ideal es más sano. Naturalmente, este peso varía con arreglo a la constitución de la persona. Un individuo asténico pesará menos que uno atlético. El peso se ha estimado también según las distintas constituciones: longilínea (extremidades más largas que el tronco) o brevilínea (tronco más largo que brazos y piernas). Nosotros preferimos hablar de complexión, teniendo en cuenta el tamaño relativo del armazón óseo: las personas con huesos poco prominentes, escasa cintura escapular, caderas estrechas y miembros más bien largos son de complexión pequeña. De complexión robusta son aquellas que tienen caderas anchas, tórax amplio, hombros potentes y miembros más bien algo cortos. El sujeto normal no es ni extremadamente pequeño ni tiene una complexión totalmente robusta, por lo que su peso ideal se encuentra en medio de las cifras reseñadas, más cerca de uno o de otro valor según sea su constitución corporal. Los pesos y tallas que damos a continuación se estiman sin ropa y descalzos. En el capítulo relativo al metabolismo y sus enfermedades (pág. 472), el lector hallará unas fórmulas que permiten determinar el peso ideal de acuerdo con la salud de cada individuo. El cálculo del peso mediante la aplicación de dichas fórmulas no arrojará en ocasiones los mismos resultados que figuran en las siguientes tablas, pero es preciso advertir que en aquel caso se trata de valores medios, en los que intervienen factores generales aplicables a grandes conjuntos internacionales; mientras que en éste los resultados se hallan influidos por factores ambientales y los generales no revisten tanta importancia.

Peso y talla ideales durante la época del crecimiento (entre 15 y 18 años)

Edad	Varones		Mujeres	
	cm	kg	cm	kg
15 y medio	169.7	56.65	161.7	52.3
16	171.6	58.83	162.2	53.07
16 y medio	172.7	60.33	162.4	53.57
17	173.7	61.78	162.5	54.02
17 y medio	174.1	62.41	162.5	54.2
18	174.5	63.05	162.5	54.39

(Los valores correspondientes a los niños podrán encontrarse en el capítulo dedicado a la pediatría), pág. 775.)

Los síntomas de las enfermedades

Hombres

Edad	19 a 29 años		30 a 39 años		40 a 50 años		Más de 50 años	
Complexión	pequeña	robusta	pequeña	robusta	pequeña	robusta	pequeña	robusta
Talla (en cm)	Peso		Peso		Peso		Peso	
155	52	60	54	62	55	64	56	65
158	53	61	55	63	56	65	57	66
161	54	62	57	65	58	68	60	70
164	56	65	59	68	60	69	62	71
167	58	67	61	71	62	72	64	73
170	61	69	64	74	64	75	65	76
173	63	71	65	76	66	77	68	79
176	65	74	67	79	68	80	70	81
179	67	76	68	81	70	81	72	84
182	68	78	69	83	72	84	75	86
185	71	80	72	85	75	87	78	89
188	74	83	75	88	77	89	80	91
191	77	86	79	91	80	93	82	94

Mujeres

Edad	19 a 29 años		30 a 39 años		40 a 50 años		Más de 50 años	
Complexión	pequeña	robusta	pequeña	robusta	pequeña	robusta	pequeña	robusta
Talla (en cm)	Peso		Peso		Peso		Peso	
145	42	50	44	52	46	53	46	52
148	44	52	46	54	48	55	47	53
151	46	54	48	56	49	57	48	55
154	48	56	50	58	51	59	50	57
157	50	58	51	60	53	62	52	59
160	51	60	53	62	55	64	54	61
163	52	62	54	65	56	66	55	63
166	54	65	55	67	57	67	56	65
169	57	69	58	69	59	70	58	67
172	59	71	60	72	61	73	59	69
175	62	73	63	74	64	75	61	71
178	64	76	65	76	66	78	63	73
181	67	78	68	79	69	80	67	78

El tratamiento de las enfermedades

Métodos terapéuticos

Francis Bacon escribió en 1605: «El oficio de la medicina no es sino pulsar esa arpa tan singular que es el cuerpo humano y reducirlo a la «armonía». También hoy el médico hace vibrar todas las cuerdas del organismo para mantener, conservar, recuperar y alcanzar la salud. Más que nunca se intenta ver al hombre enfermo como un conjunto en la totalidad de sus funciones corporales y psíquicas, aceptando la premisa de que todo estado o proceso morboso, inicialmente, entraña un desequilibrio en la persona enferma y en relación con su medio ambiente. El médico se vale de los más variados procedimientos para conseguir el regreso del mayor grado posible de esa armonía física, mental y social que es la salud. Cualquiera que sea el método terapéutico empleado, la condición previa, insoslayable para un tratamiento eficaz, radica en un diagnóstico científicamente establecido. El tratamiento puede estar dirigido contra la causa de la enfermedad (terapéutica causal o etiológica) o contra sus manifestaciones más molestas o indeseables (terapéutica sintomática). Pero en la recuperación de la salud pueden emplearse también métodos que, sin pretender influir sobre el origen del proceso morboso o sobre sus efectos aparentes en el organismo enfermo, tratan de despertar, evocar o reforzar las fuerzas naturales de defensa del organismo.

El arte médico es uno solo, sea cual sea la terapia preconizada, tanto si se recurre a los métodos de la medicina oficial o científica, como si se usan algunos medios de la llamada medicina naturista. El médico experto está libre de prejuicios y escogerá siempre lo que más convenga en cada caso particular. Desgraciadamente no todos los naturistas tienen una mente tan ecuánime, por lo que los abusos evidentes, que ha habido en todas las épocas y siguen persistiendo, han hecho más daño que los indudables éxitos que en algunos casos pueden contarse a su favor.

La medicina oficial, que podríamos llamar académica u ortodoxa, considera los estados patológicos, estudia sus consecuencias inmediatas o secundarias y, a través de un plan terapéutico científicamente elaborado, trata de curarlos para que la persona afectada vuelva a reintegrarse a su vida habitual. Esta doctrina se basa fundamentalmente en la llamada **alopatía**, cuyos principios se recogen en el aforismo de Hipócrates *contraria contrariis curantur*, es decir, el empleo de remedios que en el

El tratamiento de las enfermedades

hombre sano provocan efectos que difieren de los síntomas de la enfermedad que se pretende combatir. Los grandes éxitos de la medicina científica se deben, primordialmente, a los continuos avances en el campo de la terapéutica específica. Entendemos bajo este concepto el uso de medios de tratamiento que están dirigidos contra una enfermedad determinada y concreta y que, además, actúan directamente, casi siempre de manera exclusiva, sobre la causa de esta enfermedad. Se comprende que el empleo de tales terapéuticas específicas exige del médico unos conocimientos que muy difícilmente pueden alcanzarse sin unos estudios prolongados y sumamente complejos. La mayoría de los métodos en cuestión, que de un modo profundo interfieren en el metabolismo y funcionamiento de una casi interminable serie de fenómenos vitales, se basan en la administración de los más diversos medicamentos. Así se vale el médico de la quimioterapia y de los sueros específicos para curar las enfermedades infecciosas; de la insulina, para tratar la diabetes; del hierro, para remediar las anemias que se originan por falta de este elemento fundamental, etc. Si se considera que existen más de mil antibióticos diferentes, se reconocerá que la medicina es cada vez más compleja y difícil de aplicar.

Cuando la labor del médico no va dirigida con esta precisión hacia la causa de cada una de las enfermedades y se orienta en sentido general, inespecífico, los métodos terapéuticos empleados actúan estimulando la curación por medio de una regulación de las funciones corporales y psíquicas. Se habla entonces de métodos terapéuticos biológicos o medidas terapéuticas generales. A este apartado corresponden tanto la fisioterapia (baños, masajes, aplicaciones de calor, frío, luz, etcétera), como el tratamiento dietético.

Las medidas terapéuticas generales son comúnmente infravaloradas. La excesiva especialización quizá haya traído como natural reacción humana el equívoco concepto de: «he aquí la enfermedad; éste es el tratamiento». El médico, sin embargo, consciente de que toda enfermedad desequilibra la totalidad del organismo humano, jamás tratará el proceso morboso de forma aislada, sino que se preguntará cuáles han sido las alteraciones y repercusiones de toda índole que se han producido, directa o indirectamente, a causa del mismo. Los métodos terapéuticos biológicos son muy diversos, pero están muy delimitados. Su uso intempestivo o desacompasado puede originar graves perjuicios, ya sea por una alimentación unilateral o una dieta que no resiste una crítica objetiva ante el estado actual de nuestros conocimientos, ya sea por el empleo abusivo, tanto de un reposo excesivo como de unos ejercicios físicos inadecuados, unos baños de sol sobredosificados o una cura termal en balnearios, para enfermedades que no pueden beneficiarse con estas prácticas. Estos métodos biológicos naturales pretenden equilibrar las fuerzas orgánicas que, con la enfermedad, han salido de su cauce armónico, a fin de desarrollar en el propio cuerpo los factores inherentes que tienden a conservar dicha armonía. Dicho de otra manera, la medicina biológica usa medios curativos que provienen del medio ambiente, a cuyos estímulos el organismo humano ya está habituado, es decir, que no le son extraños y está acostumbrado a reaccionar ante ellos. Por esto, en todo plan terapéutico el médico incluye un régimen de vida, una dieta, un reposo o, si hiciera falta, un determinado tipo de actividad muscular, una cura climática o cualquier otro medio fisioterápico (calor, frío, sol, luz, agua, masaje, sauna, gimnasia, etc.).

No sólo actúan sobre el hombre estos estímulos externos, a los que está habituado

Métodos terapéuticos

en mayor o menor grado; con los métodos biológicos generales el médico hace especial hincapié sobre una faceta dietética o un factor físico o ambiental. En nuestra civilización el hombre se encuentra expuesto a tal cantidad de estímulos nuevos, a los que por razones evolutivas no estaba acostumbrado, que han surgido nuevos problemas: la contaminación atmosférica, el ruido, la sustitución de la actividad corporal por las máquinas, la vida infinitamente más sedentaria, el consumo cada vez mayor de alimentos refinados y más ricos en grasas y proteínas animales; el abuso del alcohol, tabaco, drogas, medicamentos; la intervención, cada vez más acusada, de sustancias sintéticas, cosméticos, fuentes de energía física, como las radiaciones atómicas, etc., y por otro lado el propio ritmo de vida, progresivamente más acuciante y agobiante, que paradójicamente ha conducido también a que cada persona disponga de más tiempo de distracción u ocio, nada fácil de ocupar «sanamente»... Todo ello ha creado nuevos problemas que, si en sí mismos pueden ser motivo de enfermedad, condicionan además que los procesos morbosos adquieran ciertas peculiaridades o características antes inexistentes. Todos los estímulos externos a que la vida de relación nos tiene expuestos, pueden ser beneficiosos o nocivos, según los casos y el estado en que se encuentre el organismo excitado; pero siempre la respuesta implica un mecanismo de reacción desencadenado por el sistema nervioso vegetativo autónomo (no consciente) y las glándulas de secreción interna o endocrinas. Esta reacción, a su vez, puede ser desproporcionada al estímulo causante (base del fenómeno de hipersensibilidad o alergia) pero, en general, la intensidad del estímulo y su característica definen si la reacción es acusada como algo que no altera el estado de salud o, por el contrario, provoca un estado morboso. Por último, el uso o abuso de las fuerzas anímicas influye también sobre las funciones fisiológicas del cuerpo humano, por lo que intervienen de una manera decisiva sobre el mantenimiento de la salud o la posibilidad de la aparición de una enfermedad.

La civilización ha supuesto una reducción de los estímulos naturales favorecedores de la salud y ha añadido una larga lista de estímulos nocivos o antinaturales. Con los métodos biológicos naturales se pretende eliminar al máximo estos estímulos francamente agresivos, y reforzar la acción de los positivos y naturales.

Importancia simultánea a los métodos de curación del cuerpo debe atribuirse a la **psicoterapia**, siempre necesaria y de uso eficaz en los casos en que los factores psiquiconerviosos provocan la aparición de procesos morbosos o al menos les imprimen ciertas peculiaridades específicas.

Pero hay enfermedades en que ninguno de los métodos terapéuticos citados conducen al restablecimiento de la salud. Sin embargo, aun en estos casos, el tratamiento compensatorio o **terapia sustitutiva** puede ofrecer todavía asombrosos resultados. Este método tiene como fin suministrar al organismo aquellas sustancias que son producidas en cantidades inferiores a las normales o no son producidas en absoluto. Se compensa así la desproporción entre la oferta y la demanda de ciertos productos imprescindibles, como por ejemplo la insulina y otras hormonas, los fermentos digestivos, etc. La terapia sustitutiva no puede ni pretende curar la causa del déficit, que se subsana de esta manera, por lo que ha de continuar durante toda la vida.

La **terapia sintomática** es quizá la más alejada del fin curativo que reside en cualquier tratamiento médico. Con sus efectos sólo se pretende eliminar y combatir los síntomas más peligrosos o que más sufrimientos originan. Si alguna vez esta forma de

El tratamiento de las enfermedades

tratamiento ha sido recibida con cierto desdén, no debe olvidarse que la misión del médico es —junto a curar— consolar y aliviar. De ahí se deriva que el tratamiento sintomático, médico o quirúrgico del dolor, ocupe todavía un lugar fundamental en la medicina.

Cuando los procedimientos médicos actúan, no sobre un organismo enfermo, sino sobre uno sano, con el fin de protegerlo de una enfermedad posible, entran de lleno en la categoría de los **métodos profilácticos,** que pueden ser específicos, contra una determinada enfermedad (por ejemplo, vacunas), o inespecíficos, como las reglas higiénicas generales de una alimentación sana; práctica de deportes y las normas establecidas de aseo personal.

Métodos dietéticos

Los errores alimenticios provocan múltiples y diversas alteraciones de la salud. Se ha demostrado una relación causal entre la alimentación y ciertas enfermedades, en los estados de agotamiento y cansancio físico, en las afecciones del metabolismo —como la gota, diabetes y obesidad—, en las que asientan en fenómenos de hipersensibilidad, como algunas formas de asma bronquial, fiebre de heno, jaqueca, urticaria y otras enfermedades de la piel, etc. En la génesis de la arteriosclerosis la alimentación es también un factor causal muy importante. Una ración alimenticia equivocada puede llevar asimismo a alteraciones de la composición de la sangre, desequilibrar la relación ácido-base de los líquidos tisulares, y provocar una acumulación de productos metabólicos, que acaba por inducir a una anormal situación funcional de la célula aislada de un órgano o de todo el organismo.

La forma más suave de régimen dietético, según el criterio de la medicina naturista, está representada por la **dieta vegetariana integral** que postula la total supresión de productos de origen animal. La alimentación vegetariana estricta es rica en sales minerales, pero apenas contiene sal común. Como las proteínas vegetales no tienen el mismo valor biológico que las de origen animal y, por otro lado, una alimentación vegetal unilateral resulta difícil de digerir, debido a su gran riqueza en sustancias de lastre (celulosa y demás sustancias de armazón de las plantas y frutas que no son atacadas por los jugos digestivos del hombre), se prefiere la **alimentación lacto-vegetal** en que, junto a alimentos vegetales, también se consume leche, nata, mantequilla y huevos. No cabe abordar aquí una crítica detallada sobre estas dos formas de alimentación, pero podemos afirmar que como método terapéutico sólo está indicado en muy contados casos.

En algunas enfermedades una dieta consistente exclusivamente en vegetales crudos, puede ofrecer ciertas ventajas. **La dieta vegetal cruda** es la forma más natural de satisfacer una dieta sin sal y con un aporte muy reducido de proteínas. Esta dieta puede ser útil en algunas enfermedades renales y en la hipertensión arterial. Por la mañana se puede ingerir una ensalada de frutas; al mediodía, un plato de verdura cruda y, por la noche, de nuevo fruta. Si así se padece hambre, puede paliarse intercalando entre las comidas la ingestión de una manzana o alguna zanahoria. La estricta aplicación de una cura vegetal cruda sólo puede realizarse bajo estricto control médico, ya que durante su transcurso pueden aparecer alteraciones y crisis metabólicas de gran trascendencia, que el propio enfermo no sabe apreciar en un principio. Es posible que durante este plan dietético aparezca una considerable flatulencia que sólo en parte puede remediarse mediante una masticación lenta y muy cuidadosa. A la postre, este tipo de alimentación no es más que una forma de cura de hambre, por lo que bajo ningún concepto está indicado durante largos periodos. Normalmente sólo debe recurrirse a ella durante algunos días, alternando con otros en que la dieta sea más liberal y equilibrada. La alimentación a base de fruta sola es una variedad de esta dieta vegetal cruda.

La dieta vegetal cruda progresiva permite la adición de pan y de papas, sobre todo a la hora del almuerzo. Poco a poco, se va haciendo más generosa hasta llegar a la ingestión de queso blando y mantequilla. Esta forma dietética es mucho mejor tolerada y tiene gran número de partidarios, pero también requiere una continua vigilancia médica. Para favorecer un mejoramiento de la flora intestinal está indicada la **dieta de yogur.** Durante varias semanas se toma un vaso de este producto antes de la cena (e incluso antes del desayuno).

En gran número de enfermedades están indicadas unas **dietas especiales** que, incluso, pueden formar el núcleo del plan terapéutico establecido. Algunos alimentos están permitidos y otros prohibidos o se preconiza una **dieta protectora** que, de manera general o delimitada, según el caso particular, se usa en el tratamiento de las enfermedades del estómago o intestino, hígado y vías biliares, corazón y aparato circulatorio, riñón y vías urinarias o metabolismo (diabetes, obesidad, adelgazamiento, gota, etcétera).

El ayuno terapéutico

Ya antiguamente se sabía que los errores dietéticos producen enfermedades, por lo que era también lógico que se usara la abstención alimenticia como método curativo. El ayuno como tratamiento, es una medida muy radical y su aplicación depende de ciertas premisas sumamente determinadas. Un ayuno prolongado sólo es posible cuando se eliminan todas las influencias externas provenientes del medio ambiente. El paciente ha de estar preparado en todos los sentidos para soportar este método. Por ello es casi imposible practicarlo en casa; el enfermo tiene que ser hospitalizado en todos los casos, aunque sólo sea por la absolutamente necesaria vigilancia médica. El enfermo ha de estar además libre de toda preocupación laboral o familiar y dedicarse exclusivamente al fin propuesto. Durante una cura de ayuno es posible que aparezcan alteraciones psíquicas o neurovegetativas.

Un prejuicio común contra el ayuno es el supuesto de que suprimir la alimentación, aunque sea temporalmente, conducirá a la desnutrición, originando un daño irreversible al cuerpo. Este concepto es erróneo. Aunque naturalmente el ayunador adelgaza durante una cura que dure entre ocho y catorce días, también hay que hacer constar que, debidamente atendido en un centro hospitalario, esta forma de tratamiento carece de peligro. Por el contrario, se observa que durante estos días se eliminan los desechos del metabolismo que han lesionado o perturbado al organismo del enfermo si se efectúa esta depuración de una forma que jamás podría conseguirse con una dieta especial por muy bien que estuviera enfocada. Por supuesto que una cura de ayuno no está indicada

El tratamiento de las enfermedades

en la tuberculosis ni en un proceso canceroso; asombra también que nuestros antepasados la emplearan con tal profusión en el tratamiento de la fiebre tifoidea y otras enfermedades.

En la cura de ayuno se distinguen tres fases: 1) el periodo previo al ayuno; 2) el ayuno completo, y 3) el periodo posterior al ayuno, de transición a una ración alimenticia habitual o a una dieta especial. El periodo previo dura en general dos días, pero puede prescindirse de él, salvo indicaciones terapéuticas. En general, se comienza bruscamente con el ayuno completo. Su duración no puede prefijarse: depende del estado y reacciones del enfermo, de su situación metabólica y de otras razones juzgadas por el médico. Un ayuno eficaz durará de cinco a siete días como mínimo. También puede ser útil un ayuno de dos o tres semanas o más (por ejemplo en la obesidad); llevado a cabo en un centro especializado y con la debida atención hacia los factores psíquicos, es tolerado de una manera excelente.

El profano cree que estas curas le provocarán una inaguantable sensación de hambre, pero es fácil, aunque resulte quizá asombroso, que este factor juegue un papel muy secundario. En general, el hambre sólo aparece durante los dos o tres primeros días, y puede vencerse de una manera relativamente sencilla: sólo sufren algo más las personas francamente glotonas. Es más corriente y molesto que el ayunador sufra de ciertas alteraciones de tipo nervioso: aburrimiento, nerviosismo e irritabilidad. Durante el ayuno se adelgaza, al principio, un promedio de 1 kg al día; en la segunda semana esta pérdida de peso es menor: del orden de 1/2 kg por día, y menor aún a partir de la tercera semana. La gran pérdida de peso al comienzo se debe sobre todo a la eliminación de agua.

Durante el ayuno la lengua se encuentra muy sucia, saburral, y el enfermo nota un sabor desagradable, incluso su aliento puede oler ingratamente. El progresivo retorno de la lengua a su aspecto normal es indicio del resultado positivo de la cura. Durante ella pueden aparecer otros disturbios; así, por ejemplo, brotan de nuevo los dolores reumáticos, previamente existentes, que permanecían «adormecidos». Hay casos en que aparece fiebre o existe una predisposición hacia los catarros. Pero en general estas alteraciones carecen de importancia y significan quizá que se está procediendo a la desintoxicación del organismo. Como no se ingiere ningún alimento, el cuerpo consume las escorias del metabolismo que se hallan acumuladas, y de ahí que pueda originarse una «retrointoxicación» que se manifiesta de múltiples formas, pero que siempre será pasajera.

Al ayuno completo sigue el periodo de transición. Si el enfermo tolera el ayuno, tanto física como psíquicamente, se deberá prolongar esta cura en principio, hasta que la lengua se haya limpiado y reaparezca una sensación bien definida de apetito. Con ello se alcanza el final natural de la cura.

El enfermo habrá de habituarse poco a poco a una dieta normal o restringida, según los casos. Durante el periodo de transición resulta útil comenzar con unos días de dieta vegetal cruda, para pasar gradualmente a una dieta lactovegetal. Si después del ayuno total aparecen trastornos intestinales, cabe intercalar uno o dos días de dieta a base de manzanas. Durante el ayuno es imprescindible regular la evacuación intestinal, ya que fácilmente pueden aparecer dispepsias de putrefacción con sus molestias consecutivas. Es muy aconsejable la toma diaria, o dos veces al día, de caolín disuelto en agua potable o bien en agua de mar. Con ello se consigue una excelente acción antiputrefactiva. La

Métodos terapéuticos

manera más oportuna para provocar la evacuación intestinal es el uso alternado de un laxante mineral (sulfato de sodio o magnesia) y los enemas. Una pequeña cucharada de sal de Glauber o sulfato de magnesia disuelta en 1/4 de litro de agua tibia; se ingiere cada tres o cuatro días, alternando esta práctica con un enema, en los días en que no se toma el laxante, de 1 a 3 litros de agua caliente o a base de una infusión de manzanilla. Los demás laxantes o infusiones de hierbas no son aconsejables, pues fácilmente pueden llevar a cólicos intestinales.

Los efectos del ayuno prolongado pueden resumirse bajo los siguientes epígrafes:

Corazón y aparato circulatorio.	Disminuye el número de pulsaciones, en ciertos casos incluso a cifras muy bajas (sólo en las personas con insuficiencia cardiaca aparece en ocasiones un aumento del número de latidos). Sube la tensión arterial cuando previamente arroja cifras bajas; del mismo modo se reduce si antes existía hipertensión. Por ello el ayuno tiene efecto regulador sobre la presión circulatoria. Incluso los enfermos cardiacos con manifestaciones graves pueden ayunar, pues se reduce el trabajo del corazón, lo que lleva consigo una evidente mejoría de su estado.
Estómago.	Persiste la secreción del jugo gástrico, pero su contenido en ácido clorhídrico está muy disminuido.
Hígado y vías biliares.	Al principio aumenta el flujo biliar, para después disminuir. La vesícula biliar se vacía.
Intestino.	Persisten los movimientos intestinales durante el ayuno, pero disminuye considerablemente la producción de jugos digestivos.
Riñones.	Disminuye la cantidad de orina; el ayunador tiene muy poca sed. La orina se hace muy ácida y disminuye la eliminación de nitrógeno.
Piel.	Después de algunos días de ayuno sobreviene una eliminación de productos metabólicos muy odoríferos (también a través de los pulmones mediante la espiración). En muchas enfermedades el olor del sudor es característico.
Sistema nervioso.	El ayuno tiene un efecto tranquilizador y calmante; aumenta la capacidad intelectual y favorece la eliminación de los estados depresivos. Hay médicos que recomiendan la cura de ayuno para estimular la actividad psíquica.

El tratamiento de las enfermedades

El organismo sometido al ayuno es muy sensible al frío y requiere una especial protección térmica. En este sentido deberán satisfacerse todas las necesidades del ayunador (baños, mantas, vestidos, etc.). Más dudosa es la práctica de combinar la cura de ayuno con procedimientos de sudoración provocada, como el sauna o lámparas de rayos infrarrojos, pues significan un nuevo sobreesfuerzo para el organismo. Más útiles son los masajes y ciertos ejercicios gimnásticos. El concepto de que el ayunador necesita de una especial constitución no está justificado; incluso el enfermo cardiaco puede ayunar. Por el contrario, parece demostrado que la abstención alimenticia provoca una descarga del aparato circulatorio que se traduce en una sensación de bienestar.

Guía para el régimen alimenticio durante el ayuno

Durante el periodo previo al ayuno completo, se comen tres veces al día unos 150 g de frutas frescas o verduras aderezadas con aceite y jugo de limón. Durante el ayuno completo sólo pueden beberse jugos de fruta o infusiones de hierbas que por su contenido en sales minerales, facilitan la eliminación de los productos metabólicos ácidos. No es aconsejable beber té o café; y bajo ningún concepto se debe permitir que el ayunador fume o beba alcohol. Puede y debe beberse agua mineral, no gaseosa, en cantidad suficiente para quitar la sed. Después del ayuno completo pueden intercalarse unos días de dieta de frutas, ingeridas en dos tomas (mañana y tarde). Poco a poco pueden añadirse papas, nueces, pan integral, germen de trigo, etc., hasta llegar progresivamente a la dieta habitual o indicada en cada caso.

Ayuno discontinuo

Si no es posible la aplicación consecuente de un ayuno prolongado, puede ser útil un sistema de ayuno discontinuo o intermitente. Por ejemplo, en la cura de Just se intercalan de 3 a 7 días de ayuno completo, con dos a tres días de dieta vegetal cruda. Pero, en general, esta práctica no se tolera tan bien como el ayuno completo. Un sistema muy cómodo es el ayuno matutino, introducido por el estadounidense Dewey, que preconiza no tomar alimento alguno hasta que, a media mañana o más tarde aún, comience una sensación de hambre que se saciará con una primera toma de alimentos vegetales (jugos de fruta, etc.). El médico francés Guelpa preconiza una cura de ayuno intermitente sumamente útil y bastante fácil de seguir, pues resulta tolerable con un poco de fuerza de voluntad, descarga muy eficazmente los aparatos digestivo y circulatorio, asegura un buen sueño y facilita una rápida pérdida de peso. Esta cura prescribe: **tres días de ayuno completo.** Por la mañana se toma una cucharada pequeña de sulfato de sodio disuelta en 1/4 de litro de agua tibia, con un poco de jugo de fruta. Durante el día se bebe algo de jugo de limón y tisanas o infusiones de hierbas (yerba buena, boldo, tila, manzanilla, etc.). A continuación, **siete días de dieta vegetariana.** La ración alimenticia consiste en un poco de fruta por la mañana; a mediodía, fruta,

Métodos terapéuticos

ensalada, verduras, 50 g de papas y 50 g de pan integral; por la noche, fruta y ensalada, una sopa de verduras, alguna papa y un poco de pan integral.

Continuarán otros tres días de ayuno completo, según lo descrito anteriormente; después, de doce a quince días de dieta lactovegetal, o sea, de una ración alimenticia en que, junto a frutas y verduras, pueden tomarse cantidades limitadas de leche, huevos, queso y mantequilla.

Esta cura de Guelpa puede repetirse cuantas veces sea necesario, en intervalos de varios meses y, con un poco de voluntad, puede llevarse a cabo en el propio domicilio sin necesidad de una estricta vigilancia médica, ya que no producen mayores contratiempos. Quizás sea el tratamiento más idóneo y racional y asimismo el más cómodo contra la obesidad.

Curas de sed

Son muy eficaces y populares las terapéuticas deshidratantes. Consisten en la limitación radical del aporte de líquidos, alternando a veces con días en que se fuerza la ingestión de bebidas. Se comienza con tres días de sed, en que no debe beberse más de 600 cc de agua al día (incluyendo el líquido contenido en frutas, verduras y ensaladas). Si se padece de mucha sed pueden consumirse naranjas o limones crudos. Al cuarto o quinto día hay que beber de 1.5 a 2 litros de agua diariamente, para después intercalar tres días consecutivos de supresión casi total del líquido, en los que es posible beber sólo 400 cc de agua al día (incluyendo, como ya hemos dicho, el contenido acuoso de los alimentos). Sin embargo, esta cura de sed tiene sus inconvenientes y riesgos, y debe ser vigilada por el médico en todos los casos.

Si en los tiempos pretéritos las curas de sed tuvieron sus indicaciones y aún hoy son de utilidad en algunas enfermedades, un resultado similar se consigue con la deshidratación mediante fármacos. Conviene hacer una aclaración: hasta hace unos años se conocían ciertas sustancias diuréticas (algunas hierbas, muy poco potentes; las sales mercuriales, muy eficaces pero sumamente tóxicas, etc.). La ciencia farmacológica ha desarrollado últimamente algunos preparados con un poder diurético extraordinario. Pero hasta el profano debe comprender que la provocación de una mayor eliminación de agua está definitivamente indicada cuando hay excesiva acumulación de ésta en los tejidos (edemas). Como remedio de la obesidad, su valor es sólo muy relativo, pues el obeso no suele padecer problemas de estasis, aunque acaba presentándolos.

Cura de Schroth

La cura preconizada por este médico (1798-1855) es, en realidad, una cura de ayuno modificada, muy sencilla, escasa, completamente insípida y muy pobre en sal común y proteínas. Es parca en líquidos, pero muy rica en vitaminas. Se combina con procedimientos fisioterápicos, sobre todo masaje y métodos diaforéticos (provocadores de la sudoración). En esta cura, muy útil en la obesidad y en ciertas enfermedades renales o circulatorias, la vigilancia médica ha de ser absoluta, por lo cual se debe realizar sólo en centros hospitalarios.

El tratamiento de las enfermedades

Si mencionamos esta vieja cura de Schroth es porque consideramos que es la más fácil de seguir por algunos enfermos que precisan recurrir al ayuno intermitente. Indudablemente, está demostrado que el predominio de determinados alimentos, como el germen de trigo y el pan integral, tiene un efecto muy acusado sobre la sensación de hambre. El programa semanal de una cura de Schroth que, en general, suele extenderse durante cuatro a seis semanas, es el siguiente:

Día	Dieta	Ingestión de líquidos	Aplicaciones externas
1	100 g de germen de trigo en papilla.	Sin bebida alguna.	A las 21 horas, una envoltura total.**
2	Igual que el anterior. Además, al mediodía, papilla de grano con limón y agua.	A las dieciséis horas, un vaso de vino tibio, después uno o dos vasos de vino frío,* con un poco de pan integral.	
3	Como el primer día.	Sin bebida alguna.	
4	Como el primer día, pero añadiendo también papilla de cereales y mermelada de ciruelas.	Por la mañana, un vaso de vino tinto; a las dieciséis horas, un vaso de vino tibio, después hasta un litro de vino frío, ingerido poco a poco, comiendo un poco de pan integral.*	Como el primer día.
5	100 g de germen de trigo en papilla.	Sin bebida alguna.	
6	Cuatro rebanadas de pan integral; a las doce horas, una papilla espesa de cereal con agua y medio limón.	A las dieciséis horas, un vaso de vino tibio, después uno o dos vasos de vino frío tomado con algo de pan integral.*	
7	Como el cuarto día.	Como el cuarto día.	Sin envoltura.

*En vez de vino pueden tomarse jugos de fruta; y pan blanco (panecillos) en vez de pan integral, que absorbe mejor el vino y disminuye su efecto alcohólico.

**Compresas de agua fría, o una sábana húmeda (véase pág. 197).

Tratamientos a través de la piel
Las zonas de Head

La superficie cutánea tiene determinadas relaciones con los centros del sistema nervioso. Por ello, la piel puede considerarse como un órgano de proyección de dicho sistema neurovegetativo. En este sentido, la superficie de la piel puede subdividirse en segmentos, como la médula espinal. Cada segmento cutáneo tiene al mismo tiempo unas conexiones nerviosas con determinados órganos internos, por lo que en las enfermedades de estos órganos, como la del hígado, aparece en las zonas cutáneas correspondientes, en las llamadas zonas de Head, un aumento de la temperatura local y sensaciones dolorosas localizadas, o especiales manifestaciones de hipersensibilidad. Las conexiones nerviosas permiten la transmisión del impulso de la excitación en ambas direcciones. Del mismo modo que las alteraciones de los órganos internos pueden manifestarse en algunos segmentos de la piel, también pueden transmitirse ciertos estímulos, aplicados sobre la piel, a los órganos citados. Un aumento de la temperatura de la superficie cutánea no es sólo causa y efecto de una mejor irrigación local, sino también de una irrigación más intensa del órgano correspondiente a dicha zona dérmica.

El tratamiento de los órganos internos mediante una acción ejercida desde la superficie cutánea es algo que está en la mente de todos los profanos. En el dolor de dientes, por ejemplo, basta poner la mano sobre la mejilla correspondiente calentando algo la piel, para aliviar así el dolor. Cuando duele el estómago, el intestino o las vías biliares, unas compresas calientes sobre la zona cutánea correspondiente pueden obrar espectacularmente. No se crea que el calor traspasa la pared abdominal y actúa directamente sobre el órgano afectado; el beneficio se produce a través de la zona de Head correspondiente. Todavía tienen utilidad evidente las cataplasmas de mostaza o trementina en algunos procesos pulmonares, sobre todo de los niños. También en sentido negativo o nocivo existe un camino en la piel hacia un determinado órgano. En la insuficiencia coronaria (causa de la angina de pecho), un enfriamiento brusco de la piel del tórax puede conducir a un repentino ataque cardiaco de consecuencias funestas.

En este sentido todavía se desconoce una multitud de factores. Aún no se demuestra por completo que, en cada caso, efectivamente pueda intentarse dirigir una influencia desde un segmento de piel hacia un determinado órgano. En último extremo, la fisioterapia con baños o las curas de Kneipp actúan, en el fondo, a través de esas zonas reflexógenas de la piel denominadas zonas de Head. Una ulterior influencia sobre el organismo ocurrre por la irradiación de las zonas cutáneas, o de toda la piel, con los rayos ultravioleta, infrarrojos o visibles de la luz. Se trata de una terapéutica global, en el sentido estricto de la palabra, pues su acción desensibilizante y estimulante sobre el organismo entero provoca un restablecimiento físico, un mejor tono psíquico y quizá una recuperación de la salud a través del estímulo de las fuerzas naturales de defensa. Evitando abusos manifiestos, quizá los baños de sol, tan en boga hoy, tengan algo más que ofrecer que un simple efecto bronceador. Puede ser que, en nuestra civilización tan agobiante, el «adorador solar» haya encontrado inconscientemente fuerzas para resistir tan innatural modo de vivir.

El tratamiento de las enfermedades

La derivación a través de la piel

En muchas enfermedades resultan sumamente útiles los procedimientos de derivación para la descongestión de determinados órganos, haciendo afluir la sangre a otras zonas del organismo. Todos los métodos que favorecen la sudoración (métodos diaforéticos) producen una derivación a través de la piel. El agua que compone en su mayor parte el sudor, se sustrae en primer lugar de la sangre; ésta, a su vez, se rehidrata a partir de los depósitos de agua contenidos en los diferentes tejidos. De este modo, el cuerpo pierde una considerable cantidad de calor; por ello, tras grandes sudoraciones, se produce primero un descenso de la temperatura corporal. La forma más sencilla de provocar una sudoración es el simple ejercicio físico, el trabajo muscular. Bien abrigado, el cuerpo reacciona con una eliminación más o menos acusada de sudor, que puede favorecerse más aún si se toman medicamentos diaforéticos, se bebe una infusión, por ejemplo de tila, o un jugo de limón caliente. Existen multitud de medicamentos diaforéticos, desde la quinina a la aspirina.

Los baños de pies, de asiento, de semicuerpo, con temperatura progresivamente más alta, seguidos del arropamiento inmediato con prendas secas o húmedas, son también procedimientos muy útiles para provocar la sudoración. La duración de los baños no debe sobrepasar de veinte minutos, y la temperatura ha de subir desde 33 a 42 o 45° C. El tiempo recomendado para que el cuerpo se mantenga arropado por una envoltura seca es de una a dos horas. Al prescindir de la misma, conviene un lavado total o una ablución con agua templada. Las curas de eliminación de sudor también pueden buscarse en los baños de luz, en los baños de vapor, o en el sauna.

Baños de vapor y medios estimulantes

El **sauna** es un método especialmente eficaz, que no sólo favorece la producción de sudor sino que también estimula el metabolismo y la circulación sanguínea, aumenta la resistencia corporal e incrementa la sensación de bienestar. Los baños de sauna, periódicamente repetidos, previenen una acumulación de sustancias de lastre en el organismo. El sauna no es un baño de vapor propiamente dicho, sino un baño de aire caliente o sobrecalentado. Al contrario que en los baños de vapor de tipo turco o ruso-rromano, que se caracterizan por un alto grado de humedad, en el sauna ésta representa sólo del 5 al 12 %. En el recinto del baño de sauna la temperatura del aire alcanza entre los 60 y los 90° C. En este cuarto se descansa sobre un banco colocado a una altura de 1.60 m durante unos diez minutos. La humedad del aire, relativamente baja, tiene como corolario que el sudor provocado se disipe o evapore muy rápidamente, con el consiguiente efecto de enfriamiento. La tolerancia del calor seco en el sauna llega hasta los 110° C, al contrario de lo que ocurre con el calor húmedo (por ejemplo, en los climas tropicales) en que difícilmente pueden sobrepasarse los 50° C. Por ello, estos baños de vapor húmedo son mucho más agresivos para el sistema circulatorio. Como se sabe, el aire sobresaturado de vapor de agua, inhibe la evaporación del sudor, por lo que falta la disipación del calor por enfriamiento. En el sauna, además, se favorece el enfriamiento mediante una ducha fría, ejercicios de natación en una piscina o incluso frotamiento con nieve. Después conviene una hora de reposo, que puede terminarse con un masaje corporal. El sauna así practicado es, en realidad, un entrenamiento intensivo del sistema vascular, pues las alternativas de vasodilatación (sudoración) y vasoconstricción (enfriamiento) tienen un profundo efecto sobre el tono de arterias, capilares y venas. El sauna es un medio sin par para aumentar la resistencia del organismo. Su acción se extiende sobre los procesos metabólicos, sobre la regulación de la temperatura corporal y sobre la eliminación de cúmulos de agua (edemas). Puede ser muy útil en algunas enfermedades reumáticas, gotosas o neuríticas, aunque en estos casos es precisa una estrecha vigilancia por parte de un médico. Por supuesto, el sauna tiene también sus contraindicaciones: no debe emplearse bajo ningún concepto en las tuberculosis, úlceras de estómago o duodeno, hipertiroidismo, etc. Su acción resulta más eficaz en las personas cuyas defensas se encuentran disminuidas y tienden a las recidivas frecuentes de catarros respiratorios (incluso el asma bronquial no alérgico); en aquellas personas con labilidad circulatoria, con tendencia a la hipertensión, o con una afección determinada pero sin ser hipertensos. Por último, es un excelente medio para equilibrar la llamada distonía neurovegetativa.

A falta de sauna pueden ser útiles los llamados baños de vapor húmedo o baños rusorromanos, que consisten, sucesivamente, en permanecer en un recinto sobrecalentado, ducha, masaje, baño de vapor y finalmente, baño en agua fría. Provocan grandes sudoraciones, liberan al organismo de escorias, aumentan temporalmente la temperatura del cuerpo, estimulan la circulación y favorecen la irrigación sanguínea de la piel, tejido subcutáneo y músculos. Es una cura enérgica que no todo el mundo resiste o tolera; ya hemos indicado que su mayor riesgo reside en el hecho de que el calor húmedo impide la evaporacion del sudor y disminuye el enfriamiento superficial. De ahí que no debe ser practicado cuando el organismo se encuentra debilitado o le falte natural resistencia.

Otro método de derivación a través de la piel lo constituye el baño caliente seguido de un intensivo cepillado de la piel.

Un efecto de derivación todavía más intenso se obtiene con los llamados **medicamentos revulsivos** (sustancias que irritan la piel), como determinados emplastos y tinturas o linimentos, que también suelen actuar en profundidad hasta provocar incluso una reacción en el tejido subcutáneo. Con estos métodos se provoca siempre una hiperemia, o sea, un mayor aflujo local de sangre; la producción circunscrita de irritaciones, inflamaciones y hasta supuraciones, originadas intencionada o artificialmente, no sólo condiciona este cúmulo de sangre, sino que puede determinar una reacción inespecífica que llega a ser beneficiosa en algunos procesos inflamatorios situados mucho más profundamente. Se utilizan, por ejemplo, los emplastos de cantárida (mosca española), que tienen un efecto rubefaciente y vesicante (producen una violenta irritación de la piel que cursa con enrojecimiento, inflamación y formación de vesículas) y que tienen un indudable efecto en el caso de enfermedades reumáticas, inflamaciones pleurales, neuritis, etc. Están contraindicados cuando se padezca alguna afección renal, pues su principio activo es muy tóxico para este tejido. En estos casos es preferible emplear, en lugar de dichos emplastos, aquellos revulsivos no vesicantes, o sea, que tienen una acción menos tóxica o irritante sobre la piel. Las frotaciones con aceite alcanforado, aceite de mostaza, sustancias químicas determinadas, etc., tienen así un campo de aplicación sumamente amplio en muchas enfermedades. Muy suave resulta la en-

El tratamiento de las enfermedades

voltura con trementina, que todavía merece la pena ensayarse en casos de bronquitis o inflamaciones del tejido pulmonar.

Últimamente la derivación a través de la piel ha perdido su carácter empírico y la farmacología (ciencia que estudia la naturaleza y aplicación de los medicamentos) ha puesto a disposición de los médicos algunas sustancias químicas que tienen una indudable acción beneficiosa y curativa. La evolución en las técnicas de producción de medicamentos y los estudios farmacocinéticos (forma de actuar) han logrado encontrar medicamentos de aplicación local, con efectos como la vasodilatación coronaria, en caso de angina de pecho o infarto, y se presentan como parches de nitroglicerina que se libera lenta y sostenidamente. Compuestos como el dimetilsulfóxido, disolvente orgánico muy utilizado en la industria del papel, tienen una acción beneficiosa en caso de dolores reumáticos o neuríticos, contusiones de ligamentos o esguinces. Se emplean también diversos fermentos o enzimas en ungüentos o pomadas. Naturalmente se trata de medicamentos de alta especificidad y, como tales, sólo pueden ser manejados por prescripción médica, pues su utilización incontrolada expone al paciente a riesgos inevitables.

La derivación a través del intestino

El uso del clister o enema quizás sea tan antiguo como la humanidad. Se suponía que los antiguos egipcios obtuvieron la idea de un pájaro, el ibis. El ibis no introducía su largo pico en el recto para inyectar agua, sino para extraer grasa de la glándula uropigia y embellecer así sus plumas. La medicina india practicaba el lavado intestinal mediante un saco de gamuza unido a un tubo de bambú o marfil, que introducía el líquido de limpieza. Los chinos usaban, entre otras soluciones, una mezcla de bilis de cerdo y vinagre. La contribución de los griegos fue la de la invención de la palabra enema, al mismo tiempo que racionalizaron su empleo de tal forma que en algunos aspectos tiene plena actualidad. Hipócrates y sus discípulos rechazaron las soluciones nocivas empleadas por los egipcios, que incluían ingredientes como la cerveza, leche, cáñamo, hierbas y cerebro de toro. Prescribían agua simple o salada, con la posible adición de miel o aceite. Galeno recomendaba una mezcla de agua, aceite y miel. Los enemas, junto con los vomitorios, llegaron a ser, para la sociedad romana, un ritual a continuación de los banquetes. A lo largo de siglos, los medios de aplicación del enema fueron perfeccionándose, lo que trajo consigo un evidente abuso. El notable cirujano francés del siglo XVI Ambrosio Paré fue el primero en diseñar un instrumento «con el que uno mismo puede administrarse una irrigación». Con el advenimiento del tubo flexible, cien años más tarde, las jeringas ornamentadas en plata, oro o madreperla, llegaron a ser un símbolo de la época. El siglo XVII ha sido llamado justamente «siglo de los irrigadores», en el que las alabanzas del enema y su eficacia para curar las más diversas enfermedades, alcanzaron niveles insospechados. Se prescribían enemas para la somnolencia con el empleo de orina como líquido de solución; para los enfermos débiles, enemas de vino y, para contrarrestar los envenenamientos, enemas de leche. Se llegaron a recomendar incluso enemas de humo de tabaco para la hernia estrangulada. La mayor parte de la gente consideraba el enema diario como una rutina tan

Métodos terapéuticos

esencial como hoy en día se tiene la limpieza de la boca, y el propio Luis XIV se administraba los enemas mientras despachaba los negocios de la Corte. En España existe una antiquísima tradición en el empleo del clister.

El enema se emplea hoy para eliminar restos de heces retenidas y favorecer la actividad motora intestinal; para introducir en el intestino un líquido que ha de permanecer en él durante algún tiempo o ser absorbido en parte; para introducir medios de contraste en caso de estudios radiológicos, y para limpiar el intestino antes de una cirugía. En general, al aplicar un enema de limpieza se utiliza un irrigador unido a un tubo de goma que termina en una cánula. El enfermo se coloca en el borde de la cama, con la pierna izquierda más flexionada que la derecha y sobre el costado izquierdo. Es preciso, antes de introducir la cánula en el recto, expulsar el aire que pueda haber en la goma o en el irrigador, ya que así se evita la reacción dolorosa que el aire puede producir al ingresar en el intestino. El líquido de irrigación debe entrar muy lentamente. La cantidad y la temperatura del agua del enema variarán según la sensibilidad, estado general y la temperatura del cuerpo del enfermo. En general son necesarios de 1/2 a 3/4 de litro de agua, a la temperatura normal del cuerpo. En los niños esta cantidad será proporcional a su peso. La cánula que se introduce en el recto deberá engrasarse previamente con vaselina o unas gotas de aceite. El agua, una vez introducida, deberá ser retenida el mayor tiempo posible. Actualmente, la industria prepara unos enemas de material de plástico para uso inmediato que tienen la cánula lubricada y que, una vez usados, se tiran (enemas desechables). Estos enemas tienen evidentes ventajas, entre ellas que el líquido de irrigación está preparado especialmente y contiene fosfato sódico, poco irritante y muy eficaz para la limpieza del intestino. En adultos muy sensibles o enfermos con la mucosa intestinal excesivamente delicada, es conveniente añadir al agua de lavado una infusión de manzanilla. En casos de intolerancia todavía más acusados, resulta útil el sulfato sódico (20 a 30 g por litro de agua). En los niños, sobre todo con parasitación por oxiuros, pueden resultar asimismo útiles los enemas con cocimiento de ajos (una cucharada de té llena de ajo finamente picado que se hierve durante diez minutos en medio litro de agua).

Con los enemas de limpieza se libera de restos fecales casi la totalidad del intestino bajo, y las irrigaciones no sólo se usan con fines de evacuación, por ejemplo, en una disquesia (estreñimiento por falta del reflejo rectal de defecación, que se produce, sobre todo, en personas de edad), se usan también para la preparación de ciertas intervenciones quirúrgicas en el vientre; antes de un parto y para los exámenes radiológicos del intestino o vías urinarias. En algunas enfermedades inflamatorias con fiebre, la derivación intestinal es también muy útil, ya que acelera el retorno del enfermo al bienestar. Sin embargo, debe procederse con cautela, e incluso no utilizarlos en casos sospechosos de apendicitis o de otras enfermedades intraabdominales. En casos especialmente indicados se emplean los llamados enemas altos. Para ello se coloca al enfermo en posición genu-pectoral, con los codos y antebrazos apoyados sobre la cama y de rodillas. Así el agua del enema puede llegar a tramos mucho más altos del intestino. De esta forma, además, se pueden introducir hasta 2 litros de agua, pero han de realizarse siempre muy lentamente. Estos enemas son muy útiles para una limpieza de fondo, pues tienen un efecto evacuador muy pronunciado. Están, pues, indicados en casos de gran retención de heces por un retraso del tránsito intestinal más allá de lo corriente (personas con estreñimiento atónico muy rebelde) y en los que son mani-

El tratamiento de las enfermedades

fiestos ciertos síntomas de intoxicación intestinal. En ocasiones puede ser útil usar un enema corriente con poca cantidad de líquido, antes de introducir el enema alto, y con ello facilitar primero la limpieza del tramo más bajo del intestino.

Totalmente distintos de estos enemas de limpieza son los **clismas o enemas de retención,** que pueden ser fríos (agua entre 15 y 20° C); actúan de una manera refleja pero, para ser eficaces, no deben ser evacuados hasta pasado bastante tiempo. Se usan para el tratamiento de las hemorroides internas y también para los casos de estreñimiento espástico y atónico, pues estimulan el tránsito intestinal. Estos clismas deben ser puestos muy lentamente y en pequeña cantidad para evitar su evacuación intempestiva (es mejor utilizar la clásica perilla de niños en estos casos). También se usan clismas de agua caliente (con temperatura entre 42 y 45° C) que se repiten varias veces al día y que constituyen un excelente relajante, para mitigar los dolores que acompañan el estreñimiento espástico, en los cólicos renales o biliares, en las menstruaciones dolorosas (dismenorrea) y en los casos de espasmos de la vejiga urinaria (tenesmo vesical con disuria). El fuerte estímulo que representa el agua caliente provoca una relajación del espasmo muscular en estos casos. En este sentido actúan también los enemas de retención con aceite de oliva caliente, en cantidad de 200 cc, que se introducen por la noche y se retienen durante el sueño.

El abuso de los enemas, sean de una índole u otra, e incluso su administración una o varias veces al día, pueden resultar francamente nocivos, pues al fin y al cabo todo enema provoca una pequeña, pero real, irritación del intestino. Por ello, las personas que están acostumbradas a su uso acaban, antes o después, por eliminar heces mucosas o con membranas, signos que indican que la mucosa ha presentado una reacción desfavorable y peligrosa.

Una derivación a través del intestino puede alcanzarse también con los **purgantes:** se usan laxantes vegetales (aceite de ricino) y sustancias lubricantes, como aceites minerales y ciertas drogas purgantes. El sulfato sódico y el sulfato de magnesio, principales representantes de los purgantes salinos, todavía gozan de gran fervor (forman la base de la llamada agua de Carabaña, que antiguamente se usaba mucho en España y en varios países de América Latina).

La bebida de estas soluciones salinas en concentraciones inferiores al 5% actúa, más que nada, sobre la secreción biliar y al mismo tiempo como laxante. Estas sales están indicadas especialmente en algunas enfermedades de la vesícula biliar, gota, obesidad, etc. Se pueden usar también en forma de agua mineral, ya sean de fuente natural o «imitadas». Éstas se preparan con las partes correspondientes por litro de sulfato, bicarbonato y cloruro de sodio, y de sulfato de potasio.

Parecida al efecto de los purgantes o laxantes salinos es la acción del azúcar de leche (llamada lactosa), azúcar levógira (que es la de la miel), manitosa (azúcar de manita) y levulosa (azúcar de fruta).

Es preciso que insistamos una vez más en el hecho de que no está justificado el uso indiscriminado de purgantes o laxantes, no sólo en los casos en los que todo purgante o laxante está formalmente contraindicado (apendicitis aguda, obstrucción intestinal, pancreatitis, etc.), sino también en las mujeres embarazadas deberá procederse con el máximo cuidado. En las personas afectadas de estreñimiento crónico o habitual, el uso de los laxantes puede ser sumamente nocivo; se debe consultar siempre al médico.

Métodos terapéuticos

Derivaciones a través del aparato urinario

Es competencia de los riñones la eliminación de las múltiples sustancias aportadas por la alimentación, que son inaprovechables o francamente nocivas. También los productos finales del metabolismo disueltos en la sangre (catabolitos), algunos de los cuales son sumamente negativos, son evacuados por la orina. La producción adecuada de ésta y la eliminación suficiente de dichas sustancias exige que los riñones estén bien irrigados y que se mantenga una tensión arterial adecuada. Pero, sobre todo, la sangre ha de contener agua suficiente, absorbida de los líquidos tisulares o del intestino, para que tal eliminación sea posible. Si este mecanismo se encuentra interrumpido, cesa toda eliminación urinaria.

De ahí que la formación de orina pueda ser estimulada o favorecida por el contenido de agua en la sangre. El simple hecho de beber agua ya provoca un «lavado» de la sangre. Pero, para realizar una verdadera depuración, es necesario que el líquido ingerido tenga ciertas características. En este sentido actúan las llamadas aguas diuréticas mineromedicinales, sobre todo las carbonatadas y gaseosas que son absorbidas inmediatamente por el organismo. Casi todas las sustancias que pasan el filtro renal dilatan también los vasos renales, sobre todo los aceites etéreos contenidos en varias hierbas diuréticas, así como el alcohol. También mediante la aplicación de calor sobre la piel se dilatan los vasos del riñón. El café y el té provocan un aumento de la irrigación renal y, por lo tanto, favorecen la eliminación urinaria. Pero existe una serie de fármacos cuya evidente acción diurética tiene una extraordinaria importancia práctica: provocan una derivación a través del aparato excretor. La farmacología va descubriendo cada vez sustancias más activas y menos tóxicas, que pueden usarse en el tratamiento de numerosas enfermedades en las que conviene acelerar, favorecer o forzar la desintoxicación urinaria. Como estas sustancias entrañan de todos modos algún riesgo, sólo deberán ser usadas bajo prescripción facultativa.

Son diuréticas algunas hierbas y hojas que pueden ser tomadas ya en crudo, ya en forma de infusión, como: perejil (fruto, hojas y raíz), hojas de abedul, achicoria, altea, apio, berro, cebolla, diente de león, enebro, hinojo, madreselva, pino, rábano, salvia, siempreviva, etcétera.

La derivación a través de las vías respiratorias

Terapéutica respiratoria

Son pocas las personas capaces de respirar de modo natural, sano y rítmico. La vida actual, inundada por la prisa y los sobresaltos, obliga a una respiración irregular, superficial o espástica. Sin embargo, la salud física y mental depende en grado sumo de una ventilación pulmonar adecuada. En numerosas alteraciones y enfermedades, los ejercicios de gimnasia respiratoria pueden significar un valioso método terapéutico complementario. Se distingue la respiración torácica de la abdominal (diafragmática), pero también ha de considerarse en cada uno de los métodos la respiración subsidiaria

Los dos tipos fundamentales de respiración

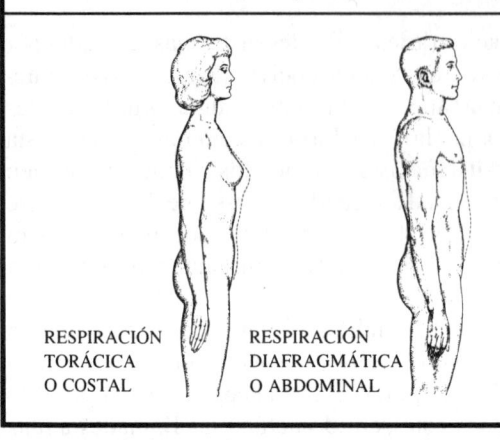

RESPIRACIÓN TORÁCICA O COSTAL

RESPIRACIÓN DIAFRAGMÁTICA O ABDOMINAL

La respiración torácica se hace dilatando la caja torácica mediante levantamiento de las costillas: este tipo de respiración prevalece en la mujer y en el niño. La respiración diafragmática o abdominal es la del hombre adulto, y se caracteriza por movimientos rítmicos de subida y bajada del diafragma, que se manifiestan exteriormente por sucesivas compresiones y dilataciones del abdomen.

de los costados (expansión lateral del tórax) y los movimientos musculares que mueven los omóplatos y las clavículas. Incluso el cuello participa en la tarea de ventilar adecuadamente los pulmones. La respiración abdominal tiene como consecuencia primordial que se expandan los segmentos inferiores de ambos pulmones, pero también adquiere significación para los órganos abdominales. Un hígado lleno de sangre es «exprimido» por la contracción del diafragma y se estimula mecánicamente el movimiento intestinal. En la respiración torácica pura se expanden, sobre todo, los vértices pulmonares.

En la terapia respiratoria, o sea, en el uso sistemático de medios que favorecen la ventilación pulmonar, los ejercicios activos serán prescritos y controlados en cada caso particular por el propio especialista. Una simple intensificación de la respiración, un jadeo, unas ventilaciones forzadas, no tienen sentido y a veces pueden resultar perjudiciales. Éste no es el fundamento de la terapéutica en cuestión, pues se trata de recuperar la armonía en los diferentes movimientos inspiratorios y espiratorios, en un ritmo acompasado de la función depuradora de los pulmones. De ninguna manera es aconsejable que el paciente efectúe por sí mismo una gimnasia respiratoria, que aumente las excursiones torácicas o abdominales en cantidad y extensión. Tampoco se trata de lo que se preconiza en ciertos artículos sensacionalistas: saber inspirar profundamente y retener el aire absorbido. Por regla general, en la terapia respiratoria debe comenzarse por educar la espiración; hasta cierto punto esto es lógico, pues la eliminación de aire es un fenómeno mucho más pasivo que la inspiración. La espiración se constituye así en respiración terapéutica como movimiento más importante, mientras que la inspiración ha de ser más pasiva, regulada por sí misma. Exactamente al contrario de lo que ocurre de modo natural, en condiciones normales se es mucho más consciente de la absorción de aire que de su eliminación. El enfermo, en definitiva, debe aprender a espirar convenientemente. El ejercicio general más sencillo es simplemente prolongar el fenómeno espiratorio, cantando o pronunciando las vocales «o» y «u» con una intensidad de sonido normal, es decir, sin forzar o menguar el tono de voz. Esto, por sí solo, provoca una mayor inspiración. Lo importante es que se efectúe de forma estudiada, elaborada o entrenada. Durante diez minutos, todos los días, el enfermo ha de controlar en detalle cómo inspira y cómo espira: inspiración lenta y sin forzar; espiración persistente y activa, usando todos los músculos a disposición. Una vez que el enfermo haya aprendido que la respiración no es sólo un proceso pasivo, sino que puede realizarse de manera totalmente consciente, podrá pasarse a realizar estos ejercicios respiratorios en diferentes posiciones: sentado, acostado, boca abajo, etcétera. Quizá haya que tener en cuenta que una suficiente evacuación intestinal puede ayudar mucho a estas prácticas. Pero la importancia de toda derivación respiratoria reside en poner en acción todos los músculos principales y subsidiarios que intervienen en el acto ventilatorio. Si se pone el énfasis en una espiración más prolongada o en una inspiración más profunda, puede ser útil efectuar ejercicios que dificulten ambas excursiones. Es competencia del médico indicar qué método seguir en cada caso. Por ejemplo, en el asmático el problema consiste en facilitar la espiración que está dificultada, mientras que en el bronquítico crónico con enfisema conviene pensar en conseguir una inspiración más intensa. Por medio de ejercicios respiratorios puede influirse favorablemente sobre una presión arterial demasiado alta o demasiado baja, como también sobre la función cardiaca. También puede mejorarse el rendimiento del sistema cardiocirculatorio. Los espasmos cardiacos, el meteorismo, el estreñimiento y las alteraciones menstruales, tanto como la insuficiencia respiratoria de origen orgánico (bronquitis crónica, enfisema, bronquiectasias, etc.), pueden encontrar en estos ejercicios un tratamiento complementario sumamente favorable, cuyo efecto se extiende al bienestar psíquico general; de aquí que una buena respiración sea fundamental para la salud.

Las inhalaciones

Por inhalación se entiende la inspiración de sustancias terapéuticas en forma de gases, vapores o líquidos nebulizados y atomizados. La terapia inhalatoria se emplea sobre todo en las enfermedades de los órganos respiratorios. Los medicamentos introducidos en las vías respiratorias actúan localmente, aunque tengan también efectos generales una vez absorbidos por vía linfática o sanguínea. Esta forma de terapia tiene como fin primordial actuar sobre las secreciones inflamatorias de la cavidad rinofaríngea, laringe, faringe, tráquea y bronquios. Junto a su efecto sintomático, calmante de la tos, esta actividad antiinflamatoria también puede ser causal, es decir, puede actuar contra la enfermedad productora.

Se distingue la inhalación superficial, con nebulizaciones corrientes (gotas con un tamaño entre 5 y 10 micras, 5 a 10 milésimas de milímetro) que alcanzan preferentemente las vías respiratorias superiores y que se aprovechan aproximadamente al 30%, de la inhalación profunda (terapia con aerosoles), con micronebulizaciones en las que se aprovecha hasta el 75% del medicamento nebulizado. Para esta forma hacen falta instrumentos más complejos, que proporcionan partículas o gotitas con un tamaño entre 0.2 y 5 micras y que, merced a este tamaño, pueden llegar hasta los propios alvéolos pulmonares.

Mediante la terapia con aerosoles se consiguen efectos muy intensos sobre las vías respiratorias altas y bajas, tanto en las enfermedades agudas como en las crónicas. Aplicando esta técnica se pueden aportar localmente sulfamidas o antibióticos en

El tratamiento de las enfermedades

concentración suficiente para conseguir el efecto deseado. Por vía oral o en inyecciones, estos agentes antibacterianos jamás llegarían tan directamente y en suficiente cantidad a los focos respiratorios afectados.

Para la aplicación práctica de las inhalaciones pueden utilizarse varias posibilidades. Existen aparatos para la inhalación individual, fijos o portátiles. En los balnearios se usan unas habitaciones especiales, con cabida para más de treinta personas a la vez. En estos locales se aplica un aparato de compresión aérea que nebuliza el medio inhalatorio y lo reparte por todo el ambiente. Muy eficaz es también la nebulización de los medicamentos mediante oxígeno comprimido. Últimamente se emplea el método de la inhalación mediante ultrasonidos, por medio de los cuales los aparatos idóneos atomizan los medicamentos hasta un grado no igualado por ningún otro sistema, lo cual confiere a este método un mayor poder de penetración, llegando hasta el propio tejido pulmonar. Para el éxito de la inhalación, individualmente considerada, es importante el instrumento usado y la elección del medicamento en cada caso, así como la colaboración activa del paciente.

En la respiración hay que poner especial énfasis en la espiración. La respiración superficial resulta poco eficaz. Mayor importancia reviste la respiración abdominal, generalmente algo descuidada. Pero, por supuesto, en cada caso es necesario decidir, según la localización del proceso morboso, si es preferible la inhalación superficial o la profunda. La técnica de los aerosoles quizás sea la más racional y científica, pues permite una distribución homogénea del medicamento atomizado por todo el árbol respiratorio, pero también es la más costosa por la necesidad de utilizar aparatos especiales. Cuando ha completado varias sesiones, el enfermo se encuentra más familiarizado con su empleo y aprende a respirar correctamente, con lo que conseguirá el máximo efecto terapéutico.

Para la inhalación se pueden usar sustancias hidrosolubles o productos como el mentol, aceite de eucalipto, aceite de trementina, aceite de pino negro, etc. Estos aceites volátiles pueden gotearse sobre un cartón, papel secante o pedazo de franela, para sujetarlos luego junto a la almohada o sobre la parte de la camisa o pijama en contacto con el tórax. Las mezclas de estas sustancias con otros medicamentos a base de pomadas se usan para embadurnar la piel del tórax, con lo que se inhalan los componentes volátiles mientras que las sustancias restantes actúan sobre la piel como derivativos. Muy útil es también la inhalación directa de estas sustancias volátiles en agua puesta en ebullición, que se coloca junto a la cama del enfermo (vaporizadores). Por último, puede emplearse cualquier «spray» (sustancia que se rocía mediante un atomizador) que, mediante una perilla de goma o la presión creada en su interior, atomiza finalmente las sustancias introducidas en él.

También podemos recurrir a las útiles inhalaciones con sustancias hidrosolubles (agua con sulfato y cloruro de sodio, agua de cal, manzanilla, etc.), que por otra parte pueden inhalarse directamente desde un recipiente de agua en ebullición, manteniendo la cabeza sobre la columna de vapor que se desprende. En casos crónicos (sinusitis, bronquitis, faringitis) resulta más útil el empleo de un vaporizador. La atomización medicamentosa en vías respiratorias es de gran utilidad, pues mediante ella pueden hacerse llegar al organismo del paciente los anestésicos (lidocaína), para practicar estudios, y se puede realizar la micronización de sustancias como salbutamol y cromoglicato de sodio, para el asma bronquial.

Métodos terapéuticos

Oxigenoterapia

La vida depende de los procesos oxidativos. Este conocimiento biológico universalmente difundido, ha sido aprovechado por los médicos para que, en caso de un deficiente aporte de oxígeno, por medio de la respiración, se administre artificialmente y en mayor proporción a la que se encuentra normalmente en el aire inspirado. A veces, incluso se inhala oxígeno puro. Esto tiene un enorme campo de aplicación en las inflamaciones pulmonares, en las intoxicaciones por gas de alumbrado (óxido de carbono), durante las anestesias y, en general, siempre que haya un impedimento para la normal ventilación y cuando el aporte de oxígeno no cubra las necesidades mínimas vitales (anoxia). Esto ocurre también en las insuficiencias cardiacas graves y en los síncopes o estados de «shock», casos en que la oxigenoterapia puede ser de vital importancia. Para la aplicación de oxígeno existen distintos tipos de aparatos, mascarillas, tiendas de campaña, sondas nasales, etc. La oxigenoterapia es eficaz tanto en las insuficiencias respiratorias o cardiacas globales, que afectan a todo el sistema, como en los trastornos locales de irrigación, en los que, al existir un impedimento para el aporte de sangre, tampoco llega la suficiente cantidad de oxígeno a los tejidos. En el manejo de edema cerebral es utilizada la ventilación, con altas concentraciones de oxígeno.

Oxigenoterapia localizada. Este método, por ejemplo, en las piernas, ofrece grandes ventajas terapéuticas en los trastornos circulatorios. El gas se inyecta mediante el aparato de insuflación, en las arterias que se encuentran en la región inguinal, en dosis parciales de 20 a 50 cc. Inicialmente esta insuflación arterial provoca una brusca vasodilatación con una desaparición de los espasmos arteriales. Puede ser un tratamiento muy eficaz en ciertas formas de gangrena (diabética, arterioesclerótica, etc.). También algunas enfermedades de las venas, como las ulceraciones varicosas persistentes, pueden beneficiarse de su acción. Cabe mencionar que su utilización ha ido en desuso.

Oxigenoterapia hiperbárica

La administración de oxígeno a presiones muy superiores a las que se encuentra en el aire atmosférico ha abierto nuevas posibilidades terapéuticas en multitud de enfermedades. En la cámara hiperbárica, un gran tanque en el que cabe el paciente y en donde está sometido a una atmósfera con oxígeno a alta presión, pueden tratarse algunas enfermedades especiales sumamente graves, como la intoxicación por óxido de carbono (gas de alumbrado); infecciones y gangrenas gaseosas; envenenamientos por barbitúricos; graves traumatismos, sobre todo de las extremidades, con fracturas complejas y abiertas; espasmos arteriales graves, excepto en infarto al miocardio y en edemas de pulmón. En muchos de estos enfermos, la aplicación del oxígeno a presión puede ser el único medio que les salve la vida. Una aplicación muy interesante, desarrollada en los últimos años, consiste en la aplicación de la cámara hiperbárica a los enfermos de lepra. En esta enfermedad, los bacilos responsables (de Hansen) no toleran una atmósfera enriquecida de oxígeno y por ello se obtienen alentadores resultados. También se ha utilizado en el tratamiento del cáncer junto a la radioterapia con rayos X o rayos gamma del cobalto radiactivo (bomba de cobalto). Se sabe que las

El tratamiento de las enfermedades

células tumorales, expuestas a esta atmósfera con oxígeno enriquecido y a presión, son más sensibles a las radiaciones. De esta manera, se puede lograr su destrucción de un modo más fácil, lo cual facilita el tratamiento eficaz de estos tumores, sobre todo de los situados profundamente.

Terapéutica inespecífica

Son un grupo de métodos terapéuticos particulares que engloban multitud de procedimientos heterogéneos, cuyos fines quizá no sean muy comprensibles a primera vista. Tienen en común la propiedad de estimular la reacción defensiva del organismo durante el proceso morboso de curso crónico y poseen un efecto desensibilizante y excitante que modifica o cambia el estado en que se encuentra suspendido el órgano o el tejido enfermo, y pretende, a través de mecanismos inespecíficos (no dirigidos directamente contra la causa o contra los síntomas), que el propio cuerpo recurra a los mecanismos naturales de protección y regulación.

Uno de estos métodos inespecíficos consiste sencillamente en la provocación de fiebre (piroterapia), lo cual se consigue inyectando diversas sustancias, como proteínas lácteas, sueros, vacunas, etc. En general, la proteinoterapia inespecífica ha sido y sigue siendo un método muy útil en muchas enfermedades. Existen productos sulfurados que provocan reacciones febriles acusadas y resultan útiles en las enfermedades articulares crónicas.

Junto a la administración de medicamentos, fisioterapia, dieta y otros métodos, la terapia inespecífica o estimulante favorece o evoca las fuerzas defensivas del propio organismo. Entre estos medios se encuentra la llamada **autohemoterapia**. Se trata de la inyección de una pequeña cantidad de sangre, previamente extraída del enfermo. Al paciente se le extraen de una vena unos 10 cc de sangre, para que inmediatamente después, evitando que se coagule, se le inyecten intramuscularmente. Algunos pacientes sensibles reaccionan a los 5 minutos. Las inyecciones se repiten a diario, o hasta cada 4 días; se puede aumentar la cantidad de sangre hasta más de 20 cc. La sangre contiene numerosos cuerpos proteínicos, sales minerales, hormonas, inmunoglobulinas, etc., que, una vez introducidos en el tejido muscular, serán escindidos para su absorción. Por la desintegración de la sangre inyectada se originan reacciones del tejido, de la misma manera que se liberan sustancias, como ciertos fermentos u otras sustancias activas, que actúan sobre el sistema nervioso vegetativo. Algunos productos así liberados estimulan la producción de sangre (son hematopoyéticos), lo que también aumenta las defensas orgánicas. Es frecuente que después de esta autohemoterapia aparezca una reacción, incluso febril, pero que carece de importancia. Esta forma de tratamiento es muy útil en las inflamaciones crónicas de la piel (acné, forunculosis, abscesos de las glándulas sudoríparas de la axila, etc.), en las neuritis (por ejemplo, en el herpes zoster) y en las enfermedades crónicas ginecológicas, así como también en ciertas afecciones alérgicas. En algunos tipos de cáncer se aplica la vacuna BCG (Bacilo Calmette-Guérin) para activar el sistema inmunológico.

Otra forma de terapia inespecífica es la **sangría.** Toda sustracción de sangre tiene un efecto estimulante que puede originarse simplemente por el hecho de que el organismo se vea forzado a reponer las sustancias que hayan sido extraídas. Pero también hay una acción refleja sobre el aparato circulatorio, sistema nervioso y glándulas endocrinas. La sangría todavía tiene utilidad en la medicina actual: se emplea con preferencia en aquellos pacientes que presentan un exceso sanguíneo.

Hasta hace todavía poco tiempo, las sangrías gozaban de un inmenso prestigio: prácticamente no había enfermedad en que no estuvieran indicadas, y había verdaderos maestros en la técnica empleada para la extracción. Como citó Ángel Ganivet, «España sola sobrepuja a todas las demás naciones juntas, por el número y excelencia de sus sangradores», añadiendo: «El supremo doctor español es el doctor Sangredo... y otros que durante siglos se han encargado de aligerar el aparato circulatorio de los españoles, enviando a muchos a la fosa, es cierto, pero purgando a los demás de sus excesos sanguíneos, a fin de que pudiesen vivir en relativa paz y calma». El párrafo sin embargo, no revela un tono sarcástico. Resulta realmente asombroso comprobar cómo nuestros antepasados sufrían con estoicismo y suprema resignación las más extemporáneas prácticas de sangría, ventosas o sanguijuelas. Hoy no podemos comprender cómo un pobre enfermo minado por la tuberculosis, anémico, postrado, al final de su largo camino de sufrimiento todavía podía soportar una última sangría y quizás un enema, momentos antes de expirar. Afortunadamente esta historia ha terminado. Sin embargo, no puede negarse que la sangría permanece indicada en algunas enfermedades, y no puede ser sustituida en estos casos.

La sangría por flebotomía tiene una indicación precisa en las congestiones agudas, sobre todo pulmonares, y en las insuficiencias cardiacas agudas. Así se disminuye la cantidad de sangre circulante, lo que representa una evidente descarga para el corazón. En casos de edema agudo de pulmón como en otras congestiones pulmonares, una situación muy comprometida para la vida puede resolverse así rápidamente. La sangría favorece, además, la eliminación de agua por el sudor y la orina, lo que ayuda a la desintoxicación del organismo. En estos casos, en que la sangría se lleva a cabo a partir de un vaso del pie, actúa como un método depurador de eficacia decisiva. Por otro lado, también estimula la producción de glóbulos rojos, blancos y plaquetas, y tiene un efecto antiinflamatorio. Cuando se sangra en grandes cantidades, baja además la tensión arterial en forma considerable, lo que también puede ser aprovechado terapéuticamente en casos de hipertensión, con grave riesgo para el cerebro, hasta que los medicamentos apropiados resuelvan el problema. La sangría por flebotomía se efectúa generalmente mediante punción de una vena del codo. La cantidad extraída suele oscilar entre 250 y 800 cc, según el estado del enfermo, edad, constitución y demás circunstancias. Al principio, después de la sangría, aparece una sensación de calor y debilidad no desagradable, para luego continuar con una sudoración, somnolencia y, a las pocas horas, una evidente sensación de bienestar.

La sangría blanca es un método muy útil en el tratamiento del edema pulmonar. Consiste en provocar un «secuestro» de sangre mediante torniquetes que se alternan.

La aplicación de sanguijuelas pertenece a la medicina popular. Actualmente, tras muchos años de discusión y crítica negativa, continúa en vigencia en contadas ocasiones. Su campo de aplicación se reduce a los casos en que existe una congestión local con fenómenos inflamatorios: trombosis en alguna extremidad, con tromboflebitis; dolores agudos por inflamaciones musculares y en ciertos casos de neuritis del ciático. También puede emplearse en ciertas congestiones cerebrales, aplicando la sanguijuela detrás de la oreja. No se debe olvidar que la sanguijuela no sólo extrae sangre, sino que tiene en su secreción salival un compuesto químico, la hirudina, que tiene efectos antiinflamatorios, además de ser un anticoagulante. Cada sanguijuela extrae aproximadamente unos 30 cc de sangre, incluyendo la pequeña hemorragia que persiste después de que el parásito, satisfecho, se ha desprendido. Este procedimiento es muy utilizado en pacientes con exceso de glóbulos rojos (poliglobulia), pero está ya desapareciendo como práctica médica.

La sangría por ventosas tiene también una larga historia. Debido a que es un método desusado no nos extendemos sobre su técnica.

Terapéuticas varias o métodos sometidos a revisión científica

En la **terapia neural** o neuroterapia, según el doctor Hunecke—su promotor—existe el concepto de que el sistema nervioso vegetativo se encuentra como encrucijada entre el cuerpo y la mente, por lo que la acción sobre dicho sistema o sus vías nerviosas puede influir favorablemente sobre algunas enfermedades internas. El doctor Hunecke postuló que la inyección de una mezcla de novocaína y cafeína puede ser útil en el tratamiento de algunos estados dolorosos. La importancia del método consiste en escoger correctamente las vías nerviosas para que las inyecciones sean realmente eficaces. Es un método terapéutico aún muy discutido y sólo parcialmente aceptado.
En la **terapia con procaína** (la procaína es el anestésico local novocaína, también llamado factor H3) ya no se inyecta en sitios específicos (vías nerviosas) como en el caso anterior, sino que se usa como inyección general (intravenosa o intramuscular). Este método gozó hace unos años de extraordinario favor, sobre todo tras las publicaciones sensacionalistas sobre las experiencias hechas en este sentido por la doctora rumana Anna Aslan. La difusión de estas noticias se debió precisamente al hecho de que se preconizó que esta forma de tratamiento tenía alguna influencia sobre el proceso del envejecimiento. Desgraciadamente, en estudios científicos realizados con el máximo rigor, no se ha podido demostrar ningún poder rejuvenecedor. Quizás la procaína pueda mejorar el estado general de un enfermo al actuar sobre los sistemas circulatorio y nervioso, pero este efecto es mínimo y se puede alcanzar más eficazmente con otras drogas o medicamentos.

Acupuntura. Este sistema terapéutico es antiquísimo; ha constituido durante milenios la base de la medicina tradicional china. Últimamente la acupuntura se ha popularizado en algunos medios del mundo occidental. Implica la inserción de unas finísimas y agudas agujas en uno o varios de los 365 puntos perfectamente especificados de la superficie cutánea, relacionados con vasos, vísceras, músculos y nervios. La penetración de las agujas varía entre 2.5 y 12.7 cm dentro del tegumento cutáneo; algunas veces se rotan para retirarlas después; otras se dejan en su sitio para quitarlas al cabo de unas horas. La base sobre la que se asienta la acupuntura es difícil de comprender y tiene unas ramificaciones que entran en el terreno filosófico o en el concepto que de la naturaleza tienen algunas religiones orientales.

Métodos terapéuticos

Desde luego la piel tiene conexiones neurovegetativas con los órganos internos, como ya hemos expresado al hablar de las llamadas zonas de Head, y todos los médicos saben que estas conexiones permiten ciertas interdependencias mutuas, que incluso pueden aprovecharse terapéuticamente. Ahora bien, la acupuntura, como sistema de tratamiento en el estado actual de nuestros conocimientos, excede en mucho a esas posibilidades que ofrecen los puentes de unión entre piel y vísceras. Pero ha habido un importante avance: la aplicación de voltajes bajos mediante las agujas, para estimular mejor al nervio en cuestión.

La **celuloterapia.** Consiste en la administración, por vía parenteral (inyección), de células o fragmentos tisulares especialmente preparados, de origen embrionario o adulto, y procedentes de diferentes animales. No se trata ya de métodos terapéuticos de «injerto» de productos hormonales o glándulas sexuales (Brown-Sequard, Voronoff) para devolver el vigor a los ancianos; la celuloterapia, preconizada por el médico suizo Paul Niehans, gozó hace unos años de extraordinaria popularidad. Cabe distinguir las inyecciones de células «frescas» (administradas a los pocos minutos de haber sido extraídas del animal donante) de las células «secas», debidamente preparadas. Las grandes esperanzas puestas en estos medios terapéuticos, sobre todo en la estimulación de las defensas orgánicas, no han podido resistir una crítica objetiva.

Similar a esta celuloterapia es la **terapia tisular** del profesor Filatow, que tampoco ha podido ser fundamentada científicamente. La **terapia citoplasmática** mediante inyecciones de fragmentos celulares ha sido también abandonada, así como el llamado **suero de Bogomoletz,** que obedecía a los principios de la celuloterapia, es decir, a la administración de extractos o partículas celulares obtenidas de animales vivos.

Se trata en todos estos casos de una terapia inespecífica: la inyección de proteínas heterólogas (o sea, procedentes de otros organismos de la misma especie o de especie distinta) que pueden provocar algunas reacciones, quizás beneficiosas, al estimular defensas o poner en marcha mecanismos protectores y reguladores.

Homeopatía es una palabra que deriva del griego **homoios** (similar), y de **pathos** (sufrimiento), que designa una nueva técnica médica. El fundador de esta doctrina, opuesta a la medicina académica, científica o alopática, fue el médico alemán Samuel Federico Christian Hahnemann (1755-1843), aunque ciertos principios terapéuticos similares ya fueron expuestos en la Antigüedad clásica y durante el Renacimiento (Paracelso). Hahnemann defendió el punto de vista de que la terapéutica ha de basarse en el aforismo básico: *similia similibus curantur.* Las enfermedades se curan por sustancias que producen efectos semejantes a los síntomas de la enfermedad que se trata de combatir, o dicho de otra manera: «lo semejante se cura con lo semejante». Quizás la palabra latina **curantur** debería sustituirse actualmente por **curentur** («pueden ser curadas»), pero esto no atañe al fondo del problema. El mero hecho de que la homeopatía haya conservado su pujanza durante más de ciento cincuenta años, en oposición a la doctrina médica imperante, ya obliga a que los alópatas le concedan, al menos, una cierta beligerancia y estudien sus postulados.

Los medicamentos, según la homeopatía, no actúan curativamente por su sustancia, sino por las fuerzas inmanentes contenidas en ellos, que son de índole inmaterial (incorporal). Mientras más se encuentre en un segundo plano la materia corporal, es decir, mientras más diluida se administre una droga o medicamento, más fuertemente han de actuar esas fuerzas inmateriales. Grandes dosis de medicamentos han de desarrollar una acción nociva. En el individuo sano han de provocar un estado parecido al de la enfermedad (el llamado cuadro morboso medio). Dosis pequeñas «homeopáticas» de estas mismas drogas han de producir, por el contrario, un estímulo en el enfermo que necesariamente ha de eliminar o borrar la enfermedad en cuestión. Por ejemplo, el café o la cafeína, en grandes dosis, tienen un efecto excitante y tonificante; en pequeñas cantidades, actúan como relajantes y a modo de hipnótico. La salvia es, a grandes dosis, diaforética o productora de sudor; en pequeñísimas dosis, por el contrario, inhibe la sudoración.

Mediante la elaboración sistemática del conocimiento de estas acciones contrarias, la doctrina homeopática pudo llegar a tener, poco a poco, cierto prestigio; quizás también por el hecho de que, en algunos casos, su principio fundamental resulta cierto.

Por otro lado el dogmatismo primitivo de Hahnemann tuvo que ceder ante una serie de avances científicos de la medicina académica, haciendo algo más pragmática a la homeopatía. Dicho de otra manera, hoy el homeópata recurre también a los antibióticos para curar una infección.

Quizá el éxito de la homeopatía se haya debido a que es una terapéutica sumamente personal: huye de todo tratamiento prestablecido o fijo. Si el médico alópata —médico científico, médico tradicional— se guía, quizás demasiado frecuentemente, sólo por las características de la enfermedad y trata por igual la pulmonía de un enfermo que la de otro, el homeópata tiene en consideración ciertos factores personales del enfermo. La homeopatía toma sus medicamentos del mundo vegetal o animal, tanto de sustancias naturales como también de sustancias sintéticas. Se diferencia de los métodos alopáticos en que estos medicamentos se administran tan diluidos y manipulados de un modo tan específico, que el medicamento como tal adquiere una importancia secundaria (potenciación). Así como Hahnemann defendió el punto de vista de que «en ningún caso de curación es necesario administrar más de un medicamento sencillo a la vez», hoy la homeopatía usa, en algunos casos, varios medicamentos juntos (medicamentos complejos).

La medicina será siempre un diálogo entre el médico y el enfermo. De ahí que sea absolutamente necesario que exista una confianza mutua. Ésta puede derivar, y de hecho deriva casi siempre, hacia la sugestión. Hoy, el médico más científico sabe que, en la mayoría de las enfermedades no orgánicas, el agente terapéutico más potente es el médico mismo.

El medicamento que prescribe el médico en estos casos recibe el nombre de **placebo** o preparación que no tiene actividad farmacológica alguna, y que obra merced al factor sugestivo que dimana desde el mismo momento en que ha sido prescrito. El origen del placebo es tan antiguo como la medicina misma. Quizás hasta fines del siglo pasado toda la medicina fue una pura aplicación de los placebos, pues los grandes éxitos científicos no comenzaron hasta entonces. Sin embargo, no cabe duda de que nuestros antepasados también se curaron de sus enfermedades. La palabra **placebo** quiere decir «agradar»; aparece en el misal católico (salmo 114) en relación con la misa de difuntos: «Placebo Domino in regione vivorum». En síntesis, a la hora de enjuiciar los llamados éxitos de charlatanes, curanderos o místicos, convendría no olvidar que la medicina académica es plenamente consciente de que multitud de enfermedades no son orgánicas, sino que tienen una motivación subjetiva o «psicosomática» que quizás pueda ser curada por un placebo o por cualquier remedio casero, aunque sea mucho más lógico que se traten también de forma más científica (por la sugestión de la palabra o por la psicoterapia científica).

Métodos clínicos

Psicoterapia

Psicoterapia significa curación por medios psíquicos. Junto a los tratamientos que actúan preferentemente sobre la vertiente orgánica de las enfermedades, la psicoterapia ocupa un lugar muy importante al encargarse de mejorar, atenuar o curar muchas de las alteraciones funcionales, así como también las repercusiones psíquicas que tienen dichos trastornos morbosos. En muchas enfermedades generales, el tratamiento mediante medios psíquicos es un complemento muy valioso de los demás tratamientos clínicos, mientras que en las neurosis, la psicoterapia se exige como medio terapéutico por excelencia. No abordaremos aquí algunas formas psicoterapéuticas muy discutidas, empleadas antaño y, hasta cierto punto, todavía en vigor, como son la sugestión y la hipnosis. En ciertos ambientes médicos también goza de gran prestigio la autosugestión, conseguida a través del método conocido con el nombre de **entrenamiento autógeno** o **autorrelajación concentrativa.** El principio del método se basa en provocar un cambio del tono general en órganos y sistemas orgánicos, en el sentido de una relajación. Esto se consigue con una serie de ejercicios racionales de tipo psicológico que ha de practicar el enfermo por sí mismo, actuando el médico sólo como guía, como «entrenador». El tratamiento, en general, es de larga duración y tiene que ser aplicado con constancia y rigor.

El método psicoterápico más conocido hoy es el **psicoanálisis.** Lo desarrolló, en labor continuada durante toda su vida (1856-1939), el médico vienés Sigmund Freud. Con anterioridad, la psicoterapia se limitaba al «tratamiento moral» de los viejos alienistas franceses, con su forma especial de método de «persuasión», y a la sugestión que cultivó Mesmer (1775). Se presuponía que las pasiones desenfrenadas llevaban a la locura y a los sufrimientos. El tratamiento moral se encaminaba a rectificar la autodisciplina en el enfermo y a modificar las circunstancias externas tornándolas más llevaderas para él. Por su parte, Mesmer atribuía los efectos notables de la sugestión a una fuerza peculiar biológica a la que llamó magnetismo animal. El tratamiento moral y la simple persuasión pecaban de superficialidad y el mesmerismo se prestó pronto a las supercherías.

Freud, a los veintinueve años, pasó un año en París junto a Charcot, en la Salpêtrière. Charcot había sido asignado a una sala de ancianas, destino que nadie quería. Al contrario de lo que otro cualquiera hubiera hecho, Charcot no se amilanó, sino que, por el contrario, dedicándoles su esfuerzo y su estudio descubrió y describió buena parte de las enfermedades neurológicas heredodegenerativas. Y dentro de ella estableció una sistematización neurológica: todo un capítulo sobre la histeria. Para él debía de tratarse de una enfermedad *sui generis,* en cuya producción de síntomas jugaba un papel importante la sugestión y que curaba por la hipnosis.

Después de estudiar con Charcot, Freud volvió a Viena y, en colaboración con Brever, comenzó a aplicar la hipnosis para curar cuadros neuróticos. Pero resultó que Freud era un mal hipnotizador. Tenía escasas dotes para ello. Esto le indujo a modificar

El tratamiento de las enfermedades

el método y de aquí nació la cura psicoanalítica. En vez de un estado hipnótico en el que el sujeto reviviera el trauma psíquico motivador del síntoma, Freud creaba una atmósfera de relajación y pedía al enfermo simplemente que contara todo lo que se le fuera ocurriendo, sin preocuparse porque no hubiera coherencia y sin ocultar nunca nada. Era el método de la asociación. Él ayudaba al enfermo a interpretar el sentido de los recuerdos que iban acudiendo a su mente. Algunas veces estos recuerdos no surgían de inmediato. Era como si el enfermo se resistiera a su evocación, pese a su voluntad declarada de no omitir nada. ¿Cómo era posible que en un sujeto unitario actuaran dos fuerzas de sentido contrario? Freud elaboró una teoría explicativa. La mente «funcionaba» como si estuviera integrada por «tres» **instancias:** el **yo,** para el contacto con la realidad; el **ello,** como reserva de instintos, y el **superyó** como representante ante el yo de las prohibiciones del medio ambiente. Estas tres instancias van desarrollándose con los años, y su juego recíproco origina conflictos. El yo se defiende del ello y también del superyó.

Entre otras **formas de defensa** figuran la **represión,** el **desplazamiento,** la **transformación en lo contrario,** etc. En el desarrollo del niño el instinto sexual, que más tarde ampliará Freud en su concepto de **libido,** pasa por fases sucesivas de organización: **oral, anal, fálica, genital.** Como cualquier otro mecanismo la mente funciona con una energía: la libido. El concepto de cantidad sería aplicable a ella, de lo cual seguiría la posibilidad de su distribución y **fijación,** en algunos objetos. En época ulterior de su vida Freud situaría, junto al instinto de amor o de vida, el **eros** y el instinto de muerte, es decir, el **tanatos.**

En la **técnica** de la psicoterapia, junto a los sentimientos que el enfermo desarrolla y manifiesta hacia el médico (transferencia), habrá que tener en cuenta, por igual, los que va sintiendo éste **(contratransferencia).**

En la primera mitad del siglo XX las teorías de Freud fueron rechazadas por los integrantes de la psiquiatría científica. Los discípulos de Freud cerraron filas para defender las ideas del maestro. Así se constituyó el «movimiento psicoanalítico». Vinieron a sumarse las circunstancias históricas. La persecución nazi obligó a Freud a emigrar a Inglaterra. Los psicoanalistas se trasladaron, prácticamente en masa, a los países anglosajones y esto imprimió su huella a la ciencia psiquiátrica de todas estas naciones.

La victoria de los aliados en la Segunda Guerra Mundial permitió la expansión del pensamiento psicoanalítico, que se difundió en la literatura, el teatro y el cine. En Europa, la época penosa de posguerra vio cobrar auge a un nuevo espíritu bajo la bandera ideológica del existencialismo. Tras los estudios del danés Kierkegaard (1813-1855), Unamuno y Ortega (en España), Heidegger (en Alemania) y Sartre (en Francia), principalmente, desarrollaron el pensamiento filosófico existencialista.

Del existencialismo sólo nos interesa resaltar aquí que no considera al hombre como un ser de igual rango que los demás. A diferencia de las cosas y los animales, el hombre es el único ser que no puede definirse. Podemos definir un objeto real: la mesa, por ejemplo, o uno imaginario: el unicornio. Definimos su esencia. Que además exista, es algo posterior e independiente. El hombre, en cambio, primero existe. Lo que sea, dependerá de lo que haga. Según el existencialismo, el hombre es el único ser en quien primero se da la existencia y luego la esencia. Definimos a un hombre por el rumbo que haya imprimido a su vida, rumbo en el que son pieza fundamental las decisiones libres y que sólo tiene sentido en términos de futuro. Otra noción básica en el existencialismo es que no distingue entre el hombre y el mundo en que vive: mi vestido, mi hogar, mi ciudad, mis amigos y enemigos, son parte de mí mismo y no meramente algo que me rodea; para decir quién soy yo, forzosamente he de incluir a aquéllos en la respuesta.

Bastaría con estas dos nociones, tan someramente esbozadas, para vislumbrar la diferencia entre este concepto del hombre y el otro, mecanicista, propio de las ciencias naturales que florecieron en los siglos XVIII y XIX.

Según la psicopatología más rigurosa (Jaspers), si por un lado lo comprensible encuentra un límite frente a lo explicativo (el cuerpo), por otro, lo tiene frente a lo incondicionado de la existencia: no es comprensible la libertad que se muestra en la decisión incondicionada, en la captación del sentido absoluto, en la situación límite. Por ello, también hay que considerar vana la pretensión de hacer una psicoterapia existencialista. Las diversas formas de la psicoterapia que en diálogos o sesiones se prolongan durante meses e incluso años, atañen al propio núcleo de la personalidad, y también evidencian instintos tan íntimos como los que se derivan de la esfera sexual o provienen de la ambición humana; exigen del psicoterapeuta un sentido extremo de la responsabilidad. Es quizás una de las facetas más difíciles y más humanas de la actividad médica.

Terapia mediante sueño artificial (narcoterapia)

Este método terapéutico, también llamado «hibernación» o «letargo artificial», puede ser utilizado para el tratamiento de algunas enfermedades. Generalmente basta una inducción al sueño que dure de dos a cinco días; pero el estado de somnolencia puede prolongarse hasta más de cuatro semanas. La cura requiere un personal muy diligente y entrenado, y puede llevarse a cabo sólo en una clínica especializada. Es indispensable igualmente observar una dieta adecuada. Hay que atenerse a un ritmo diario exactamente controlado. En general, el sueño se provoca con medicamentos, ya que este método resulta más sencillo y seguro que el **sueño eléctrico** (inducido mediante breves impulsos eléctricos a través del cráneo, con corrientes de baja frecuencia e intensidad) o el **sueño hipnótico.** Durante la cura el enfermo puede ser despertado en cualquier momento, y puede reaccionar debidamente a los diferentes estímulos. El tiempo no ocupado por el aseo, la ingestión de alimentos o la gimnasia lo pasa el enfermo durmiendo; veinte de cada veinticuatro horas transcurren «en los brazos de Morfeo».

En la medicina interna, la cura de sueño se aplica sobre todo en el asma bronquial rebelde, en la angina de pecho, infarto al miocardio, úlceras de duodeno o estómago, hipertensión arterial y enfermedades tiroideas. También puede ser útil en la analgesia, en las trombosis arteriales o para aliviar el dolor en algunos casos de cáncer. En neurología y psiquiatría, la hibernación artificial se emplea para mejorar los estados de excitación aguda (estados ansiosos). Es útil para tratar el estado del mal epiléptico. Los efectos secundarios de estas curas son prácticamente insignificantes, y esta inocuidad permite confiar plenamente en su aplicación.

El tratamiento de las enfermedades

La transfusión de sangre

La extracción de una cierta cantidad de sangre de una persona que actúa de donante, incorporándola a la masa circulante de sangre de otra persona receptora, es una técnica terapéutica que ya se emplea poco. Puede utilizarse sangre fresca o conservada. La primera se transfunde directamente del donante al enfermo y, desde el punto de vista biológico, tiene algunas ventajas. La sangre conservada es obtenida de donantes, e introducida en unos frascos o bolsas especiales donde se mezcla con determinadas sustancias para hacerla incoagulable (con citrato de sodio); se guarda algunas semanas a baja temperatura (4° C). Esta técnica tiene también grandes ventajas, pues en los llamados bancos de sangre, en los que existen toda clase de tipos y clases debidamente controlados, siempre es posible encontrar la que reúna las características más favorables para el enfermo. No siempre es necesario inyectar sangre completa, sino que puede recurrirse a la transfusión de fracciones de sangre (glóbulos rojos, plasma, etc.). Estas fracciones, obtenidas por centrifugación, tienen la ventaja de que pueden ser congeladas (a –85°C), lo que permite su conservación indefinida. La transfusión de sangre es una medida que puede salvar la vida en casos de hemorragias masivas (traumatismos, operaciones quirúrgicas, hemofilia, etc.), y que también resulta imprescindible en ciertas enfermedades de la sangre (leucemia), quemaduras, estados de «shock», etc. La cantidad que se puede transfundir es del orden de los 250 a 500 cc. La OMS (Organización Mundial de la Salud) y los departamentos de salud de cada país, han legislado rigurosamente la donación de sangre, además de que el donante es sometido a la prueba de detección del sida. Es condición fundamental que el donante sea una persona totalmente sana y no padezca hepatitis infecciosa (por la posibilidad de contagiar el virus productor), sífilis (por la misma razón infectiva del treponema) ni sida. Además, es necesario que entre ambas sangres existan ciertas condiciones de compatibilidad.

Métodos quirúrgicos

En la cirugía se han conseguido, en el curso de estos últimos decenios, unos avances asombrosos de incalculable trascendencia, pues quizás, junto a la conquista del tratamiento científico de innumerables enfermedades, mediante fármacos o drogas químicamente definidas, los éxitos de las técnicas quirúrgicas han cambiado totalmente el pronóstico, antes irremediable, de multitud de procesos morbosos. Actualmente pueden realizarse sin reservas tratamientos de cirugía en órganos que antes no eran accesibles, del mismo modo que puede intervenirse tanto a enfermos infantiles como a aquellos de edad avanzada. Hoy se pueden controlar durante la operación la respiración, la actividad cardiocirculatoria y las constantes fisicoquímicas del medio interno (metabolismo del agua, sales minerales o electrolitos, proteínas, etc.). Mediante una rigurosa asepsia (operación realizada en un medio totalmente estéril), por una técnica cada vez más avanzada en la aplicación de la anestesia, se ha conseguido reducir extraordinariamente el riesgo quirúrgico, gracias a instrumentos y aparatos auxiliares progresivamente perfeccionados. Al éxito de la cirugía han contribuido los medios clínicos, por los cuales puede llegarse a un diagnóstico de la enfermedad, su origen, su extensión y sus repercusiones. Por último, no debe olvidarse que si la cirugía ha llegado a tal grado de perfección se debe también en gran parte a la eficaz terapéutica en las infecciones mediante los antibióticos; al uso de transfusiones de sangre, sueros y soluciones salinas; y al destierro del amenazador peligro de trombosis y embolias después de la intervención, con el empleo de medicamentos apropiados.

Sin embargo, todavía hay quien rechaza cualquier tipo de intervención quirúrgica, ya sea por miedo al dolor, ya porque las considere algo mutilante o violento, aun a sabiendas de que, en determinadas enfermedades, sólo la cirugía puede ofrecer una ayuda o cura. En las intervenciones quirúrgicas, el factor fundamental reside precisamente en la anticipación, en la precocidad con que se aborde el problema funcional u orgánico que requiere ser intervenido.

El tratamiento posoperatorio del enfermo resulta sencillo en la mayoría de los casos, gracias a los avances del tratamiento antiinflamatorio y de los adelantos técnicos en la vigilancia del enfermo, por lo cual apenas puede hablarse de grandes molestias o alteraciones psíquicas imputables a la operación. En todas las clínicas modernas, tras intervenciones quirúrgicas de cierta envergadura, los pacientes son conducidos a salas especiales (unidades de vigilancia o de asistencia intensiva), en donde son atendidos por un personal especializado que se vale de los instrumentos e instalaciones más perfeccionados para conseguir que la recuperación se realice en forma óptima y con la mínima sobrecarga psíquica o física.

La primera premisa en el tratamiento posoperatorio es la tranquilidad. El paciente debe ser aislado para evitarle todo esfuerzo corporal y mental. Por ello resulta fundamental admitir que las visitas, incluso de los familiares más allegados, pueden ser nocivas. Para una curación completa es esencial que concurran el instinto de conservación del paciente, su esfuerzo para superar toda dificultad y su positiva colaboración personal.

Métodos quirúrgicos de implantación y trasplantes de órganos

Los principios de la cirugía plástica y reparadora (método corrector quirúrgico de las deformidades y defectos adquiridos o congénitos) se remontan a varios miles de años. En estos principios se basa la técnica de los injertos de tejidos, ya usados por los médicos indios para tratar narices y labios deformes. En la época romana, Celso dictó normas precisas acerca de la forma de cubrir los defectos tisulares mediante injertos de piel. La historia de los trasplantes no comienza, pues, con los de corazón. En 1960, un australiano, Macfarlane Burnet, y un inglés, Peter Medawar, recibieron el premio Nobel de medicina por sus descubrimientos científicos respecto a esta materia, en íntima relación con los fenómenos de inmunidad. En su sentido original, trasplante significa injerto de un órgano o tejido con sutura vascular, es decir, el órgano o tejido injertados se conectan a la circulación general del receptor; la palabra implantación se refiere al injerto de algún tejido u órgano natural o artificial (sintético o no) que,

El tratamiento de las enfermedades

sustituyendo alguna parte en el organismo receptor, no está conectado a su sistema vascular. Sin embargo, ambas técnicas se complementan de tal manera que suelen englobarse bajo el mismo término.

En los injertos o trasplantes de órganos pueden distinguirse los siguientes casos:

1. **Autotrasplante.** Es el cambio de un tejido u órgano propios, de un lugar a otro, dentro del mismo organismo. Los tejidos son autólogos, propios, por lo que se toleran biológicamente sin provocar reacción adversa de ninguna clase.

2. **Isotrasplante.** Se refiere al injerto de órganos entre personas distintas, pero tan similares desde el punto de vista hereditario que aparentan ser idénticas. Es lo que ocurre cuando donante y receptor son gemelos univitelinos. En realidad, se trata de una variante del autotrasplante, pues el tejido injertado se tolera perfectamente.

3. **Homotrasplante.** El donante y el receptor pertenecen a la misma especie, pero son diferentes genéticamente. El trasplante de tejidos homogéneos provoca unas reacciones biológicas que rechazan el tejido injertado, destruyéndolo. La razón del rechazo estriba en que el tejido injertado es extraño a los elementos celulares del receptor. En el organismo huésped se forman, contra el material injertado, unas sustancias químicamente definidas —los anticuerpos— que determinan la eliminación de la materia ajena. Ésta actúa como antígeno (sustancia capaz de formar anticuerpos), y la reacción inmunobiológica entre antígeno y anticuerpo acaba por destruir el tejido intruso. Sin embargo, el homotrasplante es posible en algunos casos. Por ejemplo, hay personas que padecen una falta de producción de las proteínas encargadas de engendrar los anticuerpos (gammaglobulinas).

  Estos casos excepcionales de agammaglobulinemia se presentan en individuos sumamente vulnerables a las infecciones, que carecen de defensas específicas contra los antígenos microbianos y que, como no están en condiciones de producir anticuerpos contra los antígenos de los tejidos injertados, posibilitan el homotrasplante sin inconvenientes. En los recién nacidos no están aún desarrollados estos sistemas de defensa inmunológica; de ahí que en el periodo posnatal sea prácticamente posible un homotrasplante.

  El surgimiento de nuevos inmunosupresores ha disminuido el rechazo, facilitando este tipo de trasplantes. Por ejemplo, cabe suprimir temporalmente la facultad de reacción del organismo para producir anticuerpos; para ello se usan las radiaciones X o gamma (bomba de cobalto) y las sustancias citostáticas, como los sueros antilinfocitarios, que atacan los tejidos encargados de formarlos. También ocurre que el choque entre antígeno (injerto) y anticuerpo (huésped) sea reducido, que se produzca con un mínimo de violencia. Para ello se usa la cortisona o los llamados corticosteroides. Por último, puede actuarse sobre el antígeno mismo, tratando de evitar que el tejido injertado se constituya en elemento formador de antígenos (lo que inevitablemente llevaría a la formación de los correspondientes anticuerpos). Quizás sea ésta la solución más prometedora. Ya se han conseguido resultados alentadores, pero el camino pendiente de recorrer es largo todavía.

4. En el **heterotrasplante,** donante y receptor pertenecen a diferentes especies. Aunque esta posibilidad se ha intentado (injertos de órganos de mono o cerdo en

Métodos terapéuticos

el hombre), apenas ofrece interés práctico. El rechazo del receptor es inmediato y sumamente violento.

Naturalmente, en el fenómeno del rechazo también interviene la característica del tejido injertado. La córnea humana es muy poco antigénica, de ahí sus grandes posibilidades para la práctica del injerto. También el testículo y el ovario son tolerados bastante bien. La piel, sin embargo, lo es muy difícilmente, así como el páncreas y el pulmón. Ya se efectúan con éxito algunos trasplantes de hígado, de corazón y riñón; con ayuda tecnológica de la ingeniería médica y biomédica se logró incluso la instalación de un corazón artificial en un enfermo, quien sobrevivió varios meses con él. En el corazón el problema es muy difícil, en el estado actual de nuestros conocimientos. La mayor dificultad, también hay que decirlo, no reside sólo en el rechazo, sino en la enfermedad que ha originado que el órgano primitivo tenga que ser sustituido, que es, en general, una enfermedad que va mucho más allá de los límites del órgano que ha sido primariamente afectado.

Al ser un proceso morboso sistematizado, resulta fácil que, una vez superado el rechazo, vuelva a afectarse el órgano injertado, haciendo inútil, por así decirlo, la práctica del trasplante. El trasplante de corazón sólo es un procedimiento paliativo, es decir, temporal y absolutamente curativo. Cuando la enfermedad causante de que un órgano fracase afecta exclusivamente a ese órgano, las posibilidades de éxito del trasplante son infinitamente mayores. Esta condición se da muchas veces en el riñón: de ahí el resultado tan favorable del trasplante renal, que ya ha sobrepasado la fase experimental para convertirse en un método terapéutico casi habitual.

El reemplazamiento o implantación de estructuras artificiales que sustituyan tejidos u órganos desgastados, lesionados o enfermos es una alternativa frente al riesgo que se corre en trasplante de órganos y tejidos. Aunque el riñón artificial —que no es una implantación, sino una sustitución de la función depuradora renal— sea una realidad, hay que reconocer que el organismo humano es un medio hostil para los metales o plásticos implantados. Hay una incompatibilidad física y química, que nada tiene que ver con el rechazo biológico de los trasplantes, basada en fenómenos inmunobiológicos. Sin embargo, se han conseguido resultados espectaculares en este sentido. No sólo se introducen clavos en la cavidad medular de los huesos para corregir fracturas, sino que se utiliza toda una cabeza de fémur para sustituir otra lesionada (para ello se usa una aleación de cobalto, cromo y molibdeno-vitalio). El material plástico se usa para sustituir válvulas cardiacas lesionadas. Y no es descabellado pensar que en el futuro puedan usarse órganos totalmente artificiales. Materiales como el teflón y el mersilene han revolucionado la cirugía, pues se usan para crear prótesis articulares, vasculares y valvulares.

Naturalmente, no deben depositarse excesivas esperanzas en especulaciones «futurológicas». Dentro de unos años la sustitución de órganos ocupará un lugar primordial en la actividad quirúrgica, pero el hombre no es una máquina: el simple intercambio de una pieza no debe ocupar al investigador como única solución a los problemas médicos. Los órganos de sustitución aún presentan un sinfín de características que los hacen inaceptables para nuestro cuerpo.

El tratamiento de las enfermedades

Los tratamientos farmacológicos (farmacopea y farmacología)

La terapia mediante fármacos es una ciencia antiquísima. La farmacopea o arte de preparar los medicamentos se basaba durante la Antigüedad y Edad Media en conocimientos empíricos, tradiciones y concepciones místicas, a veces basadas en increíbles supersticiones. El médico ordenaba personalmente la fórmula que se debía administrar al enfermo, e incluso dirigía su preparación. Durante el Renacimiento, y hasta bien entrado el siglo XVIII, comenzaron a surgir las farmacias, cuya figura central, el farmacéutico, manejaba multitud de sustancias de origen mineral, vegetal o animal, sometiéndolas a diversos manejos. Con los preparados galénicos así obtenidos, ejecutaba, según su propio arte, las prescripciones del médico. Pese a su mejor voluntad y pulcritud, existía una enorme disparidad en relación con la eficacia y potencia de los preparados obtenidos, hasta el punto de llegar a los extremos: la total ineficacia o las reacciones más peligrosas.

Con el advenimiento de la química y de la física como ciencias prácticas, fueron subsanados poco a poco estos errores de obtención y preparación de las sustancias farmacológicamente activas, hasta llegar a la técnica y la industria actuales que fabrican los medicamentos con un máximo grado de pureza, con una exacta dosificación y con las mayores garantías en la uniformidad de las preparaciones. Por otro lado, la farmacología se ha encargado de investigar sistemáticamente los efectos positivos y negativos (curativos y lesionales o tóxicos) que los medicamentos pueden desencadenar.

Si antes las personas estaban familiarizadas con innumerables recetas caseras, hoy es imposible que se comprenda y domine la actuación de cantidad de medicamentos en uso. Así, se conocen medicamentos eficaces para casi todas las alteraciones morbosas, pero no debe olvidarse que se trata, casi siempre, de sustancias muy activas con indicaciones precisas, así como contraindicaciones, perfectamente establecidas. De ahí que la automedicación resulte cada vez más peligrosa; sólo el médico puede juzgar las funciones de un preparado, sus posibilidades y oportunidad de aplicación. Esto resulta tan cierto que la inmensa mayoría de los países prohíben tajantemente que se vendan productos farmacológicos sin receta facultativa, documento demostrativo de la indicación que hace el médico.

Fisioterapia

Entre los diferentes medios de tratamiento, la fisioterapia o terapéutica física puede considerarse como una de las conquistas más recientes, puesto que los principales descubrimientos de la física aplicada surgieron en el siglo pasado con el aprovechamiento de la electricidad y, en nuestros días, con el desarrollo de las investigaciones sobre la radiactividad. El médico se vale de todos aquellos agentes de índole física capaces de provocar alguna reacción en la materia viva, aprovechando para sus fines curativos esta interacción biofísica.

Diatermia con onda corta o microondas

La diatermia representa, sencillamente, una nueva variante de la antiquísima terapia mediante el calor. A diferencia de los métodos fisioterapéuticos con envolturas, cataplasmas, bolsas de agua, mantas eléctricas, etc., utilizados tradicionalmente, las ondas cortas y ultracortas hacen posible que el efecto calorífico llegue a penetrar en las capas más profundas del organismo, desarrollando además una vasodilatación capilar homogénea y persistente. Los electrodos se colocan de tal forma que la parte enferma queda dentro del campo magnético o de alta frecuencia originado por el paso de las ondas. Los aparatos existentes para la aplicación de este tratamiento ofrecen las debidas garantías de seguridad, sin peligro alguno. Los procesos inflamatorios de distintas causas y localizaciones (lesiones traumáticas en medicina laboral y deportiva, inflamaciones crónicas de la vesícula biliar o de las cercanías del aparato genital femenino, etc.) forman la indicación principal de la diatermia.

Ultrasonidos

Los ultrasonidos son ondas con una frecuencia de 800 mil a 1 millón de oscilaciones por segundo, muy superiores a las que el oído humano es capaz de percibir (20 mil). Su penetración en los tejidos origina un aumento de la temperatura, así como un incremento del intercambio metabólico (oxidación), equivalente a una especie de masaje tisular (micromasaje o masaje en «miniatura»). La terapéutica mediante ultrasonidos alcanzó una rápida y amplia difusión en los años que siguieron a la Segunda Guerra Mundial, si bien las excesivas esperanzas depositadas en el nuevo método se vieron pronto relativamente defraudadas, quizás por fallas debidas a su defectuosa aplicación o indicación terapéutica.

El éxito del método depende de una adecuada dosificación y también de la reacción de cada enfermo a los estímulos, tanto físicos como psíquicos, por lo que antes de comenzar un tratamiento el médico habrá de estudiar con precisión la irritabilidad neurovegetativa del paciente. Las principales indicaciones de los ultrasonidos son: reumatismos musculares, miogelosis (endurecimientos localizados en los músculos, generalmente por enfriamientos o sobreesfuerzos), alteraciones degenerativas de las articulaciones (artrosis), sobre todo de la columna vertebral; neuritis, enfermedades inflamatorias de la piel, lesiones traumáticas en medicina laboral y deportiva, etc.

Galvanización, faradización y corrientes diadinámicas

El empleo de la electroterapia con fines curativos se remonta al siglo pasado. Los aparatos ideados con este fin son sencillos en su manejo y las corrientes por ellos producidas se caracterizan por sus efectos analgésicos y revulsivos, es decir, combaten

El tratamiento de las enfermedades

el dolor de manera efectiva y mejoran el riego sanguíneo por dilatación de los vasos capilares. Sus indicaciones son parecidas a las de la diatermia y ultrasonidos. La faradización (corriente alterna) y la galvanización (corriente continua) se utilizan especialmente en las afecciones de los nervios superficiales y atrofias musculares de causa nerviosa; además, son de gran utilidad diagnóstica en las pruebas funcionales de músculos y nervios (pruebas de excitabilidad). La corriente diadinámica —una corriente alterna— tiene un efecto ante todo, de tipo analgésico.

Rayos ultravioleta

El conocimiento del papel fundamental que juegan las radiaciones ultravioleta de la luz solar, sobre todo en su relación con la vida en nuestro planeta, sirvió de estímulo para producir artificialmente tales rayos y aprovechar así su acción curativa. Con ayuda de la energía eléctrica, fueron fabricados aparatos tales como la lámpara de cuarzo, cuyos vapores de mercurio generan dichas radiaciones, para favorecer a aquellas personas poco expuestas a la luz solar, bien sea por vivir en casas oscuras o bien por residir en ciudades industriales, donde los gases y humos enturbian la atmósfera. Esta falta de luz solar ejerce una perniciosa influencia, sobre todo en los organismos jóvenes, en los que da lugar a trastornos del crecimiento. El color tostado de la piel debido a los baños de sol no es necesario ni posee en sí efectos curativos, pero resulta beneficiosa la acción solar sobre la piel, ya que las radiaciones ultravioleta intervienen en la formación de la vitamina D, profiláctica y curativa del raquitismo, y contribuyen también a la estabilización de la vitamina C para evitar una eliminación demasiado rápida. Sobre todo en los meses invernales, la terapéutica ultravioleta mejora las defensas orgánicas y acentúa el bienestar y la energía corporal. La citada lámpara de cuarzo es de manejo sencillo y, ateniéndose a las instrucciones que cada aparato lleva adjuntas (modo de empleo, dosificación, uso de gafas protectoras), puede utilizarse sin contar con el médico. Sin embargo, es necesario subrayar que en una primera sesión nunca deberán sobrepasarse los dos minutos de irradiación: se debe subir poco a poco a minuto por día, sin llegar en ningún momento a superar los diez minutos. Para las demás indicaciones de la luz ultravioleta (enfermedades de la piel, como ciertas formas de tuberculosis cutáneas o la psoriasis) deben atenderse exactamente a las instrucciones del especialista.

Las lámparas de luz ultravioleta aprovechan solamente las propiedades biofísicas de una parte del espectro lumínico. Mediante la utilización de filtros especiales o lámparas de luz mixta puede utilizarse, asimismo, la parte calorífica del espectro: los rayos infrarrojos. El efecto combinado de todas las radiaciones es muy parecido al de la luz solar. Muchos estudios han confirmado que las personas de piel muy clara son propensas a la formación de cáncer de piel si se exponen sin cuidados a la luz solar.

Rayos infrarrojos

La radiación infrarroja constituye una parte del espectro de la luz emitida por el sol. De gran longitud de onda, posee una marcada acción calorífica que penetra mucho más profundamente en los tejidos que la radiación ultravioleta, la cual sólo es capaz de atravesar las capas más superficiales. Su acción origina una acusada dilatación de los vasos sanguíneos, con el consiguiente aumento del flujo de sangre (hiperemia). Esta mayor irrigación tiene una evidente acción terapéutica; estas radiaciones están indicadas en las inflamaciones articulares y sinoviales, en los procesos infecciosos crónicos del oído externo y medio, en los catarros de los senos paranasales y, muy especialmente, en ciertas formas de lumbago, tortícolis, distensiones musculares por trabajo o deporte, etc.

Iontoforesis

En este procedimiento se utiliza la corriente eléctrica para hacer llegar a los tejidos situados más profundamente determinadas sustancias químicas depositadas previamente en la superficie de la piel. La corriente, que se dirige de uno a otro electrodo, arrastra consigo medicamentos como el litio (útil, por ejemplo, en la gota) o la quinina. Este método se utiliza sobre todo en dermatología y para el tratamiento de ciertas afecciones articulares. Los baños de Stanger, en boga hace más de medio siglo, se basaban en un principio parecido: en una bañera de madera se hacía pasar una corriente eléctrica por una solución acuosa de extracto de corteza de roble. Se utilizaron sobre todo para combatir dolores musculares y nerviosos (mialgias y neuralgias).

Radiaciones ionizantes (rayos X e isótopos radiactivos)

Dentro de la terapéutica física, la aplicación de las radiaciones ionizantes de muy corta longitud de onda y de marcados efectos biofísicos constituye la faceta más importante y, a la vez, más complicada, lo cual dio origen a la radiología.

Existe la creencia, bastante extendida pero errónea, de que los tratamientos radioterápicos solamente se hallan indicados en el cáncer. Un sinnúmero de afecciones se benefician, sin embargo, de su acción, tanto los tumores benignos o malignos como las enfermedades articulares degenerativas con dolorosas manifestaciones; los eczemas rebeldes, los procesos inflamatorios de la piel y otras reacciones cutáneas, ciertos trastornos ginecológicos, etc.

Según su naturaleza física, las radiaciones en cuestión pueden clasificarse en dos grupos: electromagnéticas y corpusculares. Las radiaciones gamma se diferencian de las X por tener menor longitud de onda, que aumenta su energía y capacidad de penetración en los tejidos, y por su origen, ya que provienen de la desintegración espontánea de ciertos elementos químicos (radio, cobalto y otros isótopos radiactivos). Entre las radiaciones corpusculares, o sea, en las que existe realmente una materia portadora de energía, hay que citar las radiaciones beta, constituidas por electrones liberados durante la desintegración atómica (isótopos radiactivos) o acelerados por dispositivos técnicos sumamente complejos (betatrón). Como se sabe, los electrones son

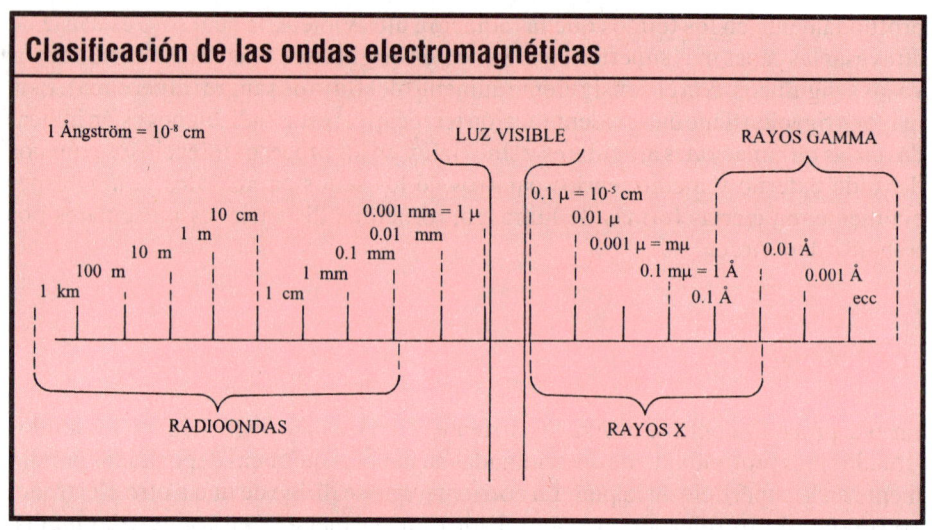

El tratamiento de las enfermedades

Clasificación de las ondas electromagnéticas

1 Ångström = 10^{-8} cm   LUZ VISIBLE   RAYOS GAMMA

10 cm   0.001 mm = 1 µ   0.1 µ = 10^{-5} cm
1 m   0.01 mm   0.01 µ
10 m   0.1 mm   0.001 µ = mµ   0.01 Å
100 m   1 mm   0.1 mµ = 1 Å   0.001 Å
1 km   1 cm   0.1 Å   ecc

RADIOONDAS   RAYOS X

* *1 Ångström (Å) equivale a una diezmilésima de micra. Se utiliza para medir la longitud de onda de las radiaciones luminosas, y las dimensiones atómicas.*

pequeñísimas partículas, eléctricamente negativas, que integran el átomo. La radiación beta espontánea de ciertos elementos radiactivos tiene una energía limitada, por lo que su penetración en el cuerpo humano es muy escasa. Una vez acelerados los electrones por el betatrón, su energía aumenta de tal forma que su capacidad para atravesar los tejidos puede ser incrementada de modo variable, a voluntad, según la energía utilizada.

A diferencia de las radiaciones de mayor longitud de onda (luz visible, ultravioleta e infrarroja), todos estos rayos X o Roentgen, de mayor o menor energía según el aparato generador (potencia eléctrica aplicada al elemento que los genera), o rayos gamma, procedentes de la desintegración espontánea de ciertos isótopos radiactivos (como las radiaciones corpusculares, también originadas por la desintegración atómica, que pueden ser aceleradas en mayor o menor grado), tienen en común la característica de ser ionizantes, es decir, capaces de originar profundos cambios en la composición fisicoquímica del protoplasma, sobre todo en la vertiente mineral y proteínica de las células. Por ello, en distinto grado, obstaculizan determinadas funciones del metabolismo, inhiben el crecimiento y la proliferación celular y, además, por así decirlo, suspenden el desarrollo y la diferenciación del protoplasma. No todas las células reaccionan por igual a estas radiaciones; en mayor grado lo hacen las células jóvenes o con mayor capacidad generativa, las cuales pueden quedar dañadas con facilidad por sufrir interferencia en su ciclo reproductivo. Por ello son mucho más radiosensibles los tejidos menos desarrollados y diferenciados, los que tienen una mayor capacidad de multiplicación. En general, el tejido más afectado por estas radiaciones es la médula ósea (órgano hematopoyético formador de glóbulos rojos y leucocitos) pero también son sensibles los ovarios, testículos, piel, glándulas digestivas, tejido conjuntivo, etc. Por el contrario, son muy radiorresistentes las células más diferenciadas y especializadas, como son las musculares y las nerviosas. Especialmente sensible es el tejido tumoral; debido a su inmadurez funcional y a su excepcional y

Métodos terapéuticos

desordenada capacidad reproductiva y proliferativa, la célula cancerosa es muy vulnerable a la acción biofísica de las radiaciones ionizantes y corpusculares, y es fácilmente dañada o destruida. Por otro lado, la radiosensibilidad varía también según la naturaleza de las radiaciones, su intensidad, dosis, técnica y ritmo de aplicación, junto a otras circunstancias.

En la radioterapia se aplican las mismas radiaciones usadas con fines diagnósticos en la técnica radioscópica o radiográfica, con la única diferencia de que suelen emplearse rayos X generados por aparatos de mucho mayor voltaje, lo cual dota a la radiación obtenida de una mayor capacidad de penetración, o dureza, aunque también se emplean terapéuticamente radiaciones Roentgen blandas, es decir, que sólo actúan en la superficie: por ejemplo en el tratamiento de lesiones dermatológicas.

La radiación gamma, de extraordinaria dureza, procede de un elemento radiactivo natural, el radio, pero últimamente también se usan los rayos gamma generados por isótopos radiactivos, sobre todo el cobalto radiactivo, que se obtiene artificialmente en las pilas atómicas. La llamada «bomba de cobalto» es una fuente de radiación gamma alimentada por la desintegración espontánea del cobalto radiactivo. Este isótopo tiene un tiempo de semidesintegración de algo más de cinco años (tiempo que tardan en desintegrarse la mitad de los átomos inicialmente presentes), por lo que, periódicamente, hay que volver a cargar la bomba. La radiación gamma del radio y del cobalto radiactivo tiene una longitud de onda mucho menor que los rayos X, por lo que su poder de penetración es bastante mayor, y puede así alcanzar los focos inflamatorios o tumorales más profundos. Además, no resultan tan nocivas para los tejidos sanos circundantes, al poder ajustar mucho mejor la radiación emitida por la bomba, lo que aumenta su tolerancia y permite realizar una mejor dosificación.

La radiación beta, también proveniente de los elementos radiactivos (radio o isótopos) es mucho más blanda. En el betatrón o acelerador de electrones se efectúa la centrifugación de éstos en el vacío, a gran velocidad, y en órbitas elípticas. Cuando estas partículas alcanzan una determinada velocidad final, abandonan el aparato generador impulsadas hacia el objeto por irradiar. Así, las partículas beta consiguen una aceptable capacidad de penetración, que les permite alcanzar focos tumorales profundos.

De todos es conocido que los rayos X (y las demás radiaciones ionizantes y corpusculares) pueden ser altamente peligrosas para los médicos, enfermeras e incluso para los propios pacientes. Para lograr una eficaz protección contra las radiaciones se han establecido una serie de normas que, junto al cada vez mayor perfeccionamiento en los aparatos generadores, han conseguido que el riesgo sea mínimo. Hace años eran corrientes las llamadas lesiones radiactivas, con daños a veces irreparables en las células germinales de testículos y ovarios, en los órganos formadores de la sangre, en las manos, etc. Resulta curioso que al igual que estas radiaciones sirven para curar el cáncer, una sobreexposición a ellas, en forma crónica y persistente, pueda llevar a la degeneración cancerosa de determinados tejidos. Los radiólogos gozan en la actualidad de una completa formación sobre los tratamientos radiactivos y las medidas de protección. Los modernos aparatos disminuyen considerablemente la exposición directa; los centros especializados registran con precisión la cantidad de radiación a la que se hallan expuestos los técnicos y los pacientes. El nivel actual de conocimientos permite ofrecer al enfermo un 100% de seguridad.

El tratamiento de las enfermedades

Métodos terapéuticos climáticos

Los factores climáticos desempeñan un papel de especial importancia para el bienestar y la salud, tanto física como mental. El término clima es un concepto que engloba todos los fenómenos atmosféricos que influyen en el cuerpo humano y sus órganos. Se supone que se trata de influjos fotoquímicos, térmicos y aeroquímicos (según el contenido en minerales, humedad, cantidad de oxígeno y ozono, presencia de partículas de polvo, etc.). Influyen, además, la presión atmosférica, las corrientes de aire y la altitud y, como se ha demostrado en los experimentos con animales, la actividad de las radiaciones cósmicas. Se ha observado que algunas de estas radiaciones, como las que se originan durante las tormentas o tras los cambios de tiempo, con entrada de aire húmedo o seco (frentes atmosféricos) son capaces de provocar una especial sensibilidad; el organismo acusa las alteraciones del estado climático, incluso con bastante anterioridad. En determinadas enfermedades, esta sensibilidad es todavía más pronunciada (reumatismos, asma, cardiopatías, etc.) Los estudios biometeorológicos han mostrado inequívocamente que en determinadas situaciones atmosféricas pueden aparecer ciertas enfermedades con mayor frecuencia (infarto al miocardio, embolias, trombosis, etc.).

Sumamente curiosas y quizá todavía poco esclarecidas son las relaciones entre los factores climáticos y ciertos estados anímicos. Si bien es de observación común que ciertos cambios atmosféricos condicionan situaciones eufóricas y depresiones acusadas, los médicos aún no han hecho uso de todas las posibilidades que un cambio de clima ofrece en algunas alteraciones psicovegetativas en la vida urbana tan agitada.

El clima también puede mejorar algunos procesos morbosos, sobre todo cuando en los cambios climáticos se unen varios factores beneficiosos que, en conjunto, ejercen un estímulo inespecífico sobre determinadas funciones vitales: respiración, circulación y metabolismo. De ahí que se usen diversos factores climatológicos con fines terapéuticos. Sin embargo, con el nombre de estación climática se entiende sólo aquella localidad que ha demostrado poseer una evidente constelación de factores beneficiosos en el tratamiento de determinadas enfermedades. Se distinguen diversos tipos de «climas» curativos. Se describe un clima de zonas (por ejemplo, en ciertos estados morbosos puede ser útil buscar una zona templada) y se puede también hablar de climas regionales o locales, según las características que imperen en una determinada región o localidad. Las indicaciones de los diversos climas en algunas enfermedades se exponen en el cuadro adjunto:

Tipo de clima	Indicaciones terapéuticas
Clima de desierto: Temperaturas diurnas relativamente altas, escasa humedad atmosférica, abundante irradiación solar, grandes cambios de temperatura entre el día y la noche.	Indicado en todas las formas de la tuberculosis (con excepción de la tuberculosis pulmonar aguda en estado de actividad), en las sinusitis, catarros de las vías respiratorias altas, asma bronquial, reumatismos, enfermedades alérgicas, algunas dermopatías.

Métodos terapéuticos

Tipo de clima	Indicaciones terapéuticas
Clima de montaña: Localidades situadas a más de 1 500 metros de altitud. Disminución de la presión atmosférica; aumento de la irradiación solar, pureza del aire.	Provoca un aumento de los glóbulos rojos y hace más profunda la ventilación respiratoria. Junto al bronceado de la piel también se presentan cambios metabólicos estimulantes. Apropiado para enfermos con hiperfunción tiroidea, catarros ligeros de las vías respiratorias, asma bronquial, reumatismos, fiebre del heno, tuberculosis ósea, articular y vertebral; también en ciertas tuberculosis pulmonares crónicas y rebeldes. Contraindicado en los enfermos sensibles a los cambios atmosféricos.
Clima de media montaña: En localidades ubicadas entre los 1 000 y 1 500 metros de altitud; disminución de las presiones atmosféricas; la humedad del aire tiene importancia. Hay variaciones climáticas entre una estación y otra.	No existen alteraciones funcionales características como en el caso del clima de alta montaña, por lo que está indicado para enfermos sensibles, agotados o muy cansados; personas con grandes cambios vegetativos o lábiles. Útil en el tratamiento de ciertas enfermedades del corazón, hipertensión arterial, hiperfunción tiroidea, asma bronquial, jaqueca, enfisema pulmonar. No está indicado en las personas con fiebre del heno.
Clima marítimo: Temperatura anual bastante uniforme, cambios rápidos del estado del tiempo, pureza del aire, alto contenido en yodo atmosférico y gran irradiación solar.	Muy útil en la fiebre del heno y otras enfermedades alérgicas, jaqueca, catarros crónicos de las vías respiratorias, algunas enfermedades de la piel. El clima marítimo está contraindicado en la hiperfunción tiroidea, enfermedades orgánicas del corazón (cuando coexiste con insuficiencia cardiaca o es de temer que se presente); también en las enfermedades crónicas del riñón o del estómago e intestinos. Poco favorable en los reumáticos y en las personas nerviosas.

El tratamiento de las enfermedades

Métodos balneoterapéuticos
(cura termal)

Los primeros descubrimientos en el campo termal fueron casuales; el hombre se sintió quizás interesado por las características externas del agua de ciertos manantiales, a las que se atribuían probablemente poderes sobrenaturales: el olor, a veces nauseabundo; el sabor, frecuentemente amargo; el aspecto, en ocasiones oleaginoso; la temperatura, siempre invariable, desde la más fría hasta la hirviente; el color, blancuzco si era rica en gas carbónico, etc. Todo ello bien puede hacernos imaginar aquel respeto reverente y la temerosa atracción ejercida por las grutas humeantes y otros fenómenos naturales, hoy al igual que entonces utilizados por la balneoterapia, pero en aquellos tiempos interpretados también como manifestaciones de alguna presencia grande y misteriosa. Los romanos frecuentaban un crecidísimo número de balnearios y, según Plutarco, preferían las aguas termales a las minerales frías. El tratamiento de antaño apenas difiere del de nuestros días: se empleaban las aguas en la bebida, en el baño y en forma de duchas; hacían un gran uso del vapor y aun de los lodos minerales.

Por supuesto, antaño no existía la expresión «hidrología médica» (con la que se designa la rama de la medicina que se ocupa del estudio y empleo terapéutico de las aguas mineromedicinales bajo todas sus formas: bebida, inhalación, baños, duchas, lodos, etcétera).

Sólo a partir de los albores de nuestro siglo, el empirismo o fe ciega en las curas termales pasaron a ser sustituidos por la búsqueda científica de sus propiedades fisicoquímicas y sus aplicaciones curativas. Hoy estamos en condiciones de explicar el fundamento racional de la hidrología y superar las simples nociones tradicionales del pasado. En la actualidad se perfecciona más en las indicaciones y contraindicaciones de la balneoterapia; se actúa con criterios más selectivos, y del uso indiscriminado y a menudo supersticioso se ha pasado a aquilatar los pros y los contras en cada enfermo.

Así pues, las curas termales son eficaces. Pero no hay enfermedades sino enfermos; únicamente el médico está autorizado a aconsejar, dirigir y vigilar cada tratamiento balneoterapéutico, encuadrándolo dentro del plan general establecido para curar.

Clases de aguas mineromedicinales

¿Cómo y por qué razones son eficaces las aguas termales? Naturalmente, las curas termales se basan en las propiedades químicas y físicas de determinados manantiales para obtener de sus aguas efectos terapéuticos bien definidos. Pero, ¿qué se entiende por agua mineral? ¿Qué la distingue del agua potable común? En principio, se define como agua potable para uso alimenticio y consumo en hogares y ciudades toda aquella que, siendo transparente, inodora e insípida, tiene una temperatura inferior a 15° y carece de gérmenes nocivos; mientras que el agua mineral es la que proviene de una fuente o manantial. Tiene una aplicación directa en el tratamiento de alguna enfermedad (propiedad reconocida por organismos sanitarios competentes), independiente-

Métodos terapéuticos

mente de su composición química y características físicas, pero debe también presentar el mismo grado de pureza biológica (ausencia de gérmenes nocivos o patógenos) que el agua potable. Por ello, es agua mineromedicinal la que tiene más de un gramo de sustancias minerales disueltas por litro de agua, o tiene determinados principios terapéuticos (por ejemplo: hierro, yodo, azufre, radiactividad, etc.), especialmente eficaces en algunas alteraciones morbosas, o, por último, la que brota a más de 20°C. Se habla comúnmente de aguas termales porque muchos de estos manantiales mantienen una temperatura constante de sus aguas, independientemente de la temperatura ambiental, y es más correcto hablar de aguas mineromedicinales o, mejor, de aguas medicinales. El agua medicinal puede aprovecharse de muy diversas formas: como bebida, en baño, irrigaciones, inhalaciones, o bien impregnando con ella sustancias orgánicas o inorgánicas (minerales) que le sirven de «soporte» (arcilla, humus, limo, lodo, barro, detritus de algas, turba, etc.) y que debidamente manipuladas (calentadas, maceradas, mezcladas, etc.) o en estado natural (fangos termales) son aplicadas sobre el cuerpo, de manera que, a los efectos curativos propios del agua, se suman los efectos físicos (térmicos o no) del baño. Para evitar confusiones aclaremos que las aguas medicinales pueden tener un depósito natural, o sedimento, que se precipita o pasa por diversas circunstancias. Estos sedimentos o los soportes antes citados (añadidos artificialmente), reciben el nombre de peloides, que son los productos formados por la mezcla con un agua medicinal o mineral (incluyendo el agua del mar). Para que un sedimento o una materia orgánica adquiera la categoría de peloide ha de recibir un tratamiento adecuado (calentamiento, envejecimiento, maceración). Para su uso médico, los peloides, naturales o artificiales, han de ser hipertermales, es decir, calientes. Las diversas propiedades de las aguas medicinales y sus innumerables aplicaciones hacen complicada y necesariamente incompleta su clasificación. Tomando sólo en consideración sus características físicas, podría ser aceptado el siguiente esquema:

Aguas frías: temperatura inferior a los 20°C.
Aguas hipotermales: temperatura entre 20 y 35°C.
Aguas isotermales: temperatura entre 35 y 37°C.
Aguas hipertermales: temperatura superior a los 37°C.

Las diferencias de temperatura no suponen diversidad desde el punto de vista terapéutico, salvo en el caso de los fangos o peloides en general, que deben estar calientes, aunque sea artificialmente antes de su uso medicinal.

Teniendo en cuenta las características químicas de las aguas medicinales (o sea, la presencia en ellas de determinados elementos o compuestos químicos) podemos llegar a la clasificación siguiente:

Oligominerales.
Semiminerales.
Minerales propiamente dichas.

La medición de cantidad se efectúa haciendo hervir el agua medicinal a 180°C y calculando el peso de la ceniza residual o «residuo seco». Alguna vez, al hacer hervir

El tratamiento de las enfermedades

una jeringa, habremos notado cómo la ebullición deja un depósito blancuzco en el esterilizador: éste es el residuo seco. Si es inferior al 0.20 por 1 000, es decir, 0.20 g por cada litro de agua, el agua medicinal es oligomineral; si varía entre 0.21 y 1.0 g por litro, es semimineral y, finalmente, si es mineral acusa más de un gramo por litro.

Según la composición cualitativa de los componentes minerales, podríamos clasificar así las aguas medicinales:

Acídulas o carbónicas (son las que tienen más de 250 mg de gas o anhídrido carbónico libre).

Alcalinas (en las que predominan los bicarbonatos o las sales sódicas, como el cloruro sódico o sal común).

Amargas (las ricas en magnesio y sulfatos, también llamadas sulfatadas).

Arsenicales (con predominio de arsénico: más de 0.2 mg por litro).

Ferruginosas (con más de 5 mg de hierro por litro).

Sulfurosas (en las que predomina el anhídrido sulfuroso: tienen olor a «huevos podridos»).

Yoduradas (con más de 1 mg de yodo por litro).

Bromuradas (con más de 4 mg de bromo).

Esta clasificación, sin embargo, no es completa. En realidad, la composición de las aguas medicinales es muy compleja y en ella caben toda clase de combinaciones, que pueden hacerse a partir de ésta.

Incluso la más precisa de las clasificaciones sólo puede tener en cuenta el componente más importante o destacar alguna de las propiedades que se consideran esenciales en los distintos tipos.

Otra importante clasificación atiende a la radiactividad de las aguas termales, que en este caso suelen dividirse en principalmente radiactivas y también radiactivas, si esta característica es predominante o secundaria.

Finalmente, el cuadro se completa con los fangos y grutas naturales, de los que luego hablaremos.

Quizá, por último, lo único que le interesa al bañista es una clasificación con arreglo a las posibilidades terapéuticas de cada agua medicinal. Pero hay que añadir que, junto a un efecto específico sobre los diferentes órganos del cuerpo, las aguas medicinales poseen propiedades generales equilibradoras o niveladoras, que se manifiestan a través de los mecanismos de regulación de superior jerarquía existentes en el organismo, sobre todo hormonales y neurovegetativos. Por ello se explica que toda la balneoterapia en principio no «siente bien»; el organismo se resiste, por así decirlo, a adoptar de nuevo el estado de equilibrio, perdido por enfermedad, traumatismo, nerviosismo, rutina urbana, exceso de reposo o simplemente por los achaques de la vida agitada, característica de nuestro tiempo.

Al final de la primera semana o al comienzo de la segunda, el bañista suele experimentar la llamada «crisis termal», que se traduce en un empeoramiento del estado general y del trastorno ya existente. Esta crisis termal es una piedra de toque esencial para juzgar la capacidad reactiva del organismo y por ello se debe tener en cuenta para valorar el efecto de la cura. El médico es quien regulará el programa de tratamiento según las manifestaciones de la reacción. Por esta causa no se debe combatir una crisis termal, a menos que los síntomas objetivos o el sufrimiento subjetivo del enfermo se manifiesten de modo intenso.

Métodos terapéuticos

Curas termales por bebida

La balneoterapia mediante ingestión gástrica de aguas medicinales es la más frecuente y sobre ella existe toda una literatura fisicoquímica, y así, naturalmente, cada tipo de agua tiene efectos distintos.

Aguas oligominerales. Como ya hemos visto, estas aguas provienen de un manantial que las mantiene con un escaso porcentaje de sustancias disueltas. En términos científicos son hipotónicas, es decir, tienen una presión osmótica muy baja en relación con los diferentes humores que bañan las células del organismo y la composición química de estas mismas células. Es difícil explicar al profano en qué consiste la presión osmótica. Recurramos a un ejemplo elemental. Tomemos una ciruela seca y pongámosla en un vaso con agua corriente de la llave, que por ser potable, contiene muy poco residuo seco. ¿Qué sucede? La ciruela se hincha, porque su pulpa disecada no es más que un «tejido» deshidratado (es decir, privado de agua), y encerrado en una membrana permeable (su piel). Pues bien, este tejido, puesto en contacto con un agua de bajísimo contenido en sales minerales, atrae el líquido, cuya presión osmótica es mucho más baja, ya que la presión alta «chupa» a la más baja, según el conocido principio de física por el que las presiones tienden a nivelarse. La membrana permeable deja pasar el agua y ambas presiones se igualan: la ciruela se hincha. El fenómeno por el cual pasa a través de la membrana se llama ósmosis y la presión osmótica del agua se mide por su capacidad de dejarse atraer por una presión más alta.

El ejemplo de la ciruela seca puede ser aplicado a las células de los tejidos y a la sangre de nuestro cuerpo. Básicamente, estas células son minúsculas bolsitas de material permeable y contienen soluciones de proteínas, azúcares, sales, etc. El contacto de la membrana exterior con un líquido provoca un fenómeno de ósmosis: si el líquido es de baja presión (o sea, hipotónico, como las aguas oligominerales), la ósmosis funciona desde fuera de las células hacia su interior. Así se explica que el consumo de aguas oligominerales origine un verdadero lavado del organismo. El agua pasa del intestino a la sangre, donde provoca una dilución del plasma sanguíneo (parte no celular de la sangre), efecto muy importante, ya que favorece la eliminación de sustancias tóxicas accidentalmente contenidas en él. Y de la sangre el agua se traslada a todas las células del organismo, que son «lavadas» en el sentido literal de la palabra. Este lavado, si la ingestión es suficiente (de uno a tres litros al día), se manifiesta con una mayor producción de orina. Este aumento urinario o acción «diurética» arrastra y aleja del organismo las escorias y productos de desecho que se acumularon por el deficiente funcionamiento de algún aparato, como el digestivo o el renal, o también por algún proceso tóxico, como ocurre en una alimentación irregular o excesos dietéticos. El exceso de orina desarrolla también una acción de arrastre mecánico, que limpia el aparato urinario. Las aguas oligominerales tienen un efecto terapéutico amplio, en el que predomina la función desintoxicadora y limpiadora de las vías urinarias. Tienen indicación precisa para los enfermos con arenillas y cálculos urinarios, procesos inflamatorios crónicos de las vías urinarias (cistitis, pielitis, pielonefritis) y los estados derivados de una elevación del ácido úrico, en especial la gota. Las contraindicaciones están representadas por las nefritis o pielonefritis crónicas con aumento de la presión arterial y síntomas de insuficiencia renal, la nefrosis o enfermedad degenerativa del

El tratamiento de las enfermedades

riñón, las enfermedades crónicas del corazón, algunas enfermedades crónicas del aparato digestivo (colitis, etc.) y las retenciones de agua (edemas), cualquiera que sea la causa. La cura termal con aguas oligominerales se inicia en general con cantidades no muy elevadas (dos o tres vasos de agua de 250 cc cada uno), que se beben lentamente (un vaso cada media hora), por la mañana en ayunas. La dosis se aumenta gradualmente, hasta llegar a beberse de 2 a 3 litros por la mañana. El agua será siempre fría y la ingestión ha de ser lenta y pausada.

Aguas sulfurosas o sulfuradas. Generalmente son semiminerales y desarrollan su efecto gracias a su alto porcentaje en azufre y compuestos sulfurados. En estas aguas también aparece disuelto el gas carbónico, que favorece la absorción de los compuestos azufrados y hace más tolerable el agua. El olor a huevos podridos es característico. Se emplean en bebida, pero, en realidad, su aplicación en inhalaciones y baños es mucho más importante. Su principal efecto es la acción antialérgica, pues actúan modificando favorablemente el terreno sensibilizado del organismo a ciertas sustancias como polen, alimentos, polvo, medicamentos, etc. Tienen una evidente acción antitóxica. De menor importancia son su acción sedante sobre el sistema nervioso vegetativo (es decir, el autónomo, no tributario de la voluntad), su acción hepatotrófica, al mejorar la función del hígado, en especial en relación con la regulación de actividad de la bilis; y su acción antirreumática.

Las indicaciones de las aguas sulfurosas son, pues, las enfermedades de la piel, en especial las alérgicas (urticaria, eczemas); ciertas enfermedades del colon (colitis crónicas) y de las vías biliares; gota; inflamaciones crónicas del aparato urinario; envenenamientos crónicos por ciertos metales, como el plomo y el mercurio y sobre todo si son de origen profesional; asma bronquial y reumatismos degenerativos (artrosis). Las contraindicaciones son análogas a las descritas en el párrafo dedicado a las aguas oligominerales.

Aguas arsenicales o arsenicales-ferruginosas. Son aguas semiminerales en las que figuran generalmente asociados, en proporción variable, arsénico y hierro. Es notable la acción antianémica del hierro, que, además de ser un buen catalizador —facilitador de muchas reacciones químicas en el interior celular—, es componente fundamental de la hemoglobina, el pigmento de los glóbulos rojos de la sangre, vehículo indispensable del oxígeno que se transporta de los pulmones a los tejidos. A su vez, el arsénico, en pequeñas dosis, favorece el desarrollo en los jóvenes y el aumento de peso en los adultos. Son tan activos estos elementos que su ingestión debe ser escrupulosamente vigilada por el médico.

Las indicaciones principales son la anemia, en especial en la infancia y adolescencia; anemias postinfecciosas; linfatismo o inflamaciones crónicas de los ganglios linfáticos, generalmente de origen tuberculoso; vegetaciones; enfermedades endocrinas, como el hipertiroidismo; eczemas, acné juvenil, convalecencias, distonías neurovegetativas, estados depresivos, neurastenias, etc. Las contraindicaciones son la tuberculosis de pulmón, la obesidad, las enfermedades del músculo cardiaco y las enfermedades crónicas de estómago.

Aguas ferruginosas. Son aquellas en las que el elemento químico preponderante es el hierro. De no ser así se clasificarían como ferruginosas aguas que no lo son, ya que se encuentra hierro en la mayoría de los manantiales mineromedicinales. No basta, pues, que tengan hierro: es preciso que éste sea el elemento predominante.

Métodos terapéuticos

Las aguas ferruginosas, generalmente carbónicas y atermales, poseen una acción reconstituyente que se empieza a notar al cabo de unas cuantas semanas de tratamiento. Las sulfatadoferruginosas tienen sabor desagradable y tomadas en ayunas son ligeramente laxantes (esta característica las distingue de las demás ferruginosas).

La indicación principal para tomar aguas con alto contenido en hierro es la anemia, simple o asociada a trastornos del bazo, del hígado o del riñón. También se indican en la anemia asociada al paludismo y la producida por hemorragias, lactancias prolongadas o repetidas, etcétera, experimenta modificaciones favorables con la cura hidromineral ferruginosa.

Aguas bicarbonatadas. Estas aguas contienen en diversa proporción bicarbonato de sodio, calcio, magnesio o litio. Ingeridas en ayunas provocan una reducción de la secreción gástrica y, con el estómago ocupado, facilitan su actividad secretora, así como también la del hígado y del páncreas, por lo que en general facilitan el proceso digestivo. Por último, tienen un suave efecto diurético cuando se toman templadas pocas horas después de las comidas.

Las indicaciones generales son fundamentalmente las alteraciones digestivas con hiperclorhidria (exceso de jugo gástrico), tales como las gastritis, dispepsias ácidas, colitis crónicas, estreñimientos, alteraciones de la absorción intestinal, insuficiencias hepáticas, colecistitis crónicas con o sin cálculos biliares y en algunos casos de cálculos urinarios.

Las contraindicaciones son las úlceras de estómago y duodeno, hepatitis, colitis ulcerosa, enfermedades crónicas del corazón y riñón con hipertensión o edema, etc.

Aguas clorurosódicas. Contienen un predominio de cloruro sódico o sal común, aunque suelen ser también bicarbonatadas y presentar sales de calcio o magnesio. Su función primordial es la actividad digestiva, tanto el tubo gastrointestinal como el hígado, pero con reflejos generales de tipo depurativo y desintoxicante en todo el organismo. Cuando están muy mineralizadas, la actividad sobre el movimiento impulsor intestinal es muy acusada; de ahí su manifiesto efecto laxante e incluso purgante. Las menos mineralizadas regulan más bien la excitabilidad y la secreción digestiva. Sus múltiples efectos biológicos, muy manifiestos, exigen siempre un cuidadoso examen médico.

Las indicaciones generales son el estreñimiento crónico, las gastritis crónicas, sobre todo si se presentan con falta de acidez; la obesidad, las dispepsias intestinales, la gota y otros reumatismos crónicos, y las alteraciones de la función biliar.

Entre las contraindicaciones están las enfermedades crónicas debilitantes, como la tuberculosis, los tumores, enfermedades del corazón, nefritis, úlceras gastroduodenales, hipertensión arterial, etc.

Aguas sulfatadas. Entre las llamadas aguas amargas las hay con sulfato sódico y con sulfato magnésico. Se emplean por acción purgante y derivativa, estimulando además muy acusadamente la función biliar (coleresis) con una gran sobreproducción y sobreeliminación de tan importante jugo digestivo. Los momentos de su administración suelen ser en ayunas, después a media mañana y, por último, a media tarde. Hay que actuar con sumo cuidado, pues puede provocar verdaderos cuadros diarreicos.

Antiguamente, el agua de Carabaña tenía tanto o más prestigio como purgante que el aceite de ricino; hoy somos más cautos en las aplicaciones intestinales, y el agua de Carabaña se usa más por su magnífica función biliar que por su acción purgante.

El tratamiento de las enfermedades

Las indicaciones de estas aguas son las gastritis crónicas con falta de ácido, los cálculos biliares, las alteraciones de la función biliar (disquinesia biliar, por su actividad drenadora). Resultan también indicadas en enfermedades crónicas del hígado provocadas por tóxicos, en especial alcohol y medicamentos; en estreñimientos hipotónicos (por falta de movimiento intestinal), hipertensión arterial, obesidad, eczemas, afecciones ginecológicas crónicas, estados alérgicos y procesos reumáticos degenerativos.

Las contraindicaciones son los procesos debilitantes prolongados, úlceras del aparato digestivo, procesos inflamatorios agudos de las vías hepatobiliares, etc.

Aguas bicarbonatadas sulfatadas. Entre las aguas amargas ocupan especial interés las que contienen bicarbonatos y sulfato magnésico. Ya hemos descrito sus propiedades, por lo que tan sólo insistiremos en su muy favorable influencia sobre los procesos crónicos de las vías biliares.

Aguas radiactivas. Su clasificación independiente se debe a que, junto a su diferente mineralización, presentan disueltas sustancias radiactivas, ya sea en forma de emanaciones (gas radón) o sales de radio o torio. Son quizá las aguas más discutidas entre los médicos. Es comprensible: a raíz de los grandes descubrimientos atómicos de nuestro siglo, se estableció que toda cantidad, por muy pequeña que sea, de radiación nuclear o atómica es nociva para el individuo y para su descendencia (a través de su evidente efecto sobre las células sexuales). Por el contrario, los defensores aducen quizás con fundamento, que desde siglos se ha empleado esta agua medicinal con evidentes pruebas de su eficacia y sin aparentes signos lesionales. Dejamos a la ciencia que en el próximo futuro diga su última palabra. Las aguas radiactivas ejercen un efecto sedante sobre el sistema neurovegetativo; actúan sobre la sangre, equilibrando sus funciones; estimulan las glándulas endocrinas, en particular las suprarrenales, los testículos y los ovarios, y en general ayudan a que la regulación armónica de las distintas funciones orgánicas se restablezca tras un desequilibrio del gobierno neuro-endocrino.

Las indicaciones de las aguas radiactivas son los reumatismos crónicos, la gota, las secuelas de traumatismos, la obesidad, la hipertensión arterial, la insuficiencia ovárica y tiroidea, ciertos tipos de esterilidad femenina, las alergias, algunas irregularidades psicovegetativas y ciertas dermopatías crónicas. Las contraindicaciones de estas aguas son similares a las de las oligominerales, por la razón de que casi todas las radiactivas son oligominerales. Únicamente añadiremos que las aguas radiactivas habrá que tomarlas al lado del propio manantial, ya que su embotellamiento hace que desaparezca rápidamente la radiactividad.

Aguas carbónicas o acídulas. Son aguas ricas en anhídrido carbónico (mínimo: 250 cc por litro), generalmente frías y de sabor agradable. Ejercen una acción positiva sobre los procesos digestivos, ya que distienden el estómago excitando la secreción del jugo gástrico y estimulan la actividad motora del tubo digestivo. Además poseen un efecto diurético.

Son indicadas para la gastritis por insuficiencias de jugo gástrico, las atonías gástricas y los cálculos renales con o sin infecciones urinarias crónicas.

Las contraindicaciones son las úlceras de estómago y duodeno, la dilatación gástrica por estrecheces pilóricas y las dispepsias fermentativas, es decir, las que cursan con exceso de formación de gases.

Aguas mineromedicinales de mesa. Es indudable que el agua termal recién emanada de la fuente es más eficaz terapéuticamente si se toma junto al manantial mismo que si se consume fuera del lugar de origen. Por más cuidado con que se lleve a cabo el proceso de embotellamiento, el efecto observado en el organismo no será tan satisfactorio. A continuación se exponen las razones para que tales diferencias sean evidentes:

> El agua recién emanada posee propiedades especiales fisicoquímicas debido a su riqueza en gases disueltos (precisamente los determinantes de las propiedades terapéuticas) que se atenúan con el embotellamiento y el transporte, con su exposición a la luz y al aire, con los cambios de temperatura, etc. Las diversas aguas de mesa con nombres famosos de fuentes medicinales no son las mismas que se usan para los tratamientos en el punto de origen. Las aguas medicinales curativas no suelen ajustarse a los usos de mesa y saben con frecuencia desagradablemente. Tienen propiedades fisicoquímicas distintas. Porque el «ambiente» influye también; en el balneario termal el paciente, aun sin darse cuenta, se somete a un régimen de vida mucho más higiénico: en numerosas ocasiones se trata de un clima y una altitud diferentes de aquellos en que vive habitualmente; el cambio casi siempre radical en lo que respecta a la alimentación y las bebidas usuales; las preocupaciones del trabajo y el ritmo enervante de la vida de la ciudad no atormentan al enfermo, que hace más ejercicio, madruga más y bebe agua en mayor abundancia. En resumen, junto con el cuerpo, el espíritu también se somete a tratamiento.

Entonces, ¿son útiles las aguas mineromedicinales embotelladas? Por supuesto, siempre que sepamos distinguirlas, como aguas de régimen o aguas de mesa, de las verdaderas aguas balneoterapéuticas. La legislación de ciertos países lo define al establecer que el agua de mesa, en recipiente cerrado, rotulado y aprobado para su consumo por las autoridades sanitarias, en virtud de sus garantías de pureza química y biológica (ausencia de gérmenes o microorganismos patógenos), es un agua que puede ser utilizada como bebida habitual, sin producir efectos terapéuticos especialmente especificados. Muchas de estas aguas embotelladas contienen gas carbónico, entre otras razones para dotarlas de sabor más agradable. Pero no todas las aguas a las que se añade anhídrido carbónico artificialmente antes de su embotellado (gasificación) son aguas de mesa medicinales. Tan sólo lo son si proceden de un manantial así reconocido por el legislador. Por ello el agua de Seltz (agua potable gaseada con ocho volúmenes de gas carbónico por unidad de volumen de agua) y el agua de soda (agua potable a la que se ha añadido artificialmente bicarbonato sódico y por lo menos tres volúmenes de gas carbónico por unidad de volumen de agua) no son aguas de mesa mineromedicinales.

Las aguas de mesa, por tanto, no poseen unas indicaciones precisas, pero su consumo es sumamente provechoso por su pureza, por la constancia de su composición, por el efecto tónico que ejercen sobre el aparato digestivo, estimulando el apetito y favoreciendo los procesos digestivos, y también por poseer una acción diurética y

El tratamiento de las enfermedades

desintoxicante bien acusada. Algunas de ellas tienen además un efecto regulador sobre la función biliar; mientras que otras, por su alto contenido bicarbonatado, ejercen un efecto neutralizador en los casos en que el paciente sufre una sobreproducción de jugo gástrico.

Las curas termales por baño

Las aguas termales pueden en algunos casos desarrollar su acción terapéutica si se usan como baño exterior, como irrigación vaginal, rectal o basal, nebulización o inhalación. El cutis y las mucosas tienen un notable poder de absorción, que posibilita una terapia general más que local.

Las aguas minerales descritas hasta aquí pueden ser igualmente usadas para bebida o baño. Pero algunas clases de agua sólo se usan en balneoterapia, es decir, en terapia de aplicación externa, no digestiva. Puesto que el mecanismo de absorción es el mismo, tanto si el agua se aplica sobre el cutis (baño) como si es introducida en cavidades naturales (vagina, recto, faringe, bronquios), nos parece oportuno reunir con un solo apartado este tipo de curas.

Aguas oligominerales. Por su hipotonía, provocan una inhibición de los estratos superficiales del cutis o de las mucosas, con la consiguiente descamación. Están especialmente indicadas en los eczemas y enfermedades pruriginosas de la piel, psoriasis, forunculosis crónicas y vaginitis crónicas. A decir verdad, los baños con aguas oligominerales no gozan de la difusión que merecen, pese a indudables efectos benéficos epiteliales y sobre las mucosas, en especial las del aparato genital femenino, donde llevan a cabo una neta acción anticatarral y anticongestiva. En general carece de contraindicaciones.

Aguas semiminerales y minerales. Utilizadas como baño, entre estos dos tipos de agua no existe gran diferencia en cuanto a indicaciones terapéuticas.

Las aguas salinobromoyódicas. Estas aguas presentan un gran variedad de composiciones y casi podríamos decir que cada fuente tiene sus características peculiares que la diferencian de las otras; no obstante, es común la presencia predominante de sales de bromo y de yodo. Buena parte de estas aguas son termales, es decir, brotan del manantial a temperatura más bien alta (de 30 a 40°C o más) por lo que resultan muy adecuadas para baños, al unirse el efecto terapéutico propio de su composición química al efecto térmico (vasodilatación, sudoración, etc.).

Algunas de estas aguas poseen también un residuo seco más elevado (es decir, son hipertónicas) y su valor en balneoterapia es todavía más alto. En efecto, impregnan con sus compuestos salinoyódicos las mucosas y el cutis cuya secreción es así estimulada; favorecen el intercambio orgánico y actúan sobre las terminaciones nerviosas de la piel, con reflejos en todo el sistema endocrino y nervioso. Es sabido que el yodo estimula la actividad tiroidea y que el bromo posee efectos sedativos.

Queda claro, pues, cuán importante es la elección del manantial termal adecuado en cada caso, dando preferencia al más rico en un elemento u otro. Vale la pena recordar que el yodo y el bromo actúan sobre el organismo, en las curas termales, con una serie

Métodos terapéuticos

de efectos aún no completamente conocidos. Por ejemplo, pacientes que no toleran habitualmente medicamentos con yodo, obtienen por el contrario notables beneficios de las curas balnearias con aguas salinoyódicas.

Estas aguas se usan también en forma de irrigación nasal, nebulización, aerosol o vaporización. Son además las más usadas en fangoterapia, como veremos más adelante.

Indicaciones. Procesos inflamatorios crónicos con escasa capacidad de reacción de los tejidos, en especial inflamaciones del aparato genital femenino (anexitis, metritis, salpingitis, etc.), artropatías crónicas de tipo inflamatorio o degenerativo (artrosis), arterioesclerosis y artritis gotosas, procesos inflamatorios de las venas (flebitis) o de los vasos linfáticos, afecciones crónicas de las primeras vías respiratorias y del oído medio (rinitis, laringitis, tonsilitis, otitis, laringitis, traqueobronquitis, etc.) y alteraciones del metabolismo orgánico (obesidad, adiposidad sobre base dismetabólica o endocrina).

Contraindicaciones. Tuberculosis pulmonar y laríngea, cálculos biliares, hipertiroidismo, embarazos y lactancia.

Sulfurosas. Usadas sólo en baño o asociadas en la cura como bebida, desarrollan una acción antipruriginosa y limpiadora sobre el cutis, y anticatarral o antialérgica en las mucosas, en especial en las del aparato respiratorio. Se usan como baño general o en forma de nebulización, irrigación o aerosol.

Indicaciones. Eczemas agudos y crónicos, acné, urticaria, psoriasis, faringitis, enfermedades respiratorias crónicas y asma bronquial.

Contraindicaciones. Sólo en alguna enfermedad de la piel caracterizada por secreción, o en fenómenos dermatológicos con grave componente irritativo.

Arsenicales y ferruginosas. Arsénico y hierro forman parte de muchos compuestos orgánicos, indispensables para importantísimas reacciones biológicas. Las aguas que los contienen son, pues, muy activas, y su uso por baño, irrigación o inhalación no puede ser generalizado, sino más bien adaptado a cada paciente bajo estricto control médico.

Indicaciones generales. Anemia y estados de grave quebranto orgánico e hipertiroidismo (ya que el arsénico es, por así decirlo, un antagonista de la tiroxina, la sustancia activa de la tiroides).

Contraindicaciones. Tuberculosis pulmonar e insuficiencias cardiacas.

Carbónicas. Los efectos principales de los baños con aguas ricas en ácidos carbónicos se ejercen sobre el aparato cardiocirculatorio, con reducción de la presión arterial y aumento de la frecuencia del pulso en virtud de complicados fenómenos nerviosos de tipo reflejo, es decir, no directos sino realizados mediante el estímulo de las terminaciones sensitivas cutáneas.

Efectivamente, se advierte durante el baño y después de él, un enrojecimiento más o menos evidente de la piel. Por el mecanismo básicamente reflejo de su acción, los baños con ácido carbónico pueden provocar, a veces, efectos paradójicos: por ejemplo, si el baño es hipotermal puede sobrevenir un aumento de la presión arterial en lugar de una reducción.

Indicaciones. Hipertensión arterial, especialmente de base funcional, lesiones valvulares compensadas con hipertensión arterial, perturbaciones circulatorias periféricas (mal de Raynaud, acrocianosis, flebitis).

El tratamiento de las enfermedades

Contraindicaciones. Enfermedades renales con síntomas de hipertensión arterial (nefrosis, nefritis crónicas).

Sulfatadas y sulfatadoalcalinas. Según hemos visto, se usan preferentemente como bebida, pero cuando son termales y, por tanto, brotan calientes del manantial, pueden también emplearse en la ducha rectal y en baño, con acción antiinflamatoria y sedante en ambos casos.

Indicaciones. Colitis crónicas, estreñimiento, enfermedades reumáticas (artrosis y artritis de evolución crónica) y neuralgias de base reumática.

Contraindicaciones. Sólo las genéricas de los baños calientes: enfermedades descompensadas del corazón, grave hipertensión renal, etc.

Aguas radiactivas. Las aguas radiactivas, calientes por naturaleza, hallan óptimo empleo balneario porque es notable la absorción de gas radiactivo a través del cutis y de la respiración durante la sesión balneoterapéutica. Sobre todo tomadas como baño, las aguas radiactivas gozan del favor de médicos y pacientes; se les atribuye una acción estimulante y revitalizadora sobre el organismo, además de efectos normalizadores de las principales funciones orgánicas. Con efecto algo más elevado y generalizado, por ser mayor su absorción, las *indicaciones* de las aguas radiactivas, al tomarlas como baño, son aproximadamente las mismas que señalamos como bebida. Y sus *contraindicaciones* son también escasísimas, prácticamente nulas.

Las curas termales por fango (peloides)

Los fangos son sustancias orgánicas como las algas, o inorgánicas como las arcillas, limos, turbas o humus, mezcladas artificial o naturalmente con aguas minerales y también natural o artificialmente calientes. Los fangos ejercen su acción terapéutica mediante aplicación sobre el cuerpo. Los efectos curativos vienen dados por la calidad del agua mineral que los impregna y que es fundamentalmente de tres tipos:

Aguas clorurosódicas. Generalmente asociadas a derivados del azufre (sulfuros, hidrógeno sulfurado) y en las que prevalece el elemento de cloruro. Los fangos provistos de estas aguas poseen una virtud estimulante y, si las aguas son del tipo salinoyódico, es decir, con predominio del yodo, ejercen también una acción antiinflamatoria.

Aguas sulfúreas y bromoyódicas. Con alto contenido de hidrógeno sulfurado, bajo porcentaje de minerales y propiedad radiactiva; en este caso, el fango posee una acción sedante. Desde un punto de vista práctico no tiene mayor importancia la diferenciación de los fangos según su «base» o peloide: turbas, algas, limos, arcillas, etc. Todas estas sustancias gozan en grado casi idéntico de la propiedad de retener largamente el calor, por lo que desarrollan un evidente efecto térmico, que refuerza el efecto terapéutico propio del agua mineral.

Conviene recordar asimismo que existen también fangos especiales producidos en los depósitos de las salinas, donde los detritus descompuestos de algas, peces pequeños y moluscos (almejas, etc.) forman la «base», mientras los contenidos salinos y yódicos integran la «parte química». Caldeados por el sol del verano, estos fangos se aplican sobre el cuerpo y se dejan secar bajo los rayos solares, de modo que también

Métodos terapéuticos

desempeñan una evidente acción terapéutica gracias al efecto calórico producido por la exposición al sol durante un tiempo razonable.

En casi todas las estaciones termales es posible practicar la fangoterapia con el agua termal del manantial. Y donde no existen depósitos naturales de fangos termales, éstos pueden ser preparados dejando madurar durante un tiempo la «base» inerte con el agua termal, de modo que el fango absorba la parte química de ésta y asuma sus propiedades.

Como el efecto terapéutico está unido a las características del agua termal que nutre al fango, las *indicaciones* de los peloides son las que corresponden al mismo tipo de agua usada como baño. En cuanto a la preferencia por el fango o el baño, sólo cabe aducir que el primero ejerce una acción térmica más subrayada y duradera. Las enfermedades a que conviene la fangoterapia son por lo general, las formas inflamatorias o degenerativas de las articulaciones (artrosis, artritis) y de los músculos (miositis reumáticas), las secuelas producto de traumatismos y las enfermedades de la piel (eczemas*).

Contraindicaciones. La notable acción térmica representa una sobrecarga de trabajo para el aparato cardiocirculatorio, por lo que no se aconseja el empleo del fango en las cardiopatías precariamente compensadas (o sea, sólo compensadas en estado de reposo del enfermo), en el embarazo, en la lactancia ni en las enfermedades renales de tipo crónico.

Las curas balneoterapéuticas con peloides suelen incluir de 15 a 25 aplicaciones en días seguidos o alternos, según la respuesta del organismo, y cada aplicación dura de media a una hora.

Las grutas y otros medios de curas termales. En algunas estaciones hidrológicas situadas en terrenos de tipo volcánico se hallan frecuentemente cavidades naturales de las que emanan, y parcialmente se evaporan, aguas termales, calientes por naturaleza. Al producirse una evaporación de las aguas, la atmósfera de estas grutas está saturada de vapor acuoso y la temperatura del ambiente alcanza incluso 70°C. Se forma así un ambiente natural en el que es posible practicar una termoterapia sudatoria que constituye un valioso complemento de las restantes curas termales del lugar (baños, bebidas y fangos). Entrar en estas grutas significa someterse a un verdadero baño turco; se empieza en seguida a sudar profusamente, gracias a lo cual se eliminan los desechos metabólicos contenidos en el organismo. En el vapor acuoso de estas grutas, los elementos químicos que poseen acción sobre el organismo son escasos: pueden hallarse a lo sumo gases sulfurosos y radiactivos que el paciente inhala.

Hemos descrito las llamadas «grutas húmedas». Pero también existen otras, cuyo calor es seco, y en las que se infiltra aire muy caliente, procedente de grietas del subsuelo. Las grutas secas, donde la temperatura puede llegar hasta los 90°C, son generalmente mejor toleradas por los pacientes; de ellas se aprovecha solamente el efecto térmico.

Las indicaciones y contraindicaciones de las grutas son en general las mismas de los fangos. En especial, los efectos benéficos de las grutas atañen a la artritis crónica inflamatoria, artralgia postraumática, artrosis gotosa, gota, nefritis crónica leve y obesidad.

---

* *Los eczemas son inflamaciones de la piel, agudas o crónicas, que producen lesiones como: eritema, edema, vesículas, exudación, costras y escamas. Frecuentemente se presentan con malestar general, fiebre, ardor y prurito (comezón).*

El tratamiento de las enfermedades

Aparte de todos estos medios de utilización de las aguas termales (bebidas, baños, fangos o grutas) existen también otras variantes a las que, hasta ahora, hemos hecho una pequeña alusión. Daremos aquí una breve aunque más detenida descripción de estos otros medios de cura termal, advirtiendo antes que, en general, sus indicaciones y contraindicaciones son las de las aguas para baño, con las particularidades propias del medio, como es natural. Por ejemplo, la pulverización sólo es útil en las formas de enfermedad circunscritas a la faringe, y es evidente, también como ejemplo, que la aerosolterapia está indicada en especial para las afecciones del aparato respiratorio.

Ducha rectal. Prácticamente, es una especie de lavado enteral continuo (enterolisis) o alternado. De 4 a 6 litros de agua termal son introducidos a baja presión y a temperatura controlada.

Irrigación vaginal. Es un lavado practicado a bajísima presión, gota a gota, para permitir una eficaz absorción del agua a través de la mucosa vaginal.

Irrigación nasal. Por medio de catéteres metálicos introducidos en las fosas nasales se practican una irrigación y un lavado continuos utilizando de uno a dos litros de agua termal.

Nebulización en ambiente. Mediante dispositivos especiales se provoca una fina dispersión del agua termal, que se transforma en una niebla. Los pacientes permanecen de media a una hora en ese ambiente, y respiran la niebla de agua termal.

Pulverización. Por medio de un chorro de vapor, y en partículas aún más menudas que las de nebulización, se pulveriza el agua termal, que es respirada por los pacientes.

Aerosol. Con el uso de ciertos dispositivos, las aguas termales son fragmentadas en pequeñísimas gotas, cuyo tamaño es del orden de pocas milésimas de milímetro de diámetro. Mediante el aerosol termal pueden introducirse profusamente en el aparato respiratorio las gotitas de agua termal y los gases termales contenidos en ellas (azufre, gas radiactivo).

E lección del balneario

Las características climatológicas y ambientales de la estación termal son muy importantes a la hora de decidir su elección. Por ejemplo, las curas de fango, que son debilitantes de por sí, deben ser practicadas en zonas no excesivamente calurosas, si se hacen en verano, o al menos en lugares bien ventilados, de manera que el organismo pueda tolerar bien la cura. Igualmente, es mejor elegir puntos poco húmedos para las curas por bebida. Las condiciones personales de salud pueden asimismo influir en las preferencias: un paciente cardiaco deberá escoger un lugar no excesivamente alto o caluroso; otro nervioso y que sufra de insomnio dará prioridad a un punto termal situado junto a un lago o en la montaña; un individuo que sufra de melancolía y depresión nerviosa escogerá el suyo junto al mar, y procurará que ofrezca distracciones, útiles al menos para levantarle la moral.

Generalmente, las curas termales duran de quince a veintiún días, con algún posible intervalo. Las de menor duración son casi siempre ineficaces, porque el organismo suele tardar un tiempo considerable en adaptarse a la nueva situación creada por la presencia de las aguas minerales.

Métodos terapéuticos

Talasoterapia

El empleo terapéutico del agua del mar es también muy antiguo, aunque no haya adquirido categoría científica hasta hace muy pocos años. El agua del mar obtenida a diferentes profundidades, filtrada y purificada, contiene más de treinta elementos químicos, todos ellos esenciales para el mantenimiento de la vida y la salud. Sobrepasa cualitativamente, pues, a cualquier agua mineromedicinal, aunque cuantitativamente algún tipo de agua termal pueda poseer mayor cantidad de una determinada sal mineral. Siempre se ha realizado la ingestión de agua de mar junto a sus orillas, sin que se haya popularizado beber esta agua en forma embotellada. En general, se bebe en ayunas un vaso grande de este líquido, que no debe alterarse ni diluirse. A veces es necesario beber otro vaso a media mañana y un tercero a media tarde. Los enfermos sensibles del estómago deben calentarla un poco.

Con esta terapéutica se estimula todo el metabolismo general del organismo, pero sus indicaciones y contraindicaciones (sobre todo enfermedades renales, por su alto contenido en sal común) son muy precisas; sólo el médico puede establecer su conveniencia en cada caso. También el uso externo del agua de mar puede resultar útil. En algunas heridas purulentas e infectadas en forma rebelde, y en ciertos eczemas y abscesos, las curas con baños de agua de mar suelen ser muy eficaces. Se ha demostrado que ejercen una positiva acción sobre el proceso de cicatrización: permiten que la cicatriz sea mínima y se consigue así un magnífico efecto estético. Lo que ya resulta más dudoso es el llamado efecto antibiótico, es decir, la actividad directa sobre las bacterias. Aunque los cultivos de algunos microorganismos se inhiben en el experimento al mezclarlos con agua marina, estas experiencias no permiten establecer conclusiones terapéuticas.

Terapéuticas mediante el ejercicio físico (cinesiterapia)

El masaje

Aunque se trata de un método terapéutico muy antiguo, la práctica del masaje se ha convertido actualmente en una disciplina médica, al igual que la hidroterapia y la gimnasia. Se basa en el conocimiento de la anatomía y fisiología de la piel, de los reflejos superficiales y profundos, y de la circulación sanguínea de los tejidos.

En cada caso es el médico quien debe indicar la clase, duración y dosificación del masaje según el cuadro clínico que presente cada enfermo. Ningún enfermo debe administrarse masajes sin vigilancia médica, ya que pueden estar totalmente contraindicados y provocar graves lesiones.

El masaje preparatorio consiste en fricciones y presiones y en masajes profundos de las principales masas musculares. Antes del ejercicio los tejidos deben ponerse a punto y los músculos prepararse para la máxima velocidad y potencia. El enfriamiento de los tejidos predispone a los calambres y roturas musculares, y disminuye la capacidad física en general.

El tratamiento de las enfermedades

Después de la práctica del deporte, el masaje debe producir un efecto sedante; por ello se aplica solamente masaje superficial.

Después de una lesión, el masaje debe estar adaptado a la naturaleza y a la importancia de ésta.

El masaje tiene su importancia no sólo en los deportistas; casi todas las alteraciones de la musculatura se pueden mejorar o curar con él. Su aplicación constante produce en los músculos con contractura espástica total o parcial, un efecto relajante. Actúa sobre la piel, el tejido subcutáneo y los músculos, y también, en forma refleja, sobre los órganos internos.

Muchos dolores viscerales se acusan en ciertas zonas cutáneas, a veces con una exactitud topográfica sorprendente. Sobre estas zonas de repercusión dolorosa deben fundamentarse las manipulaciones del masajista. Las maniobras fundamentales del masaje son:

1. Masaje superficial

Consiste en una especie de tratamiento suave ejercido con la palma de la mano o las yemas de los dedos. Es esencialmente sedante del dolor.

2. Fricción

La mano se va desplazando al mismo tiempo que ejerce una presión o compresión sobre el tejido friccionado.

3. Presión

Varía desde el ligero contacto hasta la presión fuerte que deprime todos los planos. Se puede practicar con uno o varios dedos, con la mano entera o con las dos manos.

4. Masaje profundo

Es aplicable solamente a las regiones provistas de voluminosas masas musculares (brazos, muslos, glúteos, etcétera.). Consiste en asir fuertemente los tegumentos, los músculos y a veces los órganos subyacentes, levantarlos y después desplazarlos transversalmente.

5. Pellizcamiento

Es un masaje profundo que se realiza asiendo, entre el dedo pulgar y el índice, la parte sobre la cual se quiere actuar.

6. Vibración

Consiste en una serie de sacudidas rápidas, trasmitidas a los tegumentos en sucesión de presiones y relajaciones.

7. Percusión

Es un martilleo de los tejidos con la ayuda de la mano. El masaje se aplica principalmente en reumatismo muscular, lumbago, espasmos musculares de las piernas, neuralgias, determinadas enfermedades nerviosas con parálisis, defectos posturales y contracturas de diversa índole. El masaje de todo el organismo es beneficioso pues, entre otros efectos, fortalece la musculatura.

Existen otros métodos de masaje. El masaje en el agua (en piscinas), el masaje de corazón, el masaje del tejido epitelial, etc. Todas estas formas sólo pueden ejercerlas profesionales, especialmente preparados para esta disciplina.

La gimnasia terapéutica

Los ejercicios físicos como medio curativo han sido usados durante muchos siglos por los médicos, particularmente con propósitos higiénicos, en el tratamiento de estados patológicos, sobre todo en las secuelas de las enfermedades del aparato locomotor. Sin embargo, fue Ling, profesor de esgrima sueco, quien desarrolló unos ejercicios sistematizados (gimnasia correctiva o mecanoterapia). Ling supo otorgar a la gimnasia gracia, suavidad y armonía, dando paso a lo que desde entonces se conoce en todo el mundo como «gimnasia sueca». Sin uso de aparatos y con un profundo conocimiento de la anatomía y fisiología humanas, Ling confiaba más en la constancia que en los esfuerzos exagerados o violentos.

Desde entonces, los médicos usan la gimnasia sueca como remedio contra numerosos problemas, no sólo de huesos, sino también orgánicos, como el estreñimiento o la ptosis gástrica, e incluso psíquicos, como la neurastenia o la depresión.

Posteriormente, a esta gimnasia se añadieron otros ejercicios con aparatos, ayudados por masajes y aire caliente.

El ejercicio físico y los deportes deben adaptarse al estado fisiológico de cada paciente, de acuerdo con su edad y dolencias. Siempre será el médico quien indicará la clase de ejercicio y su dosificación, de acuerdo con la reserva cardiaca y circulatoria del paciente. Un esfuerzo demasiado intenso o muy rápido puede ser perjudicial. En las enfermedades congénitas o adquiridas del corazón, los deportes son excelentes, pero siempre dentro de ciertos límites. Las enfermedades vasculares, como la hipertensión, pueden ser favorablemente influidas por la relajación rítmica. En la hipotensión, los ejercicios serán de contracción muscular o de carácter general, realizados muy lentamente. El atletismo ligero, la natación, el alpinismo, los juegos al aire libre, etc., mejoran las condiciones de la mucosa respiratoria. El enfisema responde positivamente a los ejercicios de relajación. El enfermo asmático debe ser tratado por medio de una respiración correcta.

Los ejercicios físicos y los deportes resultan imprescindibles en el tratamiento de la obesidad. En los casos que responden al tratamiento físico encontramos grandes pérdidas de peso; en algunos casos los ejercicios terapéuticos pueden conducir incluso a cambios constitutivos. La debilidad constitucional es un buen campo para los ejercicios terapéuticos activos. Aquí son importantes los ejercicios respiratorios y los relacionados con la tensión baja.

El tratamiento de las enfermedades

La musculatura fláccida e insuficientemente desarrollada del abdomen es causa de muchos síntomas, tales como la inercia intestinal. Aun en los casos de ptosis gástrica e intestinal muy manifiesta, con el fortalecimiento de la musculatura abdominal se observa una acentuada disminución de los síntomas. Otra consecuencia de la flaccidez de la musculatura abdominal es una mala postura de la pelvis. La buena posición de la pelvis y de la columna vertebral dependen de los músculos glúteos. Por medio de ejercicios de resistencia se mejora la posición de ambas estructuras. En la mujer, la gimnasia tiene mayor importancia para conservar la elasticidad de los músculos de la pelvis, abdominales y dorsales, con vistas a un futuro parto y a la recuperación después del mismo. La gimnasia actúa también muy favorablemente sobre los trastornos menstruales como la irregularidad.

Los ejercicios en el agua

Los ejercicios en el agua ayudan al paciente a ejecutar movimientos en un medio que los facilita en grado sumo, de modo que, con poco esfuerzo, puede desplazar miembros gravemente afectados y realizar una serie de ejercicios, actividad que no podría llevar a cabo sin ayuda. Estos ejercicios tienen especial importancia en la recuperación de los enfermos de poliomielitis y en los pacientes ortopédicos.

El deporte y la gimnasia en las personas sanas

El deporte contribuye a reducir la tensión mental, constituye un método idóneo de descanso psíquico y es el mejor medio de mantenerse en forma. El movimiento regular al aire libre constituye un excelente sedante. Los deportes y caminatas ejecutados en grupo constituyen el mejor tratamiento de los estados espásticos y de excitación. El deporte también es un medio eficaz de educar la voluntad. Siempre se deben elegir ejercicios que sean del agrado del practicante y que resulten adecuados para su tipo constitutivo.
    La natación tiene la mayor importancia, ya que representa la mejor escuela de respiración. Además, el efecto del agua produce una piel suave y elástica. La pérdida de calor favorece el metabolismo. En las crisis de vértigo o padecimiento del oído interno no se debe practicar este deporte. Tampoco la persona sana debe nadar con el estómago lleno, ni fatigada o sofocada.
    A las personas que ejercen un oficio sedentario les convendrá el deporte en forma de juegos, como volibol, baloncesto o tenis. A partir de los 50 años se recomienda seguir practicando el deporte favorito habitual, pero con precauciones.
    Entre los 50 y los 60 años hay que evitar los grandes esfuerzos. Se puede practicar perfectamente la natación, aunque dentro de unos límites de esfuerzo más estrictos. Realmente no hay ningún límite de edad para el ejercicio físico.
    Un deporte muy recomendado en todas las edades es la pesca deportiva. En nuestros tiempos mecanizados el ejercicio físico en el joven y en el anciano se ha convertido en una necesidad vital.

La terapéutica del agua (hidroterapia)

La aplicación del agua como medida terapéutica es tan vieja como la humanidad, pero sólo en los últimos siglos se ha desarrollado un «método» que cuenta con muchos adictos. Vicente Priessnitz tiene el gran mérito de haber fundado la hidroterapia racional. El clérigo Sebastian Kneipp desarrolló después las ideas de Priessnitz, con ligeras variaciones. Tanto Priessnitz como Kneipp partieron de la experiencia, sin darle una base científica. En el curso del tiempo hubo que superar muchas exageraciones y muchos equívocos antes de que la regulación y el conocimiento científicos hicieran posibles las aplicaciones generales de la hidroterapia en la práctica diaria y se pudieran obtener buenos resultados de ella.

La hidroterapia ofrece muchas posibilidades de aplicación. Se usa para vigorizar el organismo, para sustraer calor, para estimular el riego sanguíneo, para provocar la sudoración y en aplicaciones intensivas por su acción sobre el sistema circulatorio.

Kneipp prefería las aplicaciones frías, pero actualmente (incluso en la cura creada por él) una parte de ellas son calientes o tibias, o bien alternas. Según Kneipp, el tratamiento tiene que ir complementado por una alimentación lactovegetariana. El fin último es la vigorización, esto es, la mejor adaptación a los estímulos naturales del ambiente. Por esta causa la cura de Kneipp no es una terapéutica en el sentido estricto de la palabra, sino una serie de reglas higiénicas.

Como cualquier método de curación, la hidroterapia requiere escrúpulo y experiencia. La preparación de un programa de cura y la vigilancia del médico son indispensables. Muchas veces los profanos tienden a abusar de este sistema curativo. Para ellos una compresa o un baño nunca son bastante calientes; una sudoración jamás es suficientemente intensa. La persona que sufra trastornos de circulación tiene que obrar con extrema prudencia al manejar el calor y el frío. Los convalecientes o las personas con alguna insuficiencia circulatoria pueden ser víctimas de un desvanecimiento o de un colapso, aun tomando un simple baño en la tina. Los pacientes cardiacos están expuestos a accidentes por las variaciones de la tensión arterial; los hipertensos, así como los arterioescleróticos, pueden sufrir un ataque apoplético si toman un baño de vapor muy caliente.

Todas las aplicaciones hidroterapéuticas obran sobre la piel con estímulos térmicos y mecánicos. Esos estímulos se trasmiten después por la circulación sanguínea y los nervios hasta los órganos internos. Para las aplicaciones se usa agua fría, caliente o templada. Tratándose de aplicaciones frías, el agua debe estar a la temperatura del ambiente exterior, y como máximo a la temperatura de la habitación (en general, entre los 13 y los 27°C). Por lo que respecta a las aplicaciones calientes, en general, la temperatura debe hallarse entre los 37 y los 45°C.

El factor determinante para una aplicación es casi siempre la necesidad de calor que tenga el enfermo. El agua fría, por lo común, sólo puede aplicarse si el cuerpo está caliente. Por ello es conveniente hacer las aplicaciones por la mañana, al levantarse de la cama, aunque están permitidas a cualquier hora del día. Primeramente, el cuerpo debe entrar en calor, ya sea con alguna bebida caliente o con una bolsa que contenga agua caliente. El baño caliente de pies, con el cuerpo bien cubierto, produce por sí solo, y muy pronto, una sensación de calor difuso. Además, en las aplicaciones de agua fría es preciso cuidar que el tratamiento se haga en locales calentados (con temperatura no

El tratamiento de las enfermedades

inferior a los 20°C). Después de la aplicación es necesario que el paciente entre en calor moviéndose, o bien metiéndose en cama. Si la reacción (enrojecimiento de la piel) no se presenta, hay que friccionar la epidermis y, a veces, será necesario aportar calor al cuerpo con una bolsa de agua caliente.

A una aplicación de agua caliente debe seguir otra aplicación fría, de agua o de aire, para evitar las congestiones (acumulación de sangre) o los resfriados. De ordinario se reposará después de un tratamiento caliente, en particular después de las aplicaciones extensas.

Según la doctrina de Kneipp, en todos los tratamientos con agua fría es aplicable la siguiente regla: las partes del cuerpo que normalmente van cubiertas y que no sean demasiado velludas, no deberán secarse después de la aplicación; se sacuden las gotas con la palma de la mano, para en seguida ponerse la pijama y acostarse; si es por la mañana, después de vestirse será conveniente moverse. Antes del tratamiento es aconsejable evacuar el intestino y la vejiga. No se harán aplicaciones hidroterapéuticas con el estómago lleno. Esta técnica es utilizada en la medicina «naturista».

Abluciones

Son la forma más suave de las aplicaciones hidroterapéuticas y ejercen una acción reconstituyente y vigorizante (tónica) en muchas enfermedades. Las abluciones con paños empapados sirven también para prevenir ciertos padecimientos; por ejemplo, cuando hay propensión a las afecciones reumáticas, o para aumentar la resistencia de las personas predispuestas a los enfriamientos.

Cuando se tiene la sensación de frío, o peor aún, de escalofrío, se es particularmente sensible a dicha temperatura; en esos casos se aplicarán solamente abluciones calientes. Para aumentar la acción estimulante, se puede añadir un vaso de vinagre por cada litro de agua, o bien una cucharada de tintura de árnica. Se sumerge en el agua un paño áspero, o una toalla, plegado varias veces; se exprime ligeramente y se pasa por el cuerpo friccionando enérgicamente o, si se quiere seguir el método Kneipp, apretando sólo ligeramente, pues según esta teoría únicamente debe actuar el estímulo del frío. Una vez terminada la ablución, que dura siempre menos de 30 min., el paciente se acuesta durante media hora en el lecho calentado. En los enfermos obligados a guardar cama, debe cubrirse en seguida la parte del cuerpo que se haya lavado.

Las abluciones pueden ser del tórax, de la parte inferior del cuerpo, o completas. En ninguno de los tres casos deberá secarse al paciente: se pondrá la ropa interior sobre el cuerpo mojado y se le arropará bien en la cama.

Ablución del tórax. Se empieza a pasar el paño empapado por el dorso de la mano derecha, después se va subiendo a lo largo de la parte exterior del brazo hasta el hombro, y se vuelve hacia la mano por la parte interna del brazo; de allí se vuelve otra vez por el lado interno hasta la axila. Después de pasar el paño por ésta, se continúa por el cuello, de arriba abajo y se frota varias veces verticalmente el pecho, el abdomen y los costados, hasta las caderas. Se repite en la misma sucesión y se termina pasando el paño por la espalda, en sentido vertical.

Métodos terapéuticos

Ablución de la parte inferior del cuerpo. Se comienza por el empeine del pie derecho, se frota siguiendo la parte exterior de la pierna y el muslo, hasta la cadera; se continúa pasando el paño por la región inguinal y luego por la cara interna del muslo y de la pierna, hasta el pie. Después de bañar la planta del pie se termina por la parte posterior de la pierna y del muslo, primero de abajo para arriba y luego en sentido contrario. Se cubre en seguida la pierna derecha, para proceder a la ablución de la pierna izquierda.

Ablución completa. Si el paciente está obligado a guardar cama, se inicia con una ablución del tórax seguida por otra de la parte inferior del cuerpo. Si el enfermo está en condiciones de ponerse de pie se comienza con la ablución de los brazos, para después pasar el paño empapado, con movimientos amplios y rápidos sobre el cuello, el pecho y los costados, hasta los pies, para terminar en la planta de éstos.

La **ablución alternada** de agua caliente y agua fría produce un efecto particularmente intenso en virtud de su acción de contraste. Sin embargo, sólo es recomendable en las convalecencias ya avanzadas y en el tratamiento de los trastornos circulatorios. La ablución se hace primero con agua caliente, a 40°C, y después con agua fría.

El baño con cepilladura es una forma especial de ablución que provoca fuerte reacción cutánea. Se sumerge al paciente en una tina con agua a 35°C y con un cepillo no demasiado blando se frotan las partes del cuerpo que se quieran tratar, hasta que se enrojezca la piel. Se procede en el siguiente orden: brazos, piernas, pecho, vientre y espalda. Después, mientras el paciente ejecuta movimientos, se enfría el agua del baño hasta 28°C.

Las fricciones parciales unidas a la ablución producen una reacción más intensa. Se aplica la toalla exprimida y se frota con ella al paciente hasta que tenga la sensación de haber entrado en calor.

La fricción general es un procedimiento muy enérgico que sólo soportan las personas robustas. Se empapa en agua fría una sábana y se envuelve con ella al paciente puesto de pie, con los brazos levantados; a continuación bajará los brazos y se le rodeará otra vez con la sábana, sujetando el extremo de ésta en torno al cuello de modo que quede muy pegada al cuerpo. Se fricciona con movimientos amplios y enérgicos por encima de la tela, de arriba abajo.

Envolturas

El iniciador de la técnica de la compresa o envoltura fue Priessnitz, el padre de la hidroterapia. Para cualquier parte del cuerpo que se envuelva, deben utilizarse tres paños: uno de tela absorbente, que se aplica más o menos húmedo directamente sobre el cuerpo; otro intermedio, de tamaño un poco mayor, de tela ligera y permeable; otro

El tratamiento de las enfermedades

ENVOLTURAS DE PRIESSNITZ

Paño de lino

Paño intermedio

Paño de lana

ENVOLTURA COMPLETA

Paño de lana

Paño de lino

ENVOLTURA PARA LA PANTORRILLA

ENVOLTURA DEL TRONCO

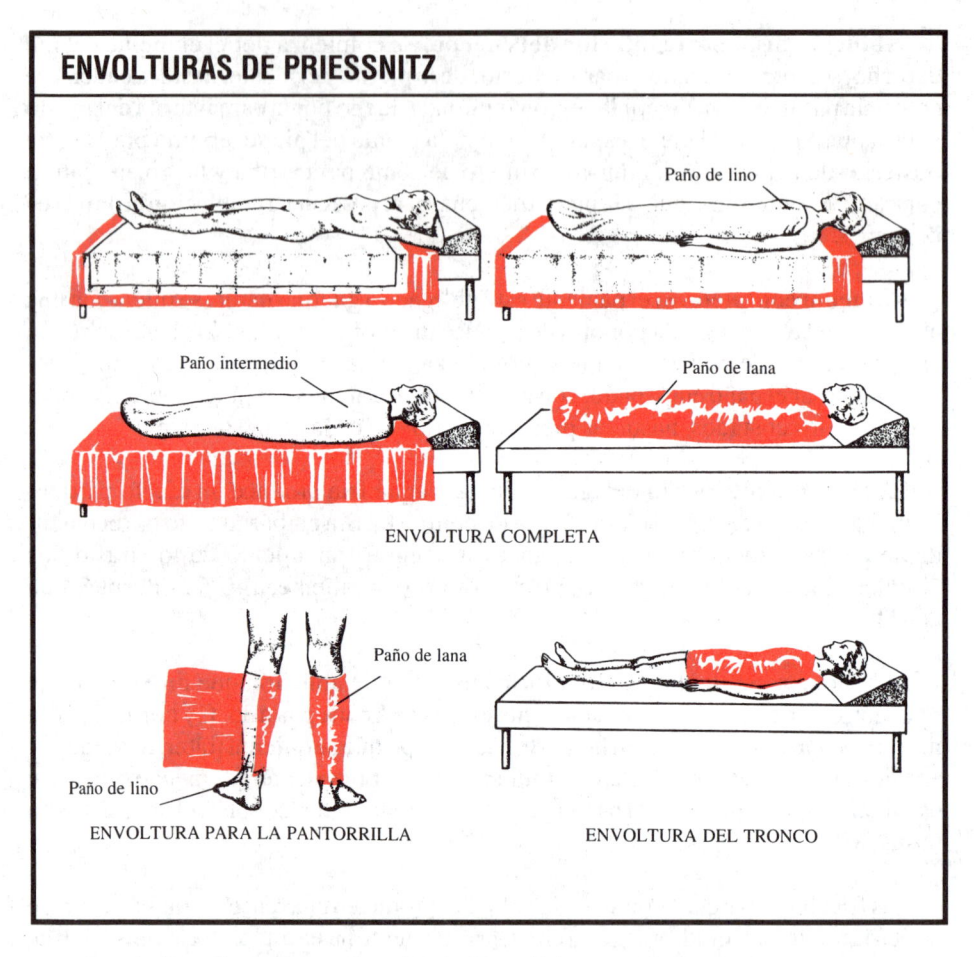

exterior, de franela, más grande todavía. Este último puede sustituirse por una manta de lana, que conserva mejor la temperatura.

La envoltura fría, según la técnica que se emplee, tiene tres fines distintos:
1) Para sustraer calor del organismo febril; con este propósito se exprime ligeramente la envoltura fría y se cambia en cuanto empieza a calentarse.
2) Para la retención de calor, en cuyo caso el estímulo frío debe actuar brevemente. Por ello la envoltura se exprime hasta que queda apenas húmeda al tacto y se deja colocada en el cuerpo entre tres cuartos de hora y una hora y media, para quitarla antes de que comience la sudoración.
3) Para sudar, dejándola en el cuerpo del paciente durante un lapso que oscile entre una hora y media y dos horas.

Las envolturas moderadamente calientes o muy calientes se usan para aportar calor a los que lo necesitan o que tienen escalofríos. Según las reacciones del cuerpo a las que se aplica la envoltura, ésta es de garganta, torácica, toracoescapular, de guante, para el brazo, para el pie, para la pantorrilla, para el pie y la pantorrilla, para la pierna completa, lumbar, del tronco, tres cuartos (cubre desde las axilas hasta la punta de los pies, dejando libres los brazos y los hombros) y general.

Cataplasmas

Por contener una mezcla pastosa, las cataplasmas conservan el calor mucho más tiempo que las envolturas. Se dejan en el lugar de la aplicación hasta que se enfrían.

En la preparación de las cataplasmas se emplea fécula de papa, miga de pan, semillas de lino o de heno, harina de linaza o pastas preparadas con ciertas sustancias medicinales. Se llena una bolsa de tela permeable, hasta un grosor de 5 centímetros —del tamaño correspondiente a la parte del cuerpo que se va a tratar—, con flores de heno, por ejemplo; se empapa de agua y se calienta al vapor de una olla con agua hirviendo. La bolsa se envuelve después en un paño de lana o de lino. Se prueba la tolerancia del enfermo al calor, apoyándole ligeramente la cataplasma en la mejilla o en el dorso de la mano.

Afusiones

Si se quiere obtener el efecto deseado es necesario seguir al pie de la letra la técnica de Kneipp, ya que la afusión no equivale, simplemente, a tomar una ducha o a rociarse el cuerpo con agua.

Las afusiones se ejecutan empezando por los pies o por las manos. Se deja correr el agua, fría o caliente, para que el chorro se distribuya de manera uniforme. El estímulo debe ser exclusivamente térmico; además, las afusiones deben tener una duración breve.

La temperatura fría es la más eficaz, porque la reacción se produce en el momento mismo de la aplicación. Las afusiones frías tienen efecto en parte local y en parte general, favorecen la normalización del metabolismo, tienen una ligera acción estimulante sobre el sistema nervioso, activan la circulación sanguínea, eliminan la sensación de fatiga y ejercen un efecto general tonificante.

En los casos de excitabilidad nerviosa, y en los de mala regulación térmica, si la reacción es insuficiente con la afusión fría, están indicadas las afusiones templadas, empezando con agua caliente que se va enfriando poco a poco.

El tubo de hule que se emplea para las afusiones debe tener un diámetro de 18 a 20 milímetros; se conecta a la llave del agua y se coloca a unos 12 o 15 centímetros de distancia de la piel, de modo que el chorro forme con ella un ángulo de 40° aproximadamente. La duración de las afusiones simples será de 30 segundos a 3 minutos. En las afusiones alternantes se comienza con un chorro caliente (a unos 38°C), al cual seguirá de pronto un chorro frío.

Las afusiones, de acuerdo con la parte del cuerpo a la que se aplique el chorro de agua, se clasifican en afusión del rostro, del brazo, torácica, dorsal, de la rodilla, del muslo y general.

Afusión del rostro (refrescante en casos de fatiga mental y física, para aliviar los dolores neurálgicos, en la jaqueca y en los dolores de muelas, para estimular la

Afusiones según el método de Kneipp

AFUSIÓN TORÁCICA

AFUSIÓN DE LOS BRAZOS

AFUSIÓN DORSAL

AFUSIÓN DE LA RODILLA

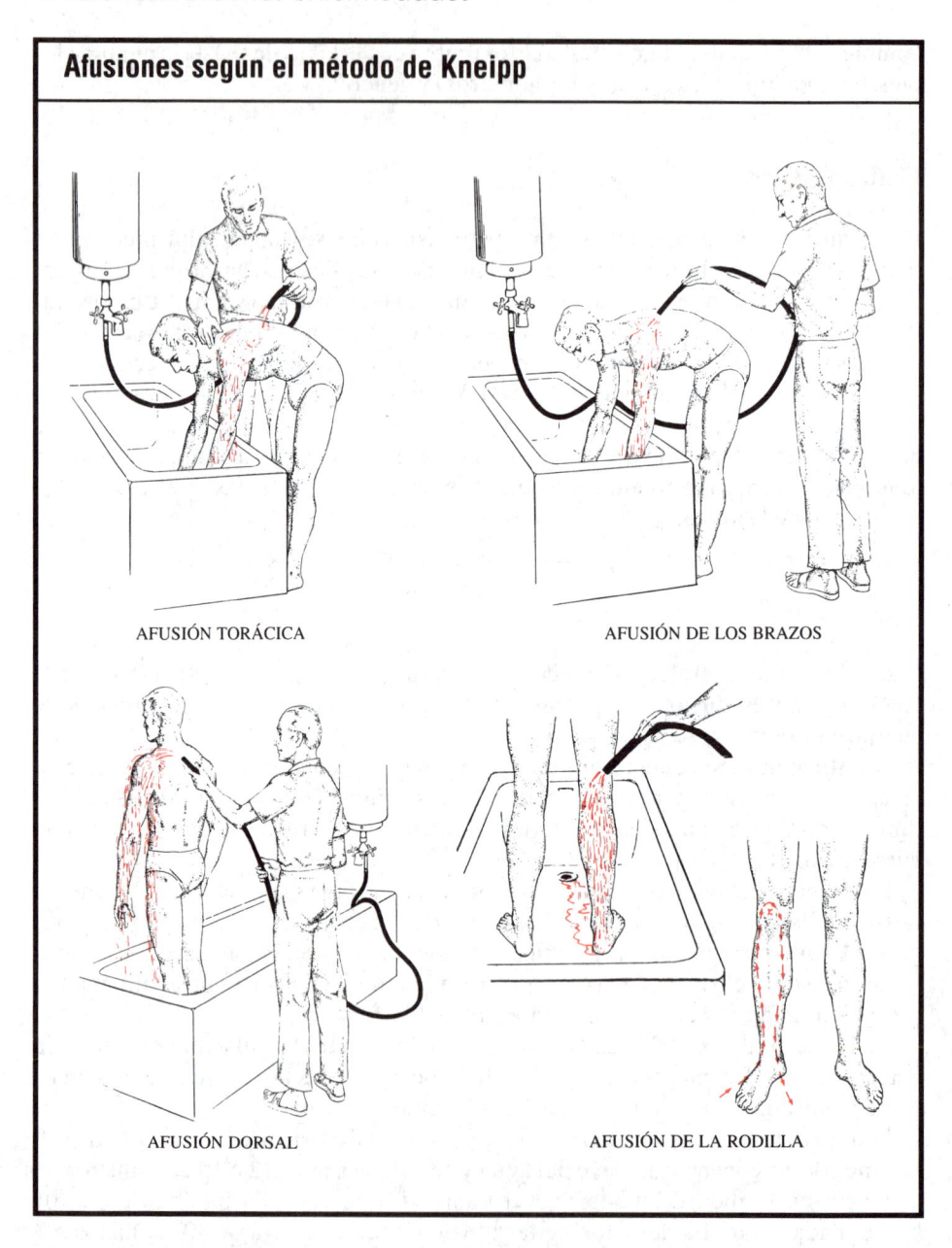

circulación de la piel o "afusión de belleza"). Con el tronco doblado hacia adelante, se comienza con un chorro de agua débil en la sien derecha, luego todo alrededor de la cara, varias veces sobre la frente y por último sobre el resto de la cara.

Afusión de los brazos (para estimular la circulación de la sangre y la actividad de los nervios del brazo, en la tendencia de las manos a enfriarse, en los calambres). El enfermo debe doblarse hacia adelante, apoyando las manos en el fondo de la tina. Se

Métodos terapéuticos

lleva el chorro desde la mano derecha por la parte externa del brazo, hasta el hombro, donde se echará agua durante 5 o 10 segundos para que al escurrir bañe todo el brazo; después se llevará el chorro por la cara interna del brazo, hasta la mano. Se procede de la misma manera con el brazo izquierdo y luego se repite todo el tratamiento.

Afusión del tórax (estimula la respiración, refuerza la actividad cardiaca y vigoriza

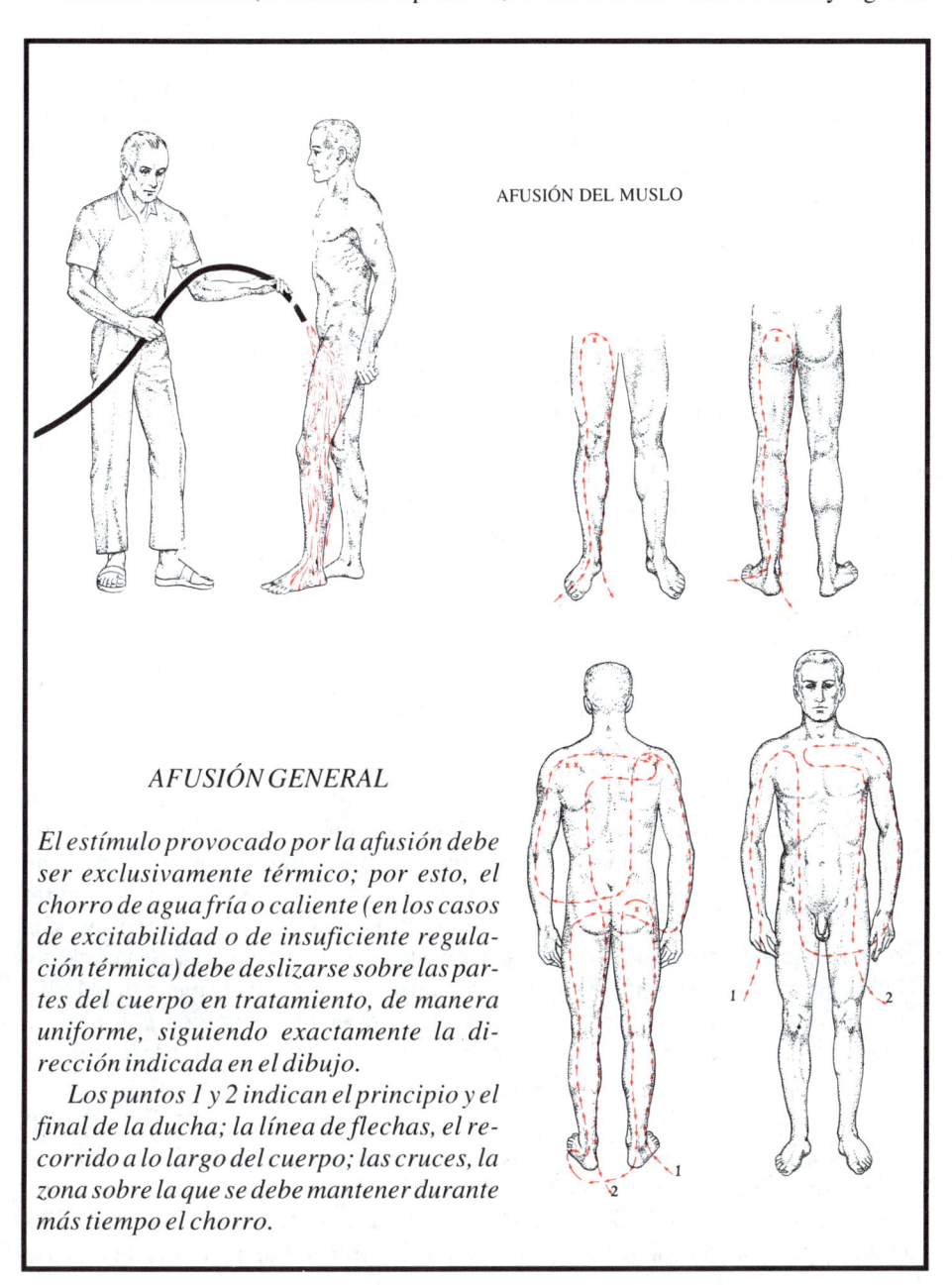

AFUSIÓN DEL MUSLO

AFUSIÓN GENERAL

El estímulo provocado por la afusión debe ser exclusivamente térmico; por esto, el chorro de agua fría o caliente (en los casos de excitabilidad o de insuficiente regulación térmica) debe deslizarse sobre las partes del cuerpo en tratamiento, de manera uniforme, siguiendo exactamente la dirección indicada en el dibujo.

Los puntos 1 y 2 indican el principio y el final de la ducha; la línea de flechas, el recorrido a lo largo del cuerpo; las cruces, la zona sobre la que se debe mantener durante más tiempo el chorro.

El tratamiento de las enfermedades

los organismos propensos a las enfermedades producidas por enfriamiento; no es recomendable en la tuberculosis pulmonar ni en las enfermedades orgánicas del corazón). Aunque es una de las afusiones más eficaces del tratamiento de Kneipp, no deberá aplicarse sin prescripción médica. La postura del cuerpo es igual a la utilizada para la afusión de los brazos, pero se levanta la cabeza para hacerla girar durante la afusión. Empezando por el lado derecho, se llevará el chorro desde la palma de la mano por la cara interna del brazo hasta el hombro, y se continuará por la cara externa hasta la **mano**; luego se pasa a la **mano** izquierda (mientras el paciente para no sentir tanto el frío) se baña el pecho con la **mano** derecha, se sube por la cara interna y se desciende por la cara externa; se dan tres vueltas sobre el pecho (en las mujeres, de manera que se dibuje la figura de un ocho) y después, pasando por el hombro derecho, se lleva el chorro hasta la parte alta de la espalda para que el agua escurra por toda la espalda, la nuca y los brazos; se dirige el chorro a la espalda y por último al brazo, por la cara externa hasta la mano.

Afusión dorsal (para reforzar la musculatura de la espalda en afecciones espinales; en ciertas esclerosis). Se lleva el chorro desde el pie derecho, por el lado externo de la pierna, hasta la cadera y se vuelve después por el lado interno hasta el talón. Se hace lo mismo en la cara externa de la pierna izquierda. Al llegar a la cadera izquierda se lleva el chorro pasando por debajo de los glúteos, hacia la derecha (mientras se baña la espalda con la mano libre, para prepararla al estímulo frío, y el paciente se moja el pecho) y luego por el lado externo del brazo hasta el hombro, donde se esparcirá el agua en forma de abanico durante unos ocho segundos sobre la mitad derecha de la espalda; se dirige el chorro por el lado derecho de la espalda hacia la parte baja; se pasa por debajo de los glúteos a la mano izquierda, se continúa a lo largo del brazo izquierdo hasta el hombro y se procede entonces de la misma manera que en el caso del lado derecho. Se termina bajando el chorro de agua por el lado izquierdo.

Afusión de la rodilla (útil en inflamaciones locales de la piel, en la sinovitis, en las venas varicosas, en la tendencia a padecer frío en los pies). Se baña primero la parte posterior de la rodilla; después, el lado anterior. Se empieza por el pie derecho (poniendo la boca del tubo de hule a un dedo de distancia de la piel), llevando el chorro desde el empeine al talón, luego por la pantorrilla hasta la corva, donde se dejará el chorro un momento para que se bañe la parte posterior de toda la pierna. Se vuelve por el lado interno hasta el talón. Se procede de la misma manera con la pierna izquierda. La duración de la afusión es, para cada pierna, de tres a diez segundos. Una afusión demasiado prolongada puede provocar coloración cianótica (azulada) de la piel.

Afusión del muslo (con las mismas indicaciones que la afusión de la rodilla; es particularmente útil en los casos de venas varicosas extensas y en las parálisis de los miembros inferiores). Sólo debe emplearse tras una serie de afusiones de la rodilla, cuando el paciente esté acostumbrado a éstas. Se procede de manera análoga a la indicada en la afusión de la rodilla, pero llegando con el chorro hasta la cadera, donde se deja correr durante ocho segundos para que bañe una superficie extensa de piel.

Afusión general (para calmar el sistema nervioso después de una actividad mental intensa). Esta afusión se efectúa solamente cuando el estado general del paciente es bueno. Se baña todo el cuerpo, con excepción de la cabeza. La técnica, al principio, es análoga a la de la afusión dorsal, pero al llegar a los hombros (primero al derecho y después al izquierdo) se deja correr el agua de modo que una tercera parte del chorro escurra por el pecho y dos terceras partes por la espalda. Terminada la afusión dorsal, el paciente se pone de frente y se comienza la afusión frontal del lado derecho; se lleva el chorro a lo largo del brazo derecho hacia el hombro, donde se dejará durante varios segundos; aquí se deja correr un tercio del agua sobre la espalda; se sigue después por el lado derecho del tórax, bajando hasta la región inguinal, y se pasa sobre el muslo hacia la mano izquierda; después, a lo largo del brazo izquierdo, se sube hacia el hombro, se deja de nuevo escurrir un tercio del agua por la espalda sobre el hombro izquierdo; se pasa sobre el esternón hacia el hombro derecho y se vuelve otra vez hacia la izquierda, para bañar el lado izquierdo del tronco hasta la región inguinal. Las piernas no se bañan por su cara anterior.

Los baños

Todos los baños actúan inicialmente en la superficie del cuerpo, por lo que la primera reacción se produce en los nervios y vasos de la piel y, más tarde, en los órganos internos. La temperatura juega un efecto importante sobre el sistema nervioso y el metabolismo, tanto si se trata de suministrar como de reducir calor. Este produce una dilatación y, lógicamente, el frío ocasiona una constricción. Si la temperatura del agua es más elevada que la del organismo, produce excitación y sofocos; las temperaturas bajas son paralizantes y entumecedoras; las temperaturas templadas resultan vigorizantes y estimulantes.

Distinguiremos entre baños de limpieza, refrescantes y terapéuticos. Para los baños de limpieza se empleará agua a una temperatura de unos 35° C. El efecto excitante de un baño es tanto menor cuanto más próxima sea la temperatura del agua a la de la sangre. En personas débiles y en los ancianos bastará una mínima diferencia entre la temperatura de la sangre y la del agua para producir un aumento o un descenso considerable de la temperatura.

En los enfermos cardiacos debe evitarse cualquier descenso brusco de la temperatura, disminuyendo muy lentamente la del agua del baño para que el sistema circulatorio pueda irse adaptando a la temperatura exterior.

Los baños refrescantes son estimulantes y activan el metabolismo. Se suele elegir una temperatura entre los 20 y 30°C.

Los baños terapéuticos, aplicados según el método de Kneipp, se usan fríos, calientes en grado mayor o menor, alternando los fríos y los calientes o aumentando

El tratamiento de las enfermedades

su temperatura progresivamente. Pueden ser parciales o completos. En ellos, los principios activos son la temperatura y, en las aplicaciones extensas, la presión uniforme del agua. Según las partes del cuerpo que se someten a la acción del agua, los baños se clasifican en:

1. Baños para los brazos

Se sumergen los dos brazos hasta el codo en una cubeta o recipiente adecuado que se coloca de modo que el paciente no tenga que inclinarse mucho. Se recomiendan fríos para los trastornos funcionales del sistema nervioso, trastornos localizados de la circulación, hipertensión arterial e insomnio. Los baños calientes están indicados en los panadizos o inflamaciones supuradas de los dedos, en el reumatismo, en la angina de pecho y en el asma.

2. Baños de pies

Según Kneipp el mejor baño de pies frío es "andar por el agua". Ésta deberá llegar hasta la mitad de la pantorrilla, y si no se dispone de locales preparados especialmente para ello (como en el caso de la cura de Kneipp), puede marcarse el paso en una tina de baño. El enfermo se pondrá después los calcetines, con los pies húmedos, y se calentará caminando. El baño de pies frío es útil en las hemorragias nasales, en el estreñimiento, en los trastornos de la vejiga y en la fatiga de los pies.

El baño de pies caliente está indicado para combatir la tendencia a tener los pies fríos, en el insomnio, en las inflamaciones de la piel, de las articulaciones y de los órganos de la cavidad pélvica, y en la sudoración de los pies.

3. Baños de asiento

Los baños en los que se sumerge en el agua sólo la parte inferior del tronco se toman en una tina especialmente diseñada. El agua debe llegar hasta el ombligo. Se utiliza agua fría en casos de insomnio, de estreñimiento y de hemorroides; agua caliente en los trastornos de la vejiga y de los riñones, y en las inflamaciones de la región pélvica. No deben tomarse baños de asiento más de dos o tres veces por semana, pues pueden resultar contraproducentes.

4. Baños de medio cuerpo

El enfermo debe sentarse primero sobre los talones, dentro de la tina, para después extender las piernas. El agua debe llegar hasta la cintura. El baño frío está indicado en el estreñimiento, en el meteorismo, en la debilidad de la vejiga con frecuentes deseos de orinar y en las enfermedades tiroideas. El baño caliente (sobre todo si se añade valeriana) es útil en los casos de insomnio.

5. Baños completos

El paciente debe quedar sumergido en el agua hasta el cuello. El baño frío se emplea en la obesidad y para tonificar el organismo; el baño caliente, en la excitación nerviosa y en el insomnio, en la gota y en el reumatismo. Está contraindicado en las enfermedades graves del corazón y del aparato circulatorio.

En los baños fríos la temperatura no debe pasar de los 15 °C (en las personas sensibles al frío, de los 18°C). La duración debe variar entre 6 y 20 segundos, y el paciente deberá calentarse antes del tratamiento, haciendo movimientos corporales o reposando en la cama. La temperatura ambiental debe ser de 18 a 20°C. Se secan sólo las partes del cuerpo que normalmente no van cubiertas, así como la región sacra y lumbar. Después de haber tomado el baño, el enfermo deberá experimentar una sensación agradable de calor.

La temperatura, en los baños moderadamente calientes, varía entre los 32 y los 37°C. Están indicados cuando conviene aportar calor al cuerpo y el paciente no tolera bien los baños muy calientes. La inmersión en el agua caliente debe durar de 15 a 20 minutos, y debe ir seguida de un estímulo frío, mediante una breve ablución con agua fría. El enfermo deberá después reposar durante una hora o una hora y media.

Los baños alternantes (caliente-frío) se recomiendan, en general, como baños parciales, y se recurre a ellos cuando después del baño caliente no se experimenta una sensación de calor suficientemente intensa. A un baño caliente de 5 a 10 minutos de duración sigue otro baño frío de 8 a 10 segundos. Se repetirá la operación una o dos veces, según sea necesario.

Los baños muy calientes tienen una temperatura de 38 a 40°C (a veces hasta de 45°C). Por acelerar los latidos cardiacos debe prestarse atención especial a la tolerancia del paciente. La duración varía entre 15 y 20 minutos.

Los vapores

Las aplicaciones hidroterapéuticas en forma de vapor a temperatura elevada se usan para calentar zonas más o menos extensas del cuerpo. Los vapores provocan la dilatación de los vasos sanguíneos y, por consiguiente, el aumento del riego sanguíneo con menor esfuerzo del corazón.

Vapores en la cabeza (útiles en el catarro bronquial, en la laringitis, en la otitis media). El enfermo se sienta ante un recipiente con tapa, en el que se ha puesto una infusión hirviente de hierbas medicinales (manzanilla, salvia, flores de heno, menta, eucalipto), e inclina la cabeza hacia adelante, con las manos apoyadas en el borde de la silla. La cabeza deberá estar cubierta con paños de lino y de lana. La intensidad de la acción del vapor se regula destapando más o menos el recipiente y acercando la cabeza hasta donde pueda soportar el vapor. La aplicación dura de 15 a 20 minutos. Una vez terminada hay que hacer una ablución con agua fría y evitar salir inmediatamente al aire libre. Se dan más detalles sobre este tipo de inhalaciones en la página 155.

El tratamiento de las enfermedades

Vapor en los pies (en el sudor excesivo de los pies, en el reumatismo, en la gota). El paciente, bien arropado en una manta, se sienta ante un recipiente grande, lleno hasta la mitad con agua hirviendo (o con una infusión de flores de heno), encima del cual se coloca una rejilla de madera que sirve para apoyar los pies. La aplicación debe durar de 15 a 30 minutos, y será seguida de una ablución fría.

Puede aplicarse el vapor en otras regiones del cuerpo, que habrán de estar descubiertas durante la aplicación mientras el paciente se abriga bien con una manta de lana. En cuanto a los baños de vapor conocidos con el nombre de «rusos», se han tratado ya con detalle en la página 149.

Baños especiales y aromáticos

Los baños aromáticos tienen un efecto tanto estimulante como sedante. Además, suelen producir efectos directos sobre la piel. Generalmente se toman a una temperatura entre 34 y 37° C. Al agua se añaden infusiones preparadas con plantas frescas o secas, o extractos ya preparados. Existen excelentes extractos en el comercio. Un baño aromático muy conocido es el de **extracto de hojas de pino o abeto,** que ejerce una influencia sedante sobre el sistema nervioso, y estimulante sobre el metabolismo y el sistema circulatorio. Las inhalaciones de los vapores son expectorantes. Estos baños se recomiendan principalmente en los estados de excitación nerviosa, reumatismo y catarros de las vías respiratorias altas.

Los baños de sal son favorables en el reumatismo, escrofulosis y en las enfermedades ginecológicas. La temperatura del agua debe oscilar entre los 33 y 44°C, y el baño durará de 15 a 20 minutos. Después, sin enjuagar, se seca superficialmente y se guarda reposo en cama durante una hora. A un baño con unos 300 litros de agua se añaden de cuatro a doce kilogramos de sal marina, según la concentración deseada (que oscila entre 1 y 4%).

Los baños de espuma se recomiendan en los casos de reumatismo y de obesidad. Los preparados para estos baños se compran en las farmacias o droguerías. El agua que entra en la bañera a 42 °C produce una capa de espuma de unos 30 a 35 °C de temperatura, que debe cubrir completamente al paciente. Después de unos 30 minutos sobreviene una sudoración profusa.

Las duchas se emplean de las más diversas formas. Pueden ser de chorro, de lluvia (al pasar por una rejilla) y en abanico. Si cambia la temperatura del agua paulatinamente se habla de duchas escocesas; cuando el cambio es brusco, de duchas intermitentes. También influye la mayor o menor presión del agua; por esto se une en la ducha, a la excitación por el agua, una excitación mecánica. Todas las duchas frías ejercen un efecto estimulante, influyen en el aparato circulatorio y producen casi siempre un aumento temporal de la tensión arterial, por lo que se recomiendan solamente a los enfermos fuertes o como método de fortalecimiento. No se prescriben nunca en la arterioesclerosis, tensión alta, alteraciones circulatorias, y tampoco si el enfermo tiende a padecer hemorragias fácilmente.

Métodos terapéuticos

El baño de sol

Un tratamiento de sol adecuado produce efectos favorables físicos y psíquicos. No todas las personas reaccionan igual a la irradiación solar, por lo que es conveniente consultar antes al médico. La precaución será extrema en caso de que el enfermo padezca una tuberculosis pulmonar. Se observan frecuentemente trastornos hasta en personas completamente sanas, como cansancio e inapetencia, así como temperaturas altas, atribuibles al exceso de irradiación. Las personas rubias, de tez clara, suelen ser más sensibles, por lo que deben tener un cuidado especial. El «tostarse» durante horas es completamente perjudicial, sobre todo cuando se trata de personas mayores o con la tensión arterial alta.

La helioterapia se recomienda sobre todo en el raquitismo, anemia, catarros nasofaríngeos, escrofulosis y, cuidadosamente dosificada, en algunas formas de tuberculosis.

Los baños de sol deben comenzarse en primavera para acostumbrarse poco a poco a las irradiaciones. Tomando el baño solar en movimiento, se produce un efecto más favorable en todo el organismo. En caso de tomarlo acostado, hay que usar gafas de sol y tener la cabeza cubierta, además de cambiar cada 5 minutos de postura. Se empieza por 5 minutos, aumentando poco a poco la duración hasta alcanzar 1 hora. También se pueden exponer sólo algunas partes del cuerpo al sol. Cerca del mar o en la nieve, la irradiación es demasiado alta y hay que tener especial cuidado. Se recomiendan aceites y cremas especiales para proteger la piel. El cambio entre sol y sombra suele soportarse bien, pero un cambio repetido entre sol y agua fría suele producir una excitación nerviosa. No se debe tomar el sol después de comer, ni dormir bajo sus rayos. Después del baño de sol se recomienda frotar la piel con una toalla húmeda o tomar un baño o una ducha.

Calor y frío

En muchas enfermedades se aplica el calor localmente, tratamiento fácil de realizar en la propia casa, pero siempre hay que tener cuidado para evitar las quemaduras, sobre todo en las personas mayores con una irrigación sanguínea defectuosa.

Para administrar calor localmente se usan lámparas. Es muy importante la distancia entre la fuente de calor y el cuerpo, lo mismo que el tiempo de aplicación.

Otros medios de administrar calor son las bolsas de hule, que se llenan con agua a 50°C, con la precaución de cerrar bien el tapón de rosca.

Las mantas eléctricas con termostato regulable representan la fuente de calor más práctica, pero hay que vigilar mucho su aplicación en los niños.

Para la aplicación del frío sirven las mismas bolsas de hule, que se llenan de agua helada añadiendo, si es necesario, hielo partido en trocitos.

Los medicamentos

Mecanismo de acción de los medicamentos

El fármaco ideal sería aquel que combatiera los factores etiológicos, las alteraciones funcionales y los trastornos orgánicos, restableciendo rápidamente la salud del ser humano. Por desgracia, esto ocurre muy pocas veces en ciertos tratamientos con antibióticos, en enfermedades infecciosas agudas o en los tratamientos sustitutivos en determinadas deficiencias hormonales.

Distinguiremos, por ello, entre tratamientos etiológicos, tratamientos fisiopatológicos y tratamientos sustitutivos o adicionales.

En los tratamientos etiológicos se combate directamente la causa de la enfermedad. Se suele tratar, principalmente, de quimioterapéuticos y antibióticos (que comprenden sustancias químicamente puras como las sulfonamidas y los antibióticos propiamente dichos, tanto naturales como sintéticos).

Con los tratamientos fisiopatológicos o sintomáticos se tratan exclusivamente los síntomas de una enfermedad (por ejemplo, los dolores con analgésicos o la fiebre con antitérmicos). La investigación farmacológica se ocupa del estudio de los efectos secundarios indeseables o peligrosos de esta clase de medicamentos. En medicina humana se aplican exclusivamente fármacos que presenten un riesgo mínimo de nocividad para el paciente.

Muchas veces habrá que combinar dos o más medicamentos para obtener un producto farmacéutico con un máximo de acción curativa y un mínimo de efectos secundarios.

Al combinar los medicamentos hay que tener en cuenta su composición química. Hay medicamentos incompatibles, que se combaten mutuamente. En otros casos una combinación acertada de dos o más medicamentos no sólo duplica o triplica su acción, sino que la potencia, la multiplica varias veces, es decir: la acción no se suma simplemente, sino que se refuerza en un grado mucho mayor.

Los medicamentos se administran por distintas vías. La vía de administración depende de su forma y solubilidad, así como de la capacidad de absorción de los tejidos respectivos. La absorción y la difusión dependen de la solubilidad del medicamento en el agua o en la grasa.

Muchos fármacos se administran por vía oral y se absorben por las mucosas del tracto gastrointestinal, pero otros se destruyen con la secreción gástrica, lo cual imposibilita su absorción. La administración de algunos de estos medicamentos se realiza por la vía sublingual, es decir, el medicamento se mantiene cierto tiempo en la boca y es absorbido por las mucosas bucales. Otras sustancias se pueden administrar por vía rectal y son absorbidas por las mucosas del intestino grueso, ingresando rápidamente en la circulación sanguínea.

Las mucosas de la vejiga urinaria y de la uretra no se utilizan para la administración de medicamentos salvo, en todo caso, en los lavados de vejiga. Rara vez se administran por las mucosas del ojo (gotas oftálmicas), de los bronquios (inhalaciones), de la nariz (gotas nasales) y de la vagina (lavados vaginales). Todos estos tratamientos suelen

Los medicamentos

Inyección hipodérmica o subcutánea

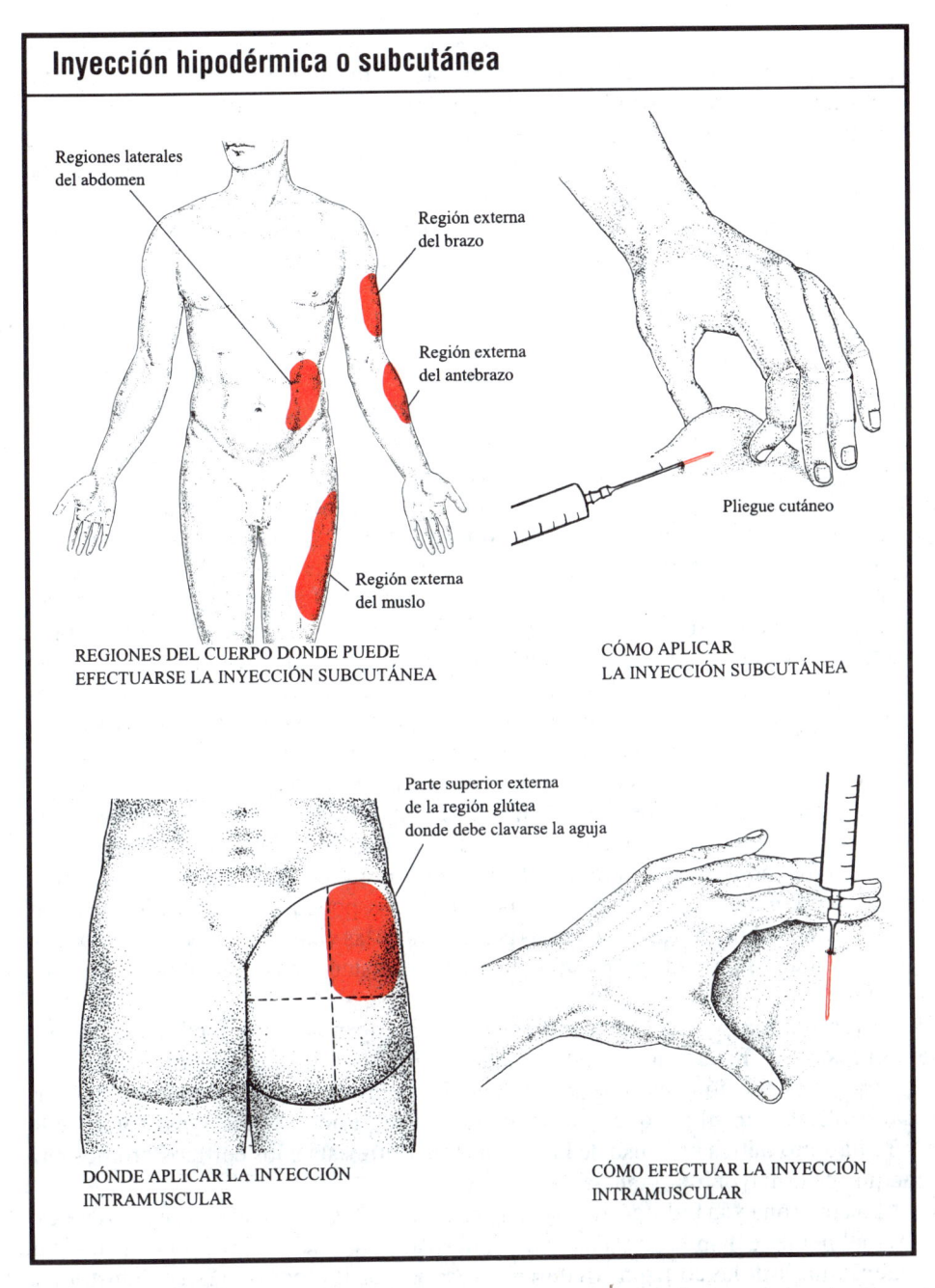

Regiones laterales del abdomen
Región externa del brazo
Región externa del antebrazo
Región externa del muslo

REGIONES DEL CUERPO DONDE PUEDE EFECTUARSE LA INYECCIÓN SUBCUTÁNEA

Pliegue cutáneo

CÓMO APLICAR LA INYECCIÓN SUBCUTÁNEA

Parte superior externa de la región glútea donde debe clavarse la aguja

DÓNDE APLICAR LA INYECCIÓN INTRAMUSCULAR

CÓMO EFECTUAR LA INYECCIÓN INTRAMUSCULAR

tener exclusivamente una acción local. También las pomadas, tinturas, pincelaciones y cataplasmas tienen generalmente sólo una acción determinada. La forma más frecuente de administración medicamentosa es la vía parenteral, es decir, la inyección. Se pueden inyectar soluciones hidrosolubles, oleosas o coloidales e incluso también suspensiones finas. Generalmente la inyección será subcutánea (debajo de la piel),

El tratamiento de las enfermedades

intramuscular (en un músculo) o intravenosa (en una vena). La eliminación de los medicamentos en el organismo humano se realiza sin alteración química de ellos (tal como han sido administrados), en forma de sus productos de desintegración o conjugados con productos del propio metabolismo orgánico. Hay sustancias que no se eliminan o lo hacen muy lentamente. En estos casos existe el peligro de acumulación (caso de un tratamiento largo con hojas de la planta escrofulariácea digital). En otros medicamentos la acumulación resulta favorable, como sucede con las sulfonamidas, ya que precisamente gracias a esta acumulación se produce el efecto óptimo.

Los medicamentos que influyen en el metabolismo

Las sustancias inorgánicas que necesita el organismo para su metabolismo normal son la sal común (cloruro sódico), calcio, fósforo, potasio, yodo y, en cantidades mínimas, algunos oligoelementos como hierro, cobre, azufre, manganeso y flúor. La alimentación normal suele contenerlos. Estos elementos, en determinadas enfermedades, se convierten en importantes sustancias terapéuticas y existen muchos preparados, frecuentemente combinaciones de varios elementos. Otros, imprescindibles para el metabolismo, no tienen necesidad de administrarse adicionalmente, ya que ingresan con la alimentación normal. Además, el organismo es capaz de proveer algunos productos necesarios para el metabolismo. Así, por lo general no es necesaria la administración de preparados con lecitina, ya que nuestros alimentos la contienen normalmente en cantidad suficiente para los requerimientos fisiológicos del cuerpo.

Importancia decisiva reviste la administración de vitaminas, siempre que éstas no se encuentren en suficiente cantidad en la dieta normal o que exista un aumento de la demanda del organismo. Una alimentación equilibrada contiene bastantes vitaminas para una demanda normal, por lo que casi todos podemos evitar enfermedades carenciales, sobre todo las producidas por la falta de las vitaminas A, B, C y D. En caso necesario se administran preparados vitamínicos aislados o combinados (complejos vitamínicos).

Las hormonas, que el organismo sano produce normalmente, también se pueden administrar en forma medicamentosa para curar las enfermedades que se deben a alteraciones funcionales o déficit de las glándulas de secreción interna. La más conocida es la insulina, que se administra a los enfermos de diabetes. También la terapia sintomática hace uso de las hormonas. Entre éstas, los corticosteroides han adquirido la mayor importancia.

La cortisona y la hidrocortisona son producidas por las glándulas suprarrenales. Actualmente se dispone de sustancias sintéticas parecidas —de acción mucho más intensa que la de las cortisonas naturales—, como son la prednisona, la prednisolona, la betametasona y la dexametasona. Su aplicación es frecuente y se extiende a casi todas las especialidades médicas. Sus principales efectos son: inhibición de la inflamación, alergias, fiebre y dolores. Su aplicación en las enfermedades reumáticas y en muchas alteraciones de la piel se debe a estas propiedades. Muy útil y a veces imprescindible, es su uso en el asma bronquial.

Los medicamentos

La administración de hormonas depende de la demanda, y no hay reglas fijas para su administración. El médico exclusivamente puede determinar las necesidades y la dosificación correspondientes. No deben tomarse nunca preparados de hormonas sin prescripción médica.

En este grupo se incluyen también las hormonas tisulares. Éstas no se producen en órganos específicos, sino en diferentes tejidos; la histamina es un ejemplo de las hormonas producidas de esta manera. Esta sustancia seudohormonal puede desencadenar enfermedades en algunas personas que sufren una predisposición alérgica. Para combatir estas afecciones, en las que cabe incluir el asma, la fiebre del heno, urticaria, exantemas, etc., se han elaborado varias sustancias sintéticas conocidas como «antihistamínicos». Muchos de estos medicamentos presentan como acción secundaria un efecto exageradamente sedante, por lo que conducen a estados de cansancio y pueden ser la causa de accidentes laborales y de tránsito. Por esta razón se combinan muchas veces con la cafeína, que con su acción estimulante contrarresta el efecto descrito.

Medicamentos indicados en las enfermedades infecciosas

En la lucha contra las enfermedades infecciosas, los quimioterapéuticos desempeñan un papel importante. Actúan sobre los agentes causales, exterminándolos o inhibiendo su crecimiento y curando así la enfermedad. Algunos medicamentos son específicos para un agente causal; otros ejercen su acción sobre todo un grupo de agentes. Se administran tanto por vía oral (por la boca) como por vía parenteral (en ésta se incluyen tanto la subcutánea como la intravenosa).

En la práctica se observa frecuentemente que algunos agentes causales se hacen resistentes a los quimioterapéuticos, sobre todo si la dosificación de éstos es insuficiente. El enfermo debe cumplir rigurosamente la prescripción médica, sin aumentar ni disminuir la dosis marcada. Muchos enfermos disminuyen su dosis cuando ya se encuentran bien y sin molestias, y precisamente este hecho puede provocar la proliferación de colonias de agentes causales resistentes, con lo cual la curación definitiva se torna más difícil y problemática.

La quimioterapia tiene enormes éxitos en la lucha contra las enfermedades tropicales. Enfermedades como el paludismo, la enfermedad del sueño, la fiebre recurrente, el Kala-Azar y otras, han perdido su grave pronóstico gracias a estos fármacos químicos. Con el Salvarsán, la sífilis disminuyó considerablemente hace varios años, en Europa.

En el tratamiento de las enfermedades infecciosas tienen gran importancia las **sulfonamidas** (sulfamidas). Todo parece indicar que su acción se debe al desplazamiento o destrucción de sustancias necesarias para el crecimiento y para el desarrollo de las bacterias. Para que se absorban en la cantidad deseada hay que administrar abundantes líquidos durante el tratamiento, pues en general, las sulfamidas son poco solubles en agua.

En los tratamientos con sulfamidas pueden observarse casos de intolerancia y efectos secundarios, pero éstos han disminuido considerablemente con los productos

El tratamiento de las enfermedades

Esquema general de sensibilidad a los antibióticos

Órganos afectados por la infección – Afecciones	Principales microorganismos responsables	Sensibilidad de los microorganismos			
		Penicilina	Estreptomicina	Tetraciclina	Cloramfenicol
Aparato respiratorio: Tuberculosis pulmonar, rinitis, laringotraqueítis, bronquitis, neumonías, bronconeumonías, bronquiectasias, etcétera.	Bacilo de Koch.	0	++	0	0
	Neumococo.	+++	0	++	+
	Estreptococo.	+++	+	++	++
	Estafilococo.	+++	0	++	++
	H. influenzae.	0	++	+++	++
	Bacilo de la tos ferina.	0	++	+++	++
	Virus de la psitacosis.	0	0	+	+
	Virus respiratorios.	0	0	0	0
Aparato digestivo: Enteritis, enterocolitis, intoxicaciones alimenticias, fiebre tifoidea, fiebres paratíficas, colecistitis, colangitis, etcétera.	Salmonelas.	0	++	++	+++
	Colibacilos.	0	++	++	++
	Estafilococos.	+++	+	++	++
	Estreptococos.	+++	+	+++	++
	Virus.	0	0	0	0
Aparato urinario y genital: Anexitis, metritis, pielonefritis, pielitis, cistitis, uretritis, sífilis, tuberculosis, blenorragia, etcétera.	Colibacilo.	0	++	++	++
	Gonococo.	+++	++	+++	+++
	Estafilococo.	+++	+	++	++
	Estreptococo.	+++	+	+++	++
	Bacilo de Koch.	0	++	0	0
	Treponema.	+++	0	+	+

Los medicamentos

Órganos afectados por la infección – Afecciones	Principales microorganismos responsables	Sensibilidad de los microorganismos			
		Penicilina	Estreptomicina	Tetraciclina	Cloramfenicol
Aparato cardiovascular: Miocarditis, pericarditis, endocarditis, fiebre reumática, arteritis, flebitis, etcétera.	Estreptococo.	+++	+	+++	++
	Estafilococo.	+++	+	++	+
	Meningococo.	+++	+	++	+
	Gonococo.	+++	++	+++	++
	Salmonellas.	0	++	++	+++
	Difteria.	++	0	+	+
	Treponema.	+++	0	++	+
	Virus.	0	0	0	0
Aparato locomotor: Osteítis, osteomielitis, periostitis, artritis infecciosas, tuberculosis, sífilis, etcétera.	Estreptococo.	+++	+	+++	++
	Estafilococo.	+++	+	++	++
	Bacilo de la fiebre tifoidea.	0	++	++	+++
	Gonococo.	+++	++	+++	++
	Bacilo de Koch.	0	++	0	0
	Treponema.	+++	0	++	+
Otras infecciones: Fiebre de Malta, meningitis, escarlatina, sarampión, rubéola, etcétera.	Brucelas.	0	+	+++	++
	Meningococo.	+++	+	++	+
	Bacilo de Koch.	0	++	0	0
	Estreptococo.	+++	+	+++	++
	Virus.	0	0	0	0

El tratamiento de las enfermedades

Órganos afectados por la infección – Afecciones	Principales microorganismos responsables	Sensibilidad de los microorganismos			
		Penicilina	Estreptomicina	Tetraciclina	Cloramfenicol
Nariz, garganta y oídos: Rinitis, sinusitis, faringitis, anginas, otitis, etc.	Estreptococo.	+++	+	+++	++
	Estafilococo.	+++	+	++	++
	Virus.	0	0	0	0
Piel y anexos: Dermatitis biológicas, heridas infectadas, tétanos, forúnculos, abscesos, foliculitis de los pelos, etc.	Estafilococo.	+++	+	++	+
	Estreptococo.	+++	+	+++	++
	Bacilo del tétanos.	++	0	++	+

más modernos. A veces basta cambiar la vía de administración (de oral a intramuscular, por ejemplo) para que el organismo los tolere.

La administración simultánea de sulfamidas con preparados que contienen azufre, puede ser perjudicial. Localmente se aplican las primeras en forma de pomada o de polvos para evitar y combatir infecciones superficiales.

La investigación trabaja infatigablemente para conseguir algún preparado quimioterapéutico para el tratamiento del cáncer. Aunque en los últimos 25 años se ha avanzado, aún no se cuenta con un medicamento 100% efectivo; se sigue investigando, experimentando y aprendiendo mucho en lo referente al tratamiento del cáncer. Muchas veces se puede combinar el clásico tratamiento quirúrgico y de irradiaciones, con uno quimioterapéutico, consiguiendo en algunos casos una profilaxis satisfactoria de la metástasis, y en muchos casos de tumores inoperables se ha logrado hacer más llevadera la enfermedad y prolongar la vida del enfermo.

En las enfermedades malignas del sistema linfático o en tumoraciones no operables, se han conseguido algunos éxitos. Los fármacos anticancerosos se dividen en dos grupos: los citostáticos (sustancias que inhiben el crecimiento celular) y los antimetabolitos (sustancias que actúan contra los fermentos). Los citostáticos anulan la acción de los fermentos que actúan en el crecimiento celular. Los antimetabolitos interrumpen la cadena de reacciones del metabolismo celular, ocupando ellos el lugar de los fermentos eliminados y sustituyéndolos por sustancias inactivas.

Los **antibióticos** ocupan un lugar predilecto en la lucha contra las enfermedades infecciosas. Se trata de sustancias producidas por microorganismos, pero muchas de ellas se pueden obtener ya sintéticamente. Existe un gran número de antibióticos, pero no todos son aplicados en medicina. El antibiótico más conocido es la penicilina, con cuyo descubrimiento se abrió el camino a una nueva era en el tratamiento de las enfermedades infecciosas.

Los medicamentos

La acción de los antibióticos no se conoce exactamente. Se sabe que inhiben el crecimiento normal de microorganismos extraños (bacterias o virus), alterando su metabolismo y sus sistemas fermentativos. A veces actúan inhibiendo el crecimiento de las bacterias (bacteriostáticos); otras, destruyéndolas (bactericidas). Gracias a los antibióticos, la duración de las enfermedades infecciosas se ha acortado, las enfermedades secundarias y secuelas han disminuido y el índice de mortalidad se ha reducido considerablemente. Así, la mortalidad debida a la neumonía por neumococos ha bajado de un 25% a menos del 5%, y la fiebre tifoidea se ha reducido desde un rango de 10 a 12% hasta un 2%.

Cada antibiótico tiene un espectro de acción específico, es decir, actúa sobre determinadas bacterias o virus. La penicilina, por ejemplo, es un antibiótico que actúa sobre gérmenes como los neumococos, gonococos, estreptococos y meningococos, algunas cepas de estafilococos (cada vez menos) y algunos clostridiums. La estreptomicina influye primordialmente sobre los colibacilos y el bacilo de Koch. La tetraciclina suele ejercer su acción sobre casi todas las bacterias a las que afectan las sulfamidas, al igual que la penicilina y la estreptomicina, actuando además sobre algunos virus. La tetraciclina, de espectro muy amplio, tiene la desventaja de que destruye también fácilmente la flora intestinal normal del organismo, produciendo estados carenciales de vitaminas, inflamaciones y otras enfermedades secundarias. El cloramfenicol tiene propiedades parecidas a la tetraciclina. Ofrece una acción específica sobre el agente causal de la fiebre tifoidea, por lo que es insustituible en el tratamiento de esta enfermedad. La eritromicina presenta la ventaja sobre la tetraciclina de que no actúa sobre la flora normal del intestino. Se administra cuando se observa una resistencia de los agentes causales hacia la penicilina o tetraciclina. El espectro de la magnamicina es parecido al de la eritromicina. La neomicina tiene una acción más limitada y suele administrarse en las infecciones graves por *Proteus vulgaris*. Las cefalosporinas y las quinolonas son los antibióticos más recientes, y resultan eficaces contra gran número de agentes infecciosos.

Los antibióticos no son fármacos inocuos, por lo que deben prescribirse y dosificarse exclusivamente por el médico.

La desinfección, la antisepsia y la esterilización pertenecen al campo de la lucha antiinfecciosa. La esterilización puede ser completa (asepsia), pero sólo en pocas ocasiones se puede llevar a cabo (ebullición, por vapor o calor), aunque se procura alcanzar el mayor grado de protección antiinfecciosa. La antisepsia sólo produce una inhibición del crecimiento bacteriano. La desinfección evita que un objeto cualquiera sea contaminado y pueda contaminar. Existe un gran número de desinfectantes antiguos y modernos. Muy en uso siguen el agua oxigenada, el permanganato de potasio y la tintura de yodo, y también los compuestos de plata, con el nitrato de plata o la plata coloidal. El ácido bórico se usa como pomada al 10% o en solución acuosa del 1 al 3%. El alcohol actúa mejor diluido (al 70%) que concentrado. Las habitaciones cerradas se desinfectan con formol; además, se utilizan el cresol y sus derivados, los preparados de brea (de hulla y el ictiol), la resorcina, el pirogalol y la crisoborina en dermatología, en forma de pomadas, ya que combinan la acción desinfectante con una acción terapéutica. A este grupo pertenece también la arbutina, desinfectante específico de las vías urinarias, al igual que los aceites etéreos de la menta (mentol), del tomillo (timol), de los clavos (eugenol) y del comino (carvacol). Algunos colorantes sintéticos

El tratamiento de las enfermedades

presentan también una acción desinfectante, como el violeta de genciana y el llamado azul de metileno.

Como muchas enfermedades son transmitidas por insectos hay que efectuar, además, una «desinsectación». Los insecticidas modernos han desplazado a los antiguos, aunque ahora prácticamente todos se hallen en entredicho como posibles agentes contaminadores, en su calidad de venenos biológicos.

Las infecciones también pueden combatirse con las vacunas y los sueros específicos. Las vacunas contienen los agentes causales muertos, vivos o atenuados, de las correspondientes enfermedades. Los sueros contienen los anticuerpos de las enfermedades respectivas. Se obtienen de la sangre de caballos, vacas o carneros a los que se inyectaron las bacterias para que produjeran estos anticuerpos.

Si el organismo produce los anticuerpos después de inyectarle bacterias o toxinas, se habla de inmunización activa; si se inyectan sueros que ya los contienen, se habla de inmunización pasiva. También existe una vacunación simultánea en la que se combinan la vacunación activa y la pasiva. En este caso se produce una inmunidad instantánea y, a la vez, duradera. Hay que tener en cuenta siempre de qué clase de animal proviene el suero inyectado. No se debe administrar nunca dos veces suero del mismo animal, ya que pueden producirse en el organismo reacciones patológicas de sensibilización inmunobiológica.

Sueros y vacunas más importantes

Vacuna antivariólica	Vacuna antigripal
Vacuna antidiftérica	Vacuna antipoliomielítica
Tuberculina	Vacuna contra el sarampión
Vacuna antidisentérica	Vacuna contra las paperas
Vacuna contra la rubéola	Vacuna antirrábica
Vacuna contra la peste	Suero diftérico
Vacuna contra el cólera	Suero tetánico
Vacuna contra el tifus exantemático	Suero gripal
Vacuna contra las fiebres tifoidea y paratifoideas	Suero meningocócico
Vacuna antimeningitis	Suero escarlatinoso
Vacuna antihepatitis B	Suero erisipeloso

Medicamentos indicados en las enfermedades de la sangre y del aparato circulatorio

El primer lugar de los medicamentos que actúan sobre el aparato circulatorio lo ostentan los glucósidos de la *Digitalis purpurea, lutea* o *lanata*, y las sustancias de acción parecida, como los glucósidos obtenidos de las semillas del estrofanto. Aún en nuestros días el digital es uno de los fármacos más importantes y no ha podido ser sustituido. Su acción se traduce en un aumento del volumen de bombeo del corazón en cada contracción, con disminución de la frecuencia de los latidos y ahorro en el trabajo del músculo cardíaco. Existen muchos medicamentos digitálicos que el médico tiene a su disposición para tratar cada caso.

La quinidina, sustancia parecida a la quinina, actúa sobre el corazón de distinta manera. Se emplea en el tratamiento de la alteración del ritmo cardiaco siempre que otros medicamentos más inocuos no produzcan efecto alguno. La amidoprocaína se aplica en los trastornos de la formación y propagación de los estímulos cardiacos.

La acción de la cafeína sobre el sistema circulatorio es popularmente conocida: todos sabemos apreciar el efecto estimulante de una taza de café. También la teobromina y la teofilina (alcaloides contenidos, junto con la cafeína, en el café, té, nuez de cola y mate) ejercen una acción estimulante vascular manifiesta.

La adrenalina, hormona natural producida por la médula de las glándulas suprarrenales, ejerce una acción vasoconstrictora, propiedad que se aprovecha en la anestesia local. Debido a la vasoconstricción se retrasa el tiempo de eliminación del anestésico, por lo que la anestesia se alarga. Hay muchos productos sintéticos que poseen propiedades parecidas, como las anfetaminas y otras sustancias que influyen sobre la circulación sanguínea.

Los vasodilatadores son antagonistas de estos fármacos. En la angina de pecho, que consiste en una vasoconstricción o espasmo de las arterias coronarias, se emplean parches de nitroglicerina, con difusión a través de la piel y liberación controlada. También son útiles los medicamentos como el isosorbide, que es un vasodilatador central, y la nifedipina, bloqueadora del calcio. La vasodilatación produce una disminución de la presión sanguínea. La misma acción tienen los alcaloides de la *Rauwolfia serpentina* ya usados en la antigua medicina hindú. Hoy se emplean sustancias sintéticas de diversa composición, que ejercen además efectos psicosedantes. También muchos espasmolíticos —la papaverina y sus derivados sintéticos— son vasodilatadores.

Existen medicamentos que influyen en las características y composición de la sangre, entre otros, numerosos preparados hepáticos. La anemia perniciosa se trata eficazmente con la vitamina B-12. Otras formas de anemia mejoran con la administración de preparados de hierro, a veces en combinación con oligoelementos o vitamina B-6.

En caso de una predisposición a las trombosis o tromboembolias, la finalidad del tratamiento será disminuir la coagulabilidad de la sangre. Se administran —siempre bajo control constante— los anticoagulantes. A este grupo pertenecen la heparina, la hirudina y los cumarínicos; la aspirina, la indometacina y el dipiridamol, son utilizados para reducir la adhesividad de las plaquetas y prevenir la formación de trombos.

Medicamentos de acción sobre el sistema nervioso

Los medicamentos que influyen en el sistema nervioso se distinguen según su punto de acción y según actúen sobre el sistema nervioso central, el sistema nervioso autónomo (o vegetativo) o el sistema nervioso periférico.

La función del sistema nervioso central puede ser excitada o inhibida con medicamentos. Algunas sustancias estimulan partes determinadas del sistema nervioso central, mientras que inhiben otras. Hay sustancias, a su vez, que comienzan por inhibir y poco después excitan, o a la inversa (por ejemplo, el alcohol). Aunque no es posible una

El tratamiento de las enfermedades

separación estricta en el sentido científico, debemos conservar esta clasificación porque resulta útil en la práctica.

El típico medicamento excitador central es la estricnina, alcaloide de la nuez vómica. Pese a que es muy activa se prescribe poco, debido a su lenta eliminación por el organismo con peligro de acumulación. De vez en cuando se producen intoxicaciones por estricnina (intensa excitación, convulsiones) originadas por raticidas. Igual que en todas las intoxicaciones debe buscarse, con la mayor brevedad posible, la ayuda del médico. La cafeína también excita el sistema nervioso central, pero actúa ante todo como medio circulatorio y diurético. También el efecto excitante del té, el mate y la nuez de cola depende de su contenido de cafeína. Las llamadas aminas estimulantes o anfetaminas sometidas a la ley de tóxicos, debido en parte a sus efectos secundarios, tienen, sobre todo, una acción vivificadora.

Un lugar especial entre las sustancias inhibidoras centrales ocupan los **somníferos (hipnóticos).** No existe una delimitación neta frente a los narcóticos; la transición es gradual. Algunas de estas sustancias se prescriben tanto para inducir el sueño como para conseguir una narcosis ligera. Cuando se elige el medicamento es preciso que quede claro si lo que se necesita es un somnífero sólo para inducir el sueño o para hacer dormir al enfermo durante la noche.

La adicción al hipnótico se produce por su uso continuado y regular. Con el tiempo son necesarias dosis mayores para conseguir el mismo efecto. El empleo continuado y sin control médico puede originar una toxicomanía. Por ello, sólo se debe recurrir a los somníferos en casos extremos.

Somníferos para inducción del sueño. Cuando el trastorno consiste en que el enfermo no se duerme, es preciso recetar medios de acción rápida y con una duración relativamente breve (eliminación rápida). De esta forma se consigue un sueño natural. A este grupo pertenecen, por ejemplo, el ciclobarbital y los preparados de bromo (bromuros). La acción comienza a los quince minutos de la administración y dura unas tres horas.

Somníferos de duración media o larga. Los preparados de este grupo actúan toda la noche. Con este fin se prefieren las sustancias que inducen lentamente el sueño y duran más tiempo (eliminación más lenta). Encontramos aquí en primer lugar los derivados del ácido barbitúrico, comercializados en todas las variedades imaginables. Además, hay una serie de somníferos con una acción intermedia entre los que sirven para inducir el sueño y los que duran toda la noche; por ello, no es posible clasificarlos con tanta exactitud.

El cloroformo, el éter, el cloruro de etilo y el gas hilarante son los representantes más importantes de los **narcóticos de inhalación,** que pasan del pulmón a la sangre y llegan así al sistema nervioso central.

El **cloroformo** ha sido, por lo general, sustituido por los medios modernos, ya que es relativamente peligroso. A veces se produce una lesión del hígado, del corazón y de los riñones.

El **éter**, como el cloroformo, ya no se utiliza; aunque ambos eran de fácil aplicación en medicina, ahora sólo se aplican en laboratorio. Rara vez provoca efectos secundarios graves; lo más frecuente es que produzca náuseas, vómitos y dolores de cabeza. El **cloruro de etilo** tiene un efecto muy rápido. Se utiliza para operaciones de duración breve; no interesa en cambio para las narcosis de larga duración.

Los medicamentos

El **gas hilarante** (óxido nitroso) es un gas atóxico, no explosivo, sin efecto irritante local. También se emplea en narcosis cortas, en extracciones dentarias y en partos, porque su efecto narcótico es escaso. Otro anestésico actual es el Fentanil.

Los **psicofármacos** son medicamentos que ejercen un efecto especial sobre el estado psíquico. Muchos pueblos de la Tierra conocen desde hace siglos algunas sustancias como el hachís y la mescalina; estas sustancias se utilizaron con frecuencia para ritos religiosos y para crear un estado de embriaguez. En nuestros tiempos, se han descubierto algunas drogas de aplicación en la medicina, tales como las que desencadenan alucinaciones y dan lugar a cuadros patológicos que se parecen mucho a la esquizofrenia, por lo que resultan muy valiosas para la investigación de esta enfermedad, y aun de otras todavía enigmáticas.

De acuerdo con su efecto, los psicofármacos se dividen en drogas con efecto amortiguador sobre la mente (psicolépticos, psicosedativos); medios estimulantes psíquicos (psicotónicos), y medios que provocan seudopercepciones (alucinógenos).

Los **medios de acción amortiguadora** sobre la mente (psicolépticos o psicosedativos) son sustancias activas que provocan en primer lugar un amortiguamiento y una tranquilización de las funciones psíquicas. Encuentran amplia aplicación en la psiquiatría. Uno de sus representantes más importantes es la reserpina, derivada de la *Rauwolfia serpentina,* planta aclimatada en la India, África y América del Sur, que tiene, como indicamos, efectos vasculares. Se tratan con reserpina sobre todo las enfermedades mentales que cursan con estados de agitación, angustia y tensión. Además, la reserpina, gracias a su efecto depresor de la tensión sanguínea, forma parte de toda una serie de medios que se aplican en la hipertensión arterial. La **cloropromacina** es una sustancia con manifiesto efecto tranquilizador. Se administra sobre todo en la esquizofrenia y en el alcoholismo. Los ansiolíticos son medicamentos de reciente descubrimiento que controlan la ansiedad sin efecto somnífero.

Actualmente han encontrado gran difusión los tranquilizantes, que se caracterizan por un efecto tranquilizador muy intenso, pero no hipnótico, por lo que encuentran fácil empleo en las neurosis que cursan con angustia, inquietud y tensión. De esta forma, un hombre desazonado consigue resolver mejor los conflictos psíquicos. Desgraciadamente se ha llegado a un gran abuso por la toma excesiva e incontrolada. A veces, y después de un uso prolongado, se llega a estados de embotamiento, vértigo, trastornos de la marcha e incluso graves estados de agitación. Estos medios pueden también volverse extremadamente peligrosos cuando se consumen junto con alcohol, aun con pequeñas cantidades de éste, ya que esta combinación lleva con gran rapidez a un estado grave de embriaguez. Precisamente por esto, los conductores de vehículos, cuando están tomando estos medios, deben abstenerse del acohol. En todo caso debe prohibirse tajantemente su uso sin control médico, porque sobre todo en las personas particularmente lábiles, pueden crear toxicomanía.

Los **medios estimulantes psíquicos** (psicotónicos) más importantes son las anfetaminas y derivados. Se les suele llamar «píldoras de la felicidad» porque levantan el estado de ánimo, quitan tensiones, eliminan el cansancio e incrementan el impulso. Por estos efectos, se dan condiciones favorables de aplicación en los estados de agotamiento, después de las enfermedades infecciosas y los trastornos circulatorios que cursan con cansancio, vértigo e incapacidad funcional. Algunos de estos medicamentos frenan el apetito y se usan para adelgazar, pero producen graves trastornos fisiológicos.

El tratamiento de las enfermedades

Aun cuando existan muchas posibilidades de aplicación útiles de un grupo de medicamentos, no debe pasar inadvertido el hecho de que ofrecen un peligro mayor o menor de toxicomanía. Existe también el riesgo de que no se reconozca a tiempo el límite de la fatiga, con lo que puede llegarse a un agotamiento total.

Los medios que provocan seudopercepciones se denominan también **fantásticos.** Dos representantes conocidos de este grupo son la mescalina y la dietilamida del ácido lisérgico (LSD). Producen un estado semejante a la embriaguez, con imágenes fantásticas de colorido intenso, mientras que la conciencia y la memoria se conservan, y el pensamiento puede cursar con mayor rapidez o lentitud que lo normal. El estado de ánimo se torna excitado o deprimido. Sobre todo, cuando el sujeto está en una habitación en penumbra, se originan seudopercepciones ópticas y acústicas. La LSD fue una droga muy usada durante los 60 y principios de los 70. Actualmente la cocaína tiene más circulación, lo mismo que el "crack", que son piedras obtenidas a partir de la cocaína, en combinación con acetona (se fuma); es muy tóxico y provoca gran adicción. Estos medios son peligrosos porque tras su uso prolongado pueden originar estados crónicos de angustia y depresiones graves.

Hachís es el término árabe; «mariguana», la denominación usual en América; es originaria de México, del tóxico resinoso procedente de las flores de la *Cannabis indica,* también *Cannabis americana,* todas ellas familia del cáñamo, *Cannabis sativa.* La droga se usa en unión de azúcar o jarabe como un «dulce» o, mezclada con tabaco, se fuma en forma de cigarrillo. El principio activo más importante es la sustancia llamada tetrahidrocanabinol.

Después de la inhalación, a los pocos minutos, o después de la ingestión oral, al cabo de media o una hora, el hachís produce un estado de borrachera que puede equipararse al producido por el alcohol etílico, con exaltación de la fantasía y una pérdida de la percepción de los sentidos del tiempo y espacio. El contenido de las alucinaciones, después de dosis mayores, depende de la estructuración de la propia personalidad. En general predomina una sobrevaloración de la capacidad de rendimiento, con el consiguiente sentido de exaltación del «yo» y un bienestar determinado, dependiente de esta autoexaltación. Inmediatamente después, e incluso entremezclado con esta sensación, se desarrolla un estado depresivo con franco malestar. En el consumo continuado se provoca una merma del interés general por las cosas y las personas, una indolencia que lleva al detrimento psíquico. La consecuencia del efecto lesional del hachís sobre el cerebro es el delirio, la manía exaltada, un progresivo atontamiento y, a la postre, el decaimiento físico. Es posible que se produzca cierto grado de tolerancia o adicción, pero casi siempre condicionada a una toxicomanía o dependencia de la droga. En las curas de rehabilitación no aparecen fenómenos de abstinencia; a lo sumo cierta intranquilidad, insomnio o inapetencia. En general el drogado puede abandonar el consumo de una manera espontánea si es sometido al tratamiento necesario. Para juzgar los efectos nocivos es imprescindible tener en cuenta los factores ambientales: estado económico, edad, abandono social, promiscuidad sexual, etc. Su relación con la criminalidad ha sido sobrevalorada.

Constituyen un amplio grupo los **analgésicos** o medios paliativos del dolor. El dolor es una señal de alarma del cuerpo. Por ello, nunca hay que tomar analgésicos antes de determinar el exacto tipo de dolor, su localización, su duración y su frecuencia, ya que éstos son datos diagnósticos importantes para el médico. Los analgésicos, por las

Los medicamentos

razones expuestas en otro punto (potenciación, reducción de los efectos secundarios), se emplean por lo común en combinación. Para tales mezclas se seleccionan con frecuencia la codeína y los derivados del ácido barbitúrico. Sólo unos pocos se utilizan también en estado puro, por ejemplo la aminofenazona (piramidón) o el ácido acetilsalicílico (aspirina).

Los analgésicos más potentes son los del grupo del opio (morfina y sustancias sintéticas emparentadas con él). Como además amortigua las manifestaciones de agitación, constituye también el medio ideal en el tratamiento de los accidentes. Pero nunca hay que perder de vista el gran peligro de toxicomanía: el opio es «un regalo del cielo y un invento del infierno» simultáneamente. Es capaz de proporcionar a algunas personas el máximo sentimiento de bienestar, aunque de modo transitorio, porque luego sigue la más profunda de las depresiones. Quien sucumbe a la embriaguez y no reemprende el buen camino está perdido: arruinamiento de la mente y del cuerpo, destrucción de la vida familiar, conflicto con las leyes, comportamiento antisocial, son las consecuencias de esta «enfermedad». No es otra la razón por la que se firman convenios internacionales, se fundan importantes organizaciones mundiales y se gastan enormes sumas de dinero.

Lo mismo que la morfina, se utilizan para combatir el dolor derivados químicos de ella y otras sustancias sintéticas semejantes. Otros productos emparentados con la morfina, como la codeína y la etilmorfina, se usan para frenar el reflejo de la tos. Con la codeína y la etilmorfina no se produce el efecto euforizante (que simula una sensación de bienestar). El opio mismo se utiliza para combatir la diarrea, ya que reduce el peristaltismo intestinal (movimiento del intestino) e inhibe con ello la eliminación de las excreciones.

Los trastornos funcionales del sistema neurovegetativo, del que dependen las funciones de la respiración, metabolismo, actividad cardiaca, la regulación térmica, la presión sanguínea, la secreción de las glándulas, el movimiento del intestino, etc., se tratan también con preparados combinados que, al mismo tiempo, sedan el sistema nervioso central. Ha demostrado un efecto excelente la combinación de barbituratos, alcaloides de la belladona y alcaloides del cornezuelo de centeno.

La **muscarina** tiene un efecto excitador del parasimpático. Por ello, en las intoxicaciones por muscarina se administra un medicamento que paraliza el parasimpático, por regla general el alcaloide **atropina,** derivado de la belladona, y que se encuentra también en el estramonio. En los niños se producen de vez en cuando intoxicaciones por belladona. Como primera ayuda, conviene provocar el vómito (es necesario efectuarlo en un hospital) con ayuda de un médico entrenado y teniendo la seguridad del tóxico ingerido; después proceder al lavado del estómago y a la administración de dosis altas de carbón medicinal. Como se comprende, en todas las intoxicaciones debe llamarse rápidamente al médico.

La atropina resulta un medicamento valioso en los espasmos, sobre todo del estómago y el intestino, así como en los cólicos de riñón y de vesícula biliar. Como efectos secundarios molestos se producen a veces una disminución de la secreción de saliva, intensa sensación de sed y, cuando las dosis son grandes, trastornos visuales por dilatación de las pupilas.

La **nicotina,** alcaloide del tabaco, actúa sobre las células ganglionares, que podemos considerar como estaciones de relevo de los nervios. Tras una breve excitación, se produce la paralización de las sinapsis (contacto entre fibras nerviosas) tanto del simpático como del parasimpático.

Hoy día se utiliza en algunas operaciones graves el efecto paralizador del veneno de la punta de las flechas sudamericanas, llamado curare; este efecto paralizador se ejerce en los puntos de enlace entre los nervios de movimiento y los músculos. Por la aplicación de curare o de otros preparados de efecto semejante se consigue por un lado, una relajación de la musculatura tensa, y por otro, se logra el ahorro de narcótico y, con ello, una menor sobrecarga del paciente. En el mismo sentido actúa la administración adicional de los llamados «medios de hibernación» (preparados de fenotiacina). Para esta aplicación combinada de diversos medios de narcosis se emplea la expresión «narcosis potenciada».

La amortiguación local (anestesia local) actúa sobre los nervios periféricos. El más antiguo de los anestésicos locales, la **cocaína**, sólo se utiliza ya en el tratamiento de los procesos del cuello y de los ojos. En estos casos no se puede prescindir de ella. Por su capacidad de crear toxicomanías, se buscan otros preparados, creándose una gran cantidad de anestésicos locales para todos los posibles modos de aplicación. Su empleo, como el de todos los narcóticos, debe quedar exclusivamente en manos del médico. Actualmente la lidocaína es el anestésico local más utilizado. También se usan diversos procedimientos anestésicos regionales (bloqueos) que suelen ser más seguros en manos expertas.

Medicamentos que actúan sobre los órganos del aparato digestivo y del urinario

Los alimentos sufren su primera transformación en la boca. Con la masticación son desmenuzados y se mezclan íntimamente con la saliva, primera etapa de la escisión fermentativa a que serán sometidos. La secreción de la saliva se puede disminuir con la administración de atropina. No se producen cambios cualitativos de la saliva con la administración de medicamentos. El apetito puede estimularse, produciendo entonces una mayor secreción gástrica, con especias, aceites etéreos, alcohol o amargos. Si en el jugo gástrico hay un déficit de ácido clorhídrico o pepsina, se administran estas dos sustancias combinadas o aisladamente. La secreción exagerada se inhibe con diversos medicamentos. El bicarbonato sódico neutraliza la acidez transitoriamente, pero no cabe recomendar su uso porque acaba por volver a estimular la secreción gástrica. Sustancias como el trisilicato de magnesio, el hidróxido de aluminio, el carbonato de bismuto y el nitrato de bismuto resultan más indicadas. Se pueden combinar con analgésicos o espasmolíticos, sobre todo a base de atropina o extracto de belladona. En los trastornos gástricos leves se consigue una mejoría con la toma de infusiones de menta, manzanilla, comino o ajenjo. La utilización de mucoprotectores y bloqueadores H_2 ha revolucionado los problemas de gastritis y úlcera por exceso de secreción; unos actúan formando una película protectora sobre la mucosa (sucralfato), y otros, inhibiendo la secreción de gastrina y ácido clorhídrico.

Los trastornos digestivos son, frecuentemente, consecuencia de un defecto de la función del páncreas y de las glándulas intestinales, las cuales segregan importantes fermentos que actúan sobre las albúminas e hidratos de carbono. Los fermentos de la

Los medicamentos

digestión son compuestos orgánicos que actúan sobre los alimentos, tanto grasas como albúminas e hidratos de carbono, fraccionándolos en sustancias químicas que pueden pasar a la circulación sanguínea para cumplir su función alimenticia. Los fermentos son imprescindibles para la digestión. Cada alimento necesita para su desintegración un fermento o enzima específica. Hay medicamentos que contienen una combinación de las principales enzimas y se toman durante o inmediatamente después de las comidas.

Para evitar los vómitos basta, muchas veces, un remedio tan simple como tomar trocitos de hielo. Las náuseas o vómitos fuertes responden a la escopolamina o a los preparados de ácido barbitúrico. Un efecto rápido y seguro se obtiene con la inyección subcutánea de apomorfina, un derivado de la morfina. También la administración continua (a cucharaditas) de sulfato de cobre al 1% produce estos efectos. Después de los vómitos se administra carbón vegetal (hasta 50 g) y a continuación un laxante, para acelerar la evacuación del tracto gastrointestinal.

La secreción biliar se puede estimular administrando extractos secos de bilis o sales biliares y, además, yema de huevo, grasas, aceites, así como algunos aceites etéreos. Las alteraciones inflamatorias de la vesícula y vías biliares se tratan entre otros fármacos con sulfamidas. La secreción del páncreas se puede sustituir o aumentar con las enzimas pancreáticas correspondientes.

Existe una infinidad de medicamentos que influyen en el peristaltismo intestinal (diarrea y estreñimiento). El tratamiento lo debe indicar el médico, ya que el profano no suele distinguir entre un trastorno del peristaltismo o una alteración de la flora intestinal. Un diagnóstico acertado es importantísimo, ya que la administración medicamentosa equivocada puede empeorar mucho el cuadro clínico.

Muchas sustancias actúan como laxantes gracias al retraso en la absorción por el intestino y a su hidrofilia (es decir, la atracción de agua hacia la luz intestinal).

A este grupo pertenecen el sulfato de magnesio, el sulfato de sodio, los jugos de fruta, la mermelada de ciruela, la lactosa, etc. Inocuas para el organismo son siempre las aguas de las fuentes medicinales, que además no producen dependencia. El aceite de ricino actúa por irritación de las mucosas intestinales. Los fármacos que actúan principalmente sobre el intestino grueso son las antraquinonas, como la cáscara sagrada, la raíz del ruibarbo, las hojas de sen y la zábila. También con la parafina líquida se obtienen efectos satisfactorios. Los enemas se aplican para vaciar la parte distal del intestino. Como es frecuente que un producto cause dependencia, hay que cambiar de vez en cuando de medicamento, además de administrar una alimentación rica en residuos, lo que estimula el peristaltismo intestinal.

La diarrea se tratará según su etiología. El opio actúa como sedante sobre las células nerviosas del intestino. Antes de administrarlo hay que tratar las fermentaciones exageradas y los procesos de putrefacción en el intestino, lo que se consigue tomando carbón vegetal. Los fármacos que contienen aceites etéreos facilitan la eliminación de gases, como la infusión de manzanilla, de comino, de estrellas de anís y de hinojo. Como astringente de las mucosas intestinales actúan los taninos y sus compuestos. Con el surgimiento de múltiples antisépticos intestinales, las sulfamidas se usan cada vez menos. Para la amibiasis existen medicamentos específicos.

La función renal se trata con muchos medicamentos, que a su vez actúan sobre la circulación sanguínea. Los compuestos de digital, la cafeína y sucedáneos son diuréticos.

Los diuréticos vegetales, como el enebro y la raíz de la gatuña, son en extremo eficaces, así como algunas aguas medicinales. Las infecciones de las vías urinarias se tratan, según su etiología, con sulfamidas y antibióticos; la anuria, con extractos del lóbulo posterior de la hipófisis o de nuez vómica (debe manejarse, según la causa, con diversas medidas que van desde los diuréticos osmóticos y los diuréticos de asa, hasta la diálisis peritoneal y la hemodiálisis, la disuria se trata con belladona y lupulina, y las alteraciones inflamatorias, con lavados urinarios, con tanino y con desinfectantes urinarios.

Medicamentos de acción sobre las vías respiratorias

Los tratamientos de las vías respiratorias son fundamentalmente etiológicos y sintomáticos. Los etiológicos consisten en la administración de sulfamidas y antibióticos, que actúan directamente sobre los agentes causales. Los tratamientos sintomáticos, que actúan sobre los síntomas, son antiinflamatorios, espasmolíticos, expectorantes y antitusígenos.

Entre los antiinflamatorios figuran gran cantidad de no esteroides, que se utilizan para el tratamiento de enfermedades como la artritis y para problemas de las vías respiratorias, algunos aceites y la parafina líquida, así como algunos extractos vegetales que contienen aceites etéreos (tomillo). Un antiinflamatorio por excelencia es la manzanilla, que además tiene propiedades espasmolíticas.

En el asma bronquial se aplican espasmolíticos más intensos, como la teofilina, papaverina, efedrina, atropina y, en algunos casos, la adrenalina, la aminofilina y salbutamol (el más usado; es de elección para tratar crisis asmáticas). Las inflamaciones crónicas se tratan con balsámicos, como el aceite de eucalipto, de trementina, el guayacol y el creosol. Los expectorantes son fármacos que aumentan la secreción de las mucosas y facilitan su eliminación. A este grupo pertenecen el amoniaco, el yoduro potásico, así como algunas sales de fuentes medicinales, además de dosis mínimas de la raíz de ipecacuana y la apomorfina.

Los antitusígenos tienen la misión de calmar la tos, que se produce por irritación mecánica o inflamatoria. Los más importantes son la codeína, la etilmorfina y sustancias similares, algunas de las cuales son sintéticas.

Medicamentos de acción sobre el útero

Tienen su principal misión durante el parto, para estimular las contracciones uterinas, y después del mismo, para evitar una hipotonía muscular, que podría originar serias hemorragias puerperales.

A este grupo de fármacos pertenecen la hormona del lóbulo posterior de la hipófisis (oxitocina) y extractos vegetales de algunas plantas medicinales.

Formas medicamentosas

La mayoría de los medicamentos no pueden utilizarse tal como se ofrecen en la naturaleza o en los laboratorios; por ello se les da una forma, que puede ser sólida, líquida o gaseosa, para emplearse de modo interno o externo.

Formas medicamentosas sólidas de uso externo

Óvulos. Llamados así por su forma. Uso vaginal.
Supositorios. Destinados a la vía rectal, generalmente a base de manteca de cacao. Portan medicamentos de fácil absorción por el recto.
Cataplasmas. Sustancias pulverulentas, mezcladas con agua, para aplicaciones cutáneas.
Emplastos. A base de jabones de plomo o de resinas, grasas o ceras.
Jabones. Grasas saponificadas por álcalis.
Pomadas. Son formas que están constituidas por excipientes grasos o de hidrocarburos (vaselina, parafina).
Pastas. Similares, aunque con mayor consistencia que las pomadas.

Formas medicamentosas sólidas de uso interno

Píldoras. De forma esferoidal y peso no mayor de 0.25 g, usadas cada vez menos, pues se endurecen demasiado y no liberan la sustancia medicamentosa.
Grageas. Píldoras recubiertas de una capa de azúcar para evitar la oxidación de los cuerpos que llevan en su interior y para impedir el mal sabor.
Gránulos. Pildoritas de 0.03 a 0.05 g.
Sellos. Formados con dos discos de pan sin levadura que dejan entre sí una cavidad que ocupa el medicamento. Su contenido no suele pasar de medio gramo.
Cápsulas, glóbulos y perlas. Tienen una envoltura gelatinosa y un contenido líquido o sólido que se libera al disolverse la gelatina en el estómago.
Pastillas, tabletas y comprimidos. Medicamentos en forma de polvos comprimidos. A veces se mezclan con algún excipiente para dar mayor o menor consistencia.

Formas medicamentosas líquidas de uso externo

Fomentos, lociones, gargarismos, colirios o instilaciones conjuntivales.
Bálsamos o linimentos. Se aplican sobre la piel y sobre las mucosas (balsamoanalgésicos).

Formas líquidas de uso interno

Jarabes. Líquidos consistentes, muy azucarados, que generalmente se emplean como excipientes.
Tisanas. Infusiones y maceraciones de ciertas plantas.
Limonadas. Disoluciones de ácidos; pueden llevar azúcar o jarabe como elemento correctivo.
Pociones. Infusiones con sustancias activas para ingerir a cucharadas.
Enemas. Soluciones o emulsiones medicamentosas o alimenticias para vía rectal.

El tratamiento de las enfermedades

Inyecciones. Diluciones o suspensiones para aplicación intramuscular, subdérmica o intravenosa.

Formas de uso mixto: interno y externo

Disoluciones. Alcohólicas, acuosas, etéreas, etc.
Tinturas. Disoluciones de productos animales o vegetales al 10%.

Formas medicamentosas gaseosas

Inhalaciones. Anestésicos, balsámicos, etc.

Métodos fitoterapéuticos (plantas medicinales)

Curar las enfermedades mediante el uso de las plantas es un arte tan viejo como la propia humanidad. No existe un pueblo primitivo que no posea amplios conocimientos sobre la aplicación terapéutica de las hierbas. En otros tiempos se usaban no sólo por experiencias adquiridas empíricamente, por supuesto carentes de todo rigor científico, sino también sencillamente por razones de tipo instintivo, que fácilmente derivaban hacia la superstición, a la interpretación mágica y simbólica. Hechiceros y médicos empleaban por igual estas plantas medicinales. De ahí que todavía hoy en día existan ciertos prejuicios o conceptos equívocos. Pero en nuestra era científica, el estudio intensivo y riguroso de todos los fenómenos naturales, no ha dejado a un lado esta faceta de la terapéutica. Hoy en día no se concibe una medicina sin digital, ergotamina o reserpina, para no citar más que algunos de los más empleados métodos fitoterapéuticos (fito = planta). Lo que ocurre es que estas drogas han sido estudiadas científicamente; su composición química ha sido determinada con el máximo rigor y, además, han sido obtenidas en el laboratorio de una manera sintética. Su acción farmacológica pudo ser establecida en el experimento animal, de la misma manera que su acción curativa ha podido ser delimitada en la experiencia clínica, en el propio hombre enfermo. Cada día se descubren nuevas sustancias activas en estas plantas medicinales y cada día se enriquecen nuestros conocimientos sobre su aplicación terapéutica. No está, pues, justificada una actitud negativa ante esta forma de tratamiento; no se le puede juzgar solamente desde el punto de vista de que es algo anacrónico, ya superado por los grandes avances de la medicina académica. Como ocurre siempre, estos prejuicios quizá han podido surgir por los exclusivismos y criterios unilaterales de algunos charlatanes o curanderos, que de una manera dogmática han querido imponer su parcial punto de vista. El verdadero médico, siempre que sea útil para el enfermo, usará cualquier medio terapéutico, provenga de la industria química o sea un producto natural contenido en una hierba. Lo que pide es que esta sustancia sea estudiada debidamente, aislada química y farmacológicamente, antes de proceder al tratamiento indiscriminado de cualquier enfermedad. Dicho de otra manera, quiere saber su composición, modo de acción, indicaciones y contraindicaciones antes de emplearlo en sus enfermos.

La forma ideal de aplicación de cualquier planta medicinal sería la obtención de la sustancia activa en forma pura; pero esta sustancia aislada no es siempre la forma ideal

Los medicamentos

de la administración del medicamento, pues se ha demostrado que la droga pura tiene a veces unos efectos diferentes que el principio primitivo con todas sus sustancias acompañantes (por ejemplo, en el opio y la morfina). El extracto de la adormidera *Papaver somniferum*, con más de veinte alcaloides identificados, tiene una actividad muy diferente de la morfina en ella contenida y usada aisladamente. En otras ocasiones, las drogas están formadas por una combinación de sustancias activas (por ejemplo, en la valeriana); entonces no es posible la obtención de sustancias químicas puras. Es, pues, necesario estudiar cada planta medicinal en particular para decidir sobre su empleo como tal o, una vez identificados sus productos activos, usar éstos en forma pura, ya extraídos de la planta u obtenidos sintéticamente.

Para muchas drogas no existen todavía estudios farmacológicos concluyentes. Muy pocas plantas medicinales han sido investigadas exhaustivamente. Incluso en plantas aparentemente bien conocidas se describen nuevas sustancias de efectos sorprendentes. Por ejemplo, en la *digital* se han encontrado una serie de medicamentos muy activos. Todo esto nos indica cuán erróneo es el concepto tan extendido de que las plantas medicinales son inofensivas. Piénsese sólo en la extrema actividad de las hojas de belladona. Plantas como el nopal y la zábila están estudiándose debido a su potencial terapéutico.

Los principios activos contenidos en las plantas medicinales pertenecen a los siguientes compuestos químicos:

1. **Alcaloides.** Se trata de compuestos orgánicos nitrogenados, solubles en disolventes orgánicos o en los ácidos (bajo formación de sales). En general, son venenosos, producen intoxicaciones a veces muy graves e incluso mortales. Las drogas que contienen alcaloides han de dosificarse en cantidades sumamente pequeñas y con la máxima precisión; se deben emplear sólo bajo prescripción facultativa. Su campo de aplicación es muy variable, dependiendo de su estructura química. Los alcaloides más conocidos son la morfina, atropina, papaverina, quinina, etc.

2. **Glucósidos.** Se trata de combinaciones compuestas por azúcares y cuerpos fenólicos o alcohólicos. Son solubles en agua y fácilmente escindidos por acción fermentativa o química. Existen glucósidos muy activos y venenosos, mientras que otros son totalmente inoperantes. Los glucósidos más empleados en medicina son los de la digital y los antraquinónicos (contenidos en el ruibarbo, sen, cáscara, zábila, etc.), que se usan como purgantes o laxantes.

3. **Ácido silícico.** Se encuentra esta sustancia química en muchas plantas, aunque su actividad medicinal es todavía muy discutida. Parece que aumenta el número de glóbulos blancos y estimula la formación de tejido conjuntivo.

4. **Sustancias tánicas.** Son cuerpos fenólicos que tienen la propiedad de tanizar la piel animal para convertirla en cuero. Son solubles en agua y actúan en pequeña cantidad sobre las mucosas, de una manera astringente (las contraen) y antiinflamatoria. Tienen un marcado efecto antidiarreico. Se emplea el tanino obtenido de la corteza de encina o la raíz de tormentila.(Son tóxicos para el hígado si se absorben en grandes cantidades).

5. **Sustancias amargas.** Son compuestos de diversa naturaleza química. Tienen la propiedad de estimular la secreción de la saliva y del jugo gástrico que es su principal indicación terapéutica. Los estomáquicos más conocidos son el

El tratamiento de las enfermedades

lupulino, cascarrilla y, sobre todo, el ajenjo (el vino que contiene ajenjo se denomina vermut).

6. **Aceites etéreos.** Se trata de combinaciones de compuestos orgánicos con olor característico más o menos pronunciado que se produce en determinadas estructuras glandulares de la planta. Son muy volátiles, por lo que es necesario extraerlos por destilación en corriente de vapor de agua en recinto cerrado. Tienen un evidente efecto irritante sobre la piel y mucosas y se emplean para los más variados fines (antisepsia, inhibición de la secreción, vasodilatación, etc.). Son ejemplos el aceite de menta, tila, vainilla, anís y valeriana.

7. **Sustancias mucilaginosas (o emolientes).** Se usan, sobre todo, para proteger las mucosas irritadas por causas físicas, químicas o biológicas. Estos productos viscosos se extraen de las plantas en frío o caliente (tés o tisanas). Ejemplos típicos son la altea y la raíz de la malva y malvavisco; las semillas de lino, membrillo, liquen, etc.

Muchas plantas medicinales se siguen usando hoy en día como métodos terapéuticos caseros, o sea, su uso se basa generalmente en tradiciones y métodos empíricos. Muchas de ellas tienen plena vigencia terapéutica al haber demostrado su eficacia. En la relación siguiente se citarán las hierbas más conocidas, tanto las que se refieren a lo que viene llamándose impropiamente hierbas medicinales (todas son hierbas en un sentido) que pueden adquirirse en los herbolarios (fitoterapia en sentido reducido), como las plantas medicinales de uso terapéutico con una base farmacológica bien definida por poseer drogas específicas y que, por lo tanto, sólo pueden ser prescritas por orden facultativa, y además generalmente sólo pueden adquirirse en forma de productos farmacéuticos ya elaborados y exactamente dosificados.

Antes convendría aclarar sobre los métodos de preparación de las pociones o tisanas más usadas en la fitoterapia:

En la **infusión** o **té** se vierte agua hirviendo (o en ebullición) sobre la hierba y se cubre el recipiente inmediatamente. Se deja reposar de 5 a 15 minutos para filtrar o decantar el agua de extracción. En algunos casos se deja también macerar hasta su total enfriamiento. En el **macerado en frío** se somete la planta medicinal a la acción de agua fría (a temperatura ambiental) durante unas 8 horas o durante toda la noche en un recipiente cerrado. Después se decanta o filtra el líquido de maceración.

En la **decocción** o **cocimiento** se mete la planta en agua primeramente fría y luego se calienta a fuego directo, para mantenerla en ebullición durante una media hora. Hay que filtrar en caliente (por ejemplo, a través de un lienzo). A veces, también hay que filtrar en frío; se menciona este extremo en el caso particular.

En la **tintura** o **extracto hidroalcohólico** se deja macerar la planta en una solución acuosa de alcohol a diferente graduación, según el caso. Después del tiempo variable de maceración se filtra para verter el líquido de extracción en un frasco de cristal oscuro y provisto de cuentagotas. En el **vino medicinal** se vierte vino tinto o blanco sobre la hierba, para así proceder a su maceración. En los **jarabes** se pone primero agua y azúcar a hervir hasta la total disolución del azúcar y hasta adquirir cierto grado de espesor. Luego se mezcla con el líquido de extracción obtenido por cualquier tipo de maceración. En general, puede decirse que las infusiones con finalidad sobre todo expectorante o emoliente no son edulcoradas, mientras que en los demás casos se les añade azúcar o se mezclan con jarabes.

Hierbas medicinales de uso más frecuente

Achicoria *(Cychorium intybus L.)*

Partes empleadas. Las raíces secas. También se utilizan las hojas y las flores frescas o secas.
Acción e indicaciones. Estimulante del apetito y de la digestión. Se emplea en las enfermedades gastrointestinales y en las afecciones biliares.
Prescripción. Por vía oral como infusión, una o dos veces al día, una cucharadita en una taza de agua.

Ajo *(Allium sativum L.)*

Es un bulbo perenne del que se usan los bulbillos (dientes de ajo).
Principio activo. Aceite etéreo.
Acción y aplicación. Es bacteriostático, por lo que se aplica como profiláctico y terapéutico en muchas enfermedades intestinales (diarreas, disentería, lombrices). Además, tiene una acción hipotensora.
Dosificación. Un diente picado al día. Existen preparados comerciales cuya acción es inferior al producto fresco.

Anís estrellado *(Pimpinella anisum L.)*

Se usan los frutos maduros.
Principio activo. Aceite etéreo.
Aplicación. Condimento y aromatizante. Trastornos funcionales del aparato gastrointestinal: flatulencia, dispepsias, indigestiones.

Árnica *(Arnica montana L.)*

Partes empleadas. La flor y el rizoma con raíces secas.
Principios activos. Aceite etéreo, arnicina (principio amargo), tanino.
Acción e indicaciones. El aceite etéreo, al igual que la arnicina, tiene una acción irritante sobre la piel. Uso externo: por fricción en la reuma y la neuralgia; aplicado por medio de una compresa en el tratamiento de dolores agudos, luxaciones, torceduras y contusiones. Por vía oral, en los catarros bronquiales. Debe utilizarse con prudencia, pues pueden surgir fenómenos de irritación y de intoxicación.
Prescripción. Por vía oral como infusión, una o dos veces al día, empleándose siempre con prudencia. Una cucharadita disuelta o 10 gotas de tintura en una taza de agua. Uso externo: por fricción, la tintura igualmente diluida. Para evitar los fenómenos de irritación debe distanciarse su aplicación. Gárgaras y compresas: 10 a 20 gotas de tintura en una taza de agua.
Homeopatías. Contusiones, extravasaciones sanguíneas, forunculosis, neuralgias, ciática, distensiones musculares, apoplejía (alteración de las funciones del cerebro con pérdida del conocimiento y parálisis), cardiopatía. Debe utilizarse estrictamente por prescripción médica.

El tratamiento de las enfermedades

Belladona *(Atropa belladona L.)*

Partes empleadas. Las hojas y las raíces secas.
Principio activo. Alcaloide.
Acción e indicaciones. Posee una fuerte acción espasmolítica (relaja los espasmos) y calmante. Se utiliza principalmente contra los calambres del aparato digestivo. Disminuye la secreción de la saliva y del sudor; el oculista la emplea para hacer que se dilate la pupila del paciente.
Prescripción. La belladona debe, en cualquier caso, ser prescrita por el médico; no puede establecerse una regla general para su empleo.
Homeopatía. Estado febril, enfermedades infecciosas, neuralgias, dolor de cabeza, asma bronquial, epilepsia. Por prescripción médica.
Observaciones. La planta entera es muy venenosa. En caso de envenenamiento debe llamarse inmediatamente al médico, quien administrará el antídoto correspondiente o recomendará un lavado de estómago. No obstante, como primera medida conviene provocar el vómito.

Boldo *(Peumus boldus)*

Partes empleadas. Las hojas.
Principios activos. Aceite etéreo, el alcaloide boldina.
Acción e indicaciones. Es un tónico estimulante de la función gástrica en la dispepsia; sirve de ayuda en las congestiones del hígado y en la ictericia, dando fluidez o paso a la bilis.
Prescripción. Uso interno; 2 o 3 veces al día a las horas de las comidas se toman de 10 a 20 gotas de tintura de boldo o bien vino de boldo que se prepara del modo siguiente: hojas de boldo, 35 g; vino blanco, 1 litro; dejarlo macerar durante 10 días, filtrándolo después. Beber un vasito en cada una de las principales comidas.

Cálamo aromático *(Acorus calamus L.)*

Partes empleadas. El tallo.
Principios activos. Aceite etéreo, la glucósida acorina, ácido tánico.
Acción e indicaciones. El polvo del tallo de cálamo se utiliza en la dispepsia. Es un remedio antiácido y antipútrido. Posee otras propiedades diuréticas y cardiotónicas y sirve en los edemas difusos favoreciendo la eliminación del líquido seroso acumulado en los tejidos.
Prescripción. Uso interno como infusión: polvo de cálamo, 20 g; agua hirviendo, 100 cc; beber dos o tres vasitos al día. Vino de cálamo aromático: tallo de cálamo, 45 g; alcohol de 70°, 100 cc; vino de Marsala, 1 litro; se pone a macerar en el alcohol durante veinticuatro horas, se le añade el vino y se deja reposar durante diez días. Beber un vasito antes de la comida. Uso externo por medio de baños estimulantes: 15 a 20 g de esencia de cálamo en 500 cc de alcohol. Para fricciones antirreumáticas: solución alcohólica al 1%.

Castaño *(Castanea sativa L.)*

Partes empleadas. Las hojas secas.
Acción e indicaciones. Las hojas del castaño son un medicamento muy valioso contra la tos convulsiva y las enfermedades de las vías respiratorias causadas por el frío.
Prescripción. Por vía oral como infusión: tres veces al día, dos cucharaditas en una taza de agua.
Observaciones. Las hojas del castaño verdadero, es decir, las comestibles, no deben ser confundidas con las del castaño de Indias.

Diente de león *(Taraxacum officinale)*

Partes empleadas. La planta completa con raíz, seca, o bien sólo la raíz.
Principio activo. Sustancia amarga.
Indicaciones. Medicamento depurativo de la sangre, aumenta el apetito. En las enfermedades renales, biliares y hepáticas, en las enfermedades reumáticas, para estimular la diuresis.
Prescripción. Por vía oral como infusión, tres veces al día, una cucharadita en una taza de agua fría; hervir un poco y macerar.
Homeopatía. Enfermedades inflamatorias del hígado, de la vesícula biliar, de los riñones y del aparato gastrointestinal. Según prescripción médica.

Digital *(Digitalis purpurea L.)*

Partes empleadas. El polvo de la hoja seca graduado según las convenciones internacionales.
Principio activo. Glucósido cardioactivo.
Indicaciones. Medicamento importante en las enfermedades cardiacas.
Prescripción. El médico establece la dosis y la elección de la prescripción según el caso. Con esta droga no pueden establecerse reglas y dosis generales.
Homeopatía. Enfermedades cardiacas, dolor de cabeza, insomnio, estados depresivos, afecciones de la próstata. Por prescripción médica.
Observaciones. La planta es altamente venenosa. Además de la *Digitalis* roja, se emplean otras especies de la misma familia, particularmente la *D. lanata*.

Enebro junípero *(Juniperus communis L.)*

Partes empleadas. La rama seca.
Principio activo. Aceite etéreo.
Acción e indicaciones. Diurético. En la retención de orina, en la gota, enfermedades reumáticas; estimula el apetito y es digestivo; en los resfriados. Uso externo: tintura de junípero como fricción en la reuma, lumbago y ciática.

El tratamiento de las enfermedades

Prescripción. La rama de junípero: por vía oral en infusión dos veces al día, una cucharadita en una taza de agua. Tintura de junípero: uso externo por fricción. Madera de junípero: sólo mezclada en forma de infusión.

Observaciones. En las enfermedades inflamatorias y durante el embarazo no se debe emplear la rama de junípero; su uso prolongado puede ser peligroso.

Espino albar *(Crataegus oxyacantha L.)*

Partes empleadas. Las flores y las hojas secas.

Acción e indicaciones. La farmacología del espino albar es muy compleja y la investigación de sus principios activos está aún sin completar. Es cierto que la acción del espino albar no es comparable a la de la digital, aunque algunas indicaciones sirven para las dos. Las indicaciones principales son la alteración degenerativa del corazón, como ocurre en los ancianos, la alta presión sanguínea, la debilidad del miocardio, los disturbios del ritmo cardiaco y los disturbios del riego sanguíneo. El uso prolongado no es peligroso, pues el espino albar es apto como medicamento después del tratamiento digitálico o del estrofanto.

Prescripción. Por vía oral como infusión, dos o tres veces al día, dos cucharaditas de flores en una taza de agua. Las hojas se utilizan menos. Para curas prolongadas son particularmente aptos el extracto líquido (solución concentrada de los principios activos), tres veces al día 10 gotas, o bien la tintura tres veces al día, 10 a 20 gotas.

Homeopatía. El espino albar es uno de los medicamentos principales de la medicina homeopática. Se emplea en las enfermedades cardiacas, enfermedades de las coronarias y de los vasos sanguíneos del cerebro. Por prescripción médica.

Eucalipto *(Eucalyptus globulus)*

Partes empleadas. Las hojas.
Principio activo. Aceite etéreo.
Acción e indicaciones. El eucalipto se utiliza como antiséptico balsámico, para estimular la respiración; se emplea también contra la bronquitis crónica, porque actúa como expectorante.

Prescripción. Por vía oral como infusión: hojas de eucalipto, 10 g; agua hirviendo, 500 cc; un vasito varias veces al día. Vino de eucalipto: hojas de eucalipto, 100 g; vino de Marsala, 500 cc; macerar durante diez días; beber de 3 a 5 vasos de vino durante la jornada.

Gayuba *(Arctostaphylos, uva ursi)*

Partes empleadas. Las hojas secas.
Principio activo. Glucósido, tanino.
Acción e indicaciones. El glucósido se divide en el cuerpo y segrega lentamente una sustancia fuertemente desinfectante de las vías urinarias. Las hojas de la gayuba son,

por lo tanto, un excelente medicamento contra el catarro vesicular. La sustancia tánica posee una acción ligeramente irritante para la mucosa gástrica.

Prescripción. Por vía oral como infusión fría, un litro fraccionado durante el día. Mezclar de 3 a 5 cucharadas de la droga en un litro de agua y macerar durante la noche. Si se tolera bien, pueden incluso hervirse 2 o 3 cucharadas en un litro de agua durante 15 o 30 minutos, filtrando después de enfriar. El aprovechamiento de la sustancia activa es mayor de esta manera.

Genciana *(Gentiana lutea L. y otras variedades de genciana)*

Partes empleadas. El tallo con raíces, ambos secos.
Principio activo. Sustancia amarga.
Acción e indicaciones. Es un medicamento amargo muy activo. Se emplea para estimular el apetito y como digestivo. En muchas partes se utiliza contra la fiebre, pero en estos casos es completamente ineficaz.
Prescripción. Por vía oral como infusión, de una a tres veces al día, una cucharadita en una taza de agua; hervir un poco y filtrar.

Guayaco *(Guaiacum officinale)*

Partes empleadas. La madera pulverizada.
Principio activo. La resina.
Acción e indicaciones. Posee propiedades diaforéticas y se viene empleando en forma de infusión contra la gota y la reuma crónica o aguda.
Prescripción. Infusión, 50 g de resina en polvo en un litro de agua. Beber varios vasitos durante el día.

Hamamélide *(Hamamelis virginica L.)*

Partes empleadas. Corteza y hojas secas.
Acción e indicaciones. Por vía oral como medicamento astringente en la diarrea. Sin embargo, su uso principal es en forma de supositorio o de ungüento contra las hemorroides, en forma de pomada contra las várices y en la cosmética.
Prescripción. Por vía oral como infusión, de 2 a 5 veces al día, una cucharadita disuelta en una taza de agua; hervir un poco y filtrar. Uso externo en forma de pomada.
Homeopatía. Hemorragias, hemorroides, várices. Por prescripción médica.

Ipecacuana bejuquillo *(Uragoga ipecacuanha)*

Partes empleadas. Las raíces secas.
Principio activo. Alcaloide.

El tratamiento de las enfermedades

Acción e indicaciones. En dosis mínimas posee una acción extraordinariamente emética (que provoca el vómito). Es un remedio excelente contra la tos.
Prescripción. Sólo con receta médica; en forma de infusión, de jarabe o de tintura.
Homeopatía. En los enfriamientos, vómitos, mareos y conjuntivitis. Según prescripción médica.

Lavanda *(Lavandula officinalis L.)*

Partes empleadas. La espiga florida (la recolección debe efectuarse antes de que las flores se hayan abierto por completo).
Acción e indicaciones. La lavanda se utiliza como remedio contra los dolores de cabeza. Hace más fluida la bilis y favorece la expulsión de los gases intestinales gracias a su propiedad antiespasmódica.
Prescripción. Uso interno: en forma de infusión, 4 a 8 g de flores de lavanda en una taza de agua hirviendo. Uso externo: en forma de extracto alcohólico, en la cosmética.

Lino *(Linum usitatissimum L.)*

Parte empleada. Semilla madura.
Principio activo. Aceite mucilaginoso.
Acción e indicaciones. El aceite extractado en frío de la semilla del lino es, por su alto contenido de ácido graso no saturado, particularmente apto para varios usos medicinales, por ejemplo para la preparación de ungüentos y linimentos. El barro graso, residuo de la preparación del aceite, se reduce a polvo y se emplea en cataplasmas. La semilla fresca, machacada o triturada, es sin embargo un purgante ligero que puede ser tomado durante semanas o meses sin provocar hábito.
Prescripción. Se mezclan de dos a cinco cucharadas de semilla fresca de lino, previamente machacada o triturada, con leche o manzanas cocidas y se toma por la mañana o por la noche.
Observaciones. La semilla de lino debe conservarse fresca y en lugar seco y utilizarse a lo máximo dentro del plazo de una semana, ya que de otra manera el aceite de la semilla se pondría rancio.

Lúpulo *(Humulus lupulus L.)*

Partes empleadas. La inflorescencia (conjunto de flores) y las hojitas que envuelven a la yema.
Acción e indicaciones. Se emplea como calmante y somnífero. El aceite etéreo causa frecuentemente un envenenamiento en los recolectores de la planta, unas veces ligero y otras grave. El lúpulo se utiliza contra el insomnio, la sobreexcitación, especialmente la sexual, contra las enfermedades nerviosas y a veces como remedio estomacal.

Los medicamentos

Prescripción.   Si el lúpulo no ha sido prescrito por el médico para un fin preciso, conviene tomar la valeriana.
Homeopatía.   Contra las inflamaciones de la piel, irritaciones de la vejiga y el insomnio. Por prescripción médica.

Malva común *(Malva silvestris)*

Partes empleadas.   Se usan las flores y hojas secas.
Principio activo.   Mucílago.
Acción y aplicación.   Antiinflamatorio de las vías respiratorias y del tracto gastrointestinal. Además sudorífero.
Dosificación.   Infusión de una cucharadita de hojas y flores secas por cada taza de agua. Hasta tres tazas diarias.

Manzanilla *(Matricaria chamomilla L.)*

Partes empleadas.   Se usan las flores secas.
Principio activo.   Aceite etéreo.
Acción y aplicación.   El aceite etéreo contiene el azuleno, que es un antiinflamatorio por excelencia. Además es espasmolítica. Se administra como bebida en enfriamientos, trastornos gastrointestinales y localmente en inflamaciones de la piel y de las mucosas.

Mate *(Ilex paraguayensis)*

Partes empleadas.   Las hojas ahumadas y secas.
Principio activo.   Cafeína.
Acción e indicaciones.   Por la acción estimulante y diurética de la cafeína, el mate entra en la composición de muchas mezclas de infusiones para el sistema nervioso y para los trastornos de la vejiga.
Prescripción.   Por vía oral como infusión. Según las necesidades, de media a una cucharadita en una taza de agua.

Mejorana *(Origanum majorana L.)*

Partes empleadas.   Las hojas pequeñas y los brotes con flores, secos.
Principios activos.   Aceite etéreo, tanino.
Acción e indicaciones.   La acción es débil en el meteorismo, en los disturbios gastrointestinales y en los resfriados. El ungüento de mejorana se emplea en los resfriados de los niños.
Prescripción.   Por vía oral como infusión, tres veces al día, 1 o 2 cucharaditas en una taza de agua.

El tratamiento de las enfermedades

Melisa *(Melisa officinalis L.)*

Partes empleadas. Las hojas secas.
Principios activos. Tanino, sustancia amarga, aceite etéreo.
Acción e indicaciones. La melisa posee una acción calmante, antiespasmódica, digestiva y sudorífera, por lo que su empleo es múltiple. Se utiliza como calmante en las afecciones nerviosas, gastrointestinales, contra el insomnio, meteorismo, vómitos, asma, resfriados, etc. Para uso externo: tintura de melisa por fricción en el reumatismo y en las neuralgias.
Prescripción. Por vía oral como infusión, tres veces al día, una o dos cucharaditas en una taza de agua.

Menta *(Mentha piperita L.)*

Partes empleadas. Las hojas y las flores secas.
Principio activo. El aceite etéreo, rico en mentol.
Acción e indicaciones. La menta, con la camomila, es quizás la sustancia más empleada. El aceite etéreo posee una acción ligeramente desinfectante, sedante y antiespasmódica; estimula igualmente las secreciones biliares.
Prescripción. Por vía oral: como infusión, de 2 a 5 veces al día, una o dos cucharaditas en una taza de agua. Para uso externo: tintura de menta, tintura de mentol, aceite de menta, pincelaciones, contra el dolor de cabeza, etc.
Observaciones. La menta, siendo una planta estéril, se reproduce sólo por medio de estacas (porción de la planta que, enterrada, reproduce la original).

Mirto *(Vaccinum myrtillus L.)*

Partes empleadas. Fruto y hojas secas.
Principio activo. Tanino, en las hojas restos del glucósido arbutínico.
Acción e indicaciones. Los frutos y las hojas se utilizan frecuentemente como remedio antidiarreico para los niños. El mirto fresco, crudo, es laxante.
Prescripción. Por vía oral: como mermelada de fruta; las hojas en forma de mermelada o infusión, 2 cucharaditas en una taza de agua.
Observaciones. El mirto seco se enmohece fácilmente.

Mostaza negra *(Brassica nigra L.)*

Partes empleadas. Se usa la semilla madura.
Principio activo. Aceite etéreo.
Acción y aplicación. Revulsivo. Se aplica como cataplasma en las enfermedades del aparato respiratorio y reumáticas.
Dosificación. Se prepara una papilla con la harina de mostaza, se extiende sobre una gasa que se aplica en la región correspondiente. Cuando la piel se enrojece hay que retirar la cataplasma para evitar inflamaciones.

Muérdago *(Viscum album L.)*

Partes empleadas. La planta entera seca.
Acción e indicaciones. Hipotensor y diurético; en la arterioesclerosis, en la retención de orina y en el embarazo.
Prescripción. Por vía oral como un macerado frío, tres veces al día, una cucharadita en una taza de agua fría; dejar macerar durante la noche. Extracto fluido: tres veces al día, 10 gotas.
Homeopatía. Calcificación, hipertensión, epilepsia, asma bronquial, cefalea. Por prescripción médica.

Naranjo dulce *(Citrus auranticum o agua de azahar).*

Partes empleadas. Se usan las hojas secas.
Principio activo. Aceite etéreo.
Acción y administración. Sedante. Se administra en caso de insomnio y excitación, preferentemente con infusión de tila.
Dosificación. El agua de azahar se encuentra en las farmacias. Una cucharadita en infusión de tila o en agua azucarada una o varias veces al día.

Orégano *(Origanum vulgare L.)*

Partes empleadas. Inflorescencia.
Principio activo. Aceite etéreo.
Acción e indicaciones. Es un leve estimulante del sistema nervioso. Posee propiedades antineurálgicas; favorece la sudoración y la diuresis. Está indicado en las afecciones bronquiales con fiebre; ayuda a la expectoración.
Prescripción. Como infusión: orégano, 20 g en medio litro de agua hirviendo. Beber durante el día.

Rauwolfia serpentina

Partes empleadas. Rizoma.
Principios activos. Alcaloide, reserpina.
Indicaciones. Sedante hipnótico, hipotensivo.
Prescripción. La dosis y la duración deben ser establecidas por el médico de acuerdo con el cuadro específico.

Romero *(Rosmarinus officinalis)*

Partes empleadas. Las ramitas con las hojas secas.
Principio activo. Aceite etéreo.
Acción e indicaciones. Contra el meteorismo y como estimulante de la circulación sanguínea y el sistema nervioso. Uso externo: estimulante de la piel.

Prescripción. Por vía oral: en forma de infusión, una o dos veces al día, una cucharadita en una taza de agua. No se debe tomar durante mucho tiempo y hay que tener la máxima prudencia porque puede causar gravísimas irritaciones. Uso externo: la tintura de romero se debe aplicar por fricción; tiene una acción claramente revulsiva.

Sen *(Cassia senna L.)*

Partes empleadas. Se usan las hojas secas.
Principio activo. Antraquinonas.
Acción y administración. Laxante fuerte.
Dosificación. De media a una cucharadita de hojas secas en una taza de agua fría; se deja durante ocho horas y se cuela; una taza como dosis única.

Tamarindo *(Tamarindus indica)*

Partes empleadas. La pulpa del fruto.
Principio activo. Sustancia mucilaginosa.
Acción e indicaciones. Como insuperable refrescante y laxante está especialmente indicado en los niños. Un preparado de tamarindo con ciruela pasa, funciona como excelente laxante.
Prescripción. Como refrescante: pulpa de tamarindo, 10 a 15 g; como purgante, 40 a 60 g. Para los niños: 1 a 2 g por cada año de edad. En forma de infusión, 20 g de tamarindo en un litro de agua hirviendo (para los niños, 10 a 20 g).

Tila *(Tilia europea L.)*

Partes empleadas. Las flores y las hojas.
Acción e indicaciones. Es fuertemente sudorígena. En los resfriados y en las distintas enfermedades infecciosas; es particularmente apta en pediatría.
Prescripción. Por vía oral como infusión, de dos a cinco veces al día, dos o tres cucharaditas en una taza de agua.

Valeriana *(Valeriana officinalis L.)*

Partes empleadas. El rizoma seco.
Acción e indicaciones. La valeriana es un calmante fuerte. Se utiliza en el insomnio, en los estados de excitación nerviosa, en los disturbios nerviosos del corazón, etcétera.
Prescripción. Por vía oral como infusión fría que se tomará por la noche. Una o dos cucharaditas en una taza de agua. La preparación más empleada es la tintura de valeriana en caso necesario; por la noche, se toman de 20 a 40 gotas diluidas en agua o sobre un terrón de azúcar.

La asistencia del enfermo

Los éxitos de la medicina actual no deben hacer olvidar que la palabra curar proviene del latín *curare,* que quiere decir cuidar. Por muy eficaces que sean los medicamentos, operaciones, métodos fisioterapéuticos, etc., el enfermo no deja de ser una persona mermada o menoscabada en sus posibilidades vitales; necesita ser asistido y ayudado. En el cuidado del enfermo no deben dominar sentimientos de compasión o caridad, generalmente mal entendidos. Existen una serie de normas racionales y responsables abarcadas por todo el vasto campo de la asistencia general de la enfermedad, lo cual no indica que la ciencia moderna implique una despersonalización, ni se desentienda del enfermo como sujeto que sufre y padece según su particular manera de reaccionar ante la adversidad.

Sin embargo, la medicina más humanista no puede ignorar que el enfermo es, antes que nada, un individuo que ha de someterse a un plan general terapéutico establecido por un médico. Este plan general, meditado y consecuente con los últimos adelantos de la ciencia, se llevará a cabo estrictamente, sin más flexibilidad que la impuesta por la propia naturaleza de las reacciones del enfermo en su totalidad. En la asistencia general del enfermo se tendrán en cuenta los factores que se aplican en las páginas de la 239 a la 244.

La habitación del enfermo

La habitación debe ser tranquila y siempre es preferible que el enfermo la ocupe solo. Si se trata de una enfermedad crónica que se prolongará por mucho tiempo, se destinará al enfermo la habitación con más luz, sol y ventilación. Durante el verano, la ventana puede estar abierta día y noche. Se procurará evitar toda clase de ruidos (visitas, etc.). La limpieza se efectuará sin levantar polvo, con lienzos húmedos. La temperatura debe oscilar entre los 14 y 16° C.

En las habitaciones con calefacción central se colocarán recipientes con agua en los radiadores para mantener el aire con la humedad necesaria.

La iluminación artificial ha de ser tal que el enfermo pueda tener los mandos al alcance de su mano. Aparte de una lámpara de techo, con luz fuerte, es conveniente que exista alguna lamparita de mesa, con luz más tenue.

La **cama del enfermo** debe ser asequible por sus dos lados. Además, se colocará de tal forma que el enfermo no tenga la luz directa en la cara. Es imprescindible, aparte de la iluminación general, disponer de una lamparita de noche. El colchón se protegerá con un hule o un plástico. En caso necesario se pondrá encima una capa de celulosa, que se cambiará siempre que se ensucie. La almohada no debe ser muy alta. Se dispondrá, además, de unas almohaditas por si el enfermo quiere incorporarse. La sábana no debe estar arrugada nunca. La ropa se cambiará, por lo menos, una vez al día. Es práctico atar una cuerda a los pies de la cama para que el enfermo pueda incorporarse sin ayuda ajena. Asimismo son prácticas las mesas especiales que se colocan a un lado de la cama, no sólo para comer el enfermo, sino también para leer, escribir o hacer pequeñas labores.

El tratamiento de las enfermedades

La dieta del enfermo

Una de las tareas más importantes en el cuidado del enfermo es la preparación adecuada de la comida.

Se distingue entre dieta astringente y laxante, dieta de sobrealimentación y dieta de fácil digestión, para el enfermo febril.

La dieta laxante contiene fruta cruda o en mermelada, ensaladas con jugo de limón, zanahorias, pepinos, jugos cítricos, etc. La dieta astringente contendrá principalmente papillas espesas o purés. La sobrealimentación consiste en la administración abundante de leche, nata, huevos, carne, bizcochos, chocolate, mantequilla, etc. La dieta sin grasa consiste predominantemente en fruta, verdura y carne magra.

La dieta más adecuada para el enfermo con fiebre consistirá en leche fría, jugos de fruta, pan tostado, puré de manzana, té, naranjas, caldos de verdura y de ternera, papillas lácteas.

Los enfermos con fiebre suelen sufrir de inapetencia, pero esto no debe ser motivo de preocupación. El hombre suele tener bastantes reservas para resistir unos días de ayuno. El aprovechamiento de ellas resulta mucho más ventajoso para el organismo debilitado que la digestión de los alimentos ingeridos.

Por esta razón, al principio de una enfermedad no se debe obligar nunca al enfermo a comer absolutamente nada.

Si el enfermo pide comida pueden dársele papillas lácteas, caldos vegetales y pan tostado con un mínimo de mantequilla. Si no se trata de ninguna enfermedad del tracto digestivo ni existen náuseas ni vómitos se pueden dar jugos de fruta fresca en lugar de infusiones. Como los enfermos febriles sudan mucho, hay que suministrarles bastante líquido. Al añadir azúcar a las bebidas se aumentan las calorías administradas. La leche es una bebida excelente para los enfermos, pero no todos la toleran. Se dará siempre a la temperatura ambiente, nunca helada. A veces se tolera mejor con malta o té. Los enfermos con dificultad de deglución pueden tomar helados. Las mermeladas son insustituibles en la dieta del enfermo con fiebre.

Después de enfermedades graves, intervenciones quirúrgicas y hemorragias intensas cabe administrar una sobrealimentación. Ésta consistirá en alimentos ricos en proteínas y vitaminas, con un gran aporte calórico.

Como bebida se dará, aparte de los jugos, agua mineral.

El cuidado del enfermo

La persona que cuida al enfermo debe ser cariñosa y amable pero a la vez, categórica. Procurará tener los máximos cuidados al cambiar la ropa, al asearlo, evitando que el enfermo se enfríe. Si la fiebre es alta debe calentarse la ropa limpia que se va a colocar para evitar una sensación desagradable. Hay que saber dar confianza y optimismo al enfermo, evitando siempre hablar con él de un posible empeoramiento u otras cosas desagradables. También las visitas se deben «dosificar». Naturalmente, distraen al paciente, pero el enfermo grave descansa mejor si no lo molestan.

Los enfermos crónicos que hayan de permanecer en decúbito supino usarán camisones que estén abiertos por detrás. Para orinar o defecar se utilizará un orinal en

La asistencia del enfermo

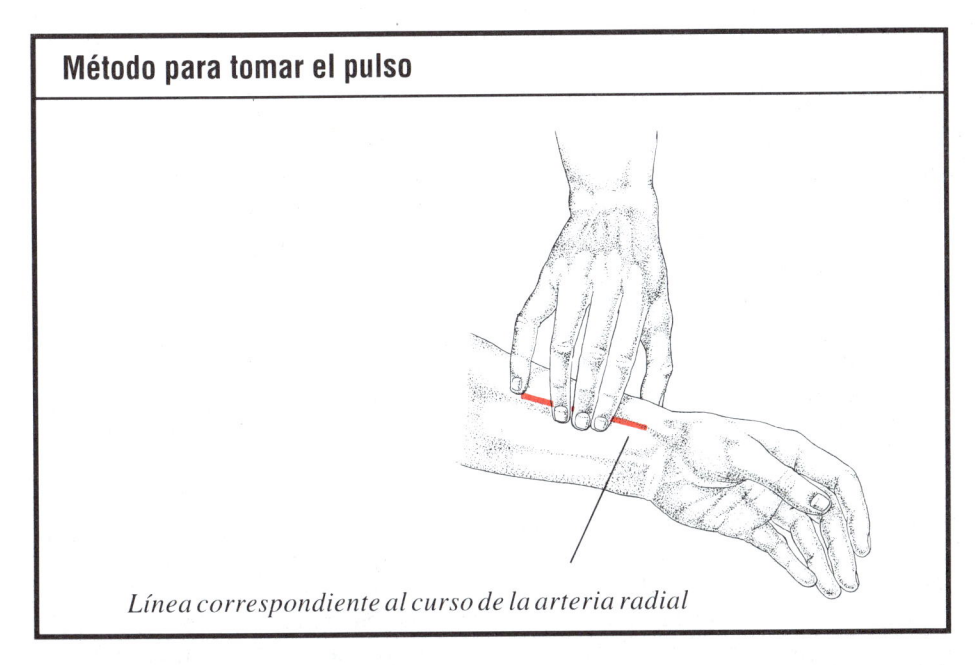

Método para tomar el pulso

Línea correspondiente al curso de la arteria radial

forma de cuña; los pacientes varones pueden realizar la micción en una botella especial. Si el enfermo produce abundante expectoración se tendrá un recipiente adecuado a poca distancia del lecho. Además, se dispondrá de una palangana y todo lo necesario para el aseo personal del enfermo. En los enfermos crónicos se evitarán las rozaduras y úlceras mediante frecuentes lavados con agua templada y un jabón suave. Se cambiará al paciente varias veces al día de postura, y si esto no es posible se procurará que no se produzcan roces innecesarios.

El enfermo debe estar seco. Así, se le pueden aplicar polvos de talco o de zinc y darle fricciones con alcohol de romero u otros extractos fluidos de efectos semejantes.

También puede colocarse al enfermo encima de una colchoneta de goma llena de agua templada, cuidando de no llenarla al máximo para que quede blanda y se adapte mejor a la superficie del cuerpo.

Con idénticos fines se emplean las colchonetas de aire y, recientemente, el colchón antiescaras. En ambos casos hay que equilibrar con almohadas la superficie, ya que, en caso contrario, la pelvis queda demasiado elevada.

Los dolores posturales en la región dorsal y pectoral se alivian colocando los brazos en plano horizontal y sosteniéndolos con almohadas. Colocando al lado de las piernas almohadas o saquitos de arena se evitarán, asimismo, posturas viciosas de éstas.

Muchos enfermos adquieren una postura viciosa de los pies, debido al peso continuo de las mantas. Con almohadas u otros objetos (jaulas de alambres) se evitará que las mantas puedan ejercer presión alguna. Los enfermos adultos deben incorporarse varias veces al día para evitar la congestión excesiva que se produciría en los pulmones.

Antes de proceder a cambiar las sábanas, la persona que esté a cargo llevará a cabo el aseo personal del enfermo.

Hay que conseguir que los pacientes inconscientes o con obnubilación orinen regularmente (como mínimo dos veces al día), incluso recurriendo al sondaje vesical.

El tratamiento de las enfermedades

Pautas especiales

Es importante vigilar la actitud del enfermo, apuntando las anormalidades. Además, deben medirse regularmente la temperatura y el número de pulsaciones por minuto. La medida más exacta de la temperatura es la rectal. Existen termómetros especiales para la medida sublingual. La medida menos exacta es la tomada en la axila. El termómetro debe mantenerse en el lugar elegido de tres a cinco minutos. La temperatura rectal suele ser medio grado más alta que la axilar. La temperatura se medirá por la mañana y por la tarde y se apuntará en una gráfica.

El pulso se toma aplicando los dedos índice y medio en el canal radial del paciente (del lado del dedo gordo) durante un minuto. También se anotará en la gráfica.

Las irregularidades de las deposiciones o de la orina deben apuntarse igualmente, o pueden guardarse una muestra para enseñarla al médico, al igual que en cuanto a vómitos se refiere.

En caso de enfermedades infecciosas, la persona que cuida al enfermo llevará una bata lavable y se lavará y desinfectará las manos cada vez que salga de la habitación. Suele bastar lavarla con agua caliente y jabón y sumergirla después en una disolución desinfectante.

A las deposiciones y a la orina debe añadirse una pequeña cantidad de cal lechada antes de tirarlas al inodoro. Después se lava el recipiente con un desinfectante (preferentemente detergente). La vajilla y los cubiertos del enfermo se separarán de los del resto de la familia, y se desinfectarán con agua hirviendo sólo en caso de enfermedades muy contagiosas.

La rehabilitación

Se puede definir la rehabilitación o recuperación como el resultado de un trabajo orientado a devolver al individuo enfermo o mermado por la enfermedad el máximo de sus facultades físicas, mentales, vocacionales y sociales (económicas y de convivencia útil) de que pueda ser capaz en el marco de su invalidez o detrimento condicionado por una enfermedad, defecto físico, malformación o malfunción, adquiridos o congénitos. Más científicamente, la rehabilitación es el esfuerzo para tratar a una persona afectada por una enfermedad, traumatismo o defecto, tanto en el momento actual, para liberarle de sus síntomas, como proyectado al futuro, mediante unas medidas coordinadas de tipo médico, educativo, profesional y social. Quizás estas definiciones pequen de idealistas, pero reflejan de manera fehaciente el estado actual de las inquietudes médicas. Ya no se trata de curar al enfermo o disminuir el periodo de convalecencia. Se pretende, por imperativos sociales, reintegrar al desvalido a una vida útil. No puede minimizarse el problema de las mermas físicas o psíquicas. Desde el campo de los niños subnormales hasta los detrimentos causados por los accidentes laborales o los traumatismos en accidente de tránsito, en nuestra civilización la rehabilitación representa un signo de imperiosa necesidad y es motivo de preocupación para las autoridades sanitarias.

Existe un factor económico que obliga a ello, pues la sociedad, en general, ha de responsabilizarse ante la desdicha ajena.

La asistencia del enfermo

En la rehabilitación resulta fundamental la ayuda o asistencia psicológica para impedir que el inválido caiga en la desesperación. En este sentido, dado el cada vez mayor número de jubilados, de longevos sin misión que cumplir, a la medicina le espera todavía un campo de acción de incalculable trascendencia.

Las causas que conducen a la incapacidad física, mental o social son múltiples. Dejando a un lado las motivaciones congénitas (genéticas o perinatales), los accidentes laborales, deportivos o traumáticos y el deterioro natural en edades avanzadas, la incapacidad profesional por enfermedad adquirida puede deberse a los siguientes motivos, con datos obtenidos en una larga estadística:

1. Enfermedades cardiacas, incluyendo la hipertensión arterial y el infarto al miocardio: 23.3% (el infarto por sí solo implica un 3%).
2. Enfermedades de las arterias y trastornos de la circulación periférica: 12.6%.
3. Enfermedades del aparato respiratorio: 10.4%.
4. Cáncer: 9.5%.
5. Enfermedades renales: 8.1%.
6. Reumatismos y otras enfermedades del aparato locomotor: 7.3%.
7. Cirrosis: 6%.
8. Trastornos vasculares del sistema nervioso central y otras enfermedades del encéfalo: 5.1%.
9. Tuberculosis pulmonar: 3.7%.

La rehabilitación se basa en los siguientes procesos: en primer lugar hay que conseguir la recuperación motriz, fase en que ha de enseñarse al incapacitado cómo recobrar la suficiente fuerza y amplitud de los movimientos. En segundo lugar se realiza la reeducación funcional, el aprendizaje de la habilidad o destreza para hacer eficaz el movimiento. En tercer lugar es necesario que el paciente sea entrenado para realizar esfuerzos, para la constancia en el trabajo. Por último, se impone la readaptación profesional y social con arreglo a las posibilidades adquiridas en las fases anteriores. En general, en cada fase hay que prestar la debida atención a cada una de las facetas de las características humanas. Como se ha dicho de una manera suficientemente gráfica «si se cultiva el cuerpo exclusivamente, se obtienen atletas o salvajes; si sólo se cultiva la parte moral, entusiastas o maniacos, y si sólo la intelectual, inadaptados o excéntricos».

El primer tratado sobre la rehabilitación del enfermo y la influencia que tiene el entrenamiento físico y psíquico para la recuperación y el bienestar fue publicado en Sevilla en 1553 por el doctor Cristóbal Méndez. Aunque sus observaciones fuesen empíricas, dados los conocimientos de la época, este autor sentó unas bases que todavía mantienen plena actualidad. Pero ha sido en estos últimos años cuando se han establecido los fundamentos científicos de la rehabilitación en todas sus esferas. Médicos, fisioterapeutas, sociólogos y psicólogos colaboran en este menester.

Actualmente la rehabilitación se suele llevar a cabo en departamentos especializados que se integran entre los diferentes servicios de los grandes hospitales. Ante la complejidad de las técnicas de recuperación, muy pocos centros cuentan con las instalaciones necesarias y luchan también con una evidente escasez de personal debidamente capacitado.

Últimamente ha adquirido gran impulso el régimen llamado «hospital de día» según el cual el enfermo permanece en el hospital todo el día y sólo de noche se reintegra a

El tratamiento de las enfermedades

su hogar. Por ello, los grandes hospitales cuentan ya con comedores, salas de distracción, etc., que se complementan con las prácticas rehabilitadoras para conseguir el resultado apetecido: la recuperación física, psíquica y social del enfermo. También existen unidades de rehabilitación independientes de los hospitales, a las que acuden los pacientes varias horas al día.

Desde el punto de vista corporal, la técnica rehabilitatoria descansa sobre tres pilares básicos:

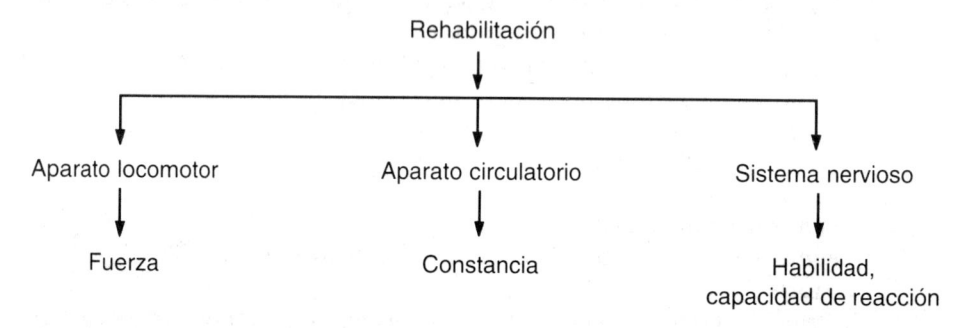

```
                        Rehabilitación
                              │
        ┌─────────────────────┼─────────────────────┐
        ▼                     ▼                     ▼
  Aparato locomotor    Aparato circulatorio    Sistema nervioso
        │                     │                     │
        ▼                     ▼                     ▼
      Fuerza              Constancia            Habilidad,
                                            capacidad de reacción
```

El principio básico del entrenamiento y, por consiguiente, de la recuperación psicomotriz, puede establecerse sobre estas tres premisas:

a) El aumento de la fuerza muscular se consigue mediante algunas contracciones musculares ejercidas contra una resistencia cada vez mayor.

b) El aumento del rendimiento circulatorio se consigue mediante repetidas contracciones musculares ejercidas contra una resistencia muy pequeña.

c) El aumento de la capacidad de reacción y de la destreza se consigue mediante ejercicios sumamente finos y precisos, que requieren un máximo de atención por parte del aparato sensorial (trabajos artesanales, rompecabezas, artes de creación, etc.).

En la rehabilitación del enfermo con incapacidad por parte del sistema nervioso o con problemas psíquicos no cabe la palabra entrenamiento ni el ejercicio de una gimnasia correctora. Aquí los problemas aparecen sumamente diferenciados, requiriéndose previamente una valoración psicológica del incapacitado, del mismo modo que en el inadaptado es necesario recurrir al estudio sociológico. No se pueden dar normas generales en estos casos.

Examen de las enfermedades

Los dientes y sus enfermedades
(odontología)

Estructura y función

Los dientes tienen como función primordial la masticación o desmenuzamiento de los alimentos que, una vez ingeridos, pasan al tubo digestivo, donde los elementos útiles serán asimilados por el organismo y los restantes, eliminados.

Los dientes se encuentran enclavados en los maxilares, formando dos arcadas, una superior y otra inferior, divididos en dos mitades que contienen, cada una, en el adulto: dos incisivos, un canino, dos premolares y tres molares. En los niños contienen dos incisivos, un canino y dos molares en cada mitad.

Los incisivos y los caninos tienen la misión de cortar y desgarrar los alimentos, aunque en el hombre civilizado la función de desgarrar, propia de los caninos, casi ha desaparecido. Los premolares o bicúspides, junto con los molares, sirven para la verdadera trituración y masticación de los alimentos.

Los dientes están formados por una corona o parte descubierta y visible, y una raíz, por medio de la cual quedan sujetos al maxilar correspondiente. Están constituidos por el marfil o dentina que, en la parte correspondiente a la corona, se encuentra recubierto por el esmalte, el tejido más duro del organismo humano, y en la parte correspondiente a la raíz por el cemento, tejido de constitución parecida a la del hueso. Toda la raíz del diente se encuentra introducida en una especie de cavidad del hueso maxilar, o alvéolo, que le presta una firme sujeción. En la zona central existe una cavidad que ocupa casi toda la longitud del diente y en la cual se encuentra alojada la pulpa o parte viva, compuesta esencialmente por tejido conjuntivo rico en vasos y nervios.

La dentadura no sólo actúa como aparato masticador; otro aspecto importante es la participación de los dientes en la emisión del lenguaje, ya que su ausencia o incorrecta posición puede modificar, desfavorablemente, la articulación de la palabra. Debe destacarse también la importancia estética de los dientes como parte integrante de los rasgos faciales. Una dentadura sana y bien ordenada proporciona al rostro un aspecto agradable y armónico.

Examen de las enfermedades

No puede, asimismo, olvidarse la desfavorable influencia que las enfermedades dentales pueden tener en el resto del organismo.

El examen médico de la boca, obviamente, es de gran trascendencia para la salud. Por ello resulta injustificado el temor a la posible visita al dentista, rémora proveniente de los defectuosos tratamientos que se realizaban siglos atrás, y que en la actualidad sólo son un recuerdo histórico, similar a los del resto de las especialidades médicas. Hoy, con los magníficos anestésicos, además de otras drogas farmacológicas con que se cuenta, el «miedo al dentista» está completamente fuera de lugar.

Por otra parte, el antiguo temor al «torno» debe ser desterrado. Los viejos tornos empleados a principios de siglo, en los que el dentista tenía que constituir por sí mismo la fuerza motriz para poder tallar un diente o tratar una caries, hace tiempo que fueron superados. La aparición de los tornos eléctricos mecánicos, con un alto grado de revoluciones, y hoy la aplicación de la «alta velocidad» mediante turbinas por aire comprimido que eliminan por completo la vibración han logrado que la intervención sobre un diente correctamente anestesiado sea no sólo absolutamente indolora, sino exenta de cualquier otra molestia. Estos aparatos llevan además incorporado siempre un sistema de refrigeración que elimina por completo cualquier acción nociva o perjudicial sobre la pulpa dentaria.

Enfermedades de los dientes

ATRICIÓN, ABRASIÓN Y EROSIÓN

El desgaste fisiológico de los dientes se llama **atrición.** Las coronas de todas las piezas están sometidas, a lo largo de la vida, a un desgaste continuo. Por ello podemos observar en personas de edad avanzada que, si conservan sus dientes, éstos han ido perdiendo sus cúspides o eminencias y proyecciones incisivas de la corona, y los bordes oclusivos presentan una zona blanca que corresponde al esmalte y que engloba otra zona amarillenta, oscura en su interior: la dentina.

Corresponde esto a una alteración fisiológica o normal, pero existe también una atrición patológica, que puede deberse a anormalidades en el encaje de unas piezas con otras, dando lugar a un desgaste excesivo en determinadas zonas. Clínicamente, en primer estadio, puede ocasionar una congestión pulpar y, si el proceso continúa, una atrofia de los estadios intermedios de pulpitis y periodontitis, que más adelante se detallarán. También existe una atrición patológica en las personas que mascan tabaco o tienen el hábito de rechinar los dientes (bruxismo).

La **abrasión** es la destrucción rápida y antinatural de la sustancia dentaria, provocada por un proceso distinto al masticatorio. A ello pueden conducir, entre otros motivos, el cepillado incorrecto de los dientes, sostener clavos con ellos, el empleo de ciertos dentífricos, fumar en pipa o cortar hilos. Las zonas de más frecuente aparición son las superficies expuestas más externamente. En ellas se forman cavidades de fondo liso y brillante.

La **erosión** se produce por la actuación de ciertas sustancias químicas sobre los dientes, provocando diversas lesiones en su superficie. Se diferencia de la caries en que la lesión presenta una superficie lisa y brillante con un contorno definido, mientras que en la caries la superficie es espesa e irregular. Suele aparecer en personas con hábito de masticar frutos ácidos o con trastornos gástricos (hiperclorhidria) que acidifican el medio bucal al regurgitar los alimentos.

CARIES DENTAL

La caries es una afección que origina la destrucción de los tejidos duros que forman el diente, fundamentalmente por procesos de descalcificación y desorganización de dichos tejidos. La palabra caries proviene del latín y significa podredumbre. Es quizá la enfermedad más frecuente del hombre, pues prácticamente el 100% de las personas la padecen en el transcurso de la vida.

Síntomas. Se manifiesta por una alteración de color y consistencia de la parte atacada. Suele aparecer una mancha blanca, parda o negruzca que da lugar posteriormente a una cavidad que avanza en profundidad a medida que el proceso continúa. Se localiza preferentemente en las fosas, surcos y fisuras de todos los dientes, alrededor de los puntos de contacto entre ellos; también en la zona de unión entre el cemento y el esmalte, que se denomina «cuello» del diente, es decir, en aquellas zonas que ofrecen las mejores condiciones para el desarrollo y retención de los microorganismos y restos alimenticios que dan lugar a fermentaciones.

Su progresión se efectúa en profundidad, atravesando las diferentes zonas del diente, hasta llegar a la pulpa o parte viva de éste. En su evolución puede dar lugar a dos tipos de caries: aguda y crónica. La primera es de evolución rápida y, sin tratamiento, puede provocar, con la destrucción de todos los tejidos, la pérdida del diente. El segundo tipo, caries crónica, mantiene un proceso más lento, pero que sin tratamiento adecuado lleva igualmente a la destrucción de los tejidos, incluyendo asimismo la pulpa.

Causas. En primer lugar, la saliva habitualmente es neutra o alcalina, pero si existe un proceso que modifique dicha alcalinidad, tendiendo a la acidez, se convierte en un medio muy favorable para la aparición de la caries.

La alimentación es otro factor que se considera como causa muy importante para la formación de la caries. No solamente el contacto local de los alimentos en la boca, sino también la alimentación materna durante el periodo de gestación, influirán en la constitución de los dientes del niño durante los primeros meses de su vida. Nacen, pues, los niños con una cierta predisposición, según haya sido el tipo de alimentación de la madre, además de un factor hereditario constitucional.

Desde un punto de vista local, los hidratos de carbono (féculas y azúcares) se han considerado siempre como un factor primordial en la formación de la caries, ya que al fermentarse y combinar su acción con la de los microorganismos que habitualmente existen en la boca, forman un medio ácido muy favorable para la destrucción de los tejidos dentales.

Las dietas ricas en hidratos de carbono (pan, galletas, helados, pasteles, caramelos, refrescos azucarados, chocolate, papas, etc.) y pobres en sustancias proteínicas, como carnes y huevos, y en verduras y frutas, son las más favorables para la aparición de la caries dental.

Examen de las enfermedades

Otro factor que cabe analizar es la masticación. Cuando se efectúa adecuadamente, se produce una limpieza mecánica de todos los sectores aptos para el alojamiento de placas microbianas y residuos alimenticios. De ahí la importancia de una correcta posición y articulación de todos los dientes, así como que la alimentación no sea demasiado blanda, sino que se combine con alimentos duros y fibrosos que, al ser masticados, limpian las piezas excelentemente.

Influyen también una serie de causas generales, como son las enfermedades que afectan al organismo, debilitando sus resistencias habituales. Puede considerarse también la caries como una enfermedad que va unida a la civilización y a la variedad y calidad de los alimentos. Se ha demostrado que los pueblos menos desarrollados tienen un índice de caries inferior al de aquellos cuyo nivel de vida es más alto.

Profilaxis y tratamiento de la caries. Las medidas de profilaxis o prevención de la caries deberán encaminarse a combatir los factores antes analizados, proporcionando también al organismo los minerales y vitaminas necesarios para que el diente presente una mayor resistencia. Entre las medidas tiene puesto principal una buena higiene oral, que debe efectuarse desde la primera infancia. Muy importante es, asimismo, la corrección de aquellos defectos de posición de los dientes que facilitan la retención de residuos, impidiendo una correcta limpieza, defectos a los que después se refiere el apartado de ortodoncia (pág. 254).

La dieta deberá ser, como hemos dicho, escasa en hidratos de carbono y rica en proteínas, sin olvidar las sales minerales —como calcio y fósforo— ni las vitaminas C y D, que se encuentran en los alimentos como la leche, queso, huevos, frutas, verduras, carnes, cereales, etcétera.

Otro factor profiláctico es la aplicación tópica de fluoruros o incluso la fluorización de las aguas potables. Aunque por el momento todo esto es motivo de una revisión más amplia, el dentista puede aplicar el flúor en su consultorio y recomendar dentífricos o enjuages fluorados a sus pacientes.

Finalmente es necesario indicar la gran importancia que tiene el periódico reconocimiento por el especialista, aun cuando no exista causa notable que nos obligue a hacerlo. El tratamiento debe ser efectuado por el dentista, cuanto más prematuramente, mejor, ya que entonces existen más posibilidades de conservar la máxima cantidad de tejido dentario sano, evitando así la pérdida de un cierto número de dientes.

PULPITIS

Cuando la caries dentaria no se trata de una manera adecuada, su avance llega a penetrar en la cavidad pulpar, dando lugar a este proceso inflamatorio, que tiene diferentes grados y tipos.

El primer estadio de la pulpitis, o «congestión pulpar», se caracteriza por una sensibilidad aumentada al frío o al calor, sin que exista normalmente dolor espontáneo. Cuando aumenta la sintomatología dolorosa de la pulpitis, sobre todo al calor, y comienza la aparición de dolores espontáneos, se ha producido un aumento de la congestión pulpar juntamente con el progreso de la inflamación, que si continúa dará lugar a la completa destrucción de las piezas dentales y a lo que se denomina corrientemente «diente muerto».

El tratamiento de la pulpitis debe ser efectuado por el especialista. El primer periodo, congestivo, puede ser susceptible de regresión con un tratamiento conservador. Pero si esta fase ha sido rebasada, será entonces necesaria la extirpación de la pulpa enferma. Es clásico el dolor agudísimo de la pulpitis, que obliga a acudir al dentista en demanda de ayuda a los individuos que se muestran más renuentes a consultar a este tipo de especialistas.

PERIODONTITIS

Es la inflamación de los tejidos que sirven de soporte al diente. Puede ser de dos tipos: aguda y crónica. Las causas son diferentes: traumatismos, ya sean breves, intensos o continuos; alteraciones químicas, o procesos inflamatorios infecciosos, los más frecuentes, que tienen su causa primordial en la progresión de la caries, cuando se produce la destrucción de la pulpa por falta de tratamiento.

Es característico el dolor espontáneo, sordo, que puede llegar a ser lancinante y que aumenta a la presión e incluso al contacto con otro diente, dando la sensación de «diente alargado». Las molestias persisten hasta que la secreción purulenta que como consecuencia de la infección de la raíz se produce drena al exterior, bien a través del mismo diente o bien a través del hueso; cuando esto sucede, disminuye entonces la sintomatología dolorosa y puede presentarse un absceso o flemón.

Las periodontitis crónicas tienen una sintomatología dolorosa mucho menos marcada, que es ignorada a veces por el propio enfermo. A la larga, y por la continua irritación de los tejidos que rodean el diente, pueden dar lugar a una zona de granulación inflamatoria circunscrita (denominada granuloma), o bien buscar una zona de salida o drenaje al exterior, formando una conducción o fístula a través del hueso.

Tratamiento. En la mayor parte de los casos consiste en la extracción del diente afectado. Sin embargo, en ocasiones puede conservarse el diente por medio de tratamientos intrarradiculares y por medios quirúrgicos conservadores, seccionando los extremos o «ápices» de las raíces de los dientes (zonas donde asientan los citados granulomas), operación que se denomina «apicectomía».

Como tratamiento medicamentoso cabe indicar el uso de ciertos analgésicos, de antibióticos, etcétera.

INFLAMACIÓN DE LOS TEJIDOS PERIRRADICULARES

La causa más frecuente de estos procesos la constituye la posible infección que tiene lugar más allá del alvéolo maxilar a consecuencia de las afecciones que hemos descrito como «muerte pulpar».

Se produce entonces el paso de la colección purulenta a través del hueso, formándose un absceso bajo el periostio que, al romperse, se extiende bajo la mucosa bucal. Si estos abscesos no son tratados adecuadamente mediante la extracción del diente causante, el drenaje o la apertura quirúrgica, se abrirán espontáneamente a la cavidad bucal produciendo una fístula.

Examen de las enfermedades

Las condiciones anatómicas de las diferentes zonas, maxilar y mandibular, en que puedan producirse estos procesos les darán características determinadas en cada caso. Así, las infecciones en la zona de los molares del juicio, ya sea por caries o bien por un problema de espacio en su erupción, darán lugar a procesos flemonosos, con dificultad para abrir la boca por afectación de los músculos masticadores cercanos («trismo») y apariencia externa muy característica. En estos problemas de erupción de muela del juicio interviene como causa desencadenante la inflamación del capuchón gingival o parte de la encía que la cubre, el cual, por su difícil limpieza, permite que se depositen los restos alimenticios que se fermentan fácilmente, provocando la infección de esta importante zona.

Los procesos osteomielíticos o de inflamación del hueso, que pueden deberse a las causas antes descritas, son hoy día raros de encontrar en la clínica, ya que el empleo de antibióticos en las primeras fases de tratamiento permite que se interrumpa o se impida su aparición.

Las inflamaciones en el maxilar inferior deben ser tratadas rápidamente, ya que, de no hacerlo así, el proceso infeccioso puede propagarse hacia el suelo de la boca, dando lugar a un flemón duro con síntomas clínicos muy acusados y que debe ser intervenido con urgencia absoluta.

En el maxilar superior, y teniendo su origen en focos dentarios, pueden aparecer como complicación de éstos las sinusitis maxilares, cuyo tratamiento debe ser la limpieza del seno por medio de lavado o bien la apertura quirúrgica y, naturalmente, la extracción de la pieza dental causante. Otra causa de sinusitis maxilar puede ser la entrada en el seno, durante la extracción de una pieza dentaria, de la infección por rotura de la pared del seno e incluso por desgarramiento de la mucosa que recubre la cavidad. A veces puede producirse así una comunicación entre la cavidad bucal y el espacio nasofaríngeo, que se comprueba mediante una sencilla maniobra: al pretender espirar por la nariz cerrada (comprimida por los dedos) se origina un ruido en la boca como si se sorbiera un líquido. Estas fístulas suelen curarse espontáneamente, por lo que su tratamiento médico no es necesario.

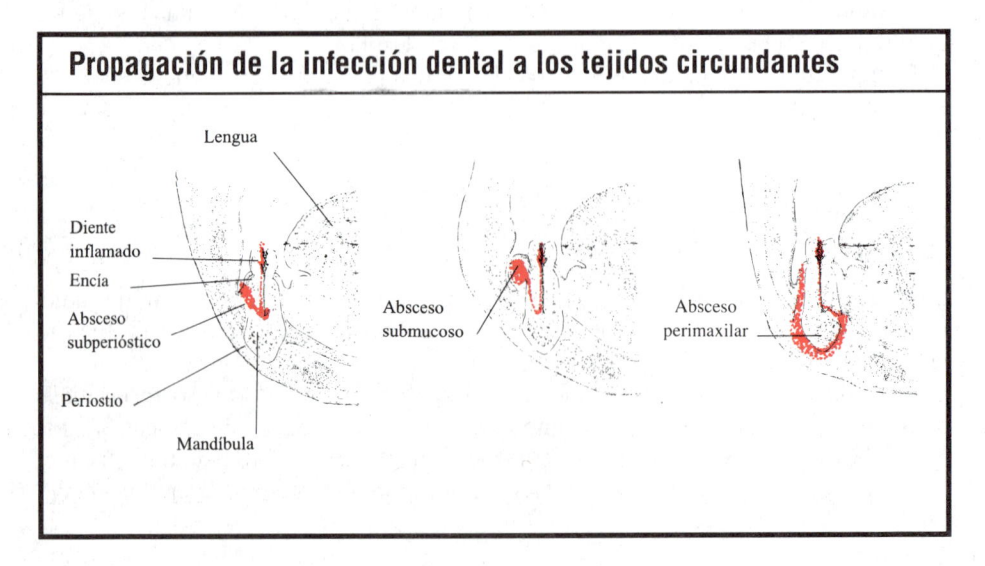

Propagación de la infección dental a los tejidos circundantes

Los dientes y sus enfermedades

INFECCIÓN FOCAL DENTARIA

Se conoce por infección focal aquel estado en que, por la presencia de un foco infeccioso bucal, y debido a la diseminación de bacterias, toxinas o alergenos por vía sanguínea o linfática, enferman algunos órganos distantes de él e incluso todos los sistemas del organismo.

Se localizan estos focos en las zonas apicales de los dientes y también en los espacios que se forman, por distintas causas, entre encía y diente (bolsas periodontales). Generalmente sólo producen síntomas locales poco importantes que pasan la mayor parte de las veces inadvertidos. Las zonas más afectadas del organismo como consecuencia de los focos son las articulaciones, los músculos, el corazón, el hígado, los riñones, los pulmones y los ojos; también se producen algunos procesos dermatológicos (caída del cabello), trastornos hemáticos y desencadenamiento o mantenimiento de procesos alérgicos de diferente tipo. Fundamentalmente la exploración de estos focos debe hacerse utilizando técnicas avanzadas de radiografía, ya que los síntomas clínicos pueden ser escasos.

Tratamiento. Una vez demostrada claramente la existencia del foco por las diferentes pruebas en manos del especialista, deberá verificarse la extirpación del foco causante recurriendo, generalmente, a la extracción del diente afectado.

Degeneración e inflamación de los alvéolos dentarios

PARADONTITIS *(Piorrea)* Y PARADENTOSIS

La **paradontitis** es una afección que se inicia con la inflamación y la coloración violácea de las encías, que adquieren una consistencia blanda y esponjosa; hemorragia fácil y frecuente y, más adelante, aparición de secreción purulenta. El borde del hueso se retrae posteriormente por la destrucción del periostio, y los dientes quedan sin sujeción en el alvéolo, con una movilidad que llega, en algunos casos, a la caída espontánea del diente.

La **paradentosis** es la forma crónica de la enfermedad; existe igualmente una retracción gingival con gran sensibilidad y movilidad extrema de los dientes.

Causas. Las motivaciones de estos procesos son muy diversas. En el desencadenamiento de la enfermedad se produce una combinación de diversos factores que pueden resumirse en tres grupos fundamentales:

a) Factores generales: enfermedades carenciales, debilitantes (alteraciones gastrointestinales, tuberculosis, etc.), endocrinas (diabetes), hemáticas (púrpuras, leucemias, anemias), alteraciones hepáticas, el factor hereditario, la alimentación y los hábitos (comidas blandas, picantes, tabaco, etc.).

b) Factores locales: empaquetamiento de alimentos (introducción y permanencia de alimentos en las zonas interdentarias), defectuosas posiciones de los dientes, traumatismos masticatorios, obturaciones y prótesis defectuosas, abrasiones, higiene descuidada, depósitos de sarro, respiración bucal, etc.).

Examen de las enfermedades

Enfermedades de los alvéolos dentarios

PARADENTOSIS — PARADONTITIS (PIORREA)

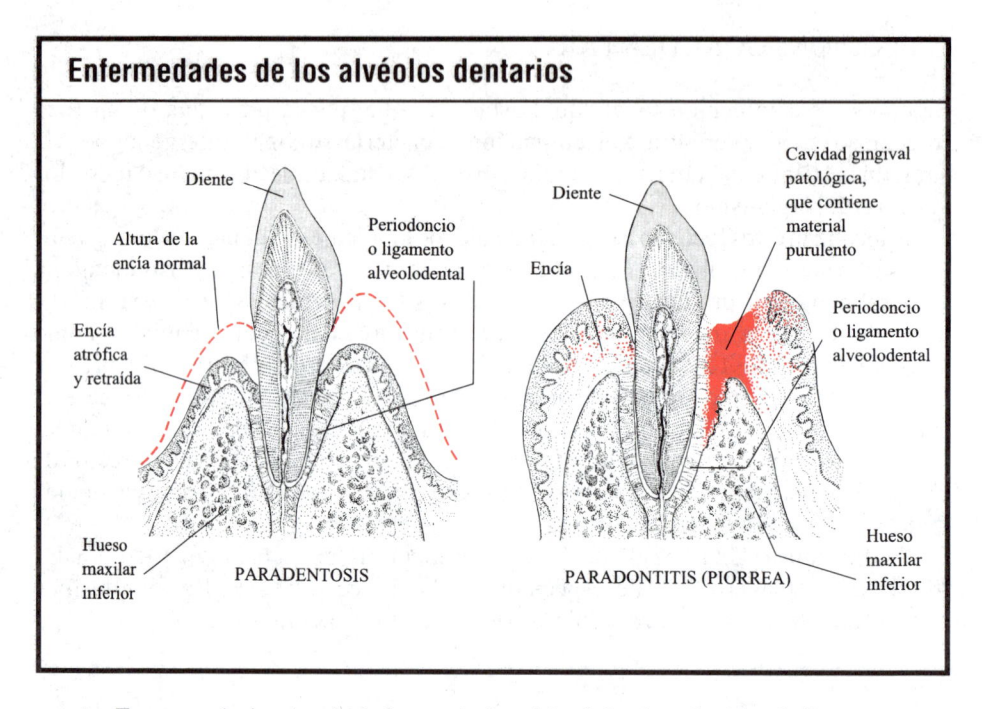

c) Factores derivados de defectos de función: falta de oclusión, defectuosa masticación y malos hábitos (morder lápices, uñas, labios). Se consideran también los factores psicosomáticos.

Esta enfermedad vulgarmente denominada piorrea, de frecuente aparición en la actualidad, debe ser tratada muy precozmente, ya que de no hacerlo así será la causa de la pérdida prematura de los dientes. Para ello será necesario evitar en lo posible, todos aquellos factores capaces de facilitar o provocar su aparición (corregir las malposiciones o defectuosa colocación de los dientes, buena higiene oral, limpieza del sarro por el especialista, etc.). El hilo dental es un elemento clave en la limpieza de los espacios interdentarios: ayuda en forma muy importante a evitar la acumulación de alimento que se fermenta. Los odontólogos recomiendan usarlo una vez al día. Se puede comprar en farmacias o tiendas de autoservicio.

SARRO

Se denomina sarro a la precipitación de sales cálcicas de la saliva al mezclarse con la flora bacteriana bucal. El sarro se localiza en el surco formado por la encía y el diente; aumenta progresivamente de volumen hasta llegar a la superficie dental, y puede producir entonces la retracción de la encía. Es, además, un factor que determina un aspecto antiestético que se manifiesta al sonreír.

La existencia de zonas rugosas así como la de zonas en que los dientes, por una defectuosa posición o por ser zonas de escasa masticación, no son susceptibles de «autoclisis» o limpieza derivada de la propia masticación y de los movimientos de la lengua y labios, favorece la aparición del sarro y su depositación.

Los dientes y sus enfermedades

El tamaño y consistencia de estos depósitos dependen de su tiempo de permanencia; por lo tanto, son más duros cuanto más antiguos sean y mayor cantidad de materia orgánica posean. Cuando el sarro o «tártaro» es blando, su color es amarillento, mientras que las formaciones duras adquieren un color pardo o negruzco. Se aprecian sobre todo estos depósitos en la cara lingual de los incisivos inferiores, así como en la cara vestibular del primero y segundo molar superiores, que coincide con la salida de las glándulas salivales submaxilar y parótida.

El tratamiento es la remoción de estos depósitos por el especialista, acompañada de una cuidadosa higiene bucal.

Las formaciones cálcicas que se depositan en los conductos de excreción salival pueden dar lugar a los cálculos o litiasis de las glándulas salivales. El volumen de estas formaciones es variable, y su forma puede ser la del mismo conducto, provocando perturbaciones más o menos intensas, como la retención salival, que puede dar lugar a fenómenos inflamatorios de estas glándulas. Existen enjuagues y preparaciones detergentes (pastas dentales) que preconizan evitar la formación de sarro; no obstante, los resultados no son del todo efectivos.

DIENTES SENSIBLES

Como consecuencia de la retracción del borde de la encía por cualquiera de los procesos antes expuestos, puede quedar al descubierto el cuello del diente. Al faltar la protección de la piel y los ligamentos que le unen a ella queda expuesto a la influencia de los cambios de temperatura provocados por la ingestión de alimentos, o incluso por la misma respiración, dando lugar a una sensación desagradable y dolorosa.

Su tratamiento es difícil, ya que raramente se puede conseguir la restitución de la encía, y los medicamentos o las cremas dentales especiales para este problema ayudan a evitar el dolor al asearse; así, se rompe el círculo vicioso de evitar el aseo bucal porque provoca dolor.

GINGIVITIS

Con el nombre de gingivitis se denomina una serie de procesos inflamatorios que, por causas directas o indirectas, conocidas o no, se desarrollan en la encía.

Se clasifican en agudas y crónicas. Pueden producirse por causas locales (traumáticas, químicas, térmicas, microbianas); por irritaciones bruscas, repetidas; o por cuerpos extraños, que actúan en forma continua, como el sarro, obturaciones defectuosas, aparatos de prótesis mal diseñados o adaptados, o cepillado defectuoso.

Como causas generales actúan las fiebres eruptivas, sarampión, gastroenteritis, intoxicaciones, procesos catarrales, alteraciones sanguíneas y escorbúticas (falta de vitamina C).

Síntomas. Aparece una coloración de un rojo violáceo, con aumento de volumen y superficie lisa que sangra fácilmente, con dolor e incluso aparición de algún exudado. En algunos casos puede dar lugar a la aparición de pequeñas ulceraciones, extendiéndose el proceso a toda la mucosa oral (estomatitis). El olor es característico, fétido. Existe dolor espontáneamente y en la masticación. Con un buen tratamiento y

Examen de las enfermedades

eliminación de la causa que lo originó, su evolución es favorable. Resulta necesaria la aplicación de medidas locales y generales. Sin un tratamiento adecuado la gingivitis dará lugar a un proceso paradentósico del peor pronóstico.

Es muy frecuente la aparición de gingivitis durante el embarazo, debido a las alteraciones metabólicas y endocrinas que tienen lugar en este periodo.

Sustitución dentaria

La pérdida de una, varias o todas las piezas dentarias significa, por los motivos que hemos estudiado anteriormente, la absoluta necesidad de su reposición, ya que de no efectuarse rápidamente, produce un desequilibrio de la articulación dentaria que originará trastornos, no sólo en la correcta masticación —lo que lleva consigo una alteración en la digestión de los alimentos, facilitando la aparición de gastritis o desarreglos intestinales— sino también con respecto a la futura vida de las piezas dentarias restantes, ya que la existencia de todas ellas supone un equilibrio que impedirá las inclinaciones, movimientos o migraciones de las demás. La sustitución de piezas aisladas puede efectuarse por implantes e incluso transplantes de dientes. Cuando faltan más piezas hay que recurrir a la reconstrucción de la dentadura, que se hace por medio de aparatos de prótesis. Estas prótesis pueden ser de tres tipos: fijas, móviles y combinadas (en estas últimas intervienen ambos tipos).

La prótesis fija está más indicada en aquellas zonas en que las pérdidas dentarias no sean numerosas, o cuando los puntos de apoyo mínimos necesarios para ello, se encuentren en estado satisfactorio, aunque las pérdidas sean mayores. Estas prótesis solucionan satisfactoriamente la reposición de pérdidas dentarias y son de fácil adaptación para el portador. La ausencia de gran número de piezas dentarias, o de dientes posteriores, indica la necesidad de una prótesis móvil que, teniendo sus puntos de apoyo y sujeción en alguno de los dientes existentes, se asentará complementariamente sobre la encía.

Cuando la pérdida de dientes es total, se hace necesaria la colocación de prótesis completas. Este tipo de aparatos, a pesar de los magníficos materiales y posibilidades técnicas con que actualmente cuenta la odontología, necesita mayor tiempo de adaptación que los anteriores.

Ortodoncia

Es la ciencia que se ocupa del estudio, prevención y tratamiento de las alteraciones en la posición de los dientes, e incluso de los maxilares, corrigiendo así las deformaciones de la cara originadas por ellas.

También la articulación que permite el movimiento de la mandíbula puede verse afectada por una defectuosa posición dentaria. En la misión de la ortodoncia está incluida la corrección de las posiciones alteradas de los dientes, ya sea por causas naturales o por vicios como: chupeteo de dedos y labios, anomalías respiratorias y otros. También ayuda a mejorar el aspecto estético de los que padecen estos defectos, evitando, además de las alteraciones funcionales, complejos de inferioridad y problemas emocionales que dificultan una sana interacción social.

Se ha demostrado que más de la mitad de los niños son susceptibles de tratamiento ortodóncico. La edad de más frecuente aparición de estos defectos es la del cambio de la primera dentición —o dentición temporal— a la dentición definitiva o permanente, es decir, la que tendrá en la edad adulta.

Las causas son múltiples. Existen factores hereditarios, hábitos perniciosos, pérdida prematura de dientes temporales, vicios de oclusión y alteraciones en el ritmo de caída y nacimiento de los dientes. Para evitar la aparición de todos estos problemas, es necesaria la vigilancia desde edad temprana para poder observar el crecimiento de los dientes y de los maxilares. Las alteraciones pueden ser corregidas de una manera completa en un gran porcentaje de casos, y en todos ellos se puede conseguir una gran mejoría estética y funcional. El comienzo del tratamiento ortodóncico debe ser decidido por el especialista, y no se debe abandonar para la edad adulta un problema que puede ser corregido precozmente.

Tratamiento. Para planear un tratamiento ortodóncico es necesario obtener una serie de registros que faciliten el diagnóstico y el plan de tratamiento. Tales registros pueden agruparse de la siguiente manera: 1. Fotografías de frente y de perfil de la cara y de la zona dentaria en oclusión. 2. Radiografías. (Resulta imprescindible la telerradiografía lateral del cráneo y cara para el estudio de las dimensiones de las diferentes partes óseas y sus relaciones entre sí; y las radiografías intraorales de todas las zonas dentarias. O bien, modernamente, las radiografías obtenidas por aparatos —ortopantomógrafos— que dan una visión panorámica de todos los dientes con una sola radiografía). 3. Modelos en yeso de las arcadas dentarias del paciente, correctamente articulados. 4. Predeterminación de la posible solución del caso sobre modelos (en dentición permanente). Estos datos constituyen para el especialista una orientación acerca de las posibles extracciones de algunos dientes, con objeto de colocar correctamente a los restantes entre sí. En dentición mixta es muy importante tener en cuenta los posibles factores de crecimiento, fuerzas musculares, hábitos, etc.

En el tratamiento se empleará aparatología fija o móvil; la primera, por medio de bandas pegadas a los dientes y arcos de alambre que se encargarán, a través de las citadas bandas, de verificar los movimientos adecuados en cada caso. La aparatología móvil consta de diversos dispositivos construidos en resinas acrílicas que se sujetan a los dientes por medio de diversos tipos de ganchos o corbatas de alambre y que el paciente puede ponerse o quitarse. Cada tipo de aparatología tiene su indicación precisa, establecida por el ortodoncista.

Higiene dental

La higiene dental no sólo debe realizarse por un deseo estético, sino como necesidad para la conservación de los dientes, ya que el depósito de los sedimentos y restos alimenticios, como hemos visto, antecede a la aparición de dos enfermedades importantes: caries y paradontopatías.

Ya que por sí sola la masticación no es capaz de efectuar una higiene correcta, se tendrá en cuenta la necesidad del lavado de los dientes, empleando sustancias antisépticas que lo faciliten, e incluso capaces de aumentar la resistencia del esmalte a la caries.

Examen de las enfermedades

Finalmente, también debe valorarse el masaje de las encías. Esta limpieza debe efectuarse también con el cepillo, de modo que sus movimientos produzcan un masaje adecuado con un daño mínimo. El cepillado transversal, más empleado generalmente, puede que sea el más nocivo, mientras que el más adecuado es el cepillado oscilatorio vertical, aunque sea más difícil acostumbrarse a éste. El tiempo de cepillado debe oscilar alrededor de unos cinco minutos. Los cepillos no deben ser excesivamente grandes, para que puedan ser colocados en todas las zonas de la boca. Los extremos de las púas no serán puntiagudos, con objeto de que no produzcan abrasiones. Es muy discutido el empleo de cepillos de nailon y fibra sintética en vez de los de cerda. Parecen ser más útiles los de cerda, ya que si se efectúa un cepillado poco correcto producen menos trastornos en la dentadura que los primeros.

Después del cepillado de dientes, y en general, después de las comidas, adquiere gran importancia un minucioso lavado de boca. Para ello es necesario llenar la cavidad bucal con el líquido de lavado; con la boca cerrada se hace pasar el líquido entre los espacios interdentarios mediante los adecuados movimientos de la lengua, de las mejillas y de los labios. No hay inconveniente en usar agua de la llave para efectuar este enjuague bucal.

Los dentífricos por emplear son aquellos que contengan menor cantidad de abrasivos, presentes en la mayor parte de las pastas comerciales por el deseo de «blanquear» los dientes. Han de preferirse aquellos que lleven en su composición algún antiséptico y en algunos casos sustancias que proporcionen, como hemos señalado, mayor resistencia del diente a la caries.

Como elementos complementarios de limpieza se encuentran las soluciones que en su composición llevan fármacos antisépticos, coagulantes, cicatrizantes, etc. El cepillo eléctrico puede ser un buen dispositivo de limpieza, ya que de una manera mecánica hace el movimiento oscilatorio vertical al cual es difícil acostumbrarse con el brazo.

También existen en el mercado otros dispositivos, tales como los de impulsión de un chorro de agua a presión que efectúa una buena limpieza de los dientes y espacios interdentarios, así como masaje a la encía, pero que no proporciona una limpieza completa, pues necesita el complemento del cepillo de dientes.

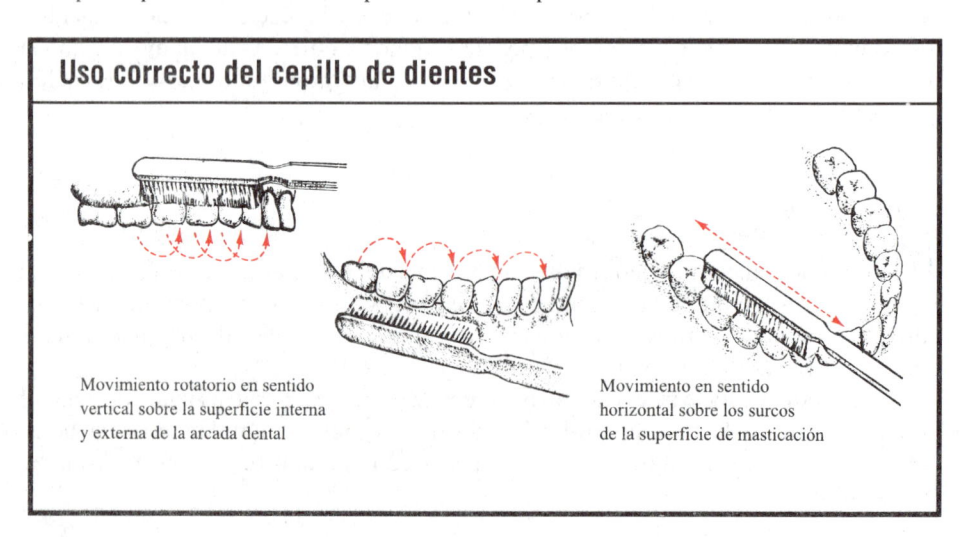

Uso correcto del cepillo de dientes

Movimiento rotatorio en sentido vertical sobre la superficie interna y externa de la arcada dental

Movimiento en sentido horizontal sobre los surcos de la superficie de masticación

LA DENTADURA

LAMINA XIII

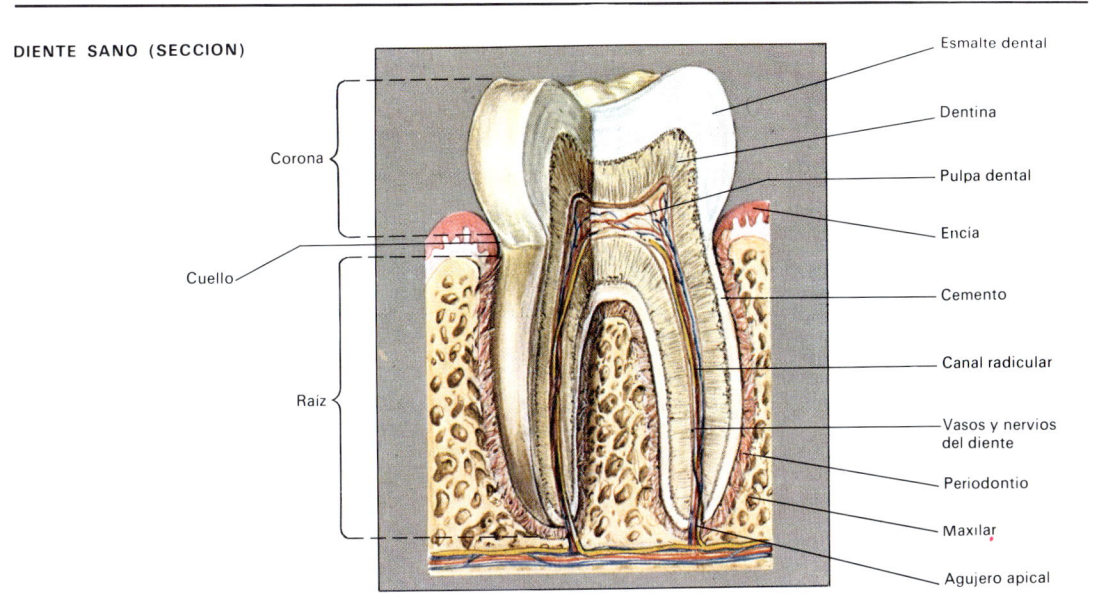

DIENTE SANO (SECCION)

- Corona
- Cuello
- Raiz

- Esmalte dental
- Dentina
- Pulpa dental
- Encia
- Cemento
- Canal radicular
- Vasos y nervios del diente
- Periodontio
- Maxilar
- Agujero apical

DENTADURA CADUCA O DE LECHE VISTA DESDE LA SUPERFICIE ANTERO-LATERAL O VESTIBULAR

Los dientes de leche son 20; los permanentes 32. La forma de la corona (parte externa del diente recubierta de esmalte), las raices y su número, son caracteristicas para cada tipo de diente.

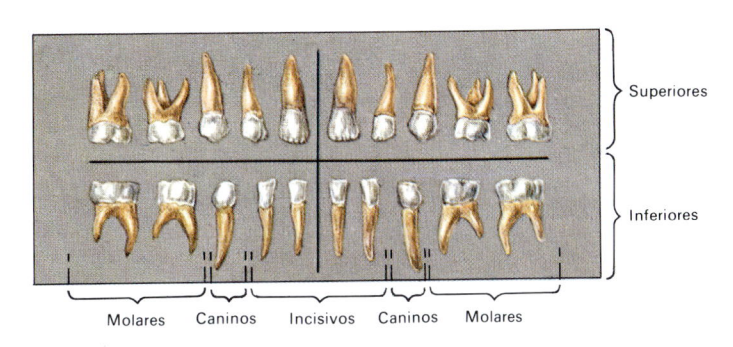

Superiores
Inferiores

Molares | Caninos | Incisivos | Caninos | Molares

DENTADURA PERMANENTE VISTA DESDE LA SUPERFICIE ANTERO-LATERAL O VESTIBULAR

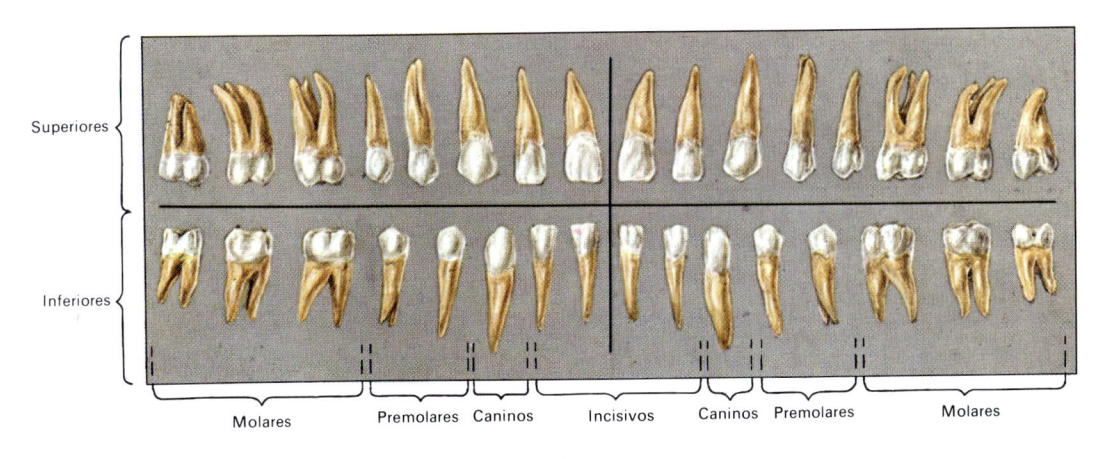

Superiores
Inferiores

Molares | Premolares | Caninos | Incisivos | Caninos | Premolares | Molares

CARIES DENTAL

LAMINA XIV

LESION PROGRESIVA DE LOS TEJIDOS DENTALES

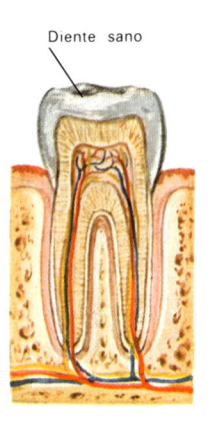

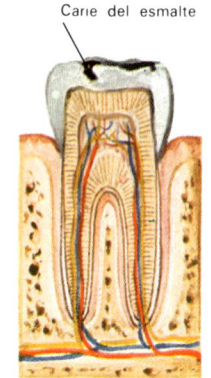

Diente sano

Carie del esmalte

Carie del esmalte y de la dentina

Infección de la pulpa (pulpitis)

Infección y necrosis de la pulpa

Inflamación del periodontio (periodontitis) y granuloma apical

Periodontitis

Granuloma apical

FOCO DE INFECCION

La lesión dental progresiva (ilustrada en sus diversas fases) puede conducir a focos de inflamación crónica en la punta de la raíz del diente (granuloma apical) o en el priodontio (periodontitis). Como ambas partes están unidas por medio de vasos sanguíneos a la circulación general, los gérmenes del foco pueden llegar, a través de la sangre, a otras zonas del organismo, y provocar manifestaciones patológicas.

Dichos trastornos pueden surgir incluso antes de que el diente duela; así, se presentan casos de malestar general, debilidad y febrícula, que no se explican de otro modo, siendo preciso considerar la eventualidad de una infección focal dentaria. Otros disturbios que pueden especificamente ser causados por infecciones dentales son:

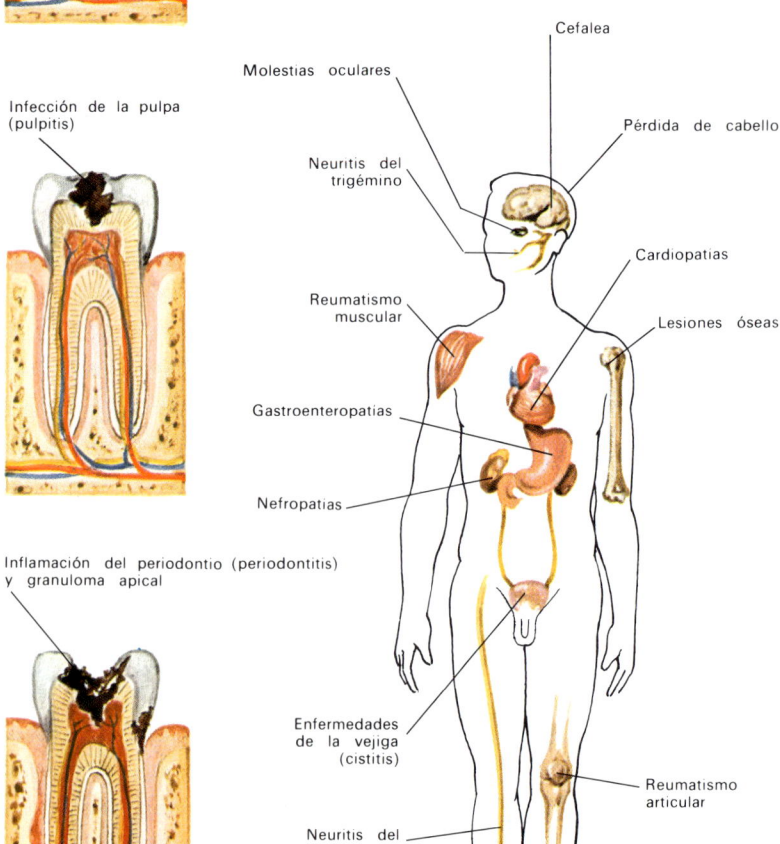

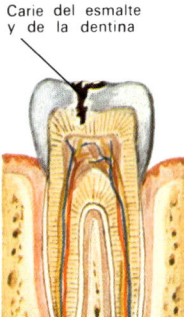

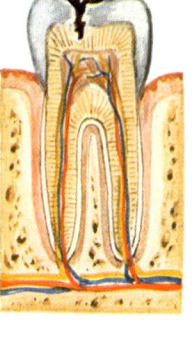

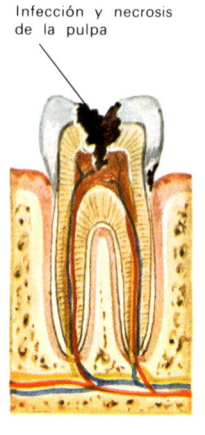

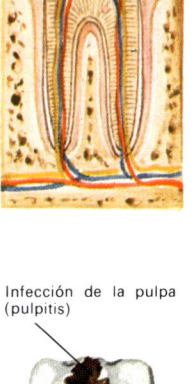

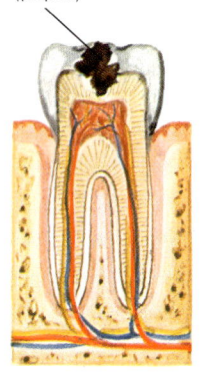

Cefalea

Molestias oculares

Pérdida de cabello

Neuritis del trigémino

Cardiopatias

Reumatismo muscular

Lesiones óseas

Gastroenteropatias

Nefropatias

Enfermedades de la vejiga (cistitis)

Reumatismo articular

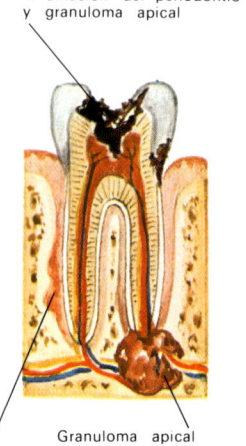

Neuritis del ciático

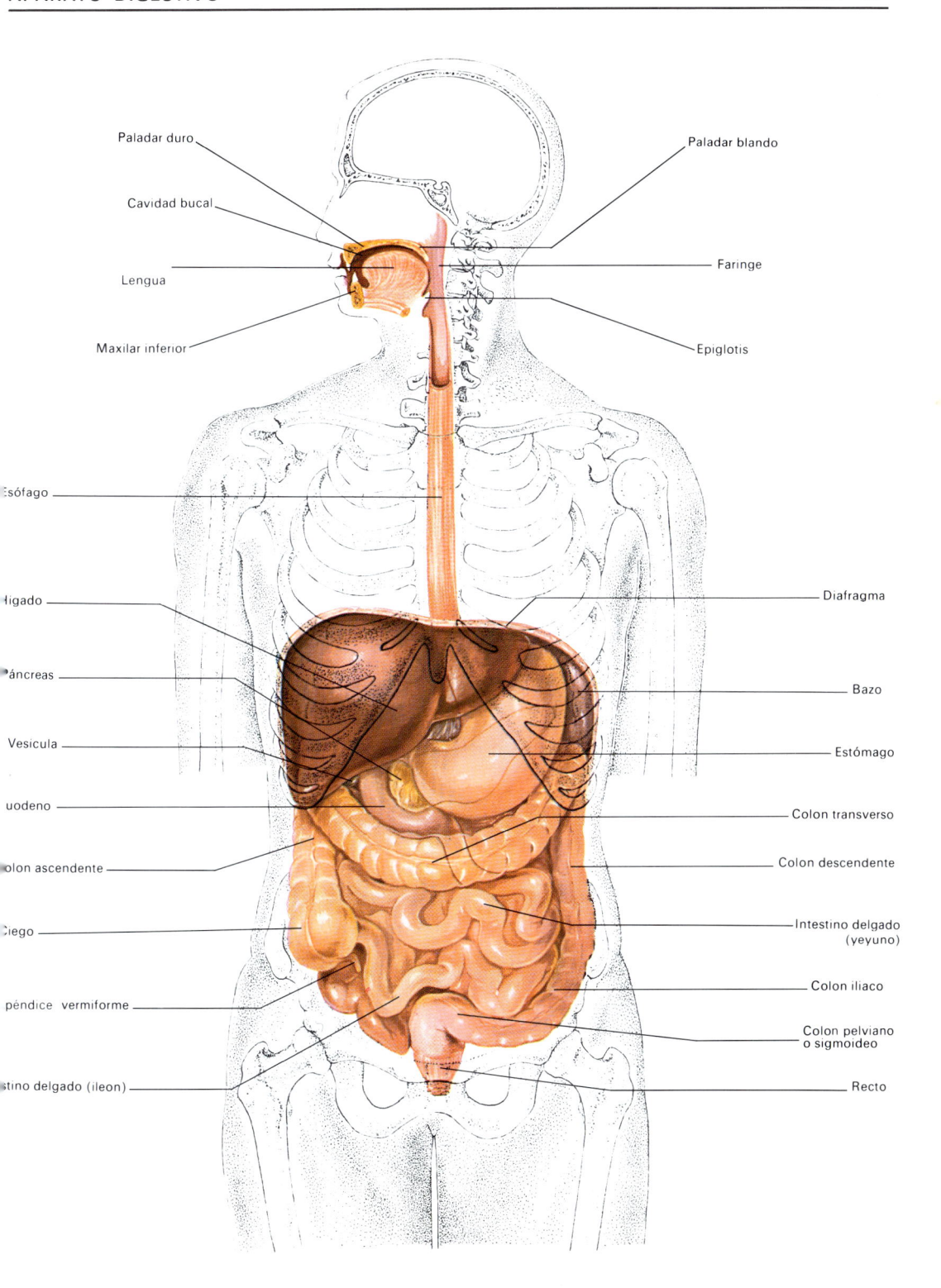

APARATO DIGESTIVO

LAMINA XV

- Paladar duro
- Cavidad bucal
- Lengua
- Maxilar inferior
- Paladar blando
- Faringe
- Epiglotis
- Esófago
- Hígado
- Páncreas
- Vesícula
- Duodeno
- Colon ascendente
- Ciego
- Apéndice vermiforme
- Intestino delgado (ileon)
- Diafragma
- Bazo
- Estómago
- Colon transverso
- Colon descendente
- Intestino delgado (yeyuno)
- Colon iliaco
- Colon pelviano o sigmoideo
- Recto

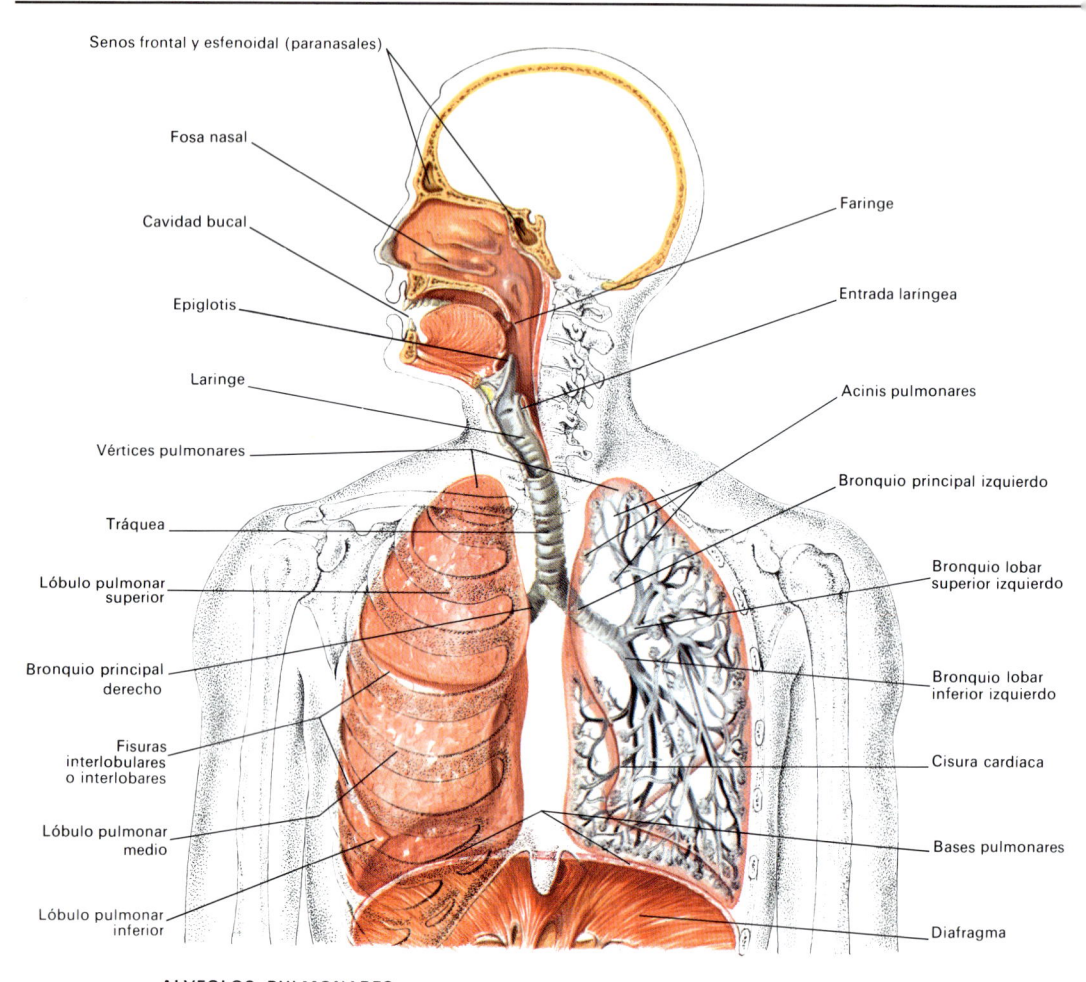

APARATO RESPIRATORIO (REPRESENTACION ESQUEMATICA)

LAMINA XV

Labels on main diagram:
- Senos frontal y esfenoidal (paranasales)
- Fosa nasal
- Cavidad bucal
- Epiglotis
- Laringe
- Vértices pulmonares
- Tráquea
- Lóbulo pulmonar superior
- Bronquio principal derecho
- Fisuras interlobulares o interlobares
- Lóbulo pulmonar medio
- Lóbulo pulmonar inferior
- Faringe
- Entrada laringea
- Acinis pulmonares
- Bronquio principal izquierdo
- Bronquio lobar superior izquierdo
- Bronquio lobar inferior izquierdo
- Cisura cardiaca
- Bases pulmonares
- Diafragma

ALVEOLOS PULMONARES

- Bronquiolo terminal
- Rama de la arteria pulmonar
- Alvéolos pulmonares
- Red vascular
- Alvéolos pulmonares cortados
- Tabique interalveolar
- Rama de la vena pulmonar
- Bronquiolo terminal
- La sangre entra en los vasos capilares de los alvéolos, donde se libera del anhidrido carbónico y toma el oxigeno
- Aire espirado (rico en anhidrido carbónico)
- Aire inspirado (rico en oxigeno)
- La sangre sale oxigenada de los alvéolos y va al corazón

Representación esquemática del recambio gaseoso respiratorio a nivel de los alvéolos pulmonares (ventilación)

El aparato digestivo y sus enfermedades

Estructura y función

En los animales superiores dos sistemas orgánicos se encargan de cubrir las necesidades nutritivas: el respiratorio y el digestivo. La incorporación de oxígeno al medio interno es bastante sencilla; basta con que dicho gas se ponga en contacto con la sangre a través de la pared del alvéolo pulmonar. No necesita una elaboración o transformación previa. El aparato respiratorio resulta, sin embargo, muy complejo por la sencilla razón de que es necesario que el oxígeno llegue a los pulmones en determinadas condiciones de pureza física, química y biológica. Además, este elemento no puede ser almacenado en el organismo, por lo que la respiración es un acto continuo en el que la voluntad consciente apenas interviene.

En el aparato digestivo el problema es diferente, pues no existe un alimento único, sino una mezcla heterogénea de sustancias alimenticias que, una vez absorbidas por el medio interno, sí pueden almacenarse. Podemos vivir sin comer durante muchos días; la ingestión de alimentos está gobernada por la conciencia. La «pureza» de los alimentos es algo secundario. La extraordinaria acidez del jugo gástrico y las enzimas digestivas dan buena cuenta de bacterias y otras impurezas; por otro lado, la mucosa gastrointestinal es muy resistente a los cambios de temperatura. Sin embargo, los alimentos no pueden ser absorbidos como tales; han de ser transformados física y químicamente mediante un proceso que recibe el nombre de **digestión**, en el que juega un papel primordial una serie de fermentos o enzimas que degradan, escinden y reducen la ración alimenticia a unas pocas sustancias básicas que pueden atravesar la mucosa intestinal para que se produzca su **absorción** por la sangre. El agua, las sales minerales y las vitaminas de la dieta se absorben directamente, pero los alimentos en el sentido estricto de la palabra —los que aportan materiales plásticos y energéticos—, los llamados principios inmediatos (hidratos de carbono, grasas y proteínas), han de ser digeridos previamente para convertirse en unos pocos azúcares simples, como son las hexosas (glucosa y fructosa), en ácidos grasos y glicerina, y en aminoácidos. Durante la absorción, los ácidos grasos pasan directamente a la sangre venosa a través de la circulación linfática, y los azúcares y aminoácidos son recogidos por la circulación de la vena porta, que los transporta al hígado, donde pueden ser almacenados y de nuevo son transformados en sustancias mucho más complejas, que son puestas a disposición de todos los tejidos del organismo.

Por último, todos los alimentos no aprovechables, los que no han podido ser digeridos o absorbidos, han de ser eliminados mediante la **evacuación** de los intestinos, por medio de la cual periódicamente el organismo libera al exterior los restos fecales o heces.

Ya en la cavidad bucal tienen lugar importantes procesos digestivos. Con la masticación se trituran los alimentos y se mezclan con la saliva para formar el **bolo** alimenticio, que ha de ser deglutido. Tres pares de glándulas (parótidas, submaxilares y sublinguales) producen aproximadamente un litro de saliva al día, que facilita la deglución y que mediante una enzima que contiene (la ptialina o diastasa), inicia la digestión de los hidratos de carbono. Antes de que el bolo alimenticio sea propulsado al esófago, ha de pasar por la faringe o encrucijada de las vías respiratorias y digestivas. La deglución es un acto muscular complejo que requiere que se cierren momentáneamente unos dispositivos anatómicos para evitar que refluyan los alimentos a la nariz (velo del paladar) o pasen a la laringe y tráquea (epiglotis).

El esófago, órgano en forma de tubo de unos 30 cm de longitud, tiene una potente musculatura que se contrae rítmicamente en ondas para transportar el bolo alimenticio al estómago. Su mucosa, en el tercio superior, es sensible al contacto y temperatura, de la misma forma que la boca y faringe. En el hombre sano carecen de sensibilidad sus zonas inferiores, al igual que la mucosa de estómago e intestino.

El esófago pasa a la cavidad abdominal inmediatamente por debajo del diafragma; una especie de válvula, el cardias, lo separa del **estómago.** Éste es un órgano hueco, con una capacidad de unos dos litros, cuya pared es más delgada que la del esófago y cuyos músculos son menos potentes. El aspecto de la mucosa gástrica es el de una tela aterciopelada, surcada por numerosísimos pliegues de variable dimensión. En la mucosa existen unos 35 millones de glándulas que segregan diariamente hasta tres litros de jugo gástrico, muy rico en ácido clorhídrico y en una enzima, la pepsina, que inicia la digestión de las proteínas. Se produce también en el estómago otra enzima, la quimosina, renina o fermento lab, que en el medio ácido coagula la leche y separa los grumos de caseína del suero lácteo, con lo que facilita su digestión.

El estómago es considerado como una potente batidora: en él se forma una papilla casi homogénea, o **quimo,** en la que los alimentos se encuentran íntimamente ligados al jugo. El contenido gástrico pasa al intestino en forma de líquido espeso y uniforme. Entre el estómago y la primera porción del intestino existe una válvula, el píloro, que tiene una musculatura sumamente fuerte y sensible. A intervalos variables se abre dicho dispositivo para dejar pasar, en sucesivas descargas, pequeñas cantidades de un quimo ya óptimamente elaborado.

La permanencia de los alimentos en el estómago varía según su capacidad de digestión y otras circunstancias (cantidad de alimentos ingeridos, preparación y condimentación de los mismos, factores de índole neurovegetativa, enfermedades generales, etc.). Los líquidos (agua, jugos, sopas no grasas, bebidas refrescantes, alcohol) pasan al intestino a la media hora de haber sido ingeridos, e incluso antes si el estómago se encontraba previamente vacío. Las carnes, de digestión más difícil, como los asados ricos en grasa, permanecen más de seis horas. Se estima que algunas verduras, como las espinacas, tardan incluso más de doce horas en franquear la barrera pilórica. Las grasas retrasan extraordinariamente esta evacuación. Lo que el profano entiende por «corte de digestión» es más bien una paralización de este mecanismo de salida (generalmente por pérdida brusca de la actividad muscular, «batidora», del contenido gástrico).

Ahora bien, lo verdaderamente curioso es que el estómago no se digiera a sí mismo. Si pensamos, a modo de ejemplo, que una persona sana es capaz de digerir completamente un guiso de callos o pancita (estómago de vaca), se plantea inmediatamente el problema de cómo se evita normalmente que sobrevenga una especie de autofagia o «autocanibalismo». El hecho tiene más importancia de lo que parece, pues la tan corriente como temida úlcera gástrica parece el resultado de que una zona o mucosa sea atacada por el propio jugo estomacal. Sin embargo, la espesa capa de moco que recubre toda la mucosa ejerce una muy eficaz barrera defensiva que sólo falla tras la conjunción de diversas circunstancias en determinados casos.

Otro aspecto muy interesante es la influencia psíquica sobre la actividad del estómago. Cuando a una persona, por ira o tensión nerviosa, se le «enrojece» el rostro, también «se le enciende» el estómago (aumenta la irrigación sanguínea y los pliegues gástricos se hacen más acusados) y, por el contrario, cuando el miedo hace palidecer la cara, también el estómago manifiesta la ausencia de sangre. Con una fuerte excitación se provocan vigorosas contracciones gástricas, y aumenta notablemente el volumen del jugo (hasta tres veces por encima de lo normal). Este fenómeno también se produce, aunque en límites mucho más reducidos, cuando se ve, se huele o se degusta un alimento apetitoso. No sólo se «hace agua la boca», sino que el estómago inicia asimismo sus movimientos de batido (peristálticos y pendulares) y comienza la segregación de jugo. Estos fenómenos, de observación común, fueron estudiados experimentalmente en el perro por el fisiólogo ruso Pavlov, como también en dos famosos pacientes que marcaron un hito en el campo de la investigación fisiológica. Uno de ellos, Alexis St. Martin, tenía una fístula gástrica permanente, causada por una herida de arma de fuego. Un cirujano militar estadounidense, el doctor Beaumont, realizó con él innumerables experiencias para averiguar las variaciones del jugo gástrico en diversas circunstancias. El otro paciente famoso, conocido con el nombre de Tom, con otra fístula gástrica, también fue utilizado para demostrar la evidente influencia de los factores emocionales en la actividad estomacal.

El **duodeno** recibe, en su parte próxima al píloro, el nombre de bulbo duodenal por su forma de cebolla en la imagen radiológica. El duodeno, como indica su nombre, tiene unos doce traveses de un dedo de longitud, y su situación, en la parte posterosuperior de la cavidad abdominal, ya no se limita tan sólo al lado izquierdo, como en el caso del estómago, sino que traspasa la línea media. Su disposición señala una especie de herradura que rodea otro importantísimo órgano de la digestión: el páncreas. Con el duodeno comienza el intestino delgado, que en su totalidad mide entre 6 y 7 m de longitud, y tres centímetros de diámetro. Las restantes porciones del intestino delgado reciben el nombre de **yeyuno** (con unos 2.2 m de longitud) e **íleon** (que ya se continúa con el intestino grueso). Característica fundamental del intestino delgado es que su mucosa aparece dispuesta en una serie de numerosas prominencias o vellosidades que aumentan considerablemente su superficie interna. A este nivel del aparato digestivo se lleva a cabo la mayor parte de la absorción de las sustancias nutritivas, donde las vellosidades actúan como pequeñas máquinas de bombeo. El intestino delgado no guarda reposo: impulsa su contenido continuamente (en un transporte que recibe el nombre de tránsito intestinal) merced a unos movimientos peristálticos (en forma de ondas) y a una segmentación pendular que lo «amasa» y lo hace progresar. El intestino delgado realiza la absorción fundamental y resulta imprescindible para el acto digestivo. Se puede prescindir de la masticación, del esófago —sustituyéndolo por algún sistema de conexión directa— e incluso del estómago, pero no del intestino delgado, sobre todo de sus primeras porciones. En primer lugar, las numerosas glándulas contenidas en su pared segregan un jugo llamado entérico, vital para la digestión de los principios inmediatos (recordemos que en la boca, por la acción de la diastasa, se inicia únicamente la escisión de los hidratos de carbono, y que en el estómago sólo comienza la digestión de las proteínas). El jugo entérico, que se produce

Examen de las enfermedades

Corte de la pared del duodeno vista en el microscopio

Vellosidades intestinales

Mucosa

Tejido submucoso con numerosas glándulas

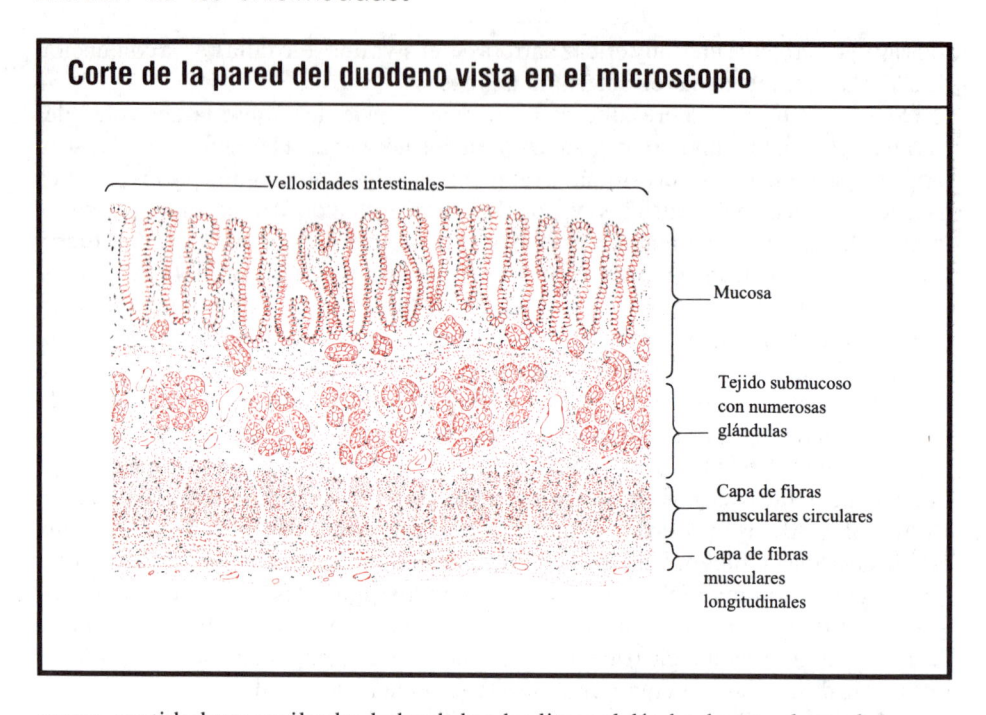

Capa de fibras musculares circulares

Capa de fibras musculares longitudinales

en una cantidad que oscila alrededor de los dos litros al día, ha de completar el proceso digestivo con la ayuda de otros jugos igualmente fundamentales. En el duodeno abocan dos conductos que aportan dos distintos jugos. El más importante es el pancreático. Un litro de éste contiene fermentos para completar la degradación química de los tres principios inmediatos (amilasa, para los hidratos de carbono; lipasa, para las grasas; tripsina, para las proteínas). Junto al conducto que aporta este jugo, desemboca también el que vierte la bilis, procedente del hígado. Éste es el órgano interno o víscera más voluminoso, pues en el adulto pesa unos 1 300 gramos. Las células hepáticas producen al día un litro de bilis, que es recogido por una red de finos canalículos que, confluyendo en canales cada vez más gruesos, terminan en dos principales, los cuales, a su vez, se reúnen en el llamado conducto hepático. Para verter la bilis al duodeno, el organismo se vale de un conducto, continuación de aquél, llamado colédoco; separa a ambos conductos una formación intermedia, divertículo o bolsa: la vesícula biliar, que viene a ser un depósito regulador. El intestino sólo necesita la presencia de bilis cuando llega la papilla alimenticia al duodeno para ser digerida, aunque el hígado la produzca de manera continua (las demás glándulas digestivas segregan sus jugos con arreglo a las necesidades). La capacidad de la vesícula es relativamente pequeña, por lo que, para acumular mayor cantidad de bilis, durante su almacenamiento se espesa y concentra. Cuando llegan alimentos grasos al duodeno, la propia pared intestinal produce una hormona que hace contraer bruscamente la vesícula para exprimir su contenido, que se vierte en el duodeno. La bilis, en realidad, no digiere, pues no contiene fermentos; su presencia es necesaria bajo un ángulo diferente. Las grasas, que como ya hemos dicho no se transforman en la boca o en el estómago, llegan al duodeno prácticamente en su estado natural, sólo mezcladas con el jugo gástrico y demás alimentos. Para que los fermentos entéricos y pancreáticos comiencen y completen la degradación de ellas,

El aparato digestivo y sus enfermedades

la bilis crea el medio necesario, actuando a modo de detergente, es decir, emulsionando las grasas para aumentar la superficie de ataque. Sin la bilis, las grasas se absorberían con mucha dificultad, y las llamadas vitaminas liposolubles (A, D, E y K) no se absorberían adecuadamente. En la bilis, además, existen unos pigmentos, como la bilirrubina, que prestan su color característico a las heces, de tal manera que cuando se dificulta o se inhibe la libre corriente de este jugo por una obstrucción en los conductos biliares, las heces aparecen blanquecinas.

El **intestino grueso** mide aproximadamente un metro y medio, y comienza en la parte inferior derecha de la cavidad abdominal por un tramo llamado **ciego,** que se continúa con el colon ascendente, el cual llega hasta la altura del hígado, donde sufre una acodadura (flexura hepática). En un tramo casi horizontal, el colon atraviesa de lado a lado la cavidad abdominal superior (colon transverso) para que una nueva acodadura (flexura esplénica) a la altura del bazo lo haga descender en ángulo recto (colon descendente). Antes de que el colon se continúe con el recto, en la parte más inferior de la pelvis, existe un tramo algo sinuoso, llamado sigma o colon sigmoideo. Gracias a su potente musculatura, el colon se contrae en forma de ondas y segmentaciones rítmicas que hacen progresar su contenido hacia el recto. Esta actividad muscular condiciona que, por ejemplo, en una radiografía aparezca dicho órgano como un tubo, con una serie de estrangulaciones uniformes.

La mucosa del colon no contiene glándulas, por lo que no segrega jugos ni fermentos. Sin embargo, en su interior, especialmente a nivel del ciego, todavía puede tener lugar una trasformación química de los restos alimenticios no digeridos que le llegan por la acción de millones de bacterias que constituyen la llamada flora intestinal. Este fenómeno es muy curioso, pues el estómago y el intestino delgado son prácticamente estériles, al menos en condiciones normales. También el recién nacido carece de **flora intestinal.** Es después cuando comienza esta colonización de tanta importancia y cuyo origen y total significación todavía están sujetos a especulaciones. Estos gérmenes atacan especialmente a las sustancias de lastre que llevan consigo los alimentos vegetales —a su armazón (celulosa)— que no han podido ser degradados por los fermentos digestivos. Además, la flora intestinal produce y sintetiza algunas vitaminas.

La misión fundamental del colon es, sin embargo, el espesamiento de los residuos alimenticios, que hasta este nivel permanecen todavía en un estado líquido o semilíquido. Ya hemos visto que la totalidad del agua vertida por los jugos digestivos asciende a unos ocho litros diarios, a los que hay que sumar la variable cantidad de líquidos ingeridos. Pues bien, el colon se encarga de absorber el agua y así espesa el contenido intestinal a medida que éste progresa. Sólo al final, en el tramo rectal, las heces comienzan a ser sólidas, y se preparan para su evacuación (unos 200 gramos diarios en un adulto normal sometido a una dieta media). Casi todo el tramo digestivo, desde el esófago hasta el ano, está gobernado de modo no consciente por el sistema nervioso vegetativo. Sólo en su parte más distal, el ano, el organismo dispone de una musculatura que obedece a la acción voluntaria. El acto de la defecación, aunque en su mecanismo es condicionado por un reflejo que hay que educar, es un acto gobernado conscientemente.

Por último, hemos de mencionar que todo el aparato digestivo contenido en la cavidad abdominal está cubierto por una especie de delantal protector: el peritoneo, una

Examen de las enfermedades

membrana muy extensa que mide aproximadamente tanto como la superficie cutánea. Consta de dos hojas muy diferentes entre sí. Una recubre la cavidad abdominal con excepción de los órganos llamados retroperitoneales (riñones y glándulas suprarrenales), mientras que la otra, llamada visceral, recubre el estómago y los intestinos. El peritoneo tiene unas prolongaciones o repliegues que facilitan una especie de continuidad entre ambas hojas y permiten la gran movilidad del intestino. Estas formaciones (mesenterio y epiplones mayor y menor) conducen también los vasos sanguíneos que nutren la pared intestinal. La superficie peritoneal está bañada continuamente por un trasudado que lubrica las vísceras y facilita su deslizamiento.

Patología general de los síntomas en las enfermedades digestivas

Son tan variables los síntomas de las enfermedades del aparato digestivo que es muy difícil dar ideas de conjunto. No debe olvidarse que el sistema digestivo es, quizá, el más «expresivo» que existe en todo el organismo, en el que caben las más distintas molestias y repercusiones, tanto funcionales como orgánicas. Por otra parte, es muy fácil que cualquier enfermedad del cuerpo humano origine molestias digestivas, del mismo modo que una alteración digestiva se manifiesta con igual facilidad en otros órganos que no estén directamente afectados.

El dolor abdominal agudo, de aparición brusca, puede tener las siguientes motivaciones:
   a)   Contracciones violentas de los músculos de fibra lisa que se encuentran en la pared de estómago e intestinos, y en las vías biliares y urinarias.
   b)   Irritación química o mecánica de la mucosa gastrointestinal.
   c)   Irritación e inflamación de la cubierta peritoneal.
   d)   Distensión de la cápsula que envuelve algunas vísceras, como el hígado, cuando éste se encuentra tumefacto.
   e)   Inflamación de los nervios, tanto los de la pared abdominal como los que van a inervar a las vísceras.

Una vez establecida la causa, para llegar a establecer el diagnóstico clínico por orden de frecuencia ante un dolor agudo ha de pensarse en: 1) Intoxicación alimenticia. 2) Úlcera de estómago y duodeno con sus complicaciones. 3) Cólicos renales. 4) Cólicos biliares. 5) Apendicitis aguda. 6) Inflamación aguda de la zona genital femenina. 7) Obstrucción intestinal. 8) Pancreatitis aguda. Las características del dolor, su localización y repercusión llevarán a un diagnóstico preciso.

En el dolor crónico, de aparición tórpida y presentación irregular o intermitente, el problema del diagnóstico es mucho más complejo. Ya mencionamos el hecho de que el aparato digestivo actúa frecuentemente a modo de caja de resonancia de estados emotivos. El sistema nervioso vegetativo, que regula hasta en su más pequeño detalle toda la actividad digestiva, es causa de que los mínimos desequilibrios en la esfera psiconerviosa se traduzcan en grandes trastornos funcionales en el proceso digestivo. En las llamadas distonías neurovegetativas es muy raro que no se presenten síntomas digestivos. Todo esto explica también que algunas personas toleren bastante bien

El aparato digestivo y sus enfermedades

enfermedades evidentes de su aparato digestivo, mientras que otros individuos, ante pequeñas alteraciones, reaccionen emocionalmente de forma desmesurada.

El dolor crónico abdominal requiere, pues, una cuidadosa evaluación en cada caso particular. La historia clínica del enfermo recogerá su localización, irradiación, ritmo de aparición, relación con las comidas, dependencia de otros síntomas, etc. Es necesario no confundir el dolor crónico con otras molestias abdominales mucho más frecuentes, que en algunas personas adquieren especial relieve.

Así sucede, por ejemplo, con una sensación peculiar de quemazón en el epigastrio o zona central situada por encima del ombligo, que se califica como **ardor**. Cuando esta sensación sube hacia la región esternal para llegar incluso al cuello y boca, hablamos de **pirosis**. Estas molestias indican casi siempre una irritación mecánica o química de la mucosa gástrica o del esófago, generalmente por exceso de jugo gástrico (aunque también pueda ocasionarse por defecto o por reflujo del contenido del estómago hacia el esófago). Son síntomas habituales en las gastritis y úlceras gástricas, aunque también pueden deberse simplemente a trastornos funcionales.

Muy corriente es la **llamada flatulencia** o **meteorismo**, sensación de hinchazón o distensión abdominal, en la que se engloba un cortejo de síntomas correspondientes a alteraciones, algo imprecisas, que reciben el nombre de «indigestión» o «dispepsia». En rigor, estos términos se refieren a procesos diferentes, pero se confunden muy fácilmente.

La **indigestión** implica una molestia que sobreviene siempre en relación con la comida, durante ella, inmediatamente después de comer o en intervalos variables. Se manifiesta de manera muy diversa: plenitud e hinchazón abdominal difusas o localizadas en epigastrio; molestia con ardor en la «boca del estómago» o detrás del esternón (pirosis); náuseas; eructos de mal sabor, ácidos o amargos; regurgitación de contenido gástrico; repugnancia hacia las comidas; borborigmos o «ruidos de tripas»; a veces dolor de cabeza y sensación de «cruda», como se siente después de un exceso alcohólico y, por último, en raras ocasiones, mareos, cansancio y fatiga. Todos estos síntomas pueden ser motivados por enfermedades orgánicas del aparato digestivo o de otros órganos, en cuyo caso se producen, por así decirlo, a diario o con frecuencia desmesurada, pero es preferible reservar la palabra «indigestión» para los procesos puramente funcionales, es decir, ocasionales, en ausencia de enfermedad orgánica evidente. La mayor parte de las veces, la indigestión se debe a una alteración de la función motora del estómago. Una comida demasiado grasa inhibe el peristaltismo gástrico y dificulta el vaciado de su contenido al duodeno. Un exceso alimenticio distiende el estómago y merma su actividad muscular. El miedo, las depresiones, la ansiedad y la ira, paralizan las contracciones gástricas. Igual sucede con la nicotina y las especias. Otras causas frecuentes de indigestión son una masticación inadecuada (por comer demasiado de prisa o tener la dentadura en malas condiciones); el estreñimiento pertinaz; comer con la mente «ausente» por preocupaciones o disgustos y, muy a menudo, tragar demasiado aire al deglutir el bolo alimenticio (generalmente individuos nerviosos y emotivos).

La **flatulencia** o meteorismo es un síntoma que puede acompañar a la indigestión pero que también aparece de modo independiente. La flatulencia implica la eliminación de aire, en forma de eructos o de gases por el ano, y la sensación de distensión y plenitud en toda la cavidad abdominal o en alguna parte localizada (generalmente en el epigastrio). En la flatulencia pueden concurrir tres mecanismos de producción. En primer lugar, puede haber un exceso de presión en el estómago o intestino, simplemente porque se ha tragado demasiado aire, que se deglute junto a la saliva, los alimentos o las bebidas efervescentes. En esto intervienen indudablemente factores psicológicos y, en ciertas personalidades neuropáticas, la «aerofagia» llega a extremos muy acusados. También es corriente un aumento del gas que normalmente se acumula en el estómago (cámara gástrica de aire) en las personas que no mastican bien o comen con demasiada prisa. Lo curioso del caso es que los eructos, en general, no alivian la situación, pues al eructar se vuelve a tragar gran cantidad de aire.

El segundo mecanismo en el origen de la flatulencia estriba en la producción de gas en el intestino por las fermentaciones. Durante la digestión se producen gran cantidad de gases, que vuelven a absorberse en su mayoría, por la pared intestinal. Baste recordar que la neutralización del ácido clorhídrico del jugo gástrico por el contenido alcalino del intestino delgado produce, aproximadamente, de tres a cuatro litros de anhídrido carbónico al día. Además, se producen gases por fermentaciones normales (en ciertos alimentos ricos en celulosa) o anormales (con alimentos mal preparados o en deficientes condiciones higiénicas).

Por último, los gases se producen con especial abundancia cuando se padece estreñimiento, quizá por la actividad de la flora intestinal. Por supuesto, todo proceso que dificulta la absorción de los gases aumenta la flatulencia (inflamaciones de la mucosa gastrointestinal, trastornos digestivos por falta de fermentos o en las alteraciones hepáticas, como también en la insuficiencia circulatoria con estasis de sangre en la pared intestinal o en el sistema de la vena porta).

También se produce meteorismo cuando existe un proceso obstructivo intestinal que dificulta el paso del contenido alimenticio, bien porque los gases no puedan ser absorbidos por la mucosa intestinal, o porque se haya impedido su tránsito. Por último, es preferible usar el término de **dispepsia** únicamente para aquellas alteraciones de la digestión de origen intestinal, como veremos más adelante al hablar de las dispepsias de fermentación o de putrefacción.

Enfermedades del aparato digestivo

Cavidad bucal

LENGUA SABURRAL

La coloración blancogrisácea de la lengua, con un depósito firmemente adherido a la mucosa, se ha convertido, para muchas personas, en algo habitual. Su presencia en la parte posterior de la lengua no tiene especial significación clínica, pues aparece en condiciones normales, sobre todo cuando la higiene bucal no es esmerada o no se respira por la nariz. Sólo tiene interés clínico la saburra de la parte anterior de la lengua, formada por una mezcla adherente de moco, proteínas degradadas, células desvitalizadas, hongos y bacterias, depositada a veces en capas muy espesas, aunque en general se presenta en láminas delgadas.

Causas. La lengua sucia frecuentemente es signo de que la función digestiva del estómago, intestino e hígado se encuentra alterada. Se presenta en las enfermedades febriles con repercusión intestinal, en las gastritis agudas y crónicas, en las úlceras gastroduodenales, en las colecistopatías crónicas y en las enfermedades del hígado, en el estreñimiento, tras los abusos de alcohol y tabaco y después de tratamientos con antibióticos (por la presencia de hongos).

Tratamiento. Su desaparición dependerá del tratamiento de la causa. Para evitar este trastorno puede servir la masticación lenta de pan tostado o bien el lavado de la boca con una solución alcalina diluida (bicarbonato sódico), o con una solución muy débil de permanganato potásico o de agua oxigenada y, sobre todo, los enjuagues con agua mineral alcalina gaseosa. No es aconsejable su eliminación mediante el frotado con el cepillo de dientes ni con los llamados antisépticos bucales o dentífricos que contengan alcohol o antibióticos.

GLOSITIS

La inflamación de la lengua puede deberse a una irritación (mecánica, química o térmica) directa de la superficie lingual (por prótesis dentarias mal ajustadas, dientes cortantes, picaduras, traumatismos, quemaduras, etc.). Pero las glositis más interesantes para el médico son aquellas en que la lengua aparece lisa y brillante sin el relieve característico de sus papilas gustativas, a menudo de un color rojo rutilante o frambuesa. Esto ocurre en algunas anemias del tipo pernicioso o ferropénico, en algunas avitaminosis, después de tratamientos prolongados con antibióticos y en las gastropatías crónicas, así como en las enfermedades intestinales que cursan con malabsorción.

La glositis no sólo cursa con estas alteraciones de su aspecto superficial, quizás con sensación de quemazón o insensibilidad gustativa; a veces, en casos más acusados, puede conducir a la sensación de cuerpo extraño y a la disfagia o dificultad para tragar, situación en la que es necesario precisar bien si la causa radica sólo en la lengua o si existe otra alteración, generalmente más trascendente.

Tratamiento. En las glositis irritativas bastará con evitar la causa y suprimir los alimentos demasiado calientes o picantes. Son sumamente nocivos los enjuagues antibióticos o alcohólicos. Las vitaminas del grupo B pueden, asimismo, resultar muy útiles en los casos sintomáticos.

HALITOSIS

El aliento de olor desagradable, e incluso repugnante, es también una afección muy generalizada en la que resulta absolutamente necesario distinguir si proviene de la propia cavidad bucal (mal aseo, caries u otras enfermedades dentarias o de la mucosa bucal, como estomatitis o gingivitis, etc.) o si su origen es extrabucal; en este caso, como síntoma, entra de lleno en el terreno médico. En primer lugar, habrá que considerar las enfermedades del aparato respiratorio: nariz, senos paranasales, bronquiectasias, tuberculosis pulmonar, absceso de pulmón, etc. En las enfermedades del

Examen de las enfermedades

aparato digestivo, la halitosis se produce a menudo por una disfunción gástrica de origen alimenticio o funcional. Cuando la motilidad del estómago se encuentra alterada, los ácidos volátiles de las grasas se acumulan en la llamada cámara gástrica y pueden salir fácilmente, originando un olor característico. Otros olores definidos son el de manzana (en los diabéticos descompensados), el de orina en las insuficiencias renales (uremias) y el característico de la insuficiencia hepática global.

Tratamiento. Si el origen es bucal, los antisépticos, la higiene y el arreglo de la dentadura deteriorada serán suficientes para erradicar el mal olor. En los casos de origen extrabucal habrá de procederse según la causa.

ESTOMATITIS Y GINGIVITIS

La inflamación de toda la mucosa bucal o la de las encías cursa con hinchazón (los dientes dejan huella en las zonas más irritadas), enrojecimiento de las partes afectadas, lengua sucia, sequedad de boca, sensación de quemazón, etc. En los casos más graves hay incluso afectación del estado general, así como de la propia mucosa bucal, con aparición de membranas, ampollas o úlceras.

Causas. Omitiendo las posibles lesiones dentarias (estudiadas en otro lugar), su causa pueden ser inflamaciones de la mucosa bucal debidas a lesiones mecánicas o térmicas, irritaciones químicas (tabaco y alcohol), deficiencias vitamínicas (sobre todo del grupo B y C), infecciones bacterianas generales, envenenamientos (yodo, plomo, mercurio), uremia y leucemia.

Tratamiento. Los enjuagues con agua bicarbonatada, permanganato potásico y agua oxigenada, muy diluidos, pueden ser útiles. En caso de dolor se usarán analgésicos y corticosteroides. Aunque pueden utilizarse preparados de acción local, recetados por un especialista, una visita al odontólogo es imprescindible.

QUEILOSIS

La inflamación de las comisuras de los labios, con aparición de grietas o rasgaduras, puede ser muy dolorosa. Se debe, generalmente, a una falta de vitaminas del grupo B o a una anemia por falta de hierro. El tratamiento adecuado corrige fácilmente el cuadro que se presenta.

AFTAS BUCALES

La aparición de placas, vesículas, manchas grisáceo-blanquecinas o prominencias de este mismo color, repartidas irregularmente por toda la mucosa bucal, e incluso en la lengua, que puede extenderse a las vías digestivas y respiratorias superiores, entra en el capítulo de las afecciones comunes. Estas alteraciones cuando se ulceran, pueden llegar a ser muy dolorosas. En el llamado **muguet** las aftas están producidas por hongos. En los demás casos se trata de inflamaciones producidas por otros agentes (virus, bacterias, etc.). Carecen de importancia, pero son siempre muy molestas. El

El aparato digestivo y sus enfermedades

mejor tratamiento será administrado por el médico y podrá abarcar desde la aplicación de tinturas y pomadas locales, hasta la de medicamentos antibióticos y antivirales, según sea el caso.

Esófago

DILATACIÓN DEL ESÓFAGO *(Acalasia)*

Síntomas:

1. Dolor detrás del esternón, que se acentúa con la toma de alimento.
2. Resulta frecuente la sensación de «nudo» o «bola» tras la toma de alimento.
3. En un estadio posterior se producen regurgitaciones del contenido alimenticio.
4. Disfagia. La dificultad para tragar es muy variable de unos casos a otros.
5. Halitosis. Por putrefacción del alimento dentro del esófago.

Causas:

1. Trastorno congénito con debilidad estructural localizada en la pared muscular del esófago.
2. Espasmo de la boca del estómago o cardias (cardiospasmo).
3. Procesos orgánicos localizados en el cardias o cerca de él, como el cáncer o estrecheces cicatriciales producidas tras la ingestión de cáusticos.

Tratamiento. Depende de la causa de la enfermedad. El tratamiento médico es muy poco útil. Son mejores las dilataciones del cardias con bujías especiales. Otras veces será necesario recurrir a la intervención quirúrgica.

ESTENOSIS ESOFÁGICAS

Síntomas:

1. Disfagia. La dificultad para tragar puede ser muy patente.
2. Regurgitación de los alimentos.

Causas:

1. Estrechez esofágica como consecuencia de cicatrices retráctiles producidas por la ingestión de ácidos o cáusticos.
2. Trastornos congénitos, como malformaciones.
3. Cáncer de esófago.
4. Alteraciones funcionales del esófago.
5. Esofagitis crónica por reflujo de jugo gástrico hacia el esófago.

Tratamiento. En las debidas a cáncer será necesaria la intervención quirúrgica. El tratamiento de las estenosis esofágicas cicatriciales se hace mediante sondas que cada vez serán de mayor tamaño, con lo cual se producirá una dilatación paulatina. La alimentación se hará a base de alimentos muy ricos en calorías por su concentración (nata, mantequilla, huevos, etc.).

Divertículos esofágicos

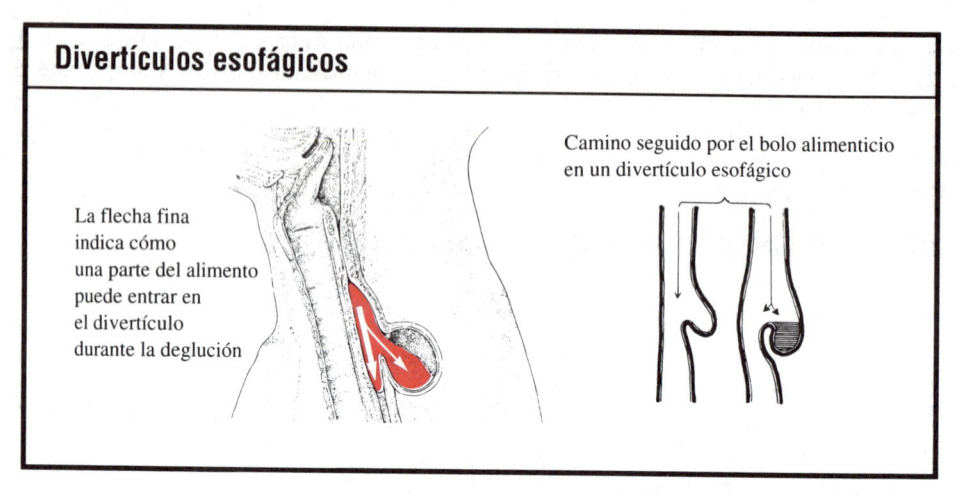

La flecha fina indica cómo una parte del alimento puede entrar en el divertículo durante la deglución

Camino seguido por el bolo alimenticio en un divertículo esofágico

DIVERTÍCULOS ESOFÁGICOS

Síntomas. Dependen de su localización y tamaño. En multitud de ocasiones los divertículos pequeños no dan sintomatología alguna:
1. Disfagia. Esta dificultad para tragar puede no existir en los primeros momentos de la deglución, pero a lo largo de la comida, al rellenarse el divertículo, éste comprime el esófago (véase figura) y dificulta el paso de los alimentos.
2. Dolor. Es, en ocasiones, la única molestia que siente el enfermo. Se asemeja, a veces, al dolor característico de la angina de pecho.
3. Sensación de cuerpo extraño a la altura del divertículo, debido a la detención de los alimentos a este nivel.
4. Regurgitación y vómitos.
5. Hipo.
6. Halitosis. Por descomposición del alimento que suele acumularse.

Naturaleza y mecanismo de producción. Se trata de una evaginación en forma de saco o de tienda de campaña que puede producirse a diferentes alturas. Según su mecanismo de producción se dividen en divertículos por pulsión y en divertículos por tracción. Los primeros se deben a debilidad congénita o adquirida de la pared esofágica, y los segundos a procesos retráctiles de otros órganos torácicos. Éstos, en su retracción, tiran de la pared esofágica, dando lugar a la formación del divertículo.

Causas:

1. Trastornos congénitos de la pared esofágica.
2. Mala masticación; ingestión apresurada de los alimentos.
3. Ciertas esofagitis cáusticas, infecciones, etc.
4. Procesos retráctiles, principalmente debidos a afecciones pulmonares y mediastínicas.

Tratamiento. En muchos casos no existe más camino que la intervención quirúrgica para la extirpación del divertículo. El tratamiento conservador no tiene objeto si no es en divertículos pequeños que producen escasas molestias.

VÁRICES ESOFÁGICAS

Las várices del esófago son, ante todo, un síntoma de hipertensión portal, y por ello se estudian con detalle en el capítulo correspondiente a las enfermedades del hígado (véase la página 308).

CÁNCER DE ESÓFAGO

Síntomas. Debido a su naturaleza, son fácilmente comprensibles los síntomas que produce, ya que éstos dependen de la estrechez a que su presencia da lugar (disfagia, regurgitaciones, dolor, etc.). No obstante, hay que considerar que el cáncer de esófago es uno de los que producen más precozmente un gran adelgazamiento del paciente, debido, ante todo, a la insuficiente alimentación como consecuencia del obstáculo que se produce en el esófago. Otras manifestaciones generales son idénticas a las que se estudian en el apartado correspondiente al cáncer de estómago, al que remitimos al lector (página 280).

Tratamiento. Será únicamente quirúrgico en los casos incipientes, en los que no existe invasión de otros órganos. Estadísticamente, la operación en los estadios precoces comporta una larga supervivencia para el paciente.

Estómago y duodeno

Síntomas generales. Los signos de las enfermedades de estómago son a veces difíciles de reconocer en su origen. Muchas de las molestias referidas al estómago existen también en las enfermedades del hígado, vías biliares, páncreas y de otros órganos. Las más seguras para señalar efectivamente una dolencia gástrica son las que enumeramos a continuación:

1. Regularidad en las molestias a nivel del epigastrio o parte centrosuperior abdominal, en relación con la toma de alimentos. Existe un dolor característico, llamado precoz, que aparece inmediatamente después de comer, y otro tardío, que comienza a las dos o tres horas.
2. Ardores de estómago.

Las siguientes molestias aparecen habitualmente en las enfermedades estomacales, aunque también se presenten en otras circunstancias patológicas:

3. Pérdida del apetito.
4. Sensación de plenitud o hinchazón con presión en la zona epigástrica, y molestias dolorosas difusas a este nivel.
5. Náuseas y vómitos. Éstos son más frecuentes en las enfermedades del hígado y de las vías biliares, excepto en el caso de la estenosis pilórica, o cuando consisten exclusivamente en «aguas ácidas», con cuya expulsión se alivian, de momento, las molestias.
6. Vómitos de sangre, aunque éstos, que constituyen las llamadas hematemesis, no siempre se produzcan como consecuencia de enfermedades del estómago ni procedan de éste.

Examen de las enfermedades

7. Acidismo. Sensación de ardor o eructos ácidos, que pueden producirse tanto por hiperacidez como por ausencia de ácido clorhídrico, bien por estar inflamada la pared del estómago o por existir ácidos orgánicos, procedentes de la fermentación de alimentos retenidos en el interior del estómago.
8. Eructos. Se producen a veces en personas nerviosas. Se deben a la deglución de aire al ingerir los alimentos o a otras causas (indigestión, flatulencia, gastritis).
9. Hipo. Suele estar motivado por espasmos del diafragma, de origen nervioso o tóxico, aunque alguna vez señalen una enfermedad localizada en la proximidad de dicho músculo.

Patología general. En el desarrollo de las enfermedades del estómago influye una serie de circunstancias de especial importancia, como son:

1. Irregularidad en el ritmo de la vida. En muchas personas nerviosas, da lugar a una propensión a la gastritis y a la úlcera gastroduodenal. La ausencia de regularidad en las horas de comidas, por ejemplo, actúa de manera desfavorable en la patología.
2. Comidas apresuradas. Del mismo modo que el ritmo de vida desenfrenado, el hábito influye en la ingestión de las comidas. Para una digestión correcta se requiere una buena masticación de los alimentos antes de su paso al esófago, que permita el paso de un bolo alimenticio ya bien elaborado. Las comidas, para preservar la mucosa, tanto bucal como esofágica y estomacal, tampoco deben tomarse excesivamente calientes o frías.
3. Las comidas muy abundantes o demasiado condimentadas y ricas en grasas favorecen la aparición de molestias, debido a la distensión y a la sobrecarga que producen en el estómago o a la dificultad que originan en la actividad motora.
4. Abuso de alcohol y exceso de tabaco, en especial en ayunas.
5. Defectos (caries) y carencia de piezas dentarias, por la defectuosa masticación que condicionan.
6. Sobrecargas intelectuales y emocionales, sobre todo cuando son reiteradas.

Se ha estudiado que tipos sanguíneos como el A y el 0, más la presencia de bacterias como *Helicobacter pilori* se asocian con una mayor incidencia de algunos padecimientos como cáncer gástrico y úlcera duodenal.

Tratamientos generales. Toda terapia eficaz en las enfermedades gástricas debe comenzar con la supresión de las causas mencionadas en los apartados anteriores, como medida básica.

Como medidas generales, deben adoptarse las que se dirigen a mejorar el apetito y estado nutritivo del enfermo y que se exponen en el capítulo dedicado a la dietética (pág. 831). Es preciso que las comidas sean ligeras, y se repiten hasta cubrir las necesidades calóricas. Su consistencia dependerá del tipo de molestias del enfermo y, en especial, de la existencia de vómitos.

La presencia de ardores y eructos frecuentes requiere siempre la asistencia del médico, y con mayor motivo la precisan las grandes molestias. Una masticación lenta evita deglutir aire, por lo cual también es recomendable que la ingestión de líquidos se haga despacio.

Ante la existencia de molestias acusadas será necesario reposar en cama; en otros casos, si hay hemorragias, será imprescindible la hospitalización con el fin de dar al paciente la mejor atención posible.

El aparato digestivo y sus enfermedades

Localización e irradiación del dolor en las enfermedades de estómago y duodeno

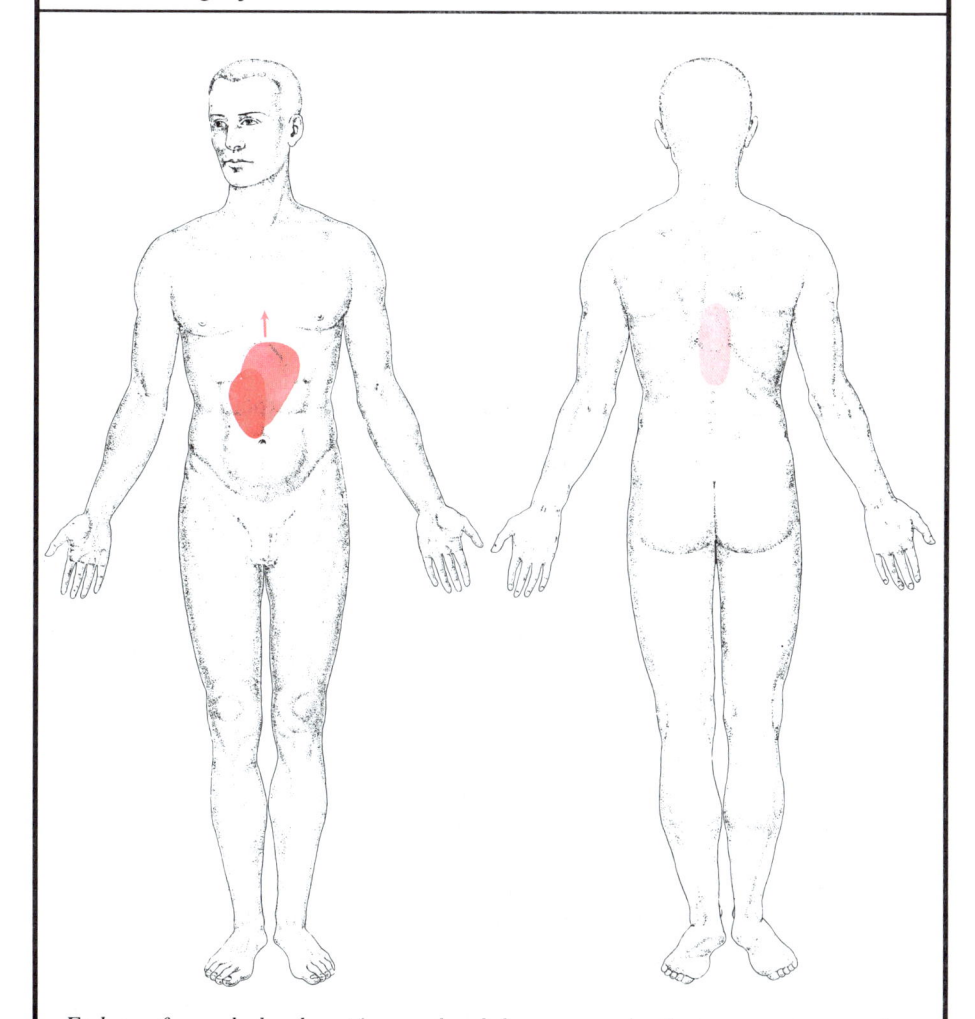

En las enfermedades de estómago, los dolores no se revelan en un punto preciso, sino en una región no bien definida (señalada en color claro). A veces se irradian hacia arriba (ver flecha), tienen carácter gravativo, punzante, espasmódico o ardiente si producen, además, pirosis. En la úlcera duodenal se advierte el dolor en ayunas o de 2 a 4 horas después de comer, en un sitio bien determinado cerca del ombligo (mancha color oscuro). A veces es posible advertir una irradiación del dolor hacia la espalda (a la derecha).

El hipo puede a veces vencerse mediante la aplicación de compresas húmedas frías en el pecho del paciente. Al lado de los métodos caseros puede ensayarse la siguiente prueba: después de una contracción de hipo, tragar en seco (es decir, tragar aire), y enseguida efectuar una espiración lo más rápida y profunda posible. Al terminar ésta, se debe retener la respiración al máximo. Esta maniobra repetida unas cuantas veces suele dar buenos resultados. El hipo persistente deberá ser manejado por el médico, después de haber intentado eliminarlo con los procedimientos citados.

GASTRITIS AGUDA

Síntomas:

1. Sensación imprecisa de malestar en la parte superior del abdomen, que a veces puede aumentar hasta convertirse en verdadero dolor.
2. Inapetencia y hasta repugnancia frente a la comida.
3. Eructos, náuseas y vómitos.
4. Lengua sucia, saburral.
5. Desde ligero malestar general hasta sensación de enfermedad grave.
6. En ocasiones, tendencia a las diarreas.
7. Con frecuencia considerable se presenta una elevación de la temperatura y aparece herpes labial.

Naturaleza y mecanismo de producción. Se trata de una inflamación de la mucosa gástrica, hinchazón e irritación de sus pliegues, que se acompaña frecuentemente de aumento y formación de jugos y moco gástricos respectivamente. Este estado general, a veces grave por sus perturbaciones, es conocido vulgarmente como un «empacho». El padecimiento se desarrolla sobre la base de una alteración de la pared gástrica, de carácter exógeno o endógeno.

Causas. Factores exógenos:
1. Desmesurada ingestión de comidas y bebidas muy frías. Sólo en contadas ocasiones se produce por ingestión de alimentos muy calientes.
2. Comida muy rica en condimentos, en especial en el desayuno. A este respecto tiene interés la ingestión de bebidas de alta concentración alcohólica (anís, aguardiente, etc.). De la misma forma, el café muy puro puede ser causa desencadenante, como también las bebidas demasiado azucaradas o las golosinas ingeridas en ayunas.
3. Abuso de tabaco, sobre todo en ayunas.
4. Con frecuencia, ciertos medicamentos que se toman para corregir otras afecciones (aspirinas, sulfamidas, ciertos antibióticos, cortisona y sus derivados, etc.). Por ello es preferible la toma de estos medicamentos después de las comidas o minutos antes de ellas. En este sentido son totalmente inocuos aquellos medicamentos que por su presentación comercial en grageas especiales no son atacados en el estómago y pasan al intestino, donde se disuelven y absorben, con lo cual evitan el contacto directo con la mucosa gástrica.
5. Ingestión de corrosivos (ácido nítrico, sulfúrico, clorhídrico, sosa cáustica, etcétera).
6. Intoxicaciones alimenticias (ingestión de alimentos en malas condiciones o contaminados con gérmenes específicos, como los estafilococos, ciertos virus, algunos bacilos, etcétera).

LA BOCA

LAMINA XVII

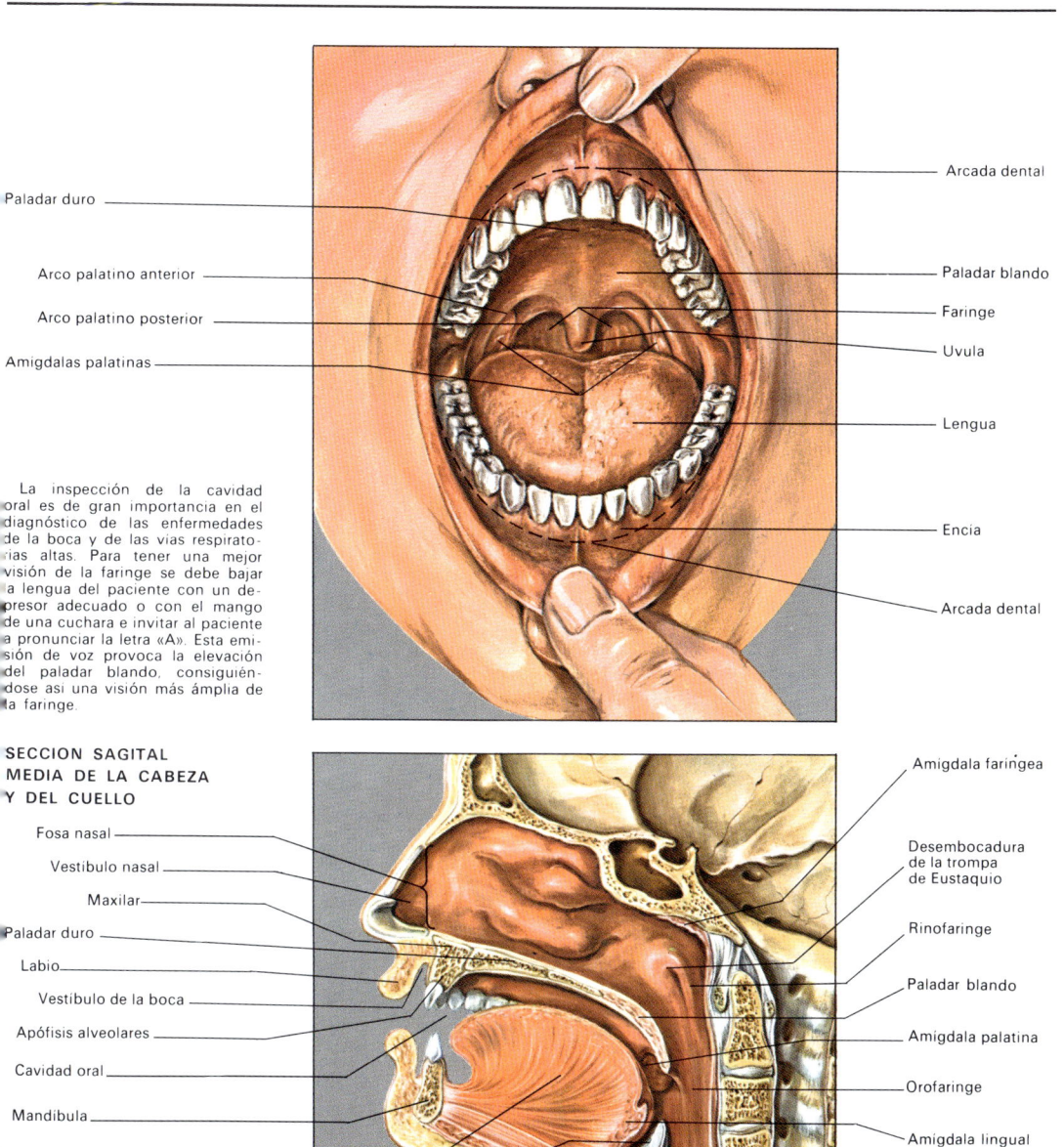

- Paladar duro
- Arco palatino anterior
- Arco palatino posterior
- Amigdalas palatinas
- Arcada dental
- Paladar blando
- Faringe
- Uvula
- Lengua
- Encia
- Arcada dental

La inspección de la cavidad oral es de gran importancia en el diagnóstico de las enfermedades de la boca y de las vias respiratorias altas. Para tener una mejor visión de la faringe se debe bajar la lengua del paciente con un depresor adecuado o con el mango de una cuchara e invitar al paciente a pronunciar la letra «A». Esta emisión de voz provoca la elevación del paladar blando, consiguiéndose asi una visión más ámplia de la faringe.

SECCION SAGITAL MEDIA DE LA CABEZA Y DEL CUELLO

- Fosa nasal
- Vestibulo nasal
- Maxilar
- Paladar duro
- Labio
- Vestibulo de la boca
- Apófisis alveolares
- Cavidad oral
- Mandibula
- Lengua
- Epiglotis
- Hueso hioides
- Laringe
- Tráquea
- Amigdala faringea
- Desembocadura de la trompa de Eustaquio
- Rinofaringe
- Paladar blando
- Amigdala palatina
- Orofaringe
- Amigdala lingual
- Laringofaringe
- Esófago

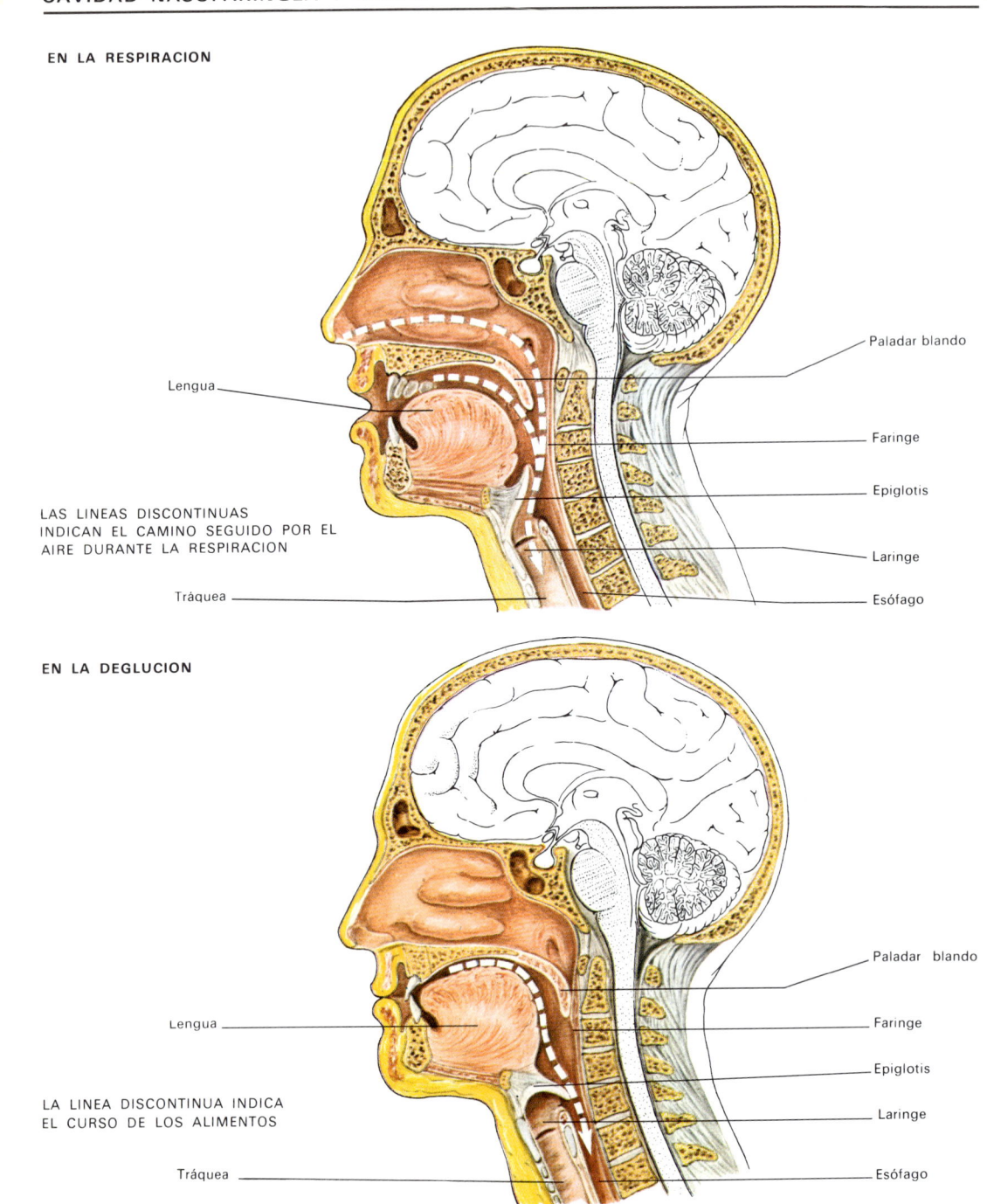

CAVIDAD NASOFARINGEA Y BUCAL

LAMINA XVII

EN LA RESPIRACION

- Paladar blando
- Lengua
- Faringe
- Epiglotis
- Laringe
- Tráquea
- Esófago

LAS LINEAS DISCONTINUAS INDICAN EL CAMINO SEGUIDO POR EL AIRE DURANTE LA RESPIRACION

EN LA DEGLUCION

- Paladar blando
- Lengua
- Faringe
- Epiglotis
- Laringe
- Esófago
- Tráquea

LA LINEA DISCONTINUA INDICA EL CURSO DE LOS ALIMENTOS

Durante la deglución se produce un cierre de la cavidad nasal y de la parte superior de la faringe por la elevación del paladar blando, y el cierre de la laringe al llevar sobre sí la epiglotis. De este modo, el alimento deglutido penetra en el esófago sin pasar a las vías respiratorias.

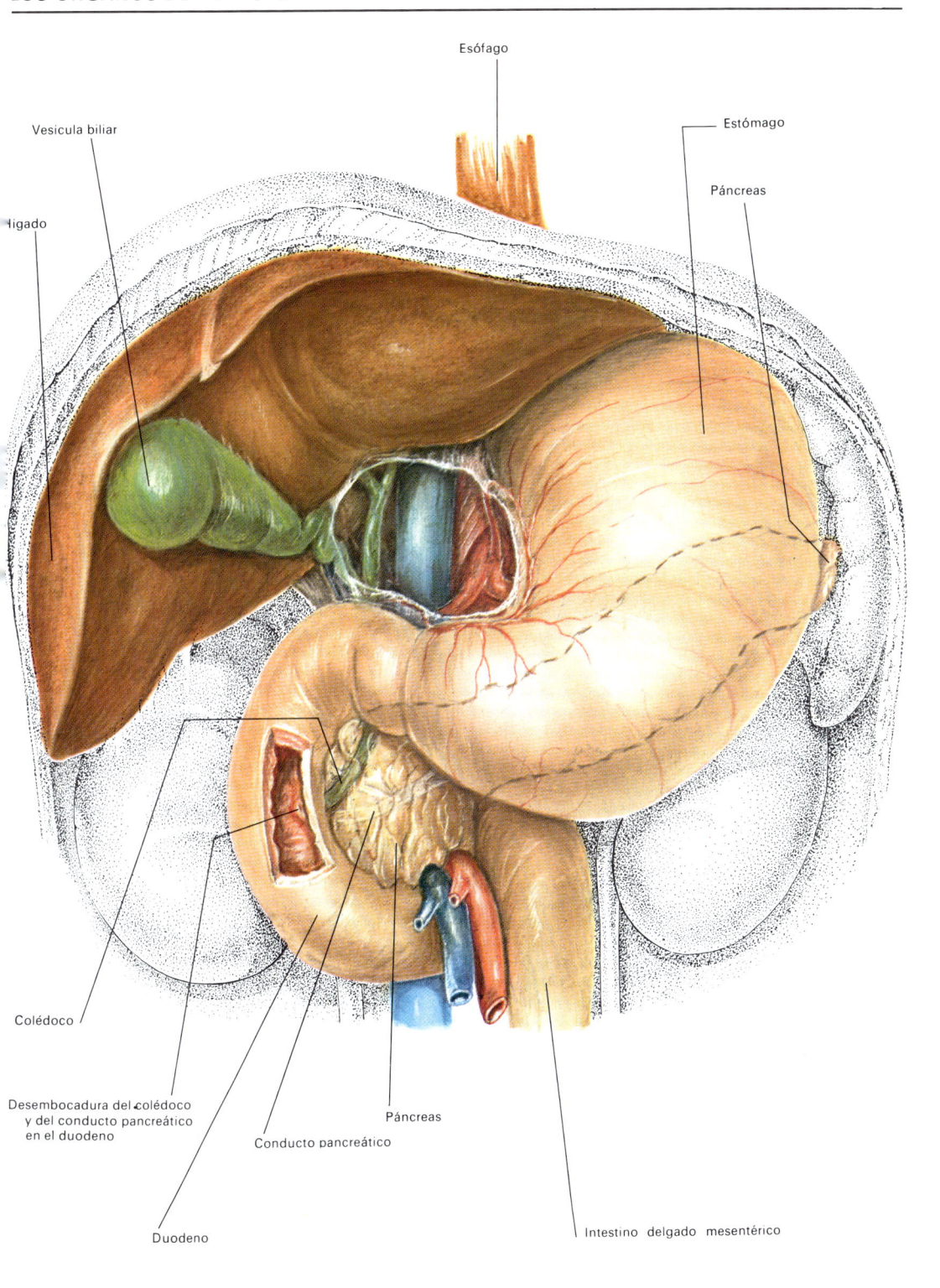

LOS ORGANOS DE LA DIGESTION EN LA PARTE SUPERIOR DEL ABDOMEN — LAMINA XIX

- Esófago
- Estómago
- Vesícula biliar
- Páncreas
- Hígado
- Colédoco
- Desembocadura del colédoco y del conducto pancreático en el duodeno
- Páncreas
- Conducto pancreático
- Duodeno
- Intestino delgado mesentérico

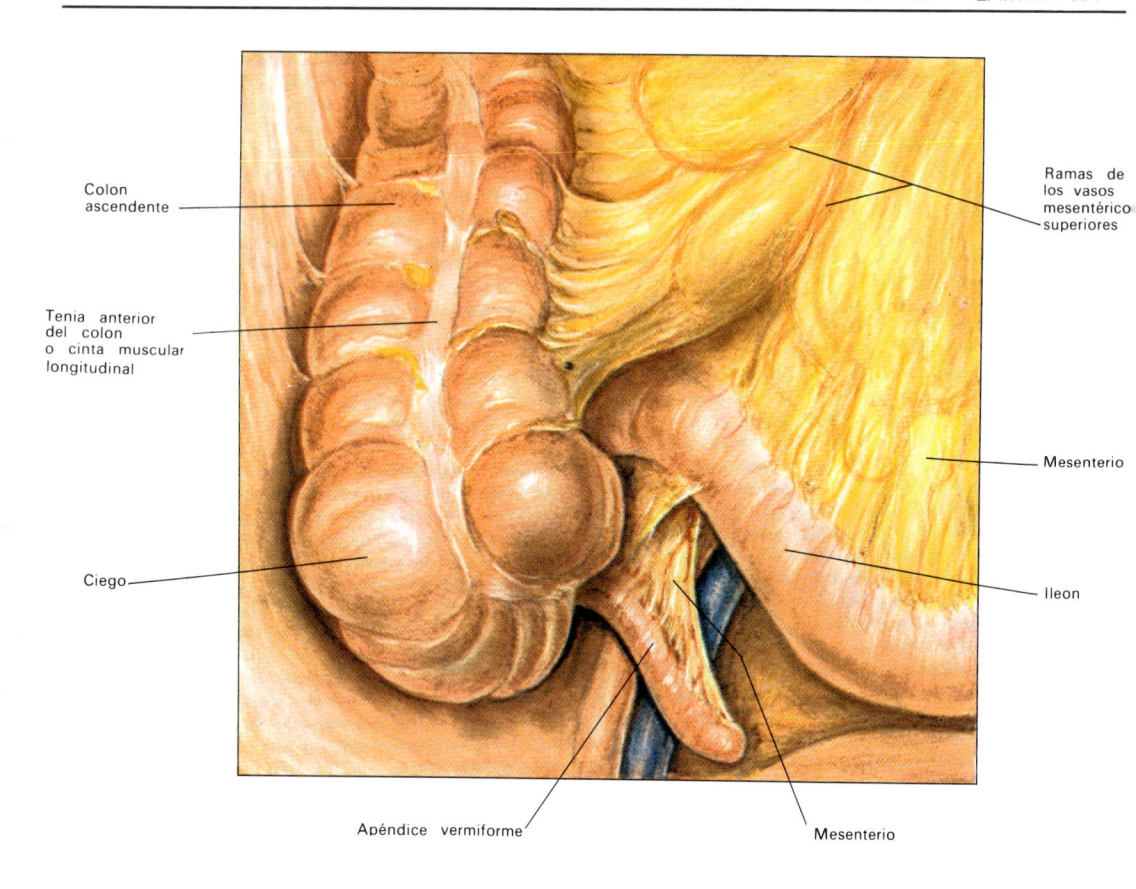

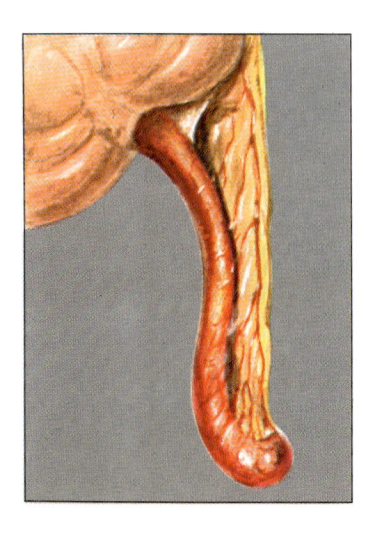

TRAMO INICIAL DEL INTESTINO GRUESO Y APENDICE VERMIFORME — LAMINA XX

APENDICE INFLAMADO

Factores endógenos:
7. Enfermedades infecciosas (sarampión, escarlatina, neumonías, etc.).
8. Tóxicos endógenos (uremia, insuficiencia hepática grave).
9. Reacciones alérgicas o inmunológicas.
10. Insuficiencias cardiocirculatorias con estasis sanguíneo.

Tratamiento. Como es lógico, la medida más importante es la supresión de la causa. De la misma forma, se establecerán medidas dietéticas. En la mayoría de los casos bastará con la supresión de la alimentación durante doce o veinticuatro horas. Luego, las comidas se harán una o más veces al día, dependiendo de la gravedad del cuadro, pero siempre en poca cantidad. Ésta consistirá en una dieta ligera, en la que se permite la ingestión de bebidas no azucaradas del tipo del té, manzanilla, aguas minerales, etc. En un apartado posterior se dan ciertas normas dietéticas para los diferentes trastornos digestivos; a partir de la página 282 se trata este tema. En los casos en que, a pesar de estas medidas, persista la sintomatología, será siempre oportuna e indicada la consulta con el médico de cabecera.

GASTRITIS CRÓNICA

La delimitación conceptual de gastritis crónica es un tanto difícil por lo que se refiere a sus diferentes formas. Sin embargo, adelantemos que desde el punto de vista clínico la sintomatología guarda, en ocasiones, cierta similitud. Según el tipo de lesión que acontece en la mucosa gástrica, la gastritis crónica puede clasificarse de la siguiente manera, en cuatro categorías:

1. Gastritis superficial. Debida a motivos puramente funcionales, de carácter totalmente reversible.
2. Gastritis atrófica. Existe un marcado adelgazamiento de la mucosa gástrica y desaparición de las glándulas gástricas. No es reversible. La gastritis de este tipo se asocia muy frecuentemente con el alcoholismo.
3. Atrofia gástrica. Suele ser un estadio evolutivo ulterior del proceso anterior.
4. Gastritis hipertrófica. Se caracteriza por un engrosamiento de los pliegues de la mucosa. En general, es un proceso independiente de los citados anteriormente y evoluciona de una manera irregular.

Síntomas. Suelen ser muy variables, con periodos de remisión de las molestias (incluso inexistencia de éstas), y otros en los cuales se exacerban, semejando a las producidas por las gastritis agudas: estado nauseoso matinal, sensación de plenitud gástrica, digestión lenta, acidismo y, con frecuencia, hasta un verdadero dolor. Éste, siendo las más de las veces de localización y presentación caprichosa, aparece en otras con un ritmo y localización similares a los de la úlcera gastroduodenal (ver página 285).

Causas. Junto a los factores ya mencionados para las gastritis (su reiteración puede conducir a gastritis crónica), existen otros de especial importancia:

1. Desarreglos en la ingestión de alimentos (comer de prisa, sin horario fijo, en exceso, tanto cuantitativo como en relación con alimentos demasiado condimentados o irritantes).
2. Existencia de un foco purulento crónico de localización en boca, nariz y laringe (caries dentaria, amigdalitis, sinusitis, etc.).

3. Abuso crónico del alcohol y tabaco.
4. Intoxicaciones crónicas (uremias, envenenamiento con plomo, etc.).
5. Carencias vitamínicas (especialmente del grupo B).
6. Alteraciones del metabolismo, afecciones hepáticas y de las vías biliares. Es muy corriente la gastritis crónica que acompaña a las colecistopatías crónicas.
7. Insuficiencia cardiaca crónica.
8. Trastornos en la formación del jugo gástrico (por excesos o defecto en la producción de ácido clorhídrico).
9. Gastritis crónicas que acompañan a las úlceras de estómago y duodeno.

Aun cuando esta afección no amenaza la vida, en ocasiones su gravedad puede ser importante. Además, una vez que la gastritis crónica ha hecho su aparición, existe con frecuencia, a pesar de su tratamiento (y más si éste no ha sido correcto), una propensión a las recaídas.

Tratamiento. De la misma forma que en las gastritis agudas, se procederá inicialmente a suprimir la causa principal, evitando todas aquellas circunstancias que irriten la mucosa gástrica (tabaco, especias, alcohol, café, etc.). Del mismo modo, será de gran importancia el régimen de vida, así como la regularidad en las comidas. Dado que en gran número de casos existe un aumento de la cantidad de jugo gástrico, estarán indicados aquellos medicamentos que frenan su producción (anticolinérgicos). En otros muchos, esta circunstancia presupone la existencia de acidismo, que puede combatirse con antiácidos de uso común, como el bicarbonato sódico o el hidróxido de aluminio. El uso de nuevos fármacos que bloquean los receptores H_2 disminuyendo la secreción de gastrina y ácido clorhídrico ha tomado un sitio preponderante. En los casos de gastritis crónica atrófica, con hipoclorhidria o aquilia, por el contrario, hay que administrar ácidos y fermentos digestivos.

La **dieta** de las gastritis será estudiada más adelante (página 282).

ÚLCERAS DE ESTÓMAGO Y DUODENO (*Ulcus gastroduodenal*)

Aunque por su localización y ciertas características clínicas la úlcera de estómago es una enfermedad diferente de la úlcera de duodeno, suele considerárseles conjuntamente no sólo por razones prácticas de tratamiento, que es similar en ambos procesos. En los países anglosajones se les engloba bajo el concepto de úlcera péptica para resaltar el hecho de que en ambas localizaciones predomina el factor común causal de que el jugo gástrico, ácido y rico en pepsina, ha atacado, erosionado y ulcerado alguna zona circunscrita de la mucosa gastroduodenal, como si la hubiese comenzado a «digerir» (de ahí el adjetivo «péptico»).

Síntomas:

1. Dolor. Principalmente localizado en la parte superior del abdomen (epigastrio), siendo muy variable su intensidad. En la mayoría de los casos se trata de un dolor no muy fuerte. En otros puede ser punzante. A veces, los enfermos lo describen como «adolorido», «quemadura» o «algo que muerde». Suele aparecer en brotes que duran de tres a seis semanas, primordialmente en la primavera

El aparato digestivo y sus enfermedades

y otoño. No es raro que el enfermo se queje de que el dolor lo despierta por la noche. De la misma forma, aparece o aumenta tras choques psicoafectivos. Es frecuente que el dolor tenga relación con las comidas, y puede manifestarse de distintas maneras:

a) Dolor de hambre, que aparece con el estómago vacío y desaparece tras la ingestión de alimentos. Su aparición es frecuente en la úlcera duodenal.

b) Dolor precoz, en relación directa con la toma de alimento. Es típico de la úlcera gástrica y suele aparecer de treinta a noventa minutos después de las comidas. Dura hasta que el estómago se vacía (horas más tarde). El ritmo de este tipo de úlcera será, pues, «comida, bienestar, dolor, calma».

c) Dolor tardío. Típico de la úlcera duodenal. Aparece de dos a cuatro horas después de haber comido; no desaparece hasta la nueva toma de alimento, sobre todo de leche o medicamentos alcalinos. El ritmo será en este caso «comida, bienestar, dolor... comida, bienestar, dolor...».

2. Existencia frecuente de estreñimiento en las temporadas de brotes dolorosos.
3. Pirosis y ardor. Muy frecuente; puede acompañarse en alguna ocasión, de eructos ácidos. Desaparece tras la ingestión de alcalinos.
4. Náuseas y vómitos. Aparecen especialmente cuando las crisis dolorosas son fuertes. Los vómitos son más frecuentes en las úlceras gástricas. Cuando acontecen a las seis u ocho horas de las comidas y contienen todavía restos de éstas, sugieren la existencia de una estenosis pilórica.
5. Por regla general, el apetito suele conservarse. No obstante, es frecuente observar una especial intolerancia o repugnancia hacia ciertas comidas, principalmente carnes, grasas, alcohol, café puro, picantes, especias, etc.

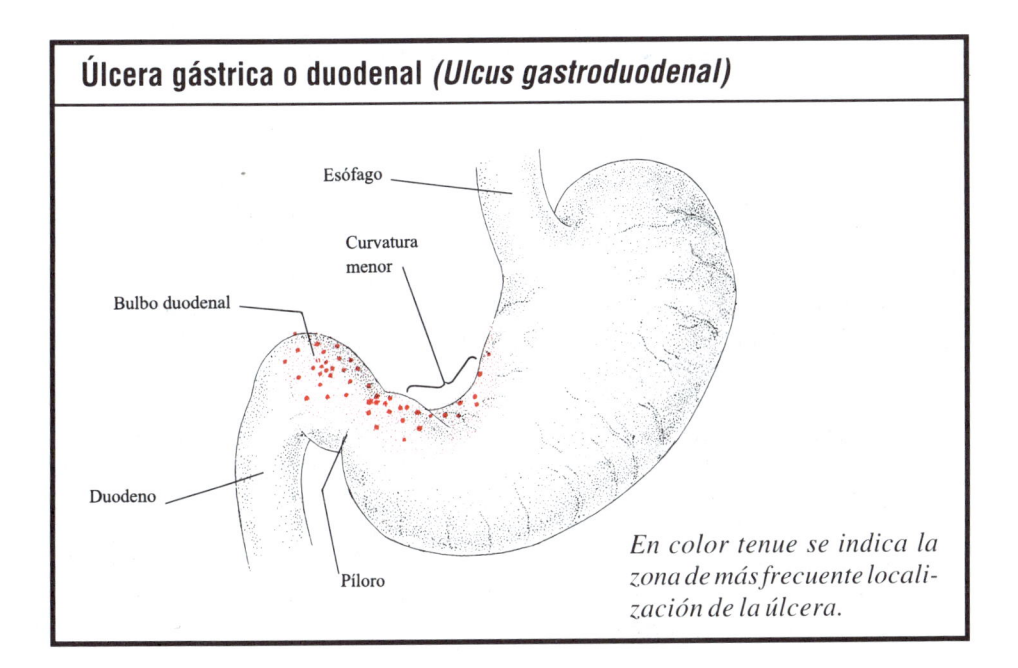

Úlcera gástrica o duodenal *(Ulcus gastroduodenal)*

En color tenue se indica la zona de más frecuente localización de la úlcera.

Examen de las enfermedades

6. Estos pacientes presentan con frecuencia una expresión de sufrimiento y preocupación en el rostro y sufren afectación, en mayor o menor grado, del equilibrio emocional.

Naturaleza y mecanismo de producción. Se trata de una erosión que sólo afecta a la capa mucosa del estómago o duodeno, si bien, en casos más graves, puede llegar hasta la capa muscular. Existen lugares típicos en los cuales asienta la úlcera con mayor frecuencia (véase la figura de la página 275). Su localización corresponde a aquellas zonas en que la mucosa recibe directamente la acción del ácido clorhídrico y de la pepsina. De ahí que su presentación en la curvatura mayor y en la cúpula gástrica sea excepcional.

Por lo que se refiere al mecanismo de producción de la úlcera, en la actualidad aún quedan puntos oscuros. Sin embargo, existen dos factores de gran interés. Son el aumento de la secreción de pepsina y ácido clorhídrico, por un lado; y la disminución de la resistencia de la mucosa gástrica por otro. Todo ello acontece sobre la base de una especial conformación constitutiva conocida como «personalidad ulcerosa». Se trata en general de sujetos nerviosos, irritables e introvertidos con cierta propensión a los estados depresivos y con una vibración anímica muy acusada, pero poco exteriorizada. Ello queda demostrado por el hecho de la aparición de crisis dolorosas o agudización tras choques afectivos o emocionales (discusiones, disgustos, etc.). El dicho popular lo expresa: «lleva la música por dentro».

La frecuencia de este padecimiento aumenta de año en año en todos los países civilizados, lo que indica también la importancia de los factores ambientales. Se ha calculado que la incidencia actual de úlceras activas es del 7 al 8% de toda la población de 20 a 50 años, y la padecen tres hombres por cada mujer.

Así pues, no puede hablarse de una causa de úlcera gastroduodenal, sino de una constelación de factores que facilitan su aparición, ya sea a través de un aumento de la secreción gástrica, por una disminución de la resistencia de la mucosa debida a una falla en la pared o en la capa protectora de moco, o por ambos factores a la vez.

Tratamiento:

1. Durante los brotes agudos con predominio de los fenómenos dolorosos es imprescindible el reposo y aislarse todo lo posible del mundo ambiental para conseguir un óptimo equilibrio emocional. Una vez que las manifestaciones agudas hayan pasado a segundo plano, el reposo relativo sigue siendo esencial: se hará una vida metódica y organizada hasta en los menores detalles, descansando un mínimo de nueve a diez horas al día. El trabajo habitual ha de emprenderse paulatinamente, huyendo de cualquier exceso y evitando a toda costa las discusiones y choques psíquicos.
2. El tratamiento dietético ocupa un lugar primordial. Ante todo, los alimentos se masticarán muy despacio, y en general, las comidas deberán ser tomadas con la máxima moderación. Pero todavía más importante es la necesidad de que la ración alimenticia diaria se distribuya de una manera muy regular a lo largo de todo el día. Es francamente nocivo comer dos o a lo sumo tres veces. La dieta se repartirá en seis u ocho tomas de alimento. Sobre su composición hablaremos más adelante (página 283).

El aparato digestivo y sus enfermedades

3. El tratamiento médico se hará, por una parte, con sustancias antiácidas. El bicarbonato sódico es uno de los más potentes alcalinos. Sin embargo, su abuso puede dar lugar a molestias de otra índole. De ahí que en aquellos casos en que, a pesar de la toma de este alcalino, no se corrijan las molestias, su dosis no se aumentará; será preferible la consulta con el médico para la posible prescripción de otro fármaco de probada inocuidad. Son también excelentes alcalinos, sin los inconvenientes del anterior, el gel hidróxido de aluminio y magnesio, fosfato tribásico de calcio, etc. Tienen gran aceptación los diferentes extractos de regaliz, entre ellos uno derivado del ácido glicirricínico, la carbenoxolona, pero también tienen sus inconvenientes, por lo que deben utilizarse sólo bajo prescripción médica.

La medicación antisecretora, con los anticolinérgicos como la cimetidina, ranitidina y famotidina, son un conjunto de bloqueadores más selectivos. Otras medidas adicionales (administración de anabólicos, proteinoterapia inespecífica) pueden dar también buenos resultados. El uso de sedantes está indicado, asimismo, en un buen número de casos, especialmente en aquellos sujetos de carácter inestable. A veces, aun sin sus temidas complicaciones —que siempre exigen una intervención quirúrgica—, se hará necesario operar al enfermo ulceroso. Existen numerosos tipos de operación, según el caso. Es una intervención relativamente sencilla, con un riesgo mínimo. Después de la operación, incluso los pacientes que precisen una amplia resección del estómago toleran, en general, muy bien la nueva situación, y tardan poco tiempo en adaptarse a ella.

Pronóstico. Exceptuando los casos rebeldes, el pronóstico depende en gran parte del propio enfermo, por el sacrificio que supone la estricta observación de la dieta. En general, el pronóstico es bueno si se tiene la precaución de prevenir los brotes de actividad que se presentan preferentemente en primavera y otoño. Un tratamiento correcto hace mejorar rápidamente a estos pacientes.

Complicaciones de la úlcera gastroduodenal

HEMORRAGIA GASTRODUODENAL

Síntomas:

1. Vómito de sangre (hematemesis). Puede ser de sangre reciente o de sangre con cierta permanencia gástrica, en forma de «residuos de café».
2. Melena. Es la presencia de sangre digerida en las heces. Se caracteriza por el color negro y suelen adoptar forma de torta. Pasada la hemorragia, la coloración de las heces puede persistir tres o cuatro días.
3. Sensación de debilidad corporal. Dependiendo de la intensidad de la hemorragia, puede llegarse incluso hasta la pérdida de la conciencia.
4. Taquicardia. Al disminuir la cantidad de sangre circulante, el corazón aumenta el número de sus contracciones con objeto de mantener las necesidades de oxígeno en los tejidos.

Examen de las enfermedades

5. Palidez de la piel. Puede hacer su aparición desde los primeros momentos si la pérdida de sangre es muy intensa.
6. Sed. Aparece, a las pocas horas de iniciada la hemorragia, una sensación de sed que debe satisfacerse con urgencia.
7. Fiebre. Con frecuencia, a partir del segundo día existe aumento de temperatura en el paciente.

Naturaleza y mecanismo de producción. La hemorragia gástrica es cuatro veces más frecuente en la úlcera duodenal que en la gástrica (si bien la úlcera duodenal es más frecuente que la otra). En la mayoría de los casos se debe a la ruptura de un vaso importante (coronarias gástricas, arteria pancreaticoduodenal, arteria gastroduodenal, etc.). Su aparición es más frecuente en primavera y otoño y puede relacionarse, en ocasiones, con algún ejercicio violento, ingestión de bebidas (principalmente alcohólicas) y con una tensión nerviosa (preocupación, disgusto, etc.). Otras veces no existe motivo aparente que la desencadene.

Tratamiento:

Cuando se produzca debe avisarse urgentemente a un médico. El ingreso del paciente en un centro hospitalario suele ser necesario. Entre tanto, pueden adoptarse algunas medidas que mejoren momentáneamente al enfermo, como elevar sus extremidades inferiores. Con ello se mejora la irrigación cerebral. También puede colocarse una bolsa de hielo sobre el epigastrio del enfermo. No deben administrársele sólidos o líquidos de ninguna clase. Fuera de las recomendaciones que aquí hacemos, no debe hacerse nada hasta que el médico llegue.

PERFORACIÓN GÁSTRICA

Se trata de una complicación de gran dramatismo, pero, por fortuna, no muy frecuente. Ocurre en un 2 hasta un 5% de los enfermos ulcerosos. Al perforarse la úlcera se pone en comunicación el estómago con la cavidad peritoneal, con paso a ésta del contenido de aquél. En otras ocasiones, la perforación penetra hacia un órgano (páncreas e hígado, principalmente), en cuyo caso se habla de «penetración».

Síntomas:

1. Dolor sumamente intenso en epigastrio, transfictivo (como una puñalada que atraviesa de un lado a otro); unas veces fijo y otras, irradiándose a todo el abdomen, hacia un hombro o a ambos.
2. Pérdida de conciencia. Puede acontecer con cierta frecuencia. Al mismo tiempo existe sudoración, palidez muy intensa y respiración angustiosa. En ocasiones pueden aparecer vómitos.
3. Actitud típica del paciente: en cama quieto, inmóvil, mitigando de esta forma el dolor.

Tratamiento. En estos casos, será definitivamente quirúrgico. Por ello, el ingreso del paciente en un hospital será imprescindible. Una vez en él, el tratamiento estará

El aparato digestivo y sus enfermedades

principalmente dirigido a combatir el dolor, y se realizará asimismo una aspiración gástrica. Se aplicarán sueros con el fin de compensar la pérdida de líquidos, así como antibióticos para combatir la infección peritoneal.

ESTENOSIS PILÓRICA

Síntomas. Dependiendo del grado de estenosis, los que a continuación se exponen serán más o menos llamativos:
1. Falta de apetito, sensación de plenitud gástrica y retraso en el vaciamiento gástrico.
2. Pirosis y eructos malolientes.
3. Dolor en epigastrio, de variable intensidad, que desaparece con el vómito.
4. Vómitos. Pueden aparecer varias veces al día, inmediatamente o a las pocas horas de las comidas. Constan principalmente de contenido alimenticio, con presencia de gran cantidad de jugo gástrico. Si se producen en ayunas son exclusivamente de jugo gástrico.
5. Pérdida progresiva de peso.
6. Deshidratación progresiva, que se manifiesta precozmente por la sequedad de la piel y por la arruga de ésta tras el pellizcamiento.

Patogenia y causas. En general se debe a la dificultad del paso del alimento por el píloro, a causa de un obstáculo. Éste se produce, sobre todo, como consecuencia de la retracción originada a ese nivel, tras la cicatrización de una úlcera.

Tratamiento. Es exclusivamente quirúrgico.

HERNIA DIAFRAGMÁTICA *(Hernia hiatal)*

En su paso a la cavidad abdominal el esófago ha de atravesar el diafragma a través de una ventana o **hiato**. Inmediatamente por debajo de esta abertura se encuentra el cardias o unión gastroesofágica. Puede ocurrir que el estómago se hernie y pase a través del hiato hacia la cavidad torácica. Existe un tipo de hernia diafragmática por deslizamiento, con el que la unión gastroesofágica se encuentra por encima del diafragma, como si hubiese sido arrastrada por un esófago demasiado corto. Parte del estómago cubierto por el peritoneo y en forma de campana, se encuentra en el tórax.

Otro tipo de hernia diafragmática es la variedad denominada paraesofágica. En estos casos, el cardias mantiene su normal posición por debajo del diafragma, pero existe en éste un defecto de abertura por el cual se hernia parte del estómago, que pasa a la cavidad torácica por delante del esófago.

Causas. Las hernias diafragmáticas son muy corrientes, aunque hasta ahora no se les presta la debida importancia. En general, se trata de un trastorno adquirido o congénito, cuyo mecanismo de producción aún no se precisa. Una serie de factores facilitan su aparición, sobre todo cuando se originan aumentos de la presión intraabdominal (obesidad, embarazos repetidos, hipertensión portal con ascitis, etc.). Su asociación con algunas formas de estreñimiento, cálculos biliares y divertículos de colon también es frecuente. Existen, además, hernias congénitas por la existencia de un esófago demasiado corto, y las hernias diafragmáticas debidas a traumatismos.

Examen de las enfermedades

Síntomas. Muy a menudo estas hernias no se manifiestan, por lo que su identificación constituye un hallazgo casual al realizar un estudio radiológico del aparato digestivo por otro motivo. Las hernias que dan síntomas lo hacen de forma muy variable. Las molestias están relacionadas con el llamado reflujo gastroesofágico: el contenido del estómago vuelve a pasar al esófago, sobre todo en los casos de hernia por deslizamiento. Este reflujo puede producir síntomas parecidos a los que se aprecian en las gastritis o úlceras gastroduodenales. Otras veces, predomina un simple ardor con pirosis, un fuerte dolor en la parte inferior de la región esternal que, a veces, resulta muy difícil de distinguir de los dolores cardiacos. En ocasiones sólo existe una tendencia anormal a los eructos ácidos o incluso a la regurgitación y la disfagia. El contenido ácido del estómago que ha refluido es muy irritante para la mucosa del esófago, y produce incluso pequeñas hemorragias, de las que deriva una anemia poshemorrágica crónica, que puede constituir el único síntoma.

Cuando el dolor es la molestia predominante, es característico que el enfermo despierte durante la noche; puede ser tan agudo que le hace temer una angina de pecho. Se distingue de este dolor por el simple hecho de que en los enfermos con hernia aparece cuando duermen con varias almohadas, extremo que aprenden rápidamente. Otras veces aparece el dolor cuando se agachan «como para recoger algo» o doblan el cuerpo al conducir un automóvil o al sentarse.

Tratamiento. Debido a su naturaleza, el tratamiento ideal es el quirúrgico. Sin embargo, ni éste es siempre necesario —pues hay hernias que no plantean problemas clínicos— ni es posible en todas las ocasiones por el evidente riesgo que lleva consigo. Resulta conveniente tratar la obesidad, evitar el estreñimiento y el meteorismo, y neutralizar mediante alcalinos el ácido del contenido gástrico que refluye. No deberán usarse fajas o corsés que, comprimiendo el vientre, aumenten la presión intraabdominal. El tratamiento dietético será idéntico, en términos generales, al indicado para los trastornos gástricos.

CÁNCER DE ESTÓMAGO

Los tumores malignos del estómago figuran entre los más frecuentes de los que afectan al sexo masculino, sólo superados por el cáncer de pulmón. Su frecuencia ha disminuido en estos últimos años por razones que se desconocen; no se sabe tampoco por qué afecta más a los hombres que a las mujeres. Es mucho más frecuente en las personas que carecen de secreción gástrica (aquilia) que en las que padecen hipersecreción. Su relación con la úlcera de estómago ha sido muy debatida, pero parece verdaderamente excepcional que una úlcera crónica degenere en cáncer. Con la aparición de las endoscopias gástricas y de la toma de biopsia durante ellas, se han detectado más casos incipientes de cáncer, que tienen oportunidad de curación mediante cirugía.

Síntomas:

1. Síndrome maligno: trombosis venosas, fiebre, neuralgias, dolores en las articulaciones, etcétera.

2. Manifestaciones generales: falta de apetito, cansancio, adelgazamiento.
3. Manifestaciones digestivas: vómitos, regurgitaciones, cambio del ritmo intestinal normal (estreñimiento o diarrea), etc.
4. Complicaciones: principalmente hemorragias.
5. Manifestaciones debidas a las metástasis.

Síntomas del tumor ya desarrollado:

1. Dolor. Sin ninguna característica especial.
2. Fiebre.
3. Sensación de opresión y repleción gástricas.
4. Vómitos frecuentes, semejantes a «residuos de café».
5. Eructos y regurgitaciones.
6. Disfagia (la dificultad para tragar aparece especialmente en tumores de localización alta).
7. Acentuación del cambio del ritmo intestinal.
8. Complicaciones de tipo hemorrágico o de perforación.
9. Acentuación de las manifestaciones generales.

Tratamiento. Quirúrgico. La importancia de un diagnóstico precoz es máxima en cuanto al futuro del enfermo. La supervivencia suele ser grande cuando se interviene el tumor antes de que se desarrolle demasiado.

Medidas generales

Para todos los enfermos del estómago son útiles diversas reglas generales, que sólo difieren en ciertos detalles, según la naturaleza del proceso y sus fases evolutivas. En las gastritis agudas y en los brotes agudos de las úlceras, se pensará más en el reposo general, y del estómago en particular, que en una adecuada y suficiente alimentación. En los procesos crónicos, con regímenes de larga duración, los factores por considerar son diferentes.

Tres principios, a menudo infravalorados, adquieren especial importancia. Toda dieta tiene que aportar diariamente la cantidad necesaria de calorías que, además, han de provenir de alimentos con el máximo valor biológico. En segundo lugar se prestará atención a las intolerancias alimenticias, que varían considerablemente de una persona a otra. Por último, toda dieta será confeccionada con arreglo a la personalidad y gustos del enfermo, evitando esquemas demasiado simples y uniformes.

1º El régimen alimenticio debe ser, ante todo, suficiente, manteniendo la debida proporción armónica de los tres principios inmediatos. En segundo lugar, la dieta contendrá, en óptima cantidad, todas las vitaminas y demás sustancias imprescindibles (sales minerales, oligoelementos, etc.).

Por último, la alimentación será apetitosa y, por lo tanto, variada, debidamente preparada desde el punto de vista culinario.

2º Es muy importante distinguir las intolerancias de ciertos alimentos en algunas personas que enferman del aparato digestivo. Por ello, en la planeación de la dieta debe tenerse en cuenta este factor individual. Por ejemplo, tras una serie de estudios en enfermos crónicos gastrointestinales se pudo demostrar que el 42% de las personas acusan una intolerancia frente a las diferentes clases de coles; un 35% a los frijoles, alubias y garbanzos; un 32% a las especias y condimentos; un 30% a los asados de carnes; un 28% a las cebollas; un 2% a las comidas grasas; un 15% a la leche, y un 10% a los huevos. Es, por lo tanto, improcedente insistir en una dieta láctea cuando exista una evidente intolerancia hacia estos productos.

3º La adaptación de una dieta a las circunstancias personales de cada enfermo ocupa, lógicamente, un lugar primordial. Es mucho más perjudicial persistir en una ración alimenticia que repugna al enfermo por su monotonía que permitirle, de vez en cuando, ciertas licencias dietéticas. Está demostrado que el café, la nicotina, el alcohol, las especias, etc., irritan la mucosa gástrica, por lo que deben ser proscritos en los enfermos con gastropatías crónicas. Sin embargo, una vez que hayan remitido los síntomas más agudos, en ciertas personalidades definidas y para conseguir que persistan en su dieta hasta la total curación del proceso morboso, el médico puede ser más flexible en este sentido, dejando que fumen después de las comidas, que tomen café no demasiado cargado de vez en cuando, que beban un vaso de vino con las comidas, o que añadan alguna especia no demasiado irritante a los alimentos.

En resumen, es necesario prestar más atención al paciente como individuo y tener en cuenta sus hábitos, circunstancias personales, gustos, etc.

Una norma también general es la de evitar a toda costa una alimentación que irrite mecánicamente la mucosa gastroduodenal. No basta para ello que los alimentos sean preparados mediante una prolongada cocción, sean batidos o tamizados. Es absolutamente necesario que el gastrópata aprenda a masticar bien, a poner toda su atención a este acto. Tragar los alimentos a medio masticar (taquifagia) produce un bolo alimenticio poco adecuado y evita la tan importante insalivación. Está más que demostrado que los alimentos mal triturados e insalivados duplican el tiempo de evacuación del contenido gástrico al duodeno, además de excitar la secreción de jugo gástrico. Por ello el paciente habrá de prestar atención al estado de su dentadura: arreglará cualquier desperfecto y paliará una eventual pérdida de piezas dentarias con una conveniente visita al dentista.

Dieta en las gastritis crónicas

En el régimen de las gastropatías deberá procurarse que los alimentos favorezcan una rápida evacuación del contenido gástrico al duodeno, con las excepciones que luego se expondrán. Para disminuir la secreción gástrica, los alimentos sufrirán un proceso de cocción prolongado. Las proteínas han de aportarse en forma de clara de huevo, carnes, pescados blancos y aves no grasas (carne cocida de pollo sin piel). Resultan muy nocivos los extractos de carne. Los hidratos de carbono serán preferentemente aportados como miga de pan blanco (sin corteza), papas cocidas, arroz blanco, harinas, pastas hervidas, fideos, macarrones, etc.

Debe suprimirse la administración de celulosa («fibra») en cualquiera de los alimentos que la contienen, debido a que producen una acción irritante sobre la motilidad del estómago. En consecuencia, las legumbres hervidas sólo se tomarán en purés convenientemente tamizados.

Algunas verduras deben suprimirse por completo: repollo, coliflor, pepinos, rábanos, endibias, lechugas y espinacas. En general, cualquier verdura o fruta deberá ser sometida a una profunda cocción. De ahí la importancia de administrar grandes cantidades de vitaminas, sobre todo las hidrosolubles (grupo B y vitamina C), que se destruyen prácticamente por la acción del calor. Es recomendable el uso de una cierta cantidad de grasas crudas de origen vegetal (aceites de oliva, girasol, maíz, soya, etc.), ya que inhiben la secreción gástrica; pero éste es un punto sumamente difícil de valorar, pues a su vez dificultan la evacuación gástrica, por lo que su ingestión debe realizarse con el máximo cuidado, dependiendo de cada caso individual. Los huevos duros se toleran mal en general; es preferible pasarlos por agua y servirlos en forma de tortilla sin aditamentos.

Las bebidas nunca se deben tomar muy frías, por lo que están proscritos los helados y los productos refrescantes, ya que estimulan la secreción gástrica. Las bebidas efervescentes están asimismo contraindicadas (cerveza, colas, aguas mineromedicinales gaseosas, etc.), pero son muy útiles las aguas alcalinas no efervescentes. Nocivos son también el tabaco, el alcohol, el café, casi todos los condimentos (en especial la pimienta y la mostaza), las nueces, aceitunas y frutos secos, las salsas grasas (con manteca de cerdo u otras grasas animales), los asados, los pescados azules (atún, sardinas, etc.). No hay inconveniente, sin embargo, en tomar algún marisco cocido, como gambas, langostinos o cigalas, aunque deban evitarse las ostras y los cangrejos.

Para favorecer la rápida evacuación del contenido gástrico hay que tener en cuenta tanto las grasas, que la retrasan, como las mezclas de alimentos, que tienen efecto contrario. Las combinaciones de sólidos con los líquidos, las féculas con los azúcares, la carne con las papas, etcétera, inhiben el paso de los alimentos del estómago al duodeno. Por ello, se preferirá tomar, sucesivamente, una sola clase de alimentos tras otra, y distanciar unas de otras.

Especial problema plantea la leche. Sin negar su evidente valor nutritivo, también presenta inconvenientes en algunos gastrópatas. Cuando existe hipersecreción gástrica, la leche se coagula en grandes grumos, que pueden llegar a ser irritantes. Este efecto se puede aliviar mediante la adición de té o café, siempre muy diluidos. En los casos de hiposecreción gástrica, la leche se digiere muy mal, quizá por falta del fermento lab. En general, es preciso obrar en cada caso según dicte la experiencia y con base en las características individuales del paciente.

En las gastritis crónicas hay que considerar que prácticamente la gran mayoría de los enfermos presentan un escaso grado de acidez, que se acompaña de falta de motilidad. Esto exige, junto a una dieta de grasas, la estimulación, mediante alimentos adecuados, del estómago, para paliar la hiposecreción y la hipomotilidad. Algunos excitantes pueden estar indicados en dichos casos. Entre ellos, las aguas mineromedicinales resultan sumamente provechosas.

Régimen dietético en la úlcera gastroduodenal

El concepto básico, imperante hasta hace poco tiempo en el campo de la dieta de la enfermedad ulcerosa, era que la hiperacidez (e hiperproducción de fermentos: pepsina) podía ser combatida por la acción equilibradora de las proteínas, en especial de la leche.

Examen de las enfermedades

Pero este criterio ha tenido que revisarse. La acidez, desde luego, es neutralizada de momento por las proteínas, pero se estimula de forma proporcional al contenido proteínico de la dieta, lo que inhibe su primer efecto útil y explica que la leche quite el ardor, pero sólo durante un periodo muy corto. Por ello, hoy en día se es algo más liberal en la dieta del enfermo ulceroso. La cura de Sippy con tomas establecidas de leche enriquecida con nata ha sido ya abandonada, entre otras razones por exagerar el estreñimiento que ya de por sí acusan estos enfermos.

En el ulcus gastroduodenal caben dos regímenes. Uno, en la fase aguda, en el que junto a un reposo fisicopsíquico la dieta ocupa un lugar primordial, y otro, en las fases de remisión, en que puede adoptarse una actitud más flexible. En cualquier caso, lo fundamental es espaciar menos las comidas: prácticamente durante el día se debería comer cada dos o tres horas y durante la noche no dejar más de seis horas sin tomar alimentos.

Régimen en los brotes agudos de úlcera gastroduodenal

Alimentos prohibidos. Toda clase de picantes y especias, salados, embutidos, chorizos, salchichas, extractos de carne picada de cerdo y cordero, asados, sopas con puchero de carne o jamón y tuétano, productos animales viscerales (hígado, mollejas, sesos, lengua, etc.).

Toda clase de fritos (exceptuando únicamente los pescados blancos empanizados, quitando el empanizado antes de la ingestión). Toda clase de hortalizas (garbanzos, alubias, frijoles, lentejas, etc.). Toda clase de bebidas alcohólicas y efervescentes (incluso aguas minerales). Café, té y cacao (también chocolate). Nueces y otros aperitivos. Frutos ácidos, verdes o con semillas (sólo quedan excluidas las mermeladas de manzana o pera, manzana al horno y duraznos al natural). Verduras frescas (ensaladas). Pan tierno, y en general cualquier clase de pan, sobre todo el integral. Sólo están permitidas las galletas tipo María (también son perjudiciales los cereales). Quesos fermentados (únicamente se permite el requesón o queso fresco). Helados y dulces (confitería, postres con nata). Están igualmente prohibidos toda clase de ahumados.

Alimentos permitidos. Si no hay intolerancia se debe beber diariamente más de un litro de leche, con azúcar o malta (no café), siempre muy lentamente, templada o caliente y, preferentemente, entre horas. Por ejemplo, un vaso en ayunas, muy temprano; otro a media mañana; otro en la merienda, y otro a medianoche. Con la leche se pueden comer algunas galletas y mermelada no ácida (sobre todo si existe estreñimiento).

Con el desayuno se debe tomar una taza de infusión de manzanilla, tila, etc., un poco de jamón en dulce y quizá un huevo pasado por agua (tres minutos). En el almuerzo y en la cena se puede tomar un caldo vegetal, arroz blanco hervido, papas hervidas, pastas de sopas bien cocidas, carne de ternera o de pollo a la plancha o hervida, pescado blanco cocido, huevos revueltos, tortilla a la francesa. Esta dieta severa exige una administración de vitaminas y minerales en forma de grageas. Se pueden beber aguas naturales o mineromedicinales alcalinas procurando que no sean gaseosas.

El aparato digestivo y sus enfermedades

Régimen progresivo en el tratamiento de la úlcera gastroduodenal

Una vez reducido el brote agudo, se pueden añadir a la dieta citada, aunque gradualmente, los siguientes alimentos: sopas de harinas malteadas o de arroz, caldo con pasta de harina o tapioca, purés de papas con mantequilla, purés de legumbres (chícharos, lentejas, etc.), fruta cocida en mermelada o manzana al horno, carne a la parrilla (cordero, vaca, ternera), queso fresco o requesón (si es bien tolerado, incluso manchego), pescados blancos (lenguado, merluza, pescadilla, lubina, etc.) cocidos con aceite de oliva crudo, huevos (hasta cuatro al día) escalfados, en tortilla francesa o cocidos (nunca fritos), sesos hervidos, natillas, flan, cremas, bizcochos.

Cuando hayan desaparecido totalmente las molestias pueden añadirse a los alimentos citados verduras tiernas (ejotes, espárragos, alcachofas, espinacas) hervidas y con un poco de aceite crudo, y frutas crudas no ácidas (manzanas, peras, ciruelas, pasas, plátanos, etc.). Más adelante, pescado empanizado —despojado del pan molido antes de su ingestión— y pan tostado (no integral).

Una vez que se haya demostrado radiológicamente la curación de la úlcera, puede volverse gradualmente a la dieta habitual. Es, sin embargo, muy provechoso que durante la primavera y el otoño, épocas en las que la úlcera es más propensa a recaídas, se vuelva a un régimen más severo o, al menos, se eviten los alimentos más nocivos.

El intestino

En la clasificación de las enteropatías conviene tener en cuenta que, junto a procesos localizados que cursan con síntomas específicos (apendicitis aguda, oclusión intestinal, tumores o divertículos intestinales, afecciones del recto y ano, etc.), existen enfermedades funcionales u orgánicas difusas que afectan, en mayor o menor grado, a todo el tramo intestinal. En estos trastornos pueden predominar los síntomas dependientes de una aceleración o retraso de la motilidad y, por lo tanto, del tránsito intestinal (diarrea o estreñimiento); los que provienen de trastornos de la digestión de los alimentos (dispepsias) y los que se originan por un defecto en la absorción de las sustancias nutritivas (síndromes de malabsorción).

DISPEPSIAS DE FERMENTACIÓN Y DE PUTREFACCIÓN

El término dispepsia designa aquellos trastornos digestivos en los cuales no se encuentran alteraciones orgánicas como causa productora de los síntomas. No hay, pues, lesiones anatómicas, y predominan los trastornos funcionales. Sin embargo, frecuentemente, lo que en determinado momento es una dispepsia puede en un estadio ulterior transformarse en una genuina enteritis o inflamación del intestino. En las dispepsias, muy frecuentes, lo más llamativo son las excesivas fermentaciones o putrefacciones intestinales, con presencia en las heces de restos de alimentos mal digeridos.

DISPEPSIA DE FERMENTACIÓN

Síntomas:

1. Diarrea. Son múltiples las deposiciones de heces líquidas, voluminosas y de color amarillento. Su olor recuerda al queso rancio.
2. Náuseas, vómitos, así como molestias gástricas, que se observan especialmente en las formas agudas.
3. Dolores y borborigmos.
4. Meteorismo, que en ocasiones puede ser muy intenso. Los gases emitidos son, en general, malolientes.
5. Poca afectación del estado general en la forma aguda. En la crónica, los enfermos pueden adelgazar notablemente, aunque se alimenten bien.

Naturaleza. Su raíz reside en una mala digestión de los hidratos de carbono. Éstos no se reabsorben en las partes proximales del tubo digestivo, por lo que su llegada al ciego provoca ahí una irritación y la descomposición de estas féculas no digeridas.

Causas:

1. Disminución de la acidez gástrica.
2. Ingestión excesiva de hidratos de carbono, sobre todo con mucha celulosa (papas, legumbres, hortalizas, etc.).
3. Infecciones colibacilares.
4. Ingestión de fruta verde. Es la causa de las diarreas que se presentan durante el verano y que cursan de forma aguda.

Tratamiento. Se procurará que la dieta administrada al enfermo sea pobre en hidratos de carbono (legumbres, papas, pan). El tratamiento médico con sulfamidas hace que en la mayoría de los casos cedan las dispepsias de fermentación. En los casos reincidentes pueden ser útiles las enzimas digestivas (diastasa, amilasa, etcétera) que ayudan a digerir las féculas. Cuando se identifica un proceso infeccioso, se puede recurrir al uso de antisépticos intestinales.

DISPEPSIA DE PUTREFACCIÓN

Síntomas:

1. Diarrea, que a veces puede alternar con estreñimiento. Las deposiciones son pastosas. Las heces son de color parduzco y muy malolientes.
2. Malestar abdominal, si bien no es frecuente la existencia de dolor. Los «ruidos de tripas» se dan con cierta frecuencia.
3. Meteorismo.

Naturaleza y causas. En estas dispepsias la anomalía estriba en una putrefacción de las proteínas, que se debe a:

a) Trastornos en la formación de jugo gástrico, con disminución o ausencia de ácido clorhídrico y pepsina (aquilia).

El aparato digestivo y sus enfermedades

b) Trastornos de la función del páncreas con disminución en la cuantía de enzimas del jugo pancreático.
c) Comidas muy ricas en proteínas (carnes).
d) Aumento de la secreción de jugo gástrico.
e) En general, todas aquellas afecciones que dan lugar a un aumento de la exudación intestinal, de origen inflamatorio.

Tratamiento. En primer lugar, será preciso suprimir la causa productora. La instauración de una dieta pobre en proteínas es, además, imprescindible. La administración de enzimas digestivas que degraden las proteínas puede ser muy útil (enzimas pancreáticas).

ENTERITIS DIFUSA AGUDA *(Catarro intestinal)*

Se trata de una inflamación de la mucosa intestinal que se presenta tumefacta y enrojecida, con sobreproducción de moco y exudados, incluso purulentos. En ocasiones pueden producirse pequeñas erosiones superficiales y hasta verdaderas úlceras. Existen muchas formas de catarro intestinal difuso que cuando sólo afectan a la mucosa del intestino delgado en sentido estricto, reciben el nombre de enteritis. Más frecuente es que participe también la mucosa gástrica (gastroenteritis) o la del intestino grueso (enterocolitis).

Causas. Pueden condicionar un cuadro de enteritis causas muy variadas. Entre las más frecuentes figuran:
1. Infecciosas: la diarrea aguda infecciosa es muy corriente, y son diversos los gérmenes que la producen. Pueden ser virus en el 85% de los casos (hay una forma denominada gripe intestinal), bacterias (estafilococos, salmonelas, bacilos tíficos y paratíficos, bacilos disentéricos), hongos, parásitos (amibas y lamblias), toxinas bacterianas (como en el caso del botulismo), infecciones típicamente tropicales como el cólera, etc. En general, estas causas infectivas se engloban bajo el concepto de «intoxicaciones alimenticias» al presuponer que se trata de una gastroenterocolitis por alimentos o bebidas contaminadas por dichos gérmenes. Esto no es del todo correcto, pues algunas enteritis no son de origen infeccioso, sino que se deben a evidentes transgresiones de origen dietético (excesos alimenticios de todo orden). En este sentido es interesante mencionar la enteritis difusa que sufren muchos turistas en visita a países alejados de su habitual residencia. Estos cuadros diarreicos reciben los más pintorescos nombres («venganza de Moctezuma» en los turistas estadounidenses que visitan México; «Madrids» en los que acuden a España; el «cinturón turco» en los que viajan a los países de Oriente Medio, etc.). En estos casos de intoxicación alimenticia no siempre puede demostrarse un factor infeccioso; la causa radica también en el cambio de costumbres dietéticas, las horas de comida, las alteraciones producidas por el cambio de ritmo diurno de vida, los viajes en avión, etcérera.
2. A menudo, las enteritis y muchas intoxicaciones alimenticias, como ya hemos mencionado, no se deben a procesos infecciosos, sino a agentes químicos o mecánicos: ingestión de alcohol, excesos de tabaco, comidas excesivamente

frías y, sobre todo, irritaciones e inflamaciones producidas por tóxicos o medicamentos: digital, arsénico, hierro, plata, plomo, colchicina, salicilatos, antibióticos, purgantes y laxantes, etc.
3. Agentes físicos: los cambios climáticos (enfriamientos, sudoración excesiva en el trópico, etc.), a veces condicionan una enteritis.
4. Procesos alérgicos: hay personas que son alérgicas a ciertos alimentos y reaccionan con una enteritis ante su ingestión (leche, huevos, fresas, chocolate, etc.). Es muy corriente por ingestión de ciertos mariscos o pescados.
5. En algunas enfermedades puede provocarse una enteritis (quemaduras extensas, uremia, hipertiroidismo, dietas carenciales con avitaminosis, etc.).

Síntomas:
1. El catarro intestinal muy a menudo cursa con dolores abdominales de tipo cólico, es decir, violentos y en paroxismos, seguidos en ocasiones de una necesidad imperiosa de defecación. Es de localización periumbilical en las gastroenteritis, y cuando existe participación del intestino grueso puede aparecer en ambos flancos.
2. Diarrea. En un principio, las heces son pastosas, parduscas y malolientes; se hacen después más líquidas, espumosas y más claras (amarilloverdosas o de color verde claro). Posteriormente llegan a hacerse aún más claras, hasta parecer agua de arroz. Resulta frecuente la presencia de moco.
3. Existe afectación del estado general, con fatiga, postración, abulia, etc.
4. Entre las manifestaciones bucales se encuentra, con cierta frecuencia, lengua sucia, y en las formas virales, herpes labial.
5. En aquellos casos en los que existe participación gástrica es habitual la aparición de náuseas y vómitos. El apetito es nulo y hay pesadez epigástrica.
6. Participación de las partes distales del intestino grueso; es muy frecuente la aparición de molestias al defecar (tenesmos, pujos) así como sensación de deposición incompleta, sobre todo en la amibiasis y la shigelosis.
7. Borborigmos.
8. Fiebre. Acompaña generalmente a las enteritis de causa infecciosa.

Tratamiento. En toda enteritis difusa, el enfermo deberá guardar reposo absoluto durante el brote agudo, hasta que hayan desaparecido los síntomas más manifiestos (vómitos, diarrea, fiebre y dolores cólicos). Es muy útil en este caso la aplicación de calor sobre el vientre.

De momento, se deberá suprimir toda alimentación; se puede únicamente beber algo de té poco cargado, sin azúcar, con sacarina si se desea. Las aguas minerales también suelen tolerarse bien. A veces, los vómitos son tan intensos que no se puede comer ni beber nada. En estos casos sólo cabe la inhibición del reflejo del vómito mediante los fármacos adecuados. Una vez suprimidos los síntomas gástricos se podrá comenzar a alimentar al paciente. El yogur es uno de los mejores alimentos para estos casos, y le seguirán los caldos desgrasados y las papillas de sémola y tapioca, o las sopas vegetales con arroz cocido durante largo tiempo hasta convertirlo en papilla. Más adelante podrá ingerirse alguna papilla de plátanos o de manzana rallada. Poco a poco podrá reintegrarse el paciente a la dieta habitual.

El tratamiento médico deberá comenzar desde el primer momento. Se calmará el dolor con los antiespasmódicos de uso corriente (papaverina, atropina, belladona, anticolinérgicos de síntesis, etc.). El agente infeccioso se combatirá con sulfamidas, con antisépticos y con antibióticos, según el criterio médico. La diarrea se reduce con los astringentes del tipo del tanino o las drogas que inhiben la motilidad intestinal (opio, difenoxilato, caolín, pectina, loperamida). En casos de deshidratación por exceso de vómitos y diarreas se administrarán sueros.

ENTERITIS DIFUSAS CRÓNICAS

La diarrea persistente puede obedecer a causas muy variables. Estos casos, que el profano suele denominar colitis crónica, no obedecen generalmente a causas externas o ambientales, ni siempre puede objetivarse una lesión inflamatoria; existe, sin embargo, una hipermotilidad con aceleración del tránsito intestinal. El factor de la intoxicación alimenticia suele ser secundario. A veces se dificulta llegar a una conclusión diagnóstica, y es necesario realizar los más variados exámenes complementarios (análisis de heces, radiografías, etc.). No cabe duda de que la base de muchas enteritis crónicas reside en factores funcionales mantenidos durante largo tiempo: estados de ansiedad o depresión, alteraciones emocionales, etc. Otras veces, resalta el antecedente de una enteritis aguda, sobre todo posterior a la tifoidea; muy a menudo es el resultado de un abuso de laxantes o de antibióticos, de problemas digestivos por falta de fermentos o de ácido en el estómago (aquilia), de operaciones quirúrgicas en las que se ha resecado alguna porción del tramo gastrointestinal, de parásitos intestinales, de procesos alérgicos (leche, cereales, huevos, proteínas diversas), etcétera.

Es fundamental saber que toda diarrea crónica también puede obedecer a causas orgánicas más serias, entre las que destacan los divertículos de colon o los tumores. De ahí que todo caso deberá ser estudiado con el máximo detenimiento. Con frecuencia, la causa es extraintestinal (tiroides, diabetes, tuberculosis, avitaminosis, etcétera).

Síntomas. En las enteropatías inflamatorias crónicas suele faltar la fiebre y el dolor cólico que caracteriza a la forma aguda, y predomina el cuadro diarreico, que puede ser muy variable, alternando, por ejemplo, los despeños fecales con días de estreñimiento. El estado general suele afectarse a la larga: falta de apetito, adelgazamiento, mal sabor de boca, depresión, irritabilidad, fatiga, abulia, etc. Hay síntomas típicos de indigestión con flatulencia y putrefacciones intestinales y las heces son malolientes, con moco. En la última década, la presencia de diarrea crónica ha cobrado importancia dado que es una característica sintomática de pacientes con sida.

Tratamiento. Es fundamental buscar la causa, por lo que, ante todo caso de diarrea crónica, se deberá consultar con el médico. El tratamiento sintomático (supresión de las diarreas) se consigue con fermentos digestivos, tintura de opio, atropina, anticolinérgicos, codeína (hay que prestar atención a no abusar de esta última, para evitar la dependencia), tanino, caolín, etc. Es fundamental forzar la administración de vitaminas.

Pero la base de todo tratamiento no causal es la dietética, y en ella se basa el llamado régimen pobre en residuos.

Alimentos prohibidos en las enteritis crónicas. Todos los alimentos fritos, semillas y cáscara de frutas, pasteles y dulces en general, vegetales y frutas crudas, ensaladas, cebollas, mermeladas, pan integral o cereales, bizcochos, miga de pan, nueces, frutos secos, carne de cerdo o cordero, especias y condimentos, comidas grasosas, salsas, embutidos y salchichas, están contraindicados. En contra de lo que podría pensarse, pueden tomarse bebidas alcohólicas con moderación (siempre que no exista intolerancia manifiesta), de la misma manera que café o té. Son muy útiles las aguas mineromedicinales, gaseosas o no, y las curas en balnearios apropiados, así como las infusiones de tila, manzanilla, etcétera.

SÍNDROMES DE MALABSORCIÓN

El concepto de malabsorción surgió en medicina hace muy poco tiempo, y toma cada vez más importancia. Como indica su nombre, el término engloba todos los procesos en que hay un defecto con la absorción de las diferentes sustancias nutritivas. Su repercusión es muy variada, pero pueden clasificarse bajo dos epígrafes: síntomas digestivos y síntomas de déficit nutritivo.

Causas. Se comprende que una deficiencia en la producción de jugos digestivos (gastritis crónica atrófica, falla del estómago tras una operación, enfermedades del páncreas o del hígado que produzcan una secreción inadecuada de jugo pancreático o biliar, respectivamente) condiciona asimismo un defectuoso proceso digestivo debido al cual los alimentos sin transformar llegan al colon, en donde no pueden ser absorbidos. Otras veces, la causa radica simplemente en una falla de la mucosa, que ha de absorber las sustancias nutritivas (tras operaciones de intestino delgado, inflamaciones o atrofias de la mucosa del mismo, por tóxicos o medicamentos; radiaciones, en el llamado esprue tropical; infecciones debidas a diversos parásitos, etc.). Una última causa radica en algunas anormalidades congénitas del metabolismo, en las que no pueden ser digeridos o tolerados determinados alimentos (hay un síndrome congénito de malabsorción, por incompatibilidad digestiva del gluten, sustancia rica en proteínas, que contienen el trigo y otras gramíneas); otras veces, la malabsorción es congénita y depende de un defecto enzimático que impide la digestión de los disacáridos (azúcar común, miel, lactosa, etc.).

Síntomas. Entre los síntomas gastrointestinales predomina la diarrea o mejor dicho, la evacuación frecuente de heces no líquidas sino blandas, muy voluminosas, pálidas, grasas e increíblemente abundantes. Se caracterizan, además, por la dificultad que presentan para que el agua del sanitario las arrastre hacia el sifón debido a su viscosidad. Estos síntomas se encuadran bajo el término de esteatorrea, que expresa la existencia de estas heces grasientas y excesivas en cantidad, desproporcionadas con la ingestión de alimentos. Esta forma de diarrea puede acompañarse de otros síntomas digestivos: distensión abdominal, flatulencia, retortijones, etc. Pero la importancia radica en la repercusión general que tiene la continua malabsorción de sustancias vitales en la nutrición del paciente. Existe pérdida de peso (a veces alarmante), anemia (por falta de absorción del hierro o vitamina B-12), enfermedades de los huesos (por falta de absorción de calcio) con fracturas espontáneas, síntomas de avitaminosis (debidos a carencia de vitaminas diversas) con inflamación de la lengua, mucosa bucal y piel, y hasta hemorragias (por falta de vitamina K). En las mujeres puede desaparecer el ciclo menstrual. En los niños (sobre todo con síndrome por malabsorción de origen

El aparato digestivo y sus enfermedades

congénito denominado enfermedad celiaca) puede haber retraso del crecimiento, incluso con enanismo. En el esprue tropical y no tropical del adulto se desconoce la causa, apareciendo, sobre todo, evidentes síntomas carenciales.

Tratamiento. Depende del caso. En la enfermedad celiaca de los niños o en el esprue no tropical, la dieta rigurosa, totalmente carente de productos derivados del trigo —existe intolerancia hacia el gluten—, puede ser curativa. Otras veces no cabe sino suplir el déficit nutritivo mediante la debida aportación tanto de vitaminas como de sales minerales.

APENDICITIS

Hace ya muchos años, antes del descubrimiento de los antibióticos, la apendicitis constituía un problema médico de primer orden por su frecuencia y elevada mortalidad, hasta tal punto que antes de la Segunda Guerra Mundial hubo incluso una moda: operarse el apéndice a modo profiláctico, como algo rutinario, simplemente para evitar mayores males. Esta manera de pensar todavía perdura en ciertos aspectos: en algunos empleos en países remotos, como en las expediciones a la Antártida, se exige que los empleados hayan pasado por el requisito de la apendicectomía. En los astronautas parece ser también imprescindible.

En la actualidad, los antibióticos han cambiado el panorama de la apendicitis en una doble vertiente. En primer lugar, el tratamiento eficaz con estos agentes hace que su más temida complicación, la perforación del apéndice y la peritonitis consiguiente, apenas plantee problemas, a no ser simplemente el quirúrgico, con una mortalidad casi inexistente. En segundo lugar, la frecuencia de la apendicitis ha disminuido considerablemente, quizá porque hoy se tratan las infecciones purulentas de cualquier parte del organismo con altas dosis de antibióticos; así la infección no llega por la vía sanguínea hasta el apéndice.

Síntomas. El dolor es lo más característico de la apendicitis. Comienza en el epigastrio o alrededor del ombligo para luego pasar al cuadrante lateral inferior derecho. Una vez aparecido el dolor, comienza un cortejo de náuseas, vómitos, fiebre, diarreas o estreñimiento, etc. Cuando se invierte el orden citado, es más probable que los síntomas se deban a una gastroenteritis por intoxicación alimenticia.

Para el diagnóstico es esencial un análisis de sangre; una leucocitosis o aumento del número de glóbulos blancos con predominio de los granulocitos, es casi siempre señal inequívoca de la presencia de una apendicitis aguda.

Se ha abusado mucho del diagnóstico de apendicitis crónica, y muchos apéndices han sido sacrificados por esta razón. A veces, el médico necesita recurrir a estudios clínicos muy detenidos (radiografías, análisis, exploraciones, etc.) para delimitar bien la causa de una molestia o dolor recurrente en la fosa iliaca derecha, quizá con otros síntomas generales (malestar, febrícula, falta de apetito, etc.), que no siempre se deben a una inflamación crónica del apéndice o, mejor dicho, a una apendicitis recidivante aguda, y sí pueden corresponder a procesos que afecten al riñón, vesícula biliar, aparato genital femenino, etc.

Naturaleza y causas. La inflamación del apéndice vermicular del ciego, más habitual en ambos sexos entre los diez y los cuarenta años de edad, debe su frecuencia

Sintomatología de la apendicitis aguda

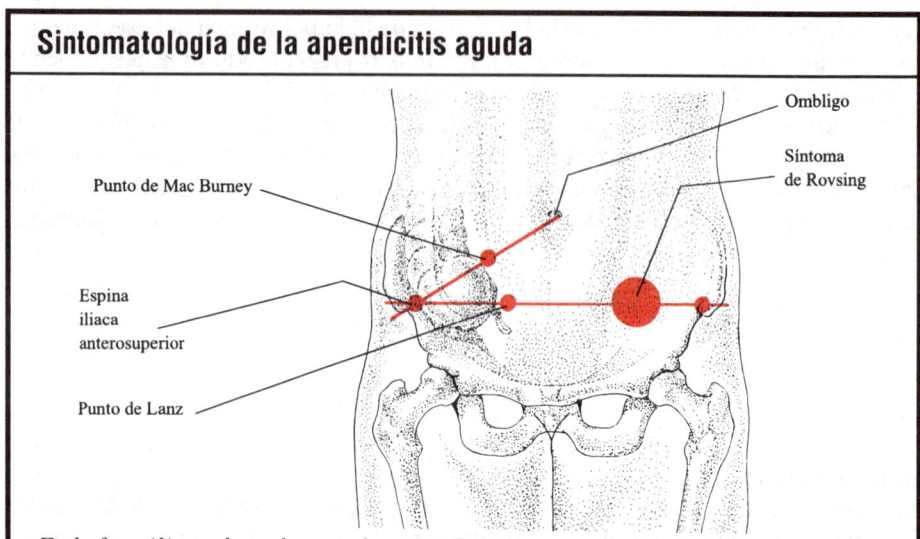

En la fosa iliaca derecha, en el centro de la línea que une el ombligo a la espina iliaca anterosuperior, se encuentra el punto de Mac Burney, lugar que con mayor frecuencia resulta doloroso a la palpación en la apendicitis aguda. A veces resulta doloroso asimismo el punto de Lanz, situado sobre la línea de unión de las dos espinas iliacas anterosuperiores. Si se comprime la fosa iliaca izquierda, se puede despertar un dolor en la fosa iliaca derecha, sitio del apéndice inflamado, porque el aire del colon se desplaza y presiona el ciego provocando una distensión del apéndice (síntoma de Rovsing).

a las especiales características anatómicas de dicha estructura. La inflamación comienza como una ulceración de la mucosa o como un flemón difuso que afecta a todo el apéndice. La arteria que lo nutre es de tipo terminal, es decir, es como un fondo de saco, por lo que al obstruirse sus ramas dejan una parte mayor o menor sin irrigación, con la consiguiente muerte celular (necrosis), perforación, salida del contenido a la cavidad peritoneal y subsiguiente peritonitis, que puede ser general o localizada alrededor del órgano perforado cuando se forma un absceso en esta zona que delimita la infección. La obstrucción arterial puede sobrevenir por diferentes razones: un apéndice demasiado largo que se torsiona o dobla, un ganglio linfático que lo comprime o un cuerpo extraño dentro de la luz apendicular (el hueso de una fruta, parásitos intestinales), una infección purulenta transmitida por la sangre desde otro lugar del organismo, etc.

Tratamiento. Ante una apendicitis aguda no cabe más que su extirpación quirúrgica (apendicectomía).

OBSTRUCCIÓN INTESTINAL *(Íleo o cólico miserere)*

La detención paulatina o brusca del tránsito intestinal puede tener varias causas. El íleo puede surgir por factores mecánicos (obstrucción por algún cuerpo extraño, como un cálculo o una masa de parásitos como los áscaris), y también puede sobrevenir desde

El aparato digestivo y sus enfermedades

la propia pared intestinal, como sucede con los tumores o algunas inflamaciones. Por último, se obstruye el intestino cuando se comprime desde fuera, por ejemplo en algunos tumores abdominales, o en las bridas o adherencias cicatriciales, y también en el caso de la hernia estrangulada, en que al mismo tiempo se interrumpe el flujo sanguíneo al asa intestinal herniado. El íleo también puede originarse de una manera refleja (obstrucciones neurógena o funcional, íleo paralítico);en este caso se paraliza totalmente un tramo intestinal.

Esto puede ocurrir a veces por un cólico biliar o renal, por una peritonitis tras una operación en la cavidad abdominal (siempre después de una intervención quirúrgica que implique una manipulación gastrointestinal, hay un cierto grado de paralización que puede llegar al íleo en casos excepcionales) y en infecciones muy violentas, como la neumonía o las pancreatitis agudas.

Síntomas. Cualquiera que sea la causa, mecánica o funcional, todo bloqueo en un punto del intestino conduce a la distensión gaseosa del segmento inmediatamente anterior, con aumento de la presión intraintestinal y abundante aporte de líquidos tisulares a la luz intestinal.

Los síntomas varían con arreglo a las características del íleo (total o parcial), a su localización, etc. En una obstrucción completa, los dolores en forma de cólico suelen ser muy intensos primero, seguidos de vómitos líquidos muy violentos y pronto, mezclados con una materia de aspecto fecal (cólico miserere). La distensión abdominal es muy acusada, y muy llamativa la ausencia de evacuación de heces o eliminación de gases. El estado general se afecta en grado sumo.

Tratamiento. Es éste un accidente patológico muy grave que requiere la hospitalización del enfermo. Muy a menudo hay que recurrir a la intervención quirúrgica para restablecer el tránsito intestinal. Las medidas generales son muy importantes para reponer los líquidos perdidos, mediante sueros, etcétera. Para aliviar la distensión abdominal es necesario recurrir a la aspiración del contenido gastroduodenal con sondas especiales.

COLITIS

El término colitis debería reservarse para los casos en que realmente exista una lesión inflamatoria de la mucosa y pared del colon. Para los trastornos funcionales es mejor usar el nombre de colon irritable, que trataremos en otras páginas. Sobreviene una inflamación circunscrita del colon en algunas infecciones, por ejemplo por amibas o por bacilos disentéricos. Pero existe una forma de colitis inflamatoria que adquiere gran importancia: la llamada colitis ulcerosa.

COLITIS ULCEROSA

Se trata de una enfermedad muy corriente en los países anglosajones y escandinavos, que afecta a ambos sexos entre los veinte y cincuenta años de edad; es menos frecuente en nuestro ambiente, y se caracteriza por una alteración crónica inflamatoria y ulcerativa que suele afectar a todo el colon. Éste se encuentra hinchado, enrojecido, lleno de abscesos y puntos hemorrágicos, con amplia formación fibrosa durante la cicatrización. Se desconoce la causa. Hasta la fecha no se ha encontrado una bacteria o virus específico a la que pueda atribuirse. Se ha discutido un origen psicosomático (los trastornos psíquicos producen estímulos nerviosos que conducen a espasmos y, a la larga, lesionan el colon, permitiendo la invasión de gérmenes no específicos). En algunos casos se ha podido demostrar la existencia de intolerancias hacia ciertos tipos de alimentos, así como también ciertos fenómenos de hipersensibilidad de carácter inmunológico.

Síntomas. Es característica la diarrea muy abundante, con expulsión de heces sanguinolentas y mucosas, acompañada de dolores y tenesmo rectal. El estado general se afecta rápidamente; se presentan: pérdida de apetito, adelgazamiento, fiebre, anemia intensa, etcétera.

Tratamiento. Es sumamente complejo y siempre de larga duración. Se emplean las sulfamidas, los corticosteroides, una dieta adecuada; en ocasiones la psicoterapia y, en las complicaciones por abscesos, la resección quirúrgica del tramo afectado.

TUMORES INTESTINALES

El intestino es asiento frecuente de tumores benignos (pólipos) y también del cáncer, sobre todo en el colon y el recto. Ante todo cambio del hábito intestinal de evacuación (por ejemplo, en una persona que siempre ha tenido un ritmo regular y de repente comienza a tener diarrea o estreñimiento) hay que pensar en la posibilidad de un tumor. En caso de ser maligno, los síntomas generales pueden ser muy acusados: debilidad, adelgazamiento, anemia progresiva, etcétera.

La aparición frecuente de heces sanguinolentas de color rojo es también muy sospechosa. En personas de cierta edad hay que desconfiar siempre de las hemorroides: muy a menudo las heces con sangre son el primer síntoma de un cáncer de recto. El tratamiento es siempre quirúrgico; en general tiene buen pronóstico, que dependerá del tipo de tumor y de su progresión.

ENFERMEDAD DIVERTICULAR DEL COLON

Son muy comunes los divertículos o evaginaciones de la pared del colon (sobre todo en sigma y colon descendente), que tienen forma de dedos de guante o saculares comunicados con el contenido intestinal. Son como pequeñas hernias de la mucosa a través de la pared intestinal. Los divertículos aparecen con frecuencia después de los cuarenta y cinco años (un 30% de las personas los presentan, sobre todo las obesas). Cuando no crean problemas clínicos, es decir, cuando son asintomáticos, se habla de **diverticulosis**. En su origen parecen influir las alteraciones de la presión intraintestinal así como también los cambios de dieta que la humanidad ha sufrido últimamente (alimentos pobres en fibra).

El problema clínico surge cuando se inflama el divertículo provocando entonces la llamada **diverticulitis**. Puede sobrevenir por la obstrucción del conducto de comunicación por alguna materia fecal o, simplemente, porque algún germen patógeno

El aparato digestivo y sus enfermedades

Localización e irradiación del dolor en las enteritis difusas agudas

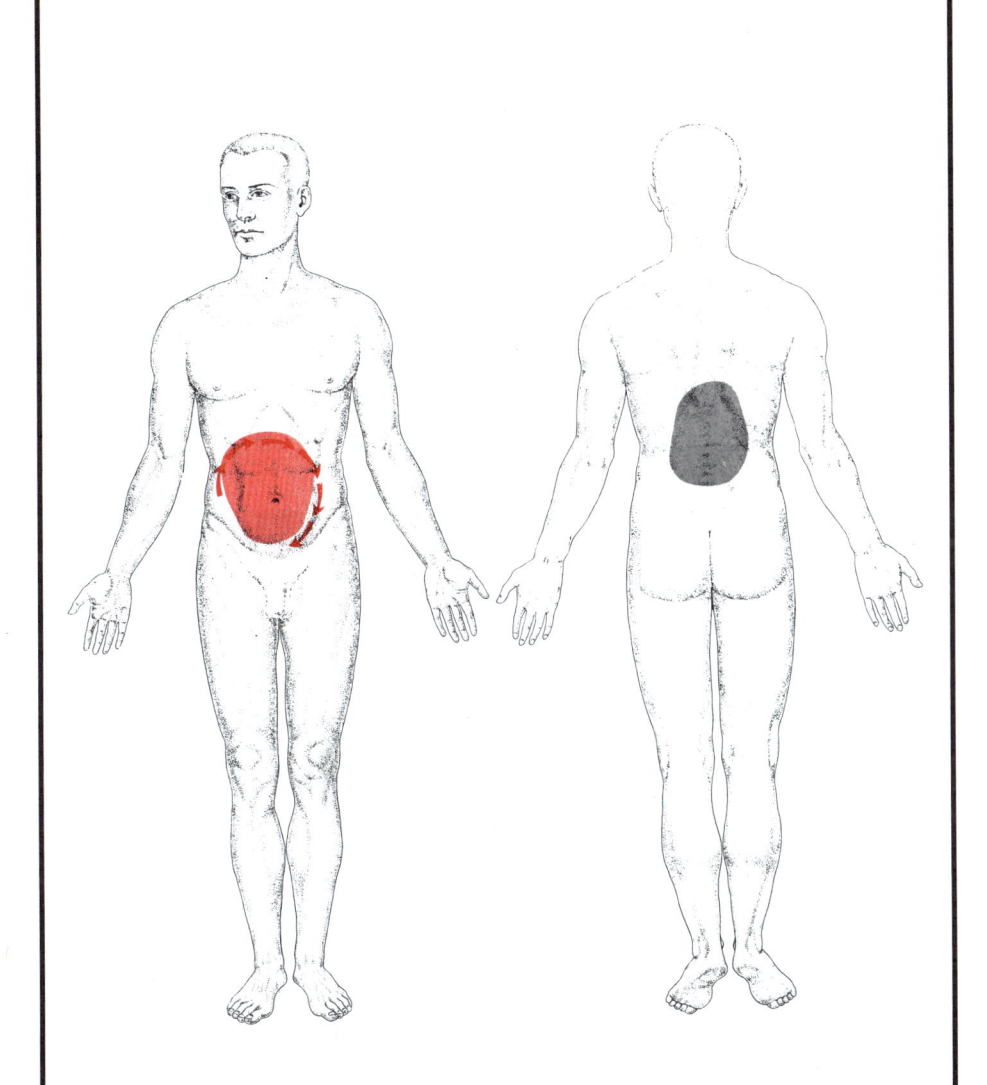

En la enteritis, el dolor se manifiesta en la región señalada en color. Es de intensidad variable, casi siempre de tipo cólico, y de ordinario se desplaza en combinación con los movimientos peristálticos del intestino. También en la enterocolitis se advierten dolores espasmódicos, más frecuentes y menos intensos, que se desplazan a lo largo del recorrido del colon (ver flechas). En las enfermedades citadas se advierten, con una cierta frecuencia, irradiaciones dolorosas en región dorsolumbar (ver zona oscura).

Examen de las enfermedades

coloniza en el sacro herniado. Los síntomas de la diverticulitis son muy variados; puede haber dolor intenso, generalmente en el flanco derecho, obstrucción intestinal, abscesos intestinales, fiebre, etc. El tratamiento con antibióticos suele ser eficaz. A veces hay que recurrir a la extirpación quirúrgica.

En los casos en que el cirujano se ve obligado a extirpar algún tramo del colon o recto (por tumores, diverticulitis, colitis ulcerosa, etc.) surge a menudo la necesidad de implantar, de manera temporal o definitiva, un ano artificial (colostomía) que, por razones obvias, ninguna persona acepta fácilmente. Se comprende que la altura a que se hace abocar el colon para dar salida a los restos fecales influye decisivamente en la consistencia de éstos. En tramos muy inferiores (sigma o recto) las heces están ya formadas porque en los anteriores se ha reabsorbido el agua, mientras que si el ano artificial se aplica en el colon transverso o primeras porciones del colon descendente, las heces siguen siendo líquidas o semipastosas. En todos estos casos es misión del médico hacer comprender al paciente que la debida habituación a esta nueva situación, en la que no hay control voluntario sobre la evacuación fecal, remedia muchos problemas y que multitud de personas operadas han aprendido a sobrellevarla con la máxima resignación.

PROCTITIS

Síntomas:

1. Defecación dolorosa e incompleta.
2. Presencia de moco en la deposición. A veces puede aparecer pus e incluso sangre.
3. Puede haber fiebre en ciertas formas de proctitis.

Causas. Las más frecuentes son:
a) Mecánicas: presencia de masas fecales duras y secas en el intestino, enemas puestos con mala técnica, etcétera.
b) Infecciosas: gonorrea, sífilis, disentería, oxiuros, etc.
c) Hemorroides.
d) Proctitis por antibióticos.

Tratamiento. Habrá que tratar la irritación y el tenesmo. Pueden dar buenos resultados los baños de asiento calientes, así como la administración de laxantes de acción suave. La aplicación tópica de una pomada que contenga hidrocortisona puede, asimismo, dar buenos resultados.

FISURA ANAL

Síntomas. Se caracteriza por un dolor agudo durante el acto de la defecación que, en ocasiones, obliga al enfermo a retrasar ésta.

Naturaleza y causas. Se trata de una úlcera de forma triangular, con su base en el borde anal. Causas fundamentales son el estreñimiento pertinaz y las hemorroides.

Tratamiento. Debe orientarse hacia la causa productora. Se podrá aplicar una crema anestésica antes de la defecación. El tratamiento quirúrgico de la fisura es, sin duda, lo más eficaz.

HEMORROIDES

Síntomas:

1. Prurito anal.
2. El dolor no es síntoma frecuente, pero si existe, puede llegar a ser muy intenso y se exacerba con la defecación. Es frecuente la presencia de sangre «roja» en las heces.
3. Expulsión de moco, en ocasiones.
4. Complicaciones (trombosis, estrangulación).

Naturaleza y causas. Se trata de dilataciones de tipo varicoso en las venas. Pueden ser internas y externas, con nódulos hemorroidales prolapsados que salen del ano. Entre las causas más frecuentes están:

a) Predisposición familiar (suele ser hereditaria la hemorroides) con debilidad congénita de la pared venosa.
b) Estreñimiento, sobre todo cuando se acompaña de grandes esfuerzos en la defecación.
c) Embarazo.
d) Diarreas crónicas.
e) Afecciones de la próstata.
f) Cáncer de recto.
g) Enfermedades del hígado que se acompañan de hipertensión portal.

Tratamiento. En los casos leves, mediante la regulación de las deposiciones pueden desaparecer totalmente las molestias. Esta importante medida deberá llevarse a cabo en todos los casos. La deposición blanda hace innecesario el esfuerzo al defecar y disminuye las irritaciones mecánicas del ano. En caso de picor y dolor dan buen resultado los baños de asiento calientes, con agua de manzanilla, así como la aplicación de supositorios hemorroidales o pomadas. En caso de presencia de sangre en las heces deberá visitarse inmediatamente al médico, para someterse a un reconocimiento y poder así determinar si la presencia de la sangre se debe en realidad a hemorroides sin importancia o si se trata de un cáncer de recto, que, indudablemente, necesitaría un tratamiento inmediato. Si con las medidas anteriormente descritas no se obtiene curación, los nódulos hemorroidales podrán ser tratados mediante inyecciones esclerosantes. En los casos avanzados y rebeldes se obtienen muy buenos resultados con un tratamiento quirúrgico.

ALTERACIONES GASTROINTESTINALES POR MALA POSTURA

En las llamadas gastroptosis y enteroptosis se presenta una caída del estómago o de los intestinos, respectivamente, por pérdida de la elasticidad de las paredes abdominales y relajación de los músculos. A veces esto es congénito en personas delgadas, asténicas.

En las mujeres se produce frecuentemente por debilidad de la pared abdominal, con posterioridad a los embarazos.

Síntomas. En la mayoría de los casos no se producen molestias, pero cuando existen se manifiestan, sobre todo en posición erecta, por dolores de espalda y sensación de plenitud abdominal. Es frecuente que estas personas sufran de estreñimiento y acusen síntomas de clara significación neurovegetativa (mareos, insomnio, labilidad psíquica, etc.).

Tratamiento. En las personas con paredes abdominales muy fláccidas son útiles las fajas y corsés ortopédicos. Se tenderá al fortalecimiento muscular mediante masajes, gimnasia y ejercicios de natación.

ALTERACIONES GASTROINTESTINALES DE ORIGEN PSICOVEGETATIVO

Son también muy corrientes los trastornos digestivos de origen neurovegetativo, es decir, puramente funcionales, sin ninguna causa orgánica. Ya hemos hablado a este respecto de la flatulencia, de la indigestión, etc. Queda por mencionar la llamada neurosis gástrica o «estómago delicado», que cursa con síntomas que, a veces, se asemejan a una gastritis o una úlcera gastroduodenal pero que no tiene nada que ver con ellas. Se da en personas neuróticas o con gran labilidad emocional y afectiva que, a menudo, acusan síntomas digestivos incluso dolorosos (por espasmos) ante disgustos, discusiones, etcétera.

También el intestino es lugar frecuente de estas alteraciones vegetativas, sobre todo en la llamada colitis espástica, que en realidad no es una colitis, pues no hay inflamación, por lo que es preferible calificarla de colon irritable. Son personas que tienen dolores agudos, acompañados a veces de diarreas mucosas (de allí que también se ha llamado colitis mucosa) que alternan con periodos de estreñimiento.

La misión del médico en estos casos es tranquilizar al paciente, hacerle ver que su dolor de estómago nada tiene que ver con una úlcera o una angina de pecho, y no reviste ulterior gravedad. Estos procesos se curan siempre con la administración de tranquilizantes y otros psicofármacos.

HERNIAS INGUINAL, CRURAL Y UMBILICAL

Síntomas. En las hernias inguinales, ocasionalmente o de forma fija resalta una tumoración en la región inguinal. Esta tumoración aumenta de tamaño o hace su aparición con la tos, o al hacer presión sobre el abdomen. En la estrangulación herniaria existe un dolor muy acusado en la zona de la hernia. Cuando la estrangulación es completa se desarrolla un cuadro de obstrucción intestinal. Las hernias crurales presentan una sintomatología similar a la de las hernias inguinales. Lo mismo sucede con las hernias umbilicales, con la salvedad de su localización en la región umbilical.

Naturaleza y mecanismo de producción. En determinadas circunstancias puede ceder la pared abdominal en algunos lugares, donde se produce una abertura por la cual

El aparato digestivo y sus enfermedades

escapa el peritoneo, junto con ciertas asas intestinales. Si a consecuencia de ello parte del saco herniario no puede volver a su lugar, se originan estados peligrosos. Las aperturas aparecen en lugares típicos, principalmente allí donde abandonan o entran vasos sanguíneos o ciertos órganos, dentro del abdomen y a través de la pared de éste. También en lugares en donde existen condiciones especiales, como a nivel del ombligo (hernia umbilical), o allí donde el esófago comunica con el estómago, es decir, en la apertura diafragmática, originándose las hernias de este carácter. Por último, se conocen como «hernias cicatriciales», aquellas que aparecen a través de los espacios originados por las cicatrices que se producen después de una intervención quirúrgica. La hernia umbilical se presenta sobre todo en niños, y en mujeres multíparas.

Causas. Las hernias se desarrollan con especial frecuencia en hombres de edad, al disminuir la tonicidad de los tejidos. Estos también pueden relajarse, al menos transitoriamente, como consecuencia de una pérdida de peso, en virtud de la cual se dilatan las llamadas puertas herniarias. Por ello es relativamente frecuente su aparición brusca en los niños, tras una enfermedad que determina un adelgazamiento rápido. La tos, los esfuerzos y todo cuanto aumenta la presión intraabdominal facilitan su aparición, y más si existe una cierta relajación previa.

Tratamiento. Las hernias pueden reducirse manualmente,

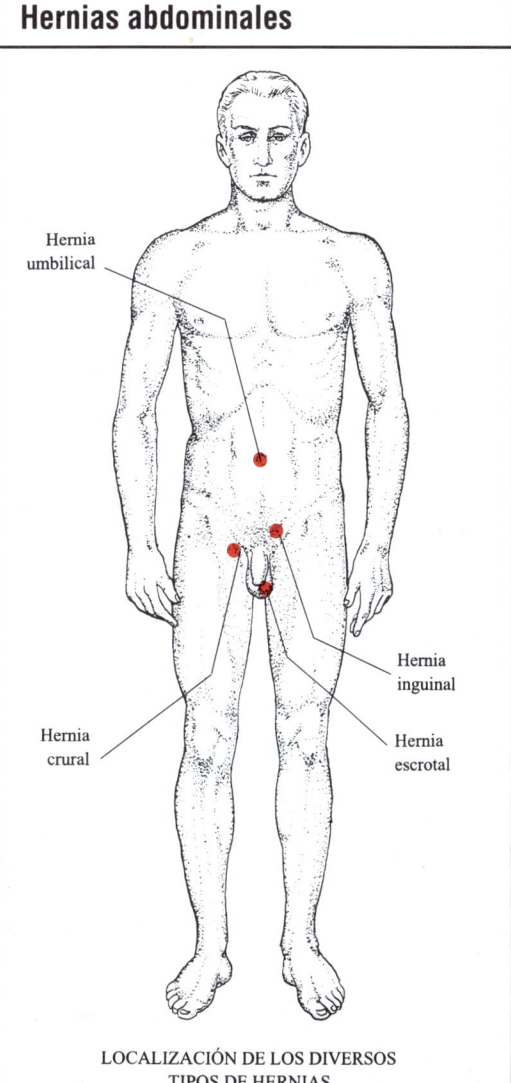

Hernias abdominales

LOCALIZACIÓN DE LOS DIVERSOS TIPOS DE HERNIAS

Las hernias abdominales ligeras, determinadas de ordinario por un tramo de intestino que sale de cavidad abdominal por una laxitud de la pared muscular, provocan un relieve de la piel. La hernias abdominales aparecen, en general, en aquellos sitios donde la resistencia de la pared abdominal es menor, como son las regiones inguinales, crurales (en la base del muslo), umbilicales, etcétera.

Examen de las enfermedades

es decir, se puede volver a su lugar el saco herniario propulsado fuera de la cavidad abdominal. Pero en ciertas circunstancias tal reducción es imposible debido a la distensión de las asas. En todos los casos deberá pensarse en la corrección quirúrgica.

Este caso se conoce como estrangulación, y por su gravedad exige sin demora la intervención quirúrgica. Fuera de tal circunstancia, las hernias pueden ser contenidas merced a ciertas ortopedias. La eficacia de éstas es grande cuando se trata de niños porque se facilita la restauración espontánea de la pared abdominal. En los ancianos, las medidas ortopédicas no tienen más finalidad que la de contención.

De la misma manera se procederá con pacientes en los que es imposible una intervención quirúrgica.

Pronóstico. En general es favorable. La operación conduce a la curación total. El pronóstico sólo es grave en caso de estrangulación.

PERITONITIS

Síntomas. Su comienzo puede ser brusco o gradual, dependiendo de la causa que la produce. Junto a los síntomas propios de las peritonitis habrá siempre que añadir los característicos de su causa. Los síntomas más constantes son:
1. Dolor intenso.
2. Respiración abdominal.
3. Rigidez o contractura del vientre («vientre en tabla»).
4. Temperatura muy variable.
5. Pulso blando y muy frecuente.
6. «Shock» en ocasiones.
7. Meteorismo con fenómeno de íleo paralítico.

Naturaleza y causas. Es la inflamación del peritoneo como consecuencia de irritación por gérmenes o sustancias que, normalmente, no están en contacto con él. Las causas más frecuentes son:
 a) Perforación de una úlcera gastroduodenal.
 b) Perforación de la vesícula.
 c) Punto de partida genital.
 d) De origen hematógeno, por transmisión de una infección purulenta en otro órgano distante.
 e) Apendicitis.
 f) Hemorragias internas.

Tratamiento. Es fundamentalmente quirúrgico. Junto a ello se administrarán antisépticos para combatir la infección y se vigilará el sistema cardiovascular.

ESTREÑIMIENTO HABITUAL

Por estreñimiento se entiende un trastorno de la defecación con pérdida del ritmo normal de evacuación (de cada veinticuatro a cuarenta y ocho horas). Las formas agudas, por sí mismas, carecen de importancia en general. El problema surge cuando se retrasa la evacuación más de dos días como algo regular; de ahí que esta forma

El aparato digestivo y sus enfermedades

crónica reciba el nombre de habitual. Sin duda alguna es el trastorno más frecuente en el hombre y también el que origina más cantidad de prejuicios y conceptos erróneos. Es seguro que no produce la variada como interminable lista de males que el profano le atribuye. Aunque hubo una época en que los propios médicos hablaban de una «autointoxicación intestinal», este concepto no puede sostenerse más que en muy contados casos. También es cierto que muchas de las molestias que se han consignado en estas páginas, se deben a los laxantes utilizados indiscriminadamente, y no al estreñimiento propiamente dicho.

El tránsito de los alimentos por el tubo digestivo dura en el adulto sano aproximadamente unas cuarenta horas, pero en algunas personas puede prolongarse hasta las setenta, sin lesión orgánica o funcional alguna. Es en el ciego y colon ascendente donde permanecen más tiempo (seis a diez horas) y en donde se reabsorbe un máximo de agua. El tránsito por el colon transverso y el descendente es rápido; pero a nivel de la parte terminal del colon descendente, o colon sigmoideo, hay una nueva dificultad de tránsito con incremento de reabsorción de agua, por lo que más duras y secas serán las heces cuanto más tiempo permanezcan aquí. Por último, en el recto se acumulan los restos fecales para su eliminación mediante un reflejo local que despierta el deseo de la defecación cuando el volumen de heces llega a una determinada cantidad, variable según la persona. En la siguiente lista se relaciona la cantidad de heces producida, con la cantidad de alimento consumido:

Alimento	Cantidad de heces, en g por kg de alimento
Carne	45
Leche	56
Pan blanco	88
Papas	206
Pan integral	600
Chícharos	966

Se comprende por lo anteriormente dicho que una gran parte de los estreñimientos habituales se deban, simplemente, a alteraciones en la función motora del intestino, es decir, a todos los procesos que dificultan el tránsito reseñado. También interviene de forma decisiva la alimentación, pues la mayor o menor riqueza de sustancias fibrosas, no aprovechables, condiciona la cantidad de heces por eliminar.

Se suelen distinguir tres tipos de estreñimiento habitual:

1° Tipo rectal o disquesia, más frecuente en las mujeres. En éste hay trastornos en el mecanismo reflejo de la defecación. Es decir, el tránsito es normal, pero las heces acumuladas en el recto no desencadenan el deseo de defecar, o lo hacen muy perezosamente. En general, esta forma de estreñimiento se debe casi siempre a una habituación defectuosa y, por ello, suele manifestarse durante toda la vida, desde la niñez. Hay que tener en cuenta que el deseo de defecar es una llamada que pasa pronto si no se cumple y que por ello, cuando por absurdos convencionalismos sociales se «aguanta» repetidamente el deseo, el recto puede convertirse con rapidez en un órgano perezoso. Otras veces, la disquesia se debe a hemorroides u otros procesos dolorosos

Examen de las enfermedades

del ano, por lo que inconscientemente se inhibe la defecación para evitar el dolor. Por último, este tipo de estreñimiento es corriente cuando, por debilidad muscular, no se puede contraer adecuadamente la prensa abdominal que evacua las heces, situación que padecen las mujeres después de los partos o aquellas personas que llevan una vida excesivamente sedentaria con la consiguiente relajación muscular. En los ancianos es también habitual la disquesia por lesiones nerviosas; aquí es insuficiente el estímulo que pone en marcha el mecanismo reflejo de evacuación, así como en las mujeres embarazadas o en las que presentan tumores genitales (fibromas) que causan la compresión en el recto.

2º Estreñimiento espástico. En estos casos hay un trastorno del tránsito intestinal que se manifiesta por un estado espasmódico del colon, en especial del transverso, descendente y sigma, con una segmentación o contracción muy acusada del intestino. En este tipo de estreñimiento es frecuente la evacuación de las llamadas heces caprinas, o restos fecales en pequeñas masas duras (escíbalos), que están moldeadas por el intestino contraído y que son muy secas al producirse una sobreabsorción de agua por el tránsito excesivamente lento. El recto se encuentra libre de heces. Es muy corriente en este tipo de problema la motivación psíquica (nerviosismo, depresión, vida irregular, tensiones y sobreesfuerzos emocionales, etc.).

3º Estreñimiento atónico. Es el más frecuente, sobre todo en las mujeres, que suelen padecerlo desde la infancia. El tránsito intestinal a través del colon, sobre todo por el transverso, está detenido por la dilatación de éste, que generalmente está caído y no muestra apenas segmentación. A menudo este retraso se debe a una debilidad congénita de la musculatura del colon, pero quizá el mayor factor causal sean los propios laxantes. Estos condicionan un aumento del peristaltismo intestinal, es decir, aceleran el tránsito, pero, como consecuencia, producen posteriormente una atonía por relajación o cansancio de la pared intestinal. Así se instaura el círculo vicioso, que desgraciadamente puede ser por tiempo indefinido. Por ello es tan necesario que las madres sean algo más conscientes de este fenómeno cuando sobrevaloran algún estreñimiento ocasional de sus hijos, desde la más temprana infancia, creando en ellos una ansiedad morbosa o una obsesión casi patológica hacia la evacuación diaria y comenzando a inculcarles la idea de que sólo un laxante puede resolver el problema, cuando los hábitos y una alimentación adecuados permiten por sí mismos evitar el temido estreñimiento.

Síntomas. Ya hemos dicho que, en la mayor parte de los casos, el estreñimiento habitual «per se» no produce síntomas; es mucho más corriente que éstos procedan de los laxantes o purgantes administrados, que en casos extremos pueden llevar incluso a graves trastornos, como falta de sodio y potasio por continua evacuación de heces líquidas, dolores abdominales, flatulenecia y ardores por irritación química producida por medicamentos sobre la mucosa intestinal, e hipovitaminosis (sobre todo referida a las vitaminas A, D, E y K) por tomar laxantes de tipo parafina, que impiden la absorción de estas vitaminas liposolubles.

Sin embargo, hay que admitir que en muchísimas personas estreñidas aparecen diversos síntomas que han de achacarse directamente a este trastorno. Entre los más frecuentes están los dolores difusos abdominales, la distensión del vientre con flatulencia, lengua sucia, dolores de cabeza, atontamiento, retortijones, sensaciones imprecisas de malestar, falta de apetito, etc.

El aparato digestivo y sus enfermedades

Causas. Si bien ya hemos indicado el origen de muchos estreñimientos habituales (dieta incorrecta por hipoalimentación o carente de residuos, factores constitutivos, factores psicológicos, supersticiones o sobrevaloración de la función evacuadora, ancianidad, abuso de laxantes, etc.), es necesario añadir algunos extremos más. El estreñimiento crónico (es decir, mantenido durante algún tiempo) puede obedecer también a causas orgánicas, a veces de gran trascendencia clínica. Pero es fundamental afirmar rotundamente que un estreñimiento habitual que se mantiene de la misma forma durante toda una vida, o al menos durante muchos años, se debe a las causas citadas anteriormente. El problema surge cuando aparece inesperadamente, después de muchos años de actividad evacuadora normal. Aquí sí cabe pensar en lesiones intestinales; enfermedades como la obesidad, el hipotiroidismo (muy corriente en las mujeres) y la diabetes; ciertos tratamientos médicos con fármacos especiales, la carencia de las vitaminas del grupo B, muy a menudo los estados depresivos, e incluso un tumor. En todos estos casos, el diagnóstico sólo puede establecerse tras los consiguientes exámenes clínicos.

Tratamiento. Una vez eliminada la posibilidad de un estreñimiento crónico por causas orgánicas, en el tratamiento es —repetimos— muy importante el régimen dietético. Su objetivo estriba en la estimulación de la actividad motora en el estreñimiento atónico; facilitar el tránsito en el espástico y despertar el reflejo de defecación en la disquesia. La dieta debe proporcionar al intestino estímulos tanto mecánicos como térmicos y químicos. Esto se consigue de modo óptimo con vegetales no flatulentos y ricos en residuos, y con las frutas de pepitas o ricas en celulosa (ciruelas, chabacanos, sobre todo secos; espinacas, zanahorias, alcachofas, espárragos, naranjas, chícharos, lentejas, higos, dátiles, tomates, pepinos, frambuesas y moras). Deberá comerse pan integral o cereales de grano íntegro en lugar de pan blanco o harinas refinadas. También se tomará poca leche, pero en cambio podrá consumirse bastante yogur. Con la alimentación debe aportarse una considerable cantidad de líquidos. Es muy útil, asimismo, beber un vaso de agua fría antes de cada una de las tres comidas. El agua no influye en la consistencia de las heces, pero estimula el tránsito intestinal. Las aguas minerales son útiles, pero se tendrá en cuenta que las gaseosas (como en general todas las bebidas efervescentes) sientan mal en el estreñimiento espástico. Debe evitarse el vino tinto, pero el vino blanco resulta muy útil. Después de las comidas se tomará café muy caliente o, mejor todavía, infusiones calientes de ciertas hierbas (boldo, menta piperita, etcétera).

Junto a las medicinas dietéticas son útiles los masajes de la pared abdominal y otras medidas fisioterapéuticas. Sin embargo con mucha frecuencia no hay más remedio que recurrir al tratamiento médico, aunque los laxantes deberán tomarse siempre con el máximo cuidado. En los tipos espásticos son útiles los laxantes que aumentan el volumen de la masa fecal (mucílagos, preparados a base de metilcelulosa, etc.). En este sentido actúan las ciruelas secas, mantenidas en remojo durante la noche, que se deben tomar por la mañana en ayunas, pero bebiendo también el agua del remojo.

En el estreñimiento de tipo rectal o disquesia suelen no ser útiles estas sustancias, llamadas hidrófilas, pues, aunque aumentan la masa de heces, éstas se acumulan en el recto sin salir, al estar dificultado el reflejo de la defecación. En estos casos es más útil educar el intestino poco a poco. Durante unas semanas (nunca más de un mes), podrán administrarse pequeños enemas diarios, de unos 100 cc a la misma hora (existen en el mercado unos envases desechables de plástico con una cánula ya lubricada). Al cabo de un mes podrá sustituirse el enema por supositorios de glicerina o de otra materia, y siempre se guardarán las medidas dietéticas antes apuntadas.

Es fundamental saber que no existe un tratamiento del estreñimiento habitual que conduzca rápidamente a una curación. El enfermo debe perseverar, tener paciencia y recordar que sólo el médico está capacitado para decidir qué clase de laxante está indicado en su caso.

Tabla de alimentos permitidos y prohibidos en el estreñimiento habitual

Permitidos	Prohibidos
Alimentos ricos en residuos o sustancias de lastre: verduras, hortalizas, cebollas, etc.	Pan blanco
	Pan tostado
Frutas (con excepción de los plátanos)	Chocolate
Nueces	Cacao
Dieta cruda de frutas y verduras	Cereales sin cáscara
Papas, sobre todo refritas	Arroz blanco
Pan integral	Té
Semillas de lino y psilio	Plátanos
Hojuelas de avena crudas	Vino tinto
Frutos secos	Carne magra
Azúcar	Fécula de papa
Mermeladas, miel	
Jugos de fruta	
Grasas	
Huevos, nata	
Yogur	
Leche descremada	
Café	
Alcohol (con excepción del vino tinto)	

Parasitosis intestinales

El intestino humano se encuentra parasitado muy frecuentemente, ya por gusanos (vermes), ya por seres unicelulares (protozoos). En los niños algunas parasitosis casi son la regla, y hay muy pocos que se escapen, por ejemplo, de una infestación por oxiuros. Ciertas parasitosis son, sin embargo, exclusivas de algunos países tropicales y apenas ofrecen interés en nuestro ambiente.

En general, la infestación intestinal produce los más variados e imprecisos síntomas. Con frecuencia, el diagnóstico por exclusión, después del debido tratamiento, decide si una parasitosis es única causa de determinadas molestias digestivas o generales. Lo importante es, desde luego, llegar al diagnóstico específico, es decir, a la identificación del agente causal: la demostración, en las heces, de gusanos, partes o segmentos de

El aparato digestivo y sus enfermedades

éstos, larvas, formas enquistadas o huevos de los diferentes parásitos. Pero a veces no basta un solo análisis para afirmar o negar la presencia de una parasitosis; este fenómeno depende de su ciclo vital, que no siempre implica que el parásito o alguna de sus partes salga todos los días.

Por otro lado, también conviene advertir que hay que realizar el análisis de heces inmediatamente después de la defecación, pues la conservación de los restos fecales destruye la estructura de los parásitos y dificulta su identificación.

Los parásitos intestinales se agrupan en dos grandes apartados: los helmintos o vermes (gusanos) y los protozoos.

Cestodos

Los cestodos son gusanos planos, muy largos, sin boca ni intestino, con una cabeza armada de ventosas y, en algunos casos, con una corona de ganchos. Su cuerpo está formado por numerosos segmentos que reciben el nombre de proglótides y que se originan por gemación, por lo que cada uno de ellos contiene su propio aparato sexual hermafrodita, que produce numerosos huevos. Éstos ingresan en el cuerpo humano como tales o en forma de quistes desarrollados (cisticercos) que completan su crecimiento en el intestino. Las especies más importantes son:

1) **Taenia saginata,** con una longitud total de cuatro a ocho metros. Sus segmentos miden unos quince milímetros. La cabeza tiene unos dos milímetros de ancho y está provista de cuatro ventosas pigmentadas que se adhieren con fuerza a la mucosa del intestino delgado.

Los segmentos salen con las heces en forma de trozos de cintas de color claro. Los huevos son redondos u ovalados, con una estriación característica. El cisticerco se encuentra en los músculos del ganado bovino; pasa a veces inadvertido durante la inspección de carnes por su reducido tamaño. La transmisión se efectúa al comer carne contaminada, ingerida cruda o insuficientemente cocida.

2) **Taenia solium,** que mide hasta 3.5 metros y 8 mm de ancho. El tamaño de la cabeza es como la de un alfiler, y posee ganchos y ventosas no pigmentadas. El cisticerco se encuentra en la carne de algunos cerdos.

3) **Bothriocephalus lato,** que puede llegar a medir hasta diez metros de longitud y veinte milímetros de ancho. Su cabeza es alargada, en forma de almendra. El lucio, la trucha de mar, el solio, etc., son huéspedes intermediarios que lo transmiten al hombre cuando éste los consume insuficientemente cocidos.

Síntomas. Son siempre muy variados. Entre los más frecuentes tenemos: inapetencia o, por el contrario, apetito desmesurado, náuseas, eructos, trastornos del gusto, dolores abdominales indefinidos, sobre todo en el lado izquierdo (en ocasiones las molestias aumentan al ingerir alimentos ácidos o picantes); a veces diarrea, adelgazamiento, cefaleas, fiebre y anemia (que en el caso de infestación por el botriocéfalo puede ser muy intensa, de tipo pernicioso).

Tratamiento. Antes se usaba el extracto del helecho macho, a cuya administración seguía la toma de un purgante drástico, con lo cual se presentaban numerosos fenómenos tóxicos. Se utilizaron la atebrina y otros derivados antipalúdicos, sin necesidad de recurrir a purgantes. Hace 25 años era utilizada la niclosamida, que no provocaba efectos secundarios. Ahora se recetan, con buen resultado, el Mebendazol y el pamoato de pirantel.

Nematodos

Son vermes alargados y cilíndricos, de longitud muy variable, desde un milímetro a un metro. Tienen un orificio bucal y otro anal. Los más importantes son:

1) **Ascaris lumbricoides.** Su aparición es muy frecuente en el hombre, sobre todo en los niños, en todos los países, especialmente en los meridionales. Se parece mucho a la lombriz de tierra. El macho mide entre quince y veinte centímetros y la hembra hasta cuarenta centímetros de largo. El parásito adulto vive en el intestino delgado y la hembra produce diariamente unos 15 mil huevos. La invasión se realiza sin huésped intermediario, sino directamente por contaminación con vegetales crudos abonados con deyecciones humanas. El diagnóstico se realiza por identificación del vermes en las heces o en los residuos gástricos incluidos en el vómito.

Síntomas. A veces los áscaris no producen molestia alguna. En ocasiones los trastornos digestivos incluyen molestias vagas, náuseas y vómitos, etc. Otras veces hay picores generalizados (prurito). El mayor problema radica en que una infestación masiva en algunos niños puede conducir a una obstrucción intestinal muy grave, que requiera tratamiento quirúrgico. En el adulto el parásito puede emigrar a las vías biliares, y puede provocar entonces una ictericia obstructiva.

Tratamiento. Se efectuará siempre bajo vigilancia médica. Los fármacos de elección, sumamente eficaces, son los derivados de la piperazina y el tiabendazol.

2) **Oxiuro vermicular.** Es uno de los parásitos más frecuentes en el hombre; es raro el niño que no lo haya padecido alguna vez. El macho mide de tres a cinco milímetros de largo, mientras que la hembra llega a los doce milímetros. Las hembras son fecundadas en el intestino delgado, pero bajan al recto y al ano, sobre todo durante la noche, para poner los huevos. También pueden salir y subir hasta la vagina; producen en el aparato genital femenino externo irritación e inflamación.

La infestación es generalmente una autocontaminación: los huevos se ingieren al quedar contaminadas las manos, al rascarse las zonas afectadas por el prurito o al tocar la propia ropa interior.

Síntomas. Es muy llamativo el intenso picor, sobre todo nocturno, alrededor del ano y a veces en el aparato genital femenino, que puede dar lugar a lesiones cutáneas al rascarse el sujeto afectado. Cuando los parásitos invaden masivamente el ciego, pueden provocar dolores del tipo de una apendicitis, e incluso llegar a motivarla.

Tratamiento. Las medidas higiénicas son fundamentales para evitar el ciclo vicioso de la autocontaminación: el lavado de la región anal, el cambio frecuente de sábanas y ropa interior y una limpieza exagerada de manos y uñas, etc. El tratamiento médico es muy eficaz: se usan los derivados de la piperazina, el pirvinio y, sobre todo, el tiabendazol.

3) **Anquilostoma duodenal.** El parásito adulto (8 a 10 mm de largo) vive en la parte superior del intestino delgado, adherido a la mucosa mediante unos ganchos que rodean su orificio bucal. El gusano vive de la succión de la sangre de su forzado huésped, por lo que la anemia suele aparecer al poco tiempo. La invasión se realiza a

través de la piel: la larva enquistada se incorpora a la circulación general y de ahí al intestino, pasando por el pulmón. Ataca a las personas que tienen contacto frecuente con tierra húmeda, donde deposita sus huevos.

Síntomas. Inapetencia, náuseas, vómitos y dolores abdominales difusos. Lo más llamativo es la presencia de una anemia progresiva que puede llegar a ser muy importante: del tipo ferropénico (por falta de hierro). En la parte de la piel constituida en la puerta de entrada, suele producirse picor.

Tratamiento. Se recomienda una combinación del tetracloroetileno con un derivado del befenio. Es necesario corregir la anemia mediante preparados de hierro y ácido fólico.

4) **Otros nematodos.** Menor importancia en nuestro clima adquieren las infestaciones por **tricocéfalos, filarias** y la **anguilula**. La triquina pertenece también a este grupo, pero se estudia en otra parte porque su manifestación clínica preponderante no es intestinal. Los antiparasitarios llamados «de amplio espectro» han facilitado la terapéutica de estas parasitosis.

AMIBIASIS

De los protozoos rizópodos sólo la **Entamoeba histolytica** tiene importancia clínica, al provocar la disentería amibiana, mientras que la infección por la amiba **E. coli** es algo muy común pero que no produce síntomas. Las amibas patógenas, de tamaño muy reducido (el doble de un leucocito), se transmiten por sus formas quísticas, que contaminan los alimentos y las aguas que están en contacto con los excrementos humanos (véase la página 527).

Síntomas. La amibiasis es una enfermedad crónica con gran disposición para la recidiva. En las formas agudas se originan ulceraciones intestinales con un cuadro diarreico (disentería o, mejor dicho, colitis amibiana) muy grave, que afecta el estado general del paciente de forma alarmante aunque el cuadro clínico nunca sea tan violento como el producido por la disentería bacilar. En las formas crónicas, la diarrea moderada con molestias rectales, es habitual. A veces las amibas se alojan en el hígado, produciendo un absceso o una hepatitis crónica.

Tratamiento. En formas agudas o hepáticas se sigue utilizando la emetina. En las formas crónicas intestinales la fenantrolinquinona ha demostrado su eficacia. Otras sustancias fulminantes son: metronidazol, hemezol y tinidazol, que ayudan a combatir incluso la amibiasis extraintestinal.

LAMBLIASIS

Entre los protozoarios flagelados pueden mencionarse las tricomonas, que apenas producen síntomas. Más importante clínicamente es la infestación —común en muchos países—, por **Giardia intestinalis**, que produce la lambliasis. La lamblia tiene un tamaño que oscila entre el de un hematíe y el de un leucocito, y su propagación se produce por alimentos o agua contaminados con heces. En los casos con síntomas clínicos predominan los cuadros diarreicos y las alteraciones hepáticas. El tratamiento con derivados antipalúdicos es también muy eficaz. Los imidazólicos también actúan de manera efectiva.

Examen de las enfermedades

El hígado y las vías biliares

El hígado es el órgano secretor más voluminoso del organismo; pero más importante todavía es su gran reserva funcional y su extraordinaria capacidad de regeneración, que incluso ha quedado plasmada en la mitología griega, en el tormento de Prometeo. Sus células, los hepatocitos, tienen múltiples funciones, aún no suficientemente esclarecidas. Un litro y medio de sangre, aproximadamente, pasa por el hígado cada minuto. De esa sangre, un 75% proviene de la vena porta, que recoge la que se encuentra cargada de sustancias nutritivas procedente del intestino, mientras que el 25% restante proviene de las arterias hepáticas.

Entre otras misiones (formación de la urea, producción de las albúminas corporales, desintoxicación del organismo por eliminación de ácido úrico, medicamentos y productos de origen bacteriano), el hepatocito produce la bilis, compuesta por agua, sales, pigmentos y colesterina, que es vertida, a través de las vías correspondientes, al duodeno. Las sales biliares cumplen una función primordial en la digestión de las grasas (emulsionándolas a modo de detergente). Los pigmentos biliares (sobre todo la bilirrubina) no son, sin embargo, de origen hepático. En el organismo se destruyen continuamente glóbulos rojos, y se libera un compuesto químico derivado de la hemoglobina que ha de ser metabolizado. A su paso por el hígado, este compuesto sufre una transformación química que permite su excreción por la bilis. Normalmente, en la sangre existe un nivel de bilirrubina de 0.2 a 0.8 %, pero se comprende que esta cifra aumenta siempre que hay un incremento en su producción, una alteración de su transformación o un impedimento en su eliminación. Una vez en el intestino, la bilirrubina se modifica por la acción de los gérmenes (flora intestinal) para transformarse parcialmente en urobilina, que presta su coloración a las heces.

ICTERICIA

La pigmentación amarilla de los tegumentos (piel, mucosas, esclerótica del globo ocular) en diferentes tonalidades se debe siempre a un aumento del nivel de la bilirrubina en la sangre; se hace patente sobre todo cuando esta cifra es superior al 0.2%. La ictericia no es una enfermedad, sino un síntoma que depende de numerosas causas. Suele establecerse la siguiente clasificación:

1. Puede ocurrir que haya una desmesurada liberación de hemoglobina, pigmento precursor de la bilirrubina, cuando se destruyen en exceso los hematíes (anemias hemolíticas, intoxicaciones, etc.). En estos casos, el hígado materialmente no puede «digerir» esta avalancha de pigmentos para su eliminación por la bilis. La ictericia recibe el nombre de «prehepática» porque el trastorno en cuestión no reside precisamente en el hígado.

2. A veces el trastorno se localiza en el propio hígado. En esta ictericia hepática (parenquimatosa o hepatocelular), con insuficiencia de los propios hepatocitos, éstos no son capaces de transformar el pigmento hemático en bilirrubina. Es el caso de lesión hepática por hepatitis o cirrosis de hígado. Hay casos en que esta ictericia se debe no a una lesión adquirida, sino congénita, por falta del mecanismo que lleva la bilirrubina

El aparato digestivo y sus enfermedades

transformada en el hepatocito a los canalículos biliares que la recogen. Se habla de ictericia por retención en estos casos excepcionales, casi siempre hereditarios.

3. Por último, hay una ictericia poshepática cuando el trastorno reside en un obstáculo que obstruye el libre drenaje de la bilis. Son los casos de obstrucción por algún cálculo en las vías biliares o de algún proceso compresivo que impida que la bilis se vierta en el duodeno. Pero la causa de la ictericia obstructiva puede residir también en el propio hígado, por algo que dificulte el paso de la bilis por los conductos biliares intrahepáticos. Esto se califica de colestasis y puede originarse por una hepatitis o por ciertas intoxicaciones por medicamentos. Es importante distinguir ambas clases de ictericia obstructiva, ya que la intrahepática suele responder a un tratamiento médico; mientras que en la extrahepática, en la cual existe un obstáculo en las vías biliares, muy a menudo sólo cabe un tratamiento quirúrgico.

HEPATITIS AGUDA INFECCIOSA

En la hepatitis aguda infecciosa el agente causal es un virus que, pese a multitud de investigaciones, aún no ha podido ser identificado. Parece ser que en un aborigen australiano se ha encontrado un antígeno que al menos está en íntima conexión con dicho virus. Lo que parece cierto es que hay varias clases de hepatitis: una, también llamada hepatitis epidémica catarral o A, que se contagia de hombre a hombre, a veces en forma epidémica por la contaminación de alimentos o bebidas con heces de un portador enfermo. El periodo de incubación del virus de esta variedad es de dos a seis semanas. En otro tipo, hepatitis por transfusión o B, es necesario que el virus productor invada directamente la sangre del paciente, por ejemplo mediante una transfusión o por el uso de jeringas o instrumentos quirúrgicos contaminados. En estos tipos, el periodo de incubación es mucho más largo, de dos a cinco meses. En la última década se han encontrado hepatitis por distintos virus; se les denomina «hepatitis no A, no B». Clínicamente, las hepatitis agudas son idénticas en sus manifestaciones, pero sus diferencias han sido detectadas mediante estudios de microscopia electrónica e inmunología.

Síntomas:

1. En los primeros días puede aparecer decaimiento, apatía, inapetencia, fiebre y dolor en la parte superior del abdomen, principalmente en el costado derecho.
2. Náuseas, vómitos y, con frecuencia, estreñimiento.
3. Ictericia a veces muy intensa. (No obstante, en algunos casos ésta no se presenta y, por lo tanto, la hepatitis aguda queda sin diagnosticar.)
4. Orinas colúricas (con color de coñac, vermut diluido o cerveza).
5. Heces acólicas (cuyo color recuerda al de la masilla de los vidrieros).
6. Tumefacción hepática.

Después de la aparición de la ictericia, el enfermo se encuentra mucho mejor. Este comienzo suele producirse entre la primera y la segunda semana después de la instauración de la enfermedad. La tumefacción hepática se manifiesta entre la tercera y la sexta semana, para después experimentar una regresión. Cuando, por fin, todos los

Examen de las enfermedades

síntomas van desapareciendo, las investigaciones de laboratorio no arrojan, sin embargo, valores normales, lo cual sirve de índice para el tratamiento por seguir. A veces se tardan muchos meses para la total normalización, que incluso se manifiesta subjetivamente por intolerancia hacia el alcohol, cierto cansancio, etc.

Tratamiento. Como primera medida, reposo en cama, cuya duración dependerá de las condiciones y sintomatología del paciente. Del mismo modo, debe ser instaurada una dieta, tal como se expone en el capítulo de dietética de las enfermedades del hígado (véase la página 318).

Es conveniente el ingreso en un centro hospitalario para un mejor control de la evolución del proceso. El tratamiento con medicamentos será instaurado en cada caso concreto e incluye vitaminas, sobre todo del grupo B. Se usan, además, corticosteroides en caso de que la ictericia sea muy intensa o persistente.

Pronóstico y profilaxis. Como el virus de la hepatitis se transmite por las heces del enfermo, son imprescindibles las medidas higiénicas adecuadas. Aproximadamente al cabo de un mes el enfermo no ofrece peligro de contagio, aunque se conocen casos de portadores en los que persiste la infección durante mucho más tiempo. En algunos casos (familiares, personal sanitario) puede ser útil, desde este punto de vista, la administración de gammaglobulina a los presuntos contaminados (personas que hayan tenido relación con el enfermo), pero la protección sólo se extiende a un máximo de mes y medio. Desde hace aproximadamente 6 años, se conoce una vacuna antihepatitis cuyos resultados aún están sujetos a evaluación.

El pronóstico de la hepatitis aguda es generalmente benigno. Al cabo de seis u ocho semanas el enfermo se recupera. A veces se produce una recaída, generalmente más grave y que casi siempre se debe a cierta predisposición del enfermo y a que hay constantes agresiones al hígado (en el caso de alcoholismo).

HEPATITIS CRÓNICA

Síntomas. No existen síntomas típicos de hepatitis crónica. Los síntomas subjetivos más notorios son: astenia, síndrome psíquico (depresión), diarreas intermitentes, dolor hepático, náuseas, vómitos, mareos, disminución del apetito, adelgazamiento y dolores articulares. Objetivamente, lo más frecuente es el agrandamiento del hígado y del bazo, así como la presencia de una ligera ictericia (subictericia latente).

Naturaleza y causas. Deriva de una hepatitis aguda que no curó, aunque clínicamente se afirmara lo contrario. Las causas más frecuentes que determinan la cronicidad son:

1. Persistencia de la acción del virus productor.
2. Como consecuencia del estado inmunológico creado por la acción viral, con fenómenos de hipersensibilidad.
3. El estado previo del hígado, lesionado por agentes tóxicos, etc.
4. La propiedad del tratamiento seguido en la fase aguda.
5. Otros factores (edad, embarazo, diabetes, estado nutritivo, etc.).

Tratamiento. Reposo absoluto en cama, que se mantendrá hasta que las pruebas de laboratorio indiquen la mejoría del proceso. La dieta será rica en hidratos de carbono y proteínas. No deberán tomarse grasas de procedencia animal. El tratamiento medicamentoso variará en cada caso concreto y el médico será quien lo instaure, con un control del estado funcional del hígado.

HEPATITIS AGUDAS NO INFECCIOSAS O TÓXICAS

Se sabe que el origen de la hepatitis no es viral, sino provocado por agentes químicos que intoxican y lesionan las células hepáticas. Quizá intervengan en estos casos factores individuales de susceptibilidad o idiosincrasia y también alérgicos; pero lo cierto es que numerosas sustancias químicas (cloroformo, tetracloruro de carbono, fósforo, arsenicales y numerosos medicamentos) pueden producir una hepatitis o una ictericia de las llamadas colestáticas. A veces, estas intoxicaciones son muy graves por la necrosis celular que producen, y pueden llevar a una enfermedad sumamente grave: la atrofia aguda amarilla del hígado, máxima expresión de muerte celular de los hepatocitos y que rápidamente lleva al fracaso hepático con coma. En los casos de ictericia colestática el pronóstico es mucho más benigno; basta suspender la administración del tóxico causal para conseguir la curación.

CIRROSIS HEPÁTICA

Este concepto engloba una serie de enfermedades que tienen como características comunes su curso crónico, la afectación difusa de toda la víscera, la existencia de focos de degeneración y muerte de los hepatocitos junto a zonas regenerativas de los mismos y, por último, una progresiva proliferación difusa del tejido conjuntivo, que sustituye paulatinamente al parénquima hepático por formaciones fibrosas, a modo de inmensa cicatriz, que poco a poco van ocupando todo el hígado.

Causas. Todavía no están totalmente esclarecidos los mecanismos que producen la cirrosis hepática. Se pueden establecer, sin embargo, los siguientes factores:

1. Existe una cirrosis provocada por una hepatitis aguda infecciosa o tóxica previa (**cirrosis poshepatítica o posnecrótica**). El intervalo entre el episodio agudo anterior y la instauración de la cirrosis puede oscilar entre unos meses y quince años, en ocasiones con síntomas clínicos subjetivos y objetivos de una hepatitis crónica intermedia (no siempre aparente). Lo que complica extraordinariamente esta faceta es que muchas hepatitis virales cursan sin ictericia y por lo tanto pueden pasar inadvertidas, por lo que no se conoce exactamente la proporción de afectados de hepatitis que progresan hacia la cirrosis, aunque su número no debe ser muy elevado.

2. El más común de los tipos de cirrosis es el llamado portal. Con frecuencia aparece en hombres de edad madura, en los que parece demostrado el antecedente de una dieta deficiente y prolongada. Pero el problema más importante en este sentido es el del alcohol, de indudable interés general. La asociación del alcohol con la cirrosis es conocida históricamente. Entre estos sujetos cirróticos se encuentra una incidencia de alcohólicos de un 50% aproximadamente, sobre todo de alcohólicos acostumbrados a beber licores (coñac, ginebra, etc.) durante años. Este hecho encuentra su contrapartida, sin embargo, en la aparición de cirrosis en abstemios y su ausencia en gran número

de alcohólicos. Lo que sí parece demostrado es que la cirrosis es seis veces más frecuente en las personas alcoholizadas que en las que no lo están. Es decir, el alcohol juega un papel importante, pero no con carácter causal exclusivo.

El alcohol, por sí solo, no da lugar a otra cosa que a un hígado graso, característica degenerativa que en algunos casos es reversible después de dejar de beber. Pero el alcohólico tiene también otros tipos de lesión (gastritis, indigestiones, dispepsias, síndromes de malabsorción, etc.) que pueden condicionar una falta de apetito y síndromes carenciales cualitativos y cuantitativos. Es quizá aquí donde se encuentra el vértice de la relación entre cirrosis y alcohol.

3. Por último, algunas cirrosis, poco frecuentes, se deben a alteraciones de las vías biliares (**cirrosis biliar** o **de Hanot**). En estos casos existe una ictericia de larga duración, originada por procesos obstructivos de las vías biliares o por una enfermedad primaria de éstas, sobre todo en mujeres, sin causa conocida.

Síntomas. Varían mucho si el hígado se encuentra en estado de compensación o no, es decir, si es o no suficiente para mantener sus funciones, más o menos precariamente. En el primer caso, los síntomas se asemejan a los que aparecen en la hepatitis crónica. El hígado suele crecer en tamaño y consistencia; también hay aumento de tamaño del bazo. En la segunda contingencia aparecen cuatro grandes grupos de síntomas, dependiendo de los diferentes tipos de cirrosis:

1. Ictericia. Más intensa en los casos de cirrosis biliar, llega, en ciertas ocasiones, a colorear la piel de los enfermos de un tono verdoso-bronceado. El depósito de la bilirrubina en la piel produce, por otra parte, un picor que en ocasiones llega a ser sumamente molesto.

2. Manifestaciones hemorrágicas. El hígado se encarga de producir sustancias vitales para la coagulación de la sangre (protrombina, etc.), por lo que se comprende que en una insuficiencia hepática puedan aparecer fenómenos hemorrágicos. Sin embargo, éste no es el problema fundamental. La hipertensión portal (en las cirrosis portales) provoca várices en la parte inferior del esófago, que pueden llegar a romperse y dar lugar a hemorragias masivas con vómitos de sangre (hematemesis) o heces con sangre digerida (melena). El pronóstico se ensombrece bastante una vez que el cirrótico padece una hemorragia por esta causa.

3. Hipertensión portal. La cirrosis dificulta la circulación de la vena porta por el tejido fibroso, por lo que todos los vasos tributarios de esta vena se encuentran hinchados, ingurgitados, con estasis sanguíneo. La hipertensión puede manifestarse de varias formas. Pueden originarse várices en el esófago o hemorroides. Pero más frecuente es que por dicha hipertensión se produzca un exudado en la cavidad abdominal que puede llegar a alcanzar un volumen de muchos litros (ascitis). El vientre se hincha (vientre de batracio) y ocasiona numerosas dificultades digestivas.

4. Insuficiencia hepática. Al final de la evolución de numerosas hepatopatías, en especial de las cirrosis, puede sobrevenir una insuficiencia global de gravísimas consecuencias. El enfermo pierde rápidamente la conciencia y entra en estado de coma, pasando previamente por una fase de estupor. La causa reside en una lesión cerebral tóxica, al fracasar la función depuradora del hígado.

Tratamiento. El tratamiento en las cirrosis hepáticas es sumamente complejo y requiere la máxima atención por parte del médico. El régimen de vida se ajustará a un máximo reposo. La dieta será rígida y dependerá de las circunstancias.

El aparato digestivo y sus enfermedades

La hipertensión portal puede tener un tratamiento quirúrgico eficaz mediante una operación que deriva la circulación portal hacia otra vena, por ejemplo la cava, restando así una gran masa de sangre que de otra manera, tendría dificultades para llegar al hígado. En caso de que se presenten hemorragias por várices esofágicas cabe también un tratamiento quirúrgico.

En los enfermos cirróticos y cuando predomina la ascitis caben numerosas medidas encaminadas a reducir el volumen de líquido extravasado. En general, un cirrótico con un tratamiento correcto tiene un pronóstico bueno durante muchísimos años.

HÍGADO GRASO E HÍGADO DE ESTASIS

El depósito graso en los hepatocitos es frecuente en los alcohólicos, en los obesos y en algunos diabéticos. El engrosamiento del hígado por sí mismo no tiene mayor importancia, sobre todo si se corrige la causa que lo provoca. El problema comienza cuando estas hepatomegalias se mantienen durante un periodo de tiempo excesivo y llegan a dañar seriamente la función hepática.

En algunos enfermos cardiacos crónicos, el hígado acaba por congestionarse por la insuficiencia circulatoria y el estasis sanguíneo consiguiente provoca una lesión parecida a la de la cirrosis.

Enfermedades de las vías biliares

El drenaje normal de la bilis producida por el hígado para su paso al duodeno puede ser dificultado por numerosas afecciones. Cabe que falle el mecanismo de drenaje porque un obstáculo lo dificulte, sin que exista alguna lesión obstructiva o inflamatoria, sino sólo funcional o espástica. Es la base de las llamadas coledisquinesias. También puede ocurrir que se inflamen las vías biliares intra o extrahepáticas, sobre todo la vesícula biliar (colangitis y colecistitis). Por último, la frecuente formación de cálculos biliares (colelitiasis) puede obstruir algún conducto biliar y producir cólicos u otros síntomas de igual o mayor gravedad.

COLELITIASIS

La existencia de cálculos biliares es sumamente frecuente. Se encuentran en más del 20% de las mujeres de más de cuarenta años, y en el 20% de los hombres de más de setenta años. No siempre provocan síntomas; lo que sí es evidente es que cada vez aumenta su incidencia, por evidentes factores dietéticos, o por el uso prolongado de anticonceptivos, lo cual ha provocado que pacientes jóvenes de entre 18 y 30 años tengan mayor incidencia de litiasis vesicular.

Síntomas:

1. Dolor en la parte superior derecha del abdomen, con irradiación hacia la espalda, hasta llegar al hombro.

Examen de las enfermedades

Localización e irradiación del dolor en las enfermedades de las vías biliares

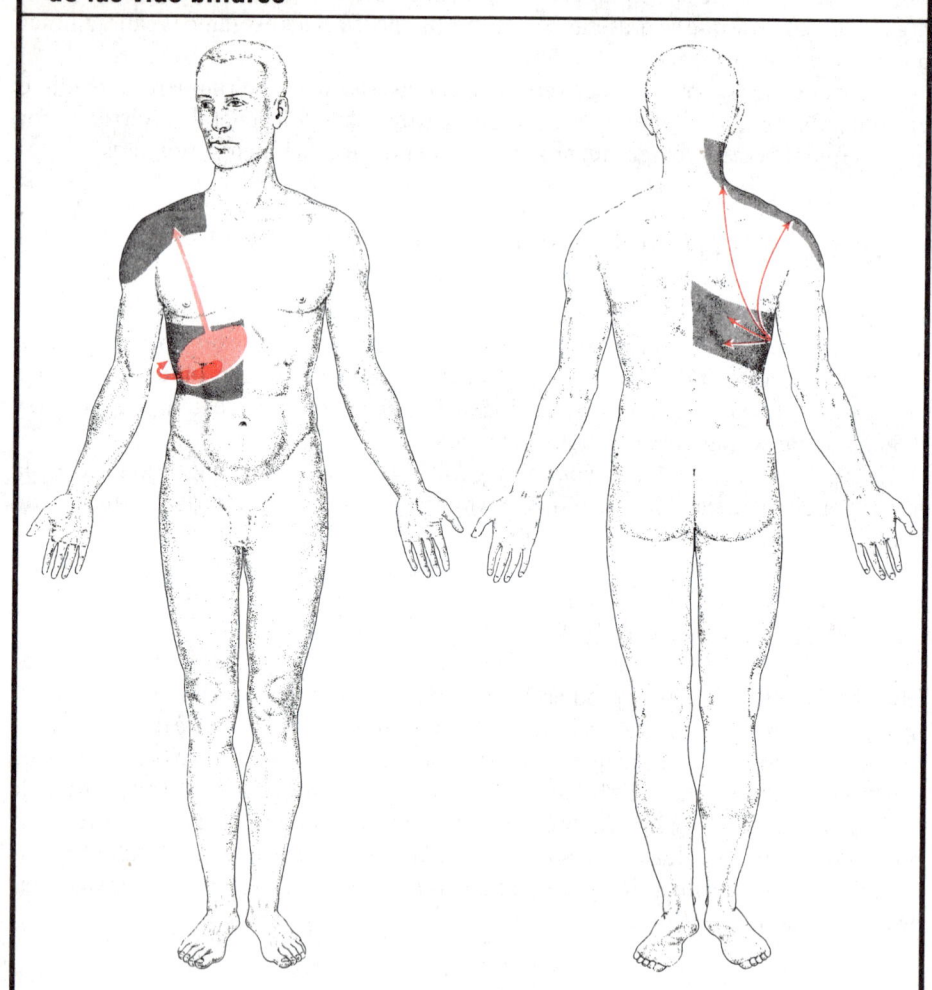

El dolor, en la litiasis biliar, se advierte en la región señalada en color claro. Afecta, al mismo tiempo, al tórax y espalda (ver flecha) y, partiendo de la zona de la vesícula biliar, particularmente dolorida (zona color oscuro), se extiende al costado (ver flecha) y dorso. En la forma aguda, los dolores de cólico se irradian al dorso, siguiendo la base del hemitórax, el cuello y la espalda (ver flechas). Las zonas cutáneas de irradiación están señaladas en gris.

2. Intolerancia a las comidas grasas, legumbres, huevos, café, etc.
3. A menudo existen náuseas, vómitos y disminución del apetito.
4. Alguna vez aparece una pancreatitis secundaria asociada a la afección crónica de las vías biliares.

El aparato digestivo y sus enfermedades

5. Fiebre. Ante todo en los accesos cólicos, por inflamación concomitante de las vías biliares.
6. Cólico biliar. Se trata de un dolor agudo en la parte superior derecha del abdomen que se irradia por la cintura a la espalda. Suele acontecer por la noche y, con cierta frecuencia, tras una comida abundante y rica en grasas. El dolor se acompaña de extrema intranquilidad y hace revolcarse al enfermo. Suele presentarse con fiebre alta. Las orinas se hacen colúricas y puede aparecer ictericia, tanto discreta como sumamente marcada, debido a la obstrucción de las vías biliares.
7. Con cierta constancia la orina es colúrica, «mancha» la ropa de amarillo. De la misma forma e independientemente de los accesos agudos pueden producirse heces ligeramente acólicas (decoloración de materias fecales). Todo ello suele presentarse tanto en forma continua como intermitente.

Naturaleza y causas. Los cálculos biliares se forman en la vesícula biliar o en las vías excretoras extrahepáticas. En un 10% están compuestos por colesterol y en un 15% por pigmentos biliares, mientras que el resto corresponde a piedras de composición mixta. Su tamaño es también muy variable: los hay diminutos, como arena, y los hay que ocupan el volumen de un huevo de paloma o más. Pueden ser únicos o existir en cantidad incluso de un centenar.

Sus componentes esenciales, el colesterol y los pigmentos biliares, son insolubles de ordinario en un medio acuoso. Especial interés ofrece, por ello, estudiar los mecanismos que mantienen estas sustancias disueltas en la bilis, pues cualquier circunstancia que favorezca la alteración de este equilibrio inestable las precipita y origina la formación de los cálculos. El colesterol está químicamente relacionado con las sales biliares; de hecho, éstas condicionan que pueda eliminarse esta sustancia a través de la bilis.

Siempre que baje la proporción de sales en la bilis, como ocurre con una dieta demasiado rica en azúcares y féculas o en las enfermedades del hígado, puede ocurrir que se precipite el colesterol en la vesícula. Además, cuando los pigmentos biliares no son transformados debidamente en el hepatocito, su solubilidad se coloca en entredicho, y se favorece la precipitación de los cálculos. Sin embargo, todo ello es insuficiente. Dos circunstancias deben concurrir, además, en la formación de cálculos. Una es la dificultad para el normal drenaje de la bilis —el estasis biliar—, generalmente en personas obesas con dificultades digestivas. En segundo lugar, es necesario, aparentemente al menos, que exista una infección de las vías biliares, con exudados inflamatorios que provienen de la mucosa de la vesícula. De la misma manera que en una ostra la perla es el «sarcófago de un parásito», también parece ser, como se ha dicho, que el cálculo biliar es «el monumento funerario erigido en memoria del organismo contenido en su seno».

Lo importante se produce cuando un cálculo comienza a moverse o emigrar, ya que siempre origina un cólico biliar. El porqué de su movilización todavía no está esclarecido.

Tratamiento. En el **cólico biliar** está indicada la administración de antiespasmódicos en forma de supositorios, inyección intramuscular o intravenosa, dependiendo de la intensidad del dolor. La aplicación de calor sobre el sitio dolorido es, asimismo, de gran utilidad.

Examen de las enfermedades

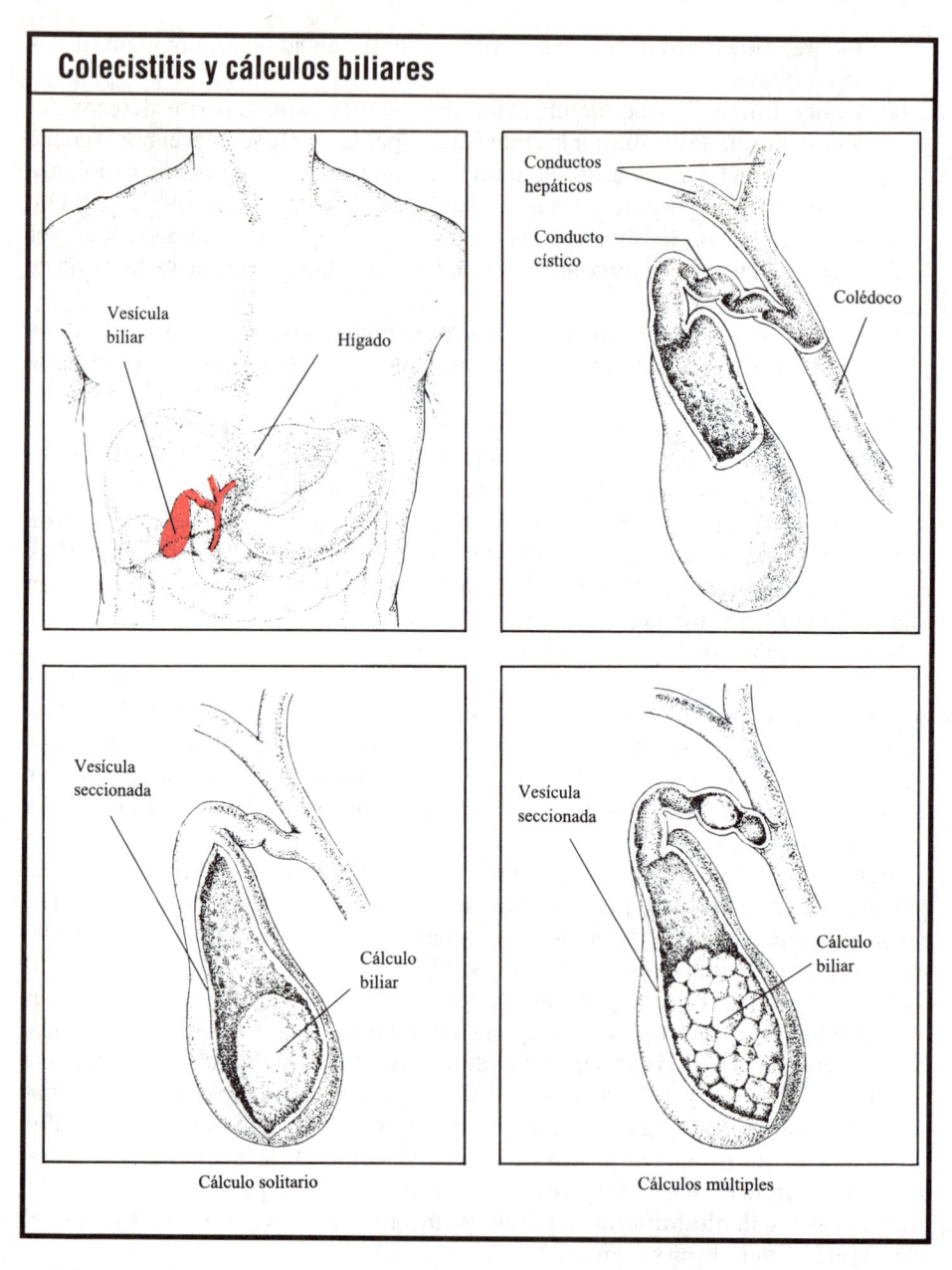

Colecistitis y cálculos biliares

Cálculo solitario

Cálculos múltiples

Dieta. Deberán suprimirse de la alimentación las grasas, manteca, mantequilla, frituras, picantes, especias, huevos, ejotes, col, espinacas, melones, fresas, calabacitas, nopales, sandía, aguacate, etc. Muchos enfermos toleran la leche. En muchas ocasiones, y dependiendo de la tolerancia hacia otras comidas, será la experiencia personal del enfermo la que establecerá la dieta. Las aguas mineromedicinales apropiadas son muy útiles. Hasta ahora no se ha descubierto ningún medicamento o medio terapéutico capaz de disolver un cálculo ya formado.

Terapéutica medicamentosa. Aparte de la expuesta en el ataque agudo, existen medicamentos que pueden mejorar a estos enfermos. En este sentido, existe una serie de preparados de diferente composición (ácidos biliares totales, ácido dehidrocólico, ácido cólico, etc.) que facilitan el drenaje biliar (colagogos) o estimulan la secreción de bilis (coleréticos). El empleo de antibióticos estará indicado en ciertos momentos evolutivos.

Operación. En muchas ocasiones, y a pesar de un tratamiento correctamente seguido, tanto dietético como medicamentoso, el enfermo no mejora, e incluso sigue empeorando. En estos casos estará indicada la extirpación de la vesícula llena de cálculos. Actualmente, en algunos casos seleccionados se lleva a cabo la colecistectomía laparoscópica, que consiste en quitar la vesícula a través de una incisión que mide de 2 a 4 cm, mediante un endoscopio con guía monitorizada. Disminuye el tiempo de hospitalización y las molestias. La fragmentación ultrasónica de cálculos se utiliza, sobre todo, en cálculos residuales.

COLECISTITIS AGUDA

La inflamación aguda de la vesícula biliar es un proceso relativamente raro, aunque muy aparatoso y grave.

Síntomas:

1. Fiebre.
2. Dolor en la parte superior derecha del abdomen, que a veces puede imitar al del cólico biliar.
3. Aumento de la sensibilidad en epigastrio.
4. Ictericia ocasional.
5. Náuseas y flatulencia. Los vómitos no son frecuentes.

Causas. En la mayoría de los casos la causa reside en la obstrucción del conducto cístico por un cálculo, la cual, junto a la infección concomitante, es responsable del cuadro.

Tratamiento. Debe llevarse a cabo en un hospital. El primer objetivo será la sedación del dolor. El tratamiento antibiótico es indispensable, y en ocasiones el quirúrgico.

COLANGITIS

Síntomas:

1. Fiebre alta, con escalofríos.
2. Ictericia.
3. Dolor en hipocondrio derecho.
4. Aumento del tamaño del hígado.

Causas. Se trata de una infección bacteriana de las vías biliares, sobre todo de las intrahepáticas. Las bacterias responsables provienen del intestino o de la sangre.

Tratamiento. Se trasladará al enfermo a un centro hospitalario. Es necesario el reposo en cama. Asimismo conviene la aplicación de calor, la instauración de una dieta de protección hepática y el empleo de antibióticos.

COLECISTITIS CRÓNICA

La inflamación crónica de la vesícula biliar es un episodio patológico muy común, que puede constituir el paso previo para la formación de cálculos. Se distingue de la colelitiasis por la ausencia de cólicos biliares. Los síntomas son sumamente imprecisos: sensación de plenitud en epigastrio, meteorismo, intolerancia hacia las grasas, frecuente asociación de síntomas neurovegetativos, etc. El tratamiento consiste en procurar un buen drenaje biliar mediante colagogos o coleréticos, dieta, aplicación de onda corta sobre la región hepática, etc., y curas con aguas mineromedicinales en balnearios apropiados.

COLEDISQUINESIA

Cualquier impedimento al libre drenaje de la bilis en ausencia de lesión orgánica (inflamación o cálculos) puede ser encuadrado bajo el concepto de coledisquinesia. Generalmente existe un espasmo de la musculatura que rodea a la pared de las vías biliares, sobre todo en el sitio de su desembocadura en el duodeno. Los síntomas y el tratamiento son semejantes a los descritos anteriormente.

La dieta en las enfermedades del hígado y vías biliares

Siempre se ha postulado que el régimen dietético juega un papel central en el tratamiento de cualquier hepatopatía; lo que ha cambiado, sobre todo en los últimos años, ha sido el enfoque científico acerca de lo que en realidad consiste la llamada dieta de protección hepática. No hace mucho, la escuela alemana impuso el criterio de que el régimen alimenticio en las enfermedades crónicas del hígado había de ser muy rico en hidratos de carbono y pobre en grasas y proteínas, de lo cual resultaba, en general, una dieta restringida. En Estados Unidos de América se siguió después un camino totalmente opuesto: el de una dieta de muchas calorías y sumamente rica en proteínas (más de cien gramos al día), con grasas y féculas; en realidad parecía como si no hubiese enfermedad alguna.

Actualmente, la dietética es más ecuánime, y se ha llegado a conclusiones válidas, huyendo de extremismos inconvenientes.

En las hepatitis agudas, las dietas prácticamente sin grasas (menos de treinta gramos al día), tan en boga en su tiempo, han sido abandonadas, entre otras razones porque no se ha demostrado que las grasas vegetales hagan daño al hígado en cantidades razonables, y también porque es prácticamente imposible mantener un régimen alimenticio sin grasas durante mucho tiempo, ya que el enfermo se aburre, por lo poco apetitoso de su ración diaria.

El aparato digestivo y sus enfermedades

En los primeros días de evolución de la hepatitis, con predominio de una inapetencia casi total, náuseas, vómitos, intolerancia digestiva, etc., la dieta será pobre y de fácil digestión: mermeladas de fruta no ácida, miel, galletas tipo María, leche diluida o descremada, papillas de sémola o tapioca, soluciones de glucosa (por ejemplo, en agua mineral no gaseosa con jugo de limón), etc.

A partir de la segunda semana, ya en plena fase ictérica, el enfermo de hepatitis suele recuperar el apetito, a veces de una manera desmesurada. Entonces comienza el problema. El aporte calórico debe adaptarse a cada caso, evitando tanto la hiponutrición como las dietas hipercalóricas. Se sabe que el hambre y la ración escasa en proteínas son tan perjudiciales para el hígado como los tratamientos desmesurados para subir de peso. No hay inconveniente alguno en que el enfermo cubra parte de sus necesidades calóricas con grasas, pero siempre de origen vegetal y en crudo, tendiendo a las ricas en ácidos grasos no saturados (ácido linoleico), como el aceite de oliva y, mejor aún, el de maíz o girasol. El enfermo podrá cubrir el 20% de sus necesidades calóricas con estas grasas, que nunca deben freírse o calentarse, pues sufren una transformación que puede hacerlas intolerables para su organismo.

Las proteínas deben ser abundantes, sobre todo las ricas en aminoácidos esenciales (carnes, pescados blancos, leche); deben administrarse aproximadamente 1.5 g por kilogramo de peso y por día.

Los hidratos de carbono no juegan un gran papel en la dieta de las hepatopatías crónicas compensadas: su cantidad debe estar en relación con las necesidades para cubrir el régimen óptimo calórico —una vez decidido el aporte en grasas y proteínas— sin adelgazamiento, pero también sin que predispongan a un aumento de peso. La dieta será muy rica en vitaminas y, por supuesto, están totalmente prohibidos el alcohol y las especias.

Normas prácticas de dieta en las fases de remisión de las hepatitis agudas y en las hepatitis crónicas o cirrosis hepáticas compensadas

Alimentos prohibidos. Conservas de todas clases, embutidos, manteca de cerdo, tocino, salsas, etcétera.

Toda clase de fritos.

Carnes grasas: cerdo, pollo con piel, pato, pavo, etc.

Pescados grasos: salmón, truchas, sardinas, atún, etc.

Quesos grasos, nata, cremas, chocolate, turrón, etc.

Carnes y pescados deshidratados y salados, aceitunas, nueces, almendras, avellanas, etcétera.

Toda clase de especias y condimentos (sólo se permitirá un poco de ajo, perejil, vinagre, jugo de limón —éste a discreción— y vainilla).

Toda clase de bebidas alcohólicas o gaseosas. En los casos de hepatitis agudas ya remitidas esta prohibición del alcohol deberá extenderse hasta seis meses después de la curación clínica y de la normalización de las pruebas hepáticas en los análisis de sangre, como mínimo.

Los alimentos no deberán tomarse muy fríos y están asimismo prohibidos los helados. En cuanto a las verduras y frutas frescas o cocidas, deberá procederse con cautela, tomando en cuenta la tolerancia individual. En general, se toleran mal las

Examen de las enfermedades

alubias, frijoles, lentejas y garbanzos, incluso en puré. También deberían prohibirse la col, coliflores, pepinos, cebollas, chícharos, pimientos, rábanos, nabos, etc., que pueden probarse en muy pequeñas cantidades para verificar si el enfermo los tolera. Sin embargo, el enfermo hepático crónico tolera bien la fruta fresca, cruda y cocida.

Aun en caso de tolerancia no deben darse más de dos yemas de huevo al día, aunque las claras (merengues, etc.) pueden ser administradas con más flexibilidad. Los huevos deben tomarse cocidos o en tortilla francesa y revueltos, nunca fritos. La leche grasa (y el yogur) deberá administrarse siempre en cantidades muy pequeñas, pero es preferible usar leche descremada.

En contra de la opinión popular, no es cierto que las naranjas perjudiquen al hígado o a las vías biliares, aunque existan contados casos de intolerancia.

El enfermo puede tomar algo de café, no cargado, lo mismo que de té. Son muy útiles las infusiones de manzanilla, tila, boldo, menta piperita, etc. Hay también numerosas aguas mineromedicinales o de mesa, sin gas, que pueden resultar útiles.

Régimen dietético en las hepatopatías crónicas descompensadas. En caso de hepatitis crónicas o cirrosis hepáticas en fases de descompensación incipientes o ya declaradas (síntomas neurológicos, ascitis, hipertensión portal, fenómenos hemorrágicos, etc.), el problema de la alimentación es sumamente delicado, por lo que en cada caso decidirá el médico la clase de dieta por seguir.

Sólo indicaremos que en caso de ascitis está indicada una dieta muy rica en proteínas, aunque totalmente exenta de sal. Por el contrario, en caso de insuficiencia hepática incipiente, con estupor u otros síntomas nerviosos, la prohibición de proteínas ha de ser absoluta.

Dieta en las enfermedades de las vías biliares. No existe una dieta capaz de «curar» unos cálculos biliares ya formados, ni siquiera de evitar su formación, o prevenir un cólico. La dieta de protección biliar en los casos de inflamación aguda (colangitis y colecistitis aguda) ha de ser muy reducida y sumamente sencilla y blanda, como la descrita en los casos de hepatitis aguda en la primera fase (para obtener información detallada al respecto, consúltese la página 318).

En las inflamaciones crónicas de las vías biliares, con o sin cálculos, la dieta es similar a la reseñada en los casos de hepatitis o hepatopatías crónicas compensadas, aunque pueda ser algo más flexible. En gran número de enfermos con colecistopatías crónicas coexiste una gastritis crónica, la cual marcará la pauta del régimen alimenticio por seguir, más que la condición de la vesícula enferma. Es necesario estudiar, en cada caso, la tolerancia hacia ciertos alimentos (frutas, verduras, huevos, leche, etc.) y recordar que las grasas cubren un gran papel en la eliminación de la bilis. Si lo que se pretende en estos enfermos es procurar un buen drenaje biliar, y se ha de recurrir a administrar los llamados colagogos (que aumentan la eliminación de la bilis) y coleréticos (que aumentan su formación), una dieta en que las grasas vegetales crudas representen el 25% del aporte calórico total (sobre todo aceites grasos no saturados, del tipo de maíz, girasol y, en menor grado, de oliva) es de evidente utilidad. La costumbre de dar a estos enfermos una cucharada de aceite crudo de oliva en ayunas, encuentra así su plena justificación científica.

En estos enfermos son muy útiles, asimismo, las infusiones de boldo y menta piperita (a partes iguales) y, sobre todo, la ingestión en cantidades adecuadas de aguas mineromedicinales.

Páncreas

PANCREATITIS AGUDA

Síntomas. Se trata de un cuadro agudísimo, dramático y angustioso que provoca en algunos casos el dolor más intenso que pueda producirse en el hombre. Aparece bruscamente, localizado en epigastrio o alrededor del ombligo, y se puede irradiar hacia la parte baja del abdomen, las caderas y, en ocasiones, hacia el tórax, donde puede simular la presencia de un infarto de miocardio. Aunque el dolor es continuo, también pueden producirse manifestaciones cólicas con exacerbaciones a intervalos. A diferencia del cólico renal o biliar, el enfermo no se revuelca en la cama, sino que permanece quieto, aterrado.

A veces aparecen signos de ictericia. Los vómitos son casi constantes, con contenido bilioso. El paciente está frío y cianótico, y puede, incluso, entrar en «shock». Su pulso es rápido y todo señala, en definitiva, la gravedad del proceso.

Naturaleza y causas. La afección consiste en la autodigestión del páncreas por sus propios fermentos. La glándula se encuentra hinchada, hemorrágica, y pronto se presentan focos necróticos por destrucción de sus células, digeridas por las enzimas pancreáticas. Si éstas salen por la destrucción masiva de la glándula, irritan al peritoneo, produciendo una peritonitis intensa con todas sus consecuencias.

Las causas permanecen algo oscuras. Afecta, sobre todo, a los hombres en edad madura tras excesos en la comida o la bebida, principalmente si padecían alguna afección de la vesícula biliar. Parece ser que un factor causal importante es el reflujo de la bilis por el conducto pancreático hasta el páncreas. Puede sobrevenir también en el curso de ciertas enfermedades infecciosas (paperas), tras traumatismos, o por una úlcera gastroduodenal que se haya perforado y haya penetrado en el tejido pancreático. Sin embargo, se asocia más frecuentemente a enfermedades crónicas de las vías biliares y a alcoholismo intenso.

Tratamiento. Es imperativo el inmediato ingreso en un centro hospitalario para combatir el «shock», el dolor, la infección secundaria y sostener el aparato circulatorio. Están prohibidos los alimentos y bebidas. Se probó la inhibición de los fermentos pancreáticos, con malos resultados, incluso el lavado peritoneal, pero sin resultados concluyentes. Muchos enfermos se recuperan, pero permanecen sujetos a frecuentes recaídas (pancreatitis recidivante) que acaban por desorganizar el páncreas, produciendo numerosas alteraciones, como quistes, fibrosis, trastornos digestivos por falta de fermentos pancreáticos, síndromes de malabsorción y diabetes por falta de insulina (que también se produce en el páncreas), aunque esto sea menos frecuente.

PANCREATITIS CRÓNICA

La forma crónica puede seguir a un ataque agudo, pero generalmente cursa de modo independiente, comenzando solapadamente. Los síntomas incluyen dolores difusos abdominales, disminución del apetito, digestiones pesadas, síndromes de malabsorción, pérdida de peso, diarreas, flatulencia y, a menudo, presentación de ictericia del tipo obstructivo (al comprimir el tejido fibroso del páncreas al colédoco antes de su entrada en el duodeno).

Examen de las enfermedades

Causas. No se conocen exactamente, pero hay una serie de factores que juegan un papel indudable: los abusos de alcohol, las enfermedades crónicas del estómago y las de duodeno, y especialmente la existencia de enfermedades crónicas que afectan de manera importante a las vías biliares.

Tratamiento. Prohibición absoluta del alcohol. No deberán comerse grasas y deben restringirse las proteínas. A veces es necesario recurrir a la intervención quirúrgica. Por lo demás, debe seguirse un tratamiento sintomático a base de fermentos digestivos, corrección de los estados carenciales producidos por la malabsorción, tratamiento de la diabetes cuando afecta al páncreas endocrino (islotes de Langerhans), etc.

La sangre y sus enfermedades
(hematología)

Estructura y función

En el *Fausto* de Goethe se califica a la sangre como «jugo sumamente especial» para expresar algo que no solamente está en la mente de los poetas, que más que un fluido constituye un símbolo de vida. La medicina la ha elevado por encima del simple concepto de vehículo de transporte, y la considera como un tejido propiamente dicho. Su importancia no tiene límites, pues no existe célula, tejido o sistema orgánico en el organismo cuya vida no dependa de una adecuada irrigación sanguínea. Cabe suponer que alguna parte del organismo pudiera prescindir del gobierno hormonal correspondiente e incluso de su inervación; en un principio, su supervivencia no se vería seriamente comprometida. Sin embargo, bastan unos pocos minutos de interrupción sanguínea para que esta parte muera irremediablemente.

La sangre no sólo aporta sustancias nutritivas (oxígeno y alimentos), sino que retira residuos metabólicos (anhídrido carbónico y escorias del desgaste celular) y reparte compuestos activos (fermentos, hormonas y vitaminas), sin cuya presencia la vida celular no podría subsistir. Además, la sangre constituye una de las más eficaces barreras defensivas del organismo y es capaz de preservar la integridad del individuo ante agresiones extremas, del mismo modo que posee un «sexto sentido», aún muy difícil de definir en términos físicos, químicos o biológicos, que le permite saber por sí misma cuándo algo es extraño al organismo (fundamento de la inmunología). Han pasado muchos años desde que Claudio Bernard señaló que el verdadero medio en que vivimos no es el agua ni el aire, sino el plasma o porción líquida de la sangre que, en íntima conexión por traslado e intercambio con los líquidos tisulares o intersticiales, baña todo el conjunto celular del cuerpo humano. Este «medio interno» se encuentra tan aislado del perimundo que parece estar encerrado en sí mismo, como si su envoltura humana fuese una especie de invernadero. La sangre tiene la propiedad de mantener una serie de constantes en este mundo interior, sin relación con las vicisitudes exteriores. Sólo así consigue el ser animal una vida independiente (principio de la homeostasia).

La sangre y sus enfermedades

En la composición de la sangre se distingue una fase líquida (**plasma**) y unos elementos formes (células): **hematíes, glóbulos rojos** o **eritrocitos, leucocitos** o **glóbulos blancos** y **plaquetas** o **trombocitos**. No pensemos, sin embargo, que ambos componentes actúan de manera independiente. Su función complementaria se manifiesta en todos los niveles. Por ejemplo, la vida humana depende de la admisión, transporte y reparto de hasta 800 cc de oxígeno por minuto, que han de ser distribuidos por los diversos tejidos.

Si la sangre sólo estuviera formada por plasma para transportar esta enorme cantidad de oxígeno, se precisarían unos 200 litros de sangre circulante debido a que el medio líquido es poco receptivo al gas. Para evitar este inconveniente, la naturaleza ha dispuesto unas células, los hematíes o glóbulos rojos, que tienen una misión primordial: contener un pigmento, la hemoglobina, que es capaz de fijar una extraordinaria cantidad de oxígeno. Sólo así se consigue que los doscientos litros necesarios se reduzcan a dos: el volumen que ocupa la masa de glóbulos rojos en la sangre. La cosa cambia cuando consideramos el anhídrido carbónico, producto residual del intercambio gaseoso. Éste se reparte muy bien en el plasma sanguíneo, por lo que no necesita células especiales que lo transporten.

Un segundo ejemplo: en el plasma existen innumerables sustancias defensivas que protegen al organismo contra las agresiones biológicas (bacterias) o químicas (toxinas), pero no basta con la neutralización química. Es necesario también que se diferencien en la sangre unos elementos celulares (glóbulos blancos o leucocitos) para que, en el sentido estrictamente literal de la palabra, acudan al lugar agredido para engullir, englobar o atrapar las bacterias y las células destruidas por la infección, que ya no cumplen función alguna. Este fenómeno es la base de la formación de pus y es mucho más complejo que el de la simple desintoxicación química.

Por último, existen unas células totalmente distintas, las plaquetas, que tienen la misión de conservar la sangre en estado líquido dentro de su recipiente, los vasos sanguíneos.

La masa celular de la sangre ocupa aproximadamente el 44% del volumen total (valor hematocrito). Como es natural, esta cantidad varía cuando la sangre se diluye (en las anemias, por falta de hematíes) o cuando se espesa (por pérdida de líquido).

Consideremos ahora cómo se forma o renueva la sangre. Este proceso recibe el nombre de **hematopoyesis**. Los hematíes se forman a nivel de la médula ósea y tienen una vida relativamente corta. Antes de ingresar en la circulación sufrirán un proceso de maduración durante el cual pierden su núcleo, con lo que ya no pueden reproducirse. Una vez que los glóbulos rojos o hematíes han ingresado en la circulación sólo sobreviven 120 días como máximo.

Los glóbulos blancos tienen una vida mucho más efímera: circulan sólo unos pocos días. Es muy interesante la renovación de la sangre después de hemorragias de intensidad variable. La pérdida de más de las dos terceras partes es incompatible con la vida, a no ser que se sustituya inmediatamente por transfusiones u otros medios. La parte líquida (plasma) se recupera con mucha facilidad. Dos o tres días después de la hemorragia ya se ha recuperado el 80% del plasma perdido (naturalmente, todavía desprovisto de células, que tardan mucho más en regenerarse). A los 20 días empiezan a completarse los hematíes, que al principio son pobres en hemoglobina. Al cabo de un mes, el contenido en este pigmento se acerca a sus proporciones normales.

Examen de las enfermedades

Composición de la sangre	Papel biológico
Cantidad total de sangre: 5-6 litros, 1/13 del peso corporal.	
Parte líquida o plasma. El plasma forma aproximadamente el 55% de la cantidad total de sangre. Se trata de un líquido incoloro con un 90% de agua, 78% de diversas proteínas, y de un 2 a un 3% de sustancias inorgánicas (potasio, calcio, sodio, magnesio) y orgánicas (glucosa, urea, etc.).	El plasma se forma primordialmente en el hígado. Por sus proteínas posee importantes sistemas defensivos contra las infecciones y actúa de medio de transporte para las sustancias nutritivas, hormonas, vitaminas, medicamentos y los productos de desecho.
Parte forme o corpuscular. *a)* Glóbulos rojos, hematíes o eritrocitos: En el hombre existen normalmente 5 millones de hematíes por milímetro cúbico de sangre; en la mujer, algo menos: 4.5 millones. Son unas estructuras redondas, en forma de disco excavado en el centro (bicóncavo), con un diámetro de 0.008 mm, que no tienen núcleo, rellenas de un pigmento rojo, la hemoglobina, que contiene hierro. *b)* Glóbulos blancos o leucocitos: Corpúsculos redondeados con núcleo y tamaño algo mayor que el de los hematíes. Existen de 5 mil a 10 mil leucocitos por milímetro cúbico de sangre. Alrededor del 25 al 35% de los leucocitos están constituidos por los llamados linfocitos. El resto lo forman los granulocitos. *c)* Plaquetas o trombocitos: Corpúsculos muy pequeños, incoloros, de forma oval, con un diámetro de 0.002 a 0.004 mm. Existen entre 250 mil y 300 mil por milímetro cúbico de sangre.	Los hematíes se forman en la médula ósea. Actúan de intermediarios en la respiración interna mediante el transporte del oxígeno desde los pulmones hasta las células corporales. Una vez que el oxígeno es cedido a las células, la hemoglobina se reduce. Los granulocitos se forman en la médula ósea, mientras que los linfocitos en los ganglios linfáticos y en el bazo. Los primeros tienen una misión defensiva contra las bacterias y las células destruidas por las reacciones inflamatorias, y son capaces de engullirlas (fagocitosis) para formar el pus. Las plaquetas se forman en la médula ósea y juegan un papel fundamental en el mecanismo de la coagulación de la sangre. Al romperse un vaso sanguíneo o al encontrarse la sangre fuera de su seno habitual, las plaquetas se rompen con una extraordinaria facilidad, y liberan una sustancia activa que provoca la coagulación.

Coagulación sanguínea

La sangre mantiene un difícil equilibrio dentro del sistema vascular. Puede pasar con mucha facilidad al estado sólido, con formación de un coágulo, mediante un proceso sumamente complejo y no del todo esclarecido, en el que se sabe que intervienen más de treinta sustancias diferentes. Las plaquetas o trombocitos son unas células que presentan una sensibilidad especial y al ponerse en contacto con la pared vascular lesionada se descomponen en pocos segundos y liberan una sustancia activa capaz de desencadenar la coagulación (esta sustancia se llama tromboquinasa o tromboplastina, que también se produce en otros tejidos). Al cabo de una serie de reacciones en cadena en las que intervienen diversos factores (entre ellos el calcio), la tromboplastina actúa sobre una proteína plasmática, la protrombina, que se convierte en trombina; al mismo tiempo, otra proteína contenida en el plasma, el fibrinógeno, se solidifica y forma la fibrina, que es la que sirve de armazón al coágulo de sangre. Para que ocurra este cambio en el estado físico, es necesario que la sangre se ponga en contacto con un medio extraño, de tal manera que la introducción de un objeto en el seno vascular provoca ya la formación de un coágulo (trombo). Las lesiones de la pared de los vasos actúan de la misma manera. El gran problema de la trombosis consiste en que, por una lentitud patológica de la corriente sanguínea con inflamación de la pared vascular (flebitis, várices), por arterioesclerosis o por un traumatismo, puede formarse un coágulo que obstruya no sólo la arteria o vena correspondiente, sino que también pueda movilizarse y emigrar, impulsado por la misma corriente, hasta llegar a un vaso que sea demasiado estrecho y no le permita pasar (embolia). Esto tendrá unas consecuencias gravísimas si el vaso obstruido irriga tejidos especialmente sensibles a la falta de sangre, como son el pulmón o el cerebro.

El objetivo de la coagulación es proteger al organismo. En cualquier herida, por muy pequeña que sea, se forma un coágulo que obtura la rotura vascular y evita que salga la sangre. La medicina actual ha descubierto medios que sirven para dirigir este proceso, tanto acelerándolo como frenándolo. En algunos casos, como por ejemplo en la tromboflebitis o en la arterioesclerosis, puede interesar que no se forme ningún coágulo, para lo cual se administrarán unos fármacos llamados anticoagulantes (heparina, cumarina). En otros enfermos puede interesar que se acelere el proceso de la coagulación, y en este caso se administrarán sustancias favorecedoras, especialmente la vitamina K. En ocasiones, el médico actuará sobre un trombo ya formado y utilizará unas sustancias llamadas fibrinolíticas —descubiertas recientemente— que disuelven el coágulo. En este sentido, la medicina y la farmacología aún resolverán una serie de importantes problemas, aunque se haya conseguido que el trombo que obstruye un vaso pueda ser disuelto con medicamentos o que pueda ser extirpado en determinados casos. El rayo láser surge prometedor en este aspecto.

Los grupos sanguíneos

La sangre interviene de modo decisivo en las reacciones biológicas de defensa. Muchas sustancias agresivas pueden ser neutralizadas por otras específicas que se encuentran en el plasma, ya desde el nacimiento o bien posteriormente (anticuerpos).

Examen de las enfermedades

Además de detectar cuerpos extraños, la sangre está capacitada para distinguir cualquier otro tipo de sangre que no sea la de su propia especie. Por ello, es imposible transfundir sangre de un animal al hombre. El rechazo es inmediato y el receptor reacciona con una grave crisis, que en síntesis implica una disolución de sus propios hematíes. Éstos se rompen, por así decirlo (su membrana celular se desintegra), y vierten su contenido hemoglobínico en el plasma (hemolisis), que se eliminará por el riñón; aunque si la avalancha es demasiado grande, éste puede obstruirse.

La transfusión de sangre entre los mismos seres humanos tampoco es posible en todos los casos, pues existen diferencias que plantean problemas de incompatibilidad. Independientemente de factores raciales, ambientales o constitucionales, los hematíes o glóbulos rojos poseen una propiedad específica que distingue a una persona de otra. Esta característica se transmite de forma hereditaria; no cambia durante toda la vida y ni siquiera se modifica por una enfermedad o cualquier otra circunstancia. Estas propiedades de los hematíes, imposibles de definir todavía químicamente, que ayudan a modelar la individualidad humana, pueden clasificarse según unos módulos o **grupos sanguíneos**, de los que existen una cantidad elevadísima y no del todo precisada. Desde el punto de vista práctico, o sea, a la hora de realizar una transfusión, el problema es bastante más sencillo. Si tuviéramos en cuenta todos los grupos sanguíneos conocidos, la transfusión sería algo imposible de realizar. Por fortuna, las incompatibilidades se reducen a dos sistemas de grupos: el AB0 y el Rh.

Si en un cristal juntamos unas gotas de sangre de una persona con las de otra, puede suceder que la mezcla se mantenga estable o que ya a simple vista aparezca la incompatibilidad: los glóbulos rojos se aglomeran o apelotonan (**aglutinación**). Este fenómeno de rechazo se produce aunque sólo se hayan mezclado hematíes de una persona con suero de otra, de lo que se deduce que si bien los hematíes tienen propiedades específicas, también en el suero existen sustancias definidas capaces de aglutinar los hematíes pertenecientes a otro ser, en casos de incompatibilidad.

En el llamado sistema AB0 sólo existen dos clases de estas sustancias aglutinantes (aglutininas), la anti-A y la anti-B, mientras que los hematíes tienen la propiedad A o la B. El sujeto perteneciente al grupo A sólo tendrá aglutininas séricas anti-B, pues si también tuviera las anti-A, se aglutinaría su propia sangre.

La sangre de una persona no sólo puede tener hematíes con la característica A o la B, sino también puede tener ambas a la vez: es el caso del grupo sanguíneo llamado AB, en el que, por supuesto, no existen aglutininas en el suero.

Por último, existe una cuarta posibilidad: algunas personas no pertenecen ni al grupo A ni al B. Son los individuos del grupo 0 (cero), que pueden tener aglutininas anti-A y anti-B en el suero, generalmente las dos en diferente proporción.

En una determinada población, la relación de habitantes con un grupo sanguíneo específico suele mantenerse constante. Un elevadísimo porcentaje de los habitantes de América Latina pertenecen al grupo 0. El grupo A es mucho menos frecuente, el B todavía menos y el AB se presenta en muy escasa proporción.

La posibilidad de una transfusión de sangre depende de la existencia de una identidad entre el donante y el receptor, por lo que se refiere a los grupos sanguíneos del sistema AB. La sangre del grupo 0 (cero) puede ser transfundida a cualquier persona, independientemente de su grupo (donantes universales), pues aunque contiene aglutininas anti-A y anti-B, su cantidad es despreciable al compararla con la masa

La sangre y sus enfermedades

del suero del receptor. Por otro lado, el individuo perteneciente al grupo AB (receptor universal) puede recibir sangre de cualquier grupo, ya que no posee aglutininas. En síntesis, la compatibilidad entre los distintos grupos de sangre puede establecerse según el esquema adjunto, en el que las flechas indican quién puede actuar de donante y quién de receptor, sin que exista peligro de accidente (hemolisis).

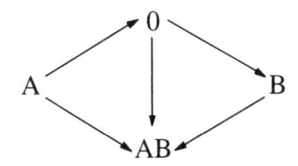

```
        0
      ↗ ↓ ↘
    A   ↓   B
      ↘ ↓ ↙
        AB
```

En la mayoría de las ocasiones, la transfusión no se efectúa directamente entre el donante y el receptor. Hoy la técnica permite conservar la sangre del donante a baja temperatura y durante cierto tiempo en los llamados bancos de sangre. Estos bancos tienen ventajas evidentes, entre las que cabría mencionar la inmediata disponibilidad de la sangre en casos de urgencia, el perfecto control de la sangre procedente de los donantes profesionales o altruistas de estado de salud perfectamente conocido, etc. Por supuesto, conviene dejar bien sentado que la donación de 300 cc de sangre cada dos o tres meses es completamente inofensiva y que toda persona adulta sana debiera ofrecerse periódicamente para solidarizarse con la multitud de enfermos cuya vida depende de la sangre de los donantes. En ciertos países, la Cruz Roja está realizando una admirable labor en este sentido y ha formado un grupo de donantes desinteresados, que mantienen el banco de sangre correspondiente.

En la sangre humana existe además una serie de factores diferenciales de menor importancia desde el punto de vista de la transfusión, pero que adquieren gran trascendencia a la luz de la genética. Tanto es así que en casos dudosos puede determinarse la paternidad en casos de juicio ante tribunales y así lo aceptan ya los tribunales de justicia en algunos países.

Además del sistema AB0 descubierto a principios de este siglo, Landsteiner identificó en 1940 el trascendental factor Rh. Estudiando la sangre de un conejo al que se había transfundido una pequeña cantidad de sangre de un mono de la especie **Macacus rhesus** observó que se producían anticuerpos que no sólo aglutinaban los hematíes de este simio, sino también los del 85 % de un grupo de personas blancas con el que experimentó en Nueva York. En la población de raza negra esta proporción era mayor, y aun más en los individuos de raza amarilla (hasta más del 95 %). De este modo, la humanidad se puede dividir en dos grupos, uno Rh positivo y el otro negativo. Si se mezcla sangre Rh positiva con la negativa puede aparecer, en algunas ocasiones, una intolerancia (hemolisis) de cierta importancia. Sin embargo, el verdadero problema que presenta el factor Rh es otro, el de la eritroblastosis fetal o enfermedad hemolítica del recién nacido. En su forma más grave, esta enfermedad produce la muerte del feto en los primeros meses del embarazo. Otras veces se manifiesta en el recién nacido, aparentemente sano, a los pocos días del parto, en forma de una ictericia progresiva. Como en esta enfermedad se produce una destrucción masiva de glóbulos rojos, sólo una transfusión, también masiva, podrá salvar la vida del niño.

Levine descubrió que en estos casos siempre se producía una crisis hemolítica por incompatibilidad entre la sangre fetal y la materna cuando ésta era Rh negativa y el hijo

Rh positivo (por haber heredado esta característica del padre). El feto sensibiliza entonces a la madre, en la que provoca la aparición de anticuerpos específicos que en futuros embarazos con feto Rh positivo pueden producir en éste la eritroblastosis. En definitiva, la sangre de la madre Rh negativa se defiende contra la agresión que supone la presencia del feto Rh positivo, formando anticuerpos capaces de aglutinar y destruir los glóbulos rojos de éste. El fenómeno sólo se produce cuando el padre es Rh positivo y la madre Rh negativa, y no cuando ambos son Rh negativos. Por fortuna, el problema se ha resuelto recientemente al aplicarse una inyección desensibilizante a base de una gammaglobulina especial que se administrará inmediatamente después del primer parto. Antes, el procedimiento consistía en la práctica de la transfusión completa del recién nacido (**exanguinotransfusión**), que revestía caracteres de espectacularidad y no pocas dificultades, por lo que ya no se practica.

Enfermedades de la sangre

ANEMIA

El concepto de anemia define un estado en el que no existe una reducción del volumen de sangre circulante (oligohemia), sino una disminución del número de glóbulos rojos o de la cantidad de hemoglobina de los hematíes por unidad de volumen de sangre. Así, existen varios tipos de anemia:
 —Por pérdida de sangre (post-hemorrágicas).
 —Por falta de hierro (ferropénicas).
 —Debidas a una destrucción de glóbulos rojos (hemolíticas).
 —Por una disminución en la formación de glóbulos rojos (anemia perniciosa).
 —Por una depresión de la médula ósea, por ejemplo por venenos o por uremia (tóxicas).
 —Acompañando a las infecciones agudas o crónicas y a las enfermedades tumorales.

El diagnóstico de la llamada **clorosis** o anemia de los jóvenes ya no se emplea, pues no corresponde a una enfermedad en particular, sino que es una forma de anemia por carencia de hierro en la pubertad que actualmente es de presentación muy rara.

Síntomas:
 1. Evidente palidez de la piel y mucosas, por ejemplo de los labios, cavidad bucal, conjuntivas (sobre todo en el fondo de saco de la conjuntiva que reviste el interior del párpado inferior), aunque la palidez de la piel sea un síntoma equívoco, ya que su coloración depende mucho de la irrigación sanguínea, por lo que hay muchas personas pálidas que no tienen anemia.
 2. Cansancio, fatiga, irritabilidad, insomnio, falta de concentración.
 3. Aceleración del pulso y de la respiración, sobre todo después de realizar algún esfuerzo.
 4. Trastornos sensitivos en forma de hormigueos (parestesias), generalmente en manos o pies (en las anemias perniciosas).
 5. Accesos intermitentes de ictericia y aumento de tamaño del bazo (en las anemias hemolíticas).

Naturaleza y origen. Con excepción de la anemia aguda, que proviene de una hemorragia masiva de cualquier localización, las anemias suelen ser de evolución solapada y tardan bastante tiempo en desarrollar síntomas precisos. Éstos se originan simplemente por la disminución del número de glóbulos rojos, con lo que se dispone de menor cantidad de hemoglobina útil para el transporte de oxígeno. Se habla de anemia cuando la cifra de hematíes desciende por debajo de 4 millones por milímetro cúbico o cuando el contenido de hemoglobina es inferior a 12.5 gramos por cien centímetros cúbicos de sangre.

Entre las causas figuran, en primer lugar, las pérdidas repetidas, a veces inadvertidas, de sangre (úlceras de estómago o duodeno, hemorroides, menstruaciones excesivas en cantidad o duración, etc.). La renovación normal de los hematíes en la médula ósea no puede compensar la pérdida repetida y disminuye el número de glóbulos rojos circulantes. En las anemias ferropénicas puede ocurrir que siga formándose el mismo número de hematíes, pero éstos contienen menos hemoglobina, lo que a fines prácticos equivale a un déficit de glóbulos rojos. La falta de hierro puede provocarse por multitud de causas: después de las hemorragias, por una deficiente nutrición (esta eventualidad es bastante rara) o por un defecto en la absorción de hierro alimenticio a nivel del tubo intestinal, causa más frecuente y que se debe, por ejemplo, a una falta de ácido clorhídrico en el jugo gástrico. También en el embarazo, en el que existe un mayor consumo de hierro, es más fácil la aparición de la anemia ferropénica.

En la anemia perniciosa existe una carencia en vitamina B-12 necesaria para el proceso de formación de los hematíes en la médula ósea. Antiguamente, esta vitamina se identificaba con el llamado factor extrínseco, contenido en el hígado, que para ser eficaz tenía que unirse con un factor intrínseco localizado en la mucosa gástrica. Hoy se sabe que dicho factor externo es la propia vitamina B-12, y ya no es necesario administrar una dieta de hígado crudo o inyecciones de extractos hepáticos (generalmente bovinos), sino dicha vitamina en estado puro. Otra causa de las anemias son los factores hereditarios (sobre todo en las formas hemolíticas). Hay anemias hemolíticas congénitas familiares, en las que de padres a hijos se transmiten unas características especiales de la molécula de hemoglobina que condicionan unas formas anormales de los hematíes (membrana muy frágil, diámetro reducido, etc.) y una especial facilidad para la hemolisis. Los hematíes, en lugar de circular durante los 120 días que acostumbran, lo hacen sólo 20 o 30. Son enfermedades muy raras. En la cuenca mediterránea adquiere gran importancia práctica la llamada **talasemia**. Para paliar este trastorno hereditario, que cursa con anemia muy grave, sólo caben repetidas transfusiones de sangre. Por último, debemos mencionar las anemias por lesión de la médula ósea en las intoxicaciones (plomo, disolventes orgánicos como el benzol, algunos medicamentos, etc.) y tras las irradiaciones, bien sean de rayos X o bien atómicas (Segunda Guerra Mundial). Es muy llamativa la anemia que sobreviene en el curso de las infecciones crónicas o en los tumores, sobre todo malignos, con un mecanismo causal todavía poco claro.

Tratamiento. Siempre habrá que buscar la causa. En las anemias agudas que se producen tras hemorragias profusas no cabe más que la transfusión. En los casos de anemias de instauración lenta habrá que empezar por averiguar el origen de la hemorragia. Las anemias ferropénicas responden muy bien al tratamiento con los diferentes preparados de hierro (terapéutica marcial); algunas personas toleran mal el hierro administrado por vía oral, por lo que se les inyecta por vía intramuscular o intravenosa. También hay que resaltar el hecho de que el hierro tomado por vía oral tiñe intensamente las heces de color negruzco, circunstancia que en ocasiones podría confundirse con una posible hemorragia digestiva (melena). La anemia perniciosa tiene un tratamiento muy eficaz con inyecciones repetidas de vitamina B-12. Por último, en las formas de anemia hemolítica caben muchas medidas, entre las que se encuentra la extirpación quirúrgica del bazo.

POLIGLOBULIA

Hay poliglobulias puramente secundarias, es decir, que se producen como reacción natural del organismo para aumentar el número de hematíes cuando existe una mayor necesidad de oxígeno (por ejemplo, en las alturas, donde la atmósfera posee menos cantidad de este gas). Pero otras surgen en las enfermedades destructivas crónicas del pulmón (tuberculosis muy avanzadas, enfisemas, etc.), en las que el organismo, para compensar un déficit de la ventilación y, por lo tanto, en el transporte de oxígeno, incrementa la cantidad de glóbulos rojos con el mismo fin: que llegue en cantidad suficiente a los tejidos periféricos. Generalmente, esta poliglobulia carece de importancia y no requiere tratamiento especial.

POLICITEMIA

Se trata de una enfermedad poco frecuente en que la sangre sufre tal espesamiento a causa de un aumento excesivo del número de glóbulos rojos que la piel adquiere un color francamente congestivo. Su origen parece estar relacionado con la regulación de la formación de hematíes en la médula ósea. El peligro de esta poliglobulia primaria radica en que, como la sangre es tan espesa y viscosa, aparecen con facilidad trombosis vasculares. El tratamiento incluye sangrías frecuentes, se ha visto que la aplicación de isótopos radiactivos (fósforo radiactivo) y algunas sustancias químicas llamadas citostáticas (es decir, que inhiben el papel hematopoyético de la médula ósea) tienen grandes posibilidades de éxito.

LEUCOPENIA *(Agranulocitosis)*

La disminución del número de glóbulos blancos de la sangre sólo suele afectar a los leucocitos formados en la médula ósea (granulocitos) y no a los linfocitos. La disminución relativa, pequeña o discreta recibe el nombre de leucopenia y no tiene mayor trascendencia clínica (por ejemplo, es característica en la fiebre tifoidea). Pero la cifra baja desmesuradamente e incluso desaparecen los leucocitos granulares en una enfermedad de gravedad extraordinaria: la agranulocitosis, ya que estas células tienen un papel primordial en los mecanismos defensivos del organismo. Durante su curso aparecen cuadros febriles muy alarmantes e infecciones fulminantes, sobre todo con manifestaciones en garganta y boca.

La sangre y sus enfermedades

Causas. Estos cuadros se deben siempre a trastornos de la médula ósea (por intoxicaciones o veneno, e incluso por hipersensibilidad a los medicamentos o también a los rayos X, etcétera).

Tratamiento. La terapéutica consiste fundamentalmente en transfusiones de sangre y en la administración de corticosteroides. Por fortuna, la enfermedad tiene un pronóstico bastante bueno.

Cuando los tóxicos que llegan a la médula ósea afectan tanto a las células blancas como a los hematíes y a las plaquetas, aparece una enfermedad en la que existe una disminución global de todos los elementos celulares en la sangre, denominada **panmielopatía** o **panmieloptisis**.

LEUCEMIA

Si el aumento del número de glóbulos blancos (leucocitosis) carece de importancia en sí mismo y sólo traduce un mecanismo compensatorio para luchar contra una infección purulenta (por ejemplo, es típica la leucocitosis de la apendicitis aguda), en la leucemia el trastorno es mucho más hondo. En realidad se trata de un proceso tumoral, por desgracia sumamente maligno, que puede manifestarse de múltiples formas. Las leucemias se clasifican en granulocíticas o linfocíticas, si el elemento predominante son granulocitos o linfocitos; y en agudas o crónicas, si las formas son inmaduras o maduras. En todo enfermo la cifra de glóbulos blancos puede ascender a más de cien mil por milímetro cúbico (normalmente hay entre 5 000 y 8 000).

Pero no es sólo el aspecto cuantitativo el que importa, es también un problema cualitativo. Los leucocitos que aparecen en la sangre son de forma y función totalmente anormales, por lo que no proporcionan defensa alguna contra las infecciones.

Estos leucocitos se relacionan por regla general con procesos infectivos de garganta, boca, pulmones, tracto digestivo; y se manifiestan en forma de hemorragias (por ejemplo, de las encías). A menudo se inflaman los ganglios linfáticos del cuello, de la axila y de la ingle, y el bazo. Además, es habitual que aparezca una anemia intensa.

Causas. No se conoce exactamente el origen de las leucemias. Ha habido muchas teorías (virus, factores tóxicos, etc.), pero en realidad sólo se sabe que es una especie de cáncer maligno que afecta la médula ósea o los ganglios linfáticos.

Tratamiento. La terapéutica de las leucemias es sumamente compleja, y numerosos agentes (rayos X, isótopos radiactivos, citostáticos, etc.) han demostrado su eficacia para hacer remitir el cuadro. Hay enfermos que, debidamente tratados en centros especializados, han conseguido una supervivencia sumamente prolongada. Hay quimioterapéuticos como la vincristina y la vinblastina que han logrado la remisión de algunos tipos de leucemia; también el trasplante de médula ósea reporta mejoría para otros tipos de leucemia.

LINFOGRANULOMATOSIS *(Enfermedad de Hodgkin)*

Síntomas. Tumefacción y evidente aumento de volumen de los ganglios linfáticos del cuello, de la axila y de la ingle, y del bazo (esplenomegalia). Es frecuente que exista una fiebre discreta pero muy irregular, picor en la piel, adelgazamiento y anemia. El diagnóstico se realiza mediante el análisis microscópico de uno de estos ganglios, que revela la presencia de unas células características.

Causas. Tampoco se conoce con exactitud el origen de la enfermedad de Hodgkin, aunque también se le considera como una forma especial de tumor de los tejidos linfáticos formadores de sangre. El pronóstico, en general, es bastante bueno, pues se consiguen supervivencias de muchísimos años e incluso curaciones totales. El tratamiento también es muy complejo, pues el especialista empleará, según el estado de evolución, rayos X o quimioterapéuticos.

DIÁTESIS HEMORRÁGICAS

Las enfermedades hemorrágicas comprenden toda una serie de trastornos que no tienen en común más que una mayor propensión (diátesis) para la hemorragia, cuyas manifestaciones pueden ser externas o internas; caben hemorragias cutáneas, desde la aparición de pequeños punteados —púrpura— hasta grandes extensiones, como manchas azules (hematomas) o hemorragias por los motivos más triviales, como en el caso de la hemofilia, en el seno de las articulaciones o en los órganos internos.

Causas:

1. Lesiones congénitas de la pared vascular, sobre todo de los capilares, que obedecen a mecanismos evidentemente hereditarios. Estas personas presentan fácilmente hematomas o «cardenales», o tienen hemorragias aparatosas (por la nariz, por la boca, por el pulmón, etc.) que pueden revestir importancia.

2. Carencia de vitamina C. Tan importante factor biocatalizador puede faltar cuando la dieta carece de fruta o verduras frescas, o cuando existe un consumo exagerado de dicha vitamina no compensado por la dieta, como ocurre durante algunas infecciones y en la época del crecimiento o tras grandes esfuerzos musculares. Con una dieta adecuada es prácticamente imposible que aparezca la enfermedad. Históricamente, quizá sólo tenga interés mencionar que era frecuente en los barcos que hacían largas travesías sin que los marineros pudiesen probar frutas frescas. Fue un inglés quien hace ya más de dos siglos descubrió que se podía evitar este cuadro carencial, denominado **escorbuto**, simplemente con guardar jugos de frutas e incluirlos en la dieta. Los síntomas aparentes son sobre todo bucales (pequeñas hemorragias en las encías), pero existe aparejada a ellos una peculiar predisposición hacia las infecciones, lo que ya supone un problema mayor.

3. Carencia de plaquetas (enfermedad de Werlhof): en esta enfermedad, de origen impreciso, aparecen múltiples hemorragias en la piel (púrpuras o petequias) como síntoma fundamental. El tratamiento con corticosteroides y, en su caso, con la extirpación del bazo, es sumamente eficaz, incluso curativo.

4. Carencia congénita de algunos factores esenciales para la coagulación de la sangre. Se produce en algunos individuos, y un ejemplo característico es la **hemofilia**, enfermedad en verdad poco frecuente pero divulgada por haber afectado a la familia real española. En la clásica hemofilia falta, por razones hereditarias, el llamado factor VIII, con lo cual se provocan hemorragias por los motivos menos aparentes (un simple golpe, por ejemplo) que en ocasiones pueden comprometer la vida. La enfermedad no es curable, pero las hemorragias pueden evitarse simplemente mediante transfusiones

de sangre enriquecidas con el factor ausente. Estas medidas son necesarias ante la simple extracción de una muela o ante la necesidad de realizar en el paciente cualquier operación quirúrgica, por muy sencilla que parezca.

5. Otras enfermedades hemorrágicas se deben a causas alérgicas, reacciones reumáticas, intoxicaciones, dilataciones congénitas de las paredes vasculares, etc.

El bazo

El bazo se encuentra en íntima relación con la sangre y con los tejidos hematopoyéticos. Es un órgano que pesa entre 80 y 150 gramos, sumamente vascularizado, rico en células linfáticas, a las que forma y gobierna, y destructor de glóbulos rojos, misión sumamente delicada, pues el bazo sólo atrapa y disuelve los hematíes viejos y gastados, con más de 100 días de vida; mientras que deja pasar los jóvenes, todavía aptos para el transporte de oxígeno. Además, el bazo interviene en los aspectos defensivos linfocitarios e inmunológicos del organismo, y es un órgano de reserva que almacena sangre no circulante y puede lanzarla a la circulación general.

Sin embargo, el bazo no es totalmente imprescindible para la vida, y su extirpación no lleva consigo trastornos graves. Sólo en pocos casos se ha hablado de infecciones generalizadas (septicemia), que aparecen, en promedio, entre uno y tres años después de la extracción del bazo.

El aparato circulatorio y sus enfermedades

El aparato circulatorio está constituido por el corazón y un sistema vascular cerrado del que forman parte arterias, venas y capilares. Todo ello engloba una unidad funcional puesta al servicio de la sangre, que, como órgano de transporte, vive en permanente circulación. Existen, pues, un contenido, un continente y un mecanismo impulsor. La composición del humor sanguíneo es sumamente heterogénea: contribuyen numerosos tejidos a su constitución. La red vial que cubre todo el organismo humano, y su único motor —que permite un ininterrumpido flujo de la sangre en este cauce, con una actividad que ya comienza antes de nacer y termina quizá después de la muerte (al menos en el sentido de que el silencio cerebral es más importante para determinar la muerte, que el cese del latido cardiaco)—, tanto en su funcionamiento normal como en sus alteraciones, obedecen a un régimen de mutua dependencia. Se puede hablar del corazón y sus enfermedades (cardiología) o de los vasos sanguíneos y sus trastornos (angiología), pero ambas especialidades están hermanadas.

Estructura y función

El corazón constituye la bomba impulsora del aparato circulatorio; mediante contracciones rítmicas, inyecta sangre en los vasos sanguíneos. El sistema vascular consta, a su vez, de varias secciones. En primer lugar, de un sistema de **distribución**, con vasos que salen del corazón: las arterias que, en sucesivas ramificaciones, conducen la sangre a todos los tejidos; la cuantía de la irrigación varía con arreglo a las necesidades que en cada momento tenga cada uno de ellos. En segundo lugar, se encuentra un sistema de **difusión**, con vasos capilares de tan vasta extensión y de paredes tan finas que permiten el íntimo contacto de la sangre con todos los líquidos tisulares y hacen posible el imprescindible intercambio de sustancias. Por último, en el sistema vascular existe una fase **colectora**, con venas que recogen la sangre ya intercambiada en los capilares para conducirla de nuevo al corazón, por vasos cada vez mayores.

El corazón está constituido por dos partes, izquierda y derecha, cada una de las cuales se compone de una aurícula y un ventrículo. La sangre procedente de todo el organismo (exceptuando el pulmón), rica en anhídrido carbónico y pobre en oxígeno (sangre venosa), penetra en él a través de la aurícula derecha y de aquí pasa al ventrículo derecho, abandonando el corazón por la llamada arteria pulmonar, que conduce la sangre a los pulmones. Allí libera el anhídrido carbónico y toma oxígeno. Circulando por pequeños vasos, luego por otros mayores y finalmente por las venas pulmonares, llega a desembocar en la aurícula izquierda. De aquí la sangre pasa al ventrículo izquierdo, abandonando el corazón por la arteria aorta a una presión relativamente alta. De la aorta parten todas las arterias con sangre oxigenada que nutren los diferentes órganos y tejidos.

Al llegar la sangre a su destino penetra en una red de incontables vasos capilares, los cuales desembocan a su vez en grandes y pequeñas venas, y finalmente en las dos grandes venas denominadas cavas (cava superior y cava inferior). Éstas recogen la sangre procedente de la mitad superior e inferior del cuerpo, para desembocar en la aurícula derecha.

Así descrita, la circulación sanguínea discurre simultáneamente por dos circuitos diferentes, denominados mayor y menor. En el primero, el bombeo se realiza a través del denominado corazón izquierdo, mientras que la circulación menor o pulmonar es impulsada por el derecho. En síntesis:

1º   La **circulación mayor** transporta la sangre ya rica en oxígeno y libre del anhídrido carbónico desde la aurícula izquierda al ventrículo izquierdo, y desde aquí, una vez distribuida por todo el organismo, retorna a la aurícula derecha para pasar a la circulación menor, donde ha de depurarse.

2º   La **circulación menor** conduce la sangre pobre en oxígeno y rica en anhídrido carbónico desde la aurícula derecha al ventrículo derecho, para pasar por los pulmones, en los que se verifica el intercambio gaseoso externo o ventilación. La sangre, una vez oxigenada, es conducida a la aurícula izquierda para entrar en el circuito mayor del aparato circulatorio.

La circulación de la sangre en ambos circuitos depende de las contracciones rítmicas del músculo cardiaco (miocardio). Para que la sangre fluya sólo en un sentido existen en el corazón unas válvulas cuyos mecanismos de cierre y apertura durante la actividad cardiaca dirigen y regulan la corriente sanguínea. Las válvulas están situadas entre las aurículas y los ventrículos (válvula mitral en el lado izquierdo y tricúspide en el derecho), y donde las grandes arterias abandonan los ventrículos (válvula aórtica en el lado izquierdo y pulmonar en el derecho). Los grandes vasos que salen del corazón tienen una pared elástica para poder transformar y amortiguar los impulsos rítmicos de la sangre en una corriente casi continua. Por último, mencionemos que la defensa exterior del corazón se encomienda al **pericardio,** resistente membrana fibrosa. El músculo cardiaco está revestido interiormente por el **endocardio**, membrana mucho menos resistente pero que delimita las cavidades cardiacas y sus válvulas, a semejanza del endotelio en los vasos sanguíneos.

Misión de la circulación linfática

El plasma sanguíneo juega un papel fundamental en la constitución de los líquidos tisulares ya que atraviesa continuamente la pared capilar en ambas direcciones. El fluido intersticial cargado de los productos y los desechos de la actividad celular, (modificado por el intercambio de sustancias), vuelve al lecho vascular. Pero hay compuestos que no pueden pasar al sistema colector venoso, incluso cuerpos extraños no solubles, como son los microorganismos. Para evitar este impedimento, los tejidos, que cuentan con una sola vía de aporte —la arterial— tienen doble red de desagüe: la venosa, ya descrita, y la **red linfática.** Este sistema vascular está en íntimo contacto con el sanguíneo. En una tupida y finísima red de capilares linfáticos que cubre la extensión tisular, se forma la corriente linfática, que acaba por desembocar en alguna vena después de pasar por uno o varios **ganglios linfáticos.** Estos órganos, de forma discoidal, cuyo tamaño oscila entre el de una lenteja y el de una avellana, constituyen una barrera depuradora. Solamente cuando pasa este filtro, el líquido linfático o **linfa** puede llegar a la circulación general a través de los colectores venosos. Esta disposición es una de las mejores armas con que cuenta el organismo en la lucha contra las perniciosas infecciones.

La linfa es de color amarillento, pues carece prácticamente de glóbulos rojos, y contiene numerosos glóbulos blancos (sobre todo linfocitos), que son los encargados de tan importantes funciones de defensa. Siempre que en un tejido se haya producido una agresión por bacterias, las vías linfáticas entran en actividad, la cual se hace manifiesta al inflamarse los ganglios linfáticos tributarios de la zona infectada. De ahí la importancia, por ejemplo, de los ganglios hinchados y dolorosos del cuello, de la axila o de la ingle, pues indican que existe un proceso inflamatorio a nivel de la cara o vías respiratorias y digestivas altas (anginas, focos dentarios, etc.), del brazo o de la pierna, respectivamente. En última instancia, lo que se pretende evitar, y se consigue casi siempre, es que los productos de la inflamación pasen a formar parte de la circulación sanguínea.

Pero la linfa también tiene otra misión. Para evitar el filtro hepático, las grasas absorbidas por el intestino pasan a través de la vía linfática directamente a las venas, en parte porque tienen que ser utilizadas rápidamente para los fines energéticos del organismo y en parte porque las grasas, antes de pasar la pared intestinal, ya han sido tan modificadas o «digeridas» que realmente no tienen necesidad de ser inspeccionadas y elaboradas por el hígado. Después de una comida rica en grasa, la linfa tiene un aspecto turbio, lechoso o cremoso. Desde los capilares intestinales se colecciona en un gran vaso linfático, el llamado **conducto torácico** que, saliendo de la cavidad abdominal, atraviesa el tórax, para desembocar en la vena que conduce la sangre al corazón procedente de la parte izquierda de la cabeza y del brazo izquierdo. Diariamente son unos dos litros de linfa los que pasan del conducto torácico a la sangre.

Examen de las enfermedades

Presión sanguínea

La sangre fluye por las arterias con una presión que oscila según las variaciones rítmicas de la contracción cardiaca. Cuando el corazón se contrae (**sístole**) se inyecta una determinada cantidad de sangre en el sistema vascular de distribución. Esta oleada se transmite en primer lugar, como un choque, a la pared vascular: es lo que denominamos **pulso,** cuya frecuencia lógicamente es igual al número de sístoles cardiacas. Al entrar la sangre en los vasos, aumenta también la presión intravascular, que será máxima con el primer impacto de la oleada sanguínea. Esta tensión arterial máxima se denomina **tensión sistólica**. Después de cada contracción cardiaca, el músculo se relaja **(diástole),** momento en que las cavidades ventriculares se llenan de sangre que ha de ser expulsada en la siguiente sístole. Durante la diástole no hay onda pulsátil, es decir, esta fase no se aprecia en el pulso, no entra sangre en las arterias y, por ello, la presión sanguínea baja considerablemente. Su punto mínimo se denomina **presión diastólica**. La presión arterial normal es aquella con la que se satisfacen suficientemente las necesidades del organismo, con la que se efectúa la irrigación de todos los tejidos en la cuantía apropiada. Una manguera de riego puede tener un gran caudal de agua, pero si la presión no es suficiente, el jardinero no alcanza a regar todo el jardín y encharca el suelo que le rodea. Normalmente, la tensión sistólica es de unos 120 mm (12 cm) de mercurio, y la diastólica de 80 mm (8 cm). Con la edad, estas cifras aumentan un poco.

Es errónea la opinión generalizada de que la tensión sistólica normal debe sumar cien más el número de años de la persona en cuestión. Es más, la práctica demuestra que hay valores por encima y por debajo de estas cifras que llamamos normales y que son compatibles con un perfecto estado de salud. Por ello, sólo puede hablarse de hipertensión en el sentido de enfermedad cuando el valor diastólico es superior a 100 mm de mercurio. Por el contrario, valores menores de 100 mm de presión sistólica o de 70 mm diastólica se consideran también patológicos (hipotensión). Una brusca caída de tensión puede comprometer la vida: si falta o es insuficiente la irrigación cerebral, sobreviene una lipotimia o desmayo en los casos más leves. Si falta la sangre a nivel de los riñones no se produce orina, lo que, a plazo más o menos corto, lleva a la intoxicación interna (uremia).

La sangre circula muy lentamente y con una presión mucho más baja por las venas, dotadas de una pared mucho más fina que la arterial. Para evitar el reflujo, las venas están dotadas de válvulas que sólo dejan fluir la sangre en sentido directo al corazón. También el lecho capilar que existe en todos los tejidos influye en la tensión y la circulación en general. Cuando el aparato digestivo realiza su trabajo, necesita una gran cantidad de sangre; los capilares se dilatan, «roban» sangre al resto del organismo y disminuye la presión arterial. De aquí la somnolencia que entra después de comer al bajar la presión intracerebral.

Comportamiento del pulso

La frecuencia normal del pulso en reposo oscila entre 60 y 80 pulsaciones rítmicas por minuto. El aumento o **taquicardia** puede presentarse principalmente en los siguientes casos: grandes esfuerzos corporales, excitaciones psíquicas intensas, fiebre, insufi-

LOS ELEMENTOS FORMES DE LA SANGRE

LAMINA XXI

Las tres figuras son microfotografías de extensiones de sangre, efectuada una ampliación de 1.300 veces. Las preparaciones de sangre han sido teñidas con sustancias químicas apropiadas, por lo que el pigmento (hemoglobina) de los glóbulos rojos aparece de color marrón claro, mientras que los glóbulos blancos aparecen coloreados en varios tonos de violeta.

EXTENSION DE SANGRE NORMAL

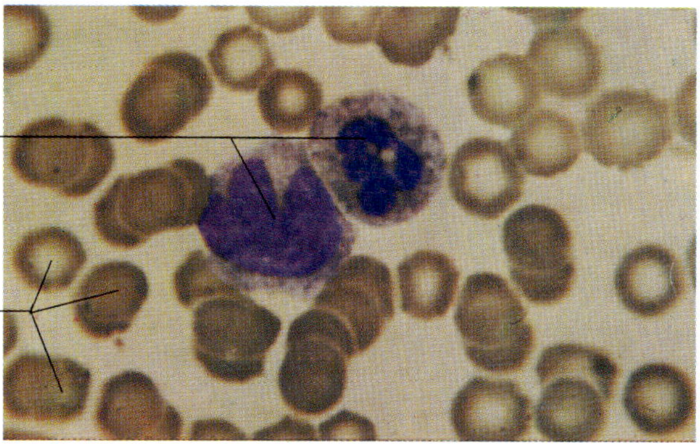

Glóbulos blancos o leucocitos

Glóbulos rojos o hematíes

EXTENSION HEMATICA EN LA ANEMIA FERROPENICA

Los glóbulos rojos aparecen descoloridos y disminuidos en número

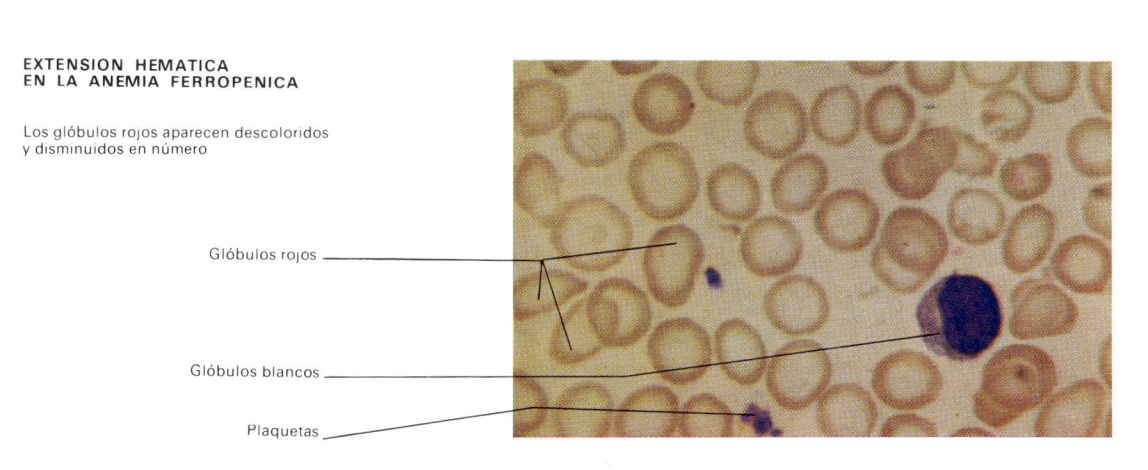

Glóbulos rojos

Glóbulos blancos

Plaquetas

EXTENSION HEMATICA EN LA LEUCEMIA MIELOIDE

Las células blancas de la sangre están muy aumentadas en número y presentan inmadurez y diversas irregularidades.

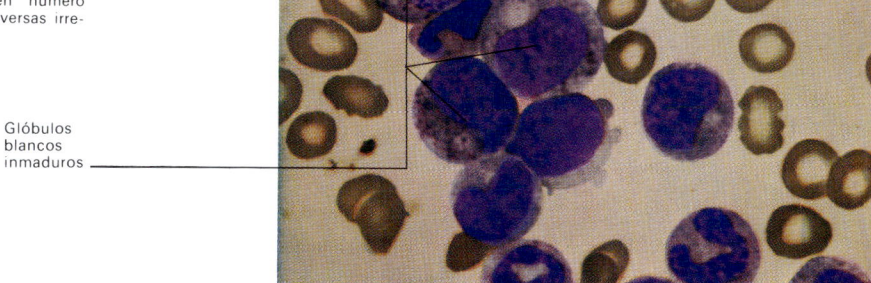

Glóbulos blancos inmaduros

EL CORAZON

CORAZON VISTO POR SU CARA ANTERIOR

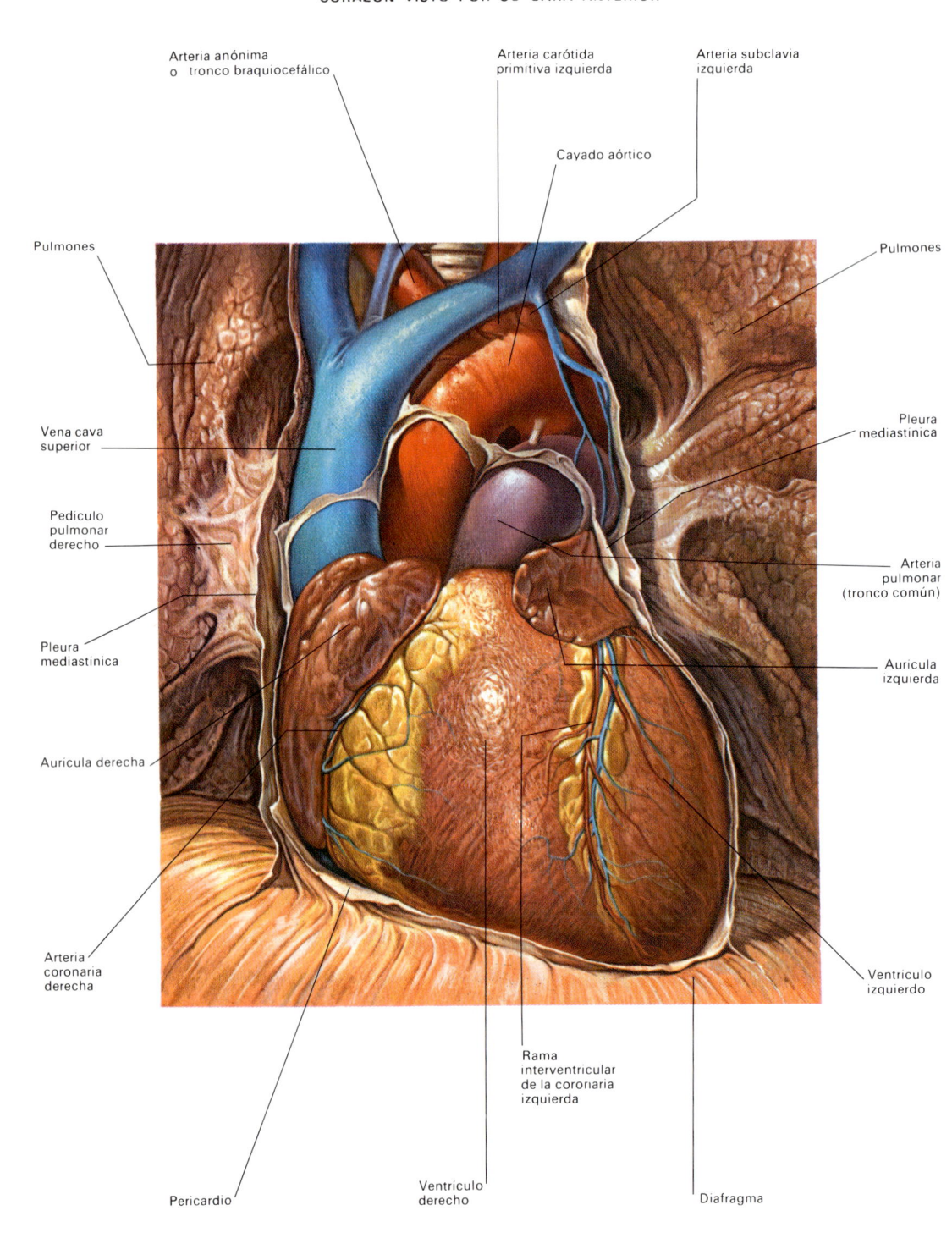

- Arteria anónima o tronco braquiocefálico
- Arteria carótida primitiva izquierda
- Arteria subclavia izquierda
- Cayado aórtico
- Pulmones
- Pulmones
- Vena cava superior
- Pleura mediastinica
- Pediculo pulmonar derecho
- Arteria pulmonar (tronco común)
- Pleura mediastinica
- Auricula izquierda
- Auricula derecha
- Arteria coronaria derecha
- Ventriculo izquierdo
- Pericardio
- Ventriculo derecho
- Rama interventricular de la coronaria izquierda
- Diafragma

LAMINAS XXII-XXIII

CORAZON VISTO EN CORTE FRONTAL

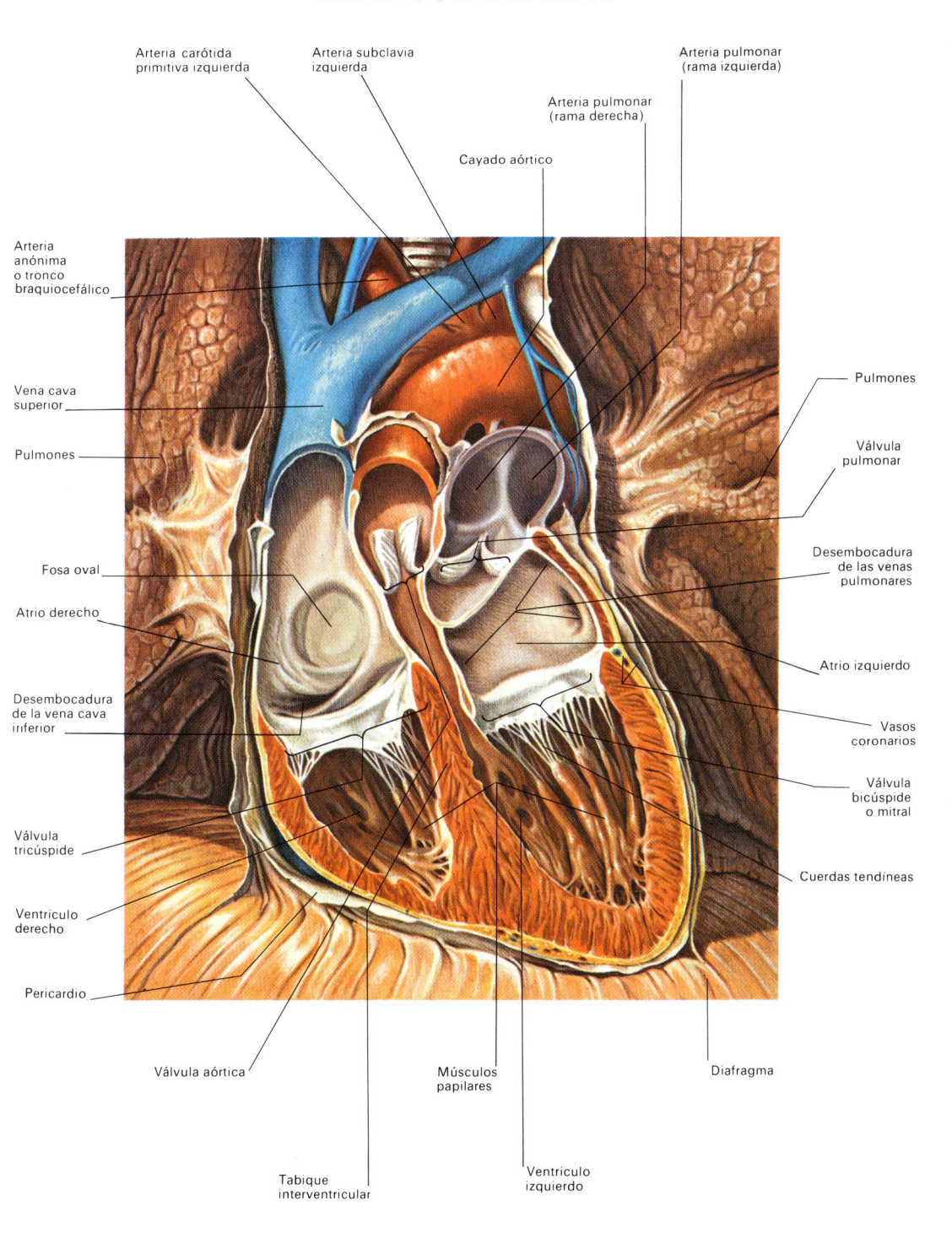

- Arteria carótida primitiva izquierda
- Arteria subclavia izquierda
- Arteria pulmonar (rama derecha)
- Arteria pulmonar (rama izquierda)
- Cayado aórtico
- Arteria anónima o tronco braquiocefálico
- Vena cava superior
- Pulmones
- Pulmones
- Válvula pulmonar
- Fosa oval
- Desembocadura de las venas pulmonares
- Atrio derecho
- Atrio izquierdo
- Desembocadura de la vena cava inferior
- Vasos coronarios
- Válvula bicúspide o mitral
- Válvula tricúspide
- Cuerdas tendíneas
- Ventrículo derecho
- Pericardio
- Válvula aórtica
- Músculos papilares
- Diafragma
- Tabique interventricular
- Ventrículo izquierdo

LA CIRCULACION DE LA SANGRE

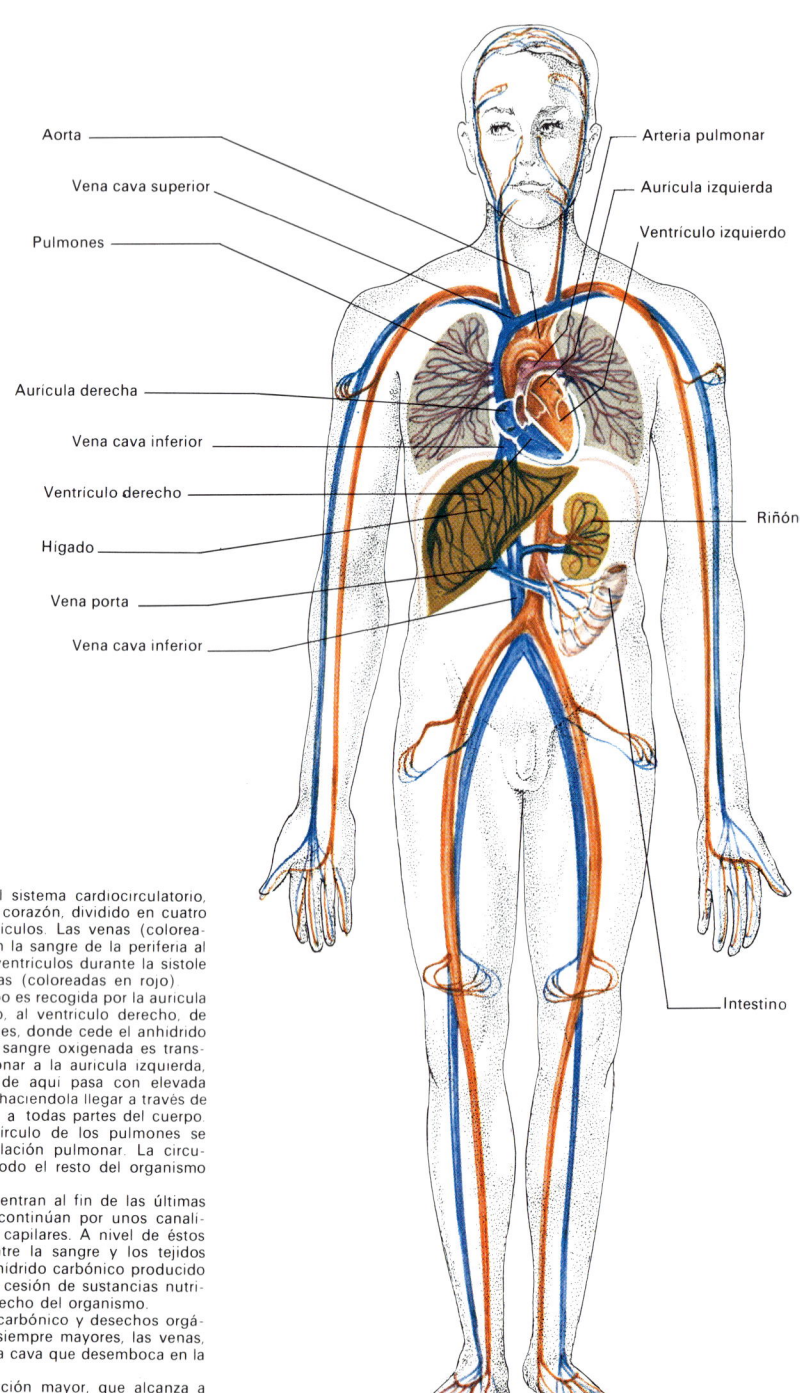

LAMINA XXIV

Aorta
Vena cava superior
Pulmones
Auricula derecha
Vena cava inferior
Ventriculo derecho
Higado
Vena porta
Vena cava inferior

Arteria pulmonar
Auricula izquierda
Ventriculo izquierdo
Riñón
Intestino

La figura muestra un esquema del sistema cardiocirculatorio, en el centro del cual se encuentra el corazón, dividido en cuatro cavidades: dos auriculas y dos ventriculos. Las venas (coloreadas en azul) son los vasos que llevan la sangre de la periferia al corazón; la sangre expulsada de los ventriculos durante la sistole cardiaca pasa al circulo de las arterias (coloreadas en rojo).

La sangre que llega de todo el cuerpo es recogida por la auricula derecha, y de aqui fluye hacia abajo, al ventriculo derecho, de donde es impulsada hacia los pulmones, donde cede el anhidrido carbónico y se carga de oxigeno. La sangre oxigenada es transportada por medio de la vena pulmonar a la auricula izquierda, desciende al ventriculo izquierdo y de aqui pasa con elevada presion, a la aorta, a la cual abastece, haciendola llegar a través de innumerables ramificaciones arteriales a todas partes del cuerpo. La circulación comprendida en el circulo de los pulmones se denomina circulación menor o circulación pulmonar. La circulación que efectúa la irrigación de todo el resto del organismo se llama circulación mayor.

Las pequeñas arterias que se encuentran al fin de las últimas ramificaciones del circulo mayor se continúan por unos canaliculos microscópicos, llamados vasos capilares. A nivel de éstos se producen recambios gaseosos entre la sangre y los tejidos (cesión de oxigeno y admisión de anhidrido carbónico producido en el metabolismo celular), asi como cesión de sustancias nutritivas y admisión de materiales de desecho del organismo.

La sangre, que contiene anhidrido carbónico y desechos orgánicos, pasa de los capilares a vasos siempre mayores, las venas, que al final confluyen todas en la vena cava que desemboca en la auricula derecha del corazón.

Concluye asi el ciclo de la circulación mayor, que alcanza a todos los tejidos y órganos del cuerpo, casi siempre irrigados al menos por un vaso aferente (arteria) y otro eferente (vena), unidos por una red de vasos capilares.

ESTRUCTURA DE LA ARTERIA

LAMINA XXV

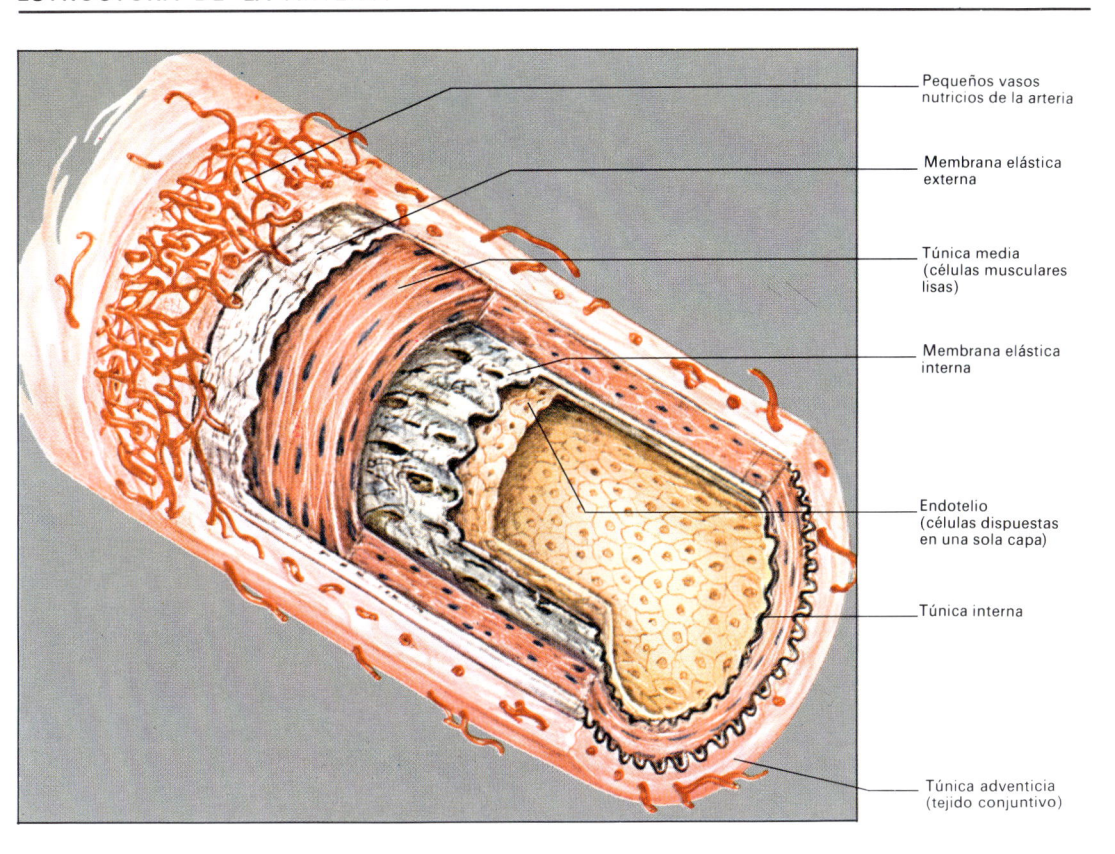

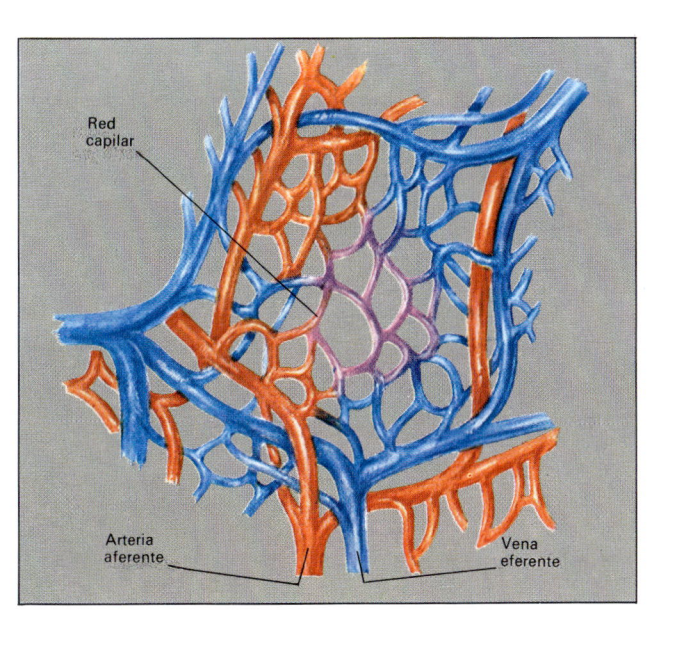

- Pequeños vasos nutricios de la arteria
- Membrana elástica externa
- Túnica media (células musculares lisas)
- Membrana elástica interna
- Endotelio (células dispuestas en una sola capa)
- Túnica interna
- Túnica adventicia (tejido conjuntivo)

Red capilar

Arteria aferente

Vena eferente

VASOS CAPILARES

Los capilares son vasos finísimos que enlazan la porción final de las arterias más pequeñas con la inicial de las venas de igual tamaño.

En general son de forma cilíndrica, pero los hay también de diferente aspecto, como los sinusoidales, caracterizados por la forma varicosa, dilatada e irregular de su pared, presentes en algunos órganos de recambio muy activo, como por ejemplo el hígado.

La pared de los capilares está constituida por una única capa de células endoteliales aplanadas que permiten el paso de las sustancias disueltas en sangre. En conjunto, los capilares constituyen en realidad una riquísima red o malla poligonal interpuesta entre la circulación arterial y la venosa, de máxima importancia para la nutrición de los tejidos, a los que van cediendo la sangre, a través de la pared de los capilares, y los materiales necesarios para su metabolismo, a la vez que son absorbidos los de desecho.

Siempre a través de la pared de los vasos capilares se produce el fenómeno de la respiración celular o cesión de oxígeno de la sangre a los tejidos y paso de anhídrido carbónico de éstos a la sangre.

INFARTO CARDIACO

LAMINA XXVI

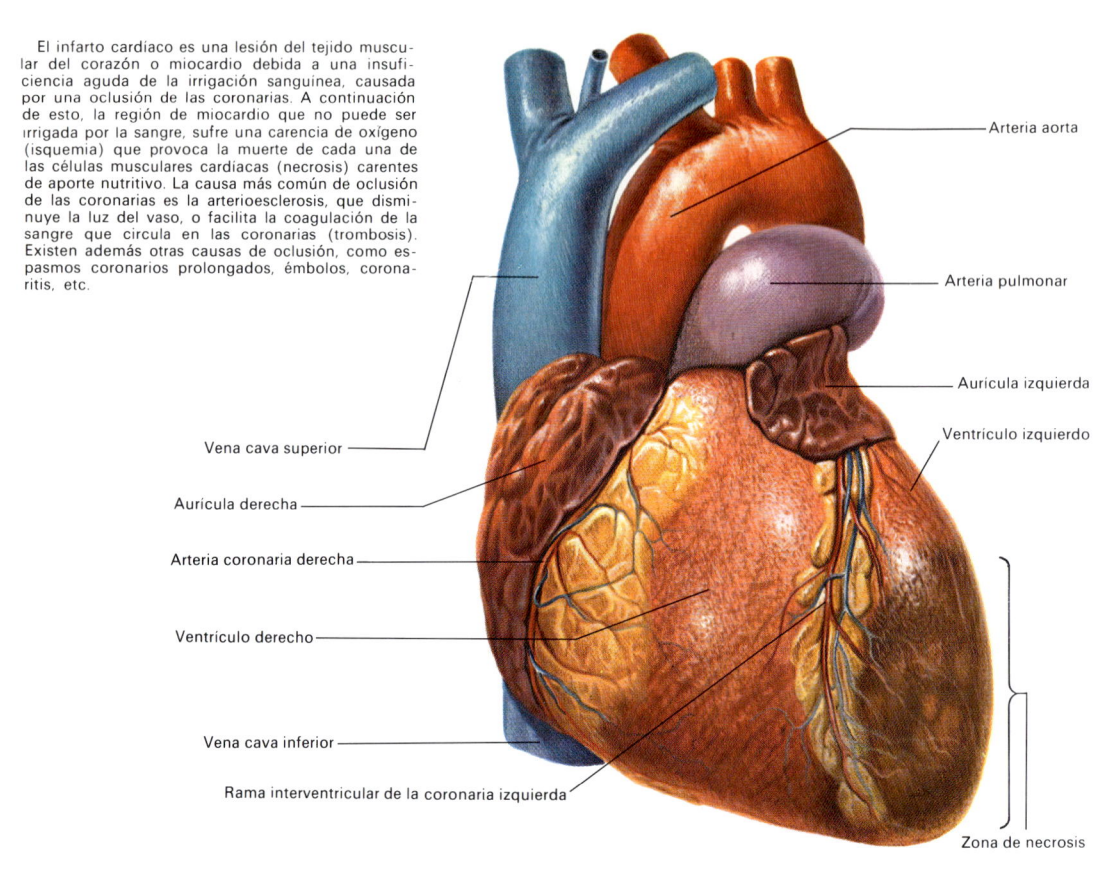

El infarto cardiaco es una lesión del tejido muscular del corazón o miocardio debida a una insuficiencia aguda de la irrigación sanguinea, causada por una oclusión de las coronarias. A continuación de esto, la región de miocardio que no puede ser irrigada por la sangre, sufre una carencia de oxígeno (isquemia) que provoca la muerte de cada una de las células musculares cardiacas (necrosis) carentes de aporte nutritivo. La causa más común de oclusión de las coronarias es la arterioesclerosis, que disminuye la luz del vaso, o facilita la coagulación de la sangre que circula en las coronarias (trombosis). Existen además otras causas de oclusión, como espasmos coronarios prolongados, émbolos, coronaritis, etc.

- Arteria aorta
- Arteria pulmonar
- Auricula izquierda
- Ventriculo izquierdo
- Vena cava superior
- Auricula derecha
- Arteria coronaria derecha
- Ventriculo derecho
- Vena cava inferior
- Rama interventricular de la coronaria izquierda
- Zona de necrosis

PRINCIPALES CAUSAS DE OCLUSION CORONARIA

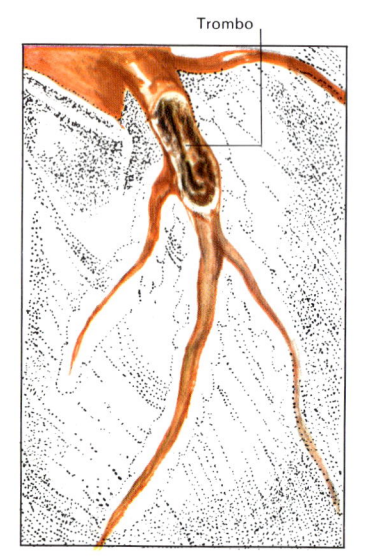

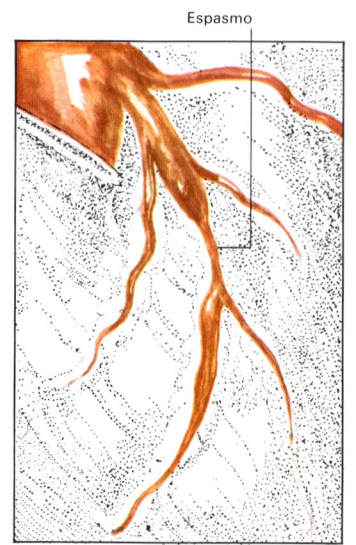

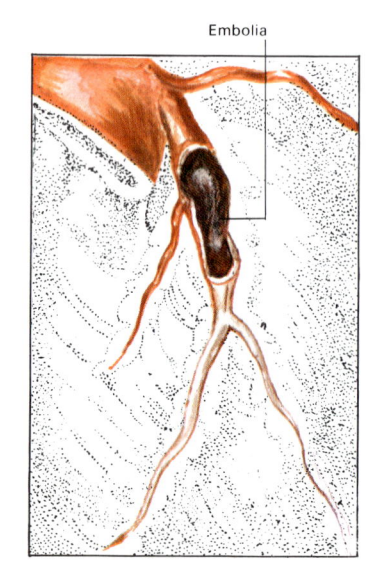

Trombo — Espasmo — Embolia

SISTEMA LINFATICO Y CIRCULACION PORTAL

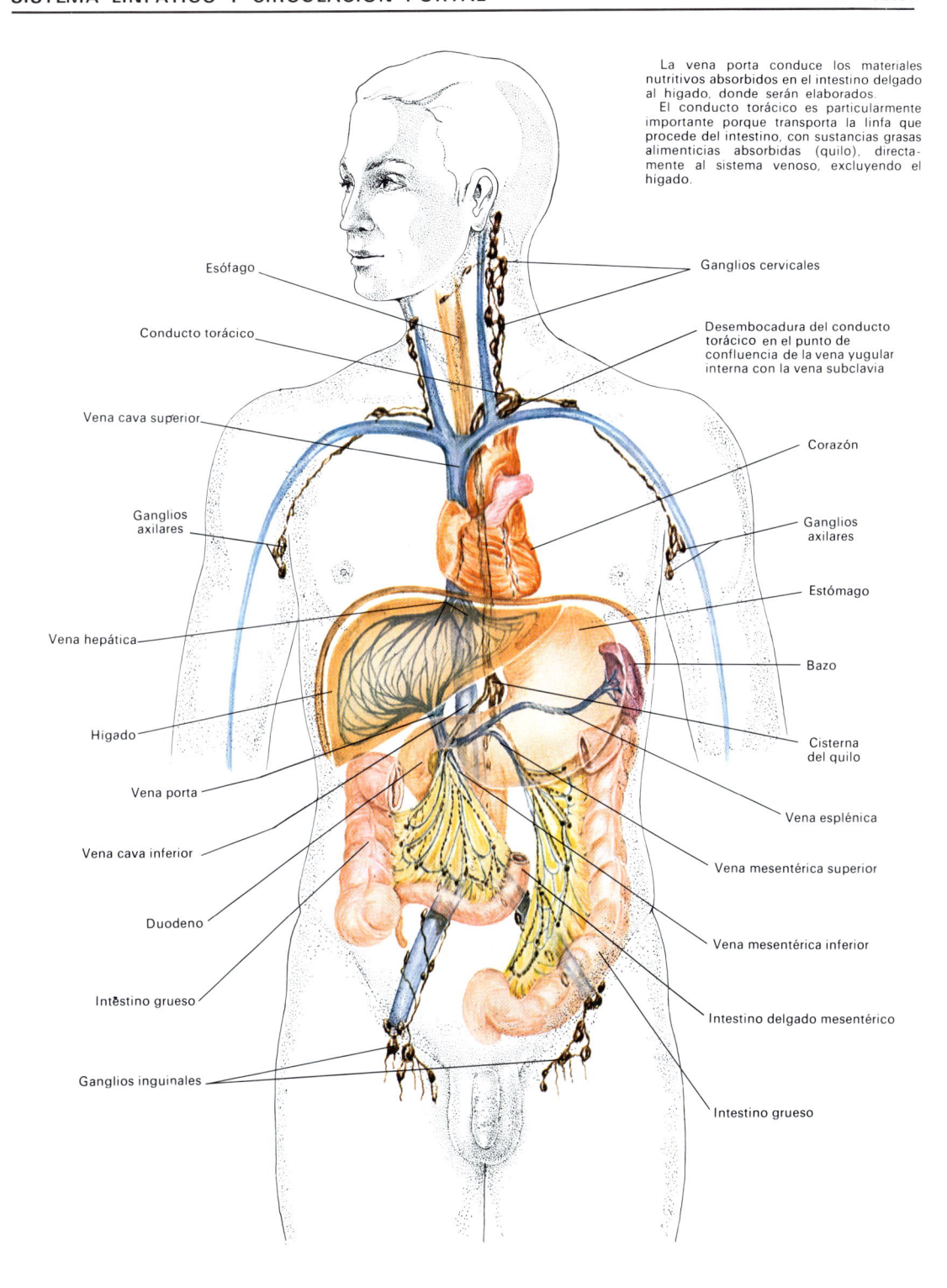

LAMINA XXVII

La vena porta conduce los materiales nutritivos absorbidos en el intestino delgado al hígado, donde serán elaborados.

El conducto torácico es particularmente importante porque transporta la linfa que procede del intestino, con sustancias grasas alimenticias absorbidas (quilo), directamente al sistema venoso, excluyendo el hígado.

- Esófago
- Conducto torácico
- Vena cava superior
- Ganglios axilares
- Vena hepática
- Hígado
- Vena porta
- Vena cava inferior
- Duodeno
- Intestino grueso
- Ganglios inguinales
- Ganglios cervicales
- Desembocadura del conducto torácico en el punto de confluencia de la vena yugular interna con la vena subclavia
- Corazón
- Ganglios axilares
- Estómago
- Bazo
- Cisterna del quilo
- Vena esplénica
- Vena mesentérica superior
- Vena mesentérica inferior
- Intestino delgado mesentérico
- Intestino grueso

EL HIGADO

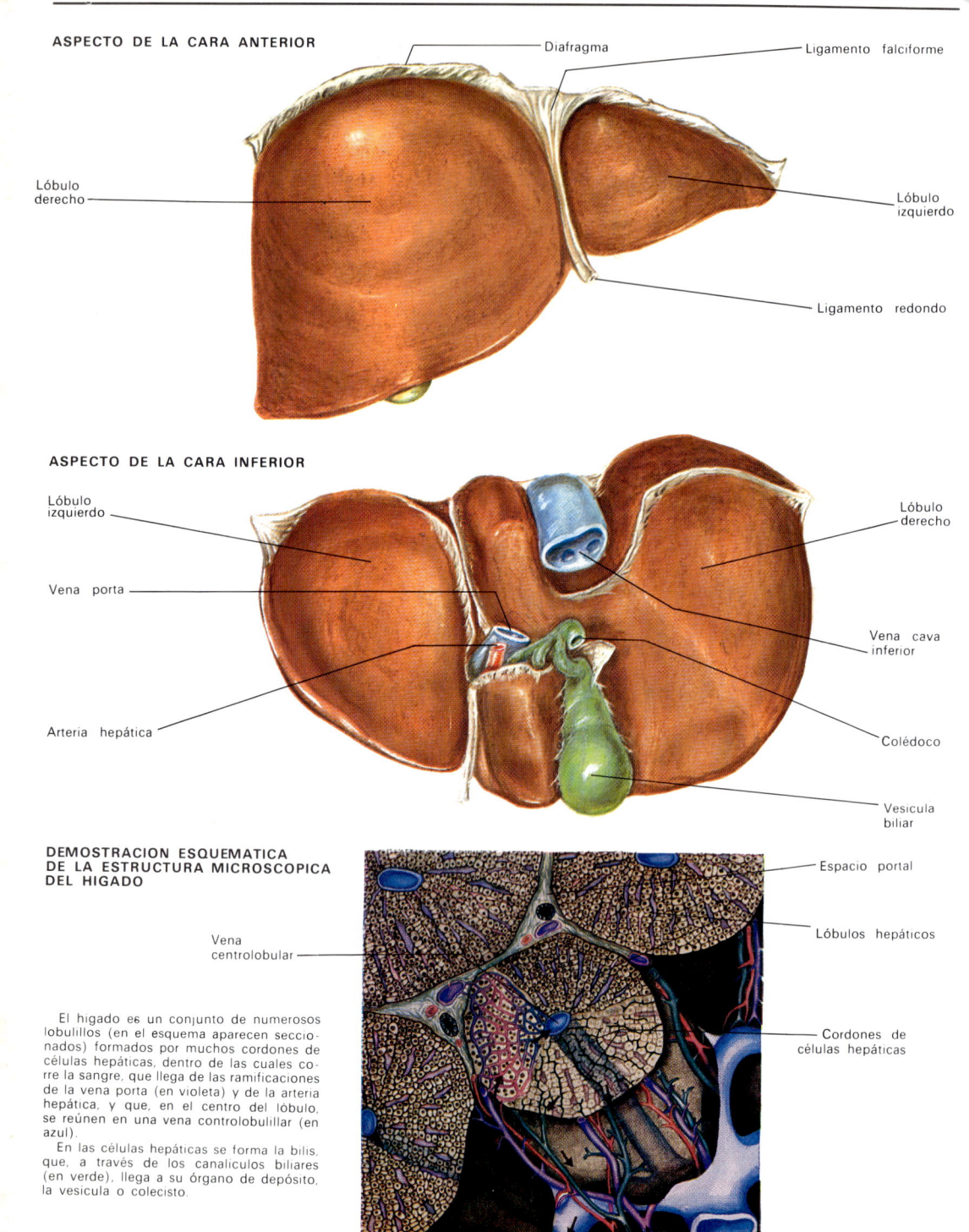

LAMINA XXVIII

ASPECTO DE LA CARA ANTERIOR

- Diafragma
- Ligamento falciforme
- Lóbulo derecho
- Lóbulo izquierdo
- Ligamento redondo

ASPECTO DE LA CARA INFERIOR

- Lóbulo izquierdo
- Lóbulo derecho
- Vena porta
- Vena cava inferior
- Arteria hepática
- Colédoco
- Vesícula biliar

DEMOSTRACION ESQUEMATICA DE LA ESTRUCTURA MICROSCOPICA DEL HIGADO

- Espacio portal
- Vena centrolobular
- Lóbulos hepáticos
- Cordones de células hepáticas

El hígado es un conjunto de numerosos lobulillos (en el esquema aparecen seccionados) formados por muchos cordones de células hepáticas, dentro de las cuales corre la sangre, que llega de las ramificaciones de la vena porta (en violeta) y de la arteria hepática, y que, en el centro del lóbulo, se reúnen en una vena controlobulillar (en azul).

En las células hepáticas se forma la bilis, que, a través de los canalículos biliares (en verde), llega a su órgano de depósito, la vesícula o colecisto.

ciencia cardiaca, anemia, trastornos de la respiración, grandes pérdidas de sangre, miocarditis, lesiones miocárdicas (por ejemplo a consecuencia de calcificaciones de las arterias coronarias), hipertiroidismo y algunas intoxicaciones.

La disminución o **bradicardia** puede observarse sobre todo en deportistas entrenados, estados de hipoalimentación, descensos acusados de la temperatura corporal, algunas enfermedades infecciosas, algunas formas de ictericia, aumento de la presión intracraneal (por ejemplo a consecuencia de un tumor o absceso cerebral), determinados trastornos de las glándulas internas (por ejemplo debido a una alteración de la función tiroidea), algunas formas de miocarditis, después de ciertas intoxicaciones y en caso de arritmias cardiacas con trastornos de conducción eléctrica del corazón.

La irregularidad o **arritmia** aparece principalmente en los siguientes casos: en individuos nerviosos (en estos casos tiene poco significado), algunos envenenamientos (también en el abuso de nicotina, como ocurre con los grandes fumadores), defectos de las válvulas cardiacas (sobre todo de la válvula mitral), lesiones del miocardio (por ejemplo a consecuencia de una calcificación de las coronarias), hiperfunción de la tiroides y bloqueo en la conducción eléctrica del corazón.

Junto a la apreciación directa de la frecuencia y de la regularidad de la onda pulsátil —mediante la palpación de una arteria—, se ha postulado que la dureza o blandura del pulso tiene importancia diagnóstica. Sin embargo, estas cualidades son mucho más difíciles de apreciar y están sujetas a posibles equívocos.

Rendimiento del corazón

Si un camión cisterna bombeara al día unos 7 500 litros de combustible, su trabajo rendiría lo mismo que el corazón, ya que son, aproximadamente, 7 500 los litros que el corazón humano inyecta diariamente en el sistema vascular mediante unas cien mil contracciones. Toda esta actividad la despliega un órgano que sólo pesa en el adulto unos 300 g. En los trabajos corporales o en los esfuerzos deportivos puede llegar a duplicar su rendimiento.

Pero el corazón no sólo tiene que impulsar la circulación. En el sistema vascular, la sangre ha de repartirse o distribuirse de manera muy diferente según los diversos órganos del cuerpo. Esta cuantía depende de la importancia que tenga el tejido para la totalidad del organismo, y no de la cuantía en sí del tejido por irrigar. En reposo, los diversos tejidos reciben, en términos relativos, la siguiente proporción de la sangre bombeada a la circulación mayor:

	Porcentaje
Músculos	25
Cerebro	8
Corazón	4
Riñones	25
Hígado	10
Intestinos	15
Resto del cuerpo	13

Durante un ejercicio físico, la irrigación sanguínea sufre una redistribución. Hasta el 80 u 85% de la sangre bombeada puede ir a parar a los músculos. Se comprende que tal circunstancia necesita una regulación muy fina, con un juego continuo de dilatación y contracción de los vasos sanguíneos.

El propio corazón se nutre asimismo mediante una irrigación sanguínea que proviene de las vitales **arterias coronarias**, una de cada parte (derecha e izquierda) del corazón. Como puede deducirse, la incesante actividad cardiaca depende fundamentalmente de una óptima irrigación coronaria. Por ello, cualquier obstáculo en estas arterias que impida la adecuada nutrición del corazón, tiene tan graves consecuencias para el organismo.

Entre todas las **enfermedades de la civilización actual** son, sin duda, las del corazón y sistema circulatorio las más frecuentes: ocupan el primer lugar entre las causas de muerte de los países desarrollados; preceden incluso al cáncer en sus distintas manifestaciones. Existe una predisposición para el padecimiento de estas enfermedades en las especiales condiciones de la vida actual, en actividades tales como conducir un automóvil, así como por las refinadas comodidades de nuestra era tecnológica.

La agitación de la vida moderna influye también perjudicialmente. Los factores psíquicos actúan intensamente sobre el corazón y el sistema vascular, como puede observarse a veces tras acontecimientos que afectan la condición anímica, tales como la alegría o el miedo, que se reflejan en el enrojecimiento o palidez de la cara, es decir, en un aumento o disminución de la circulación periférica. También la voz popular dice con razón, de una persona a la que aquejan muchas penas, que tiene el «corazón partido».

El «corazón de los vagos» es un corazón débil que ya no está acostumbrado a las exigencias continuas, ni siquiera a pequeños esfuerzos. El corazón, como músculo, necesita, en determinada medida, ejercicio y un entrenamiento periódico si queremos que permanezca sano y eficiente.

Para el entrenamiento del corazón son necesarios los ejercicios continuos, y no de vez en cuando o solamente los fines de semana. Para aquellos que no hacen grandes esfuerzos corporales se recomienda dar un paseo diario, en el que habrá de llegarse incluso hasta la respiración jadeante. Cuando el corazón trabaja dando de 30 a 60 pulsaciones más de lo normal, se consigue un fortalecimiento apreciable, pero solamente cuando esto se repite todos los días. Igualmente son aconsejables los movimientos naturales de trabajo en jardinería u otras ocupaciones similares, mejor que los ejercicios gimnásticos, pero han de efectuarse por lo menos durante media hora o, mejor aún, una hora entera. Asimismo son beneficiosas para el fortalecimiento del aparato circulatorio las visitas periódicas al sauna; por ello cabe también recomendar que cuando una persona se duche, alterne el agua fría con la caliente. Tanta importancia como la falta de ejercicio físico la adquieren los extremos psicológicos. Tanto los enfados, las excitaciones y la intranquilidad, como su extremo opuesto: la depresión y el abandono que tienen evidentes influjos negativos, influyen decisivamente en el rendimiento circulatorio. Se ha criticado mucho el uso de los llamados tranquilizantes o de las sustancias antidepresivas, pero no cabe duda de que una persona con tendencia a reacciones psíquicas extremas, tiene mucho menor riesgo si toma estas drogas que si no las toma. Una persona que por los motivos que sean, no duerme bien, no encuentra el suficiente reposo físico y mental; se encuentra mucho más expuesta a graves

El aparato circulatorio y sus enfermedades

conflictos circulatorios que un individuo que, accidentalmente, cuando las circunstancias le sean adversas, toma hipnóticos. La mala fama de los barbitúricos o de los tranquilizantes no ha surgido por el uso, sino por el abuso que de ellos hacen quienes desconocen sus efectos.

Con ello entramos en el debatido campo de la alimentación, del tabaco y del alcohol. No cabe duda de que la obesidad y los excesos de nicotina o bebidas alcohólicas entrañan un riesgo para el aparato circulatorio. En una pequeña ciudad de Estados Unidos, en Framingham, se ha estudiado esta influencia de forma exhaustiva. Voluntariamente, casi todos los habitantes se prestaron a una investigación prospectiva durante años. Es decir, se estableció si una enfermedad determinada del aparato circulatorio podría deberse a ciertos influjos ambientales (alimentación, tabaco, alcohol, falta de ejercicio, actividad profesional, etc.) o a otros factores por estudiar. Estableciendo un verdadero censo, con continuos chequeos de los habitantes se pudo demostrar, inequívocamente, que los varones obesos, los diabéticos, los gotosos, los que tenían una cifra aumentada de colesterina en sangre, los hipertensos, los que fumaban y bebían en exceso, los que llevaban una vida sedentaria, etc., tenían más posibilidades de padecer afecciones del aparato circulatorio y de morir con anticipación al promedio de vida de la totalidad de la población.

La enfermedad de los ejecutivos

La opinión pública se ha alarmado mucho por el considerable aumento de los casos de muerte repentina de origen circulatorio en personas relativamente jóvenes, como también porque hoy el mayor azote de la humanidad en las personas de edad madura son las enfermedades cardiovasculares. Se ha dicho que la vida de las personas que dirigen, ejecutan o soportan graves responsabilidades, los «ejecutivos», para usar una expresión corriente, han de tomar decisiones cuya trascendencia repercute en su estado físico y anímico. Claro que de existir realmente una enfermedad específica de los ejecutivos, ésta no se polariza en exclusiva hacia el aparato circulatorio. Al menos tan frecuentes como las cardiovasculares son las alteraciones del aparato digestivo en los llamados empresarios.

Pero quizá el problema no esté en el trabajo, sino en los descansos o, mejor dicho, en los seudodescansos, pues es evidente que se hace un uso cada vez menos racional de las horas de asueto y de los días de vacaciones. Se ha dicho, con razón, que nadie muere por una sobrecarga de trabajo, **pero** muchos sí mueren por falta de tranquilidad interior. La vida moderna exige mucho de cada uno de nosotros, pero este constante desafío en sí no ha de ser necesariamente nocivo. Lo malo comienza cuando no queremos comprender que tras la actividad del cuerpo en sus vertientes —psíquica y física— hay que intercalar un verdadero reposo.

Desde luego, la mayoría de los síntomas de los llamados ejecutivos no corresponden al corazón. Si la persona se queja del corazón (dolor, opresión, palpitaciones, etc.), con mucha frecuencia se debe a fenómenos que se engloban bajo el concepto de **neurosis cardiaca**. Pero, naturalmente, es sólo el médico quien puede decidir sobre la naturaleza de estos trastornos, que generalmente son más subjetivos que originados por una deficiencia realmente orgánica.

Examen de las enfermedades

El conductor y su corazón

Cuanto mayor tiempo tenga que pasar una persona al volante de un automóvil, más deberá cuidar su salud, a causa de la falta de movimientos. Muchos conductores evitan, por miedo al esfuerzo físico, andar hasta las más pequeñas distancias. Se fatigan con un mínimo ejercicio. Pero su cansancio es, desgraciadamente, sólo una ligera advertencia. Se caracteriza al principio únicamente por una sensación de pesadez de los párpados y hombros, así como por una tendencia irreprimible al bostezo. Mucho después se nota una pérdida de la atención, capacidad de concentración, así como un retraso en la capacidad de decisión y reacción. Con frecuencia, el cansancio al volante no es sino reflejo y consecuencia de sueño insuficiente. El que duerme bien nota estas señales de cansancio de manera más clara y con mayor facilidad que el que siempre está cansado. Es indispensable un sueño suficiente para todo aquel que deba conducir, ya que sólo con un organismo descansado estarán despiertos todos los sentidos. Además, conduciendo deberán efectuarse pausas, a más tardar cada dos horas y por lo menos de 15 a 30 minutos.

Los residuos metabólicos, responsables del cansancio, sólo podrán eliminarse por medio de un aumento de la circulación sanguínea, lo cual sólo es posible mediante los movimientos y el ejercicio. Una causa de cansancio rápido es la alimentación deficiente. Es contraproducente también la ingestión de una comida inadecuada poco antes de comenzar un viaje o durante una parada. Los platos de huevo, pescado, carne y las comidas ricas en grasas, producen más cansancio que las ricas en hidratos de carbono. Las que menos cansan son las frutas, sus jugos y las verduras. La vitamina C y las del grupo B actúan incluso contra el cansancio. Por la misma razón se preferirá el pan integral y las pastas de harina fina. Así pues, una alimentación razonable, junto con el necesario ejercicio corporal, actuarán de modo favorable para regular la digestión, factor importante, ya que en el intestino grueso se producen también sustancias que contribuyen al cansancio. Un origen frecuente de cansancio es la falta de oxígeno. El cerebro, que en un conductor debe necesariamente funcionar a la perfección, resulta en extremo sensible a la falta de oxígeno. Por ello, en el automóvil deberá siempre mantenerse una de las ventanillas parcialmente abierta, para que circule aire fresco.

Enfermedades del aparato circulatorio

Patología general de las enfermedades del corazón

La energía de la contracción cardiaca está en relación directa con la longitud total que adquieren las fibras musculares durante la fase de reposo; por ello, si el corazón tiene que trabajar más (esfuerzos, deportes, etc.), lo primero que hace es dilatarse; se llena más para en la siguiente sístole expulsar más sangre. Esta **dilatación,** perfectamente normal, es simplemente un mecanismo adaptativo. Pero existe también una dilatación patológica, que sobreviene cuando el músculo cardiaco ha perdido su fuerza por cualquier enfermedad; en este caso, para que pueda impulsarse sangre suficiente en las arterias, el corazón acepta más sangre durante la diástole y fuerza una mayor expulsión

El aparato circulatorio y sus enfermedades

Localización e irradiación del dolor en las enfermedades cardiacas

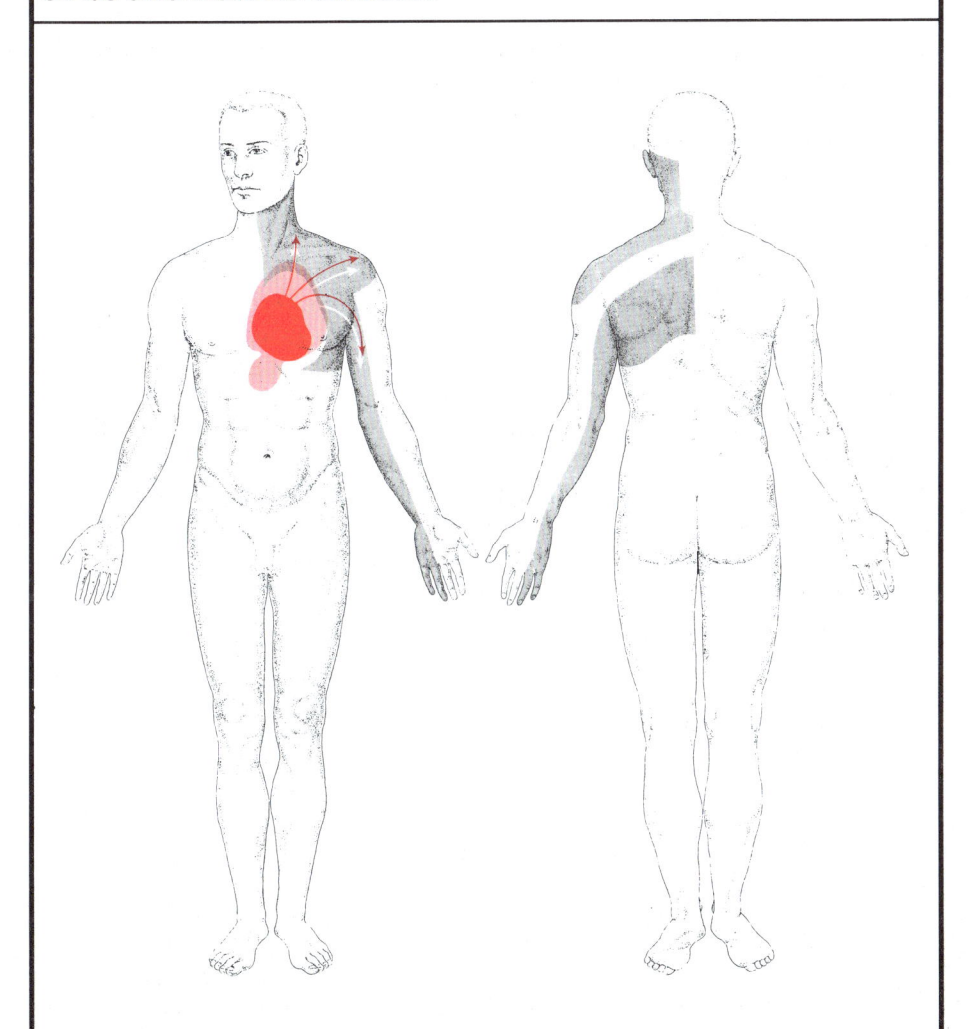

En las enfermedades caracterizadas como valvulares, y en la miocarditis, el dolor se advierte de forma gradualmente más intensa en la región precordial (zona color claro). En el caso de la angina de pecho, los dolores son violentísimos: aparecen bruscamente, de ordinario después de un esfuerzo, en la región retroesternal (zona color oscuro); duran pocos minutos y se irradian en la dirección que indican las flechas. En el infarto cardiaco, por el contrario, el dolor es prolongado y puede irradiarse hacia el epigastrio (parte inferior, zona color claro). Las zonas cutáneas (de la piel) de irradiación de los dolores están señaladas en gris.

Examen de las enfermedades

al tener mayor longitud las fibras musculares. Pero pronto esta debilidad muscular dificulta el vaciado completo de los ventrículos; la sangre se acumula en las cavidades del corazón, sobre todo durante los esfuerzos. En estos casos, el corazón tiene un segundo recurso: la **hipertrofia**, siempre secundaria a la dilatación. Para aumentar su capacidad de contracción, el músculo se agranda, aparecen más miofibrillas y éstas se hacen más gruesas. En el deportista sometido a esfuerzos continuados o en los que efectúan trabajos pesados, esta hipertrofia es normal, y se puede recuperar el tamaño primitivo al cesar la sobrecarga.

Cuando el rendimiento del corazón, en reposo o ante un esfuerzo, no satisface las demandas periféricas, no impulsa adecuadamente la circulación sanguínea y se produce una insuficiencia cardiaca. Esta alteración de la función básica del corazón puede establecerse de una manera brusca, o lenta y progresiva. Pero es la cuantía del trastorno la que adquiere una importancia capital. Puede haber un corazón que por enfermedad se haya hecho insuficiente y fracase en su misión de mantener las constantes circulatorias. Esta falla todavía puede ser suplida por la extraordinaria capacidad de reserva o adaptación del corazón, y sólo se hace aparente mediante exploraciones especiales que ponen a la víscera en condiciones extremas, precisamente cuando ya no puede echar mano de sus reservas; pero la vida activa sin grandes excesos es posible. En estos casos se habla de un corazón **compensado**. La **descompensación** sobreviene cuando, ante pequeños esfuerzos, el corazón manifiesta ya su insuficiencia; y la descompensación es angustiosa cuando aparece la insuficiencia incluso durante el reposo. Como es natural, un corazón insuficiente, más o menos compensado, siempre muestra signos de dilatación e hipertrofia.

INSUFICIENCIA CARDIACA CRÓNICA

Síntomas:

1. Disnea, incluso al menor esfuerzo físico.
2. Pulso acelerado.
3. Coloración azulada de los labios (cianosis).
4. Tendencia a orinar frecuentemente durante la noche (nicturia).
5. Hinchazón de las piernas, sobre todo durante la noche, a consecuencia de la acumulación de agua en el tejido subcutáneo. A dicha acumulación se le conoce con el nombre de edema. Al presionar sobre la pierna con la yema del dedo queda marcada una huella en la zona hinchada.
6. Catarro bronquial crónico.
7. Acumulación de gases en la región abdominal, con la consiguiente hinchazón del vientre.
8. Cuando el proceso es muy avanzado, se presenta disnea incluso durante el reposo, así como aumento de la formación de edemas.

Naturaleza y origen. Los síntomas de la enfermedad se manifiestan porque al disminuir la actividad cardiaca no puede ya mantenerse la circulación normal, originándose por ello estancamientos de sangre (**estasis**) a nivel de las grandes venas y en las partes más vascularizadas, irrigadas por estos vasos. En la génesis de los

El aparato circulatorio y sus enfermedades

encharcamientos juegan su papel, junto a un fenómeno pasivo de lentitud circulatoria por descompensación cardiaca, otros factores sumamente complejos. Es primordial un factor químico por retención de sodio (sal común). Con frecuencia ocurre que sólo una parte (la izquierda o la derecha) del corazón es afectada por la insuficiencia. Si ésta comienza en un principio en la parte izquierda, da lugar a un estancamiento de la sangre a nivel de la circulación pulmonar o menor, es decir, la que transcurre entre la parte izquierda y la derecha del corazón. La consecuencia es, junto a la disnea, la aparición de un catarro bronquial crónico. Si se afectara primeramente la parte derecha del corazón, la sangre se acumularía en la circulación mayor, o sea, entre los lados derecho e izquierdo; los síntomas se caracterizarán por la acumulación de gases intestinales, edemas en las piernas, así como por la emisión nocturna de orina. Antes o después, la insuficiencia cardiaca termina por extenderse a todo el corazón de forma tal que todos los síntomas pueden presentarse a la vez.

Causas. La insuficiencia cardiaca puede tener diferentes orígenes. Los más importantes son:
1. Desgaste, en personas de edad avanzada.
2. Sobrecarga continua del corazón debida a lesiones de sus válvulas.
3. Sobrecarga cardiaca, también continua, por hipertensión arterial.
4. Alteraciones inflamatorias del músculo cardiaco (miocarditis) o del pericardio (pericarditis).
5. Pericarditis constrictiva (corazón en coraza).
6. Miocardiopatías (hipertiroidismo, gestaciones repetidas y multiparidad, alcoholismo, beriberi, etc.).
7. Tras un infarto cardiaco.
8. Lesiones valvulares por fiebre reumática.

Tratamiento. Es siempre el mismo, independientemente de las causas que la hayan originado. Su objetivo es, junto a la prescripción de los medicamentos necesarios para fortalecer el corazón y sistema circulatorio, aplicar las medidas necesarias para conseguir descargarlos al máximo.

Tratamiento médico. Existe una serie de medicamentos muy eficaces, entre los cuales deben ser nombradas, en primer lugar, las sustancias activas de la digitalina (*Digitalis purpurea* y *D. lanata*), así como la estrofantina. La forma de aplicación de estos medicamentos es muy variada y depende de la fase en que se encuentre la enfermedad.

En caso de insuficiencia cardiaca grave, con estasis de sangre en los vasos del estómago y tracto intestinal, no es aconsejable la utilización de medicamentos en forma de gotas o pastillas, de modo que el médico recurre a la inyección de estrofantina. Esta forma de aplicación tiene una ventaja, y es que la estrofantina inyectada en vena actúa rápidamente, activando el corazón, mientras que los preparados de digitalina administrados por vía oral tardan mucho más en conseguir su efecto. El lanatócido C es un digitálico de aplicación inyectable, de acción casi instantánea. Los diuréticos contribuyen a reducir el volumen circulante y, por consiguiente la sobrecarga del corazón. **Los medicamentos nombrados aquí deberán ser únicamente utilizados por prescripción y bajo control médico.** Siguiendo esta directriz se pueden obtener buenos resultados, prolongándose durante muchos años la vida del enfermo. Por el contrario, la automedicación de dichos fármacos puede acarrear graves daños para la salud del paciente. Los medicamentos anteriores, como la digitalina y otras sustancias vegetales de la misma familia, son venenosos y tienen la facultad, principalmente en tratamientos largos, de acumularse en el organismo, de tal forma que su efecto puede aumentarse y sobrepasar la medida deseada por el médico.

Medidas generales y dietéticas. La principal medida consistirá en mantener un absoluto descanso corporal y psíquico. Se deberá conseguir que las actividades practicadas por el paciente se lleven a cabo con el mínimo esfuerzo. En estadios avanzados, o sea, cuando se presentan edemas y disnea acusados, es necesario, para descargar el corazón, un estricto reposo en cama. Además, se ordenará una dieta escasa y pobre en líquidos, dado que la digestión de los alimentos significa una sobrecarga para el corazón y sistema circulatorio, así como también para la circulación renal, mediante la cual son eliminados los líquidos ingeridos.

El tratamiento de la insuficiencia cardiaca comenzará, si es posible, además del reposo en cama, con unos días de ayuno o sólo administración de jugos. Se debe procurar que sean naturales, pues los conservados llevan alguna cantidad de sodio o derivados. La ingestión de líquidos deberá limitarse a un máximo diario de 600 a 800 cc y mientras haya acumulación de agua en los tejidos dicha cantidad no será aumentada. Una vez sometido el paciente a unos días de dieta con jugos, podrá continuar con dieta de arroz y manzanas. Precisamente, esta dieta garantiza una alimentación pobre en sal. Tras una mejoría general de la insuficiencia cardiaca podrá pasarse a una alimentación ligera, pobre en sal siempre, pero incluso en estos casos es aconsejable continuar, durante una o dos semanas, con jugo de fruta o verdura (máximo 800 cc). Junto a esta dieta, pueden ser útiles los diuréticos, para forzar la eliminación de agua, pero siempre bajo estricta vigilancia médica.

Después de la desaparición de los principales síntomas de la enfermedad, deberá continuarse con una dieta pobre en calorías y de fácil digestión. La alimentación rica en residuos y de difícil digestión es perjudicial, debido a que en los enfermos cardiacos, a consecuencia del estasis a nivel del vientre, existen de antemano dificultades para digerir y debe evitarse esta sobrecarga para el organismo. Los alimentos, además, deberán representar pocas calorías, ya que es imprescindible evitar el aumento de peso en este tipo de enfermos. Si se trata de pacientes obesos, las comidas tendrán que ser estrictamente controladas, a fin de que el individuo vuelva lentamente a alcanzar su peso ideal o se aproxime a él.

Si los síntomas concomitantes a una insuficiencia cardiaca hubiesen desaparecido total o parcialmente, el enfermo podrá incorporarse poco a poco a sus actividades, y llegará incluso a ejercer nuevamente su profesión.

El trasplante de corazón ya se practica en varios países; constituye una aceptable solución para los casos intratables, aunque el éxito no sea 100% satisfactorio. El uso del corazón artificial aún está a prueba; los casos que se han intentado, alcanzan sólo un mínimo de supervivencia.

Pronóstico. La evolución de la insuficiencia cardiaca dependerá de las lesiones existentes, pero también del plan de vida que siga el paciente, así como de la disciplina con que observe los consejos médicos. Téngase en cuenta que, observando con rigor un régimen de vida como el indicado —o sea, haciendo un ejercicio físico, sin esfuerzos y con método, y un estricto régimen de alimentación sin sal y a base de alimentos ricos en potasio (tomate, naranja, plátano, leche, etc.)— puede mantenerse una buena compensación.

El aparato circulatorio y sus enfermedades

Ejercicios gimnásticos en la insuficiencia cardiaca crónica

Estos ejercicios deberán ser practicados por los enfermos cardiacos únicamente con autorización médica. Se trata, sobre todo, de ejercicios de recuperación. Debe comenzarse con un pequeño número de ejercicios en posición supina, aumentando paulatinamente hasta poderlos practicar en posición erecta. Después de cada ejercicio se hará una pequeña pausa respiratoria. Al final de todos los ejercicios se guardará una media hora de reposo. Se practicarán diariamente.

Ejercicio 1	Acostado sobre la espalda, en posición relajada, tensar el vientre respirando lenta y profundamente. Contar hasta diez y entonces espirar despacio el aire, relajando al mismo tiempo el vientre.	Se hará unas 10 veces
Ejercicio 2	Acostado sobre la espalda en posición relajada, levantar las dos rodillas hasta la posición vertical, de manera que los pies se deslicen sobre la cama. Hacer llegar las rodillas hasta el vientre, estirar las piernas y volver a la posición inicial, deslizando igualmente los pies sobre la cama.	De 5 a 10 veces
Ejercicio 3	Como el ejercicio 2, pero estirando las piernas contra una resistencia, que puede oponer otra persona.	De 5 a 10 veces
Ejercicio 4	Acostado sobre la espalda, en posición relajada, levantar hasta la vertical las piernas de forma alternante, doblar la rodilla, volver a estirarla y lentamente volver a colocarla sobre la cama.	De 5 a 10 veces
Ejercicio 5	En la misma posición, separar las piernas y volver a juntarlas.	De 5 a 10 veces
Ejercicio 6	Como en el ejercicio 5, separar y juntar las piernas, pero en oposición a una resistencia.	De 5 a 10 veces
Ejercicio 7	Acostado sobre el vientre, doblar y volver a estirar las piernas.	De 5 a 10 veces
Ejercicio 8	Como en el ejercicio 7, pero flexión y extensión contra una resistencia.	De 5 a 10 veces
Ejercicio 9	En pie, con las piernas abiertas y las manos alzadas en la parte posterior de la nuca. Inspirar profundamente, tensando el vientre; por último, abrir los brazos en cruz y expulsar lentamente el aire, doblando al mismo tiempo la espalda hacia atrás.	De 5 a 10 veces
Ejercicio 10	Acostado sobre la espalda con los brazos relajados junto al cuerpo. Colocar los brazos sobre la cabeza, inspirar profundamente, entonces bajarlos lentamente por encima de la cabeza hasta la posición primitiva, espirando.	De 10 a 20 veces

Ejercicios de gimnasia terapéutica

El enfermo puede realizarlos solo, si el médico lo permite y son, en su mayoría, ejercicios de recuperación. Se empiezan con prudencia y con pocos movimientos en posición supina. Después se pasa a ejercicios cada vez más difíciles, aumentando gradualmente el número hasta realizar los de la posición erecta. Después de cada ejercicio es conveniente hacer una pequeña pausa respiratoria y, tras de cada serie, descansar, por lo menos, media hora. Los ejercicios deben hacerse todos los días.

EJERCICIO 1

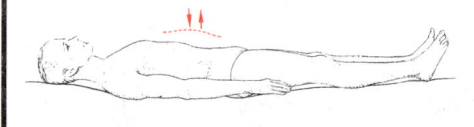

En posición supina y relajado, inspirar profundamente con el abdomen contraído; contar lentamente hasta 10; después espirar lentamente a intervalos y relajar poco a poco el abdomen. Repetir 10 veces.

EJERCICIO 2

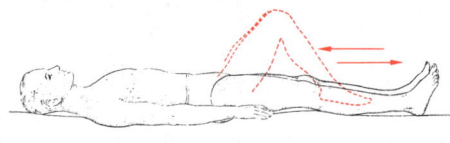

En posición supina y relajado, doblar las rodillas al máximo, teniendo los pies apoyados, para volver luego lentamente a la posición de partida. Repetir 5 a 10 veces.

EJERCICIO 3

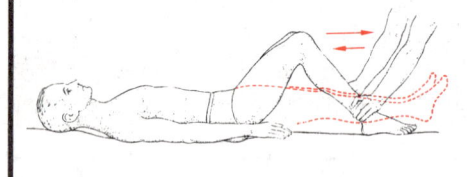

Como el ejercicio 2; sin embargo, las rodillas se doblan, teniendo en contra una resistencia efectuada por otra persona. Repetir 5 a 10 veces.

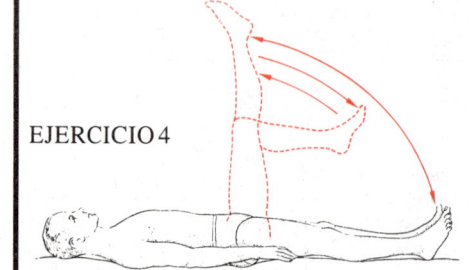

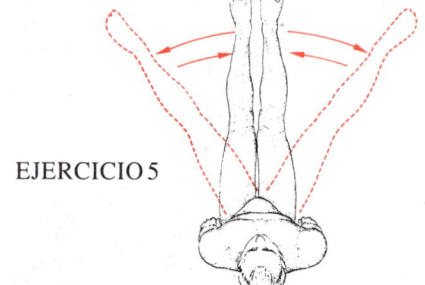

EJERCICIO 4

EJERCICIO 5

En posición supina y relajado, levantar despacio las piernas en ángulo recto, alternativamente; flexionar y extender la rodilla, volviendo lentamente a la posición inicial. 5 a 10 veces.

En posición supina y relajado, levantar lentamente las piernas rectas y juntas hasta que se encuentren verticales; después separarlas y unirlas despacio. Repetir 5 a 10 veces.

El aparato circulatorio y sus enfermedades

EJERCICIO 6

Como el ejercicio 5, pero separar y unir las piernas contra una fuerte resistencia efectuada por otra persona. Repetir 5 a 10 veces.

EJERCICIO 7 *Colocado sobre el vientre, flexionar y extender las piernas lentamente. Repetir 5 a 10 veces.*

EJERCICIO 8

Como el ejercicio 7, pero flexionar y extender las piernas contra una resistencia efectuada por otra persona. Repetir 5 a 10 veces.

EJERCICIO 9

EJERCICIO 10

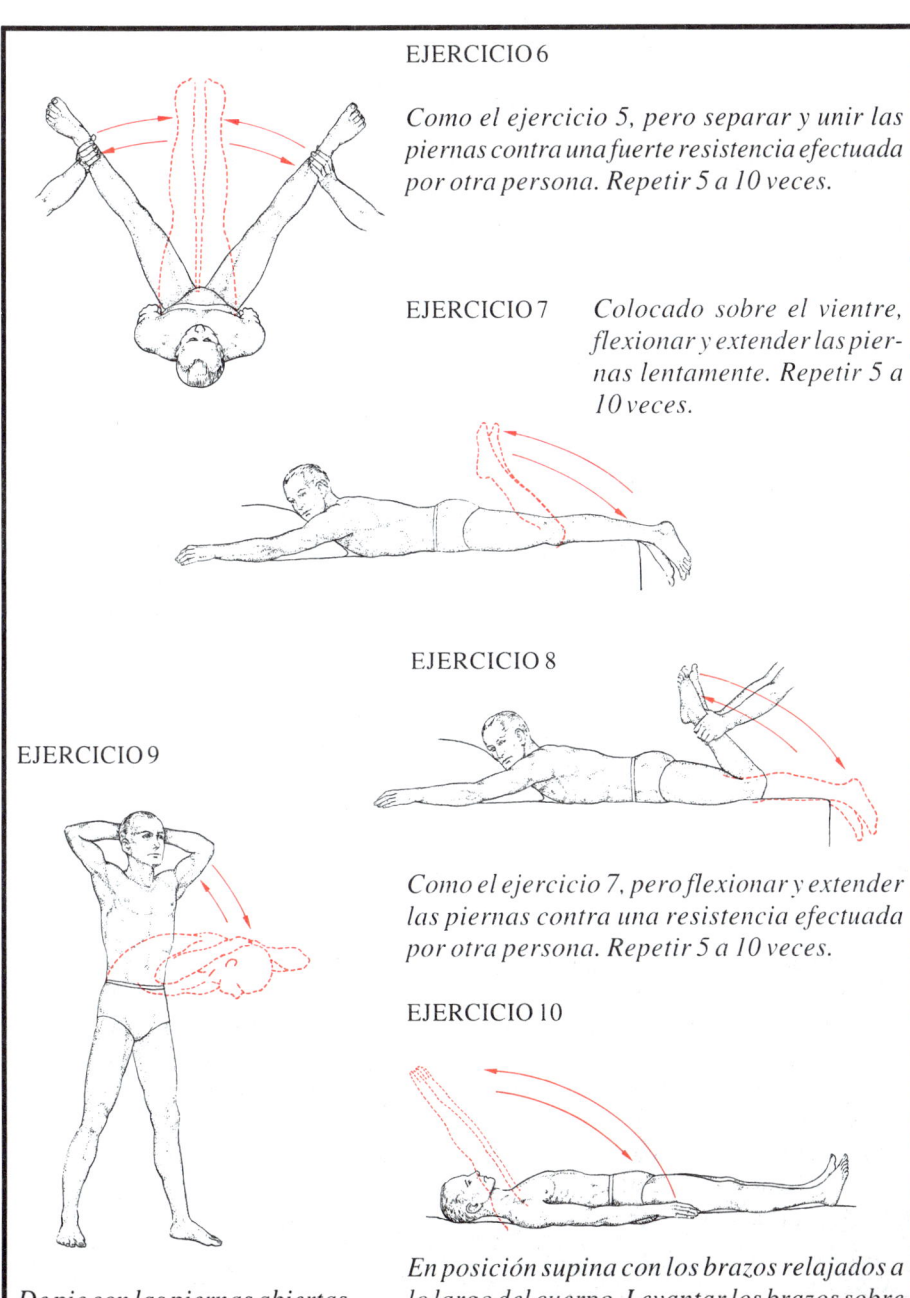

De pie con las piernas abiertas y las manos juntas en la nuca. Inspirar profundamente, contraer el abdomen, flexionar el busto hacia adelante y espirar. Repetir 5 a 10 veces.

En posición supina con los brazos relajados a lo largo del cuerpo. Levantar los brazos sobre la cabeza, inspirar profundamente, después llevar los brazos lentamente desde encima de la cabeza a la posición de partida, y a la vez espirar siempre lentamente. Repetir 10 a 20 veces.

INSUFICIENCIA CARDIACA AGUDA *(Asistolia o paro cardiaco)*

Síntomas.   Falta súbita del pulso, pérdida de conocimiento y eventual paro respiratorio; puede presentarse la muerte en casos extremos.

Naturaleza y origen.   Mientras que la insuficiencia cardiaca crónica alcanza una gran importancia práctica, la insuficiencia aguda presenta una frecuencia mucho menor. El enfermo crónico del corazón puede morir por un fallo agudo, es decir, por una supresión brusca de la actividad circulatoria; pero resulta más habitual que el óbito sobrevenga por las numerosísimas y variadas lesiones que la descompensación cardiaca progresiva origina en el resto de los órganos.

Causas.   Junto a las causas ya apuntadas en el apartado anterior, el fallo agudo puede presentarse en los accidentes eléctricos (electrocución), en los trastornos del ritmo de la contracción cardiaca y, sobre todo, como consecuencia inmediata de un infarto de miocardio o de una embolia pulmonar.

Tratamiento.   En la insuficiencia cardiaca aguda son necesarias medidas urgentes. Pocos minutos después de desaparecer las contracciones cardiacas no existe ya posibilidad de salvación. En caso de evolución favorable, por ejemplo tras sufrir una descarga eléctrica, la actividad cardiaca puede reaparecer por sí misma. Mientras llega el médico, que deberá ser avisado inmediatamente, se colocará al enfermo sobre la espalda. La ropa que comprima se aflojará, y se practicará con rapidez la respiración artificial. Mediante la administración de medicamentos de acción potente, el médico podrá ayudar decisivamente al enfermo. En casos graves y desesperados, cuando las condiciones lo permitan y en pacientes jóvenes, el médico puede llegar incluso a abrirles el pecho con un bisturí hasta llegar al corazón y mediante el masaje manual, hacer que éste se contraiga nuevamente. Esto incluso puede efectuarse fuera del quirófano si hiciera falta. El uso del desfibrilador con electrochoque es rápido y eficaz. Si el paciente pudiese ser transportado en pocos minutos a un hospital, existiría todavía una posibilidad de salvación e incluso sería posible la curación total. Hoy en día los recursos de la medicina en tan dramática circunstancia son impresionantes. Ya no son sólo los masajes cardiacos o las manipulaciones sobre el propio corazón; existen dispositivos eléctricos que facilitan de nuevo la contracción cardiaca o impiden un ritmo perturbador incompatible con la supervivencia. Pero la asistencia de estos enfermos es tan compleja que en los propios hospitales se han instalado servicios especiales de reanimación, de asistencia intensiva, con un despliegue de recursos técnicos impresionantes.

Pronóstico.   La evolución de la insuficiencia cardiaca aguda depende del origen y causa de la misma. En algunos casos, por ejemplo tras accidentes eléctricos, es posible, como apuntamos anteriormente, una curación total.

ASMA CARDIACO *(Edema agudo de pulmón)*

Síntomas:

1. Disnea intensa.
2. Sensación de opresión en el pecho, unida a otra de angustia y miedo.
3. Respiración superficial jadeante.

El aparato circulatorio y sus enfermedades

4. Palidez de la piel. En casos graves, por el contrario, coloración rojoazulada, en primer lugar de los labios, después de la nariz y punta de los dedos y más adelante de toda la cara.
5. Pulso acelerado.
6. Expectoración espumosa y sanguinolenta.
7. En casos graves, pérdida del conocimiento, durante la cual puede presentarse la muerte.

Naturaleza y origen. Las graves manifestaciones descritas aparecen súbitamente en forma de ataques tras grandes esfuerzos, y también con preferencia nocturna (aproximadamente una media hora, incluso una hora después de acostarse). El asma cardiaco es una forma especial de insuficiencia cardiaca aguda, en el sentido de una brusca caída, de una debilidad exagerada de la parte izquierda del corazón.

Dado que la función del ventrículo derecho se encuentra al principio intacta, la sangre conducida desde allí hasta el pulmón presiona y se estanca por delante de la parte izquierda del corazón, no pudiendo recibir ésta la sangre debido a su fracaso agudo. Como consecuencia del grave estasis sanguíneo en el territorio de la circulación pulmonar aparecen los síntomas anteriormente descritos. El asma cardiaco obedece a varias causas. Con frecuencia se trata de una grave lesión orgánica, que aparece tras lesiones hipertensivas de larga duración, lesiones de las válvulas cardiacas, calcificación de las arterias coronarias o miocarditis reumática.

Tratamiento. En todos los casos de asma cardiaco deberá avisarse inmediatamente al médico. Éste llevará a cabo, en casos extremos, una sangría y administrará los medicamentos necesarios. En algunas situaciones graves, sobre todo si van acompañadas de sensación de angustia, puede administrarse morfina u otro medicamento sedante especialmente activo. Las demás medidas dependerán de los casos en particular. Los ataques de asma cardiaco suelen repetirse, de aquí que sea aconsejable prevenirlos.

Pronóstico. El ataque de asma cardiaco es un incidente muy grave que en ocasiones puede incluso ocasionar la muerte.

INSUFICIENCIA CIRCULATORIA

Síntomas. Bruscamente, en una persona considerada perfectamente normal, puede aparecer una sensación de mareo, con náuseas, intensa palidez, sudoración fría, pulso lento y débil, sensación de angustia, siendo muy frecuente la pérdida total del conocimiento. En estos casos se habla de una **lipotimia**, también de vahídos o desmayos. Son pasajeros y revisten poca importancia. Ya de mayor trascendencia es el **síncope**, mucho más duradero y en el que junto a los síntomas ya citados aparece una evidente dificultad para respirar. Por último, la insuficiencia circulatoria puede adoptar el tipo del **colapso** o **shock**, de curso prolongado y progresivo, de suma gravedad, y que frecuentemente conduce a la muerte.

Naturaleza y causas. Más que de una debilidad del corazón, se trata de un fallo de la regulación circulatoria. El gobierno nervioso de la circulación y de la tensión arterial se desajusta por mecanismos reflejos. Hay territorios vasculares donde se produce un exceso de sangre, mientras que en otros, la irrigación resulta sumamente deficiente. El cerebro es muy sensible a una disminución del volumen sanguíneo, por lo que se comprende el predominio de los síntomas nerviosos. En el clásico desvanecimiento la causa es casi siempre psíquica (ver sangre al entrar en un quirófano, inyecciones, choques emocionales, estados de terror o de dolor intenso, aglomeraciones de personas en ambientes cálidos, etc.). Estas circunstancias, en contra de lo que parece, resultan muy frecuentes en varones jóvenes. A menudo, la lipotimia se produce simplemente por un cambio de posición que conduce en las personas calificadas de «lábiles vegetativos» a una desigualdad en la distribución sanguínea por alteración de la tensión arterial. Otras veces se producen síncopes en personas ancianas con arterioesclerosis, en las que son muy lentos los mecanismos de regulación de la tensión arterial y en las que un estímulo fuerte (dolor, golpes, cansancio extremo, etc.) acaba por afectar de manera brusca el mantenimiento de la circulación cerebral. Ya hemos hablado de los desvanecimientos y de los síncopes que se producen después de comidas copiosas, en los que una gran cantidad de sangre acude a los capilares intestinales, restando una irrigación suficiente al cerebro.

En el colapso o «shock» también existe una irrigación insuficiente, pero la causa no estriba en desajustes de la distribución, sino en que realmente falta sangre circulante. Ya sea por una hemorragia, con salida de sangre por rotura de un vaso; ya sea a consecuencia de una lesión de los capilares que permite que se extravasen grandes cantidades de líquidos (plasma sanguíneo) a los espacios intratisulares; por un aumento de la permeabilidad vascular (infecciones, sustancias tóxicas), o por grandes pérdidas de líquidos (vómitos, diarreas profusas, como en el cólera, etc.), en que la sangre en el sentido literal de la palabra se «deseca», el resultado es siempre el mismo: el volumen de sangre que ha de irrigar los tejidos fundamentales (cerebro, riñón, corazón, etcétera) no es suficiente. La mayor parte de las muertes por accidente se deben a este «shock», no sólo por la hemorragia, sino también por alteraciones de la permeabilidad capilar, por absorción de sustancias tóxicas procedentes de los tejidos lesionados («shock» traumático, «shock» por aplastamiento, tan frecuente en las guerras o en los derrumbamientos de edificios, etc.).

Tratamiento. Depende de las diversas causas que han conducido al estado de insuficiencia circulatoria. En una simple lipotimia basta tender al desmayado en posición horizontal y darle alguna bebida estimulante. En los síncopes ya es preceptivo consultar con un médico, que procurará subir la tensión arterial. En los casos de «shock» es de importancia vital reponer el volumen sanguíneo normal. La administración de sueros salinos, los sustitutos de plasma sanguíneo y, sobre todo, las transfusiones de sangre pueden salvar la vida del enfermo.

ALTERACIONES DEL RITMO CARDIACO

Síntomas. Pueden ser muy variados, dependiendo de la gravedad y de las diferentes alteraciones. No suelen ser apreciados por el propio enfermo. A veces éste nota una «tartamudez» del corazón, a la que no da importancia, y en otros casos, palpitaciones molestas y alarmantes.

Naturaleza, causa y origen. Las alteraciones del ritmo cardiaco no constituyen una enfermedad en el sentido estricto de la palabra, sino un síntoma. Entre las causas tenemos: alteraciones del músculo cardiaco, anomalías cardiacas y labilidad vegetativa. Mediante la voluntad, el hombre no influye sobre los latidos cardiacos. La acción del corazón puede ser influida, bien en el sentido de disminución o aceleración, por el sistema nervioso de manera inconsciente y por medio de estímulos anímicos, tales como alegría, miedo, excitación o sustos. La contracción cardiaca se produce por un estímulo originado en el mismo corazón, en el llamado nódulo sinusal, el cual provoca la contracción de las aurículas. Desde aquí, el estímulo se extiende a los ventrículos, originándose la contracción de los mismos. La regularidad del ritmo cardiaco puede ser interrumpida, incluso en individuos normales, por la aparición excepcional de un latido cardiaco extemporáneo (**extrasístole**). En individuos muy sensibles y nerviosos pueden presentarse frecuentes extrasístoles. El sujeto percibe este tipo de alteraciones como «tropiezo». En caso de enfermedades cardiacas, como por ejemplo lesiones valvulares, así como en las alteraciones graves del músculo cardiaco, pueden producirse contracciones totalmente anormales (arritmia total). En estos casos no se produce la normal contracción de las aurículas; solamente los ventrículos lo hacen, pero de forma muy irregular. Sorprendentemente, este estado puede persistir incluso más de diez años y ser compatible con la vida. No son raros los enfermos que no notan estas grandes lesiones. Otro tipo de alteraciones del ritmo cardiaco, que se manifiestan por palpitaciones rápidas ininterrumpidas (taquicardia paroxística), se puede observar, por ejemplo, en alteraciones nerviosas no peligrosas, pero no es raro verlas también en las lesiones cardiacas graves avanzadas.

Tratamiento y pronóstico. Dado que las alteraciones del ritmo cardiaco son, por regla general, consecuencias o lesiones concomitantes cardiacas, serán tratadas en la parte especial. La aparición esporádica de palpitaciones o extrasístoles no tiene gran importancia. Son muy frecuentes en los abusos de nicotina. El marcapasos es el tratamiento adecuado en muchos casos de arritmia. Los hay temporales y definitivos, y endovenosos y pericárdicos.

Enfermedades del corazón

LESIONES VALVULARES

Las lesiones valvulares cardiacas pueden ser **congénitas** o **adquiridas;** por otra parte, según el tipo y localización de la lesión, habrá que considerar numerosas y variadas formas. Atendiendo a esto, los síntomas serán también diferentes.

Síntomas (tanto en las enfermedades valvulares congénitas como en las enfermedades adquiridas):
1. Disminución de la capacidad de trabajo corporal por cansancio físico, así como por disnea tras esfuerzos ligeros.
2. Con frecuencia, pulso acelerado.
3. Frecuentes «molestias cardiacas», sensación de opresión, e incluso dolor, en la zona del corazón.
4. Desarrollo de insuficiencia cardiaca crónica, incluso en los pacientes jóvenes. En las lesiones valvulares congénitas, además de los síntomas anteriores, se presentan:
   a) Cianosis, ya desde el nacimiento o pocos años más tarde.

Examen de las enfermedades

b) A veces engrosamiento de la punta de los dedos («dedos en palillo de tambor») y abombamiento más o menos intenso de las uñas («uñas en vidrio de reloj»).

c) A veces abombamiento del pecho a nivel del corazón (la llamada «chepa cardiaca»).

No es raro que todos estos síntomas aparezcan conjuntamente.

En las lesiones valvulares cardiacas adquiridas se presentan además:

a) En la insuficiencia mitral, es decir, insuficiencia en el cierre de la válvula existente entre la aurícula y el ventrículo izquierdos: 1) mejillas y labios azulados; 2) frecuentes irregularidades del pulso.

b) En la estenosis mitral, es decir, en el estrechamiento de la válvula mitral, situada entre la aurícula y ventrículo izquierdos: 1) mejillas y labios azulados; 2) con frecuencia, pulso irregular, y 3) en casos graves, expectoración sanguinolenta.

c) En la insuficiencia aórtica, es decir, en el cierre insuficiente de la válvula situada entre el ventrículo izquierdo y la aorta: 1) aspecto pálido; 2) «pulso saltón» (durante la palpación del pulso se aprecia una onda pulsátil brusca y de corta duración debida al comportamiento de la presión: tensión sistólica elevada y diastólica disminuida), y 3) «danza arterial» (la gran diferencia de tensión hace que los vasos estén sometidos a violentos latidos). Pueden coincidir con ella unos movimientos sincrónicos de la cabeza, como en el llamado signo de Alfredo de Musset, poeta que padecía esta afección.

Naturaleza. Las lesiones valvulares congénitas asientan en malformaciones del corazón. Pueden ser de muy diferentes clases. Las malformaciones graves son a menudo incompatibles con la vida.

Las malformaciones leves pueden, por el contrario, evolucionar sin manifestaciones patológicas.

Entre las lesiones congénitas, las más frecuentes son los defectos del tabique cardiaco (entre las aurículas o entre los ventrículos), debidos a defectos en la soldadura de los extremos del mismo e incluso a su falta total. También los estrechamientos a la salida de las grandes arterias o la implantación anormal de los grandes vasos en el corazón se incluyen en este tipo.

Las lesiones adquiridas afectan casi siempre a las válvulas que se encuentran en relación con el ventrículo izquierdo. Es decir, la válvula mitral, situada entre la aurícula y el ventrículo izquierdos, y la válvula aórtica, localizada a la salida de la aorta en el ventrículo izquierdo. La válvula tricúspide, situada entre aurícula y ventrículo derechos, se ve raramente afectada.

Tanto los defectos valvulares congénitos como los adquiridos dificultan la normal circulación de la sangre dentro del corazón. A consecuencia de la aparición de una lesión cicatricial en las válvulas, éstas pueden estrecharse en gran medida y no dejar pasar suficiente cantidad de sangre (en las estenosis) o su cierre puede ser imperfecto (en las insuficiencias). En caso de estenosis, la sangre se estanca inmediatamente por delante de la válvula afectada; en caso de insuficiencia, la sangre fluye a cada contracción no solamente en la dirección normal, sino también a la inversa, dando lugar a una regurgitación más o menos intensa. En ambos casos, el corazón se encuentra intensamente sobrecargado; tiene que trabajar más para mantener la circulación.

A consecuencia de la progresiva sobrecarga, aumenta la musculatura de la parte afectada del corazón, sobre todo en grosor. En los casos graves, esta dilatación e

El aparato circulatorio y sus enfermedades

hipertrofia cardiacas pueden, a la larga, impedir la compensación de las lesiones, dando lugar a la presentación de una insuficiencia cardiaca crónica.

Causas. El origen de las malformaciones cardiacas congénitas no es aún conocido con exactitud. Las lesiones valvulares adquiridas son consecutivas a infecciones generales, con afectación particular del endocardio. La fiebre reumática es la causa más común de estos padecimientos.

Tratamiento. Actualmente, en muchos casos se obtienen buenos resultados mediante el tratamiento quirúrgico. La suerte del enfermo puede mejorar, por ello, decisivamente. Sobre el tratamiento médico y general sirve lo que ya fue descrito en la insuficiencia cardiaca. La elección del tratamiento depende del diagnóstico obtenido tras numerosos y complejos reconocimientos. En aquellos enfermos en los que se considera la posibilidad de una operación cardiaca en clínicas especializadas suelen realizarse exámenes de cateterismo cardiaco. Generalmente se introduce un catéter elástico (tubo de luz, muy estrecho, que se fabrica con materiales sintéticos diversos) por una vena del brazo hasta la aurícula derecha; desde allí pasa al ventrículo derecho y, finalmente, a la arteria pulmonar. Mediante la toma de sangre y medida de la presión a diferentes niveles del corazón y en la arteria pulmonar, pueden obtenerse datos exactos sobre la clase, localización y gravedad de la lesión valvular, así como sobre sus posibilidades de corrección. Este reconocimiento es relativamente inofensivo; se efectúa con el paciente acostado y despierto —sin molestias apenas para él—, bajo control radiológico, electrocardiográfico y ecocardiográfico (ultrasonido).

La intervención no sólo consiste en abrir más una válvula estenosada o procurar que una insuficiente cierre bien; sino también —en casos más difíciles— sustituye con injertos o con válvulas artificiales, las válvulas deformadas por cicatrices.

Pronóstico. Depende de la clase y gravedad de la lesión cardiaca. En términos generales se puede decir que, dados los avances de la medicina, las perspectivas de tratamiento han mejorado considerablemente en comparación con las posibilidades de hace cuarenta años. Condición indispensable es, claro está, una adecuada disposición del enfermo hacia los consejos médicos.

CARDITIS *(Inflamación de las estructuras del corazón)*

La inflamación del corazón puede afectar a todo el conjunto (pancarditis), sólo al endocardio (endocarditis), al músculo cardiaco (miocarditis) o al pericardio (pericarditis), con los diferentes síntomas y evolución.

ENDOCARDITIS

Síntomas. En las endocarditis no bacterianas (las más frecuentes) se presentan los siguientes signos y síntomas:
1. Sensación de malestar general moderada o intensa.
2. Pulso acelerado.
3. Aumento ligero de la temperatura, incluso fiebre moderada.
4. Sensación desagradable en la zona del corazón.

Examen de las enfermedades

En las endocarditis bacterianas sépticas y subagudas (endocarditis lentas) aparecen:
1. Sensación intensa de enfermedad grave.
2. Fiebre.
3. Pulso acelerado.
4. Hinchazón del bazo.
5. Formación de abscesos cutáneos.
6. Anemia.
7. Nefritis focal.

Naturaleza y origen. La mayor parte de las endocarditis son infecciones no bacterianas debidas a una reacción de hipersensibilidad (alérgica) o a una infección por estreptococos desarrollada en otra parte del organismo (infección bacteriana purulenta), por ejemplo las infecciones de garganta. Por ello, la endocarditis aparece con frecuencia al final de unas anginas y en relación con una fiebre reumática o una escarlatina. Los síntomas son a menudo tan intrascendentes al principio, que el mismo enfermo no los percibe.

Mediante la auscultación del corazón y la impresión de un electrocardiograma el médico puede obtener el diagnóstico de una endocarditis no bacteriana. En éstas existe el peligro de una recaída.

Se pueden evitar mediante la administración periódica de inyecciones de penicilina procaína o aplicación, cada catorce días, de una inyección de penicilina retardada, evitando de esta forma nuevas infecciones por estreptococos.

En los casos más raros de endocarditis bacterianas sépticas o subagudas se produce una colonización bacteriana directa que afecta con preferencia a las válvulas de la parte izquierda del corazón: **inflamación de las válvulas cardiacas.** La causa es aquí la penetración de gérmenes purulentos a través del torrente circulatorio y procedentes de focos dentarios o amigdalares.

Con el proceso inflamatorio existe siempre el peligro de que se produzca una cicatriz al sanar, que puede dar lugar a la formación de tejido retráctil que dificulte el mecanismo de cierre o apertura de las válvulas cardiacas y con ello conduzca a lesiones permanentes de las mismas.

Tratamiento. La enfermedad y el peligro de sus consecuencias son graves. En las endocarditis no bacterianas se prescribirán, junto al reposo absoluto en cama, medicamentos antiinflamatorios, para prevenir la formación de cicatrices retráctiles y, con ello, lesiones valvulares permanentes. En las formas bacterianas, los antibióticos actúan de manera muy favorable.

MIOCARDITIS

Síntomas:

1. Sensación de opresión en el pecho, a veces acompañada de dolor.
2. Pulso acelerado y, en ocasiones, irregular.
3. Fiebre ligera.
4. Palidez de la piel; en casos graves, cianosis.
5. A veces náuseas, vómitos, así como dificultades al tragar.

Naturaleza y origen. Los síntomas de la miocarditis son algunas veces tan insignificantes que incluso pasan inadvertidos para el mismo enfermo. El médico puede, con seguridad, establecer el diagnóstico mediante un reconocimiento electrocardiográfico. La miocarditis se presenta, por regla general, durante o tras una enfermedad infecciosa, sobre todo difteria, fiebre reumática o anginas.

Tratamiento. Deberá inclinarse, con preferencia, hacia la eliminación de la infección causante. Cuando en la evolución de la enfermedad se presentan síntomas de insuficiencia cardiaca, se administra, además, digital.

Pronóstico. Con tratamiento médico precoz el pronóstico es generalmente bueno. En la mayoría de los casos la enfermedad se cura sin consecuencias.

PERICARDITIS

Síntomas. Dolor intenso, punzante, a nivel del corazón, que unas veces dura días y otras, sólo unas horas. Al mismo tiempo existe fiebre de poca intensidad. La enfermedad puede curar completamente en este estadio (pericarditis seca), pero si se complica pueden presentarse los siguientes síntomas:

1. Disnea intensa.
2. Sensación de opresión a nivel del corazón (el dolor suele desaparecer).
3. Pulso acelerado.
4. Ligera cianosis.
5. Las grandes venas del cuello se marcan con exceso a consecuencia del estasis sanguíneo en la región anterior al corazón.
6. Insuficiencia cardiaca crónica.

Naturaleza y origen. Las pericarditis se presentan, la mayoría de las veces, en la evolución de otra enfermedad. Las causas más frecuentes son la fiebre reumática o la tuberculosis, pero también pueden ser debidas a sepsis, pulmonía, actinomicosis e infarto de miocardio.

El pericardio está formado por dos capas finas, entre las cuales se encuentra normalmente una pequeña cantidad de líquido; con los movimientos del corazón ambas hojas se deslizan, favoreciéndolos. Se comprende que en las pericarditis secas las hojas inflamadas del pericardio, al moverse una sobre la otra, originan dolor.

Las pericarditis húmedas se desarrollan de tal forma que las hojas inflamadas segregan un líquido que rellena la cavidad existente entre las hojas. La cantidad de líquido acumulado puede oscilar entre uno y dos litros. Debido a este derrame, las hojas del pericardio se separan, desapareciendo entonces el dolor típico que se presenta en las pericarditis secas.

Tratamiento. Dado que en las pericarditis existe, por regla general, otra enfermedad causante, el tratamiento se dirigirá principalmente sobre ella. Son imprescindibles el reposo absoluto en la cama y la aplicación de sedantes. En los grandes derrames pericárdicos el líquido deberá ser extraído mediante una punción practicada en la parte anterior del pecho. Esta intervención no es peligrosa y no hay que temer que el corazón sea ligeramente lesionado con la aguja de punción. De esta manera desaparece súbitamente la sensación de opresión y la dificultad a que se ha visto sometida la sangre para entrar en el corazón.

Pronóstico. Dependerá de la naturaleza de la enfermedad causante. En la mayor parte de los casos se trata de una enfermedad en la que no existe el peligro de muerte. De todas maneras, existe la posibilidad de que se produzca una pericarditis constrictiva, cuyas características se exponen seguidamente.

PERICARDITIS CONSTRICTIVA *(Pericarditis calcárea)*

Síntomas:

1. Insuficiencia cardiaca progresiva.
2. Las grandes venas del cuello aparecen más marcadas.
3. A veces, retracción visible en cada contracción, principalmente a nivel de la punta del corazón, de la pared torácica o del reborde costal.

Naturaleza y origen. Tras la desaparición de una pericarditis seca o húmeda se forman con frecuencia cicatrices que pueden provocar grandes callosidades retráctiles (pericarditis constrictivas) o una brida calcárea (pericarditis calcárea). Debido a ello, la función del corazón se ve dificultada. Éste aparece como si estuviera dentro de una coraza, sin poder dilatarse o contraerse suficientemente.

Tratamiento y pronóstico. La única medida que puede dar buenos resultados es la operación, siempre y cuando se lleve a cabo a su debido tiempo. Cuando se ha constituido una insuficiencia cardiaca avanzada, los peligros de la intervención son muy grandes.

INSUFICIENCIA CORONARIA

Cuando la circulación coronaria no es capaz de satisfacer las demandas de sustancias nutritivas del músculo cardiaco y, por la circunstancia que sea, el aporte sanguíneo se ve dificultado, se produce una insuficiencia coronaria. Clínicamente, este déficit puede adoptar dos formas: en primer lugar, la de la **angina de pecho,** con predominio de síntomas dolorosos, en los que los impedimentos a la corriente sanguínea son pasajeros, por ejemplo porque en un momento determinado (esfuerzo físico o espasmo de algún segmento de las arterias coronarias) en el riego del corazón hay una desproporción entre el suministro y el consumo. En segundo lugar, es fundamental el llamado **infarto de miocardio,** en el que el trastorno es mucho más profundo, pues la corriente sanguínea sufre una interrupción total.

ANGINA DE PECHO *(Angor pectoris)*

Síntomas:

1. Presentación súbita de dolor intenso en la región cardiaca, que se irradia con frecuencia al hombro y brazo izquierdos.
2. Pulso acelerado.
3. Frialdad y palidez de la piel; con frecuencia ésta se presenta sudorosa.
4. Al final del ataque, que puede durar sólo minutos, pero también hasta una media hora, aparición de náuseas y deseos de orinar.

El aparato circulatorio y sus enfermedades

Naturaleza y origen. La angina de pecho puede repetirse tras cortos o largos periodos (días o meses). Los dolores fuertes indican la falta de irrigación del músculo cardiaco. El miocardio está irrigado por los vasos coronarios que parten directamente de la aorta (independientemente, por detrás de su lugar de origen y a nivel del ventrículo izquierdo). El estrechamiento de las coronarias dificulta el aflujo de sangre y, con ello, el aporte de oxígeno al tejido cardiaco.

Dado que el corazón actúa constantemente y que en su trabajo emplea considerable energía, es necesario mantener para él un buen suministro de sangre. Cuando éste se ve dificultado, no se efectúa la retirada de los residuos metabólicos que continuamente está produciendo el músculo cardiaco. Del mismo modo, actúa desfavorablemente el suministro insuficiente de oxígeno. Todo ello conduce, cuando hay una dificultad del flujo sanguíneo en las coronarias, al dolor durante el ataque y, si éste se repite, a alteraciones duraderas, con la consiguiente lesión progresiva. Las coronarias pueden estrecharse por diferentes causas: en individuos de edad suele tratarse de procesos arterioescleróticos (esclerosis coronarias), que conducen a un estrechamiento de los vasos (debido al depósito de sustancias en las paredes internas del vaso). En estas coronarias, orgánicamente estrechadas, aparecen las molestias, sobre todo cuando el corazón necesita más sangre, en un esfuerzo o emoción. También puede deberse a alteraciones nerviosas, que producen un estrechamiento contráctil pasajero de las coronarias.

Tratamiento general y medicamentoso. Durante la angina de pecho puede ayudar, con resultados inmediatos, la administración de un vasodilatador coronario. Este medicamento actúa principalmente en la angina debida a esclerosis coronaria. Lo más importante es el tratamiento profiláctico, a fin de evitar las recaídas. La administración de medicamentos vasodilatadores debe completarse con la adopción de medidas higiénicas generales. El enfermo deberá llevar una vida regular y sin esfuerzos. Como la nicotina favorece la formación de las lesiones vasculares, el tabaco se suprimirá completamente. Tiene también gran importancia dormir suficientemente. En los casos muy severos, la angioplastía coronaria —dilatación forzada de las arterias— realizada con un balón plástico que se dirige por un catéter, es una técnica exitosa e inocua. También existe el recurso del "bypass" (puente) arterial para intentar la revascularización.

Pronóstico. En la angina de pecho de naturaleza funcional, propia de los hombres jóvenes predominantemente nerviosos, puede alcanzarse una curación, con frecuencia absoluta, con el tratamiento médico. En las anginas de pecho de origen arterioescleroso (orgánicas) las perspectivas pueden ser buenas durante muchos años si el paciente observa estrictamente las indicaciones médicas.

INFARTO DE MIOCARDIO

Síntomas:

1. Episodios graves de angina de pecho con dolor intenso a nivel de la región cardiaca, acompañados de sensación de angustia y muerte inminente. Con frecuencia el dolor se irradia hacia el brazo izquierdo, incluso llegando a la mano del mismo lado.

Examen de las enfermedades

Localización e irradiación del dolor en el infarto cardiaco

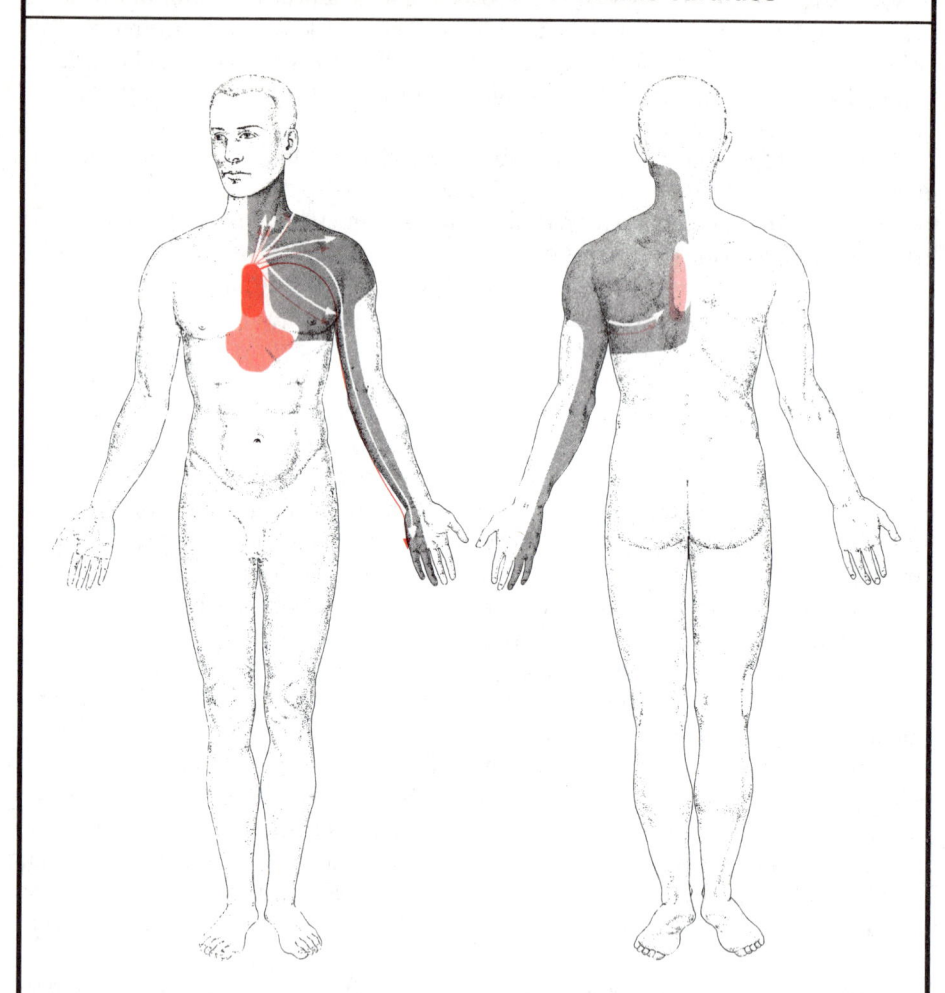

El dolor, en el infarto cardiaco, puede sobrevenir en cualquier momento y se advierte de modo intenso y con carácter constrictivo en la parte superior de la región retroesternal (color intenso) y, no raramente, abajo, hacia el epigastrio y el espacio interescapular (color claro). El dolor dura mucho tiempo y puede irradiarse al cuello, al ángulo de la mandíbula, a la nuca, a la espalda y al brazo izquierdo (véanse las flechas). Las zonas cutáneas de irradiación del dolor aparecen en gris.

2. Con frecuencia, debilidad, sudoración y, a veces, incluso desvanecimientos.
3. Fiebre moderada.

Los infartos de miocardio atípicos no presentan el dolor característico en la zona del corazón. A veces el dolor puede aparecer solamente a nivel del vientre.

Naturaleza y origen. Se trata de la obstrucción total de una rama de las arterias coronarias. Esta obstrucción es producida, generalmente, por un coágulo. Debido a la total obstrucción de la arteria, una zona del músculo cardiaco queda sin irrigación sanguínea, por lo que se infarta y muere. Si una arteria coronaria de grueso calibre se obstruye, puede ser destruida una zona tan grande del músculo cardiaco que se ocasione la muerte súbita.

Entre las causas que pueden desencadenar el infarto de miocardio se encuentran también las emociones, tales como sustos, enfados, miedo, sobre todo en individuos con marcada debilidad de su sistema nervioso vegetativo. Las obstrucciones de las coronarias de origen nervioso por un espasmo mantenido, son mucho más raras como causa de infarto de miocardio que las obstrucciones mecánicas de las coronarias por un coágulo de sangre.

Los científicos se han interesado de manera especial en averiguar si el peligro del infarto de miocardio es mayor en los fumadores de cigarrillos. Se ha podido demostrar que los individuos que fuman veinte o más cigarrillos diarios tienen aproximadamente tres veces más peligro de un infarto que los no fumadores. Parece ser que, sin embargo, los fumadores de pipa y puros están algo menos expuestos.

Hay enfermedades que influyen desfavorablemente en el origen y evolución del infarto de miocardio, entre ellas, además de la angina de pecho, la arterioesclerosis, la hipertensión, la diabetes y la gota, ya que en todas ellas se presentan precozmente lesiones de los vasos. Igualmente, las enfermedades renales con o sin hipertensión, así como las enfermedades metabólicas, a las cuales pertenece la obesidad por trastornos glandulares, facilitan la presentación del infarto de miocardio.

Tratamiento. Todo paciente con infarto de miocardio suele ser internado inmediatamente en un centro hospitalario. Allí tendrá que permanecer en cama por lo menos seis semanas. En los casos favorables, tras pocos días de tratamiento, desaparecen los dolores, mareos y fiebre. En el tratamiento hay que considerar diferentes puntos. Al paciente agitado, afligido por el miedo y dolor, se le mantendrá tranquilo con morfina o preparados de efecto semejante; se intentará, además, que el coágulo causante no aumente de tamaño y así se extienda el área destruida de miocardio. Esto se consigue con medicamentos que disminuyan la coagulación de la sangre. En caso de que exista al mismo tiempo una insuficiencia cardiaca, se tomarán también las medidas descritas para ella en la sección correspondiente.

Se pueden usar vasodilatadores coronarios, como la nitroglicerina —que incluso está disponible en parches de liberación prolongada—, así como el isosorbide y los bloqueadores de calcio.

Una vez cicatrizado el infarto, tras unas seis semanas de reposo en cama, el enfermo puede efectuar esfuerzos corporales y finalmente, pasadas varias semanas, reincorporarse a su profesión. El tratamiento con medicamentos anticoagulantes suele llevarse a cabo, por lo menos, durante unos dos años, y en algunos casos, durante toda la vida. Este criterio no es compartido, sin embargo, por todos los expertos de una manera absoluta; se le cuestionan muchos aspectos.

El infarto de miocardio se considera siempre como enfermedad grave, que a veces cursa entre la vida y la muerte y posteriormente, requiere un largo proceso de curación. A pesar de ello, la mayoría de los enfermos suelen sobrevivir, y pueden volver a su trabajo. Esta reincorporación requiere un cambio fundamental del método de vida

Examen de las enfermedades

llevado hasta entonces. En primer lugar, habrá que considerar un tiempo de reposo y recuperación. Después, se realizarán movimientos corporales, sobre todo paseos, con el fin de estimular el corazón y sistema circulatorio y, al mismo tiempo, activar la irrigación de la zona en la que se ha producido la interrupción del aporte sanguíneo y el consiguiente infarto. El esfuerzo será dosificado individualmente, aumentando poco a poco hasta que el enfermo pueda llegar incluso a efectuar deportes moderados, teniendo en cuenta, claro está, el consentimiento médico. Tras los primeros ejercicios gimnásticos pueden también realizarse ejercicios moderados de natación. Se prohibirán, sin embargo, todos los deportes violentos.

La alimentación deberá igualmente sufrir un cambio. Como regla general hay que tener en cuenta que cualquier exceso deberá evitarse. Grasas animales, como mantequilla y manteca, productos que contienen principalmente mucha colesterina, habrá que suprimirlas de la dieta y sustituirlas por grasas vegetales, como el **aceite de oliva**, el de girasol, el de maíz o el de cacahuate. No es necesaria una dieta demasiado estricta, siempre y cuando se coma con moderación. Esto atañe también, naturalmente, a las bebidas alcohólicas y al café. En todos los casos, tras infarto de miocardio, se prohibirá absolutamente el tabaco, durante la enfermedad y en el futuro. El acoplamiento lento y progresivo a la vida normal es sin duda de gran importancia. Es fundamental lograr una armonía interna y economizar los esfuerzos en el trabajo. De esta forma, el individuo que haya sobrevivido a un infarto de miocardio podrá ser de nuevo un miembro activo para la sociedad.

Pronóstico. El infarto de miocardio es muy frecuente, sobre todo en el sexo masculino. Una gran parte de los afectados sobrevive, y muchos pueden ejercer su profesión durante años.

Enfermedades de las arterias

HIPERTENSIÓN ARTERIAL

Síntomas. En la mayor parte de estos enfermos, los síntomas aparecen lentamente, de tal forma que al principio es frecuente que no representen molestia alguna. Más adelante se manifiestan del siguiente modo:
1. Tendencia al padecimiento de dolores de cabeza.
2. Disminución de la actividad corporal con predisposición al cansancio.
3. Tendencia a la disnea, así como la presentación de palpitaciones.
4. Percepción de latidos en pecho, cuello y cabeza.
5. Trastornos del sueño, sobre todo para conciliarlo.
6. En estadios avanzados, molestias cardiacas en el sentido de angina de pecho, así como insuficiencia cardiaca crónica.

Naturaleza y origen. La hipertensión arterial está muy extendida, debido a muy diferentes causas. Su origen reside a veces en trastornos todavía poco precisados (hipertensión esencial o primaria). Sobre ella juegan un papel preponderante los ruidos, estímulos luminosos, prisas y tensiones, cansancio crónico, así como consumo excesivo de estimulantes, tales como la nicotina y el café. También los problemas emocionales debidos a las grandes responsabilidades y las relaciones humanas difíciles actúan negativamente, influyendo en la presentación de la hipertensión.

Algunas formas secundarias de la hipertensión provienen de enfermedades renales, enfermedades de los vasos (en el sentido de una esclerosis de las pequeñas arterias), así como de tumores de las glándulas internas, sobre todo de las suprarrenales. Finalmente, pueden considerarse también como causas de esta enfermedad, determinadas lesiones de las válvulas cardiacas.

Tratamiento general y dieta. Inicialmente, una vez conocido el origen de la hipertensión y tratado éste en forma conveniente, hay que considerar que en la mayor parte de las formas hipertensivas no son los medicamentos la medida más importante ni de mayor éxito, sino la consiguiente modificación del régimen de vida. Mucha relajación, sueño suficiente, abstención completa de tabaco y de otras sustancias excitantes, así como una dieta adecuada y cuidadoso plan de ejercicios corporales, pueden mejorar claramente la situación del enfermo.

La dieta alimenticia deberá ser escasa y especialmente pobre en sal. El enfermo habrá de limitar la ingestión de grasas hasta un total de 50 gramos al día. Al principio deberá ser aún más estricto: sólo diez o veinte gramos. Se elegirán, con preferencia, los aceites vegetales de oliva, maíz o girasol, que poseen ácidos grasos no saturados que se consideran menos nocivos desde el punto de vista del origen de la arterioesclerosis. La mantequilla, así como las demás grasas animales, deberá ser muy limitada o prohibida. Es conveniente que la leche sea descremada.

Ejercicios gimnásticos. Deben practicarse ejercicios gimnásticos, ya que éstos contribuyen a un tratamiento eficaz; también se practicará la caminata al aire libre, en zonas con bajo índice de contaminación.

Tratamiento medicamentoso. Actualmente puede utilizarse una gran gama de preparados muy eficaces. En las formas leves de hipertensión pueden observarse éxitos curativos con los preparados a base de rauwolfia. Los conocimientos modernos de la medicina han demostrado que es necesario un tratamiento prolongado de la hipertensión, en el que es imprescindible la utilización de un tipo de medicamento durante tiempo indefinido.

Para las formas graves de hipertensión se dispone también de medicamentos especialmente activos; éstos, sin embargo, no son del todo inofensivos, por lo cual solamente deben utilizarse bajo supervisión médica, e incluso bajo control clínico. Los peligros de estos medicamentos tan activos residen en una caída inesperada de la tensión arterial, con pérdida repentina del conocimiento; el enfermo puede herirse al caer. Otros efectos secundarios desagradables pueden manifestarse por alteraciones de la actividad intestinal y de la mucosa nasal. También es posible que aparezcan alteraciones de la función sexual. Se han multiplicado los medicamentos antihipertensivos con acciones que van desde vasodilatación periférica; los vasodilatadores centrales, los calcioantagonistas, los inhibidores de prostaglandinas; muchos de ellos se asocian con diuréticos.

Pronóstico. En los trastornos hipertensivos, y debido a las diversas formas de la enfermedad, no puede darse un pronóstico exacto. La hipertensión que se presenta como consecuencia de enfermedades crónicas de riñón tiene una evolución más desfavorable que la forma esencial. En todos los casos, la hipertensión significa una sobrecarga para el corazón, que luchará contra una resistencia mayor. De ahí la importancia de una adecuada vigilancia. También es importante señalar que la hipertensión sostenida conduce fácilmente a la arterioesclerosis.

Examen de las enfermedades

HIPOTENSIÓN ARTERIAL

Síntomas:

1. Disminución de la actividad física e intelectual.
2. Tendencia a los mareos y pérdida del conocimiento.

Naturaleza y origen. Consiste en un trastorno en la regulación de la circulación que se presenta tanto en personas jóvenes con tendencia a la debilidad circulatoria como en sujetos de edad avanzada. La tensión baja conduce a una disminución de la circulación cerebral, la cual da lugar a los síntomas anteriormente expuestos.
Tratamiento. Los medicamentos que aumentan la tensión arterial, tales como los tónicos circulatorios, dan buenos resultados. El consumo de café, en forma moderada, actúa también favorablemente. Pueden contribuir a la curación los masajes de la piel con cepillo, las curas con agua fría, los baños de aguas ricas en ácido carbónico y los ejercicios gimnásticos adecuados.
Pronóstico. A pesar de lo molesto de la sintomatología, el pronóstico es favorable. En la mayoría de los casos no ofrece ningún peligro.

ARTERIOESCLEROSIS *(Endurecimiento arterial)*

Síntomas. Rara vez se presentan al mismo tiempo que el inicio de la lesión orgánica, y la evolución de ésta es habitualmente muy lenta. Éstos son:
1. Disminución general de la actividad física e intelectual, en especial de la memoria y capacidad de concentración, así como cambios del humor y ánimo.
2. Con frecuencia, hipertensión arterial.
3. A veces trastornos circulatorios en determinadas zonas vasculares, como las piernas, con peligro de gangrena seca o húmeda; también en el territorio cerebral, o en el coronario, con la consiguiente aparición de angina de pecho.

Naturaleza y origen. La forma y gravedad de los síntomas dependen de la extensión y localización de la lesión vascular, ya que se trata de una acumulación anormal de grasas y calcio en las paredes de las arterias, con lo cual los vasos sanguíneos pierden su elasticidad. Además, se llega a la destrucción de la fina película que recubre interiormente las arterias (endotelio). Debido a ello las arterias van estrechándose de manera que la corriente sanguínea se ve dificultada y, como consecuencia, aparecen trastornos en la irrigación de las zonas afectadas. La arterioesclerosis es una enfermedad de la civilización. Sin embargo, sus causas y aparición se presentan todavía un poco oscuras para la ciencia moderna. Dado que en países económicamente débiles y pueblos primitivos se presenta raramente, se supone que en su etiología tiene una influencia fundamental la insana alimentación actual, con un consumo excesivo de grasas, así como el tabaquismo.
Tratamiento. La principal medida terapéutica, igual que en la hipertensión y angina de pecho, consiste en la dieta alimenticia. Los consejos que para ellas dábamos sirven aquí también en toda su extensión, por ejemplo, prohibición absoluta del tabaco. La utilización de medicamentos ha adquirido gran importancia.

APOPLEJIA O ICTUS APOPLÉTICO *(Ataque cerebral)*

Síntomas. Aparecen trastornos del sistema nervioso central que, según la gravedad, son repentinos o tardan horas en desarrollarse, como pérdida del conocimiento, parálisis de un miembro aislado o de la mitad del cuerpo (hemiplejia), acompañados de trastornos del lenguaje (afasia) cuando se afecta la mitad derecha del cuerpo.

Naturaleza y origen. Se trata de un trastorno cerebral debido a la rotura de una arteria (hemorragia) o a la obstrucción por un coágulo (trombosis o embolia cerebral). Por regla general, suele originarse en pacientes que padecen una hipertensión grave o estados avanzados de arterioesclerosis. Los síntomas son a veces parcial o totalmente irreversibles. En casos muy graves los ictus apopléticos pueden repetirse y en los muy extremos, producir la muerte.

Tratamiento. Debido a la gravedad de esta enfermedad es aconsejable, en todos los casos, el ingreso urgente en un hospital. Aquí se podrán inyectar en vena los medicamentos que influyen decisivamente en la evolución de la enfermedad. Sólo raras veces es aconsejable tratar estos pacientes paralizados o inconscientes en casa. Una vez superado el estadio agudo, se empezará lo antes posible con ejercicios y masaje, para facilitar la regresión de las parálisis existentes.

Pronóstico. El futuro del enfermo dependerá de la magnitud de la lesión cerebral, así como de la gravedad de la dolencia. Después de pasar una apoplejia se puede vivir muchos años siguiendo un adecuado tratamiento dietético y general. Además, la moderna tecnología de rehabilitación ha mejorado el pronóstico.

ENFERMEDAD DE RAYNAUD

Síntomas. Generalmente se ponen de manifiesto muy lentamente, comenzando por la presencia de manos o pies fríos y azulados; luego los dedos muestran alteraciones de la circulación, en forma de crisis paroxísticas de espasmo arterial, apareciendo pálidos, insensibles, como muertos y fríos. Los accesos van raramente acompañados de dolor. Después suele notarse, con frecuencia, una comezón, y el miembro afectado toma, finalmente, una coloración azulada. Este tipo de crisis puede repetirse frecuentemente, incluso llegando en los casos graves a una verdadera necrosis del dedo. Los dedos suelen afectarse simétricamente. En los intervalos sin ataques, la circulación sanguínea es normal.

Naturaleza y origen. Este tipo de enfermedad predomina en mujeres jóvenes, entre los dieciocho y treinta años. Consiste en una constricción de las pequeñas arterias de los dedos. Las crisis pueden provocarse, a veces, al introducir las manos en agua fría o a causa de emociones anímicas. La verdadera causa de esta enfermedad está aún por descubrirse. Parece ser que están más expuestos los individuos que tienen que trabajar mucho en contacto con agua fría; también se asocia a padecimientos reumáticos como artritis o lupus.

Tratamiento. Se evitarán las grandes diferencias de temperatura, procurando mantener calientes las manos y los pies. Se utilizan sustancias vasodilatadoras.

Pronóstico. Con un tratamiento intensivo, se pueden evitar las consecuencias más graves. La enfermedad de Raynaud implica siempre una total abstención respecto al hábito del tabaco.

ACROCIANOSIS

Síntomas. Súbita e intensa palidez en uno o varios dedos, con frecuencia provocada tras la exposición al frío. No se acompaña de dolor.

Naturaleza y origen. En contraposición a la enfermedad de Raynaud, descrita anteriormente, la acrocianosis es una afección relativamente leve. En este caso se trata también de una contracción de los vasos que conduce a una disminución del aflujo sanguíneo a los dedos, no en forma de crisis sino de larga duración. También es más frecuente en las mujeres jóvenes.

Tratamiento y pronóstico. Mantener calientes las manos, así como realizar ejercicios gimnásticos, y aplicar baños alternantes con agua fría y caliente. Parece que hay una base hormonal, por lo que es aconsejable un tratamiento en este sentido. Las posibilidades de curación son buenas.

ARTERIOESCLEROSIS ESTENOSANTE; ENFERMEDAD DE WINIWARTER-BUERGER

Síntomas. Las alteraciones se presentan principalmente en las piernas.

1. Son frecuentes los dolores a nivel de las pantorrillas, semejantes a los que se producen en las llamadas «punzadas». El síntoma típico es el denominado «claudicación intermitente», que consiste en la presentación de dolor a dicho nivel a poco de comenzar a caminar, dolor que desaparece al permanecer algunos minutos parado y reaparece al continuar la marcha.
2. La extremidad afectada permanece notablemente fría en comparación con la que está sana. La piel aparece pálida y, a veces, incluso algo azulada.
3. El pulso es más difícil de palpar en el miembro afectado, que en el sano. En la pierna, el pulso arterial se percibe directamente a nivel de la ingle, a la altura de la flexura de la rodilla, en el empeine del pie y, finalmente, por detrás de la parte interna del tobillo.
4. En los casos graves puede presentarse una coloración rojoazulada, sobre todo en la punta de los dedos del pie. En caso de evolución desfavorable puede llegar a desarrollarse una gangrena seca o húmeda, que puede conducir a la pérdida de los dedos e incluso a la de la pierna. Si la enfermedad vascular no afecta predominantemente a las extremidades y sí, por el contrario, a los órganos, los síntomas son diferentes a los anteriormente expuestos. Si los vasos cardiacos están dañados, aparecerá el cuadro de una angina de pecho, y si son los cerebrales, el de una esclerosis cerebral con manifestaciones psíquicas.

Naturaleza y origen. Se trata de una lesión progresiva de las grandes arterias que pone en peligro el flujo sanguíneo. En la claudicación intermitente la circulación de sangre resulta todavía suficiente para abastecer a la pierna en estado de reposo. Si por el contrario el paciente camina, el flujo de sangre resulta insuficiente para nutrir de oxígeno al músculo en acción, así como para retirar los residuos acumulados en el mismo. La consecuencia es el dolor intenso, que desaparece al detenerse el enfermo.

El aparato circulatorio y sus enfermedades

Si la enfermedad progresa, la insuficiencia se presenta incluso en reposo y pueden aparecer entonces los primeros síntomas de gangrena y necrosis, sobre todo en los dedos del pie.

Teniendo en cuenta que los síntomas y tratamiento en este tipo de afecciones son parecidos, podemos diferenciar dos enfermedades vasculares distintas: la enfermedad de Winiwarter-Buerger y la arterioesclerosis obliterante. La primera consiste en la inflamación crónica de las paredes de los vasos (arteritis). Predomina en individuos del sexo masculino entre los cuarenta y cincuenta años. Su origen no está completamente determinado, pero el abuso de nicotina actúa indudablemente de manera perjudicial.

La segunda es una lesión del vaso, que se presenta principalmente en individuos de edad avanzada, especialmente en los diabéticos.

Tratamiento. Para obtener resultados positivos en este tipo de enfermedades es de gran importancia el tratamiento precoz. Ante todo deberá suprimirse el tabaco. Aparte de ello se realizarán ejercicios gimnásticos, cepillado seco de la piel y baños. Además existen numerosos medicamentos que pueden ser recetados por el médico. En algunos casos, con una operación (extirpación de los nervios vegetativos que inervan las arterias) pueden obtenerse buenos resultados. Los "bypass" o puentes vasculares se practican con efectos positivos.

Pronóstico. Con tratamiento precoz suelen obtenerse resultados satisfactorios.

TROMBOSIS ARTERIAL Y EMBOLIA ARTERIAL
(Obstrucción de los vasos sanguíneos)

Síntomas. Son muy diferentes, dependiendo de la arteria obstruida. Si se trata de una arteria del brazo o del pie, se presenta un dolor súbito e intenso en cualquiera de las extremidades, y el miembro afectado aparece pálido y frío. Si se desprende el coágulo sanguíneo y llega a la arteria pulmonar se presenta el cuadro de una embolia pulmonar. Una pequeña **embolia pulmonar** puede evolucionar sin ser percibida. Por el contrario, las más grandes presentan graves manifestaciones de «shock», e incluso pueden ocasionar la muerte súbita. Si el coágulo pasa a la circulación cerebral se origina la embolia, con síntomas de apoplejía.

Naturaleza y origen. Con excepción de la embolia pulmonar, no se trata de una enfermedad frecuente. Conduce a una obstrucción súbita de las arterias gruesas, bien mediante la coagulación de la arteria misma o por obliteración del vaso por un coágulo transportado por el torrente circulatorio. A consecuencia de una embolia pulmonar se originan, con frecuencia, pleuresías o pulmonías. Por regla general, el coágulo en la embolia pulmonar proviene de una trombosis venosa, es decir, de la coagulación de la sangre en una vena. Con frecuencia se trata de pacientes que anteriormente —días o incluso semanas antes— han sido sometidos a una intervención quirúrgica durante la cual no se tomaron todas las precauciones.

Tratamiento. En las embolias arteriales a nivel de las grandes arterias del brazo o pierna es necesaria a veces una intervención quirúrgica inmediata para quitar el coágulo formado.

Pronóstico. Depende del grosor de la arteria obstruida. En la mayoría de los casos se puede esperar una curación completa.

Examen de las enfermedades

Enfermedades de las venas

VÁRICES

Síntomas:

1. Con frecuencia se manifiestan como formaciones modulares azuladas, múltiples, visibles a través de la piel y palpables. La mayoría de las veces se presentan a nivel de las piernas. Si son poco acentuadas no producen molestia alguna, y tienen solamente un significado estético.
2. Si son muy pronunciadas habrá tendencia al estancamiento de la sangre y, con ello, a la formación de edemas en la zona de la pierna afectada.
3. Igualmente, si son muy ostensibles, pueden dar lugar a hemorragias intensas, sobre todo en la superficie de los miembros, así como a úlceras de difícil curación.
4. Tendencia a inflamación y trombosis de las venas.

Naturaleza, origen y causas. Se trata de una dilatación patológica de las ya extremadamente finas paredes de las venas. Parece que para llegar a tal estado juega un papel determinante una debilidad hereditaria del tejido conjuntivo. También la obesidad favorece la presentación de las várices. La situación puede empeorar por estancamiento a nivel del desagüe venoso, por ejemplo a consecuencia de un embarazo. Asimismo las profesiones en las que se permanezca mucho tiempo de pie o andando

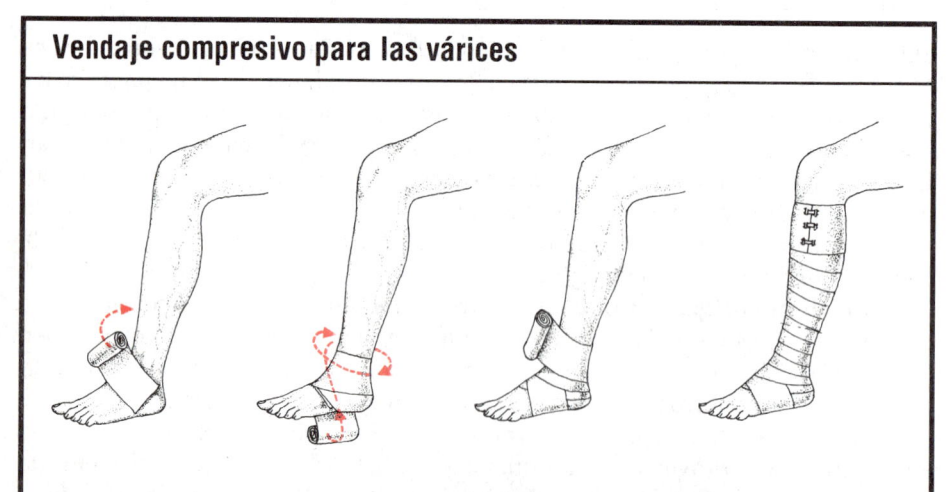

Vendaje compresivo para las várices

El vendaje de las várices debe comprimir de modo uniforme los tejidos y distribuir así el estasis venoso. No debe, por ello, estar demasiado flojo ni demasiado apretado, para no obstaculizar la circulación. A la izquierda: la venda elástica, de 8 o 10 centímetros, debe tensarse con ambas manos, tirando de los dos extremos a un tiempo sobre el dorso del pie; pásese sobre el talón y de nuevo por el empeine; rodéense los tobillos; finalmente, enróllese toda la pierna hasta 2 centímetros por debajo de la rodilla.

El aparato circulatorio y sus enfermedades

Hemorroides

Vena hemorroidal superior
Intestino recto
Vena hemorroidal media
Plexo hemorroidal
Vena hemorroidal inferior
Nódulo hemorroidal interno
HEMORROIDES INTERNAS
Nódulo hemorroidal externo
HEMORROIDES EXTERNAS

SECCIÓN DEL INTESTINO RECTO Y DEL ANO MOSTRANDO EL PLEXO HEMORROIDAL

Las hemorroides son dilataciones varicosas de las venas hemorroidales del recto y se dividen en externas e internas. Las externas aparecen sobre la abertura anal y son directamente visibles, al contrario de las internas, que se encuentran dentro del intestino recto a unos centímetros de la abertura anal, y solamente se hacen visibles cuando sufren un alargamiento y una distensión tales que llegan a salir, en parte, del ano.

---

favorecen su aparición. En las várices muy dilatadas la corriente sanguínea llega a detenerse, de aquí la formación de coágulos o trombos.

Tratamiento. Las formas leves de **várices** no necesitan tratamiento, pero deberemos prevenir un empeoramiento. Habrá que evitar la permanencia prolongada en pie. Las várices gruesas pueden ser tratadas localmente por el médico por medio de inyecciones esclerosantes. Con ellas se consigue, frecuentemente, que desaparezcan. De todas maneras, más adelante pueden aparecer molestias muy serias si persiste la causa de las várices. Algunos ejercicios gimnásticos pueden producir un empeoramiento de la enfermedad. Las piernas deberán permanecer elevadas durante el reposo, y debe evitarse toda compresión. Es necesario, asimismo, regular la deposición fecal. La fisioterapia recomienda el lavado de las piernas alternando agua fría y caliente, y el cepillado de las mismas por la mañana y tarde con un cepillo seco y blando. El empleo de vendas elásticas será determinado por el médico. El empleo de éstas suele ser necesario en casos que responden mal al tratamiento quirúrgico, por ejemplo cuando se presente una safenectomía.

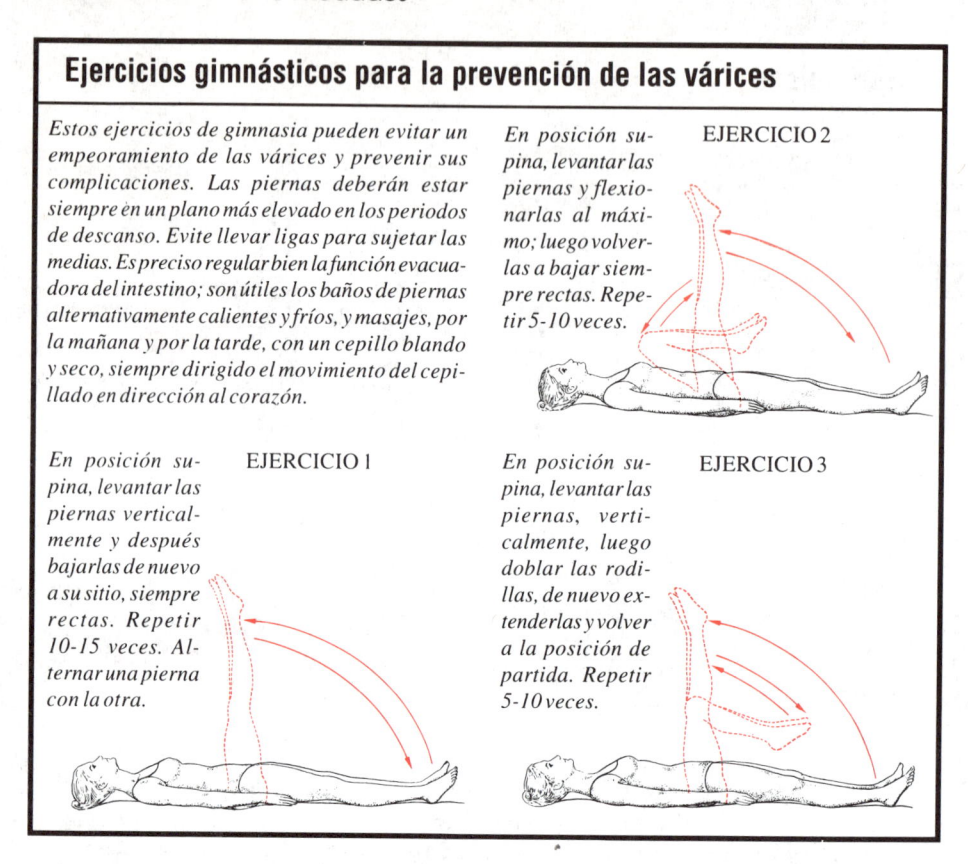

Ejercicios gimnásticos para la prevención de las várices

Estos ejercicios de gimnasia pueden evitar un empeoramiento de las várices y prevenir sus complicaciones. Las piernas deberán estar siempre en un plano más elevado en los periodos de descanso. Evite llevar ligas para sujetar las medias. Es preciso regular bien la función evacuadora del intestino; son útiles los baños de piernas alternativamente calientes y fríos, y masajes, por la mañana y por la tarde, con un cepillo blando y seco, siempre dirigido el movimiento del cepillado en dirección al corazón.

EJERCICIO 2
En posición supina, levantar las piernas y flexionarlas al máximo; luego volverlas a bajar siempre rectas. Repetir 5-10 veces.

EJERCICIO 1
En posición supina, levantar las piernas verticalmente y después bajarlas de nuevo a su sitio, siempre rectas. Repetir 10-15 veces. Alternar una pierna con la otra.

EJERCICIO 3
En posición supina, levantar las piernas, verticalmente, luego doblar las rodillas, de nuevo extenderlas y volver a la posición de partida. Repetir 5-10 veces.

TROMBOSIS VENOSA Y TROMBOFLEBITIS

Síntomas (casi siempre se presentan en las piernas):
1. Endurecimiento de las venas.
2. La mayoría de las veces inflamación dolorosa a nivel de las pantorrillas. Enrojecimiento en forma de cordón en las piernas que, con frecuencia, se extiende hasta la parte interna del muslo.
3. Hinchazón dolorosa de los ganglios linfáticos situados en la ingle, a nivel de la pierna afectada.
4. Hinchazón de la pierna enferma.
5. Fiebre moderada e incluso alta.
6. A la presión en la planta del pie se presenta, con frecuencia, dolor en la pantorrilla.

Naturaleza, causa y origen. Se trata de una coagulación dentro de las venas, la mayoría de las veces varicosas y dilatadas, con la consiguiente inflamación local. A consecuencia de ello, el reflujo de la sangre se ve dificultado y, en consecuencia, la pierna se hincha.

Tratamiento. Reposo absoluto en cama, mantenimiento de la pierna enferma en posición elevada y fomentos con alcohol (10%) constituyen las primeras medidas. Además se administrarán medicamentos antiinflamatorios, como la fenilbutazona,

El aparato circulatorio y sus enfermedades

EJERCICIO 4

En posición supina, sentarse con los brazos rectos hacia delante, doblarse mucho hacia las piernas, rectas, y volver a la posición de partida. Repetir 10-15 veces.

EJERCICIO 6

En posición supina, apoyar las piernas estiradas sobre un soporte colocado en la parte posterior de las rodillas; después subirlas lentamente hasta una posición intermedia entre la horizontal y la vertical, separarlas al máximo y unirlas de nuevo. Repetir 10 veces.

EJERCICIO 5

En posición supina, contraerse y relajarse, haciendo entrar en actividad primero los músculos de las piernas, después los de la pelvis y el vientre durante 1-3 minutos, siempre en el orden citado.

EJERCICIO 7

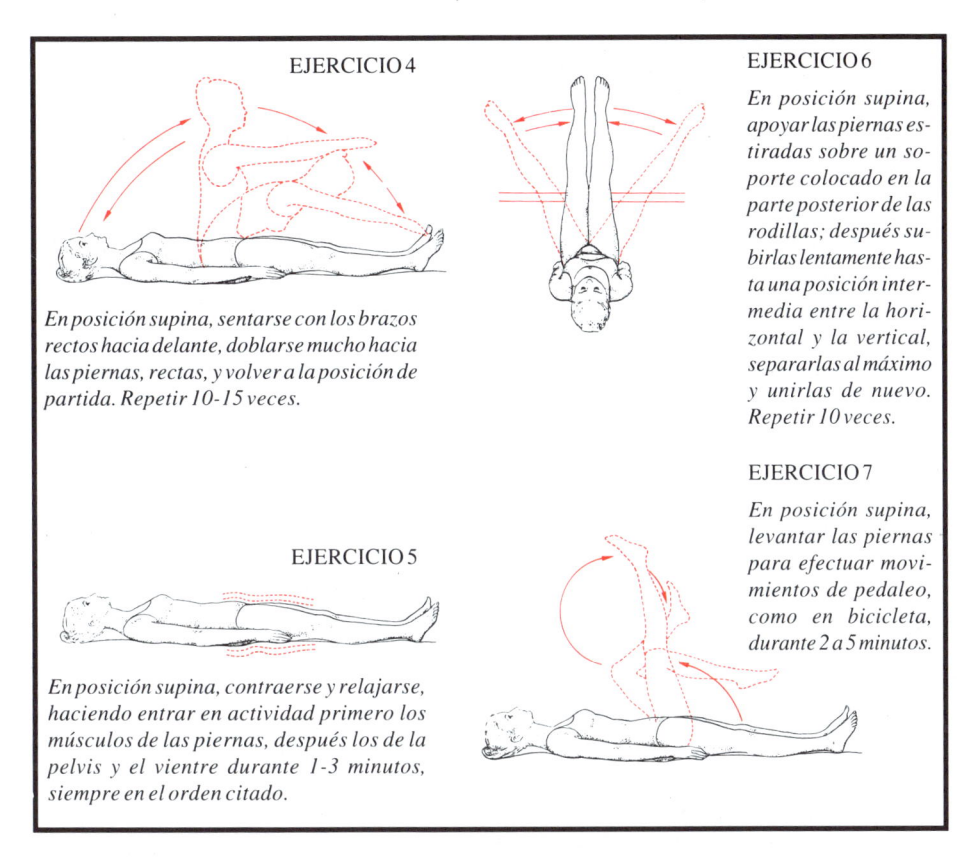

En posición supina, levantar las piernas para efectuar movimientos de pedaleo, como en bicicleta, durante 2 a 5 minutos.

con los que se obtienen también buenos resultados. A veces son necesarios los anticoagulantes. El tratamiento local con pomadas da lugar, asimismo, a mejorías. Hasta aproximadamente tres semanas después del comienzo de la enfermedad se deberá mantener inmovilizada la pierna enferma, con lo cual se consigue que no se desprenda ningún coágulo, causa de las peligrosas embolias pulmonares. Una vez pasado este tiempo se comenzará intensivamente con los ejercicios gimnásticos (con consentimiento del médico). Con ellos se mejorará la circulación sanguínea, de tal manera que al levantarse el enfermo las piernas no estarán ya hinchadas.

Pronóstico. Por regla general, las posibilidades de curación son buenas. Por desgracia en algunos individuos que ya hayan pasado una trombosis venosa o una tromboflebitis pueden producirse recaídas.

HEMORROIDES *(Almorranas)*

Aunque esta enfermedad ha sido descrita con mayor detalle entre las propias del aparato digestivo por afectar a la red venosa del tramo final del recto, debemos insistir en que las hemorroides son alteraciones varicosas en cuya génesis juega un papel el factor hereditario, aunque, como ya hemos indicado, también influye una defectuosa regulación de la evacuación intestinal.

El aparato respiratorio y sus enfermedades

La función respiratoria

Para que cada célula del organismo humano pueda realizar sus funciones específicas es imprescindible que disponga continuamente de un flujo suficiente de oxígeno, elemento tan necesario para su actividad vital que ésta se extingue rápidamente cuando falta, lo mismo que se apaga una llama cuando no lo encuentra para alimentar la combustión. Hay tejidos en los que el gasto de oxígeno es relativamente modesto y que incluso pueden sobrellevar, sin mayor perjuicio, una ausencia pasajera. Pero tanto el sistema muscular como el nervioso, el riñón y el corazón, por su constante trabajo, no sólo tienen un consumo de oxígeno muy alto, sino que, además, son sumamente sensibles a cualquier deficiencia en el suministro, por momentánea que ésta sea. Es la sangre arterial, que baña todo el cuerpo, la que se constituye en mecanismo de transporte para que el oxígeno no falte en ningún lugar. Naturalmente, los tejidos más necesitados tienen un sistema de irrigación mucho más perfeccionado y complejo que aquellos en los que las exigencias son menores.

Pero las células no sólo necesitan oxígeno para ejercer sus funciones; durante su actividad desprenden anhídrido carbónico que, como producto de desecho, se forma en su seno por las continuas combustiones y transformaciones químicas que caracterizan su actividad. Ambos gases, el oxígeno y el anhídrido carbónico, se intercambian a través de la membrana celular. Es lo que constituye el fenómeno de la respiración interna. La célula toma de la sangre arterial el oxígeno que necesita y cede, al mismo tiempo, el anhídrido carbónico residual. Durante este recambio, la sangre arterial, rica en oxígeno, se convierte en sangre venosa cargada en anhídrido carbónico y por el sistema circulatorio de las venas es conducida al lado derecho del corazón donde, a su vez, es impulsada hasta los pulmones a través de las arterias pulmonares. Estos vasos que vierten la sangre venosa a los pulmones conservan el nombre de arterias, aunque no contienen sangre arterial, en razón de que se prefiere usar esta denominación para todos los vasos que parten del corazón, independientemente de su contenido. Una vez en los pulmones, la sangre venosa se reparte en sucesivas ramificaciones por toda la red de finísimos vasos capilares, que tapiza en intrincada maraña una membrana de capital importancia. Los vasos son tan finos que los corpúsculos sanguíneos circulan por ellos en "fila india". Dicha membrana limita y engloba unos pequeñísimos sacos, los alveolos pulmonares, que, a su vez, mediante las vías respiratorias, están en contacto con el mundo circundante, con la atmósfera. A través de la membrana, la sangre venosa cede el anhídrido carbónico aportado, que se difunde en el alvéolo para su eliminación con el aire respirado. En sentido inverso, el oxígeno tomado durante la inspiración pasa por la membrana para ser aceptado por la sangre capilar que, de nuevo, se convierte en sangre arterial roja. Este proceso de intercambio gaseoso podría ser muy fácil si el pulmón fuese un simple órgano hueco como un balón.

Éste se inflaría para llenarse de oxígeno cuando se inspirara aire, que a través de la cámara del balón, o sea, de la membrana antes citada, por cuya pared circula la sangre, pasaría a la misma. A la inversa, el anhídrido carbónico venoso pasaría al interior del

El aparato respiratorio y sus enfermedades

balón, que para eliminarlo se desinflaría dejando salir el aire. Este símil del balón existe así efectivamente en algunos animales inferiores, pero en los mamíferos y en el hombre la superficie útil de la membrana de recambio de gases es mucho mayor porque las necesidades son infinitamente más grandes. No existe un solo hueco pulmonar, sino 750 millones de pequeños saquitos o alvéolos pulmonares, repartidos por todo el tejido pulmonar, para efectuar la ventilación. Extendidos en superficie continua los alvéolos cubren un área de nada menos que 70 metros cuadrados, algo menos que un piso pequeño. Están agrupados como las uvas en los racimos, y cada uno de ellos se pone en comunicación con el exterior mediante las múltiples arborizaciones de los bronquios. Cada alvéolo está tapizado por la ya citada membrana, con su red capilar, que garantiza la difusión recíproca de los gases.

El oxígeno es poco soluble en la sangre, por lo que un gramo de este medio de transporte sólo aceptaría 0.2 cc del gas, pero como las necesidades orgánicas son mucho mayores, la naturaleza dotó a la sangre de unos corpúsculos especiales, los hematíes, que existen en número de 5 millones por milímetro cúbico. Son como unas esferitas llenas de un pigmento, la hemoglobina, que, por su color, les da el nombre de glóbulos rojos y, por su abundancia, confiere esta coloración a toda la sangre. La hemoglobina tiene la propiedad de fijar oxígeno en gran cantidad; un gramo acepta 1.34 cc. Como la sangre contiene normalmente 15 gramos de hemoglobina por cada 100 cc, un litro de sangre puede retirar de los pulmones hasta 200 cc de oxígeno. Una vez más se cumple la regla de que, para satisfacer ciertas necesidades, el organismo tiene que crear estructuras especiales.

No basta con que la hemoglobina se sature de oxígeno; además la sangre oxigenada ha de ser transportada a todos los tejidos del cuerpo. Como éstos exigen una continua y rápida renovación, la sangre circula a gran velocidad. Aproximadamente durante un minuto, toda la cantidad de sangre que contiene el aparato circulatorio —unos cinco litros y medio— pasa por los pulmones. Para ello es necesario que el corazón lata unas 75 veces por minuto, y para que los alvéolos pulmonares aporten la suficiente cantidad de oxígeno y eliminen el anhídrido carbónico ofrecido por la sangre venosa, la renovación del aire contenido en los alvéolos se efectúa a un ritmo normal de 16 ventilaciones por minuto. Ambos ritmos están perfectamente ajustados y, en síntesis, garantizan la continua depuración de la sangre.

La sangre ya oxigenada es recogida por las venas pulmonares (precisamente las únicas venas que tienen sangre arterial) y, a través del costado izquierdo del corazón, es distribuida por las arterias a todo el organismo. A su paso por los tejidos cede su oxígeno (se dice que la hemoglobina se reduce) y se va cargando de anhídrido carbónico, completándose el ciclo al volver a transformarse en sangre venosa, oscura. Es interesante hacer mención de que, como el gas carbónico es muy soluble en la sangre, la naturaleza no ha tenido que crear un vector o transportador diferenciado, como en el caso de la hemoglobina en relación al oxígeno. La mayor parte del anhídrido carbónico pasa directamente al líquido sanguíneo, combinándose químicamente con el bicarbonato que contiene. Este fenómeno le confiere a la sangre cierta acidez, lo que cumple también una finalidad, como veremos luego con más detalle. No se respira más frecuentemente o con mayor profundidad porque alguna señal indique al organismo que hace falta oxígeno, sino porque es sensible al aumento de la acidez sanguínea, signo de que existe un exceso de anhídrido carbónico. Para restablecer el equilibrio se ventila

Examen de las enfermedades

la sangre más de prisa, a fin de eliminar lo más rápidamente la sobreproducción de residuo carbónico. Al conseguirlo se aporta, por supuesto, más oxígeno a los tejidos, lo que en definitiva se pretendía. Ocurre lo contrario que en el caso del aparato digestivo: cuando las células «pasan hambre», el organismo no es avisado por una acumulación de las sustancias residuales del metabolismo celular, sino que, primariamente, es forzado al ingreso de sustancias nutritivas (aparece la sensación de apetito) o, en su defecto, se recurre a los abundantes depósitos o almacenes de alimentos (sobre todo grasa) con que cuenta el cuerpo. La razón de que las cosas ocurran así, es, simplemente, el hecho de que los gases que intervienen en el recambio no pueden ser almacenados en el organismo; continuamente han de renovarse. Se puede sobrevivir mucho tiempo sin comer (hasta muchas semanas en casos extremos), pero unos minutos sin respirar o, mejor dicho, sin ventilar, son incompatibles con la vida. Es también la razón de que la nutrición externa sea gobernada por un acto consciente y que (una vez agotadas las reservas corporales) sobrevenga el suicidio por inanición. El hombre tiene que respirar por mecanismos autónomos y su voluntad interviene sólo hasta cierto punto, limitadamente: el suicidio por asfixia se produce recurriendo a medios artificiales que la provoquen mecánica o químicamente.

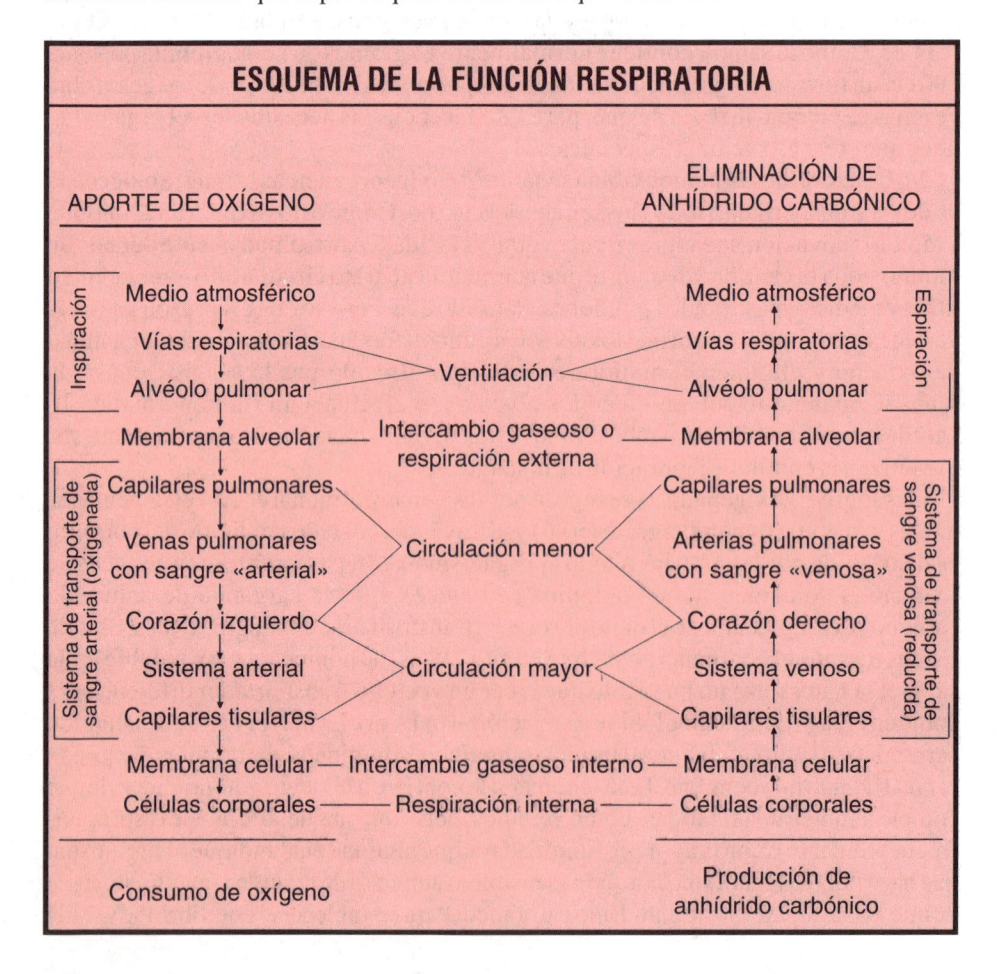

ESQUEMA DE LA FUNCIÓN RESPIRATORIA

APORTE DE OXÍGENO		ELIMINACIÓN DE ANHÍDRIDO CARBÓNICO
Inspiración { Medio atmosférico → Vías respiratorias → Alvéolo pulmonar	Ventilación	Medio atmosférico → Vías respiratorias → Alvéolo pulmonar } Espiración
Membrana alveolar	Intercambio gaseoso o respiración externa	Membrana alveolar
Sistema de transporte de sangre arterial (oxigenada) { Capilares pulmonares → Venas pulmonares con sangre «arterial» → Corazón izquierdo	Circulación menor	Capilares pulmonares → Arterias pulmonares con sangre «venosa» → Corazón derecho } Sistema de transporte de sangre venosa (reducida)
Sistema arterial → Capilares tisulares	Circulación mayor	Sistema venoso → Capilares tisulares
Membrana celular → Células corporales	Intercambio gaseoso interno — Respiración interna	Membrana celular → Células corporales
Consumo de oxígeno		Producción de anhídrido carbónico

Anatomía del aparato respiratorio

Como la respiración es un proceso vital que se efectúa a nivel de todas las células del organismo y como la sangre actúa de medio de transporte de los gases que deben renovarse, el aparato respiratorio está únicamente encargado de la **respiración externa** o ventilación, que garantiza la depuración o intercambio gaseoso. En realidad debería hablarse de aparato ventilatorio, pero tanto el médico como el profano entienden por respiración y por enfermedades respiratorias todo lo concerniente a este acto de la ventilación y sus trastornos. Entre el alvéolo pulmonar, a cuyo nivel se efectúa el recambio vital respiratorio, y la atmósfera circundante, se intercalan una serie de estructuras intermedias que, por razones didácticas, dividiremos en vías respiratorias, superiores e inferiores, y tejido pulmonar propiamente dicho.

Las vías altas comienzan por la nariz y la faringe, que trabajan a modo de aparato de aire acondicionado. En cualquier ambiente, el aire que ha de llegar a los pulmones tiene que ser cálido, húmedo y puro. La mucosa que tapiza dichos conductos tiene una rica red de vasos sanguíneos que funcionan como un radiador. Cuando hace frío los vasos se dilatan y ceden calor al aire inspirado. Numerosas glándulas secretan líquidos viscosos que humedecen y también producen un material adherente que, como un papel matamoscas, atrapa los cuerpos extraños. Por último, el epitelio vibrátil presta un servicio de autolimpieza, pues barre como una escoba, merced a sus finísimos pelos o cilios, cualquier clase de impureza. La descontaminación se complementa en la faringe mediante una riquísima red linfática, estructurada como defensa biológica contra los agresores, en especial contra los microorganismos.

La **nariz** presenta un tabique vertical que la divide en dos cavidades o fosas cuyas ventanas exteriores se comunican primero con los vestíbulos, pequeñas excavaciones en la parte todavía extensible de la pared lateral, o alas nasales, que se dilatan durante la inspiración y están revestidas de un epitelio que en poco se diferencia del de la piel, aunque su abundancia de pelos ya indica una misión protectora. Detrás del vestíbulo cada fosa nasal se constituye en una especie de laberinto con unos pasajes o meatos, limitados por tres eminencias fibrocartilaginosas superpuestas denominadas cornetes, que se insertan en la pared lateral de la nariz y actúan como «resistencias» que dejan pasar el aire para su acondicionamiento. En estos meatos desembocan los conductos de drenaje de los senos paranasales y el canal lacrimal; éste aporta la secreción que también baña a la superficie ocular y no sólo actúa de elemento humidificador sino que, al ser rica en un fermento —la lisozima—, descubierto también por el doctor Fleming, como la penicilina, interviene en la lucha contra los microorganismos. Las fosas nasales se abren por su parte posterior, por unas ventanas o coanas, mayores que las ventanas anteriores, que permiten que el aire pase a la faringe. Cerca de estas aperturas se encuentran, a cada lado, los orificios que comunican las fosas con el oído medio a través de las llamadas trompas de Eustaquio o conductos aéreos que sirven para que, a ambos lados del tímpano auditivo, se equilibre la presión atmosférica.

La parte superior de las fosas nasales corresponde a la zona olfatoria, rica en células nerviosas que transmiten el estímulo odorífero al cerebro. El olfato tiene un significado defensivo al permitir la identificación de sustancias nocivas de olor específico, pero, por encima de esto y como complemento de la apreciación estética de infinidad de aromas, su misión radica en la ayuda esencial que presta al sentido del gusto, que sólo sabe distinguir cuatro sabores básicos (ácido, dulce, amargo y salado). Por ello una obstrucción nasal —por un constipado, por ejemplo— condiciona que los alimentos parezcan insípidos.

Los **senos accesorios** o **paranasales** (maxilares, frontales y etmoidales) son como cavidades, en el interior de los huesos craneales, que se comunican con las fosas nasales. Si su presencia se hace notar, sobre todo cuando se padece la tan molesta sinusitis, su función fisiológica es algo más difícil de precisar. Se sabe que actúan de caja de resonancia para matizar el timbre de la voz, pero quizá sirvan también para aligerar el peso de la cabeza, pues sus oquedades evitan que las formaciones óseas del cráneo sean excesivamente macizas.

La **boca** pertenece realmente a las vías digestivas, pero puede suplir, aunque defectuosamente, la función inspiratoria de la nariz cuando ésta se obstruye o cuando, tras un esfuerzo, la ventilación nasal es insuficiente para aportar el oxígeno necesario (jadeo). El aire espirado sale casi siempre por la boca no sólo porque ya no hace falta el acondicionamiento nasal, sino también para modular el sonido emitido por las cuerdas vocales.

En la **faringe** se entrecruzan las vías digestivas con las respiratorias, constituyendo una estructura increíblemente resistente. Cada cuatro segundos pasa por ella una corriente de aire que alcanza una velocidad de 15 kilómetros por hora y que en los esfuerzos de la tos resiste sucesivos tornados aéreos de hasta 300 kilómetros por hora. Por otro lado, aguanta temperaturas que varían entre los $-10°C$ de un helado hasta los $70°C$ de un café recién preparado. No sólo se encuentra sobrecargada de trabajo, también está superpoblada, a las pocas horas de nacer, con una flora astronómica de microorganismos, contra la que tiene que luchar toda la vida.

De la boca pasamos a la faringe por el llamado istmo de las fauces, formado por el velo del paladar o membrana que cuelga del cielo de la boca y que se inserta, a ambos lados, en las estructuras del cuello mediante una bifurcación en dos repliegues o pilares. Inmediatamente detrás del istmo se encuentra la faringe oral, que se prolonga por arriba con la faringe nasal, o epifaringe, el espacio que existe detrás de las coanas nasales. La faringe se comunica por abajo con la llamada hipofaringe, donde de nuevo se separan las vías respiratorias de las digestivas. Todo esto tiene su específica razón de ser: una potente musculatura permite que ambos pasajes se independicen cada vez que se realiza una función. Cuando se deglute el bolo alimenticio, el velo del paladar sube y tapa el espacio nasofaríngeo, bajando también una membrana —la epiglotis— que, a modo de tapadera, cierra la laringe y que pertenece a las vías respiratorias. Todo esto es tan complejo que a veces se producen «averías». Un vómito violento de contenido gástrico puede sorprender al velo del paladar y pasar a la nariz, lo mismo que una deglución poco ajustada produce atragantamiento, al pasar los alimentos a la laringe y no al esófago.

La faringe tiene un tapizado sumamente rico en vasos linfáticos; constituye una verdadera red que abarca la totalidad del espacio faríngeo y que constituye el llamado **anillo de Waldeyer.** Numerosas glándulas linfáticas regulan esta barrera defensiva; son las llamadas amígdalas o tonsilas: las palatinas, situadas a cada lado entre los dos velos del paladar; la lingual, situada en la base de la lengua, y la adenoide, que rellena el espacio nasofaríngeo, detrás de las coanas nasales.

El aparato respiratorio y sus enfermedades

La **laringe,** a modo de válvula, se intercala entre las vías respiratorias altas y las inferiores, cumpliendo dos fines. Por un lado, alberga las dos cuerdas vocales, de 15 a 25 mm de longitud, que son dos cintas horizontales, en sentido anteroposterior, no del todo paralelas y que, merced al impulso del aire espirado, entran en vibración para producir ondas sonoras. Aparece así la fonación, la emisión de la palabra articulada. El diferente estado de tensión de estas cuerdas no basta para el sonido diferenciado; se necesita una caja de resonancia como en un instrumento musical. Esta modulación la efectúan la nariz, la boca e incluso los dientes y los labios. Pero aun con una tensión máxima de las cuerdas para emitir los tonos más agudos, siempre queda un espacio triangular entre ambas, denominado glotis, que deja pasar el aire. Así aparece la segunda misión laríngea, que no es sólo pasiva y conductora, sino también defensiva. Gracias al estrechamiento glótico es posible la tos, como veremos más adelante. La delicada laringe está protegida exteriormente por un fuerte armazón cartilaginoso. La pieza más importante del escudo es el cartílago tiroides, con un escote superior que termina en pico, la nuez o manzana de Adán, tan desarrollada en el hombre, que incluso constituye una característica sexual secundaria. Por debajo, un cartílago anular, el cricoides, une la laringe con la tráquea; a este nivel se efectúa, generalmente, la traqueotomía o apertura que, en caso de obstrucción, permite el restablecimiento de la ventilación.

Las vías respiratorias bajas comienzan por la **tráquea,** largo conducto situado por delante del esófago y constituido por una serie de cartílagos superpuestos en forma de herradura. En su parte posterior se cierra con una membrana fibromuscular que le confiere cierta elasticidad, pues si la tráquea fuese una especie de tubo rígido, los esfuerzos de la tos podrían romperlo. La mucosa traqueal es de tipo vibrátil y barre hacia arriba, hacia la laringe, en sentido contrario de las de la nariz y faringe, que barren también hacia la laringe, hacia abajo. Las impurezas barridas pueden tragarse y pasar al esófago, pero a menudo, sobre todo si existe inflamación o irritación por cuerpos extraños, se desencadena el reflejo de la tos. La tráquea, ya dentro del tórax, se bifurca en forma de Y invertida para continuarse con los troncos bronquiales, también conocidos como bronquios principales.

El **bronquio principal derecho** es más corto y ancho, dirigiéndose casi verticalmente hacia abajo, por lo que los cuerpos extraños entran con mayor facilidad en el pulmón derecho. El **bronquio principal izquierdo** se desvía más horizontalmente y tiene una longitud de unos cinco centímetros.

Los dos **pulmones** tienen una cara interna ligeramente excavada, cuya parte central forma el llamado hilio, por donde, en cada lado, se introducen a través de la pleura los bronquios principales acompañados de la arteria y vena pulmonares. Esta zona hiliar es muy rica en ganglios linfáticos, en los que desembocan los numerosos vasos linfáticos del pulmón y que forman el último reducto defensivo del aparato respiratorio. Entre ambos pulmones existe un espacio en forma de tienda de campaña, el mediastino, que se extiende desde el esternón hasta la columna vertebral, alojando la tráquea, parte de los bronquios principales, el esófago, numerosas glándulas, nervios, vasos sanguíneos y linfáticos y, sobre todo, en un compartimiento aislado, que nosotros conocemos con el nombre de corazón.

La superficie pulmonar aparece como un mosaico con aspecto de coliflor, brillante a modo de un espejo a causa de la envoltura pleural. El interior de los pulmones se

Examen de las enfermedades

asemeja a una esponja de baño de color rosado que, al avanzar la edad, se hace de color grisáceo, incluso con puntos negruzcos, que no son más que las huellas del humo del tabaco o de nuestra vida urbana en ambientes contaminados, depósitos de alquitrán y otras sustancias. Cada pulmón se divide, por una hendidura o cisura que transcurre oblicuamente en sentido vertical, en un lóbulo superior y otro inferior. Del lóbulo superior derecho se separa, por otra cisura casi horizontal, un tercer lóbulo, llamado lóbulo medio.

Los bronquios principales se comunican, por ramificación, con los bronquios; uno para cada lóbulo: tres en el pulmón derecho y dos en el izquierdo. A su vez, cada bronquio se arboriza para formar los bronquios segmentarios que ventilan los llamados segmentos pulmonares, diez en el lado derecho y nueve en el izquierdo. La importancia de esta división segmentaria estriba en que constituyen verdaderas unidades funcionales en el sentido anatómico funcional, cada uno provisto de su correspondiente dotación vascular, y que trabajan y enferman con cierta independencia, lo que reviste indudable valor práctico, pues en las enfermedades localizadas es perfectamente factible la cirugía de un segmento, pudiéndose ahorrar la extirpación de todo un pulmón o de algún lóbulo.

Cada segmento broncopulmonar se subdivide en zonas cada vez más pequeñas, ya no limitadas funcionalmente. La arborización bronquial continúa hasta llegar a los bronquiolos, cada vez de menor grosor. Hasta aquí, el árbol bronquial todavía aparece reforzado por estructuras cartilaginosas; posee una musculatura capaz de contraer o dilatar y tiene un revestimiento interior de epitelio vibrátil. Pero llega un momento en que el bronquiolo se ramifica en un bronquiolo terminal en el que finaliza la función conductora del aire y comienza, gradualmente, la misión del intercambio de gases. Ya algunos bronquiolos terminales tienen en su pared formaciones saculares aisladas, pero la verdadera respiración se efectúa en los alvéolos pulmonares que, agrupados como racimos de uvas, se comunican con los bronquiolos terminales a través de los conductos alveolares: un promedio de seis conductos por cada bronquiolo terminal. En esta zona difusora de los gases respiratorios ya no hay epitelio vibrátil, sino una simple capa de células planas que asienta sobre la membrana, constituida por una riquísima red de vasos capilares, y que hace contacto con el tejido intersticial del alvéolo, rico en fibras elásticas, que presta al pulmón su extraordinaria capacidad de distensión y retracción. Es verdaderamente increíble la resistencia de este tejido que, durante toda una vida, se extiende y se contrae más de quinientos millones de veces sin sufrir más que un ligero desgaste al cabo de los años. Hasta la fecha no se ha encontrado en la naturaleza vegetal, en la mineral o en alguna estructura artificialmente creada, nada que pueda asemejarse a esta propiedad.

La **pleura** es una envoltura elástica membranosa que se adapta perfectamente a cada pulmón. Consta de dos hojas, una parietal, que se adhiere a la pared interior del tórax, y otra visceral, que se aplica sobre la superficie pulmonar. Entre ambas hojas existe un líquido que permite el deslizamiento entre pulmón y caja torácica durante los movimientos respiratorios: similar a dos placas de cristal unidas entre sí por un pegamento que provoca una adhesión pero que también facilita un desplazamiento lateral. Por esta sujeción el pulmón sigue, pasivamente, todos los movimientos del tórax y del diafragma. Si no existiese este mutuo acoplamiento, el pulmón se colapsaría inmediatamente, al predominar la fuerza retráctil.

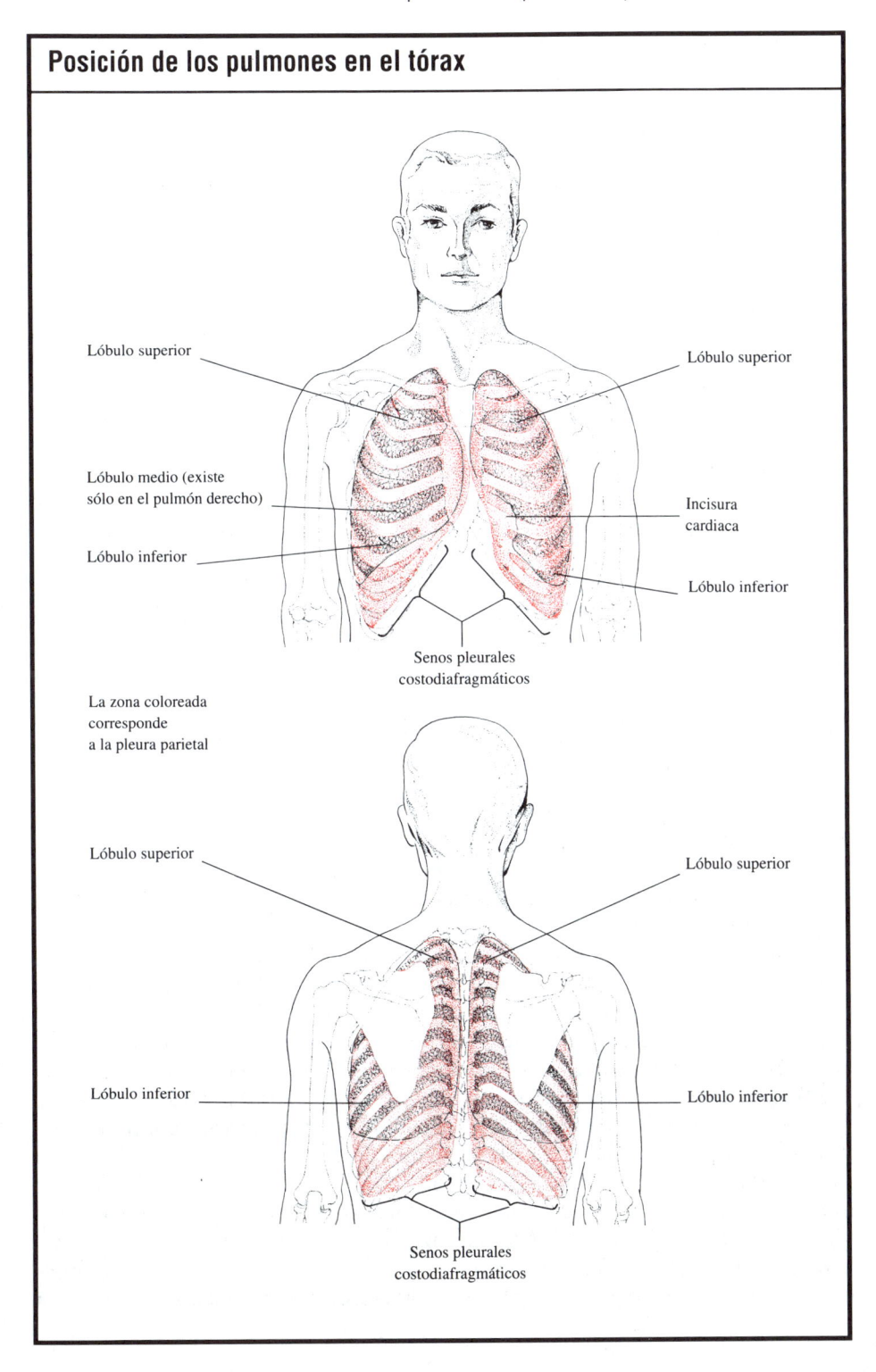

El aparato respiratorio y sus enfermedades

Posición de los pulmones en el tórax

Lóbulo superior

Lóbulo superior

Lóbulo medio (existe sólo en el pulmón derecho)

Incisura cardiaca

Lóbulo inferior

Lóbulo inferior

Senos pleurales costodiafragmáticos

La zona coloreada corresponde a la pleura parietal

Lóbulo superior

Lóbulo superior

Lóbulo inferior

Lóbulo inferior

Senos pleurales costodiafragmáticos

Examen de las enfermedades

Fisiología del aparato respiratorio

La ventilación pulmonar con expansión y retracción alternativamente se efectúa por movimientos rítmicos de la caja torácica. La **inspiración** es un acto muscular que levanta la parte anterior de las costillas por tracción activa de los músculos intercostales, que pueden ser ayudados por los músculos del cuello o los de la articulación del hombro. Mediante esta respiración llamada torácica se agranda el hueco torácico, en los tres sentidos del espacio, arrastrando tras de sí el pulmón, que se distiende en su totalidad, creando a su vez en su interior un vacío capaz de aspirar o chupar el aire. Los bronquios se estiran y dilatan para favorecer la entrada del aire. En otras ocasiones, las costillas no intervienen tan activamente, y es la contracción del diafragma, o cúpula muscular que separa el tórax del abdomen, la que aumenta la capacidad torácica y distiende el pulmón. En el individuo aislado suele predominar una de estas dos formas de respiración externa. La mujer en general y el hombre asténico prefieren la respiración torácica; en los hombres, sobre todo si son pícnicos o atléticos, y en los niños, con costillas todavía algo horizontales, la respiración abdominal es la regla, lo mismo que en los ancianos que, por endurecimiento torácico osteoarticular, tienen que recurrir a la actividad diafragmática.

La **espiración** es un proceso pasivo, pues no existen músculos que la provoquen. Sobreviene por reacción elástica del tejido pulmonar y de la pared torácica al cesar la contracción inspiratoria. La retracción de la pared pulmonar expulsa el aire. Durante estos movimientos de entrada y de salida de aire, se forman corrientes en uno y otro sentido que producen ciertos ruidos que el médico puede escuchar con el estetoscopio. Toda perturbación origina un cambio sonoro de significación diagnóstica.

Los pulmones no se ventilan por igual, pues es imposible que el despliegue inspiratorio sea homogéneo; siempre quedan espacios muertos. En general los vértices se airean mejor que las bases. Hay un exceso o lujo tisular que explica también el hecho de que se pueda vivir perfectamente con un solo pulmón o incluso con una parte de un pulmón. Hay tuberculosos que tras una intervención quirúrgica quedan con sólo un 20 o 30% de sus pulmones, los cuales mantienen una ventilación eficaz en condiciones de mínimo esfuerzo.

Durante el reposo, el aire que entra o sale en cada movimiento viene a ser de medio litro (aire circulante). Mediante una inspiración forzada esta cifra puede incrementarse en otro litro y medio (aire complementario), lo mismo que una espiración máxima puede expulsar otro litro y medio más de aire suplementario sobre el volumen espirado normalmente. Todavía queda en los pulmones un cierto volumen de aire residual (de 1 200 a 1 500 cc) que no puede expulsarse ni con un esfuerzo espiratorio. Todos estos valores pueden establecerse mediante las técnicas de la espirometría y constituyen un valioso índice para estimar la capacidad funcional de los pulmones. Especialmente útil es la determinación de la llamada **capacidad vital,** la mayor cantidad posible de aire que se puede espirar después de un máximo esfuerzo inspiratorio. Normalmente este volumen llega a los tres litros y medio, alcanzando en los deportistas entrenados hasta los cuatro litros y medio. Cualquier enfermedad respiratoria o una técnica de ventilación defectuosa disminuye, en mayor o menor grado, dicha capacidad, que reviste gran importancia diagnóstica.

La ventilación normal se efectúa a un ritmo aproximado de 16 movimientos respiratorios por minuto, durante los que ingresan o salen unos ocho litros de aire, se consumen unos 250 cc de oxígeno y se eliminan unos 200 cc de anhídrido carbónico. Durante un esfuerzo o si existe un mayor consumo calórico, como en la fiebre, hay que aportar más oxígeno, incrementándose entonces su volumen por minuto mediante un aumento de la amplitud respiratoria o por una mayor frecuencia de los movimientos respiratorios. Todo esto es regulado por un centro nervioso, localizado en el bulbo raquídeo del cerebro, que se encarga de emitir automática y regularmente los estímulos necesarios para la actividad muscular. Si durante un trabajo se consume mucho oxígeno y se libera un exceso de anhídrido carbónico la sangre se vuelve más ácida, lo que enseguida es detectado por dicho centro nervioso con increíble sensibilidad, incrementando acto seguido la frecuencia respiratoria para establecer el equilibrio sanguíneo. Los factores emocionales, la alegría o la pasión amorosa y el miedo o la angustia, alteran también la periodicidad respiratoria a través de dicho centro. Voluntariamente puede aumentarse o disminuirse el ritmo o la amplitud, pero sólo hasta cierto punto, pues ni una hiperventilación ni una hipoventilación pueden tolerarse más de unos minutos.

La vida actual, que transcurre habitualmente en una atmósfera cargada de sustancias tóxicas, entre las que se encuentra sobre todo el humo del tabaco y los expulsados por las chimeneas de las fábricas, la combustión de residuos y los motores de explosión, ha hecho especialmente importante que cuidemos al máximo nuestra respiración. Ante todo, es necesario insistir en que la nariz cumple una función primordial y que debe huirse siempre de la respiración bucal. Si la lucha contra la contaminación atmosférica se hace imperativa en nuestros núcleos urbanos es, ante todo, porque condiciona una permanente obstrucción nasal. Una buena técnica respiratoria incluye, además, una inspiración no dificultada por posiciones defectuosas del tórax. La escasez de ejercicio, la estancia prolongada tras mostradores o escritorios, la comodidad de ciertas butacas o sillones y otras posturas viciadas obligan inconscientemente a echar hacia adelante los hombros, lo que constituye una dificultad para la inspiración torácica. Sin embargo, la educación del movimiento espiratorio es la que puede efectuarse con mayor facilidad y la que más a menudo se olvida, quizá por ser un movimiento prácticamente pasivo. Sólo una espiración lenta, larga y profunda, facilita buena ventilación depuradora. Esto lo saben los oradores y cantantes, que prolongan necesariamente la espiración.

Síntomas principales en las enfermedades del aparato respiratorio

La **insuficiencia respiratoria** aparece siempre que los tejidos del organismo padezcan un aporte deficitario de oxígeno que no haya podido ser compensado mediante un aumento de la amplitud o de la frecuencia de las excursiones ventilatorias del pulmón. La oxigenación defectuosa se traduce por un síntoma bien notorio: la **disnea**, que, si bien puede tener un componente subjetivo con sensación de anhelo y «hambre» de aire, objetivamente se manifiesta por una respiración acelerada, difícil y elaborada, como si algo se opusiera al ingreso del aire.

Examen de las enfermedades

Existe una disnea central cuando se lesiona el centro nervioso de la respiración. La insuficiencia puede deberse a causas puramente mecánicas, por ejemplo a debilidad o parálisis de los músculos respiratorios (poliomielitis, tétanos) o a un obstáculo que impida la expansión pulmonar. Esto ocurre cuando se acumula una colección líquida en el espacio pleural (pleuresía) o cuando un traumatismo abierto en el tórax permite que entre aire en la cavidad torácica, en el espacio pleural, con lo que el pulmón se colapsa. Los motivos pueden radicar en una incompleta ventilación de los pulmones, por ejemplo cuando se obstruyen las vías respiratorias por un cuerpo extraño o por secreciones inflamatorias, y también, simplemente, porque el aire inspirado esté falto de oxígeno, como ocurre en las grandes alturas (por encima de los 4 000 a los 5 000 metros) o en un recinto cerrado donde se haya consumido el oxígeno disponible. Existe asimismo una disnea de origen circulatorio al fracasar el mecanismo de transporte del oxígeno a los tejidos (en las anemias, paros cardiacos, colapsos, etc.). Por último, también puede suceder que la ventilación externa y el transporte sean normales, pero que el oxígeno aportado no pueda ser aprovechado por las células, como ocurre en los envenenamientos por gas de cianuro, por ejemplo en las cámaras de los tristemente célebres campos de concentración nazis o en las que hoy se usan para ejecuciones de criminales.

La insuficiencia respiratoria no sólo se manifiesta por la disnea; también la falta de oxígeno, la llamada **anoxia** de los tejidos, produce una especial coloración en la piel —**cianosis**—, que se torna azulada, palidoviolácea, por exceso de sangre venosa no oxigenada.

Algunos tejidos soportan bastante bien la anoxia, e incluso resisten durante algún tiempo variable una supresión total del aporte de oxígeno. El órgano más sensible a la anoxia es el cerebro, incapaz de sobrevivir más de tres o cuatro minutos. Así, es un error creer que el ahorcado muere por sofocación (cese de la actividad respiratoria). Incluso su propio corazón puede seguir latiendo hasta 10 o 20 minutos después; la muerte sobreviene porque el estrangulamiento suprime, por compresión de las arterias del cuello, la llegada de sangre arterial oxigenada al cerebro.

La **tos**, por muy molesta que sea, casi siempre constituye un útil mecanismo de limpieza de las vías respiratorias. Normalmente siempre existen algunas secreciones que engloban polvo, células descamadas o microorganismos y que son deglutidas. Pero, muy a menudo, un exceso de secreciones, la presencia de un cuerpo extraño o la simple irritación de determinadas zonas «tusígenas», inician el reflejo de la tos, que también puede ser provocada voluntariamente. Sobreviene una inspiración forzada que se interrumpe por un cierre hermético del espacio glótico. Pero la presión intratorácica creada es capaz, en un momento determinado, de forzar bruscamente el estrechamiento de la glotis para que el aire espirado salga de manera violenta a veces con una velocidad que llega a la del sonido. Si esta expulsión encuentra alguna materia «barrible» (moco, cuerpos extraños, polvo, etc.), ésta sale explosivamente y se dice que la tos ha sido productiva. La tos es seca cuando el esfuerzo realizado sólo implica, aparentemente al menos, un golpe de aire espirado. El estornudo también es un mecanismo de protesta pero, a diferencia de la tos, se inicia por una irritación local de la nariz, expulsándose el aire por las fosas nasales. En la tos la emisión siempre es por la boca y la irritación proviene de una estimulación localizada en cualquier parte del aparato respiratorio. Las zonas más sensibles son la laringe y la bifurcación de la tráquea, pero también pueden ser tusígenos los trastornos localizados en el oído, en los senos paranasales, en la pleura o incluso en los pulmones, no sólo por una enfermedad propia, sino asimismo por un encharcamiento sanguíneo en ciertas insuficiencias cardiacas o circulatorias. Un centro nervioso regula tan completo mecanismo protector.

La **expectoración** es el tercer síntoma significativo en las enfermedades respiratorias. De importancia para el diagnóstico resulta saber qué es lo que se expulsa: su cantidad, consistencia, color y olor; y ya a nivel analítico, la determinación de los microorganismos presentes, lo que tiene valor incluso terapéutico, pues una vez identificado el germen puede realizarse un antibiograma, o prueba para determinar su sensibilidad hacia los diferentes antibióticos, con el cual se indicará cuál es el adecuado para un tratamiento eficaz.

El pulmón y la hoja visceral de la pleura no tienen terminaciones nerviosas sensitivas, por lo que las enfermedades que afectan a ambas estructuras no provocan dolor. Es la razón por la que un tuberculoso con amplísimas lesiones, que minan sus pulmones, apenas siente dolor, lo que contrarresta con un pésimo estado general consuntivo. La hoja parietal de la pleura es, en cambio, inervada por numerosas terminaciones, por lo que las inflamaciones que la afecten pueden llegar a ser muy dolorosas.

Patología general de las infecciones respiratorias

Los procesos infecciosos que afectan el aparato respiratorio constituyen, numéricamente, el mayor problema médico con que se enfrenta la humanidad. Se ha calculado que, durante toda la vida, padecemos un promedio de tres catarros anuales y que del 30 al 35% de las visitas domiciliarias de los médicos obedecen a enfermedades respiratorias agudas. Desde el punto de vista económico y social, adquiere una gran importancia tanto el ausentismo laboral o escolar como el desmesurado gasto que han de soportar estos enfermos o, en su defecto, la familia o la seguridad social, para el tratamiento, por lo general sólo sintomático, de multitud de inflamaciones, afortunadamente banales en su inmensa mayoría. En una reciente encuesta se ha estimado que, de cada cien dólares que ha de invertir un farmacéutico para tener abastecido su establecimiento, ochenta se destinan a satisfacer la demanda de gotas nasales, jarabes para la tos, medicamentos antigripales y demás preparados, algunos de dudoso valor científico pero de masivo consumo popular.

El hombre respira por minuto unos ocho litros de aire que contienen multitud de impurezas y billones de gérmenes potencialmente agresivos. La naturaleza ha sido más generosa con el aparato digestivo, pues el jugo ácido del estómago y las enzimas acaban pronto con los agresores. En el aparato respiratorio los sistemas defensivos son menos drásticos, y mucho más complejos. Entre los diversos microorganismos (virus, bacterias, parásitos) y el organismo se establece una especie de guerra fría que, por los más variados e insospechados motivos, se convierte bruscamente en guerra caliente.

Contra algunos de estos agresores el organismo establece una inmunidad, en

Examen de las enfermedades

Localizaciones dolorosas en las enfermedades pleurales y pulmonares

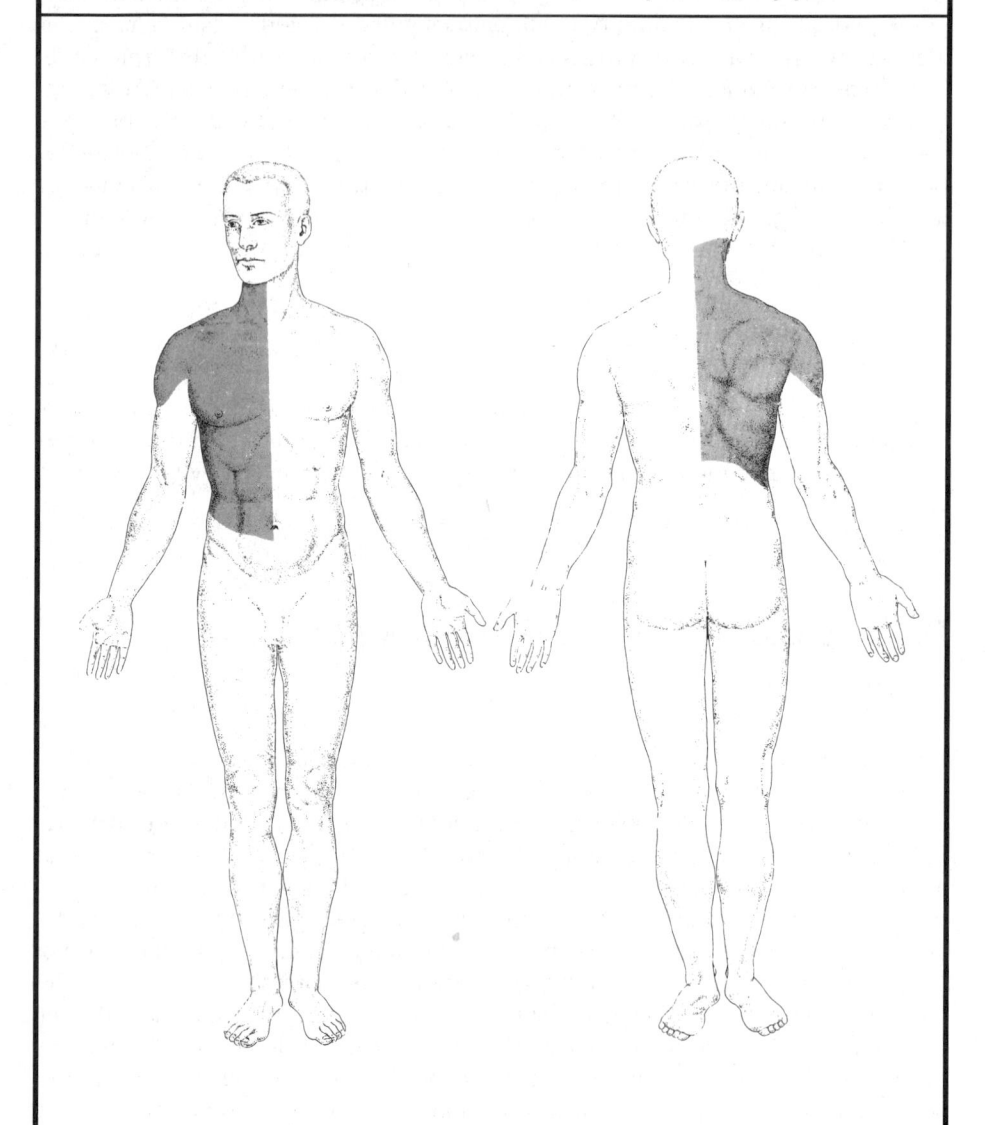

Cuando una enfermedad afecta al pulmón, el dolor, comúnmente, no se produce; cuando, por el contrario, complica a la pleura (por ejemplo, en la pulmonía lobar), sí se produce dolor con características análogas al de la pleuritis, es decir, de tipo punzante, que se acentúa con los movimientos respiratorios profundos y con la tos. El dolor, en la pleuritis, puede advertirse en una zona limitada del área marcada en gris, correspondiente al sector pleural afectado por la enfermedad.

ocasiones duradera pero más frecuentemente pasajera y mutable. Otras veces sobreviene una sensibilización y los tejidos reaccionan de forma desmesurada, inapropiada. Si hace unos años se establecía una separación entre estas respuestas alérgicas y las reacciones inflamatorias, hoy se sabe que ambas son interdependientes y concurren siempre, en mayor o menor proporción. Por ello las manifestaciones clínicas son tan diversas y el curso evolutivo casi siempre es imprevisible. La simple clasificación de estas infecciones es tarea casi imposible, porque los diferentes agentes causales producen cuadros clínicos similares. A la inversa, ante una determinada infección es difícil identificar al microorganismo responsable, pues no sólo existen varios a la vez que se sobreañaden, sino que además unas agresiones potencian a las otras. Por otro lado, cambia la virulencia de los gérmenes, a veces incluso con capacidad para crear epidemias. Intervienen de manera decisiva los factores ambientales: contaminación atmosférica, tabaco, temperatura exterior, humedad, frentes atmosféricos, estaciones del año, condiciones de las viviendas, aglomeraciones urbanas, habituación a ciertos ambientes... No se sabe a ciencia cierta cómo actúa el frío; quizá disminuya la defensa general, o paralice el movimiento del epitelio vibrátil que limpia las vías respiratorias. Juegan asimismo un papel la edad, el sexo, la profesión, la susceptibilidad individual y otros factores personales (malformaciones, traumatismos y sus secuelas, alteraciones inflamatorias previas que facilitan una nueva infección, etcétera). Las infecciones respiratorias podrían clasificarse por su localización. Así se distinguirían las que afectan a todo el árbol respiratorio, como el sarampión, de las que se cirunscriben a una parte determinada. Pero aquí también tropezamos con dificultades, pues la infección respiratoria es siempre un proceso dinámico que puede extenderse de una estructura a otra. Generalmente la propagación se realiza por aspiración de secreciones infectadas o a través de la vía vascular, más que por una simple continuidad. El proceso inverso, de abajo hacia arriba, es más difícil, no sólo porque el drenaje vascular no discurre en este sentido, sino porque, mediante la tos, se expulsa violentamente el material contaminado.

Una de las características especiales de las infecciones respiratorias, sobre todo de las vías superiores, es el fenómeno mediante el cual inflamaciones acantonadas, localizadas o circunscritas, con mayor o menor actividad, e incluso sin producir síntomas clínicos aparentes, se constituyen en focos sépticos que pueden originar a distancia alteraciones muy graves (fiebre reumática, nefritis, septicemias), actuando la sangre como medio de transporte para llevar los gérmenes directamente a los tejidos afectados, que así comienzan a ocupar el primer plano de la actualidad patológica. A veces, también por fenómenos de hipersensibilidad, algunos órganos enferman a distancia, por un mecanismo alérgico. Esta infección focal quizá haya sido supervalorada en ocasiones, y muchas amígdalas han sido sacrificadas quizá injustamente. Hoy el médico cuenta con medios para establecer con exactitud el origen respiratorio de muchos trastornos generales.

Enfermedades de la nariz y senos paranasales

El trastorno más frecuente, entre los que afectan a la nariz, es la obstrucción, que perturba la función inspiratoria y obliga a la respiración bucal, sobre todo durante el

Examen de las enfermedades

sueño, que causa sequedad de boca y garganta, reduce la capacidad ventilatoria («cortedad de respiración») y facilita las inflamaciones catarrales. En los niños la dificultad puede deberse a malformaciones, pero sobre todo a la oclusión de las coanas por vegetaciones adenoideas. En los adultos es provocada por desviaciones traumáticas o engrosamientos inflamatorios del tabique nasal o de los vecinos cornetes.

Junto a la secreción nasal tan frecuente, que puede ser acuosa (hidrorrea), mucopurulenta o francamente purulenta, y que se debe a una irritación local alérgica o inflamatoria, adquiere especial importancia clínica la hemorragia o **epistaxis**. Puede aparecer después de pequeñas heridas, incluso provocadas por el hábito de hurgarse con los dedos o sonarse con demasiada vehemencia, por la presencia de un cuerpo extraño, o una infección general (fiebre tifoidea, fiebre reumática, sarampión), aunque también puede indicar hipertensión arterial, una enfermedad cardiaca o renal, o un trastorno en la coagulación sanguínea.

Es un error adoptar, para reducir la hemorragia, una posición horizontal; es mucho más eficaz el sentarse y mantener la cabeza flexionada hacia adelante, presionando al mismo tiempo sobre las alas de la raíz nasal, en la frente. Si, con todo, no se corta la epistaxis, el especialista debe localizar la zona sangrante para cauterizarla con nitrato de plata o ácido crómico o, en su caso, recurrir a la electrocoagulación. Únicamente si no se encuentra la zona hemorrágica se debe taponar con gasa o algodón, pero siempre ha de efectuarlo un médico.

Con anterioridad a la era antibiótica, los **forúnculos** o colecciones purulentas localizadas en el vestíbulo nasal y producidas por heridas o inflamaciones de la raíz de un pelo, revestían cierta gravedad. Estas infecciones podían propagarse por vía vascular a la base del cráneo y provocar serias alteraciones cerebrales. A menudo las fosas nasales son asientos de pequeñas formaciones tumorales benignas o **pólipos,** que producen una obstrucción nasal y favorecen la repetición de los catarros. Su extirpación quirúrgica resuelve el problema de una manera radical.

RESFRIADO COMÚN *(Rinitis aguda, coriza, constipación nasal)*

El catarro agudo de las fosas nasales es una afección muy frecuente, que se reproduce periódicamente en casi todas las personas. Intervienen en su aparición los más variados factores causales (virus, bacterias), por contaminación directa aerógena favorecida por elementos ambientales, locales o generales. Puede ser el primer síntoma de una enfermedad infecciosa (escarlatina, sarampión) o, por el contrario, una vez declarado, puede complicarse con una infección sobreañadida capaz de extenderse al resto del aparato respiratorio y a los oídos.

La rinitis aguda transcurre con picazón, obstrucción nasal y estornudos, abundante secreción acuosa y sensación de «cabeza cargada». Generalmente dura muy poco, a lo sumo dos o tres días. Sólo si se propaga la infección o, localmente, la reacción inflamatoria se hace más agresiva por intervención de otros gérmenes, la secreción se hace purulenta, aparecen síntomas generales (fiebre, malestar, quebrantamiento, etcétera), se prolonga su evolución.

El aparato respiratorio y sus enfermedades

Tratamiento. El simple catarro sólo exige medidas sintomáticas para aliviar las molestias. Las tan prodigadas y usadas gotas o instilaciones nasales con sustancias vasoconstrictoras, que pretenden inhibir temporalmente la secreción mediante una acción sobre el riego sanguíneo, deben ser usadas con máxima cautela. Al fin y al cabo, la secreción es un mecanismo defensivo, cuya represión no ha de ser, por fuerza, beneficiosa en todas las ocasiones.

Puede ser útil la inhalación de sustancias aromáticas (vapores de eucalipto o mentol) o, simplemente, la ducha nasal con soluciones de agua salada, aunque este procedimiento resulta algo doloroso. Hay que cuidar que el ambiente sea húmedo (con vaporizadores eléctricos o, más sencillamente, colocando unas toallas mojadas sobre los radiadores de la calefacción). Si no hay contraindicación, la administración de productos farmacológicos analgésicos y antipiréticos puede ser muy útil (ácido acetilsalicílico o aspirina, fenacetina, o derivados de la pirazolona). También la vitamina C en grandes dosis suele ser eficaz.

Como a menudo se asocia un componente alérgico, los llamados antihistamínicos pueden frenar al menos la secreción acuosa y el estornudo. La dieta debe ser abundante en líquidos. La provocación de una sudoración mediante los fármacos llamados diaforéticos es ya más discutible, pero entrar «en calor» con un poco de alcohol puede tener un beneficioso efecto subjetivo. En las formas catarrales simples los antibióticos están contraindicados.

RINITIS CRÓNICA *(Rinitis hipertrófica)*

La forma crónica del catarro nasal, con hinchazón congestiva de la mucosa que dificulta la inspiración, merma la actividad del olfato y hace destilar una secreción ya no acuosa, sino mucopurulenta e incluso sanguinolenta, se acusa por la frecuente presencia de complicaciones (bronquitis, asma, otitis, sinusitis, etc.). Suele ser producida por la repetición desmesurada de las inflamaciones agudas, por la inhalación de sustancias tóxicas (tabaco, vapores de ciertas industrias), por la presencia de pólipos nasales, por malformaciones congénitas o adquiridas, por desfavorables condiciones higiénicas y, también, por el abuso de gotas nasales vasoconstrictoras. El tratamiento ha de dirigirse hacia la causa que mantiene la cronicidad catarral. A menudo un tratamiento intensivo con vitamina A, un cambio de clima o las curas balneoterapéuticas, pueden servir eficazmente. Los antibióticos sólo deben usarse si el médico considera necesario combatir el componente inflamatorio sensible a estos medios terapéuticos.

RINITIS ATRÓFICA *(Ocena)*

Después de un catarro crónico muy prolongado, y también muchas veces por razones desconocidas, el esqueleto óseo y la mucosa nasal se atrofian y el epitelio ciliar de revestimiento es sustituido por tejido epitelial escamoso, con formación de costras y zonas fibrosas que, al descomponerse, producen un olor fétido característico. El sentido del olfato suele afectarse considerablemente (anosmia) y la sensación "seca" en nariz y garganta se hace muy molesta. El tratamiento de este proceso es muy complejo, pues se tiene que recurrir, a veces, a la cirugía. Las molestas costras intranasales pueden mejorarse con la irrigación de soluciones salinas o bicarbonatadas. Para fomentar la secreción y evitar la resequedad puede ser útil la introducción en cada fosa nasal de un poco de glucosa. Por último, las gotas o pomadas con prostigmina pueden mejorar las condiciones locales de irrigación. Los antibióticos carecen de valor, pero la administración de grandes cantidades de vitamina A merece ser ensayada. De todas maneras, es una enfermedad que exige una asistencia médica muy cuidadosa y prolongada.

RINITIS ALÉRGICA *(Rinitis vasomotora, polenosis, fiebre del heno)*

Sin llegar a producir un verdadero proceso inflamatorio de la mucosa, es sumamente frecuente una reacción aguda del epitelio nasal, con evidente hinchazón o edema, picazón, violentos y continuados estornudos, secreción acuosa muy abundante y, a veces, incluso una irritación de la conjuntiva ocular, o síntomas generales, como un acceso febril. Todo esto se debe a un mecanismo alérgico, a una hipersensibilidad debida a ciertos alergenos como el polen de las flores en algunas épocas del año, principalmente en primavera y otoño (véase pág. 695), a algunos productos animales que se encuentran en la lana, plumas de ave o en los insectos. También determinados compuestos químicos, que se hallan en detergentes, jabones, perfumes o maquillajes, pueden provocar esta reacción alérgica, y asimismo el frío, los cambios bruscos de temperatura, las corrientes de aire y otros factores físicos desencadenan el mismo reflejo. Hay personas que estornudan y destilan por la nariz simplemente por afectación emocional o porque cambian de postura bruscamente. Los hay que reaccionan así sólo porque se arrancan una pestaña. Estos accesos suelen ser transitorios y carecen de importancia cuando no se acompañan o se complican con una reacción asmática.

El tratamiento local no suele dar resultado y debe evitarse. Se han intentado vacunas de aplicación local con dudosos resultados, pero es recomendable la administración de antihistamínicos u otros medicamentos antialérgicos, hasta que se elimine la causa y, en su caso, se establezca una desensibilización específica.

SINUSITIS AGUDA

La mucosa nasal se continúa con la que tapiza los senos accesorios y, por lo tanto, éstos participan, muy a menudo, de las inflamaciones que afectan a las fosas nasales. Aunque en los niños los senos estén poco desarrollados es un error creer que no puedan inflamarse. Las causas no varían en mucho de las que condicionan las infecciones nasales. Si bien el proceso catarral sinusal pasa casi siempre inadvertido al no encontrarse obstruido el canal de drenaje de las respectivas cavidades, los depósitos purulentos agudos, las inflamaciones violentas, ya crean conflictos por acumulación de secreción que no puede salir. Así, no sólo las reacciones alérgicas o inflamatorias catarrales de las fosas nasales pueden extenderse a los senos y crear un conflicto de comunicación, sino todo lo que dificulte dicho drenaje (pólipos, traumatismos, malformaciones) puede condicionar una inflamación local de los senos. Adquiere gran importancia la inflamación sinusal por un foco dentario.

Síntomas. El síntoma más acusado es el dolor de cabeza, lento o punzante, localizado sobre los senos o muy difuminado, sin precisión subjetiva. La presión manual sobre los senos (maxilares o frontales) suele ser muy dolorosa. La afectación general con fiebre, mal estado general, fatiga y dolores erráticos por todo el organismo son frecuentes. Hay trastornos del olfato, a menudo complicaciones de los ojos u órbita y de los oídos (otitis, vértigos). El depósito purulento en los senos afecta la imagen radiológica, que presenta una característica veladura en las radiografías de cráneo. Generalmente la sinusitis aguda es un proceso benigno, que cura cuando se elimina la causa o se restablece el drenaje a la fosa nasal. Sin embargo, son frecuentes las complicaciones, por lo que en estos casos la intervención médica es decisiva.

Tratamiento. Suelen ser muy eficaces el lavado de los senos para eliminar el depósito purulento, o la terapéutica antibiótica después de un análisis que revele la flora microbiana existente y su sensibilidad a los diferentes fármacos antibacterianos, en combinación con medidas generales que combatan los síntomas subjetivos (dolor, congestión, factores alérgicos, etc.). Lo que no conduce a nada es la administración de gotas nasales, pues si bien, momentáneamente, pueden llegar a contraer la mucosa nasal, nunca llegan a destapar el paso entre los senos y las fosas. En casos muy severos esta afección se soluciona con cirugía.

SINUSITIS CRÓNICA

Los mismos factores que pueden desencadenar una sinusitis aguda pueden condicionar la forma crónica, mucho más solapada y con síntomas clínicos generalmente muy poco precisos, aun siendo características las exacerbaciones bruscas con agudizaciones irregulares en que, de nuevo, predominan el dolor, la secreción purulenta y los síntomas generales. Los factores ambientales de contaminación atmosférica son también importantes como agentes causales. Una sinusitis crónica se constituye frecuentemente en un foco infeccioso que condiciona y mantiene una bronquitis, un asma o una manifestación general.

El tratamiento es muy complejo; a veces es imprescindible recurrir a la cirugía para facilitar el drenaje incompleto de los senos o corregir los defectos anatómicos que favorecen la cronicidad. El tratamiento con antibióticos debe estudiarse cuidadosamente y realizarse previamente un estudio bacteriológico de la secreción y la sensibilidad de los agentes patógenos a estos medicamentos. Los lavados de los senos pueden ser útiles, como también el tratamiento de fondo del factor alérgico, muchas veces presente. Las autovacunas (mediante cultivo de los gérmenes recuperados de la propia secreción sinusal) o las vacunas comerciales, generalmente de flora mixta, pueden resultar sumamente eficaces. Es necesario, además, que el paciente sepa cómo debe sonarse la nariz: con la boca abierta y alternando una fosa nasal con otra, evitando presionar las dos al mismo tiempo. Por último, procurará expulsar la tan molesta secreción posnasal evitando tragarla. Para facilitar esta maniobra son útiles las gárgaras con aguas bicarbonatadas o salinas y, sobre todo, con agua en la que se haya disuelto una o dos pastillas de aspirina. Será útil someter al paciente a una terapéutica intensiva con vitamina A, protectora de los tegumentos. En ocasiones cabe asimismo recurrir a la aplicación de tratamientos balneoterapéuticos, climáticos, o también a una operación quirúrgica.

Enfermedades de la faringe

HIPERTROFIA ADENOIDEA (*Vegetaciones*)

Desde el nacimiento, por razones constitutivas, o después de repetidas inflamaciones, los niños acusan frecuentemente una hipertrofia del tejido linfático que ocupa el espacio retronasal. La inspiración nasal se dificulta, por lo que siempre tienen la boca entreabierta y, sobre todo al dormir, respiran por ella. Esta obstrucción puede afectar incluso el desarrollo de los huesos de la cara: el cielo de la boca se arquea y el paladar adquiere forma ojival; los dientes superiores crecen hacia afuera provocando un desajuste o maloclusión dental, y la cara adquiere una expresión especial (facies adenoide). La voz se hace gangosa y aparece mal aliento. A menudo se producen tos y vómitos. La dificultad ventilatoria favorece también la aparición de infecciones de la garganta, nariz, senos y oídos. Generalmente la hipertrofia de la amígdala rinofaríngea se acompaña de inflamación crónica, con agudizaciones continuas que originan cuadros febriles. El diagnóstico es sencillo al poderse palpar digitalmente la masa linfática. El tratamiento quirúrgico resuelve el problema mediante la extirpación, y puede realizarse desde la infancia.

En los adultos las alteraciones provocadas por la hipertrofia adenoidea son mucho menos frecuentes, pues estas estructuras linfáticas sufren un proceso natural de atrofia debido a la edad.

AMIGDALITIS AGUDA (*Anginas o tonsilitis agudas*)

La inflamación aguda de las amígdalas palatinas inicia o acompaña numerosas enfermedades infecciosas, o bien es producida directamente por contaminación aerógena. Los agentes causales pueden ser virus, bacterias como estafilococos o estreptococos, o incluso espiroquetas (caso de las anginas de Plaut-Vincent). Los síntomas incluyen picazón y dolor de garganta, con dificultad para la deglución, y tos irritativa. La fiebre es variable, en ocasiones puede ser altísima. El estado general también se afecta de manera muy diversa. La garganta aparece enrojecida, pues generalmente se acompaña de faringitis y se evidencia una hipertrofia, más o menos acusada, de las amígdalas, que presentan placas o exudados purulentos. En el cuello, sobre todo en la región submaxilar, se acusa un engrosamiento doloroso de los ganglios linfáticos.

Suele distinguirse una forma catarral benigna, que cura en pocos días, y una amigdalitis purulenta de índole más seria, producida generalmente por un estrepto-

El aparato respiratorio y sus enfermedades

Amigdalitis o anginas

ANGINA CATARRAL

ANGINA FOLICULAR

ABSCESO AMIGDALINO

AMIGDALITIS CRÓNICA

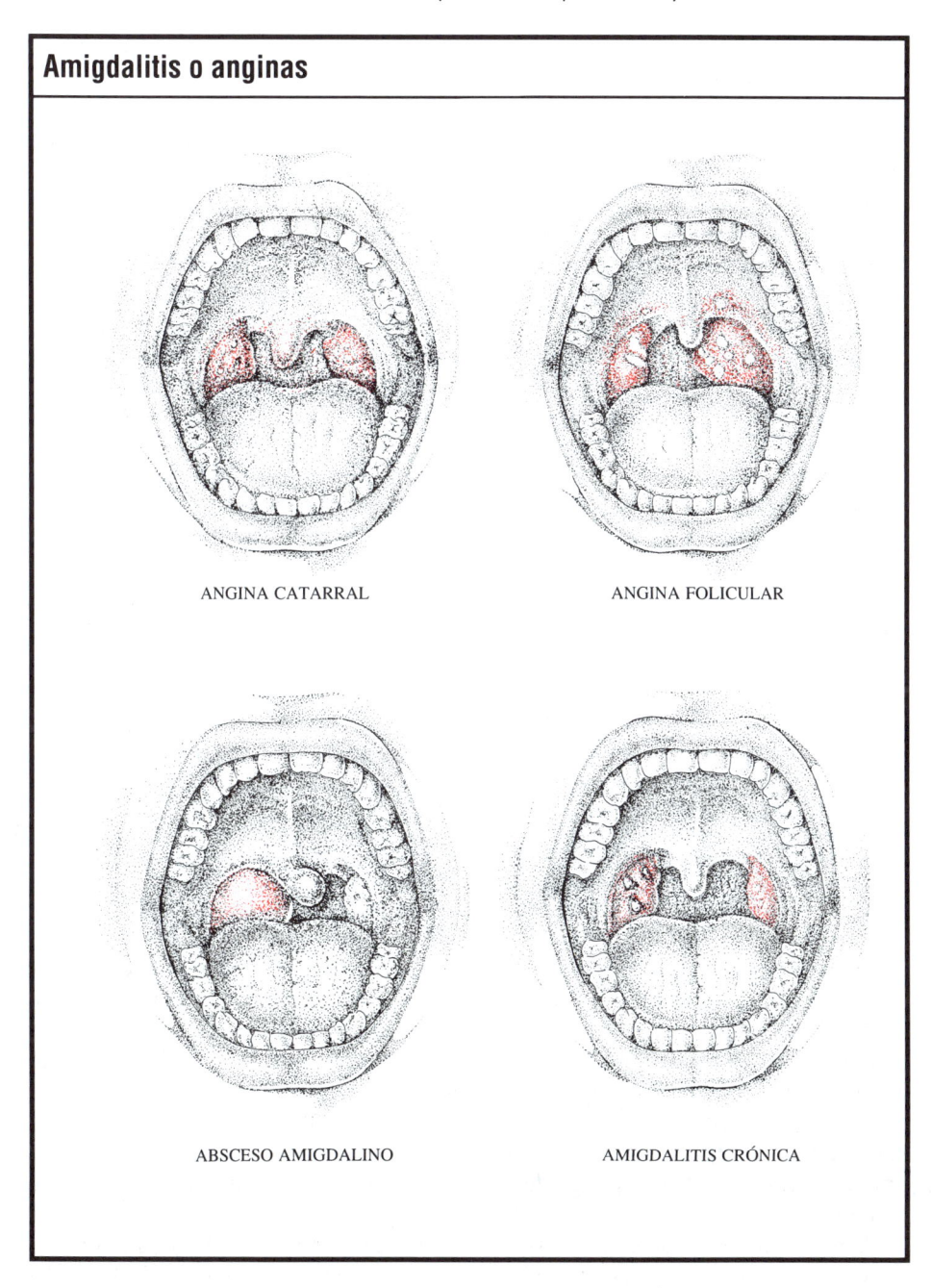

coco, con abundantes manifestaciones locales y generales. La placa de pus puede adoptar el aspecto de una membrana blanca que llega a confundirse con la seudomembrana que aparece en la difteria, dando lugar a numerosas complicaciones, unas locales, como el flemón o absceso amigdalar o periamigdalar, con fiebre muy alta e intenso dolor de garganta, y otras generales, como fiebre reumática, escarlatina o nefritis aguda. La infección puede extenderse a los oídos y, en alguna ocasión, incluso puede llegar al cerebro, a través de una afectación venosa conocida en medicina con el nombre de tromboflebitis.

Tratamiento. Nunca debe menospreciarse una amigdalitis aguda pues, como ya se ha indicado, sus complicaciones pueden tener una trascendencia insospechada. Siempre que se presuma que el agente causal es un estreptococo —confirmado por un análisis microscópico del exudado purulento—, el tratamiento con antibióticos resulta imperativo y debe prolongarse hasta la curación total. No debe operarse durante las fases agudas, y sólo se admite un tratamiento quirúrgico para evacuar un absceso. El reposo debe ser absoluto y la dieta blanda, con abundantes líquidos azucarados y vitamina C. Siempre son útiles los analgésicos y los medicamentos antiinflamatorios. Las molestias locales pueden aliviarse con gargarismos de agua bicarbonatada y, sobre todo, de soluciones con aspirina. No hay inconveniente en administrar bebidas heladas si esto alivia al enfermo.

Es fundamental evitar la tan prodigada como perjudicial costumbre de chupar pastillas que contienen antibióticos, ya que sólo sirven para crear resistencias bacterianas, aparte de que nunca llegan a actuar sobre la infección, que no se encuentra en la superficie, sino en el interior de los ganglios linfáticos. En general todos estos métodos caseros de pastillas, jarabes y pulverizaciones sólo resultan válidos por su contenido en azúcar, que estimula la secreción salival protectora, y para ello es mucho más lógico beber o enjuagarse la boca con un poco de agua o jugo muy azucarado. También es sumamente discutible la tan frecuente automedicación con supositorios de bismuto, con o sin cloromicetina, pues el bismuto no sirve más que en contadísimos casos (infecciones por espiroquetas). Los antibióticos deben ser administrados sólo por el médico, y no arbitrariamente en cantidades insuficientes o excesivas, pues los resultados no sólo podrán ser insatisfactorios sino que pueden ser peligrosos.

AMIGDALITIS CRÓNICA *(Anginas crónicas)*

Después de repetidas inflamaciones agudas, aunque también sin alteraciones previas aparentes, puede sobrevenir un proceso de curso crónico, ya no tan dependiente de infecciones exógenas, puesto que los trastornos subjetivos y objetivos provienen de reactivaciones periódicas, más o menos solapadas, de una infección subyacente permanente. Si bien en las amigdalitis crónicas puede haber un evidente aumento de tamaño de las tonsilas (amígdalas), ello no quiere decir que todas las amígdalas grandes estén infectadas. Es más, cuando la cronicidad de la reacción inflamatoria se prolonga, generalmente las amígdalas aparecen más pequeñas, fibrosas y adheridas a los tejidos circundantes.

Otro error muy frecuente es considerar que todo punto blanco en una amígdala es señal de una infección purulenta. El tejido linfático contiene numerosos folículos o estructuras esponjosas que se comunican al exterior, desembocando en las llamadas criptas, pequeñas cavidades que prestan a la amígdala su aspecto rugoso e irregular. Los conductos foliculares pueden obstruirse y retener su normal secreción. Cuando se destapan espontáneamente o al ser comprimidos, aparecen unos puntos blanquecinos de material caseoso, que sólo contienen pus cuando existe una infección interior

El aparato respiratorio y sus enfermedades

(anginas foliculares). Como toda compresión entraña el riesgo de que se extienda la posible infección, las amígdalas jamás deben exprimirse.

Los síntomas predominantes de una amigdalitis crónica son el dolor de garganta recurrente, el aliento fétido, la facilidad para contraer otitis o catarros respiratorios, la presencia de ganglios linfáticos engrosados en el cuello, etc. Los síntomas generales son muy variables: puede haber febrícula irregular, fatiga muscular, malestar impreciso y, en los niños, incluso un evidente retraso en el crecimiento. Muy a menudo, estas inflamaciones crónicas se constituyen en focos sépticos que pueden desencadenar una fiebre reumática o una nefritis y también hipersensibilizaciones a los propios gérmenes presentes, condicionando, por ejemplo, una reacción asmática.

Tratamiento. Si hubo una época en que estuvo de moda quitar el apéndice por los motivos más fútiles, también la extirpación de las amígdalas (amigdalectomía) tuvo sus años de apogeo. Hoy, la medicina ha desechado estos viejos conceptos y se ha hecho más ecuánime. Si las amígdalas cumplen una función defensiva, sirviendo de barrera para circunscribir la continua agresión de la contaminación aerógena, una inflamación crónica no obliga a su extirpación inexorable. Se ha dicho, con razón, que las tonsilas inflamadas a menudo merecen ser premiadas y no condenadas al bisturí. Esto no quiere decir, sin embargo, que la extirpación no deba realizarse nunca. A menudo no existe otra solución. Cuando resulta indiscutible que constituyen un foco séptico que afecta al resto del aparato respiratorio u oído, y al organismo en general; cuando hay seis o más cuadros de amigdalitis en un año; cuando su tamaño crea conflictos de espacio para la deglución o la respiración, el tratamiento quirúrgico se hace obligado.

El profano tiene también otras ideas preconcebidas sobre esta intervención, tan fácil y apenas sin riesgo. Ha habido quien ha interpretado a Freud a su gusto, al afirmar que provoca un traumatismo psíquico. Se dice que en ciertas épocas del año no se puede operar, lo que también es completamente falso. Por supuesto la intervención en los adultos es tan fácil y posible como en los niños, solamente resulta más doloroso el curso posoperatorio, aunque esto también tenga remedio. Quizá convendría hacer una excepción, hoy resuelta casi totalmente: quien vaya a operarse ha de estar vacunado contra la poliomielitis.

Cuando el tratamiento quirúrgico no está indicado, el médico debe decidir las medidas que tomará. Aquí también vale lo dicho anteriormente: no conduce a nada, y casi siempre es perjudicial, recurrir a métodos caseros con antibióticos locales, pulverizaciones o pastillas y supositorios.

FARINGITIS AGUDA

La reacción inflamatoria de la mucosa faríngea acompaña frecuentemente a otras infecciones del aparato respiratorio o enfermedades infecciosas generales, pero también puede deberse a la acción irritativa de gases tóxicos, al efecto traumático de líquidos demasiado calientes o fríos, a un proceso alérgico o a un envenenamiento por yodo o mercurio.

Los síntomas varían con arreglo a la mayor o menor afectación de las demás estructuras faríngeas (amígdalas) o respiratorias, y a su repercusión general. La mucosa aparece enrojecida de forma difusa y la irritación, con dolor y picazón, de la garganta puede ser muy molesta. El tratamiento incluirá una total abstención del tabaco. Todo lo dicho sobre el tratamiento de las amigdalitis agudas tiene aquí validez absoluta.

FARINGITIS CRÓNICA

La reacción inflamatoria crónica de la mucosa faríngea con enrojecimiento, sequedad, picazón y dolor, acompaña a los catarros de repetición que afectan a la nariz, senos, amígdalas, sobre todo cuando se respira por la boca a consecuencia de una obstrucción nasal. Gran importancia causal adquieren los excesos de alcohol o tabaco y el consumo continuo de bebidas excesivamente frías o calientes. Aparece como enfermedad profesional en las personas que abusan de la voz o manipulan polvos y sustancias químicas irritantes.

El tratamiento consiste, primordialmente, en la supresión de los factores causales y vigilar que la nariz cumpla su función inspiratoria. Para aliviar las molestias pueden ser útiles las vaporizaciones y gargarismos con agua salina o bicarbonatada o de infusiones de eucalipto y mentol. En los casos más rebeldes sirven las pincelaciones con tanino en glicerina o de una solución yodada. Resulta conveniente mantener una cierta dosis de humedad en la atmósfera de la habitación, sobre todo durante la noche. Los caramelos o soluciones de azúcar estimulan la secreción salival y alivian la sequedad. En último extremo las curas climáticas a nivel del mar o en ciertos balnearios pueden ser de suma utilidad.

Enfermedades de la laringe

El estrechamiento de las vías respiratorias a nivel de la laringe explica los síntomas fundamentales de sus alteraciones morbosas. Es frecuente en estos casos que se afecte la voz, aparezca una ronquera (disfonía) o una afonía total. Si la causa radica en un simple catarro inflamatorio carece prácticamente de importancia, pero una ronquera que dure más de unos días es siempre motivo para una exploración médica, porque puede tratarse del primer síntoma de un cáncer de laringe que sólo puede curarse con un diagnóstico precoz. Ocasionalmente la ronquera se debe a una parálisis del nervio llamado recurrente, que rige la actividad muscular de las cuerdas vocales. En este caso el motivo puede ser banal, como un simple trastorno emotivo, pero también puede deberse a lesiones graves por traumatismos o tumores que afectan a dicho nervio. El estrechamiento glótico puede condicionar asimismo una dificultad respiratoria. Sin causa aparente, un espasmo de las cuerdas vocales obstruye temporalmente el espacio de la glotis. Esto ocurre en lactantes y niños pequeños muy exaltados o asustados, generalmente con una diátesis o predisposición especial; existen también casos en que la recurrencia tiene carácter familiar. Estos ataques de disnea con estridor pueden llevar a la cianosis, pérdida de conocimiento y convulsiones, pero la recuperación suele ser rápida y total, pese a lo aparatoso de los síntomas. Durante los ataques puede ser útil rociar la cara del paciente con agua fría o aplicarle bolsas de hielo en la nuca. El tratamiento preventivo de este **laringoespasmo** corresponde al médico.

En los adultos, estos espasmos son muy raros y mucho más graves; aparecen en el tétanos y en la epilepsia, y también como reacción a ciertos medicamentos. Pueden ocurrir, además, cuando entra agua en la laringe, por lo que muchos ahogados, en contra de lo que parece, apenas tienen agua dentro de los pulmones.

LARINGITIS AGUDA *(Laringitis catarral)*

La reacción inflamatoria aguda de la mucosa laríngea suele acompañar a las demás alteraciones infecciosas del aparato respiratorio pero, por alguna razón todavía no muy clara, la laringe no resulta igualmente afectada por la propagación descendente de los catarros respiratorios, como parecería lógico. Como molestia específica de la laringitis aparece la ronquera o afonía, con una especial picazón de garganta y tos irritativa, apenas sin expectoración, a no ser que también coexista una bronquitis. El tratamiento incluye reposo absoluto; prohibición para hablar y fumar, preparación de una atmósfera húmeda y vaporizaciones con agua salina o con infusiones de eucalipto o mentol. No sirven en este caso las pastillas, jarabes o infusiones.

LARINGITIS AGUDA OBSTRUCTIVA *(Crup)*

La obstrucción de la glotis con grave dificultad respiratoria puede obedecer a numerosas causas, unas inflamatorias directamente y otras espasmódicas, en el curso de ciertas infecciones, sobre todo en los niños. Otras veces la reacción se desencadena simplemente por la presencia de un cuerpo extraño o por la inhalación de algún gas tóxico. Ocasionalmente aparece bruscamente una hinchazón o edema, localizado por encima o por debajo de la glotis, que obedece a causas alérgicas (edema de Quincke) o infecciosas (difteria, escarlatina y algunas viriasis). En contraposición al laringoespasmo antes citado, esta obstrucción no es pasajera, no tiene forma de crisis: es difícil que ceda espontáneamente. El cuadro clínico es muy grave, aparece en forma brusca, generalmente en las primeras horas de la noche, con estridor, tos y extrema dificultad inspiratoria. Pronto aparece la cianosis que, junto a la disnea intensa, indica la insuficiencia respiratoria. Es urgente la hospitalización del enfermo pues, a veces, sólo una traqueotomía puede salvarle la vida.

LARINGITIS CRÓNICA

Una ronquera prolongada puede deberse a una alteración inflamatoria crónica por catarros repetidos, cuando se respira por la boca, sobre todo en ciertas atmósferas contaminadas, y cuando se fuma o bebe en exceso. Los más frecuentemente afectados son aquellos profesionales que abusan de su voz, sobre todo si concurren las circunstancias antes citadas. La terapéutica consiste fundamentalmente en la supresión de la causa, pero resulta imprescindible tener al paciente bajo una estrecha vigilancia médica, ya que la disfonía, como se ha indicado en repetidas ocasiones, puede deberse a causas mucho más serias.

NÓDULOS VOCALES (*Nódulos de los cantantes*)

Un caso de ronquera recurrente o persistente es el producido por pequeños nódulos fibrosos, indoloros, de color blanquecino, que suelen asentarse sobre una base hemorrágica, y que se presentan en las cuerdas vocales de las personas que gritan con exceso, cantan por encima del registro normal o fuerzan la fonación cuando sufren una afonía ligera por un proceso laríngeo catarral. Rara vez es eficaz un tratamiento conservador con reposo de la función sonora. Habitualmente está indicada la extirpación quirúrgica de los nódulos.

TUMORES DE LA LARINGE

En los niños aparece con frecuencia una afonía prolongada, producida por pequeños tumores papilomatosos, siempre benignos, que curan espontáneamente y que son causados por una infección viral, en los adultos, sobre todo en los grandes fumadores; la disfonía obedece, habitualmente, a la formación de **pólipos** o tumores gelatinosos pediculados (es decir, que cuelgan de un tallo), totalmente benignos, pero que deben ser extirpados quirúrgicamente.

Después de los 40 años de edad, toda ronquera crónica puede provenir, en principio, de un **cáncer de laringe**. La importancia de un diagnóstico precoz no puede ponderarse suficientemente, pues un tratamiento con radioterapia o quirúrgico, en la fase inicial, cura más del 85% de los enfermos, mientras que si el tumor invade estructuras vecinas o provoca metástasis ganglionares en el cuello, el pronóstico se hace más sombrío en general, y su tratamiento se torna muy difícil.

Enfermedades de la tráquea y de los bronquios

La tráquea y el árbol bronquial suelen afectarse, casi siempre, simultáneamente en los procesos inflamatorios; en propiedad, habría que hablar de una traqueobronquitis que, si también afecta a la laringe, como ocurre muy a menudo, es, en realidad, una laringotraqueobronquitis, mientras que si incluye el propio tejido pulmonar ha de llamarse bronconeumonía o bronconeumonitis. Es importante dejar constancia de que los bronquios, normalmente, son estériles, no contienen microorganismos, fenómeno que los diferencia de las vías respiratorias altas, que constituyen un constante campo de batalla en el que participan dos contendientes (agresores biológicos y mucosa) que jamás enfundan sus armas.

Sin embargo, esta especie de virginidad bronquial también tiene sus inconvenientes: una contaminación bacteriana provoca violentas respuestas inflamatorias y, por otro lado, crea el ambiente favorable para las reacciones alérgicas de hipersensibilidad, como el asma bronquial. También en esto el aparato digestivo ha tenido mejor suerte, pues no existe una enfermedad gastrointestinal que pueda equipararse al asma en gravedad ni en trastornos.

BRONQUITIS AGUDA *(Catarro bronquial)*

Es tan frecuente esta reacción inflamatoria, no siempre infecciosa, que no existe persona que no la haya padecido más de una vez en un lustro. La causa, o mejor dicho, la concurrencia de causas, es de una variedad casi infinita. Puede obedecer a una enfermedad general infecciosa (gripe, tosferina, sarampión), aunque no tenga que atacar preferentemente el aparato respiratorio (fiebre tifoidea). Generalmente la bronquitis se debe a microorganismos que invaden el organismo por vía aerógena y que pueden afectar a cualquier estructura respiratoria, simultánea, sucesiva o aisladamente (bacterias, virus, hongos, parásitos). En segundo lugar, hay que mencionar el factor causal tóxico (tabaco, gases, vapores, sustancias químicas). Luego, los factores ambientales físicos (frío, mojaduras, frentes atmosféricos, nieblas, etc.). En cuarto lugar están los factores alérgicos, por sensibilización a bacterias o sustancias que se constituyen en alergenos y que anidan o se producen en cualquier parte del aparato respiratorio o en otros tejidos.

También interviene la predisposición local (respiración bucal, malformaciones congénitas o adquiridas, inflamaciones de otras zonas respiratorias, sobre todo las sinusitis u otitis), así como la predisposición general (edad, sexo, raza, herencia, etcétera). En Inglaterra, quizá por la frecuencia de nieblas espesas, las bronquitis crean un verdadero problema social, mientras que en países con climas mucho más extremosos, por razones que todavía se desconocen o quizás por habituación, provocan una morbilidad menos acusada.

La bronquitis aguda no complicada afecta bilateralmente todo el árbol bronquial, desde la tráquea hasta el nivel bronquiolar, apreciándose una mucosa congestiva, hinchada, enrojecida, con mayor o menor secreción o exudación mucosa, mucopurulenta o francamente purulenta, rara vez hemorrágica.

Síntomas. Cuando el catarro bronquial viene precedido por una inflamación de las vías altas respiratorias, predominan los signos derivados de estas alteraciones a los que se sobreañaden los bronquíticos, aunque en alguna ocasión suceda lo contrario. Siempre hay tos, continua o en forma de accesos; seca en un principio, aunque pronto se haga productiva, con esputos de variables características. Puede haber dolor o molestia retroesternal debido, generalmente, a los esfuerzos musculares realizados al toser. La disnea —los síntomas obstructivos— suele ser poco evidente. Los síntomas generales (fiebre, malestar, fatiga) son más aparatosos en las edades extremas (niños o ancianos), por lo que estos enfermos pueden crear problemas especiales que el médico deberá evaluar individualmente.

Tratamiento. Nunca se debe menospreciar un catarro bronquial. La vigilancia médica puede considerarse imprescindible y el tratamiento no debe abandonarse hasta la total curación, para evitar la complicación o la posibilidad de una recaída. El reposo absoluto es obligatorio y una de las misiones principales del médico consiste en persuadir al enfermo que ha de guardar cama o al menos no ejercer ninguna actividad que implique un esfuerzo muscular. El ambiente debe ser ventilado, cálido y húmedo, sin variaciones diurnas ni corrientes de aire. El bronquítico puede bañarse en estas circunstancias ambientales, y en general deben extremarse las medidas higiénicas. La dieta puede ser liberal, pero es conveniente forzar la ingestión de líquidos o jugos ricos en vitamina C.

Es inútil insistir sobre la total prohibición de fumar o continuar respirando en atmósferas contaminadas. Ya en el campo del tratamiento médico es difícil que exista otra afección humana en que se den cita tantos errores, prejuicios y rutinas. Afortunadamente la enfermedad es muy benigna en la inmensa mayoría de los casos. Sin embargo, no existe familia en el mundo que llamamos civilizado que no malgaste una respetable cantidad de dinero en los más rebuscados remedios antitusígenos: jarabes, tabletas, infusiones, pomadas, etcétera.

El preparado antitusígeno ideal deberá ser prescrito por un médico; es positivo favorecer la expectoración con algunas medidas como humidificación y vaporizaciones. Los únicos fármacos capaces de inhibir el reflejo de la tos, por un mecanismo central nervioso, son la codeína y sus derivados, como la morfina. Como desafortunadamente son drogas que crean hábito solamente podrán usarse cuando el médico lo considere necesario.

Las excesivas sudoraciones son poco útiles y, en general, «sudar» un catarro respiratorio con mantas, botellas de agua caliente y profusión de líquidos calientes, ponches u otras bebidas alcohólicas, no tiene más valor que el puramente subjetivo de que «se hace» algo. También el valor de las cataplasmas, embadurnamientos de la piel con mostaza u otros métodos similares (por ejemplo, las sanguijuelas) es dudoso. Una simple bronquitis es una afección benigna que suele curar por sí sola en un número muy reducido de días.

El reposo y las medidas higiénicas generales mencionadas tienen una importancia fundamental. Los analgésicos y antiinflamatorios, como la aspirina, la fenacetina, el paraacetamol o los derivados pirazolónicos, alivian el malestar. Una dieta semilíquida con bebidas azucaradas (es muy útil la leche caliente mezclada con miel, pues facilita la salivación y la expectoración) y rica en vitaminas C y A coadyuva a la recuperación rápida. Los antibióticos sólo deben tomarse por prescripción médica, ya que sólo el especialista conoce las dosis exactas que deberán administrarse en cada caso, y los accidentes que los antibióticos (como la penicilina) pueden provocar en personas alérgicas a ellos sólo pueden ser controlados por el médico.

Complicaciones. A veces una bronquitis aguda puede favorecer el terreno para que el proceso se repita o predisponga para otras inflamaciones respiratorias. En estos casos las causas residen en las vías superiores y se establece el llamado catarro habitual descendente.

Otras veces influye el factor alérgico y aparece la respuesta asmática ante la inflamación aguda. En niños y ancianos la complicación más frecuente y temible es la participación pulmonar: la bronquitis aguda capilar o bronquiolitis, que dado el calibre de los conductos afectados, lleva fácilmente a la insuficiencia respiratoria obstructiva con gravísimas manifestaciones generales que obligan al especialista a aplicar un tratamiento intensivo. Las complicaciones restantes se abordan más adelante (páginas 397–401).

BRONQUITIS CRÓNICA

La forma crónica de inflamación de la mucosa bronquial es rara vez primaria —sólo por la inhalación de gases tóxicos o polvos industriales—; en general obedece a causas que actúan de forma continuada y que, a la larga, crean secundariamente las manifestaciones características. En primer lugar mencionaremos las enfermedades que dificultan la circulación sanguínea a través de los pulmones (congestión pulmonar o fracaso cardiaco del ventrículo derecho que impulsa la sangre hacia ellos) o de los riñones (por edema pulmonar).

En segundo lugar, la repetición o recidiva periódica, por diversas razones, de las bronquitis agudas. En tercer lugar, hay que señalar todas las alteraciones que dificultan el normal drenaje o ventilación de las vías respiratorias (respiración bucal, malformaciones, obesidad, obstrucciones). Por último, adquieren suma importancia los cambios estructurales de los propios bronquios o de los pulmones, que resultan de las alteraciones que se manifiestan a este nivel (tuberculosis, enfisema, asma, fibrosis, bronquiectasias) y también de las envolturas o de la pared torácica (cifosis senil o congénita, pleuritis, etcétera).

Toda bronquitis crónica se resume en una afección que se caracteriza por la hipersecreción bronquial que, necesariamente, ha de provocar una tos productiva. La infección y la obstrucción bronquial siempre son secundarias. Existe una forma simple en que sólo se acusa un aumento, persistente o recurrente, de secreción mucosa capaz de causar un esputo que se eliminará por la tos.

El tipo mucopurulento crónico, con evidente infección sobreañadida, o de repetición por agudizaciones intermitentes, puede ser autónomo, o sea dependiente y originado por los bronquios, o bien se debe a una enfermedad pulmonar, como en el caso de la tuberculosis. Por último hablaremos de la forma obstructiva, con estrechamiento inflamatorio de la luz bronquial y resistencia a la ventilación, que se manifiesta sobre todo durante el acto espiratorio. No es una obstrucción en forma de ataque, típica y definitoria del asma bronquial, sino una dificultad respiratoria continua en que se intercalan periodos de recrudecimiento y de calma. El bronquítico crónico puede tener accesos asmáticos, pero realmente no existe una bronquitis asmática, sino una bronquitis con reacción asmática.

Síntomas. Las formas leves con tos matutina y esputos mucosos (catarro del fumador), salvo cortas exacerbaciones durante el invierno, rara vez producen síntomas generales o insuficiencia respiratoria. Mayor importancia tienen las bronquitis de repetición cuando el esputo se hace purulento, cuando los accesos de tos, en los recrudecimientos, duran casi todo el día, cuando aparece fiebre y, sobre todo, cuando sobreviene la disnea. En esta fase de la bronquitis crónica es obligatorio un tratamiento eficaz, pues si continúa su evolución, con toda seguridad aparecerán las temidas complicaciones. Durante las agudizaciones, el proceso inflamatorio puede extenderse al tejido pulmonar (bronconeumopatías) incluso con formación de abscesos o gangrena pulmonar, o determinar una reacción asmática. Frecuentemente los bronquios medios y terminales se dilatan por la continuidad del proceso y aparecen las bronquiectasias. Por último, toda bronquitis crónica hace perder su elasticidad al tejido pulmonar y puede aparecer el enfisema. La afectación del corazón es también un grave riesgo, pues se tiene que luchar contra una resistencia pulmonar mayor.

Examen de las enfermedades

Tratamiento. Después de establecido un diagnóstico exacto, para descartar la posibilidad de un cáncer de pulmón o una tuberculosis, el tratamiento de las fases de reactivación es idéntico al señalado para las formas agudas. La prohibición de fumar debe ser total, aunque tenga que pasar más de un año para que se perciba el efecto beneficioso de la supresión del tabaco. A menudo es necesario recurrir a los ejercicios respiratorios (véase pág. 420). En los casos de esputos purulentos están indicados los antibióticos, que serán administrados, como es lógico, bajo estricto control médico. Se ha discutido mucho sobre el valor preventivo de los antibióticos, especialmente durante el invierno. Pero esta ponderación corresponde siempre al médico. Adquieren gran importancia las terapias climáticas y las estancias en balnearios apropiados para realizar tratamientos de inhalación.

BRONQUIECTASIAS

La dilatación patológica de los bronquios periféricos puede ser congénita, producida por una malformación, pero habitualmente sobreviene después de una alteración inflamatoria que ha lesionado la pared bronquial. La presencia continua de pus y la dificultad para su expulsión, por obstrucciones, trastornos en la ventilación o por razones todavía un tanto oscuras (por ejemplo, es frecuente la asociación de sinusitis crónicas con bronquiectasias), crean el terreno propicio para su formación. Generalmente es un proceso difuso, que afecta a los dos pulmones, más en las bases que en los vértices, en varios segmentos a la vez. Puede aparecer a cualquier edad y, aunque una vez establecida la dilatación rara vez sigue progresando, se establece un foco crónico de irritación, inflamación e hipersecreción de esputo mucopurulento, que evoluciona en fases alternantes de mayor actividad infectiva con periodos de aparente tolerancia. Junto a la lesión del bronquio propiamente dicho, también el tejido pulmonar circundante queda afectado casi siempre, en una zona más o menos grande. Cualquier sistema conductor, constantemente expuesto a una irritación prolongada, acaba por afectarse: su pared tubular pierde elasticidad, se dilata y se hace especialmente vulnerable. Los bronquios no son una excepción. Las causas son múltiples: una bronquitis crónica o una enfermedad bronconeumónica que afecte también el tejido pulmonar (tuberculosis) y, en general, cualquier dificultad en el drenaje que obstruya la salida de las secreciones infectadas.

Síntomas. Sobresale una tos persistente, sobre todo matutina o cuando se cambia de postura, acompañada de una gran cantidad de expectoración, generalmente mucopurulenta, que si se analiza pronto, se separa en tres capas: una espumosa superior, otra intermedia, con esputo turbio de color verdoso, y otra inferior, muy espesa, cremosa y francamente purulenta. El olor fétido y un sabor muy desagradable al expectorar, son habituales. La expectoración puede sobrevenir en bocanadas hasta de un cuarto o medio litro en cantidad, repartidas durante el día. La debilitada pared bronquial puede ulcerarse y producir entonces un esputo hemorrágico.

La continuada infección acaba por afectar gravemente el estado general y, junto a la lesión concomitante del tejido pulmonar, puede dar origen a un pronóstico serio.

Tratamiento. Cuando la dilatación bronquiectásica está aislada o preferentemente limitada a un lóbulo o a un segmento, la única curación será su extirpación quirúrgica, intervención relativamente fácil de realizar. Cuando el proceso es más difuso, el tratamiento médico se encaminará a controlar la infección y facilitar el drenaje de las acumulaciones purulentas. Los ejercicios posturales son muy eficaces: la posición boca abajo sobre la cama, con el tórax flexionado hacia delante, colgando del lecho, situando las manos sobre el suelo, a veces incluso apoyándose alternativamente sobre un costado u otro, permite que el drenaje sea suficiente en la mayor parte de los casos.

ASMA BRONQUIAL

El asma bronquial no es una enfermedad específica, sino una alteración que acompaña y complica numerosas afecciones humanas. Más del 1% de la población padece o ha padecido asma alguna vez. Por otro lado, la reacción asmática se caracteriza por sobrevenir en accesos, separados por periodos de tiempo en que, aparentemente, no existe dificultad respiratoria. Se suele distinguir una **crisis asmática** con paroxismo de duración corta, y un **ataque asmático**, ya más prolongado (varias horas aunque con intermitencias). Por último, se denomina **estado asmático** a un acceso en que la reacción continúa, sin mejoría durante días, y provoca una situación grave.

Síntomas. El asmático, con frecuencia, presiente el acceso. Cierta picazón nasal e irritación de garganta y una sensación subjetiva de angustia le invaden. Bruscamente, a cualquier hora del día o de la noche, aunque en ciertos casos se repitan los ataques a determinadas horas, sobreviene la reacción asmática, la dificultad para respirar. La inspiración se hace anhelante aunque no exista ningún obstáculo que la impida. Es la espiración la que se encuentra alargada y se hace difícil, con sensación de que existe alguna resistencia que vencer. Es característico que esta disnea espiratoria se acompañe de unos ruidos, roncos y sobre todo sibilantes, que no sólo oye el propio enfermo sino que se aprecian a gran distancia por su intensidad. Al mismo tiempo una molestísima tos todavía empeora más el cuadro. Al principio es seca e irritativa; a medida que se prolonga el paroxismo o comienza a ceder, se hace productiva, con esputos mucosos, espumosos, blanquecinos y muy adherentes. La espiración difícil hace que el tórax permanezca hinchado, lleno de aire, mientras que la disnea y la insuficiencia respiratoria provocan una coloración cianótica de la piel. Tan angustioso cuadro se acompaña, en unos pacientes más que en otros, de abundantes síntomas emocionales de ansiedad y extrema intranquilidad, que les impulsan a correr de un lado a otro para buscar aire, a abrir las ventanas, o a adoptar las más difíciles posturas en su afán de encontrar alivio. El ataque cede, generalmente, poco a poco sin dejar huella, a no ser el recuerdo de la angustia sufrida.

La reacción asmática es producida por un espasmo que, bruscamente, estrecha la luz del bronquio. Al tiempo, aparece una hipersecreción mucosa que obstruye todavía más el conducto. Por último, la mucosa respiratoria se congestiona y, como muy expresivamente se ha dicho, aparece como una especie de urticaria bronquial.

Causas. La reacción asmática aparece en cualquier edad, sexo y circunstancia. A grandes rasgos, se debe a causas extrínsecas o intrínsecas.

Cuando su motivación es extrínseca se caracteriza por una especial hipersensibilidad o reactividad alterada ante ciertos estímulos o alergenos cuya presencia desencadena el proceso. Hay asmas bronquiales que acompañan a la fiebre del heno y se deben al polen de ciertas flores (gramíneas, acacias, etc.), por lo que aparecen periódicamente, en especial en primavera. Otras veces la sensibilidad se produce respecto a ciertos hongos, a algunos alimentos (sobre todo hortalizas como el tomate o frutas como la fresa) y también —esto resulta especialmente importante— a ciertos medicamentos, sea cual sea la vía de administración.

Por último, la reacción asmática puede producirse por los alergenos más insospechados: el polvo de una casa determinada, el relleno de colchones o almohadas de ciertos tipos, la ropa de ciertos tejidos, ciertos detergentes, productos de la piel de algunos animales, insectos, etc. Hay chicas que tienen un ataque de asma cada vez que bailan con un muchacho que lleva una corbata de seda natural. En ciudades con importante índice de contaminación ambiental, se detectan problemas respiratorios de tipo asmatiforme, con su característico espasmo bronquial. Se cree que esto se debe al efecto irritante que tienen algunos contaminantes sobre la mucosa respiratoria.

Cuando las causas son intrínsecas, cualquier enfermedad del aparato respiratorio y también, aunque con menor frecuencia, de los demás sistemas, puede condicionar la reacción asmática. En niños suele ocurrir por una amigdalitis crónica o por catarros de repetición; por una otitis o por vegetaciones; en adultos por una sinusitis. A menudo la hipersensibilización se debe a una bronquitis crónica: no se trata de una bronquitis asmática sino, como ya hemos dicho, de una bronquitis con asma, aunque en una bronquitis pueda haber obstrucciones paroxísticas con sibilancias que nada tienen que ver con el asma. Un cáncer pulmonar, una tuberculosis, un foco séptico dental, una pleuresía, etc., alguna vez constituyen motivos irritativos. En general existe un factor hereditario constitutivo. Así, la reacción se presenta en individuos con parientes asmáticos, o con antecedentes de jaquecas, rinitis alérgicas, eczemas, gota. El factor psíquico, en el sentido de enfermedad psicosomática, ha sido sobrevalorado; de lo que no cabe duda es que si las situaciones emocionales no producen la reacción asmática, sí le imprimen un especial carácter, y ello desencadena el proceso en enfermos predispuestos. Por último es necesario mencionar los factores profesionales de alergia a ciertos productos químicos, y la intervención del clima.

Es necesario diferenciar el asma bronquial del asma cardiaco. Hay insuficiencias cardiacas, sobre todo del ventrículo izquierdo (en la hipertensión, o las alteraciones de ciertas válvulas, como la mitral), en que, por congestión pulmonar, y esto es más frecuente en los ancianos, aparecen accesos de disnea nocturna, con tos y expectoración sanguinolenta, que nada tienen que ver con un broncoespasmo.

Tratamiento. Por supuesto en el tratamiento del asma se impone averiguar su causa, ya sea por un alergeno del exterior, o bien por una sensibilización a algo morboso ya existente en el propio organismo. En el primer caso, cuando es evidente el mecanismo alérgico extrínseco, pueden ser útiles las llamadas cutirreacciones, que consisten en inyectar en la piel los diferentes alergenos posibles (polen, polvo, lana, extractos de secreciones dérmicas de animales, etc.). Cuando hay una sensibilización, la reacción de la piel tiene gran importancia diagnóstica, pues gracias a ella puede establecerse una terapéutica de desensibilización específica, mediante inyecciones de los alergenos correspondientes, tratando de modificar la respuesta asmática y cuyo propósito es el de habituar al organismo a su presencia. Cuando el factor desencadenante es interno, el tratamiento estará dirigido a curar la infección o la alteración que actúa de espina irritativa (por ejemplo, una amigdalectomía, en los niños, o el tratamiento de una sinusitis). Son útiles vacunas o autovacunas de los gérmenes que se constituyen en alergenos. El tratamiento de fondo incluye también los ejercicios respiratorios para asegurar una buena ventilación, el cuidado de los aspectos psicológicos, y las curas climáticas o fisioterapéuticas en balnearios. A veces se cambia la especial reactividad del árbol bronquial con estimulaciones inespecíficas (producción artificial de fiebre, autohemoterapia). El tratamiento quirúrgico, preconizado hace unos años por unos autores japoneses, consistente en la extirpación del llamado ganglio carotídeo, en el cuello, no ha resuelto el problema más que en casos muy aislados.

El control del ataque o su prevención se realiza mediante numerosos fármacos, en general sumamente eficaces. La administración de adrenalina, efedrina, atropina, aminofilina, diversos antihistamínicos y, sobre todo, de cortisona o sus derivados, incluyendo la hormona ACTH de la hipófisis, tiene indicaciones precisas bajo estricta vigilancia médica. Están muy en boga las vaporizaciones, inhalaciones mediante «atomizadores» o «nebulizadores», con sustancias (isoprenalina, cromoglucato, salbutamol, etc.) que actúan localmente sobre el espasmo para producir una dilatación bronquial inmediata, aunque pasajera.

Enfermedades de los pulmones

La parte visceral del aparato respiratorio, el llamado tejido pulmonar, incluye tanto el espacio apto para el intercambio gaseoso (bronquiolo terminal, conductos alveolares, alvéolos pulmonares y membrana respiratoria) como todas las estructuras interalveolares o intersticiales, muy ricas en vasos sanguíneos o linfáticos, las células conjuntivas con su sustancia fundamental y las fibras elásticas y musculares.

Siempre que se dificulta o imposibilita la normal ventilación de una zona pulmonar, se pierde la disposición multicavitaria y la región afectada aparece como si estuviera comprimida, colapsada. En casos extremos todo el pulmón se convierte en un pequeño muñón inerte, completamente inapto para la ventilación. Pero, en general, la parte más o menos encogida o retraída, que está en una situación de **atelectasia,** corresponde a un lóbulo o a un segmento pulmonar que ya no ventila o lo hace muy defectuosamente. Las causas pueden ser múltiples. Un cuerpo extraño inhalado, materia vomitada que se haya aspirado, pueden obstruir un bronquio o alguna de sus ramificaciones. Si los conductos respiratorios se obstruyen desde fuera por compresión, como ocurre en ciertos tumores, en los derrames líquidos de la pleura o cuando entra aire en el espacio pleural (neumotórax), el resultado es el mismo. Algunas veces no existe obstrucción o compresión directa, sino desplazamientos o acodaduras del tejido pulmonar, como ocurre, por ejemplo, en las deformidades como la cifosis vertebral, o en las alteraciones seniles del tórax.

Pero en la inmensa mayoría de los casos, el estrechamiento u ocupamiento de las vías respiratorias, que conduce a una atelectasia pulmonar circunscrita o difusa, se debe a secreciones o exudados inflamatorios. El diagnóstico de la atelectasia no es muy difícil, pues al auscultar al enfermo no se aprecia la normal entrada y salida de aire. Por otro lado, en una radiografía se ve bien que la zona correspondiente ha perdido su normal transparencia.

Examen de las enfermedades

Alteraciones inflamatorias de los pulmones

La inflamación pulmonar puede adoptar variadas formas. Puede ocurrir que sólo se afecte el epitelio de revestimiento y sobrevenga una simple reacción catarral con congestión sanguínea, y exagerada secreción mucosa. Pero, en general, las infecciones alteran los conductos respiratorios y el tejido intersticial. A veces predomina la exudación, es decir, se produce la extravasación de un líquido seroso que proviene de la sangre y que encharca, por así decirlo, la zona inflamada. Frecuentemente esta exudación es rica en materia fibrinosa, también procedente del plasma sanguíneo, que se deposita, en formación más o menos densa, como si hubiera experimentado una coagulación. En la pulmonía se origina esta típica reacción de condensación o solidificación. Otras veces, el proceso se hace francamente purulento al acudir leucocitos a la zona inflamada para atrapar los microorganismos bacterianos (generalmente estafilococos o estreptococos) y los detritus celulares originados por la destrucción del tejido pulmonar. Se habla de **absceso pulmonar** cuando esta acumulación de pus se encuentra circunscrita. Cuando falla la barrera defensiva y el proceso destructor se extiende ampliamente por los pulmones, estamos en presencia de unos gérmenes muy virulentos y con ciertas características que dan al tejido destruido un aspecto pútrido con olor sumamente fétido. Es la **gangrena pulmonar,** que siempre tiene un pronóstico muy sombrío. Afortunadamente estas supuraciones han pasado a la historia gracias a los antibióticos; en la actualidad sólo se producen en personas sumamente débiles o que han sido descuidadas.

Una reacción inflamatoria de gran trascendencia que se desarrolla en las estructuras interalveolares, con profunda modificación del tejido conjuntivo intersticial, el cual abandona sus propiedades elásticas para convertirse en algo rígido, es la llamada **fibrosis** o **esclerosis pulmonar,** en realidad un proceso de cicatrización muy lento y que se asemeja, aunque parezca un ejemplo burdo, a lo que ocurre en la piel después de una quemadura. Toda fibrosis es un proceso que retrae, encoge, atrofia y ahoga el tejido que engloba. Así, la fibrosis pulmonar produce una atelectasia, con dificultad para la ventilación, y limita extraordinariamente la circulación sanguínea. Puede ser una reacción tanto localizada como difusa y se debe a las más variadas causas: tuberculosis, pulmonía, bronquitis crónica, secuelas de inflamaciones supuradas, infecciones por hongos (micosis pulmonares), o alteraciones producidas por inhalación crónica de partículas de polvo (silicosis). A veces ocurre a la inversa: son los procesos circulatorios crónicos los que crean las condiciones precisas para la reacción fibrótica. Por último, muy rara vez, aparece sin origen aparente y como condición primaria, creando un cuadro clínico siempre muy grave, semejante a la cirrosis hepática: el tejido normal es sustituido, poco a poco, por una inmensa cicatriz.

Alteraciones circulatorias de los pulmones

Cuando todo el lecho vascular de los pulmones está repleto de sangre, se produce una **congestión** o **estasis pulmonar**, frecuente en obesos (plétora sanguínea) y en enfermos del riñón, generalmente debida a una insuficiencia del corazón izquierdo por una

El aparato respiratorio y sus enfermedades

lesión valvular mitral o aórtica (véase pág. 351) o a la debilidad del músculo cardiaco. En los ancianos o en los enfermos crónicos esta congestión, sobre todo en las bases pulmonares, se origina por una postura horizontal demasiado prolongada que dificulta la normal irrigación sanguínea. Esta acumulación sanguínea provoca siempre una dificultad ventilatoria, aunque no sea más que por un problema de espacio. La disnea es la consecuencia inmediata que obliga al enfermo a dormir con varias almohadas y así mejorar la circulación pulmonar local. Cuando esta disnea adopta forma de crisis o paroxismo se habla de **asma cardiaco,** sin ninguna relación con el asma bronquial y que exige un tratamiento completamente diferente (véase pág. 348).

Uno de los episodios más dramáticos que pueden sobrevenir en un paciente es el **edema agudo del pulmón,** casi siempre debido a una falla brusca del corazón izquierdo, a una afección renal, a un traumatismo cerebral o a la acción tóxica de ciertos gases, como los que se usan en la guerra química. No sólo existe una congestión sanguínea sino que, además, este cuadro se caracteriza por una exudación intensa que inunda los pulmones, en los cuales el enfermo parece ahogarse.

Entre otros tratamientos de urgencia quizá lo más eficaz sea realizar una sangría abundante que reste sangre al pulmón. Es, prácticamente, la única enfermedad en que todavía está justificado, una vez vencida la natural repugnancia, el uso de sanguijuelas, tan prodigadas en otras épocas. Sin embargo se prefieren las sangrías blancas.*

Por último, mencionaremos la **embolia pulmonar,** que si bien puede producirse por grasa (en casos excepcionales de graves accidentes viales que se traducen en múltiples fracturas óseas) o por aire —una inyección intravenosa en que entra una burbuja de aire demasiado voluminosa (5 a 10 cc), una experiencia tristemente célebre, realizada durante la época nazi—, es provocada usualmente por un coágulo o trombo de sangre que tapona la arteria pulmonar o una de sus ramificaciones.

Toda la zona tributaria de la arteria obstruida se infarta, es decir, se muere. Cuando el coágulo es grande y, por lo tanto, la zona afectada es muy extensa, la situación creada se hace incompatible con la vida, y la muerte se produce bruscamente. Es ésta una complicación posible, si bien poco frecuente, después de algunas operaciones quirúrgicas o incluso durante un embarazo o después de un parto. Puede ocasionar la muerte de un anciano o de un enfermo crónico, a los que una estancia prolongada en cama o una vida excesivamente sedentaria provocan una lentitud circulatoria que favorece la aparición de trombos sanguíneos. El émbolo proviene siempre del sistema venoso o del corazón derecho que son los que sirven a la circulación pulmonar. Por ello, el origen puede residir en una flebitis, sobre todo en las mujeres con várices en las piernas. Últimamente este problema ha adquirido gran importancia, ya que la llamada «píldora», o medicamento anovulatorio que, entre otras indicaciones, es usado con fines anticonceptivos, ha sido asociada con una mayor posibilidad de padecimiento de embolia pulmonar, debido a que los estrógenos contenidos en esos medicamentos incrementan la coagulabilidad sanguínea. Por último, la embolia pulmonar constituye una de las complicaciones más graves del llamado infarto de miocardio (véase pág. 357). Afortunadamente, la inmensa mayoría de las embolias obstruyen una rama de la arteria pulmonar de menor importancia, por lo que la zona de tejido infartado suele ser pequeña, con consecuencias clínicas reducidas e incluso imperceptibles. De todos

*La sangría blanca es un secuestro de sangre en tres de las cuatro extremidades mediante la aplicación de torniquetes. Éstos se aflojan y se rotan a intervalos de 15 a 20 minutos.

modos, hoy la medicina cuenta con medios para tratar estas contingencias: ya sea utilizando anticoagulantes como la heparina o medicamentos que disuelvan el trombo (drogas fibrinolíticas). Incluso se puede intentar, con bastantes posibilidades de éxito, la extracción del trombo mediante una cirugía.

PULMONÍA *(Neumonía, neumonitis)*

La pulmonía o inflamación aguda del pulmón se conoce desde la más remota antigüedad. Ha sido tan descrita por los médicos como temida por los profanos. Por su evolución y cantidad de tejido pulmonar afectado, se distinguía una neumonía de aparición brusca, en sujetos aparentemente sanos con una lesión circunscrita a un lóbulo y que, tras una evolución de unos siete días, se curaba de repente, por «crisis», mediante una profusa sudoración. Se diagnosticaba una **bronconeumonía** cuando, de forma secundaria, como complicación de algún otro proceso, la enfermedad comenzaba insidiosamente, tenía una evolución irregular, afectaba difusamente a los pulmones y se resolvía más lentamente, «por lisis». Actualmente, los antibióticos han cambiado este criterio. Continúa diferenciándose la pulmonía de la bronconeumonía, pues tienen modo diferente de presentarse y lesionan al pulmón de distinta manera. Pero ya no cabe una distinción por su evolución, pues ante el tratamiento actual la respuesta depende más de las condiciones personales del enfermo y de la sensibilidad del germen causante ante los antibióticos.

La **neumonía genuina,** también llamada **lobar** por afectar un lóbulo pulmonar, es siempre de origen bacteriano. En la mayoría de los casos es provocada por el neumococo, que viene a anidar en el pulmón por contaminación aerógena. Numerosas circunstancias favorecen la infección: el frío, los enfriamientos o una disminución de las defensas generales, como ocurre en los enfermos crónicos y en los ancianos. Es de aparición más frecuente en los varones adultos que en los niños y las mujeres. La lesión producida se describe como una condensación del tejido afectado: los alvéolos no contienen aire, existe gran exudación, una infiltración celular purulenta y aparece un depósito de fibrina, que proviene de la sangre.

Síntomas. El cuadro clínico es muy típico. Después de un violento y repentino escalofrío aparece una fiebre altísima (más de 40 o 41°C) que se acompaña de pulso muy acelerado (más de 100 o 120 pulsaciones), malestar general, delirio, dolor de cabeza, disnea intensa, dolor en un costado, y tos, al principio seca, luego con expectoración de color del hierro oxidado. Dicho estado, con muy pocas oscilaciones, suele durar sin tratamiento unos siete días.

Tratamiento. Antiguamente, la pulmonía lobar era una enfermedad gravísima que arrojaba una mortalidad muy alta. En aquellas épocas se recurría a los más extraños tratamientos, incluyendo una abundante sangría y purgantes o enemas, que sólo empeoraban la situación. Las complicaciones eran frecuentes (pleura, corazón, riñón, sistema nervioso, etc.). Afortunadamente, los antibióticos actuales curan al enfermo en casi todos los casos, a no ser que esté muy debilitado por vejez o por alguna invalidez crónica que afecte al pulmón o al aparato circulatorio. El tratamiento sintomático depende de las circunstancias e incluye analgésicos, antipiréticos, tónicos cardiocirculatorios, etcétera.

El aparato respiratorio y sus enfermedades

La **bronconeumonía** también puede estar producida por el neumococo, pero en menor proporción que en las neumonías; en ella desempeñan un papel otros numerosos agentes bacterianos, así como los virus, generalmente en infección mixta simultánea. También en esta forma intervienen numerosas circunstancias favorecedoras. Se trata de una complicación de alguna infección o agresión respiratoria previa (bronquitis, asma, secuelas de procesos respiratorios previos, etc.), sobre todo cuando concurren agudizaciones graves o el enfermo se halla muy debilitado (ancianos, procesos crónicos de diversos órganos). Esta afección no respeta ni edad ni sexo. En niños pequeños se complica frecuentemente con una bronquitis capilar. Las lesiones con condensación pulmonar son mucho más difusas que en la neumonía genuina por neumococos, y afectan a varios segmentos broncopulmonares a la vez, sobre todo en las bases de los pulmones.

Síntomas. El comienzo es mucho más insidioso que el de la pulmonía y su curso es sumamente irregular, pues predominan los síntomas de las enfermedades que preceden y condicionan su aparición y evolución. La disnea y la fiebre se presentan habitualmente con una acusada repercusión sobre el estado general, lo mismo que la molesta tos con esputos purulentos.

Tratamiento. La administración de grandes dosis de antibióticos produce una respuesta favorable, pero todo depende del estado general del enfermo y, hasta cierto punto, también de la sensibilidad de los gérmenes que intervienen. El neumococo siempre responde a un tratamiento antibiótico, pero los gérmenes asociados (virus y otras bacterias) son, a veces, resistentes. Lo importante en el tratamiento de la bronconeumonía es, junto a vencer la infección, mejorar el estado general del enfermo, circunstancia que ha de marcar su evolución favorable o desfavorable. Cuando el tratamiento es insuficiente son frecuentes las complicaciones pulmonares (absceso o gangrena, bronquiectasias) y también una especial predisposición a la recidiva o reiteración del proceso.

La **neumonitis** o pulmonía por virus (gripe, psitacosis, en la enfermedad de los loros o periquitos, o las llamadas neumonitis atípicas, en que el virus responsable no puede ser identificado) adopta casi siempre la forma bronconeumónica, es decir, con un comienzo lento, curso irregular, evolución imprevisible y lesiones difusas de condensación. El signo más característico de estas viriasis es su asociación a otros agentes microbianos. Por ejemplo, en la tristemente célebre epidemia de gripe del año 1918 (gripe española) la neumonitis se asoció con una infección por estreptococos; esta mezcla fue «explosiva» y produjo una mortalidad altísima. Así como para erradicar el componente viral todavía no se cuenta con medicamentos eficaces, la participación bacteriana puede ser combatida eficazmente con los antibióticos. Es muy difícil, por ello, que se repita una mortalidad como la anterior: el estado actual de la ciencia médica no lo permitiría.

Las **pulmonías implantadas,** o de origen no directamente infeccioso, forman el cuarto capítulo de las inflamaciones agudas del tejido pulmonar; pueden adoptar la forma neumónica lobular o circunscrita, o la bronconeumónica difusa. Numerosos gases tóxicos o las radiaciones —caso de la radioterapia— pueden producir condensaciones inflamatorias del tejido pulmonar. Pero estos procesos se presentan mucho más a menudo cuando una obstrucción de las vías respiratorias deja una zona pulmonar en condiciones de inferioridad y se presenta una atelectasia que en un

Examen de las enfermedades

segmento broncopulmonar dificulta o imposibilita la ventilación normal. Se produce entonces una pulmonía por aspiración cuando el enfermo inhala productos que provienen de las vías digestivas (vómitos); un cuerpo extraño obstruye totalmente alguna rama bronquial, o bien las secreciones de las vías respiratorias impiden el paso del aire a los alvéolos, que se colapsan y constituyen terreno abonado para una infección posterior.

Las pulmonías implantadas más frecuentes son las posturales y las postraumáticas o posoperatorias. En personas cuya resistencia natural se encuentra minada por enfermedades crónicas, una excesiva permanencia en cama, o sea en posición horizontal, como ocurre en todos los enfermos en coma, inconscientes, la muerte sobreviene con frecuencia por una neumonía o bronconeumonía. No ocasiona este cuadro la congestión sanguínea únicamente por una postura continua; en su aparición juega también un papel fundamental la aspiración, sin defensa, de secreciones acumuladas, incluso de productos alimenticios o vomitados. La debilidad general no permite a estos enfermos recurrir al reflejo de la tos, tan fundamental desde el punto de vista protector. Por ello el médico cuidará con esmero el problema ventilatorio en todos estos enfermos (sentándolos si hiciera falta) y extremará los cuidados higiénicos; debe procurarse asimismo que se realice un óptimo drenaje de las secreciones, incluso mediante una aspiración mecánica o a través de una traqueotomía, si fuese necesario.

Las pulmonías postraumáticas son frecuentes debido a la profusión de accidentes de tránsito que producen compresiones o atelectasias pulmonares, es decir, zonas que se colapsan y no se ventilan, para infectarse secundariamente, pero pueden ser evitadas, con relativa facilidad, mediante tratamiento con antibióticos. No debe extrañar que el médico, como primera providencia le administre un antibiótico a cualquier persona que haya recibido un golpe o un aplastamiento torácico. La pulmonía posoperatoria es excepcional; se presenta en muy escasas ocasiones, debido a que los progresos logrados en la anestesiología permiten que durante la operación se ventilen convenientemente los pulmones.

ENFISEMA PULMONAR

La expansión de los pulmones durante la inspiración es siempre un proceso que acompaña, paralelamente, a la momentánea distensión torácica. Pero existe una enfermedad, el enfisema pulmonar, en que esta situación persiste y se mantiene indefinidamente. Los pulmones expandidos aparecen como si no «cupieran» en el tórax, como si no pudieran expulsar el aire que contienen. Existe, sin embargo, una ventilación, pero muy precaria, ya que el punto de partida de la inspiración respiratoria comienza en una situación en que el pulmón se encuentra más que «inspirado», y el aporte de oxígeno se reduce considerablemente, a una cuarta o quinta parte de lo normal, y apenas sirve para satisfacer las necesidades del organismo en reposo. Un mínimo esfuerzo conduce a la disnea. No sólo existe una dilatación de los espacios aéreos que verifican el intercambio gaseoso, es decir, de los conductos alveolares y de los propios alvéolos pulmonares, sino que además las paredes de éstos están desgastadas, apenas existen y se encuentran destruidas. Existe una evidente y visible atrofia

El aparato respiratorio y sus enfermedades

del tejido pulmonar; los alvéolos hinchados están unidos entre sí, constituyendo una especie de sacos deformes e incluso formaciones quísticas irregulares o cavidades, y el tejido intersticial se hace rudimentario, con disminución de las fibras elásticas. La atrofia afecta también a los vasos sanguíneos, que aparecen exangües. Los pulmones semejan esponjas hinchadas, pero muy pálidas y secas. A esta situación se llega por múltiples mecanismos. En los jóvenes es de rara aparición y se debe a una debilidad congénita del tejido elástico interalveolar. En los ancianos se da con frecuencia (enfisema senil) por atrofia o desgaste involutivo de las fibras elásticas. El pulmón ya no vuelve a retraerse en la espiración, por falla del mecanismo que lo obliga a contraerse. El tabaquismo se asocia frecuentemente a este padecimiento.

Un enfisema llamado toracógeno aparece en todas las edades, pero más a menudo en los ancianos. En él tiene lugar una deformidad del tórax (vertebral o costal), la cual provoca la atrofia intersticial y la dilatación alveolar. Toda fibrosis pulmonar lleva también, por supuesto, a un enfisema más o menos extendido. Pero la causa habitual es la infección, la obstrucción por las secreciones de los bronquios. Es más, los enfisemas antes citados (congénito, senil, toracógeno y fibrótico) no suelen dar síntomas clínicos relevantes hasta que se produce una serie de infecciones bronquiales de repetición, a las que, por supuesto, están particularmente predispuestos por encontrarse los tejidos en francas condiciones de inferioridad. Una bronquitis crónica, con o sin reacción asmática, un catarro recidivante, una pulmonía con sus secuelas, es decir, todo lo que lleva a una obstrucción crónica o a crisis obstructivas, no sólo dificultan la espiración por la excesiva dilatación de los alvéolos; además, precisamente por esta dilatación anormal o por lesión directa inflamatoria acaban por afectar la pared alveolar. El tejido intersticial se afecta también secundariamente, pierde su elasticidad y se atrofia. En síntesis, es ésta una de las complicaciones más graves de cualquier inflamación broncopulmonar obstructiva. Su evolución es muy lenta y no afecta por igual a los dos pulmones; existen enfisemas lobulares, segmentarios o incluso de regiones más circunscritas.

Síntomas. Predomina la insuficiencia ventilatoria, es decir, la disnea o la dificultad espiratoria, que aparece muy insidiosamente y tarda incluso muchos años en progresar para llegar al final a una grave incapacitación, con imposibilidad de realizar cualquier ejercicio. La disnea se agrava cuando, por frío, hay una constricción: un catarro que aumenta la obstrucción o una bronquitis que se agudiza, con o sin asma. La tos suele ser poco frecuente al principio, salvo cuando el fondo bronquítico o asmático juega un papel fundamental en la formación de la enfermedad. En las fases finales, la tos aparece siempre, generalmente en ataques, por la mañana o por la noche, y el esfuerzo tusígeno es, por regla general, superior a la cantidad de esputos que el enfermo es capaz de producir. El tórax se aprecia abombado, hinchado, incluso a simple vista, y los músculos inspiratorios, sobre todo los secundarios de cuello y hombro, aparecen resaltados y contracturados. La insuficiencia respiratoria se manifiesta, además, con una cianosis fácilmente perceptible. Las espiraciones son tan débiles que no sirven ni para apagar una vela. A la larga el corazón acaba sufriendo, al tener que luchar contra una resistencia pulmonar mayor. Aparece así el llamado **corazón pulmonar o** fallo del corazón derecho, que agrava más el cuadro.

Tratamiento. El tejido pulmonar destruido no se sustituye, pero siempre cabe evitar su progresión y, con el máximo cuidado, eliminar todo factor agravante: cualquier catarro, bronquitis, asma; es prudente la vacunación contra la gripe. Las atmósferas contaminadas influyen negativamente en esta afección. Es necesario también cuidar el aspecto psíquico y, sobre todo, que el enfermo adquiera una buena técnica respiratoria mediante ejercicios gimnásticos (véase pág. 420). Las curas climáticas, en ciertos balnearios, pueden resultar igualmente beneficiosas.

NEUMOCONIOSIS
(Fibrosis pulmonar por inhalación de polvos minerales o vegetales)

Las **neumoconiosis** forman un grupo de enfermedades que se originan por la inhalación continua de partículas de polvo. En realidad, todos respiramos un aire lleno de polvo del más diverso calibre y composición química pero, generalmente, el organismo dispone de mecanismos defensivos para atraparlo y reducirlo convenientemente. Sin embargo, ciertas partículas de compuestos específicos no tienen un carácter inerte y al irritar los bronquios y el tejido pulmonar son capaces de provocar en éste reacciones inflamatorias, predominantemente una fibrosis, con todas sus consecuencias derivadas de la intensidad de la exposición a la atmósfera contaminada, pero sobre todo según el tamaño de las partículas inhaladas. Cuando el polvo tiene un diámetro que varía entre 1 y 5 milésimas de milímetro la reacción pulmonar se manifiesta en forma de nódulos fibrosos diseminados, mientras que las partículas con un diámetro inferior a la milésima de milímetro provocan reacciones fibrosas difusas extendidas, mucho más graves.

La más conocida de estas neumoconiosis es la llamada **silicosis,** producida por polvos de sílice. Es una enfermedad profesional que afecta a mineros que trabajan en pozos de carbón, plomo o cobre, a picapedreros y a obreros de la industria de la porcelana o que manejan sustancias abrasivas silicadas. Al cabo de muchos años (desde un mínimo de cinco) estos trabajadores comienzan a acusar las lesiones fibrosas, primero nodulares, luego difusas, que reducen la actividad respiratoria, lo cual condiciona una progresiva disnea. Son personas muy susceptibles a catarros o bronquitis, pero sobre todo, por razones no totalmente aclaradas, a la tuberculosis. No cabe otro tratamiento que retirar a estos obreros del oficio en que trabajan; para ello existe en todos los países la correspondiente legislación que ampara a estos profesionales. Es importante hacer uso de mascarillas y filtros en este tipo de trabajos, como medida preventiva.

La **antracosis** es otra variedad de neumoconiosis producida por polvo de carbón sin impurezas de sílice. Es mucho más benigna que la silicosis y, por tanto, carece de importancia social.

Más importante es la **asbestosis,** producida por inhalación de polvo de unas fibras del silicato magnésico que se emplea en la industria del amianto. Aparte de la fibrosis correspondiente parece demostrado que facilita la aparición del cáncer de pulmón.

También resulta relevante dentro del campo de la medicina del trabajo la llamada **beriliosis**, en la cual se desarrollan lesiones crónicas inflamatorias producidas por compuestos de berilio, que se utilizan, por ejemplo, en la industria de las lámparas fluorescentes (tubos de neón).

Los polvos vegetales también pueden producir neumoconiosis especiales cuya característica fundamental reside en que no sólo originan una fibrosis crónica de larga

El aparato respiratorio y sus enfermedades

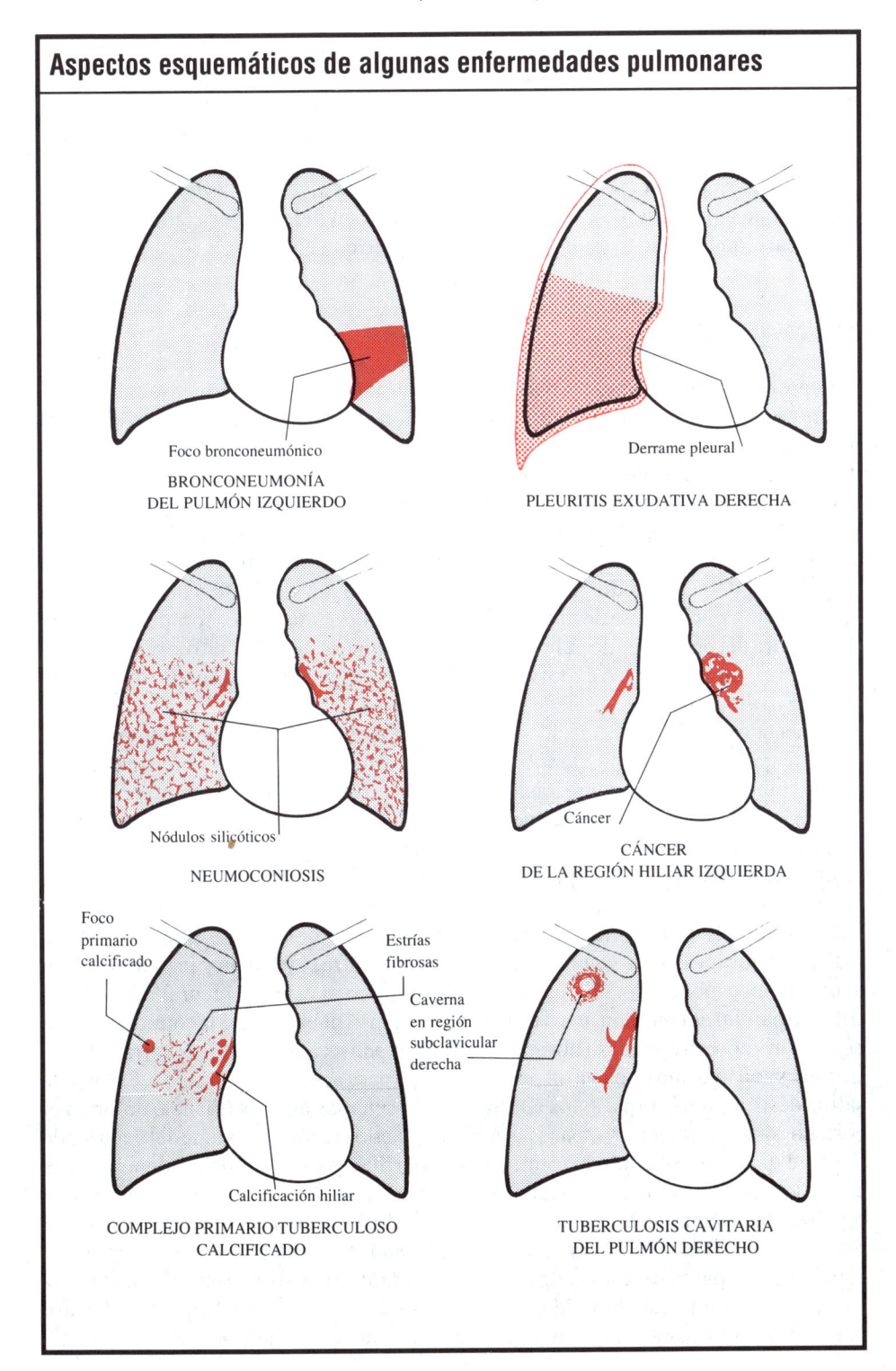

Aspectos esquemáticos de algunas enfermedades pulmonares

Foco bronconeumónico
BRONCONEUMONÍA DEL PULMÓN IZQUIERDO

Derrame pleural
PLEURITIS EXUDATIVA DERECHA

Nódulos silicóticos
NEUMOCONIOSIS

Cáncer
CÁNCER DE LA REGIÓN HILIAR IZQUIERDA

Foco primario calcificado
Estrías fibrosas
Caverna en región subclavicular derecha
Calcificación hiliar
COMPLEJO PRIMARIO TUBERCULOSO CALCIFICADO

TUBERCULOSIS CAVITARIA DEL PULMÓN DERECHO

Examen de las enfermedades

evolución, sino que también pueden producir reacciones agudas de tipo alérgico, es decir, un asma bronquial: en la llamada **cannabosis,** en los trabajadores del cáñamo. En estos enfermos ocurre un fenómeno curioso: pueden tener una crisis semanal, todos los lunes, que sobreviene por una nueva sensibilización tras el descanso dominical.

Otra neumoconiosis de origen vegetal es la **bisinosis**, que puede darse en los operarios que intervienen en la elaboración de fibras de algodón, y la **bagazosis,** en los que trabajan con la caña de azúcar. El llamado **pulmón del granjero** también se debe a una reacción fibrótica, producida por su contacto con el heno.

NEUMOTÓRAX

Siempre que exista aire entre la pared del tórax y la superficie pulmonar se habla de un neumotórax, proceso que dificulta la respiración al oponerse a la normal expansión inspiratoria. Existe también un neumotórax terapéutico que estuvo muy en boga en el tratamiento de la tuberculosis pulmonar y aún se utiliza, si bien en contadas ocasiones. Para conseguirlo se introduce aire en la cavidad pleural, con lo que se colapsa el pulmón y se reduce al reposo, a la inactividad, que puede tener efectos beneficiosos. En la actualidad se produce con cierta frecuencia el neumotórax traumático, tanto por perforación de la pared del tórax en un accidente, o por una bala o herida de arma blanca, como por fractura de una costilla, cuyos fragmentos óseos rompen la pleura; o por rotura del propio tejido pulmonar de adentro afuera, por ejemplo por compresión del tórax en un accidente o exposición de los pulmones a una onda explosiva de aire (bombas o dinamita).

A menudo no existe causa accidental, y entonces se habla de neumotórax espontáneo, que, excepcionalmente, puede sobrevenir en el curso de cualquier enfermedad pulmonar (tuberculosis, bronquiectasias, bronquitis crónicas con enfisema, etc.). Habitualmente, el neumotórax espontáneo aparece en un pulmón aparentemente sano, con preferencia en hombres entre los 20 y los 40 años de edad, y su causa radica en la rotura de una pequeña ampolla bronquial o dilatación enfisematosa, cicatricial o debida a un defecto congénito, localizada muy cerca de la pleura.

Síntomas. Los trastornos dependen de la rapidez con que se instaura y de la extensión que alcanza la solución de continuidad entre el pulmón y la pleura. En un neumotórax espontáneo, el aire que se ha escapado al espacio pleural ocasiona el colapso parcial del pulmón, pero este mismo colapso puede cerrar la rotura, y pronto el pulmón vuelve a ejercer su normal actividad expansora (neumotórax cerrado). Los síntomas son mínimos y basta un poco de reposo para acelerar la curación. Cuando la salida de aire es más brusca, los síntomas se hacen más agudos (disnea, dolor en el costado correspondiente) y menos pasajeros. Cuando la rotura proviene del exterior de la pared torácica, o cuando la rotura de la superficie pulmonar, desde dentro, no se cierra, la curación espontánea resulta más difícil, y el aire entra y sale en cada excursión respiratoria (neumotórax abierto). Existe una forma sumamente grave, tanto del neumotórax espontáneo como del accidental, cuando el sitio de rotura que comunica el pulmón o la pared del tórax con el espacio pleural se constituye en válvula por una especial disposición de los tejidos lacerados, y esta válvula permite que entre el aire pero impide que luego salga (neumotórax valvular o neumotórax de presión). La presión del aire en el espacio pleural se hace pronto intolerable y la gravedad de los síntomas (intensa disnea, dolor acusado, trastornos circulatorios y cardiacos por desplazamiento del corazón) obliga a un tratamiento de urgencia.

CÁNCER DE PULMÓN

En muy pocos decenios una enfermedad apenas conocida se ha convertido en uno de los mayores azotes de la humanidad. En Inglaterra el cáncer de pulmón ocasiona ya más víctimas que el antes tan temido cáncer de estómago, y en todos los países del mundo se acusa, cada año, un aumento de su morbilidad y mortalidad. Aproximadamente el 10% de todas las muertes por cáncer se deben a su acción, y es infinitamente más frecuente su aparición en el hombre que en la mujer. Afecta sobre todo a las personas comprendidas entre los 50 y 70 años de edad.

A ciencia cierta, como sucede con las restantes localizaciones del cáncer, no se conoce qué motiva su aparición. Se sabe, por ejemplo, que aparece con más frecuencia y tiene carácter de enfermedad profesional, en ciertas minas de uranio u otras sustancias radiactivas y en algunas actividades industriales que entrañan el manejo de asbesto, un mineral que se utiliza en la industria del amianto.

El problema comienza a tener una enorme trascendencia social desde el momento en que se sabe que las personas que fuman habitualmente tienen una probabilidad veinte veces mayor de padecer un cáncer de pulmón que las personas que no fuman. Como pasa siempre, este hecho indiscutible ha causado las más variadas reacciones, desde la más total indiferencia hasta la prohibición de anunciar en la televisión algunas marcas de cigarrillos. En Estados Unidos, en México y en otros países, las cajetillas de cigarros llevan impresa una frase que resalta el carácter nocivo del producto que se va a consumir. Ser objetivo en esta materia es sumamente difícil. Si bien el tabaco no es la única causa del cáncer pulmonar, probablemente es la más frecuente o, al menos, contribuye especialmente a su aparición.

Síntomas. No existen síntomas específicos, y el cuadro clínico puede ser de lo más variado. En contra de lo que se cree generalmente, tiene una evolución lenta hasta que comienza a producir molestias o trastornos, momento a partir del cual los acontecimientos se precipitan y el crecimiento agresivo se hace bastante rápido. De ahí la importancia de los exámenes periódicos del pulmón mediante radioscopias o radiografías, pues muy a menudo un cáncer pulmonar aparece como una sombra en la placa radiográfica sin producir molestia alguna. Generalmente este hallazgo casual puede salvar la vida al paciente, pues en esta fase una extirpación quirúrgica es practicable y ofrece grandes posibilidades de éxito. Aun cuando el cáncer entra en la fase de síntomas clínicos, con tos, esputos hemorrágicos, adelgazamiento, dolor torácico y ronquera, cabe una explicación eficaz. La broncoscopia ayuda a hacer diagnósticos más tempranos y precisos.

Tratamiento. Como norma se aplica el quirúrgico. Paliativamente, una radioterapia profunda, sobre todo con radiaciones de cobalto, puede ser muy útil, y en casos aislados, incluso curativa. En estos últimos años se han descubierto, además, numerosas sustancias, llamadas citostáticas, que prometen, quizá para un futuro no muy lejano, remediar tan terrible mal.

TUBERCULOSIS PULMONAR (*Tisis, consunción, muerte blanca*)

La tuberculosis o «muerte blanca», conocida desde tiempos prehistóricos, ha sido uno de los mayores problemas sociales que las enfermedades plantean al hombre. El concepto que en épocas pasadas se tenía de este mal queda reflejado en palabras de Dickens: «He aquí una enfermedad de paso lento y solemne, con un desenlace sumamente cierto. Día a día y grano a grano, sucumbe a ella la parte mortal, pero el alma se hace tanto más sutil y libre cuanto más crece la carga terrena».

La tuberculosis se ha comparado con la luna menguante por las progresivas palidez y consunción. Tuvo «buena fama» en la época romántica: la esbelta delgadez, la piel marmórea, las mejillas encendidas por la fiebre y la certidumbre de un final inexorable pero quizá sin mayores sufrimientos físicos. Todo este ambiente hace comprender que ni siquiera causara repugnancia que la Dama de las Camelias sacase su pañuelo para retirar un esputo sanguinolento. Los enfermos pertenecientes a ciertos círculos sociales eran aislados en sanatorios superlujosos en los que todo invitaba a la «dolce vita». En otros, la larga enfermedad creaba también una manera de ser especial, una introversión, incluso un «masoquismo» psíquico que sólo en algunos genios se sublimaba para llevar a la creación artística (Chopin). La famosa novela de Thomas Mann «La montaña mágica» retrata muy bien este especial hechizo en que vivían millares de nuestros antepasados. Pero la superstición mágica no es sólo del siglo pasado: ya en épocas medievales y todavía bien entrado el Renacimiento, la escrófula (lesiones tuberculosas en los ganglios linfáticos, generalmente del cuello) se «curaba» simplemente al ser tocados los enfermos por las manos del Rey.

Historia de la tuberculosis

Pero la tuberculosis ha sido siempre una enfermedad temida. Se sospecha desde muy antiguo que su naturaleza era contagiosa, pero que, a la inversa de las grandes epidemias como la peste, no se presentaba como una súbita catástrofe sino que entraba sigilosamente en los hogares. Hoy diríamos que constituye un caso típico de endemia siempre presente en todas las esferas sociales.

La denominación de la enfermedad con la palabra «tuberculosis» no surgió hasta finales del siglo XVIII, al reconocerse que la lesión característica consiste en la formación de un nódulo limitado o «tubérculo», en el que se origina una proliferación celular reactiva, junto al depósito de una materia amorfa, amarilla y densa, parecida al queso: la materia caseosa.

El antiguo tratamiento de la tuberculosis es algo que jamás podremos comprender. Es asombroso que a un sujeto totalmente minado por la enfermedad, verdadero cadáver ambulante, se le sometiera además a una sangría. Al confirmarse la causa infecciosa no mejoró mucho el aspecto terapéutico, pero al menos ya no se escupía en el suelo y surgió una época en que, por miedo a la tuberculosis, no había recinto, habitación, salón o cámara regia en donde no hubiese una bien visible escupidera. La antiquísima cura al aire libre resulta fácil de comprender al tratarse, obviamente, de una enfermedad predominantemente respiratoria, pero lo que ya no resulta tan claro es el origen de la cura de montaña, todavía sumamente debatida, quizá por los numerosos intereses creados. Médicamente, al menos en el estado actual de nuestros conocimientos, la forzosa elección del sol y el aire de las alturas no tiene justificación científica.

La tuberculosis como problema social

La gran velocidad del descenso de la mortalidad (número proporcional de muertes en una población y tiempo determinados), siguiente a la introducción de los antibióticos y de agentes quimioterapéuticos específicos en los años comprendidos entre 1948 y 1954, no se ha sostenido en los últimos años, pero de todas maneras la tendencia decreciente ha sido continua. En cuanto a la morbilidad (número proporcional de personas que enferman en una población y tiempo determinados), a pesar de las campañas de carácter nacional e internacional llevadas a cabo, las estadísticas de la Organización Mundial de la Salud muestran que a mediados de la década de los 60 había en el mundo de 10 a 20 millones de casos de tuberculosis contagiosa. Cada año aparecen de 2 a 3 millones de casos nuevos y mueren de 1 a 2 millones de personas.

En la última década la tasa de mortalidad en Estados Unidos y Canadá es de 1 a 1.5 por 100 000 habitantes; en México y Centroamérica es de 7 a 10 por 100 000 habitantes; Chile y Perú continúan teniendo las tasas más elevadas: 15 a 20 por cada 100 000 personas.

Las tasas de mortalidad específicas por edad exhiben un comportamiento similar en casi todos los países de América: la mortalidad es inicialmente alta en el grupo de menos de cinco años, cae en su punto más bajo entre los cinco y los catorce y luego empieza a incrementar progresivamente para alcanzar su nivel máximo en las edades avanzadas.

En todos los países se llevan a cabo intensivas campañas nacionales de lucha contra la tuberculosis. Actualmente se dispone de técnicas no sólo para diagnosticar la enfermedad y tratarla, eliminando así los focos activos de infección, sino también para elevar el nivel de resistencia de la población por medio de la vacunación oral con BCG y por la profilaxis quimioterapéutica en los casos de contacto.

La tendencia actual en los servicios médicos encargados de combatir la tuberculosis es invertir cantidades menores en camas y tratamiento de hospital para dedicar mayores sumas a instalaciones de consulta externa que proporcionan amplia inmunización y diagnóstico rápido. Es de esperar que en un plazo no muy lejano esta enfermedad haya pasado a la historia.

Causa de la tuberculosis

En 1882, Roberto Koch confirmó la hipótesis infecciosa de la tuberculosis al descubrir el germen causante, el bacilo que lleva su nombre, y que se denomina también **Mycobacterium tuberculosis.** Existen varios tipos parecidos; se trata de microorganismos que tienen la apariencia de un bastoncillo, y que presentan una longitud que

Examen de las enfermedades

oscila entre 0.5 y 4 milésimas de milímetro. Es esencial para identificarlos su especial resistencia a los ácidos que se emplean para la distinción e identificación microscópica de los microbios. El tipo «bovino» de bacilo de Koch afecta a las vacas, los cerdos y los caballos, y si lesiona al hombre lo hace a través de la puerta de entrada digestiva, por ingestión de leche o productos lácteos contaminados, afectando primariamente la parte final del intestino delgado. Esta zoonosis tiene cada día menos importancia, tanto por las medidas higiénicas (pasteurización de la leche) como por los eficaces controles sanitarios ejercidos sobre animales enfermos. La variedad del bacilo que ataca al hombre es la más frecuente que contagia directamente, por inhalación de partículas o secreciones contaminadas que expulsan los enfermos tuberculosos con lesiones abiertas y activas, en conexión con las vías respiratorias. Los bacilos flotan en el aire como el polvo, por así decirlo, y abundan especialmente en el ambiente de aquellos hogares de tuberculosos donde hay poca ventilación y las condiciones higiénicas son muy escasas. El contagio aumenta naturalmente en las viviendas sobrehabitadas o en las aglomeraciones urbanas. Es clásico el ejemplo del abuelo tuberculoso tosedor que contagia a sus nietos cuando los tiene en sus brazos o juega con ellos.

El propio enfermo puede tragar sus esputos y autoinocularse, produciéndose una lesión intestinal secundaria semejante a la que provoca el bacilo bovino. Pero en más del 90% de los casos la puerta de entrada se constituye a través de las vías respiratorias, y la lesión inicial aparece en los pulmones.

El mismo Roberto Koch descubrió que el bacilo tuberculoso producía una sustancia tóxica, la tuberculina, que juega un papel central en todo lo concerniente a esta enfermedad. Hay que distinguir tajantemente la contaminación de la enfermedad tuberculosa, pues es un mal a cuya aparición, progresión, extensión y evolución se oponen multitud de mecanismos de defensa, lo que hace que una vez declarada pueda convertirse en un proceso crónico, interrumpido más o menos repetidamente por agudizaciones leves o graves cuando flaquean las reacciones protectoras. El caso de la tuberculosis es uno de los ejemplos más típicos de lo que podríamos llamar «guerra fría» entre agresor y huésped, entre bacilo y hombre. La trinchera principal de contención es la inmunidad, natural o adquirida; pero esta barrera es mutable y cualquier debilidad es aprovechada por el germen para atacar despiadadamente y desencadenar la «guerra caliente». Pero, además, el organismo contaminado se hace sensible a la tuberculina, o compuesto químico específico del bacilo, y puede reaccionar alérgicamente a su presencia, provocando una desmesurada respuesta, tanto positiva como negativa: reduce tanto la infección y favorece la inmunidad como produce la reacción patológica más grave.

Ambos fenómenos, la inmunidad mutable y la alergia variable, condicionan el curso evolutivo de la enfermedad, su viveza o su cronicidad. De ahí su curso imprevisible y la multitud de cuadros clínicos posibles. Existe una tuberculosis agudísima, llamada **miliar** (porque siembra al organismo de pequeñísimos nódulos inflamatorios del tamaño de una semilla de mijo), que acaba con la vida del enfermo en muy poco tiempo; existen también formas crónicas que duran toda una vida.

No existe una prueba analítica directa que demuestre la presencia de una tuberculosis. Ni siquiera la identificación de los bacilos en un esputo o en la biopsia de un tubérculo indica algo más que la lesión existe y es abierta. Su actividad ha de colegirse por los síntomas clínicos. Pero existe una prueba cutánea con inyección o es-

Reacción a la tuberculina

Piel normal — Emplasto con tuberculina — Eritema

REACCIÓN NEGATIVA

REACCIÓN DÉBILMENTE POSITIVA (+)

Vesícula — Pápula

REACCIÓN POSITIVA (++)

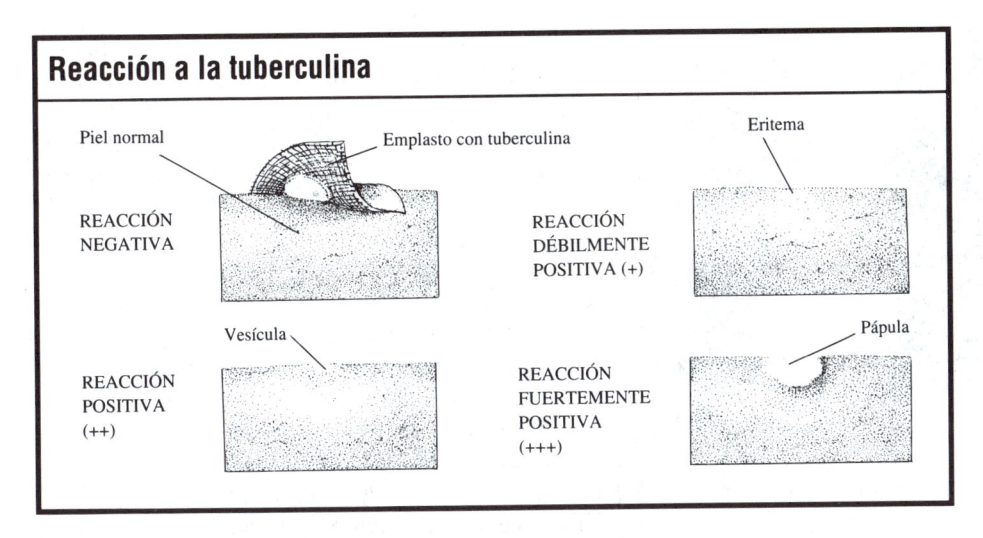

REACCIÓN FUERTEMENTE POSITIVA (+++)

carificación intradérmica de tuberculina obtenida de bacilos de Koch humanos (prueba de Mantoux; si es por punción múltiple de la piel se llama prueba de Tine) que es de gran utilidad diagnóstica y pronóstica. Una reacción positiva (enrojecimiento y reacción más o menos violenta del lugar en que la piel ha sido inoculada con la tuberculina) indica que el sujeto ha tenido o tiene una infección tuberculosa, pero esto no quiere decir que sea un enfermo tuberculoso.

La razón estriba en que una inoculación en un sujeto infectado, en el que se han establecido fenómenos defensivos e inmunológicos alérgicos, provoca una reacción, mientras que el sujeto «virgen» no reacciona. Se puede afirmar, por lo tanto, que una prueba tuberculínica de resultado negativo es señal inequívoca de que no ha habido o no hay infección tuberculosa. Las reacciones positivas son muy frecuentes y casi la regla en nuestro ambiente, pero esto no significa que sus portadores sean o vayan a ser enfermos tuberculosos.

La enfermedad tuberculosa

Una vez establecido el contagio por vía aerógena, puede instaurarse la llamada primoinfección o lesión inicial, generalmente durante la infancia, alguna vez en la edad adulta y excepcionalmente en los ancianos. La reacción inflamatoria en el pulmón produce el clásico tubérculo, más a menudo en el lóbulo superior, con exudación, infiltración celular, condensación por depósito de fibrina y ulterior caseificación. Siempre se afectan los ganglios linfáticos del hilio pulmonar, por lo que se habla de un complejo primario.

Los síntomas son muy variables, casi nunca alarmantes o precisos, y frecuentemente pasan inadvertidos. Las lesiones son tan pequeñas que resultan casi imperceptibles en la radiografía, aunque el engrosamiento de los ganglios hiliares suele ser detectable. En la inmensa mayoría de los primoinfectados el proceso se reduce pronto y los tubérculos se aíslan y encapsulan, calcificándose. Sólo en una proporción muy reducida la lesión avanza por la vía bronquial y se extiende a todo el pulmón, o se propaga y disemina por

Examen de las enfermedades

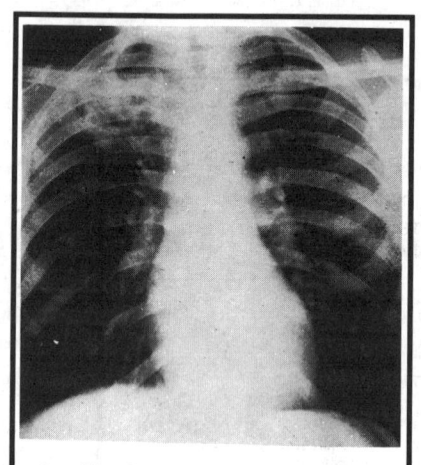

La radiografía del lóbulo superior derecho (arriba) y la serie de radiografías (abajo) confirman la sospecha de tuberculosis. Pueden apreciarse en ellas varias cavernas.

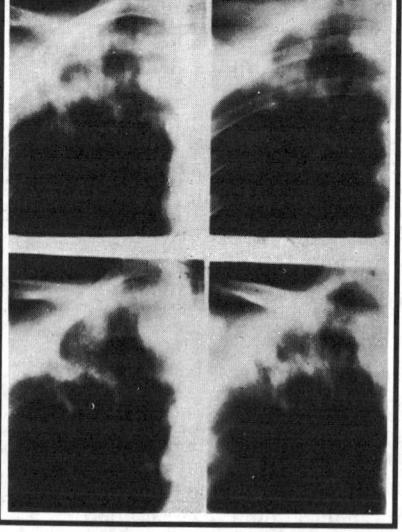

vía sanguínea a la pleura, riñones, meninges o huesos. La primoinfección «cura» en más del 95 %; tarda para ello entre seis y doce meses, pero los tubérculos y los ganglios linfáticos tributarios siguen conteniendo bacilos vivos, que pueden permanecer inactivos durante muchos años. Aproximadamente el 75 % de los casos de tuberculosis que aparecen en los jóvenes o adultos se deben a una reactivación de este proceso padecido anteriormente. Por fracaso de los mecanismos inmunitarios, por una diabetes, por una resistencia general disminuida o por una debilidad local del aparato respiratorio, comienza de nuevo la enfermedad tuberculosa. En el 25 % restante de los casos hay no una reactivación sino una reinfección. El bacilo infecta de nuevo al sujeto y la reacción producida es mucho más violenta.

Ya sea por reactivación o por reinfección, la evolución de la tuberculosis depende de diversos factores y circunstancias personales. Hay formas que adoptan el curso de una pulmonía más o menos prolongada (la llamada bronconeumonía tuberculosa, antes denominada tisis galopante, que mata en poco tiempo por caseificación abundante del pulmón afectado). A menudo comienza por un infiltrado subclavicular, también llamado precoz por su aparición brusca, y que tiene un buen pronóstico. Hay reacciones inflamatorias, mucho más lentas, en que predomina el elemento de caseificación rodeado de una amplia fibrosis pulmonar, con lesiones generalmente difusas y bilaterales. Cuando el centro caseificado de uno de estos focos se elimina por expectoración continuada, la lesión se transforma en un verdadero hueco o caverna tuberculosa. Alguna vez la lesión, en lugar de ablandarse y caseificarse, se hace aún más sólida, por infiltración celular, creando el llamado tuberculoma por su semejanza a un tumor. La fibrocaseosis, con o sin caverna, es la evolución más lenta, compatible con muchos años de supervivencia, pero por su carácter de verdadera ulceración sobre el aparato respiratorio es la más peligrosa.

En el proceso de las distintas modalidades de la tuberculosis, condicionadas por la concurrencia de innumerables factores personales de resistencia y reactividad, inmunidad, alergia, etc., siempre existe el riesgo de la diseminación, afortunadamente muy rara, por vía sanguínea, que puede ocasionar pleuritis, meningitis tuberculosa, tuberculosis renal, etc.

Síntomas. Pueden ser muy variables, dependiendo del estado evolutivo de la enfermedad y de sus complicaciones. Siempre llama la atención el predominio de los trastornos generales (falta de apetito, adelgazamiento progresivo, anemia con palidez y piel traslúcida, y pesadez de miembros). La fiebre es muy desigual: se presenta

El aparato respiratorio y sus enfermedades

principalmente en forma de febrícula continuada. Es característica la fácil sudoración, sobre todo nocturna. Las formas dolorosas son excepcionales e indican afectación de la pleura torácica. La tos puede ser de cualquier tipo: seca e irritativa o con expectoración; en los casos ulcerados, abiertos a bronquios, suele ocasionar hemorragias (hemoptisis). Cuando hay expectoración el problema diagnóstico se facilita mucho, pues para el analista resulta fácil la identificación del bacilo en el esputo arrojado.

Tratamiento. Hasta hace muy poco tiempo lo único que cabía era la cura de reposo al aire libre; se preconizaba que era preferible en ciertas condiciones climáticas (aislamiento en sanatorios de montaña). Se daba mucha vitamina C por su acción antiinflamatoria general y eran muy populares las inyecciones intravenosas de calcio, por su acción antiexudativa.

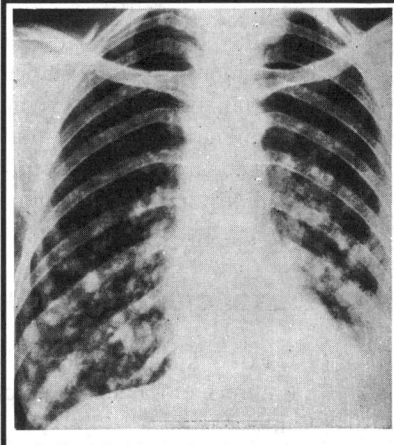

Radiografía del pulmón en la que se ven numerosas sombras redondeadas típicas de metástasis tumorales.

En la actualidad todo esto ha cambiado: la quimioterapia o antibioticoterapia antituberculosa —con la hidracida del ácido isonicotínico (isoniacida o INH), el ácido paraaminosalicílico (PAS) y la estreptomicina, junto a otros tuberculostáticos llamados menores y que se emplean sólo en casos especiales— cura, en poco tiempo, a la mayor parte de los enfermos y, lo que es más importante quizás desde el punto de vista social, negativiza rápidamente los esputos (las lesiones abiertas se cierran). Nunca se debe emplear aisladamente un solo medicamento, para evitar resistencias bacterianas, y además es premisa esencial que no debe interrumpirse bajo ningún concepto.

Hoy no hace falta una cura de reposo prolongada, ni la cura climática. Basta una habitación bien ventilada, medidas higiénicas generales, evitar los baños de sol que pueden reactivar el proceso, un reposo relativo durante unos meses hasta que no haya síntomas generales, y una dieta rica y equilibrada. Lo verdaderamente importante es que el tratamiento médico, tan eficaz, tiene que prolongarse durante muchísimo tiempo (uno a dos años), lo que exige un gran esfuerzo persuasivo del médico y una educación adecuada del enfermo.

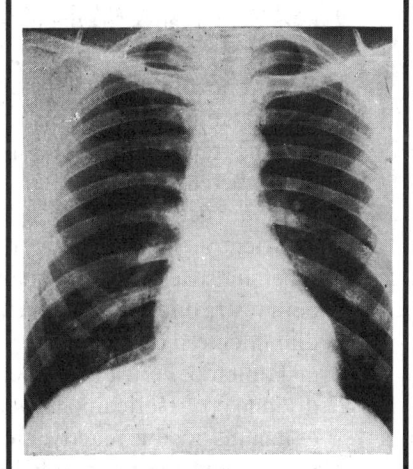

Imagen radiográfica del pulmón sano. La sombra del corazón se halla entre los lóbulos pulmonares y descansa sobre el diafragma.

Cuando un pulmón se encuentra minado por la existencia crónica de un proceso inflamatorio, sobre todo cuando hay cavernas, resulta lógico ponerlo en reposo ventilatorio mediante un colapso, inducido artificialmente, que cierra las cavernas por aposición de sus paredes. Para ello se recurre al llamado neumotórax terapéutico o introducción de aire en el espacio pleural (véase pág. 410); a la sección del nervio frénico (frenicectomía), que paraliza al diafragma, con lo que también el pulmón se ve dificultado en su expansión inspiratoria; a la inyección de aire en el abdomen (neumoperitoneo) o, más drásticamente aún, a la toracoplastia o extirpación de algunas costillas, con lo que se hunde la caja torácica y se comprime el pulmón. De todo esto queda bien poco; quizá únicamente el neumotórax tenga aún una indicación en casos especialísimos. Lo que continúa vigente en casos unilaterales muy resistentes al tratamiento médico o en grandes cicatrices residuales que dificultan la ventilación, es la resección o extirpación quirúrgica de todo un lóbulo o de todo el segmento pulmonar afectado por la enfermedad.

Prevención de la tuberculosis

No existe una inmunidad absoluta contra la tuberculosis; sin embargo, se pueden siempre mejorar las condiciones individuales de susceptibilidad, reactivación o reinfección.

Desde hace muchos años existe una vacuna contra la tuberculosis, casi siempre eficaz, la llamada BCG o vacuna de Calmette-Guérin, que consiste en un cultivo muy atenuado de bacilos tuberculosos bovinos. Debe emplearse únicamente en personas nunca infectadas, es decir, en aquellas en que la prueba de la tuberculina resulta negativa y no hay señal de enfermedad, pues provoca realmente una primoinfección que, al poco tiempo, hace positiva la prueba de la tuberculina. Si se administra a personas tuberculinopositivas puede provocar reacciones muy severas. Se recomienda administrarla en la más temprana infancia y repetirla en la edad escolar; si la prueba de la tuberculina sigue siendo negativa, se podrá colegir con seguridad que no ha habido primoinfección.

Mientras la prueba tuberculínica continúe siendo negativa no existe problema tuberculoso; éste aparece cuando se establece naturalmente la conversión o viraje, pues demuestra que ha habido infección. En los casos positivos debe establecerse inmediatamente si existe una lesión, la cual debe tratarse adecuadamente, incluyendo el aislamiento. Pero aun en el caso de que no exista lesión aparente, debe tratarse al individuo profilácticamente, sobre todo a los niños y adolescentes, con isoniacida, para evitar una posible reactivación posterior. Éste es, en síntesis, el programa establecido para erradicar la enfermedad en los países desarrollados: mediante múltiples controles periódicos, sobre todo radiológicos, detectar e identificar los casos de enfermedad tuberculosa para su debido tratamiento y aislamiento; vacunar a los niños que resulten tuberculinonegativos con la BCG, y tratar preventivamente con la quimioterapia de INH (hidracida del ácido isonicotínico) a los tuberculinopositivos sin enfermedad aparente, pero especialmente expuestos.

En los enfermos tuberculosos ya declarados, sobre todo si lo son con lesiones abiertas, todas las medidas higiénicas para evitar el contagio a sus familiares, vecinos o visitantes son pocas. De todos modos los tratamientos modernos han mejorado mucho la situación, pues en un 90% los casos pasan a ser negativos al cabo de los tres meses. Para que ocurra la contaminación en un sujeto predispuesto (tuberculinonegativo) o con una lesión primaria encapsulada que pueda reactivarse, el portador en tratamiento ha de convivir muy estrechamente con la presunta víctima. Se estima que un tuberculoso activo se negativiza desde el punto de vista de la salud pública cuando en tres análisis sucesivos de esputos no aparece el bacilo de Koch. Sin embargo, el

El aparato respiratorio y sus enfermedades

hecho de que el enfermo deje de ser un peligro social no quiere decir que él mismo deba abandonarse. Una vigilancia médica durante años resulta obligatoria.

Enfermedades de la pleura

La pleura se dispone en dos hojas, una parietal, que se adosa a la pared torácica, y otra visceral, que cubre uniformemente toda la superficie pulmonar, con un espacio virtual entre ambas, finísima placa húmeda que permite su mutuo desplazamiento lateral en cada excursión respiratoria. Todas las enfermedades que pueden afectar a la pleura alteran la relación entre ambas hojas: o ambas se pegan, al formarse una cicatriz que las engloba, o se separan para convertir el espacio virtual en real. Ya hemos visto (en el caso del **neumotórax**) que el medio de separación puede ser simplemente aire. Cuando se trata de un líquido acuoso, exudado de la sangre, de composición similar a cualquier edema tisular, como ocurre en los fracasos cardiacos o renales, se separan las dos hojas pleurales por un **hidrotórax**. Se denomina **hemotórax** cuando la acumulación es de sangre, como ocurre en los accidentes traumáticos y en algunos tumores. Por último, cuando la colección es supurada, con pus proveniente de una inflamación aguda, se llama **empiema**.

PLEURESÍA *(Pleuritis)*

La reacción inflamatoria de la pleura puede adoptar dos formas, dependiendo de que la lesión condicione sólo un ligero exudado fibrinoso que adhiera las dos hojas pleurales temporal o permanentemente (pleuresía seca), o de que se produzca un exudado abundante de un líquido parecido al suero sanguíneo (pleuritis húmeda o exudativa), que separa las dos hojas pleurales por el derrame.

La **pleuritis seca** se debe, habitualmente, a una inflamación que acompaña o precede a otras numerosas afecciones, agudas o crónicas, del aparato respiratorio causadas por virus o bacterias (pulmonías, bronquitis, etc.), aunque también pueda ser el primer síntoma de una infección tuberculosa o se establezca como complicación de una tuberculosis ya activa.

Síntomas. El más significativo es el dolor en el pecho o un costado, a veces muy intenso, que paraliza, en una actitud defensiva, la ventilación del lado afectado. El dolor puede aparecer bruscamente o instaurarse con lentitud. Suele haber tos, generalmente seca, muy molesta. Los síntomas generales (fiebre, malestar general) dependen de la causa que motiva la afección.

Tratamiento. El reposo absoluto es imprescindible. Debe buscarse siempre la motivación, pues el origen tuberculoso de la mayoría de los casos marca la terapéutica que se deberá seguir. La pleuresía o pleuritis es un proceso benigno que sólo deja como secuela la formación de cicatrices que pegan las hojas de la pleura en una zona más o menos grande.

La **pleuritis húmeda** o exudativa se presenta, sobre todo, en adolescentes o adultos jóvenes, y casi siempre es de origen tuberculoso. Cuando aparece en una persona de edad cabe pensar en una causa tumoral.

Examen de las enfermedades

Síntomas. Dependen del volumen del derrame pleural. En casos en que el líquido es muy abundante, la disnea puede ser signo predominante, acompañado de síntomas cardiacos, por compresión o desplazamiento del corazón. Los síntomas generales (fiebre, sudoración frecuente) ocupan un segundo lugar.

Tratamiento. Inicialmente está indicado el reposo absoluto, y el tratamiento antituberculoso es muy eficaz: se reabsorbe rápidamente el líquido, como puede apreciarse en radiografías practicadas con periodicidad. Cuando el volumen es de grandes proporciones y origina un grave conflicto de tipo mecánico, el derrame puede evacuarse mediante punción y aspiración del líquido.

Ejercicios de gimnasia respiratoria

En la mayor parte de las enfermedades crónicas del aparato respiratorio, sobre todo en las bronquitis, asma bronquial, enfisema pulmonar y bronquiectasia, que tienen en común una ventilación defectuosa e ineficaz, resulta muy útil que el enfermo realice ejercicios destinados a mejorar la dinámica del juego de inspiración y espiración. Naturalmente este tratamiento rehabilitador ha de incluirse en un programa completo, establecido por el médico, que tenga en cuenta las características propias de cada enfermo y de cada caso.

Resulta paradójico que, como primera providencia, haya que enseñar al enfermo cómo se respira con un máximo rendimiento o, mejor dicho, con una máxima economía. Nunca se debe forzar la inspiración; lo conveniente es aprender cómo mejorar la espiración, cómo hacerla más activa. La razón es obvia. En las obstrucciones broncopulmonares el aire suele acceder bien a los pulmones, pero su salida resulta difícil ya que el tórax se encuentra insuflado. La espiración debe ser lenta, continua, cada vez más profunda. Si la inspiración ha de durar una unidad de tiempo, la espiración deberá efectuarse en una relación de uno a tres, con los hombros siempre echados hacia atrás. Es muy útil aprender esta espiración recitando, hablando o contando en voz alta, lo que ya obliga a prolongarla. Esto lo saben las personas que realizan ejercicios físicos no muy intensos pero sí continuos: cantan o musitan durante su actividad.

Esta educación de la espiración se complementa con un ejercicio gimnástico muy sencillo. Sentado sobre un taburete, con los hombros hacia atrás y sin mover los brazos, se respira como hemos indicado: inspiración natural y espiración lenta y profunda, con la relación de frecuencia, ya apuntada, de uno a tres, durante unos minutos. Luego se repite con el tronco rotado alternadamente hacia los costados. Por último, se repiten estas maniobras en posición erguida, procurando que durante la espiración se incline todo el cuerpo ligeramente hacia delante. Todo esto ayuda a la necesaria movilidad del diafragma y a fortalecer la respiración costal baja, con lo que se ventilan mejor las bases pulmonares.

Estos ejercicios enlazan directamente con los destinados a forzar la respiración abdominal. El enfermo acostado sobre la cama, boca arriba y respirando tranquilamente, aplica una presión manual sobre la parte superior del abdomen con cada espiración. Más adelante, una vez habituado, aplicará continuamente un peso sobre esta región. Si al principio basta, por ejemplo, con el peso de un directorio telefónico, a medida que el enfermo lo vaya tolerando, usará objetos cada vez más pesados (hasta 10 a 15 kilos) entre 5 y 15 minutos, pero siempre pausadamente, sin realizar esfuerzos considerables. Por ello, también es útil que estos enfermos lleven una faja abdominal que les «suba» el vientre comprimiéndolo suavemente.

Casi todos estos enfermos respiratorios con sensación de «hambre de aire» mantienen una musculatura tensa, contraída, que agrava aún más su situación. Resulta fundamental que aprendan a relajarse, a adoptar la postura más cómoda posible, conscientes de la tonicidad de sus músculos. Se encuentran especialmente afectados los llamados músculos auxiliares del cuello y del hombro, a los que el enfermo acude para reforzar su reducida capacidad de inspiración, pero que poco a poco se vuelven ineficaces al mantenerlos en constante contracción. Aquí son válidos los masajes practicados por un fisioterapeuta experimentado, pero el propio interesado también puede ayudarse. En primer lugar, erguido, encogerá los hombros como si quisiera decir «a mí qué me importa» para luego dejarlos caer el máximo, repitiendo el ejercicio durante diez o quince minutos. Otros ejercicios gimnásticos relajadores son, asimismo, sumamente útiles. Uno de ellos consiste en extender los brazos en cruz durante la inspiración, y después, durante la espiración, unir los dedos de cada mano sobre el esternón manteniendo los antebrazos en posición horizontal. Estos movimientos deben realizarse durante 15 minutos, alternándolos con rotaciones laterales del tronco en un sentido o en otro, pero siempre con la misma actividad muscular.

Es fundamental para estos enfermos conseguir un drenaje eficaz de sus secreciones bronquiales, sobre todo cuando éstas son abundantes, como en el caso de las bronquiectasias o en ciertas bronquitis crónicas. Lo primero que se hace en este sentido es educar al enfermo para que su tos sea lo más productiva posible y se realice con un mínimo de esfuerzo para que no se produzca una tensión desmesurada en la cavidad torácica, que puede ser muy nociva. Voluntariamente se debe forzar la tos, evitando cualquier brusquedad y aprendiendo a toser en forma continua hasta que ya no se produzca expectoración.

El drenaje propiamente dicho se efectúa mediante determinadas posturas que facilitan la salida de las secreciones acumuladas. Al principio el enfermo debe efectuarlo echado sobre la cama en diferentes posiciones: boca arriba y boca abajo y, sucesivamente, sobre cada lado. La cabeza estará siempre más baja que los pies, lo que se consigue muy fácilmente elevando los pies de la cama unos 25 cm. Es también muy útil dar unos golpes con la palma de la mano sobre la pared del tórax en diferentes zonas: es lo que los estadounidenses llaman la técnica del «frasco de catsup» (se golpea la base de la botella para que salga el producto), haciendo que el paciente se incline hacia adelante. Por último, se facilita el drenaje considerablemente echando medio cuerpo boca abajo sobre la cama, flexionando el tórax para alcanzar con las manos el suelo. Esta postura básica se alterna, sucesivamente, con movimientos laterales en los que el cuerpo descansa sobre uno u otro costado. El drenaje en estas posturas se facilita con una tos provocada, siempre sin excederse en el esfuerzo.

El enfermo con ventilación insuficiente aprenderá, además, a andar, subir escaleras o trepar por una rampa o colina acoplando el esfuerzo a su ritmo respiratorio. Vigilará su respiración para que ésta sea lo más profunda posible. Cuando realice un esfuerzo, la relación en el tiempo entre inspiración y espiración no debe ser de uno a tres, sino de dos a tres o incluso, forzando la inspiración, de uno a uno.

El aparato urinario y sus enfermedades
(urología)

Hace un siglo, la urología giraba en torno a los procesos obstructivos que impiden el libre flujo de la orina (cálculos, estrecheces uretrales, tumoraciones prostáticas, etc.), pero desde que Bright estableciera en Inglaterra que junto a estos trastornos puramente mecánicos y susceptibles, casi siempre, de tratamiento quirúrgico había también enfermedades médicas con una extraordinaria repercusión general —las nefritis—, la urología ha ido transformándose y ganando complejidad. Hoy sabemos que los riñones intervienen de forma decisiva en la regulación del equilibrio de las constantes fisicoquímicas de todos los fluidos extracelulares (principio de la homeostasia) o que no actúan simplemente como un sistema pasivo en la eliminación de residuos.

Estructura y función

Los riñones son un órgano par situado junto a la pared posterior del abdomen, por detrás del peritoneo y a la altura de la segunda a cuarta vértebras lumbares. Cada riñón (este órgano tiene forma de alubia y generalmente es del tamaño de un puño) pesa entre 110 y 160 gramos (aproximadamente la mitad del corazón) y está recubierto por una potente cápsula fibrosa.

En el riñón se distingue una zona periférica o **corteza** y una central o **médula,** de la llamada **pelvis renal**, especie de embudo que recoge la orina producida por el parénquima renal para conducirla a los uréteres. Éstos son unos largos conductos por los cuales la orina elaborada en cada riñón llega a la vejiga. El desagüe no sólo se efectúa por simple gravedad, sino también por unas contracciones rítmicas que, gracias a la potente musculatura ureteral impulsan la orina hacia la vejiga. Ésta tiene forma de bolsa, con una capacidad hasta de un litro, situada por encima del pubis y por debajo del peritoneo. En el hombre, la vejiga limita hacia atrás con el recto; en la mujer lo hace con la matriz.

A su vez, la vejiga drena a través de otro conducto, la uretra, cuya longitud en la mujer es de unos pocos centímetros, mientras que en el hombre es mucho más larga, al tener que atravesar dos estructuras especiales: la próstata y el pene. La vejiga posee una potente musculatura de gobierno autónomo —no voluntario— que condiciona la salida de la orina (micción), pero para ello, primero se relaja un músculo situado en la zona de transición localizada entre vejiga y uretra, que actúa de esfínter. Este músculo obedece a la voluntad del ser humano y tiene, por tanto, una inervación independiente.

La formación de la orina es un proceso muy complejo que ha ocupado la atención de los investigadores durante años y cuyo esclarecimiento todavía no se ha completado. La unidad estructural y funcional del tejido renal es la llamada **nefrona**, de las que hay aproximadamente un millón en cada uno de los riñones. La nefrona es una especie de tubo finísimo, con un diámetro entre 20 y 30 milésimas de milímetro y una longitud de hasta 50 milímetros. Si se pusieran todas las nefronas de ambos riñones una a

El aparato urinario y sus enfermedades

Esquema de la nefrona

| Glomérulo | Túbulo proximal | Asa tubular | Túbulo distal | Colector |

CORTEZA RENAL

MÉDULA RENAL

PELVIS RENAL

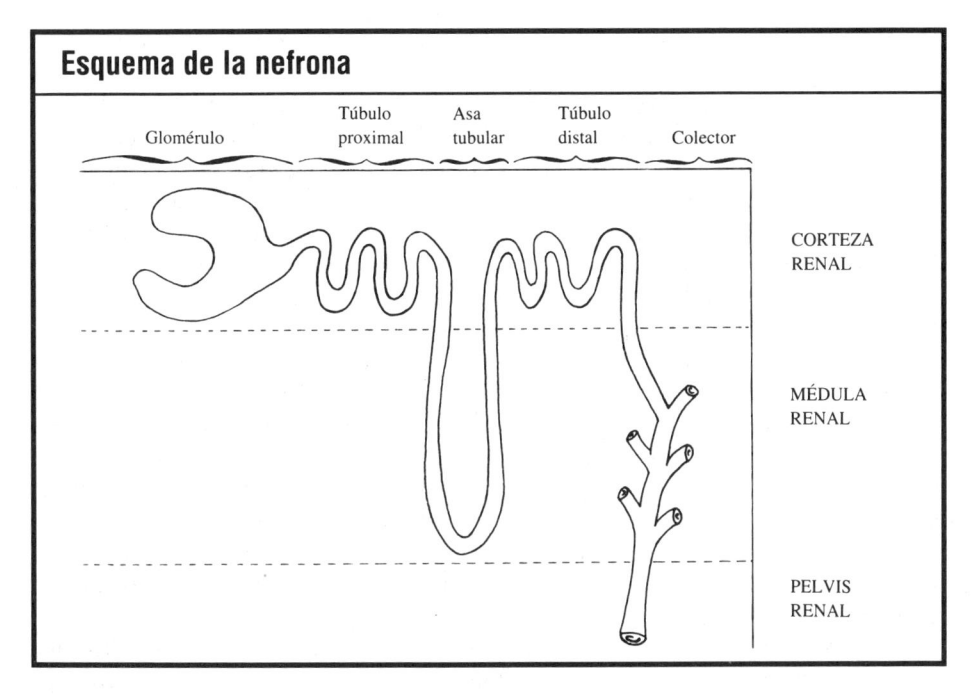

continuación de otra, alcanzarían una extensión de 100 km. La nefrona tiene un extremo cerrado y otro abierto y se continúa con un conducto colector (véase el esquema adjunto). En el polo ciego, siempre situado en la corteza, la nefrona comienza por una especie de expansión esferoidal que contiene el llamado **glomérulo**. Este dispositivo está constituido por 4 o 6 capilares sanguíneos apelotonados y que se intercalan entre una arteriola aferente y otra eferente que entran juntas en aquella expansión. El glomérulo se encuentra en un espacio limitado por una pared que se llama **cápsula glomerular** o de **Bowman**, que engloba dichas asas capilares y deja un hueco libre que sirve para recoger el filtrado urinario. Por un extremo, la cápsula se abre como un embudo, con la segunda porción de la nefrona, el **túbulo**, el cual recoge la orina primaria. El túbulo consta de varios segmentos, todos ellos situados en la corteza renal, a excepción de uno, intermedio, que penetra en la médula. Al final del túbulo se encuentran los conductos colectores (ya en la médula) que, confluyendo con los de otras nefronas vecinas, desembocan en última instancia en la pelvis renal, en la que vierten, gota a gota, la orina final.

El filtrado glomerular es un líquido análogo al plasma de la sangre, pero desprovisto de las moléculas más grandes (sobre todo proteínas). En otras palabras, el glomérulo filtra toda la sangre y las sustancias disueltas en ella, con excepción de las células (glóbulos rojos y blancos, plaquetas) y los compuestos proteínicos. Gracias a estos glomérulos, los riñones tienen una superficie filtrante que equivaldría a un papel de filtro de un metro y medio cuadrado. Así, ambos riñones filtran unos 127 cc de orina primaria por minuto, o sea unos 180 litros al día, que a su vez provienen de la depuración de 1 750 litros de sangre. Este filtrado glomerular es recogido en el túbulo, que realiza una labor de extraordinaria precisión. En primer lugar, reabsorbe más del 99% del agua filtrada —más de 175 litros por día—, pero además el conjunto de los

Examen de las enfermedades

túbulos reabsorbe más de un kilogramo de sal común, 400 gramos de bicarbonato sódico, 150 gramos de azúcar (glucosa) y otras muchas sustancias en cantidades variables. Sin embargo, lo que hay que desechar se expulsa: más de 50 gramos de productos diferentes en cada jornada (en condiciones normales, con una dieta mixta, se eliminan diariamente de 15 a 30 gramos de urea; de 0.1 a 2 gramos de ácido úrico; de 80 a 300 miligramos de calcio, etcétera). Por último, todas estas sustancias forman parte de una orina concentrada, de la cual se produce un volumen aproximado de un litro a litro y medio diariamente.

Para la formación del filtrado glomerular primario el organismo no gasta energía, de la misma manera que un papel de filtro tampoco la exige para que pasen los líquidos más o menos cargados de solutos a través de sus poros. En el glomérulo, la fuerza impulsora viene asistida por la actividad impelente cardiaca. En cambio, la reabsorción tubular exige del organismo un enorme esfuerzo energético, ya que el túbulo no sólo reabsorbe sino que también segrega ciertas sustancias. Se comprende que esto sólo sea posible mediante una generosa irrigación sanguínea del riñón. En relación con su peso, el riñón es el órgano que más intensa circulación sanguínea necesita. Cada minuto fluye por ambos riñones más de un litro (exactamente 1.2 litros) de sangre; esta cantidad representa la cuarta parte del volumen que el corazón lanza a la circulación en el mismo tiempo (60 segundos).

Para comprender el trabajo de concentración que necesita la elaboración de la orina, cabe mencionar que de veinte a treinta minutos después de beber un litro de agua se inicia la eliminación del exceso hídrico que no encuentra «sitio» en el medio interno. La **diuresis**, o secreción de orina, alcanza su máximo a la hora y media, más o menos. Al tener que prescindir del agua ingerida se elimina una orina muy clara y muy poco densa, casi análoga al agua (aproximadamente, en este ejemplo, de 1.001 de densidad). En el transcurso de 3 o 4 horas se completa la eliminación del agua sobrante. Por el contrario, sometido a una prueba de sed, el organismo sigue eliminando los productos de desecho; con muy poca agua, se libera de residuos: la concentración es grande, y la orina muy cargada, muy densa, hasta de 1.025 a 1.030 de densidad. Precisamente este trabajo de concentración es el más difícil e indica el buen funcionamiento renal. Una orina habitualmente poco densa o que varía poco en su densidad indica que algo no marcha bien y evidencia una posible insuficiencia renal.

La orina: composición y características

Desde la más remota antigüedad, los médicos han prestado gran interés a la observación de la orina de los enfermos. La perfección analítica moderna permite que esta inspección se efectúe de forma rutinaria, con lo que se dispone de un método fácil tanto para establecer la integridad o la insuficiencia de la función excretora como para diagnosticar otras enfermedades que producen alteraciones en la composición normal de la orina.

Para cualquier análisis urinario es preferible utilizar una muestra de la primera orina emitida por la mañana. Sólo cuando interesa saber la cantidad total o medir la eliminación absoluta de ciertas sustancias, se guardan y se mezclan las cantidades parciales emitidas.

El aparato urinario y sus enfermedades

Conviene recordar que la excreción de agua y sustancias de desecho es normalmente mayor durante el día; este ritmo no se altera si el reposo nocturno permanece constante. Este fenómeno no se debe al hecho de que es durante el día cuando se bebe o se come habitualmente, pues persiste aunque se coma regularmente durante las veinticuatro horas del día. El mecanismo no se conoce bien, pero pertenece a un ritmo biológico inherente a todo ser vivo. Precisamente cuando se altera este ritmo normal es casi seguro que estamos en presencia de una enfermedad.

Al analizar la orina se observan los siguientes factores:

1) **Cantidad**. En condiciones normales, el volumen urinario depende fundamentalmente de la cantidad de sustancias que han de ser excretadas. Un individuo sano, con una dieta mixta, elimina entre 50 y 70 g de residuos al día. Si su riñón trabaja bien, puede hacerlo en un volumen urinario de 500 cc (por ejemplo, si ha de ahorrar agua porque suda mucho o bebe poca agua), en cuyo caso la orina es muy densa, con un peso específico de más de 1.025.

Si el riñón no puede concentrar bien por estar lesionado, para eliminar dicha cantidad de residuos tiene que recurrir a un volumen de orina por lo menos 4 o 5 veces mayor. Desechará más orina, pero ésta será muy poco densa. De este modo, la diuresis diaria se encuentra en función de la capacidad de concentración, no basta medir la cantidad de orina para saber si el riñón es insuficiente. Por ello, el término de **oliguria** (disminución de la cantidad diaria de orina) se aplica no cuando se orina sólo medio litro al día (por ejemplo en las curas de sed, después de diarreas o vómitos profusos o de sudoraciones intensas), pues en ese medio litro puede estar disuelta toda la cantidad de residuos que han de eliminarse, sino cuando el riñón no es capaz de formar la cantidad de orina necesaria para eliminar todas las sustancias de desecho. Cuando no se produce orina en absoluto, se habla de **anuria** (por ejemplo, en las obstrucciones totales por cálculos urinarios, o en las nefritis agudas).

Por el contrario, se dice que hay **poliuria** cuando la eliminación de orina es exagerada, lo cual no indica que se eliminen todas las escorias. Por otro lado, hay enfermedades, por ejemplo de la hipófisis (diabetes insípida), en las que se eliminan más de 15 litros de orina —que por supuesto está muy diluida, casi incolora— al día. Recordemos también en este sentido que la **polaquiuria** es la emisión muy frecuente de orina (se orina cada media hora, por ejemplo) y que no siempre se acompaña de poliuria. En la polaquiuria casi siempre coexiste una **disuria** o micción difícil o dolorosa. Ambos síntomas suelen indicar una enfermedad de origen inflamatorio en las vías urinarias o la presencia de cálculos.

2) **Densidad**. La densidad de la orina (o peso específico) depende del número de partículas disueltas en ella. Los valores oscilan entre 1.001 y 1.040. De todos modos, los valores superiores a 1.030 son siempre patológicos, pues indican que se elimina glucosa o albúmina. Por supuesto, la densidad depende de los líquidos que se beban o de las pérdidas de agua que se produzcan por las diferentes vías (sudor, vómitos, diarreas, etc.). En condiciones normales y siempre que el riñón no fracase en su capacidad de concentración, se producirá una orina muy densa cuando haya que retener agua, y será poco densa cuando exista un exceso de ella. Cuando la densidad varía muy poco al cabo del día o de los días, o incluso cuando siempre es igual, independientemente del aporte de agua o de las pérdidas naturales, señala la presencia de una enfermedad renal (generalmente una nefritis crónica).

Examen de las enfermedades

3) **Color.** La coloración de la orina depende de la presencia de determinados pigmentos (sobre todo del llamado urocromo, que existe siempre en mayor o menor cantidad, y de los pigmentos biliares que pueda haber). Normalmente, el color varía de un ambarino oscuro a tonos amarillentos más débiles. Cuando la orina es muy densa se intensifica el color. Las lesiones hepáticas que cursan con ictericia provocan una orina de color cerveza oscura o de vermut diluido (por la presencia de pigmentos biliares). La de color rosado o rojo —o con aspecto de agua de lavar carne— indica la presencia de sangre. Algunos medicamentos tiñen la orina, sin que ello se considere anormal (vitaminas del grupo B, azul de metileno, etc.). La turbidez o claridad de la orina tampoco suele tener gran significado, pues en las orinas alcalinas se suelen depositar sales fosfóricas que dan lugar a enturbiamientos. La orina se enturbia al permanecer en un recipiente abierto durante cierto tiempo, pues la contaminación bacteriana produce la alcalinización. Algunas veces, en la orina recientemente emitida puede presentarse una ligera turbidez en forma de copos; con el tiempo desaparece o se deposita en el fondo del recipiente; al mismo tiempo también pueden observarse mucosidades. Estos signos carecen de importancia. Si la orina va mezclada con pus o células desprendidas de las mucosas (por ejemplo en las inflamaciones de la vejiga) puede aparecer un cierto tono opalescente.

4) **Olor.** Tiene poco significado, pues depende de la reacción ácida o alcalina de la orina, del tiempo que ha permanecido sedimentada y de la clase de alimentación (resulta clásico el especial olor que aparece en la orina después de comer espárragos). Sólo cuando la orina es reciente y presenta un fuerte olor fétido se considera señal de un proceso inflamatorio peligroso.

5) **Reacción.** La orina normal tiene habitualmente un ligero grado de acidez que depende de la dieta. Es muy ácida en las diarreas profusas, en la hipoalimentación, cuando se cometen excesos en la ingestión de alimentos ácidos (vinagre, jugos), a consecuencia de una comida a base de carne, como también después de efectuar ejercicios violentos. La orina es más alcalina cuando la alimentación también lo es (a base de frutas y verduras), cuando hay pérdida de una cantidad excesiva de jugo gástrico en los vómitos, o cuando existe una hiperventilación pulmonar (se pierde un exceso de anhídrido carbónico), lo que ocurre a menudo cuando se practica el montañismo. En síntesis, la orina elimina cualquier exceso de ácido o base a fin de que el equilibrio del medio interno no se altere.

6) **Determinación de albúmina.** Se reserva el nombre de **albuminuria** a la eliminación de proteínas por la orina, lo que casi siempre indica una lesión del glomérulo, pues éste actúa como filtro para aquéllas. Puede ser transitoria, como la que se produce durante la fiebre o después de efectuar ejercicios físicos en forma continua. Existe una albuminuria intermitente, fisiológica, que aparece en individuos que permanecen mucho tiempo de pie y tienen una curvatura lumbar muy pronunciada (lordosis); carece de importancia. Cuando la albuminuria es constante, evidencia una enfermedad renal, ya sea una nefritis o una pielonefritis. En la llamada nefrosis esta eliminación anormal puede ser muy pronunciada, de varios gramos al día. En estos casos, la orina se vuelve espumosa, con un aspecto característico.

7) **Determinación de glucosa.** Es uno de los análisis fundamentales. Normalmente, la glucosa que pasa el filtro glomerular es reabsorbida después en el túbulo. Pero si la cantidad de glucosa en sangre está aumentada, generalmente por una

diabetes, el túbulo no puede reabsorber toda la filtrada y el exceso aparece en la orina (**glucosuria**). En las diabetes no controladas o descompensadas la cantidad de glucosa urinaria puede sobrepasar los 50 gramos por litro: la orina se convierte en un verdadero almacén de azúcar.

8) **Sedimento urinario.** El análisis microscópico de los sedimentos que aparecen en la orina cuando se somete a un proceso de centrifugación, reviste un gran valor diagnóstico. Pueden observarse leucocitos, índice de que existe un proceso inflamatorio de las vías urinarias; cuando aparecen en grandes cantidades indican la presencia de una infección purulenta (**piuria**). También tiene especial significado la presencia de hematíes o glóbulos rojos, que puede deberse tanto a inflamaciones como a otras enfermedades renales o de las vías urinarias. Esta presencia de sangre en la orina se puede apreciar a simple vista cuando se mezcla más de 1 cc de sangre (**hematuria visible**). Cuando la cantidad es menor, sólo se aprecian los hematíes en el sedimento bajo el microscopio (**hematuria microscópica**). El origen puede ser renal (generalmente por nefritis aguda, pero también por otras inflamaciones o tumores renales) o de las vías urinarias (por ejemplo, al desplazarse un cálculo que lesiona la mucosa). Para localizar el origen de la hemorragia es útil la prueba de la micción sucesiva en tres recipientes diferentes. Si sólo se encuentran los hematíes en el primero, la lesión se encuentra en la uretra. Si los recipientes con sangre son los dos últimos, podemos estar en presencia de una lesión de vejiga. Si son los tres vasos los que contienen hematíes, la lesión está a nivel de pelvis renal o riñones.

En el sedimento también puede detectarse microscópicamente la presencia de microorganismos (bacilos, bacterias), prueba inequívoca de una infección. Este sedimento contaminado sirve incluso para efectuar un antibiograma a fin de determinar el antibiótico más idóneo para combatir una infección, por ejemplo una pielonefritis. Por último, la presencia de los llamados cilindros urinarios, especie de moldes de los túbulos, o concreciones que no se disuelven en la orina, de los que existen varios tipos, es casi siempre señal de lesión renal.

La insuficiencia renal (uremia)

Cuando el aparato excretor es incapaz de completar su misión depuradora se habla de fracaso, fallo o insuficiencia renal. Desde hace años se sabe que en esta situación se origina una retención de productos de desecho del metabolismo de las proteínas. Se equiparaba la insuficiencia con la llamada **uremia** o aumento de la urea en sangre. Actualmente se sabe que el fracaso renal es un fenómeno mucho más complejo, que atañe funcionalmente no sólo a las sustancias que se excretan, sino que se produce además una perturbación en el sistema regulador de la composición del medio interno; esta alteración es responsable de que se produzca un desequilibrio, en mayor o menor grado, en todas las constantes humorales.

Se produce una **insuficiencia renal aguda** cuando desciende bruscamente la eliminación diaria de orina a menos de 400 centímetros cúbicos. La causa más obvia es, naturalmente, una obstrucción, debida por ejemplo a un cálculo. Mayor importancia reviste cuando se debe a enfermedades, ya sean del propio tejido renal, ya de origen extrarrenal. En este último caso, sin lesión renal aparente, se instaura la uremia,

Examen de las enfermedades

generalmente por una insuficiencia circulatoria repentina: hemorragias profusas, vómitos o diarreas incoercibles, quemaduras, colapsos debidos a traumatismos, incluyendo una operación quirúrgica, o infarto al miocardio. En estos casos, la urgencia será restaurar la circulación renal, impedida súbitamente por falta de volumen sanguíneo circulante. Al restablecerse la tensión arterial normal y mantenerse la actividad impulsora del corazón con sueros y transfusiones de sangre, el riñón sale, habitualmente, de la fase de anuria u oliguria.

Más importancia práctica reviste la insuficiencia aguda cuando la causa estriba en una alteración anatómica del propio riñón. Puede deberse a una nefritis aguda con afección primordial de los glomérulos (que ya no filtran bien), pero con mayor frecuencia su causa radica en una lesión de los túbulos renales (**necrosis tubular aguda**), que se produce en las intoxicaciones por mercurio o sublimados, arsénico, plomo. Por último, la lesión tubular con fallo renal agudo se observa después de extensos traumatismos y hemorragias. Esta causa se estudió bien durante la Segunda Guerra Mundial, en la que los bombardeos ocasionaban lesiones por aplastamiento, con fallo renal ulterior, al desplomarse las casas o refugios. En la actualidad, este fracaso por aplastamiento se produce especialmente en los accidentes de tránsito en que los órganos quedan atrapados bajo las carrocerías.

El síntoma principal de la insuficiencia aguda es, pues, la total falta de orina (anuria) o una insuficiente eliminación de desechos (oliguria). Se altera la composición cualitativa y cuantitativa de la sangre, sobre todo con relación a su contenido en agua, sales minerales (gran importancia revisten las alteraciones de potasio y calcio) y productos residuales del metabolismo de las proteínas (urea). El corazón resulta afectado por una insuficiencia rápidamente progresiva y a menudo fatal; y el cerebro también acusa la insuficiente depuración; puede llegarse al estado de coma (con inconsciencia que puede ser total) e incluso a la presentación de convulsiones. También son frecuentes los síntomas digestivos, como hipo, vómitos y diarreas. Cuando mejora el proceso, a la fase de oliguria sucede otra espectacular en la que se elimina una enorme cantidad de orina (hasta 6 o más litros al día), que alivia la situación. Sin embargo, cuando el tratamiento médico no resuelve el problema, no queda más remedio que recurrir al recurso, recientemente desarrollado, de realizar un implante de riñón artificial para evitar la muerte por intoxicación progresiva.

La **insuficiencia renal crónica,** como indica su nombre, es un fracaso a largo plazo que comienza insidiosamente y que es compatible con un largo periodo de supervivencia. Puede definirse como una incapacidad progresiva de los riñones para mantener el equilibrio o constancia fisicoquímica del medio interno. En estos casos, la cifra de urea en sangre, aun siendo un índice valioso de diagnóstico, no lo es todo. Es más, con una uremia elevada, el enfermo apenas sospecha el peligro que corre y puede mantener una existencia casi normal. El fracaso renal crónico indica siempre una amplia destrucción renal, tanto de glomérulos como de túbulos, es decir, una reducción del número de unidades funcionales o nefronas.

Las causas son múltiples. La destrucción del tejido renal puede deberse a razones inmunológicas (una reacción exagerada del riñón frente a un proceso alérgico), como ocurre en la nefritis; puede producirse después de una infección persistente, como la pielonefritis crónica o la tuberculosis renal, a consecuencia de un estasis urinario prolongado, por la presencia de cálculos, de una obstrucción prostática, o de algunas

El aparato urinario y sus enfermedades

anomalías congénitas o adquiridas; también después de una hipertensión arterial prolongada; y por otros motivos diversos, entre los que cabe incluir la diabetes, la gota y la arterioesclerosis.

Los síntomas son muy variados. El riñón pierde su capacidad de concentración, por lo que la orina siempre es muy clara y más abundante. Se pierde el ritmo normal diurno de excreción, y aparece también una eliminación arbitraria a cualquier hora del día o de la noche.

Siempre se elimina albúmina, aunque la albuminuria no sea paralela al grado de insuficiencia. Puede existir, además, hematuria. La sangre se hace más ácida, lo que por la estimulación nerviosa del centro de la respiración produce una especial forma de respirar, agitada e irregular. Se hace evidente la retención de urea, pero la uremia no es responsable de la mayor parte de los síntomas. Se produce anemia por un déficit en la formación de glóbulos rojos a nivel de la médula ósea. Los síntomas en el aparato digestivo son muy abundantes: lengua saburral, olor del aliento a orina (éste a veces es el primer síntoma), hipo, falta de apetito, náuseas, vómitos y diarreas, etcétera. Por parte del sistema nervioso es frecuente el dolor de cabeza, una especial laxitud o fatiga y, en las fases finales, la pérdida de conciencia (**coma urémico**). En el aparato circulatorio, la regla es la aparición de hipertensión arterial, con la consiguiente sobrecarga cardiaca, que puede precipitar un fallo del corazón. Esta hipertensión se manifiesta también en el fondo del ojo, con edema y hemorragias oculares. Son frecuentes las infecciones respiratorias banales, que causan serios trastornos. Muchos urémicos fallecen a causa de una pulmonía como capítulo final. En la piel se aprecia una especial palidez con cierta hinchazón, la cual se manifiesta principalmente en forma de abotagamiento de la cara.

El tratamiento de la insuficiencia crónica es complejo y exige la máxima atención médica. Por supuesto, lo primero será eliminar la causa y salvar cualquier obstrucción o infección. La dieta es fundamental, como veremos más adelante. En la actualidad, el tratamiento de la hipertensión es relativamente sencillo, así como el de las complicaciones cardiacas o pulmonares.

El tratamiento de las insuficiencias renales o uremias se ve hoy favorecido por dos circunstancias de extraordinaria trascendencia médica: el desarrollo del riñón artificial, con las técnicas de diálisis en general, y los trasplantes.

Riñón artificial

La mayor parte de los síntomas de la uremia se deben a la retención de sustancias tóxicas: productos de desecho del metabolismo. Para eliminar estos productos y depurar el medio interno, el ingenio humano ha sabido sustituir artificialmente el riñón en su función excretora. Aún quedan algunos problemas por resolver, entre ellos el económico, pues se trata de procedimientos sumamente costosos. Pero esta técnica ha salvado innumerables vidas. La depuración artificial se basa en el principio de la diálisis, según el cual las sustancias disueltas en un líquido pasan a otro a través de una membrana semipermeable o porosa que los separa, dirigiéndose siempre la corriente de la solución más concentrada a la más diluida. Así, sobreviene una nivelación en la concentración entre ambos líquidos, estando presentes en ellos todas y cada una de las sustancias que se pretenda dializar. Los poros de la membrana son de tal calibre que no los pueden atravesar las células de la sangre (hematíes, leucocitos y plaquetas) ni las grandes moléculas, como las proteínas.

En el cuerpo humano existe una membrana natural que tiene estas propiedades: es el peritoneo, que tapiza el interior de la cavidad abdominal. Esta circunstancia favorable permite usarlo para realizar un «lavado» de sangre. En la llamada diálisis peritoneal se inyecta en la cavidad abdominal una solución que contiene una determinada proporción de las diferentes sustancias que componen el plasma normal, pero sin proteínas. Por diálisis, el exceso de sustancias tóxicas de desecho pasa de la sangre al líquido de lavado, que una vez cargado de estas escorias se extrae para ser eliminado. Se usan entre 80 y 100 litros de líquido dializador al día, pero se entiende que este procedimiento tiene sus riesgos. En un principio, no podía dializarse por peritoneo en forma permanente debido a las múltiples punciones; pero el uso del catéter de diálisis prolongada (*tenckoff*) permite utilizar el peritoneo por más tiempo, como membrana de diálisis. Esto es positivo en pacientes que no admiten trasplantes, o que no cuentan con recursos para la hemodiálisis.

Cuando el peritoneo es sustituido por una membrana artificial, generalmente celofán o algún producto similar poroso, se llega al verdadero riñón artificial. En la hemodiálisis (o sea, diálisis de la sangre), el aparato se encuentra separado de la sangre del paciente por la membrana dializadora. Cada tratamiento se prolonga entre 12 y 15 horas y durante este tiempo la totalidad de la sangre del organismo pasa 30 o 40 veces a través del riñón artificial, para lo cual son necesarios de 400 a 500 cc de solución dializadora por sesión.

En esta forma de tratamiento, en la que la sangre circula fuera del cuerpo, es absolutamente necesario un control exacto del paciente por medio de un equipo de médicos y personal especializado en estos menesteres, tan sumamente complejos. Todo hospital moderno cuenta ya con las debidas instalaciones para estos fines. Ha de considerarse que, si bien en un fracaso renal agudo la diálisis peritoneal o el riñón artificial quizá no tengan que usarse más de una vez, en los casos de uremia crónica con graves trastornos de la estructura renal, se emplearán intermitentemente, siempre que el nivel de productos tóxicos de desecho alcance en sangre valores incompatibles con la vida. Hay pacientes que necesitan someterse a la diálisis hasta una o dos veces por semana, dependiendo de las fases de su enfermedad. Esta técnica se ha perfeccionado tanto que hoy los enfermos van a las clínicas especializadas como un trámite rutinario, incluso durante la noche, para poder dormir al mismo tiempo. Hay enfermos que con una dieta rigurosa y una vigilancia continua pueden seguir sus actividades habituales e incluso su trabajo. Existen también unidades móviles que pueden realizar la diálisis a domicilio. Se estima que en este servicio a domicilio los familiares pueden jugar un papel fundamental, pero necesitan un entrenamiento de por lo menos tres meses.

Trasplante de riñón

Gracias al riñón artificial y a otras medidas terapéuticas es posible hoy asistir eficazmente al enfermo con insuficiencia renal. Sin embargo, estas técnicas no sustituyen o reemplazan el riñón lesionado, incapaz de depurar adecuadamente los líquidos tisulares. A largo plazo, la única solución es la sustitución del riñón enfermo. Ésta es la base del trasplante o injerto de riñón, que se realiza a miles de personas en todo el mundo con posibilidades de éxito más que estimables.

El primer trasplante renal eficaz se realizó en Boston en 1956, entre dos gemelos, con lo cual fue, en realidad, una especie de autotrasplante. Pero esta circunstancia (un receptor enfermo que tenga un hermano gemelo capaz de actuar como donante de uno de sus riñones) es algo excepcional. En circunstancias normales, el injerto plantea el problema del rechazo: el organismo tiende a repeler un órgano extraño que le es impuesto. Esta respuesta inmunitaria de defensa es insoslayable y conduce, tarde o temprano, a la destrucción del órgano injertado. En un principio se quiso evitar este inconveniente usando riñones de donantes muy relacionados por lazos de parentesco familiar con el receptor (padres, hermanos, etc.), pues cuanto más se asemeja genéticamente un individuo a otro más posibilidades existen de que las reacciones de intolerancia sean mínimas y no comprometan la supervivencia del órgano injertado. Naturalmente, esta solución es muy relativa, pues no sólo hay que encontrar un pariente que constitutivamente sea lo más parecido posible al enfermo, sino que además posea unos riñones completamente sanos y quiera afrontar el evidente riesgo no ya de perder un riñón —en general esto no es tan grave, pues el otro suple fácilmente la función del extirpado—, sino de la operación quirúrgica en sí. Por ello, pronto se recurrió al injerto de riñones de cadáveres, trasplante que técnicamente no encierra hoy dificultad alguna, aunque para llevarlo a cabo sea necesario contar con un gran despliegue de medios y personal especializado, condiciones que solamente se cumplen en centros hospitalarios selectos.

El rechazo del riñón injertado procedente de cadáver o de un familiar vivo puede combatirse en la actualidad muy eficazmente. Los rayos X (o la bomba de cobalto) y ciertas drogas, llamadas citostáticas, inhiben la reacción inmunológica de defensa. Las grandes dosis de corticosteroides ayudan también a que el riñón injertado mantenga su importante función.

Aunque la técnica del trasplante renal ya ha salido de la fase experimental y es casi un procedimiento usual, cada caso plantea problemas muy especiales que el equipo de médicos soluciona sobre la marcha. De todos modos puede afirmarse que en un futuro no muy lejano este método terapéutico será corriente y que cada vez serán menos los que mueran de una uremia irreversible.

Enfermedades de los riñones

Anomalías congénitas y adquiridas

Las anomalías congénitas de posición o de formación son muy corrientes, pero rara vez provocan trastornos graves. Puede faltar completamente un riñón o encontrarse tan atrofiado que se hable de un «riñón enano». En la llamada **ectopia renal,** el riñón se encuentra desplazado y puede localizarse, por ejemplo, en la pelvis. A veces, los riñones se fusionan entre sí como si fuesen hermanos siameses (riñón en herradura, por unión entre los dos polos inferiores). No son raras las duplicidades de la pelvis renal

Examen de las enfermedades

Anomalías y malformaciones del aparato urinario

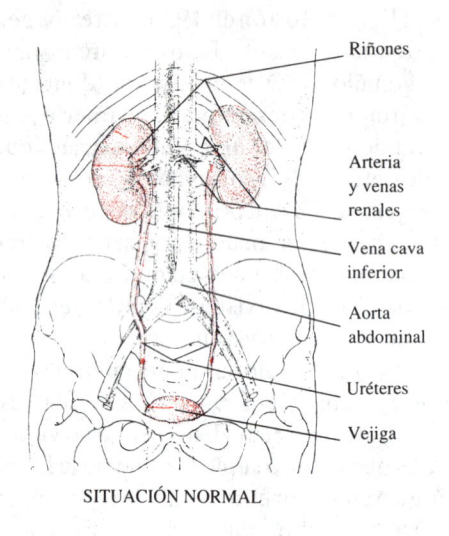

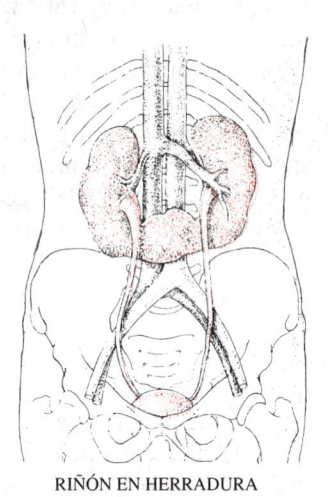

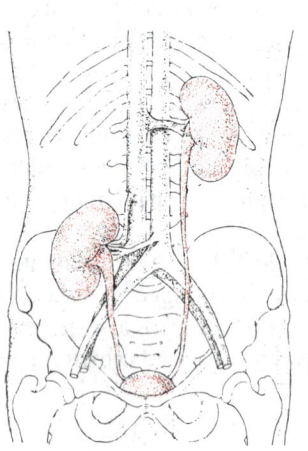

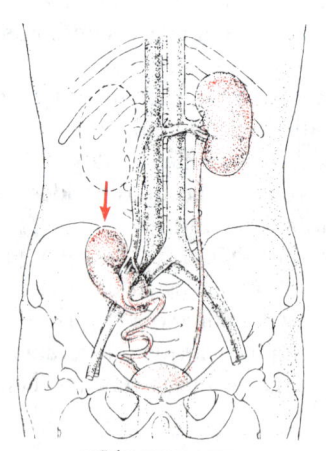

Riñones
Arteria y venas renales
Vena cava inferior
Aorta abdominal
Uréteres
Vejiga

SITUACIÓN NORMAL

RIÑÓN EN HERRADURA

RIÑÓN ECTÓPICO EN PELVIS

RIÑÓN FLOTANTE

Cuando ambos riñones están unidos por los polos inferiores, se forma un solo órgano en herradura. Esta anomalía no causa ninguna perturbación. El riñón ectópico es una malformación congénita que se acompaña de un uréter más corto en el mismo lado, sin producir ningún síntoma clínico. En el riñón móvil se produce un descenso progresivo del órgano, que causa el alargamiento de los vasos y una gran tortuosidad del uréter, que resulta demasiado largo para la reducida distancia existente entre el riñón y la vejiga. Esto puede producir algunas veces molestias poco importantes.

El aparato urinario y sus enfermedades

o de algún uréter. Solamente cuando estas malformaciones comprometen la función excretora del órgano o constituyen terreno abonado para una infección, es necesaria una operación correctora.

Entre las anomalías de posición adquiridas debemos señalar la llamada **nefroptosis** (riñón caído, flotante o móvil), diagnóstico que ha gozado de gran popularidad en otras épocas y que hoy recibe poca atención. El riñón siempre se desplaza dentro de su celda, subiendo y bajando según los movimientos respiratorios o la posición del cuerpo. En personas muy delgadas y especialmente en algunas mujeres estos desplazamientos pueden incluso ser más exagerados, sobre todo en el lado derecho. Pero los síntomas imprecisos (dolor lumbar exacerbado al permanecer mucho de pie) que han sido achacados a este deslizamiento, se deben la mayoría de las veces a otras causas. Por ello, la operación preconizada para corregir esta anomalía posicional, con fijación del riñón en su celda, es inapropiada.

Tumores renales

Los riñones son asiento frecuente de tumores, tanto benignos como malignos. Existe una forma infantil o **tumor de Wilms** que por su rápida evolución maligna exige un tratamiento quirúrgico inmediato. En el adulto, sobre todo en el varón, el **cáncer de riñón,** llamado también **hipernefroma**, aparece con síntomas muy característicos: dolor en la región lumbar, hematuria y tumor palpable en el vientre. Una vez extirpado son grandes las posibilidades de curación.

Infecciones renales

Adquiere gran importancia el capítulo de las infecciones de riñón o, en el sentido estricto de la palabra, la nefritis. Sin embargo, el diagnóstico de nefritis aguda o crónica se reserva para una reacción inflamatoria que afecta por igual a ambos riñones y que, dadas sus especiales características, se trata aisladamente. La infección renal también puede adoptar una forma más generalizada, que abarca todo el sistema excretorio de ambos lados y engloba la llamada pielonefritis, que, a pesar de que acaba afectando al propio tejido renal, por su origen y sus manifestaciones básicas será mencionada entre las enfermedades de las vías urinarias.

El riñón es también asiento de infecciones focales, como ocurre en cualquier otro órgano del cuerpo, en cuyo caso no cabe la sistematización, ya que no afectan por igual a todo el aparato urinario. Cabe, por ejemplo, la presencia de un **absceso renal** o colección purulenta en un riñón, generalmente secundario a un foco séptico en la piel (forúnculo), en las vías respiratorias (anginas) o en los huesos (osteomielitis). En estos casos, el germen responsable suele ser el estafilococo, que llega al riñón a través de la vía sanguínea. La supuración renal puede drenar al exterior si se abre el absceso a las vías urinarias; aparece entonces pus en la orina; pero también puede afectarse el tejido que rodea al riñón y ocasionar un **absceso perirrenal.** En todo caso, el cuadro clínico es altamente febril y muy doloroso. Actualmente el problema reviste menor importancia gracias a los antibióticos.

Examen de las enfermedades

La **tuberculosis renal** es una localización frecuente de la infección producida por el bacilo de Koch, y es siempre secundaria a una afectación pulmonar. Sus síntomas son muy variados, pero predominan los urinarios (repetidos deseos de orinar, micción dolorosa, orinas muy turbias, de mal olor y sanguinolentas). Hace unos años el tratamiento era forzosamente quirúrgico, con extirpación del riñón lesionado; pero hoy, los nuevos medicamentos tuberculostáticos permiten considerar casi siempre la conveniencia de una terapéutica conservadora.

NEFRITIS AGUDA *(Glomerulonefritis difusa aguda)*

La nefritis aguda es una enfermedad que antaño era muy temida y que actualmente es bastante rara. Afecta de forma sistemática prácticamente a la totalidad de los glomérulos renales y entraña, por tanto, considerable gravedad. Es siempre secundaria a una infección que se desarrolla a distancia, en otro órgano o tejido, producida por estreptococos. En casi la mitad de los casos se encuentra el antecedente de unas anginas estreptocócicas; la otra mitad se debe a infecciones no amigdalares del aparato respiratorio, de la piel (erisipela, forúnculos, impétigo), o a una escarlatina. El intervalo entre la infección y la aparición de la nefritis varía entre unos días y un mes, con un promedio de catorce días. Es más frecuente en varones y en menores de veinte años, pero no respeta ni edad ni sexo. La razón de que se afecte el riñón es una reacción alérgica, inmunológica, es decir, un fenómeno de hipersensibilidad, pero su mecanismo íntimo todavía no está aclarado.

Síntomas. Un gran número de casos evoluciona sólo con alteraciones urinarias poco evidentes (albuminuria y hematuria) que sólo son apreciables mediante análisis microscópicos; tienen gran importancia estas formas, pues al pasar inadvertidas conducen a la fase crónica con graves consecuencias ulteriores. Lo habitual es, sin embargo, un cuadro clínico de aparición relativamente brusca, con malestar general, cansancio, dolores imprecisos, gran palidez de la piel, hinchazón de la cara y de los párpados y edemas en extremidades y tronco; sensación de sed y dolor de cabeza con aumento de la tensión arterial. Disminuye la cantidad de orina emitida e incluso, pasajeramente, desaparece del todo la eliminación urinaria. La poca orina emitida es muy sucia, como agua de lavar carne, es decir, hemorrágica, y contiene además cantidades variables de albúmina.

Pronóstico. Durante el brote nefrítico agudo sólo fallece una pequeñísima proporción de los enfermos (menos del 5%), generalmente por fallo cardiaco o insuficiencia renal. La inmensa mayoría de los casos cura con recuperación total. Pero otra pequeña proporción de enfermos evoluciona hacia la nefritis crónica, ya sea en su forma hipertensiva, ya en la edematosa (nefrosis). A veces, estas temidas complicaciones aparecen después de un periodo de aparente bienestar en el que quizá únicamente exista una orina con un poco de albúmina. Pero esta posibilidad evolutiva exige siempre que toda nefritis aguda reciba el tratamiento adecuado, lo cual implica la inclusión de una larga temporada de vigilancia, una vez que todos los síntomas hayan desaparecido.

Tratamiento. Es fundamental la prevención de todas las posibles infecciones estreptocócicas, mediante un tratamiento intensivo con antibióticos (en especial penici-

El aparato urinario y sus enfermedades

Localización e irradiación del dolor en las enfermedades del riñón y de la vejiga

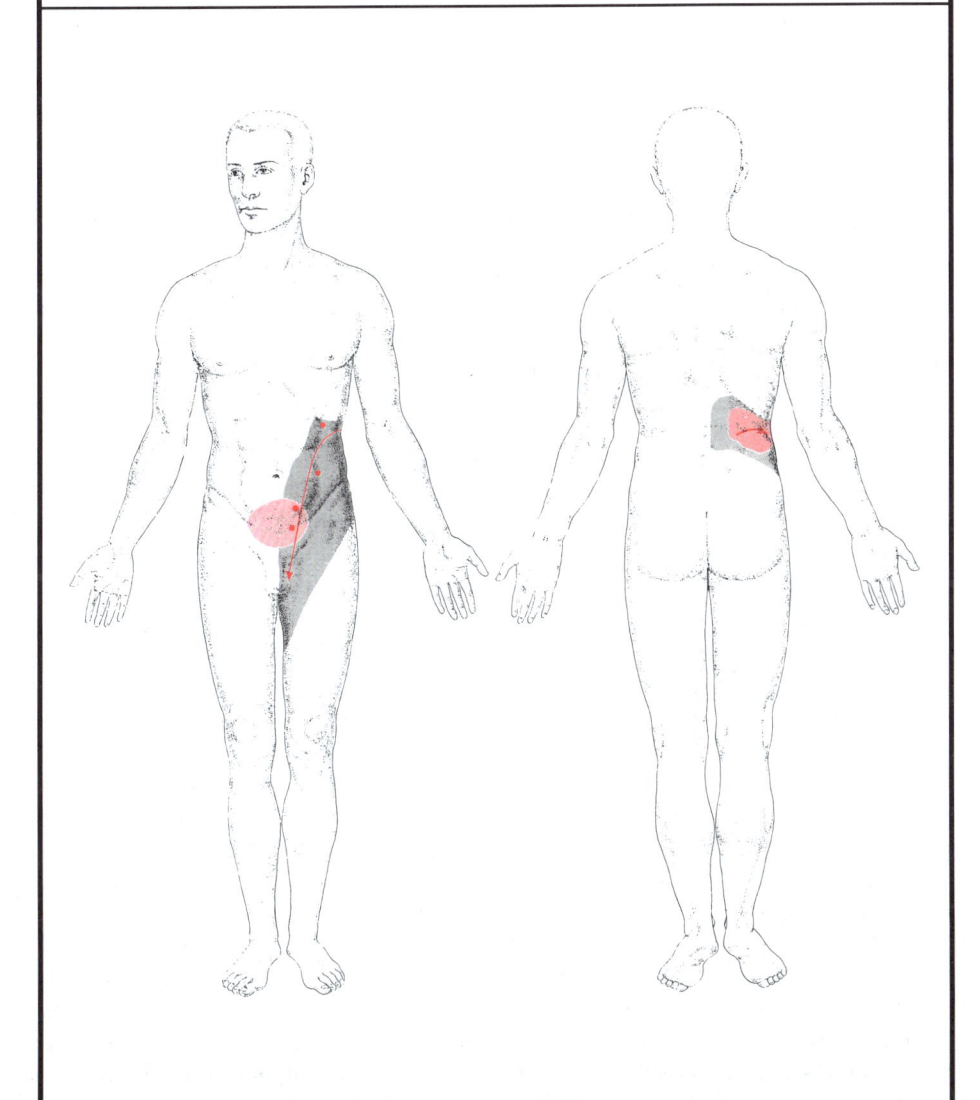

En el cólico renal los dolores suelen surgir inesperadamente en la región lumbar; son intermitentes y llegan a ser intolerables. Se irradian (ver flecha) a lo largo del uréter (puntos en color), en el hombre hasta el testículo y en la mujer hacia los labios mayores. En la tumefacción renal y en la pielitis son continuos, especialmente en la región lumbar lateral (ver zona en color). En la cistitis se advierten sobre el pubis (óvalo en color). Las zonas cutáneas de irradiación del dolor están señaladas en gris.

lina). Este tratamiento debe continuarse incluso cuando se ha declarado la nefritis aguda, por lo menos hasta que desaparezca totalmente la albuminuria. Sólo así se consigue que una reinfección por estreptococos no condicione un nuevo brote ni agudice otro en la fase de declive.

Es fundamental el reposo absoluto. Son útiles los fomentos calientes o el calor mediante bolsas de agua o manta eléctrica en las zonas renales. Pero el aspecto terapéutico más importante es el de la dieta. Al principio será muy rigurosa, prácticamente sin ingestión de líquido ni de alimentos sólidos. La sensación de sed se combate con gajos de limón, caramelos o masticando chicle. Estos días, generalmente muy pocos, son muy difíciles de sobrellevar, pero tienen una importancia decisiva. Después puede reducirse el rigor, a medida que se vaya apreciando una mejoría; pero hasta que desaparezcan totalmente los edemas, la hipertensión y los síntomas urinarios, la dieta seguirá siendo muy estricta. No se debe beber durante las veinticuatro horas del día una cantidad de líquido que sobrepase la suma del volumen de orina emitido el día anterior más otro medio litro. La alimentación deberá ser muy pobre en grasas y en contenido proteínico, así como en sales y en picantes. Pueden tomarse frutas en conserva, pero no frutos secos, dátiles ni plátanos.

NEFRITIS CRÓNICA

Después de una nefritis aguda, quizá tras un tratamiento tardío o inadecuado e incluso también sin un precedente de enfermedad aguda, al menos con síntomas evidentes, puede aparecer insidiosamente la forma crónica, más habitual en el sexo masculino por razones desconocidas. La cronicidad se manifiesta de múltiples formas. Existe una variedad que conduce en pocos meses a una insuficiencia renal. Con frecuencia, los síntomas son menos evidentes y la uremia tarda muchos años en aparecer. En estos casos siempre se presentan brotes de agudización, que son precisamente los más peligrosos, ya que precipitan los acontecimientos; pueden evitarse con un tratamiento preventivo. Algunas nefritis crónicas terminan con un cuadro clínico especial —en el que predominan la hidropesía o diversos edemas generalizados— que recibe el nombre médico de nefrosis.

En la forma progresiva, que enlaza con el brote agudo anterior, persiste la hipertensión arterial, por lo que muchos enfermos van al médico por la sobrecarga cardiaca y los síntomas propios del aumento de tensión: dolor de cabeza, mareos, zumbidos en los oídos, disnea, síntomas de insuficiencia circulatoria. Pero junto a este cuadro coexisten síntomas urinarios. La orina se torna muy «líquida» al perder el riñón su capacidad de concentración. La micción se hace frecuente para eliminar todos los desechos metabólicos, por lo que también se bebe más, a fin de producir mayor cantidad de orina. Pese a ello, los residuos se acumulan y aumenta la cifra de urea en sangre. Al mismo tiempo aparece una anemia muy difícil de tratar y cada vez se hacen más patentes los síntomas de la insuficiencia renal crónica. El riñón acaba por atrofiarse y aumenta el número de nefronas que dejan de funcionar con las terribles consecuencias que exigen el tratamiento hospitalario.

Aun así, la insuficiencia renal crónica con uremia resulta compatible con una larguísima evolución. Pasa previamente por un periodo en el que apenas se manifiestan los síntomas (uremia latente). El pronóstico depende, en general, de la presión arterial: a mayor hipertensión, menos posibilidades de larga supervivencia. Una vez establecido el fracaso renal aún cabe la sustitución de la función renal con el riñón artificial y, sobre todo, con el trasplante.

En el tratamiento de la nefritis crónica ocupa lugar primordial la prevención de cualquier agudización. De ahí la extirpación de cualquier posible foco de reinfección estreptocócica (amígdalas, dientes con granulomas sépticos, etc.) y el tratamiento intensivo con antibióticos de la más banal infección de la boca, de las vías respiratorias o de la piel. Junto a esta terapéutica preventiva, la dieta continúa siendo fundamental. Más aún, la supervivencia del enfermo depende en buena proporción del rigor con que éste lleve su dieta. La alimentación muy pobre en proteínas y exenta de sal, permite mantener durante muchos años a estos enfermos en condiciones de bienestar relativamente satisfactorias.

NEFROSIS

En realidad, la nefrosis no es una enfermedad específica de los riñones, sino un conjunto de síntomas que se presentan en algunas alteraciones renales. La palabra nefrosis fue creada ya hace muchos años para señalar con el sufijo «osis» su carácter degenerativo. En la actualidad se afina más y si se conserva el término es sólo para señalar la comunidad de síntomas presentes, pero diferenciando estrictamente sus diversas causas. Las alteraciones se centran predominantemente a nivel del túbulo renal y no en los glomérulos, como sucede en las nefritis.

Lo esencial de la nefrosis es el edema generalizado (hidropesía), que puede acumularse como retención líquida en los tejidos de forma diversa: en la piel, con hinchazón; en el vientre, como ascitis; en la cavidad torácica, como derrame pleural. En la nefrosis, junto al edema son características una albuminuria evidente (con orinas tan cargadas de proteínas que incluso provocan gran espuma en el recipiente que las recibe) y la disminución del contenido de proteínas en la sangre (hipoproteinemia), que a su vez condiciona una especial susceptibilidad a las infecciones del más variado origen. Junto a la falta de proteínas es siempre significativo el considerable aumento de las grasas en sangre.

La nefrosis puede aparecer como complicación de la nefritis, tanto aguda como crónica, o de las pielonefritis; se produce algunas veces en la diabetes, en la trombosis de la vena renal y en las intoxicaciones por medicamentos o por mercurio. También existe una forma congénita o una nefrosis pura o genuina que se da especialmente en los niños; su origen es desconocido; no presenta lesión renal previa. Se trata muy bien con la administración masiva de hormonas suprarrenales (cortisona y sus derivados).

El tratamiento de la nefrosis es sumamente complejo. Las constantes y enormes pérdidas de proteínas por la orina deben compensarse con una dieta adecuada, muy rica en carne, pescado, leche o huevos. El edema exige una dieta exenta o muy pobre en sal, y la administración de diuréticos. La posibilidad de que se presente cualquier infección debe prevenirse con antibióticos adecuados. En general, siendo una enfermedad tan multiforme y aparatosa en sus manifestaciones, tiene un pronóstico bastante bueno, aunque exige una atención médica continua y prolongada.

Examen de las enfermedades

Alteraciones renales durante el embarazo
(nefropatías gravídicas)

La **pielonefritis aguda** es una complicación común que aparece aproximadamente en el 5% de las embarazadas. Puede dejar como secuela una evolución crónica después del parto en algunas mujeres. Suele aparecer durante el cuarto mes de embarazo y se debe a la compresión que sufren los uréteres por la presencia del feto; posteriormente se presenta una infección ascendente.

Mayor importancia adquiere la llamada **toxemia de embarazo,** que comprende una serie de trastornos más o menos graves de causas no bien precisadas todavía y que en su forma más peligrosa se acompaña de convulsiones y determina un cuadro clínico llamado **eclampsia**. No existe una razón convincente para achacar la toxemia gravídica a una lesión primaria de los riñones, pues éstos se afectan siempre junto a otros muchos órganos. Parece ser que la alteración fundamental es un espasmo vascular generalizado en todos los órganos. En el terreno renal, el espasmo produce una insuficiencia urinaria con albuminuria, edema y reducción del flujo urinario. En la placenta, la dificultad circulatoria se traduce por su desprendimiento prematuro con alta mortalidad fetal. Siempre existe hipertensión arterial y si el espasmo afecta al cerebro, la eclampsia —con violentas convulsiones y fuerte dolor de cabeza— se convierte en una enfermedad muy grave que obliga a una inmediata interrupción del embarazo. Todas estas alteraciones ceden rápidamente después del parto, pero no es recomendable esperar hasta este momento para consultar con el médico o para acudir al centro hospitalario de confianza.

Enfermedades de las vías urinarias

El mayor trastorno que presentan las vías urinarias es el llamado **estasis de orina,** es decir, la retención o dificultad que se opone a un normal drenaje urinario. Todo estrechamiento, cualquier alteración de la pared viaria, una acodadura o una obstrucción, menoscaban la eliminación y aumentan la presión en las estructuras excretorias. Esta circunstancia acaba por afectar al riñón, que ve impedida su labor de filtración. El estasis conduce a una dilatación de toda la zona anterior al obstáculo; este ensanchamiento puramente pasivo afecta a los uréteres y, sobre todo, a la pelvis renal, que recoge la orina elaborada por el riñón. La dilatación de la pelvis renal determina a su vez la llamada **hidronefrosis,** y por último ésta conduce lenta pero inexorablemente a una dificultad en la formación de la orina y a la atrofia del riñón. Cuando la presión alcanza unos valores determinados en las vías (más de 50 mm de mercurio), cesa la función renal. El estasis no sólo crea un conflicto mecánico: también se constituye en terreno fértil para una infección y es tan fácil que la orina aumente su contenido en bacterias, como que se acumule pus en ella (**pionefrosis**).

Cuando el obstáculo se encuentra a un nivel muy bajo y aumenta la presión en el interior de la vejiga urinaria, ocurre un fenómeno de bastante importancia práctica: el reflujo urinario. La orina, en vez de evacuarse por la uretra, sube por los uréteres. Éste es el camino más fácil para que se establezca una infección ascendente. Las causas del estasis urinario son múltiples y comienzan ya en la propia uretra por estrecheces o

El aparato urinario y sus enfermedades

bridas cicatriciales producidas por un traumatismo o por una infección. Antes de aparecer los antibióticos eran frecuentes las estrecheces a continuación de una blenorragia, infección venérea sumamente común. Para curar estas cicatrices es necesario dilatar paulatinamente la uretra con sondas cada vez más gruesas, lo que, en muchos casos, supone una verdadera tortura para el paciente. El estasis es también corriente en algunos adultos y, sobre todo, en ancianos, debido a la hipertrofia de la próstata, fenómeno prácticamente habitual en edades avanzadas. Por último, la retención puede ser tributaria de la formación de cálculos urinarios, es decir, puede ser el agente causante de este trastorno.

INCONTINENCIA URINARIA

La emisión involuntaria de orina o incontinencia es algo muy frecuente. Se comprende que la potente musculatura de la vejiga y del esfínter vesical, regulada a su vez por el sistema nervioso tanto autónomo como voluntario, puede fallar por múltiples motivos. Se habla de **vejiga neurógena** cuando por lesiones del sistema nervioso central o periférico se interrumpe el gobierno nervioso de los músculos vesicales. Desgraciadamente, éste no sólo es uno de los problemas mayores que plantea la geriatría o medicina de los ancianos (por lesiones generalmente arterioescleróticas del cerebro); también aparece en personas jóvenes a consecuencia de traumatismos cerebrales y, sobre todo, de la columna vertebral, que lesionan la médula espinal. Los accidentes laborales y de tránsito han hecho de este tremendo problema uno de los más difíciles que tiene que resolver la medicina rehabilitadora.

En la edad senil, la incontinencia puede deberse a que al estar disminuida la capacidad de la vejiga urinaria por un proceso durante el cual su pared pierde elasticidad, no vacía bien y se produce una retención más o menos grande, que tiene a la vejiga en constante actividad incontrolada.

La incontinencia se diferencia de la llamada **enuresis nocturna;** ésta se produce en niños mayores de tres años, que se orinan durante el sueño. Generalmente son niños de carácter lábil, con problemas emocionales, que pierden el ritmo normal de control voluntario del vaciado de la vejiga. No siempre se trata de problemas psicológicos; a veces, detrás de una enuresis nocturna se esconde un trastorno o enfermedad del aparato urinario, como también algún otro mal de cualquier órgano.

LITIASIS URINARIA
(Cálculos o piedras renales; cólico nefrítico)

Siempre que se forman concreciones sólidas en el seno de las vías urinarias se habla de una litiasis urinaria. Para comprender el mecanismo de formación de las «arenillas» o «piedras» hay que tener presente que la orina es un líquido más, sobrecargado de sustancias que deberían precipitarse y que no lo hacen porque en la orina existen «protectores» de origen coloide cuya misión es mantener en un medio líquido la gran cantidad de sales y compuestos orgánicos que se disuelven inestablemente o sobresaturan la orina. Cuando estos productos disueltos se precipitan o cristalizan, puede

Examen de las enfermedades

haber dos causas: aumento excesivo en la cantidad de sustancias que han de eliminarse, o un impedimento en el mecanismo que las mantiene en solución. Así, abundan más los enfermos con cálculos en los países tropicales, en los que la orina está más concentrada por tener que ahorrar agua a causa de la inevitable sudoración. También es más frecuente en los varones adultos. Influye, como es natural, la calidad de la dieta, que a su vez hace la orina más o menos ácida, factor de suma importancia en la génesis de los cálculos. La composición de éstos varía mucho.

Favorece mucho la formación de los cálculos urinarios el estasis y la infección de las vías excretoras, pues las bacterias no sólo alcalinizan la orina y precipitan así las sales fosfatadas, sino que además destruyen los mecanismos defensivos coloidales que mantienen la orina en estado de líquido sobresaturado. Parece ser también que una deficiencia en vitamina A facilita la aparición de esta enfermedad.

Casi la mitad de los cálculos en los seres humanos están formados por oxalatos (oxalato cálcico), y son muy duros, con superficie rugosa y granulosa, de color pardo-oscuro. Son opacos a los rayos X, por lo que fácilmente pueden demostrarse en una radiografía. Generalmente son redondeados y se adaptan a la forma de su continente. Por ejemplo, pueden rellenar completamente la pelvis renal y tomar su forma.

Los cálculos de ácido úrico y sus sales forman un 30% del total y son de color claro, amarillento, pequeños y duros. Cuando sólo son de ácido úrico son transparentes a los rayos X, lo que dificulta su diagnóstico. Los cálculos de fosfatos son los más blandos, de color blanquecino. En la pelvis renal adoptan la forma de un coral; pueden alcanzar gran tamaño y un peso de hasta 200 gramos.

No hay que confundir los cálculos con las arenillas, que son simples turbideces con cristalización de las sales, generalmente de fosfatos (claros) o uratos (rojizos), pero sin formación de concreciones, que siempre necesitan un largo periodo para su formación. Así, se ha dicho que el que no «construye» piedras, «acarrea» arenillas.

Síntomas. Si el cálculo tiene un tamaño apropiado puede pasar la luz de las vías urinarias sin provocar molestias. Si el tamaño es desde el de un grano de arroz al de un chícharo, ya provoca un cólico cuando se desplaza. Si además es rugoso o tiene bordes, como pasa con los cálculos de oxalato cálcico, puede arañar la mucosa de las vías urinarias y producir una hemorragia más o menos grande. Los cálculos localizados en la pelvis renal, sin desplazamiento, sólo causan pequeñas molestias (dolor de espalda, síntomas digestivos con náuseas y vómitos, y a veces hematuria). Los que ya han emigrado a los uréteres provocan el típico cólico renal, con dolor intensísimo en el lado afectado, que arranca desde la región lumbar y el flanco correspondiente hasta la región inguinal, incluso la pierna, y en los hombres al testículo del mismo lado. El dolor hace revolcarse al enfermo (no lo mantiene quieto y angustiado, lo que tiene importancia diagnóstica) y casi siempre va acompañado de náuseas, vómitos, hinchazón de vientre y dificultad para la expulsión de los gases intestinales.

La obstrucción causada por el cálculo, a la vez que impide la evacuación urinaria temporalmente, facilita la infección y, a largo plazo, da lugar a todas las consecuencias del estasis urinario.

Los cálculos de la vejiga provienen generalmente de la pelvis renal y sus vías excretoras, pero también pueden formarse en el seno de la propia vejiga. El dolor es entonces menos acusado pero más continuo, y si se produce un cólico, éste aparece localizado sobre la región suprapúbica.

El aparato urinario y sus enfermedades

Calculosis urinaria o nefrolitiasis

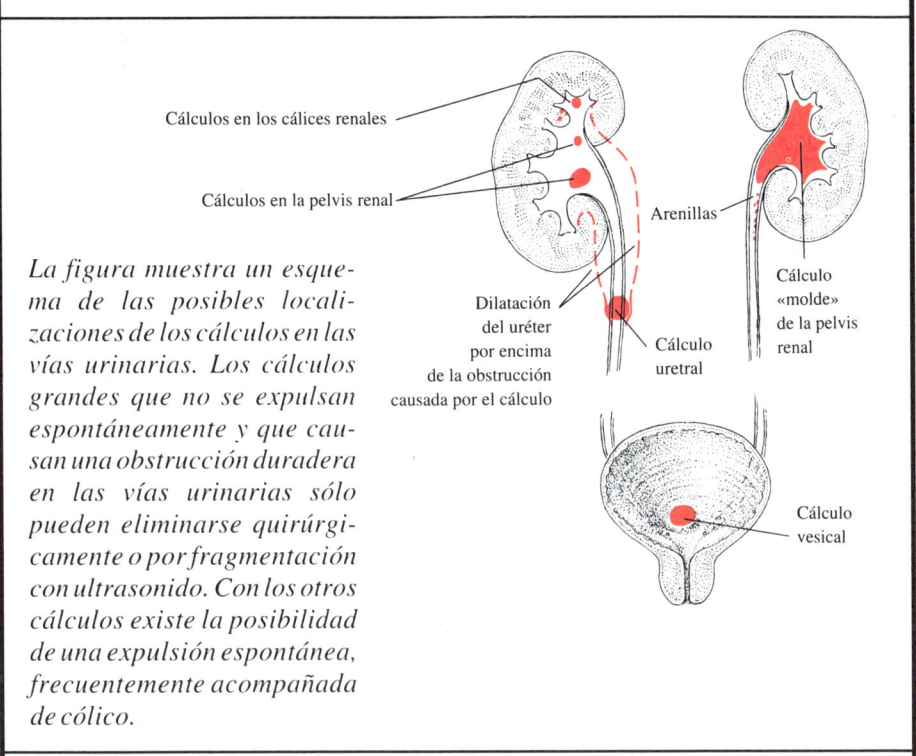

Cálculos en los cálices renales

Cálculos en la pelvis renal

Arenillas

Cálculo «molde» de la pelvis renal

Dilatación del uréter por encima de la obstrucción causada por el cálculo

Cálculo uretral

Cálculo vesical

La figura muestra un esquema de las posibles localizaciones de los cálculos en las vías urinarias. Los cálculos grandes que no se expulsan espontáneamente y que causan una obstrucción duradera en las vías urinarias sólo pueden eliminarse quirúrgicamente o por fragmentación con ultrasonido. Con los otros cálculos existe la posibilidad de una expulsión espontánea, frecuentemente acompañada de cólico.

Ejemplos de cálculos de las vías urinarias

CÁLCULO DE ÁCIDO ÚRICO

CÁLCULOS DE OXALATO

CÁLCULOS DE CARBONATO CÁLCICO

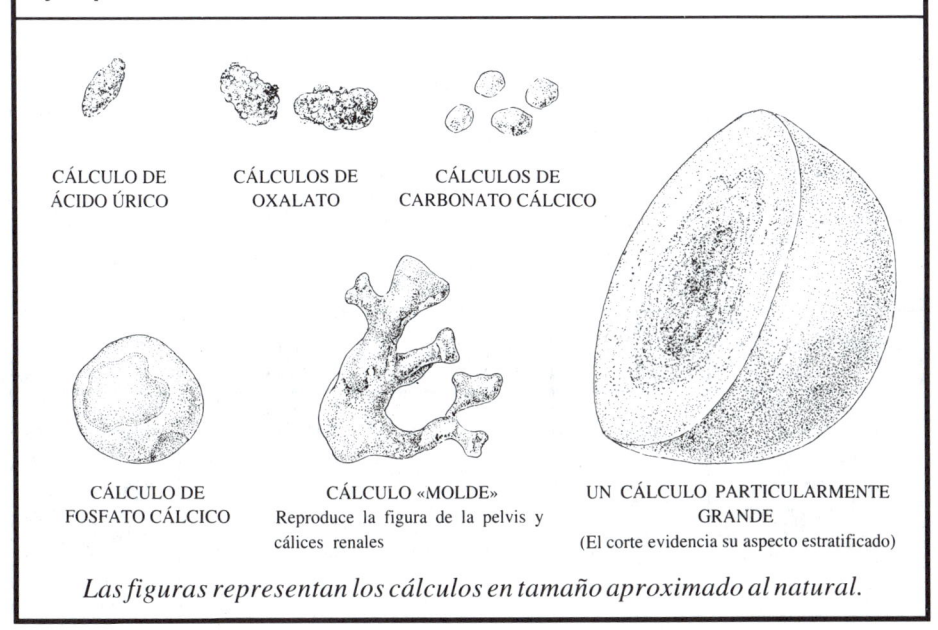

CÁLCULO DE FOSFATO CÁLCICO

CÁLCULO «MOLDE»
Reproduce la figura de la pelvis y cálices renales

UN CÁLCULO PARTICULARMENTE GRANDE
(El corte evidencia su aspecto estratificado)

Las figuras representan los cálculos en tamaño aproximado al natural.

Examen de las enfermedades

Tratamiento. Durante el cólico se procura aliviar primero el dolor y el espasmo de las vías urinarias. No basta para ello con los analgésicos corrientes; muy a menudo no hay más remedio que recurrir a la morfina u otras sustancias de acción parecida. Se emplean, además, medicamentos antiespasmódicos, de los cuales los más conocidos son la papaverina y similares. Es muy útil la aplicación de calor con bolsas de agua caliente, mantas eléctricas e incluso baños. Siempre se debe forzar la ingestión de líquidos para arrastrar las concreciones. Si el cálculo no se expulsa de forma espontánea, existe el moderno recurso de la fragmentación con ultrasonido (litotripsia ultrasónica), y se deja la cirugía como última posibilidad.

Aspecto y naturaleza de los cálculos urinarios

Clase de cálculo	Color	Superficie	Consistencia	Particularidad
Ácido úrico y uratos	Amarillo	Finamente granulada	Muy dura	
Oxalato cálcico	Pardo oscuro	Cálculos pequeños, poco rugosos; grandes, espinosos y ásperos	Muy dura	Aspecto cristalino de la superficie de corte
Carbonato de calcio	Blanquecino o grisáceo	Lisa	Blanda	Generalmente muy pequeños
Fosfatos	Poco coloreados	Rugosa y áspera	Blanda y laminada	Los cálculos puros de fosfatos son vesicales
Cistina	Amarillento claro	Lisa como la cera	Blanda	Muy pequeños, son muy raros
Xantina	Canela	Lisa	Dura	Son muy raros
Mixtos, formados en diferentes proporciones por carbonatos, fosfatos, calcio y magnesio	Variable	Variable	Variable	Al corte, puede identificarse el componente que predomina

Dieta para enfermos con cálculos de fosfatos

Debe disminuir la ingestión de calcio, ya que este elemento es uno de los componentes esenciales de estas «piedras». La alimentación ha de ser suave (con ausencia de especias, condimentos, picantes, etc.). Es absolutamente imprescindible forzar la ingestión de líquidos, e incluir aguas minerales con diuréticos oligominerales.

Alimentos permitidos	Restringidos	Prohibidos
Cereales, pastas y harinas	Huevos, leche, quesos y dulces	Embutidos
Carne, y pescado de agua dulce		Frutas y verduras de acción alcalina
Grasas		
Frutas y verduras de acción ácida. Café y té diluidos		Bebidas alcohólicas. Especias

Dieta para enfermos con cálculos de oxalatos

Es aconsejable la administración de grandes cantidades de líquidos, como aguas minerales alcalinas.

Alimentos permitidos	Restringidos	Prohibidos
Leche, queso	Carne, pescado, pastas y pan (sin corteza), arroz, papas, espárragos, tomates, ejotes (habichuelas verdes), lechuga, pepinos	Corteza de pan
Grasas de todas clases		Espinacas, apio, rábanos, remolachas, col morada
Huevos	Azúcar, café	Fresas, ciruelas, higos
Legumbres, cebollas, setas	Especias, excepto la pimienta	Cacao, chocolate, té concentrado, bebidas alcohólicas
Melón, manzanas, peras, chabacanos (albaricoques), uvas, cerezas, naranjas, limones		Pimienta

Examen de las enfermedades

Dieta para enfermos con cálculos de ácido úrico y uratos

La dieta ha de ser pobre en purinas y sal (las purinas son sustancias que se encuentran principalmente en el núcleo de las células animales). La cafeína es también a estos efectos una sustancia purínica. Se preferirán los alimentos que contengan vitamina A. Es aconsejable la administración de grandes cantidades de líquidos, como aguas minerales de tipo alcalino.

Alimentos permitidos	Restringidos	Prohibidos
Leche, queso, margarina, aceites, morcilla	Mantequilla	Mollejas, riñones, hígado de vaca, sesos, lengua, carne adobada, aves
Productos derivados de cereales	Carne sin asar, con excepción de las aves	Extracto de carne
Papas	Caldos y sopas de «cocido»	Anchoas, arenques, atún, sardinas
Todas las frutas y verduras, menos las expresamente prohibidas	Pescado de agua dulce	Espinacas, legumbres, nueces
Azúcar, dulces, miel	Huevos	Bebidas alcohólicas
Café sin cafeína	Lentejas, hongos	Pimienta, mostaza y pimentón
Pasteles y dulces Especias	Café, té y chocolate	

PIELONEFRITIS
(Infección urinaria; nefritis ascendente o intersticial)

La pielonefritis, en su forma aguda o crónica, es la enfermedad más frecuente del aparato urinario y quizá sea la infección bacteriana que más a menudo se presenta en el hombre. Por definición se trata de una reacción inflamatoria inespecífica, no supurativa y no circunscrita, que lesiona el intersticio renal y alcanza las vías urinarias (pelvis renal, uréteres y vejiga). Antes se consideraban estos cuadros como pertenecientes a las llamadas enfermedades quirúrgicas del riñón por creerse que afectaban sólo a las vías urinarias y eran unilaterales. Hoy se sabe que una cistitis aislada o la infección de una pelvis renal (pielitis) son sólo episodios dentro de una enfermedad mucho más general que afecta a todo el aparato urinario.

El germen causante rara vez llega por vía sanguínea. Casi siempre se trata de una inflamación ascendente que proviene de las vías urinarias inferiores para alcanzar la pelvis renal (pielitis), el riñón (nefritis intersticial), que acaba por lesionar la parte más noble del riñón (glomérulos y túbulos). Los gérmenes responsables son casi siempre

El aparato urinario y sus enfermedades

los colibacilos, estafilococos o enterococos, y es habitual que la contaminación provenga del intestino. No basta, sin embargo, la contaminación por microorganismos; es necesario que exista un terreno adecuado para su propagación, y esta condición se da con una frecuencia inusitada. Todo lo que dificulta el drenaje urinario, cualquier estasis por embarazo, cálculos, arenillas, anomalías de posición —congénitas o adquiridas—, acodaduras y estrecheces, diabetes o gota, un simple cateterismo uretral, etc., implantan la infección y la perpetúan, siempre solapadamente.

La pielonefritis no respeta raza, sexo o edad. Hay edades en las que es más frecuente, por ejemplo en los lactantes y niños de corta edad, por las facilidades locales —sobre todo en las niñas por la situación de su uretra— que encuentra la infección en unas vías todavía en desarrollo y formación; en las mujeres adultas, por el embarazo; en los ancianos, por la hipertrofia prostática, tan frecuente, y en las ancianas, por tumores (fibromas) o por descensos del aparato genital (prolapsos) que desfiguran y desplazan la vía uretral.

Puede diferenciarse una forma aguda de otra más crónica, aunque esta distinción sea artificial, pues en general la infección urinaria persiste y se agudiza en brotes recurrentes.

Característica de la infección es la presencia de bacterias en la orina (**bacteriuria**), siempre significativa cuando alcanza una cifra de más de cien mil bacterias por centímetro cúbico de orina.

Síntomas. En la forma aguda predomina el dolor o sensación de opresión lumbar, y sobre todo un frecuente deseo de orinar, para sólo emitir unas gotas. A menudo, esta pequeña pero repetidísima micción es dolorosa o produce quemazón. Junto a estos síntomas urinarios hay fiebre o febrícula, malestar general, síntomas digestivos (indigestión, formación de gases, falta de apetito, náuseas, dolor que se asemeja a una apendicitis, etc.). En los niños es frecuente la enuresis nocturna. En las formas crónicas, junto a los brotes agudos que discurren como antes hemos descrito, apenas existen síntomas, pero la participación renal (nefritis intersticial, atrofia renal, etc.) lleva al fracaso renal crónico con uremia, hipertensión arterial y a la evolución cicatricial. A veces se precisan muchos años para que se presente la temida insuficiencia renal, pero no debe olvidarse nunca que, aunque sea una posibilidad muy remota, toda infección urinaria recurrente encierra un considerable peligro.

La llamada **cistitis** o inflamación aguda o crónica de la vejiga, así considerada, es sólo una manifestación local más acusada que deriva de una pielonefritis. Esta forma circunscrita de infección urinaria puede mantenerse en esta fase durante muchos años, y se recrudece con mayor o menor frecuencia. Sin tratamiento, acaba por afectar al resto del aparato urinario. La cistitis es más frecuente en la mujer por la brevedad de su uretra y la facilidad de su contaminación por vía vaginal o rectal.

Tratamiento. La pielonefritis es una de las enfermedades más fáciles y a la vez más difíciles de tratar eficazmente. Es fácil en un caso agudo, con evidentes molestias, pues los antibióticos resuelven siempre el problema. El tratamiento corrector, incluso quirúrgico, de cualquier estasis urinario (por cálculo, estrechez, anomalía u obstrucción) siempre da resultados eficaces. La dificultad estriba en los casos crónicos con escasas o nulas manifestaciones. Los tratamientos prolongados, intermitentes, con continuos antibiogramas y análisis de orina para identificar el germen causante y hallar su susceptibilidad entre los diferentes antibióticos, hacen de esta enfermedad un verdadero calvario, sobre todo si se tiene en cuenta que el enfermo casi nunca se siente completamente molesto. En estas formas crónicas, junto a la terapéutica antibacteriana con sulfamidas y antibióticos, es fundamental mantener una orina poco concentrada para evitar una mayor irritación, recurriendo a curas de aguas minerales y a una higiene extremada. Es muy favorable una dieta que, alternativamente, produzca acidez o alcalinidad en la orina (por ejemplo, tres días con dieta proteínica y otros tres días de dieta vegetal), pues estos cambios de acidez atenúan la actividad bacteriana, de manera que los esfuerzos del organismo por defenderse de las infecciones resultan más eficaces de este modo que cuando hay un estado constante de acidez.

Tumores de las vías urinarias

La vejiga es asiento frecuente de tumores benignos, los llamados **papilomas** o **pólipos vesicales,** y muy rara vez de tumores malignos, el temido **cáncer de vejiga.** En la sintomatología siempre aparece una orina sanguinolenta, a veces con coágulos. No hay más tratamiento que el quirúrgico, que en una fase precoz del mal suele ser eficaz.

Los tumores de la próstata adquieren gran importancia en los varones. El llamado **prostatismo**, propio del hombre adulto y anciano, comprende una serie de síntomas muy significativos. El comienzo suele ser muy lento e implica trastornos de la micción. Ésta se hace más frecuente, sobre todo durante la noche. Es característica la pérdida de presión en la emisión de orina, que sale con dificultad y sin fuerza. Estas dificultades hacen que siempre quede algo de orina en la vejiga. Se produce así una orina residual que puede derramarse insensiblemente; aparece entonces lo que se llama micción por rebosamiento. En estas fases, el estasis afecta al resto del aparato urinario, y al final aparece el fracaso renal con uremia.

El prostatismo está condicionado, en la mayoría de los casos, por el llamado adenoma de próstata o hipertrofia prostática, es decir, por un aumento de tamaño que llega a comprimir la uretra. Es un tumor benigno, de fácil diagnóstico mediante tacto rectal, del que pocos ancianos se libran después de los setenta y cinco años; por razones que para los médicos son todavía desconocidas, aparece antes de esta edad en algunos adultos.

El tratamiento está dirigido a evitar la retención urinaria. Con mucha frecuencia, la hipertrofia prostática retrocede con tratamientos hormonales, pero el urólogo debe decidir cuándo no existe otra solución que la quirúrgica.

El **cáncer de próstata** también es frecuente en los ancianos; adopta una forma de evolución sumamente lenta y caprichosa, compatible con una larga supervivencia. En el adulto, el curso es más rápido y la malignidad clínica mucho más evidente por la aparición de metástasis, generalmente óseas. Pero lo verdaderamente curioso y providencial es que estos cánceres son sensibles a la terapéutica que se realiza utilizando hormonas femeninas (estrógenos); en muchos tratamienrtos de este tipo, se puede lograr la regresión total de este tipo de cáncer.

En el hombre aparece también, aunque muy rara vez, el tumor maligno de testículo, generalmente a edad muy temprana. Cualquier hinchazón fortuita de un testículo es, por lo tanto, muy sospechosa. Aquí no cabe más que la inmediata extirpación quirúrgica.

El aparato urinario y sus enfermedades

Efecto de la hipertrofia prostática

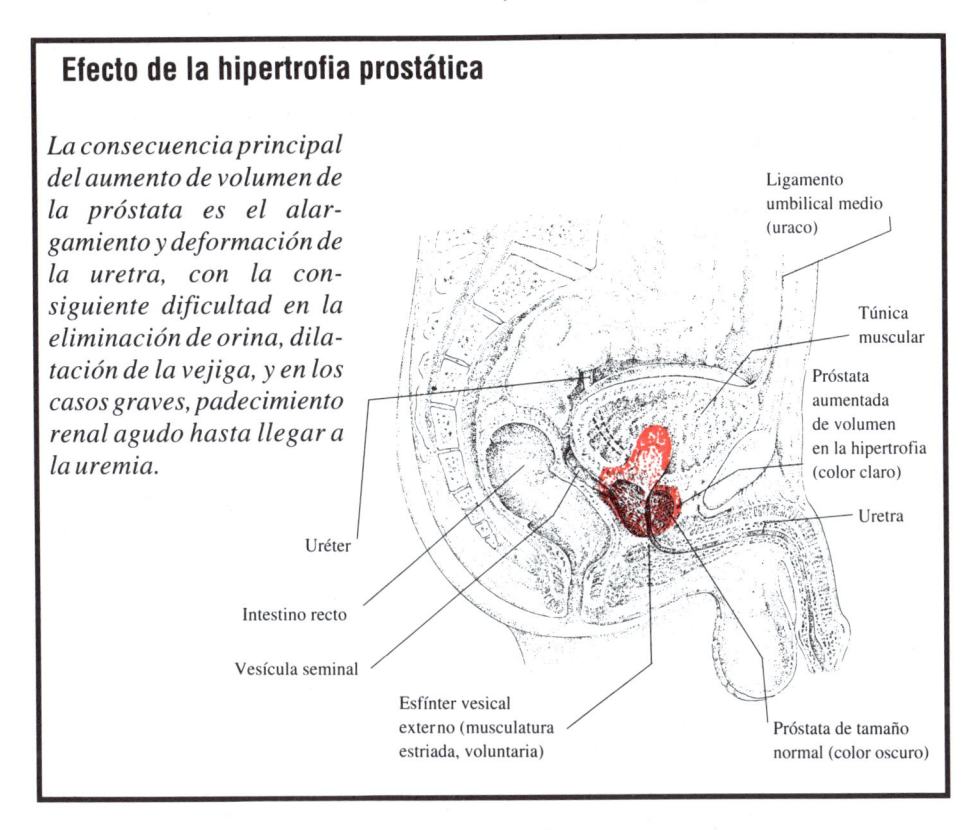

La consecuencia principal del aumento de volumen de la próstata es el alargamiento y deformación de la uretra, con la consiguiente dificultad en la eliminación de orina, dilatación de la vejiga, y en los casos graves, padecimiento renal agudo hasta llegar a la uremia.

- Ligamento umbilical medio (uraco)
- Túnica muscular
- Próstata aumentada de volumen en la hipertrofia (color claro)
- Uretra
- Próstata de tamaño normal (color oscuro)
- Uréter
- Intestino recto
- Vesícula seminal
- Esfínter vesical externo (musculatura estriada, voluntaria)

Dieta para los enfermos renales

En las diferentes formas de nefritis, nefropatías del embarazo u otras afecciones renales en las que falla la función depuradora, la dieta constituye una de las medidas terapéuticas más importantes. La alimentación ha de ser equilibrada, sana y de pocas sustancias residuales. Como la mayor parte de los productos responsables de la uremia provienen del metabolismo de las proteínas, son éstas las que recibirán un máximo de atención. En algunas ocasiones, sobre todo en las nefrosis que cursan con enormes pérdidas urinarias de proteínas (albuminuria), es aconsejable forzar la dieta proteínica. Otras veces, cuando el enfermo no tiene brotes de agudización o su situación se ha estabilizado, se debe administrar la suficiente cantidad de proteínas (60 a 70 g diariamente en el adulto) para que puedan renovarse los tejidos. Pero en la mayoría de las enfermedades de riñón es necesario restringir la ingestión de productos proteínicos (carnes, pescados, huevos, etc.). En las nefritis crónicas, esta dieta se mantendrá indefinidamente. Hasta hace unos años era insostenible porque producía múltiples trastornos en el organismo e incluso empeoraba la función renal; pero dos médicos italianos, Giovanetti y Girodano, demostraron que las dietas pobres en proteínas (20 a 30 g diariamente) no perjudicaban el organismo a condición de que tuvieran un alto valor biológico y que se enriqueciera la dieta con una serie de aminoácidos esenciales en una proporción prefijada. Una dieta así presenta un serio inconveniente: su difícil confección y su desagradable sabor.

Examen de las enfermedades

En la mayor parte de los enfermos renales se hace necesario limitar la sal. Químicamente está formada por sodio y cloro (NaCl), y es la parte sódica la más peligrosa para estos pacientes renales. Muchos de los preparados sustitutivos de la sal contienen, a pesar de todo, gran cantidad de sodio, por lo que el enfermo antes de su utilización debe asegurarse de que estén libres de él. La limitación del sodio descarga al riñón y disminuye la hipertensión que se presenta en muchas de sus lesiones. La restricción absoluta de este elemento puede ser a la larga peligrosa para el organismo, ya que los riñones necesitan esta sustancia para la normal formación de orina. Sólo podrá estar indicada en la primera semana de la inflamación renal. Esta dieta sin sodio es muy difícil de conseguir, ya que todos los alimentos lo contienen en mayor o menor cantidad. Incluso cuando el ama de casa controla y evita la sal, la dieta normal diaria aún contiene por término medio unos 6 gramos. Pero si en algunos casos particulares hubiese que restringir aún más la cantidad de sodio, podría conseguirse mediante la administración de jugos, manzanas, mantequilla y pan sin sal. Aparte de la sal, se evitarán las especias, tales como pimientos, pimentón, chile y vinagre, lo que hace que las comidas sean insípidas; a la larga el paciente difícilmente podrá soportar esta dieta. Del ama de casa depende establecer los cambios necesarios para dar a los alimentos un sabor apetecible mediante la utilización de perejil, cebolla, etc., y condimentos tales como el limón, puré de jitomate y similares. Es necesario recordar que las aguas minerales, muchos medicamentos y otros productos de uso corriente contienen sodio, por lo que todo lo que se bebe o come debe estar vigilado.

En los enfermos renales es conveniente la introducción de días en que solamente coman alimentos crudos, lo cual facilita la eliminación de sal y proteínas, y ejerce además un beneficioso influjo en el estado general del enfermo. La alimentación en crudo satisface más que la normal y calma mejor la sed. Los alimentos se darán finamente cortados, rallados o triturados y, según las circunstancias, aderezados con limón, aceite, mantequilla, azúcar, miel o especias. El alcohol deberá evitarse en la medida de lo posible y se reducirá el consumo de café y té.

Tabla de alimentos permitidos y prohibidos en los enfermos renales

Es conveniente introducir en la dieta días en los que sólo se ingieran frutas y verduras crudas. Debe recordarse asimismo que los enfermos renales deben comer arroz blanco muy a menudo, prácticamente todos los días, pues éste absorbe mucha agua.

Dieta sin sal	
Prohibido:	Espinacas, col morada, apio, cerezas, higos, dátiles, plátanos, leche, mantequilla, quesos y todos los alimentos que contengan sal: pan, embutidos, pescados secos salados, carne adobada, conservas, salchichas, jamón en lata, agua mineral, medicamentos como el bicarbonato sódico, etc.
Permitido:	Todas las frutas y verduras no prohibidas, leche y mantequilla sin sal, huevos, aceites, carne fresca, pescado blanco, pan sin sal, especias, etc.

El aparato urinario y sus enfermedades

Dieta sin sal y sin proteínas

Prohibido: Carnes, pescados, huevos, leche, quesos, requesón, legumbres, hongos, pastas elaboradas con huevo, pan blanco, tartas, dulces, nueces, etc.

Permitido: Grasas naturales, verduras y frutas, a excepción de las legumbres (garbanzos, lentejas, alubias, etc.), papas, arroz, sémola, harina, hojuelas de avena, pan de centeno sin sal, pan integral sin sal, jugos de frutas, azúcar.

Dieta hipoproteínica muy restringida

Calorías totales: aprox. 2 200.   Proteínas: 24 g al día.
Desayuno: 50 g de leche; 20 g de pan; 15 g de mantequilla; l00 g de pera.
Media mañana: 120 g de jugo de naranja.
Comida: 100 g de tomate; 100 g de lechuga; 30 g de arroz; 25 g de pan; 1 yema de huevo; 120 g de durazno (melocotón); 15 g de mantequilla.
Merienda: 50 g de leche; 20 g de pan; 15 g de mantequilla:100 g de pera.
Cena: 50 g de zanahorias; 100 g de papas; 15 g de mantequilla; 120 g de manzanas; 25 g de pan.
Suplementos: 40 g de aceite de maíz o de cártamo; 60 g de azúcar; 50 g de levulosa.
Preparación culinaria:
   1o. Los alimentos se pesarán en crudo después de haberse desechado las semillas.
   2o. La condimentación se hará del modo más sencillo posible, haciendo uso del hervido, del sofrito y del limón.

Dieta hipoproteínica restringida

Calorías totales: aprox. 2 225.   Proteínas: 30 g al día.
Desayuno: 50 g de leche; 30 g de pan; 15 g de mantequilla; 100 g de pera.
Media mañana: 120 g de jugo de naranja.
Comida: 100 g de jitomate; 100 g de lechuga; 30 g de arroz; 1 yema de huevo; 120 g de durazno (melocotón); 30 g de pan; 15 g de mantequilla.
Merienda: 50 g de pan; 10 g de mantequilla; 100 g de pera.
Cena: 120 g de ejotes (habichuelas verdes); 100 g de papas; 120 g de manzanas; 30 g de pan; 15 g de mantequilla.
Suplementos: 40 g de aceite de girasol; 40 g de azúcar de caña; 50 g de levulosa.
Preparación culinaria:
   1o. Los alimentos se pesarán en crudo después de haberse desechado las semillas.
   2o. La condimentación se hará del modo más sencillo posible, haciendo uso del hervido, del sofrito y del limón.

Dietas para acidificar o alcalinizar la orina

Para acidificar:
   Carne (sobre todo de cerdo), hígado, pollo, jamón, pescados, embutidos, manteca de cerdo, mantequilla, nata, quesos grasos, huevos, cereales (incluso maíz y arroz), nueces, almendras, coliflor, ciruelas, naranjas, limones, toronjas, puntas de espárragos, mandarinas, alcachofas, coles de Bruselas, garbanzos, lentejas, alubias, chocolate, azúcar y cerveza.

Para alcalinizar:
   Sangre (morcilla), leche, margarina, féculas, harina de papa, pasas, frutas (con excepción de las citadas para acidificación), coles sin tallos, espárragos sin puntas, papas, tomates, zanahorias, ejotes (habichuelas verdes), espinacas, lechuga, aceitunas, setas, azúcar, miel, café, té y vinos.

Las glándulas de secreción interna y sus enfermedades (endocrinología)

Estructura y función

En el ser vivo superior, sobre todo en el hombre, se desarrolla un juego armónico entre la totalidad de las actividades orgánicas: funciones de nutrición, relación y reproducción. Tal interdependencia sólo es posible merced a un mecanismo muy complejo de gobierno y regulación. No es sólo el sistema nervioso central o vegetativo, mediante sus impulsos conscientes o autónomos, el que ejerce un control sobre las diversas funciones, sometiéndolas a un concierto general supeditado a una finalidad global. Junto a este gobierno nervioso tiene también una importancia fundamental la regulación establecida por la vía humoral, es decir, por la sangre que lleva a cada tejido, a cada órgano, un mensajero químicamente definido, capaz de iniciar, equilibrar o inhibir una determinada función.

Las glándulas de secreción interna o endocrinas (porque vierten su segregación directamente a la sangre, al contrario que las glándulas exocrinas, que lo hacen a la piel, al intestino, etc.) se encargan de esta regulación humoral. Son las siguientes: la hipófisis (que se encuentra en la base del cráneo, encerrada y protegida por una escotadura del hueso esfenoides, que recibe el nombre de silla turca), la tiroides, las paratiroides (que están situadas junto a la tiroides, en la parte anterior del cuello), las células insulares del páncreas (la única glándula mixta del organismo; su parte exocrina produce fermentos digestivos, que vierten en el duodeno; y la endocrina, que se localiza en unas células especiales, en los llamados islotes de Langerhans, produce la insulina), las glándulas suprarrenales y las sexuales.

Cada una de estas glándulas endocrinas es un órgano que, según la naturaleza de sus células, produce una o varias sustancias activas, que son recogidas por la sangre (hormonas). Se comprende que la liberación de estas hormonas esté determinada por las necesidades orgánicas y que unas veces se complementen en su acción, mientras que otras se conviertan en antagonistas. A la hipófisis le corresponde una posición privilegiada, pues produce tanto hormonas específicas como hormonas que sólo actúan para estimular o frenar otras glándulas endocrinas. De ahí que haya recibido el nombre de «director de orquesta» del sistema endocrino. Todo ello explica que cuando una glándula fracasa, o es destruida o alterada, las repercusiones se extiendan a todo el organismo, provocando enfermedades de curso y síntomas sumamente variables. La endocrinología es una ciencia muy compleja que está en continua evolución. También hay que tener en cuenta que las glándulas de secreción interna no regulan por capricho, por sí mismas. A su vez, están sometidas a un control superior: el del sistema nervioso. Existen conexiones muy complicadas entre la hipófisis y ciertas estructuras encefálicas (hipotálamo) que garantizan esa unión funcional de gobierno entre ambos sistemas (el nervioso y el endocrino).

Describimos a continuación las glándulas endocrinas humanas, sus actividades en el organismo sano y sus alteraciones. Afortunadamente, la mayoría de las enfermedades endocrinas son tan raras que nos relevan de más detalles de interés general. Sola-

Las glándulas de secreción interna

mente adquieren importancia, para la medicina humana, debido a la frecuencia con que se presentan, la diabetes, las disfunciones tiroideas (bocio, hipertiroidismo, mixedema) y, en menor grado, la tetania.

Las hormonas más importantes

De la hipófisis

Esta glándula, también llamada pituitaria, tiene dos partes bien diferenciadas: el lóbulo anterior y el posterior. Ambas producen diferentes hormonas, que siempre son proteínas con una secuencia determinada de aminoácidos, elaboradas de tal manera que son específicas. Algunas de estas hormonas han sido sintetizadas por procedimientos químicos artificiales y tienen amplia aplicación terapéutica como medicamentos en ciertas enfermedades.

Hormonas del lóbulo anterior de la hipófisis

Hormona del crecimiento (STH). Como indica su nombre, ejerce una acción decisiva sobre los factores del crecimiento y desarrollo, aunque también interviene en otras facetas del metabolismo. Una importante diferencia entre el efecto de esta hormona y el producido por las hormonas sexuales es que la hormona del crecimiento no provoca una aceleración desproporcionada del desarrollo óseo. Las hormonas sexuales estimulan este crecimiento y la unión de los puntos de osificación entre sí, por lo que, en realidad, sólo tienden a aumentar la «edad ósea», pero no el crecimiento. El exceso de formación de la hormona del crecimiento produce gigantismo y una enfermedad especial llamada acromegalia (desarrollo más pronunciado de algunos miembros y del mentón). La hipofunción provoca el enanismo. Esta hormona interviene también en la diabetes. Se usa terapéuticamente en el tratamiento del enanismo, pero su obtención es muy difícil.

Hormona estimulante de la tiroides (THS). Esta hormona estimula la absorción de yodo y la liberación de hormona tiroidea por la glándula tiroidea. Tiene, pues, un decisivo efecto estimulador de la función tiroidea. En las disfunciones (alteraciones de producción y liberación) de esta hormona puede aparecer un bocio o un cuadro clínico especial; en este caso se presenta una protrusión de los ojos, conocida con el nombre de exoftalmos.

Hormona adenocorticotrófica (ACTH). Regula la actividad de la corteza suprarrenal, a su vez importante centro productor de hormonas corticales (cortisona, aldosterona, corticosterona). El ACTH ha sido obtenido sintéticamente y tiene amplias aplicaciones terapéuticas (asma bronquial, enfermedades alérgicas, reumatismo, etc.). Su sobreproducción (o su excesiva administración terapéutica) provoca una enfermedad característica (enfermedad de Cushing).

Hormonas gonadotrópicas o gonadotrofinas. Se conocen tres sustancias diferentes, con actividad sobre las glándulas sexuales. Una de ellas es la gonadotrofina A, o estimuladora del folículo (FSH), que favorece la maduración del folículo ovárico; la otra es la gonadotrofina B, u hormona luteinizante (LH), que provoca la formación del

Examen de las enfermedades

cuerpo lúteo en el ovario, también estimuladora de las células intersticiales en el hombre (ICSH), que favorece la formación de hormonas sexuales masculinas. La última es la prolactina, que pone en marcha la secreción de leche en la glándula mamaria después del parto. Las hormonas gonadotrópicas se emplean en el tratamiento de la esterilidad. Su obtención, a partir de extractos de hipófisis o sintéticamente, es muy difícil.

Afortunadamente, la actividad de la LH es muy similar a la de las gonadotrofinas coriónicas que se encuentran en la orina de la mujer embarazada y que se emplean terapéuticamente en algunos casos de falla en la ovulación. En el hombre, estas gonadotrofinas se emplean para el tratamiento de los casos de criptorquidia (esta enfermedad consiste en que los testículos no descienden a la bolsa o escroto) y para estimular la formación de espermatozoides.

Cuando la formación de gonadotrofinas se encuentra aumentada, aparecen en los niños cuadros de precocidad sexual; del mismo modo, su falta detiene el desarrollo de esta índole.

Hormona estimuladora de los melanocitos (MSH). Esta melanotrofina tiene una acción dirigida directamente a las células melánicas de la piel, que producen el pigmento negro característico. Su acción todavía está poco esclarecida y no se le conocen aplicaciones terapéuticas.

El lóbulo anterior de la hipófisis puede fracasar en su totalidad, generalmente por una destrucción masiva (tumor, hemorragia). En estos casos se produce una enfermedad que recibe el nombre de caquexia de Simmonds, que conduce a un marasmo total del organismo.

Hormonas del lóbulo posterior de la hipófisis

Oxitocina. Esta sustancia provoca la contracción del músculo uterino, que desarrolla una especial sensibilidad a esta hormona durante el embarazo. Se ha obtenido sintéticamente y su uso está muy extendido para iniciar el parto, generalmente en infusión intravenosa gota a gota.

Vasopresina u hormona antidiurética (ADH). Actúa sobre el túbulo renal, haciéndolo más permeable al agua, es decir, permitiendo que reabsorba mayor cantidad de agua y, por lo tanto, favoreciendo la concentración urinaria. En grandes cantidades, su acción aumenta la presión sanguínea. Cuando esta hormona no se produce en la hipófisis, aparece una enfermedad muy característica, la diabetes insípida, cuyos pacientes orinan en cantidades excesivas (hasta más de diez litros al día), con la consiguiente sensación de sed intensa. Se obtiene esta hormona de extractos hipofisarios, aunque últimamente se ha obtenido sintéticamente. Su administración reduce inmediatamente la eliminación urinaria.

De la tiroides

Esta glándula produce varias hormonas emparentadas entre sí químicamente: tiroxina, triyodotironina y tetrayodotironina. En los folículos tiroideos, estas hormonas se almacenan unidas a una proteína, para formar la llamada tiroglobulina. Su producción depende de la presencia y debida utilización del yodo. Las hormonas tiroideas ejercen un efecto notable sobre el metabolismo. De ahí que en su hiperproducción el metabolismo esté muy aumentado (enfermedad de Basedow o hipertiroidismo), mientras que su hipoproducción cursa con un retardamiento de los procesos metabólicos y otras alteraciones (mixedema o hipotiroidismo).

De las paratiroides

Estas glándulas segregan una hormona que regula el metabolismo del calcio y fósforo. Su hiperproducción conduce a una progresiva decalcificación del esqueleto (enfermedad de Recklinghausen), con aumento del nivel de calcio en la sangre y predisposición hacia los cálculos urinarios (hiperparotiroidismo). Su hipoproducción, por el contrario, baja peligrosamente el nivel de calcio en la sangre para producir el cuadro clínico llamado tetania, que se caracteriza entre otras manifestaciones por la aparición de una serie de convulsiones.

Del páncreas

Unas células especiales del páncreas, llamadas beta o insulares, producen una hormona específica, la **insulina,** de importancia capital en el metabolismo de los hidratos de carbono. Se utilizó por primera vez en medicina en 1922, al ser obtenida de extractos de páncreas de animales. Hasta hace muy pocos años no se pudo dilucidar su composición química, y últimamente se ha conseguido producirla de manera sintética. Su sobreproducción origina un cuadro que cursa con disminución del nivel de glucosa en la sangre (hiperinsulinismo), mientras que es sumamente corriente la hipofunción que da lugar a la diabetes.

De la corteza suprarrenal

En la zona cortical de la glándula suprarrenal se producen varias hormonas: cortisona, hidrocortisona, aldosterona, desoxicorticosterona, corticosterona, dehidrocorticosterona y otras. Su acción es muy compleja, pero puede sintetizarse en las siguientes funciones: regulación del metabolismo del sodio y potasio, regulación del metabolismo del agua y regulación del recambio hidrocarbonado y proteínico. Todas estas hormonas se producen actualmente por vía de síntesis y tienen una amplia aplicación terapéutica (corticosteroides), por su acción antiinflamatoria, antialérgica y antiexudativa. La hiperfunción cortical (o el exceso de administración de hormonas corticosteroides) provoca la enfermedad de Cushing (obesidad, hipertensión arterial, cara de «luna llena», osteoporosis, virilismo y estrías características en la piel). Otras veces, la hiperfunción provoca una precocidad sexual. Por el contrario, la hipofunción es causa de una enfermedad característica llamada de Addison, que cursa con profundo cansancio o astenia, hipotensión arterial y un bronceado típico de la piel (mal de los gitanos, o del bronce).

Examen de las enfermedades

De la médula suprarrenal

La parte central de la glándula suprarrenal produce las hormonas adrenalina y noradrenalina, que tienen una marcada acción sobre el sistema nervioso vegetativo y la pared vascular. Su hiperproducción (en algunos tumores llamados feocromocitomas) provoca hipertensión arterial, mientras que su hipofunción (deficiencia) cursa con hipotensión arterial.

De las gónadas femeninas

En el ovario se producen varias hormonas: estrógenos, estradiol, estrona (foliculina) y estriol. Todas ellas intervienen en el desarrollo de los caracteres sexuales primarios y secundarios, manteniendo la normal función sexual femenina. Pero en el ovario también se produce otra hormona, la progesterona o luteína, que no ejerce influencia sobre los caracteres sexuales, pero sí prepara la matriz para el embarazo. Es la responsable de que los ciclos menstruales se verifiquen con regularidad. Todas estas hormonas femeninas han sido obtenidas sintéticamente y tienen una amplia aplicación clínica. Su falta es incompatible con la función sexual, es decir, su ausencia provoca trastornos en la menstruación, el embarazo, etcétera.

De las gónadas masculinas

El testículo produce una hormona, la testosterona, que se encarga de estimular los caracteres sexuales primarios y secundarios, manteniendo la normal función sexual. También ha sido obtenida sintéticamente, y tiene amplio campo terapéutico. Su falta (castración) provoca en los niños un estado típico llamado eunucoidismo.

Enfermedades más frecuentes de las glándulas endocrinas

DIABETES MELLITUS

La diabetes «mellitus» o diabetes sacarina es una enfermedad conocida desde la antigüedad. Su nombre deriva de los siguientes términos: diabetes, o «pasar a través», que se refiere al hecho de que el diabético orina mucha cantidad, es decir, como si el agua lo atravesara con rapidez; «mellitus», o «con gusto de miel», referido al elevado contenido en azúcar de la orina, y sacarina que también se refiere al sabor dulce de la orina. La diabetes se define como un trastorno crónico, congénito o adquirido, del metabolismo de los hidratos de carbono, que se caracteriza por una insuficiencia del organismo para aprovechar los azúcares y que se debe a la ausencia o disminución de la formación de insulina en el páncreas o a que la insulina formada es insuficiente en actividad, por un trastorno de las células. Es una enfermedad muy frecuente. Se calcula

Las glándulas de secreción interna

que en el mundo occidental desarrollado la padece entre el 1 y el 2% de la población total. Afecta por igual a ambos sexos.

Síntomas. Intensa sed; gran flujo de orina, también de noche; olor del aliento y de la orina a acetona; cansancio, reducción de la actividad corporal y psíquica, con fácil cansancio; pérdida de peso; prurito, sobre todo en las inmediaciones del ano y región genital; disminución de la libido (apetencia sexual) y de la potencia sexual.

Además, debe pensarse en la posibilidad de los siguientes síntomas o complicaciones: intoxicación metabólica (coma diabético); forunculosis; predisposición a enfermedades infecciosas, especialmente la tuberculosis; calcificación arterial, que puede conducir a la amputación de los miembros, por graves alteraciones nutritivas, por ejemplo gangrena húmeda de los pies; alteraciones de la visión que, en casos graves, pueden conducir a la ceguera; trastornos renales; inflamaciones de los nervios, que pueden llegar hasta la parálisis.

Naturaleza y aparición. La diabetes representa una de las llamadas enfermedades de la civilización. En los países desarrollados de todo el mundo su frecuencia es cada vez mayor, mientras que en los países subdesarrollados su aparición es rara. La mayoría de los casos se presentan en el sexto decenio de la vida. Los hay, empero, en personas mucho más jóvenes e incluso lactantes.

La experiencia enseña que la enfermedad es tanto más benigna cuanto más tarde aparece, por lo que es mucho más grave en los jóvenes. Sin embargo, independientemente de la gravedad del trastorno metabólico, los diabéticos, sometidos a un tratamiento eficaz y consecuente, pueden llevar una vida en la que apenas difieren de las personas sanas. Por otro lado, este mismo tratamiento, bien vigilado, proporciona una supervivencia que en nada se diferencia de la de las personas sanas de la misma edad.

En el diabético existe un trastorno del metabolismo energético, sobre todo en relación con el metabolismo del azúcar de uva o glucosa y sus productos de escisión. Este trastorno está condicionado por una alteración endocrina, por una falta total o parcial de producción de insulina en el páncreas. Por ello, el diabético puede ser considerado tanto enfermo del metabolismo como enfermo de las glándulas de secreción interna.

La glucosa ocupa una posición central en el metabolismo intermediario y energético del cuerpo humano. No sólo contienen glucosa la mayor parte de nuestros alimentos (harinas, papas, pan, arroz, etc.), sino que también los demás azúcares sencillos (fructosa o galactosa) se transforman en glucosa en el organismo. Por ello, la sacarosa, azúcar de caña o remolacha, que está formada a partes iguales de glucosa y fructosa, siempre acaba en glucosa después de la absorción intestinal. Una vez absorbidos por el intestino, los azúcares van a parar al hígado, donde se almacenan en forma de glucógeno, hidrato de carbono muy complejo.

Este glucógeno se descompone continuamente (glucogenolisis) para abastecer de glucosa a la sangre. Por ello, el nivel de ésta en la sangre es constante (en ayunas los análisis dan como resultado aproximadamente un gramo por cada mil centímetros cúbicos de sangre). A su vez, el glucógeno hepático es formado por el ingreso alimenticio de hexosas (azúcares como la glucosa o la fructosa, con seis átomos de carbono por molécula) y a partir de la propia glucosa que circula por la sangre. Por otra parte, también una pequeña porción de proteínas, ácidos grasos y glicerina puede transformarse en el hígado para formar glucógeno.

Examen de las enfermedades

La glucosa de la sangre circulante va a parar a los siguientes puntos:
- Se convierte en glucógeno dentro del hígado, músculos, corazón y otros órganos que actúan de almacenes de esta sustancia.
- Se convierte en grasas en los almacenes de depósito de estas sustancias (grasas subcutáneas, sobre todo).
- Se oxida, es decir, se quema en las células para generar la energía necesaria en la actividad corporal.
- La reacción glucosa-glucógeno es reversible en el hígado: tanto se transforma glucosa en glucógeno como a la inversa. Pero en los músculos esta reacción es irreversible: la glucosa siempre se transforma en glucógeno y no a la inversa.

El glucógeno muscular es la fuente de energía que permite la contracción muscular (un deportista quema hasta 100 g por minuto). Cuando se escinde el glucógeno no se forma glucosa, como en el hígado, sino ácido láctico. Con todo esto ya hemos señalado el metabolismo de la glucosa. Es el combustible del organismo por excelencia y por ello el cuerpo mantiene tan complicados mecanismos regulatorios para que no pueda faltar a nivel de los músculos y células. Es tan importante esta sustancia que el ser vivo no puede estar pendiente de su ingreso alimenticio. Tiene que disponer de unas reservas (glucógeno) y además tiene que mantener una determinada cantidad, siempre libre, para uso inmediato en todos los espacios y líquidos intratisulares. Por ello, la glucemia o concentración de glucosa en la sangre es un índice importantísimo para señalar cómo funciona el metabolismo. Normalmente, el azúcar de la sangre se filtra a través de los riñones, pero se reabsorbe de nuevo. Por ello, no suele aparecer glucosa en la orina. Sin embargo, cuando aumenta el nivel de glucosa en la sangre, porque no se aprovecha bien o no se quema adecuadamente, la cantidad filtrada por el glomérulo renal no se reabsorbe totalmente y aparece un remanente variable en la orina. Cuando la hiperglucemia sobrepasa un cierto nivel o umbral acontece este fenómeno (glucosuria). En general, el umbral de filtración de la glucosa es de 180 miligramos por decilitro de sangre.

Todos estos cambios normales del metabolismo del azúcar se gobiernan de muchas maneras; en primer término, con ayuda de hormonas, entre las cuales la insulina reviste la mayor importancia. La insulina posibilita la entrada de glucosa en las células del cuerpo. Es un importante factor para quemar el azúcar y sus productos metabólicos resultantes y para el almacenaje de la glucosa en el hígado y en los músculos en forma de glucógeno. La falta de insulina impide la buena combustión de la glucosa y ocasiona la elevación de su nivel en la sangre y su anormal eliminación por la orina, que, en casos extremos, puede llegar a cantidades de hasta 200 g al día e incluso más. Tan elevada pérdida de calorías conduce rápidamente a un intenso adelgazamiento. Cuando los enfermos no son tratados, o lo son deficientemente, pueden acumularse productos intermedios del metabolismo de la glucosa, que inducen a peligrosas intoxicaciones, advertidas por un cansancio intenso y por olor a acetona en el aire espirado y en la orina. Cuando, en estas circunstancias, no se presta un rápido y oportuno tratamiento médico, se llega a un peligroso estado para la vida del enfermo, con pérdida del conocimiento (coma diabético).

Junto a la insulina procedente del páncreas también intervienen normalmente otras hormonas en el metabolismo del azúcar, como la hormona tiroidea y las de la médula y corteza suprarrenales, las cuales tienen una acción contraria a la de la insulina. Es

Las glándulas de secreción interna

comprensible, pues, que sus alteraciones también conduzcan a la diabetes. Sin embargo, las diabetes producidas por estos mecanismos son menos graves y su cuadro clínico es más leve.

Origen. Cuando se afirma que la causa de esta enfermedad es la escasez de insulina, sólo se dice una verdad a medias, pues si bien es éste el factor fundamental, influyen también, de manera decisiva, algunos desconocidos hasta el momento y otros cuya importancia es extraordinaria, como por ejemplo:

1o. **Predisposición hereditaria.** La frecuencia familiar está fuera de toda duda. La experiencia enseña que la diabetes aumenta con cada generación; aparece, además, precozmente y es más grave. El matrimonio entre personas pertenecientes a familias de diabéticos es, por tanto, muy arriesgado.

2o. **Comer excesivamente,** con glotonería, y sobre todo grandes cantidades de hidratos de carbono y de grasa, facilita, junto a la obesidad, la aparición de la diabetes. Es importante, sobre todo en los predispuestos, que observen una alimentación sobria.

3o. **La falta de movimientos corporales** (el trabajo muscular facilita la combustión del azúcar) es contraproducente y posibilita la aparición en aquellas personas propensas, así como la mala evolución de la enfermedad en los diabéticos.

4o. **Las enfermedades infecciosas** influyen desfavorablemente en el curso de la diabetes, agravándola, y por su parte la diabetes facilita la aparición de enfermedades infecciosas.

5o. **Las lesiones graves** del cráneo y de los órganos abdominales también influyen desfavorablemente.

6o. **Las sobrecargas intensas** corporales y psíquicas.

Tratamiento

Dieta. La comida del diabético es un factor de gran importancia. La posibilidad del aprovechamiento de las sustancias nutritivas, especialmente de las que contienen azúcar, está constitutivamente disminuida, disminución que, en cada caso, es distinta e indica el grado de la enfermedad. La falta completa de utilización de los hidratos de carbono, aun en las formas más severas de la diabetes, es rara. En muchos diabéticos, sobre todo en los llamados «diabéticos de la edad madura», en los que aparecen los primeros síntomas de enfermedad alrededor de los cincuenta años, puede mantenerse el metabolismo normal con algunos ajustes en la dieta, restringiendo los alimentos que no pueden ser aprovechados. En las formas graves debe administrarse, junto al régimen, un tratamiento médico.

En todo caso, es muy importante la regulación de las comidas y la valoración de cada una de ellas. Importa especialmente regirse por su contenido en hidratos de carbono. Ya los viejos químicos daban este nombre al azúcar de uva, porque, como otros azúcares, al quemarse daba anhídrido carbónico y agua. La designación de hidratos de carbono se ha aceptado unánimemente desde hace mucho tiempo y por eso nos referimos con este término a todas las sustancias azucaradas.

El contenido en hidratos de carbono de los alimentos es diferente según su clase y, además, hay que tener en cuenta que no todos los hidratos de carbono están presentes en forma absorbible en los alimentos; algunos tienen una parte de celulosa que no se puede absorber.

Examen de las enfermedades

El diabético debe aprender a calcular su comida con base en la cantidad de hidratos de carbono que contienen los alimentos, según tablas especiales, una de las cuales damos a continuación. En la práctica, el cálculo debe hacerse en gramos de hidratos de carbono, pues, aunque para algunos médicos deba referirse a su equivalencia en pan blanco, este procedimiento es más exacto. Veinte gramos de pan blanco contienen 12.5 gramos de hidratos de carbono.

Tabla de alimentos para el cálculo del contenido en carbohidratos

25 g de hidratos de carbono están contenidos en:

Bebidas alcohólicas

Cerveza clara	1 000 g
Coñac	(no contiene)
Vino de Málaga	130 g
Cerveza tipo Pilsen	480 g
Vino de Oporto	400 g
Mosto	380 g
Vino espumoso seco	600 g

Pan, harinas, pastas

Pan de Graham	56 g
Pan integral	44 g
Tortillas	50 g
Panecillo Viena	44 g
Pan de centeno	50 g
Pan de caja	50 g
Pan blanco	40 g
Pan tostado	36 g
Hojuelas de avena	40 g
Harina de avena	36 g
Macarrones	36 g
Fideos	36 g
Arroz	32 g
Fécula de arroz	30 g
Harina de centeno	32 g
Sémola de trigo	30 g
Harina de trigo	32 g
Fécula de trigo	30 g

Papas y legumbres

Alubias y frijoles	60 g
Lentejas	50 g
Garbanzos	56 g
Papas peladas	132 g
Papas con cáscara	120 g

Productos lácteos

Suero de mantequilla	640 g
Quesos grasos	1 400 g
Leche condensada sin azúcar	220 g
Leche de vaca	400 g
Quesos frescos	800 g
Yogur	700 g
Nata	800 g

Frutos secos

Cacahuates sin cáscara	180 g
Castañas sin cáscara	70 g
Avellanas sin cáscara	100 g
Cocos	100 g
Almendras sin cáscara	200 g
Nueces sin cáscara	210 g

Verduras

Zanahorias	210 g
Chícharos (guisantes) frescos	200 g
Chícharos (guisantes) en conserva	340 g
Col blanca	380 g
Remolacha (betabel)	340 g
Apio	800 g

(No contienen hidratos de carbono prácticamente: espinacas, acelgas, coliflor, ejotes frescos, pepinos, lechugas, col morada, tomates, ajos, cebollas, espárragos, rábanos, etc.)

(Continúa en la página siguiente)

Las glándulas de secreción interna

(Viene de la página anterior)		**Frutas**	
Jugos de fruta sin azúcar o frescos		Manzanas	400 g
		Piña	360 g
Manzanas	200 g	Naranjas	420 g
Fresas	500 g	Chabacanos (albaricoques)	360 g
Frambuesas	400 g	Plátanos	360 g
Grosellas	340 g	Peras verdes	350 g
Cerezas dulces	210 g	Peras maduras	500 g
Cerezas amargas	240 g	Moras	440 g
		Fresas	400 g
		Higos frescos	120 g
		Mangos	200 g
		Frambuesas	480 g
		Grosellas	380 g
		Cerezas dulces	150 g
		Cerezas amargas	200 g
		Mandarinas	500 g
		Ciruelas	200 g
		Duraznos (melocotones)	450 g
		Uvas	140 g

NORMAS APLICABLES EN LA DIETA DEL DIABÉTICO

Los siguientes alimentos están permitidos sin medida previa necesaria:

Café, café instantáneo, café descafeinado, malta bien filtrada (dos tazas).
Té.
Menta.
Infusiones caseras. Caldos de carne, gallina o huesos bien desgrasados una vez fríos.
Jugo de limón.

Gelatinas.
Sal y todas las especias o condimentos.
Cebollas como condimento, no como plato, ajos.
Mostaza.

Pepinillos y cebolletas.

Cubitos de caldo, extractos de carne y de levaduras.
Sacarina y edulcorantes no calóricos (prohibidos toda clase de refrescos gaseosos).

No debe tomarse:

Azúcar y dulces de cualquier clase, por ejemplo bombones, chocolate, pasteles, tartas, pastas, mazapán, miel, jaleas, mermeladas, confituras, jarabes, jugos de frutas y mostos dulces, chicles dulces, budines, helados, nata, mantequilla, mayonesa (eventual adición de grasa y de harina).

Además: licores, vinos generosos, vinos no naturales, cerveza, leche condensada azucarada, rosquillas, frutas secas (pasas, higos, dátiles). Los medicamentos que contengan azúcar, por ejemplo los jarabes para la tos, deberán evitarse; si esto no es posible, deberán tenerse en cuenta en el cálculo de la dieta.

Examen de las enfermedades

Equivalencias aproximadas de azúcar en los alimentos de uso más frecuente

50 gramos de pan equivalen a:

- 150 g de papas.
- 50 g de lentejas, pesadas en crudo.
- 250 g de lentejas, pesadas después de guisadas.
- 50 g de garbanzos, pesados en crudo.
- 100 g de garbanzos, pesados después de cocidos.
- 40 g de arroz, pesado en crudo.
- 110 g de arroz blanco, pesado después de cocinado (un plato corriente de sopa de arroz).
- 50 g de alubias o frijoles, pesados en crudo.
- 1 50 g de alubias o frijoles pesados después de guisados.
- 150 g de macarrones o pastas a la italiana.
- 450 g de sandía o melón.
- 450 g de fresas.
- 3 plátanos de tamaño mediano.
- 7 ciruelas.
- 4 naranjas.
- 4 higos frescos.
- 9 chabacanos (albaricoques).
- 5 ciruelas frescas.
- 4 manzanas.
- 4 peras.

100 gramos de papas equivalen a:

- 35 g de pan.
- 40 g de lentejas, pesadas en crudo.
- 150 g de lentejas, pesadas después de guisadas.
- 40 g de garbanzos, pesados en crudo.
- 100 g de garbanzos, pesados después de cocidos.
- 25 g de arroz, pesado en crudo.
- 80 g de arroz blanco, pesado después de cocinado.
- 40 g de alubias o frijoles, pesados en crudo.
- 100 g de alubias o frijoles, pesados después de guisados.
- 110 g de macarrones o pastas a la italiana.
- 300 g de sandía o melón.
- 150 g de cerezas.
- 300 g de fresas.
- 2 plátanos.
- 3 naranjas.
- 3 higos frescos.
- 6 chabacanos (albaricoques).
- 5 ciruelas frescas.
- 3 manzanas.
- 3 peras.

Las glándulas de secreción interna

Verduras

En la dieta del diabético las verduras deben ser incluidas regularmente y con abundancia, pero no en cantidad excesiva. En la mayoría de los casos se incluyen, además de en el almuerzo, también en la cena. Una parte de las verduras puede darse en forma de ensaladas y de alimentación cruda.

En general las verduras contienen, en cantidades variables, sustancias transformables en azúcar. Tan sólo una parte de ellas pasa al organismo por el intestino, pero recarga el metabolismo alterado del diabético.

La mayoría de las verduras contienen tan poca cantidad de sustancias transformables en azúcar, que su consumo en las cantidades que se desee, puede dejarse completamente libre. Las verduras pueden aderezarse libremente en lo referente al vinagre, limón, sal y especias, pero en lo relativo al aceite habrá que limitarse a lo indicado en la tabla.

Bebidas

El agua puede tomarse sin medida. El diabético dejará voluntariamente de beber agua en exceso en cuanto empiece a tratarse como es debido.

Con las bebidas alcohólicas hay que ser prudente. No hay por qué suprimir radicalmente el vino en las comidas a quien tenga el hábito de tomarlo. El vino tinto de mesa puede autorizarse en cantidad no superior al medio litro diariamente. La cerveza contiene alcohol y azúcar; un vaso de cerveza proporciona de 100 a 120 calorías, y aunque nada irremediable sucede si el diabético toma de vez en cuando un vaso de cerveza, en general, cualquier abuso, aun aparentemente pequeño, puede repercutir notablemente sobre su salud.

Los licores deben prohibirse totalmente; sin embargo a un diabético en su peso normal, o delgado, se le puede permitir beber con moderación.

En resumen, el alcohol será tanto más perjudicial cuanto mayor tendencia presente el bebedor hacia la obesidad.

Dietas distintas

	Calorías	Carbohidratos	Proteínas	Grasas (en g)	Indicaciones
Dieta A	1 000	100	70	45	Obesidad.
Dieta B	1 500	150	70	70	Obesidad discreta.
Dieta C	2 000	220	100	80	La más habitual.
Dieta D	2 500	250	100	125	Desnutrición moderada.
Dieta E	3 000	300	100	150	Desnutrición.

Examen de las enfermedades

A. Dieta de 1 000 calorías (hidratos de carbono, 100 g; proteínas, 70 g; grasas, 45 g)

Desayuno: 200 g de leche, con o sin sacarina, sola o con café o malta. 200 g de fruta, pesada sin cáscara ni piel (chabacanos, ciruelas, cerezas, higos, manzanas, duraznos, melón, naranjas, peras, sandías, uvas), todas ellas frescas.

Comida: Un plato de verdura (ejotes —habichuelas verdes—, col, acelgas, espinacas, coles de Bruselas, lechuga, espárragos, pimientos, jitomates), sofrita con una cucharada sopera de aceite; 150 g de carne de cualquier clase (excepto las muy ricas en grasa); 100 g de papas, cocidas o asadas al horno; una fruta (peras, manzanas, plátanos, naranjas).

Merienda: Igual que el desayuno.

Cena: Un plato de verdura de entre las ya citadas, sofrita con una cucharada sopera de aceite; 150 g de pescado fresco, de cualquier clase; 200 g de fruta, pesada sin cáscara ni piel, de entre las ya citadas.

Nota. Dos veces por semana puede sustituirse el plato de carne o pescado por una tortilla a la francesa de dos huevos. El plato de verduras puede sustituirse por una sopa de pasta.

B. Dieta de 1 500 calorías (hidratos de carbono, 150 g; proteínas, 70 g; grasas, 70 g)

Desayuno: 200 g de leche, con o sin sacarina, sola o con café o malta; 50 g de pan blanco, tostado o sin tostar; 200 g de fruta, pesada sin cáscara ni piel (chabacanos, ciruelas, cerezas, higos, mandarinas, manzanas, duraznos, melón, naranjas, peras, sandía, uvas), todas ellas frescas.

Comida: Un plato de verdura (ejotes —habichuelas verdes—, col, acelgas, espinacas, coles de Bruselas, lechuga, espárragos, pimientos, jitomates), sofrita con dos cucharadas soperas de aceite; 150 g de carne de cualquier clase (excepto las muy ricas en grasa); 100 g de papas, cocidas o asadas al horno; 25 g de pan blanco, tostado o sin tostar; una fruta (peras, manzanas, plátanos, naranjas).

Merienda: Igual que el desayuno, sin pan.

Cena: Un plato de verdura de entre las ya citadas, sofrita con dos cucharadas soperas de aceite; 150 g de pescado fresco, de cualquier clase; 25 g de pan, tostado o sin tostar; 200 g de fruta, pesada sin cáscara ni piel de entre las ya citadas.

Nota. Dos veces por semana puede sustituirse el plato de carne o pescado por una tortilla a la francesa de dos huevos. Si durante la mañana tiene molestias de hipoglucemia (mareos, sudores), trasladará la fruta del desayuno a media mañana. El plato de verduras puede sustituirse por una sopa de pasta.

Las glándulas de secreción interna

C. Dieta de 2 000 calorías (hidratos de carbono, 220 g; proteínas, 100 g; grasas, 80 g)

Desayuno: 200 g de leche, con o sin sacarina, sola o con café o malta; 50 g de pan blanco, tostado o sin tostar; 200 g de fruta, pesada sin cáscara ni piel (chabacanos, ciruelas, cerezas, higos, mandarinas, manzanas, duraznos, melón, naranjas, peras, sandía, uvas), todas ellas frescas.

Comida: Un plato de verdura (ejotes —habichuelas verdes—, col, acelgas, espinacas, coles de Bruselas, lechuga, espárragos, pimientos, jitomates), sofrita con dos cucharadas soperas de aceite; un huevo duro o en tortilla a la francesa; 200 g de carne, de cualquier clase (excepto las muy ricas en grasa); 200 g de papas, cocidas o asadas al horno; 50 g de pan blanco tostado o sin tostar; una fruta (peras, manzanas, plátanos, naranjas, chabacanos, mandarinas, duraznos).

Merienda: Igual que el desayuno.

Cena: Un plato de verdura, a elegir entre las ya citadas, sofrita con dos cucharadas soperas de aceite; 200 g de pescado, de cualquier clase; 50 g de pan blanco, tostado o sin tostar; 200 g de fruta, pesada sin cáscara ni piel, a elegir entre las ya citadas. El plato de verdura puede sustituirse por una sopa de pasta.

D. Dieta de 2 500 calorías (hidratos de carbono, 250 g; proteínas, 100 g; grasas, 125 g)

Desayuno: 200 g de leche, con o sin sacarina, sola o con malta o café; 50 g de pan blanco, tostado o sin tostar; 200 g de fruta pesada sin cáscara ni piel (chabacanos, ciruelas, cerezas, higos, mandarinas, manzanas, duraznos, melón, naranjas, peras, sandía, uvas), todas ellas frescas.

Comida: Un plato de verdura (ejotes —habichuelas verdes—, acelgas, espinacas, coles de Bruselas, lechuga, espárragos, pimientos, jitomates), sofrita con dos cucharadas de aceite; 200 g de carne de cualquier clase (excepto las muy ricas en grasa); 200 g de papas, cocidas o asadas al horno; 60 g de pan blanco, tostado o sin tostar; 200 g de fruta (peras, manzanas, plátanos, naranjas).

Merienda: 200 g de fruta, pesada sin cáscara ni piel, de entre las ya citadas en el desayuno; 200 g de leche, con o sin sacarina, sola o con malta o café; 50 g de pan blanco, tostado o sin tostar.

Cena: Un plato de verdura de entre las ya citadas, sofrita con tres cucharadas de aceite; 200 g de pescado fresco, de cualquier clase; 100 g de papas, cocidas o asadas al horno; 50 g de pan blanco, tostado o no; 200 g de fruta, pesada sin cáscara ni piel de entre las citadas en la comida.

Nota. Dos veces por semana puede sustituirse el plato de carne o pescado por una tortilla a la francesa de dos huevos. Si durante la mañana tiene molestias de hipoglucemia (mareos, sudores, etc.), trasladará la fruta del desayuno a media mañana. El plato de verdura puede sustituirse por una sopa de pasta.

Examen de las enfermedades

> **E. Dieta de 3 000 calorías (hidratos de carbono, 300 g; proteínas, 100 g; grasas, 150 g)**
>
> *Desayuno*: 200 g de leche, con o sin sacarina, sola o con malta o café; 100 g de pan blanco, tostado o sin tostar; 50 g de mantequilla fresca; 200 g de fruta, pesada sin cáscara ni piel (chabacanos —albaricoques—, ciruelas, cerezas, higos, mandarinas, manzanas, duraznos —melocotones—, melón, naranjas, peras, sandía), todas ellas frescas.
>
> *Comida*: Un plato de verdura (ejotes —habichuelas verdes—, col, acelgas, espinacas, coles de Bruselas, lechuga, espárragos, pimientos, jitomates), sofrita con tres cucharadas de aceite; 200 g de carne, de cualquier clase (excepto las muy ricas en grasa); 200 g de papas, cocidas o asadas al horno; 50 g de pan blanco, tostado o sin tostar; 200 g de fruta (peras, manzanas, plátanos, naranjas).
>
> *Merienda*: 300 g de fruta, pesada sin cáscara ni piel, de entre las ya citadas en el desayuno; 200 g de leche, con o sin sacarina, sola o con malta o café; 100 g de pan corriente, tostado o no.
>
> *Cena*: Un plato de verduras de entre las ya citadas, sofrita con tres cucharadas de aceite; 200 g de pescado fresco, de cualquier clase; 100 g de papas, cocidas o asadas al horno; 50 g de pan blanco, tostado o no; 200 g de fruta, pesada sin cáscara ni piel, de entre las citadas en la comida.
>
> **Nota.** Dos veces por semana puede sustituirse el plato de carne o pescado por una tortilla a la francesa de dos huevos. Si durante la mañana tiene molestias de hipoglucemia (mareos, sudores), trasladará la fruta del desayuno a media mañana. El plato de verduras puede sustituirse por una sopa de pasta.

En su dieta, el diabético debe tomar la suficiente cantidad de calorías, aunque tan escasa como le sea posible. Sin embargo, esta dieta ha de ser especialmente rica en vitaminas y otras sustancias, como las sales minerales. La importancia de una alimentación ajustada para el diabético ha sido puesta de manifiesto claramente durante los años de penuria de la Segunda Guerra Mundial. Las desventajas de una alimentación abundante resaltan, además, porque los diabéticos obesos tienen más complicaciones que los diabéticos con peso normal o delgados.

Los diabéticos deben restringir también en su alimentación, además de los hidratos de carbono, las grasas. Estos alimentos, además de engordar al enfermo, intervienen en su metabolismo y pueden llegar a transformarse en azúcar. El diabético debe tomar las proteínas y grasas que necesite y completar el resto de sus necesidades calóricas con los temidos hidratos de carbono.

Por ejemplo, un diabético de veinte años necesita más proteínas que un diabético de edad madura, y debe tomar diariamente unos 100 g de proteínas. Dispondrá en su dieta de la grasa suficiente para guisar y aderezar sus comidas, es decir, de unos 60 g. Si realiza un trabajo medio, necesita unas 2 500 calorías. Cien gramos de proteínas tienen 420 calorías; 60 g de grasa, 540 calorías; el resto, o sea, unas 1 500, se las debemos administrar en forma de hidratos de carbono (unos 360 g). De estos 360 g, metabolizará por sí mismo una gran parte, y para metabolizar el resto necesitará medicamentos adecuados.

Las glándulas de secreción interna

En la dieta del diabético es importante, además, que las cantidades estén debidamente distribuidas en el día, porque así son mejor tolerados los hidratos de carbono. En casos leves bastará con la dieta para mantener debidamente controlado a un diabético. En los más graves se necesitará, además, el concurso de algún medicamento, como los preparados hipoglucemiantes de síntesis o las inyecciones de insulina.

Tratamiento médico. El tratamiento con insulina debe ser establecido por el médico. El diabético necesita en estas condiciones que sus comidas se ajusten a las cantidades y tiempo adecuados, ya que la anarquía en estos extremos, o en el momento de poner la insulina, puede resultar sumamente peligrosa.

Los diabéticos pueden utilizar —incluso les resulta conveniente— la sal y, si no existen otras contraindicaciones, condimentos y especias en sus comidas.

La insulina produce una disminución del contenido de azúcar en sangre, nivel que vuelve a elevarse pasado algún tiempo y por efectos de una nueva ingestión de alimentos. Si transcurre demasiado tiempo de una ingestión a otra, el contenido del azúcar sanguíneo puede bajar extremadamente, hasta resultar peligrosa por la posibilidad de que se produzca un «shock» insulínico o hipoglucémico. Lo mismo ocurre si se realiza un trabajo corporal excesivo, ya que entonces el consumo desmesurado de azúcar puede conducir a la hipoglucemia. Para prevenir tal peligro, todo diabético sometido a cura de insulina debe llevar consigo un terroncito de azúcar, y si siente bruscamente un hambre intensa, sudoración, nerviosismo, etc., debe tomárselo, con lo cual evitará el peligro inmediato del «shock» insulínico. Hoy existen una serie de insulinas de acción lenta, que mantienen el azúcar sanguíneo más estable y permiten al diabético, además, controlar su nivel glucémico con una sola inyección al día.

Los preparados hipoglucemiantes o tabletas antidiabéticas constituyen el adelanto más importante en el tratamiento de esta enfermedad desde el descubrimiento de la insulina. Resulta imposible administrar ésta por vía oral, pues el jugo gástrico provoca su destrucción.

En 1955 se descubrieron dos sustancias químicas muy eficaces, derivadas de las sulfonamidas —la carbutamida y la tolbutamida— que mostraron gran eficacia en el tratamiento por vía oral de algunas formas de diabetes. Más tarde se sintetizaron otras sustancias con análogo efecto; existen hoy muchos preparados en el mercado farmacéutico. El mecanismo de acción es distinto, según la sustancia de que se trate; algunas sustancias estimulan la producción de insulina por el páncreas; otras bloquean parcialmente la absorción de glucosa en el tubo digestivo. Las primeras son eficaces cuando la producción de insulina está disminuida pero no anulada, lo que ocurre en ciertas formas de diabetes del adulto. Por el contrario, cuando las células insulares están totalmente destruidas, las tabletas antidiabéticas no sirven para nada. Este caso se da, especialmente, en las diabetes juveniles (dependientes de insulina), en los enfermos graves, etcétera. Será siempre el médico quien decidirá si se pueden ensayar estos productos y en qué cantidad pueden sustituir a la insulina, en casos aislados, según los tipos, las edades y las circunstancias especiales del paciente.

Medidas generales. El diabético deberá llevar una vida muy reglamentada e higiénica. Tanto su trabajo como sus distracciones o deportes y ejercicios físicos deben realizarse con la máxima regularidad (para quemar el azúcar de una manera uniforme). No debe fumar, debido a que existen trastornos vasculares a los que está especialmente predispuesto.

Examen de las enfermedades

El alcohol, en cantidades moderadas, resulta menos nocivo. Son útiles las estancias en ciertos climas marítimos y en balnearios con aguas bicarbonatadas sódicas.

Enfermedades de la tiroides

Mediante sus hormonas, entre las que destaca la tiroxina, la tiroides desempeña la misión de estimular el crecimiento y la actividad metabólica del organismo. La hormona tiroidea contiene yodo, como la glándula tiroidea misma, que representa el órgano más rico en yodo. Como órgano de secreción interna, la tiroides puede enfermar, aumentando o disminuyendo su función. El aumento de tamaño de la tiroides se llama, de manera general, bocio (estruma). Un bocio puede surgir sin que la glándula enferme o se altere su función. Por otra parte, existen muchos bocios que cursan con hipofunción de la glándula, mientras otros lo hacen con hiperfunción.

HIPERFUNCIÓN DE LA TIROIDES *(Hipertiroidismo)*

En su forma más grave se conoce como enfermedad de Basedow.
Síntomas. Adelgazamiento, a pesar del buen apetito; disminución de la capacidad de rendimiento corporal y psíquico; aumento de la rapidez del pulso; aumento del tamaño de la tiroides, leve o mediano, blando, conocido como bocio hipertiroideo; ojos saltones, con poco parpadeo, y mirada brillante; intranquilidad, excitabilidad; temblor fino, especialmente en las manos; oleadas de calor; insomnio; trastornos de la menstruación; pérdida de la libido; caída del cabello; frecuentes diarreas, a veces también estreñimiento.
Naturaleza. Los síntomas de esta enfermedad son, en su mayoría, debidos a que se forman una mayor cantidad de tiroxina y otras hormonas tiroideas que se vierten al torrente circulatorio. Estas hormonas aumentan el metabolismo de todos los órganos y producen un aumento de las calorías originadas; por ello es frecuente que en estos enfermos, a pesar de comer bien, se produzca una pérdida de peso, oleadas de calor y fácil irritabilidad, con aumento de la frecuencia del pulso, etc., fenómenos explicables por el aumento del metabolismo.
El hipertiroidismo es relativamente más frecuente en el sexo femenino. La mayoría de los casos se producen entre los veinte y treinta años, aunque puede presentarse a cualquier otra edad, sobre todo tras la menopausia.
Origen. La causa principal es todavía desconocida. Se sospecha la participación de alteraciones de los centros hipotalámicos y, secundariamente, de la hipófisis y de mecanismos autoinmunes. Son elementos coadyuvantes:
— El aumento del ingreso de yodo, a menudo por el tratamiento incorrecto de un bocio normofuncional.
— Factores emocionales y psíquicos.
— Enfermedades infecciosas.
— Intoxicaciones, especialmente con óxido de carbono, plomo o mercurio.
— Conmoción cerebral, absceso cerebral, traumatismos craneales.
— Insolaciones.

Las glándulas de secreción interna

La tiroides

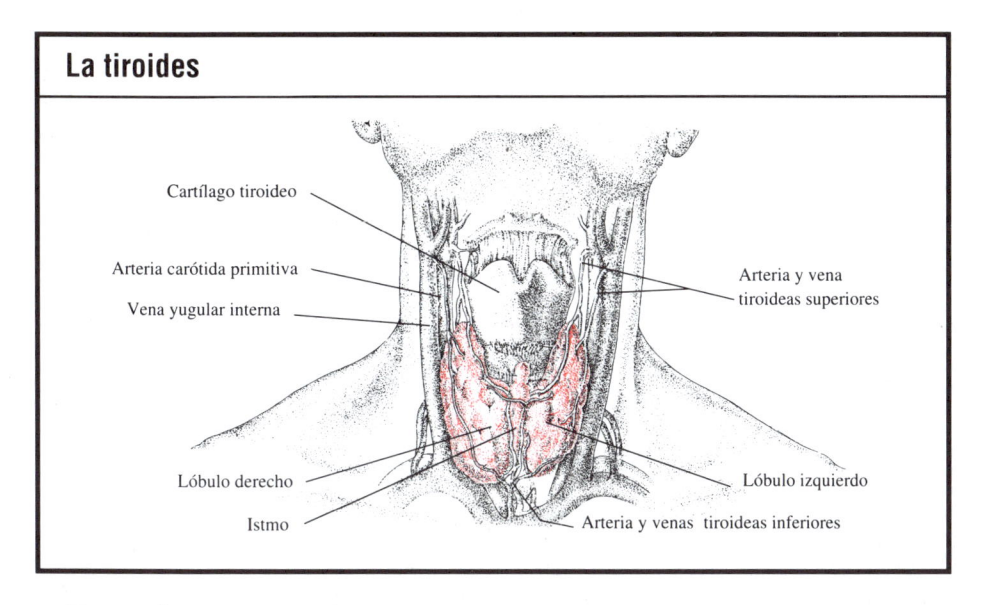

- Cartílago tiroideo
- Arteria carótida primitiva
- Vena yugular interna
- Arteria y vena tiroideas superiores
- Lóbulo derecho
- Lóbulo izquierdo
- Istmo
- Arteria y venas tiroideas inferiores

Tratamiento. En las formas leves, la dieta, con los adecuados medicamentos tranquilizantes o sedantes, puede influir favorablemente en el curso de la enfermedad. Los problemas cardiacos por esta disfunción pueden controlarse con propanolol. En las formas graves deben emplearse, además, otras medidas generales, incluso la cirugía.

El tratamiento dietético persigue dos objetivos: evitar la ingestión de alimentos cuyo alto contenido en yodo pueda empeorar la enfermedad, ante todo pescados azules, aceite de hígado de bacalao, espinacas y berros. También las carnes rojas deben evitarse, en cuanto que activan el metabolismo; pueden ser sustituidas sus proteínas por las de la leche y por vegetales. Finalmente, en la dieta debe tenerse en cuenta que el enfermo con hiperfunción tiroidea, a causa de su metabolismo aumentado, tiene también una mayor pérdida de calorías que la persona sana. Estos enfermos deben adaptarse a un plan alimenticio de unas 50 calorías por kilogramo al día, frente a las 35 a 40 calorías que necesita el hombre sano con un trabajo leve.

Junto a los medicamentos sedantes generales figuran, desde hace años, unos preparados que disminuyen la formación de hormonas en la tiroides y con ello la acción hormonal: los llamados tireostáticos (tiouracil, perclorato potásico, metimazol, etc.). Los enfermos, bajo la acción de estos tratamientos, mejoran rápidamente en cuanto al aumento del metabolismo, la pérdida de peso, las palpitaciones y la excitabilidad. Por otra parte, puede aumentar el bocio y la protrusión de los globos oculares (exoftalmos). El tratamiento con yodo radiactivo constituye actualmente otra posibilidad.

Cuando el tratamiento con medicamentos no da resultado, es aconsejable la operación. Con ella no se puede garantizar la curación, y algunas veces, más pronto o más tarde, sobrevienen recaídas. Además, la intervención en la tiroides, especialmente en casos de hiperfunción, encierra siempre un riesgo. Por ello, antes de operar se realiza un tratamiento médico previo para disminuir el metabolismo.

El enfermo con hiperfunción tiroidea necesita un ambiente tranquilo; su fácil irritabilidad, síntoma de su enfermedad, es digna de tenerse muy en cuenta. Debe mantenerse lejos de todo ruido y toda excitación. Las curas climáticas en montaña de

Examen de las enfermedades

Contenido en yodo (en gammas o milésimas de miligramo) por kilogramo de alimento

Aceite de hígado de bacalao	7 200	Lengua de cerdo	135
Arroz	10-80	Lentejas	20
Bacalao	8 600 a 24 200	Limón	15-140
Berros	450	Manzanas	40
Carne de res	5	Naranjas	20
Carne de cerdo	76	Nueces	30
Carne de ternera	22	Pan	15
Centeno	20-130	Papas	10-30
Dátiles	5	Pepinos	60
Ensalada verde	40	Peras	20
Espinacas	500	Queso	40-60
Grasa de cerdo	20-110	Riñón de cerdo	367
Chícharos (guisantes)	60	Sardinas	163
Hígado de cerdo	135	Jitomates	50
Higos	70	Trigo	20-150
Huevos (por unidad)	0.1-0.3	Truchas	36
Alubias, frijoles	20-30	Vino	20

altura media pueden, con frecuencia, actuar favorablemente. El empleo de agua fría en forma de envolturas húmedas, junto a medios baños, fricciones parciales o duchas frías, actúa como tranquilizante. En cambio, los baños muy calientes resultan excitantes y contraproducentes.

Los baños de sol, de vapor, nitrogenados o carbónicos, no muy calientes y de corta duración, pueden darse hasta tres veces por semana.

HIPOFUNCIÓN TIROIDEA
(Hipotiroidismo; mixedema)

La hipofunción tiroidea congénita o falta congénita de la tiroides se conoce con el nombre de cretinismo. Los cretinos suelen mostrar un bocio desde el nacimiento. En algunas regiones la formación del bocio es muy frecuente y se habla de zonas bociógenas. Aquellos pacientes que al llegar a la edad adulta muestran una disminución de la función tiroidea se denominan hipotiroideos, y su manifestación más ostensible es el mixedema.

Cuadro clínico del hipotiroidismo adquirido

Los síntomas que presenta un paciente con hipotiroidismo adquirido parecen más bien la manifestación de un trastorno psiquiátrico, y son:

1o. Fácil cansancio, intensa disminución y hasta pérdida de la iniciativa y del poder de concentración, además de debilidad de la memoria.

2o. Desarrollo de una hinchazón especial (mixedema) de aspecto seco, con piel sorprendentemente áspera.

Las glándulas de secreción interna

3o. Desarrollo, en la cara, de hendiduras palpebrales pequeñas y de expresión de estupidez.
4o. Cabellos y uñas quebradizos; caída de dientes.
5o. Disminución de la temperatura corporal y de la frecuencia cardiaca.
6o. Estreñimiento.
7o. Falta de menstruación, pérdida de la libido y de la potencia sexual.

Naturaleza. Su origen reside en la falta de hormona tiroidea, con lo que los procesos metabólicos se encuentran intensamente disminuidos. Disminuye no solamente el metabolismo energético, sino también el metabolismo formativo, por lo que un hipotiroidismo en la edad infantil conduce a la detención del crecimiento y a trastornos del desarrollo. En el adulto sólo se produce la fragilidad de las uñas y cabello y, lógicamente, la caída de éste.

Afecta mucho más a mujeres que a hombres. Entre los 40 y 50 años se produce, además, una mayor frecuencia de casos.

Causas:
— Operación en la tiroides, cuando se extirpa demasiado tejido tiroideo.
— Inflamaciones tiroideas previas.
— Lesiones producidas por irradiaciones de la tiroides.
— Administración de medicamentos para el tratamiento del hipertiroidismo (tireostáticos).
— Enfermedades en la zona del hipotálamo y de la hipófisis.

Tratamiento. Consiste en la administración de preparados de hormonas de tiroides, en tabletas, dosificados bajo control médico. Cualquier otro tratamiento es ineficaz, cuando no peligroso. El enfermo puede seguir, con carácter de protección, una dieta pobre en sal y calorías pero rica en vitaminas. Los baños de sol, así como la estancia en la costa, resultan también beneficiosos.

BOCIO *(Estruma)*

Cuadro clínico. Aumento del tamaño del cuello, a causa del crecimiento de la tiroides, que a veces produce una deformación monstruosa; sensación de opresión en el cuello; alteración en la respiración, deglución y función cardiaca, especialmente cuando una parte del bocio crece dentro de la caja torácica.

Naturaleza. Es especialmente frecuente en zonas de escasez de yodo, como los Alpes; en España, Las Hurdes.

Se integran aquí todos los aumentos del tamaño de la tiroides, pero sin alteraciones hormonales de la función tiroidea. No incluimos los casos de hiperfunción o hipofunción tiroidea, que a menudo cursan sin bocio.

En el bocio, empero, la mayor parte de la función tiroidea no está alterada. Los síntomas de la enfermedad sobrevienen debido a la acción mecánica del mismo bocio. Estos síntomas son, según la clase de bocio, de diferente intensidad. Así, toda la glándula puede aumentar de tamaño de una manera difusa o pueden formarse nódulos, más o menos grandes y numerosos. Durante la pubertad y en el embarazo aparecen con frecuencia aumentos en esta glándula que suelen ser inofensivos y que, por lo general, desaparecen tan pronto se restablece la armonía del conjunto hormonal.

Examen de las enfermedades

Las causas del bocio son:
— Falta crónica de yodo en la alimentación.
— Infiltración de la tiroides por sustancia coloide (bocio coloide).
— Hipertiroidismo.

Tratamiento. En zonas de escasez de yodo, desde hace varias décadas se administra una sal completa, obtenida al añadir pequeñas cantidades de yodo a la sal de cocina, con lo que se ha conseguido la disminución del bocio. En los países costeros, naturalmente más ricos en yodo, el bocio es rarísimo. Contribuyen a disminuir la formación del bocio, y a hacerlo menos intenso, una comida libre de coles y rábanos. Cualquier clase de coles y rábanos contiene sustancias bociógenas. Junto a la administración adecuada de yodo, es preciso adoptar, en muchos casos, una serie de medidas que pueden ser peligrosas, por lo que sólo deben realizarse bajo las órdenes y dirección del médico. En los casos de graves dificultades debidas al bocio es aconsejable la extirpación.

TETANIA *(Hipoparatiroidismo)*

La tetania es una predisposición aumentada a los espasmos, a las contracciones musculares bruscas y sostenidas. Según su naturaleza, debe distinguirse entre tetania primitiva y tetania sintomática.

Tetania primitiva

Cuadro clínico. Ataques de contracturas musculares muy dolorosas, especialmente en las manos, pies y boca; sensación de calor, vértigo y excitabilidad psíquica.

Naturaleza. Se trata de un trastorno del metabolismo del calcio, de extraordinaria complejidad. Se encuentra estrechamente ligado al metabolismo del fósforo y, sobre todo, a la hormona de las glándulas paratiroides (paratormona) y a la vitamina D. De los 1 100 gramos de calcio contenidos en el organismo de un adulto sano, alrededor de un 99% se encuentra en los huesos. Un litro de sangre contiene solamente 0.1 gramos de calcio, y de éstos solamente la mitad aproximadamente está en forma libre (activa), mientras el resto permanece unido a las albúminas sanguíneas. La parte libre, a pesar de su pequeñísima cantidad, desempeña una importante misión vital. Su disminución (en la hipofunción de las glándulas paratiroides) conduce a graves contracturas musculares; su aumento (en la hiperfunción de las glándulas paratiroides o en trastornos renales) ocasiona, por el contrario, calcificaciones en los órganos.

Causas:
1o. Extirpación errónea de las glándulas paratiroides en el curso de operaciones de la tiroides (antes esta causa era la más frecuente). Las paratiroides se encuentran inmediatamente detrás del tejido tiroideo y pueden, a causa de su pequeñez (tamaño de lentejas), ser extirpadas con facilidad.
2o. Daños en las glándulas paratiroides por causas desconocidas.

Tratamiento. En el ataque agudo de contractura se aplica una inyección intravenosa de calcio. Como terapéutica de larga duración debe administrarse el preparado AT-10, que actúa como la paratormona. Estos tratamientos deben someterse a estricto control médico, pues la sobredosis puede conducir, con el tiempo, a graves alteraciones orgánicas, tales como alteraciones de la calcificación ósea o formaciones de cálculos renales. También deben administrarse tranquilizantes. Es aconsejable la ingestión de una abundante dosis de calcio, de 15 a 25 g de lactato o gluconato de calcio.

El enfermo debe permanecer en un ambiente armónico y tranquilo y despreocuparse de toda carga, tanto corporal como psíquica.

La comida debe ser predominantemente ácida (porque el calcio se absorbe mejor en el intestino) y pobre en fósforo (porque el calcio y el fósforo se oponen uno al otro). La acidificación puede obtenerse con soluciones de ácido clorhídrico y pepsina. La cantidad de leche que se tome debe reducirse a la puramente necesaria, por contener una gran cantidad de fosfatos.

Tetania sintomática

El cuadro clínico de la tetania primitiva puede aparecer con una función paratiroidea normal. Un ataque de tetania puede presentarse en un hombre completamente sano a causa de una respiración forzada o por vómitos repetidos.

El ataque de tetania sintomática, como el de tetania primitiva, se produce por disminución relativa del calcio activo en sangre. Además de por la hormona paratiroidea, el contenido en calcio sanguíneo está influido por otros muchos factores, como el grado de acidez de la sangre y la presencia de otros minerales. Por la frecuencia y profundidad de la respiración disminuye el ácido carbónico de la sangre y ésta se alcaliniza, lo cual determina que el calcio activo de la sangre se haga relativamente insuficiente y sobrevengan las contracturas. Los hombres muy nerviosos, especialmente los jóvenes, pueden tener una respiración profunda o muy rápida (hiperventilación), y padecer un ataque de tetania, que por su propio nerviosismo se intensifica. Tal estado, pese a su apariencia, no es peligroso. Después de mantener algún tiempo la boca cerrada o de respirar en una bolsa de plástico para inhalar anhídrido carbónico, pasa el ataque. El tratamiento consiste en luchar contra el nerviosismo (psicoterapia). Otra causa de tetania sintomática es la falta de absorción de calcio por el intestino, que ocurre raramente en el raquitismo infantil.

El metabolismo y sus enfermedades

La función metabólica

El metabolismo es la base de todo proceso vital. Así como otras funciones del organismo pueden comprenderse con cierta facilidad si se comparan con el funcionamiento de los ingenios creados por el hombre, por ejemplo la estructura del ojo en relación con una cámara fotográfica, los fenómenos metabólicos son más difíciles de entender, e incluso existen facetas que todavía no han podido ser dilucidadas. Puede investigarse cómo se mantiene la temperatura del organismo y cuáles son los requerimientos nutritivos durante el crecimiento y desarrollo de los cuerpos. Pero los procesos metabólicos comprenden mucho más. Inicialmente significan un recambio: en forma continua se renuevan todos los elementos básicos que constituyen las células y, consecuentemente, los tejidos y los órganos. Aunque su aspecto morfológico no cambie, cualquier estructura viva está muy lejos de ser un objeto estable. Mediante complejos procesos químicos, las sustancias nutritivas ingresadas con los alimentos o almacenadas en los depósitos del organismo se incorporan al protoplasma sin que cambien de forma o función; sólo se sustituyen las sustancias que han de ser renovadas o intercambiadas. Pero, además, la vida no es sólo recambio de sustancias: es también energía. Todo trabajo, físico o mental; las actividades básicas, como la respiración, circulación, digestión, excreción y función sexual; cualquier manifestación vital, en suma, sólo es posible si se dispone de la fuerza necesaria, que ha de provenir de la combustión del azúcar, grasas y proteínas.

Se comprende que el metabolismo no puede estar ligado a un solo tejido u órgano. Es un fenómeno general que se extiende y comprende todo el organismo. Su complejo mecanismo se regula mediante el sistema nervioso vegetativo y las glándulas de secreción interna o endocrinas (hipófisis, tiroides, suprarrenales, paratiroides, páncreas —sólo las células del páncreas endocrino, productoras de insulina— y gónadas), que producen hormonas específicas. Junto al gobierno vegetativo y hormonal, un infinito número de fermentos específicos se encarga de que las reacciones químicas se lleven a cabo de forma acompasada, dirigida, oportuna y eficaz.

Los alimentos se pueden clasificar en sustancias energéticas, destinadas a la combustión para generar una fuerza; en sustancias plásticas o formativas, que sirven a los fines constructivos de tejido y órganos, y en sustancias reguladoras, como las vitaminas, el agua, las sales minerales y algunos ácidos grasos o aminoácidos esenciales (o sea, imprescindibles) y que son necesarios para crear el medio adecuado en que ha de vivir el hombre o que facilitan por su presencia aquellas reacciones químicas de formación o de combustión. Del mismo modo, los procesos metabólicos pueden clasificarse en anabólicos o constructivos y catabólicos o destructivos. Durante el anabolismo se forma nueva sustancia viva; durante el catabolismo estas mismas sustancias se escinden para generar energía (calor o trabajo).

Ya hemos mencionado que el metabolismo energético tiene ciertas semejanzas con el motor de explosión o con el fuego abierto en una chimenea. Sin embargo, también hay diferencias sustanciales. Si bien desde el punto de vista fisicoquímico la combus-

El metabolismo y sus enfermedades

tión entraña la combinación de una sustancia con el oxígeno, esta combustión se realiza en aquellos ejemplos de forma rápida y brusca. Si así ocurriese en la célula, la temperatura desprendida sería incompatible con la supervivencia. En los tejidos la combustión es mucho más lenta: la oxigenación es un proceso que se realiza paso a paso, a través de una serie de reacciones bioquímicas sumamente complejas. El azúcar, por ejemplo, se quema liberando agua y anhídrido carbónico y una determinada cantidad de energía. Para esta combustión, el tejido donde se realiza necesita oxígeno, que le es aportado por medio de la respiración, del mismo modo que el anhídrido carbónico liberado abandona también el cuerpo a través de los pulmones. Este proceso se realiza en etapas o fases que comprenden un ciclo metabólico. Por ejemplo, el paso del azúcar a ácido láctico, con la consiguiente liberación de energía, requiere seis eslabones intermedios.

Se puede calcular la energía que se desprende en el organismo durante la combustión de los alimentos (azúcares, grasas y proteínas), como también puede determinarse exactamente la que necesita una persona en diferentes circunstancias de edad, peso, talla, actividad física e intelectual, enfermedades, etcétera. Todas las sustancias portadoras de energía acaban quemándose para liberar una determinada cantidad de anhídrido carbónico, el cual sólo puede ser eliminado por la espiración; la medida de este gas en el aire exhalado sirve para determinar la actividad metabólica en un periodo fijado con base en los intereses de nuestra investigación.

La cantidad de energía contenida en los alimentos se mide en calorías; una caloría es la cantidad de calor necesaria para elevar en 1°C la temperatura de 1 g de agua (por ejemplo, de 15 a 16°C). Un gramo de azúcar produce cuatro calorías, al igual que un gramo de proteínas, mientras que un gramo de grasas aporta nueve calorías, y un gramo de alcohol, ocho.

Las necesidades calóricas del hombre varían con arreglo a multitud de circunstancias, pero existe una cierta actividad básica, vital, que se mide por el llamado metabolismo basal. Éste es el requerimiento calórico de un cuerpo en reposo total (después de doce horas de descanso físico y psíquico) y en ayuno completo, medido a una temperatura ambiental de 16°C.

El conocimiento de los factores metabólicos tiene gran importancia para el conocimiento de las enfermedades. De una parte, todo exceso sobrecarga el metabolismo. Como la eliminación no se puede forzar, y no se pueden «quemar» más alimentos que los que la actividad física o mental requiere para su esfuerzo, las sustancias nutritivas no utilizadas van a parar a los grandes depósitos o «despensas» del organismo, en su inmensa mayoría en forma de grasa. De otra parte, si la alimentación es carencial o deficiente, o si, debido a alguna afección del aparato digestivo, no se absorben bien los alimentos ingeridos, el metabolismo tiene que basarse, suplementariamente, en esos mismos depósitos que han sido previamente acumulados.

En este sentido conviene aún aclarar algunos conceptos sobre el aprovechamiento de las sustancias nutritivas. Por motivos genéticos y constitutivos, muchas personas que comen con exceso no engordan en relación con lo que ingieren; permanecen delgadas durante largo tiempo, al menos si se les compara con otros individuos que, en las mismas circunstancias de edad y actividad física, ingieren cuantitativamente lo mismo (es decir, la misma cantidad de calorías). En estas personas el metabolismo se encuentra acelerado. Esto no reviste carácter patológico, pues depende de factores

Examen de las enfermedades

intrínsecos de origen congénito. Sin embargo, también es frecuente el caso contrario: sujetos en los que incluso una sobrealimentación mínima es acusada en forma de obesidad por acumulación de grasas en los depósitos naturales (grasa subcutánea en la pelvis o en los muslos, obesidad generalizada, hígado graso, etc.).

Los conceptos de peso aumentado o disminuido exigen que definamos en principio cuál es el peso normal. La determinación de esta cifra ponderal fisiológica es sumamente difícil, ya que se fijará teniendo en cuenta multitud de circunstancias. Los médicos han buscado siempre fórmulas para hallar ese peso acorde con la salud. Por ejemplo, goza de cierta popularidad la ecuación siguiente:

$$Peso\ normal\ en\ kg = \frac{estatura\ (cm)\ multiplicada\ por\ el\ perímetro\ torácico}{240}$$

También han tenido prestigio otras fórmulas, como las siguientes:

Fórmula de Broca:
Peso en kg = estatura en cm – 100.

Fórmula de Lorentz:
$$Peso\ en\ kg = estatura\ en\ cm - 100 + \frac{estatura\ en\ cm - 150}{4}$$

Fórmula de Von Noorden:
Peso en g = estatura en cm x *430 (como mínimo) o* x *480 (como máximo).*

Lógicamente, no debe considerarse a todas las personas gruesas como enfermos, ni todas las delgadas muestran síntomas de carencia. De ahí que hayan surgido dos nuevas concepciones: el peso ideal y el peso medio. El primero ha sido determinado empíricamente. Las investigaciones realizadas por las compañías de seguros de vida y por los médicos clínicos dedicados a los problemas del chequeo (examen a las personas que no se encuentran enfermas ni manifiestan tener síntomas), y los estudios estadísticos que relacionan el máximo de salud y de supervivencia con determinadas cifras de peso en los diversos tipos de personas, han permitido establecer unas cifras hipotéticas o «ideales» que concuerdan con un máximo periodo de salud y bienestar. En el peso medio, la cifra obtenida es diferente: se trata del peso de una multitud de personas consideradas sanas en todos los sentidos (es decir, que no tienen enfermedades, pero tampoco son gruesas o delgadas según la apreciación general), personas que están, además, comprendidas en un determinado grupo étnico o racial, y cuya suma, dividida por el número de sujetos pesados, nos da la cifra «promedio».

Ofrecemos seguidamente los valores que la medicina actual establece como peso ideal. En las tablas adjuntas se exponen los valores promedios en una población como la nuestra. Si hay divergencias entre las tablas es por su origen. Resulta llamativo también que en el peso ideal se valoran la complexión robusta y la pequeña que, en el fondo, son dos situaciones extremas, por lo cual el sujeto normal tiene pesos intermedios entre ambos valores.

El metabolismo y sus enfermedades

Varón con constitución brevilínea	Edad									
	21-24	25-29	30-34	35-39	40-44	45-49	50-54	55-59	60-64	65-69
Est. en cm	Peso en kg									
150.0	61.0	63.0	64.0	63.0	63.0	62.5	62.0	61.5	60.0	59.5
152.5	61.5	63.5	64.5	64.5	64.0	63.5	63.0	62.5	61.0	60.0
155.0	62.5	64.5	65.5	65.5	65.0	64.5	64.0	63.5	62.0	61.0
157.5	63.5	65.0	66.0	66.0	65.5	65.0	64.5	64.0	62.5	62.0
160.0	65.5	66.5	67.5	67.5	67.0	66.5	66.0	65.5	63.5	63.0
162.5	67.0	68.0	69.0	69.0	68.5	68.0	67.5	67.0	65.5	65.0
165.0	69.0	70.0	71.0	71.0	70.5	70.0	69.5	69.0	67.5	67.0
167.5	71.0	72.5	73.0	73.0	72.5	72.0	71.5	71.0	69.5	69.0
170.0	72.5	74.0	75.0	75.0	74.5	74.0	73.5	73.0	71.5	71.0
172.5	74.5	76.0	77.0	77.0	76.5	76.0	75.5	74.0	73.5	73.0
175.0	77.0	78.5	80.0	80.0	79.5	79.0	78.5	78.0	76.5	76.0

Mujer con constitución brevilínea	Edad									
	21-24	25-29	30-34	35-39	40-44	45-49	50-54	55-59	60-64	65-69
Est. en cm	Peso en kg									
145.0	55.0	56.0	57.0	57.0	56.5	56.0	55.5	55.0	54.5	53.5
147.5	56.0	57.0	58.0	58.0	57.5	56.5	56.0	55.5	55.0	54.5
150.0	57.0	57.5	58.0	59.0	58.5	57.5	57.0	56.5	56.0	55.5
152.5	57.5	58.5	59.5	59.5	59.0	58.5	58.0	57.5	57.0	56.0
155.0	58.0	59.0	59.5	59.5	59.0	58.5	58.0	57.5	57.0	56.5
157.5	60.5	61.0	62.0	62.0	61.5	61.0	60.5	60.0	59.0	58.5
160.0	61.0	61.5	62.5	62.5	62.0	61.5	61.0	60.5	59.5	59.0
162.5	63.5	64.5	65.5	65.5	65.0	64.5	64.0	63.5	62.5	61.5
165.0	64.5	65.5	66.5	66.5	66.0	65.5	65.0	64.5	63.0	62.5
167.5	68.0	69.0	70.0	70.0	69.5	69.0	68.5	68.0	66.5	66.0
170.0	69.0	70.0	71.0	71.0	70.5	70.0	69.5	69.0	68.5	67.0
172.5	71.5	72.5	73.5	73.5	73.0	72.5	72.0	71.5	70.0	69.5
175.0	73.0	74.0	75.0	76.0	74.5	74.0	73.5	73.0	71.5	71.0

Examen de las enfermedades

Varón con constitución normolínea	Edad									
	21-24	25-29	30-34	35-39	40-44	45-49	50-54	55-59	60-64	65-69
Est. en cm	Peso en kg									
150.0	51.0	52.5	53.5	53.5	53.0	52.5	52.0	51.5	50.5	50.0
152.5	51.5	53.5	54.5	54.5	54.0	53.5	53.0	52.5	51.5	51.0
155.0	52.5	54.5	55.5	55.5	55.0	54.5	54.0	53.5	52.5	52.0
157.5	54.5	55.5	56.5	56.5	56.0	55.5	55.0	54.5	53.5	53.0
160.0	56.5	57.5	58.5	58.5	57.5	57.0	56.5	56.0	55.5	55.0
162.5	58.0	59.0	60.0	60.0	59.5	59.0	58.5	58.0	57.0	56.5
165.0	60.0	61.0	62.0	62.0	61.5	61.0	60.5	60.0	59.5	58.5
167.5	61.5	62.5	64.0	64.0	63.5	62.5	62.0	61.5	60.5	60.0
170.0	63.0	64.5	65.5	65.5	65.0	64.5	64.0	63.5	62.0	61.5
172.5	65.0	66.5	67.5	67.5	66.5	66.5	66.0	65.5	64.0	63.5
175.0	66.5	68.0	69.5	69.5	69.0	68.5	68.0	67.5	66.5	66.0
177.5	69.0	70.5	72.0	72.0	71.0	71.0	70.5	70.0	69.5	68.5
180.0	71.0	73.0	74.5	74.5	74.0	73.5	73.0	72.5	71.5	71.0

Mujer con constitución normolínea	Edad									
	21-24	25-29	30-34	35-39	40-44	45-49	50-54	55-59	60-64	65-69
Est. en cm	Peso en kg									
145.0	49.0	50.0	51.0	51.0	50.5	50.0	49.5	49.0	48.5	48.0
147.5	50.0	51.0	52.0	52.0	51.5	51.0	50.5	50.0	48.5	48.0
150.0	51.0	52.0	52.5	52.5	52.0	51.5	51.0	50.5	49.5	49.0
152.5	52.0	53.0	53.5	53.5	53.0	52.5	52.0	51.5	50.5	50.0
155.0	52.5	53.5	54.0	54.0	53.5	53.0	52.5	52.0	51.5	51.0
157.5	54.0	55.0	56.0	56.0	55.5	55.0	54.5	54.0	53.5	52.5
160.0	56.0	57.0	58.0	58.0	57.5	57.0	56.5	56.0	55.0	54.5
162.5	57.0	58.0	59.0	59.0	58.5	58.0	57.5	57.5	56.0	55.5
165.0	59.0	60.0	61.0	61.0	60.5	60.0	59.5	59.5	58.0	57.5
167.5	61.0	62.0	63.0	63.0	62.0	61.5	61.0	60.5	60.0	59.5
170.0	62.5	63.5	64.5	64.5	64.0	63.5	63.0	62.5	61.5	61.0
172.5	64.5	65.5	66.5	66.5	66.0	65.5	65.0	64.5	63.5	63.0
175.0	66.5	67.5	68.0	68.0	67.5	67.0	66.5	66.0	65.5	65.0

El metabolismo y sus enfermedades

Varón con constitución longilínea	Edad									
	21-24	25-29	30-34	35-39	40-44	45-49	50-54	55-59	60-64	65-69
Est. en cm	Peso en kg									
150.0	48.0	50.0	51.0	51.0	51.0	51.0	50.5	50.0	48.5	48.0
152.5	49.0	51.0	52.0	52.0	52.0	52.0	51.5	51.0	49.5	49.0
155.0	50.0	51.5	52.5	52.5	52.5	52.5	52.0	51.5	51.0	50.0
157.5	51.0	52.0	53.0	53.0	53.0	53.0	52.5	52.0	51.0	50.0
160.0	52.5	53.5	54.5	54.5	54.5	54.5	54.0	53.5	52.5	51.5
162.5	54.5	55.5	56.5	56.5	56.5	56.5	56.0	55.5	54.0	53.5
165.0	56.0	57.0	58.0	58.0	58.0	58.0	57.0	56.5	55.5	55.0
167.5	57.5	59.0	60.0	60.0	60.0	60.0	59.5	59.0	57.5	57.0
170.0	59.0	60.5	61.5	61.5	61.5	61.5	61.0	60.5	59.0	58.5
172.5	60.5	62.0	63.0	63.0	63.0	63.0	62.5	62.0	61.5	60.5
175.0	62.0	63.5	65.0	65.0	65.0	65.0	64.5	64.0	62.5	62.0
177.5	63.5	65.0	66.5	66.5	66.5	66.5	66.0	65.5	64.0	63.5
180.0	65.5	67.5	69.0	69.0	69.0	69.0	68.5	68.0	66.5	66.0

Mujer con constitución longilínea	Edad									
	21-24	25-29	30-34	35-39	40-44	45-49	50-54	55-59	60-64	65-69
Est. en cm	Peso en kg									
150.0	47.0	47.5	48.5	48.5	48.5	48.5	48.0	47.5	46.5	46.0
152.5	48.0	48.5	49.5	49.5	49.5	49.5	49.0	48.5	47.5	47.0
155.0	48.5	49.5	50.5	50.5	50.5	50.5	50.0	49.5	48.0	47.5
157.5	50.0	51.0	52.0	52.0	52.0	52.0	51.5	51.0	49.5	49.0
160.0	51.0	52.0	53.0	53.0	53.0	53.0	52.5	51.5	50.5	50.0
162.5	52.5	53.5	54.5	54.5	54.5	54.5	54.0	53.5	52.5	52.0
165.0	54.5	55.0	56.5	56.5	56.5	56.5	55.5	55.0	54.5	54.0
167.5	56.0	57.0	58.0	58.0	58.0	58.0	57.0	56.5	56.0	55.5
170.0	57.5	58.5	59.5	59.5	59.5	59.5	59.0	58.5	57.5	57.0
172.5	59.5	60.5	61.5	61.5	61.5	61.5	61.0	60.5	59.5	59.0
175.0	61.0	61.5	63.0	63.0	63.0	63.0	62.5	61.5	61.0	60.5

Examen de las enfermedades

Las enfermedades del metabolismo

Las carencias alimenticias (hipoalimentación o malnutrición)

La hipoalimentación es, a veces, sólo un problema social; el médico tropieza con pacientes mal nutridos en épocas de penuria por guerras o catástrofes naturales. Se trata en estos casos de una enfermedad pluricarencial por inanición, derivada de un déficit global en el aporte de alimentos. En general, se presenta cuando se ingieren al día menos de 2 000 calorías durante largo tiempo. Normalmente se soportan veinte días de ayuno completo, cifra que puede subir a más de setenta días si se bebe agua. Pero indudablemente estas cifras son relativas, pues dependen de factores personales. En los casos de hipoalimentación crónica, como los que se observaron en campos de concentración, pronto se desarrolla la llamada **enfermedad del hambre,** que puede adoptar dos tipos:

Adelgazamiento simple o seco. Junto a una desnutrición progresiva (magrosis) es aparente la total desaparición de la grasa de depósito (sobre todo la del tejido subcutáneo). Posteriormente aparece también una progresiva atrofia muscular. Al final, el enfermo aparenta tener sólo huesos recubiertos de una piel seca y áspera. (Es el marasmo total o caquexia).

Edemas de hambre. Junto a una progresiva desaparición de la sustancia corporal (grasas y músculos) se provoca una considerable acumulación de agua en los tejidos subcutáneos y, más tarde, también en el tórax (espacio pleural) y abdomen (ascitis). En una primera apreciación, los edemas generalizados (anasarca) quizás disimulen el extremo grado de adelgazamiento, pero un examen detenido del enfermo no deja lugar a duda de que existe una hinchazón. Característico del edema es que la acumulación de agua obedece a las leyes de la gravedad: en la persona todavía capaz de estar en pie es más acusado en las piernas, mientras que en los individuos ya destinados a permanecer acostados el edema es muy voluminoso, sobre todo a la altura de la espalda. El edema de hambre aparece siempre cuando, con un deficiente aporte de proteínas, existe una sobrealimentación de agua y sal común.

En ambos tipos de hipoalimentación se presentan también los siguientes síntomas:
1. Rápido deterioro de la capacidad de rendimiento físico y mental.
2. Cansancio, apatía, depresión e irritabilidad.
3. Sensibilidad extrema al frío.
4. Vértigo.
5. Retardo del pulso.
6. Alteraciones de la función sexual.
7. Predisposición a las enfermedades infecciosas, sobre todo la tuberculosis.
8. También son muy corrientes la diarrea profusa y un aumento de la eliminación de orina, incluso de noche.

Tratamiento. Es muy importante no precipitar la «renutrición» del hipoalimentado. Los alimentos más ricos en calorías (azúcar y grasas) deben administrársele poco a poco; es preferible darle al enfermo, al comienzo, únicamente proteínas y jugos de frutas. El reposo es esencial, y estos enfermos deben estar protegidos de cualquier pérdida de calor.

El metabolismo y sus enfermedades

Junto a estos estados de malnutrición por insuficiencia calórica global existen malformaciones específicas por deficiente aporte en determinadas sustancias nutritivas. Puede haber una malnutrición por falta de vitaminas (avitaminosis) o por falta de sales minerales. Pero el mayor problema es la malnutrición por insuficiente aporte de proteínas. Este cuadro es todavía muy corriente en los países subdesarrollados. La ingestión de alimentos resulta suficiente desde el punto de vista calórico, pero es deficiente en proteínas. El prototipo de esta carencia es la enfermedad llamada «kwashiorkor», que en el idioma nativo de ciertas tribus de la Costa de Oro quiere decir «niño rojo». Este cuadro sólo se da en niños que comen casi exclusivamente cereales. En ellos son evidentes un constante retraso del crecimiento, los edemas y alteraciones de la piel, con manchas rojizas.

El adelgazamiento

Conviene distinguir entre delgadez y adelgazamiento. La primera es un estado de nutrición que se refleja en unos depósitos de grasa muy disminuidos y en el que, por la razón que fuere, el individuo pesa menos de lo que indica el peso normal o ideal en sus circunstancias personales de edad, raza o sexo. En el adelgazamiento o magrosis se trata, por el contrario, de algo patológico y evolutivo, pues entraña el que un sujeto obeso o una persona normal pierda peso, poco a poco, por alguna causa morbosa. Así pues, debemos diferenciar la delgadez constitutiva, generalmente de base hereditaria —en la que no hay síntomas patológicos—, del adelgazamiento, que ha de comprenderse como un proceso patológico secundario en sí mismo o como un síntoma de otras enfermedades.

Se ha pretendido separar en la delgadez constitutiva dos tipos constitutivos diferentes: el delgado asténico, con poco músculo, y el esténico, con potentes músculos, lo cual resulta un tanto artificial. Más importante es señalar que la delgadez no entraña una disminución del apetito ni una falta en la capacidad del rendimiento físico o intelectual. También es importante resaltar que en la delgadez es casi imposible modificar el estado de nutrición, por muchas vitaminas o dietas sobrecalóricas que se les administren a estos sujetos.

En el **adelgazamiento** se pueden distinguir dos tipos:

1o. El adelgazamiento secundario, que aparece como consecuencia de otros procesos morbosos. Las siguientes enfermedades llevan al adelgazamiento:
   a) Enfermedades infecciosas en general y la tuberculosis en particular.
   b) Enfermedades del aparato digestivo (malabsorción, diarreas crónicas, procesos crónicos del hígado o páncreas, etc.).
   c) Enfermedades de las glándulas de secreción interna (endrocinas), sobre todo de la hipófisis (caquexia hipofisaria por falla total de esta glándula o de la tiroides, en este caso por hiperfunción).
   d) Enfermedades tumorales, sobre todo cancerosas.

2o. Existe un adelgazamiento como enfermedad, en cierto sentido independiente, motivado por una alteración de los instintos de hambre y apetito. Las causas, a veces, son lesiones cerebrales de tipo orgánico (encefalitis, tumores cerebrales, traumatismos encefálicos, etc.). En el sexo femenino es más frecuente la motivación psíquica. Es

Examen de las enfermedades

relativamente corriente que algunas jóvenes, a raíz de la pubertad presenten un adelgazamiento (pospuberal), que no tiene significado patológico. Pero también existe un adelgazamiento francamente patológico que aparece a esta edad en algunas mujeres y que tiene una honda causa psicológica todavía poco precisada. Es la llamada **anorexia nerviosa,** de pronóstico bastante serio y que requiere ser tratada por un psiquiatra.

El tratamiento de la pérdida de peso es, en primer lugar, causal. Tiene que ser curada la enfermedad causante, aunque siempre debe unirse al tratamiento psicoterapéutico cuando coexiste con profundas alteraciones anímicas. A veces sólo un cambio del medio ambiente (familia, localidad, profesión, etcétera) bastará para conducir hacia un resultado eficaz.

El tratamiento dietético exige mucho sacrificio, comprensión y paciencia. Su finalidad no sólo consiste en aportar las suficientes calorías para satisfacer las demandas del organismo enfermo (es decir, evitar que se siga adelgazando), sino también en restaurar los depósitos de grasa perdidos anteriormente. Para evitar llenar el estómago de líquidos, que podrían calmar la sensación de apetito, conviene prescindir de ellos durante las comidas.

Alimentos en el tratamiento de la delgadez

Indicados	Contraindicados
Harinas finas blancas, pan blanco fresco o tostado, macarrones, fideos, sémolas, budines, hojuelas de avena.	Pan integral, pan negro, pastas con huevo, dulces.
Puré de papas o arroz blanco.	Papas fritas.
Carnes blancas: ternera, pollo, conejo, sesos, hígado, jamón fresco o cocido.	Carne de cerdo, carne de cordero, ganso, pato, perdiz.
Pescados blancos: huachinango, pescadilla, robalo.	Pescados azules: sardinas, atún, mariscos.
Todas las grasas y aceites vegetales.	Manteca de cerdo, tocino.
Quesos.	Queso de Roquefort, Camembert o demás quesos con especias.
Miel, mermeladas.	Chocolate, dulces de nata, bombones, caramelos.
Verduras en general.	Coles, espinacas, coliflor, coles de Bruselas, lentejas, alubias, garbanzos.
Toda clase de frutas sin cáscara.	
Leche, cacao, vinos, café, té, vinos dulces (tipo ponche).	Licores, café negro demasiado concentrado.

El metabolismo y sus enfermedades

Es muy importante preparar una ración alimenticia muy variada, y cocinada con el máximo esmero, para estimular el apetito. Ya que estos enfermos rara vez están inclinados a ingerir grandes cantidades de alimentos de una vez, hay que darles muchas tomas repartidas durante todo el día y la noche, además de un contenido de alto valor energético y biológico. Téngase en cuenta, no obstante, que los alimentos con más calorías, las grasas, sacian rápidamente a quien los consume.

El tratamiento de la delgadez se basa en el aporte básico de carbohidratos fácilmente digeribles (harinas finas, pastas, sémolas, etc.). Como complemento hay que añadir leche, mermeladas, carnes muy digeribles (ternera, pollo), nata, mantequilla y aceite de oliva. Estas grasas «invisibles» adquieren una especial importancia, pues el enfermo apenas toma conciencia de que sus alimentos tienen cierta cantidad de sustancias nutritivas altamente calóricas que están como escondidas entre los demás alimentos. Aparte de ello, la dieta debe contener abundancia de sales minerales y vitaminas (jugos de fruta tomados entre horas).

Ejemplo de dieta para tratar la delgadez (aproximadamente 3 500 calorías al día)

Hora:	
7:00	100 g de manzana, 50 g de hojuelas de avena, 30 g de nata, 30 g de miel.
9:00	Una taza de café con una cucharada y media de nata y azúcar a discreción, dos rebanadas de pan tostado con 10 g de mantequilla y 30 g de mermelada o de jamón, según gusto.
11:00	Un huevo en tortilla a la francesa o revuelto en forma de *sandwich* (un huevo, 20 g de mantequilla, una tostada de pan blanco).
13:30	Caldo con fideos (125 g de caldo de ternera o pollo, 25 g de harina, 20 g de aceite de oliva, un cuarto de huevo), un vasito de ponche.
14:00	Almuerzo: Un filete de ternera (80 g), 150 g de puré de patatas preparado con media taza de leche y 20 g de mantequilla, 100 g de jitomates con 25 g de aceite, helado de vainilla (una yema de huevo, 15 g de azúcar, 3 g de gelatina, 150 g de nata), un vaso de vino.
17:00	Una taza de café o té con una cucharada y media de crema de leche y azúcar a discreción, pastas de té (35 g de harina, 25 g de azúcar, 25 g de mantequilla).
21:00	Cena: Plato de verduras variadas (50 g de zanahorias o betabeles 30 g de espárragos, 30 g de alcachofas, un huevo picado, 30 g de aceite de oliva), 30 g de pan blanco, un vaso de vino, mermelas de frutas (50 g de manzana o pera, 10 g de azúcar).
23:00	50 g de pasas, ciruelas secas o dulce de membrillo, un vasito de ponche.

Examen de las enfermedades

El tratamiento medicamentoso de los estados de desnutrición es sumamente complejo y debe estar totalmente en manos del médico. Existen hormonas que favorecen el metabolismo anabólico o constructivo, pero que al estar emparentadas con las hormonas sexuales masculinas deben ser aplicadas con el máximo cuidado en las pacientes para evitar efectos virilizantes. Con los llamados «amargos» o drogas que estimulan el apetito hay que tener cierto recelo, pues fácilmente pueden irritar la mucosa gástrica y, con ello, anular la sensación de apetito.

Obesidad

Bajo el concepto de obesidad se conoce un estado en que el peso del individuo afectado excede en más de un 20% al ideal o promedio de lo que le correspondería en las mismas circunstancias de edad, talla, sexo y constitución tipológica. Toda obesidad es, ante todo, una sobrecarga para el organismo en general, por lo que puede ser causa de numerosas enfermedades:

— El sobrepeso entraña una alteración del sistema cardiocirculatorio, simplemente por el hecho de que a mayor volumen corporal corresponde una mayor masa sanguínea requerida para irrigar los tejidos (incluidos los del depósito de grasas). En el obeso son, pues, frecuentes la hipertensión arterial, la dilatación cardiaca y la insuficiencia circulatoria, de la misma manera que presenta una mayor predisposición a las inflamaciones de las venas y a la producción de trombos.

— El obeso es también más propenso a las enfermedades de la piel por el exceso de sudoración y las inflamaciones consiguientes de sus pliegues cutáneos.

— Son asimismo frecuentes las alteraciones digestivas.

— El obeso es especialmente sensible a la diabetes.

— En la obesidad son frecuentes las alteraciones respiratorias orgánicas (congestión pulmonar, enfisema, bronquitis crónicas, etc.).

De todo ello resulta que existe un indudable paralelismo entre el grado de sobrepeso y el aumento de los índices de morbilidad y mortalidad. Aunque la mayor mortalidad no se deba directamente a la obesidad (relación de causa a efecto) es absolutamente cierto que los mismos factores que condicionan y mantienen la obesidad son también causantes de las enfermedades que cursan con un incremento de la mortalidad. Todas estas circunstancias provocan que el obeso tenga una esperanza de vida, en un momento determinado, por lo menos diez años menor que una persona de su misma edad y sexo que no lo sea. Las compañías de seguros de vida han establecido que en los hombres que tienen un 10% de aumento de peso sobre el llamado ideal, la mortalidad sube en un 13%; en los que tienen un 20% de sobrepeso este incremento es del 25%, incremento que llega a ser más del 40% para los que rebasan el 30% del ideal. En las mujeres, estas relaciones son menos acusadas.

Naturaleza y causas. Hasta hace muy poco tiempo el problema de la obesidad se enfocaba exclusivamente desde el punto de vista psicológico (prescindiendo de los excepcionales casos de enfermos obesos por desequilibrios glandulares). Se decía tajantemente: «la obesidad es consecuencia directa de una hiperalimentación que siempre es debida a una falta de autocontrol (gula) o a trastornos de la personalidad (subnormalidad o depresiones psíquicas)». Actualmente esta visión tan simplista no puede mantenerse.

El metabolismo y sus enfermedades

Se sabe que existen diferencias entre las sensaciones de apetito, hambre y saciedad, y que estas sensaciones están gobernadas por un solo centro nervioso. El hambre, generalmente, se siente de un modo desagradable, e induce a comer cualquier cosa. El apetito resulta ser un hambre mucho más diferenciada, que sólo incita a comer cosas especiales. Se puede comer con apetito aunque las necesidades calóricas estén satisfechas, mientras que la saciedad sólo se consigue cuando el hambre es aplacada. Dicho de otro modo: los factores subjetivos predominan sobre los objetivos. Después de haber ingerido un buen pedazo de carne es fácil decir que es imposible probar un bocado más, pero resulta fácil cambiar de parecer a la vista de un postre apetitoso. No sólo influye el sabor o la apariencia de los alimentos, sino también el ambiente, el régimen de vida, las circunstancias sociales, el humor, la vida de relación, etcétera. Es un hecho que, así como existe una delgadez constitutiva, no existe una obesidad constitutiva o congénita. Si algunas personas toleran o aprovechan mejor los alimentos y no engordan en relación con lo que comen, tal circunstancia tiene sólo carácter temporal, pues a la larga no puede evitarse que estas personas más «comelonas» tiendan al sobrepeso.

El hombre moderno, presa de las circunstancias de la civilización, parece haber perdido algunos de sus instintos naturales. En la alimentación esto se manifiesta por la gula: se come mientras hay antojo, aunque el hambre haya sido saciada ya. Y se come no sólo para satisfacer el apetito, sino también por obligación social, como señal de reconocimiento o gratitud. A todo ello cabe añadir que el aumento del nivel de vida ha condicionado que se ingiera un exceso de alimentos con alto contenido calórico y de total aprovechamiento (azúcar refinado, harinas blancas, carnes magras sin tejido conjuntivo, grasas animales, caramelos, bebidas refrescantes de alto contenido en glucosa, bebidas con gran volumen de alcohol, etc.). Se empeora la situación, asimismo, en razón de la era técnica en que vivimos, porque la vida sedentaria se ha impuesto en todos los órdenes.

Así pues, si un obeso manifiesta que no puede respetar una dieta o que esta misma dieta no le resulta eficaz a los fines del adelgazamiento, resulta casi siempre que su deseo de perder peso no es muy firme. Factores subjetivos han modificado de tal manera los instintos del hambre y apetito que, en el sentido literal de la palabra, la sensación de saciedad ha sido alterada. Debe recordarse a este respecto que toda persona que ejerce una profesión que obliga a estar delgado no tiene problemas de sobrepeso. Todavía no se conoce un bailarín o un jockey obeso. Como dijo Banting, codescubridor con Best, de la insulina: «Puedo afirmar de una manera responsable que la **cantidad** de la dieta ha de dejarse al arbitrio del hambre; que sólo la **calidad** es esencial para combatir y curar la obesidad».

Muy confusa es también la relación entre obesidad y falta de ejercicio físico. Ya sabemos lo que es el metabolismo basal: el gasto de calorías en condiciones de total reposo y ayuno. Toda actividad física incrementa este consumo calórico, que sólo puede compensarse por los alimentos aportados. Pero este aumento es muy inferior a lo que se cree en general. Por ejemplo, para elevar la eliminación de calorías sólo en 300 —que es el 10% del aporte calórico medio diario— hay que caminar dos horas, nadar muy intensamente más de media hora o correr en bicicleta más de una hora. De ello se ha extraído la errónea conclusión de que para adelgazar, el ejercicio físico es algo secundario, y esto, en cifras absolutas, es cierto: aumentar en un 10% el consumo calórico después del sobreesfuerzo que significa dos horas de marcha intensiva está en desproporción con el sacrificio exigido. Pero aquí influyen también los factores subjetivos ya señalados. Quien realiza ejercicio quizás sienta hambre, que puede satisfacer con la ingestión de la suficiente cantidad de alimentos para equilibrar el mayor consumo de energía, pero el que lleva una vida sedentaria suele no tener hambre; tiene apetito, el cual fácilmente puede inducirle a excederse en su ración alimenticia. Por ello es tan importante el ejercicio físico en el tratamiento de cualquier tipo de obesidad. No se trata de aumentar el gasto energético, lo cual se consigue de manera limitadísima, sino de diferenciar las sensaciones de apetito y de hambre.

No todas las edades están amenazadas igualmente por el problema de la obesidad, aunque las mujeres tengan siempre una mayor predisposición. En la edad juvenil y en la adolescencia el peligro es menor. La obesidad que aparece a continuación de la pubertad es, en general, no patológica, y se pierde de forma espontánea a medida que se restablece la armonía de las glándulas de secreción interna, a veces desequilibradas entre sí por el tumultuoso proceso de la diferenciación sexual. El mayor problema se origina en la edad adulta, tanto en la mujer, a raíz del climaterio, como en el hombre. La obesidad se debe, casi siempre, a factores ambientales. Si un muchacho acaba por ser obeso no es porque influyan en él fenómenos hereditarios; en la inmensa mayoría de los casos su obesidad se debe a que está habituado a comer más porque se sienta a una mesa donde el exceso es la regla. En contra de la opinión popular, los trastornos glandulares muy rara vez son causa de obesidad. Se le ha concedido demasiada importancia a la hipofunción tiroidea en la génesis del sobrepeso. La prueba de ello radica en el hecho de que no todos los hipotiroideos son obesos ni muchísimo menos, mientras que la inmensa mayoría de esos individuos tiene un metabolismo basal completamente normal.

Tratamiento. Prescindiendo de las poquísimas excepciones de obesidades de origen glandular, el tratamiento de la obesidad radica, en primer lugar, en la imposición de una dieta adecuada y en la regulación general del régimen de vida. La administración de hormonas (sobre todo tiroidea, que aumenta el metabolismo basal), de diuréticos (que «secan» el cuerpo, pero que no alcanzan una verdadera disminución del peso, pues el perdido se recupera fácilmente con beber un poco de agua) o de sustancias que reducen el apetito o, mejor dicho, quitan el hambre (anfetaminas y otras aminas estimulantes, que llegan a producir habituación), cabe sólo en casos muy especiales y siempre bajo vigilancia médica, pues entraña un riesgo indudable. Existen preparados que quitan el apetito y que no provocan adicciones en los pacientes obesos, pero aún se está estudiando su efectividad.

Únicamente puede ayudarse a la dietética de la obesidad sin mayor peligro con la administración de algunos laxantes suaves, entre otras razones porque el obeso tiende de por sí al estreñimiento. Son útiles los mucílagos, que se hinchan en el tramo digestivo, provocando una sensación de plenitud. También pueden usarse algunas plantas medicinales (boldo, sen, ruibarbo) y las sales de tipo Karlsbad.

Una cura de adelgazamiento exige mucha paciencia y disciplina. No tiene sentido recurrir a curas drásticas de ayuno forzado para perder de cinco a diez kilos, y volver después al mismo ritmo de vida o a los mismos hábitos alimenticios. El problema es mucho más profundo. La paciencia es necesaria porque al principio de cualquier cura la pérdida de peso es mucho más acusada que en las semanas siguientes. A menudo este primer adelgazamiento es pura ilusión; se debe, fundamentalmente, a la pérdida de líquidos y no a una pérdida de grasas. No hay que olvidar que en la obesidad existe siempre un trastorno del metabolismo de las grasas, capaces de almacenar hasta el 60% de su peso en forma de agua. Toda medida terapéutica de la obesidad lleva consigo una reducción de la ingestión de sal común, que obliga a que se reduzca el contenido de agua de las grasas. Si, por ejemplo, una persona tiene un exceso de veinte kilos de grasa en sus depósitos de almacenamiento, aparte de este peso cabe contar que se han acumulado en estas grasas hasta más de doce kilos de agua, que significan otros tantos kilos de más.

Por ello, en todo plan o régimen alimenticio que tiene como fin conseguir un adelgazamiento, hay que pensar a largo plazo; se trata de perder el agua en exceso y también la grasa que ha fijado a dicha agua.

El fin de todo tratamiento de la obesidad es establecer una ración alimenticia pobre en calorías para que el consumo energético sea superior a la ingestión calórica.

Al mismo tiempo, esta ración ha de ser compatible con el régimen habitual de vida y no debe menoscabar la capacidad de rendimiento del organismo. El arte de una buena dieta consiste en que el obeso nunca experimente sensación de apetito, lo cual se consigue estudiando detenidamente la sensación de saciedad en cada persona. Por ello, nunca se trata de limitar cuantitativamente los alimentos, sino de hacer una selección de manera que se impida aparecer al apetito. Esto depende de factores psicológicos, quizás con la única excepción de la obligada reducción en el consumo de sal común.

Los alimentos permitidos se pueden sazonar con limón o especias para que no resulten insípidos. Para disminuir el apetito es necesario educar al obeso para que sepa prescindir de determinados alimentos que se comen por gusto, no por hambre: dulces, bizcochos, pasteles, helados, mermeladas, bebidas edulcoradas, quesos grasos, salsas picantes, carnes grasas, mayonesa, etc.

Por el contrario, el obeso puede comer todo lo que le apetezca en forma de verduras, ensaladas, frutas, carnes magras, pescados blancos, quesos con poca grasa (sobre todo requesón o queso fresco), etc. No hay inconveniente en que tome algunas papas o que coma algunos pedazos de pan, incluso con 20 g de mantequilla. Con un régimen adecuado pueden resolverse perfectamente las sensaciones de hambre y apetito; simplemente hay que establecer que la dieta debe contener unas 500 calorías menos que las que realmente necesita el sujeto en cuestión con arreglo a su edad, peso, talla y actividad física. Después de muchos meses, incluso años, de paciente labor se puede conseguir el resultado apetecido. Quizás entonces pueda abrirse la mano, pero en ese momento el antiguo obeso ya ha sido objeto de tal sistema de autoeducación que ha aprendido a comer para vivir y no a vivir para comer.

La dieta en el tratamiento de la obesidad

Se describen tres dietas diferentes, entre las que podrá escogerse cualquiera según gusto y tolerancia:
  a) Dieta sin azúcar y sin grasas, pero con sal.
  b) Dieta sin azúcar, sin sal y sin verdura.
  c) Dieta sin azúcar y sin sal.

Dieta sin azúcar y sin grasas, pero con sal

Alimentos permitidos:

Verdura cruda o cocida; agua durante la jornada, pero preferentemente una hora después de las comidas.
Para condimentar los alimentos se pueden usar mostaza, especias, alcaparras, hortalizas en vinagre, salsa de jitomate, jugo de limón, sal común, orégano, etc.
Como sustituto del azúcar se puede emplear sacarina.
Naranjas, mandarinas, peras, manzanas, duraznos, ciruelas, cerezas.
Leche descremada, quesos sin grasa, yogur, café, té.
Agua tónica, agua mineral.
Vino corriente de mesa (blanco o tinto), vino seco de Jerez.

Alimentos prohibidos:

Azúcar.
Todas las grasas (aceite, mantequilla, margarina, manteca, tocino); carnes grasas (pato, pavo, cerdo, cordero).
Pescados grasos (anguila, anchoa, sardina, arenque, salmón y atún).
Huevos. Quesos.
Pastas, arroz, ejotes (habichuelas verdes), alubias, frijoles, garbanzos, lentejas, pan, harinas, cereales, dulces, papas, maíz, castañas, higos; toda la fruta seca, aceitunas, chocolate, caramelos, bombones, alcachofas, chícharos (guisantes).
Fresas, piña, plátanos, dátiles, uvas, nueces, almendras, pasas, melón, sandía.
Leche completa, nata.
Licores, vinos espumosos, cerveza, refrescos azucarados.

Menú tipo de dieta sin azúcar y sin grasa, pero con sal

Desayuno: Una taza de café o té, sin azúcar, pero con sacarina y leche descremada.

Media mañana: Fruta fresca a discreción. (Véase la lista de fruta permitida.)

Almuerzo: 100 g de carne magra (vaca, ternera, conejo, pechuga de pollo sin piel, jamón cocido, etc.). La carne debe estar hervida o a la plancha sin grasa, pero con sal a discreción. Para condimentar puede usarse limón, ajo, cebolla, perejil, mostaza, salsa de jitomate, vinagre, vinagreta (con clara de huevo picada).

Alternar este plato de carne con:

100 g de pescado blanco (huachinango, pescadilla, lenguado, etc.) o pescados no grasos (raya, sepia, pulpo, calamar, cangrejo, langosta, langostinos, jaibas, almejas, etc.). Se prepara como en el caso anterior.
200 g de verdura cruda o cocida sin mantequilla o aceite, pero con sal, limón o vinagre, pepinillos picantes o alcaparras. (Véase la lista de verduras prohibidas.)
Una fruta fresca. (Véase la lista de frutas permitidas.)
Un vaso de vino común. Café o infusión de hierbas.

Media tarde: Una taza de café o té sin azúcar, pero con leche descremada.

Cena: Lo mismo que en el almuerzo. Puede sustituirse el plato de carne o pescado por un yogur.

Dieta sin azúcar, sin sal y sin verdura

Alimentos permitidos:

Fruta fresca, con las excepciones citadas en la dieta anterior.
Agua, pero bebida preferentemente una hora después de cada comida.

Para condimentar los alimentos se pueden usar ajo, cebolla, alcaparras sin sal, salsa de jitomate, azafrán, orégano, especias, vinagre, jugo de limón, etcétera. 25 g de aceite de oliva al día, crudo, sólo para condimentar.
Yogur, requesón, huevos, quesos frescos.
Vinos corrientes de mesa, vino seco de Jerez.

Alimentos prohibidos:

Azúcar, sal, toda clase de verduras. Agua mineral.
Carnes y pescados grasos, grasas y quesos fermentados.

Legumbres secas.
Papas, arroz, pan, pastas, cereales, harinas, dulces.
Licores, cerveza, vinos espumosos, bebidas azucaradas, fruta seca.

Menú tipo de dieta sin azúcar, sin sal y sin verdura

Desayuno: Una taza de café o té sin azúcar, con sacarina y dos o tres cucharadas de leche descremada.
Fruta fresca (con las excepciones citadas en la dieta anterior).

Media mañana: Una manzana o una naranja.

Almuerzo: Dos naranjas (o manzanas, o peras, o duraznos), que se tomarán al comienzo de la comida.
200 g de carne magra (vaca, ternera, conejo, pechuga de pollo sin piel) hervida o asada (con una cucharada de aceite o mantequilla).

Alternar con:

200 g de pescado blanco (huachinango, robalo, lenguado) o pescado no graso (raya, sepia, pulpo, calamar, cangrejo, langosta, langostinos, jaibas, almejas, etc.) hervidos o al horno, con una cucharada de aceite.
Vino de mesa, café sin azúcar, infusiones de hierbas.

Media tarde: Una fruta fresca.

Cena: Dos naranjas (o manzanas, o peras, o duraznos, etc.) que se tomarán antes de la comida.
100 g de queso fresco (requesón o las distintas variedades de quesos frescos de vaca, oveja y cabra).

Alternar con:

Un yogur o dos huevos crudos o pasados por agua, cocidos o fritos (con una cucharadita de aceite o mantequilla).
Café o té, infusiones de hierbas, etc.

Examen de las enfermedades

Dieta sin azúcar y sin sal

(En esta dieta, las cantidades de alimentos deben estar controladas rigurosamente.)

Permitidos:

Almuerzo:

150 g de carne magra (vaca, ternera, conejo, pechuga de pollo sin piel).
120 g de papas, 40 g de arroz o 40 g de pasta
35 g de verdura cruda.
100 g de fruta fresca.
Dos panes sin sal.

Cena:

100 g de carne magra, o l00 g de pescado blanco o pescados no grasos, o dos huevos.
125 g de verdura cocida, 100 g de fruta fresca
Un yogur (que puede trasladarse al desayuno).
Dos rebanadas de pan tostado, sin sal.
Además: 35 g de aceite o de mantequilla, un cuarto de litro de leche descremada y otros dos panes sin sal (seis al día en total).
Medio litro de agua que podrá tomarse antes o después de las comidas.
Se puede condimentar como en los casos anteriores.

Prohibidos:

Azúcar y sal.
Carnes grasas.
Pescados grasos.
Quesos de cualquier clase.
Pan.
Agua mineral.
Ejotes (habichuelas verdes), alubias, frijoles.
Garbanzos, frutas secas.
Licores, bebidas azucaradas y gaseosas.

Infusiones de hierbas de uso popular contra la obesidad (sin azúcar)

Mezcla de:

Anís (20 g)
Graciola (20 g)
Fumaria (20 g)
Raíz de saponaria (20 g)
Regaliz (20 g)

Preparación:

Una cucharada de mezcla en una taza de agua hirviendo. Hay que beberla por la mañana, en ayunas.

Mezcla de:

Boldo.
Enebro.
Menta piperita, a partes iguales.

Preparación:

Una cucharada de la mezcla, en agua hirviendo. Para tomar después de las comidas.

Cualquier tipo de dieta a la que desee someterse una persona debe ser vigilada y recomendada por un médico, ya que debe adecuarse a las características físicas y metabólicas individuales.

GOTA *(Artritis úrica)*

Síntomas:

1. Ataques agudos (frecuentes en primavera y otoño); afectan sobre todo a la articulación del dedo gordo del pie (podagra) y a las articulaciones metatarsofalángicas y a las de la raíz de los pies. Las articulaciones afectadas se tornan rojoazuladas, se hinchan, se calientan y se vuelven muy sensibles al contacto.
2. Posteriormente, se forman los llamados nódulos gotosos (tofos). Asientan bajo la piel, sobre todo en las zonas articulares y en los cartílagos de las orejas.
3. Más tarde se alteran y deforman las articulaciones enfermas (gota crónica).

Por otra parte, con frecuencia acompañan a la gota otras enfermedades (diabetes, obesidad, hipertensión, alteraciones renales, cálculos urinarios).

Naturaleza. Existe un trastorno del metabolismo del ácido úrico. Éste es un producto que resulta de la escisión de ciertas proteínas, que provienen fundamentalmente de los componentes de los núcleos celulares. En los gotosos, el contenido en ácido úrico de la sangre se eleva, y se deposita abundantemente en los tejidos. Los nódulos gotosos están formados casi exclusivamente por estos depósitos. La precipitación del ácido úrico en las articulaciones hace progresar la enfermedad.

La gota representa una enfermedad muy dolorosa, que aparece con frecuencia en algunas familias, con carácter hereditario. En algunos países, sobre todo en Inglaterra, se ha hecho muy frecuente. También ha aumentado en España en los últimos tiempos; su frecuencia es mayor en las regiones del norte, sobre todo en el País Vasco. La enfermedad afecta más a los hombres (95%).

Origen y causa. La causa de esta enfermedad metabólica es todavía desconocida. La antigua teoría de que la gota era únicamente el resultado de los excesos alimenticios (sobre todo de la carne) no se admite hoy. No obstante, la experiencia enseña que la costumbre de ingerir excesivas cantidades de carne puede favorecer la precipitación de un ataque de gota.

Tratamiento. Deben tomarse en consideración medidas dietéticas, de medicamentos y generales.

Dieta. Se recomienda una alimentación pobre en ácido úrico, predominantemente vegetariana, para el tratamiento prolongado.

En la tabla adjunta se incluye una relación de alimentos con su contenido porcentual en ácido úrico. Cuando un enfermo de gota quiera comer carne, debe abstenerse, en todo caso, de comer mollejas, hígado, riñones, lengua, vísceras en general y pichones. En el ataque agudo es preciso guardar un ayuno absoluto, y en los días inmediatos una dieta de frutas y verduras es el régimen recomendable. Esto resulta importantísimo para disminuir la cantidad de ácido úrico que ingresa en el organismo, pues se logra reducir su nivel en la sangre.

Este tratamiento dietético no ejerce ninguna acción sobre la formación del ácido úrico interno, que resulta del metabolismo de las purinas del propio enfermo. Por regla general, debe beberse abundante cantidad de líquidos para impedir que el ácido úrico se deposite en las articulaciones y en otros tejidos; con esta práctica se dificulta, además, la formación de cálculos renales y se facilita la eliminación del ácido úrico por medio de la orina.

Contenido porcentual en ácido úrico y en sus precursores (cuerpos purínicos) de algunos alimentos

(La cifra 0 significa que la cantidad existente es inapreciable.)

Pan, 0
Cerveza, 0
Grasas, 0
Cereales, 0 (Como harinas, sémola y hojuelas de avena.)
Clases de carne:
  Mollejas, 0.99
  Caldos de carne, 0.05
  Carne de ganso, 0.1
  Sesos, 0.08
  Carnero, 0.08
  Pollo, 0.09
  Ternera, 0.11
  Hígado, 0.28
  Embutidos 0.03 a 0.14
  Riñones, 0.24
  Carne de caballo, 0.16
  Carne de venado, 0.12
  Vaca, 0.11
  Salchichas, 0.07
  Jamón, 0.08
  Paloma, 0.17
  Carne de cerdo, 0.12
  Lengua, 0.18

Clases de pescado:
  Anchoas, 0.47
  Truchas, 0.17
  Arenques, 0.21
  Langosta, 0.07
  Bacalao, 0.11
  Carpa, 0.12
  Sardinas en aceite, 0.35
  Boquerones, 0.08

Miel y mermeladas, 0

Papas, 0.01

Productos lácteos, 0
  (Leche entera, nata, la mayoría de los quesos, por ejemplo: Gervais, Roquefort, suizo, etc.)

Nueces y almendras, 0

Verduras:
  Coliflor, 0.02
  Ejotes (habichuelas verdes), 0.05
  Chícharos (guisantes), 0.05
  Pepinos, 0
  Col, 0.01
  Nabos, 0.03
  Lentejas, 0.16
  Setas, 0.05
  Rábanos, 0.02
  Apio, 0.02
  Espárragos, 0.02
  Espinacas, 0.07
  Jitomates, 0
  Betabel (remolacha), 0

Frutas, 0
  (Manzanas, mandarinas, plátanos, peras, cerezas, uvas, etc.)

Esta lista muestra qué alimentos están permitidos y cuáles están prohibidos. Durante el ataque agudo sólo se podrá tomar una dieta lactovegetal. Después de la remisión se podrán comer aquellos alimentos con menor contenido en ácido úrico.

Tratamiento. El preparado más antiguamente empleado contra la gota, la colchicina, sigue siendo hoy uno de los más activos. La colchicina debe administrarse únicamente por orden del médico y con extraordinario cuidado, ya que es muy tóxica. En el ataque agudo se administra hasta los límites de su toxicidad. La buena acción de la colchicina justifica este proceder. Pueden emplearse, además, las hormonas de corteza suprarrenal y otros preparados sintéticos corticosteroides. Últimamente se ha descubierto una droga muy eficaz: el alopurinol.

En el ataque agudo se pueden emplear fomentos calientes en las articulaciones atacadas para disminuir el dolor, pero también en los intervalos entre los accesos pueden emplearse junto con baños calientes (con lodos o residuos sulfurosos). Para estimular el metabolismo y especialmente para elevar la función de las articulaciones afectadas debe contarse con el ejercicio que suponen determinados movimientos corporales y ciertos movimientos gimnásticos. Además, debe procurarse aire puro y sueño largo y tranquilo. Las curas de baños medicinales son también de gran valor en el enfermo de gota. En España, las aguas clorurosódicas y mixtas, hipertermales y, de ser posible, radiactivas, son las más indicadas.

Son mejor tolerados los climas fríos y húmedos que aquellos en los cuales se producen cambios bruscos de presión atmosférica, que pueden desencadenar ataques agudos. Favorecen las temperaturas de 18°C con un 50 a 80% de humedad relativa. Son recomendables los climas de llanura y el clima marítimo.

Pronóstico. Es bueno en general, siempre que se sepan guardar las normas dietéticas y tomar los medicamentos indicados.

Las enfermedades infecciosas

Desde su nacimiento el hombre alberga en su cuerpo toda clase de microorganismos, habitualmente inofensivos y a veces beneficiosos, que en ocasiones incluso resultan indispensables para determinadas funciones fisiológicas. Pero también se ve rodeado de un mundo hostil repleto de parásitos, unicelulares (protozoos) o pluricelulares (metazoos), que tienen en común la posibilidad de ser patógenos, es decir, capaces de provocar una enfermedad. La infección implica la presencia de estos seres vivos en el huésped humano, donde crecen y se multiplican a sus expensas. La invasión y difusión de los parásitos no se traduce siempre en una alteración. Sólo cuando la agresión exterior determina un daño y el organismo reacciona contra este insulto, surge la **enfermedad infecciosa,** que se convierte en **enfermedad contagiosa** cuando se transmite, bien entre seres humanos directamente, bien por medio de algún animal. El desarrollo de estos procesos exige la concurrencia de una larga serie de circunstancias. Por parte del hombre ha de existir una susceptibilidad o predisposición hereditaria, constitutiva, una falta de resistencia local o general ante el agresor específico, la coincidencia de factores exógenos, o no específicos, como son el ambiente (por ejemplo, cambios del tiempo), el estado de nutrición, la edad, el sexo, la profesión y la existencia de otros trastornos que hayan debilitado sus defensas naturales. Por parte del microorganismo invasor interviene el número de los atacantes, la rapidez con que sobreviene la invasión y la capacidad de infección, la virulencia o poder dañino que posee cada especie.

Los microorganismos patógenos forman un amplísimo espectro de formas posibles. Los más pequeños son los virus, en el límite entre lo inanimado y lo vivo, invisibles al microscopio ordinario, pues sus dimensiones oscilan entre 15 y 300 millonésimas de milímetro. Antiguamente recibían el nombre de ultravirus o virus filtrables porque atravesaban los más finos filtros de laboratorio.

Mucho mayores son los diversos tipos de microbios o bacterias que pertenecen al reino vegetal. Las infecciones parasitarias producidas por hongos (del reino vegetal) o los seres animales unicelulares (protozoos) o pluricelulares (metazoos), como los gusanos, visibles al ojo humano, son más complejas, no sólo porque su tamaño sea **mayor,** sino porque su convivencia con el huésped humano es motivo de una **mayor** gama de posibilidades que abarca desde la tolerancia hasta la más violenta reacción de rechazo en el organismo.

Vías de infección

La infección o el contagio se realiza siempre a través de una puerta de entrada. Muy importante es la vía respiratoria o propagación aerógena: al toser o al espirar se lanzan pequeñas partículas contaminadas que pueden ser inhaladas por otro individuo. La vía gastrointestinal, mediante la ingestión de agua o alimentos infectados, tiene asimismo gran importancia sanitaria. Por último, la infección puede producirse por contacto, por inoculación directa, a través de heridas a veces imperceptibles de la piel o de las mucosas, por mordeduras de animales o picaduras de insectos.

Como ya hemos dicho, el contagio puede realizarse entre humanos, pero en ocasiones existe un intermediario que actúa de reservorio del agente patógeno y que padece la misma enfermedad. Se atribuye el nombre de epizootia a la transmisión epidémica de infecciones entre animales, y se denominan zoonosis aquellas enfermedades transmitidas de los animales inferiores al hombre. Se conocen más de 150 infecciones de este tipo, unas producidas por virus (rabia) y otras por bacterias (fiebre de Malta); el contagio se realiza por contacto directo con el animal enfermo (ingestión de su carne y contaminación por su orina, saliva o heces). Las zoonosis más peligrosas suelen ser las producidas por los roedores, por ejemplo las ratas, que transmiten la peste. Sin embargo, también puede ocurrir que la infección hombre-hombre o animal-hombre se realice a través de un vehículo o vector que actúa de intermediario sin padecer la enfermedad.

Estos vehículos son los artrópodos o animales no vertebrados, pero de cuerpo anillado (insectos, piojos, pulgas, moscas, flebotomos, mosquitos, etc.), que transmiten la peste, el tifus exantemático, el paludismo, etcétera, y los arácnidos, como las garrapatas, que transmiten la fiebre recurrente.

Por último, ha de señalarse que, con frecuencia, determinadas enfermedades infecciosas no se producen por invasión del propio germen, sino que son venenos o toxinas, elaborados dentro o fuera del huésped, los que producen el cuadro clínico que nos permite identificar cada proceso (como en las intoxicaciones alimenticias por botulismo y en el tétanos).

Características generales de las infecciones

Entre el contagio o implantación del germen patógeno y su propagación o difusión por el organismo humano siempre transcurre un determinado periodo, durante el cual comienzan a desarrollarse las lesiones, aún tan poco pronunciadas que no se acusan. Este periodo, llamado de incubación, varía entre horas (en la gripe y erisipela) y varios años (lepra, micosis), pero es característico para cada tipo de infección. Al final de él suele comenzar la enfermedad, aunque no siempre ocurre así, pues en ocasiones se establece una especie de compromiso entre germen y huésped. De esta especial convivencia puede pasarse a la enfermedad (al incrementarse la virulencia del invasor o al bajar la resistencia del organismo humano), pero el interés del fenómeno estriba en que el huésped contaminado, sin padecer la enfermedad, puede también servir de fuente de infección para los demás: es el llamado «estado de portador». Esto ocurre también una vez remitida la fase clínica de una enfermedad infecciosa, cuando el sujeto

Las enfermedades infecciosas

infectado se encuentra ya bien pero se constituye en peligro para los demás, al eliminar gérmenes patógenos que pueden contagiar a otras personas.

Según su grado de actividad, pueden establecerse ciertas características en las enfermedades infecciosas. La virulencia del germen causante y la susceptibilidad personal pueden mantenerse en equilibrio. Ocasionalmente se presenta la enfermedad en algún sujeto cuando, por ciertos desajustes, el equilibrio desaparece. Se habla entonces del caso esporádico. Otras veces la actividad está limitada a un determinado grupo de personas comprendidas en un área geográfica de condiciones especiales y se denomina infección endémica.

Así, en muchos países sigue habiendo en ciertos núcleos rurales reducidos una endemia tifoidea; si algunos portadores siguen contaminando las aguas residuales que se filtran de los pozos negros a los abastecimientos de agua potable o sirven para riego de huertas, en un determinado grupo humano aparece siempre una cierta proporción de enfermos. Se habla de epidemia cuando el contagio y los casos de una enfermedad infecciosa aumentan bruscamente. Se desconoce muchas veces la causa de este incremento. Si en ocasiones se debe a que cambia la virulencia del germen causante (se ha hablado de un «genio epidémico»), en otras el origen puede hallarse en alguna negligencia sanitaria. Por último, cuando estas epidemias sobrepasan ciertos ámbitos nacionales y cubren extensas zonas de la tierra, se habla de pandemias, que antiguamente se producían con la peste y viruela, y hoy en día quizá sólo quepan con la gripe. Las pandemias, cuando adquieren un carácter especialmente grave desde el punto de vista sanitario, por su morbilidad o mortalidad potencial, se denominan también enfermedades pestilenciales.

Una de las características esenciales de las infecciones es que siempre el organismo invadido es capaz de ofrecer una resistencia ante un agresor definido. Entre una total repulsión (con lo que no llega a producirse enfermedad infecciosa) y un total fracaso de los mecanismos defensivos (que conduce a la muerte del paciente) caben toda clase de posibilidades, que marcan decisivamente el curso de la enfermedad.

Se denomina **inmunidad** a la resistencia ante una infección determinada. La inmunidad puede ser congénita o natural, incluso de origen racial, pero también puede adquirirse, bien porque se haya padecido la enfermedad con anterioridad, bien porque haya sido conferida artificialmente. La inmunidad es un factor biológico exclusivamente dirigido contra un determinado agresor o su toxina. Generalmente los procesos inmunitarios se desarrollan porque el cuerpo es capaz de producir sustancias químicas específicas, de origen proteínico, llamadas anticuerpos, capaces de neutralizar la acción del germen patógeno o de su toxina. La inmunidad es, por otra parte, un proceso dinámico que cambia con los años y que va perdiendo su carácter defensivo con mayor o menor velocidad.

La **vacunación,** así, es el establecimiento de una inmunidad provocada artificialmente. Se habla de una vacunación activa cuando se inoculan en el organismo los gérmenes de una determinada enfermedad infecciosa, cuya virulencia está lo suficientemente atenuada como para que, sin desencadenarse la enfermedad, el cuerpo produzca la cantidad de anticuerpos precisa para contrarrestar cualquier contagio futuro (caso de la viruela o de la polio). Otras veces no se inocula el germen sino la propia sustancia tóxica del microorganismo (el antígeno), capaz de provocar la producción de anticuerpos tóxicos, sin enfermedad como respuesta. Esta vacunación activa, que equivale inmunitariamente a haber padecido la enfermedad, puede sustituirse, en algunos casos, por la vacunación pasiva, con efectividad mucho más limitada en el tiempo. Se administran entonces, directamente, los anticuerpos o antitoxinas al organismo, en forma de sangre, suero sanguíneo o antitoxinas, directamente obtenidos de la sangre de personas que ya han padecido la enfermedad en cuestión o de animales que por vacunación activa han sido inmunizados previamente. En este caso, los anticuerpos están a disposición de los sistemas de defensa inmediatamente después de haber sido incorporados, mientras que en la vacunación activa siempre es necesario que transcurra algún tiempo hasta que el organismo sea capaz de producir sus propios anticuerpos.

Alteraciones producidas por la infección

Contra toda clase de agresión el organismo reacciona mediante un complejo mecanismo de defensa, la inflamación, cuyos signos cardinales ya estableció Celso hace veinte siglos: **rubor et tumor cum calore et dolore.** La reacción inflamatoria es un proceso dinámico en el que juegan un papel trascendental tanto los factores locales como los generales, pues todo el organismo, por así decirlo, acude en ayuda del tejido invadido.

Mediante una sincronizada serie de actividades estratégicas, que se llevan a cabo a distintos niveles (celular, tisular, humoral, nervioso, endocrino, etc.), el organismo intenta rechazar la agresión, levantar una barrera defensiva para localizar la infección, eliminar las células que hayan sucumbido, e iniciar lo antes posible la reparación del daño sufrido.

El proceso inflamatorio consiste, en principio, en alteraciones (degeneración o muerte celular) producidas por el germen patógeno o sus toxinas. Inmediatamente después se inicia la reacción; a través de mediadores químicos se produce una vasodilatación local, aumentando el aporte sanguíneo. Por ello el tejido afectado tiene rubor, es decir, está enrojecido, y tiene calor, al aumentar la temperatura local debido al incremento de la cantidad de sangre. Literalmente, en la inflamación se «inflama» el campo de batalla.

Junto a la alteración vascular sobreviene un fenómeno característico: de la luz capilar emigran leucocitos al espacio intercelular (diapedesis) que comienzan a atrapar o fagocitar tanto los microorganismos que encuentran a su paso como los detritos celulares (el pus no es más que una colección de leucocitos que han englobado toda clase de microbios o restos de células muertas). También se produce un trastorno de la permeabilidad vascular: se establece la exudación, los tejidos inflamados se hinchan, las células rompen sus membranas, los líquidos contenidos en ellas se derraman y se forman edemas. Como consecuencia de estos trastornos, se presentan abultamiento y también el dolor, pues los espacios intersticiales, sometidos a presión, comprimen las terminaciones nerviosas. Mediante esta exudación el organismo aporta al campo de batalla numerosas sustancias de defensa, creando un medio hostil para la proliferación y difusión del agresor.

Si en conjunto las alteraciones inflamatorias discurren como hemos indicado, no debe olvidarse que caben variantes o reacciones diversas. No hay nada tan imprevisible como la evolución de una inflamación de este tipo.

La fiebre

Cuando la infección no puede ser vencida mediante el proceso inflamatorio local y éste sobrepasa el límite tisular, aparecen síntomas generales que, si bien varían en extensión, frecuencia, intensidad, localización, gravedad de las alteraciones objetivas y grado de las molestias subjetivas —según la infección contraída y las circunstancias personales del enfermo—, tienen un denominador común que sirve, precisamente, para definir el carácter infeccioso del cuadro clínico. El más común de estos síntomas inespecíficos es la **fiebre,** cuyo mecanismo de producción no se conoce aún por completo. Existe un centro nervioso que regula la temperatura de todo el cuerpo y parece que la infección y otros procesos no infecciosos afectan, directa o indirectamente, su función.

La temperatura del cuerpo humano se mantiene constante entre muy estrechos límites (de 36.5 a 36.9 grados Celsius), y se denomina hipertermia cualquier subida fugaz sin otras manifestaciones. La fiebre es un proceso algo más complicado. El enfermo lo acusa con variedad de molestias subjetivas. Hay muchos tipos febriles: continuo y prolongado, en la fiebre tifoidea; ondulante, en la enfermedad de Malta; intermitente; recurrente, etcétera. Cuando la fiebre se mantiene durante mucho tiempo y generalmente es poco elevada, el médico puede estar seguro de que se trata de una infección crónica, tórpida o solapada, y se habla de **febrícula,** cuya causa es en ocasiones muy difícil de precisar.

Permanece todavía sin aclarar la cuestión de si la fiebre es útil para el organismo y si cumple alguna finalidad. Sin embargo, la fiebre siempre será un indicador del estado del paciente y nos alerta hacia la presencia de algún proceso que la condiciona. Ante una elevación desmedida de la temperatura, cuando los síntomas acompañantes se tornan cada vez más ostensibles, resulta plenamente justificado un tratamiento antitérmico con los medicamentos llamados antipiréticos (el más conocido es el ácido acetilsalicílico o aspirina, integrante de ciertos específicos antidolorosos y antitérmicos) o con medidas caseras (compresas frías, enemas y, en casos extremos, baños de agua helada).

Peligros de la fiebre

Por otro lado, hay fiebre cuando la producción de calor excede a la pérdida o consumo calórico corporal. Este exceso implica un considerable aumento del metabolismo basal (que puede subir hasta más del 50%) y un evidente desgaste del organismo, que quema más principios inmediatos que los aportados por la alimentación. Por ello, una reacción febril continuada conduce al desgaste y consunción del organismo que la padece, porque el déficit de éste se establece no sólo a nivel de las calorías necesarias, sino que también resultan insuficientes el aporte de agua, el de sales minerales y, sobre todo, el de vitaminas.

La fiebre también condiciona que el exceso de calor tenga que gastarse, por lo que hay una vasodilatación en la piel, que aparece enrojecida y caliente, circunstancias que trata de contrarrestar mediante la evaporación de sudor. Esta sudoración será tanto más intensa cuanto más bruscos sean los cambios de temperatura. Es la razón de que

Examen de las enfermedades

todo enfermo con fiebre sea forzado a consumir un exceso de líquidos, sobre todo de jugos de frutas o aguas minerales, para compensar en lo posible no sólo la pérdida de agua, sino también la eliminación de sales minerales. Ya sea por la deshidratación febril, por acción tóxica directa, por el aumento generalmente paralelo de la frecuencia cardiaca o por la vasodilatación exagerada que se produce en ciertas zonas, el aparato cardio-circulatorio, que suple fundamentalmente el necesario incremento metabólico, pronto acusa su debilidad; son generales la baja de la tensión arterial y los fenómenos de insuficiencia vascular. Precisamente en las infecciones graves la muerte sobreviene muy a menudo por colapso cardiocirculatorio. Es una de las razones, junto al exceso metabólico, que convierten en imprescindible el reposo absoluto en cualquier enfermedad que curse con fiebre.

Por parte del aparato digestivo disminuye la secreción de jugos, lo que reduce aún más el apetito, ya minimizado por el mal estado general. La lengua se presenta con aspecto saburral; la digestión se hace lenta y pesada. Por ello, nunca se debe forzar a comer al enfermo febril; es mucho más importante, como apuntamos antes, cuidar el aporte de líquidos, sales minerales y vitaminas, sobre todo de vitamina C, que tiene un efecto antiinfeccioso general, y de las del complejo B. Cuando la infección afecta directamente al aparato digestivo, sobreviene generalmente la diarrea, y ésta debe ser tratada para evitar una mayor deshidratación. Cuando la infección es extraintestinal, el estreñimiento suele ser frecuente y también necesita corregirse. Sin recurrir a los purgantes y las intempestivas lavativas, en otros tiempos demasiado prodigados y hoy totalmente proscritos, siempre cabe la regulación de la evacuación intestinal con supositorios de glicerina, enemas jabonosos suaves o, simplemente, con forzar ligeramente la dieta de frutas y verduras.

En la sangre también se acusan las alteraciones infecciosas generales. Se evidencia una anemia, aumenta inespecíficamente la velocidad de sedimentación de los glóbulos rojos o hematíes y se produce un aumento del número de los glóbulos blancos o leucocitos; asimismo varía la proporción entre sus diferentes tipos (véase pág. 104), indicadores, todos ellos, de la reacción defensiva del organismo.

Es frecuente que el enfermo tosa, no ya por afección directa del aparato respiratorio, sino porque la fiebre, al disminuir la secreción mucosa, condiciona una sequedad irritativa. Por parte del sistema muscular es general el síntoma de fatiga, la llamada astenia, tan difícil de precisar como de remediar, y que quizá sea el más molesto trastorno subjetivo. Por último, resultan evidentes las manifestaciones del sistema nervioso, que van del frecuente dolor de cabeza o del insomnio, con relativamente fácil tratamiento sintomático, hasta el delirio, el estupor o las convulsiones, en los cuadros febriles más acentuados, que exigen cuidados médicos especiales.

Profilaxis de las enfermedades infecciosas

La ciencia médica dispone hoy de numerosos medios para evitar la propagación de las infecciones. En primer lugar se puede actuar sobre la fuente de infección: el hombre enfermo o el portador sano, y los animales que actúan de reservorios. La primera medida consiste en el aislamiento del enfermo; de aquí el origen de los antiguos lazaretos. Hoy el criterio del médico o de las autoridades sanitarias decide si basta con

Las enfermedades infecciosas

un aislamiento domiciliario o es necesaria la hospitalización en salas especiales, según el carácter de la enfermedad. Por ejemplo, no es necesaria generalmente la hospitalización de un caso de gripe, por muy contagiosa que ésta sea, mientras que resulta obligatoria en cualquier infectado de rabia o viruela. Muchas veces el cordón sanitario se circunscribe a la estrecha vigilancia de los portadores sanos o de los enfermos ya curados pero que todavía eliminan gérmenes patógenos. Una medida sanitaria que se ha impuesto en todos los países es la declaración obligatoria de las enfermedades infectocontagiosas, una vez diagnosticadas y a veces incluso sólo sospechadas en un determinado enfermo.

Si bien entre los diferentes países la lista de enfermedades que deben ser comunicadas inmediatamente a los departamentos de sanidad varía (por razones de índole geográfica, económica, política, social, etcétera), la Organización Mundial de la Salud (OMS) tiende a aconsejar que se haga un esfuerzo para llegar a establecer una legislación unificada entre las naciones.

Enfermedades infecciosas que deben declararse a las autoridades sanitarias, según la OMS (Organización Mundial de la Salud)

1. Fiebre tifoidea y paratifoidea.
2. Disentería bacilar.
3. Tuberculosis pulmonar.
4. Carbunco.
5. Brucelosis.
6. Lepra.
7. Difteria.
8. Escarlatina.
9. Meningitis cerebroespinal epidémica.
10. Poliomielitis.
11. Varicela.
12. Sarampión.
13. Rabia.
14. Tracoma.
15. Paludismo.
16. Fiebre recurrente transmitida por garrapatas de cerdos.
17. Oftalmopatía purulenta del recién nacido.
18. Triquinosis.
19. Reumatismo cardioarticular agudo o fiebre reumática, incluso sin especificar si ha habido participación cardiaca.
20. Gripe.
21. Septicemia puerperal posaborto o posparto.
22. Viruela.
23. Fiebre amarilla.
24. Tifus exantemático.
25. Cólera.
26. Peste.
27. Fiebre recurrente transmitida por piojos.

Profilaxis

Son muy amplias las facultades de las autoridades sanitarias para establecer medidas preventivas y evitar la aparición de enfermedades pestilenciales, truncar brotes epidémicos o erradicar y controlar ciertas infecciones endémicas. Puede ordenarse el aislamiento de los enfermos —y a veces de sus familiares—; imponer vacunaciones masivas; desinfectar viviendas; cerrar colegios o centros de trabajo; exigir autopsias en casos de fallecimientos sospechosos, etc. Es necesaria la vigilancia de las personas que proceden de países donde se ha declarado un determinado estado endémico o epidémico: se les exige una vacunación. En casos de duda o de grave amenaza pestilencial puede, asimismo, imponerse una cuarentena: aislar a los viajeros que arriban del país sospechoso durante el periodo de incubación para observar si se desarrolla o no la enfermedad en cuestión. Por último, se puede incluso prohibir la actividad profesional de ciertos portadores; es el caso de los cocineros o manipuladores de alimentos que eliminan bacterias tifoideas. Finalmente, las autoridades sanitarias extienden su vigilancia a los animales domésticos o salvajes causantes de diversas zoonosis, que si bien en el caso de animales útiles (bovinos, equinos, aves, etcétera) entraña la vacunación o el tratamiento veterinario de las diversas enfermedades transmisibles al hombre, en el caso de los roedores (ratas, principalmente) casi siempre significa su exterminación masiva (desratización).

En segundo lugar, la profilaxis puede englobar todas las intervenciones sobre el modo de transmisión de las infecciones. En este sentido ha adquirido especial importancia la lucha contra la contaminación del agua y de los alimentos. La vigilancia del abastecimiento de agua potable y la canalización de las aguas residuales, así como la eliminación y tratamiento de las basuras y el control sobre mataderos, mercados o industria elaboradora de alimentos, han contribuido, fundamentalmente, a la supresión de muchas causas de enfermedad.

La desinfección del aire, para evitar la contaminación aerógena, es un capítulo de solución más difícil, pero se comprende la importancia de la buena aireación de la habitación de un enfermo infeccioso, así como de la higiene personal, absolutamente imprescindible, la esterilización de sus ropas y utensilios, el adecuado manejo de sus evacuaciones, el control sobre visitantes y familiares, etc. Estas medidas higiénicas deben extremarse en los hospitales u otros centros asistenciales donde el contagio puede producirse con especial facilidad. Hay que mencionar también los llamados **fomites,** objetos inertes capaces de actuar como vehículos de transmisión, como son los cubiertos de mesa y, sobre todo, las jeringas para inyecciones. Es fundamental la actuación sobre los insectos o vectores animales: nunca podrá ponderarse suficientemente el papel sanitario de los insecticidas. Por último, las medidas sanitarias pueden establecerse sobre el propio hombre sano para evitar no ya el contagio, sino la enfermedad infecciosa en sí, mediante la producción de una inmunidad activa o pasiva. Quizá sea la vacunación la medida primordial que ha permitido el control de las enfermedades contagiosas, de tal manera que, en algunos casos, ha adquirido un carácter obligatorio.

Estas vacunaciones se reseñan en un carnet personal diseñado por la Organización Mundial de la Salud (tarjeta amarilla), que se anexa al pasaporte para cruzar las fronteras de muchos países. Si bien la vacunación pasiva o la inyección de determinadas fracciones sanguíneas (por ejemplo, la gammaglobulina, especialmente rica en anticuerpos) se realiza en momentos de emergencia, la vacunación activa, obligatoria para ciertas enfermedades pestilenciales, en caso de viajes o de epidemias, también se ha hecho imperativa desde la infancia para la prevención de numerosas infecciones. Sorprende el número de las vacunaciones imprescindibles, pero en todos los países esta

Las enfermedades infecciosas

práctica se ha convertido en un hecho insoslayable, y puede incluso establecerse un calendario para su realización efectiva.

Calendario de vacunaciones obligatorias o recomendables según edad

Edad	Vacuna
0 - 2 meses	Antituberculosa (BCG).
3 »	Primera dosis de la vacuna combinada o triple (DPT): difteria, tosferina y tétanos.
3 »	Primera dosis de la antipoliomielítica oral.
4 »	Segunda dosis de la combinada (DPT).
4 »	Segunda dosis de la antipoliomielítica oral.
5 »	Tercera dosis de la combinada (DPT).
6 »	Antivariólica.
9 - 10 »	Vacuna contra el sarampión (en la actualidad ya existe una vacuna combinada triple contra el sarampión, paperas y rubéola).
1 año	Dosis de recuerdo de la antipoliomielítica oral.
15- 18 meses	Dosis de recuerdo de la combinada (DPT).
4 años	Dosis de recuerdo de la combinada (DPT).
6 »	Segunda vacunación (de recuerdo) antivariólica.
8 »	Vacuna combinada, tipo adulto, de difteria y tétanos.
Adultos	Diferentes vacunas, según necesidad.

Ocasionalmente puede ser aconsejable o incluso obligatoria la vacunación contra la fiebre tifoidea y paratifoidea. La vacunación contra la gripe se recomienda en personas muy expuestas a complicaciones (enfermos crónicos, ancianos, etc.). Las demás vacunas (rabia, fiebre amarilla, anticarbunco, peste, tifus exantemático, etc.) se aplican sólo para cumplir las normas obligatorias internacionales o en caso de posible contagio.

La profilaxis basada en vacunas o sueros se complementa con otra técnica sanitaria que adquiere cada día mayor importancia y que también actúa sobre el hombre sano: se trata de la quimioprofilaxis, un verdadero tratamiento médico preventivo con sustancias químicas o medicamentos, sean o no antibióticos, capaces de evitar la enfermedad infecciosa o al menos de cortarla antes o durante el periodo de incubación. Existen en la actualidad numerosos ejemplos de eficacia quimioterapéutica: la ingestión periódica (bastan dos pastillas a la semana) de ciertos compuestos antipalúdicos evita la aparición del paludismo; en niños o adolescentes especialmente amenazados de contraer una tuberculosis activa, la administración regular y prolongada de hidracidas previene la enfermedad; el tratamiento consecuente de toda escarlatina o anginas estreptocócicas con penicilina hace muy difícil la aparición de las temidas y clásicas complicaciones: nefritis aguda o fiebre reumática.

La enorme profusión de las enfermedades infecciosas hace difícil su visión de conjunto, y quizá sorprenda al profano la multitud de posibles procesos de esta naturaleza, sorpresa positiva por el hecho de que precisamente en este campo de los males contagiosos es donde la medicina ha alcanzado sus mayores triunfos. Si hace todavía pocos decenios se distinguían por el triste privilegio de ocupar el primer lugar en la lista de causas de muerte, en la actualidad, al menos en ciertos países desarrollados, figuran en una posición muy secundaria; incluso los fallecimientos por accidentes de tránsito o traumatismos diversos las superan con frecuencia relativa. Sin embargo, todavía en más del 50% de todas las enfermedades que aquejan al hombre interviene de alguna manera una inflamación aguda o crónica.

A continuación vamos a describir, esquemáticamente, las características clínicas más importantes de las principales enfermedades infecciosas. Para facilitar la comprensión las clasificamos en seis apartados según la naturaleza del agente causal. En cada grupo hacemos consideraciones de tipo general, incluyendo la mención de algunas enfermedades poco frecuentes, para continuar más detalladamente, por orden alfabético, con las que ofrecen mayor interés para el profano. Por último, hay que señalar que algunas enfermedades infecciosas, como la tuberculosis y la fiebre reumática, serán tratadas en otras secciones de este libro por presentar características especiales en relación con un determinado sistema orgánico.

Enfermedades infecciosas producidas por bacterias

Las bacterias son vegetales unicelulares con un tamaño del orden de algunas diezmilésimas o milésimas de milímetro. Se conocen tres tipos morfológicos fundamentales: unos son globulosos o esféricos, los llamados cocos; otros tienen forma alargada —los bacilos—, y, por último, los espirilos son alargados y retorcidos sobre su eje. El número de bacterias es casi incontable; unas veces viven en perfecta armonía con el huésped humano, mientras que en otras se caracterizan por su extrema virulencia. Existe una flora bacteriana normal en toda persona, que si bien es pobre en la superficie de la piel, reviste extrema abundancia en la cavidad bucal y faringe (estafilococos, neumococos, estreptococos, etc.). En el intestino adquiere gran importancia poco tiempo después del nacimiento, pues los microorganismos (enterococos, bacilos Coli) que allí se instalan cumplen una función digestiva. Las vías respiratorias bajas son estériles, generalmente. También la flora normal es imprescindible y muy abundante en el aparato genital, sobre todo en la vagina, donde los llamados bacilos de Döderlein, productores de ácido láctico, constituyen un seguro contra la proliferación de otros gérmenes patógenos. En ocasiones estas bacterias rompen su equilibrio, ya sea porque se vuelvan agresivas o fallen los mecanismos defensivos del organismo, al concurrir ciertas circunstancias externas o internas. Aparecen entonces reacciones inflamatorias purulentas, localizadas, de mayor o menor importancia clínica. En la piel, los estafilococos y estreptococos producen así forúnculos; en la cavidad bucal pueden provocar focos sépticos en encías, amígdalas o raíz del diente; en los huesos, osteomielitis. Los neumococos pueden invadir los pulmones, y como consecuencia de esta invasión se produce la clásica pulmonía o neumonía bacteriana.

Todas estas alteraciones son de tipo local y serán estudiadas en este libro en la parte correspondiente al órgano afectado.

Las enfermedades infecciosas

Otras veces, las toxinas fabricadas por las bacterias acantonadas en los focos sépticos pueden producir síntomas a distancia, sobre todo por reacciones de sensibilización (por ejemplo, en el reumatismo cardioarticular, dependiente de la infección crónica de las amígdalas).

Las bacterias pueden pasar a la sangre originando verdaderas generalizaciones o septicemias (véase pág. 510) habitualmente graves. A menudo estas generalizaciones adquieren tal importancia —por la agresividad y virulencia del germen, o por la falta de recursos terapéuticos al tratarse de microorganismos que se han hecho resistentes a la mayoría de los antibióticos— que, en ciertas comunidades, crean problemas asistenciales de primer orden. Como ejemplo más característico citaremos el llamado hospitalismo, o septicemia hospitalaria, por propagación epidémica de estafilococos.

BRUCELOSIS *(Fiebre de Malta; fiebre ondulante de Bang; melitococia)*

Enfermedad común en hombres y animales domésticos (zoonosis), producida por una de las especies del género *Brucella*. Su difusión geográfica varía según el tipo de ganado más frecuente en las distintas regiones. En España, en otros países del área mediterránea y en México predomina la fiebre de Malta producida por la **Brucella melitensis,** cuyo reservorio se encuentra en cabras y ovejas. La **B. abortus** afecta a la vaca, y la mayoría de los casos de fiebre ondulante que encontramos en América del Norte y del Sur se deben a esta variedad. Por último, existe una brucelosis porcina **(B. suis),** frecuente en Estados Unidos, Argentina y países centro y norteeuropeos. El contagio es directo de hombre a hombre o de animal a hombre, pero también se produce indirectamente, a través de productos lácteos de animales enfermos. La pasterización de la leche, una rígida higiene en los trabajadores que manipulan los animales (ordeñadores, pastores, matarifes, etc.) y, sobre todo, la vigilancia de las ovejas y cabras cuya leche vaya a ser destinada a la elaboración de quesos, constituyen las principales medidas preventivas.

Síntomas. El periodo de incubación varía entre cinco días y varios meses (promedio de dos semanas). Las manifestaciones suelen ser poco precisas y de muy lenta aparición. La fiebre aumenta paulatinamente y el proceso febril puede durar de semanas a meses, siempre en forma ondulante, es decir, alternando periodos de alta temperatura con otros de remisión. Durante el día, la fiebre oscila, con máximos al atardecer, para bajar con crisis de sudoración. La fiebre se acompaña de síntomas generales como fatiga, dolores de cabeza y articulaciones, insomnio, malestar general, etc. El bazo aumenta de tamaño y también el hígado, en ocasiones. Su evolución siempre es crónica y acaba por afectar a numerosos órganos: huesos, articulaciones, testículos y al sistema nervioso con alteraciones psíquicas. En general es una enfermedad polifacética, en la que siempre hay que pensar cuando una persona tiene febrícula de larga duración con un cuadro clínico muy inexpresivo. Su diagnóstico es fácil de realizar mediante análisis de sangre.

Tratamiento. Los antibióticos son muy eficaces, sobre todo la estreptomicina combinada con las tetraciclinas. Su pronóstico es bueno, pero la recuperación se produce lentamente y las recaídas abundan, por lo que su tratamiento ha de ser continuo. Una vez curada, resulta difícil una reinfección.

Examen de las enfermedades

CARBUNCO *(Ántrax; pústula maligna)*

El ántrax es una enfermedad infecciosa animal, especialmente de los rumiantes, que puede transmitirse al hombre de modo directo o indirecto por sus productos (lana, pieles, cerdas, etcétera). Es causada por el **Bacillus anthracis**. Es una enfermedad típica del medio rural, poco corriente, que se adquiere a través de la piel por una herida. Después de una incubación de tres a cinco días, aparecen las lesiones en la cara, el cuello y los brazos.

Síntomas. Inicialmente aparece como una picadura de insecto; pronto la lesión se hace vesicular y luego pustulosa, de color negro, y se ulcera, con amplia infiltración y edema de la piel circundante. No suele producir dolor, pero sí presenta abundantes síntomas generales (malestar, fiebre, etc.). Existen formas pulmonares e intestinales, sumamente graves.

Tratamiento. No debe nunca abrirse un ántrax. Es una enfermedad muy sensible a los antibióticos, con rápida curación.

CÓLERA *(Cólera asiático epidémico)*

El cólera es una grave enfermedad pestilencial, aún frecuente en ciertos países asiáticos. Desde 1965 se ha observado una disminución notable en el número de casos registrados, pero al mismo tiempo se ha producido una considerable expansión del área afectada, por lo que ya hay en 27 países de tres continentes. El año 1970 fue el peor en lo referente a esta pandemia, cuyo agente causal es el *Vibrio comma* o *Vibrio cholerae*; el contagio se produce de modo directo a través de la boca, generalmente por contaminación con materias fecales contenidas en el agua o los alimentos. Se trata de un mal terriblemente contagioso que puede producir verdaderas explosiones epidémicas, aunque en Europa ya hace más de 50 años que no se han declarado más que casos aislados importados de zonas asiáticas. La historia registra siete pandemias de efectos catastróficos.

Síntomas. Después de un periodo de incubación que oscila de horas a pocos días, aparece primero una violenta diarrea, después vómitos, por acción directa del agente causal sobre el intestino delgado. La deshidratación suele ser extrema, con graves consecuencias sobre el aparato circulatorio. No existe otra enfermedad humana que conduzca tan rápidamente a un cuadro de extrema deshidratación. No debe olvidarse que en el cólera clásico una persona afectada puede defecar de 10 a 15 o más litros de heces al día. En las formas más benignas, todavía hay diarreas coleriformes con emisión de 3 a 10 litros de unas heces que en todos los casos no consisten únicamente en materia acuosa y presentan además trozos de mucosa intestinal de color blanquecino que les confiere un aspecto de agua de arroz. Hay formas fulminantes que ocasionan la muerte en muy pocas horas. La mortalidad, en casos de epidemia, ha llegado a alcanzar el 50% de los enfermos. Pero siempre la gravedad está en relación con la rapidez con que se adoptan medidas de rehidratación del enfermo, la cual se hace necesaria debido a la presentación de las diarreas y los vómitos.

Tratamiento. Las medidas generales, en especial la rehidratación, adquieren capital importancia. La administración masiva y precoz de sueros y sales minerales es

Las enfermedades infecciosas

tan importante que la mortalidad puede reducirse a menos del 1%. Los antibióticos tienen una eficacia más limitada (se usa el cloramfenicol). El cólera produce una inmunidad duradera, aunque las heces pueden continuar contaminadas durante largo tiempo. Preventivamente es necesario el uso de la vacuna específica y, sobre todo, un control rígido sobre las aguas residuales. Su declaración a las autoridades es obligatoria, incluso a escala internacional, para imponer medidas de cuarentenas, desinfección de medios de transporte y equipaje, etcétera. Es de capital importancia tomar en cuenta el brote de esta enfermedad que segó muchas vidas en Perú y otros países de América del Sur, a principios de 1991.

DIFTERIA

La difteria es una enfermedad aguda, producida por el **Corynebacterium diphteriae** o bacilo de Löffler, caracterizada por la formación de seudomembranas en las mucosas del aparato respiratorio, en donde anida el germen causante, que libera toxinas capaces de provocar graves trastornos del sistema nervioso y de los músculos, en especial del corazón. El contagio suele ser directo por las secreciones nasales o faríngeas eliminadas por los enfermos; es frecuente el estado de portador en personas que, habiendo padecido la enfermedad, e incluso sin haberla sufrido, la propagan. A veces, el contagio se realiza a través de leche contaminada. Es una infección ya en franco declive, pero que todavía, hace algunos decenios, segaba innumerables vidas infantiles.

Síntomas. Después de un periodo de incubación de 2 a 7 días, aparece insidiosamente un dolor de garganta con trastornos en la deglución, fiebre ligera y mal estado general. Al poco tiempo comienzan a formarse unas membranas blancogrisáceas que, si al principio cubren sólo la región tonsilar, pronto se extienden a todo el paladar y faringe para ocupar totalmente la boca y vías respiratorias altas, incluso la nariz, con la consiguiente dificultad para respirar y tragar. Existe fetidez del aliento (típico olor difteriano, dulzainofétido), con hinchazón de los ganglios linfáticos del cuello. Al poco tiempo comienzan los síntomas tóxicos, con lesiones nerviosas en forma de parálisis y alteraciones cardiacas por afectación directa de dicho músculo. Hay difterias relativamente benignas que afectan únicamente a las amígdalas, pero también pueden ser extremadamente malignas. En ellas, junto a la grave dificultad respiratoria (crup) que obliga a la traqueotomía para evitar la asfixia, aparecen precozmente síntomas tóxicos nerviosos y cardiacos que pueden conducir a la producción de lesiones irreversibles en plazo más o menos largo. En los niños pequeños, la enfermedad reviste aún mayor gravedad. La recuperación suele ser muy lenta. La reinfección, sin embargo, es excepcional, pues la enfermedad produce inmunidad duradera.

Tratamiento. Son obligatorios el aislamiento y la hospitalización del enfermo, una vez diagnosticada la enfermedad clínicamente por la presencia de las seudomembranas y analíticamente por identificación del agente causal en el frotis del exudado faríngeo. Los antibióticos, especialmente la penicilina, deben administrarse precozmente, pero sobre todo resulta fundamental la inyección de cantidades masivas de suero o antitoxina diftérica, que se obtiene de la sangre de caballos inmunizados.

Se trata de una enfermedad que puede ser prevenida totalmente mediante una vacunación específica (son sinónimos los términos de vacuna, anatoxina o toxoide antidiftérico). La difteria ha desaparecido prácticamente de los países civilizados al ser obligatoria la vacunación de todos los niños. Sin embargo, es útil determinar la susceptibilidad de un niño amenazado por la infección mediante el llamado «test de Schick», que consiste en inyectar en la piel del paciente una determinada cantidad de toxina diftérica. Si se produce reacción, el niño puede contraer la enfermedad si está expuesto a ella, lo cual obliga a la adopción de medidas preventivas para este caso particular.

ERISIPELA

Ésta es una infección aguda de la piel, producida por un tipo especial de estreptococo que, normalmente, se encuentra en la piel sin producir alteraciones. Bien por circunstancias del germen que se hace virulento o bien porque disminuyen las defensas del huésped (ancianos, enfermos crónicos, etc.), la infección sobreviene después de una herida aunque sea imperceptible, y se produce la característica inflamación, circunscrita generalmente a la cara. La enfermedad no deja inmunidad; por el contrario, una vez padecida se establece una franca susceptibilidad y las recaídas pueden llegar a presentarse con mucha frecuencia.

Síntomas. El periodo de incubación oscila entre 2 y 6 días. Se inicia la afección con mal estado general, a veces fiebre alta con escalofríos e hinchazón de los ganglios linfáticos. En una parte de la piel aparece la llamada placa eritematosa, bien delimitada y de intenso color rojo. La placa forma relieve y suele cubrirse de vesículas. En personas debilitadas pueden producirse complicaciones pulmonares, renales o reumáticas. La posibilidad de contagio, excepto en las mujeres que acaban de dar a luz, es muy pequeña. El enfermo debe ser aislado y son necesarias medidas de desinfección.

Tratamiento. Los antibióticos son muy eficaces. Dado el carácter recurrente de la infección, los enfermos ya curados deben extremar la higiene de su piel.

ERISIPELOIDE

Esta enfermedad, parecida a la erisipela, pero producida por el germen **Erysipelothrix insidiosa,** sólo se presenta en las manos. En realidad es una enfermedad profesional de carniceros o pescaderos, por su contacto con carne y pesca contaminadas.

ESCARLATINA

Es una enfermedad aguda, contagiosa, de difícil precisión causal, pues si bien interviene un estreptococo, capaz de producir una toxina específica, responsable de la erupción, la escarlatina parece ser manifestación de las infecciones con estreptococos (anginas, erisipela, fiebre puerperal, etc.) en combinación con ciertos factores de hipersensibilidad o alérgicos específicos en cada enfermo. La enfermedad aparece cuando un foco séptico purulento por estreptococos sobrepasa el nivel local de inflamación (generalmente circunscrita a las amígdalas o a la faringe) para determinar

Las enfermedades infecciosas

una reacción generalizada con múltiples alteraciones vasculares en la piel, músculo cardiaco, hígado, riñones, etc. La transmisión suele ser directa, por la expectoración faríngea de enfermos o portadores, pero también se verifica indirectamente por contacto con alimentos o utensilios contaminados.

Síntomas. Después de un periodo de incubación de 3 a 5 días, aparece repentinamente fiebre alta con escalofríos, vómitos, malestar general y dolor de garganta. Pronto se acusa la característica erupción cutánea que, comenzando por cuello y pecho, se extiende pronto a todo el cuerpo, aunque respetando a menudo la cara. Se trata de un exantema o manchas cutáneas de tipo puntiforme y de color rojo escarlata, ligeramente protuberantes, por lo que al tacto aparece como un papel de lija de finísimos granitos. La erupción palidece con la presión y se manifiesta sobre todo en los pliegues cutáneos (axila, cuello o ingle); es típico el signo de Pastia o rayas rojas oscuras en los pliegues de flexión. Junto a unas amígdalas fuertemente inflamadas, la lengua aparece muy engrosada, con un exudado seudomembranoso de color blanquecino pardusco que se cae pronto para dejar la lengua muy inflamada y enrojecida, aframbuesada. Los ganglios del cuello se encuentran asimismo muy inflamados. A los 7 u 8 días de evolución, la piel palidece y se descama, incluso en grandes pellejos. Baja la fiebre y mejora el estado general. Pero no ha pasado el peligro, pues después de unas dos semanas de aparente recuperación pueden aparecer las complicaciones: inflamaciones ganglionares, otitis, nefritis, lesiones cardiacas o articulares. La escarlatina presenta numerosas variantes clínicas; generalmente es una enfermedad muy aparatosa pero benigna, aunque también el verdadero problema de esta afección es, sin embargo, la complicación tardía, en especial la temida nefritis posescarlatinosa. Últimamente, las epidemias de escarlatina han perdido mucho de su antigua virulencia debido al desarrollo de los medios para combatirla.

Tratamiento. El aislamiento del enfermo es imperativo; deben extremarse las medidas de higiene y desinfección. Las personas en contacto con el enfermo deberán ser tratadas profilácticamente con penicilina si son niños, sobre todo si el cultivo de su exudado faríngeo revela la presencia de estreptococos. El tratamiento es muy eficaz gracias a los antibióticos, y ya es rara la posibilidad de una complicación tardía. La escarlatina suele dejar una inmunidad duradera y la recaída se presenta, en la mayoría de los casos, con carácter excepcional.

FIEBRE TIFOIDEA *(Fiebre entérica)*

La fiebre tifoidea es una enfermedad típicamente humana, comprendida entre las producidas por el género *Salmonella*, en este caso la **Salmonella typhosa** o bacilo de Eberth. Las diferentes salmonelosis tienen en común que sus manifestaciones clínicas varían entre el simple estado de portador sin síntomas, una gastroenteritis o enterocolitis aguda, hasta una fiebre continua o síndrome tífico con septicemia generalizada. Las diversas formas varían con arreglo a la virulencia del germen responsable o la intensidad de producción de toxinas específicas. El contagio directo es raro; generalmente la fuente de infección son las heces y orinas de los enfermos o de los portadores (un 5% de los ex enfermos se convierten en portadores crónicos). El abastecimiento de agua en los núcleos urbanos es el vehículo más común de trans-

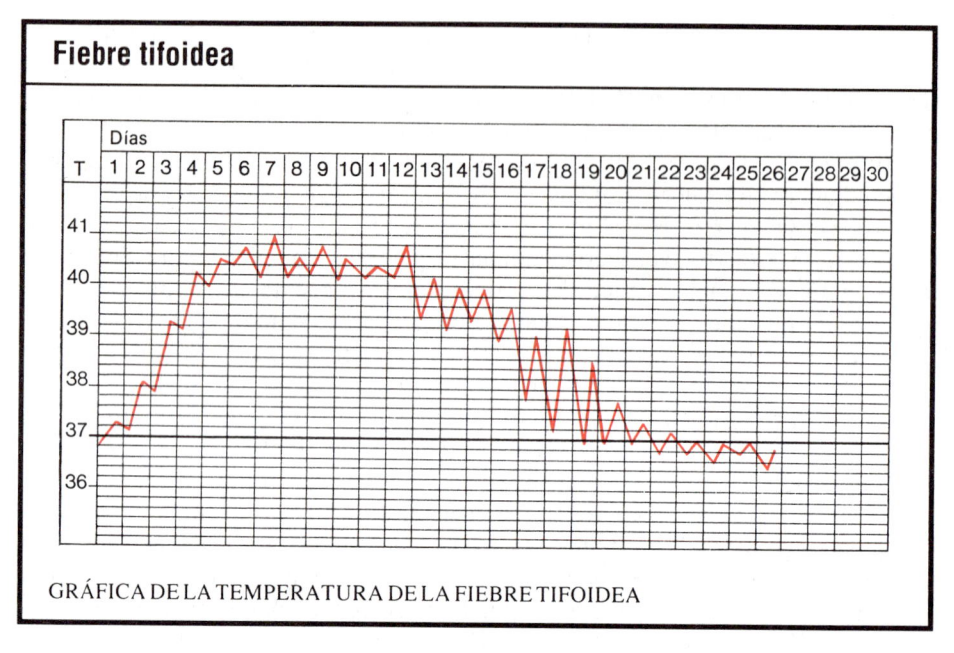

Fiebre tifoidea

GRÁFICA DE LA TEMPERATURA DE LA FIEBRE TIFOIDEA

misión; menos frecuente resulta la contaminación por la leche u otros alimentos (existen epidemias producidas por carnes importadas, o por ostras, etc.). Alguna vez, las moscas llevan el germen de las heces a los alimentos. Siempre la puerta de entrada es, en alguno de sus tramos, el aparato digestivo, y el rígido control que en la actualidad ejercen las autoridades sanitarias sobre el agua de bebida y alimentos ha eliminado, prácticamente, la antes tan frecuente fiebre tifoidea. Si últimamente ha habido pequeños brotes epidémicos, por ejemplo en Suiza e Inglaterra, siempre ha podido trazarse el origen de la infección. De todas maneras queda un reservorio endémico en muchas zonas rurales que no cuentan con canalización de aguas residuales.

Síntomas. Después de un periodo de incubación de una a tres semanas, comienza, paulatinamente, un cuadro febril, sin escalofríos; la temperatura asciende hasta el octavo día, para luego mantenerse sin grandes oscilaciones otros 10 o 20 días, y declinar a continuación lentamente. La fiebre se acompaña de malestar general, inapetencia, fatiga, dolor de cabeza, a veces delirio o estupor, diarrea (en el 25% de los casos) o estreñimiento (en el 50%) y bronquitis (en la mitad de los casos). Es característico el pulso lento, en desacuerdo con la temperatura alta. Al principio de la segunda semana de evolución aparecen un aumento del tamaño del bazo, que es doloroso, y la roséola tífica característica, unas manchitas rosadas del tamaño de lentejas, sin relieve, que desaparecen con la presión del dedo y son frecuentes en pecho y abdomen. Hay muchas formas clínicas, según la gravedad, la duración y los sistemas orgánicos que resulten mayormente afectados.

En una cuarta parte de los casos no tratados aparecen complicaciones, sobre todo a partir de la tercera o cuarta semana de evolución: hemorragias y perforaciones intestinales sumamente graves, pulmonías, meningitis, alteraciones cardiacas y flebitis, nefritis, artritis, otitis y, sobre todo, afecciones crónicas de la vesícula biliar; también puede originar una severa hepatitis salmonelósica. El diagnóstico resulta fácil una vez demostrada la presencia del bacilo en las heces o mediante la reacción de Widal o seroaglutinación, que es positiva a partir de la segunda semana.

Actualmente el pronóstico es muy bueno, con una mortalidad muy pequeña. Aunque son frecuentes algunas recaídas, con ello no se aumenta la gravedad. La enfermedad produce una inmunidad limitada, por lo que es posible la reinfección.

Tratamiento. Algunos antibióticos (ampicilina, cloramfenicol, tiamfenicol, amoxicilina, trimetoprim, sulfametoxasol) son especialmente eficaces. Es necesario el aislamiento y la adopción de medidas de desinfección, sobre todo en las deposiciones del enfermo. La vacunación activa (que suele hacerse conjuntamente para otras salmonelosis paratíficas) no confiere una inmunidad total, pero en el peor de los casos la enfermedad, de padecerse, es mucho más leve. De todas maneras, como ya apuntamos, la mejor prevención radica en una estricta vigilancia sanitaria de los abastecimientos de agua y de los alimentos, junto a una adecuada canalización de las aguas residuales y a un control efectivo de los portadores.

FIEBRES PARATIFOIDEAS

Enfermedades infecciosas agudas con cuadro clínico parecido al de la fiebre tifoidea, aunque más atenuado y menos duradero en cuanto a los síntomas generales, que son producidas por tres tipos diferentes de salmonelas paratifoideas (A, B, C). Su epidemiología, diagnóstico, tratamiento y prevención se asemejan a los de la fiebre tifoidea. Los síntomas varían poco, aunque su comienzo resulte más brusco y sean frecuentes los vómitos y las diarreas. También resulta excepcional que presenten complicaciones.

INTOXICACIONES ALIMENTICIAS BACTERIANAS

Estas enfermedades se caracterizan por la transmisión del agente productor con el agua de bebida y los alimentos. Los principales alimentos responsables son, en orden decreciente de frecuencia: carnes, huevos, pescados, leche y queso, pastelería, productos de salchichonería y, por último, sardinas en conserva. Generalmente aparecen síntomas gastrointestinales agudos, con fiebre, vómitos y diarreas profusas, después de un periodo de incubación cortísimo. A veces el germen causante no invade el aparato digestivo: actúa a través de una toxina que es la que ingresa con el alimento. Es el caso del **botulismo,** siempre producido por ingestión de conservas mal preparadas. La toxina es muy agresiva: basta 1/100 000 de gramo para producir la muerte. Cualquier envase metálico de conserva de carne, pescado o verdura que se haya abombado (por desprendimiento interior de gases) debe ser desechado, lo mismo si el contenido ha cambiado su color o consistencia habituales. El peligro del botulismo no existe en la gran industria elaboradora de conservas, porque la bacteria causante (*Clostridium botulinum*) es muy sensible al calor. Más bien el riesgo se corre con las conservas caseras, en las que la esterilización por calor no se lleva con el debido rigor. El envenenamiento se caracteriza por síntomas nerviosos y musculares, con una altísima mortalidad. El tratamiento incluye la administración precoz, e incluso preventiva en caso de sospecha, de un suero específico antitóxico.

Examen de las enfermedades

Mucho menos graves son las intoxicaciones alimenticias producidas directamente por bacterias que invaden el canal intestinal. En los niños son frecuentes los vómitos y diarreas originadas por bacterias del tipo *E. coli*, con reservorios en el hombre adulto sano y que pasan, con las deposiciones, al exterior. Por ello son tan peligrosas las huertas regadas con aguas residuales y se ejerce un control tan riguroso sobre el agua de bebida, que sólo con tener una mínima cantidad de bacterias no es apta para el consumo humano, aunque el adulto sea bastante más resistente a la enfermedad.

Desde el punto de vista sanitario, por aparecer en brotes epidémicos, adquieren interés las infecciones por bacterias del tipo *Salmonella*, es decir, del mismo grupo al que pertenecen los gérmenes causantes de la fiebre tifoidea y de las paratifoideas, aunque casi nunca provocan enfermedades graves como éstas. Si bien hay animales que actúan de reservorio, es el propio hombre portador sano quien transmite predominantemente la enfermedad gastrointestinal aguda. La higiene personal, la canalización de las aguas residuales y la vigilancia de los portadores que manipulan alimentos han reducido considerablemente estas salmonelosis.

La disentería bacilar (shigelosis) es una intoxicación alimenticia producida por gérmenes del grupo *Shigella* por contaminación con las heces de una persona infectada. El contagio es directo o a través de insectos que se posan sobre los alimentos. En verano pueden producirse epidemias que afectan especialmente a los niños. Si en tiempos normales bastan elementales medidas de higiene para controlar una difusión epidémica, durante las guerras, en los campamentos o campos de concentración, el contagio puede producir terribles estragos, y en este caso son ineficaces las vacunaciones u otras medidas preventivas que no incluyan las sanitarias generales. En estos casos tan desfavorables la mortalidad puede llegar al 50% en los casos no tratados.

Síntomas. Después de una incubación de 1 a 6 días, la invasión microbiana se manifiesta, sobre todo, a nivel del colon: dolores abdominales, vómitos, diarreas profusas mucosanguinolentas con sensación de cuerpo extraño en el recto (tenesmo), que se acompaña de pujos (violentas contracciones para evacuar el intestino). El número de deposiciones puede ser abundantísimo, hasta de 50 por día, con la consiguiente postración y deshidratación. Puede haber síntomas de intoxicación general con fallos circulatorios.

Tratamiento. Junto a las medidas generales (dieta, administración de líquidos), los antibióticos son eficacísimos. La enfermedad no deja inmunidad, pero sí se remite totalmente.

GONORREA *(Blenorragia)*

Esta enfermedad, producida por un gonococo (**Neisseria gonorrhoeae**), se transmite casi exclusivamente a través del acto sexual: es la enfermedad venérea más extendida. Por cada caso de sífilis hay ocho de blenorragia. Si la reglamentación de la prostitución y el descubrimiento de las sulfonamidas y los antibióticos redujeron considerablemente la morbilidad de esta afección, en estos últimos años estamos asistiendo a un peligroso recrudecimiento, que se debe tanto a la promiscuidad sexual imperante como al incremento de resistencias bacterianas a los antibióticos, causadas por tratamientos intempestivos, no vigilados por médicos.

Las enfermedades infecciosas

Síntomas. Después de un periodo de incubación de 1 a 3 días, que se puede prolongar hasta los 8, en casos aislados, el hombre siente cosquilleo y picor en la uretra, sobre todo en la micción. Al poco tiempo aparece una secreción mucopurulenta de color amarilloverdoso, con frecuentes deseos de orinar e intenso dolor durante la micción. A las dos o tres semanas de evolución, la enfermedad se extiende a la uretra posterior, provocando inflamaciones agudas de la próstata, de las vesículas seminales, de la vejiga e incluso de los testículos. En la mujer los síntomas suelen ser menos violentos, incluso apenas perceptibles. A veces se presenta como un simple catarro de vejiga, o se manifiesta tan sólo por una secreción vaginal mucopurulenta. La blenorragia afecta a las membranas mucosas del aparato genitourinario, del recto o de la mucosa bucal, pero también puede extenderse a ciertas articulaciones y sobre todo a la conjuntiva del ojo.

En casos mal tratados, puede provocar en el hombre estrecheces uretrales e incluso infertilidad, al afectar a la estructura de las vías seminales. En la mujer, el curso más solapado de la blenorragia no sólo implica la posibilidad de inflamaciones crónicas del aparato genital con esterilidad, por obstrucción de las trompas infectadas, sino que al ser los síntomas muy poco precisos —pueden incluso faltar— puede transformar a la enferma en una fuente de contagio. La enfermedad no produce inmunidad en quien la padece y son posibles las reinfecciones.

Tratamiento. Una vez demostrada la presencia del gonococo en el exudado uretral, el médico tiene un arma eficacísima en los antibióticos, que serán administrados según las características propias del paciente.

LEPRA *(Enfermedad de Hansen)*

Ésta es una enfermedad crónica, poco contagiosa, producida por el bacilo de Hansen, o **Mycobacterium leprae,** muy parecido al que produce la tuberculosis. La transmisión, de mecanismo todavía poco claro, es directa, a través de la piel, pero ha de ser por contacto muy prolongado. La lepra es una de las más antiguas enfermedades infecciosas y quizá la que goza de peor «reputación». Sus mutilaciones o deformidades siempre han causado la máxima repulsión y todavía en la actualidad, cuando ya es curable y existen muy pocos focos endémicos, es considerada quizá como la más antisocial de las enfermedades.

Síntomas. Después de una incubación de muchos años, la lepra puede manifestarse de dos maneras: la forma más agresiva y maligna, llamada lepromatosa, con alteraciones cutáneas, sobre todo en la cara (facies leonina), que al principio forman nódulos o manchas que acaban por ulcerarse y se acompañan de trastornos de la sensibilidad en toda la piel (anestesia) y acaban por producir terribles mutilaciones en todos los tejidos afectados, incluso internos. La forma tuberculoide es más benigna y estable, con alteraciones cutáneas y de la sensibilidad nerviosa, pero sin afectación visceral alguna.

Tratamiento. Resulta obligatorio declarar la enfermedad y aislar al enfermo. No existe una vacuna eficaz, pero parece ser que la antituberculosa (BCG, Bacilo de Calmette-Guérin) protege suficientemente. El tratamiento preventivo y curativo con quimioterapéuticos (sulfonas, en especial) ha cambiado totalmente el antiguamente desolador destino de los leprosos.

MENINGITIS CEREBROESPINAL EPIDÉMICA
(Meningitis meningocócica)

La meningitis de este tipo es una enfermedad aguda poco contagiosa que produce una meningitis purulenta y se presenta esporádicamente o en pequeñas epidemias que afectan a niños y jóvenes. Es causada por varios tipos de meningococos (**Neisseria meningitidis**). El contagio es directo: se produce debido a la expectoración de partículas infectadas emitidas por personas enfermas o por quienes solamente son portadoras.

Síntomas. La enfermedad se caracteriza por el llamado síndrome meníngeo, común a varias afecciones. Tiene un periodo de incubación de 2 a 5 días. Hay fiebre alta, repentina y con escalofríos; son frecuentes los vómitos y las convulsiones. Hay contracción violenta del cuello, violentas cefaleas y cabeza rígida, que se «clava» en la almohada. Las rodillas permanecen flexionadas pero el vientre aparece contraído. A menudo aparecen trastornos nerviosos: obnubilación, parálisis (sobre todo en los músculos oculares), sordera. Las complicaciones incluyen otitis, abscesos cerebrales y secuelas irreversibles del sistema nervioso: ceguera, sordera, retraso mental. Hay muchas formas clínicas y existe un tipo de acción patológica fulminante, llamado síndrome de Waterhouse-Friderichsen, en que se presenta una hemorragia, casi siempre fatal, en las suprarrenales. En general, el pronóstico es bueno, sobre todo con el tratamiento antibiótico. La enfermedad no produce inmunidad.

Tratamiento. El aislamiento del enfermo debe ser total; la declaración de la enfermedad es obligatoria. Los antibióticos son sumamente eficaces, pues han cambiado totalmente el panorama de esta enfermedad, antes verdadero azote de la infancia.

Ha de tenerse en cuenta que las meningitis pueden ser purulentas o no, según se encuentre o falte pus en el líquido cefalorraquídeo, aunque clínicamente se asemejen. Si entre las purulentas son frecuentes las causadas por el meningococo, estreptococo, estafilococo y neumococo, las no purulentas incluyen las producidas por el sarampión, escarlatina, tos ferina y brucelosis.

SEPTICEMIA *(Sepsis generalizada)*

En sentido amplio el término septicemia se refiere a una enfermedad en que, por el fracaso de la barrera defensiva que circunscribe un proceso inflamatorio bacteriano, sobreviene la difusión y la extensión por todo el organismo de la infección. Es necesario que el germen causante o sus toxinas pasen a la sangre y aniden en este medio (bacteremia o toxemia, respectivamente), pero también hace falta un foco séptico localizado que mantenga dicha invasión. Es característico que los síntomas de la generalización predominen, mientras que las manifestaciones clínicas del foco originario ocupan un segundo plano, a veces incluso muy difícil de localizar. Prácticamente cualquier bacteria es capaz de provocar una septicemia y, de hecho, cualquier infección produce un cuadro clínico general que demuestra la invasión sanguínea del microorganismo o de sus toxinas. Pero en el sentido clínico se reserva este nombre para determinado grupo de enfermedades, a menudo producidas por estafilococos y estreptococos, en las que la infección por contagio externo tiene una importancia secundaria, ya que los síntomas se producen por una continua contaminación «in-

Las enfermedades infecciosas

terna». No se trata pues de un proceso específico, determinado por un agente causal aislado, con marcadas características epidemiológicas y clínicas, como el resto de las enfermedades infecciosas, sino que la septicemia como envenenamiento de la sangre tiene una sintomatología propia, en que predominan los fenómenos generales, con repercusión prácticamente imprevisible, en todos los órganos. Se pueden clasificar según el foco séptico. Así, es muy conocida la fiebre puerperal o septicemia posaborto (véase pág.735). La endocarditis lenta es una septicemia implantada sobre las válvulas del corazón alteradas por un proceso reumático o congénito (véase pág. 353). Muy a menudo, la septicemia se origina en un foco séptico arterial o venoso (tromboflebitis). El cuadro septicémico incluye fiebre continua, alta, a veces con bruscas oscilaciones (fiebre séptica); síntomas nerviosos con alteraciones síquicas (intenso dolor de cabeza, estupor, extrema postración, delirio, etc.), y afectación cardiocirculatoria. Generalmente, no hay sistema orgánico que no muestre alguna alteración. Hay formas fulminantes que originan la muerte del paciente en pocos días; pero también las hay crónicas, con meses de evolución (croniosepsis), en que los síntomas apenas son perceptibles: febrícula irregular, malestar impreciso y dolores erráticos (sobre todo cuando se trata de focos sépticos en amígdalas, dientes, senos maxilares, etc.). Entre estos extremos, cabe toda clase de posibilidades clínicas. El diagnóstico de las septicemias se facilita por la demostración de la presencia del germen causante en la sangre (hemocultivo), pero a veces, en las formas crónicas, su establecimiento tropieza con grandes dificultades. El tratamiento, que suprime el foco séptico mediante antibióticos sensibles e incluso eliminación quirúrgica, se complementa con medidas generales muy variables.

PESTE *(Muerte negra)*

Se considera a ésta como una enfermedad aguda pestilencial, de suma gravedad, producida por el bacilo de Yersin o **Pasteurella pestis,** que, si bien antiguamente producía epidemias de consecuencias catastróficas, últimamente ha perdido importancia gracias a la estrecha vigilancia sanitaria. Resulta necesario, sin embargo, esbozar el papel tan siniestro jugado por la peste en la historia de la humanidad, desde que por vez primera azotó a Europa en el siglo XIV, importada de China y otros países asiáticos. Las epidemias cambiaron totalmente la faz política, económica y social de los países afectados. No sólo cundió un pánico general que incluso rompió los más elementales lazos familiares, como tan bien lo reflejó Bocaccio en el *Decamerón*, sino que, además, dio pie a las más descabelladas interpretaciones y actitudes. Surgió el rito de la macabra danza de la muerte, y en Jaffa se establecieron los cimientos de la guerra bacteriológica al catapultar los tártaros sitiadores cadáveres de apestados dentro de los recintos amurallados de los cristianos defensores, que así fueron obligados a huir despavoridos, llevando consigo la muerte al haber sido contaminados. Había barcos que en sus largas singladuras quedaban sin tripulantes al embarcar también la peste: de ahí el mito del «barco fantasma». Los científicos creían en una causa astrológica; los religiosos, en pecados humanos; surgieron las flagelaciones públicas y las procesiones de penitentes. Clemente VI organizó una peregrinación expiatoria a Roma, donde se reunieron cientos de millares de gentes piadosas. Acabó en un verdadero desastre, del que se salvó quizá únicamente el Papa, que quedó totalmente aislado en su residencia de Avignon. Todos culparon a los judíos, y de aquí deriva una de las causas principales del secular antisemitismo. Durante el Renacimiento y la Edad Moderna, Europa soportó otras epidemias de peste, la última en Barcelona, a fines del siglo pasado, pero ninguna tuvo tanta trascendencia social como aquella primera, la que marcó un verdadero hito en la historia de la humanidad.

Síntomas. La peste es una zoonosis de los roedores salvajes, sobre todo ratas y ratones, que la transmiten al hombre directamente por sus deyecciones o a través de las pulgas. Una vez infectado el hombre, el contagio directo humano es muy fácil por la expectoración o el uso de objetos pertenecientes a un enfermo. La antigua costumbre de santiguarse o exclamar el nombre de Jesús cuando se oye estornudar a alguna persona se debe precisamente al hecho de que los síntomas nasales suelen ocupar también un lugar preferente en la transmisión de la enfermedad.

El periodo de incubación oscila entre 2 y 8 días. Existe una forma ganglionar o bubónica, con súbita hinchazón de los ganglios linfáticos (de la axila, de la ingle), que se acompaña de un cuadro febril sumamente aparatoso. Son características las hemorragias cutáneas o manchas negruzcas, que confirieron a este mal el nombre de muerte negra. En la forma pulmonar se desarrolla un tipo de pulmonía pestilencial fulminante que mata en pocas horas a la persona afectada; la expectoración es sumamente contagiosa.

Tratamiento. Los antibióticos (estreptomicina) son relativamente eficaces. Pero el control de la enfermedad se ha conseguido mediante las medidas preventivas, que incluyen el aislamiento total del enfermo, la declaración obligatoria incluso a nivel internacional, y la vacunación, muy efectiva en las zonas donde el mal es endémico. Por último, la lucha contra los roedores y las pulgas ha contribuido a erradicar prácticamente esta enfermedad.

TÉTANOS

El tétanos es una enfermedad aguda producida por la toxina elaborada por el bacilo de Nicolaier o **Clostridium tetani,** que se introduce en el cuerpo humano a través de cualquier herida o laceración de la piel. Es un germen que se encuentra en el suelo, en todos sitios. Las heridas contaminadas con tierra, y la punción con espinas de las flores o astillas; las mordeduras de animales o contusiones abiertas por coces o astas de toro pueden servir de puerta de entrada. No es una enfermedad epidémica, ya que la infección requiere una herida previa. Se caracteriza por la selectiva acción sobre el sistema nervioso que presenta la toxina tetánica. Después de una incubación de una semana, comienza por la clásica contractura muscular, primero de los músculos de la mandíbula (maseteros) que condicionan el llamado trismo. Las contracturas se extienden al resto de la musculatura facial, provocando la facies típica o «risa sardónica», y después a todo el cuerpo, en forma de rigideces permanentes o de sacudidas convulsivas muy dolorosas. Una vez afectados los músculos laríngeos, respiratorios o del corazón, la muerte, cuando es inevitable, sobreviene por asfixia o paro cardiaco. El enfermo suele conservar completamente despejados sus sentidos. La enfermedad produce inmunidad duradera. A pesar de los tratamientos actuales sigue teniendo un pronóstico sombrío, con una mortalidad que llega al 50%. Mientras más corto sea el periodo de incubación, peor pronóstico presenta. Asimismo es más grave en pacientes muy jóvenes y en ancianos.

Tratamiento. El tratamiento incluye una rápida limpieza de cualquier herida abierta, antibióticos y la administración de sueros específicos (antitoxinas antitetánicas obtenidas de caballos infectados) o gammaglobulina de donantes hiperinmunizados. La mejor profilaxis consiste en la vacunación activa con toxoide antitetánico inyectado periódicamente desde la niñez.

TOS FERINA *(Coqueluche; pertussis; tos convulsiva)*

Es una enfermedad aguda, endémica y epidémica, que afecta, sobre todo, a los niños de hasta 5 años, y que es producida por el Bacilo de Bordet, **Hemophilus pertussis**; el contagio se realiza por las secreciones respiratorias.

Síntomas. El periodo de incubación varía entre 7 y 14 días. Durante una semana predominan los síntomas catarrales imprecisos. Después, durante 4 o 6 semanas se establece el periodo de tos espasmódica, violenta, en forma de accesos o golpes de tos, sobre todo nocturnos. Hay sensación de ahogo y la inspiración forzada suena como un silbido (tos de gallo). Aparece una expectoración pegajosa, blanquecina, síntoma muy característico, pues los niños no suelen expectorar en las demás enfermedades que afectan a las vías respiratorias. El periodo de curación suele durar de una a dos semanas, y después desaparece lentamente la tos. Las complicaciones incluyen otitis, pulmonía, hernias —por los esfuerzos de la tos— y encefalitis. En general, el pronóstico es bueno. La enfermedad deja inmunidad permanente.

Tratamiento. Deben administrarse antibióticos bajo vigilancia médica. La vacunación pasiva mediante sueros específicos o gammaglobulina especial da resultado en algunos casos. La mejor profilaxis consiste en la vacunación activa, hoy en día corriente desde la más temprana infancia en todos los países.

Enfermedades infecciosas producidas por virus (viriasis)

Se conocen más de doscientos tipos diferentes de virus patógenos, aunque para muchos de ellos los cuadros clínicos que producen no están todavía bien delimitados. No existe aún una clasificación satisfactoria y la misma denominación de los virus es bastante convencional y caprichosa. Por ejemplo, se sabía que unos virus eran patógenos, pero se desconocía cuál era la enfermedad que ocasionaban; por eso se les llamó «virus huérfanos en busca de una enfermedad» o virus ECHO por sus siglas inglesas; en la actualidad ya se conocen las alteraciones que provocan, pero se mantiene este nombre.

También ocurre al revés: se sospecha, ante determinada enfermedad, que su origen radica en un virus, pero, pese a innumerables pesquisas, el agente todavía no ha podido ser identificado. Es el caso, por ejemplo, de la llamada **encefalitis epidémica** o **letárgica** que, como consecuencia tardía, origina gran número de enfermos del mal de

Parkinson (véase pág. 594). Lo mismo ocurre con la **hepatitis epidémica** o **aguda** (véase pág. 309), de tanta trascendencia en patología digestiva y cuyo virus productor todavía no se identifica.

Otras veces, se ha achacado injustamente a un virus una determinada enfermedad, cuyo origen bacteriano fue fijado después. Esto ocurrió con el llamado tracoma, grave enfermedad ocular (véase pág.640), o con la **psitacosis** u **ornitosis,** enfermedad febril grave que afecta el aparato respiratorio y que se adquiere por contacto con loros o periquitos.

A grandes rasgos, se puede hablar de cuatro grandes grupos de viriasis. En el primero se incluyen las enfermedades con cuadros clínicos generales más o menos graves, pero con evidentes manifestaciones cutáneas e inflamaciones herpéticas (véase pág. 679) (viruela, sarampión) o glandulares (paperas, mononucleosis). En el segundo grupo se engloban los virus que atacan, preferentemente, las vías respiratorias, como los virus de la gripe o virus parainfluenza, responsables de la inmensa mayoría de los catarros comunes o resfriados en los niños y adultos, y los adenovirus, capaces de provocar pulmonías virosas (neumonitis). Otras veces, las viriasis tienen su puerta de entrada a través del aparato digestivo (enteroviriasis), cuyo prototipo es el virus de la poliomielitis. Otros virus de este grupo (entre los que se incluyen los ya citados ECHO) producen infecciones gastrointestinales agudas como si fueran intoxicaciones alimenticias. Por último, el cuarto grupo se refiere a las viriasis transmitidas por vectores animales, generalmente insectos, como la **fiebre amarilla**, el **dengue** y la **fiebre papataci,** también europea, enfermedades tropicales muy parecidas a la primera en sus manifestaciones clínicas, pero mucho más benignas. En los últimos años se ha presentado el virus que produce el sida (síndrome de inmunodeficiencia adquirida), cuya transmisión es de origen sexual.

El mayor problema actual de las viriasis es que la mayor parte de los virus patógenos son insensibles a los tratamientos con antibióticos. Sin embargo, en numerosas enfermedades viriásicas las medidas terapéuticas inespecíficas o sintomáticas son satisfactoriamente eficaces.

FIEBRE AMARILLA

La fiebre amarilla es una viriasis aguda propia de países tropicales, con transmisión directa de hombre a hombre por la picadura del mosquito hembra del tipo **Aedes aegypti** que previamente ha sido infectada al chupar sangre de un enfermo. La enfermedad produce extensas zonas de muerte celular masiva en hígado, riñón y músculo cardiaco, aparte de otras, con gran facilidad hemorrágica.

Síntomas. Después de una incubación de 3 a 7 días, el mal se caracteriza por un cuadro aparatoso y de suma gravedad: fiebre alta, ictericia, insuficiencia renal y copiosas hemorragias por boca, ano o nariz. En ciertas epidemias la mortalidad llegó a alcanzar el 85%, pero en las zonas endémicas la enfermedad suele ser mucho menor.

Tratamiento. Todavía no se conoce un tratamiento causal específico. Las medidas preventivas son muy eficaces: la vacunación, las medidas sanitarias generales de cualquier enfermedad pestilencial y, sobre todo, en zonas endémicas, la lucha contra el mosquito transmisor.

GRIPE *(Influenza)*

Existen numerosas viriasis que provocan catarros nasales o resfriados estacionales, generalmente muy benignos, pero estas alteraciones nada tienen que ver con la gripe, causada por un virus específico que se caracteriza por poseer tan alto grado de contagiosidad que su aparición casi siempre se realiza en forma de brote epidémico masivo, fácilmente convertido en pandemias que afectan a todos los continentes. En la tristemente célebre epidemia de 1918 (también llamada gripe española, por creerse que se originó en España) murieron más de 15 millones de personas. En la pandemia de 1957, o gripe asiática, la mortalidad fue mucho menor al contarse con antibióticos para evitar las complicaciones pulmonares. En 1968-1969, apareció, mundialmente, una variante de aquélla, llamada de «Hong Kong». Así pues, en intervalos periódicos irregulares la gripe se extiende en olas por todos los países, afectando sobre todo a las ciudades densamente habitadas. Varía su virulencia de epidemia en epidemia, como también oscila la edad de las personas más expuestas: en 1918 eran los jóvenes de 20 a 30 años los más amenazados; en los últimos años ha predominado la morbilidad entre los ancianos.

Del virus causante se conocen tres tipos diferentes, A, B y C, con multitud de variantes. Las del tipo B son especialmente responsables de brotes localizados; mientras que las del A suelen provocar pandemias. Por ejemplo, la gripe asiática fue producida por el virus A2; la última epidemia (1968-1969) por la variante A2 (Hong Kong/68). Se distinguen entre sí por sus diferentes propiedades inmunológicas, es decir, se produce inmunidad sólo hacia un determinado tipo después de padecer la enfermedad, que por otro lado suele ser similar en sus manifestaciones clínicas para todos los tipos. Sin embargo, todavía sabemos muy poco de todo esto. Por ejemplo, la última epidemia de gripe, la de Hong Kong, contra todos los pronósticos dejó indemnes a los españoles, a pesar de que azotó a Estados Unidos y algunos países europeos con inusitada violencia. Parece ser que este fenómeno tiene algo que ver con el hecho de que España soportó masivamente la gripe del año 1918, cuyo virus era de un tipo parecido al de la epidemia actual. Es decir, en aquella época una gran masa de la población española quedó «impresa» con un mecanismo de formación de anticuerpos específicos contra el virus de la gripe. Parece ser que estos anticuerpos pueden ser reproducidos aun por antígenos (es decir virus) no del todo similares y después de mucho tiempo. En relación con la gripe, este fenómeno ha sido denominado por los científicos con el pintoresco nombre de «pecado original antigénico». Por mecanismos todavía desconocidos los españoles aún padecen de este pecado original y siguen siendo resistentes a la variante A2 (Hong Kong/68), al poseer la capacidad de fabricar anticuerpos naturales contra el virus causante. Pero no cabe hacerse falsas ilusiones, pues nada hay más mutable que la capacidad antigénica de las diferentes variantes de los diversos tipos del virus gripal.

Síntomas. El contagio siempre es directo, generalmente por la expectoración de los enfermos, que al toser expelen pequeñas gotitas infectadas que son respiradas por las personas sanas. Mediante el saludo, la mano queda contaminada y al tallarse los ojos puede introducirse el virus. El periodo de incubación es de 1 a 3 días. Bruscamente aparece fiebre alta, postración y quebrantamiento general, dolores de cabeza y articulares, e inflamación de las mucosas respiratorias con estornudo, tos, destilación nasal, etc. A los 24 días el cuadro comienza a remitir, dejando un deficiente estado general por bastante tiempo (la clásica gripe «mal curada»). Las complicaciones son numerosas y frecuentes: otitis, alteraciones cardiocirculatorias, infecciones broncopulmonares sobreañadidas de origen bacteriano (bronquitis crónicas, pulmonías, pleuresías) y lesiones nerviosas. El pronóstico es muy bueno, ya que, en la actualidad, los antibióticos son capaces de evitar o curar las infecciones pulmonares secundarias. Sin embargo, para los ancianos y enfermos crónicos debilitados la gripe todavía puede representar un gran problema.

Tratamiento. No existe un tratamiento específico; todavía no se ha descubierto una droga o un antibiótico que actúe profiláctica o terapéuticamente sobre el virus causante. Queda, pues, sólo el tratamiento sintomático (analgésicos, antipiréticos, vitamina C, antihistamínicos, codeína, abundantes líquidos, incluso bebidas alcohólicas en cantidad moderada, con dieta sobria y reposo absoluto). Los antibióticos sólo deben usarse cuando el médico lo considere oportuno. Las drogas como la amantadina, han dado escasos resultados.

Prevención. La vacunación preventiva contra la gripe es sumamente difícil y constituye un problema muy lejos todavía de su resolución. Es prácticamente imposible elaborar una vacuna que comprenda todas las variantes posibles de los tipos de virus capaces de provocar el cuadro clínico de la gripe. Por ello, sólo es factible la vacunación una vez ya declarada la gripe e iniciada la «ola epidémica», después de haber sido identificado el tipo responsable. Para ello la Organización Mundial de la Salud ha montado laboratorios especiales, repartidos por todo el mundo. Como generalmente la vacuna así obtenida no basta para vacunar a todo el mundo, se aconseja su uso sólo en determinados casos: personas en que la infección puede significar un evidente riesgo, como ancianos, embarazadas, enfermos cardiacos, enfermos crónicos debilitados, y también en aquellos empleados que, por su función pública (por ejemplo en los transportes o en las industrias básicas), crearían, con un excesivo ausentismo laboral, evidentes problemas sociales. Hasta ahora sólo se han utilizado vacunas con virus muerto, inactivado; pero se están ensayando otras con virus atenuado, similares a la vacuna oral de la poliomielitis. La vacuna con virus vivo podría administrarse por vía nasal —*spray* nasal—, pero todo esto todavía sigue en una fase experimental.

MONONUCLEOSIS INFECCIOSA *(Fiebre glandular de Pfeiffer)*

La mononucleosis infecciosa, conocida también con el nombre de fiebre glandular de Pfeiffer, constituye una enfermedad aguda producida por un virus llamado EB, que aparece esporádicamente o en pequeñas epidemias, sobre todo en jóvenes y adolescentes. El contagio es directo, posiblemente a través del aire espirado. Se ha dicho, quizás líricamente, que se transmite por un beso. La infección es muy corriente, pero la enfermedad la padecen muy pocos individuos, especialmente susceptibles.

Síntomas. Tras un periodo de incubación de 5 a 14 días, comienza por una etapa febril, durante una o dos semanas, que se acompaña de hinchazón de los ganglios linfáticos de todo el organismo (cuello, axila, ingle), inflamación de hígado y bazo, y síntomas anginosos por inflamación faríngea. La enfermedad suele durar entre dos y cuatro semanas y las complicaciones son raras, por lo que su pronóstico es bueno. Su

Las enfermedades infecciosas

diagnóstico resulta fácil por el análisis de sangre y un «test» específico denominado prueba de Paul Bunnell.

Tratamiento. No existe un tratamiento causal; sólo cabe controlar las infecciones sobreañadidas y aplicar medidas generales.

PAPERAS *(Parotiditis epidémica)*

Podríamos caracterizar a esta infección diciendo que es una viriasis aguda que se presenta en epidemias siempre muy limitadas, generalmente entre los niños, cuyo contagio se debe al contacto con saliva contaminada (tos, dedos, etcétera).

Síntomas. El periodo de incubación es de dos a cuatro semanas. Hay un ascenso paulatino de la fiebre con malestar general. Poco a poco se inflama la glándula parótida (salival) con hinchazón en la zona anterior e inferior de la oreja. Generalmente afecta a los dos lados; la masticación y la deglución son dolorosas y también aparece dolor de oídos por compresión del conducto auditivo. Rara vez se afectan las demás glándulas salivales. Ocasionalmente en los niños, aunque en el 25% de los casos en edad pospuberal, aparece una inflamación dolorosa de uno o de los dos testículos, que si bien no afecta a la función hormonal, en casos aislados puede llevar a la esterilidad. Otras veces pueden aparecer alteraciones del sistema nervioso central o del páncreas. El pronóstico general es muy bueno.

Tratamiento. No existe un tratamiento específico. Es útil la inyección de gamma-globulina especialmente preparada para prevenir la enfermedad o sus complicaciones. Existe una vacuna, pero su uso generalizado no se ha impuesto.

POLIOMIELITIS *(Parálisis infantil; enfermedad de Heine-Medin)*

Se conoce con este nombre a una enfermedad aguda, endémica y epidémica, que afecta principalmente a los niños de 4 a 10 años y que es producida por un virus específico. El contagio es interhumano, a través de las secreciones faríngeas o por el desecho intestinal. La infección y el estado de portador son frecuentes, pero la enfermedad es rara. El gran problema reside en la especial afinidad del virus hacia el sistema nervioso central y materia gris de la médula espinal, capaz de producir extensas zonas lesionales con su consiguiente cortejo de parálisis musculares.

Síntomas. Su periodo de incubación oscila entre una y tres semanas. Después de una primera fase aparentemente banal, con fiebre, malestar general y síntomas catarrales o intestinales, se presenta, generalmente, una segunda fase (entre el 2º y 9º día) en la que ya es aparente el trastorno meníngeo; parálisis musculares, al principio fláccidas, o alteraciones encefálicas con graves perturbaciones centrales. Si bien las formas no paralíticas son frecuentes, y no dejan huella habitualmente, las paralíticas son fundamentales desde el punto de vista de las consecuencias: aproximadamente el 25% permanece con trastornos musculares menores; otro 25% sufre parálisis graves mientras que el 50% restante se recupera totalmente. Si la parálisis es progresiva y afecta a los músculos respiratorios y a los de la vejiga e intestino, el pronóstico se hace muy sombrío. Una vez ya establecida la parálisis muscular periférica, variable entre

Examen de las enfermedades

enfermo y enfermo, los músculos se atrofian permanentemente y sólo cabe una rehabilitación por medios quirúrgicos o fisioterapéuticos. En cada brote epidémico varía además la agresividad de la infección y, por lo tanto, también la gravedad de las consecuencias.

Tratamiento. No existe un tratamiento específico. Sin embargo, su prevención, gracias a la vacuna antipoliomielítica, ha cambiado totalmente el panorama. Hoy es una enfermedad casi totalmente controlada; los casos que se presentan son esporádicos o epidémicos, casi siempre atribuibles a la negligencia de los padres en vacunar a sus hijos. Si bien hace unos años la vacunación estribaba en la inyección de virus muerto (inactivado), o vacuna de Salk, en la actualidad se ha impuesto en todo el mundo la vacunación oral (o de Sabin), con virus vivo atenuado, que produce realmente una infección poliomielítica capaz de conferir una inmunidad permanente aunque clínicamente sin síntomas.

RABIA *(Hidrofobia)*

La rabia se presenta como una enfermedad aguda, siempre mortal, que se transmite al hombre directamente por mordedura o herida producida por un animal enfermo, casi siempre carnívoro (perro, lobo o zorro) o roedor, y cuyo agente causal es un virus específico que afecta sobre todo al sistema nervioso.

Síntomas. El periodo de incubación varía entre 10 días y 12 meses, pero siempre puede encontrarse el contacto previo con un animal rabioso. Son características las molestias y dificultades para la deglución y respiración, con intensos y dolorosísimos espasmos faríngeos (que hacen rechazar al enfermo incluso un poco de agua) y la salivación profusa, al no poder evacuarla hacia el estómago. La muerte sobreviene por ahogo o por parálisis general a los 3 o 5 días, acompañada de una total confusión mental en el paciente.

Tratamiento. No existe tratamiento específico. Sólo es posible la prevención, muy eficaz con la vacuna antirrábica en los perros, obligatoria en todos los países, como asimismo la declaración de los casos de rabia. La única posibilidad de salvar la vida de una persona contagiada consiste en administrar, sin pérdida de tiempo, la vacuna específica que confiere inmunidad durante el periodo de incubación de la enfermedad. Esta vacuna no está exenta de peligros, por lo que debe inyectarse sólo en los siguientes casos: (1) Cuando el animal causante, sin duda alguna, padece de rabia. (2) Cuando el animal causante no es encontrado, pero existe una epidemia de rabia entre los animales de especie similar de la misma zona. (3) Cuando el animal conocido es observado estrechamente y, confinado durante unos diez días, desarrolla los síntomas de rabia. Se comprende por qué todos los países extreman su vigilancia contra los perros vagabundos y, en caso de duda, aplican rigurosas medidas exterminatorias.

El problema de la rabia aún no está resuelto. Parece ser que en Europa central existe un ligero aumento de la morbilidad debido, sobre todo, a lobos y zorros, que constituyen una peligrosa fuente de contagio y contra los que es muy difícil establecer medidas sanitarias. En Brasil se desarrollaron investigaciones de un tratamiento quirúrgico contra la rabia, que consistía en realizar una operación en el cerebro, pero no se obtuvieron buenos resultados y nunca se utilizó.

Las enfermedades infecciosas

Sarampión

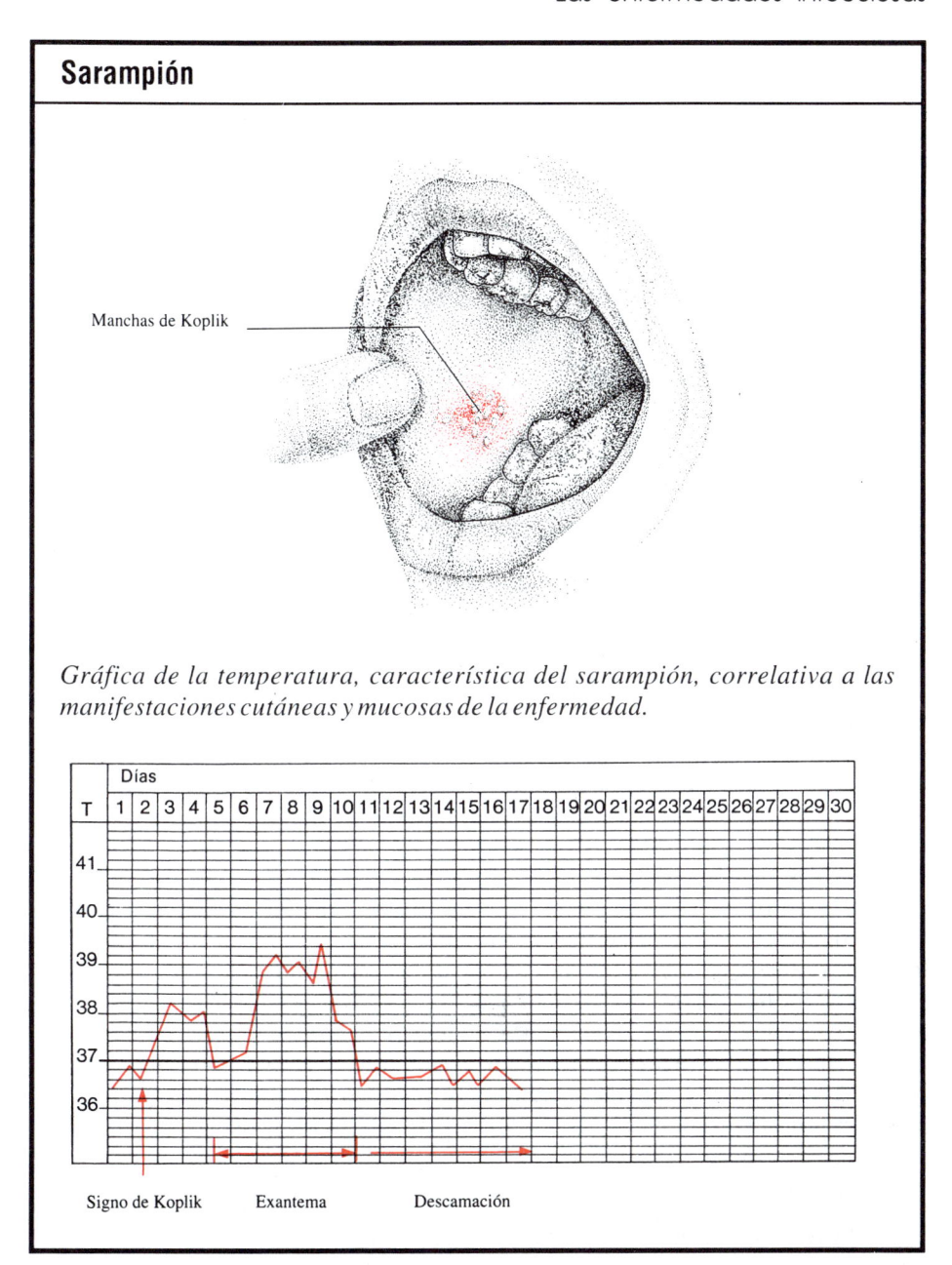

Manchas de Koplik

Gráfica de la temperatura, característica del sarampión, correlativa a las manifestaciones cutáneas y mucosas de la enfermedad.

Signo de Koplik   Exantema   Descamación

RUBÉOLA *(Alfombrilla; sarampión alemán)*

Esta viriasis aguda epidémica cuyo contagio interhumano se produce por partículas que se expelen al toser, es una afección generalmente muy leve que, después de una incubación de dos o tres semanas, produce un cuadro febril con erupción en cara, tronco y extremidades que nunca dura más de cuatro días. La enfermedad deja inmunidad

Examen de las enfermedades

duradera y son excepcionales las complicaciones. Sin embargo, la rubéola es un proceso muy grave si afecta a las mujeres gestantes durante el primer trimestre del embarazo, pues es capaz de provocar graves malformaciones congénitas en el feto (aproximadamente hasta en el 50% de los casos) que, si a veces son incompatibles con la vida, en numerosas ocasiones provocan en el niño cataratas congénitas, ceguera, cardiopatías, microcefalia, retardo del crecimiento, retraso mental, sordera, etc.

Como no hay tratamiento específico para la rubéola, se debe prevenir la enfermedad en mujeres adultas, sobre todo si están embarazadas, con inyecciones de gamma-globulina específica. Últimamente se ha conseguido, en Estados Unidos, una vacuna preventiva que parece muy eficaz y que se ha aplicado a las niñas en especial, lo que evita que puedan adquirir, ya adultas y gestantes, la enfermedad.

SARAMPIÓN

El sarampión cursa como una viriasis aguda muy contagiosa y epidémica que suele afectar sólo a los niños. El contagio se realiza por partículas que se expelen al toser o con las secreciones nasofaríngeas. Aproximadamente el 98% de la población mundial ha padecido esta enfermedad, lo que da idea de su contagiosidad. Una vez padecida confiere inmunidad definitiva.

Síntomas. Después de una incubación de 7 a 14 días, aparecen síntomas de un catarro nasobronquial febril, con conjuntivitis. Pronto aparecen unas manchas características blanquecinas, rodeadas de un halo inflamatorio, rojizo, en la mucosa de las mejillas (signo de Koplik). A los 2-4 días comienza la erupción, generalmente en la cabeza, que se extiende luego a tronco y extremidades, para desaparecer por descamación al cuarto o quinto día. Las manchas varían mucho de apariencia; de color rosado, rojo o violáceo, al tacto dan la sensación de terciopelo. Abundan las complicaciones —inflamaciones de cualquier parte del aparato respiratorio—; es especialmente temida la bronconeumonía en los niños. Raras veces afecta al sistema nervioso o a las meninges. El pronóstico suele ser favorable; solamente en los países tropicales tiene hoy el sarampión un elevado índice de mortalidad.

Tratamiento. No existe ninguno específico. No es necesario proteger de la luz al enfermo, ni está demostrado que pueda acelerarse el brote eruptivo con baños calientes. Actualmente se dispone de vacunas muy eficaces cuyo uso se generalizará pronto. La enfermedad puede prevenirse o modificarse en su curso, para evitar complicaciones, con la administración de suero de enfermos convalecientes o gamma-globulina específica.

SIDA *(Síndrome de inmunodeficiencia adquirida)*

Esta terrible enfermedad tiene carácter viral y ataca al hombre. Se contagia por vía sexual, transfusiones, agujas hipodérmicas, y por lesiones causadas con objetos contaminados. Se manifiesta como una deficiencia inmunológica principalmente mediada por linfocitos, en la cual aparecen enfermedades infecciosas debidas a gérmenes poco frecuentes como el **Neumocystis carinii**; también es muy frecuente la aparición de un sarcoma de Kaposi que puede afectar a la piel o al tubo digestivo.

Las enfermedades infecciosas

Los signos y síntomas principales son las diarreas o las infecciones respiratorias crónicas; pueden presentarse también anemias y trastornos de la coagulación, pérdida de peso, debilidad y cansancio.

La muerte sobreviene a consecuencia de las complicaciones infecciosas.

Tratamiento. No existe ninguno efectivo, ni vacuna. Deben tomarse medidas preventivas, como evitar la promiscuidad sexual, utilizar condones, trasfundir sangre únicamente si el donante tiene negativa la prueba del sida, no compartir jeringas y manipular cuidadosamente objetos punzocortantes.

Es necesario hacer algunas aclaraciones respecto a esta enfermedad. El «mal del siglo» se descubrió hace apenas una década y no se tiene suficiente información acerca de sus características.

Los científicos de los países desarrollados trabajan a marchas forzadas para encontrar alguna forma de detener los efectos del virus, pero aún no encuentran ningún medicamento o procedimiento que sea eficaz. Y en todo el mundo los gobiernos y algunos grupos independientes realizan labores educativas para inducir conductas preventivas en la población. Las medidas recomendadas aquí no deben tomarse a la ligera, pues cualquier contacto sexual o sanguíneo con personas desconocidas entraña el riesgo de contagio.

VARICELA *(Viruela loca)*

Esta enfermedad aguda eruptiva, endémica y epidémica, generalmente infantil, es producida por un virus que no tiene relación alguna con el de la viruela. Es altamente contagiosa debido al contacto con partículas expelidas por la tos de los enfermos. Produce inmunidad duradera.

Síntomas. Después de una incubación de dos a tres semanas, se inicia un estado febril, con malestar general y dolores imprecisos. Dos días más tarde se presenta la típica erupción, con picor, generalizada por todo el cuerpo de forma irregular. La erupción es primero macular y luego vesicular con ampollas del tamaño de la cabeza de un alfiler, que contienen un líquido claro que acaba por secarse. No se deben rascar, pues suelen con ello dejar cicatriz. Pueden asimismo infectarse secundariamente formando focos purulentos. Frecuentemente la erupción se extiende a la boca, conjuntivas, vagina y ano, provocando irritaciones muy molestas. Las complicaciones viscerales suelen ser raras y en general es una enfermedad muy benigna, que dura de una a dos semanas.

Tratamiento. No existe ninguno específico. El prurito o comezón se controla con lociones a base de calamina o baños alcanforados y administración de antihistamínicos. La higiene personal debe ser estricta para evitar la infección secundaria de las vesículas cutáneas. Todavía no se conoce una vacuna activa eficaz. Está demostrada una estrecha relación del virus de la varicela con el que produce el **herpes zoster.**

VIRUELA *(Variola)*

Se conoce como viruela a una viriasis aguda eruptiva, sumamente contagiosa, de carácter pestilencial, endémica en los trópicos y que no respeta edad, sexo o raza. La enfermedad produce inmunidad permanente.

Examen de las enfermedades

Síntomas. El periodo de incubación es de 10 a 14 días, pero la enfermedad comienza bruscamente, con toda su gravedad y abundantes manifestaciones generales. Al cabo de unos días este cuadro remite para aparecer la temida erupción que se extiende por todo el cuerpo. Primero con manchas, luego pápulas del tamaño de lentejas, para formarse después unas vesículas que se infectan, supuran y acaban en pústulas. Es una enfermedad terriblemente «sucia»; los enfermos se cubren de una repugnante costra purulenta que les produce grandes picores, y emiten un olor fétido. Las complicaciones son la regla, todas ellas de índole grave: septicemia, fracaso cardiocirculatorio, pulmonías, ceguera, etc.

Los pocos enfermos que sobreviven la fase eruptiva comienzan a mejorar a las dos o tres semanas, pero las supuraciones cutáneas dejan siempre cicatrices.

Se denomina **varioloide** a la enfermedad, muy atenuada y por lo tanto benigna, que pueden padecer algunos vacunados activamente contra la viruela, casos en que la inmunidad conferida por la vacunación ha ido decreciendo, generalmente por haber transcurrido demasiado tiempo desde su aplicación. Una forma también modificada, benigna, es la llamada viruela blanca o alastrim, en la cual el contenido de las vesículas aparece de un color lechoso.

Tratamiento. No existe tratamiento específico; con los antibióticos las pústulas de la piel son más benignas y la enfermedad se hace, en general, menos «sucia», pero apenas influyen sobre su curso. Últimamente la quimioprofilaxis durante la incubación ha dado algunos resultados esperanzadores. No cabe otra cosa, sin embargo, que la vacunación activa con la vacuna de Jenner, obligatoria en todos los países y que debe repetirse periódicamente, sobre todo si se viaja a determinados países endémicos. La viruela es una de las enfermedades más contagiosas que existen: basta que una persona susceptible no vacunada pase al lado de un enfermo, para contraer el mal con toda seguridad. Antes los brotes epidémicos aniquilaban poblaciones enteras. Hoy, con las medidas sanitarias, aislamiento total de los enfermos, cuarentenas, riguroso control de los medios de transporte y declaración obligatoria de su aparición, las epidemias se han hecho infrecuentes y en Europa casi inexistentes o de alcance muy circunscrito, siempre importadas de algunos países donde todavía existen endemias (Asia, trópicos). La vacunación antivariólica no está exenta de peligros, pero es fundamental hacer constar, sin embargo, que este riesgo es siempre menor que la amenaza que se cierne sobre los sujetos no vacunados. Se calcula que sólo una persona entre 150 000 vacunados, por vez primera puede desarrollar alguna complicación. A veces se infecta purulentamente la escarificación que se practica en la piel, o se complica con una erisipela; en otras ocasiones, la secreción del lugar de la inoculación puede extenderse a otras regiones por contacto (eczema vacunal). Casi siempre se trata de complicaciones debidas a una higiene deficiente por parte del enfermo.

Muy rara vez, la vacunación produce alteraciones en el sistema nervioso (encefalitis posvacunal), complicación desde luego sumamente grave. Por ello, en todo caso de primovacunación se administra previamente gammaglobulina, pues parece que este procedimiento disminuye el riesgo de tan peligrosa posibilidad de complicación.

Se ha discutido mucho sobre el sitio, a efectos estéticos, de la primovacunación, que siempre deja una pequeña cicatriz, apenas perceptible si se conservan ciertas medidas higiénicas. En opinión de los médicos, sigue siendo la cara externa del brazo o muslo; la escarificación en la axila o planta de los pies debe ser abandonada.

Enfermedades infecciosas producidas por microorganismos rudimentarios

Sin excesivo rigor, incluimos en este grupo a las enfermedades producidas por seres de difícil clasificación: las rickettsias —que se encuentran ubicadas taxonómicamente entre los virus y las bacterias— y las espiroquetas— pertenecientes al reino animal, pero mucho más rudimentarias que los protozoos.

Las **rickettsiosis** forman un numeroso grupo de enfermedades agudas con características clínicas muy similares (con cuadro tífico o gripal y manifiesta erupción cutánea) y que siempre se transmiten al hombre por intermedio de roedores salvajes, artrópodos o insectos (ratas, garrapatas, piojos, pulgas, etc.). Se trata de enfermedades de tiempos pasados que hoy se conciben únicamente en épocas de guerra o máxima penuria, con mínimas condiciones higiénicas. En España, por ejemplo, hubo una epidemia de tifus exantemático en los años 1941-43, que se achacó a un hipotético piojo verde que, ciertamente, no tenía este color.

Aparte del tifus exantemático epidémico o endémico **(tifus murino)** existen otras muchas rickettsiosis de interés general: **fiebre Q** (así denominada por haber sido descrita por vez primera en un matadero de Queensland, Australia), **fiebre de las Montañas Rocosas, fiebre Wolhynica** o **de las trincheras**, y **fiebre japonesa de los ríos** o **tsutsugamushi**.

Todas ellas son fáciles de prevenir con una rigurosa desinsectación y medidas higiénicas generales. Por otro lado, la eficacia terapéutica de los antibióticos ha reducido espectacularmente el carácter grave de los brotes epidémicos de estas enfermedades, que causaban antes numerosísimas víctimas.

Entre las **espiroquetosis** se encuentran muy diversas enfermedades infecciosas que pueden clasificarse en tres grandes grupos: las producidas por el género **Treponema** (como la sífilis), las **borreliosis** (llamadas también fiebres recurrentes) y las **leptospirosis** (ictericia epidémica).

SÍFILIS *(Lúes venérea; morbus gallicus)*

La sífilis es una enfermedad endémica, contagiosa, generalmente crónica, producida por el **Treponema pallidum** y que se transmite casi siempre por contacto sexual, con excepción de la sífilis congénita, adquirida por el feto por contagio con su madre, enferma. Al igual que en el caso de la **blenorragia** la morbilidad sifilítica había bajado después de la Segunda Guerra Mundial gracias al eficaz tratamiento con antibióticos y al rígido control sanitario de la prostitución, pero últimamente (en especial desde 1960) estamos asistiendo a un incremento considerable de su incidencia morbosa, que da lugar a graves problemas sociales.

La primera epidemia de sífilis azotó Europa a raíz del descubrimiento de América; pero parece ser que, en contra de lo que se ha dicho, no fue importada por los navegantes colombinos. La sífilis ha sido siempre una enfermedad con muy mala reputación, causa y efecto de degeneración moral. Al sifilítico se le trataba como a un proscrito, era un hombre que había dado rienda suelta a sus más bajas pasiones. De ahí el nombre de «enfermedad secreta» y el carácter sigiloso con que se hacía el tratamiento. Se le llamó

Examen de las enfermedades

«mal de Nápoles», porque la enfermedad diezmó a las tropas francesas en el sitio a que fue sometida esta ciudad en 1495. Luego vino a denominarse «mal de los franceses» (**morbus gallicus**) al extenderlo dichas tropas por Europa central. Más tarde, la «culpa» fue achacada a otros países; pero en realidad la irónica máxima de Voltaire sigue siendo cierta: «La sífilis, como las Bellas Artes, no debe su origen a ningún pueblo determinado». La palabra sífilis se debe a un médico italiano —Fracastoro (1530)— que atribuía a la enfermedad un origen mítico: el pastor Sífilos, después de desafiar al dios del sol (Helios), había sido castigado por éste a padecer una enfermedad nueva. Fracastoro ya señaló el tratamiento con mercurio y con el palo santo (guayaco), de origen americano, lo que dio lugar a un floreciente negocio de importación, centralizado en Sevilla.

Síntomas. Después del contagio, generalmente a las tres semanas (entre 10 y 90 días), aparece una lesión, primero papular y luego ulcerada (**chancro sifilítico**) en el sitio de inoculación (casi siempre en el aparato genital). La úlcera se asienta sobre una base dura, muy infiltrada con afectación de los ganglios linfáticos regionales. Es la **sífilis primaria.** A las 6-12 semanas, los treponemas, que se han difundido por todo el organismo, provocan el cuadro clínico de la **sífilis secundaria,** con manifestaciones preferentemente cutáneas, muy variables, en forma de erupciones múltiples generalizadas, que suelen durar unas semanas. En un plazo muy variable (de unos pocos meses a muchos años) comienza la **sífilis tardía** o **periodo terciario**, en que la lesión crónica, no infecciosa pero altamente destructiva, puede afectar a cualquier órgano del cuerpo. La neurosífilis muy frecuentemente incluye la llamada **tabes dorsal** y sobre todo la demencia paralítica o parálisis general, con graves manifestaciones psíquicas —que padeció Nietzsche—; la sífilis cardiocirculatoria comprende también la inflamación y posterior dilatación de la aorta (aneurisma de aorta); los llamados **gomas sifilíticos** o lesiones específicas pueden asentarse, por otra parte, en cualquier órgano. El diagnóstico de la sífilis es relativamente fácil; si en el periodo primario basta con hallar el agente causal en el chancro, en la sangre, con las diferentes reacciones serológicas (de Wassermann, de Kahn, etc.), la prueba positiva suele ser concluyente.

Tratamiento. Si antes el Salvarsan, compuesto arsenical, ocupaba el primer plano terapéutico, actualmente la penicilina lo ha sustituido con ventaja. Es la sífilis una enfermedad perfectamente curable, pero su prevención debe extenderse a todo el campo de la higiene sexual. No existe una vacuna eficaz. Ante algunos casos de resistencia a la penicilina, la rifampicina produce efectos positivos.

Prevención. La lucha contra las enfermedades venéreas ha ocupado siempre un primer plano de actualidad. El 15% de las personas recluidas en sanatorios psiquiátricos padecen de neurosífilis, y se ha estimado, además, que un individuo que contrae esta enfermedad tiene sus probabilidades de vida reducidas en un 20% respecto a una persona no infectada, sin considerar que la sífilis sigue siendo el factor causal más importante en la producción de abortos, fetos anormales, cegueras congénitas y, sobre todo, de niños subnormales.

La mejor arma contra este mal es el diagnóstico precoz, la educación sanitaria de la población y la protección social de la mujer. El examen rutinario de una gran masa de habitantes mediante los análisis pertinentes y, en su caso, el tratamiento de los enfermos recién detectados, así como la información adecuada a jóvenes expuestos a este riesgo, pueden ayudar en gran medida.

LEPTOSPIROSIS
(Enfermedad de Weil; ictericia epidémica o espiroquetósica)

Las leptospirosis constituyen un grupo de enfermedades agudas, esporádicas o epidémicas, producidas por espiroquetas de la variedad **leptospirilar,** de la que se conocen más de treinta clases. Para cada tipo existe un animal, roedor (ratas, sobre todo) o mamífero doméstico o salvaje, que actúa de reservorio o transmisor. El hombre se infecta por ingestión de alimentos infectados o por heridas cutáneas. Es un mal frecuente entre mineros o poceros, siempre que las condiciones sanitarias de su trabajo sean deficientes y abunden las ratas, cuyas heces y orinas suelen estar contaminadas.

Síntomas. Incubación de una a dos semanas. Después de un periodo inicial de brusca aparición, con alta fiebre y escalofríos, así como otras manifestaciones generales, aparece ictericia en más de la mitad de los casos y son frecuentes también las hemorragias y alteraciones meníngeas y circulatorias. La enfermedad produce inmunidad y es rara la aparición de epidemias alarmantes. Las **leptospirosis** llamadas **fiebre del campo**, o **del cieno, meningitis de los porqueros** y **fiebre canícola** se apartan de la forma icterohemorrágica antes citada; en ellas la afectación hepática (ictericia) suele ser excepcional; predominan los síntomas meníngeos.

Tratamiento. En ausencia de ictericia, el pronóstico es muy favorable. El aislamiento del paciente ha de ser riguroso. Los antibióticos son de eficacia dudosa; mucho más útiles resultan las transfusiones de sueros específicos, obtenidos de enfermos que ya han padecido la enfermedad.

FIEBRES RECURRENTES *(Borreliosis)*

Las borreliosis son un grupo de enfermedades agudas, clínicamente similares, producidas por diversas espiroquetas del género **Borrelia,** que difieren según su procedencia geográfica y el insecto o artrópodo que actúa como agente transmisor. Cuando el vector intermediario es el piojo, el reservorio es el propio hombre, que es capaz de infectar durante los episodios febriles de su afección; la garrapata, sin embargo, adquiere la infección picando a los cerdos. En Europa es más corriente, en épocas de hambre, guerra o miseria, el tipo transmitido por el piojo, aunque en España la llamada fiebre recurrente hispánica, propia del medio rural en pastores o matarifes, es producida por las garrapatas de los cerdos. En la mayor parte del Continente Americano predomina el tipo transmitido por garrapatas.

Existen centros endémicos de fiebres recurrentes en Canadá (Columbia Británica), en varios estados occidentales de Estados Unidos, en México (estado de Aguascalientes), en América Central (Guatemala y Panamá) y en Sudamérica (Colombia, Venezuela y parte de Argentina).

Síntomas. Después de una incubación de 7 días, súbitamente aparece fiebre alta con escalofríos y malestar general. La fiebre se mantiene entre 3 y 7 días, para reaparecer después de un periodo sin fiebre de 3 a 8 días. En casos más graves hay complicaciones (vómitos, ictericia, hemorragias, etc.). Normalmente, las recaídas —de aquí su denominación— se hacen cada vez más espaciadas y leves, al desarrollarse una inmunidad. El pronóstico suele ser bueno.

Fiebre recurrente

GRÁFICA DE LA FIEBRE RECURRENTE

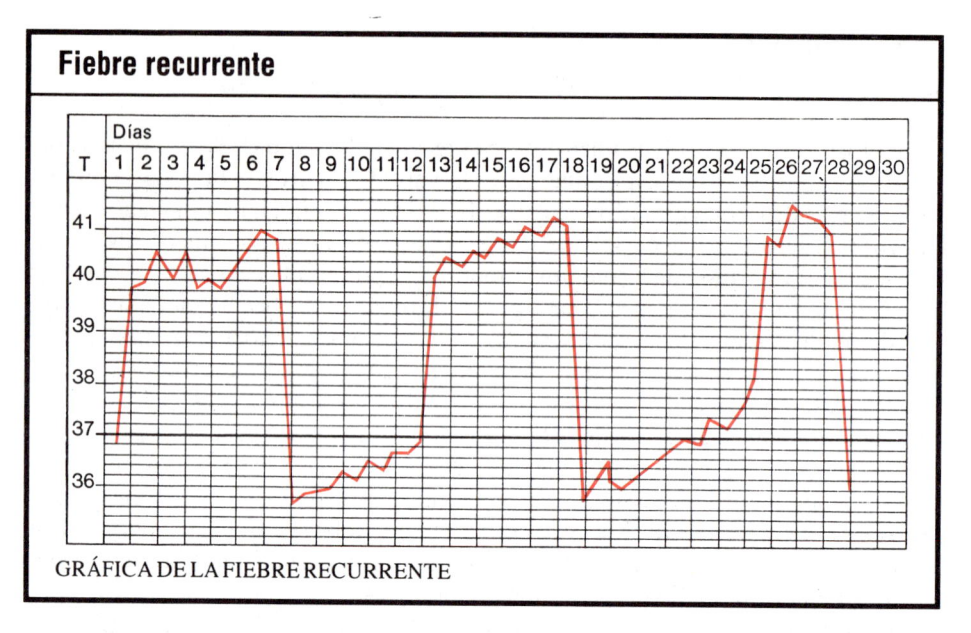

Tratamiento. Los antibióticos y, en casos especiales, los productos arsenicales son muy eficaces. El aislamiento es obligatorio, así como la declaración de la enfermedad. La prevención consiste en una adecuada lucha contra los insectos y la adopción de medidas higiénicas personales.

Enfermedades infecciosas producidas por protozoos

Los protozoos son seres unicelulares que pertenecen al reino animal. Se conocen unas cincuenta especies parásitas en el hombre, que pueden producir muy diferentes enfermedades, cuyo único nexo común estriba en que, una vez curadas, no dejan inmunidad y es posible la reinfección. Unas veces se localizan casi exclusivamente en ciertos órganos, y pueden producir síntomas que, aunque molestos, carecen de mayor importancia patológica. Por ejemplo, existe una enfermedad venérea producida por **tricomonas** y transmitida por el acto sexual (si bien la mujer puede contagiarse también al bañarse en una piscina), que origina síntomas irritativos vaginales con abundante flujo, aunque en el hombre sea apenas perceptible. Sólo un tratamiento de ambos cónyuges puede curar esta parasitación. Otras veces, el protozoo habita en el intestino, como en el caso de las **lamblias**, muy frecuentes en el hombre, pero que rara vez producen síntomas patológicos.

Mucho más grave es la parasitación por protozoos del género **Trypanosoma,** que en el África tropical produce la temida **enfermedad del sueño,** transmitida por picadura de la mosca tsetsé, con fiebre prolongada, afectación ganglionar y graves alteraciones nerviosas que llevan al total marasmo psíquico y físico, y que en América origina la llamada **enfermedad de Chagas**, transmitida por chinches y que evoluciona como una grave enfermedad febril.

Las enfermedades infecciosas

AMIBIASIS *(Disentería amibiana o tropical)*

Existen varias especies de amibas que parasitan el aparato digestivo del hombre; es únicamente patógena la denominada **Entamoeba histolytica**, capaz de provocar cuadros disentéricos (diarreas profusas y dolorosas). La enfermedad es considerada de tipo tropical, pero no es infrecuente en climas más moderados. La amiba ingresa en el organismo en forma de quiste; llega al intestino delgado, donde se disuelve la pared quística, y queda en libertad la forma libre del protozoo. Éste se desarrolla con facilidad en la luz intestinal, donde ataca la mucosa y produce características ulceraciones, sobre todo en el colon. La falta de higiene personal, las aguas contaminadas y, sobre todo, los portadores sanos que con sus deposiciones propagan la infección, constituyen el mecanismo usual de contagio.

Síntomas. Las manifestaciones clínicas varían entre la total ausencia de síntomas a una colitis fulminante. La forma leve es sumamente crónica e insidiosa, con imprecisos síntomas generales (febrícula, fatiga, malestar general) y trastornos digestivos. En los casos agudos, a veces graves, con diarreas sanguinolentas, pueden sobrevenir perforaciones intestinales o abscesos con formaciones cicatriciales que llegan a producir fístulas u obstrucciones. Por la vena porta la amiba puede llegar al hígado, donde provoca abscesos o inflamaciones (hepatitis amibiana) que se presentan, a veces, en enfermos sin síntomas intestinales previos.

Tratamiento. Existen varios medicamentos muy eficaces (emetina, derivados arsenicales e imidazólicos, cloroquina, etc.). Su administración ha de ser continua, hasta que se haya conseguido la total eliminación de la infección, para evitar el estado de portador, tan peligroso desde el punto de vista sanitario (véase pág. 307).

LEISHMANIOSIS *(Kala-azar; botón de Oriente; espundia)*

Se trata de un grupo de enfermedades producidas por los protozoos del género **Leishmania** y que se transmiten por picadura de diferentes tipos del insecto llamado **flebótomo** (beatillas). Actúan de reservorio el perro, otros animales domésticos y los roedores salvajes. La incubación varía entre unas semanas y varios meses. En las leishmaniosis cutáneas (**botón de Oriente**) y en las formas americanas, denominadas **espundia** o **uta,** las lesiones se caracterizan por ulceraciones de la piel con curso muy lento. En las leishmaniosis viscerales (**Kala-azar, fiebre dumdum, mal del bazo** en Andalucía, **enfermedad negra**) predominan, sobre todo en niños, los síntomas generales (fiebre irregular, anemia, grave desgaste y gran aumento del bazo). El tratamiento de estas enfermedades con compuestos de antimonio es muy eficaz.

PALUDISMO *(Malaria)*

El paludismo o malaria es una enfermedad aguda, a veces crónica, a menudo recidivante, generalmente endémica y en otras épocas francamente epidémica, con terribles estragos sociales, que siempre es producida por una proliferación en la sangre humana de un parásito unicelular que, al penetrar en los glóbulos rojos, acaba por

Paludismo

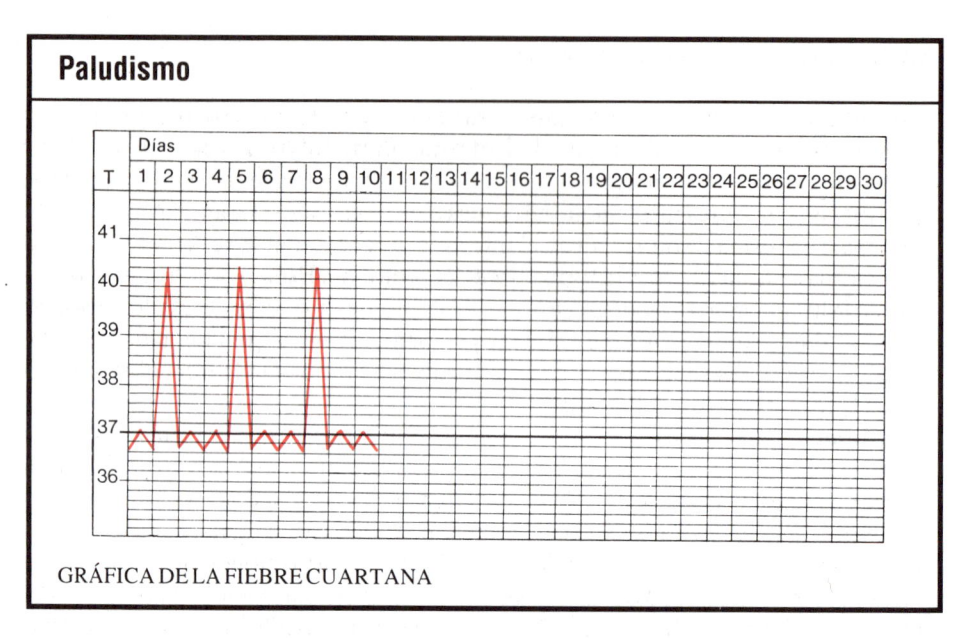

GRÁFICA DE LA FIEBRE CUARTANA

destruirlos. Existen cuatro tipos fundamentales de estos protozoos: **Plasmodium vivax, P. falciparum, P. malariae** y **P. ovale.** El paludismo no se contagia: siempre se adquiere por la picadura de un mosquito o, artificialmente, por inoculación de sangre infectada en el tratamiento médico de cierta enfermedad (parálisis general). El ciclo biológico es muy complejo. Comienza cuando un mosquito hembra del género **Anopheles** chupa sangre de un enfermo palúdico. En el organismo del mosquito, el parásito chupado con la sangre sufre una serie de transformaciones para terminar situándose como forma adulta en las glándulas salivales del mismo. Cuando el mosquito hembra pica a un sujeto, le inocula con su saliva estas formas, que continúan su ciclo evolutivo en el seno de los hematíes humanos, con una fase previa en el tejido conjuntivo. Así pues, si el mosquito es el reservorio del parásito, el hombre actúa de portador intermediario donde, necesariamente, ha de cumplirse la última fase del ciclo vital. Este ciclo es muy variable en tiempo, pues si en el **P. falciparum** es de una semana, en el **P. malariae** puede llegar a los 30 años. Esto explica las recidivas, que pueden sucederse con intervalos sumamente espaciados. Hay donantes de sangre que tuvieron paludismo hace muchos años (hasta 30) y que, sin haber sido reinfectados, pueden provocar la enfermedad en los receptores.

Síntomas. El periodo de incubación oscila entre una y cinco semanas. El acceso palúdico típico se caracteriza por la sucesión de escalofrío violento, fiebre altísima y sudoración profusa. La fiebre puede durar de una a varias horas y, una vez remitida, el paciente puede encontrarse relativamente bien hasta el próximo ataque. Hay accesos diarios (**malaria intermitente** cotidiana), cada dos días (**terciana**), y cada tres días (**cuartana**). Entre las complicaciones ha de citarse el aumento de volumen del bazo (esplenomegalia), que puede llegar a extremos muy acusados. Después de varios accesos febriles suele producirse una anemia progresiva por destrucción de los glóbulos rojos. En las formas crónicas la fiebre acaba por desaparecer; predominan entonces la anemia y un progresivo deterioro físico conocido con el nombre de caquexia malárica, que, inexorablemente provoca la muerte al paciente, de no existir tratamiento adecuado.

El diagnóstico del paludismo es relativamente fácil, sobre todo al identificar el parásito en la sangre del enfermo.

Tratamiento. Es muy eficaz la quinina, así como los llamados antipalúdicos de síntesis. La malaria es una de las enfermedades más extendidas sobre la Tierra. Se calcula que unos 300 millones de personas la padecen. En términos generales, en todo el mundo se observa una tendencia decreciente de la tasa de mortalidad, que se deriva no sólo de la eliminación del riesgo de infección por la eliminación del vector (desecación de pantanos, fumigación con insecticidas, etc.), sino también de las medidas terapéuticas modernas y del mejoramiento del diagnóstico. No existe vacuna contra el paludismo. Profilácticamente, es necesario que toda persona que viaje a zonas palúdicas tome, semanalmente, los comprimidos de algún antipalúdico.

TOXOPLASMOSIS

Esta grave enfermedad es producida por un protozoo (**Toxoplasma gondii**), que existe en el mundo entero. Es muy corriente la infección sin síntomas patológicos (se calcula que casi la mitad de la población humana está infectada), mientras que la producción de la enfermedad resulta sumamente rara. Se desconocen con detalle las condiciones del contagio, aunque se sabe que algunos animales domésticos o salvajes juegan un papel en ellas. Existe un tipo de enfermedad llamado neonatal o congénito en que el feto adquiere el mal a través de la placenta, por contagio de la madre infectada, antes o durante el embarazo. Suelen producirse entonces graves malformaciones fetales que, si a veces son incompatibles con la vida y provocan el aborto, otras muchas provocan lesiones congénitas, sobre todo del cerebro (atrofia, hidrocefalia, meningitis, lesiones oculares). En la toxoplasmosis adquirida, posnatal, el cuadro clínico es muy complejo y variable; son frecuentes las manifestaciones nerviosas u oculares, como también la afección hepática. El pronóstico es siempre grave. No existe tratamiento eficaz, lo que hace particularmente desolador el porvenir de los niños con lesiones congénitas, siempre irreversibles.

Enfermedades infecciosas producidas por hongos (micosis)

Los hongos son vegetales unicelulares que, al no poseer clorofila para sintetizar los principios inmediatos, están obligados a una vida parasitaria. De la multitud de hongos conocidos, sólo unas cincuenta especies son capaces de provocar enfermedades humanas, muchas de ellas de suma gravedad, aunque se desconoce en detalle su mecanismo de producción. La mayoría de las micosis son enfermedades locales, generalmente de la piel o mucosas (véase pág. 683). Se sabe que, cuando se destruye la flora bacteriana normal del organismo, sobre todo después de tratamientos con antibióticos, los hongos encuentran un terreno especialmente apto para su proliferación. Generalmente, las micosis se caracterizan por su curso lento y solapado.

La **actinomicosis** causada por el **Actinomyces israelii** u hongo radiado puede producir abscesos o flemones deformantes en la cavidad bucal y mandíbula. Es un error considerar esta enfermedad como debida a la costumbre de masticar hierba. Realmente ocurre que el hongo, presente en las encías durante muchos años, puede transformarse en agente patógeno cuando fracasan las barreras locales de defensa, lo que ocurre a menudo entre los campesinos con dentadura muy descuidada. El proceso puede generalizarse produciendo cuadros pulmonares, abdominales o generales, de suma gravedad. El tratamiento es muy complejo y prolongado.

La **histoplasmosis** puede llegar a ser una micosis de muy grave pronóstico, en especial en sus formas pulmonares y en las localizadas en el tejido conjuntivo.

Entre las **blastomicosis** existen formas específicas de Norteamérica, con lesiones predominantemente cutáneas; formas sudamericanas con afectaciones cutánea, mucosa y visceral, generalmente muy graves; y formas europeas (criptococosis o torulosis) de suma gravedad, con localización nerviosa o pulmonar.

Por último, tiene gran interés la micosis producida por los hongos del género **Candida** o **moniliasis.** Unas veces parasitan en la boca provocando el clásico **muguet**, con manchas blancas en la mucosa de la lengua y paladar; otras, habitan en la vagina produciendo irritación local y flujo, sobre todo en diabéticas y embarazadas. Estas micosis tienen un buen pronóstico, y un tratamiento eficaz.

Enfermedades infecciosas producidas por gusanos (vermes o helmintos)

Son muy numerosos los gusanos que pueden invadir el organismo humano, pero esa invasión no siempre causa enfermedad, pues es muy frecuente el estado de portador sano. Muchas de estas parasitosis sólo ocasionan molestias en el órgano que los alberga, que generalmente suele ser el aparato digestivo. Pero otras veces las enfermedades son mucho más graves y pueden afectar a la totalidad del cuerpo humano. De interés en los países tropicales o subtropicales son la **bilharziosis,** con lesiones urinarias, intestinales y tóxicas generales, y las **filariosis,** que afectan, sobre todo, a los vasos linfáticos, ocasionando amplias hinchazones deformantes (elefantiasis), por obstrucción vascular.

HIDATIDOSIS *(Quiste hidatídico; equinococosis)*

La hidatidosis es una enfermedad que se caracteriza por el desarrollo de los llamados quistes hidatídicos, grandes cúmulos líquidos rodeados de una membrana que albergan a la larva de la **Taenia echinococcus.** La forma adulta de este gusano (de 4 a 6 mm de tamaño) habita generalmente en el intestino delgado del perro, donde elimina numerosos huevos con las deposiciones de éste. Los huevos, a su vez, son ingeridos por los animales domésticos (rumiantes, cerdos) o llegan directamente al hombre. Cuando penetran en el intestino del animal —o del hombre—, se desarrolla primero una fase embrionaria, capaz de atravesar la pared intestinal y, a través de la vena porta o de otro vaso, llegar al hígado o cualquier otro órgano, sobre todo el pulmón. En ellos pasa a a la fase de larva, enquistándose. Cuando el perro come carne contaminada con estos quistes se completa el ciclo biológico y de nuevo aparece la forma adulta parásita en el intestino canino.

Síntomas. La enfermedad depende casi exclusivamente del conflicto mecánico que crea el quiste hidatídico en el órgano que lo alberga. Es mucho más frecuente el quiste hepático que el pulmonar; es muy rara la localización en otros órganos. Junto a la aparición del tumor quístico —que puede llegar a adquirir gran tamaño y, por lo tanto, puede ser palpado o, en el caso del pulmón, hacerse visible por rayos X—, el síntoma general más común es la urticaria o picor en la piel, que se interpreta como una reacción alérgica hacia el líquido quístico. Este picor sirve, además, para el diagnóstico de la enfermedad, pues la sensibilización hace posible una prueba cutánea denominada reacción de Casoni. La evolución de los quistes hidatídicos es sumamente lenta, generalmente de años.

Tratamiento. No existe más que el quirúrgico, con extirpación completa de todo el quiste. La mejor profilaxis estriba en evitar que los perros ingieran carnes de animales contaminados.

TRIQUINOSIS

Ésta es una enfermedad parasitaria producida por el gusano **Trichinella spiralis,** que ingresa en el organismo humano al comer éste carne contaminada, generalmente de cerdo o jabalí; no existe contagio entre personas. Los síntomas incluyen alteraciones gastrointestinales; además, dolores musculares, fiebre y proliferación del parásito en el sistema muscular, donde se enquista. Aunque son frecuentes las complicaciones, el pronóstico suele ser bueno. La mejor profilaxis consiste en inspeccionar la carne de cerdo destinada a la alimentación humana y en consumirla siempre cocida o frita (no basta el ahumado), ya que a más de 70°C se destruyen los quistes.

El aparato locomotor y sus enfermedades

No resulta fácil describir esquemáticamente la variadísima gama de dolencias que afectan el aparato locomotor. A veces puede tratarse de una molestia banal y pasajera que, con un simple remedio casero, desaparece sin consecuencias. Pero un dolor indeterminado, un lumbago por ejemplo, que se estima como «reumático» y al que no se concede importancia, bien puede ser el primer indicio de una enfermedad más seria.

La medicina del aparato locomotor ha sido subestimada en los países latinos. Resulta curioso señalar que, conforme progresa la civilización, aumenta notablemente la cantidad de este tipo de enfermos y casi podría decirse que los reumatismos y el conjunto de trastornos dolorosos en músculos y articulaciones se han convertido en una de las plagas de nuestro siglo. Parece que el hombre moderno paga este tributo a la comodidad de su vida: sedentaria y sin esfuerzos.

La investigación de los últimos años nos va ofreciendo una serie de conocimientos trascendentales para muchas de estas enfermedades. Hoy disponemos de medicamentos eficaces que contribuyen a impulsar el tratamiento de los reumatismos. Sin embargo, la eficacia en el tratamiento de estas afecciones depende de un plan general de su terapéutica y no exclusivamente de la medicación. Una articulación enferma necesita siempre una serie de cuidados que, posteriormente, se completan con la recuperación o mejoramiento de su función motora. Los enfermos deben comprender esta noción fundamental para no caer en falsas ilusiones propagandísticas y, lo que sería peor, para no persistir en esa convicción todavía tan generalizada de que su caso carece de solución. Los progresos de la reumatología, la ortopedia y la rehabilitación han significado un auténtico seguro para el porvenir de estos pacientes. Una gran mayoría, casi todos, puede mantener una actividad útil, aun cuando acoplen su trabajo a las condiciones de sus posibilidades.

Estructura y función del aparato locomotor

El sistema locomotor está integrado por los huesos, articulaciones y músculos. Mediante la relación de estos tres componentes, y bajo la regulación nerviosa, el cuerpo humano realiza los diferentes movimientos. Además, esqueleto y musculatura forman el armazón del organismo, lo que permite su posición erguida. La especial disposición de la columna vertebral contribuye fundamentalmente a la marcha erecta del hombre.

Huesos

El hueso, aparte de su función de sostén, constituye el mayor depósito de calcio y fósforo del organismo; juega también un papel fundamental en la formación de la sangre (hematopoyesis). El tejido óseo consta, aproximadamente de un tercio de una sustancia básica o matriz, orgánica, en la que se depositan los dos tercios restantes de compuestos inorgánicos. La parte orgánica u **osteína** está formada por una proteína muy compleja, mientras que las sustancias inorgánicas, que pueden separarse por su solubilidad en los ácidos, son muy ricas en sales de calcio. Este depósito calcáreo presta al hueso su gran resistencia. En las personas jóvenes hay menos cantidad, lo que se traduce en una mayor elasticidad y flexibilidad, mientras que en los adultos, en progresión creciente, los huesos, más ricos en sustancia inorgánica, son también más quebradizos.

El hueso puede presentarse bien como masa compacta de laminillas, aplicadas unas contra otras, bien en forma esponjosa, compuesta por pequeñas cavidades constituidas por delicadas y finas trabéculas que se entrecruzan en múltiples ángulos, siguiendo siempre un plan preestablecido. Esta estructuración es una de las grandes maravillas de la naturaleza, pues, por una disposición que cumple todas las exigencias de presión y tracción, el resultado final es un armazón que el hombre, con todos sus conocimientos técnicos, no es capaz de imitar artificialmente, al menos con un material similar. La variedad compacta se encuentra sobre todo como envoltura que engloba la cavidad

El aparato locomotor y sus enfermedades

Columna vertebral

CARA POSTERIOR — Vértebras cervicales, Vértebras torácicas o dorsales, Vértebras lumbares, Sacro, Cóccix

CARA LATERAL — Vértebras cervicales, Vértebras torácicas o dorsales, Vértebras lumbares, Sacro, Cóccix

SECCIÓN SAGITAL — Canal vertebral

La columna vertebral está formada por 33 vértebras articuladas entre sí, entre las que se interpone una almohadilla fibrocartilaginosa llamada disco intervertebral. Las vértebras de la región sacra y de la coxígea están fundidas en una pieza. Los agujeros vertebrales de cada segmento óseo superpuestos forman el canal vertebral en el que se aloja la médula espinal.

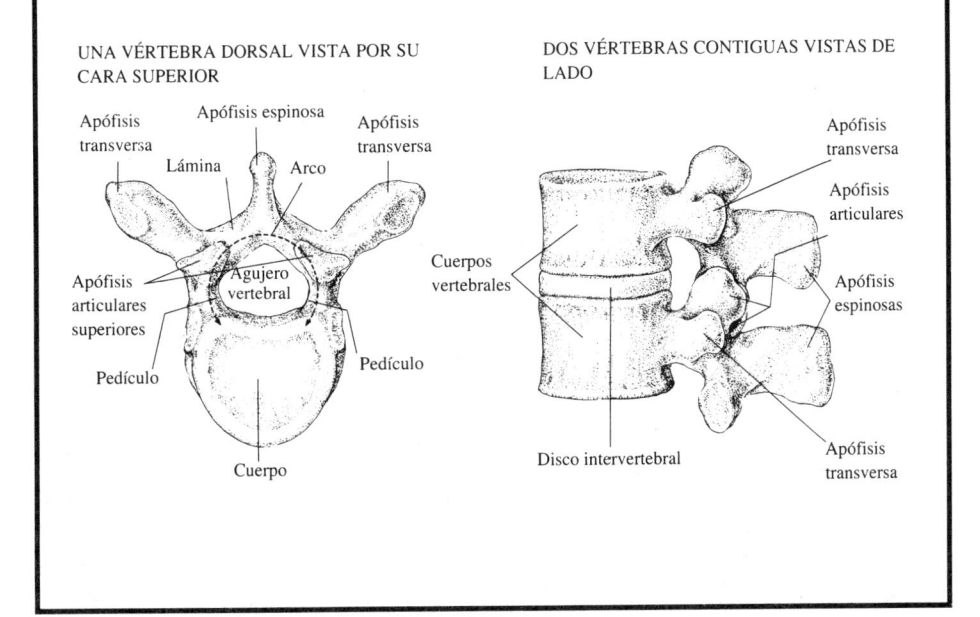

UNA VÉRTEBRA DORSAL VISTA POR SU CARA SUPERIOR — Apófisis transversa, Apófisis espinosa, Apófisis transversa, Lámina, Arco, Apófisis articulares superiores, Agujero vertebral, Pedículo, Pedículo, Cuerpo

DOS VÉRTEBRAS CONTIGUAS VISTAS DE LADO — Apófisis transversa, Apófisis articulares, Cuerpos vertebrales, Apófisis espinosas, Disco intervertebral, Apófisis transversa

533

medular de los huesos largos cilíndricos. La forma esponjosa se encuentra en los huesos planos y cortos así como en los extremos de los huesos largos.

En el interior de las cavidades esponjosas se encuentra la médula ósea roja, donde se originan los glóbulos rojos y las plaquetas de la sangre. El interior de los huesos largos cilíndricos, se rellena de médula amarilla que es, básicamente, un tejido graso. Con la edad, la médula roja es sustituida poco a poco por la médula amarilla en gran número de huesos.

Todos los huesos, con la excepción de los puntos en que se continúan con el cartílago articular, están cubiertos por una fina envoltura protectora, provista de vasos sanguíneos y nervios, que se llama **periostio**.

Las piezas del esqueleto. En su totalidad, el esqueleto humano está constituido por 245 piezas o huesos diferentes, incluyendo dientes y huesecillos del oído. Pero su clasificación se realiza con arreglo a su forma; se tienen que distinguir en primer lugar los llamados **huesos largos cilíndricos,** en los que existen dos extremos o epífisis, una parte intermedia o diáfisis, y entre ambas, como zonas de crecimiento, las metáfisis. A este grupo pertenecen los huesos del brazo (húmero), antebrazo (cúbito y radio), muslo (fémur) y pierna (tibia y peroné). Entre los **huesos cortos** se cuentan las vértebras, los que constituyen la mano y el pie y también la rótula. Los **huesos planos** forman el esternón, el hueso ilíaco y, en general, el cinturón de la pelvis, con excepción de las vértebras del sacro, las costillas y los huesos del cráneo. Por último, hablamos de **huesos porosos** cuando su característica fundamental se asienta en la existencia de grandes espacios huecos en su seno: el temporal, el etmoides y el esfenoides, todos ellos situados en el cráneo (son los ejemplos más llamativos).

Articulaciones

La articulación de los diferentes huesos entre sí —su unión movible— posibilita los diferentes movimientos. Las articulaciones están dispuestas según el movimiento que deben realizar. Existen en forma de bola (como la articulación del hombro o de la cadera), rotativa (entre cúbito y radio), en charnela o bisagra (codo), y en silla de montar (dedo gordo). Pero también existen uniones articulares que no permiten el movimiento entre sí de los huesos que las forman. En este caso los extremos óseos se sujetan por una masa fibrocartilaginosa. Esto ocurre en la sínfisis del pubis, que une ambos huesos pubianos. Los huesos del cráneo están unidos, asimismo, por suturas fijas que adoptan forma dentellada.

En las articulaciones movibles un hueso encaja, por así decirlo, en el otro. En la articulación esférica del hombro hay una cavidad que recibe una cabeza articular del otro hueso. Ambas piezas del engranaje están cubiertas de una capa cartilaginosa. Aproximadamente al mismo nivel en que comienza este forro articular se inserta, en el hueso, la cápsula articular, una envoltura provista de vasos sanguíneos y nervios que consta de dos hojas: por fuera es fuerte, membranosa y muy resistente; por dentro, reviste toda la cavidad articular y es capaz de segregar el llamado líquido sinovial, el cual actúa a modo de aceite en una bisagra, es decir, lubrica. Según los movimientos, la cápsula se tensa sobre la articulación o se pliega. En algunas articulaciones, como

El aparato locomotor y sus enfermedades

en la de la rodilla, se encuentran unos discos interarticulares o meniscos, que facilitan el juego de la articulación. Por último, la sujeción de las diferentes articulaciones se complementa por los ligamentos que, a modo de cordones o membranas, constan de numerosas fibras elásticas, se insertan directamente en el hueso o pasan a formar parte de los tendones de los músculos.

El hueso y la cápsula articular están nutridos por una suficiente irrigación sanguínea, pero no el cartílago. Su metabolismo se realiza mediante la difusión, o lenta impregnación, de sustancias cedidas por el hueso o que provienen del contenido de la cavidad articular. Por ello el cartílago no es tan resistente como otros tejidos, y de ahí su difícil regeneración una vez lesionado.

Entre vértebra y vértebra se encuentra un anillo de cartílago fibroso con un núcleo central, o pulpa semisólida. A partir de los 30 años de edad, más o menos, este disco intervertebral, que actúa a modo de muelle elástico, va perdiendo su elasticidad. A veces, bajo ciertas circunstancias, puede incluso romperse el anillo cartilaginoso con la consiguiente salida de la pulpa.

Músculos

Todos los movimientos del organismo se deben a la actividad de los músculos, pero la musculatura no es uniforme en su constitución anatómica. Dado que el músculo cardiaco en su estructura y forma, ocupa un lugar especial, fue descrito de manera aislada en el capítulo correspondiente (véase pág. 39). De igual forma ocurre con los músculos de los vasos sanguíneos o los de la pared intestinal, ya que actúan de forma diferente a los músculos del resto del organismo (véase pág. 39). Mientras que en los vasos sanguíneos y tracto gastrointestinal existe la denominada musculatura lisa, constituida por células fusiformes con un núcleo oval central, la musculatura del esqueleto, que le permite el movimiento, presenta al microscopio unas finas estrías transversales y está formada por haces de fibras, con varios núcleos situados en los bordes. Esta musculatura, llamada también estriada, se encuentra en estrecha relación con el sistema nervioso voluntario; es utilizada, a voluntad, para ejecutar los distintos movimientos, mientras que la de los vasos sanguíneos, tracto gastrointestinal y corazón, actúa de manera independiente, autónoma.

En determinadas zonas de la corteza cerebral se encuentran situados los centros para la ejecución de todos los movimientos del cuerpo. Las conexiones nerviosas que llegan desde el cerebro a la médula espinal se ramifican posteriormente en diferentes y numerosos nervios que atraviesan los agujeros intervertebrales a diferentes niveles de la columna vertebral y se ramifican hasta llegar a los músculos correspondientes. Al llegar al tejido muscular, el nervio se divide en otras muchas ramificaciones, hasta acabar en la llamada «placa terminal», último eslabón de esta larga cadena. Para ejecutar un movimiento voluntario, hay que enviar en primer lugar, el impulso de la voluntad a la región correspondiente del sistema nervioso central; si, por ejemplo, el movimiento por efectuar consistiese en asir algo con la mano, el impulso se transmitiría desde el centro cerebral, por las vías correspondientes, hasta los músculos del antebrazo y mano y, mediante la acción conjunta de músculos agonistas y antagonistas, se llevaría a cabo el movimiento deseado. En todo movimiento son necesarias la flexión y extensión de los músculos; por ejemplo, si queremos estirar un dedo, será necesario que los músculos extensores se contraigan y al mismo tiempo los flexores se relajen; ocurre exactamente lo contrario si lo que pretendemos es contraer el dedo, es decir, flexionarlo.

Sólo en muy pocos casos, el músculo se inserta directamente en el hueso; generalmente se inserta unido al periostio, mediante un ligamento, y esta inserción depende de su estructura anatómica. Los músculos están cubiertos por una capa o envoltura fibrosa denominada fascia. Los tendones, zonas donde por lo general el músculo se inserta en el hueso, están rodeados por la llamada vaina tendinosa, de paredes finas y cilíndricas. Entre ella y el tendón existe una sustancia lubricante que facilita los movimientos de éste. Para evitar el contacto directo del tendón con el hueso existen las denominadas bolsas sinoviales, cuya disposición anatómica corresponde aproximadamente a la de los tendones, y que sirven de protección contra las influencias provenientes del exterior.

Los músculos, para mantener su actividad, aparte de la excitación nerviosa necesitan determinadas sustancias nutritivas, sobre todo hidratos de carbono, grasas, proteínas y oxígeno. Durante la actividad muscular, las sustancias nutritivas entran en combustión en presencia de oxígeno, y se transforman en anhídrido carbónico y agua. Mediante este proceso se origina energía suficiente para que el músculo ejecute su función, y al mismo tiempo se produce calor. Durante los esfuerzos corporales prolongados, al correr, por ejemplo, la respiración se acelera y se hace más profunda; de esta forma se puede aumentar el rendimiento corporal, pero si el corazón, los pulmones o el sistema circulatorio estuviesen afectados, la función normal del músculo fracasaría al no recibir el suficiente aporte de oxígeno.

Una actividad muy intensa o de larga duración trae como consecuencia el cansancio muscular, debido a la acumulación de los productos intermedios y finales del metabolismo, pero cuando estas sustancias son eliminadas, el músculo se recupera y puede continuar su trabajo. (Los esfuerzos musculares dan lugar a una reacción dolorosa, denominada «agujeta», por acumulación de ácido láctico del metabolismo).

La falta de actividad ocasiona una atrofia de la musculatura, mientras que el constante entrenamiento da lugar a un aumento de ella (hipertrofia), que trae como consecuencia un incremento de la fuerza del individuo.

Enfermedades del aparato locomotor

Las enfermedades del aparato locomotor son muy numerosas y variadas, aunque gran parte de ellas se presentan raramente; por lo tanto sólo serán descritas con detalle las de interés general por su más frecuente aparición.

Malformaciones congénitas del esqueleto

Las malformaciones del esqueleto se deben a alteraciones embrionarias o fetales, producidas durante la vida intrauterina. Con frecuencia, el feto cuando se lesiona muere y es expulsado durante los primeros meses del embarazo. Esto ocurre principalmente

El aparato locomotor y sus enfermedades

en los casos en que las lesiones son muy graves; pero cuando la importancia de la malformación no es muy acusada, los fetos llegan a término, el nacimiento se produce normalmente, y los niños afectados incluso pueden hacer vida prácticamente normal.

Las malformaciones caracterizadas por dedos cortos (braquidactilia), falta de la mano o parte de ella, ausencia de dedos de la mano y pies e incluso de toda una extremidad (focomelia, amelia) suelen deberse a agresiones que obran sobre el embrión durante una fase precoz del embarazo. Las dosis elevadas o continuadas de radiaciones (rayos X, bomba atómica), las infecciones por virus (como la rubéola) o la ingestión de determinados medicamentos durante el embarazo pueden contribuir a su aparición. En este sentido cabe citar la catástrofe atribuida a un hipnótico, la talidomida, que al ser ingerido por madres gestantes afectó a muchos niños. Éstos nacieron con malformaciones en las extremidades, cuyo normal desarrollo quedó paralizado.

Las malformaciones del esqueleto pueden ser por defecto, como las anteriormente descritas, o por exceso. Entre estas últimas puede mencionarse la presencia de un número de dedos mayor que el normal (polidactilia), tanto en pies como en manos. El pie zambo, las malformaciones de la columna vertebral y las luxaciones congénitas de la cadera son otras importantes anomalías que puede sufrir el esqueleto.

Trastornos del desarrollo

PIERNAS EN «O»

Síntomas. Con el individuo de pie y los pies juntos, se observa un amplio espacio entre las piernas, principalmente a nivel de las rodillas. Se produce un ligero balanceo al andar (piernas de charro).

Origen. En la edad infantil la inhibición del normal desarrollo de las piernas da lugar a un ligero acodamiento de las cabezas tibiales. El reblandecimiento óseo debido al raquitismo, favorece su presentación.

Causas. El ya citado raquitismo (véase el capítulo «Los niños y sus enfermedades» en la página 775).

Tratamiento. Tratamiento antirraquítico. Ejercicios gimnásticos y corrección prolongada del acodamiento mediante vendaje de escayola. Cuando el paciente no sobrepasa los tres años, en algunos casos puede estar indicado el tratamiento quirúrgico.

PIERNAS EN «X»

Síntomas. Debido al acodamiento hacia afuera de las piernas, a nivel de las rodillas, el individuo no puede juntar los pies.

Origen. Viene dado por una malformación congénita que, si es acompañada de raquitismo, puede originar trastornos considerables. En el sexo femenino, en forma más o menos acentuada, existe una predisposición fisiológica hacia las piernas en «X», debido con frecuencia a la especial constitución de las caderas.

Causas. Raquitismo (véase el capítulo «Los niños y sus enfermedades», pág. 775).

Tratamiento. Tratamiento antirraquítico. Ejercicios gimnásticos. En los casos con grandes deformaciones, corrección quirúrgica.

Pronóstico. Las medidas para la corrección de esta malformación han de comenzar ya durante el crecimiento. Las operaciones precoces suelen dar buenos resultados. En los casos inoperables y con acodamiento muy acentuado pueden presentarse precozmente algunas deformaciones inflamatorias en la articulación de la rodilla, como sobreañadidas.

Aparte de las malformaciones anteriormente expuestas, pueden aparecer también otras de rara observación a nivel del pecho. Entre ellas tenemos el llamado **«pecho en quilla»,** denominado así por su semejanza con la quilla de un barco y caracterizado por un abombamiento, en ángulo agudo, del esternón, y el **«pecho de zapatero» o en embudo,** en el que existe un hundimiento de la parte baja del esternón, es decir, del hueso situado en el centro del pecho. Recibe el nombre de pecho de zapatero debido a que se presenta también en estos profesionales, dado que al arreglar los zapatos, generalmente suelen apoyar a este nivel la herramienta, ejerciendo una presión continua sobre el esternón. Aquellas lesiones tienen, generalmente, un origen raquítico.

Enfermedades de los huesos

OSTEOPOROSIS

Síntomas.
1. Dolores reumáticos en los miembros, que raramente faltan en la espalda. Inicialmente aparecen sólo tras ejercicios corporales; más adelante son continuos, incluso durante el reposo, y la inmovilización exacerba, además, el dolor.
2. En casos extremos existe tendencia a las fracturas de los huesos, incluso motivadas por movimientos insignificantes.

Naturaleza y origen. Se puede considerar como una enfermedad metabólica debida a un desequilibrio en los procesos de formación y destrucción del hueso. Las redes de osteína se destruyen a un ritmo muy superior al de su formación y el hueso pierde su estructura original, se llena de poros —de ahí el nombre de la afección— y se vuelve frágil. En los individuos de edad avanzada, puede observarse la osteoporosis como un aspecto más del proceso habitual del envejecimiento. De aquí que en los ancianos sean más frecuentes las fracturas.

Causas.
1. Hipoalimentación. A consecuencia del aporte insuficiente de proteínas, la formación del armazón óseo se ve afectada.
2. Disminución en la síntesis de proteínas por el organismo durante la senectud.
3. Alteraciones hormonales, principalmente en las hiperfunciones de la tiroides y suprarrenales.
4. Inactividad prolongada, sobre todo por parálisis (parálisis infantil o debida a lesiones medulares).

Tratamiento. Dependerá totalmente de la enfermedad que haya originado la osteoporosis. Es de gran importancia la administración de una dieta rica en proteínas.

En los ancianos, han dado buenos resultados las hormonas anabólicas, que actúan sobre el metabolismo favoreciendo la formación de proteínas. Los ejercicios gimnásticos moderados, la natación y demás medidas higiénicas estarán indicadas en todos los casos. Actualmente se emplea el calcio por vía oral en dosis elevadas.

Pronóstico. En los casos debidos a hipoalimentación o parálisis, sobre todo los primeros, una vez vencida la causa que los haya provocado, la osteoporosis se curará fácilmente por sí sola. En la senectud se obtienen resultados más lentos.

ENFERMEDAD DE PAGET

Junto a las enfermedades producidas por falta de osificación, se alinean las motivadas por el extremo opuesto, es decir, por un engrosamiento del hueso. Esto sucede en la denominada enfermedad de Paget, de rara observación, que se manifiesta en varones de edad avanzada.

Síntomas. El comienzo suele ser insidioso, con dolores de tipo reumático, principalmente en huesos y articulaciones. Posteriormente aparecen malformaciones típicas. Entre ellas, las más características son el engrosamiento de los huesos del cráneo, sobre todo a nivel de la frente, por lo cual el paciente necesita cada vez un sombrero mayor, y en las extremidades inferiores, la incurvación de la tibia a modo de hoja de sable. En estos pacientes son frecuentes las fracturas.

Naturaleza y origen. Consiste en una destrucción paulatina de la sustancia ósea a pesar de la aparente hipertrofia; al mismo tiempo, se producen procesos de reabsorción y aposición ósea. El hueso se torna frágil y blando, de aquí que sean frecuentes las fracturas tras pequeños estímulos mecánicos. El verdadero origen de esta enfermedad sigue siendo desconocido.

Tratamiento. 1) Dietético. Régimen a base de mantequilla, leche, huevos, carne, espinacas, etc., es decir, alimentos ricos en proteínas, fósforo y calcio.

2) Medicamentoso. Hormonas paratiroideas, combinadas con hormonas sexuales femeninas y vitamina D, así como hormonas suprarrenales y sales cálcicas.

Pronóstico. El tratamiento médico puede aliviar considerablemente las molestias del enfermo, pero una curación total resulta prácticamente imposible.

OSTEOMALACIA *(Raquitismo del adulto)*

Síntomas.
1. Dolor óseo y debilidad muscular.
2. Falta de apetito y pérdida de peso.
3. En las fases avanzadas, los huesos se deforman, principalmente a nivel de la columna vertebral, cadera y huesos largos.
4. A veces se producen también espasmos dolorosos y convulsiones tetánicas.

Naturaleza y origen. Esta afección puede manifestarse bajo dos cuadros clínicos: si es en la edad infantil constituye el raquitismo; si es en adultos, la osteomalacia. Aquí nos ocuparemos solamente del reblandecimiento óseo en el adulto. (El raquitismo se describe en el capítulo «Los niños y sus enfermedades», página 775).

Examen de las enfermedades

La osteomalacia del adulto se debe a una alteración en el metabolismo del calcio y del fósforo, en el sentido de una menor concentración de calcio en el sistema óseo en relación con la de fósforo. Debido a ello el hueso se vuelve blando y flexible.

Causas. Falta de calcio y de vitamina D, en la mayoría de las ocasiones como consecuencia de una enfermedad crónica del estómago o del intestino, acompañada de dificultad en la absorción del calcio y vitamina D. También puede originarse por la eliminación prolongada de calcio por la orina, circunstancia que se presenta en las enfermedades renales.

Tratamiento. En primer lugar, eliminación de las causas que originan la falta de calcio y vitamina D. Y después, administración de estas sustancias por vía oral o en inyecciones.

Pronóstico. Su evolución lenta y solapada conduce a la cronicidad. Pero con tratamiento precoz puede conseguirse la curación total, salvo cuando se han producido deformaciones muy marcadas de los huesos, difíciles de eliminar.

TUMORES ÓSEOS

Los tumores óseos son muy variados; es necesario distinguir los llamados benignos de los calificados de malignos. Conviene, además, establecer una separación entre primarios y metastásicos. Los primeros pueden ser benignos o malignos, mientras que los segundos son siempre malignos. El concepto de tumor óseo «primario» —es decir, el originado en cualquier estructura del hueso— resulta fácil de comprender; más difícil es el de «metastásico». Se habla de metástasis siempre que un tumor maligno se desprende de algunas células que por la vía sanguínea o linfática son llevadas a distancia, para formar allí tumores hijos o colonias. El hueso es, precisamente, asiento preferente de las metástasis por vía sanguínea de algunos cánceres como los de mama, tiroides y próstata.

Ante toda tumoración ósea aparente, será indispensable efectuar una radiografía, ya que, junto a conseguir su exacta localización y extensión, puede servir en algunos casos para determinar su malignidad o benignidad. A fin de asegurar el diagnóstico será imprescindible en muchos casos llevar a cabo una biopsia, es decir, realizar la extracción quirúrgica (o mediante punción) parcial de tejido tumoral y su examinación al microscopio.

Tan pronto como se note cualquier bulto en un hueso, independientemente de su tamaño o de la ausencia de dolor, deberá acudirse al médico.

Tratamiento. Varía con el tipo de tumor. En unos casos está indicada la operación y en otros las radiaciones.

Pronóstico. Depende del tumor. Como regla general puede decirse que el pronóstico es tanto más desfavorable cuanto más joven es el individuo.

PERIOSTITIS

Síntomas. Se presentan: dolor, enrojecimiento e hinchazón en los alrededores de la zona ósea afectada.

El aparato locomotor y sus enfermedades

Naturaleza y causa.
1. Influencias externas, como heridas, esfuerzos prolongados, etcétera.
2. Infecciones bacterianas (sífilis, tuberculosis y otras).
3. Enfermedades de la sangre, principalmente de los glóbulos blancos (leucemia).

Tratamiento. Inmovilización del miembro afectado, fomentos fríos (solución diluida de alcohol). En las periostitis han dado buenos resultados últimamente los preparados de hormonas suprarrenales, aplicados por medio de inyecciones colocadas bajo el periostio. Después está indicada la aplicación de calor y onda corta.

Pronóstico. Por regla general, bueno.

OSTEOMIELITIS

Formas agudas

Síntomas.
1. Comienzo brusco, con fiebre alta, a veces escalofríos.
2. Dolor a nivel de la zona de hueso afectada (principalmente en los huesos largos cilíndricos).
3. Hinchazón local, con dolor a la presión.

Origen. A partir de un foco purulento los gérmenes pasan a la sangre y, de aquí, bajo determinadas condiciones se localizan en el hueso, donde dan lugar a su infección. La osteomielitis aguda es característica de la edad infantil; se presenta habitualmente hasta los 14 años.

Causas. En la mayoría de los casos el causante es el estafilococo dorado.

Tratamiento. Preponderantemente médico, a base de antibióticos, bien mediante penicilina u otros preparados de amplio espectro. El miembro enfermo se inmovilizará con una férula o vendaje de escayola. Es recomendable el ingreso en un hospital. Sólo en contadas ocasiones resulta necesario el tratamiento quirúrgico.

Pronóstico. Mediante los antibióticos y la inmovilización el proceso se cura, casi siempre, totalmente.

Formas crónicas

Síntomas.
1. Dolor e hinchazón.
2. Enrojecimiento de la piel. La aparición de abscesos y fístulas es característica de esta forma.
3. A veces, fiebre.

En estos casos deben realizarse radiografías, con lo cual pueden localizarse cavidades o partes muertas y desprendidas del hueso (secuestros), y tomar, posteriormente, las medidas oportunas.

Origen. Suelen presentarse después de una osteomielitis aguda, aunque no resulta imprescindible la existencia anterior de un cuadro agudo, ya que pueden producirse por traumatismos, heridas, infecciones locales, o después de una operación.

Causas. Penetración de gérmenes en una herida abierta: estafilococos, estreptococos, colibacilos, gonococos, bacilo tifoideo o tuberculoso.

Examen de las enfermedades

Tratamiento. Similar al de la forma aguda. En caso de existir secuestros óseos o cavidades, será imprescindible efectuar una operación, ya que hasta que no se eliminen éstos la enfermedad no podrá resolverse favorablemente.
Pronóstico. Generalmente es bueno.

FRACTURAS

Síntomas.
1. Existencia anterior de un traumatismo.
2. Dolores óseos más o menos localizados e intensos.
3. Movilidad anormal del miembro lesionado. Hinchazón y, pasado cierto tiempo, coloración azulada a nivel de la lesión, debida al hematoma o derrame sanguíneo.
4. Si el traumatismo ha sido intenso y los fragmentos fracturados están desviados, el miembro aparece deformado. Al movimiento se aprecia un chasquido o crepitación característicos.

Naturaleza y causa. Se entiende por fractura la interrupción de la continuidad del hueso. Las fracturas pueden dividirse en dos grandes grupos: cerradas y abiertas. [1] Las primeras son aquellas en que la piel no se encuentra lesionada, mientras que en las segundas, ésta aparece perforada por el agente causante —por ejemplo, una bala— o por esquirlas óseas, dando lugar a una herida visible por la que pueden penetrar los gérmenes. En estos casos es posible la producción de una osteomielitis e, incluso, si los gérmenes pasan a la sangre, una infección de ella (septicemia).

El agente vulnerable, productor de la fractura, puede actuar directa o indirectamente. El primer caso (acción directa) se observa en las fracturas por golpes, heridas por disparo, mientras que las de mecanismo indirecto se producen generalmente en las caídas o resbalones. En relación con el trayecto de la línea de fractura cabe diferenciar los siguientes tipos: alargadas, oblicuas, horizontales, espirales y por torsión. Los fragmentos óseos pueden desviarse más o menos. A veces no se produce desviación alguna; sólo una fisura o fractura incompleta.

Sin necesidad de traumatismos externos aparentes, también pueden ocasionarse fracturas, por ejemplo, en el transcurso de enfermedades óseas, tales como osteoporosis, osteomielitis, tuberculosis y tumores. Estas fracturas reciben el nombre de espontáneas o patológicas.

Las fracturas a nivel del cráneo, columna vertebral o costillas pueden dar lugar a lesiones de órganos internos, originando incluso la muerte, en algunos casos.

Tratamiento. En caso de sospecha de fractura deberá avisarse inmediatamente al médico. Hasta que éste llegue se procurará colocar al lesionado en una posición cómoda. En caso de que sea necesario su transporte, se inmovilizará el miembro fracturado. Como férula de emergencia puede utilizarse cualquier objeto largo y rígido, como una tabla, bastón o cartón, en el cual se fijará la extremidad mediante un vendaje provisional con pañuelos, bufandas o trapos, teniendo especial cuidado de no apretarlo demasiado, ya que puede producirse una interrupción de la circulación sanguínea o la lesión de un nervio. La inmovilización deberá comprender también las articulaciones

---
[1] *Toda fractura abierta o complicada puede ser origen de una embolia o trombosis a distancia; sin embargo, esta situación se presenta raramente.*

El aparato locomotor y sus enfermedades

Fracturas

FRACTURA DE LA EXTREMIDAD INFERIOR DEL RADIO (FRACTURA DE LA MUÑECA)

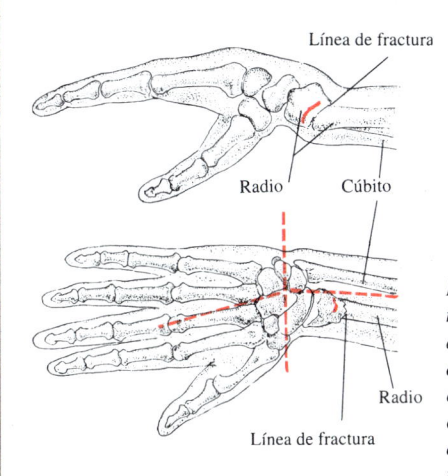

La fractura de la muñeca es causada corrientemente por una caída hacia adelante sobre la palma de la mano. Sus características son: la deformación «dorso de horquilla» de la muñeca vista de perfil y la desviación de la mano hacia el lado radial.

FRACTURA DIAFISARIA DE FÉMUR

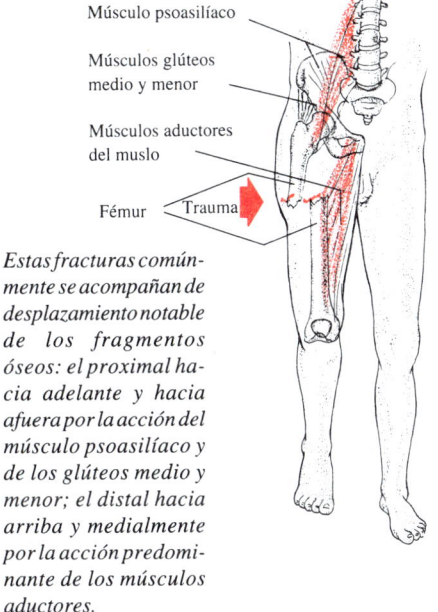

Estas fracturas comúnmente se acompañan de desplazamiento notable de los fragmentos óseos: el proximal hacia adelante y hacia afuera por la acción del músculo psoasilíaco y de los glúteos medio y menor; el distal hacia arriba y medialmente por la acción predominante de los músculos aductores.

FRACTURA DEL CUELLO QUIRÚRGICO DEL HÚMERO

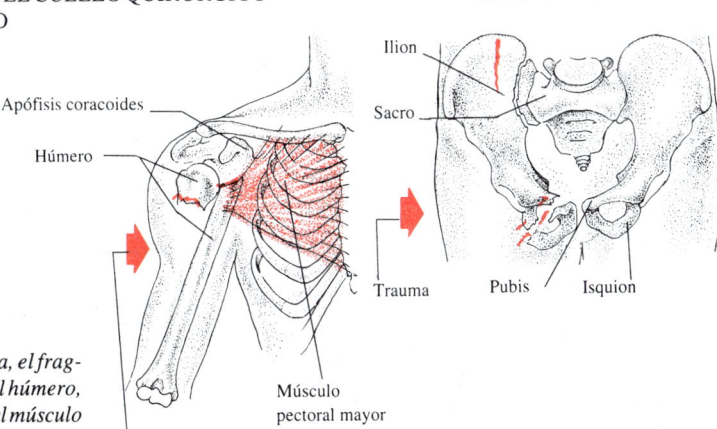

En esta fractura, el fragmento distal del húmero, por la acción del músculo pectoral mayor, se dirige hacia adentro y arriba, produciendo una luxación del fragmento, que se pone en contacto con la apófisis coracoides.

FRACTURAS DE PELVIS

Las fracturas de pelvis pueden producirse en muchos puntos. En el caso de la figura hay fractura del ala del ilion, de la rama superior del pubis y de la posterior del isquion.

543

Reducción cruenta de la fractura

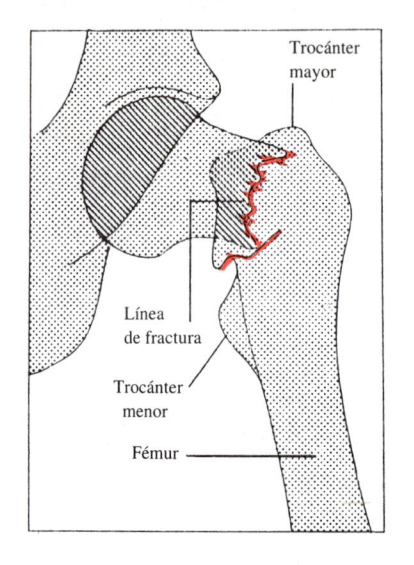

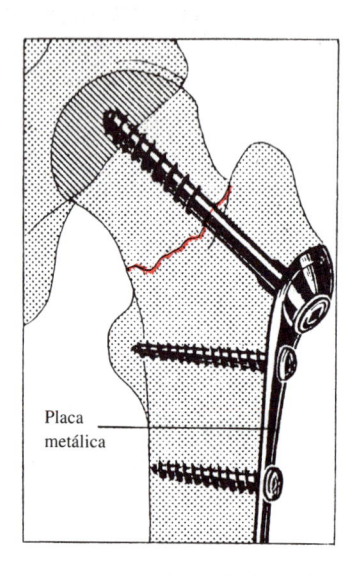

FRACTURA DE LA BASE DEL CUELLO DEL FÉMUR

LA MISMA FRACTURA CON REDUCCIÓN CRUENTA MEDIANTE LA APLICACIÓN DE UNA PLACA CON TORNILLOS

vecinas; por ejemplo, en una fractura de la pierna, las de la rodilla y tobillo. En las fracturas de brazo, en caso de no disponer de una férula, la extremidad lesionada debe fijarse al cuerpo, con lo cual se obtendrá una buena inmovilización.

En las fracturas complicadas o abiertas, la herida se cubrirá mediante un vendaje, de ser posible estéril; en caso de urgencia, es suficiente un pañuelo o paño limpio. En caso de hemorragia intensa, se intentará contenerla con un vendaje compresivo, el cual no deberá mantenerse más de dos horas. Exceptuando los primeros auxilios, las fracturas deberán ser tratadas siempre por el médico, quien sólo en caso de sospecha efectuará un control radiológico con el fin de advertir una posible fisura del hueso, que podría dar lugar, al forzar la extremidad, a una verdadera fractura. Una vez localizada la lesión y apreciados, en la radiografía, su tipo y gravedad, el médico, mediante maniobras especiales, en caso de desviación hará coincidir los fragmentos fracturados. Esto suele hacerse generalmente bajo anestesia. La mayoría de las veces resulta imprescindible un vendaje de escayola. En otras se unen los fragmentos mediante alambres, placas metálicas, tornillos o agujas de acero. Sirvan de ejemplo las fracturas de cuello de fémur.

En las fracturas complicadas se hace necesario, inicialmente, limpiar la herida y extraer las esquirlas óseas y cuerpos extraños incrustados, sin olvidar la administración de suero antitetánico.

El tratamiento posterior de las fracturas requiere cuidados especiales. Siempre y cuando no exista una contraindicación por parte del médico, a pesar del vendaje de escayola, se efectuarán movimientos de los dedos de las manos o pies, según los casos. Una vez consolidados los extremos de la fractura se comenzará lo antes posible con ejercicios gimnásticos, masaje, baños y onda corta.

Pronóstico. Por regla general las fracturas cerradas curan más rápidamente que las abiertas. El tiempo necesario para la consolidación de los fragmentos varía de una fractura a otra. Por término medio suele ser de 2 a 3 semanas en las de los dedos de manos y pies; de 3 a 4 semanas en las de muñeca, clavícula, costillas o radio; de 4 a 6 en las del brazo, cúbito o tibia; de 6 a 8 en las de pierna o muslo, y de 3 a 6 meses en las de cuello de fémur. Si los extremos o fragmentos del hueso no llegan a unirse, se origina una falsa articulación entre ellos (seudoartrosis), e incluso puede producirse un acortamiento del miembro.

Consecuencias de las fracturas. En los alrededores del hueso fracturado, a consecuencia de las esquirlas óseas, pueden lesionarse algunos de los nervios vecinos, que quedan «empotrados» en el callo óseo, es decir, en la nueva formación de sustancia ósea producida entre los extremos fracturados. Si se trata de un nervio sensitivo, la sensibilidad cutánea de la zona que inerva se ve afectada, al grado de desaparecer o disminuir; si, por el contrario, la lesión corresponde a un nervio motor, aparecerán manifestaciones de parálisis. Estas complicaciones se tratan quirúrgicamente, mediante sutura del nervio o su liberación en el callo óseo. Para evitar las parálisis se recomiendan ejercicios gimnásticos y aplicación de electroterapia, en forma de galvanización o faradización.

Una de las complicaciones, relativamente frecuentes, de las fracturas es la denominada enfermedad de Sudeck o atrofia ósea aguda, que consiste en una alteración de la nutrición del hueso y partes blandas. Se caracteriza por la aparición de dolor, pérdida de la función de toda la extremidad, hinchazón e intensa descalcificación del hueso. La piel aparece brillante. Si no se trata precozmente, la enfermedad puede ser de larga duración. Está especialmente indicada la inmovilización con vendaje de escayola, así como la administración de medicamentos que favorezcan la circulación sanguínea (vasodilatadores), para evitar la aplicación local de calor.

Enfermedades de la columna vertebral

La columna vertebral está constituida por una serie de piezas —vértebras—, unidas entre sí por articulaciones. Junto a los músculos y ligamentos permite la posición erecta del individuo.

Las vértebras están formadas por un cuerpo cilíndrico, dos salientes o espolones, situados a los lados (apófisis transversa); otro, aislado, en la parte posterior, que puede palparse a través de la piel (apófisis espinosa), y el denominado arco vertebral. En el espacio comprendido entre éste y la parte posterior del cuerpo vertebral penetra la médula espinal —la prolongación del cerebro— y, a modo de cordón central, se ramifica en una serie de nervios que, saliendo por unos orificios situados entre las vértebras, se distribuyen por las diferentes partes del cuerpo.

La columna vertebral, de unos 73 cm de largo en el adulto, está formada por 33 o 34 vértebras, según los individuos. Para su estudio se divide en cuatro partes: cervical, torácica, lumbar y pélvica, constituida ésta por los huesos sacro y cóccix.

Examen de las enfermedades

En el individuo normal la columna vertebral no es rígida ni rectilínea, pues muestra una serie de curvaturas flexibles situadas a diferentes niveles. En el cuello y región lumbar se incurva ligeramente hacia adelante (lordosis) y en la columna torácica, hacia atrás (cifosis).

Rara es la persona que, en el transcurso de su vida, no haya experimentado molestias más o menos intensas en la columna vertebral. La falta de movimiento, el tiempo excesivo que el hombre moderno permanece al volante o sentado en su lugar de trabajo, han aumentado considerablemente la frecuencia de afecciones en estos últimos tiempos. El hombre civilizado busca cada día más comodidad, tanto en su trabajo como en su transporte, sin considerar que los músculos y articulaciones necesitan, para mantenerse activos, un entrenamiento diario.

Incluso antes del nacimiento la carencia de proteínas y vitamina D puede originar una osificación deficiente de la columna y, posteriormente, graves deformaciones. Las profesiones que requieren a sus practicantes estar largo tiempo sentados —telefonistas, mecanógrafas, conductores, administrativos— predisponen a este tipo de afecciones, ya que dan lugar a una fatiga muscular y articular y, al flaquear el medio de sostén, las vértebras se vencen. Para evitar esta fatiga, ha de tenerse especial cuidado en mantener una postura correcta al andar, cuando se está sentado e incluso en la cama. Otros factores importantes son una alimentación adecuada, ejercicios gimnásticos diarios, caminar frecuentemente y, por lo menos durante los meses de verano, practicar la natación, uno de los deportes más eficaces para mantener el tono muscular y la flexibilidad, no sólo de la columna vertebral, sino de todo el cuerpo. Como el hombre permanece gran parte de su vida en la cama (una tercera parte), ésta deberá ser cómoda y adecuadamente construida para soportar durante horas el cuerpo humano; permitirá adoptar posturas que no supongan esfuerzo para la columna vertebral.

DESVIACIONES DE LA COLUMNA VERTEBRAL
(Cifosis, lordosis, escoliosis)

Síntomas.
1. En los casos leves, estas desviaciones, más que una enfermedad, son consideradas como simples alteraciones formales. El mejor modo de observarlas consiste en situar al individuo erguido y de espalda o, aún mejor, de lado. Si las alteraciones son marcadas, pueden ser incluso diagnosticadas por un profano.
2. El síntoma más característico es el dolor en la espalda, que suele ser difuso y difícil de localizar. En los casos avanzados, los movimientos pueden, incluso, verse limitados.
3. En las cifosis o lordosis pronunciadas, debido al desplazamiento del eje del cuerpo, la marcha se ve también dificultada y en las primeras pueden aparecer catarros bronquiales crónicos, disnea e incluso posteriormente manifestaciones cardiacas.

Naturaleza y causa. Bajo el nombre de **escoliosis** entendemos la deformación de la columna vertebral, en forma de S, hacia la derecha o hacia la izquierda. Su aparición es frecuente en el adolescente, principalmente en el sexo femenino.

El aparato locomotor y sus enfermedades

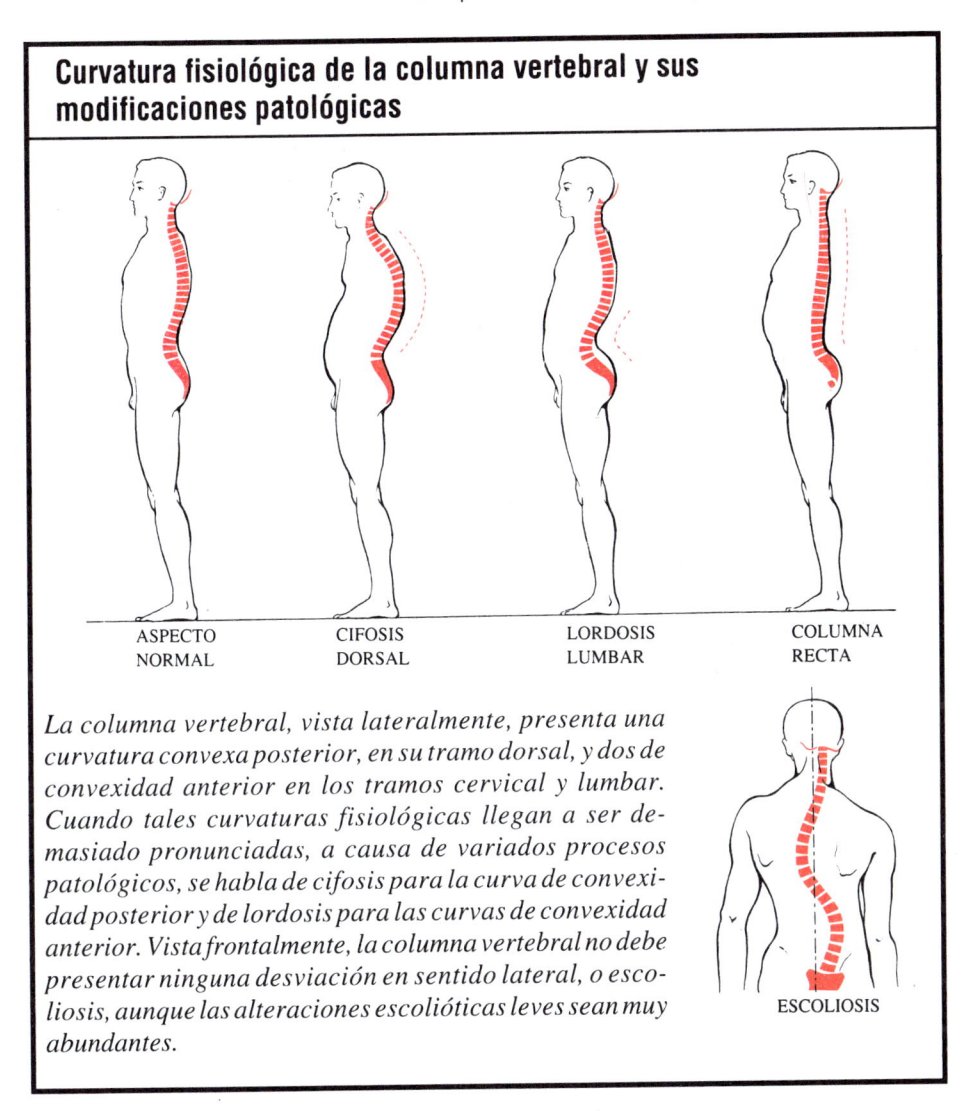

Curvatura fisiológica de la columna vertebral y sus modificaciones patológicas

| ASPECTO NORMAL | CIFOSIS DORSAL | LORDOSIS LUMBAR | COLUMNA RECTA |

La columna vertebral, vista lateralmente, presenta una curvatura convexa posterior, en su tramo dorsal, y dos de convexidad anterior en los tramos cervical y lumbar. Cuando tales curvaturas fisiológicas llegan a ser demasiado pronunciadas, a causa de variados procesos patológicos, se habla de cifosis para la curva de convexidad posterior y de lordosis para las curvas de convexidad anterior. Vista frontalmente, la columna vertebral no debe presentar ninguna desviación en sentido lateral, o escoliosis, aunque las alteraciones escolióticas leves sean muy abundantes.

ESCOLIOSIS

    Las escoliosis se atribuyen a posturas incorrectas, mantenidas durante la niñez, que, sin embargo, pueden considerarse tan sólo como un factor predisponente. En los afectados de escoliosis existe una marcada debilidad de músculos y ligamentos, de aquí que, con frecuencia, esta afección vaya acompañada de otras debilidades ligamentosas, como el pie plano. La cojera trae como consecuencia una escoliosis más o menos acentuada.

    Las **cifosis,** vulgarmente llamadas «jorobas», son fáciles de diagnosticar, por la convexidad posterior a nivel de la región dorsal. En los niños su origen suele ser, generalmente, tuberculoso, mientras que en los adultos pueden derivarse de fracturas vertebrales anteriores. Esta desviación puede evitarse actualmente mediante un tratamiento precoz, por lo que ha descendido en los últimos treinta años el número de afectados por la deformación.

La **lordosis** es una incurvación de la columna vertebral, de convexidad anterior. Suele ser de origen congénito y es muy marcada en las luxaciones congénitas que se presentan en las caderas.

Tratamiento. Dependerá de la causa que haya ocasionado la desviación. Es de gran importancia prevenir estas lesiones durante la infancia y juventud, mediante posturas correctas, ejercicios gimnásticos y de natación.

Pronóstico. Aplicando un tratamiento precoz, el pronóstico suele ser bueno, pero una vez implantada la deformación, su corrección resulta casi imposible.

LESIONES DEL CARTÍLAGO INTERVERTEBRAL

Síntomas.
1. Fundamental y característico es el dolor de espalda. Por su estrecha relación con los cambios de temperatura, quienes las padecen suelen ser diagnosticados como reumáticos.
2. La movilidad de la columna vertebral está ligeramente limitada.
3. Ligero dolor a la presión, a nivel de la vértebra lesionada.
4. La musculatura situada a los lados de la columna vertebral suele estar contraída.

Naturaleza y causa. Las lesiones del cartílago intervertebral, llamadas también osteocondrosis, consisten en la degeneración aislada de un disco intervertebral. Es una afección frecuente, pero raras veces adopta formas graves.

Tratamiento. En los episodios dolorosos estará indicado el reposo en cama, las infiltraciones de novocaína y la combinación de calor y masaje. En los intervalos libres de dolor se tratará de fortalecer la musculatura de la espalda mediante ejercicios gimnásticos apropiados, masaje, natación y deportes moderados. La utilidad de los corsés de sujeción está muy discutida; sólo se emplean en casos especiales, ya que aumentan la debilidad de los ligamentos y músculos de la espalda y el individuo puede verse obligado a usarlos el resto de su vida. En las fases agudas el empleo de una faja da buenos resultados.

Pronóstico. Con tratamiento intensivo puede conseguirse la desaparición de las molestias, pero son fáciles las recaídas.

HERNIAS DEL DISCO INTERVERTEBRAL

Síntomas. Dolor intenso, de aparición espontánea o después de un traumatismo, generalmente localizado en la región lumbar. Los movimientos forzados de la columna vertebral, el toser o estornudar, intensifican las molestias.

Naturaleza y causa. El disco intervertebral está formado por el anillo de tejido cartilaginoso, dentro del cual se encuentra un núcleo pulposo que, en la edad infantil y adolescencia, debido a la gran proporción de agua que lo integra es flexible pero con los años se va haciendo más duro e incluso puede llegar a calcificarse. Bien por algún golpe o de forma espontánea, el disco se abomba, llegando incluso a salirse completamente de su emplazamiento.

Tratamiento. En las fases agudas se tratará de calmar el dolor con medicamentos adecuados, infiltraciones locales de novocaína y reposo en cama. Con extensiones y otras manipulaciones en la columna vertebral y la aplicación de calor, pueden atenuarse las molestias e incluso es posible curar definitivamente la lesión. Pueden presentarse síntomas neurológicos muy acusados o compresión intensa, y entonces deberá intervenirse quirúrgicamente. Pero un tratamiento conservador, bien dirigido por un especialista, suele resolver los casos en los que no aparecen estas complicaciones. No debe existir sobrepeso.

Pronóstico. Las lesiones del disco intervertebral son muy frecuentes en el hombre civilizado, ya que por la debilidad de su musculatura vertebral, la columna no se encuentra preparada para efectuar determinados movimientos y puede sobrevenir el fallo. Su pronóstico es generalmente bueno.

CIFOSIS DE LOS ADOLESCENTES *(Enfermedad de Scheuermann)*

Síntomas.
1. Deformidad de la columna torácica, similar a la cifosis.
2. Fatiga al permanecer sentado largo tiempo.
3. Con frecuencia, dolor de espalda.

Naturaleza y causa. Es una enfermedad que predomina en la edad juvenil, entre los 13 y 19 años, más frecuente en el sexo masculino que en el femenino. Se caracteriza por una cifosis a nivel de las partes superior y media de la columna torácica. Se debe a trastornos del desarrollo del disco intervertebral y cuerpos vertebrales, la debilidad congénita de los tejidos, el trabajo en edades prematuras y, en general, los esfuerzos corporales intensos, incluidos los derivados de los deportes.

Tratamiento. Corrección evitando el progreso de la deformidad; reposo en forma adecuada y procurar la disminución de las molestias dolorosas cuando se presentan, con ejercicios, masaje, baños y gimnasia respiratoria. También resulta preciso evitar las sobrecargas corporales.

Pronóstico. Si el tratamiento se implanta precozmente —al observar cualquier tipo de molestia como las descritas debe consultarse con el médico—, suele ser bueno.

ENFERMEDAD DE BECHTEREW *(Espondilartritis anquilopoyética)*

Síntomas.
1. El primero, y durante años el único, es el dolor de espalda.
2. También rigidez progresiva de toda la columna vertebral.
3. Limitación de los movimientos.
4. Alteración del estado general.
5. Aproximadamente en una tercera parte de los casos se presentan manifestaciones de reumatismo articular crónico.
6. En ocasiones aparecen alteraciones visuales.

Naturaleza y origen. De presentación casi exclusiva en el sexo masculino, es una enfermedad reumática, de tipo inflamatorio, cuya causa todavía se desconoce. Frecuentemente comienza con una inflamación de la articulación situada entre el hueso ilíaco y el sacro (articulación sacroilíaca); posteriormente se afectan las pequeñas articulaciones de la columna vertebral; en los estados finales, se llega a una calcificación progresiva de las vértebras, tendones y ligamentos de sostén de la columna, y ésta toma un aspecto semejante a una caña de bambú, lo que se pone claramente de manifiesto en las radiografías.

Tratamiento. Los medicamentos antiinflamatorios, antirreumáticos, la radioterapia y la fisioterapia bien manejados son eficaces. No debe tomarse cortisona o derivados, salvo en casos muy especiales.

Pronóstico. Ha cambiado su sentido negativo sensiblemente desde que la reumatología moderna insiste en el diagnóstico precoz, en este caso trascendental, dada su progresión invalidante.

ESPONDILOLISTESIS

Síntomas. Dolor a nivel de la vértebra afectada.

Naturaleza y causa. Se trata de un deslizamiento hacia adelante de una de las vértebras. Generalmente tiene un origen congénito y rara vez se debe a traumatismos. La mayoría de las veces se trata de la quinta vértebra lumbar, que se desliza sobre la primera sacra.

Tratamiento y pronóstico. El tratamiento es semejante al de las lesiones del disco intervertebral. En ocasiones resulta necesario un tratamiento quirúrgico, aunque, de todas formas, no puede asegurarse que el paciente quede libre de molestias.

FRACTURAS DE LA COLUMNA VERTEBRAL

Síntomas.
1. Dolor en espalda o cuello.
2. Contracción y rigidez de la musculatura de la espalda.
3. A veces, deformación de la columna.
4. Si van acompañadas de compresión o lesión de la médula espinal, aparición de parálisis fláccida en brazos o piernas, dependiendo del lugar donde se haya producido la fractura. Algunas veces se presentan, incluso, alteraciones en la defecación y en la micción.

Naturaleza y causa. Debido al importante papel que la columna vertebral juega, no sólo como eje vertical del cuerpo sino como protectora de la médula espinal, toda fractura a este nivel encierra una trascendencia mayor que en cualquier otra parte del esqueleto, con excepción del cráneo. Independientemente de la forma en que se produzca la línea de fractura, existe siempre el peligro de que la médula espinal resulte lesionada, y es entonces frecuente la aparición de parálisis en las extremidades. La vértebra puede fracturarse a la altura de la apófisis espinosa, de las apófisis transversas, del arco vertebral o cuerpo vertebral. Las fracturas por compresión conducen generalmente a deformaciones de los cuerpos vertebrales y, como consecuencia, a deformaciones de la columna.

Tratamiento. Inmovilización, ya que cualquier movimiento puede ocasionar lesiones, quizás irreparables, de la columna vertebral. Avisar inmediatamente al médico. En caso de que sea necesario transportar al lesionado, este transporte ha de

El aparato locomotor y sus enfermedades

realizarse con especial cuidado (véase el capítulo de primeros auxilios, página 909). En determinados casos será necesaria la adopción de medidas quirúrgicas y ortopédicas.

Pronóstico. Si no se presentan parálisis el pronóstico es generalmente bueno, pero incluso cuando aparecen, si se lleva a cabo rápidamente un tratamiento quirúrgico, las posibilidades de recuperación son relativamente grandes. Habrá que temer una evolución larga, e incluso un desenlace fatal, cuando la parálisis resulta de imposible corrección o el tratamiento se inicia demasiado tarde.

LESIONES DE LA COLUMNA VERTEBRAL
(producidas en accidentes automovilísticos)

El considerable aumento del tráfico en estos últimos años, la construcción de vehículos cada vez más potentes y veloces, así como el mejoramiento de las carreteras, han traído consigo el proporcional incremento de los accidentes de circulación.

En este tipo de accidentes, debido a la posición que mantiene el conductor, la columna vertebral se ve, con mucha frecuencia, afectada. En los casos de colisión trasera, cuando un coche se ve obligado a frenar y el que le sigue choca con él, los ocupantes del primer vehículo se ven desplazados hacia atrás de manera imprevista, y se produce, de forma refleja, una hiperextensión de la columna cervical. Si la colisión es frontal, la cabeza resulta rechazada hacia adelante; en estos casos son más frecuentes las lesiones en el cráneo.

Estas lesiones pueden afectar a la musculatura, articulaciones, huesos, médula espinal o nervios. Los respaldos supletorios y los cinturones de seguridad contribuyen a amortiguar golpes y posibles lesiones.

Enfermedades de las articulaciones

REUMATISMO POLIARTICULAR AGUDO *(Fiebre reumática)*

Síntomas. 1. Comienzo con fiebre elevada de hasta 39°C y sudoración profusa.
2. Hinchazón dolorosa, la mayoría de las veces en las grandes articulaciones. Es característico que estos síntomas «salten».

Existe una serie de manifestaciones que acompañan frecuentemente a esta enfermedad, que son:

a) Las cardiacas, caracterizadas por aceleración o irregularidad del pulso, así como palpitaciones, punzadas a nivel del corazón, etc. En algunos casos el reumatismo puede dar lugar a lesiones del tipo de endocarditis o miocarditis, con las consiguientes lesiones valvulares.

b) La participación renal es menos frecuente, aunque en ocasiones pueden observarse nefritis.

c) Igualmente pueden aparecer erupciones cutáneas, así como pequeños nódulos palpables bajo la piel.

d) El sistema nervioso es también susceptible y puede quedar afectado, principalmente en los niños, por la llamada corea menor, que suele desaparecer rápidamente sin dejar huella.

Naturaleza y causa. Pocas enfermedades tienen un significado tan decisivo para el resto de la vida como el reumatismo poliarticular agudo. Característica de la edad infantil y juventud, no es frecuente su aparición pasados los 20 años. Se trata de una reacción de hipersensibilidad hacia los estreptococos del grupo A. Estos gérmenes, muy abundantes en las anginas, catarros nasales, faringitis, etc., son responsables indirectos, como fase final de aquellas afecciones, del reumatismo poliarticular agudo. Existe una serie de factores que, al parecer, predisponen a su aparición; son la humedad, el frío, el cansancio, etc. El adulto es menos propenso a este tipo de reacciones de hipersensibilidad.

Tratamiento. Dada la gravedad de la enfermedad y el peligro de sus complicaciones, sobre todo las cardiacas, es aconsejable el ingreso de estos pacientes en un hospital especializado.

1. Medidas generales. Todo paciente con fiebre reumática deberá permanecer en cama, en reposo absoluto, por lo menos durante 6 semanas. Dado que en la mayoría de los casos se trata de niños y la permanencia en cama ha de ser larga, se deberá tratar de mantenerlos distraídos, con el fin de que guarden el mayor reposo posible.

2. En los casos agudos se utilizan, inicialmente, dosis altas de corticosteroides (derivados de la cortisona). La aspirina y otros antiinflamatorios, como la fenilbutazona, también están indicados.

3. Contra las infecciones por estreptococos del tipo A y las posibles recaídas se administrarán, desde el comienzo de la enfermedad, dosis altas de antibióticos (penicilina), al principio diariamente y luego mediante inyecciones de efecto retardado, cada dos o tres semanas.

Pronóstico. Bajo tratamiento, esta enfermedad cura siempre. Para evitar las complicaciones cardiacas, sobre todo las lesiones valvulares, estos enfermos deben estar sometidos, durante años, a tratamiento con antibióticos. La vigilancia médica resulta imprescindible, debido a que siempre existe la amenaza de cualquier brote ulterior, hasta pasados los veinte años.

ARTRITIS REUMATOIDE
(Poliartritis crónica primaria)

Síntomas. 1. El comienzo suele ser insidioso. Durante meses o incluso años, las únicas manifestaciones son: cansancio, falta de apetito, depresiones, ligera pérdida de peso, etc., es decir, una serie de síntomas imprecisos. Más adelante comienzan las manifestaciones articulares, al principio con sensación de rigidez en dedos y muñecas. Las articulaciones más afectadas son las de los dedos, muñecas y tobillo, pero se pueden ver también complicadas las articulaciones grandes en los estados avanzados. Característica de esta enfermedad es la evolución en brotes, con fases de empeoramiento alternando con largas temporadas de mejoría. En las fases avan-

zadas se presentan deformaciones de las manos y los pies; los dedos, a nivel de la articulacion más cercana a la muñeca, se desvían hacia afuera, de tal forma que toda la mano adquiere el aspecto de la aleta de un pez.
2. Los dolores articulares guardan estrecha relación con los cambios de tiempo; los climas húmedos son, generalmente, perjudiciales.
3. El estado general se ve cada vez más afectado y, en ocasiones, se produce un ligero aumento de la temperatura corporal.
4. Anemia, con falta de hierro.
5. Si el proceso inflamatorio desaparece después de muchos años, se origina un cuadro articular degenerativo.

Naturaleza y causa. Se trata de una enfermedad crónica, de larga duración, cuya causa sigue siendo todavía desconocida. No obstante, la investigación ha avanzado mucho en su conocimiento; se han descubierto ciertos mecanismos de autonocividad inmunológica. Se presenta a cualquier edad, especialmente entre los 25 y 50 años. Las mujeres se ven tres veces más afectadas proporcionalmente que los hombres y parece ser que se presenta con mayor frecuencia en determinadas familias. Dada su frecuencia, la enfermedad tiene gran importancia desde el punto de vista de la medicina social (invalidez prematura).

Tratamiento.
1. Reposo en cama, sólo durante las fases de agudización, con inmovilización de la articulación afectada, para evitar la anquilosis.
2. En los periodos no agudos resulta conveniente la movilización de las articulaciones, a fin de impedir la atrofia muscular y la correspondiente anquilosis articular, así como evitar la exposición al frío y las mojaduras.
3. De gran importancia es llevar una vida sana, con sueño suficiente y alimentación adecuada.
4. Existe hoy una extensa serie de medicamentos eficaces contra esta enfermedad, aunque su aplicación en uno u otro sentido no sea completamente inocua, lo cual obliga a que sean reclutados y controlados exclusivamente por el médico. Los derivados de la pirazolona, la indometacina y las hormonas suprarrenales del tipo corticosteroide, [1] sobre todo en las fases agudas, dan buenos resultados. Las curas con preparados de oro, en forma de sales de oro, y los medicamentos que años atrás se utilizaban en el tratamiento del paludismo, en especial la cloroquina, son también muy utilizados en estas enfermedades, pero sigue siendo remedio fundamental la aspirina, un verdadero antirreumático de acción más profunda que la de un simple calmante.

---

[1] *La cortisona, descubierta en 1948, se empleó profusamente en el tratamiento de la artritis reumatoide. A la larga ha demostrado ser menos eficaz de lo que se pensaba. Los tratamientos prolongados con cortisona o sus derivados resultan, además, muy peligrosos por sus complicaciones gástricas. La cortisona no cura; solamente atenúa el dolor y la inflamación. Y, además, con otras drogas con menor efecto colateral se han conseguido mejores o iguales resultados.*

Pronóstico. Mediante tratamiento especializado puede controlarse la enfermedad en gran número de casos. El porvenir del enfermo depende de la programación y dirección de un plan terapéutico completo: cuidados generales, medicación antiinflamatoria, rehabilitación y cirugía articular.

ARTRITIS INFECCIOSAS

Síntomas. Son los de una enfermedad infecciosa cualquiera: fiebre, decaimiento general y manifestaciones inflamatorias y dolorosas en una o varias articulaciones.

Naturaleza y causa. En el transcurso de una enfermedad infecciosa, como blenorragia, tifus exantemático, difteria, etcétera, determinados gérmenes específicos o las toxinas que producen pueden localizarse a nivel de una o varias articulaciones, donde ocasionan esta afección.

Tratamiento. Inicialmente resulta necesario actuar contra la enfermedad infecciosa que la origina, mediante sulfamidas y antibióticos, sin olvidar el adecuado régimen dietético —dependiendo de las circunstancias y localización—, la necesidad de una inmovilización con férula del miembro afectado y la administración de sedantes y preparados antiinflamatorios. En el tratamiento posterior, es de gran importancia la recuperación.

Pronóstico. Siempre y cuando el tratamiento específico se efectúe a tiempo, el pronóstico es, en todos los casos, bueno.

ARTROSIS *(Reumatismo articular degenerativo)*

Síntomas.
1. Dolor a nivel de la articulación afectada, generalmente las de rodilla y cadera; es característica la aparición de dolor al comenzar un movimiento (dolor al iniciar la marcha).
2. En algunas ocasiones, hinchazón y deformidad de los contornos de la articulación.
3. A consecuencia de las alteraciones que se presentan en la superficie de la articulación, se puede oír una especie de crujido característico.

Naturaleza y causa. Las irritaciones crónicas de la articulación, debidas a microtraumatismos, constituyen la causa más importante de la artrosis. No se trata de una enfermedad infecciosa; es, en realidad, una lesión por desgaste. Favorece su presentación la debilidad congénita del tejido conjuntivo, la obesidad y las sobrecargas continuas, aunque sean moderadas. La artrosis puede presentarse en los jóvenes, a consecuencia de pasadas enfermedades articulares inflamatorias o de traumatismos. Cada caso requiere un estudio específico.

Tratamiento. Los dolores pueden desaparecer mediante inyecciones intraarticulares de corticosteroides, reposo articular, calor, antiálgicos. En los casos graves da buenos resultados la radioterapia, pero estas radiaciones pueden resultar peligrosas. Los casos leves mejoran con la onda corta y la aplicación de calor. Los medicamentos empleados son variadísimos y algunos de ellos, como el yodo, son ya de aplicación tradicional. Todos los calmantes del dolor son útiles. Las curas balnearias, la hidroterapia en todas sus formas, la piscina termal en ojo de cerradura, los baños de remolino, los lodos, los barros y otros medios terapéuticos ya estudiados en este libro, están también indicados en la artrosis, así como las técnicas de recuperación, las medidas ortopédicas y, en ocasiones, la cirugía.

Un reumático —hay que insistir— necesita un amplio plan de tratamiento; no basta con la ingestión de un medicamento por eficaz que pueda ser.

Pronóstico. Generalmente es bueno.

RIGIDEZ DOLOROSA DEL HOMBRO
(Periartritis escapulohumeral)

Síntomas.   1.   Dolor que se localiza en la parte externa del hombro, achacado generalmente a un movimiento brusco.
2.   Limitación parcial de los movimientos de la articulación del hombro.

Naturaleza y causa. La periartritis escapulohumeral consiste en una inflamación inespecífica, con degeneración, e incluso calcificación, de la bolsa sinovial del hombro. La mayoría de las veces su causa es desconocida; en otras se debe a traumatismos del hombro, esfuerzos bruscos, tensiones excesivas en atletas desentrenados, etcétera. Generalmente se presenta en individuos adultos cuya edad sobrepasa los cuarenta años.

Tratamiento. Lo antes posible se comenzará con ejercicios gimnásticos suaves, aplicación de calor, masaje del tejido conjuntivo e inyecciones locales de derivados de la cortisona. En casos de hombro inmovilizado o «congelado» se utiliza la inyección intraarticular de un fermento, la alfaquimotripsina.

CODO DE TENIS

Síntomas.   1.   Dolor intenso y de súbita presentación, a nivel de la parte externa del codo.
2.   Dificultad de los movimientos.

Naturaleza y causa. Recibe este nombre por ser más frecuente entre los individuos que practican el tenis, aunque no resulta raro observarlo también en jugadores de golf o en quienes practican basquetbol, así como en violinistas, pintores, etcétera. Debido a que parte de la musculatura del antebrazo se inserta en la parte externa del codo, cualquier movimiento brusco, como el clásico revés del tenista, puede provocar una irritación a este nivel, con el consiguiente dolor. Rara vez se producen desgarros del hueso o de los músculos.

Contrariamente, los individuos afectados continúan practicando el deporte, en vez de descansar durante unos días, y, al continuar los ejercicios, las molestias se hacen cada vez más acusadas.

Tratamiento. Se basa en dejar en reposo, durante unos días, la parte afectada; esto se consigue mediante inmovilización del codo con una férula. La administración de

preparados antiinflamatorios y sedantes contribuye a la desaparición de las molestias. Lo más eficaz son las infiltraciones locales, con derivados cortisónicos o novocaína.
Pronóstico. Generalmente es bueno.

ARTROSIS DE LA CADERA

Síntomas. 1. Dolor a nivel de la articulación de la cadera, a veces acompañado de dolor en ingle y rodilla.
2. Limitación de los movimientos.
3. En los casos avanzados, leve cojera.

Naturaleza y causa. Es muy frecuente, sobre todo en individuos de edad avanzada. Mediante la radiografía y los métodos clásicos, esta afección resulta más fácil de diagnosticar que de tratar. Parece deberse a desgaste y pérdida de elasticidad del cartílago articular. La obesidad predispone a su presentación.

Tratamiento. La curación total resulta en la mayoría de los casos improbable, pero mediante ejercicios gimnásticos (especialmente paseo en bicicleta), curas de adelgazamiento, preparados antiinflamatorios y aplicación local de calor pueden aliviarse, en gran parte, las molestias de estos enfermos. La piscina terapéutica resulta también muy útil. La cirugía de la cadera, por otra parte, avanza sin cesar y perfecciona sus técnicas. Pero el paciente debe acudir siempre a un centro de recuperación.

LUXACIÓN CONGÉNITA DE LA CADERA

Síntomas. 1. Uno de los miembros inferiores aparece más corto que el otro. En los recién nacidos, en caso de que la luxación sea bilateral, resulta más difícil su diagnóstico.
2. El pie y la pierna del mismo lado presentan una rotación muy marcada hacia afuera.
3. El inicio de la marcha, que por lo general comienza en el niño a los doce meses, se retrasa sensiblemente.
4. En edades más avanzadas aparecen dificultades al caminar. La cojera se caracteriza por un balanceo típico (marcha de pato).
Al observar cualquiera de los síntomas anteriormente descritos, deberá consultarse inmediatamente al médico. El diagnóstico radiológico aclara la naturaleza de la lesión.

Causas. Existen diversas teorías; al parecer se trata de una detención del desarrollo de los huesos de la cadera, que afecta principalmente al hueso ilíaco.

Tratamiento. Reducción inmediata de la luxación y fijación mediante los adecuados aparatos ortopédicos. En los niños de corta edad la reposición puede efectuarse sin necesidad de operación, pero a fin de evitar dolores innecesarios y alcanzar la máxima relajación muscular, se deberá efectuar con anestesia. En los niños mayores resulta indispensable el tratamiento quirúrgico.

Pronóstico. Cuanto más precoz sea el tratamiento, mejores serán los resultados. Existe un 80% de probabilidades de éxito si se lleva a cabo durante el primer año de edad, mientras que, posteriormente, con reducciones incruentas, el índice de probabilidades positivas disminuye a un 60%.

DISTORSIONES Y LUXACIONES ARTICULARES

Síntomas.
1. Dolor, sobre todo muy intenso en las luxaciones.
2. Limitación de los movimientos. En las luxaciones, la articulación está fijada de tal forma que cualquier intento de movimiento provoca dolores intensísimos.
3. Deformidad de la articulación.
4. En algunos casos, se puede observar la presentación de hematoma (coloración azulada de la piel, debida a la extravasación de la sangre en los tejidos).

Naturaleza y causa. Debido a movimientos bruscos o incontrolados de la articulación, generalmente por mecanismos indirectos, se produce una distensión de la cápsula y de los ligamentos articulares (distorsión). Si el traumatismo es más intenso, la cápsula articular llega incluso a desgarrarse y da lugar a que la superficie articular se desplace (luxación).

Tratamiento. En las distorsiones o esguinces, generalmente basta con fijar la articulación mediante una venda elástica. El miembro deberá mantenerse en reposo durante unos días. En caso de hinchazón se aplicarán fomentos de solución de alcohol diluido y, posteriormente, pasadas las 24 horas, con el fin de favorecer la reabsorción del hematoma, se aplicará calor en la zona afectada. Solamente en casos aislados estarán recomendados los masajes. Los frotamientos con alcohol u otras sustancias están contraindicados.

El tratamiento de las luxaciones deberá efectuarse exclusivamente por el médico lo más precozmente posible. Hasta entonces, se inmovilizará el miembro. Con maniobras de tracción y rotación, el médico conseguirá colocar la articulación en su posición primitiva, y la inmovilizará posteriormente con vendajes de escayola o una férula, según los casos. Una vez retirados éstos, se aplicará un vendaje elástico, con lo cual se podrán iniciar los movimientos, activos y pasivos. En algunos individuos, debido a una especial disposición de la articulación o por otros mecanismos, se originan de forma repetida luxaciones en una misma articulación, que obligan al médico a realizar un tratamiento quirúrgico. En todos los casos pueden administrarse medicamentos antidolorosos.

LESIONES DEL MENISCO DE LA RODILLA

Síntomas.
1. Dolor en la articulación de la rodilla correspondiente.
2. Limitación de los movimientos al doblar o estirar la pierna.
3. A las pocas horas de producido el traumatismo, aparición de un derrame articular.

Naturaleza y causa. Las lesiones de este tipo aparecen, principalmente, en el sexo masculino, sobre todo en los futbolistas, debido a los movimientos bruscos de torsión de la rodilla producidos durante el juego. Aunque en algunos casos las lesiones se deben a una súbita extensión de la rodilla flexionada o a traumatismos directos sobre la rodilla en extensión, la mayoría se producen cuando el sujeto, agachado, con las rodillas flexionadas, trata de levantarse ejecutando al mismo tiempo con el cuerpo —cuyo peso recae en ese momento sobre la articulación de la rodilla— un movimiento de torsión (este mecanismo es típico en los mineros). Las roturas o desgarros del menisco pueden ser longitudinales, transversales o incluso con desprendimiento de una de sus partes en el interior de la articulación.

Tratamiento. Se llevará a cabo tan pronto como sea posible, pero siempre en manos de un cirujano o traumatólogo. En caso necesario se extrae el derrame, operación a la que sigue la reposición del menisco mediante estiramiento de la pierna. Posteriormente se colocará un vendaje de escayola. En caso de rotura no existe otro camino que el tratamiento quirúrgico. La cirugía artroscópica ha disminuido el tiempo de recuperación y las molestias en la extracción de meniscos; estas intervenciones han sido exitosas desde su inicio.

Pronóstico. Por lo general se recupera totalmente la movilidad de la articulación.

CUERPO EXTRAÑO ARTICULAR DE LA RODILLA

Síntomas. Debido al enclavamiento del cuerpo extraño, se presenta limitación de los movimientos, dolor y derrame.

Naturaleza y causa. Estas lesiones aparecen principalmente en las articulaciones de rodilla y codo. Están motivadas por cuerpos extraños, por ejemplo, trozos de menisco, cartilaginoso o calcificado, del tamaño de un chícharo.

Causas. Artrosis deformante, traumatismos o desprendimientos de cartílago articular debidos a sobrecargas.

Tratamiento y pronóstico. En caso de enclavamiento y dolor intenso, extracción quirúrgica. La cirugía artroscópica está también indicada. El pronóstico es bueno.

TUBERCULOSIS ÓSEA Y ARTICULAR

Síntomas. Dependen de la localización de la enfermedad dentro del organismo. El estado general suele estar afectado y no es rara la aparición de fiebre moderada y de dolor en la articulación o huesos dañados. Algunas veces se presentan los llamados «abscesos fríos» (bultos no dolorosos, bajo la piel de la ingle o del cuello).

Naturaleza y causa. Hoy día las tuberculosis óseas son menos frecuentes que hace 20 años. Las bacterias tuberculosas son transportadas mediante la circulación sanguínea hasta el hueso o articulación posteriormente lesionados. Se trata de una tuberculosis local que no implica necesariamente la existencia de la enfermedad en otros órganos.

Estas formas se presentan más frecuentemente en niños y jóvenes; la localización en la columna vertebral (mal de Pott) es la más frecuente.

Tratamiento. Es siempre penoso y deberá ser llevado a cabo en clínicas especializadas. Mediante la inmovilización y la administración de medicamentos apropiados —tuberculostáticos—, estas formas de tuberculosis se curan, por regla general.

Enfermedades de los músculos, tendones y cápsulas

Los cuadros clínicos correspondientes a estos tres grupos de afecciones se describen conjuntamente, en un solo apartado, debido a que resulta muy frecuente el paso de las manifestaciones patológicas de un grupo a otro. Para el profano resulta difícil establecer una diferenciación; incluso el médico ha de recurrir a una minuciosa exploración para distinguir el auténtico origen de los trastornos de tipo muscular, tendinoso o capsular.

LUMBAGO

Síntomas. Dolor súbito en la espalda, tras un enfriamiento o movimiento brusco y, a veces, sin causa que lo justifique. Contracción de la musculatura lumbar.

Naturaleza y causa. Antiguamente el lumbago se consideraba como una afección puramente muscular; hoy se admite que puede también producirse por alteraciones patológicas de los discos intervertebrales, o por reflejo de una enfermedad renal intestinal o, en las mujeres, de los órganos sexuales.

Tratamiento. En primer lugar deberán corregirse los malos hábitos posturales, así como aclarar la causa que lo motiva. Entre los medicamentos están indicados los analgésicos, relajantes musculares y derivados de la cortisona, etc. La aplicación de calor, el reposo y el masaje contribuyen asimismo a la curación del proceso.

CIÁTICA *(Neuritis del nervio ciático)*

Síntomas. 1. Dolor intenso y progresivo, a nivel de la parte posterior del muslo, que puede irradiarse hacia la espalda, pierna y pie.
2. Las molestias se incrementan al andar, toser o estornudar.

Naturaleza y origen. Hasta hace pocos años se consideraba la ciática exclusivamente como una neuritis (véase inflamación de los nervios, pág. 583); hoy se sabe que en la mayoría de los casos se debe a la compresión del nervio ciático o de sus raíces, a consecuencia de una alteración del disco intervertebral (véase pág. 533), y raras veces a una infección focal u otra lesión. La ciática, más que enfermedad, se considera un síntoma, ya que son muy variadas las causas que pueden originarla.

Pruebas en la ciática y determinación de su gravedad (signo de Lasègue)
a) Con el paciente acostado de espaldas, sobre una superficie dura, el dolor no suele presentarse, ya que en esta posición el ciático se encuentra relajado.
b) La mayoría de los pacientes pueden elevar la pierna del lado lastimado, con la rodilla doblada, sin que se presente dolor alguno.
c) Por el contrario, al elevar la pierna estirada se produce un dolor intenso, ya que el nervio ciático se encuentra distendido. El dolor, partiendo de la espalda y de los glúteos, se irradia hasta la pierna. Cuanto mayor sea la gravedad de la ciática, en menor grado podrá elevarse la pierna, mientras que, en los casos leves, podrá conseguirse casi sin molestias. Sin embargo, si flexionamos al mismo tiempo el pie (véase la figura de la página 560), aparecerá el dolor, ya que, en esta última posición, el nervio se encuentra intensamente distendido.

Diagnóstico de la neuritis del nervio ciático mediante el signo de Lasègue

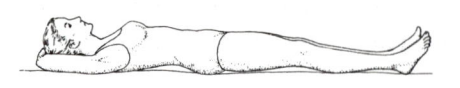

El paciente se sitúa en posición supina sobre un plano rígido. En esta posición no siente dolor porque el nervio ciático no está extendido. Levantando el pie del lado afectado y teniendo flexionada la rodilla no se revela, en la mayoría de los casos, ninguna sensación dolorosa. Sin embargo, si se levanta la pierna y se mantiene erecta, el paciente nota un dolor violento, que de las regiones lumbar y glútea se irradia a la pierna (maniobra de Lasègue positiva). Si la afección es leve, la pierna podrá extenderse completamente sin molestias. Pero sucesivas extensiones de la pierna provocan dolor a lo largo del recorrido del nervio ciático, que en esta posición está sometido a un estiramiento, capaz de originar un dolor característico, que desde la región lumbar puede llegar al pie.

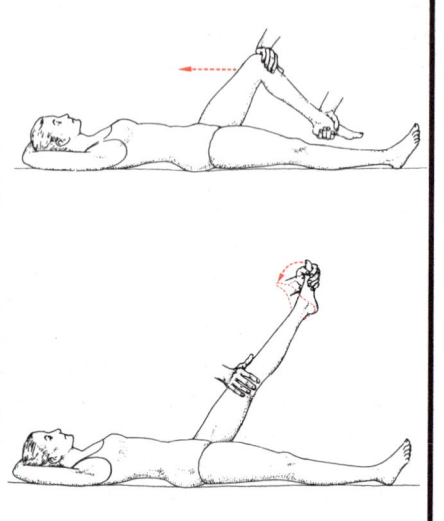

Tratamiento. Dependerá de la causa productora de la enfermedad. De todas formas, en cualquier caso está indicado el reposo en cama hasta que desaparezcan las molestias. Los preparados contra el dolor, la onda corta, el ultrasonido y la aplicación de calor mejoran el cuadro. Solamente en casos graves, que no respondan al tratamiento, estará indicada una intervención quirúrgica.

Pronóstico. Generalmente es bueno. Pero depende, en definitiva, de la motivación que tenga la lesión.

TORTÍCOLIS

Síntomas.
1. Posición característica forzada, con la cabeza inclinada hacia el lado enfermo y la cara orientada hacia el lado sano.
2. Limitación de los movimientos del cuello.
3. Asimetría de la cara.
4. La inclinación de la cabeza hace variar el equilibrio estático del cuerpo, que queda compensado mediante la desviación de la columna vertebral.

Naturaleza y causa. Entre las diferentes formas la más frecuente es la congénita, que puede presentarse incluso antes del nacimiento, dentro del seno materno, a consecuencia de una alteración de la circulación arterial del músculo esternocleidomastoideo. Las formas que se presentan después del nacimiento se deben a disposiciones anormales de la columna vertebral, procesos inflamatorios de las articulaciones de la región cervical, traumatismos o parálisis, o a causas histéricas.

Tratamiento. En los recién nacidos se tratará de corregir la postura mediante un aparato ortopédico que mantenga derecho el cuello. Si de esta forma no se consigue ningún resultado, al final del primer año de edad deberá recurrirse a la cirugía. En las formas no congénitas, el tratamiento dependerá de la causa de origen. Dan buenos resultados las movilizaciones cuidadosas, activas y pasivas, el masaje moderado y la electroterapia (faradización).

Pronóstico. En los jóvenes, si no se trata, esta afección puede dar lugar a trastornos psíquicos motivados por prejuicios estéticos. Si, por el contrario, su tratamiento es precoz, su pronóstico es generalmente bueno, con excepción de las formas que van acompañadas de graves alteraciones óseas de la columna vertebral.

REUMATISMO MUSCULAR *(Mialgia)*

Síntomas.
1. Dolor muscular.
2. Endurecimiento no desplazable y doloroso a la presión, y rigidez del músculo afectado.
3. Posible localización en cualquier parte del cuerpo, pero principalmente en nuca, espalda y glúteos.

Naturaleza y causa. Es una afección muy frecuente, según unos debida a una hiperexcitabilidad del músculo, seguida de una contracción de sus fibras musculares, y según otros, a consecuencia de una neuritis de los nervios sensitivos de los músculos. Factores externos e internos pueden desencadenar el cuadro: pequeñas irritaciones mecánicas (presión o tracción), estímulos térmicos (frío, humedad), inflamaciones reumáticas e irritaciones nerviosas debidas a alteraciones de la columna vertebral (lesiones del disco intervertebral).

Tratamiento. El calor, al mejorar la circulación, contribuye a la desaparición de la contracción muscular. Se aplicará en forma de baños calientes, fomentos, bolsas de agua, etc. Onda corta, ultrasonido y masaje pueden combinarse con el tratamiento farmacológico. Éste, que deberá ser siempre dirigido por el médico, consistirá en la administración de analgésicos (ácido acetilsalicílico, derivados de la pirazolona, relajantes musculares, etc.) e inyecciones locales de novocaína. En algunos casos estarán indicadas las frotaciones con alcohol alcanforado y la aplicación de pomadas que activen la circulación.

Pronóstico. En los casos recientes se obtienen buenos resultados, mientras que en los crónicos, debidos principalmente a procesos irritativos de la columna vertebral, la recuperación es lenta.

DESGARROS, ROTURAS Y CONTUSIONES MUSCULARES

Cualquier esfuerzo súbito e imprevisto puede ocasionar desgarros de las fibras musculares, con el consiguiente dolor y la formación de hematoma a nivel de la zona afectada. A consecuencia de una contracción o extensión bruscas, el músculo puede romperse; se presentan entonces los síntomas anteriormente expuestos e incluso un abultamiento, debido a la retracción de los extremos musculares. Una vez desaparecido el hematoma, en determinadas ocasiones se observa una hendidura en el músculo, así como disminución de su fuerza.

En todos los casos el tratamiento estará basado en la inmovilización. Si se produce una rotura grave será necesario suturar el músculo, y posteriormente, con consentimiento del médico, comenzar con ejercicios moderados y masaje suave.

ROTURA DEL TENDÓN DE AQUILES

Es una lesión muy frecuente entre deportistas desentrenados y en individuos de más de 40 años que practican de repente excesivos ejercicios físicos. Principalmente se presenta en esquiadores, atletas y futbolistas. Los movimientos bruscos del talón provocan con frecuencia esta rotura, en la cual se secciona total o parcialmente el tendón de los músculos de la pantorrilla, que se inserta a nivel del talón. A veces, el lesionado, debido a la conservación de algunas fibras tendinosas, puede continuar andando. Aparte del dolor y del hematoma, puede palparse una especie de hendidura o escalón a nivel de la rotura.

El tratamiento es siempre quirúrgico, ya que, de lo contrario, el pie quedaría en una postura anormal, el llamado «pie en talón». Posteriormente se inmovilizará la pierna con un vendaje de escayola. El pronóstico es bueno.

CALAMBRE MUSCULAR *(Contractura muscular)*

Los calambres musculares, dependiendo del lugar en donde se presenten, pueden adquirir direrentes formas. La más frecuente la constituyen los calambres en las pantorrillas que se presentan tras largas marchas, al mantener posiciones anormales y en las mujeres con várices. Formas semejantes, pero de diferente localización, se observan en la tetania —hipofunción de las glándulas paratiroideas— y en el tétanos. Existen, además, formas convulsivas con participación de grupos musculares aislados o de todos los del cuerpo. Una rodilla mixta aparece en la epilepsia. La forma diafragmática, más conocida con el nombre de hipo, fue descrita en el capítulo «El aparato digestivo y sus enfermedades», página 257.

El tratamiento dependerá de la lesión causal. Después de esfuerzos corporales intensos se recomienda el masaje de la musculatura con objeto de eliminar rápidamente los desechos metabólicos acumulados en el tejido muscular.

ATROFIA MUSCULAR

Síntomas. El grosor de la musculatura disminuye, dependiendo de la intensidad y duración de la lesión. Al mismo tiempo se presenta una disminución de la fuerza, con aparición de ligero cansancio y en los casos graves incluso parálisis (a menos que ésta no sea la causa primitiva de la atrofia muscular). Las partes afectadas aparecen adelgazadas en comparación con las sanas.

El aparato locomotor y sus enfermedades

Naturaleza y causa. Así como el deporte, la gimnasia y los movimientos contribuyen al fortalecimiento y aumento de la masa muscular, la inmovilidad y el reposo prolongado dan lugar, en forma más o menos intensa, a la atrofia de los músculos, por ejemplo, cuando una extremidad permanece enyesada durante varias semanas a consecuencia de una fractura.

Las atrofias musculares pueden originarse también por enfermedades nerviosas y accidentes de tránsito, tras una parálisis infantil o una apoplejia, o por lesiones neurológicas y de la médula espinal. La abolición total de la función nerviosa da lugar a una inmovilización de la parte lesionada, con lo cual se produce posteriormente la atrofia de ésta.

Tratamiento. Depende de la lesión. Las atrofias musculares producidas tras un escayolado suelen ser de fácil recuperación; si la causa es una enfermedad nerviosa, se intentará, siempre que sea posible, curar la lesión primitiva, evitando de forma indirecta que se desarrolle la atrofia. Puede lograrse que el músculo recupere su actividad mediante tratamiento eléctrico. Estos movimientos musculares obtenidos artificialmente, actúan de manera efectiva frente a la posible atrofia muscular debida a la inactividad.

Pronóstico. Siempre que la atrofia muscular no sea consecuencia de una lesión nerviosa total y permanente, las posibilidades de curación son buenas para la mayoría de los casos.

DEBILIDAD MUSCULAR *(Miastenia)* Y RIGIDEZ MUSCULAR *(Miotonía)*

Síntomas. A) En la miastenia grave. Cualquier esfuerzo produce una intensa debilidad muscular que puede llegar incluso a imposibilitar cualquier movimiento corporal. Es característica la debilidad de los músculos oculares, con dificultad para abrir los párpados.

B) En la miotonía. Los movimientos se encuentran muy entorpecidos; el músculo puede contraerse y distenderse lentamente. Una vez realizados algunos movimientos, estas alteraciones suelen desaparecer, de modo que la actividad muscular evoluciona casi normalmente. Algunas formas de este grupo de enfermedades aparecen como lesiones congénitas. Aparece la característica rigidez al no poder el músculo relajarse después de una contracción voluntaria, o al tardar mucho en hacerlo.

Naturaleza y origen. Ambas enfermedades son muy raras y su origen aparece, en gran parte de los casos, poco claro.

Tratamiento. Junto a los cuidados corporales generales, puede intentarse la aplicación de baños medicinales. En algunos casos de miotonía da buenos resultados el empleo de quinina. En las formas miasténicas son muy eficaces las drogas colinérgicas, como la neostigmina.

Pronóstico. A la larga el pronóstico es pesimista, pero mediante tratamiento médico y cuidados intensivos pueden hacerse soportables, durante años, las molestias que afectan a estos enfermos.

INFLAMACIÓN DE LAS VAINAS TENDINOSAS
(Tendovaginitis)

Síntomas. Dolor en la vaina afectada. Al movimiento se aprecia una sensación de roce en el curso del tendón.

Naturaleza y causa. Debido a sobreesfuerzos, infecciones o contusiones, se puede originar un proceso inflamatorio de la vaina que envuelve el tendón. Los movimientos se hacen entonces dolorosos y se limitan sensiblemente. La humedad y el frío favorecen su aparición. En algún caso la infección puede deberse a gérmenes específicos, y esto se puede observar especialmente en la tendovaginitis de origen tuberculoso.

Tratamiento. Inmovilización con vendaje de escayola y, en casos graves, aplicación de inyecciones locales de novocaína o derivados de la cortisona. En principio los masajes están contraindicados. Cuando el origen sea tuberculoso, se tratará también la enfermedad causal.

Pronóstico. Cuanto más rápidamente se implante el tratamiento, más pronto se resolverá el proceso. En las formas tuberculosas, con diagnóstico precoz y tratamiento intensivo, la curación se consigue en gran parte de los casos.

PANADIZOS Y FLEMONES DE LA MANO

Síntomas. Dependen de la intensidad y localización.
1. Dolor punzante, acompañado a veces de sensación de latido.
2. Enrojecimiento.
3. Hinchazón y calor del dedo o mano enfermos.
4. Los dedos, en los panadizos de la palma de la mano, quedan fijos, en flexión.
5. Ligero aumento de la temperatura corporal, incluso con la aparición de fiebre discreta.

Naturaleza y causas. Se trata de infecciones locales por gérmenes purulentos, generalmente estafilococos y estreptococos. La puerta de entrada suelen constituirla pequeñas heridas, grietas o rozaduras. Son frecuentes en obreros manuales: carpinteros, mineros, carniceros, etc.

Los panadizos pueden presentarse de formas muy variadas:
   a) Infección del lecho de la uña debida al arrancamiento intempestivo de los llamados «padrastros».
   b) Ampolla purulenta por debajo de la piel (panadizo subcutáneo).
   c) Infección purulenta de las articulaciones del dedo (panadizo articular).
   d) Infección localizada a nivel de la vaina tendinosa de los dedos (panadizo tendinoso).
   e) Infección del hueso (panadizo óseo).
   f) Infección purulenta a nivel de los sacos o vainas tendinosas de la palma de la mano o en toda la aponeurosis palmar.

La infección puede permanecer localizada o extenderse y afectar otras estructuras. A veces, también, se constituyen focos sépticos crónicos.

La inflamación extensa del tejido conjuntivo situado por debajo de la piel y dentro del músculo recibe el nombre de flemón.

Tratamiento. Los panadizos leves y superficiales pueden recibir un sencillo tratamiento, que consiste en inmovilización absoluta y baños de agua jabonosa caliente. Si de esta forma no se consigue que la inflamación desaparezca en corto plazo debe, como en todas las formas graves, acudirse al médico de cabecera o, mejor aún, directamente al cirujano. Las formas rebeldes a la terapéutica casera pueden resultar peligrosas, ya que sólo mediante la incisión quirúrgica del foco purulento y la consecuente administración de antibióticos se puede conseguir la curación total.

Pronóstico. Siguiendo las indicaciones del médico, la curación, en las formas graves, se produce en pocas semanas en la mayoría de los casos.

DEDO EN RESORTE

Síntomas. Al estirar el dedo flexionado se produce, súbitamente, una detención del movimiento, y sólo insistiendo, tras un marcado chasquido, se puede conseguir vencer la resistencia. A veces, para poder superar el obstáculo, el paciente tiene que ayudarse con la otra mano.

Naturaleza y causa. Se debe a un engrosamiento patológico del tendón flexor del dedo, a nivel de la articulación más cercana a la de la muñeca. Se presenta con mayor frecuencia en mujeres y niños, debido a traumatismos, sobreesfuerzos o procesos inflamatorios en los alrededores de la articulación.

Tratamiento. Preferentemente quirúrgico. En ocasiones son eficaces las infiltraciones con novocaína o corticosteroides.

QUISTE SINOVIAL DE LA MANO

Síntomas. Formación quística, generalmente visible con la mano en tensión, dado su contenido fluido o gelatinoso, que se localiza por lo común en el dorso.

Naturaleza y causa. Todavía son objeto de discusión. La causa más probable es un adelgazamiento articular por traumatismos intensos o constantes.

Tratamiento. Generalmente quirúrgico, en especial si fracasan o no están indicadas las infiltraciones locales.

ENFERMEDAD DE DUPUYTREN
(Retracción de los dedos en flexión)

Síntomas.
1. Comienzo insidioso, con formación de nódulos duros en la palma de la mano, que el profano suele considerar como callosidades.
2. Más adelante los dedos meñique y anular se van flexionando paulatinamente, primero a nivel de la articulación más cercana a la muñeca, y posteriormente incluso en la articulación media.
3. Los nódulos de la palma de la mano se van transformando progresivamente en cordones duros cada vez más ostensibles.

4. A consecuencia de la retracción de los dedos, los movimientos de la mano se hacen cada vez más difíciles en las fases avanzadas.

Naturaleza y causa. Suele presentarse en los adultos, generalmente a partir de la edad de 40 años, con preferencia en el sexo masculino y en ambas manos. Esta afección se caracteriza por una retracción y engrosamiento de la membrana fibrosa que cubre los músculos de la palma de la mano. Pese a los numerosos estudios realizados, las causas que la motivan siguen siendo desconocidas. Su aparición no está restringida a los obreros manuales.

Tratamiento. Al comienzo de la enfermedad pueden obtenerse algunos resultados positivos con inyecciones locales de derivados de cortisona, dosis altas de vitamina E y tratamiento con radioterapia. Últimamente se utiliza quimotripsina en infiltraciones palmares, con éxitos alentadores. Sin embargo, en los casos avanzados, en los que se presentan intensa retracción de los dedos y dificultad para moverlos está indicado el tratamiento quirúrgico.

Pronóstico. No es una enfermedad grave ni peligrosa, pero en sus estados avanzados puede dificultar en extremo los movimientos de la mano. En estos casos no existe más solución que la que brinda el cirujano.

INFLAMACIÓN DE LA BOLSA SINOVIAL *(Higroma)*

Síntomas. Abultamiento blando y generalmente tenso, sobre las articulaciones del codo y rodilla. Si están infectados aparece enrojecimiento con hinchazón y dolor. La piel que lo cubre se nota caliente.

Naturaleza y causa. Las enfermedades de la bolsa sinovial se deben a infecciones o traumatismos repetidos. Las de origen gonocócico, tuberculoso o sifilítico son muy raras. Los higromas se observan frecuentemente a nivel de la rodilla en las mujeres que permanecen largo tiempo de rodillas.

Tratamiento. En los higromas de origen infeccioso se efectuará un tratamiento específico. En los debidos a traumatismos o microtraumatismos repetidos está indicada la punción o extirpación quirúrgica, seguida de inmovilización, terminada la cual se comenzará lo antes posible a realizar movimientos activos y pasivos, a fin de evitar la anquilosis.

Pronóstico. En las formas inespecíficas los resultados son generalmente buenos, mientras que en las debidas a una infección dependerá de las causas que la hayan ocasionado.

El pie y sus enfermedades

Estructura y función

Los pies constituyen la base de sustentación del cuerpo humano y juegan un papel primordial en la locomoción.

El pie, órgano altamente desarrollado, consta de 26 huesos: calcáneo, astrágalo, escafoides y cuboides; los tres llamados cuñas; cinco metatarsianos y tres falanges en cada dedo, excepto el primero o dedo gordo, que solamente posee dos.

El aparato locomotor y sus enfermedades

Un pie sano y normal se halla preparado para soportar, sin deformarse por ello, un peso de unos 200 kg.

En la planta del pie han de considerarse tres arcos fundamentales, de cuyos aplanamientos o incurvaciones dependen las principales malformaciones que en él aparecen: interno, externo y transverso. Los huesos y articulaciones del pie están unidos y fijados mediante una serie de potentes ligamentos y tendones, sobre todo a nivel de la planta. La sustentación de la carga corporal puede compararse con una silla de tres patas; se verifica en tres puntos del pie: la cabeza de los metatarsianos 1 y 2 por un lado, la de los 4 y 5 por otro, y en su parte posterior por el talón. Los dedos son rectos y extendidos; el segundo sobresale algo más que los restantes pero todos ellos son perfectamente movibles, de manera que tanto el niño como el adulto, con un ligero entrenamiento, son capaces de coger con ellos pequeños objetos del suelo. De todas las articulaciones del pie, la principal es la del tobillo, que posibilita toda una serie de movimientos variados e importantes.

Numerosos defectos del pie, más o menos acusados, no catalogables como verdaderas enfermedades, aparecen con frecuencia en el hombre moderno y se consideran como secuelas de la civilización. Sin pecar de exageración podría afirmarse que, en la actualidad, el pie sano y normalmente desarrollado constituye la excepción. El pie de los lactantes y niños de corta edad, que aparece aplanado, no significa anormalidad alguna, sino que la musculatura y el esqueleto se encuentran en una fase incompleta de desarrollo. De aquí que resulte ilógico y reprobable imponer a los niños el uso de calzado demasiado apretado o poco flexible, ya que ello trae como consecuencia dificultades del desarrollo normal y en numerosas ocasiones es causa de defectos y deformidades en el adulto.

La musculatura de los pies en el hombre civilizado es de por sí débil, y el uso de calzado estrecho, puntiagudo o rígido, que en muchas ocasiones impone la moda, acentúa esta debilidad. El zapato adecuado debe poseer una holgura suficiente que permita al pie, y sobre todo a los dedos, una movilidad determinada. La suela ha de ser blanda y flexible, pero no es aconsejable la goma. Son preferibles los zapatos no muy cerrados. En la mujer el uso de tacones altos trae consigo el desplazamiento del eje del cuerpo; el peso se carga sobre la punta y parte anterior del pie, lo cual da lugar a los llamados pies abiertos, e incluso a deformidades de la columna vertebral.

En los niños la elección del calzado es asimismo muy importante, por lo que podemos dar por válidas las normas anteriores. El zapato infantil debe suponer simplemente una protección para el pie y en ningún caso una coraza que dificulte o haga imposible el movimiento de dedos o articulaciones. Las piezas de refuerzo, colocadas con objeto de prestar un mayor apoyo a las articulaciones, no merecen la aprobación de los especialistas. No debe olvidarse tampoco que los modelos, al fabricarse con arreglo a hormas invariables, no se adaptan siempre a las diferentes formas del pie. Las sandalias anchas, que posibilitan una transpiración suficiente de los pies, son siempre recomendables, y aquellos modelos en que una de las tiras de sujeción pase entre el primero y segundo dedo contribuyen especialmente a combatir el pie abierto.

Andar descalzo es siempre un ejercicio conveniente para los pies, especialmente en el niño, ya que se favorece el desarrollo de la totalidad de la musculatura, así como de los tendones y ligamentos. Ejercicios aconsejables son la flexión y extensión del pie, rotación del tobillo, andar sobre el talón o punta de los pies y coger con los dedos objetos diversos. Es también aconsejable el masaje de los músculos de pie y pierna. Con tales medidas se consigue el robustecimiento de los pies débiles y una mejoría o desaparición de las molestias. En los casos avanzados o en aquellos en que las molestias sean pertinaces resulta indicado acudir al médico, preferentemente al especialista en ortopedia.

Deformaciones del pie

El pie humano presenta normalmente ligeras variaciones en su forma que, solamente cuando alcanzan cierto grado de intensidad, pueden considerarse patológicas. Tales alteraciones afectan generalmente a la postura del talón en relación con su eje vertical, a la curvatura normal de la planta, a la posición del empeine y al arqueamiento de éste. Las alteraciones aisladas son raras; casi siempre se encuentran combinadas con las deformaciones del pie.

Son numerosas las clasificaciones de estas deformidades; existen varios criterios para ello. Ateniéndonos a los puntos susceptibles de alteración anteriormente enumerados, encontraremos el **pie varus** (desviado hacia adentro) y el **valgus** (desviado hacia afuera), casos en que el eje del talón deja de ser vertical. El arqueamiento de la bóveda normal origina el **pie excavado** o **cavo**. El arco transversal anterior del pie formado por las cabezas de los metatarsianos puede acusar también un aplanamiento, en virtud de la sobrecarga del pie; se habla entonces de **pie abierto.** La punta del pie experimenta en ocasiones variaciones de situación con relación al talón; puede desviarse hacia adentro (aducción) o hacia afuera (abducción). Por último, el **pie equino** es el que se apoya solamente en su punta, y el **pie calcáneo** el que lo hace exclusivamente sobre el talón.

Las causas de las deformidades del pie son muy numerosas. En primer lugar hay que distinguir las afecciones congénitas, que el niño ya presenta al nacer, y las adquiridas, que se presentan posteriormente. Las del primer grupo se deben a trastornos metabólicos y de desarrollo del feto. Las que condicionan la aparición de un pie deforme adquirido corresponden a lesiones de los nervios, por traumatismos, heridas, cicatrices, poliomielitis, utilización de calzado inadecuado, debilidad del tejido conjuntivo, raquitismo, etcétera.

Hasta pasada la época del crecimiento, el tratamiento de las alteraciones de la forma del pie suele ser ortopédico; más adelante, en los casos no resueltos por la ortopedia, podrá intentarse la corrección quirúrgica.

Es importante la vigilancia médica, sobre todo en la época del crecimiento y para la profilaxis de aquellas enfermedades que, como la parálisis infantil, pueden dejar como secuela una deformidad de este tipo.

El diagnóstico se basa en la simple observación de los pies afectados, de la movilidad de sus músculos y articulaciones; en el estudio de la huella plantar (podograma), en la modalidad de la marcha y en la obtención de radiografías.

La importancia de las deformaciones congénitas o adquiridas del pie estriba en que una posición incorrecta no sólo vicia la marcha o altera la silueta muscular de toda la pierna, sino también es causa de callosidades, endurecimientos y trastornos óseos sumamente dolorosos.

PIE ZAMBO (CONGÉNITO O ADQUIRIDO)

Se caracteriza por la elevación del talón con respecto a la punta, y acentuación de la curvatura plantar, sobre todo en la parte interna, de forma que el pie, doblado hacia dentro, se apoya en el suelo sobre su borde extremo o lateral. La punta aparece torcida asimismo hacia dentro. El paciente camina con dificultad, cojea y se queja de dolores en pie y pierna. En el borde externo del pie suelen formarse callosidades.

La afección en su forma congénita se presenta más frecuentemente en los varones y suele ir acompañada de otros defectos de columna vertebral y cadera.

El tratamiento ha de comenzar inmediatamente después del nacimiento, con reposiciones manuales, a las que seguirán vendajes enyesados, férulas y lechos de escayola. Gimnasia, masaje e intervenciones quirúrgicas completan el tratamiento. Los resultados son con frecuencia satisfactorios.

El **pie zambo adquirido**, que en esencia presenta las mismas características que el congénito —su tratamiento es análogo—, suele originarse por afecciones congénitas de los nervios, cicatrices por heridas, atrofias musculares o parálisis nerviosas debidas a poliomielitis.

PIE EN TALÓN O PIE TALUS

Producido generalmente por insuficiencia y debilidad de los músculos de la pierna, se caracteriza por una prominencia acentuada del talón, de manera que el pie se apoya en el suelo sobre él. Suele combinarse con el pie excavado. No son frecuentes las deformidades de los huesos.

Su tratamiento está basado en maniobras de reposición, vendaje de escayola, plantillas ortopédicas, gimnasia y, sólo eventualmente, cirugía.

PIE EQUINO

Este defecto es congénito cuando se debe a trastornos del desarrollo o posición viciosa del feto, o adquirido a consecuencia de lesiones destructivas del cerebro, intoxicaciones, parálisis infantil o lesiones articulares del tobillo. Se caracteriza por elevación del talón, apoyándose en el suelo solamente la punta del pie. Éste se presenta asimismo excavado, y existen deformaciones óseas, con acortamiento de los músculos de la planta y de la pantorrilla.

PIE EN GARRA O CAVO

Su característica más acentuada es la elevación intensa del empeine. La punta del pie aparece doblada hacia dentro. Los dedos se hallan flexionados en forma de garra. Existe un desequilibrio muscular, con relajación de algunos músculos y tendones y acortamiento y contracción de otros. Esta afección se debe a trastornos de carácter neuromuscular, congénitos o adquiridos, y en ocasiones al empleo de calzado inadecuado que deforma los pies durante su periodo de crecimiento (pie cavo de las mujeres en la antigua China). El tratamiento se ajusta a las líneas generales anteriormente indicadas. Su pronóstico es bueno.

PIE PLANO

Es la deformación más frecuente. Sus características fundamentales son el aplanamiento, en diversos grados, de la bóveda plantar, el aplanamiento del empeine (pie abierto) y la desviación hacia fuera del talón. La huella dejada por un pie plano es más o menos ancha, según la intensidad de la afección.

Como síntoma casi constante puede citarse el dolor de la planta, empeine, tobillo y parte inferior de la pierna, que aumenta con la postura erguida prolongada y suele desaparecer durante la noche. Es muy frecuente el edema pastoso del pie y tobillo, que también desaparece con el reposo.

La causa más importante de esta deformación es, sin duda, una debilidad congénita del tejido conjuntivo a la que hay que añadir, en buen número de casos, la acción de la sobrecarga corporal en sujetos obesos o en oficios y profesiones que exigen una prolongada estancia en pie. En otras ocasiones el pie plano es debido a enfermedades óseas de tipo general (raquitismo, osteomalacia), accidentes, infecciones (osteomielitis), alteraciones musculares, atrofias, etc., y también, muchas veces, al uso de calzado inadecuado.

El tratamiento del pie plano consiste fundamentalmente en ejercicios gimnásticos, plantillas o zapatos ortopédicos, y sólo en raras ocasiones se hace necesaria la cirugía.

HALLUX VALGUS *(Juanete)*

Es ésta una afección sumamente frecuente, sobre todo en las mujeres, caracterizada por la desviación del dedo gordo hacia fuera, de modo que la presión constante de la cabeza del primer metatarsiano contra el calzado origina en ese lugar el crecimiento anormal del hueso, que se reviste de una callosidad dolorosa (juanete). Aunque a veces la afección pueda deberse a una deformación congénita del metatarsiano, que el calzado inadecuado agrava, casi siempre es ocasionada por el empleo de zapatos demasiado estrechos en la punta.

Se trata de una afección de por sí bastante molesta, sobre todo durante la marcha; puede conseguirse su corrección en los casos leves mediante calzado idóneo, pero las formas avanzadas necesitan tratamiento quirúrgico.

DEDO EN MARTILLO

Consiste esencialmente en una extensión acentuada del dedo en su articulación más cercana al tobillo, junto a hiperflexión de las falanges más alejadas de ella. El dedo

El aparato locomotor y sus enfermedades

Pie normal y pie plano

- Bóveda plantar arqueada
- Bóveda plantar aplanada

PIE NORMAL EN EL ADULTO

PIE PLANO EN EL ADULTO

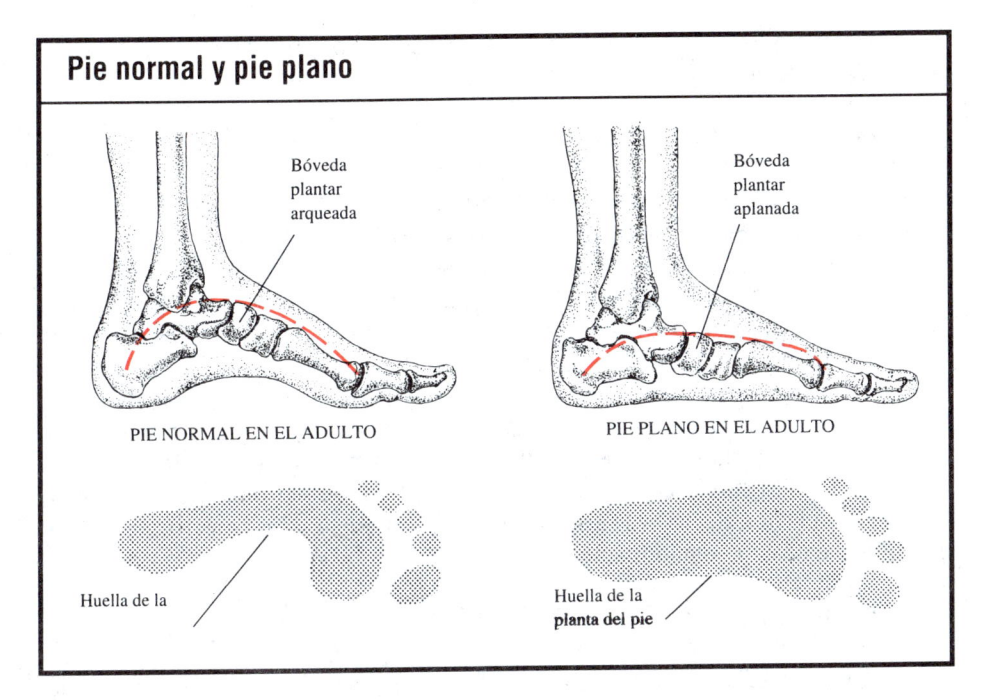

Huella de la

Huella de la **planta del pie**

aparece doblado, con las consiguientes molestias producidas por el roce del calzado. Su origen reside en el uso de calzado demasiado corto, estrecho o mal ajustado. La cirugía constituye el tratamiento más eficaz.

PIES FRÍOS

Síntomas. Intensa sensación de frío, incluso cuando se está en lugares cálidos.

Causas. Trastornos circulatorios, sobre todo en enfermedades vasculares, en la anemia, etcétera.

Tratamiento. Corresponde al de la enfermedad causal. Si no existen alteraciones vasculares, son recomendables los baños de pies, alternando con agua fría y caliente (cinco minutos con agua a 37°C y cinco segundos con agua a 15°C), repetidos un par de veces, frotándolos con energía al secarlos. El cepillado en seco, los ejercicios gimnásticos y el masaje del tejido conjuntivo, para mejorar el riego sanguíneo, son asimismo efectivos.

ARDORES DE PIES

Síntomas. Desagradable sensación de calor o quemazón, que se produce, sobre todo, al encontrarse acostado.

Causas. Alteraciones vasculares de las extremidades, frecuentemente asociadas a dolencias del nervio ciático, a las diabetes, a enfermedades hepáticas, a la carencia de vitamina B-1 y a intoxicaciones medicamentosas.

Tratamiento. Depende de la afección causal. Los casos avanzados ofrecen escasas posibilidades de curación.

HINCHAZÓN DE LOS PIES

Se caracteriza por la aparición de edema blando, a nivel del dorso del pie, que se acentúa por las tardes y se atenúa o desaparece con el reposo en cama. Al presionar sobre él con el dedo queda marcada la huella de éste durante un tiempo. La determinación de las causas, así como de su tratamiento, corresponde al médico, ya que la hinchazón puede obedecer a enfermedades cardiacas, vasculares o renales, o a deformidades de los pies.

En los últimos 20 años, la ortopedia —una de las ramas de la medicina— ha evolucionado considerablemente con nuevas técnicas quirúrgicas, la rehabilitación y las prótesis, muchas de ellas con movilidad electrónica. El apoyo de la rehabilitación ha dado lugar a una mejor recuperación de los pacientes que presentan deformidades, o que han sufrido enfermedades incapacitantes. El uso de hidromasaje, ultrasonido, calor y estimulación eléctrica de los músculos, así como ejercicios específicos, auxilian definitivamente en la rehabilitación.

SUDORACIÓN EXCESIVA DE LOS PIES

La sudoración excesiva de los pies puede ser síntoma tanto de una afección orgánica como de alteraciones nerviosas, distonías vegetativas o abuso de estimulantes como el café o tabaco, aunque en algunos casos obedezca a causas locales como los pies planos. Tras un detenido reconocimiento médico se tratará la enfermedad causal. Está indicado un régimen pobre en especias, con abundantes frutas y verduras, supresión de carne y prohibición absoluta de estimulantes. Localmente, baños de pies seguidos de fricciones y aplicación de preparados de formaldehído o ácido salicílico en polvo. Deben cambiarse frecuentemente los calcetines (que serán preferentemente de algodón) y zapatos, evitarse las suelas de goma y procurar una buena ventilación del pie.

MICOSIS DEL PIE *(Pie de atleta)*

Esta afección, muy frecuente en la actualidad, es causada por hongos que producen alteraciones de la piel, en especial entre los dedos. Se acompaña generalmente de intensos picores. La acción de los hongos puede alcanzar las capas profundas y llegar hasta la musculatura, constituyendo en estos casos una peligrosa puerta de entrada para las infecciones, sobre todo en los diabéticos.

El tratamiento consiste fundamentalmente en la aplicación de preparados especiales. Resulta conveniente cambiar con frecuencia de calzado.

OJO DE PESCADO *(Ojo de gallo, clavo)*

Entre las afecciones de la piel en el capítulo correspondiente, se tratará esta lesión (pág. 668). Subrayemos aquí la importancia del calzado, ya que un zapato adecuado resulta más eficaz que cualquier clase de tratamiento. Las zonas de rozamiento del pie pueden protegerse además mediante rodetes de filtro o de hule espuma.

El sistema nervioso y sus enfermedades (neurología)

Estructura y función

Tanto desde el punto de vista anatómico como desde el fisiológico, podemos considerar el sistema nervioso como una unidad, aunque por razones prácticas lo dividimos en las siguientes partes:
1. Sistema nervioso central, que comprende el encéfalo y la médula espinal.
2. Sistema nervioso periférico, cuyos nervios transmiten los impulsos motores que activan los músculos y recogen las impresiones sensitivas que nos ponen en contacto con el mundo exterior e informan continuamente al cerebro, máximo rector del organismo, de todos los acontecimientos que suceden en el interior del cuerpo.
3. Sistema nervioso vegetativo, encargado de la regulación autónoma de las actividades orgánicas en las que no interviene la voluntad consciente.

Sistema nervioso central

Denominamos **encéfalo** a la parte del sistema nervioso central que se alberga en el interior del cráneo y que comprende el cerebro, el tronco cerebral con el bulbo raquídeo y el cerebelo. También incluye este sistema la importantísima **médula espinal,** que discurre por un canal óseo —el conducto vertebral— formado por los cuerpos y los arcos vertebrales. El órgano más noble del cuerpo humano posee, pues, una extraordinaria protección contra cualquier agresión mecánica exterior.

El sistema nervioso central está totalmente recubierto por tres membranas que actúan como un mecanismo más de defensa. La más extrema o **duramadre** es sumamente resistente y firme; se encuentra adosada íntimamente a la cubierta ósea (cráneo y conducto vertebral). La membrana interna o **piamadre** es mucho más blanda, al igual que la intermedia o **aracnoides**; ambas tienen una función más diferenciada, sobre todo de tipo circulatorio, ya que están sumamente vascularizadas. Estas cubiertas o **meninges** son muy sensibles a cualquier lesión; de ahí la importancia clínica de las llamadas **meningitis** o reacciones inflamatorias, que casi siempre afectan por igual a las tres membranas.

Al observar la superficie del cerebro se aprecian unas elevaciones a modo de orlas —las llamadas **circunvoluciones cerebrales**—, separadas unas de otras por hendiduras o **cisuras.** Varias circunvoluciones se unen funcionalmente para formar los **lóbulos cerebrales.** El cerebro se divide en dos partes completamente simétricas, los **hemisferios,** separados entre sí por una prolongación o repliegue de la duramadre que se llama **hoz del cerebro.** En su parte inferior, ambos hemisferios se unen en la base del cerebro, cuyo tronco se continúa, dirigido oblicuamente hacia abajo y atrás, con el bulbo raquídeo, que a su vez da lugar a la médula espinal.

Un corte que atravesara el cerebro permitiría reconocer una capa gris, superficial, y otra blanca, más profunda. Por ello, se habla de sustancia blanca y sustancia gris. El

Examen de las enfermedades

color grisáceo de la corteza cerebral se debe a las células nerviosas (células ganglionares), mientras que la sustancia blanca debe su aspecto a las vainas que rodean y envuelven las fibras nerviosas.

En el sistema nervioso central se distinguen dos clases de células: las ganglionares y las de glía. Las ganglionares, de forma irregular, contienen un núcleo grande y su cuerpo se extiende en numerosas prolongaciones de dos clases: unas, más cortas, las dendritas; otras, muy largas, los axones. Cada célula nerviosa y sus prolongaciones constituye una unidad funcional, la **neurona**, como estableció el investigador español Ramón y Cajal. Las dendritas captan las excitaciones y las transmiten al cuerpo celular, mientras que los axones o cilindroejes emiten los impulsos nerviosos hacia la periferia. En la corteza cerebral existen unos 10 000 millones de neuronas, cuyos axones bajan a la base cerebral, tronco, bulbo raquídeo y médula espinal. Cada cilindroeje está rodeado de una vaina de **mielina** a la que se debe el color de la sustancia blanca.

Las células de la **glía** (neuroglia), dispuestas en una red continua, tienen una misión de apoyo o sostén y cumplen importantísimas funciones metabólicas y de defensa; constituyen, además, un armazón para las neuronas. Existen muchas clases de células gliales y su distinción tiene importancia práctica desde el punto de vista patológico, por ser el origen de la mayor parte de los tumores cerebrales (cada clase de tumor corresponde a un tipo celular glial determinado).

Las lesiones de las distintas partes del encéfalo nos permiten conocer sus diferentes funciones. Así, las alteraciones de la parte anterior del lóbulo parietal conducen a parálisis totales o parciales (paresias) de los distintos músculos esqueléticos. La actividad inalterada de esta parte del cerebro es condición para que los movimientos de la musculatura se realicen sin obstáculo. Los impulsos de movimiento son transmitidos en forma de corrientes discontinuas de excitación, a saltos, desde los cuerpos de las neuronas localizadas en la corteza de los lóbulos parietales a sus prolongaciones neuríticas, que se unen en un apretado haz, la **vía piramidal,** que recorre la sustancia blanca del cerebro y llega a la médula espinal, a cuyo nivel dichos impulsos se transmiten a su vez a la musculatura por medio de los nervios periféricos, ramas medulares que ya no se encuentran en el conducto vertebral. Es fundamental recordar que la vía piramidal que se origina en el lóbulo parietal izquierdo pasa al lado derecho a nivel del bulbo raquídeo y viceversa; este entrecruzamiento o **decusación de las pirámides** tiene importancia capital para comprender cómo una lesión del lóbulo frontal de un lado origina la parálisis del lado opuesto del cuerpo.

Los trastornos funcionales más importantes que se producen cuando se lesionan las distintas partes del cerebro son los siguientes:

Trastornos de la visión, cuando se lesiona el lóbulo occipital, ya que aquí terminan las vías ópticas. **Trastornos de la audición y de las sensaciones del gusto y del olfato,** cuando se alteran ciertas estructuras situadas en el lóbulo temporal o frontal. Mayor importancia práctica, e incluso teórica, adquieren los trastornos del habla —**afasias**—, que aparecen cuando se lesiona el centro del lenguaje, que se encuentra en el punto de transición entre el lóbulo frontal y el parietal (centro de Broca). En esta merma funcional, el enfermo está privado de la capacidad de expresarse verbalmente a pesar de que «sabe» muy bien lo que quiere decir. En el siglo pasado hubo una época en la que imperó el criterio llamado localizacionista, que establecía que a cada centro de la corteza cerebral debía corresponder una función.

El sistema nervioso y sus enfermedades

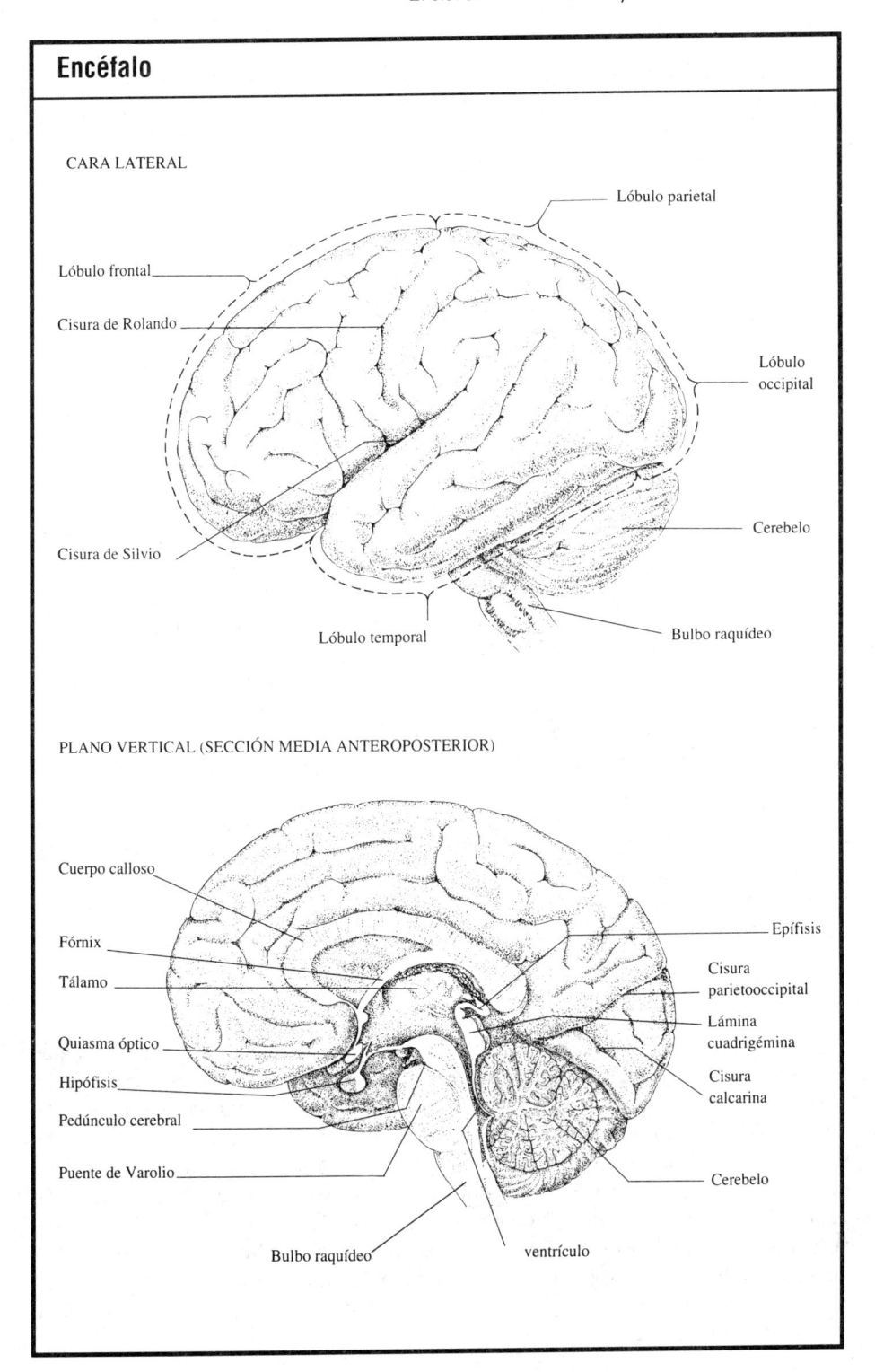

Encéfalo

CARA LATERAL

- Lóbulo parietal
- Lóbulo frontal
- Cisura de Rolando
- Lóbulo occipital
- Cerebelo
- Cisura de Silvio
- Lóbulo temporal
- Bulbo raquídeo

PLANO VERTICAL (SECCIÓN MEDIA ANTEROPOSTERIOR)

- Cuerpo calloso
- Fórnix
- Tálamo
- Quiasma óptico
- Hipófisis
- Pedúnculo cerebral
- Puente de Varolio
- Epífisis
- Cisura parietooccipital
- Lámina cuadrigémina
- Cisura calcarina
- Cerebelo
- Bulbo raquídeo
- ventrículo

Examen de las enfermedades

Se pensó que existía una especie de mosaico de centros y que la suma de sus actividades engendraría el funcionamiento global de todo el cerebro. Esta forma de pensar estaba en relación con una filosofía mucho más amplia, de tipo mecanicista, que descomponía al hombre en una integración de diversas piezas. Pronto se vio que la cosa no es tan sencilla y que el hombre es una totalidad indivisible con una «personalidad» que no puede ser localizada en un determinado lugar de la topografía anatómica. El criterio localizacionista tuvo, sin embargo, su mérito, pues hoy, ante cualquier manifestación de déficit o trastorno neurológico, se puede precisar con increíble seguridad qué parte del cerebro, de la médula espinal o de otra estructura nerviosa presenta alguna alteración (hemorragia, trombosis, tumor, malformación congénita o adquirida, etc.). Pero de ahí a pensar que las más nobles funciones del organismo humano (el pensamiento consciente, el rendimiento intelectual, las esferas afectivas, el «ser y estar en el mundo») corresponden a determinados centros corticales o a la suma de los centros de la corteza cerebral hay un abismo. No hay ninguna «localización» del alma. Por ello, las disminuciones del rendimiento en la esfera anímica pueden aparecer en cualquier tipo de lesión cerebral y siempre participa el cerebro en su totalidad, sobre todo en los sistemas de interconexión. Por lo tanto, no cabe duda de que existe una afasia pura con un trastorno primario del lenguaje al sufrir el centro correspondiente una alteración orgánica; pero junto a él padece la totalidad del cerebro y la repercusión psíquica del fenómeno aislado tiene mucho mayor importancia. Así, es frecuente que el enfermo con afasia sufra al mismo tiempo una **agnosia,** trastorno de la identificación de los objetos apreciables por los órganos de los sentidos. Quien la padece sabe cuál es el color, la forma, el tamaño, las características de una cosa, pero resulta incapaz de expresar lo que está viendo, oyendo o sintiendo. En las **apraxias** aparece conservado el movimiento y la capacidad intelectiva, pero el enfermo no puede realizar un determinado acto (por ejemplo separar los dedos, sacar la lengua, santiguarse, silbar, etcétera).

No cabe duda del predominio del hemisferio cerebral izquierdo sobre el derecho. El motivo todavía no está esclarecido, pero imprime un carácter especial a las actividades del supremo órgano rector. Precisamente, la afasia se presenta casi exclusivamente en las lesiones del lóbulo parietal izquierdo. Por ello, el individuo que padece una parálisis del lado derecho casi siempre tiene una afasia (por el entrecruzado de fibras en la decusación piramidal), mientras que el paralizado del lado izquierdo no tiene trastornos del habla.

El tronco cerebral, situado en la base encefálica, es una estructura que unifica cerebro, cerebelo y médula espinal. No sólo es sitio de paso de los neuroejes que provienen de la corteza cerebral y van a parar a la médula, sino que también posee muy importantes centros grises —vitales— que regulan la respiración, la circulación, el vómito, la tos, la deglución, etc. En el bulbo raquídeo, estos centros nerviosos de gobierno adquieren un valor tan predominante que su destrucción es incompatible con la vida (de ahí la puntilla de los toros, que secciona o anula estos centros). En este tronco o tallo cerebral también se encuentra el llamado **sistema reticular,** cuya función es de tipo asociativo, de conexión. Influye sobre la postura del cuerpo, establece la unión entre lo consciente y lo autónomo, gobierna los ritmos vitales —como el sueño y la vigilia— interviene fundamentalmente como modulador del estado de conciencia.

El sistema nervioso y sus enfermedades

En la base cerebral adquiere también gran importancia el llamado **hipotálamo,** zona muy rica en núcleos grises que no sólo intervienen en nuestra vida afectiva y emotiva, sino que también rigen funciones vitales de tipo vegetativo (regulación de la temperatura corporal, metabolismo del agua, minerales, hidratos de carbono y grasas). De ahí que una lesión de esta región pueda producir, por un lado, expresiones de agresividad, rabia o placentero conformismo, y por otro, una elevación constante de la temperatura o una sed desmesurada.

En la motilidad y en los movimientos musculares intervienen las fibras piramidales ya citadas, e influye decisivamente el llamado **sistema extrapiramidal,** que se origina en unos núcleos de células ganglionares situados en el tronco cerebral. Estas células envían sus prolongaciones neuríticas a la médula. En la ejecución de todo movimiento interviene tanto el sistema piramidal como el extrapiramidal. El primero es el encargado de la actividad muscular consciente, es decir, incita al movimiento y lo lleva a la práctica (mover un brazo, iniciar la marcha, etc.). Pero para cualquier tipo de actividad muscular son sumamente complejos los fenómenos que se deben realizar: unos músculos se contraen, otros han de relajarse y no todos se contraen a la misma medida ni los otros se relajan de idéntica forma. De ahí la necesidad absoluta de una fina coordinación, para que una vez ordenado el movimiento por la corteza cerebral se lleve a cabo con la habilidad y finalidad propuestas. Es aquí donde interviene el sistema extrapiramidal, que se encarga en primer lugar de mantener un **tono muscular,** que es simplemente un estado latente de contracción que sirve para mantener toda la musculatura esquelética en una actividad básica de alerta, de disposición inmediata para cualquier movimiento. Por ello, cuando aquellos núcleos grises de las vías extrapiramidales se encuentran lesionados, aumenta el tono muscular y se produce una rigidez generalizada (enfermedad de Parkinson) o un exceso de movimientos sin finalidad ni coordinación (baile de San Vito o corea).

Por último, en la regulación de los movimientos también interviene el **cerebelo,** órgano impar situado en la parte posteroinferior del encéfalo y que posee núcleos grises y sustancia blanca. El cerebelo es fundamental para regular la postura bípeda y la marcha erguida, así como para realizar los más finos y precisos movimientos. Cuando se lesiona, aparece una marcha de borracho —**ataxia**— y una incapacidad para realizar movimientos finos. Para saber si el cerebelo funciona bien se investigan las siguientes anormalidades:

1) Tendencia a caerse hacia el lado lesionado cuando cierra los ojos; 2) Disminución de la velocidad de los movimientos opuestos, como, por ejemplo, el abrir y cerrar rápidamente las manos (adiadococinesia); 3) Caída del brazo correspondiente al lado enfermo cuando se extienden ambos brazos hacia adelante con los ojos cerrados; 4) Algunas veces en el lado enfermo se tiene la sensación de que las cosas pesan menos de lo que verdaderamente les corresponde, y 5) Trastornos de la escritura y de la expresión oral.

En el sistema nervioso central se forma el **líquido cefalorraquídeo**, que es una especie de almohadilla fluida. Tiene una función de defensa y evita el contacto íntimo entre el cerebro y el cráneo. También protege al cerebro del calor excesivo. Todos los días se forman unos 250 cc de este líquido, que en gran parte se absorben de nuevo. En el hombre sano es claro como el agua, inodoro, y contiene proteínas, azúcar, sustancias minerales y algunas células (especialmente linfocitos), al igual que la sangre pero en proporciones muy inferiores. Este líquido «baña» la superficie meníngea del sistema nervioso central y rellena unas cavidades que se encuentran en el encéfalo, los llamados **ventrículos cerebrales.** Hay cuatro ventrículos comunicados entre sí por pequeñas aperturas que se prolongan por un conducto en forma de tallo, que a su vez atraviesa la médula espinal en toda su longitud. El análisis de este líquido permite al médico obtener importantes conclusiones sobre la integridad o, en su caso, enfermedad del sistema nervioso central. Por ejemplo, si la presión con que sale este líquido durante la punción lumbar está aumentada, estamos por regla general en presencia de un proceso expansivo (tumor, etc.) que comprime las estructuras nerviosas. Cuando el líquido cefalorraquídeo aparece purulento, es segura la presencia de una infección que provoca la consiguiente meningitis.

Una condición indispensable para que el sistema nervioso central funcione bien es que su riego sanguíneo sea regular y suficiente. Dos pares de arterias, las carótidas y las vertebrales, proveen de sangre al encéfalo; es necesaria esta doble aportación para que el suministro de oxígeno sea perfecto. A pesar de que el cerebro sólo pesa el 2% del total corporal, gasta el 20% del oxígeno que ingresa por minuto en el organismo, lo que indica su extraordinaria actividad metabólica. Otro combustible imprescindible es la glucosa, que también se consume en grandes cantidades. Sin embargo, las células nerviosas reaccionan con particular sensibilidad a la privación de oxígeno, y al cabo de pocos minutos la muerte del sujeto es inevitable.

La médula espinal

La médula espinal es la continuación del sistema nervioso central y se localiza en el interior del conducto vertebral. También está recubierta por las tres membranas meníngeas. De la médula parten los nervios periféricos, debidamente ordenados en segmentos cuya situación y altura se conocen perfectamente. Estos nervios periféricos abandonan la médula por unos agujeros (uno a cada lado para cada segmento) formados en el conducto vertebral. Conducen los impulsos motores y recogen las impresiones sensitivas. Comoquiera que la médula espinal termina a la altura de los cuerpos vertebrales lumbares primero y segundo, por debajo de este nivel, pero todavía dentro del conducto vertebral, bajan los nervios originados en los segmentos inferiores de aquélla, de forma simétrica, paralela y vertical, para ir saliendo después y llegar a las piernas. Al principio, estos nervios permanecen envueltos por la duramadre, la cual termina por debajo de la médula espinal. La envoltura meníngea cubre aquellos segmentos nerviosos y, además, limita un espacio lleno de líquido cefalorraquídeo. Por eso, la punción que se hace para extraer este líquido con fines analíticos se practica a nivel lumbar, pues aquí es imposible dañar la médula espinal.

Igual que en el encéfalo, en un corte transversal de la médula espinal podemos distinguir entre sustancia gris y sustancia blanca. La primera, que está en la parte central, tiene forma de mariposa en el corte y está compuesta por células ganglionares. Las prolongaciones neuríticas de estas células constituyen los nervios periféricos motores cuando están situadas en la parte anterior (astas anteriores), mientras que las astas posteriores contienen las prolongaciones que forman las fibras sensitivas de los nervios periféricos en sentido ascendente. La sustancia blanca se ordena en varios fascículos cuya longitud y función se conocen exactamente. A cada lado existe un cordón vertical posterior o fascículo que conduce la sensibilidad desde la periferia hasta el encéfalo. El cordón anterolateral está compuesto por las vías motoras (piramidal y extrapiramidal) que van en sentido descendente, hacia la periferia.

El sistema nervioso periférico

Los nervios periféricos están formados por haces de fibras nerviosas rodeadas de unas vainas especiales. La circulación sanguínea es escasa en ellos. En su tramo final, los nervios se separan de modo tan fino que sólo resultan visibles con una gran amplificación al microscopio. De esta forma, las terminaciones nerviosas constituyen una red fibrilar muy extensa en el órgano terminal.

Se distinguen **doce pares de nervios craneales y treinta y un pares de nervios que salen de los diversos segmentos medulares.** Sin embargo, los dos primeros pares craneales, el nervio olfatorio y el nervio óptico, no constituyen verdaderos nervios periféricos, sino una prolongación del encéfalo mismo. Algunos nervios craneales estimulan la musculatura de los párpados y de los ojos: son el tercer par craneal (motor ocular común), el cuarto (troclear o patético) y el sexto (motor ocular externo). El síntoma principal en la lesión de estos nervios es la desviación del globo ocular (estrabismo). Cuando el tercer par craneal no funciona en absoluto se produce una parálisis y con ello una caída del párpado superior (ptosis) y una dilatación de la pupila (midriasis). El quinto par craneal (trigémino) consta de tres partes e inerva los músculos masticadores; también transmite la sensibilidad de la frente y de la cara, así como de la córnea; como también termina en los dos tercios anteriores de la lengua, es importante para la percepción del gusto. El séptimo par craneal (facial) transmite los impulsos a la musculatura de la cara y de la frente, con excepción de los músculos de la masticación. El octavo par craneal (estatoacústico) consta de dos partes: el nervio auditivo y el nervio del equilibrio. Cuando falta por completo la función del primero, se produce sordera, mientras que si falta la función del nervio del equilibrio hay trastornos de éste. El noveno par craneal (glosofaríngeo) contiene las fibras de la sensación del gusto correspondientes al tercio posterior de la lengua y transmite impulsos a los músculos de la faringe y al velo del paladar. El décimo par craneal (vago) representa un papel muy importante, sobre todo en la regulación de la actividad de los pulmones y del corazón. El undécimo par craneal (espinal) inerva los músculos esternocleidomastoideo y trapecio. Cuando estos músculos están paralizados, el enfermo no puede levantar el hombro, que aparece más bajo. El duodécimo par craneal (hipogloso) es el que nos permite mover la lengua. En caso de parálisis, hay desviación de la lengua hacia el lado sano.

Sistema nervioso vegetativo o autónomo

Esta parte del sistema nervioso se encuentra al servicio de los procesos vitales de regulación automática que no dependen de la conciencia. Tales procesos vitales son, sobre todo, las sensaciones de hambre y de sed, la producción de calor, el metabolismo,

Examen de las enfermedades

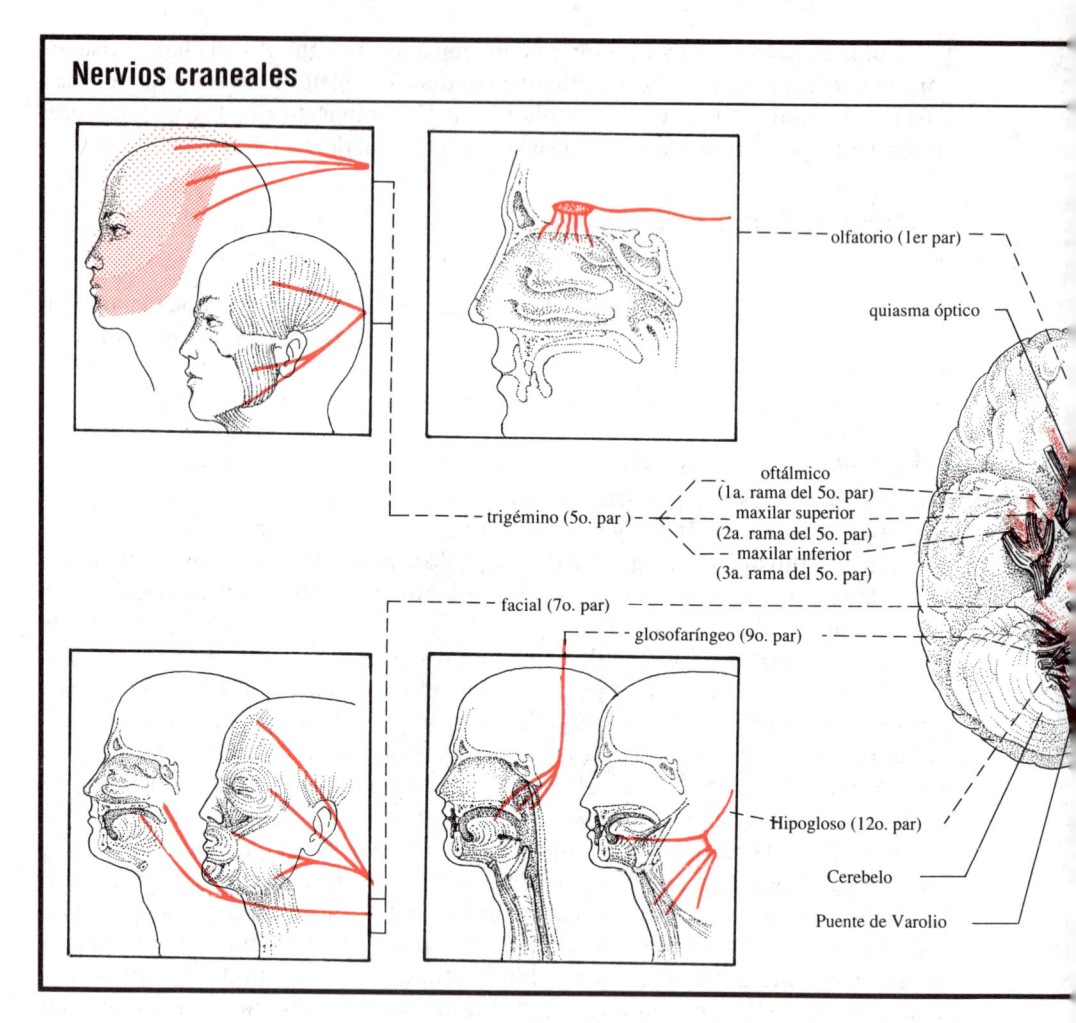

Nervios craneales

- olfatorio (1er par)
- quiasma óptico
- trigémino (5o. par)
  - oftálmico (1a. rama del 5o. par)
  - maxilar superior (2a. rama del 5o. par)
  - maxilar inferior (3a. rama del 5o. par)
- facial (7o. par)
- glosofaríngeo (9o. par)
- Hipogloso (12o. par)
- Cerebelo
- Puente de Varolio

la acción de las glándulas digestivas, el intercambio de agua y de sustancias nutritivas, el funcionamiento del corazón, los movimientos gastrointestinales, el sistema vascular y las funciones sexuales, entre otras. Está muy relacionado con los órganos glandulares regulados por vía nerviosa y también con los estados emocionales y afectivos (que no son voluntarios), con la vida de los impulsos y la voluntad.

En todas partes del cuerpo existen células y fibras del sistema nervioso vegetativo. Los centros de este sistema se localizan en las zonas más internas del encéfalo y de la médula espinal. Por delante de la columna vertebral y formando una cadena se dispone una serie de formaciones nodulares. Es la llamada cadena simpática. Las fibras nerviosas nacen en la médula espinal y, pasando por estos nódulos o ganglios de la cadena simpática, siguen hasta los órganos internos y los vasos sanguíneos.

En el sistema vegetativo distinguimos dos partes: el simpático y el parasimpático. El parasimpático está constituido en gran parte por el nervio vago, que es el único nervio craneal que, ramificándose, llega hasta las cavidades torácica y abdominal y envía sus fibras a todos los órganos internos.

El sistema nervioso y sus enfermedades

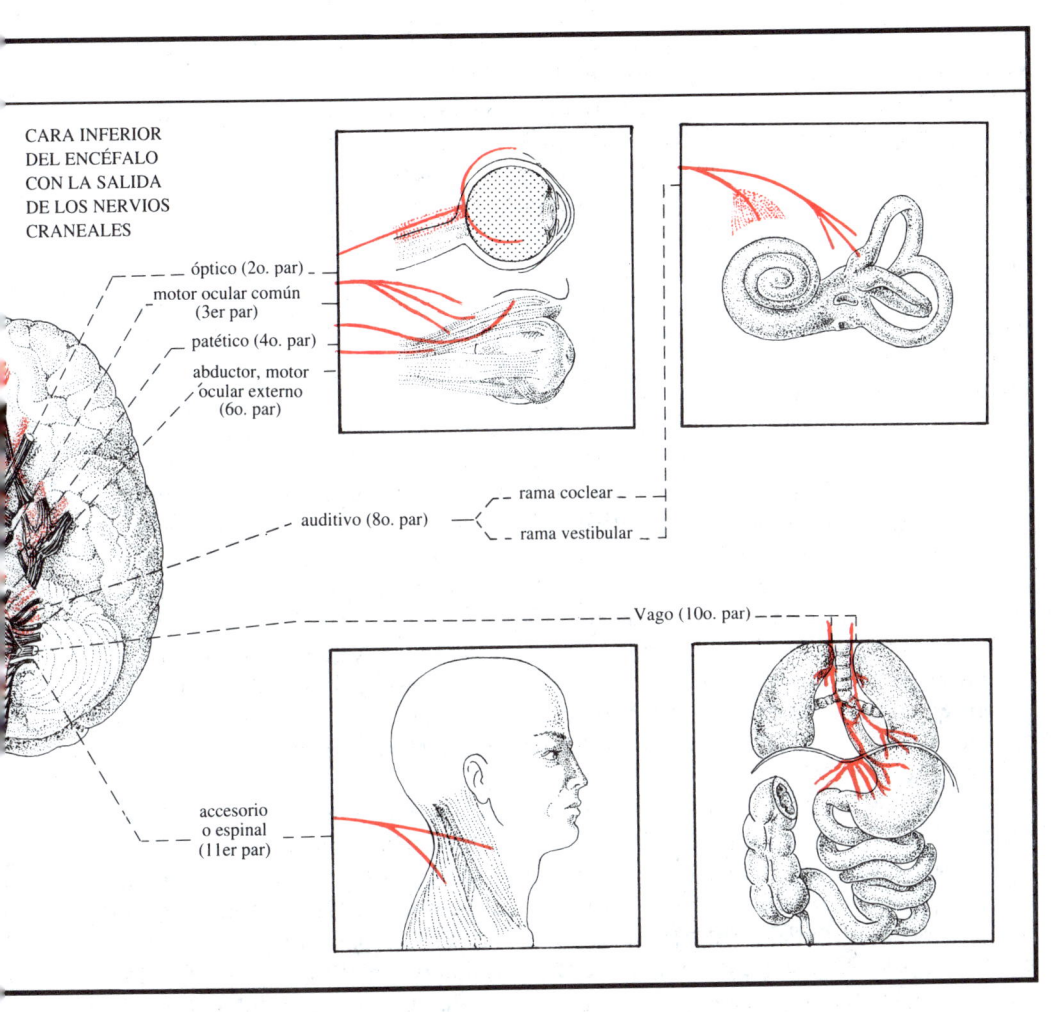

CARA INFERIOR
DEL ENCÉFALO
CON LA SALIDA
DE LOS NERVIOS
CRANEALES

óptico (2o. par)
motor ocular común (3er par)
patético (4o. par)
abductor, motor ocular externo (6o. par)

rama coclear
rama vestibular

auditivo (8o. par)

Vago (10o. par)

accesorio o espinal (11er par)

Todos los órganos tienen una inervación del simpático y del parasimpático. Estas dos partes en cierto modo se equilibran en su acción, de tal forma que ninguna de ellas predomina sobre la otra. Por este equilibrio el sistema nervioso vegetativo puede regular y gobernar los procesos de la vida. Así, por ejemplo, el predominio de la inervación parasimpática produce una disminución de la frecuencia cardiaca, mientras que el predominio del simpático es causa de un aumento.

Principales trastornos neurológicos

Como la normal actividad funcional se debe a la continua información que el encéfalo recibe a través de los nervios periféricos —acontecimientos que se suceden en el interior del organismo y del medio ambiente—, resulta lógico pensar que cualquier lesión en las vías sensitivas alterará, antes que nada, esta capacidad informativa. El trastorno puede producirse a cualquier nivel, en el receptor (a nivel de la piel o en los órganos), en los nervios periféricos que conducen estas sensaciones por la médula espinal hacia arriba, o en los propios centros superiores encefálicos, en los que se elaboran dichos mensajes de una manera autónoma o inconsciente o se intelectualizan en forma de percepciones subjetivas. El trastorno puede ser cuantitativo, y así existen **anestesias** cuando falta toda información sensitiva, e **hiperestesias** cuando aumenta esta información. El trastorno puede ser también cualitativo y afectar a todas las sensibilidades (dolor, tacto, temperatura, etcétera) o a cualquiera de ellas con exclusión de las demás.

Pero el sistema nervioso no sólo percibe información: también envía impulsos motores. El estímulo proviene de las células ganglionares situadas en la corteza cerebral (sistema piramidal), en los núcleos grises del tronco cerebral (sistema extrapiramidal) o en la propia médula espinal (en las astas anteriores). En este último caso se trata de movimientos muy simples, los llamados **reflejos,** como el patelar, que se desencadena cuando el médico golpea con el martillo de reflejos el tendón que se inserta en la rótula. Cuando un determinado movimiento no puede realizarse o es difícil de llevar a la práctica, se habla de **parálisis** o de **paresia,** respectivamente. Si la lesión asienta en el propio nervio periférico, puede estar afectado un solo músculo, pero si la alteración reside en los centros superiores, las manifestaciones paralíticas afectarán a grandes grupos musculares. De ahí la palabra **hemiplejia**, que expresa la pérdida, en mayor o menor grado, de la motilidad en una mitad del cuerpo y que siempre es índice de una lesión de la vía piramidal o de sus centros ganglionares. Recibe el nombre de **paraplejia** la parálisis que afecta a los miembros inferiores, casi siempre por una lesión de la médula espinal, desgraciadamente tan frecuente en los accidentes laborales o de tránsito.

Los nervios motores facilitan el movimiento y condicionan el llamado **tono muscular,** ese estado de contracción latente, de continua disposición, que caracteriza a todo músculo. Por ello, junto a las parálisis o paresias, las lesiones de las vías motoras también provocan una alteración de este tono, ya sea con un aumento (**espasticidad**) o con una disminución (**flaccidez**); es decir, o cuesta mucho trabajo mover un miembro de manera pasiva, o el miembro cuelga como un guiñapo. Por último, en las lesiones de los nervios motores puede producirse una atrofia: el músculo o los músculos afectados muestran una evidente disminución en la masa contráctil.

Ya hemos hablado de los trastornos que se presentan en las lesiones de la corteza cerebral, sobre todo de la afasia, pero aún queda por señalar una importantísima alteración que se presenta en muchas lesiones del sistema nervioso: los llamados **comas.** La palabra **coma** proviene de la voz griega que significa *yo duermo* y se refiere a un estado en el cual se ha perdido la actividad superior del cerebro —conciencia, sensibilidad y motilidad voluntaria— y se conservan las funciones vegetativas más importantes, como son la respiración y la circulación de la sangre. El enfermo comatoso aparenta estar sumido en un profundo sueño del que nada puede despertarle. Se ha estimado que aproximadamente un 40% de las personas que mueren pasan previamente por este estado, debido a las más variadas causas: lesiones traumáticas, lesiones vasculocerebrales, intoxicaciones, lesiones hepáticas o renales (uremia), diabetes descompensadas, asfixias, etc.

El problema del coma se ha complicado mucho últimamente a raíz de los primeros trasplantes de corazón. Por supuesto, existen numerosos comas reversibles, es decir, de los que el enfermo puede recuperarse con un tratamiento adecuado, pero también es cierto que abundan los casos de coma irreversible, lo cual, en la práctica, implica un diagnóstico de muerte, aunque la vida vegetativa pueda seguir manteniéndose por métodos artificiales. La muerte cerebral en el coma se manifiesta porque la actividad eléctrica del encéfalo —que puede recogerse mediante el electroencefalograma y que normalmente se mantiene siempre, tanto en el sueño como en la vigilia— cesa; es el llamado **silencio cerebral.**

El problema surge con ocasión de un trasplante, para determinar la muerte del posible donante, que, estando muerto, aún presenta actividad cardiaca y respiratoria. La medicina legal todavía no ha dicho la última palabra en este sentido.

Enfermedades neurológicas

Enfermedades de los nervios periféricos

Independientemente de las causas, localización y extensión de la lesión, en las enfermedades de los nervios periféricos siempre se observan los mismos signos patológicos: dolor, trastornos de la sensibilidad, parálisis o paresias y atrofia muscular. De todos modos, es frecuente que en el cuadro predomine sólo uno de estos síntomas. Así, por ejemplo, en las enfermedades del trigémino es el dolor el primer síntoma que aparece. La sorprendente uniformidad de estos cuadros patológicos se debe a que todos los nervios periféricos tienen la misma función fundamental, de modo que su lesión da lugar, en todos los casos, a los mismos trastornos funcionales.

Causas. Inflamaciones, incluso las alérgicas; enfermedades infecciosas, como la difteria, gripe, disentería, fiebre tifoidea; intoxicaciones, sobre todo cuando el efecto tóxico se ha producido durante mucho tiempo, como en el caso del alcohol, plomo, talio (que se encuentra en los raticidas), arsénico, bencina, mercurio, sulfuro de carbono o algunos medicamentos; trastornos del metabolismo, como la diabetes y los trastornos del embarazo (este caso es muy raro); heridas neurológicas, por ejemplo debidas a arma de fuego, fracturas de hueso o desplazamiento de los fragmentos de la propia fractura.

Cuando se habla de estas enfermedades se escuchan con frecuencia dos palabras: **neuralgia** y **neuritis.** En la neuralgia, los dolores pueden ser extraordinariamente fuertes y constituyen el único signo de la enfermedad. Se trata casi siempre de inflamaciones de los nervios que no han producido signos patológicos demostrables objetivamente, como serían los trastornos de la sensibilidad o las parálisis. Neuritis quiere decir inflamación de un solo nervio y en este caso, a diferencia de la neuralgia, se producen trastornos de la función —parálisis o paresias— y trastornos de la sensibilidad.

Nervios craneales

Sólo expondremos aquí las lesiones que pueden sufrir estos nervios en su parte periférica, es decir, después de abandonar el encéfalo y sus meninges.

PARÁLISIS FACIAL

Síntomas. Caída de la comisura de la boca; no se pueden cerrar los párpados ni arrugar la frente. La enfermedad puede aparecer sólo en un lado de la cara o en los dos.

Origen y causa. Inflamaciones, enfermedades de los dientes, enfermedades de los oídos (por la proximidad que existe entre este nervio y el oído medio), heridas como las que pueden producirse en los recién nacidos tras un parto con fórceps.

Tratamiento. Depende de la causa. El uso de antineuríticos (vitamina B-1) es de alguna utilidad; los antiinflamatorios tanto esteroides como no esteroides quedan a juicio del médico. Cuando es imposible cerrar los párpados hay que tener gran precaución, porque se puede lesionar el ojo con facilidad. Por ello, el enfermo debe llevar temporalmente el ojo tapado con un parche.

PARÁLISIS DE LOS MÚSCULOS OCULARES

Síntomas. Estrabismo (desviación de los ojos) y visión doble (diplopía). La forma de desviación de los ojos depende de cuál de los tres nervios que actúan sobre los músculos oculares es el que está lesionado.

Causas. Generalmente inflamaciones reumáticas.

Tratamiento. Medicamentos que frenen la inflamación; calor local aplicado, por ejemplo, con rayos infrarrojos (en este caso hay que proteger los ojos cubriéndolos con compresas húmedas).

NEURALGIA DEL TRIGÉMINO

Síntomas. Ataques fortísimos de dolor en la zona de la mandíbula y de la mejilla, desencadenados en muchos casos al masticar o incluso al hablar. En la mayoría de los casos afecta a personas mayores de sesenta años.

Causas. En gran parte de los casos el motivo no está claro; a veces la causa de la neuralgia radica en inflamaciones de los dientes, de la mandíbula o de los senos maxilares, pero también es difícil determinar esto.

Tratamiento. Para reducir el ataque de dolor se necesitan analgésicos fuertes. En muchos casos es preciso practicar medidas neuroquirúrgicas, como son la infiltración anestésica del nervio o bien su sección quirúrgica.

PARÁLISIS DEL VELO DEL PALADAR

Síntomas. Dificultad al tragar, de tal forma que los líquidos se salen por la nariz. Habla gangosa.

Causas. La parálisis del velo del paladar se produce generalmente como una más de las que aparecen después de la difteria.

Tratamiento. Es el de la enfermedad responsable.

El sistema nervioso y sus enfermedades

Nervios periféricos de los brazos y las piernas

También aquí expondremos únicamente las lesiones causadas por otras enfermedades, por ejemplo inflamaciones, intoxicaciones, trastornos del metabolismo y heridas.

PARÁLISIS DEL NERVIO CUBITAL

Síntomas. Los dedos están estirados en la articulación más próxima a la mano y flexionados en los demás; atrofia de los pequeños músculos que se encuentran en el dorso de la mano y en la parte de la palma que corresponde al meñique. De esta forma se origina un cuadro que puede describirse gráficamente como mano en garra.

PARÁLISIS DEL NERVIO RADIAL

Síntomas. La mano está caída y fláccida. El pulgar no se puede estirar ni separar de los otros dedos. La extensión de los dedos a nivel de la articulación más próxima a la palma no se puede realizar.
Causas. Esta parálisis, incluso bilateral, puede observarse, sobre todo, en las intoxicaciones crónicas por plomo. Se ha hecho extraordinariamente rara a consecuencia de las medidas establecidas por la medicina del trabajo.

PARÁLISIS DEL NERVIO MEDIANO

Síntomas. No se puede flexionar el pulgar ni acercarlo a los demás dedos. Estos últimos sólo pueden flexionarse en la articulación más próxima a la palma.

PARÁLISIS DEL NERVIO PERONEO

Síntomas. No se puede levantar el pie; sus dedos no pueden estirarse. Al andar, el enfermo tiene que levantar mucho la rodilla para que el pie, péndulo, no tropiece con el suelo. Tampoco puede andar sobre los talones.

PARÁLISIS DEL NERVIO TIBIAL

Síntomas. No se puede bajar la punta del pie ni flexionar y separar entre sí los dedos del mismo. El enfermo tampoco puede caminar sobre las puntas de los pies.
Tratamiento. En todas las parálisis de los brazos y piernas hay que combatir, sobre todo, las causas, por ejemplo con medicamentos que inhiban la inflamación, si es que la causa es una enfermedad inflamatoria. Contra la misma parálisis son eficaces los ejercicios físicos, masajes, tratamiento eléctrico, baños, etc.

Examen de las enfermedades

POLINEURITIS

Síntomas. Parálisis o paresias de los miembros, del tronco y de la cara; trastornos de la sensibilidad, especialmente en los segmentos inferiores de los miembros; dolores e hipersensibilidad a la presión en los cordones nerviosos. Cuando el curso está más avanzado puede producirse atrofia muscular.

Naturaleza y causas. El proceso patológico se debe con frecuencia a una inflamación, aunque no siempre. Muchos casos se desarrollan por efecto, generalmente crónico, de sustancias tóxicas. También son causas frecuentes las inflamaciones alérgicas, por ejemplo después de la vacunación contra el tétanos. Y aun se observan cuadros polineuríticos en enfermedades infecciosas, sobre todo en la difteria, en la fiebre tifoidea, en las paratíficas, en la disentería, en el tifus exantemático, en la malaria y en la lepra. Otras causas son el alcoholismo crónico; la intoxicación por plomo, arsénico, mercurio, talio; los trastornos del metabolismo, tales como la diabetes, y rara vez los trastornos del embarazo.

Tratamiento y pronóstico. El tratamiento se orienta en primer lugar contra las acciones nocivas causales o bien contra la enfermedad básica. Han dado buenos resultados los medicamentos antiinflamatorios, las dosis altas de vitaminas, los masajes, los ejercicios físicos y el tratamiento eléctrico con corriente galvánica y farádica. El curso suele ser benigno. En contados casos puede suceder, sin embargo, que la parálisis vaya ascendiendo. En esta forma de evolución (parálisis de Landry) peligra la vida, ya que pueden afectarse los músculos de la respiración. En estas circunstancias es necesaria la respiración artificial inmediata del paciente (en los ventiladores volumétricos automáticos).

HERPES ZOSTER *(Zona)*

Esta enfermedad infecciosa se debe a un virus; cursa con dolores intensos generalmente en un solo lado, en la zona de extensión del nervio atacado; se expone con detalle en el capítulo dedicado a la dermatología, ya que se acompaña de la aparición de unas ampollas de contenido líquido transparente.

Enfermedades de la médula espinal

ESCLEROSIS MÚLTIPLE *(Esclerosis en placas)*

Síntomas. Son tan numerosos que sólo podemos citar aquí las manifestaciones más frecuentes:

1. Parálisis totales o parciales de las masas musculares de los miembros (especialmente las de las piernas). Por regla general son bilaterales, como es habitual en todas las enfermedades de la médula espinal, a diferencia de la manifestación hemilateral de los síntomas de déficit neurológico en las enfermedades del encéfalo.

2. Trastornos de la vejiga y del recto, generalmente en forma de incontinencias de orina y de heces.

El sistema nervioso y sus enfermedades

3. Trastornos de los músculos de los ojos (visión doble, temblor de los globos oculares) con carácter transitorio.

4. Inseguridad en los movimientos de los miembros, que se manifiesta en la marcha sobre todo. Este signo patológico se debe a la existencia de focos inflamatorios en el cerebelo. Después de un brote de la enfermedad, que puede durar semanas o incluso varios meses, las manifestaciones patológicas desaparecen por completo en su mayor parte.

5. Palabra escandida. En conjunto, el habla se hace más lenta. Las palabras y las sílabas son producidas de una forma casi explosiva, de modo que se subrayan sílabas aisladas. De esta forma el lenguaje queda como «fragmentado».

6. Euforia. Con este nombre se designa un estado de animación sin motivos. Se observa en un número relativamente elevado de enfermos con esclerosis múltiple.

Naturaleza y causas. Se trata de una inflamación que puede afectar a todas las partes del encéfalo y de la médula. Los síntomas de esta enfermedad se originan, por lo general, por las alteraciones inflamatorias de la médula espinal. Aparecen focos diseminados de desmielinización, es decir, las fibras nerviosas pierden su envoltura de mielina. La causa de esta inflamación no está clara; se piensa que pudiera tratarse de una enfermedad infecciosa o alérgica. Se ha contemplado, también, el origen autoinmunitario. De todos modos tiene que haber existido antes una disposición alérgica, ya que la enfermedad no es infecciosa en el sentido estricto de la palabra. Hasta ahora no se ha podido encontrar ningún agente responsable.

La enfermedad tiene un curso crónico; suelen alternar brotes del padecimiento con reaparición de los signos patológicos y periodos más largos, generalmente años, de aparente ausencia del proceso. Mucho más rara es la evolución lenta de la enfermedad. La esclerosis múltiple es una de las enfermedades más frecuentes del sistema nervioso. Se calcula que más del 0.1% de la población la padece; es más rara en climas meridionales que en los nórdicos.

Tratamiento y pronóstico. En los brotes agudos de la enfermedad, reposo inmediato en cama. Deben probarse los medicamentos inhibidores de la inflamación, sobre todo los preparados de cortisona. Se darán abundantes vitaminas. En las épocas libres de síntomas los enfermos deben protegerse contra los esfuerzos corporales intensos (por ejemplo, competencias deportivas) y contra los resfriados. Otros factores peligrosos que pueden desencadenar un nuevo brote de la enfermedad son las operaciones y el embarazo. La evolución de esta enfermedad se extiende durante largos años, por lo que, aunque su pronóstico no es bueno, resulta habitual una supervivencia muy larga, pero con algunas molestias.

SIRINGOMIELIA

Síntomas. Varían en cada caso, según su extensión y localización. Pueden producirse parálisis parciales en los miembros, así como trastornos de la sensibilidad; llama la atención en este caso la ausencia de la sensación de temperatura. Esta manifestación de déficit es muchas veces la causa de quemaduras extensas o de congelaciones, que el sujeto no nota. También puede producirse atrofia muscular. En otros casos, el primer síntoma de la enfermedad es el dolor. No es raro que vaya acompañado de trastornos del crecimiento, como pueden ser las deformaciones de la columna vertebral, de la caja torácica (tórax en embudo o tórax plano); en otras ocasiones los pies son deformes o planos, y en otras se producen alteraciones de la piel o de las uñas.

Naturaleza y causas. Por siringomielia se entiende la formación en la médula espinal de cavidades que dependen de un trastorno congénito del desarrollo (cierre insuficiente del tubo neural).

Tratamiento y pronóstico. La irradiación de la médula espinal con rayos X y los ejercicios moderados de movimiento son capaces de detener el proceso. Hay que prestar atención a la prevención y tratamiento inmediato de las quemaduras y congelaciones. El curso es crónico y suele durar varios decenios.

TRAUMATISMOS DE LA MÉDULA ESPINAL

Síntomas. Parálisis, trastornos de la sensibilidad, trastornos de la vejiga y el recto.

Naturaleza y causas. Los traumatismos de la médula, pese a la frecuencia de las heridas de la columna vertebral, son mucho más raros que las lesiones encefálicas correspondientes porque la médula espinal está protegida por la columna vertebral con sus ligamentos y músculos.

Las lesiones de la médula espinal se producen sobre todo en las fracturas de la columna vertebral. Pero los efectos violentos sobre la espalda, por ejemplo la caída sobre los glúteos, pueden, sin que se hiera la columna vertebral, originar también trastornos de la médula. Las lesiones de ésta consisten en una destrucción, por acción violenta, del tejido nervioso. En muchos casos se producen hemorragias extensas (hematomielia).

Tratamiento y pronóstico. El tratamiento es sintomático. Tiene especial importancia la restauración de la función motora y de la sensibilidad mediante un tratamiento intensivo de ejercicios de rehabilitación practicados durante mucho tiempo. El pronóstico de estos traumatismos depende de la gravedad de la lesión causada a la médula espinal.

TUMORES DE LA MÉDULA ESPINAL

Síntomas. Dolores en las masas musculares de los miembros, que al principio suelen confundirse con dolores nerviosos ordinarios. En el curso del tiempo aparecen parálisis, atrofia muscular y trastornos de la sensibilidad. También pueden producirse alteraciones de la vejiga y del recto.

Naturaleza y causas. La causa todavía no está aclarada. Tienen especial interés los tumores de crecimiento lento, que, por lo común, derivan de las cubiertas que rodean a la médula espinal y que, por lo tanto, presionan sobre ésta desde fuera. A pesar de que con el tiempo pueden producirse lesiones graves de la médula espinal, su tratamiento tiene mejor pronóstico.

Tratamiento. Consiste en la extirpación quirúrgica del tumor. Después de un tratamiento a base de ejercicios intensivos, es posible que se recuperen rápidamente y en amplio grado las funciones alteradas.

El sistema nervioso y sus enfermedades

TABES DORSAL

Síntomas. Dolores diversos que con frecuencia aparecen de modo repentino como una puñalada. Inseguridad en la marcha, con movimientos peculiares de vaivén. Disminución de la capacidad visual, rigidez pupilar. Trastornos de la sensibilidad (hipersensibilidad del tronco al agua fría), sensación de vértigo. Trastornos de la vejiga y recto (incontinencia de orina y heces). Disminución de la potencia sexual. Alteraciones de las articulaciones, sobre todo de la que presenta la rodilla o el pie.

Naturaleza y causas. Se trata de una manifestación sifilítica tardía que afecta sobre todo a determinados segmentos medulares, pero también altera otras partes del sistema nervioso, por ejemplo los nervios ópticos. La tabes se desarrolla sólo cuando han transcurrido varios años después de haberse producido la infección.

Tratamiento y pronóstico. Por muchos años, la penicilina ha sido el tratamiento efectivo de este problema. Algunos otros compuestos como la rifampicina, resultan también muy efectivos. Los arsenicales se han dejado de usar en forma paulatina. Si se diagnostica a tiempo la enfermedad, su pronóstico es bueno. La mayoría de los síntomas de la tabes, sin embargo, no retroceden, especialmente por lo que respecta a los trastornos pupilares, a los de la visión, a las crisis de dolor y a los trastornos de la función vesical.

Enfermedades del encéfalo
APOPLEJIA CEREBRAL

Es una pérdida de conciencia de aparición repentina (coma apoplético). Por lo general cursa con parálisis de los miembros. La apoplejía puede deberse a una hemorragia cerebral (la enfermedad más frecuente del encéfalo) a consecuencia de la rotura de una pared vascular. Se debe a una alteración de los vasos y es consecuencia, además, de una hipertensión en el sistema vascular, aunque también puede deberse a malformaciones vasculares congénitas o adquiridas. La masa de sangre que sale puede destruir determinados segmentos del encéfalo y elevar la presión interna del cráneo.

EMBOLIA Y TROMBOSIS CEREBRAL

Síntomas. Son idénticos a los de la apoplejía. No obstante, en este caso se produce un cierre repentino del sistema vascular del cerebro, por ejemplo por coágulo de sangre (embolia) o una trombosis. De esta forma se produce la muerte más o menos completa de la parte de tejido cerebral regada por el vaso ocluido. El enfermo tiene la cara pálida. Su tensión arterial desciende bruscamente al tiempo que se acelera su pulso.

Origen y causas. La oclusión vascular puede deberse a una inflamación de las válvulas del corazón, en las que fácilmente se forman coágulos de sangre. Estos coágulos son arrastrados por la corriente sanguínea hasta el encéfalo. Entre las causas más frecuentes de embolia están los defectos valvulares del corazón, principalmente la mitral, y también las arritmias cardiacas. No obstante, también las fracturas óseas, en particular las de los huesos largos cilíndricos, en los que la médula ósea contiene mucha grasa, son capaces de originar la embolia. Las partículas de grasa llegan por la sangre hasta el encéfalo y, lo mismo que un coágulo, pueden obstruir los vasos. Las embolias, a diferencia de las hemorragias cerebrales, se presentan con mayor frecuencia en enfermos jóvenes.

Tratamiento. En primer lugar debe colocarse al enfermo en posición horizontal; por lo demás, junto al tratamiento de la enfermedad fundamental, que suele ser un proceso cardiaco, sirven los mismos principios que en el tratamiento de la apoplejía y de sus secuelas.

ABSCESO CEREBRAL

Síntomas. Los síntomas son parecidos a los de los tumores cerebrales, ya que también se produce una reducción del espacio intracraneal y, por lo tanto, se presenta un aumento de la presión. Además es frecuente, aunque no siempre ocurra así, que aparezcan signos que corresponden al proceso inflamatorio, como fiebre y determinadas alteraciones del cuadro sanguíneo.

Naturaleza y causas. Es una inflamación especial del encéfalo en forma de acumulación de pus rodeado y encapsulado por una membrana. Cuando los abscesos están bien encapsulados, se pueden extirpar quirúrgicamente. Se suelen producir por propagación a distancia de otro foco, generalmente localizado en el oído. No obstante, también pueden desarrollarse cuando el agente patógeno llega al cerebro por vía sanguínea procedente de otros focos purulentos del cuerpo, como ocurre, por ejemplo, con los abscesos pulmonares.

Tratamiento y pronóstico. El tratamiento de elección es el quirúrgico, combinado con la administración de antibióticos. Las perspectivas son malas cuando no se consigue la extirpación operatoria, como puede ocurrir, por ejemplo, debido a una insuficiente encapsulación de la acumulación de pus.

PARÁLISIS CEREBRAL INFANTIL *(Parálisis espástica)*

Conviene distinguir entre:

 a) **Hemiplejia espástica** (parálisis de un solo lado del cuerpo, con aumento del tono muscular).

 b) **Enfermedad de Little.**

Causas de la enfermedad. En el primer caso se trata generalmente de una infección o de una lesión tóxica (es decir, por un veneno) durante los primeros meses de la vida y hasta el cuarto año de edad. Al principio suelen presentarse intensos trastornos intestinales y convulsiones, que pueden atribuirse a que «el niño echa los dientes». Tras el proceso agudo se desarrolla una hemiparálisis.

La enfermedad en el segundo caso surge, por lo común, por lesiones durante el parto y, más rara vez, por infección en el periodo perinatal. En primer plano encontramos una rigidez muscular que afecta sobre todo a las piernas, con espasmos musculares (convulsiones), y finalmente el cuadro de un hipercruzamiento de las piernas que impide todo tipo de marcha.

El sistema nervioso y sus enfermedades

Tratamiento y pronóstico. Hay que tomar inmediatamente medidas de gimnasia rehabilitadora de tipo ortopédico y psicopedagógicas. Como el defecto encefálico persiste, apenas puede contarse con la curación.

CONMOCIÓN CEREBRAL

Síntomas. El síntoma más importante es la inconciencia, que aparece inmediatamente después de un accidente y que puede durar segundos, minutos y, rara vez, horas. Después de la inconciencia sigue una fase de enturbiamiento de la conciencia, a veces con somnolencia o estados de agitación. Son frecuentes los vómitos inmediatamente después del accidente, los trastornos circulatorios (vértigo) y dolor de cabeza. El pulso está unas veces acelerado y otras retardado, y las pupilas aparecen estrechadas o dilatadas.
Naturaleza y causas. En la conmoción cerebral se produce una lesión general y fugaz del encéfalo con trastornos funcionales. Las causas más frecuentes son las caídas o los golpes en la cabeza.
Tratamiento y pronóstico. Debe comenzarse con reposo en cama, que puede llegar hasta un periodo de dos semanas. Más tarde, tratamiento con inyecciones de suero glucosado y calcio, y como apoyo de la circulación las medidas convenientes. El enfermo no debe reanudar su trabajo demasiado pronto. Las molestias que se producen después de la conmoción cerebral suelen remitir en pocas semanas.

CONTUSIÓN CEREBRAL

Síntomas. Inconciencia, que con frecuencia dura muchas horas e incluso algunas semanas, parálisis parciales de los miembros, trastornos de la sensibilidad, visión doble, temblor de los globos oculares, pupilas dilatadas, con rigidez a la luz, trastornos circulatorios, trastornos del lenguaje y dolor de cabeza.
Naturaleza y causas. En las heridas cerebrales hay una lesión del tejido encefálico que origina trastornos corporales y psíquicos más o menos graves. Su causa, igual que en la conmoción cerebral, es la acción violenta procedente del exterior, generalmente por un accidente. Si están abiertas la cápsula craneal y las meninges que envuelven el encéfalo, como en el caso de una herida por arma de fuego, se habla de herida encefálica abierta, a diferencia de las heridas cerradas, en las cuales no hay comunicación entre la sustancia encefálica y el exterior.
Tratamiento. Toda herida encefálica debe ser tratada inmediatamente. Se coloca al herido en posición horizontal y se procura que la respiración sea libre y sin impedimentos. En las heridas encefálicas abiertas, por ejemplo por arma de fuego, son necesarias las medidas neuroquirúrgicas. Por lo general se precisan varias semanas de reposo en cama y de apoyo a la circulación. Se practican, sobre todo, inyecciones con solución de glucosa muy concentrada.
Pronóstico. Según el tipo y la gravedad de la herida, deben preverse secuelas. Las heridas encefálicas dan origen con frecuencia a alteraciones en la esfera psíquica. A menudo disminuye la tensión psicológica, aparecen dificultades de concentración y un

retardo de todos los procesos psíquicos. Los enfermos llaman la atención en muchos casos por su minuciosidad, irritabilidad y su carácter olvidadizo. Aun muchos años después de una herida encefálica pueden aparecer ataques convulsivos por primera vez. En tales casos es necesario realizar un tratamiento con medios antiepilépticos. Las heridas cerebrales graves exigen una asistencia especial. Quien diseñe el medio ambiente está obligado a tener en cuenta las especiales características del herido encefálico. El llevar una vida regular, con sueño suficiente, evitando discusiones de todo tipo y haciendo curas de baños con regularidad (tratamientos hidroterapéuticos), ha demostrado ser muy eficaz. Con el tiempo las molestias casi siempre acaban por desaparecer. El tratamiento de los traumatismos encefálicos ha variado con los años, pero siempre se encamina a disminuir el edema cerebral a base de soluciones concentradas (hipertónicas), esteroides, diuréticos y la hiperoxigenación.

TUMORES CEREBRALES

Síntomas. Son muy diversos, según la localización, el tipo y la velocidad de crecimiento del tumor.

a) En los tumores del cerebro de crecimiento lento aparecen: Ataques convulsivos (con frecuencia como primer signo de enfermedad); los ataques epilépticos pueden constituir durante años el único síntoma de la enfermedad. Parálisis progresiva lenta de una mitad del cuerpo. Retraso de la agilidad mental, del pensamiento y de la conducta. Embotamiento (síntoma tardío). Dolores de cabeza (casi siempre, síntoma tardío). Es muy raro que el dolor de cabeza constituya el único signo de la enfermedad. Por ello, el enfermo no debe pensar, sólo por el hecho de tener dolor de cabeza, que padece un tumor cerebral.

b) En los tumores del cerebro de crecimiento rápido se producen: Trastornos psíquicos (intenso retraso del pensamiento y la conducta, embotamiento y estados de confusión mental). Parálisis hemilateral, que se desarrolla en el curso de pocos días o semanas pero que no aparece en todos los casos. Dolor de cabeza «lento». Trastornos de la visión a consecuencia de una parálisis de los nervios cerebrales, sobre todo del sexto par (visión doble), producida por el aumento de la presión en el interior del cráneo. Por su longitud relativamente grande, este sexto nervio craneal es muy susceptible al aumento de la presión intracraneal elevada; la hiperpresión se debe al crecimiento rápido del tumor dentro de una cavidad que no puede distenderse. Los vómitos, sobre todo bruscos, matutinos y antes del desayuno, son siempre signo de hipertensión intracraneal.

c) En los tumores del cerebelo: Muy pronto aparecen signos de hipertensión intracraneal, tales como dolor de cabeza y vómitos. A consecuencia de la parálisis de los nervios craneales, sobre todo del sexto par, se produce visión doble. Trastornos del equilibrio, marcha tambaleante, inseguridad al coger objetos. Temblor de los globos oculares (nistagmo).

Naturaleza y causas. Los tumores cerebrales se presentan en todas las edades pero predominan en las edades medias de la vida; los que surgen en la infancia afectan principalmente al cerebelo. Es corriente que todos estos tumores opriman el tejido cerebral, precisamente por su propio crecimiento. El tejido cerebral no puede ceder, ya que está rodeado por el cráneo óseo. Por ello, aumenta la presión intracraneal y

El sistema nervioso y sus enfermedades

aparecen los síntomas que hemos descrito anteriormente. El reconocimiento de los tumores cerebrales es muy difícil, por lo que el diagnóstico sólo puede establecerse en una clínica especializada. El origen de los tumores cerebrales es tan poco conocido como el de la mayoría de los tumores del organismo, aunque cada vez se encuentran más respuestas a medida que la investigación avanza.

Tratamiento y pronóstico. Los tumores deben tratarse mediante operación e irradiación con rayos X. En los casos de aumento de presión intracraneana, y no sólo en los de origen tumoral, existe la derivación del líquido cefalorraquídeo a la circulación o al peritoneo mediante la utilización de válvulas especiales construidas de materiales inertes. Es importante el reposo en cama. El éxito del tratamiento ha aumentado mucho en los últimos años. Y esto se debe especialmente al conocimiento cada vez más completo de estos cuadros patológicos. Es muy importante establecer el diagnóstico lo antes posible.

Enfermedades del sistema extrapiramidal

El sistema extrapiramidal está constituido por los cordones nerviosos que bajan por la parte externa de la médula espinal. Pueden afectarse en las siguientes enfermedades.

BAILE DE SAN VITO *(Corea menor o corea de Sidenham)*

Síntomas. Sacudidas musculares involuntarias y movimientos desviados, totalmente desordenados, de todos los miembros. El comienzo suele ser insidioso, por lo que el diagnóstico al principio resulta difícil. El cuadro de la enfermedad manifiesta es, sin embargo, inconfundible.

Naturaleza y causas. El cuadro patológico aparece al lesionarse determinados segmentos del tronco cerebral, en relación con la fiebre reumática. La enfermedad afecta, sobre todo, a los niños mayores. En muchos casos existe también una afectación reumática del corazón.

Tratamiento y pronóstico. Se realiza con medicamentos antirreumáticos. Es necesario el acondicionamiento cuidadoso de la cama del niño para evitar que los movimientos excesivos le produzcan llagas. Cuando sea posible, debe aislársele en una habitación tranquila, si es posible en semioscuridad. El pronóstico y los resultados del tratamiento son buenos.

BAILE DE SAN VITO DEL ADULTO *(Corea mayor o corea de Huntington)*

Síntomas. Aparte de los trastornos del movimiento, descritos al hablar de la corea menor, el síntoma más importante en el baile de San Vito es la demencia progresiva.

Naturaleza y causas. Se trata de una enfermedad muy rara, hereditaria y de curso crónico. Se producen lesiones degenerativas en el tronco cerebral. La enfermedad aparece aproximadamente hacia los cuarenta años de edad. Muchos de estos enfermos han de pasar el resto de su vida en un hospital o en un asilo.

Tratamiento y pronóstico. Todavía no se conoce, desgraciadamente, ningún tratamiento eficaz para esta rara enfermedad.

Examen de las enfermedades

PARÁLISIS AGITANTE *(Enfermedad de Parkinson)*

Síntomas. Rigidez de la musculatura general, incluso de la del rostro. Los enfermos adoptan en muchos casos un gesto inexpresivo (cara de máscara) por falta de mímica. Por la mayor secreción de las glándulas sebáceas se origina lo que se llama «cara untada». Se produce también un flujo de saliva y temblor exagerado e incontrolable de las masas musculares de los miembros y de la cabeza. El lenguaje suele ser monótono y borroso, y la marcha se realiza a pequeños pasos o incluso como un trotecillo. La cabeza está inclinada y al andar falta el movimiento de vaivén de los brazos. Cuando el enfermo está en reposo suele aparecer un movimiento de temblor de las manos. El estado de ánimo se describe como lloroso e irritable.

Causas. Se debe a la edad y se producen trastornos del riego sanguíneo por arterioesclerosis del encéfalo.

Tratamiento y pronóstico. En estos estados han dado buen resultado algunos medicamentos. Su efecto es de tipo atropínico (por ejemplo, inhibición del flujo de saliva, resolución del estado de tensión de la musculatura). Son importantes los ejercicios de movimiento y de relajación, así como los masajes. La enfermedad sigue un curso crónico. De todos modos, la toma regular de medicamentos supone alguna mejoría. En la última década se ha popularizado el implante de fragmentos de glándula suprarrenal en el cerebro, con muy buenos resultados en la mayoría de los casos.

HIDROCEFALIA

Hidrocefalia significa aumento del volumen del líquido cefalorraquídeo, pero en neurología se reserva este calificativo para los enfermos que manifiestan también un aumento de la tensión de dicho líquido, aumento que puede ser adquirido o congénito. Cuando existe un exceso de formación del líquido o un defecto de reabsorción y una dificultad para su normal circulación por los espacios encefálicos, se acumula en ciertas regiones, y la considerable presión a que entonces se ve sometido puede deformar no ya el propio sistema nervioso central (sustancia gris y blanca), sino también, en el niño con un cráneo todavía blando, toda la cabeza. Las manifestaciones neurológicas son muy variadas y el tratamiento es muy complejo. Últimamente se ha mejorado mucho el porvenir de estos niños hidrocéfalos mediante el drenaje quirúrgico del líquido cefalorraquídeo, haciendo que éste pase desde uno de los ventrículos cerebrales al sistema vascular, mediante el uso de válvulas especiales.

Enfermedades del sistema nervioso vegetativo

DOLOR DE CABEZA

El dolor de cabeza es un síntoma importante en muchas enfermedades y exige la determinación exacta de sus causas. Sólo así es posible orientar el tratamiento. Nunca se prevendrá demasiado contra la aplicación de tabletas analgésicas. La variedad de las manifestaciones del dolor de cabeza es sólo comparable con la diversidad que existe de las enfermedades fundamentales que pueden condicionarlo.

JAQUECA

Síntomas. Dolores de cabeza hemilaterales, extraordinariamente intensos, en forma de crisis, que pueden cursar con vómitos y centelleo al mirar. Es frecuente que a la crisis de dolor siga una abundante emisión de orina. Por ello, se habla acertadamente de ataque de jaqueca. Sin tratamiento, los dolores pueden durar varios días.

Naturaleza y causas. La jaqueca es una forma especial del dolor de cabeza. No obstante, hay que hablar de jaqueca solamente cuando se trata del cuadro patológico claramente delimitado por los signos de la enfermedad. La primera aparición de la jaqueca se observa muchas veces ya durante los años puberales. La enfermedad afecta sobre todo a las mujeres. Una parte de las pacientes sólo enferman al llegar al climaterio. El desencadenamiento de un ataque de dolor por excitaciones psíquicas es posible, pero de ninguna manera es tan frecuente como corrientemente se cree. En muchos casos existe una relación cronológica con el ciclo menstrual y en otros puede observarse una disposición hereditaria. De todos modos, la causa no se conoce con seguridad. Probablemente se produce un desarrollo insuficiente de los nervios de los vasos, lo cual da lugar a una contractura de los vasos cerebrales. También se ha pensado que la alergia podría ser causa de la jaqueca.

Tratamiento y pronóstico. Durante el ataque de jaqueca se administran medicamentos que contienen ergotamina (cornezuelo de centeno), así como preparados de quinina. Fuera del ataque y para prevenir las crisis se reducirán los esfuerzos profesionales y el consumo de tabaco. Se recomendará la práctica de la gimnasia u otra actividad deportiva, sobre todo en los sujetos que ocupan profesiones sedentarias.

Se deben investigar conflictos psíquicos crónicos; después, se realizará un tratamiento psicoterapéutico. Los preparados de ergotamina pueden utilizarse para la aplicación de un tratamiento continuo. La enfermedad tiene un curso crónico, pero no es raro que desaparezca al terminar la época del climaterio. Los preparados de cornezuelo de centeno pueden tomarse al comienzo del ataque de jaqueca, con lo que casi siempre se consigue erradicar la crisis.

La mente y sus enfermedades (psiquiatría)

En el siglo XIX, cuando la medicina cientificonatural inició su más espléndido avance, se llegó a decir: «el pensamiento es una secreción del cerebro». La psique perdería así toda relación con lo sobrenatural y extranatural y la locura no sería sino enfermedad. Lo mismo que en cualquier otro campo de la medicina se podría hablar de una estructura —el cerebro—, en cada una de cuyas partes se localizaría una función diferente (pensamiento, sentimiento, voluntad, percepción, etc.). La enfermedad (infección, tumor, hemorragia, etc.) cerebral se manifestaría por trastornos psíquicos al igual que del movimiento o la sensibilidad.

El descubrimiento hecho por Broca, en 1861, de una lesión del lóbulo frontal en la afasia (pérdida de la memoria de las palabras cuando se quiere hablar) y el hallazgo

Examen de las enfermedades

de una inflamación típica del cerebro como efecto correlativo de los síntomas mentales en la enfermedad llamada parálisis general progresiva (delirios de grandeza, demencia), parecieron confirmar esta hipótesis.

Pero pasado el entusiasmo inicial se vio que no era correcto pensar en una localización de lo psíquico. Si la saliva se produce en una glándula, no puede decirse que la «función» del lenguaje se produzca en el área cerebral de Broca. Sin laringe, un hombre aún puede comunicarse por gestos o expresarse por escrito. Sin área de Broca, no se puede decir la palabra que se quiere, pero ésta sí sale formando parte de una canción, por ejemplo, y desde luego se entiende lo que a uno le dicen y se puede leer y escribir. Otras lesiones en zonas cerebrales distintas quizá impidan leer, pero no hablar; o impidan escribir o leer aisladamente. ¿Dónde está, pues, localizado el lenguaje? Podemos decir que no se encuentra en ninguna parte sino en todas a la vez.

Cuando vemos el televisor y de pronto se estropea, llamamos a un técnico, que descubre una válvula fundida. La repone y volvemos a ver la imagen. ¿Podemos decir que en ella se produce la imagen? No. Sólo podemos decir que es imprescindible para ver la imagen, lo mismo que el condensador o el tubo, o cada una de las piezas. Todas ellas lo son y todas contribuyen. Para el lenguaje, y para el pensamiento, y para el sentimiento, etc., son imprescindibles muchas zonas y funciones eléctricas y químicas cerebrales. Diríamos que casi **todas** las zonas son indispensables si no fuera porque, al parecer, el cerebro tiene un enorme sobrante de células y fibras que el hombre probablemente no utiliza o que, si se lesionan, no dan síntoma alguno. Es como si al nacer trajéramos al mundo un enorme lujo de piezas de reserva.

En estos términos, el pensamiento, la voluntad, los afectos, necesitan del cerebro en conjunto; no existen sin él. ¿Es que, además, para que existan estos actos psíquicos se precisa algo ajeno al cerebro o al cuerpo humano? El símil de la televisión nos da respuesta fácil. Lo que vemos en la pantalla de cine —anuncios, noticias— no se produce dentro del receptor, sino en la emisora. Análogamente, lo que pensamos, queremos, sufrimos, nos viene del mundo.

Si queda claro que no se puede hablar del órgano de la psique, veamos qué hay de sus funciones. La palabra función, sobre todo en labios de un médico, evoca un mecanicismo. En el receptor de televisión se realizan muchas funciones físicas que incluso podríamos clasificar en sonido, volumen, tono, contraste, luminosidad, etc.

Éstas sí son funciones, como lo son las eléctricas y químicas de las células y fibras cerebrales. Pero con el contenido del programa no tiene en absoluto que ver ninguna de las piezas del aparato. Una válvula, si funciona, sirve igual con independencia de que el programa sea informativo, teatral o de deportes. Nadie imaginaría una pieza para el «suspense» y otra para la «canción moderna». Lo mismo puede decirse del contenido del pensamiento, del de los sentimientos, etcétera. Lo psíquico no se puede reducir a funciones.

Cuando se habla de funciones psíquicas (pensamiento, juicio, memoria, etc.) se hace por analogía, más por seguir la tradición, más por «facilitar» a las mentes técnicas el atisbo de la vida psíquica. Ésta debe ser estudiada por los métodos de la psicopatología, métodos que son múltiples y se conocen rigurosamente. Puede decirse, sin lugar a dudas, que el rigor metódico del buen psiquiatra es muy superior al de cualquier otro especialista de la medicina. Nos referimos, claro está, a la vertiente conceptual, no a la manual o técnica. Muchos confunden este esfuerzo por precisar conceptos con lo que ellos denominan «filosofía». La preferencia por lo práctico, por lo concreto, es ya de por sí una actitud filosófica y, además, de poco alcance y resultado, como se ha demostrado. No es posible hacer una descripción unidimensional de las «funciones» mentales ni de sus trastornos.

Breve historia de la psiquiatría

En la Biblia y en la antigüedad griega encontramos descripciones precisas e intentos de explicación de los trastornos mentales. Entonces, con las causas y fenómenos naturales se van a ver influencias divinas. El misterio va a acompañar siempre a la locura. Este misterio, en cada época, pese a los descubrimientos científicos, va a volver a surgir en cada nuevo giro. Y es que en la locura, sobre todo cuando comienza en un hombre, se abren los abismos de éste, abismos a los que según la época se les ha denominado demonios, embrujamiento, enajenación, subconsciente o, como hoy, angustia y libertad.

En la antigüedad la locura se atribuía, dentro de la medicina naturalista, al juego de los humores —sangre, flema, bilis amarilla y bilis negra—, de los cuales nos queda hoy vestigio en la depresión a la que también se llama melancolía (esta palabra significa «predominio de la bilis negra»).

Luego se dio importancia, en el origen de los trastornos mentales, al desenfreno de las pasiones. Aún Felipe Pinel, a quien se considera padre de la psiquiatría, daba razón de éstas en su «tratamiento moral». A Pinel siguió durante todo el siglo XIX una labor de descripción y clasificación de las enfermedades psíquicas que culminó, hacia el cambio de siglo, en Kraepelin. Coetáneo suyo fue Freud, quien, partiendo de la neurología, elaboró una teoría y un método —el psicoanálisis— con el que logró descripciones valiosas que enriquecieron lo que hoy llamamos psicología comprensiva (comprensión del devenir psíquico a partir de motivos, a diferencia de la psicología explicativa que estudia el devenir a partir de causas). Tanto la teoría como el método de Freud han sido complementados y superados en buena parte. La mejor labor crítica en psicopatología fue realizada por Karl Jaspers.

En los últimos cincuenta años, la psiquiatría ha visto el desarrollo de los tratamientos biológicos (electrochoque, choque de insulina) y de los psicofármacos. Gracias a éstos ya no existen las tradicionales escenas de enfermos agitados, vociferantes, peligrosos. En la actualidad, una clínica de enfermos agudos o un hospital de enfermos crónicos son lugares tranquilos en los que el enfermo mental no se distingue externamente de cualquier otra persona.

En la historia de la asistencia psiquiátrica ocupa lugar destacado España. En 1409 se fundó en Valencia el primer hospital psiquiátrico del mundo. A él siguieron, de modo sistemático, otros muchos en ciudades españolas e hispanoamericanas (México, principalmente). En Zaragoza se inició el tratamiento de los enfermos mentales mediante el trabajo (laborterapia).

Hoy en día, la psiquiatría se debate en multitud de campos, no sólo médicos. Pero quizás sea interesante mencionar que, en contra de lo que podría parecer, los aspectos físicos y mentales de la personalidad humana establecen conexiones más íntimas; tal es el origen de la llamada «medicina psicosomática».

Examen de las enfermedades

Las enfermedades mentales

Psicosis endógenas

Las psicosis endógenas son trastornos mentales de causa desconocida que se originan en el cuerpo mismo o en una especial predisposición hereditaria del organismo, por lo que se supone que no se deben a factores ambientales. Más adelante (véase «psicosis exógenas») distinguiremos los distintos grupos de trastornos mentales. Se habla de **psicosis** cuando no resulta directamente comprensible el cuadro de la enfermedad a partir de motivos psicológicos.

PSICOSIS MANIACODEPRESIVA

Esta enfermedad afecta preferentemente a las personas que pertenecen a los círculos sociales y culturales relativamente más elevados. No es que haya enfermedades de ricos o de pobres. La psicosis maniacodepresiva predomina en los individuos de constitución pícnica; está comprobado que éstos se adaptan más al medio y que la afección es ascendente en la escala socioeconómica. La constitución pícnica se caracteriza por un físico compacto, macizo: tórax ancho, vientre con curva «de la felicidad», manos anchas, mentón marcado, cuello que enlaza en línea recta al mentón con el tórax, perfil rotundo, cráneo abovedado, calvo con la edad. A pesar de desconocerse la causa de la psicosis maniacodepresiva, existe una evidente predisposición hereditaria. Aunque el nombre alude a la relación entre el cuadro maniaco y el depresivo, la presentación de ambos en un mismo enfermo resulta rara. Mejor es describir los tipos patológicos en el orden de frecuencia con que se presentan.

En la **depresión endógena,** la persona siente un día bruscamente (son muy numerosos los casos) que «le cae una losa en el corazón». Con estas palabras intenta el enfermo describir la especial congoja, la «profunda pena» que le invade, aun cuando su mente le diga con toda claridad que todo va bien, que no hay motivo real para apenarse. Y sin embargo, el enfermo llora, se siente atraído por la muerte como por un imán. El suicidio no parece nada temible, sino fácil. Comparados con la tortura que el enfermo siente, la horca, el cuchillo, el estrellarse con el coche, son algo baladí. Este triste estado de ánimo tarda en calar, como una mancha de aceite que se extiende. Al principio, o si la depresión es leve, sólo va acompañado de un trastorno del sueño (despertar temprano sin volver a conciliarlo) y, de día, de una flojera, de un apocamiento que invitan al sujeto a rehuir el contacto social, refugiarse en el alcohol o recurrir quizá a actitudes hostiles. La persona se siente insegura; hasta sus movimientos son temblorosos. Unos sienten mareo; otros, sofocos, oleadas de calor o súbitos sudores. Todo el sistema vegetativo parece desconcertado: palpitaciones, diarrea, sensaciones corporales. Y en el corazón un peso, una opresión; en la cabeza un dolor sordo que puede describirse como «una gorra apretada». Se pierde el gusto de comer (el gusto, la ilusión de todo) y el enfermo adelgaza y se queja de estreñimiento. En mujeres mayores, sobre todo, se presenta un molesto hormigueo en las manos, principalmente al acostarse.

La mente y sus enfermedades

En esta fase, un tratamiento con medicamentos puede aliviar la pesadumbre corporal, y si no quita el pesimismo, al menos borra sus consecuencias. Sin terapéutica o, en ciertos casos, pese a ella, la depresión progresa y es como si se «metiera más hondo», como si se hiciera carne. Y ya la pena ni siquiera se siente. Los sentimientos se han secado. Se queja el paciente de no poder llorar, o si es una joven madre, sufre por no sentir ternura por su nuevo hijo. El mundo se vuelve gris y no hay en él cabida sino para lo negativo: un cáncer, la ruina, la condenación. Si algunas horas se pasan mejor son las del final de la tarde. Toda actividad cuesta un esfuerzo, el pensamiento se hace lento y la atención falla.

La depresión es el más frecuente de los trastornos mentales, pero su pronóstico es bueno, ya que, aunque se repiten las fases, prácticamente siempre se consigue que remitan. Se da preferencia al tratamiento con medicamentos. Sólo en pocos casos hay que recurrir ya al electrochoque. Nunca debe perderse de vista la posibilidad de que el enfermo cometa suicidio.

La forma **maniaca** es mucho menos frecuente. Sus síntomas son el polo opuesto a la depresión: euforia, tendencia incansable a la actividad, pensamiento rápido que llega a la fuga de ideas, hipervaloración de sí mismo que llega al delirio de grandeza, etc. Si se intenta contener al paciente, fácilmente se torna irritado e incluso agresivo. En contra de sus hábitos anteriores, de repente molesta a parientes y amigos con cartas interminables, propone los negocios más descabellados y pretende inmiscuirse en toda clase de actividades religiosas, políticas, financieras, culturales, etc. Muy molesta para sus allegados es la extraordinaria verborrea y su constante cambio de horizontes y quehaceres. El curso suele también ser fásico y el tratamiento hace uso ante todo del electrochoque y los medicamentos tranquilizantes. El uso de sales de litio es efectivo.

La llamada **locura circular,** mucho más rara que las anteriores, es una alteración, casi regular, de fases depresivas y maniacas.

En muchos de estos cuadros el enfermo debe ingresar en sanatorios especializados, para prevenir el peligro, siempre posible, de suicidio durante la fase depresiva.

ESQUIZOFRENIA *(Demencia precoz)*

Si no se tuvieran en cuenta las depresiones mitigadas que tantas veces se confunden con diversas enfermedades corporales (hígado), podría afirmarse que la esquizofrenia es la enfermedad mental más frecuente (casi el uno por ciento de la población total). El término esquizofrenia se debe a la noción que implica una disociación (esquizo significa hendir, dividir, fisurar) en los actos psíquicos.

El enfermo no deja de creer que es heredero de un trono mientras friega cumplidamente el suelo del comedor. Ama y odia a la vez a sus familiares, llega a inventar palabras (neologismos) para designar la fusión de los contrarios (un individuo no es varón ni hembra, sino «varhembra»). Su pensamiento funciona así, separando lo unido, uniendo lo contrario, unificando lo vario, desplazando significados y terminologías. Podría decirse que su inteligencia no se ha alterado (por lo demás quedaría intacta) sino que por actuar de testigo de un mundo dislocado (por las vivencias emocionales o por las alucinaciones) da un testimonio forzosamente incomprensible. Así parecen demostrarlo una y otra vez casos que tras veinte años o más de enfermedad continua nos

Examen de las enfermedades

sorprenden con su lucidez, lógica y buen juicio en caso de un incendio del manicomio, pongamos por ejemplo. Y, sin embargo, si esto es así en muchos enfermos, en otros no podemos negar que hay un auténtico trastorno de la inteligencia: el curso mismo del pensamiento está fragmentado, inconexo; sufre cortes bruscos o vacíos súbitos, que el enfermo experimenta como inducidos desde fuera. El resultado puede ser una devastación de la inteligencia que justificaría en muchos casos, quizá en lo que con mayor legitimidad sería la esquizofrenia, el nombre de demencia, al que solía añadirse en otros años la coletilla de «precoz», porque a diferencia de la senil, por ejemplo, comienza en la juventud.

Pero es sobre todo en la personalidad (véase distinción con inteligencia en el apartado «Personalidades psicopáticas», página 612) donde se manifiestan los mayores cambios. Son los sentimientos, la acción respecto a un mundo y en un mundo lo que nos choca. Radicalmente, es el mundo del esquizofrénico lo que es distinto, la forma como lo ve y lo descubre, se entiende.

Por ello, esta enfermedad es la que más se ajusta a la noción popular de «locura». No se conocen sus causas; quizá intervengan los factores hereditarios, pero mucho menos acusadamente que en el caso de la psicosis maniacodepresiva.

Para describir sus síntomas bastaría con enumerar las supuestas funciones mentales (pensamiento, lenguaje, sentimientos, conducta, etc.), añadiendo el adjetivo «incomprensible». Pero de esta forma, aun habiendo afirmado algo cierto, en conjunto no conseguiríamos una imagen reconocible que sirviera para un diagnóstico positivo. Lo incomprensible, a secas, es mucho más amplio que lo «esquizofrénico». ¿Podría trazarse un cuadro reconocible de algo que comenzamos definiendo como incomprensible? Paradójicamente, sí, porque dentro de este amplio grupo de enfermos hay ciertas regularidades o manifestaciones típicas que obedecen a cierta lógica.

Es frecuente que al principio el enfermo tenga un sentimiento de angustia y extrañeza que desconocía antes. Mira y remira las cosas; se observa él mismo en el espejo para descubrir qué ha cambiado. Porque eso es lo esencial, «que algo ha cambiado, que está pasando», y es algo muy importante, algo que tiene que ver con él. A esto es a lo que se ha llamado humor delirante o estado de ánimo delirante. Al cabo de horas o días, el enfermo llega a «saber» qué pasa. Descubre un significado, pero un significado con un relieve muy superior a todos los significados que constantemente encontramos en nuestro mundo. Es lo que se llama vivencia delirante y que de modo más o menos perfecto, más o menos sistemático, le hará revisar su idea de la vida, de los valores, del cosmos.

Esta aparición de un nuevo significado que se impone sobre todos los demás, del que no puede zafarse el enfermo, puede ser paulatina, larvada o, por el contrario, tormentosa. Ya desde un principio se definen tipos de evolución que han hecho hablar del «grupo de las esquizofrenias» y no de una Esquizofrenia, con mayúscula, como un solo conjunto de síntomas.

En la forma **paranoide** el enfermo entra en un mundo mágico poblado de alucinaciones, sobre todo auditivas, aunque también pueden referirse a las sensaciones corporales o al olfato. Su pensamiento sufre cortes bruscos, como operados desde «fuera». Se siente influido en su conducta. Sus propios actos le parecen «hechos» y para explicarlo nos habla de efectos por la televisión, el radar, ondas o de una conjura por los masones o cualquier tipo de sociedad secreta. Su comportamiento no puede más que

La mente y sus enfermedades

parecer extraño y sus sentimientos también chocan; pasado el humor delirante, quizá aparezcan arrebatos afectivos o una desolación de su sensibilidad, con indiferencia, o bien un especial ensoñamiento, con mirada lejana.

Con un comienzo más tormentoso cursa la forma **catatónica,** en la que destacan los síntomas del movimiento: ausencia total (estupor) o mantenimiento prolongado de posturas que a un sano causarían gran fatiga, o movimientos de escaso sentido que repite de modo monótono y constante, o agitaciones incontenibles llenas de violencia. Lo mismo se manifiesta en el lenguaje: mutismo, repetición de palabras o frases a veces incomprensibles. Quizá luego, cuando se tranquilice, el enfermo nos relatará visiones apocalípticas, aterrorizantes, del fin del mundo.

El principio es más suave en la forma **hebefrénica.** Toma su nombre de Hebe, la diosa griega de la juventud. Y es que el enfermo llama la atención, sobre todo, por su actividad superficial, por su sonrisa vacía que recuerda el desgarbo de los adolescentes. Las alteraciones son en el campo del sentimiento, el querer y la acción. Los sentimientos pierden espontaneidad y profundidad. La sonrisa parece forzada y superficial. Ni los acontecimientos felices ni los desagradables provocan los correspondientes sentimientos afectivos. Los enfermos apenas tienen iniciativa, incluso hay que obligarlos a vestirse, a comer, etcétera.

Si todas estas formas se distinguen por estar subrayado un grupo de síntomas, en todas se pueden encontrar cada uno de ellos. La evolución es mejor en los casos que comienzan bruscamente y peor en aquellos en que resulta más difícil decidir cuándo dejó de comprenderse al enfermo. Así, la hebefrenia tiene un pronóstico malo. La catatonía y la esquizofrenia paranoide cursan con brotes recortados en el tiempo que pueden dejar al enfermo en estado normal o cada vez con un grado de defecto que al acumularse causa finalmente la demencia esquizofrénica o embrutecimiento, distinto sin embargo de la demencia orgánica.

Tratamiento. Los modernos tratamientos medicamentosos (psicofármacos) han permitido que hoy las clínicas psiquiátricas, tanto de enfermos agudos como de crónicos, no se distingan en nada de cualquier otra clínica o comunidad humana. Los brotes agudos tienen un tratamiento tan eficaz que en poco tiempo se consigue que los enfermos se distancien de sus ideas delirantes o falsas percepciones. A pesar de todo, aún es necesario recurrir a los tratamientos de choque (electro, insulina o cardiazol). Es fundamental la laborterapia y acostumbrar a estos enfermos a saber convivir con sus semejantes (discusiones, reuniones sociales, terapéutica de grupo, etc.). En una gran proporción de casos (más del 80%) se consigue con todas estas medidas, la resocialización de los enfermos y su integración en la comunidad.

PARANOIA

La palabra **paranoia,** que siguiendo el destino de tantos diagnósticos psiquiátricos se ha difundido en el lenguaje vulgar, siempre con una nota peyorativa, significa en griego «junto a la mente». En términos sencillos podríamos decir que la mente no funciona mal, sino que lo hace «en otra longitud de onda», por otro camino paralelo al normal. Comencemos por la noción de la **manía persecutoria:** hay un delirio puro, sin alteración de la memoria, de las percepciones, ni de ninguna función mental. Un hombre cree firmemente ser víctima de una conjuración. Fracasa todo intento de convencerlo de que está en un error. Precisamente, lo incomprensible es su incapacidad de distanciarse de su serie de ideas que le traen malas consecuencias, de dar por perdida su causa. Por el contrario, pone todas sus capacidades mentales, íntegras, como hemos dicho, al servicio de su delirio. Éste no surge ni perdura porque esté trastornada la capacidad de juicio. El enfermo afirma que le persiguen y no hace sino dar claro testimonio de lo que él **cree** realidad. Sus sentimientos y sus acciones cursan en consonancia. Se defiende, y en su defensa puede actuar agresivamente, con peligro para los demás.

Se creyó hace decenios que la paranoia era una enfermedad mental independiente. Más tarde se pensó que no es sino una forma de existir de la naturaleza humana. En ese juego, propio de la inseguridad de todo hombre, entre lanzarse a empresas, atreverse, y corregir errores y defenderse, o fracasar, es función útil la suspicacia, la interpretación de las situaciones. Rara es la persona que no ha pasado en el curso de su vida por algún momento en que se comportó en forma paranoica, en que se sintió postergada, atacada, lesionada en sus derechos o en su dignidad. Sólo que, por lo común, el mismo transcurso del tiempo nos hace pronto serenarnos, nos enseña a tomar distancia, y nos ayuda a superar la situación.

El comienzo del cuadro paranoico a veces se recorta claramente, como en el caso del pleitista que tras perder un primer litigio recurre ante tribunales de instancia cada vez superior, hasta llegar a creer que están corrompidos todos los jueces, e incluso todos los hombres de Estado. En otros casos nos resulta comprensible que una solterona con un enamoramiento oculto se sienta en profundo ridículo y ante lo insoportable de su situación pase a creer que los demás la observan, aluden a ella, la vigilan, la persiguen en consecuencia.

La reacción paranoica se ve también en los que sufren dificultades de comunicación, como los obreros emigrantes a países de lengua distinta, o los sordos; la paranoia muestra predilección por ciertas profesiones en las que el rango social no se delimita netamente, como son las damas de compañía, los maestros de escuela pobres en regiones ricas pero incultas, etc. Y cada vez se reconocen con mayor frecuencia cuadros paranoicos montados sobre una simple fase depresiva o hipomaniaca.

El contenido del delirio no siempre es de persecución. Por lo dicho ya, se comprende que hay también delirios de celos, eróticos, de perjuicio, de grandeza. Si nos fijamos, parece como si la persecución y la grandeza fueran dos polos: lo descomunal de la conjura corresponde a la grandeza del personaje, y viceversa; el elevado sentimiento de la propia dignidad hace más crueles las burlas de que se cree víctima el enfermo de paranoia.

El tratamiento se orienta según el origen supuesto del delirio en cada caso: psicoterapia, terapéutica de la fase depresiva, psicofármacos, tratamientos de choque o coma insulínico. En los casos que más propiamente pueden llamarse paranoia (delirio de comienzo insidioso, progresivo, sistematizado, antiguo) el efecto terapéutico por lo general es escaso.

El gran problema de la enfermedad paranoica radica en su trascendencia social. El magnicida, muchos anarquistas e innumerables inconformistas, tienen una motivación paranoica, en la que es sumamente difícil distinguir entre el puro idealismo y el delirio patológico.

EPILEPSIA

La palabra epilepsia deriva del verbo griego *epilambanein,* que significa agarrar, atacar, sorprender: el enfermo sufre un «ataque». Si bien puede afirmarse que existe una enfermedad independiente y hereditaria, a la que debe llamarse epilepsia genuina, el fenómeno epiléptico en sí, el ataque, no es sino un síntoma que aparece en muy diversas enfermedades.

Llamamos epiléptico a todo fenómeno neurológico o psíquico de aparición **brusca** y de duración breve o, por lo menos, recortada en el tiempo como consecuencia de la irritación de alguna zona del sistema nervioso central. Se trata de una descarga desordenada. El más conocido es el ataque epiléptico del **gran mal.** Encontrándose bien el enfermo, o todo lo más tras una especie de sensación de soplo en la cara (aura) o cualquier otra sensación en el cuerpo o en los órganos de los sentidos, pierde bruscamente el conocimiento, cae al suelo y sufre convulsiones: al principio tiene todos los músculos del cuerpo agarrotados, y después la tensión deja poco a poco de ser continua, aparecen esbozos de contracciones rítmicas que gradualmente pasan a contracciones francas y simultáneas de todos los músculos del cuerpo. No es raro que la contracción de los músculos de la mandíbula produzca la mordedura de la lengua; la saliva, al ser batida, forma espuma, a veces teñida de sangre. Al caer, es frecuente que el sujeto se hiera. Durante el ataque se orina. Dura generalmente poco más de un par de minutos.

Al terminar el ataque, debido a que los músculos de la respiración también han estado contraídos, la piel ha adquirido un tinte amoratado por falta de oxígeno. La crisis se resuelve en un sueño profundo del que, al cabo quizá de un cuarto de hora, despierta el sujeto con la conciencia muy confusa, lo cual se refleja en su dificultad de lenguaje y los movimientos torpes.

Es propio que estos ataques de gran mal se repitan en el curso de la vida. Pero ante un caso aislado, el médico nunca puede predecir con seguridad qué rumbo tomará la enfermedad. Sin que se sepa por qué, los ataques pueden desaparecer espontáneamente incluso durante años, para reaparecer después. En un enfermo, el ritmo de los ataques puede ser de varios al mes o sólo uno cada 40 días, o uno un par de veces al año o quizá uno solo en el curso de 40 años.

Junto a estos ataques de gran mal, existen los del **pequeño mal** o **ausencias:** durante un par de segundos, el niño (pues esta forma comienza de ordinario en la infancia) queda parado en su actividad, que inmediatamente reanuda. Durante la ausencia no hace ningún movimiento o, a lo sumo, un ligero rechupeteo o un parpadeo. Es típico que las ausencias se repitan de 30 a 50 veces cada día. Al aumentar la edad del niño, hacia la adolescencia, las ausencias desaparecen en gran parte de los casos o se transforman en ataques de gran mal.

Los ataques de gran mal, que significan por lo menos una falta de oxígeno en el cerebro mientras duran, son causa progresiva de lesión cerebral. De esta forma, un epiléptico que haya sufrido numerosos ataques de gran mal tiende a desarrollar una demencia (deterioro de la inteligencia). La demencia del epiléptico debe distinguirse del carácter epiléptico. Éste no es consecuencia de deterioro originado por la sucesión de ataques, sino que en muchos casos existe desde un principio paralelamente a aquéllos. La esencia del carácter epiléptico sería la lentitud de los procesos mentales:

el pensamiento es lento, falta agilidad mental; por ello, el epiléptico, como si compensara este retardo, complementa cada uno de sus actos y sus palabras con detalles minuciosos y banales.

En su conducta, el epiléptico es ordenado, metódico, da buenos rendimientos en trabajos en serie, monótonos, que cambian poco. En el lenguaje y en el trato social es circunstanciado, repetitivo, solemne, empalagoso. De aquí que se haya hablado de la «viscosidad» o «pegajosidad» del carácter epiléptico.

De la demencia y del carácter epiléptico deben distinguirse también las **distimias**, que son estados de ánimo desagradables, de mal humor, depresión, agresividad, que en ciertos pacientes parecen sustituir en determinadas épocas a los ataques. Incluso la provocación artificial de un ataque epiléptico con electrochoque es a veces el único medio para combatir tales distimias. También como equivalente de los ataques o montado sobre el fondo distímico puede aparecer algún síndrome exógeno, de los que luego hablaremos (véase «Psicosis exógenas», página 605).

Ante todo fenómeno epiléptico, sea cual sea su forma, se debe siempre hacer una exacta exploración del sistema nervioso central, ya que todas las enfermedades de éste (tumores, traumatismos, infecciones, degeneraciones, hemorragias o trastornos de tipo vascular) son capaces de producirlos. Sólo después de excluir una causa orgánica debe pensarse en la epilepsia genuina. Porque si en ésta lo típico es que existan antecedentes hereditarios de fenómenos epilépticos, no debe olvidarse que en el diagnóstico lo esencial no es distinguir la epilepsia genuina de la sintomática (por otras causas), sino establecer el grado en que el enfermo, junto a la noxa externa (herida, tumor, etc.), está predispuesto a los ataques. Y ateniéndonos a esto, parece ser que existe cierta correlación entre la forma de manifestación y la etiología. Así, la presencia de los rasgos típicos del carácter epiléptico, la aparición predominantemente nocturna de ataques de gran mal, el comienzo en la infancia, inclinarían la balanza en el sentido de un mayor grado de predisposición hereditaria. En cambio, la ausencia de rasgos típicos de carácter epiléptico, la manifestación del ataque sólo en una parte del cuerpo (por ejemplo contracciones en un brazo o en una pierna y no generalizadas), la distribución indiferente de los ataques en relación con las horas del día y la noche y, sobre todo, el acompañamiento de otros síntomas neurológicos hacen pensar más en el factor exógeno que en el endógeno.

El electroencefalograma, que es la inscripción en papel de las ondas de voltaje del cerebro después de potenciadas, permite diagnosticar la epilepsia y distinguir entre sus distintas formas.

La epilepsia de origen neurológico conocido debe tratarse excluyendo la causa: extirpación del tumor, tratamiento de la inflamación o infección, etc. Si no se ha encontrado ninguna causa orgánica, se administra tratamiento medicamentoso a base principalmente de derivados del ácido barbitúrico y de la hidantoína. En la gran mayoría de los casos de epilepsia genuina, si el tratamiento comienza pronto, se consigue la curación de los ataques o una enorme reducción de su frecuencia e intensidad. Así pues, el diagnóstico de epilepsia no debe asustar al enfermo ni a sus familiares. Han pasado ya los tiempos en los que era imposible la terapéutica de la epilepsia y el enfermo se transformaba poco a poco en un demente lleno de cicatrices (testimonio de caídas repetidas), con reacciones violentas y agresivas, que debía ser internado a perpetuidad en un manicomio. Cuando la medicación consigue suprimir los ataques, la importancia de ser epiléptico no tiene por qué ser mayor para el enfermo que el hecho banal de llevar gafas. Puede vivir una vida larga, útil y feliz. Cuando el diagnóstico se establece en un niño, es muy importante aconsejar bien a los padres para que por una preocupación y unos cuidados excesivos no lo conviertan, pese a lograr suprimir los fenómenos epilépticos, en un lisiado psíquico. En la gran mayoría de los casos el niño habrá de continuar durante años, a veces toda la vida, tomando comprimidos, pero por lo demás es preciso que se eduque y desarrolle dentro de una noción de normalidad de sí mismo. Las únicas restricciones a que debe someterse son muy breves y claras: ante la posibilidad de sufrir de improviso un ataque con pérdida de conocimiento, deberá cruzar las calles y carreteras mirando bien que el tráfico esté detenido o no pasen coches; en segundo lugar, no debe ponerse al borde de sitios altos sin barandilla o protección; si está junto a una hoguera o un fogón, debe respetar una distancia prudencial; y, por último, cuando nade en un lugar profundo, deberá hacerlo acompañado de una persona que, conociendo su enfermedad, esté avisada para acudir rápidamente en su auxilio.

Psicosis exógenas

Hemos hablado de tres enfermedades mentales: psicosis maniacodepresiva, esquizofrenia y epilepsia genuina, cuyo origen se atribuye hoy principalmente a la herencia, por más que se conozcan de modo completo las leyes de transmisión de ésta y los procesos bioquímicos intercalados entre el hecho mismo de la transmisión de los genes y la manifestación de la enfermedad. En la psiquiatría, junto a este gran grupo de enfermedades llamadas endógenas, hay otros dos: el de las psicosis exógenas y el de las psicopatías en general. Las psicosis exógenas son trastornos mentales de causa orgánica conocida: cerebral o extracerebral. En las psicopatías todo hace pensar que no existe una base corporal.

Cualquier enfermedad del encéfalo, del mismo modo que puede producir ataques epilépticos, puede también dar lugar a «síndromes psíquicos exógenos». Y otras muchas enfermedades que no afectan primariamente al encéfalo pueden también repercutir en éste llevando finalmente a los síndromes exógenos. En contraste con el número enorme de enfermedades, cerebrales o no, que encontramos en la etiología, las formas del síndrome psíquico exógeno son muy pocas. Para mayor claridad daremos un ejemplo, en la medida de lo posible, de estos contados síndromes al hablar del alcoholismo. Aquí, de momento, sólo expondremos una relación esquemática:

Síndromes reversibles	Síndromes irreversibles
Síndrome de transición	Desintegración de la personalidad
Enturbiamiento de conciencia	Demencia
Inconsciencia	En lesiones cerebrales de la primera infancia, retraso de la personalidad y de la inteligencia
Coma	

Examen de las enfermedades

ALCOHOLISMO

Si en tiempos anteriores se llamaba alcoholismo a la enfermedad corporal o psíquica causada por el consumo de alcohol, hoy, por diversas razones, se ha ampliado el concepto de tal forma que se incluyen en él todas las personas que con síntomas o sin ellos han perdido la libertad frente al alcohol: aun siendo capaces de renunciar a éste durante periodos más o menos largos, presentan el fenómeno de que «se les calienta la boca» (dependencia del alcohol). Esta expresión, procedente de los mismos alcohólicos, significa que cuando ceden a la tentación y beben el primer vaso de alcohol siguen luego bebiendo vaso tras vaso hasta la embriaguez o el término de la jornada. La tendencia latente a beber siempre cuando se toma una copa, porque «una sola no hace daño», se convierte en intenso deseo frente al que la voluntad fracasa.

En el mundo occidental el alcohol es un factor social. Se encuentra en todas partes, en todos los países, se consume con todos los pretextos y está al alcance de todos los individuos. La primera cuestión es ésta: ¿por qué si el alcohol está a la disposición de todos, sólo unos hombres se vuelven alcohólicos y otros no? Se ha intentado responder recurriendo a determinados estudios realizados en animales, según los cuales el metabolismo (la química corporal) de los individuos predispuestos es distinto del de los demás. Otras opiniones señalan que es principalmente en el aspecto mental, en el carácter previo, en lo que radica la diferencia entre los que se harán alcohólicos y los que no padecerán esta enfermedad.

Sin embargo, cuando se intenta precisar el tipo o los tipos de caracteres de los prealcohólicos, no se consigue. Tampoco sacan de duda los estudios relativos a las situaciones sociales que empujarían a unos individuos o a otros al consumo patológico de alcohol. Algo semejante se plantea con respecto a los síndromes psíquicos exógenos en relación con otras causas. No en todo enfermo que sufre una intoxicación, una infección o un accidente vascular cerebral aparecen estos síndromes. En general, pues, hay que contar con una predisposición.

La primera vez que una persona toma alcohol presenta leves signos de **embriaguez.** Prescindiendo de las alteraciones motoras (principalmente incoordinación de los movimientos), la forma de sentirse la primera embriaguez puede servirnos de ejemplo. Es posible que el individuo sienta una cierta euforia, se fije menos en las cosas o le cueste recordar otras ya aprendidas, o que se muestre indiferente ante lo que horas antes quizá le preocupara.

Y no puede hablarse todavía de que la conciencia esté alterada o enturbiada. Si el sujeto no bebe más, pasado algún tiempo volverá a su estado de ánimo y a sus condiciones mentales normales. Éste puede ser un ejemplo de síndrome de transición: entre la normalidad y una fase ulterior de mayor intoxicación (si se bebe más), en la que ya está alterada la conciencia. Según que en el síndrome de transición predomine la alteración del impulso, de los sentimientos o de la memoria, se ha hablado de síndrome espontáneo, síndrome afectivo y síndrome amnésico.

Pero si el sujeto sigue bebiendo alcohol, se produce ya una **alteración de la conciencia** que, según la cantidad ingerida y la rapidez, va pasando por el enturbiamiento, la confusión mental, el delirio o el estado crepuscular, el estado de inconsciencia (en que todavía se conservan los reflejos de defensa a los estímulos dolorosos), finalmente el coma y, quizá, la muerte. De todos son conocidos los casos

La mente y sus enfermedades

de apuestas pueblerinas en que un individuo ingiere de una vez gran cantidad de alcohol concentrado y en muy poco tiempo entra en coma y muere. Con excepción de la muerte, naturalmente, también los diferentes grados de trastornos de la conciencia son reversibles.

Dentro de nuestro marco de exposición tiene importancia destacar el cuadro del delirio, que en el caso del alcohol se denomina *delirium tremens*. Además de la desorientación propia del grado anterior de enturbiamiento, hay alucinaciones, en particular de tipo visual, y el sujeto cree vivir una escena completa que en muchos casos se refiere a su propia profesión. Así, el carpintero se moverá por su habitación como si estuviera construyendo un mueble. Hay síntomas motores, entre los que destaca el temblor, y todo el cuadro representa una gran sobrecarga para la circulación. Sin tratamiento, el peligro de muerte es grave. Aun cuando remita el delirio —y puede tardar en hacerlo algunos días o incluso un par de semanas—, la repetición del *delirium tremens* aumenta mucho la gravedad pronóstica.

Este modelo del enturbiamiento de conciencia por el alcohol se repite también en otros síndromes exógenos debidos a causas diferentes. Lo único que ofrece un cierto tipismo cuando consideramos síndromes producidos por causas nocivas externas distintas es el orden y la duración de cada una de las fases que hemos expuesto anteriormente.

Si los agentes nocivos externos continúan actuando durante tiempo y con intensidad suficiente, desembocan en los síndromes irreversibles.

Dejamos para otro capítulo los síndromes irreversibles que quedan cuando el agente nocivo actúa en la primera infancia (oligofrenias exógenas). En el adulto hay que distinguir principalmente entre la desintegración de la personalidad y la demencia.

La primera se ve claramente en el alcohólico cuando, por el transcurso de años de consumo de alcohol, comienza a desestructurarse todo lo que se adquirió por la educación. Los modales de cortesía y las normas éticas matizadas empiezan a desaparecer. El individuo se vuelve mordaz. Pese a sus protestas de aparente arrepentimiento profundo, su tendencia a la ingestión de alcohol lo induce a cometer faltas de ética para procurarse dinero, por ejemplo, frente a las que cada vez muestra una menor sensibilidad. Así se ve cómo el alcohólico va descendiendo en la escala social y profesional. Cada nueva crisis de abuso alcohólico le produce fases de embriaguez aguda con agresividad, crisis de furia, etc., que lo hacen antisocial. Finalmente, debe ser recluido en un hospital psiquiátrico, prácticamente a perpetuidad.

Independiente de esta transformación de la personalidad es la **demencia.** Demencia significa, como ya hemos dicho, deterioro de la inteligencia. Si la desintegración de la personalidad implicaba un cambio en el estilo personal y en la ética, no significaba que el sujeto hubiera perdido su habilidad profesional. En todo hospital psiquiátrico es bien conocido el típico carpintero que, mientras no bebe, puede ser todavía capaz de realizar su tarea, incluso con gran esmero. En cambio, en la demencia la destrucción de la inteligencia lleva en sus grados más intensos incluso hasta la pérdida de los conocimientos y la habilidad en oficios bien aprendidos.

El tratamiento del alcoholismo es, como en el de todos los síndromes psíquicos exógenos, el de la causa. En el alcoholismo es preciso que el sujeto suprima el alcohol. Es tarea difícil porque no basta con la simple eliminación material de la posibilidad de beber, sino que hay que reincorporar al sujeto a la sociedad, a una vida laboral útil, y para ello es preciso investigar individualmente, de caso en caso, las condiciones ambientales y psicológicas que empujaron al sujeto a su toxicomanía. Para conseguir esta rehabilitación se precisa una organización social que en muchos países existe en forma de grupos de Alcohólicos Anónimos, por ejemplo, e instituciones dedicadas por entero y de forma exclusiva a esta tarea especializada.

Toxicomanías

Ya hemos visto el alcoholismo, que es, sin duda, una toxicomanía, y lo hemos descrito por separado para que nos diera motivo a una explicación más amplia de los síndromes psíquicos exógenos y además porque con enorme diferencia constituye la toxicomanía más frecuente. Ahora vamos a describir brevemente otras toxicomanías que, desgraciadamente, por el cambio de costumbres propio de nuestros tiempos, van extendiéndose. Consideraremos en primer lugar la morfinomanía; en segundo, la adicción a los hipnóticos y tranquilizantes y, en tercero, a los estimulantes.

MORFINOMANÍA

La adicción a la morfina (y a sustancias químicas emparentadas con ella) comienza en unos casos porque la sustancia se prescribió para combatir intensos dolores que no cedían con otros medios a consecuencia de alguna enfermedad orgánica. Desgraciadamente, en la mayoría el comienzo del hábito debe atribuirse a la debilidad de la propia personalidad y a las circunstancias sociales externas. De esto hablaremos con más detalle al referirnos a los medios estimulantes. La morfina produce un efecto inmediato de mejoramiento del estado de ánimo o incluso euforia, una mayor tendencia a la actividad de rendimiento aparentemente mejor y una indiferencia frente a las sobrecargas que el medio impone al sujeto. Pasado el efecto de la inyección de morfina viene un estado de «cruda» en el que el enfermo se encuentra con malestar. Para combatirlo se siente íntimamente empujado a consumir una nueva dosis de morfina. Con el tiempo, la dosis necesaria para obtener el efecto deseado va aumentando y el estado de «cruda» o abstinencia se convierte en un verdadero suplicio para el enfermo. A esta necesidad cada vez mayor del tóxico se le llama propiamente «adicción» medicamentosa. En el estado de «abstinencia», el paciente se encuentra pálido, con el vello en erección, las pupilas dilatadas y una enorme angustia. Se comprende que en este juego intermitente entre la aplicación de la dosis y la abstinencia, los intereses del individuo se van reduciendo cada vez más en torno a la droga. Para conseguirla no vacila en cometer hasta actos delictivos que van desde la simple falsificación de recetas o el asalto a farmacias hasta el asesinato, si es preciso, para conseguir la sustancia. Vemos, pues, que se produce una desintegración de la personalidad. En los periodos de abstinencia pueden aparecer incluso síndromes delirantes.

Un signo diagnóstico muy importante es la presencia de abundantes cicatrices, sobre todo en los muslos y en los brazos. La explicación es ésta: el enfermo lleva en su bolsillo una jeringa cargada de morfina, y cuando el efecto de la dosis anterior pasa, para evitar a tiempo el comienzo de la abstinencia no vacila en inyectarse a través del bolsillo del pantalón, sin esterilización alguna de la aguja. Se forman así abscesos que dejan las cicatrices mencionadas. En el caso del uso de drogas endovenosas, es frecuente la transmisión de enfermedades como la hepatitis y el sida, debido a que los adictos comparten las jeringas para administrarse las sustancias.

ADICCIÓN A LOS HIPNÓTICOS Y TRANQUILIZANTES

En la mayoría de los casos, los sujetos —por un insomnio debido a otras causas o por un simple miedo psicológico de «no dormir sin la pastilla» y modernamente, entre los jóvenes, por lograr una embriaguez— consumen barbitúricos (principalmente) durante mucho tiempo y otras sustancias somníferas o tranquilizantes. El aumento de la dosis no es demasiado intenso. Las manifestaciones de abstinencia sólo aparecen al cabo de largo tiempo de consumo y se refieren principalmente a un estado de inseguridad interna, con temblor e incoordinación de los movimientos, y pueden llegar a producirse crisis convulsivas si la dosis era alta y la supresión brusca. Debe tenerse en cuenta que en muchos de los tranquilizantes que se expenden corrientemente en el comercio hay una combinación de somníferos y analgésicos. Y muchos de éstos, que se sintetizaron y comercializaron con la idea de que pudieran sustituir en su efecto a la morfina, han resultado también engendradores de hábito.

ADICCIÓN A LOS ESTIMULANTES

Consideramos aquí las llamadas aminas estimulantes o anfetaminas y los productos de la *Cannabis indica,* la mescalina (principio activo contenido en el peyote, cacto de México), la dietilamida del ácido lisérgico (LSD), la cocaína y el *crack*. La costumbre de ingerir las aminas estimulantes puede encontrarse en personas dedicadas a actividades intelectuales que exigen rendimientos intensos en momentos de gran preocupación, o bien en mujeres, sobre todo, que las tomaron en medicaciones para adelgazar y luego no supieron renunciar a su efecto euforizante. Pero en la mayoría de los casos —y esto ocurre principalmente hoy con respecto a los derivados del cáñamo índico (la mariguana o hachís) y el ácido lisérgico— hay que buscar el origen de este mal hábito en condiciones de la personalidad del sujeto y en circunstancias sociales. Los individuos que con mayor facilidad se convierten en adictos suelen ser personalidades con voluntad débil, incapaces de mantener unos proyectos y una línea de conducta, mimados por la existencia. El uso de las drogas es un problema preponderantemente social: afecta a todos los niveles socioeconómicos y a un rango muy amplio de edades que incluye a la niñez.

El tratamiento de todas estas toxicomanías es, según hemos dicho al hablar del alcoholismo, especializado. Son necesarias instituciones en las que, además de privar al sujeto de la droga, se trabaje con psicoterapia individual y de grupo y con un enfoque de resocialización para reorientar al sujeto. Ahora bien, a la hora de enjuiciar objetivamente el fenómeno de los «hippies» y otros estamentos de «protesta», que usan estas drogas pero no siempre abusan de ellas, debe tenerse en cuenta que no toda insatisfacción es señal patológica; quizás también la crisis social y moral imperante tiene su parte de culpa.

PARÁLISIS GENERAL PROGRESIVA

La parálisis general progresiva hoy en día apenas existe gracias al éxito de la lucha contra su agente causal, la sífilis. De todos modos, precisamente porque el miedo a la sífilis ha desaparecido en el mundo, vuelven a aparecer casos no diagnosticados ni vigilados, cada vez en número mayor. Otra razón de que describamos de modo particular aquí esta enfermedad mental es que fue, como ya hemos dicho, la primera que pudo relacionarse (en 1854) de modo indudable y constante con un trastorno orgánico corporal.

Tras una primera infección por sífilis en los años juveniles, bien porque no quedara plenamente curada, bien porque ni siquiera fuera tratada, y tras un tiempo de latencia que por término medio es de unos 15 años, aparecen los primeros síntomas. La lesión básica es una inflamación de las meninges y de la corteza cerebral. Hay síntomas neurológicos y síntomas psíquicos. Entre los primeros son típicos la falta de reacción de las pupilas a la luz, mientras todavía reaccionan a la convergencia (al mirar un objeto que se acerca a la cara), los dolores de cabeza de predominio nocturno, el insomnio y la fatigabilidad rápida. Hay también paresias fláccidas de los miembros y de la musculatura de la cara («cara de recién levantado») y trastornos de la articulación de la palabra, que resulta difusa.

En el aspecto psíquico, el cuadro principal es una demencia en la que, junto a enormes faltas de juicio, el estado de ánimo del enfermo está muy elevado. Esta mezcla (demencia con alteraciones afectivas intensas) es típica. El enfermo, movido por sus deseos y sin pensar siquiera en las circunstancias, pide a un guardia que le ayude a llevarse a su casa un tonel de vino que se encuentra al borde de la acera. Afirma poseer cientos de millones o haber engendrado a miles de hijos. Sus costumbres morales y éticas quedan totalmente destruidas. Por ejemplo, vemos personas cuya conducta pretérita fue siempre irreprochable que, grotescamente, se dejan llevar en cada ocasión por sus impulsos sexuales.

El diagnóstico se confirma por el examen del líquido cefalorraquídeo. Diagnosticado al comienzo de la enfermedad, el sujeto puede curar de modo completo. El primer tratamiento eficaz descubierto, que mereció en 1927 el Premio Nobel a Wagner-Jauregg, consiste en transmitir el paludismo al enfermo. Para ello, se le inyectan por vía intramuscular varios centímetros cúbicos de la sangre de un enfermo en fase terciana de paludismo. En tiempos más modernos se ha comprobado la eficacia de la penicilina a dosis altas, que por sí sola logra también la curación.

Psicosis seniles y preseniles

ARTERIOESCLEROSIS CEREBRAL

La arterioesclerosis es ya común a partir de los 55 años de edad. Se establece el diagnóstico principalmente por los signos circulatorios que aparecen en otras partes del cuerpo. En el aspecto psíquico se manifiesta por una transformación progresiva que al principio quizá sólo se note por una cierta rigidez en las actitudes y las reacciones. En la afectividad destacan la facilidad con que el enfermo llora, la irritabilidad y la inquietud. Hay dificultades del lenguaje: el enfermo a veces no encuentra la palabra que desea expresar. La memoria de fijación para los datos recientes empieza a fallar. Hay dolor de cabeza, zumbido de oídos. Al avanzar el proceso pueden producirse estados de embotamiento durante el día e insomnio y estados de excitación con confusión durante la noche. Poco a poco va avanzando la demencia, que se irá pareciendo cada vez más a la demencia senil. La curación es imposible. Con la aparición de vasodilatadores y oxigenadores cerebrales, la mayoría de los síntomas se atenúan y se retarda un poco la progresión de la enfermedad.

DEMENCIA SENIL *(Enfermedad de Alzheimer)*

La demencia senil, que puede acompañarse de arterioesclerosis, suele empezar a manifestarse después de los 70 años de edad. La falta de memoria aparece aquí muy intensificada. Poco después de la comida, el enfermo puede reclamarla porque no ha fijado el recuerdo de ella. Se producen así lagunas en la memoria que el enfermo, sin malicia alguna, cubre con «falsos recuerdos». Todo hombre necesita dar cuenta de la realidad que le rodea. Y esta realidad no es sólo espacial, sino también temporal. El hombre tiene una especial capacidad para dejar incompleta su imagen de la realidad. Por ello, sin percatarse, fácilmente «inventa» lo necesario para que quede completo el cuadro. Privado cada vez más del manejo de los recuerdos recientes parece como si el enfermo se refugiara en los antiguos. De aquí la afición de los ancianos en general a hablar de los «buenos tiempos». El demente senil no puede hablar de otra cosa. Las fallas y la desorientación aumentan al llegar la hora de dormir, con su falta de estímulos auditivos y visuales.

No son raros entonces los cuadros confusionales y la agitación. Conforme la demencia avanza van destruyéndose los recuerdos que tenía almacenados: primero los más recientes, pero poco a poco los de épocas cada vez más antiguas. No es raro ver una ancianita inquieta porque «la modista tarda en mandar el traje de novia y se acerca la hora de la boda». El carácter del anciano se transforma en una caricatura del carácter que tuvo siempre. Quien fue mezquino se vuelve ahora avaro. Las inhibiciones van desapareciendo poco a poco, dando rienda suelta al erotismo, la gula o la irritación, en caso de que se contraríen los deseos. La enfermedad es incurable. Y finalmente es necesaria una asistencia constante del enfermo.

OLIGOFRENIA *(Debilidad mental, subnormalidad)*

Es la falta de inteligencia, hereditaria o por enfermedad del cerebro en la infancia. La falta de inteligencia puede ser ligera o intensa. Se habla de «debilidad» propiamente dicha cuando es posible una educación del niño, aunque de modo más lento que el niño normal. La **imbecilidad** significa una muy escasa capacidad de educación, y la **idiocia** es la falta total de dicha posibilidad.

En conjunto, son débiles mentales un 2% de todos los sujetos de la población. Por lo común, la debilidad mental de grado escaso corresponde a las formas hereditarias, mientras que la oligofrenia más profunda suele deberse a enfermedades sufridas por el cerebro: inflamación de las meninges o del cerebro, lesiones sufridas durante el parto, trastornos congénitos del metabolismo. Entre estos últimos figura una forma que merece especial atención, porque si se diagnostica desde un principio puede corregirse. Se trata de la llamada oligofrenia fenilpirúvica: hay un trastorno del metabolismo al que se debe la presencia de ácido fenilpirúvico en el cuerpo, que normalmente es escindido metabólicamente. En estos niños, al no transformarse y por su acción tóxica, va día tras día lesionando el sistema nervioso central. (El **mongolismo** o **síndrome de Down**, debido a una alteración de los cromosomas, se caracteriza por un aspecto de la cara que recuerda a los orientales, unido a un retraso mental generalmente muy acusado.)

En cuanto al tratamiento, ya queda dicho que sólo la oligofrenia fenilpirúvica es prevenible si se administra una dieta especial al niño. En las demás formas, el tratamiento es principalmente educativo. En la debilidad ligera es posible, merced a una escolaridad especial, que el niño aprenda lo suficiente para realizar trabajos sencillos; por ello, puede permanecer integrado en la sociedad sin significar una grave carga para los demás.

En la imbecilidad se puede conseguir mucho menos. De todos modos, si el enfermo no tiene un carácter especialmente irritable o inquieto, en muchos casos sí se le puede adaptar a oficios simples y, con ello, a la sociedad. En los casos más profundos, lo único que queda es una asistencia puramente externa de aseo, alimentación y cuidado físico del paciente.

Psicopatías, reacciones, neurosis

Con el nombre global de psicopatías se designan las personalidades psicopáticas (psicópatas en sentido estricto), las reacciones vivenciales y las neurosis. No se ha descubierto una causa corporal de estas enfermedades y se presume que nunca llegará a descubrirse. Se trataría fundamentalmente de variantes en la naturaleza humana, como lo son las características físicas que hacen posible la clasificación de los individuos en tipos constitutivos. Sin embargo, en estos seres no enfermos en sentido estricto, los sentimientos, los pensamientos, los actos, se desvían del término medio y esta desviación hace sufrir al sujeto o hace sufrir a los demás, o ambas cosas simultáneamente.

Personalidades psicopáticas

Al hablar de las psicosis exógenas ya establecimos una distinción entre demencia, como disminución de la inteligencia, y desintegración de la personalidad, como algo distinto. Precisemos ahora. Si por inteligencia en conjunto comprendemos la capacidad de juicio y de resolución de problemas junto con todos los instrumentos necesarios para ello, como son la memoria, la capacidad de cálculo, el tiempo psíquico, la capacidad lógica, etc., por personalidad o carácter designamos el «estilo» propio de cada individuo. Así, se definiría la personalidad como la forma de actuar típica y constante en un individuo determinado: cómo trabaja, lucha, ama, triunfa o pierde. En esencia, en el concepto de personalidad entran los sentimientos, la voluntad y las

La mente y sus enfermedades

valoraciones. Cuando un hombre difiere mucho del resto de los mortales, precisamente en estos sentimientos, estas tendencias, estas valoraciones, hablamos de personalidad anormal. La personalidad se va elaborando desde el comienzo de la vida y, en parte, tiene una base congénita. Sólo cuando por estas anomalías de la personalidad el sujeto sufre o hace sufrir a los demás está justificado llamarle psicópata o decir que tiene una personalidad psicopática. Todos los sistemas y teorías que intentan dividir la psique en «capas» o «estratos», «instancias» o «funciones», para su mejor conocimiento, si bien son útiles para investigar y conocer datos del hombre y las enfermedades, no son en sí verdades; no son en sí hechos ni realidades. Por ello, aunque parezca menos ambicioso, está más ajustado a la práctica y a las necesidades el que no se pase de describir algunos tipos que destacan por su frecuencia.

Personalidad inconsistente. Son personas cuyas dotes intelectuales son de término medio, pero que no las ejercitan a fondo y en continuidad porque se muestran incapaces de perseverar en ningún trabajo ni empresa. Puede decirse que su voluntad es débil, que se puede influir en ellos, por lo que se encuentran fácilmente en peligro de seducciones que les lleven a actos contrarios a la ley. Recurren con facilidad al alcohol y a las drogas.

Personalidad lábil de estado de ánimo. En sus sentimientos, son sujetos muy sensibles, a los que los estímulos externos muy pequeños pueden producir un cambio de estado de ánimo, por el que sufren. Muchas veces, las personas que los rodean los juzgan equivocadamente como «caprichosos».

Personalidad irritable. Son personas que se irritan ante contratiempos leves. En su irritación pueden ponerse muy violentas y llegar hasta a agitaciones y ataques a otras personas. Su irritabilidad es incontenible, como una explosión.

Personalidades inseguras de sí mismas. El individuo duda constantemente del valor de sus propios actos y sus propias razones. Se subestima. Al hablar piensa que lo hace torpemente y que los demás no le entenderán, siendo que una comprobación objetiva permite concluir en muchos casos que el rendimiento es perfectamente normal. Rehúyen el contacto social y las oportunidades de exhibición o, por lo menos, aquellas en que han de actuar «frente a un auditorio» o en público. Tienden a comprobar sus acciones. Existe un paso gradual entre este tipo de personalidades y las que manifiestan neurosis obsesivas.

Personalidades necesitadas de estimación. Pueden denominarse también personalidades histéricas. Si la histeria se estudia por tradición dentro del capítulo de las neurosis, conviene distinguir entre carácter histérico y síntomas histéricos. Veamos aquí el carácter histérico. El cuadro es más aparente en las mujeres, aunque también existe en los hombres.

Se ha definido la personalidad histérica como alguien que quiere «parecer más de lo que es». Si una mujer tiene un pequeño motivo de alegría, es fácil que sus manifestaciones y su expresión correspondan a una enorme alegría. Sus penas son incomparablemente más dolorosas que las penas de los demás. Son muy expresivas y en todo momento gustan de encontrarse en el centro de la reunión. Les gusta lucirse, sobre todo cuando las circunstancias son difíciles, demostrando su capacidad, su abnegación y su esfuerzo. De esta forma, despiertan en los demás, desprevenidos, una profunda admiración. Y parece como si vivieran de esta admiración y sólo de ella. Es como si en el fondo y desde un principio en sus vidas las pequeñas satisfacciones cotidianas, el pequeño *quantum* de felicidad que pueden ofrecernos las cosas menudas de la vida no les llenaran, no les satisficieran. Sólo tienen sabor para ellas los platos fuertes. Si es preciso, exageran las situaciones y no vacilan en adornarlas con pequeñas mentiras que desgraciadamente a veces se tornan grandes. Junto a sus protestas orgullosas y solemnes de honestidad y veracidad es fácil que pronto se vaya descubriendo este entretejido de embustes. El auditorio, que en un principio estaba desprevenido, poco a poco, por instinto, va dándose cuenta de lo que hay de teatral, de exhibicionismo en tal conducta, y deja de reaccionar con la misma admiración que antes. La mujer histérica aprovecha entonces la más mínima ocasión para desplazarse a otra situación y otro grupo social y volver a emprender su juego. Esto nos explica cómo esos personajes que gozaban de fama por su gran dedicación altruista, caritativa, religiosa, de la noche a la mañana se conviertan en líderes ateos revolucionarios tan fervientes y abnegados como antes —pero con un signo totalmente opuesto a lo anterior—. Sólo les importa el lucimiento personal. Y lo que es más peligroso, si la vida no les ofrece espontáneamente un escenario y unas circunstancias extraordinarias, estas personas los provocan. No vacilan para ello en causar daño. Todo menos lo «vulgar». Éste es un rasgo muy característico: nada horroriza más a las histéricas que el ser consideradas vulgares.

En el hombre, el mismo carácter histérico se manifiesta con el matiz de la «fanfarronería». Quizá porque en nuestro mundo occidental se le exija al hombre un mayor freno en su expresividad y en su exhibicionismo, el carácter histérico masculino resulta menos evidente. No obstante, se halla oculto tras muchas personalidades que pugnan por destacar en el campo de la ciencia, los negocios, la política, etc.

Personalidades frías de sentimientos. Estas personas se ligan difícilmente a las demás. Los lazos afectivos son siempre débiles. Desde la infancia, las amistades son superficiales y de corta duración. Comprenden mal los conceptos de fidelidad, agradecimiento, simpatía. Esta frialdad les permite llevar una vida calculadora que no se detiene incluso ante el delito. Junto a crímenes cometidos con la más glacial impavidez contrasta en algunos casos un sentimentalismo frágil ante pequeños motivos insignificantes de la vida. Quien no vacila ante el asesinato por lucro, quizá derrame una lágrima por la muerte del canario que cuidaba.

Personalidades extravagantes. En estos individuos, la insatisfacción frente a la vida ordinaria se manifiesta por su forma de concebir la vida y de realizarla; buscan siempre ideas nuevas, contrastes, sólo por el prurito de la diferencia con lo cotidiano. No en todos los casos se trata de llamar la atención de los demás. Este tipo de personalidad puede incluso coexistir con una serie de evidentes actitudes caracterizadas por timidez o retraimiento.

Personalidades fantásticas. Viven en un eterno «soñar despiertos». En muchos casos también son personas inseguras en la vida práctica. En sus fantasías, llenas de situaciones de grandeza y de peligro, llegan a veces a confundir lo que fue mero ensueño y realidad. De esta forma pueden surgir embustes que acarreen conflictos. A la forma más exagerada se le denomina mitomanía. Por este camino es fácil que el individuo llegue a convertirse en estafador.

Pendencieros. En toda situación tienen que entablar disputa, reclamación, queja. Se sienten fácilmente ofendidos o dañados. Es de este terreno del que van a derivar los pleitistas y los paranoicos.

Tratamiento de las personalidades psicopáticas. Los psicópatas, aparte de sufrir ellos, hacen sufrir también a los demás en la mayoría de los casos e incluso comprometen la economía o el honor de sus familias por su conducta desordenada. Cuando el médico es consultado, suele encontrarse con un hombre o una mujer de veintitantos años, con una carrera ya larga de alteraciones de orden familiar o incluso público. Las más diversas medidas disciplinarias y de corrección han fracasado, y entonces es fácil que el médico (ante la dificultad de su acción, que resultará ineficaz probablemente, y ante su propio concepto psicopatológico que define la psicopatía como «una manera de ser congénita») se abstenga de todo intento y caiga en un nihilismo terapéutico. Por su parte, los jueces, cuando estos sujetos delinquen, lo único que preguntan al perito es si el sujeto es enfermo o no. No atienden a consideraciones sobre «variantes» del ser humano y, por lo común, lo condenan.

Y, sin embargo, son muchos los casos en los que, si temporalmente se suspende el diagnóstico de personalidad psicopática y se estudia con detenimiento la biografía del sujeto, puede llegarse a la reconstrucción de un entretejimiento de circunstancias, reacciones y actos psicológicos que explican su devenir. El mismo diagnóstico precipitado de personalidad psicopática hace en muchos casos que el médico deje de pensar y de explorar y por ello no descubra tales antecedentes. Una psicoterapia paciente puede conseguir si no cambiar la personalidad, sí por lo menos limar en algunos puntos formas de reacción o actitudes que fueran nocivas.

Por último, es muy interesante recordar que en muchos psicópatas (y esto cuenta también con respecto a los toxicómanos) se produce una especie de maduración espontánea de la personalidad. Igual que no deja de haber casos de alcohólicos o morfinómanos que, llegada cierta edad, abandonan su toxicomanía, nos encontramos en los manicomios con enfermos de edad mediana que llevan ya quince o más años internados y cuya conducta es irreprochable en todo punto. Ingresaron hace tiempo con el diagnóstico de psicopatía. Si no los dan de alta es quizá porque sus familias han desaparecido o les ha quedado cerrada toda posibilidad de readaptación social.

Neurosis

Si en las personalidades psicopáticas la noción tradicional es de que se trata de estructuras con una base fundamentalmente temperamental y congénita, en las neurosis la mayoría de los médicos coinciden en atribuir el origen predominantemente a los factores biográficos. Para el psicoanálisis, los acontecimientos en torno al niño durante los primeros años de su vida dejan en él una huella que determinará en su mayor parte la evolución del individuo. La esencia de las neurosis habría que verla en estos traumas y escenas infantiles que, mal elaborados (represión), originarían «nudos» en la psicología del sujeto y se manifestarían por los síntomas neuróticos. Otras teorías posteriores dan explicaciones algo distintas, pero se viene en general a coincidir en que el núcleo de la neurosis es una defectuosa elaboración psicológica de los acontecimientos, sobre todo de los pretéritos.

A diferencia de la reacciones vivenciales anormales, que luego estudiaremos, puede decirse que en el neurótico existe un conflicto, pero no entre el individuo y su medio ambiente, sino fundamentalmente entre sus fuerzas interiores. En este sentido estaría justificado el término, lingüísticamente dudoso, de conflicto «intrapsíquico». Voces más modernas han venido a valorar con mayor exactitud los tres elementos fundamentales que fácilmente se descubren en toda neurosis. En primer lugar, hay un factor constitutivo al cual podemos asimilar el viejo concepto de «neuropatía» de la literatura alemana: hipersensibilidad del sistema nervioso vegetativo. La encontramos en forma de pavor nocturno, crisis de palidez, trastornos gastrointestinales, retraso en el control de esfínteres, etc., tan frecuentes en los niños de corta y mediana edad. En esta misma línea habría que considerar las oscilaciones más o menos endógenas del estado de ánimo (López Ibor) que se descubren, muchas veces en forma fásica, por debajo de episodios de estructura neurótica. El segundo factor que debemos considerar es, sin duda, la educación infantil y las experiencias de tipo psicológico y social que el niño va teniendo. Y en tercer lugar hay que concederle su debida importancia a la crisis de la adolescencia. Hoy se va imponiendo la noción de que la adolescencia no es una simple repetición de los problemas infantiles potenciados ahora por el desarrollo de las hormonas sexuales.

La adolescencia significa para el individuo una crisis de revisión de valores —todos los valores— para sintetizar una base de concepción del mundo que en el futuro se seguirá perfilando y completando, pero que ahora ya queda asentada. Es muy probable que este jalón que es la adolescencia explique por qué algunas enfermedades, por ejemplo la esquizofrenia, son rarísimas en la infancia y sólo comienzan a aparecer en esta edad. La crisis de la adolescencia es una toma de postura importante, prácticamente definitiva en su raíz, frente a los principales sectores de interés de la vida: creencias religiosas, tendencias políticas, concepciones estéticas, actitud ética fundamental, etc. Pasar de niño a hombre es convertirse en ser histórico, y esto exige esfuerzo e impone angustia. En su mayoría, los adolescentes afrontan la crisis con valentía y la superan con éxito. Otros, sin embargo, sustrayéndose de la decisión ante problemas psicológicos, pero de raíz existencial, quedan con una imagen básica del mundo incompletamente estructurada, con líneas de quiebra. Los síntomas neuróticos infantiles, que estuvieron basados sólo en los factores neuropáticos y ambientales, curan en muchos casos gracias a que el sujeto hace libremente una toma de postura correcta en la adolescencia. De todos modos, si los factores neuropáticos y ambientales tuvieron mucho peso, dificultan grandemente esa profunda decisión o ese grupo de decisiones del adolescente.

NEUROSIS OBSESIVA

Se llama obsesión a una representación o idea que el sujeto reconoce como absurda pero que se siente internamente empujado a representarse o pensar. Mediante un esfuerzo, puede no hacerlo, pero se siente muy angustiado, cada vez más. Por ello, el enfermo corrientemente prefiere dejar curso libre al pensamiento con el fin de quedarse tranquilo. El contenido puede, naturalmente, ser en vez de una representación, un sentimiento, un acto (comprobar si de verdad ha cerrado bien el gas) o una omisión (no tocar picaportes para no contagiarse). Una persona con obsesiones de contagio, por ejemplo, sabe perfectamente que por el hecho de tocar picaportes, las barandillas del autobús y otros muchos objetos, también tocados por los demás, no se va a contagiar

La mente y sus enfermedades

de una enfermedad grave. Sabe que si así sucediera, todo el mundo estaría gravemente enfermo. Y, sin embargo, procura abrir las puertas con el codo o salir siempre con las manos enguantadas y si, porque las circunstancias sociales le obligan a ello, ha de tocar alguno de estos objetos, se lava minuciosamente las manos lo antes posible. Esto, según la gravedad de las obsesiones, se repite una o muchas veces al día. En la obsesión de lavarse las manos, por ejemplo, llegan a formarse verdaderos eczemas por contacto con el agua y el jabón. Se llaman fobias las omisiones de carácter obsesivo. Existe, por ejemplo, la fobia a los espacios cerrados (claustrofobia): una persona no resiste el encontrarse, por ejemplo, en una sala de cine. Si se ve forzada a ir, pide una localidad cerca del pasillo y de la puerta de salida. La aglomeración, el hacinamiento de gente la agobian y le producen enorme angustia. En otros casos es, por ejemplo, el hecho de atravesar una amplia plaza vacía (agorafobia) lo que angustia al sujeto. Prefiere rodearla, pegado a la pared. Como se comprende, hay muchas clases de fobias y obsesiones, que en tiempos antiguos fueron llamadas con rimbombantes nombres griegos: agorafobia, claustrofobia, etc.

El fenómeno obsesivo es también un fenómeno humano general que aparece en leve medida, alguna que otra vez, prácticamente en todas las personas. Aparece esbozado en los juegos de los niños (a no pisar raya, a sumar las matrículas de los coches, etc.). En momentos de fatiga, el sujeto normal puede experimentarlos en forma de «musiquillas» que se pegan al oído. En la vida cotidiana de los hombres son frecuentes muchas «pequeñas manías» que por no interferir con la vida social no llaman la atención (rituales de cuarto de baño, al afeitarse, al acostarse).

Ya dentro de lo patológico, es muy frecuente encontrar obsesiones dentro del marco de otras enfermedades psiquiátricas. De ellas, la más corriente es la depresión endógena. Rara es la depresión en la que junto a la tristeza o la inhibición no hay fuertes rasgos obsesivos. Y dentro de las neurosis, también las obsesiones se presentan en marcos distintos: los escrúpulos de conciencia de los niños al comenzar su vida religiosa (en la confesión) son fenómeno muy frecuente. No es raro al interrogar a un enfermo que nos afirme que a cierta edad, de pequeño, pasó un par de años con escrúpulos, pero que después nunca más volvió a tenerlos. Otras veces estos escrúpulos perduran y al llegar la adolescencia se incrementan y se complementan con obsesiones de otra temática o son sustituidos por ellas. Aun así, no es raro que conforme van concluyendo los años de adolescencia, tales obsesiones desaparezcan. En otras ocasiones encontramos enfermos que, habiendo tenido o no escrúpulos en la infancia u obsesiones en la adolescencia, vivieron sus años de maduración libres de tales fenómenos, y con motivo de un acontecimiento, quizá de apariencia banal, en la edad media de la vida, volvieron a sufrir obsesiones que posiblemente ya nunca más los abandonarán. La edad del climaterio también es otra fase de «reverdecimiento» o nueva aparición de tales fenómenos.

¿Qué hay de común en todas estas formas de manifestación? El psicoanálisis freudiano ha sabido descubrir, inteligentemente, mecanismos psicológicos principalmente de defensa que nos permiten elaborar una interpretación del fenómeno obsesivo con cierta profundidad. Especulaciones procedentes, entre otros, del campo de la filosofía existencial han ampliado el ámbito, el margen de referencias dentro del cual puede legítimamente plantearse la interrogante por el significado de las obsesiones. Pero su conocimiento no ha llegado todavía hasta el fondo.

Examen de las enfermedades

Como tratamiento, en los niños debe hacerse un estudio de las circunstancias familiares y ambientales, y corregirlas en la medida de lo posible. De esta forma, muchos niños mejoran o curan. En los adultos se comienza, por poca que sea la base depresiva que se descubra en la historia clínica, con un tratamiento a la vez antidepresivo y tranquilizante. En los casos en que el conflicto intrapsíquico tiene más peso que la depresión, es preciso tratar al enfermo obsesivo con psicoterapia. En algunos casos, que no mejoran con ninguna clase de terapéutica y que alcanzan grados psicóticos (el concepto de psicótico significa fenómeno psíquico incomprensible, no derivable de nada psicológico anterior), con una forma de vida totalmente abigarrada y distorsionada, se ha ensayado la leucotomía; se ha logrado, si no la desaparición del fenómeno obsesivo, sí el cese de la angustia y el tormento para el enfermo. La leucotomía consiste en la destrucción, por vía quirúrgica, de determinadas zonas cerebrales, principalmente en los lóbulos frontales.

HISTERIA

Ya hemos esbozado el carácter neurótico. Aquí sólo nos ocuparemos de los síntomas corporales o psíquicos de la histeria. El carácter histérico es un carácter «fértil» para la aparición de tales síntomas, pero no los acompaña en todos los casos. Entre los síntomas corporales, los más frecuentes son las parálisis, los ataques, los vómitos, la formación de vesículas en la piel, la insensibilidad de determinadas zonas de la piel o partes del cuerpo, la ceguera, el mutismo, etc. Entre los psíquicos figuran principalmente la amnesia, los estados crepusculares, los raros casos de doble personalidad. El mecanismo principal que pone en movimiento estos síntomas es el de la «conversión»: llegado el sujeto a una situación de conflicto, no lo resuelve por vía voluntaria ni con claridad de conciencia porque ello significa para él algún sacrificio. La aparición de uno de estos síntomas viene a significar una huida que por el momento resuelve el problema, aunque a la larga se paga un alto precio. Pongamos un ejemplo: una mujer viuda goza ante sus hijos y otros familiares del prestigio de toda una vida abnegada. Circunstancias de la vida hacen que los hijos ya mayores, con quienes hasta entonces convivía, tengan que alejarse a otro país. Ella no desea quedarse sola, pero por continuar su postura de abnegación siente que no debería acompañarlos. Un pequeño accidente de automóvil, con motivo de la despedida de los hijos, la hace sufrir un golpe en la cabeza. Tras el correspondiente susto, y quizá con una ligera alteración de conciencia, se mira brazos y piernas para ver si los puede mover. «Cree» que siente algo extraño en sus piernas. Rápidamente va dándose cuenta de que «las piernas no le responden». Sin que ella lo haya pensado claramente y sin que pueda decirse si se trata de una farsa consciente e intencionada, va estableciéndose en su mente una oscura noción de que con una parálisis no podría «quedarse sola en su casa». Entonces los hijos se la llevan y su dignidad de mujer abnegada queda a salvo. Todo tratamiento dirigido a curar su parálisis, aun mejorándola, aun recuperando su capacidad para caminar, no consigue eliminar durante el resto de su vida una molesta sensación de acorchamiento de los pies.

La histeria debe distinguirse claramente de la **simulación.** En la simulación el individuo, por ganar los beneficios de una renta o conseguir una incapacidad médica por supuesta enfermedad, miente de modo consciente y voluntario y finge unos síntomas que no existen. En los síntomas histéricos, de conversión, el enfermo mismo no sabe que se trata de un «arreglo».

El tratamiento puede hacerse mediante sugestión (hipnosis, chispas galvánicas) o modificando las circunstancias ambientales. Si no se consigue el éxito, debe hacerse una psicoterapia. De todos modos, puede decirse que cuanto más pese en la balanza el factor histérico, menos probabilidades habrá de curación completa. En estos casos, a la eliminación de un síntoma suele seguir la aparición de otro.

Otras neurosis

Hemos descrito la neurosis obsesiva y la histeria dándoles amplia importancia porque son dos «tipos» básicos, muy importantes por su frecuencia, pero no porque representen dos entidades rigurosamente distintas. En todos los enfermos de este amplio grupo de las psicopatías encontramos en mayor o menor grado todos los ingredientes que parecen particulares de cada uno. Siempre hay que estudiar cada caso individualmente. Ahora vamos a referirnos a otros tipos, también frecuentes, pero que son eso, «tipos», y no especies, como ocurriría en botánica o en zoología.

NEUROSIS DE ANGUSTIA

El ejemplo más típico es el del muchacho joven, de unos 20 años, que sufre una crisis de palpitaciones y, lleno de angustia, acude al cardiólogo porque teme sufrir una enfermedad grave del corazón de la que pueda morir. La exploración del corazón es normal y el enfermo es remitido al psiquiatra. Éste descubre, junto a la crisis de palpitaciones, una biografía en la que quizá aparezca una figura del padre exigente, seca, dura, y en el hijo unos sentimientos de desafecto, posiblemente de odio, hacia él. El muchacho no puede confesarse estos sentimientos y los tapa, los «reprime». Con ocasión de algún incidente que subraye la necesidad de que el muchacho se independice profesional o económicamente del padre, esa tensión profunda es reactivada y se manifiesta exclusivamente por angustia, en este caso, por palpitaciones. Éste es un ejemplo. Los síntomas de angustia pueden referirse a cualquier otro órgano. Así, nos encontraríamos las llamadas *neurosis orgánicas,* con crisis gástricas, vómitos, despeños diarreicos, dolores de cabeza, tensión y dolores musculares, etc. Por este camino se enlaza con la medicina *psicosomática,* que estudia la importancia de los factores psicológicos en diversas enfermedades corporales (arterioesclerosis, úlcera de estómago, diabetes, erupciones cutáneas, etc.)

NEUROSIS DEPRESIVA

En muchos casos de sintomatología puramente depresiva es posible descubrir una circunstancia externa (tal como la muerte de algún pariente, una quiebra económica, fracaso profesional, etc.) que aparece como desencadenante. Naturalmente, no se trata del luto que sigue a un fallecimiento ni de la tristeza natural que sigue a un disgusto. Es la perduración excesivamente larga, acompañada de síntomas que sobrepasan una tristeza normal, lo que distingue estos cuadros. Muchos de ellos demostrarán, pasados los años, que no era sino una fase depresiva endógena que «cristalizó» en torno a una circunstancia externa. Más tarde, el enfermo sufre otras fases depresivas sin tal estímulo exógeno. Pero sí existen, además, cuadros depresivos únicos que no vuelven a presentarse y que con toda licitud pueden considerarse como originados por la circunstancia ambiental. Y para complicar más aún las cosas, en los depresivos endógenos puros no es raro encontrar antecedentes ambientales en la infancia, que sobrecargaron, por decirlo así, la resistencia afectiva durante la primera época de la vida. En los antecedentes de los depresivos se encuentra con frecuencia, por ejemplo, el hecho de que el paciente perdió a su madre en temprana edad y hubo de convivir con una madrastra.

NEUROSIS DE RENTA Y DE INDEMNIZACIÓN

Emparentadas también con la neurosis de angustia, encontramos las neurosis de los sujetos que trabajan bajo la protección de un seguro de enfermedad o de accidente. Es fácil que la estructura de derecho y de reclamación prevista en los sistemas de seguros condicione la forma de enfermar: al sufrir un accidente o una enfermedad se infiltra subrepticiamente en la mente del individuo la noción de que su enfermedad o sus secuelas son más graves que lo que el médico de seguros valora. Se ha dicho por ejemplo, que un golpe en el cráneo sufrido por un obrero asegurado, arrastra consigo dolores de cabeza durante meses, mientras que el mismo traumatismo cuando lo sufre un profesional libre, no asegurado (médico, abogado, etc.), dura una semana. Se ha visto que en estos casos de neurosis de renta o de indemnización lo mejor es pagar al sujeto una prima global única, que no se repetirá. De esta forma se suprime la esperanza de que continúe la prestación, y se deja al individuo inmunizado en contra de deseos subconscientes de aprovechamiento.

REACCIONES CARCELARIAS

Es fácil que el preso que sufre una larga condena intente la liberación por causas de enfermedad. En algunos casos se trata de una pura simulación: el sujeto se hace el «loco», según la noción generalmente burda que él tiene de la locura. Así, por ejemplo, al preguntarle de qué color es la nieve, contesta que negra, y al preguntarle de qué color es el carbón, contesta que blanco. Pero otras veces no es una simulación consciente y voluntaria, sino que se trata de la expresión de una idea subconsciente de que «si estuviera enfermo, lo liberarían». Lo mismo que en los casos anteriores de neurosis de renta y de reacciones de conversión, hay que distinguir siempre entre estos tres grados: 1º) simulación clara e intencionada; 2º) conversión de lo psíquico en corporal, inconsciente pero con una ganancia (despertar lástima, admiración, etc.), y 3º) la simple conversión interiorizada, no proyectada a unas autoridades indemnizantes y a un auditorio expectante.

CALAMBRE DEL ESCRIBIENTE

Predomina en hombres entre los 30 y los 40 años de edad, ya establecidos en su profesión. Al escribir, muy pronto se produce un agarrotamiento de los músculos del brazo y de la mano que deforman la letra hasta hacerla ilegible. El mismo brazo y la misma mano funcionan perfectamente bien cuando se trata de cualquier otro acto distinto de la escritura. Análogamente, existe también un calambre del violinista, del mecanógrafo, etc. Este calambre, por lo que se sabe hoy, es de origen psíquico; debe tratarse con psicoterapia y, además, con ejercicios de relajación.

CLEPTOMANÍA

Sobre todo en la adolescencia comienza esta forma de neurosis, en la cual el individuo se siente internamente empujado a cometer pequeños robos, no por el valor de lo robado, que en la mayoría de los casos no utiliza ni exhibe, sino por el peligro implicado en el hurto. El muchacho va a grandes almacenes y espera el momento oportuno para, sin ser visto, hurtar cualquier chuchería. Acumula en su armario hebillas, lapiceros, cualquier cosa. Debe interpretarse como una forma de elaborar un vago sentimiento de culpa, derivado quizá de otras motivaciones reales que el sujeto no experimenta conscientemente. La situación concreta de peligro y la posibilidad del castigo encauzan en forma visible lo que para el individuo constituía antes un tormento difuso y amorfo.

Reacciones vivenciales anormales

Ante un disgusto, un acontecimiento externo desgraciado, un susto, cualquier circunstancia externa, todo hombre lo experimenta íntimamente y, en consecuencia, tiene una reacción psicológica: de pena, terror, desesperanza, etc. Corrientemente, esta reacción está proporcionada en cuanto a su intensidad y su duración con el acontecimiento. También lo es con respecto al contenido de la reacción: llanto si fue una muerte; sobresalto, angustia, temblor si fue un susto, etc. Se habla de reacción vivencial anormal cuando la reacción del sujeto ante su experiencia psicológica es demasiado larga o demasiado breve y desproporcionadamente intensa, o bien en su cualidad no guarda relación con el estímulo. Por ejemplo, la risa y la alegría desbordada como reacción a una desgracia, o el lenguaje insulso, incoherente, referido a cosas banales en el caso de un terremoto.

Las reacciones vivenciales anormales aparecen más recortadas en el tiempo y más independientes de la biografía anterior que en el caso de las neurosis y de las personalidades psicopáticas. De todos modos, entre estos tres grupos no existe una absoluta independencia. Siempre parece como si nos encontráramos en el fondo una constitución más o menos desviada del término medio, unos antecedentes más o menos «cargados». En cada caso habrán de averiguarse en un estudio minucioso todos estos condicionamientos. Aquí sólo mencionaremos algunos tipos de reacciones vivenciales: *a)* reacción depresiva; *b)* reacciones con agitación (ante situaciones angustiosas, tales como pruebas de aptitud, exámenes, oposiciones; temor a las tormentas; pavor nocturno de los niños); *c)* reacciones primitivas, que vemos por ejemplo en las empleadas domésticas cuando por primera vez vienen a la gran ciudad; *d)* reacciones de conversión (véase «Neurosis de histeria», página 618); *e)* reacciones hipocondríacas (idea sobrevalorada, convicción muy intensa de padecer una enfermedad corporal con motivo de la lectura de algún artículo de divulgación o del comentario torpe de algún médico inexperto en presencia del paciente).

Perversiones sexuales

Las relaciones sexuales normales y satisfactorias son consecuencia de un desarrollo armónico de la personalidad. Cuando tal desarrollo sufre impedimento —ya sea por factores constitutivos (debilidad mental, infantilismo, carácter psicopático), ya por la inhibición de las tendencias expresivas y sexuales durante la infancia, lo cual origina una timidez exagerada y una deficiente capacidad amorosa—, puede quedar cerrado el acceso normal al otro sexo. Solamente puede hablarse de perversión sexual cuando la satisfacción sexual sólo se logra de alguna de las formas que vamos a describir a continuación, y no en una relación sexual normal.

HOMOSEXUALIDAD

Es la relación exclusiva con personas del mismo sexo. Aun cuando ciertos estudios hereditarios afirman la gran importancia que la herencia tiene en este trastorno, la mayoría de los autores se inclinan en favor de una causa biográfica y psicológica (deseo de los padres de tener un hijo del otro sexo y educación en tal sentido; seducciones con fijación en edad precoz, etc.). La homosexualidad se oculta o se ostenta, según el espíritu social de la época. La legislación de los distintos países varía mucho al respecto: desde un carácter fuertemente punitivo hasta la aceptación del «matrimonio legal» entre homosexuales. El tratamiento es el psicoterapéutico, por más que representa factor decisivo con respecto al éxito la voluntad del enfermo por curarse. Es muy frecuente que el homosexual acuda al psiquiatra principalmente en busca de un certificado o una justificación ante posibles sentencias punitivas pendientes.

EXHIBICIONISMO

La plena satisfacción sexual sólo la consigue el sujeto exhibiendo sus órganos sexuales. Es corriente el caso de los individuos que ejercen tal exhibicionismo a la salida de los colegios de niñas. No es rara esta perversión en débiles mentales o en psicóticos.

SODOMÍA

Es la satisfacción sexual por el acto realizado con animales. Suele producirse en pacientes caracterizados como oligofrénicos.

SADISMO

El nombre deriva del Marqués de Sade, escritor francés. En este caso, el placer sexual se logra al infligir sufrimiento a la otra persona. Muchos casos de violación, de estupro e incluso de asesinato derivan de esta perversión.

MASOQUISMO

El nombre también procede de un escritor, Sacher-Masoch. En este caso la satisfacción sexual sólo es posible en el individuo cuando está sometido a sufrimiento. Es la contrapartida del sadismo.

FETICHISMO

La excitación y la satisfacción sexuales sólo tienen lugar en relación con prendas de vestir, cabellos o pequeñas propiedades de la persona amada. De aquí que sea frecuente el robo de tales objetos. La excitación sexual del sujeto se produce sólo con la visión de los objetos.

TRAVESTISMO

El travestismo, aunque está emparentado con la homosexualidad, se da también en sujetos sin práctica homosexual. El placer lo logra el individuo mismo vistiéndose con ropas del sexo opuesto. Es frecuente que además solicite de algún cirujano plástico una operación para transformar sus genitales en órganos del sexo opuesto. En estos casos, la perversión es más profunda (transexualidad).

Trastornos del sueño

Los trastornos del sueño han aumentado mucho en nuestros tiempos y su tratamiento representa en la práctica médica un gran papel. Los hipnóticos representan aproximadamente el 10% del consumo de drogas en nuestra sociedad. El trastorno del sueño es un signo patológico que puede deberse a muchas causas fundamentales. Por ello, todo trastorno del sueño exige un diagnóstico minucioso. De todos modos, el insomnio en la inmensa mayoría de los casos no se debe a una enfermedad determinada: hay un amplio espectro de causas posibles.

Causas. Enfermedades mentales, tales como esquizofrenias, depresiones y arterioesclerosis de los vasos encefálicos. Además, el trastorno del sueño es uno de los síntomas más frecuentes en las reacciones vivenciales anormales. También las costumbres que alteran el ritmo natural entre despertar y dormir son causa de tales trastornos. Aquí debe contarse el hambre de vivencias que muchos hombres satisfacen participando en reuniones y actos en las horas tardías de la noche, o bien el trabajo a tales horas por un orgullo profesional desmedido. Del mismo modo, el cambio frecuente de turnos de trabajo es nocivo para el sueño. También causa trastornos del sueño el ruido, por el aumento constante del tráfico y por las viviendas construidas sin suficientes aislantes de ruidos.

Tratamiento. Como se comprende, se encamina en primer lugar a corregir la causa del trastorno, y por ello consiste principalmente en el tratamiento de la enfermedad fundamental (por ejemplo, una depresión) o en el intento de inducir al enfermo a que modifique sus costumbres nocivas de vida. El tratamiento con hipnóticos, demasiado cómodo, debe dejarse para el último lugar y nunca debe ser más que temporal. Ya hemos hablado en otro lugar (véase «Toxicomanías», página 608) de los peligros del empleo constante de hipnóticos. Por lo demás, podemos conseguir que el enfermo se duerma con facilidad sólo con medios sencillos tales como baños tibios, compresas templadas sobre las piernas a la hora de acostarse, o la lectura de textos ligeros que no lo exciten.

Los ojos y sus enfermedades
(oftalmología)

Constitución anatómica

El órgano visual puede considerarse como un estuche que guarda una delicada joya, la retina, capaz de transformar ciertas ondas electromagnéticas en impulsos nerviosos que en el cerebro se registran como una impresión sensorial, como una imagen de la realidad que nos circunda. Esas oscilaciones, que se propagan en línea recta a una velocidad de 300 000 km por segundo, tienen una longitud de onda sumamente variable, cuyo aspecto comprende desde las ondulaciones eléctricas de alta y baja frecuencia, hasta las radiaciones atómicas y cósmicas. El ojo percibe como luz sólo las vibraciones que tienen una longitud de onda entre las 400 y 760 millonésimas de milímetro. Todas las restantes ondas electromagnéticas resultan invisibles. Es como si el hombre se asomara al mundo a través de una pequeñísima rendija.

Los ojos forman un órgano par; cada globo mide unos 24 mm de diámetro. Una cavidad ósea u **órbita** les confiere amplia protección, que se completa por delante mediante los párpados y sus pestañas. Unas glándulas especiales segregan las lágrimas, líquido que tiene una misión humidificadora y de arrastre de pequeños cuerpos extraños. Las vías lagrimales recogen este líquido para pasar a una especie de bolsa o saco lagrimal que drena la secreción hacia la fosa nasal de cada lado.

La movilidad de los ojos se realiza por seis músculos para cada globo, gobernados por tres nervios craneales. Uno de estos nervios permite también que se puedan abrir los párpados, mientras que un cuarto se encarga de su mecanismo de cierre.

El ojo es, básicamente, una esfera o globo que tiene un diámetro longitudinal de unos 24 mm, cuya cubierta está constituida por tres capas concéntricas adosadas que sólo se interrumpen en dos zonas: una anterior, por donde ha de entrar la luz, y otra posterior, por donde emerge el nervio óptico hacia el cerebro. La membrana más externa es la

Los ojos y sus enfermedades

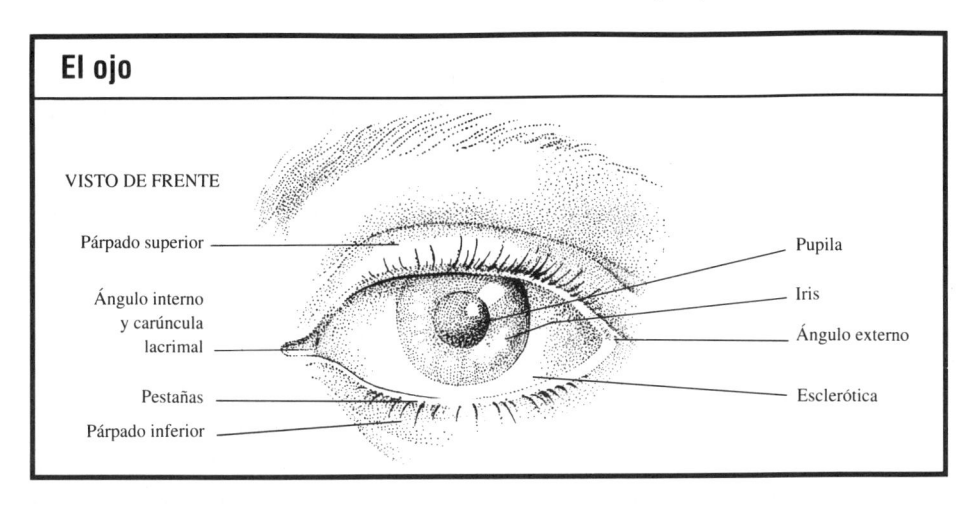

El ojo

VISTO DE FRENTE

- Párpado superior
- Ángulo interno y carúncula lacrimal
- Pestañas
- Párpado inferior
- Pupila
- Iris
- Ángulo externo
- Esclerótica

esclerótica, blanquecina, muy resistente y poco extensible. Este envoltorio fibroso aparece surcado por pequeños vasos sanguíneos en la parte visible («blanco de los ojos»); estas arteriolas no pertenecen propiamente a la esclerótica, sino a la **conjuntiva,** transparente, que no sólo cubre la parte visible de dicha membrana, sino que también reviste, doblándose sobre sí misma, la cara posterior de los párpados. La conjuntiva no cubre el orificio circular que interrumpe por delante la continuidad de la esclerótica. En este hueco se engasta, como un vidrio de reloj, a modo de casquete, una membrana, también muy resistente, la **córnea,** que tiene un espesor de 1 mm. Se reconoce bien por los destellos que despide al reflejar la luz, por lo que se llama el «cristal del ojo». El límite entre esclerótica y córnea lo forma el limbo corneal, donde también termina la conjuntiva. La córnea carece de vasos sanguíneos, pero está provista de una gran riqueza de terminaciones nerviosas que le confieren una gran sensibilidad.

Tapizando la cara interna de la esclerótica se encuentra la segunda capa, llamada **úvea** o túnica vascular del ojo. En ella se distinguen anatómica y funcionalmente tres subdivisiones bien definidas. La más posterior y extensa es la **coroides,** sumamente rica en vasos sanguíneos que han de nutrir todas las estructuras oculares. Está muy pigmentada, por lo que tiene un color oscuro que impide que entre la luz en el ojo. La segunda porción de la úvea se llama **cuerpo ciliar**, que ha de actuar sobre el cristalino. Por delante, la úvea se completa con la tercera división, el **iris**, membrana perforada en el centro por una apertura circular de unos 4 mm de diámetro que es la **pupila**, la cual permite que los rayos luminosos que han atravesado la córnea transparente pasen al interior ocular. El iris debe su nombre a las diversas coloraciones que adopta según raza e individuo.

En general puede afirmarse que cuanto menos claros sean la piel y el pelo de un sujeto tanto más oscuro aparece el iris. En los albinos falta totalmente esta pigmentación, por lo que dicha membrana adquiere una coloración rojiza al atravesarla la luz y reflejarse ésta en el fondo del ojo. Entre la córnea y el iris con su pupila existe un espacio de unos 4 mm de diámetro anteroposterior que se llama cámara anterior y que contiene un líquido: el **humor acuoso**. Detrás del iris hay también un espacio más pequeño, o cámara posterior, también relleno del humor acuoso. Pero inmediatamente nos tropezamos con el **cristalino**, situado justo detrás del iris y de la pupila. Está constituido por células completamente transparentes y adopta la forma de una lente biconvexa. El cristalino es elástico, es decir, puede cambiar de forma o, mejor dicho, puede variar el grado de su convexidad. Para ello, cuando se contrae el músculo ciliar ya citado aumenta la curvatura, mientras que cuando éste se relaja, la disminuye.

Finalmente, debajo de la coroides se encuentra la **retina,** que tapiza todo el espacio cóncavo del globo ocular. La retina comienza realmente a unos 8 mm del limbo corneal. En su comienzo aparece poco desarrollada y, por lo tanto, las imágenes que se perciben en esta parte son muy poco claras. A medida que se extiende hacia atrás, va aumentando progresivamente su función hasta alcanzar un máximo en un punto del polo posterior del ojo situado frente al centro de la pupila, que se denomina **mácula lútea** o **mancha amarilla**, que es el lugar donde la visión es verdaderamente precisa, sobre todo en su centro, en la llamada **fóvea**. La retina tiene varias capas. La más externa, aplicada contra la coroides, contiene unas células nerviosas altamente especializadas llamadas **conos** y **bastones**, que son precisamente las encargadas de transformar el impulso luminoso en una excitación nerviosa a través de una acción fotoquímica. Los conos, en número de unos 6 millones y medio, y los bastones, con más de 120 millones, se hallan desigualmente repartidos. En la zona posterior de la retina son más abundantes los primeros, de tal forma que en la fóvea sólo hay conos, unos 150 000. Los bastones, por el contrario, abundan cada vez más a medida que la retina se extiende hacia la parte anterior.

La capa de la retina que contiene las fibras nerviosas que recogen el impulso elaborado por conos y bastones, se reúne en un apretado haz en un punto del polo posterior del ojo para formar el **nervio óptico.** Este nervio, al salir del ojo, tiene que atravesar también la capa sensible de la retina, por lo que en esta zona, que no contiene conos ni bastones, no puede haber percepción luminosa. Es una zona de forma redondeada, el llamado **punto ciego.** El nervio óptico, después de atravesar el ojo, se dirige hacia el vértice de la órbita y penetra en el cráneo por un conducto óseo. Una vez en la cavidad craneal, sus fibras se entrecruzan parcialmente con las del otro ojo en una formación que recibe el nombre de **quiasma óptico.** Desde ahí la vía nerviosa sigue hasta los lóbulos occipitales del cerebro.

Queda por reseñar que la cavidad delimitada por la retina y por la cara posterior del cristalino se rellena del llamado **cuerpo vítreo,** masa gelatinosa transparente (como cristal fundido) que, junto con el humor acuoso, contribuye a dar al globo ocular su forma constante y cierta tensión o dureza. Esta presión intraocular puede medirse y adquiere gran importancia en ciertas enfermedades. Sus cifras normales comprenden valores entre 15 y 18 mm de mercurio.

Formación de las imágenes

Al considerar la distribución de las capas oculares vemos constituida así una especie de cámara fotográfica en la que la esclerótica actúa de estuche; la retina, de película sensible; y la coroides —de color negro— de cámara oscura para evitar reflejos perturbadores. Pero si el ojo tuviese sólo estas membranas, las imágenes visuales serían muy imperfectas, como las que se obtendrían en una cámara de fotografía que no dispusiese de los numerosos mecanismos anexados que sirven para reproducir una

Globo ocular

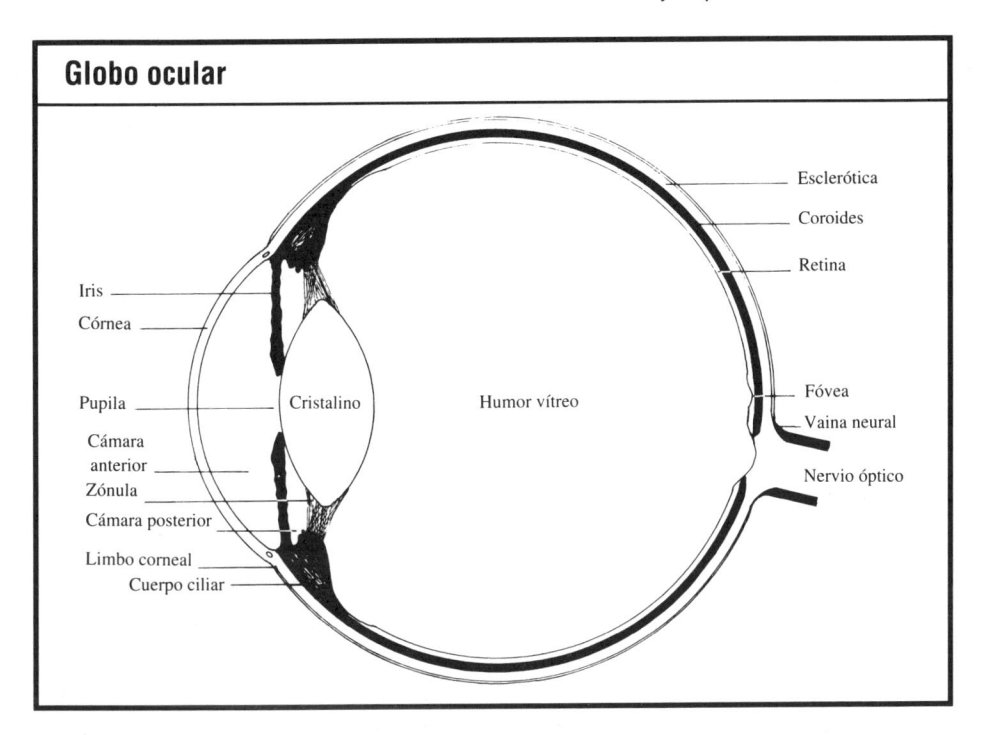

- Iris
- Córnea
- Pupila
- Cámara anterior
- Zónula
- Cámara posterior
- Limbo corneal
- Cuerpo ciliar
- Cristalino
- Humor vítreo
- Esclerótica
- Coroides
- Retina
- Fóvea
- Vaina neural
- Nervio óptico

imagen nítida. Como todo buen aficionado a la fotografía sabe, en primer lugar es necesario regular la cantidad de luz que entra en la cámara para evitar veladuras o excesivas claridades. Para ello se dispone del diafragma. En el ojo este dispositivo lo forma la pupila, que cuando la luz es excesiva se contrae, mientras que se dilata cuando la luz es tenue. La graduación se hace automáticamente, mediante unos músculos contenidos en el iris.

El ojo en reposo está adaptado para percibir con nitidez sólo las imágenes que provienen de lejos, que le llegan del infinito (en la práctica se considera infinito todo objeto situado a más de cinco metros). Ello se debe a que solamente los rayos luminosos paralelos son los que forman su foco en la retina. Para poder ver de cerca, el ojo necesita acomodarse; precisa, por medio del cristalino, modificar la dirección de los rayos luminosos y enfocarlos correctamente en la retina, puesto que la luz que proviene de un punto próximo no incide paralelamente, sino de modo divergente. En la cámara fotográfica, este enfoque se realiza mediante el objetivo, que es desplazable hacia atrás. La lente recoge los rayos oblicuos para que se enfoquen debidamente sobre la película sensible y los refracta más o menos según su posición detrás del diafragma. El cristalino también actúa de lente, pero no necesita desplazarse para que los rayos divergentes se reúnan de nuevo y se enfoquen sobre la retina. Simplemente cambia de curvatura de una manera automática gracias a la acción del músculo ciliar. Cuanto más oblicuos sean los rayos luminosos, más esfuerzo convergente hay que efectuar, más se ha de curvar el cristalino, más ha de aumentar su convexidad a fin de que dichos rayos se refracten debidamente e incidan de modo directo sobre la retina. Este cambio de dirección de un rayo de luz al pasar de un medio a otro indica la capacidad de refracción de una lente, que puede medirse en una unidad física, la **dioptría.** Cuando una lente presenta una o

La acomodación visual

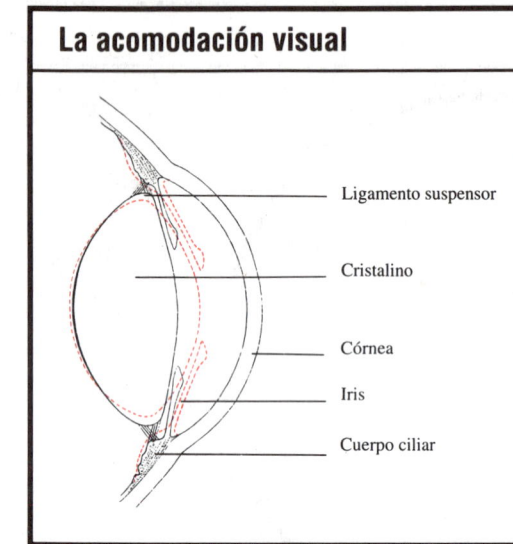

- Ligamento suspensor
- Cristalino
- Córnea
- Iris
- Cuerpo ciliar

La acomodación, es decir, la propiedad del ojo para situar dentro de su foco visual las imágenes de los objetos situados a diversas distancias, se obtiene mediante variaciones de la curvatura del cristalino. Cuando miramos un objeto distante, el cristalino disminuye su curvatura; cuando la visión se dirige hacia objetos vecinos aumenta, por el contrario, su curvatura hasta presentar una forma casi esférica (línea punteada en la figura).

varias dioptrías negativas, el rayo luminoso diverge, se separa; mientras que en una lente convexa, como lo es el cristalino, el rayo converge tanto más cuantas más dioptrías positivas tenga (fig. pág. 633), cuanto mayor sea su convexidad. A esta capacidad de enfoque que tiene el ojo humano se le denomina **acomodación,** facultad que disminuye con la edad: se pierde casi siempre hacia los 60 años. Ya generalmente este defecto comienza a notarse a los 45 años: se empieza a ver mal de cerca. Se aprecian mejor las cosas cuando se alejan un poco. Al separar los objetos se pretende que sea menor la divergencia de los rayos luminosos procedentes de ellos; es decir, el ojo tiende a recibirlos más en sentido paralelo. Esta pérdida de la facultad de acomodación, denominada **presbicia,** se debe al endurecimiento del cristalino, que se torna más rígido a medida que avanza la edad. El músculo ciliar que lo acciona sigue actuando como siempre, pero su potencia no es suficiente para vencer la resistencia que le opone la rigidez del cristalino. Cuando ya no se puede modificar más su convexidad —esto es, cuando sucede algo similar a la situación en que falla totalmente el ajuste del objetivo en un aparato de fotografía— sólo se puede ver con nitidez cualquier imagen que venga de lejos. Sólo cabe la corrección con gafas de cristales convexos, que vuelven a refractar los rayos oblicuos y suplen la misión del cristalino.

Con el juego de pupila y actividad del cristalino se consigue el perfecto contraste y enfoque de la imagen enviada por la retina al cerebro. Pero si se observa la imagen reproducida por una cámara fotográfica podrá apreciarse que es real pero invertida. En el ojo humano ocurre algo semejante. Sin embargo, vemos los objetos «derechos». Físicamente es imposible explicar esta rectificación, que depende de la elaboración que la imagen recibe en el cerebro. Pero el sistema nervioso central tiene otra intervención fundamental en el registro de las imágenes. Hasta ahora hemos considerado el ojo como si fuera un órgano único. Pero los ojos son dos, y como no están situados en el mismo lugar, la imagen de un objeto cualquiera tiene que ser apreciada de distinta manera por cada uno de ellos al incidir los rayos luminosos en diferente ángulo. Cuanto más lejos está el objeto que se fija con la mirada, más semejantes son las imágenes que reciben los ojos; pero cuanto más cercano esté, mayor también será la sensación de relieve y de profundidad. La visión binocular tiene su razón de ser para permitir una imagen estereoscópica: la visión con dos imágenes dispares que se integran en el cerebro para formar una sola es la base de la percepción visual tridimensional. El resultado final es una visión que tendríamos como si viéramos con un solo ojo, situado además entre los dos que poseemos en realidad.

Pero el ojo no sólo ve en relieve, sino que también aprecia los colores. Indudablemente, la distinción entre la infinita gama de matices de colores corresponde a los conos, por lo que la fóvea es el lugar donde con mayor intensidad se perciben estas sensaciones. Por otra parte, para ver coloreados los objetos que nos rodean es necesario un mínimo de luz. El vulgo conoce este hecho y lo concreta en el dicho «de noche todos los gatos son pardos». La visión cromática se establece a través de las reacciones fotoquímicas de la púrpura visual o pigmento específico que se encuentra en la retina. No se trata de una sustancia única, parece que está constituida por tres distintas: una que es capaz de reaccionar frente al rojo, otra frente al verde y la tercera frente al violeta. De esta manera en la retina se pueden revelar los colores por separado al tener cada uno una diferente longitud de onda. Los colores básicos y las mezclas que forman todas las coloraciones posibles se han de transmitir al cerebro a través de los conos y en impulsos nerviosos diferentes, pero a pesar de la multitud de teorías, se desconoce el mecanismo que produce tan diversas sensaciones.

Al defecto parcial o total de visión de los colores se le reconoce con el nombre de **daltonismo,** por llamarse Dalton la primera persona que se conozca que lo padeció. Se cuenta de él que en cierta ocasión compró unas medias rojas creyendo que eran de color café, ante el estupor de sus vecinos y amigos, que eran cuáqueros.

El daltonismo es bastante frecuente. Lo padecen casi exclusivamente los hombres, lo transmiten las mujeres y no tiene tratamiento. Para algunas profesiones y en ciertas situaciones puede ser peligroso porque podría dar origen a accidentes por la falta de percepción de ciertas señales luminosas, como las de los semáforos, por ejemplo. De los daltónicos, unos pueden confundir el rojo con el verde o el azul con el amarillo, y otros, los menos, los cuatro colores entre sí; probablemente ven la naturaleza que nos rodea como si estuviera filmada en blanco y negro. Por lo demás su visión es buena y son útiles para cualquier actividad que no exija buena visión de los colores. Los defectos de la visión cromática se exploran mediante diversas pruebas especiales que el oftalmólogo aplicará según el caso.

Agudeza visual y campos visuales

La capacidad o rendimiento del sentido de la vista se basa en la distancia máxima a que todavía puede distinguirse con nitidez un objeto pequeño; se mide basándose en la distancia que separa dos puntos contiguos de un objeto, que todavía son percibidos indistintamente. Si se dibujan dos puntos próximos en un papel y se aleja éste de los ojos llegará un momento en que sólo se ve uno. A este poder de separación de puntos se le conoce con el nombre de **agudeza visual.** Con una agudeza visual normal aún se aprecian de una manera precisa dos puntos del tamaño y características normales de imprenta cuando un libro está situado aproximadamente a un metro de los ojos. Para

Examen de las enfermedades

apreciar la agudeza visual de un sujeto, los oftalmólogos emplean en sus reconocimientos unos carteles con letras y signos de diferentes tamaños (optotipos).

La agudeza visual es máxima en la zona central de la mácula de la retina. Es en esta región donde se plasman las imágenes cuando se fija la mirada en un determinado objeto. En el resto de la retina la agudeza decrece rápidamente a medida que se va extendiendo dicha membrana hacia la periferia. Por ello, sólo vemos con nitidez los objetos situados en una pequeña porción de espacio que nos circunda. Las cosas que se encuentran fuera de esta zona, enfocada con la mirada fija, todavía pueden verse, pero sin precisión, al impresionar la parte de la retina no situada centralmente. Hagamos un experimento: con un ojo tapado fijar la mirada con el otro, sobre un punto cualquiera situado enfrente. Sin mover los ojos, se coloca el dedo índice a la altura de la oreja. Con toda seguridad no podrá verse el dedo al estar fuera del alcance de la vista. Poco a poco se desplaza el dedo por delante de los ojos para llevarlo a la misma posición pero en el otro lado.

Llegará un momento en que podrá comenzar a percibirse la forma del dedo. Cuando éste pase por delante del centro del ojo se le verá con la máxima claridad, porque estará situado frente a la zona de mejor visión de la retina. Luego, paulatinamente, dejará de verse con nitidez el dedo hasta desaparecer totalmente de nuevo su percepción. El espacio donde es posible ver el dedo, con claridad o sin ella, se denomina **campo visual.** Para su exacta medición existen unos aparatos, llamados **perímetros,** con los que se pueden determinar los límites normales y cualquier reducción, cuyas causas resulta siempre necesario averiguar.

Para terminar este apartado sobre la fisiología de la visión mencionaremos en primer lugar el problema de la iluminación artificial, necesaria desde que el hombre utiliza las horas de la noche para multitud de ocupaciones. Indiscutiblemente la mejor fuente de iluminación es la luz solar; por ello, la mejor luz artificial es la que se acerque más a ella. Tan perjudicial puede ser una luz pobre como una luz excesiva. Puede asegurarse que la proveniente de un tubo fluorescente no resulta nociva, en contra de lo que se ha dicho en alguna ocasión.

Si bien la luz fluorescente parece alterar el color de la piel o el maquillaje femenino, estos detalles no condicionan ningún problema sanitario. Lo importante es que la fuente esté bien situada, y en este sentido se cometen muchas imprudencias. La iluminación de escuelas, bibliotecas y cuartos de estudio ha sido muy estudiada, pues sus diferencias influyen sobre el desarrollo de la miopía o sobre su aparición en individuos predispuestos a padecerla.

Al leer con poca luz o con luz mal distribuida, se hace necesario acercarse más al libro, con lo que se obliga a los ojos a converger en mayor grado, proceso nocivo a la larga. Los que tienen defectos oculares necesitan más luz. También los ancianos requieren una fuente luminosa más potente, entre otras razones por tener más pequeñas las pupilas. A los 80 años se necesita cuatro veces más luz que a los 30, mientras que los niños quizá puedan leer en la penumbra. Pero no sólo influye la iluminación, sino también el color de paredes, mobiliario y maquinaria. Si el color es compañero inseparable de la luz, también han de coordinarse ambos para conseguir un máximo aprovechamiento del sentido visual.

Un punto importante al hablar de iluminación es el de las radiaciones invisibles. Normalmente las gafas de sol actúan sólo sobre la parte visible del espectro luminoso.

Los ojos y sus enfermedades

Tablas optométricas

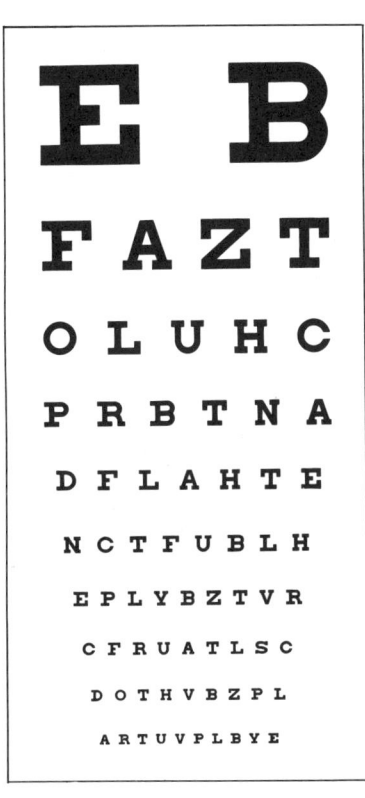

E B	1/10
F A Z T	2/10
O L U H C	3/10
P R B T N A	4/10
D F L A H T E	5/10
N C T F U B L H	6/10
E P L Y B Z T V R	7/10
C F R U A T L S C	8/10
D O T H V B Z P L	9/10
A R T U V P L B Y E	10/10

En la tabla optométrica resulta posible examinar el grado de agudeza visual. Observando la tabla representada en la figura en buenas condiciones de iluminación y a la distancia de un metro y medio, primero con un ojo y después con el otro, separadamente, una persona dotada de una agudeza visual normal debe poder leer nítidamente la línea señalada con 10/10. En la tabla de la derecha las letras del alfabeto han sido sustituidas por dibujos de objetos fácilmente reconocibles, a fin de usarla en el examen visual de niños o de analfabetos.

Tales cristales disminuyen, en cantidad variable, la luz excesiva en la playa, en las montañas nevadas, etc., pero en realidad no protegen los ojos porque las radiaciones ultravioleta, a veces muy nocivas, los atraviesan. Sin embargo, en años recientes la tecnología del polarizado de cristales ha ayudado a eliminar la incidencia de estos rayos de manera importante.

También conviene subrayar que la televisión por sí misma no afecta para nada a los órganos visuales. Si se contempla la pequeña pantalla a una distancia de más de tres metros, bajo ningún concepto pueden lesionarse los ojos, aunque algunos críticos hayan afirmado lo contrario.

Por último, cabe recordar que cuando se produce una imagen en la retina no desaparece instantáneamente, sino que se mantiene durante un corto espacio de tiempo después de abandonar la contemplación del objeto que la produjo. Este fenómeno, que se conoce con el nombre de «persistencia de las imágenes», es la base del cine, pues permite que se vea una imagen en movimiento de manera continua y no a saltos, a pesar de que la cinta de fotos es discontinua.

Enfermedades de los ojos

Todo impedimento a la percepción normal de la imagen visual, toda enfermedad que afecta las estructuras o las funciones del globo ocular debe ser estudiada con el máximo esmero, no sólo por el peligro de la pérdida, más o menos acusada, de una vital función de relación o una ceguera, sino también porque tras un trastorno de la visión pueden esconderse alteraciones cerebrales de suma trascendencia.

En primer lugar, habremos de considerar las **perturbaciones de la refracción ocular,** con cuya denominación se comprende un grupo de defectos caracterizados por el desenfoque de las imágenes en la retina, bien porque el propio globo ocular tenga desviaciones en su conformación o porque se pierda la función de acomodación. Los rayos luminosos procedentes del infinito se enfocan normalmente en el plano de la retina. Cuando por la circunstancia que sea este enfoque no se verifica, queda constituido el defecto de refracción. Pueden darse los siguientes casos: miopía, hipermetropía, astigmatismo y presbicia.

MIOPÍA

En este vicio de refracción, los rayos luminosos procedentes del infinito se enfocan por delante de la retina (véase la figura de la página 633), lo que condiciona una disminución de la visión lejana tanto más acusada cuanto mayor sea el defecto. Se ve bien de cerca, por lo que hay que aproximar la letra impresa a los ojos.

Causas. La miopía siempre expresa una desproporción entre la refracción de la luz y el eje anteroposterior del ojo. Así, la cortedad de vista puede producirse porque el mismo ojo haga converger anormalmente los rayos luminosos procedentes de objetos situados en la lejanía, pero también puede deberse simplemente a un defecto de conformación del ojo, que tiene un eje longitudinal demasiado largo. Lo importante es señalar que este defecto siempre es hereditario. Se dan diversos grados de intensidad, desde las formas escolares —llamadas así por la época de su aparición, no porque la escuela sea la culpable— hasta las formas malignas que pueden conducir a la ceguera por lesiones de la retina (desprendimiento).

Tratamiento y pronóstico. En general, el problema es de fácil solución mediante el uso de cristales cóncavos que hacen converger en la retina la imagen que sin ellos se tomaría por delante de ella. Últimamente se ha diseñado un tratamiento quirúrgico de la miopía con gran éxito (en casos seleccionados). La "gimnasia" o el ejercicio visual no son útiles. Resulta curioso que llegada cierta edad la miopía se compensa con el endurecimiento del cristalino, o sea, por la aparición de presbicia, condición que por

Defectos de refracción del ojo o ametropías

OJO NORMAL O EMÉTROPE — Cristalino, Retina, Rayos luminosos, Córnea

OJO MIOPE

Los rayos que llegan de lejos se unen delante de la retina, dando una imagen desenfocada e imprecisa.

OJO HIPERMÉTROPE

Los rayos que llegan de objetos lejanos están por detrás de la retina, dando una imagen imperfecta.

Los rayos que llegan de un objeto cercano dan, por el contrario, una imagen suficientemente clara.

Los objetos cercanos aparecen difuminados y poco claros, porque su imagen se forma detrás de la retina.

Corrigiendo la miopía con lentes cóncavas (negativas) se produce una visión también nítida de los objetos lejanos.

La corrección con lentes convexas (positivas) permite el enfoque y la visión nítida, aunque los objetos estén cercanos.

---

sí misma disminuye el índice de refracción al no poder aumentar la curvatura del cristalino, lo que equivale a una acomodación divergente negativa.

El pronóstico es más desfavorable en las formas degenerativas. En las miopías elevadas (más de 18 dioptrías) se ha preconizado el tratamiento quirúrgico (extracción del cristalino) pero no carece de riesgos, por lo que no es aconsejable. Si no se quiere usar gafas siempre, es posible recurrir al uso de lentes de contacto.

Examen de las enfermedades

HIPERMETROPÍA

Naturaleza y causas: Desde un punto de vista óptico, este defecto es el inverso a la miopía, pues su característica fundamental es el hecho de que los rayos luminosos que provienen del infinito se enfocan por detrás de la retina. El eje anteroposterior del ojo resulta demasiado corto. A diferencia de lo que sucede en el miope, el ojo hipermétrope es capaz de conseguir el enfoque requerido para obtener una buena visión mediante un esfuerzo de acomodación, aumentando la curvatura del cristalino cuando se mira de lejos. Pero tampoco de cerca se ve bien. Solamente con la adecuada acomodación se puede llegar a tener una visión enfocada. Por ello, cuando el oftalmólogo tiene que hacer la oportuna corrección óptica, ha de recurrir a la paralización de la acomodación, única manera de poner de manifiesto el grado total del defecto. Esto se consigue con el empleo de colirios de atropina, que anulan transitoriamente la actividad acomodaticia. En los miopes no es necesario efectuar esta práctica debido a que su acomodación no enmascara el defecto.

El continuo esfuerzo de acomodación provoca molestias (dolor de cabeza, fatiga ocular, etc.) que se acentúan durante la lectura o el trabajo con visión próxima, pues requieren una acomodación todavía más pronunciada.

Tratamiento y pronóstico: Como durante el crecimiento corporal también aumenta de tamaño el globo ocular, puede, en muchos casos, disminuir el grado de hipermetropía e incluso desaparecer la casi normal hipermetropía que tienen los lactantes. No existe tratamiento médico para la hipermetropía y tampoco aquí la «gimnasia» ocular que se ha preconizado obtiene buenos resultados. Únicamente cabe la corrección con el empleo de lentes convexas. Las gafas deben llevarse permanentemente, puesto que el uso discontinuo engendra dolores de cabeza pronunciados. En general sólo es necesario un par de gafas correctoras, pero en ocasiones, cuando el defecto es más acentuado o la persona afectada está en el límite de la aparición de la presbicia, es necesario usar unos lentes para ver de lejos y otros para ver de cerca. El pronóstico de la hipermetropía es bueno, puesto que en su curso no hay complicaciones por parte de la retina.

ASTIGMATISMO

Naturaleza y síntomas: En la mayoría de los casos se trata de un defecto congénito de la córnea, imposible de modificar con el desarrollo o la edad. Si comparamos la superficie corneal con la superficie de una parte de un globo terráqueo resulta que en la córnea normal todos los posibles meridianos presentan una curvatura aproximadamente semejante. En el astígmata varía la curvatura de los diferentes meridianos, lo que condiciona que en uno de ellos exista una refracción determinada, mientras que en el perpendicular a este meridiano el foco luminoso se forma en un punto diferente. Pueden darse toda clase de variaciones en esta desigualdad. Un diámetro puede ser normal y el otro miope o hipermétrope (astigmatismo simple), los dos hipermétropes o miopes (astigmatismo compuesto), o también uno miope y otro hipermétrope (astigmatismo mixto). Pero no sólo se debe el astigmatismo a defectos congénitos de la curvatura de la córnea; también en un grupo muy reducido es provocado por alteraciones de la

Los ojos y sus enfermedades

superficie corneal después de inflamaciones o heridas. Los astígmatas ven mal de cerca y peor aún de lejos. Las imágenes se perciben deformadas en el sentido de verlas alargadas, aunque no se note siempre por estar acostumbrados a verlas así desde el nacimiento. Disminuye la agudeza visual, pueden presentarse dolores de cabeza, fatiga ocular, nieblas y mareos.

Tratamiento y pronóstico: Se corrige este vicio de refracción con el uso de lentes cilíndricas cuyo poder de refracción, positivo o negativo según los casos, se limita a un meridiano. El pronóstico siempre es bueno, aunque no hay posibilidad de evolución en ningún sentido.

PRESBICIA

Ya hemos indicado que la capacidad de acomodación se pierde con la edad al hacerse progresivamente más rígido el cristalino, y no es posible modificar su curvatura para enfocar los rayos luminosos que le vienen de cerca sobre la retina. Este fenómeno es normal en todas las personas más o menos a partir de los 45 años y se conoce con el nombre de «vista cansada». Los síntomas se deducen con facilidad a través de lo que llevamos dicho: conservación de la visión lejana y disminución progresiva de la visión próxima. Afecta tanto a las personas de anterior vista normal como a las que ya habían padecido cualquier otro defecto de refracción. Como puede comprobarse al comparar la visión próxima de los miopes con la de los hipermétropes, resalta que a medida que avanzan en edad, los miopes necesitan para ver de cerca gafas más débiles o no las necesitan, y en cambio los hipermétropes las han de usar de mayor potencia cada vez. Por eso se dice, aunque en rigor no es cierto, que los miopes mejoran su vista a medida que avanzan en la edad.

Alteraciones de la musculatura extrínseca del ojo

ESTRABISMO

Normalmente los ojos en mirada lejana tienen sus ejes anteroposteriores paralelos. Cuando este paralelismo no existe se habla de estrabismo. La desviación de un ojo con respecto al otro puede ser hacia dentro o hacia fuera de la nariz. En el primer caso se trata de un **estrabismo convergente,** en el segundo de un **estrabismo divergente.** El adecuado desarrollo de la musculatura ocular y la capacidad del cerebro para superponer las imágenes registradas por ambos ojos son hechos indispensables para su funcionamiento conjunto y normal, es decir, para lograr su paralelismo en la visión lejana y la debida convergencia en la visión próxima.

Causas: El estrabismo puede estar motivado por un funcionamiento deficiente de la musculatura ocular, pero se comprueba con frecuencia que esta alteración coexiste con una incapacidad del cerebro para fusionar las dos imágenes. En tal caso, uno de los ojos se encarga de enfocar la imagen con precisión, que seguidamente es registrada de igual forma en el cerebro. No sucede igual con el ojo congénere, que puede formar la imagen bien o mal, pero en cualquier caso no se registra debidamente en el cerebro, lo cual acarrea como consecuencia que no «tome parte» y comience a «bizquear».

Por otro lado, el sistema de refracción ocular puede presentar anomalías que conducen al estrabismo por visión defectuosa, como es el caso de la miopía (casi siempre estrabismo divergente), la hipermetropía (estrabismo convergente) o los astigmatismos pronunciados (estrabismo convergente o divergente según los casos). El porcentaje más alto de estrabismo se presenta en las anisometropías, es decir, en las personas que tienen sus ojos ópticamente desiguales entre sí.

Todos los niños desde que nacen hasta cumplidos los tres primeros meses de vida tuercen los ojos. Hasta esa edad el estrabismo es fisiológico y desaparece espontáneamente en cuanto la musculatura ocular alcanza su desarrollo normal. Cuando pasado este tiempo el niño sigue «bizqueando», con toda seguridad se trata de un hecho patológico, por lo que debe ser llevado inmediatamente al oftalmólogo.

En el estrabismo suele haber un ojo director que es el que fija la mirada. Por eso suele ser falsa la afirmación de muchas madres que aseguran que su hijo tuerce los dos. Este hecho es fácil de comprender. Como sabemos, los ojos pueden mirar de lado o en cualquier otra dirección sin necesidad de mover la cabeza. Naturalmente, si en un determinado momento el pequeño estrábico mira por ejemplo hacia la derecha, parecerá que endereza el ojo torcido al tratar de acompañar al otro. Con examen superficial parecerá que mira de frente con el ojo desviado cuando en realidad lo que hace es mirar lateralmente con el sano.

Podría pensarse que al no ser paralelos los ejes oculares los pacientes estrábicos deben ver doble. Esto no es así; si acaso ocurre, es tan sólo en los primeros momentos de aparición del defecto. Normalmente sólo ven una imagen, generalmente la captada por el ojo mejor, porque la del otro es inhibida en el cerebro. En estos casos se forma un círculo vicioso: cuanto menos usan el ojo que se desvía, menos ven por él; y cuanto menos ven menos lo utilizan, de donde se deduce la gran importancia de los ejercicios de oclusión del ojo sano.

Tratamiento y pronóstico: Todo estrabismo debe ser tratado en cuanto hace su presentación, por muy pequeño que sea el niño. No hay que olvidar que un estrabismo es tanto más grave cuanto antes se presenta. Es lógico que sea así; todo el complicado sistema de desarrollo y coordinación musculares se establece de una manera progresiva, escalonadamente. Si fallan los primeros peldaños, toda la arquitectura de la formación de la visión binocular se establecerá mal. Si el fallo sucede en las últimas fases del desarrollo, el defecto será menos intenso y como consecuencia menos grave que en otras etapas.

El tratamiento del estrabismo es largo y engorroso, lo cual desespera un poco a los padres del pequeño paciente. Muchos de ellos creen que con una operación estaría todo arreglado. Por desgracia, la mayoría de las veces no es así. La operación es sólo una fase más del conjunto del tratamiento. Otros piensan que tan sólo con unas gafas o con unos ejercicios puede resolverse la cuestión, y tampoco es así. Únicamente el médico especialista puede sentar una u otra indicación a medida que vaya observando la evolución del proceso.

En general, puede afirmarse que primero hay que intentar el tratamiento con los medios más sencillos, como son las gafas y los ejercicios de oclusión; si no se consigue el resultado esperado se recurrirá a la cirugía. Ahora bien, ¿cuándo se debe operar a un estrábico? Hasta los ocho años de edad no se ha desarrollado por completo la binocularidad de la visión. Pasada esta etapa puede decirse que todo el mecanismo de establecimiento de reflejos es permanente. Si se tiene en cuenta este hecho fundamental, la contestación es bien clara: antes de los ocho años el paciente debe tener los ojos derechos para que los mencionados reflejos se establezcan normalmente con la máxima perfección y fortaleza.

En algunos casos puede haber estrabismos verticales, es decir, desviación de un ojo hacia abajo o hacia arriba en relación con el otro. También pueden presentarse combinaciones de estrabismos laterales y verticales. El tratamiento de este defecto es idéntico al descrito anteriormente, aunque deberá insistirse de nuevo en que el problema no se resuelve con una simple operación.

PARÁLISIS OCULARES

Los músculos que mueven los ojos pueden, lo mismo que el resto de la musculatura corporal, sufrir alteraciones que los privan de su capacidad de contracción parcial o completa. En el primer caso se habla de paresias y en el segundo de parálisis. En cualquiera de los dos casos se perturba la visión binocular apareciendo un fenómeno llamado **diplopía,** que consiste en que el paciente ve dobles todos los objetos. Para defenderse de esta molestísima situación se tapa un ojo, con lo que la duplicidad de imagen desaparece. Las parálisis oculares reconocen como causa las enfermedades inflamatorias, tumorales, tóxicas y traumáticas. Su pronóstico depende de éstas. En general, la mayoría de las parálisis son reversibles en un plazo más bien largo. Cuando no ceden con el tratamiento puede acudirse a la colocación de unas gafas provistas de lentes prismáticos. Los prismas ópticos no resuelven por completo el problema de la diplopía, pero pueden ser una valiosa ayuda al hacerla desaparecer en una de las direcciones de la mirada. En ciertos casos puede recurrirse también a una intervención quirúrgica. Tampoco la operación suele resolver por completo la situación, pero sí la mejora mucho.

Como las diplopías suelen durar mucho tiempo (meses y aun años), se debe recomendar a la persona que la sufre que no se ocluya siempre el mismo ojo sino que se tape ambos alternativamente. Si siempre prescinde del mismo puede llegar a perder vista en él por falta de uso, sobre todo si tenía un defecto de refracción.

Enfermedades del aparato lagrimal

DACRIOADENITIS

Se conoce con este nombre la inflamación de la glándula lagrimal. En este proceso existe una hinchazón acentuada y dolorosa, con enrojecimiento del párpado superior, muchas veces acompañada de un exudado purulento. El tratamiento consiste en la administración de antibióticos, pero en ocasiones se forma un absceso que exige una amplia incisión quirúrgica para dar salida al pus acumulado en el seno de la glándula. El pronóstico suele ser muy bueno.

Examen de las enfermedades

DACRIOCISTITIS

Se denomina así la inflamación del saco lagrimal. Puede presentarse en diversas formas, en relación con el momento de su aparición y su evolución clínica. Con arreglo a la edad hay dos tipos: la dacriocistitis del recién nacido y la del adulto. En el primer caso se debe a que las vías lacrimales no son permeables; y en el segundo, a que se han obstruido. En ambos casos pueden presentarse formas agudas y crónicas.

Síntomas: La molestia principal es el lagrimeo continuo (epifora), acompañado de una más o menos abundante secreción mucopurulenta. Cuando la infección sobrepasa los límites anatómicos del saco lacrimal se produce una violenta inflamación de toda la región e incluso de la cara, con fuertes dolores que sólo ceden cuando se evacua el pus acumulado. Suele haber fiebre y malestar general. En las formas crónicas, el diagnóstico se establece presionando con el dedo la región del saco contra la nariz, lo que provoca la salida de pus por el conducto lagrimal.

Tratamiento: Las formas agudas se tratan localmente mediante fomentos calientes, lavados frecuentes con sustancias antisépticas y aplicación tópica de antibióticos. Siempre es necesaria la administración de antibióticos por vía oral. La dacriocistitis del recién nacido se cura en todos los casos mediante el sondaje de las vías lagrimales. En cambio, en los adultos el sondaje es insuficiente: debe recurrirse a otros medios quirúrgicos que restablecen el vaciamiento normal de las lágrimas.

Enfermedades de los párpados

BLEFARITIS *(Inflamación del borde palpebral)*

Síntomas: Enrojecimiento acusado del borde palpebral acompañado a veces de costras, escamas e incluso de ulceraciones.

Naturaleza y causas: Esta afección se presenta en dos formas. La primera, que cursa con descamación, coexiste generalmente con una seborrea del cuero cabelludo. En ella se encuentra siempre una secreción constitutivamente aumentada de las glándulas sebáceas. Una segunda forma se caracteriza por la inflamación e infección bacteriana, con aparición de costras y ulceraciones.

Tratamiento y pronóstico: Se recomienda la aplicación cotidiana de pomadas, de antibióticos y corticosteroides. Las vitaminas A + D, por vía oral, merecen ser ensayadas. De todos modos es un proceso lento y difícil de curar, sobre todo en las formas crónicas o rebeldes. El pronóstico visual siempre es bueno.

ORZUELO

Síntomas: En el orzuelo se presenta, como síntoma principal, una inflamación dolorosa de los párpados o de sus bordes, que se acompaña de abultamientos visibles y palpables, muy sensibles, del tamaño de un grano de cebada. El nódulo es purulento y cuando la infección es muy intensa se acompaña de una inflamación del ganglio linfático situado cerca del pabellón auricular.

Los ojos y sus enfermedades

Naturaleza y causas: Se trata de una inflamación de las glándulas del párpado que, según su situación, se hace más prominente en la cara interna o externa. Se propaga por contacto y los gérmenes causantes suelen ser los estafilococos. En esta afección conviene no desechar la existencia de una diabetes, que puede comprobarse mediante el oportuno análisis de orina o de sangre.

Tratamiento y pronóstico: Cuando la acumulación de pus no se vacía espontáneamente al cabo de unos días, es conveniente la aplicación de calor en la zona afectada, así como pomadas de sulfamidas o antibióticos. Generalmente se resuelven los orzuelos por sí mismos, sin requerir cuidados especiales. Hay que contar siempre con recidivas frecuentes. Como medida profiláctica se recomienda un tratamiento a base de vitaminas del grupo B.

CHALAZIÓN *(Calacio)*

Síntomas: Se trata de una firme induración nodular bien limitada, del tamaño de un chícharo o hueso de cereza, que asienta en el párpado y que persiste largo tiempo.

Causas: Se define como una inflamación crónica de las glándulas sebáceas o glándulas de Meibomio del párpado a consecuencia de un taponamiento o estancamiento de su secreción.

Tratamiento y pronóstico: La afección puede curar por sí misma en unas semanas o meses. Tal curación puede acelerarse mediante la aplicación de fomentos fríos. En caso de no conseguir la curación en el espacio de varios meses, deberá tratarse quirúrgicamente.

BLEFAROESPASMO

Síntomas: Contracción espástica de los párpados, raramente de larga duración, casi siempre a manera de ataque que dura sólo unos minutos.

Causas: Casi siempre de tipo nervioso (tic).

Tratamiento: El oftalmólogo puede combatirlo mediante la inyección o infiltración del párpado con cocaína; algunos recomiendan la resección del nervio. Si no se consigue vencer la causa a pesar del tratamiento, estará indicado poner al enfermo en manos de un neurólogo.

PARÁLISIS PALPEBRAL

Síntomas: Incapacidad manifiesta para cerrar los ojos.

Naturaleza y causas: Se trata de una afección del nervio facial. Su causa no es siempre fácil de encontrar y con frecuencia hay que achacarla a una otitis o inflamación del oído medio. La parálisis palpebral puede ser también un síntoma de enfermedad nerviosa grave (tumor cerebral o meningitis).

Tratamiento: Combatir la causa. Si se sospecha una enfermedad nerviosa habrá que acudir al neurólogo.

Examen de las enfermedades

Enfermedades de la conjuntiva

CONJUNTIVITIS AGUDA Y CRÓNICA

Síntomas: Enrojecimiento de la conjuntiva, más intenso en la periferia, disminuyendo hacia el centro (la llamada inyección conjuntival); enrojecimiento de la cara interna de los párpados, sensación de cuerpo extraño, hipersensibilidad a la luz, sequedad, prurito, quemazón y exudado mucoespumoso que en los casos graves se convierte en pus abundante.

Naturaleza y causas: Se trata de una inflamación de la mucosa —en sus formas leves se le denomina catarro conjuntival— debida a sustancias irritantes como polvo, polen, humo, gases, productos químicos, etc.; en otros casos, es producida por la infección bacteriana o por virus, y a veces originada simplemente por cansancio ocular, defectos visuales, corrientes de aire o acción intensa de agentes luminosos.

Tratamiento y pronóstico: Debe intentarse en primer lugar el tratamiento causal. Si existe hipersensibilidad a determinados productos, éstos deben evitarse. A veces se hace necesario un cambio de ambiente e incluso de oficio. En casos ligeros, se aplicarán fomentos calientes de manzanilla o suero fisiológico, baños oculares con agua boricada al 3% y gafas oscuras. Cuando existe una infección se instilarán colirios de antibióticos o de sulfamidas. El pronóstico de la afección es benigno.

TRACOMA

Síntomas: Se trata de una conjuntivitis de comienzo insidioso que únicamente se manifiesta cuando comienzan los trastornos visuales. Se caracteriza por un engrosamiento de la conjuntiva con inclusiones de tejido linfático, los llamados folículos del tracoma, consistentes en nódulos translúcidos de color gris o amarillento que dejan numerosas cicatrices al desaparecer. Pueden asentarse incluso en la córnea, en la que las cicatrices dificultan la visión. En casos graves se llega hasta la ceguera.

Causas: La enfermedad —aún frecuente en los países de Oriente y que en África afecta a un 90% de la población en determinadas zonas— se transmite por contagio. Su agente causal apenas se ha descubierto recientemente. A veces adopta forma epidémica; el mejor medio profiláctico es la observancia de las reglas higiénicas. La declaración es obligatoria.

Tratamiento: Se combate de manera efectiva mediante el empleo de sulfamidas y antibióticos.

CONJUNTIVITIS BLENORRÁGICA
(Oftalmopatía purulenta del recién nacido)

Síntomas: Aparece en recién nacidos en los días siguientes al parto. En los casos leves apenas se distingue de un catarro conjuntival, pero a veces experimenta una rápida agudización. Se caracteriza por inflamación, enrojecimiento y aumento de temperatura en los párpados, comprobable por simple palpación. El exudado, fluido en su comienzo, no tarda en convertirse en purulento. Es frecuente el derrame sanguíneo conjuntival, cuya inflamación llega a extenderse en casos graves a la córnea, ulcerándola y destruyéndola, hasta producir la ceguera. En los adultos se presentan los mismos síntomas aunque con menor intensidad; existe casi siempre participación muy importante de la córnea.

Naturaleza y causas: Se trata de una infección por gonococos que se produce con mayor frecuencia en los niños durante el parto por contagio de la madre, o inmediatamente después del mismo por contacto con personas afectadas. La enfermedad, culpable antaño casi del 50% de las cegueras, ha llegado prácticamente a desaparecer en la actualidad debido a las medidas profilácticas adoptadas. En los adultos aparece muy raramente.

Hoy en día se practica en todo recién nacido la profilaxis empleada por primera vez en 1880 por Credé, ginecólogo de Leipzig, a base de una solución acuosa de nitrato de plata al 1%, aplicada en los ojos del recién nacido. En muchas clínicas se ha hecho usual el empleo de penicilina y otros antibióticos con el mismo fin preventivo.

Tratamiento: Es el mismo de la blenorragia; se halla descrito en el capítulo de enfermedades infecciosas (página 491).

Otros enrojecimientos oculares análogos a la conjuntivitis

Con la conjuntivitis suele confundirse a veces el enrojecimiento superficial originado por la rotura de un vaso sanguíneo, como sucede por ejemplo en un golpe de tos (tos ferina), por los esfuerzos del parto y sobre todo en personas con tensión arterial elevada. Tales hemorragias generalmente no causan molestias, pero preocupan al enfermo por la intensidad del enrojecimiento de la conjuntiva. Apenas existe tratamiento médico específico, pues son de escasa importancia, ya que suelen desaparecer por sí solos en un plazo no superior a dos semanas. Se pueden prevenir en algunos casos de especial predisposición con la administración de fármacos protectores de la pared vascular, vitamina C, rutina, etcétera.

Enfermedades de la córnea

INFLAMACIÓN DE LA CÓRNEA *(Queratitis, úlcera corneal)*

Síntomas: Inflamación de la conjuntiva con enrojecimiento que predomina en su parte central, a diferencia de la conjuntivitis, sobre todo en el borde corneal y en las proximidades del iris (la llamada inyección ciliar). La córnea muestra un enturbiamiento grisáceo amarillento y existe una disminución más o menos acentuada de la facultad visual. Suele acompañarse de dolores, lagrimeo, hipersensibilidad a la luz y úlceras corneales frecuentes que al cicatrizar dificultan la visión. En muchos de los casos, la inflamación se propaga hasta el iris y existe el peligro ulterior de adherencias entre él y el cristalino.

Naturaleza y causas: Cuando el enturbiamiento de la córnea es limitado suele hablarse de **infiltrado corneal**. Si es extenso, se denomina **queratitis parenquima-**

tosa, proceso en el cual la inflamación alcanza una mayor profundidad. Los infiltrados escrofulosos, antaño tan frecuentes, han desaparecido en la actualidad casi por completo gracias a las mejores condiciones de higiene; lo mismo puede afirmarse de la queratitis parenquimatosa, casi siempre concomitante con la sífilis congénita, que representó en los pasados decenios un porcentaje muy elevado de las causas de ceguera.

La inflamación de la córnea más conocida en la actualidad es el **herpes corneal,** que cursa con un defecto superficial del tejido y se acompaña de pequeñas vesículas. El enturbiamiento de la córnea es tan reducido que apenas puede distinguirse a simple vista. El virus causante de esta afección es el mismo que produce el exantema vesiculoso de los labios en los trastornos digestivos o en los estados febriles. Existen determinadas personas con propensión a padecer esta enfermedad, que puede durar varias semanas y ser resistente a los más diversos tratamientos. A veces se producen enturbiamientos del tejido corneal que llegan a afectar las capas más profundas del órgano de la visión.

La **úlcera corneal profunda** representa una infección por neumococos la mayor parte de las veces. Dos condiciones son indispensables para la aparición de la úlcera corneal: la existencia de gérmenes en el saco conjuntival, como en el caso de la impermeabilidad del canal lagrimal o infección del saco conjuntival, y la presencia de una lesión previa de la córnea, como sucede en el caso de un cuerpo extraño.

Tratamiento y pronóstico: El tratamiento de toda queratitis debe ponerse cuanto antes en manos del oftalmólogo para evitar el peligro de ceguera que tal afección conlleva. Es conveniente el reposo en cama. Con objeto de prevenir la formación de adherencias entre el iris y el cristalino, el médico tratará de lograr una dilatación de la pupila mediante pomadas o gotas de atropina al 1% o escopolamina al 0.25%. Los preparados de cortisona o sus derivados en forma de pomada se muestran muy eficaces en numerosos casos. A pesar de su acción espectacular no deben emplearse en las inflamaciones corneales producidas por virus (herpes corneal). En las queratitis bacterianas se hallan indicados los antibióticos (penicilina, estreptomicina, aureomicina, etc.) en forma de colirio o en inyección subconjuntival. Independientemente del tratamiento local es necesario también realizar un tratamiento general con antibióticos, corticosteroides, vitaminas, etcétera.

En las queratitis por virus está indicada la aplicación local de antibióticos para evitar complicaciones infecciosas sobreañadidas; el tratamiento más eficaz es la instilación de idoxuridina (IDU) repetida cada hora; en caso de que no ceda, se podrá recurrir a la cauterización del foco inflamatorio con tintura de yodo, alcohol, éter, etc., con lo que suelen curar rápidamente. Cuando las inflamaciones corneales dejan cicatrices o manchas más o menos extensas (leucomas) que interfieren la visión, puede recurrirse a los **trasplantes corneales.** Las **queratoplastias** consisten en la sustitución total o parcial de la córnea por otra sana, de tamaño y forma iguales a la extirpada y procedente de otro individuo.

Las queratoplastias pueden ser parciales o totales, perforantes o laminares, según la cantidad de córnea enferma extirpada. Con arreglo a la procedencia del injerto, las queratoplastias se clasifican en autoqueratoplastia (cuando el injerto procede del mismo paciente), homoqueratoplastia (cuando se utiliza un individuo de la misma especie, generalmente un cadáver) y heteroqueratoplastia (cuando el injerto procede de un animal de especie diferente).

Los ojos y sus enfermedades

Inflamaciones de la úvea

INFLAMACIÓN DEL IRIS *(Iritis)*

Síntomas: Enrojecimiento del globo ocular semejante al que se presenta en la queratitis pero sin enturbiamiento de la córnea, aunque no siempre es así, pues en ocasiones puede verse una ligera pérdida de transparencia al depositarse en su cara posterior productos inflamatorios procedentes del iris. El color de éste sufre modificaciones: aparece como sucio y, al cambiar de coloración, puede ser de un color azul a verdoso. La pupila se contrae, perdiendo su forma circular y presentando alteraciones irregulares en su contorno. Cuando la inflamación es muy intensa o el enfermo permanece sin tratamiento, los exudados adhieren el iris al cristalino y a veces también a la córnea. Todo ello se acompaña de dolores intensos en el ojo afectado, con pérdida de la visión, fotofobia y, como síntoma general, fiebre con malestar acusado. Existen formas crónicas con síntomas menos pronunciados.

Causas: Toda iritis, como en general en la infección concomitante del cuerpo ciliar (**iridociclitis**) o de la coroides (**coroiditis** o **uveítis**), puede producirse por dos vías. Las provocadas por vía sanguínea tienen su origen en cualquier parte del organismo, como por ejemplo un foco séptico amigdalar, dentario, sinusítico, y también en enfermedades generalizadas, como la tuberculosis y la sífilis. A veces puede presentarse en el curso de un reumatismo crónico o de alguna enfermedad metabólica, como la diabetes y la gota. Por vía exógena, la inflamación puede deberse a heridas del globo ocular, perforantes o no.

Tratamiento: Ante todo se tratará de eliminar la enfermedad causal y la supresión de los focos sépticos. Es imprescindible proceder a la dilatación de la pupila con objeto de dejar tanto el iris como el cuerpo ciliar en reposo y evitar la presentación de adherencias inflamatorias. Para ello se utilizan los colirios de atropina o escopolamina. Es útil la aplicación de calor local. Por vía general deben emplearse antibióticos, corticosteroides, vitaminas, etc.

Pronóstico: Con el tratamiento adecuado, el pronóstico es bueno en general, pero hay casos resistentes y recidivantes que pueden conducir a la ceguera. Cuando la inflamación se extiende a la coroides, los focos inflamatorios situados periféricamente tienen un buen pronóstico, mientras que éste se hace mucho más sombrío cuando su situación es central.

Enfermedades de la retina

RETINITIS

Los procesos inflamatorios de esta membrana se acompañan generalmente de pérdida de visión si ocupan la región macular, con centelleos, presencia de «moscas volantes» y disminución de la visión nocturna. No suele haber fenómenos dolorosos.

La proximidad de la retina y de la coroides hace muy rara su inflamación aislada, por lo que suele tratarse de coriorretinitis. La infección sobreviene por vía hemática y tiene como consecuencia la formación de cicatrices en la retina y en la coroides. Los factores causales suelen ser tuberculosis, sífilis, focos sépticos en dientes, amígdalas, senos nasales, etcétera. Solamente con el adecuado reconocimiento del especialista se podrá llegar al diagnóstico de la afección. El pronóstico será siempre reservado, pues el resultado depende de la localización del proceso inflamatorio en la retina y de sus recidivas. Cuando se ve comprometida la mácula, aparece el gran peligro de llegar a la ceguera total.

Tratamiento: En los casos en que hay sinequias (adherencias) y desprendimiento de la retina, suele utilizarse tratamiento con rayo láser para «soldar» la retina que se ha desprendido. Deben suprimirse las causas prohibiendo la lectura, aplicando preparados de cortisona y tratando las alteraciones residuales.

RETINOPATÍAS DIABÉTICA E HIPERTENSIVA

En el curso de la diabetes de muchos años de evolución suelen presentarse en la retina unas alteraciones acompañadas de hemorragia y exudados que interfieren la visión del enfermo. La retinopatía hipertensiva también cursa con hemorragias y exudados, igual que la retinopatía diabética, pero el aspecto oftalmoscópico es bastante diferente, por lo que el oftalmólogo práctico podrá siempre establecer la diferencia. Con mucha frecuencia, ambos tipos de alteración retiniana aparecen conjuntamente, con lo cual el pronóstico es peor que cuando se presentan en forma aislada.

DESPRENDIMIENTO DE LA RETINA

Síntomas: Visión de luces más o menos centelleantes, reducción de la agudeza visual, sensación de ver a través del agua, «moscas volantes» y disminución de algún sector del campo visual.

Causas: En el desprendimiento de la retina se produce la separación de esta membrana del epitelio pigmentario. Este desprendimiento tiene lugar cuando existe un desgarre en la retina por el cual se introduce el humor vítreo, que lentamente la va separando. Se produce generalmente en las personas miopes de cierta intensidad, en edades avanzadas y por traumatismos.

Tratamiento: Éste consiste en la obturación del desgarre por medio de la diatermocoagulación, los rayos láser o la fotocoagulación. Con estos procedimientos se suele conseguir un 70% de curaciones aproximadamente. En muchas ocasiones es necesaria una nueva operación por ser frecuentes las recidivas.

Enfermedades del cristalino

CATARATAS

Se entiende con este nombre a toda opacificación o enturbiamiento del cristalino. Estas alteraciones de pérdida de transparencia pueden ser estacionarias o progresivas. En este último caso la visión va disminuyendo hasta llegar prácticamente a la ceguera completa, aunque nunca se pierde la percepción de la luz por muy avanzada que esté la alteración. Este dato de la percepción luminosa es muy importante para el pronóstico, puesto que en el caso de no haberla hay que pensar que existe además otra enfermedad situada por detrás del cristalino.

Las cataratas progresivas suelen ser de causa senil, diabética o por intoxicaciones. Las estacionarias por lo general son congénitas, con frecuencia hereditarias. También pueden aparecer cataratas con motivo de traumatismos, penetrantes o no, y por radiaciones (rayos X y calor).

Tratamiento y pronóstico: En general es bueno, pues a pesar de que el enfermo puede pasar una temporada más o menos larga con muchas molestias por la progresiva pérdida de visión, más tarde, cuando se operan, la regla es que recupere su agudeza visual. La operación consiste en la extracción del cristalino, según diversas técnicas, el cual es sustituido por una lente especial de gafas de contacto o intraocular. Gracias a la presencia de nuevos materiales inertes, la operación ha tenido éxito y los ojos presentan poco rechazo.

Alteraciones de la tensión ocular

GLAUCOMA

Síntomas: Hay dos tipos fundamentales de glaucoma (así se llama al aumento de la tensión intraocular): el agudo y el crónico. En el primer tipo, la sintomatología se traduce por intenso dolor, acentuado enrojecimiento del ojo, pupila dilatada y enturbiamiento corneal, que toma un aspecto verdoso y de donde deriva el nombre de la enfermedad. La agudeza visual desciende rapidísimamente; en casos extremos, el enfermo de glaucoma agudo es capaz de distinguir solamente la luz y las sombras. Si el tratamiento adecuado no se instaura a tiempo, lo habitual es la pérdida completa de la visión que en la mayoría de los casos es irreversible a menos que se trate con la máxima rapidez posible.

El **glaucoma crónico** presenta unos síntomas mucho menos intensos y evoluciona lentamente, pero al igual que lo que ocurre con la forma aguda puede llegar también a constituir causa de ceguera si el diagnóstico no se ha hecho correctamente a tiempo y si el tratamiento no se lleva con el rigor que estos casos exigen. En la forma aguda, los dolores son tan violentos que ponen en guardia al enfermo inmediatamente, al contrario de lo que sucede en el glaucoma crónico, en el que la sintomatología es tan solapada que el enfermo no le presta la debida atención. La forma aguda, además, suele ir acompañada de náuseas y vómitos, lo cual hace a veces pensar al profano que se trata más de un cólico hepático que de un glaucoma.

La forma crónica en sus distintos tipos se caracteriza, aparte de la pérdida de visión, por una reducida extensión del campo visual y de la visión nocturna, y por algunos dolores de cabeza.

Causas: En todas las formas de glaucoma la tensión ocular está aumentada. Si las cifras normales de tensión ocular oscilan entre 15 y 18 mm de mercurio, los valores superiores son siempre sospechosos; pero sobrepasados los 30 mm con toda seguridad se trata de tensiones patológicas. El aumento de la presión intraocular se debe a uno de

Examen de las enfermedades

estos dos motivos: hiperproducción de los líquidos intraoculares (glaucoma secretorio) y disminución o interrupción del drenaje de estos líquidos hacia el exterior.

El aumento de la presión intraocular que no se ha dominado con el tratamiento o que no se ha diagnosticado, implica indefectiblemente un sufrimiento por parte del nervio óptico y de los vasos de la retina, lo cual entraña a la larga una atrofia del nervio y por consiguiente la pérdida de la visión.

Independientemente de estas formas de glaucoma existe una tercera que es el llamado **glaucoma infantil**. En estos casos, la hipertensión se debe a una agenesia, es decir, una falta más o menos acentuada en la formación de las vías de desagüe de los líquidos intraoculares. En estos casos, que suelen presentarse en los primeros meses de vida dado que la esclerótica es muy extensible, es posible observar cómo el ojo aumenta de tamaño, a veces de manera exorbitante, constituyendo el cuadro llamado **buftalmía** (ojos de buey). Es muy importante subrayar este punto de la buftalmía, porque muchos padres en los primeros momentos de la enfermedad de su hijo están incluso orgullosos del tamaño de sus ojos, cuando en realidad se encuentran en presencia de una gravísima enfermedad que, de no ser tratada debidamente, conduce a la pérdida de la visión desde edad muy temprana.

Otro punto importante y que debe ser conocido suficientemente en relación con el glaucoma congénito es el síntoma llamado **fotofobia** (horror a la luz), por ser el primero que hace aparición en esta enfermedad. Todo niño que sienta molestias con la luz debe ser inmediatamente llevado al oftalmólogo, aunque después se compruebe que su causa era otra.

Aparte de estas tres formas de glaucoma, cuya génesis no se conoce aún por completo, y que se conocen con el nombre de glaucomas primitivos, existen otros llamados secundarios, que tienen como causa un proceso patológico ocular anterior a su presentación, tales como inflamaciones del iris, tumores, traumatismos, etcétera.

Tratamiento y pronóstico: En todo glaucoma es indispensable el tratamiento inmediato. No hay que olvidar que en esta grave enfermedad la visión perdida por su causa es irrecuperable. Con la terapéutica adecuada se consigue como máximo dejar las cosas como estaban, a excepción del glaucoma agudo, en el cual una terapéutica rápida puede hacer recuperar la visión. De ello se deduce que cuanto antes sea diagnosticado y tratado, mejores serán los resultados.

En el glaucoma agudo se instituirá un tratamiento a base de mióticos (medicamentos que cierran la pupila), tales como la pilocarpina, eserina, etc., administrando al mismo tiempo por vía general, fármacos que inhiben la formación del humor acuoso. Si a pesar de estas medidas la presión ocular no desciende rápidamente, se hace imprescindible la intervención quirúrgica. La operación consiste en la resección de un amplio trozo del iris (iridectomía), con lo que se consigue en la mayoría de los casos dominar el glaucoma y evitar las recidivas.

En el glaucoma crónico, como primera medida se tratará de regular la tensión con la aplicación de mióticos (por ejemplo, pilocarpina del 2 al 4%); pero si a pesar de ello la tensión no se domina, el campo visual se retrae y la visión desciende, debe recurrirse también a la correspondiente operación. A diferencia de lo que ocurre en la forma aguda, en la que en realidad hay una sola operación, en el glaucoma crónico hay diversas técnicas quirúrgicas. Varias de éstas se encuentran encaminadas a realizar una vía de desagüe artificial para procurar la salida del humor acuoso sobrante en el interior del ojo; son las llamadas operaciones fistulizantes. Otro tipo de operación es la coagulación parcial del cuerpo ciliar mediante la diatermia para disminuir la cantidad de secreción de humor acuoso.

En los glaucomas secundarios deberá tratarse la causa fundamental que desencadenó la hipertensión ocular, recurriendo a los medios apropiados según los casos, médicos o quirúrgicos.

En el glaucoma infantil, por tratarse de una falta de desarrollo de los conductos excretores del humor acuoso, el tratamiento casi siempre es quirúrgico y está encaminado a conseguir la apertura de una vía de salida mediante delicadas intervenciones en el ángulo de la cámara anterior.

Por desgracia, en muchas ocasiones el glaucoma que no ha sido dominado llega a una situación terminal en que se pierde por completo la visión; aparecen grandes dolores y sufrimientos para el enfermo que imponen la enucleación del globo ocular.

Traumatismos oculares

HERIDAS

En cualquier traumatismo del globo ocular lo más importante es llevar al accidentado con toda rapidez al especialista. Cualquier retraso puede agravar el pronóstico. El traslado del traumatizado deberá hacerse con todo cuidado, moviéndolo lo menos posible y con los dos ojos tapados con un apósito estéril. En caso de no tener material de esta clase se taparán con un paño lo más limpio posible. No hay que olvidar que la peor complicación que pueden tener la heridas oculares, sobre todo si son penetrantes, es la infección. Una vez en manos del especialista, éste procederá en consecuencia. Las heridas oculares pueden ser muy diversas, desde un simple arañazo hasta el estallido del globo. En general, la gravedad depende del lugar donde asienta la lesión. Las más graves son las que interesan la región del cuerpo ciliar. También revisten mucha gravedad las que afectan a los medios transparentes del ojo, como la córnea y, sobre todo, el cristalino, así como también a la retina. Cuando la herida es muy penetrante suele afectar, por el pequeño tamaño del globo ocular, a todas estas estructuras, con lo que el pronóstico de estos casos es pésimo.

Las complicaciones de las heridas oculares más frecuentes son, aparte de la infección ya señalada, las hemorragias intraoculares, la catarata traumática y el desprendimiento de la retina. Una situación grave tras un traumatismo que cursa con iridociclitis es la llamada **oftalmía simpática** del ojo sano, que se produce por un mecanismo todavía desconocido a pesar de las investigaciones realizadas y de las diversas teorías que tratan de explicarla. El único tratamiento es la enucleación preventiva del ojo simpatizante. No hay que olvidar que una oftalmía simpática puede hacer su aparición muchos años después del traumatismo. Por eso no es aconsejable conservar un ojo ciego con manifestaciones inflamatorias más o menos acentuadas, agudas o crónicas. Cuando aparece esta terrible enfermedad en el otro ojo, la pérdida completa de la visión suele ser la regla. Por muy dolorosa que resulte para una persona la pérdida de un ojo, debe siempre atenderse la indicación del especialista en este sentido, con el fin de no agravar aun más el problema.

Examen de las enfermedades

CUERPOS EXTRAÑOS

La introducción de cuerpos extraños en el ojo es muy frecuente. Su acción lesiva depende del tamaño, localización, velocidad de penetración y naturaleza. Cuando son superficiales y no están enclavados en el ojo pueden ser extraídos por cualquier persona con ayuda de una barrita de cristal estéril o de cualquier otro instrumento semejante. Cuando se encuentran enclavados debe recurrirse siempre al especialista, quien extraerá el cuerpo extraño en las debidas condiciones y tomará las debidas precauciones para evitar infecciones o cualquier otra complicación. Los cuerpos extraños que lesionan los ojos son muy frecuentes en las industrias, sobre todo cuando el trabajador no lleva la debida protección contra ellos (pantallas).

Los cuerpos extraños intraoculares dan al caso una extrema gravedad, no sólo por las lesiones que producen al penetrar en el globo, sino porque la extracción entraña siempre una acción agresiva contra el ojo por perfectamente que se haga. Cuando el cuerpo extraño es metálico, se extrae con la ayuda de electroimanes especiales. Cuando no lo es, las maniobras de extracción resultan extremadamente difíciles en general, dada la peculiar anatomía del ojo. En estos casos, si el cuerpo extraño es visible a los rayos X, se recurre a la intervención bajo control radioscópico. Pero aun así, a pesar de las delicadas técnicas existentes, la extracción siempre supone un grave insulto para el globo ocular. Los cuerpos extraños intraoculares más difíciles de extraer son quizá los de madera y de piedra, por no ser metálicos y por no ser fácilmente observables en la pantalla de rayos X.

Cuando el cuerpo extraño ha sido extraído, el especialista pondrá los medios para evitar las complicaciones señaladas y más tarde tratará las secuelas que puedan quedar, como son las cicatrices corneales, las cataratas traumáticas, los desprendimientos de la retina, etcétera.

QUEMADURAS

Estas lesiones pueden ser de distintos tipos según sea el agente vulnerante. Las más frecuentes se deben a la acción de materias muy calientes, como el aceite o el agua hirviendo, o a su acción química corrosiva, como son las que tienen carácter ácido o alcalino muy acentuado (ácidos sulfúrico, clorhídrico, nítrico, sosa cáustica, etc.). Además de llevar al herido al oftalmólogo con la mayor presteza, cualquier persona puede prestar una gran ayuda al traumatizado separando los párpados con los dedos índice y pulgar y lavando abundantemente el ojo con agua o con leche. Tal lavado nunca se hará bajo un chorro líquido a presión, pues podría perforarse el ojo si la acción del agente lesivo ha disminuido gravemente la resistencia de la pared ocular. Cuando se lava el ojo, la cabeza debe colocarse de tal manera que el agua escurra hacia el ángulo externo del ojo.

Como en todo traumatismo ocular, la gravedad de las lesiones depende de la naturaleza del agente productor, de las estructuras oculares afectadas y del tiempo de contacto con el ojo, así como de su temperatura.

Es fundamental que el profano se abstenga de usar colirios o pomadas oculares en estos casos; como medida de urgencia siempre es preferible el agua común o mineral.

Los ojos y sus enfermedades

RADIACIONES

Las radiaciones más perjudiciales para los ojos son las infrarrojas, ultravioleta y los rayos X. Normalmente no producen alteraciones a las personas que las manejan porque éstas llevan la debida protección. Pero cuando por descuido no toman las precauciones pertinentes, pueden desencadenarse lesiones oculares de suma gravedad. El calor radiante puede producir cataratas como las que se presentan en los sopladores de vidrio; los rayos ultravioleta producen violentas conjuntivitis como las que se presentan en los trabajadores que emplean la soldadura eléctrica o las llamadas lámparas de cuarzo; por último, los rayos X pueden producir cataratas.

Enfermedades profesionales

Constituyen un extenso grupo de alteraciones oculares que se presentan durante el desempeño de una determinada profesión y como consecuencia de ella. Estas enfermedades están reconocidas en todos los países como tales, y por lo tanto los que las padecen tienen derecho a indemnización por ser en todo equiparables a los accidentes laborales, pues la única diferencia existente entre ambos grupos de afecciones es su forma de presentación.

En el accidente obra la causa de manera repentina y en la enfermedad profesional es lenta, dura mucho tiempo.

Afortunadamente, las enfermedades profesionales y los accidentes de trabajo cada vez son menos frecuentes. La intensa actividad de las autoridades sanitarias, médicos de empresas y medios de protección adecuados descubiertos, han hecho que se conozcan mejor los efectos de los agentes vulnerantes y su prevención. La mayor información de las clases trabajadoras en este sentido también ha contribuido al descenso del número de inválidos laborales.

El oído y sus enfermedades (otología)

Constitución anatómica y función

La percepción del sonido se realiza mediante el oído, órgano par de muy compleja estructura que permite el registro de las oscilaciones o vibraciones del aire que se constituyen en ondas sonoras. En cada oído hay que distinguir tres partes: el oído externo y oído medio, que sirven para la transmisión de las vibraciones sonoras, y el oído interno, que actúa como receptor y alberga un dispositivo sumamente ingenioso que gobierna el equilibrio del cuerpo humano.

Oído externo: Consta, en primer lugar, del **pabellón de la oreja,** amplio repliegue de la piel que, como soporte, presenta un cartílago en forma de concha, englobando el orificio exterior del conducto auditivo. Sólo en su parte más inferior carece de cartílago para formar el lóbulo de la oreja. En los animales con un gran desarrollo de la capacidad auditiva este pabellón es movible: contiene poderosos músculos, inexistentes en el hombre. De todas maneras, el pabellón de la oreja tiene la misión de captar las ondas sonoras a la manera que lo efectúa una antena de radar de diseño muy avanzado tecnológicamente.

El **conducto auditivo externo** es una formación tubular de 3 a 3.5 cm que presenta un recorrido que recuerda una suave «S», para terminar en el tímpano. En el tapizamiento interno de este conducto se encuentran numerosas glándulas sebáceas especiales, ceruminosas, que segregan el llamado cerumen, sustancia untuosa que cuando se seca aparenta ser como la cera, y cuya misión es la de lubricar el conducto y evitar la llegada al tímpano de polvo y partículas extrañas. Esta actividad protectora también es realizada por los numerosos y finos pelos que se encuentran, más o menos abundantemente, en la parte más externa, que tiene consistencia totalmente cartilaginosa, del conducto auditivo externo.

El **tímpano** separa el oído externo del medio; se trata de una membrana circular de unos 10 mm de diámetro constituida por fibras elásticas de color nacarado, con una posición ligeramente oblicua y que, en su centro, está algo abombada hacia dentro. El tímpano se inserta firmemente en el peñasco o porción petrosa del hueso temporal. La elasticidad de esta membrana permite que entre en vibración cada vez que las ondas sonoras recogidas por el pabellón de la oreja y transmitidas por el conducto auditivo externo hacen impacto sobre su superficie.

Oído medio: Detrás del tímpano se encuentra el oído medio o caja del tímpano, oquedad que se encuentra en el interior del peñasco del hueso temporal. En su interior se hallan tres huesecillos llamados **martillo, yunque** y **estribo,** que están articulados entre sí, formando una especie de cadena que establece la conexión entre el tímpano y el laberinto del oído interno, para transmitir las vibraciones originadas en aquél. Por ello, el martillo tiene su mango bien insertado, en toda su longitud, en el seno mismo del tímpano, mientras que su cabeza se une al yunque. A su vez, éste se articula con el estribo, cuya placa basal transmite las ondas sonoras a través de la denominada ventana oval, que es ocluida por dicha base y contacta con el laberinto.

En la parte inferior de la caja del tímpano desemboca la **trompa de Eustaquio,** un conducto de unos 3.5 cm de largo, con forma de báculo, que se comunica con la faringe nasal. La trompa airea la caja del tímpano y así nivela la presión atmosférica entre el oído medio y el aire exterior.

La finalidad es fácil de comprender: sólo manteniendo una igualdad de presión a ambos lados del tímpano éste puede hallarse en el óptimo estado de tensión para entrar en vibración. Esto también explica la utilidad de los movimientos de deglución (tragar saliva, mascar chicle o chupar un caramelo) durante los rápidos ascensos o descensos en aviones, subida o bajada de puertos de montaña, buceos o pesca submarina, pues al tragar se abre y dilata la trompa. A través de ésta, los gérmenes causantes de infecciones en la región nasofaríngea pueden pasar al oído medio; por otro lado, sobre todo en niños, puede obstruirse por la amígdala faríngea (vegetaciones), localizada precisamente cerca del orificio nasofaríngeo de la trompa, y así provocar fácilmente una sordera al abombarse el tímpano por existir un desequilibrio en la presión que dificulta la transmisión del sonido al martillo.

Oído interno: Así se denomina el conjunto del **laberinto,** formado por los conductos semicirculares, el vestíbulo, el caracol y los nervios sensitivos eferentes

El oído y sus enfermedades

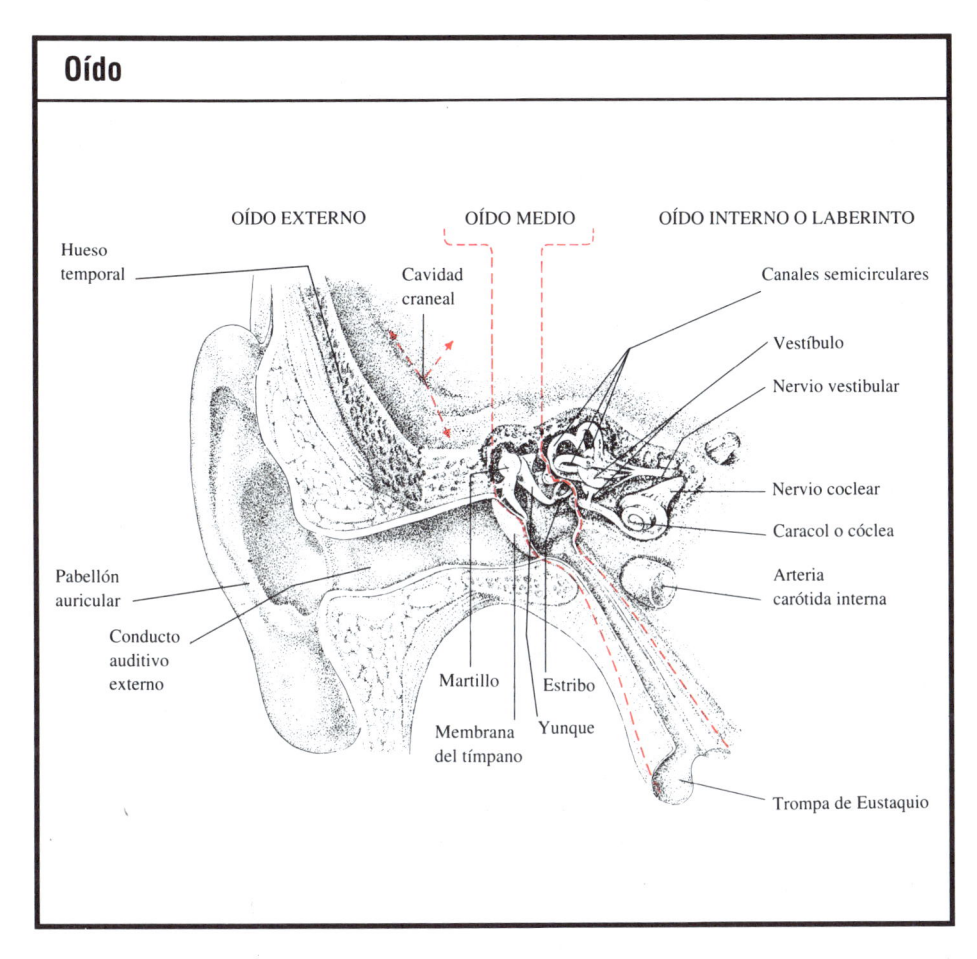

Oído

OÍDO EXTERNO — OÍDO MEDIO — OÍDO INTERNO O LABERINTO

- Hueso temporal
- Cavidad craneal
- Canales semicirculares
- Vestíbulo
- Nervio vestibular
- Nervio coclear
- Caracol o cóclea
- Arteria carótida interna
- Pabellón auricular
- Conducto auditivo externo
- Martillo
- Estribo
- Membrana del tímpano
- Yunque
- Trompa de Eustaquio

(vestibular y coclear). Este conjunto está incluido, para su protección, en el hueso más duro del organismo, en el peñasco del temporal.

El **vestíbulo** es un pequeño espacio relleno de líquido, situado en el centro del laberinto entre los conductos semicirculares y el caracol. Su pared exterior se abre para formar la ventana redonda, abertura cubierta únicamente por una membrana. Delante del vestíbulo arrancan, con dilataciones en forma de botella, los tres **conductos semicirculares,** en los que se encuentra el órgano del equilibrio, integrado especialmente por unas concreciones calcáreas u **otolitos.** Estos otolitos son excitados por el líquido laberíntico que los rodea y, a través de las vías nerviosas (parte vestibular del nervio auditivo) que terminan en el cerebelo, forman el dispositivo principal del que dispone el cuerpo humano para mantener el equilibrio.

El **caracol** óseo, o **códea,** parecido en su constitución helicoidal a la estructura de una casa de caracol, es un tubo relleno de líquido que, como una espiral, se retuerce dos veces y media alrededor de su eje. El tubo está dividido por la lámina espiral en una rampa o escala superior (vestibular) y una inferior (timpánica). El caracol membranoso que tapiza interiormente el canal óseo alberga el verdadero centro del oído u **órgano de Corti.** Sus diferentes fibras nerviosas auditivas (unas 20 000) están sincronizadas con determinadas vibraciones sonoras y vibran al unísono cuando son excitadas por éstas. El nervio auditivo (parte coclear) transmite las impresiones recibidas a la corteza cerebral y allí son percibidas como tonos.

La función auditiva puede resumirse así: las ondas sonoras recogidas por el pabellón auricular pasan a través del conducto auditivo externo a la membrana del tímpano, haciéndola vibrar. Estas vibraciones se transmiten a la cadena de huesecillos. La placa basal del estribo que se adosa y ocluye la ventana oval conduce los movimientos ondulares al líquido laberíntico, cuyas vibraciones excitan a las terminaciones nerviosas del nervio auditivo.

La capacidad auditiva del oído humano está limitada hacia arriba y hacia abajo en relación con la altura de los sonidos o tonos. Una pequeña parte de los tonos más bajos o graves (es decir, los que tienen menor frecuencia) no son percibidos por el hombre, lo mismo que una gran parte de los tonos más agudos. En general, los límites de percepción se encuentran entre las 16 y las 20 000 vibraciones por segundo. El límite superior disminuye con la edad, independientemente de si hay sordera o no. También existen determinadas enfermedades que reducen, en un extremo u otro, los límites de tonos audibles. Existen animales, como el perro, capaces de oír sonidos mucho más altos que los de una frecuencia de 20 000 vibraciones por segundo; por ello existen silbatos especiales para perros que no son escuchados por las personas.

En acústica señalaremos también que, junto al tono, el hombre es capaz de apreciar el timbre del sonido, mediante el que, de una manera empírica, identifica la naturaleza del agente que emite el sonido (un violín, una voz). Este timbre depende de los llamados armónicos o sonidos cualitativos secundarios que acompañan al principal, mucho más intenso, y que determinan su tono.

Junto a tono y timbre también influye la intensidad del sonido, que depende de la amplitud de las vibraciones. De esto hablaremos al final de este capítulo. Por último, recordemos que el oído humano es capaz de percibir simultáneamente varios tonos, timbres e intensidades de sonido sin fundirlos en una sola sensación (como ocurre con la mezcla de colores en la visión). Ésta es la razón de la inmensa riqueza de este órgano auditivo que, por su constitución sin par, proporciona quizá al hombre las mayores emociones estéticas, sólo comparables con la infinita gama de matices que nos brinda el órgano del olfato. Pero también esto nos explica por qué la percepción anárquica de sonidos desordenados y faltos de armonía siempre se asocia con la desagradable sensación de ruido.

Enfermedades del oído

Oído externo

MALFORMACIONES ANATÓMICAS

La forma de los pabellones auriculares está sujeta a las mismas posibilidades de trastornos del crecimiento o malformaciones que cualquier otra parte del organismo. Las orejas demasiado grandes o pequeñas, los pabellones deformados, los desgarres del lóbulo de la oreja, todo esto tiene fácil corrección mediante la cirugía estética.

Son frecuentes los traumatismos contusos que afectan al pabellón auricular y que fácilmente producen un hematoma (otohematoma) o colección de sangre subcutánea o subcartilaginosa que no suele afectar al lóbulo de la oreja. Este tipo de lesión es frecuente en boxeadores, luchadores, y en las peleas infantiles, y debe ser tratada convenientemente. Precisamente se denomina oreja en «coliflor» o «de boxeador» a una malformación que depende de un hematoma crónico mal tratado.

CUERPOS EXTRAÑOS

La mayor parte de las veces se trata de insectos que se introducen espontáneamente en el conducto auditivo externo. Otras veces se trata de puntas de lápices, botones, cuentas de collares, huesos, piedrecitas, palillos de dientes, etc., que se introducen personas mayores para «limpiarse» el oído o aliviar algún picor, o los niños en sus juegos.

La extracción de estos cuerpos extraños nunca debe ser hecha por personas profanas, que generalmente usan horquillas o palillos con los que sólo empujan el objeto más hacia dentro, con grave riesgo de lesión en el tímpano y con la infección consiguiente. También resulta peligroso efectuar lavados con agua (con la clásica jeringa), pues a veces el cuerpo extraño se hincha con el agua y obstruye totalmente el conducto auditivo.

Si el cuerpo extraño no sale al mover simplemente la cabeza o tras la instilación de unas gotas de alcohol rebajado, es necesario recurrir a un especialista.

ECZEMA DEL OÍDO EXTERNO

Es frecuente esta tan molesta como rebelde enfermedad que se acompaña de escamas o costras, húmedas o secas, con intenso picor, enrojecimiento, hinchazón y otras molestias, tanto del pabellón como del conducto externo.

Causas: Supuración crónica del oído por otitis media, sensibilizaciones a medicamentos (yodo, aspirina, sulfamidas, etc.), lesiones profesionales, viviendas húmedas, enfermedades generales del metabolismo y, sobre todo, la seborrea del cuero cabelludo son las causas más frecuentes.

Tratamiento: Si es posible, es necesario averiguar la causa para eliminarla. Para aliviar las molestias se utilizan compresas con agua boricada al 1% o con soluciones diluidas de acetato de aluminio. El picor puede tratarse con compresas de alcohol, alcanfor y mentol a partes iguales. Las pomadas con corticosteroides sólo deben usarse en los casos rebeldes.

TAPONES DE CERUMEN

Síntomas: Sordera, sensación de presión en el oído, dolor de cabeza, vértigos y zumbidos o ruidos.

Causas: Normalmente, las glándulas sebáceas del conducto auditivo segregan una escasa cantidad de cerumen. Una limpieza excesiva estimula la secreción, que se deposita para atrapar paulatinamente el polvo y otras partículas, y así formar un tapón cada vez más duro. Al lavarse o al bañarse entra agua en el oído externo que esponja al cerumen para formar un tapón oclusivo. En otras personas existe simplemente una sobreproducción constitutiva de cerumen que se va acumulando poco a poco.

Tratamiento: El tapón incrustado puede ablandarse con glicerina, aceite de oliva y, sobre todo, con agua oxigenada, que pueden instilarse en el conducto. Después es conveniente su extracción mediante un lavado con solución salina concentrada, pero siempre hecho por un especialista, pues la maniobra implica indudable riesgo por el posible daño al tímpano. Después del lavado resulta necesario usar algunas gotas de alcohol diluido para quitar el agua residual y así no defraudar al paciente que esperaba oír inmediatamente.

FORÚNCULO DEL OÍDO EXTERNO

Síntomas: Dolores fuertes, penetrantes y desgarrantes, sobre todo durante la noche, con irradiación al centro de la bóveda craneal o a los ojos y también a los dientes. Es muy dolorosa la masticación en los forúnculos situados más profundamente. La colección de pus puede obstruir el conducto e impedir la audición. La piel aparece enrojecida e hinchada. Los ganglios linfáticos del cuello y delante del pabellón auricular están engrosados.

Causas: Estos forúnculos se producen por pequeñas heridas o traumatismos con las uñas, horquillas, lápices, palillos de dientes y otros objetos que se usan para limpiar o rascarse el oído. La lesión provocada, a veces imperceptible, es la puerta de entrada de la infección purulenta, generalmente por estafilococos o estreptococos. Otras veces se debe a un tapón de cerumen implantado, a un eczema crónico o una infección por hongos con contaminación bacteriana sobreañadida.

Tratamiento: Como todas las infecciones en el cráneo, el tratamiento será instituido por el médico, por el peligro de que la enfermedad pase por vía sanguínea o linfática al cerebro. Las compresas calientes y las instilaciones con gotas analgesico-antibióticas o de alcohol-glicerina (3:1) son útiles. Casi siempre es necesario aplicar un tratamiento general con administración de antibióticos. En última instancia, el tratamiento quirúrgico mediante el cual se logra drenar la colección purulenta puede resolver la situación.

Otras infecciones del oído externo son frecuentes en la época en que casi todo el mundo acude a las piscinas. Especial importancia adquiere la infección por hongos (otomicosis), con síntomas predominantemente de picazón. El tratamiento, por ser bastante rebelde, será dirigido por un especialista.

ROTURA O INFLAMACIÓN (MIRINGITIS) DEL TÍMPANO

Síntomas: Dolor brusco intenso, con zumbidos de oído y sordera.

Causas: Las lesiones del tímpano se originan por perforación con objetos agudos (horquillas, palillos, cerillas, pajitas), generalmente por la condenable costumbre de hurgarse en el oído. También son frecuentes tras recibir una bofetada administrada con la mano extendida (por compresión del aire), en las explosiones violentas (polvorines, bombas, dinamita, etc.) o al caer en el agua lateralmente en los saltos de trampolín. La inflamación violenta del tímpano es la regla después de estas lesiones.

Tratamiento: Se trata de una lesión seria que puede llevar a la sordera, por lo que debe consultarse con el médico. Bajo ningún concepto deben instilarse gotas o efectuar lavados, ya que podría afectarse el oído medio y extenderse la infección.

Oído medio

CATARRO AGUDO DEL OÍDO MEDIO
(Catarro tubotimpánico)

Síntomas: Se caracteriza por una sordera con poco dolor, ruidos, sensación de tener agua en el oído; resulta llamativo el hecho de que las palabras que se pronuncian resuenen en el oído enfermo.

Causas: Por un catarro respiratorio, por una hinchazón de la mucosa nasal o por la presencia de pólipos nasales se inflama la mucosa de la trompa de Eustaquio, que establece la comunicación entre la faringe nasal y el oído medio. La inflamación disminuye su calibre o lo obstruye completamente, impide el paso del aire a la caja del tímpano, y desequilibra las presiones externas e internas en relación con él, que se abomba hacia adentro. En los niños, la causa más frecuente es la hipertrofia o inflamación de la amígdala faríngea, que obstruye la entrada de la trompa. Es un proceso habitual en adultos y niños que padecen sinusitis o malformaciones del tabique nasal de los cornetes.

Tratamiento: Su fundamento consiste en eliminar la causa (obstrucción tubárica, sinusitis, etc.). A veces sólo la extirpación de la amígdala faríngea es eficaz (operación de vegetaciones). Con un tratamiento inadecuado se originan adherencias y anquilosamientos de los huesos del oído medio con la consiguiente sordera, de difícil tratamiento (catarro tubotimpánico crónico).

OTITIS MEDIA PURULENTA

Síntomas: Aparece un golpeteo en el oído, sincronizado con las pulsaciones arteriales, sordera, dolor violento (otalgia) y síntomas generales (fiebre, malestar general, etcétera). En los lactantes se sospecha el dolor porque mueven constantemente la cabeza y persisten en el afán de llevarse las manos a los oídos, acompañado de llanto y mal estado general.

Causas: Después de inmersiones en aguas sucias, de sinusitis u otras inflamaciones de las fosas nasales, que se transmiten al oído medio a través de la trompa, y sobre todo después de infecciones generales —escarlatina, sarampión, difteria, paperas, gripe, etc.—, que llevan la infección al oído medio por vía sanguínea, se llena la caja del tímpano de una colección purulenta que, en el mejor de los casos, puede resolverse espontáneamente si se perfora el tímpano y drena el pus al exterior.

Tratamiento: Debe estar siempre en manos del especialista por el peligro real de una sordera. Se indican generalmente antibióticos por vía sistémica, analgésicos y antiinflamatorios no esteroides. Puede hacerse necesaria la miringotomía (pequeña incisión en el tímpano) para evacuar el pus. Las gotas tópicas están proscritas. La complicación con mastoiditis es grave y requiere tratamiento quirúrgico; con frecuencia, puede haber incluso una meningitis secundaria.

En la **otitis media crónica,** que habitualmente es consecuencia del tratamiento inadecuado o descuidado de una otitis media aguda, se presenta una perforación mayor o menor del tímpano y que durante un largo periodo, continua o intermitentemente elimina una secreción purulenta, amarillenta, con fibras espesas, generalmente de olor fétido. Puede entrañar graves peligros, como son la destrucción de los huesecillos del oído medio con la correspondiente sordera, meningitis, abscesos cerebrales, afección del hueso temporal (mastoiditis), etc. No es un proceso doloroso; debido a ello el paciente se descuida aún más y se queja sólo de la persistente supuración y de la sordera relativa en el oído afectado. A veces, sólo el olor, francamente fétido, pone de manifiesto la afectación del hueso (mastoiditis).

Tratamiento: Sólo mediante un tratamiento bien dirigido pueden evitarse las complicaciones. Es imprescindible evitar que entre agua en el oído. Por ello, antes de cada baño es necesario tapar el conducto con un poco de algodón empapado en aceite. Últimamente se consigue, una vez curada la infección con los medios idóneos, restablecer la audición por medio de la timpanoplastia, procedimiento que cierra la perforación timpánica mediante un injerto de piel que se toma de detrás de la oreja. En caso de destrucción de huesecillos, existen implantes de prótesis que ofrecen buenos resultados.

Pronóstico: La otitis media supurada aguda o crónica tiene buen pronóstico siempre que se acuda a tiempo a un tratamiento adecuado. La complicación más temida en otras épocas era la extensión de la infección al hueso (mastoiditis aguda o crónica), que hoy se produce con menor frecuencia gracias al tratamiento con antibióticos. En casos resistentes o cuando la supuración es muy rebelde y pueden temerse otras complicaciones del oído interno o del cerebro, no hay más remedio que el de la intervención quirúrgica (mastoidectomía o trepanación) para limpiar todo el foco lesionado.

Oído interno

RUIDOS DE OÍDO *(Tinnitus)*

Síntomas: Sensaciones acústicas variadas que los pacientes comparan con los ruidos más diversos, como zumbidos, campanadas, agua que cae, ruidos de insectos, etc. Es corriente que se refiera el ruido como si retumbara en la cabeza. Los ruidos pueden ser constantes o intermitentes y a menudo se acompañan de sordera.

Causas: Se trata de una lesión del nervio auditivo en su rama coclear, frecuente después de enfermedades infecciosas como paperas, fiebre tifoidea, paludismo, tuberculosis, sífilis. También los excesos de alcohol y tabaco y las intoxicaciones medicamentosas (quinina, aspirina, salicilatos y estreptomicina) pueden lesionar el

El oído y sus enfermedades

nervio. A veces, las emociones fuertes, los sobreesfuerzos intelectuales, los trastornos circulatorios arterioescleróticos o hipertensivos, y sobre todo la vejez, son factores causantes del *tinnitus*.

Tratamiento: Será siempre orientado a la eliminación de la causa. A veces al médico no le queda más remedio que administrar sedantes para tranquilizar al enfermo. Son útiles las vitaminas del grupo B.

VÉRTIGO LABERÍNTICO *(Vértigo de Menière)*

Síntomas: Sensación de pérdida del equilibrio (mareos) que muy a menudo se acompaña de náuseas, vómitos, zumbidos, sordera, etc. El vértigo puede aparecer en forma de ataques que duran días o semanas, para luego desaparecer durante una temporada más o menos larga.

La sensación de vértigo a veces es giratoria: todo da vueltas alrededor del enfermo o, si cierra los ojos, cree que el que gira es él mismo. Otras veces, es sólo sensación de inestabilidad de andar como si se estuviese borracho, sin poder remediarlo.

Causas: El vértigo traduce siempre alguna alteración en el líquido que baña el laberinto, lo que irrita tanto al nervio coclear como al vestibular. El origen de un vértigo puede ser de lo más variado: desde un simple tapón de cerumen hasta los traumatismos cerebrales, pasando por la arterioesclerosis, sífilis, gota, diabetes o inflamaciones del oído medio interno. A veces la causa es alérgica o existe una intoxicación debida a medicamentos (salicilatos, estreptomicina o quinina). Existen vértigos producidos por infecciones focales, por ejemplo, en un seno paranasal o en un diente.

Tratamiento: Es necesario que entre el internista y el especialista de oído se determine la causa para poder eliminarla. El tratamiento sintomático con antihistamínicos, atropina y diuréticos puede ser eficaz. A veces el mal es tan grave que hay que recurrir a la operación quirúrgica, que consiste generalmente en la destrucción unilateral del laberinto en su parte de órgano del equilibrio. Esto es relativamente sencillo y se hace en la actualidad mediante los ultrasonidos.

Las sorderas

Las sorderas suelen clasificarse en conductivas o perceptivas, según que la causa afecte las vías conductoras del estímulo auditivo (oído externo, oído medio y oído interno) o se lesione directamente el nervio auditivo o las vías auditivas intracerebrales. Estas últimas son más bien raras y obedecen generalmente a lesiones intracraneales. De las sorderas conductivas ya hemos hablado en repetidas ocasiones.

SORDERA DEL OÍDO INTERNO

Síntomas: Pérdida progresiva de la capacidad auditiva sin inflamaciones previas de alguna parte del oído, generalmente con comienzo de sordera para los tonos más altos (canto de canarios o ruido de grillos, timbres de puertas, etcétera).

Examen de las enfermedades

Causas: Enfermedades del oído interno o enfermedades generales como la gota, diabetes, sífilis, arterioesclerosis e intoxicaciones medicamentosas (sobre todo quinina y estreptomicina). Las alteraciones acaban por degenerar el órgano de Corti o terminaciones auditivas nerviosas.

Tratamiento y pronóstico: La eliminación de los factores causales puede mejorar mucho al enfermo, pero de todas maneras su pronóstico no es bueno.

OTOSCLEROSIS *(Sordera hereditaria)*

Síntomas: Sordera progresiva que comienza entre los 20 y 30 años sin enfermedad auditiva previa. Es muy corriente en las mujeres, sobre todo después de embarazos repetidos. Casi siempre se acompaña de ruidos de oído.

Naturaleza y causas: Es casi segura la intervención de factores hereditarios, pero la última causa se desconoce. Puede apreciarse una progresiva fijación del estribo en el marco del agujero oval. Así, el estribo, cada vez más rígido, ya no es capaz de transmitir la vibración sonora al líquido laberíntico.

Tratamiento: Mediante la determinación eléctrica de la capacidad auditiva (audiometría), el especialista puede decidir en qué grado es posible mejorar la audición con una operación quirúrgica, si ésta es practicable. No existe tratamiento médico para este mal. La intervención consiste en la llamada fenestración, mediante la que se practica una nueva ventana en el oído interno, y sobre todo en la estapedectomía, que consiste en la extirpación microquirúrgica del estribo, que es sustituido por una prótesis (injerto de un cartílago propio). La operación arroja muy buenos resultados y ha cambiado totalmente el panorama de estas sorderas.

PRESBIACUSIA *(Sordera senil)*

Se trata de un proceso debido al envejecimiento, por degeneración del oído interno (cóclea). No todos los viejos se hacen sordos, aunque es normal que disminuya su capacidad para la recepción de los tonos agudos. En la sordera senil deben de intervenir otros factores todavía poco determinados. No existe tratamiento; la única solución es la prótesis auditiva, adaptada por un especialista. Existen muchos tipos de aparatos auditivos y es difícil escoger el modelo más adecuado. Como toda prótesis, lo más importante consiste en la educación del paciente: que aprenda a manejar su ayuda artificial y a no desesperarse en los primeros días o semanas, cuando la confusión sensorial es máxima. No basta ir a una tienda y comprar el modelo más pequeño (más disimulado); es el médico quien decidirá en cada caso qué aparato es el idóneo.

SORDOMUDEZ

Son sordomudos todos aquellos individuos que, por una sordera congénita o adquirida en los primeros años de la vida, no han podido aprender a hablar. Es decir, se es mudo por ser sordo. El niño afectado no oye los tonos de voz y no puede imitarlos; así se hace mudo. Esta sordera puede ser hereditaria, sobre todo si hay consanguinidad o son sordomudos algunos ascendientes, pero también puede ser adquirida por hemorragias en el oído interno durante el parto, por meningitis, escarlatina, sarampión, difteria, sífilis, paperas, tos ferina, etc. A veces se debe a que la madre, durante el embarazo, padeció rubéola o sífilis o tomó algunas drogas, como la talidomida, LSD o mariguana.

Para prevenir la sordomudez no sólo debe preconizarse que toda infección de oído en la lactancia sea tratada muy cuidadosamente, sino que también es muy importante que se desaconseje el matrimonio entre dos personas en cuyos ascendientes exista algún sordomudo.

En los últimos años existen mayores opciones para el paciente sordomudo; desde el lenguaje de manos hasta el uso de computadoras y entrenamiento de técnicas especiales que ayudan al enfermo a comunicarse con los demás; lógicamente este entrenamiento requiere centros especializados.

El ruido y sus efectos

Como ya hemos dicho, llamamos ruido a la superposición anárquica de las ondas sonoras. La intensidad de un ruido se mide en unas unidades llamadas **decibelios** o décimas partes de un belio. Esta unidad de sensación auditiva se ha creado en honor de Bell, el inventor del teléfono, y se define como la menor intensidad de sonido a que puede oírse un tono de sonido determinado. La escala de mínima a máxima percepción auditiva se divide en 130 decibelios. Damos una lista de los ruidos más comunes en relación con su intensidad:

- 1 Decibelio: Respiración de un lactante.
- 10 Decibelios: Tictac de un reloj; cuchicheo.
- 20 Decibelios: Tráfico en una aldea o pueblo.
- 30 Decibelios: Tráfico en una calle de las afueras de una ciudad.
- 40 Decibelios: Romper una hoja de papel.
- 50 Decibelios: Teclear en una máquina de escribir.
- 60 Decibelios: Tráfico en una ciudad.
- 70 Decibelios: Tráfico muy intenso.
- 80 Decibelios: Motocicleta; aparato de radio casero a volumen estridente.
- 90 Decibelios: Claxon de un automóvil.
- 100 Decibelios: Claxon de automóvil muy potente (de camión o autobús).
- 110 Decibelios: Ruido del «Metro» en pleno túnel.
- 120 Decibelios: Motor de explosión o de reacción de un avión.
- 130 Decibelios: Ruido tan intenso, de cualquier índole, que provoque dolor.

Cuando un sujeto se expone a un intenso ruido se produce una sordera momentánea que puede durar de algunos minutos a varias horas. Si la agresión sonora se repite con demasiada frecuencia, la sordera se hace cada vez más prolongada e incluso puede llegar a ser definitiva. En general, el comienzo es tan solapado que el individuo afectado no se percata de su defecto. Éste es el mayor riesgo de los trabajadores en la llamada sordera profesional, que provoca invalidez cuando se trabaja en un ambiente que excede los 85 decibelios. Por otro lado, los sonidos agudos —de alta frecuencia— son más peligrosos que los graves. Pero no sólo los ambientes con ruidos continuos, sino también los sonidos de gran intensidad pero de actuación reducida en el tiempo (explosiones, escopetas de caza, aviones de reacción, etc.), pueden provocar lesiones auditivas. El uso constante de los *walkman* (aparatos personales estereofónicos) puede ocasionar a la larga una lesión auditiva provocando sordera para los sonidos que sean inferiores a los 20 decibelios.

El mecanismo mediante el que se produce esta sordera por ruido se basa en el agotamiento metabólico de las células del oído interno, que acaban por no responder al estímulo vibratorio. En general, las mujeres son menos sensibles al ruido que los hombres. También influye la edad (los niños toleran más ruido que los adultos, sobre todo los tonos agudos) y ciertos factores constitutivos.

El tratamiento de todas estas sorderas de ruidos es muy difícil y no cabe más que establecer un eficaz cordón preventivo. Cuanto antes se reconozca el daño, tanto mejor. En este sentido, la medicina laboral ha conseguido que al menos en algunas fábricas muy ruidosas se observen algunas medidas preventivas de extraordinaria utilidad. En caso de ruidos intensos pero bruscos (sobre todo en los cazadores) es muy útil el uso de cascos de protección, algodones de taponamiento, etc.

La piel y sus enfermedades (dermatología)

La piel es el órgano más superficial del cuerpo humano y cubre una extensión de un metro y medio cuadrado, pero se le presta poca atención, si exceptuamos la vertiente estética. Sin embargo, no carece de razón el dicho que afirma que no hay nada más «profundo» que nuestro tegumento externo, con lo cual expresa la complejidad de sus funciones y la gran diversidad de las dermatosis, término genérico que se aplica a las afecciones que le son propias. Quizá el menosprecio se origine por la extendida opinión de que sus trastornos «ni se curan ni matan», lo que es totalmente falso, pues entre ellos los hay sumamente graves, incluso mortales, aunque en su inmensa mayoría, debidamente estudiados, pueden ser curados eficazmente.

Con anterioridad a la aparición de los antibióticos (1940-1950), el 50% de las clínicas dermatológicas eran enfermerías antivenéreas y se dedicaban preferentemente a la lucha contra la sífilis y la blenorragia. En la actualidad, estos enfermos son minoría (6-8%), aunque continúan siendo un problema social de primer orden, últimamente en aumento. Lo que la dermatología ha perdido en cuanto a las lesiones venéreas ha venido a ganarlo en cuanto a cantidad, en el gran número de dermatosis con base alérgica o tóxica que se deben al uso habitual de sustancias sintéticas y al consumo creciente de medicamentos cuya complejidad y toxicidad los hace resultar, a veces, nocivos, aunque sea de un modo secundario.

Estructura anatómica

La piel se compone de tres capas: una superficial o epidermis, formada por tejido epitelial estratificado, y las otras dos, más profundas, de origen conjuntivo (la dermis

La piel y sus enfermedades

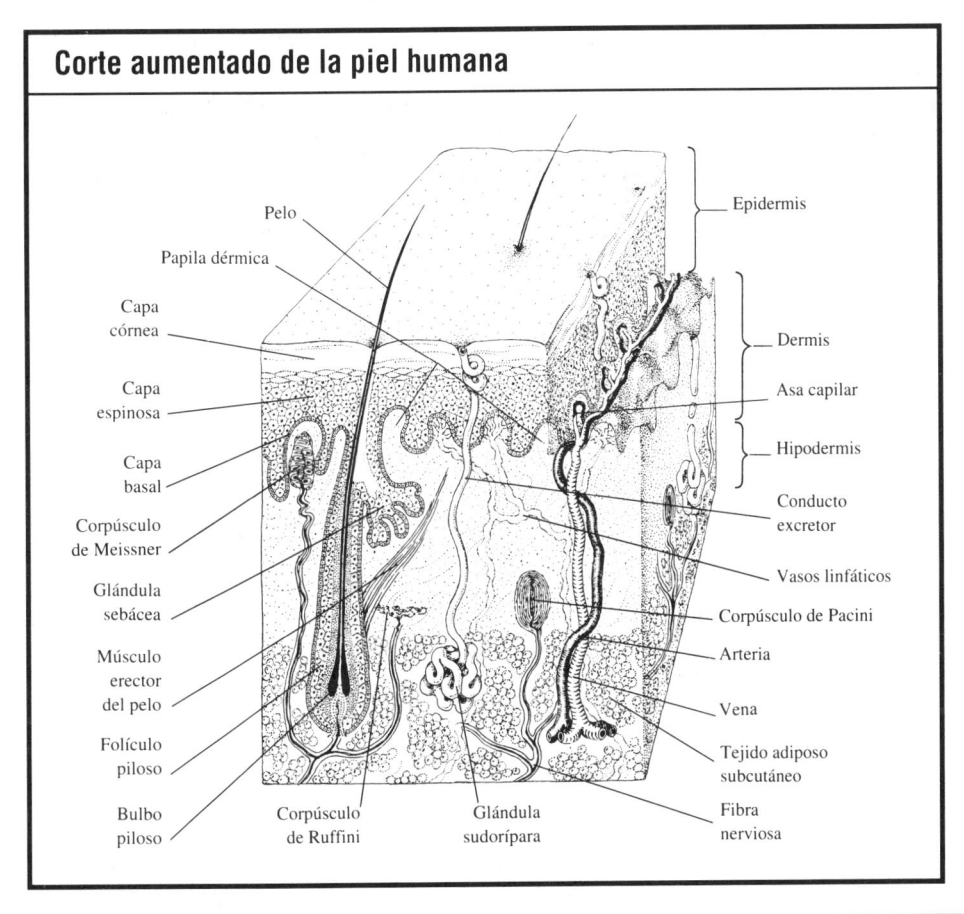

Corte aumentado de la piel humana

- Pelo
- Papila dérmica
- Capa córnea
- Capa espinosa
- Capa basal
- Corpúsculo de Meissner
- Glándula sebácea
- Músculo erector del pelo
- Folículo piloso
- Bulbo piloso
- Corpúsculo de Ruffini
- Glándula sudorípara
- Epidermis
- Dermis
- Asa capilar
- Hipodermis
- Conducto excretor
- Vasos linfáticos
- Corpúsculo de Pacini
- Arteria
- Vena
- Tejido adiposo subcutáneo
- Fibra nerviosa

o corion y la hipodermis o tejido subcutáneo). Las glándulas sebáceas y sudoríparas en número de muchos millones, los pelos y las uñas constituyen los llamados anexos de la piel. La epidermis no tiene red vascular propia, pero las capas conjuntivas que la nutren tienen una abundantísima irrigación sanguínea. Por otro lado, en las tres capas citadas existen numerosas terminaciones nerviosas que convierten al tegumento externo en el órgano sensorial más grande del cuerpo.

La **epidermis** tiene un espesor entre 1/4 y 1/8 de milímetro. Mediante una serie de prolongaciones cónicas penetra y se asienta firmemente en la dermis. La unidad anatómica y funcional de la epidermis está constituida por una célula, el **queratinocito,** que adopta diversas formas, por lo que se distinguen varios estratos. En la capa basal o germinativa — de una sola hilera de células cilíndricas unidas a la membrana que separa la epidermis de la dermis— los queratinocitos se reproducen continuamente, de tal manera que las células hijas, que normalmente ya no se dividen más, son empujadas hacia zonas más superficiales. Primero ocupan el estrato espinoso, llamado así por los puentes a modo de finísimos filamentos que unen las células. A continuación encontramos el estrato granuloso, en el que va a comenzar el proceso de queratinización. Las células se aplanan y pierden vitalidad al cargarse de una sustancia proteínica, la queratina, que sin embargo les confiere dureza y resistencia. Por último, en el estrato córneo las células han perdido toda conexión entre sí; son tan planas que parecen escamas y, desprovistas de núcleo, carecen de vida. Sin embargo, el proceso de queratinización se ha completado: el cuerpo dispone de una eficaz barrera contra las continuas agresiones ambientales, tanto físicas como químicas y biológicas (bacterias). Pero esta lucha significa un desgaste; de ahí la permanente descamación de las células más superficiales y la razón de ser de la renovación de la epidermis.

La **dermis** es una especie de fieltro constituido por fibras entrecruzadas, formaciones conjuntivas elásticas, músculos, vasos sanguíneos y linfáticos y numerosos nervios. Su espesor es de 1.5 a 3 mm generalmente, pero es mucho más pequeño en los niños. Su mayor desarrollo se alcanza en la espalda, glúteos y plantas de los pies. También en la raza negra adquiere mayor importancia, lo mismo que en la piel de los marineros y agricultores muy expuestos al sol.

La **hipodermis** es un tejido conjuntivo laxo surcado de fibras elásticas onduladas pero perpendiculares a la superficie de la piel que tienen una función de sujeción. Entre sus amplias mallas encontramos depósitos grasos; en general la hipodermis actúa de almohadilla y, según su grado de unión con el periostio de los huesos y los tendones musculares, permite el mayor o menor deslizamiento de la piel.

La **musculatura** de la piel tiene fibras lisas y en su mayor parte está destinada a formar los llamados músculos erectores del vello. Debido a su contracción no sólo se levantan o erizan los pelos, sino que también se vacían los más pequeños vasos sanguíneos; consecuentemente, la piel se hace más pálida y aparece lo que se conoce popularmente como «carne de gallina».

El color de la piel

La coloración del tegumento externo se debe a la existencia de muy diversos pigmentos. Como la irrigación de la piel es muy abundante, se comprende que su color se deba, en gran parte, a la hemoglobina sanguínea, por lo que es más oscura en las zonas donde predominan las venas, cuya sangre es menos clara. Los cambios bruscos de coloración, como el enrojecimiento o la palidez, se deben a la dilatación o constricción, respectivamente, de las arterias dérmicas. Cuando aumenta, por razones patológicas, la cantidad de hemoglobina reducida en la sangre (generalmente falta de oxigenación en los pulmones) aparece un color azulado que se denomina cianosis.

Una piel amarillenta puede deberse a un exceso de ingestión de determinados pigmentos (por ejemplo, los carotenos de las zanahorias) o al depósito del pigmento de la bilis (bilirrubina), que determina la llamada ictericia en ciertas enfermedades del hígado o de la sangre. Otras pigmentaciones amarillas y localizadas, como las que se presentan en el párpado inferior, se deben a depósitos de grasa; se denomina a este estado xantomatosis.

Pero la coloración normal de la piel se debe a la presencia de un pigmento, la **melanina** —de melanos, negro—, producido por unas células especiales (melanocitos) y que se deposita en forma de gránulos en las células basales de la epidermis. Las zonas del cuerpo con mayor pigmentación melánica son los párpados, axilas, pezones y areolas de las mamas, ombligo, genitales y, de una manera artificial, todas las zonas expuestas al sol. La melanina se forma a partir de un aminoácido, la tirosina, donde la luz solar actúa como estímulo. El mecanismo es muy complejo e intervienen en él glándulas endocrinas, como las suprarrenales, lo que explica, por ejemplo, que en la llamada enfermedad de Addison la piel adquiera una coloración especial muy oscura por falla funcional de dichas glándulas.

En la raza negra existe melanina, tanto en la capa basal como en los estratos intermedios o granulosos e incluso en la zona córnea; es infinitamente más rica en depósitos melánicos que la piel de un blanco. La razón fisiológica es obvia: ofrece una mayor protección, transmitida hereditariamente, contra la irradiación solar en los climas tropicales.

Los anexos de la piel

Las **uñas** son unas placas córneas abombadas que se incrustan a los lados y en la base de los dedos en un rodete de la piel. Su superficie inferior, formada por la dermis, descansa sobre el lecho ungueal mediante unas crestas o estrías longitudinales, más aparentes a medida que avanza la edad. La uña tiene normalmente un color rosado; sólo la parte posterior, semilunar, la llamada lúnula, es de color blanco, mientras que el extremo anterior, no adherido al lecho, forma una expansión de color blancogrisáceo que suele cortarse o limarse periódicamente. La uña está formada por capas compactas de células cornificadas que provienen de la matriz ungueal o parte más posterior del lecho ungueal, visible a través de la lúnula. En el proceso de crecimiento, desde la matriz hasta el extremo libre, la uña tarda aproximadamente unos seis meses. En el hombre, las uñas tienen escasa importancia, mientras que en muchos animales presentan forma de pezuñas o garras y son vitales para determinadas funciones de ataque, de defensa o de nutrición.

Los **pelos** se encuentran en toda la superficie corporal, a excepción de algunas zonas, como las plantas y las palmas o los labios. Hay que distinguir el vello, pequeño y claro, con frecuencia difícil de percibir, de los verdaderos pelos que se acumulan en zonas preferentes, como el cuero cabelludo, las pestañas, las axilas, los órganos sexuales externos, etc. Dependiendo de muchos factores (edad, sexo, raza, etc.), las diferencias en la cantidad de vello son muy grandes, así como en su distribución. Existen indudables influencias hormonales, y así es característica del sexo femenino la delimitación horizontal del vello del pubis, mientras que en el hombre sube triangularmente hasta el ombligo.

Los pelos pueden clasificarse según su implantación en la piel: verticalmente lo hacen los pelos del bigote y los que guardan los orificios externos de la nariz y conducto auditivo. Los pelos restantes se implantan oblicuamente. Sólo en ciertas razas (hotentotes) existe una implantación vertical en los pelos de la cabeza.

Los pelos son formaciones muy resistentes, constituidas por células epiteliales cornificadas. Su desarrollo comienza en el tercer mes embrionario. Cada pelo tiene un tallo que sobresale de la piel, una raíz que tiene su lecho en la dermis, y un bulbo piloso, situado dentro de esta capa. Cada pelo está incluido en el llamado folículo piloso, que es una invaginación de la piel a modo de estuche, en parte epidérmica y en parte dérmica. Cada folículo tiene un orificio externo, visible al ojo humano, a través del cual emerge el pelo, y que da lugar a un espacio en forma de túnel, que termina aproxima-

Examen de las enfermedades

mente al final del primer tercio del folículo. En este túnel o embudo desembocan una o varias glándulas sebáceas. Debajo de esta parte, el folículo continúa en una estructura tubular que abraza íntimamente el pelo y que baja para entrar profundamente en la dermis, e incluso en la hipodermis. Cada folículo tiene una pared constituida por varias capas de vainas fibrosas e hileras de células epiteliales. La raíz del pelo termina en el llamado bulbo piloso, que tiene forma de embudo invertido y que cubre una especie de protuberancia o papila, cuya proyección contiene los vasos sanguíneos que nutren al pelo y las terminaciones nerviosas que le prestan su especial sensibilidad. El tallo en su parte visible tiene también varias capas (medular y cortical).

Sigue sin aclarar la cuestión de si el grosor del pelo sufre una variación con la edad. Sólo sabemos que, entre los 15 y 45 años, el número de pelos en la cabeza es del orden de los 100 000, de los que un 90% se encuentra en fase de crecimiento, con un ritmo de un centímetro por mes; unos cien cabellos se reemplazan al día. El color varía con arreglo a la cantidad de pigmento y su contenido en vesículas aéreas. La coloración blanca del pelo, las canas, depende del aumento en vesículas aéreas y de su desaparición por destrucción del pigmento normal. No sólo es característico el color; también la forma del cabello tiene importancia hereditaria y racial. Puede ser liso, ondulado y rizado, aunque aquí también cabe toda clase de diferencias individuales. Así, no todos los negros tienen el pelo rizado ni todos los nórdicos son rubios. La longitud está igualmente sometida a grandes diferencias. Hay mujeres que lucen una abundante cabellera, que puede llegar a tener 80 cm de largo, sobre todo cuando tienen menos de 25 años; pero la caída del cabello, a partir de determinada longitud, es un fenómeno de muy variadas posibilidades.

La función del pelo en la especie humana es muy reducida, ya que no tiene, como en los animales, un fin protector contra los cambios de temperatura o los factores mecánicos. Quizá es más importante el papel que desempeña como parte del órgano sensorial: los pelos perciben, sorprendentemente, los estímulos irritativos aun antes de que lleguen a la piel misma.

Las **glándulas sebáceas** se sitúan generalmente en conexión con los folículos pilosos, pero también existen independientemente en los labios genitales y alrededor de los pezones, en cuyo caso no eliminan su secreción al túnel del folículo piloso, sino que lo hacen directamente en la piel. Su tamaño varía entre 1.5 y 2 mm, y son las mayores las situadas cerca de la nariz. El producto de la secreción es graso y el sebo producido sirve para el engrase de piel y pelos.

Las **glándulas sudoríparas** cubren toda la extensión de la piel, aunque abundan especialmente en algunas áreas más que en otras (axila, plantas de los pies; en las palmas de las manos hay 400 por centímetro cuadrado); sólo en el glande no las encontramos, ni en el lecho ungueal.

Estas glándulas son generalmente de forma tubular o apelotonada y se sitúan muy profundamente en la dermis. Desembocan directamente en la piel en unos poros, por donde se elimina el humor acuoso o sudor.

Hoy en día, el problema de los anexos de la piel se centra alrededor de la cosmética, es decir, en relación con modas o sentidos estéticos. Quizás por esto no deba extrañar que más adelante, en este mismo libro, dediquemos un capítulo especial al cuidado de la piel y sus anexos. Para muchas personas, una piel grasa o un hirsutismo pueden ser causa de un conflicto, que el médico es capaz de resolver.

Funciones de la piel

La piel cumple múltiples misiones. En primer lugar, es un órgano de protección contra las más variadas agresiones ambientales. El estrato córneo de la epidermis defiende el organismo contra las pequeñas lesiones mecánicas y se constituye también en una barrera contra los microorganismos que continuamente nos envuelven en cantidades astronómicas. La capa córnea, al ser mala conductora de la temperatura, protege contra el frío intenso y también impide la pérdida de una excesiva cantidad de líquidos, por evaporación, en un ambiente cálido. Las capas conjuntivas, por su especial elasticidad, protegen contra golpes y caídas; sobre todo evitan, al cubrir articulaciones y prominencias óseas, que estas estructuras, mucho más frágiles, sufran por los continuos roces y presiones. El tejido elástico tiene también su razón de ser, al cerrar pequeñas heridas por su capacidad de retracción.

La piel elimina anhídrido carbónico y acepta oxígeno, es decir, «respira», pero esta función es muy pequeña y carece de importancia. Mucho mayor significado adquiere su papel en la regulación del calor corporal a través de la eliminación de agua, que importa el doble de lo eliminado por el pulmón en forma de vapor de agua, pues la piel no sólo elimina agua por evaporación (perspiración insensible), sino también, en parte, por la secreción de sudor.

El sudor es un líquido claro, salado, con una pequeña proporción de grasa y un 0.04% de urea, cantidad que aumenta en las fallas renales (uremia), de modo que esta sustancia de desecho se deposita en algunos enfermos sobre la superficie de la piel, en forma de cristales. La sudoración es regulada por el sistema nervioso, tanto central como periférico. Aumenta tras un esfuezo muscular, temperaturas ambientales altas, impactos emocionales, ingestión de bebidas calientes, en el colapso circulatorio y, sobre todo, en las crisis térmicas, al bajar la temperatura tras un estado febril. Por el contrario, la sudoración disminuye cuando se enfría el ambiente, en los excesos prolongados de ejercicios físicos, en aquellas lesiones nerviosas que paralizan la regulación de la sudoración, en las inflamaciones de la piel y en ciertas intoxicaciones, como, por ejemplo, las de belladona y atropina. La secreción sudoral es siempre ácida, por lo que la piel mantiene un «manto ácido» de gran importancia fisiológica, al establecerse una barrera contra los microorganismos.

Mediante un fino ajuste, el cuerpo es capaz de mantener entre límites bastante constantes la temperatura de la piel (30°C a nivel de la garganta del pie; 36°C sobre la piel del abdomen; 36.7°C en la axila y 37°C a nivel del recto). Cuando en otras épocas fallecían algunos artistas de circo que se pintaban más de 1/3 de su superficie cutánea con soluciones de bronce, plomo u otro metal, se afirmaba que la causa de la muerte era una falta de respiración de la piel; hoy se sabe que es debida precisamente a la incapacidad de esa piel cubierta para regular su temperatura. Esta regulación la efectúa la piel a modo de una válvula automática: si sube la temperatura ambiental, se abre; los músculos cutáneos y el tejido elástico se relajan; se rellenan de sangre los vasos sanguíneos (vasodilatación) y se elimina el exceso de calor por evaporación. Por el contrario, en ambientes fríos se contraen los músculos cutáneos («piel de gallina»); se tensan las fibras elásticas; se contraen los vasos sanguíneos (vasoconstricción) y disminuye la pérdida de calor al haber menor cantidad de sangre: la válvula queda cerrada. La piel no sólo protege contra los cambios ambientales físicos, incluyendo la

Examen de las enfermedades

luz, sino también contra las sustancias químicas. La capa córnea constituye una barrera eficaz. En este sentido también es muy importante el papel que desempeña la grasa sebácea, que sirve de lubricante. Por otro lado, resulta insignificante la cantidad de sustancias que se absorben a través de la piel, pues su constitución no está especializada en la absorción.

La piel, como órgano sensorial, cuenta con innumerables terminaciones nerviosas. Existen receptores distintos para las sensaciones de calor y frío. La percepción táctil, más que una sensación estricta, es un aviso de que algo deforma la superficie cutánea (por presión, tracción o vibración).

Esta sensibilidad se encuentra en íntima conexión con la llamada sensibilidad profunda, cuyos receptores se localizan en el tejido subcutáneo, músculos, huesos, periostio, etc., y que informan al cerebro de la posición relativa de cada parte corporal, tanto en reposo como durante el movimiento.

Por último, el sentido del dolor, reacción eminentemente defensiva, depende de unos receptores especiales localizados superficialmente (puntos dolorosos) y que varían en número según las diferentes zonas (aproximadamente hay unos 40 por centímetro cuadrado en la punta de la nariz y 225 detrás de la rodilla).

La superficie cutánea se relaciona de una manera especial con el sistema nervioso. Determinadas zonas o segmentos tienen estrechas conexiones a través de la médula espinal con ciertos órganos internos. Por ello, las alteraciones patológicas de uno de estos órganos provocan en el segmento cutáneo correspondiente, unido por vía nerviosa, una especial sensibilidad táctil y dolorosa, que puede ser de gran valor en el reconocimiento y diagnóstico de algunas enfermedades internas (**zonas de Head**). El camino inverso, es decir, influir a través de dichas zonas para combatir algunas enfermedades internas —método en el que se basa, por ejemplo, la acupuntura— tiene un interés científico todavía poco claro.

Patología general de la piel

El síntoma más común en las dermatosis es el **prurito** o sensación peculiar de picor que obliga al paciente a rascarse.

Son frecuentes los trastornos de la **sensibilidad,** ya sea en forma de zonas de anestesia (por lesiones nerviosas), ya sea a causa de un dolor intenso, por simple presión mecánica en los forúnculos o en las verrugas plantares, o por inflamación de los propios nervios cutáneos, como en el herpes zoster.

Recibe el nombre de **erupción** el conjunto de las lesiones que se pueden apreciar en la piel. Suelen distinguirse las erupciones primarias o eflorescencias, que brotan en una piel hasta entonces normal, de las secundarias, que complican aquéllas. Entre las primarias cabe mencionar:

1) **Mácula.** Se trata de un cambio circunscrito del color, sin alteración del relieve, consistencia o demás características palpables de la piel. Estas manchas pueden deberse a una vasodilatación local (eritema), en cuyo caso el color rojizo desaparece al presionar sobre ellas. Cuando la mácula se origina por una hemorragia no desaparece por compresión, pues el pigmento de la sangre ha impregnado el tejido cutáneo. Cuando la extravasación sanguínea es grande e irregular, generalmente por

traumatismos, se produce una **equimosis** o, en términos vulgares, cardenal, mientras que las pequeñas manchas circunscritas, pero muy diseminadas, se denominan **petequias,** como ocurre en la llamada **púrpura,** síntoma muy común en las diversas enfermedades generales.

Las máculas pueden ser también manchas por exceso o defecto del pigmento normal de la piel (melanina). En el primer caso se encuentran las **pecas,** mientras que la depigmentación circunscrita se denomina **vitíligo.** Por último, las manchas pueden ser artificiales, como ocurre en el tatuaje o en ciertas intoxicaciones por plata, mercurio, medicamentos, etc.

2) **Habón o roncha.** Se trata de una elevación inflamatoria circunscrita y transitoria, con forma, color y dimensión sumamente variables, pero que, al deberse a una hinchazón líquida, es de consistencia elástica y depresible. Casi siempre se presenta con picor y se debe generalmente a alteraciones alérgicas: picaduras de insectos, urticarias de origen alimenticio, contacto con ortigas, etc.

3) **Pápula.** A diferencia del habón, la pápula es una elevación circunscrita, dura y firme, con tamaño regular o irregular, que varía entre una cabeza de alfiler y un chícharo. Las pápulas pueden permanecer aisladas o reunirse en placas de dimensiones variables. En los pliegues de la piel pueden condicionar vegetaciones abigarradas, mientras que la verruga simple es un ejemplo típico de pápula que se origina en la capa más superficial de la piel.

4) **Nódulo dérmico.** Cuando la elevación sólida de la piel es persistente y con tendencia a crecer, a invadir el tejido vecino, y de tamaño mayor que un chícharo, hablamos de nódulo. Puede ser de origen inflamatorio (quiste sebáceo, sifilítico, tuberculoso) o tumoral, e incluso de origen congénito por una malformación.

5) **Vesícula.** Es una elevación circunscrita de la piel, con tamaño entre una cabeza de alfiler y un chícharo, llena de un líquido seroso transparente. Su forma es siempre hemisférica, en cúpula, y se debe habitualmente a un eczema o a un herpes zoster. Generalmente se secan pronto, dejando unas costras grisáceas.

6) **Ampolla o flictena.** Son de la misma naturaleza que las vesículas, pero mucho mayores. Se originan generalmente por quemaduras térmicas o químicas y se abren rápidamente para dejar escapar el líquido seroso y así secarse, con formación de costras. A menudo se infectan secundariamente, en cuyo caso el líquido que producen se hace purulento.

7) **Pústula.** Son colecciones superficiales de pus (forúnculos, abscesos, etc.); se producen en las inflamaciones del folículo piloso o en las infecciones secundarias de las vesículas o ampollas.

Entre las lesiones secundarias de la piel, es decir, las que se producen sobre las primarias ya descritas, encontramos las **escamas** o pérdida exagerada, por descamación, de la parte más superficial de la piel, fenómeno normal pero imperceptible, y que sólo adquiere valor patológico cuando se hace bien manifiesto. Las **costras** son concreciones sólidas, por desecación de vesículas serosas o purulentas y demás exudados que cubren las heridas o infecciones cutáneas. Entre las lesiones secundarias también deben mencionarse las soluciones de continuidad de la piel, como son las erosiones o excoriaciones, las fisuras, las ulceraciones y las abrasiones, de origen traumático o provocadas por cualquier otra causa (inflamatoria, tumoral, vascular, etc.). Por último, cuando el tejido conjuntivo sustituye a una pérdida de sustancia de la piel, se habla de **cicatriz.** Pero incluso el proceso de cicatrización puede ser anormal. Una cicatriz grande, deformante y dolorosa se llama **queloide;** a diferencia de la cicatriz hipertrófica, duele al tocarla o con el frío.

Las enfermedades de la piel
(dermatosis)

Dermitis inflamatorias de causa física o química

Se reserva la denominación de **dermitis** o **dermatitis** para aquellas alteraciones inflamatorias provocadas por las diferentes agresiones físicas, químicas o biológicas a las que se encuentra expuesta la piel. Entre las dermitis físicas figuran las lesiones mecánicas, las producidas por la electricidad, calor, frío y las radiaciones electromagnéticas (luz, rayos X). En este grupo entran también las llamadas dermitis artificiales, que son las producidas voluntariamente en simuladores o perturbados mentales. Entre las dermitis químicas se alinean las producidas por sustancias tóxicas (medicamentos, cáusticos, gases de guerra), y quizá podrían incluirse las lesiones alérgicas de la piel, producidas por contacto con sustancias que la sensibilizan. Sin embargo, estas frecuentes erupciones por medicamentos, cosméticos o productos de uso profesional suelen incluirse en un grupo diferente. Entre los agresores biológicos figura una amplísima gama de agentes vivos, que va de los virus hasta los grandes parásitos animales o vegetales, pasando por bacterias y hongos.

Dermitis mecánicas. El roce, la sudoración excesiva o las irritaciones locales pueden provocar erosiones, excoriaciones o grietas, sin mencionar los evidentes traumatismos que contusionan o perforan la piel y entran de lleno en el campo quirúrgico. Las tan corrientes **callosidades** son espesamientos de la epidermis de origen compresivo, que se producen por una presión intermitente sobre determinadas zonas de la piel, generalmente las que cubren eminencias óseas, en especial por el roce de zapatos mal ajustados o por la acción de instrumentos de trabajo apoyados reiteradamente en lugares específicos. Estas callosidades son muy duras e insensibles, pero pueden doler cuando se unen con callos o verrugas. Para suprimirlas debe evitarse la causa irritativa (sobre todo zapatos inadecuados); son útiles las pincelaciones con una solución de ácido salicílico. Los tafetanes o emplastos que se venden comercialmente deben usarse con mucho cuidado, siguiendo las instrucciones dadas, para evitar lesiones en la piel sana circundante.

CALLO *(Ojo de pescado, clavo)*

Los callos son el resultado de una presión constante, localizada sobre una zona de piel que generalmente cubre alguna prominencia ósea (planta de los pies, dedos de pies y manos, etc.). En contra de lo que ocurre con la callosidad, no desaparece al suprimir la fricción causante, lo que demuestra que la lesión es más profunda. Y es que en su centro se ha producido una pequeña raíz o cono de tejido córneo que se proyecta hacia el interior, hacia la dermis, provocando la inflamación del tejido subyacente; por ello resultan tan dolorosos.

Tratamiento. Es una lesión evitable siempre que se procure usar zapatos adecuados a cada pie. La piel callosa se ablanda mediante baños calientes jabonosos o alcalinos (bicarbonato, tartratos) para después eliminar toda la capa córnea engrosada, aunque es fundamental evitar la recidiva mediante un calzado apropiado. Una vez eliminada la masa callosa, se encuentra en su centro la llamada «raíz» del «ojo de pescado», que origina una nueva proliferación córnea. Para eliminar esta raíz existen métodos caseros (emplastos con soluciones de ácido salicílico o pincelaciones con ácido acético). Pero resulta mucho más eficaz que un pedicurista calificado extirpe este centro de crecimiento. Los rodetes o apliques adecuados evitan la recidiva tan frecuente.

ULCERACIONES POR DECÚBITO

De origen mecánico son también las úlceras, de curso sumamente crónico, que aparecen en la piel sometida a una compresión prolongada por el propio cuerpo en la posición de decúbito, sobre todo en aquellos enfermos que permanecen en cama durante mucho tiempo, por enfermedades prolongadas; en ancianos y, en general, en personas débiles. Pero también se producen por el roce continuado de aparatos ortopédicos o vendajes compresivos. Casi siempre aparecen en los glúteos, en los talones, en la espalda u otras zonas de apoyo. En contra de lo que podría pensarse, las alteraciones no comienzan por la propia piel comprimida, sino más profundamente, en los planos musculares y en la hipodermis. Para evitarlas no basta una rigurosa higiene de la piel (lavado diario, fricciones con alcohol en los sitios de apoyo, polvos de talco para absorber posibles sudoraciones que maceren la piel, etc.); es fundamental el frecuente cambio de posición o el uso de almohadillas neumáticas anulares. Los colchones antiescara (hule espuma con espículas) son útiles en la prevención; también el uso de zaleas de borrego retarda la presencia de escaras en pacientes que deben estar en forma prolongada en una misma posición.

Tratamiento. El tratamiento de las úlceras de decúbito es a base de lavados continuos y sustancias desecantes con alto peso molecular (dextranómeros) que mantienen seco el lecho de la úlcera, y a base de antibióticos locales o sistémicos.

QUEMADURAS

Entre las alteraciones cutáneas producidas por medios físicos son muy frecuentes las lesiones por acción del calor o del frío. Entre aquéllas cabe incluir las producidas por la acción de la electricidad, ya que, al ser la piel un mal conductor eléctrico, el paso de la corriente provoca inicialmente una elevación circunscrita de la temperatura, capaz de quemarla.

El contacto de la piel con sustancias sólidas, líquidas o gaseosas excesivamente calientes provoca alteraciones específicas o quemaduras, en las que, clásicamente, se distinguen tres grados. En las de **primer grado**, inmediatamente después de la agresión térmica sobreviene un enrojecimiento (eritema) que se extiende a toda la zona afectada, con calor local y dolor vivo. Al cabo de uno a tres días desaparecen estos síntomas sin dejar huella. En una mínima proporción de casos, la piel se descama y adquiere un tono pasajero bronceado.

En las quemaduras de **segundo grado** también es inmediata la aparición del enrojecimiento, con piel ardorosa, pero, al poco tiempo, se despega la epidermis de la dermis, formándose entre ambas capas unas vesículas o ampollas, llenas de un líquido seroso o gelatinoso de color amarillento. Si el techo de estas ampollas se rompe espontáneamente o por punción provocada, queda al descubierto una zona subyacente intensamente inflamada y húmeda, de color rojo rutilante, sumamente dolorosa y que indica que en estas quemaduras la agresión ha afectado también a la dermis. Si no se rompe la ampolla, al cabo de unos días se seca, formando una costra que se descama entre tres y seis días después sin dejar huella, únicamente un bronceado temporal. Sólo se complica el proceso curativo si sobreviene una infección sobreañadida, purulenta.

Las quemaduras de **tercer grado** ya traducen un intenso sufrimiento de la epidermis y de la dermis, con amplias zonas muertas (necrosadas). Por ello, junto al enrojecimiento y las ampollas (generalmente en los bordes) existe una mayor o menor zona lesionada en profundidad, que adquiere una coloración negruzca (necrosis tisular) y que se desprende en forma de amplias escaras. Quizá el dolor sea menos intenso que en las de segundo grado, al destruirse también los nervios sensitivos. Estas lesiones tardan bastante en cicatrizar, pues siempre se hallan intensamente infectadas, con supuración y exudación. Al curar dejan huella perenne, con una cicatriz que deforma la zona afectada.

En las quemaduras de segundo y tercer grado suele haber síntomas generales, variables con arreglo a la intensidad y extensión de las lesiones. Si la extensión es mayor de un tercio de la superficie total cutánea, los síntomas son muy graves. Mientras más superficie se encuentre afectada, más sombrío será el pronóstico. Por ello, es de extrema importancia que el médico calcule la extensión quemada. Los síntomas de mal pronóstico son: caída de la tensión arterial, con pulso que se torna lento, junto a temperaturas altas, aparición de vómitos, disminución de la eliminación urinaria, y sobre todo presencia de convulsiones. La muerte se produce por intoxicación, ya que las partes quemadas y destruidas de la piel dan lugar a proteínas nocivas que originan fiebre y sobrecargan la circulación.

Tratamiento. En las quemaduras poco intensas o banales sólo es necesario combatir el dolor local. El agua fría inmediatamente puede ser una medida muy útil; no se recomienda aplicar nada que no indique el médico, más que paños húmedos. Si se presentan ampollas, bajo ningún concepto deben abrirse, pues puede provocarse una infección purulenta. Sólo con medios quirúrgicos, por el médico, cuando éste lo considere necesario, cabe su apertura.

En las quemaduras de primero y segundo grado, el tratamiento local incluye una limpieza cuidadosa y la aplicación de vendajes especiales, con pomadas y antibióticos en polvo. Es necesario dejar cubiertas las heridas, ya que la exposición al aire provoca un intenso dolor. En caso de quemaduras más extensas y graves, la hospitalización debe ser inmediata. Las partes quemadas adheridas a los vestidos se dejarán tal como están. Deberán ser administradas al quemado grandes cantidades de líquidos, para forzar la eliminación renal de los productos tóxicos y contrarrestar la pérdida de líquidos por evaporación en las heridas abiertas. La limpieza de las lesiones sólo debe ser realizada por el médico, que ha de cuidar, además, los graves síntomas generales que pueden tener consecuencias catastróficas. Es muy importante cuidar la fase de cicatrización, manteniendo una inmovilización postural muy bien estudiada, para evitar que el tejido cicatricial deforme la parte afectada. En caso de que haya grandes cicatrices retráctiles no cabe más que la cirugía plástica reparadora. Puede hacerse necesaria también la aplicación de injertos.

ERITEMA CALÓRICO

Todavía se ven, en ciertas regiones en las que durante el invierno se usa el clásico brasero, unas lesiones características en la cara interna de piernas y muslos, sobre todo en mujeres. Se produce un enrojecimiento reticular, irregular, en mallas, que acaba por presentar una intensa pigmentación parda o rojiza duradera. Al cabo del tiempo, la piel se hace muy sensible y atrófica, y pueden aparecer ampollas o vesículas. Un tipo de lesión parecido se observa en la piel del abdomen en las personas que abusan de la aplicación de calor en forma de bolsas de agua caliente.

CONGELACIÓN

El enfriamiento general produce inicialmente una somnolencia irresistible, con movimientos torpes, alteraciones de la visión y lentitud de la respiración y del pulso. Cuando la temperatura del cuerpo baja a menos de 25 °C, los órganos ya no trabajan y sobreviene primero una muerte aparente, la cual, si no se recurre pronto a medidas de reanimación, lleva inexorablemente a la muerte real por congelación. No es necesario para ello que existan temperaturas ambientales bajo cero, ya que una temperatura baja en un clima húmedo puede provocar síntomas de congelación en personas predispuestas (debilitados, cansados o borrachos). La nieve ofrece una buena protección, pues es un mal conductor térmico.

Para que el frío origine lesiones en la piel tiene que actuar más prolongadamente que el calor. Las lesiones por congelación aparecen, sobre todo, en las zonas cuya circulación sanguínea es más precaria o resulta más fácil de perturbar: orejas, nariz, mejillas, dedos de pies y manos, etc. Como en el caso de las quemaduras, se distinguen tres grados. En las congelaciones de **primer grado,** la piel palidece por contracción de los vasos sanguíneos de la zona afectada. La palidez se acompaña de insensibilidad; luego la piel se vuelve roja o rojoazulada, con picor y dolor al dilatarse los vasos. Por último, se contraen de nuevo los vasos; la piel palidece y se hincha. En las de **segundo grado,** después de la contracción inicial de los vasos sanguíneos, con zonas completamente lívidas e insensibles, sobreviene un intenso enrojecimiento, con coloración incluso violácea, debida a una congestión sanguínea muy marcada. Aparecen ampollas o flictenas llenas de un líquido también palidoazulado. La evolución de estas lesiones es muy lenta y los trastornos circulatorios persisten durante largo tiempo. Las congelaciones de **tercer grado** también provocan zonas necróticas, muertas, que poco a poco se desprenden en escaras. No suele producirse una infección purulenta tan marcada como en las quemaduras, pero la aparición de cicatrices deformantes es, asimismo, habitual.

Tratamiento. Mientras el cuerpo está expuesto al enfriamiento resulta muy peligrosa la ingestión de alcohol, que si bien provoca una vasodilatación con sensación subjetiva de calor, aumenta también la eliminación de calor corporal. Por lo tanto, la clásica estampa de los perros de la raza San Bernardo, que llevan un sorbo de coñac a los exploradores que se pierden en la nieve, no tiene razón de ser en el tratamiento actual de la congelación. En las lesiones cutáneas por congelación de primer grado, las zonas afectadas se frotan con toallas o mantas secas, pero rugosas, para provocar un calentamiento de la piel. El paciente efectuará movimientos con los miembros afectados, por ejemplo caminar descalzo sobre una alfombra.

En las congelaciones de segundo y tercer grado se deberá llevar inmediatamente a la persona afectada a una habitación caliente, sin dejar que se acerque a una estufa o chimenea. Los miembros deben ser tratados con el máximo cuidado, evitando toda compresión en el transporte, ya que las extremidades congeladas se hacen extremadamente frágiles. El enfermo debe ser inmediatamente despojado de su ropa húmeda. Bajo ningún concepto debe frotársele con nieve; esta técnica, muy preconizada en otras épocas, es sumamente nociva. Cubrir al enfermo con mantas, como primera providencia, y luego someterlo a un baño con agua a 37°C es lo más adecuado y beneficioso para él. Pueden ser útiles, asimismo, las fricciones con vinagre. Si el enfermo está inconsciente debe vigilarse estrechamente su respiración e incluso recurrir a la respiración artificial durante un tiempo, hasta que se haya reanimado. Las bebidas calientes, infusiones de té o café, bolsas de agua caliente, mantas y, sobre todo, un ambiente cálido en la habitación son también necesarios. Las lesiones cutáneas serán tratadas por el médico.

PERNIOSIS *(Sabañones)*

Síntomas. Se presentan una serie de manchas rojizovioláceas, dolorosas, con una ligera hinchazón, que se localizan en las manos y pies principalmente, aunque también en otras zonas (pabellón de la oreja). A veces se producen grietas o ampollas que incluso pueden infectarse.

Causas. Los sabañones se deben a perturbaciones circulatorias que se presentan en determinadas zonas que tienen una especial labilidad vascular o una deficiente irrigación, que no permite una adaptación adecuada a los cambios de temperatura, y generalmente afectan a las personas jóvenes, sobre todo mujeres y en especial durante las épocas frías y húmedas.

Tratamiento. Baños alternados, con agua fría a 15°C, durante unos 15 segundos, y después agua caliente a 37°C, durante 5 minutos. Es útil la aplicación de aire caliente a chorro, así como las fricciones con alcohol alcanforado y los tratamientos generales con sustancias vasodilatadoras. Como medida de prevención, reviste especial importancia el llevar guantes y medias que abriguen muy bien. Una forma especial de perniosis es el llamado tobillo hipogenital, que aparece en muchachas jóvenes con evidente insuficiencia ovárica y que presenta, durante el invierno, placas rojovioláceas por encima del tobillo; éste se encuentra tumefacto, hinchado y endurecido. La regulación hormonal de los trastornos ováricos suele tener en estos casos resultados sumamente favorables.

DERMITIS ACTÍNICAS O FOTODERMITIS

La luz, o, mejor dicho, las radiaciones electromagnéticas, puede desempeñar un gran papel como causa de enfermedad. Si de todos es conocida la quemadura de sol, no debe olvidarse que la exposición continua a la luz solar puede llegar a producir lesiones crónicas y que cada vez adquiere más importancia la sensibilización alérgica de la piel, que origina lesiones, a veces muy violentas, en las que la luz actúa como causa desencadenante.

Por último, hay que mencionar que entre las radiaciones electromagnéticas se encuentran los rayos X (o rayos Roentgen), las radiaciones producidas por la desintegración atómica (radio, isótopos radiactivos, bomba atómica), capaces de provocar lesiones actínicas específicas en la piel (radiodermitis) frecuentes en las personas tratadas con radioterapia, o que abundaron en Japón entre las personas expuestas a la radiación atómica.

QUEMADURA DE SOL

La luz solar comprende radiaciones electromagnéticas cuya longitud de onda varía entre las 290 y 1 850 micras (1 micra = 1 milésima de milímetro). Sólo la luz ultravioleta (no visible), que tiene una longitud de onda localizada entre las 290 y las 320 micras, puede «quemar» la piel.

Los cristales ordinarios, el humo y, en general, el aire contaminado de las ciudades bastan para absorber o filtrar estas radiaciones, mientras que la simple existencia de las nubes no constituye suficiente barrera. La proximidad de nieve, arena o agua (playa) aumenta considerablemente la exposición a la luz ultravioleta, porque a la luz que incide directamente sobre la piel hay que sumar la reflejada.

Sólo la raza negra tiene una especial protección contra estas radiaciones, por tener su piel muy pigmentada, incluso en la capa córnea. Este filtro natural no se encuentra en otras razas, aunque se hallen muy «tostadas» por el sol. En la aparición de las quemaduras de sol existe una susceptibilidad individual que varía mucho de una persona a otra. Los rubios y pelirrojos toleran el sol mucho menos que los morenos, pero incluso los de piel más clara pueden habituarse, aunque en un principio reaccionen más o menos violentamente, según la intensidad de la irradiación. Se sabe que la habituación a la luz y el bronceado de la piel son paralelos, aunque no dependen el uno del otro. Por ello, incluso sin que su piel esté tostada, un rubio tolera mucho mejor la luz solar si poco a poco se va acostumbrando a ella.

Síntomas. La quemadura de sol se debe siempre a una sobreexposición a la luz ultravioleta natural (sol) o artificial (lámparas de cuarzo). Los síntomas pueden aparecer a la hora, aunque suelen tardar más. Al principio se manifiesta un enrojecimiento de la parte expuesta, con picor y quemazón (eritema solar). En los casos más graves existe dolor intenso y formación de ampollas con hinchazón de la piel. Son especialmente dolorosas las quemaduras en las piernas (alrededor de los tobillos). Cuando la superficie corporal expuesta es muy grande (lo que ocurre a los bañistas poco precavidos), estas quemaduras pueden provocar síntomas generales, como son dolor de cabeza, fiebre con escalofríos, fatiga, diarrea e incluso insuficiencia circulatoria.

Una vez que declinan los síntomas más agudos se produce, a los 3-5 días, el desprendimiento de la epidermis, generalmente acompañado de un picor que dura bastantes días. La piel afectada se engruesa y en la parte más profunda de la epidermis se deposita una gran cantidad de melanina, pigmento que origina el típico bronceado. En las personas de piel más clara, este depósito no suele ser homogéneo, por lo que aparecen manchas, pecas, etc. En la piel de los albinos o en ciertas zonas desprovistas de pigmento por una alteración adquirida o congénita (vitíligo) no hay bronceado, pero el engrosamiento de la piel confiere cierta protección.

Tratamiento. El enfermo no debe exponerse al sol nuevamente hasta que desaparezca la reacción aguda. Es necesario que se cubra bien la piel con ropas de color blanco, que son las que mejor reflejan la luz. En las quemaduras leves debe espolvorearse la piel con talco y usar intermitentemente compresas de leche fría o soluciones salinas (por ejemplo, de agua mineral). Las cremas o pomadas anestésicas deben evitarse a toda costa. Muy eficaces son, en cambio, las lociones o «sprays» con corticosteroides (cortisona o sus derivados). El enfermo no debe lavarse nunca con jabón, sino sólo con agua corriente o con agua mineral. Al sobrevenir la descamación o al producirse ampollas puede presentarse la infección, que exige siempre un tratamiento local y general con antibióticos. Después de una de estas quemaduras leves, la piel permanece sensible, por lo menos durante cinco u ocho días, lo que exige una vuelta muy gradual a la práctica de los baños de sol.

En los casos de quemaduras graves deberá consultarse con un médico. Su tratamiento no difiere de las dermitis térmicas, y de la misma manera deberán cuidarse los síntomas generales.

Profilaxis. Por supuesto, la sobreexposición a la luz solar es fácil de evitar. Incluso las personas con piel más oscura deberían evitar, en principio, estar más de media hora expuestas a la luz ultravioleta del sol. Es muy útil comenzar el «bronceado» tomando los primeros baños de sol antes de las 10 de la mañana o después de las 5 de la tarde, pues a estas horas la incidencia oblicua dc los rayos de luz elimina, por absorción, las longitudes de onda correspondientes a la luz ultravioleta, capaz de provocar las quemaduras.

Existen numerosas cremas y lociones que protegen contra la acción de los rayos solares (después de muchas experiencias, rigurosamente controladas, parece ser que la mejor protección química la efectúa la vitamina H (ácido paraaminobenzoico) disuelta en alcohol al 70%). Sin embargo, en las zonas de nieve o montaña, o en el primer baño de sol de una persona muy rubia en una playa meridional solamente da resultado una capa espesa de pasta de óxido de cinc aplicada sobre la piel. Existen también soluciones que actúan como filtros solares: eliminan los efectos del sol en la piel.

Efectos crónicos de la luz solar

Una sobreexposición a la luz solar mantenida durante años, como antes sólo podía observarse en labradores o marineros, ya comienza a manifestarse en numerosas personas que practican de continuo baños de sol («adoradores solares») sin protegerse con cremas o pomadas hidratantes y grasas. La piel de estas personas se hace cada vez más seca y atrófica; muestra signos evidentes de envejecimiento precoz, aparte de manchas de color marrón irregulares que se deben al agotamiento de las células encargadas de producir melanina. Pero no existe sólo un problema de tipo estético; también aparecen fácilmente unas lesiones precancerosas (queratosis senil), incluso en personas jóvenes. Con los años, estas lesiones pueden llegar a convertirse en verdaderos cánceres de piel.

Reacciones fototóxicas y fotoalérgicas

Hay personas alérgicas a la luz del sol. Una mínima exposición ya les provoca una violenta reacción inflamatoria con urticaria, picor, ampollas, etc. Esta eventualidad, sumamente rara, se ha complicado extraordinariamente en estos últimos años, al haber algunos medicamentos o sustancias químicas sintéticas capaces de sensibilizar la piel a la irradiación solar. A estos individuos, que normalmente toleran bien la luz, después de entrar en contacto con dichos cuerpos tóxicos, una pequeñísima exposición al sol les basta para experimentar violentas quemaduras. Entre estas sustancias se encuentran algunas sulfamidas, ciertos tranquilizantes (fenotiazinas) y algún antibiótico del grupo de las tetraciclinas (en especial, la dimetilclorotetraciclina). También debemos mencionar las manchas que aparecen en el tronco y el cuello de algunos bañistas que antes se han aplicado agua de colonia, la cual ha escurrido en gotas o salpicaduras. Alguno de los aceites volátiles del agua de colonia sensibilizan la piel y, expuesta al sol, provoca unas pigmentaciones grisáceas muy persistentes. También es muy curiosa la fotoalergia, cada vez más corriente en la actualidad, debido a que numerosos detergentes tienen unas sustancias fluorescentes, llamadas blancoforenas, que son capaces de transformar la luz ultravioleta invisible en luz visible, «blanqueando», por ello, más. Hay personas que se sensibilizan a estas sustancias que provocan, después de una exposición solar, un enrojecimiento violento, el cual se manifiesta ya en las manos de las mujeres que cuelgan al sol, para secarla, la ropa lavada con dichos detergentes.

Dermitis infecciosas

Las alteraciones inflamatorias producidas por agentes infecciosos son extraordinariamente frecuentes y de hallazgo cotidiano. Su clasificación es muy compleja, dada la diversidad de las lesiones y el hecho, también habitual, de que la piel reacciona ante la agresión biológica de las maneras más diversas. Es más fácil describir las lesiones según el tipo o la especie del microorganismo o del parásito animal y vegetal que pueda atacar la piel.

Al estudiar las enfermedades infecciosas (sarampión, rubéola, escarlatina, varicela, viruela, fiebre tifoidea y fiebres exantemáticas) se ha descrito que en estos procesos la piel reacciona mediante la aparición de una típica erupción o exantema, cuyas características pueden servir para diagnosticar la enfermedad causante. Estas erupciones adoptan diversas formas de lesiones elementales, como simples enrojecimientos, elevaciones circunscritas de la piel, endurecimientos, etc.

Un grupo especial de las infecciones cutáneas lo forman las llamadas piodermitis, es decir, las alteraciones supurativas de la piel, con formación de pus, y que casi siempre se deben a contaminaciones por estafilococos o estreptococos, más que a causas fortuitas, por encontrar un terreno especialmente abonado o porque fracasan las defensas naturales; se presentan en una piel previamente sana o complican e infectan dermatosis ya existentes. En general, el peligro de contagio no es grande.

IMPÉTIGO

Síntomas. Aparición de ampollas que se abren en la capa córnea, aunque a veces sólo aparecen como restos, en forma de escamas arrugadas.

Salida de plasma que se coagula rápidamente, dando lugar a la formación de una costra amarillenta. Si el plasma está mezclado con pus o parte de las escamas cutáneas, se originan costras de color gris amarillento.

Si contienen hematíes, toman un tono marrón amarillento y hasta marrón oscuro. En las zonas donde la capa córnea es muy gruesa, como en la palma de la mano, se presentan solamente ampollas y la mayoría de las veces sin enrojecimiento intenso.

La localización y extensión de los focos depende, en primer lugar, de las inflamaciones externas (heridas, presión, brotes). Las formas con costra se localizan principalmente en la boca, a veces en los alrededores de la nariz y en las orejas. En otros casos aparecen en forma diseminada, con focos aislados, sobre todo en espalda, extremidades y parte de la cabeza cubierta de pelos.

Origen y causa. Los gérmenes productores de esta enfermedad (estreptococos) pueden permanecer desde mucho tiempo atrás en la piel. La enfermedad se presenta cuando, a consecuencia de pequeñas heridas de la capa córnea, los gérmenes penetran en las capas profundas.

La enfermedad se extiende por infección, mediante el rascado, la utilización de navajas de afeitar y toallas usadas, etc., de tal forma que al final aparecen grandes zonas cubiertas de focos húmedos.

Tratamiento. A base preferentemente de sulfamidas o antibióticos.

ERISIPELA

Síntomas. En el transcurso de pocas horas aparece una hinchazón y enrojecimiento de la piel. Al mismo tiempo, con frecuencia, tras la producción de escalofríos, se instaura una fiebre elevada (39-40°C), así como una intensa postración.

Naturaleza. Esta enfermedad, producida también por el estreptococo, se describe en el capítulo de las enfermedades infecciosas.

INFLAMACIÓN DE LOS FOLÍCULOS PILOSOS DE LA BARBA *(Sicosis)*

Síntomas. Pústulas purulentas, unidas unas contra otras sobre una base ligeramente elevada y enrojecida. Mediante su apertura sale su contenido, se seca el plasma y da lugar a costras. La enfermedad se presenta solamente en la barba del hombre y muy raras veces en la región púbica. Las zonas de predilección son el labio superior, barbilla y patillas. La parte anterior de los carrillos y el cuello quedan libres de esta infección.

Naturaleza. La causa de la infección son gérmenes, piógenos que penetran profundamente en el folículo piloso, dando lugar a una escasa sintomatología. La enfermedad progresa, pero sin originar grandes molestias. Con el afeitado se puede producir la extensión de la infección.

Tratamiento. En el tratamiento se utilizan pomadas desinfectantes y fomentos, así como pomadas con antibióticos. La enfermedad es muy rebelde.

FORUNCULOSIS

Síntomas. El forúnculo aislado tiene al comienzo el tamaño de una lenteja; es de color rojizo y rápidamente presenta una ligera hinchazón y picor. En el transcurso de 24 horas aumenta considerablemente de tamaño, el enrojecimiento se hace más intenso y la hinchazón muy dolorosa a la presión. En su centro se puede observar una pústula purulenta que al principio es muy dura.

Habitualmente se produce una infección de los vasos linfáticos así como hinchazón dolorosa de los ganglios correspondientes. Según la profundidad del foco, se produce, bien la apertura del pus, a través de la piel distendida de cubierta, o bien su crecimiento e infiltración se extienden en profundidad.

Los forúnculos asientan generalmente en la cara y aparecen principalmente en los niños, aunque también se produzcan en el adulto. Otras localizaciones frecuentes son: la parte de la cabeza cubierta por el cabello, principalmente la nuca; también en las manos (a consecuencia del grosor de la capa córnea, aunque en estos casos se produce en forma de ampollas) y en los pies (sobre todo en las yemas de los dedos). Los forúnculos pueden aparecer agrupados en gran número; se habla entonces de la enfermedad llamada forunculosis.

Los forúnculos aislados pueden estar también unidos unos a otros, sobre una placa roja e hinchada del tamaño de la palma de la mano, con numerosas pústulas que, al abrirse, dan lugar a la salida de abundante pus. Por regla general en estos casos, el estado del paciente se afecta con fiebre, malestar y dolor. Al final de la forunculosis aparecen con frecuencia fístulas segregantes.

Naturaleza. Los agentes productivos, gérmenes piógenos, penetran en la piel y se propagan a su nivel. Al poco tiempo, generalmente tras pocas horas, se producen intensas manifestaciones clínicas. Rápidamente los tejidos de los alrededores mueren, el pus se acumula y da lugar a una intensa tensión interna. Con frecuencia, el forúnculo, sobre todo si es recidivante, acompaña a una diabetes, ya que esta enfermedad disminuye las defensas contra la infección.

Tratamiento. Deberá llevarse a cabo por el médico o bajo su vigilancia; si es realizado por un profano, conduce con frecuencia a una superinfección, es decir, la herida se vuelve a infectar por otros gérmenes. El tratamiento consiste en lavados con agua caliente y jabón o en baños de permanganato potásico (solución rosa claro). Si las ampollas se abren durante el baño, la extirpación total de su techo resulta innecesaria. Las pomadas que contengan mercurio o azufre deberán ser recetadas solamente por el médico. Resultan especialmente difíciles aquellos casos en que el paciente es hipersensible a las pomadas. Es imprescindible en el tratamiento tener paciencia. En toda colección de pus, debe evacuarse el material purulento y el tratamiento se efectuará a base de antibióticos y antiinflamatorios.

Pronóstico. Después de la curación de un forúnculo queda, con frecuencia, una zona roja que no necesita ningún tratamiento y desaparece por sí misma tras unas semanas. La enfermedad es muy rebelde.

INFLAMACIÓN DE LAS GLÁNDULAS SUDORÍPARAS
(Hidrosadenitis)

Síntomas. En los niños pequeños aparecen nódulos de color rojo azulado, del tamaño de un chícharo o una cereza, que se deprimen al presionarlos. Los alrededores de estos nódulos muestran un delgado reborde rojo, pero sin inflamación cutánea. No existe hinchazón y falta asimismo el dolor a la presión. Al principio sale abundante pus de la profundidad, y se vacían los nódulos. Siempre que estos nódulos sean poco numerosos, el estado general del paciente no estará muy afectado. Las zonas principales de aparición son la ingle y la axila; por el tronco pueden extenderse hasta los muslos y brazos, pero son raros en antebrazos y cara.

Los adultos muestran un cuadro completamente distinto. La mayoría de las veces se presentan numerosos nódulos en la piel, unos junto a otros, generalmente acompañados de intensa hinchazón de los alrededores y son muy dolorosos a la presión. Rápidamente suele producirse un reblandecimiento del foco. Tras la punción se elimina abundante pus. Al curar el primer foco pueden originarse, con carácter duradero, otros más. Aparecen casi exclusivamente en la axila y, sólo en casos raros, en los alrededores del ano.

La enfermedad puede durar varias semanas y dar lugar a estados crónicos. Los ganglios linfáticos correspondientes pueden también afectarse, así como los vasos.

Causa. Se trata de una infección purulenta de las glándulas sudoríparas, debida a la penetración de gérmenes en los conductos secretores.

Tratamiento. Consiste en su apertura mediante incisión, operación que deberá ser efectuada por el médico. Para evitar las recaídas se aplicará posteriormente, en algunos casos, radioterapia.

VIRIASIS CUTÁNEAS

Las **viriasis,** o inflamaciones producidas por virus, son muy frecuentes en la piel. La más conocida es la **verruga** vulgar, prominencia queratinizada, generalmente localizada en el dorso de manos y pies, que cursa sin dolor. Sólo son muy molestas las que asientan en la planta del pie, porque se irritan con la fricción del calzado. El tratamiento de estas verrugas es quirúrgico, aunque hayan sido preconizadas muchas otras soluciones, incluso la sugestión.

Una forma especial de verrugas, situadas en el aparato genital externo, de aspecto abigarrado y bastante desagradable, son los llamados **condilomas,** que podrían incluirse entre las enfermedades venéreas.

HERPES SIMPLE

Síntomas. El típico herpes simple, constituido por pequeños grupos de ampollitas, se localiza principalmente en los labios (herpes labial), ángulo de la boca, orificios de la nariz y órganos genitales, pero en realidad puede presentarse en cualquier parte del cuerpo. La zona de piel afectada aparece en primer lugar enrojecida; brotan seguidamente pequeñas vesículas superficiales que pueden alcanzar el tamaño de una lenteja y cuyo contenido turbio puede infectarse rápidamente.

El enfermo aqueja picores, quemazón de la piel, sensación de tirantez y, a veces, decaimiento. En el transcurso de una semana, las ampollitas generalmente se secan y dan lugar a costras que, al desprenderse, originan flecos rojizos que van palideciendo paulatinamente. Con frecuencia los ganglios linfáticos correspondientes se hacen dolorosos y se inflaman. Debido al brote de las vesículas, la mucosa de la boca puede infectarse; aparecen así unas pequeñas heridas abiertas, denominadas aftas, que con frecuencia son muy dolorosas.

Naturaleza. El herpes simple es una enfermedad muy extendida, generalmente no peligrosa, de larga duración y que afecta a piel y mucosas, que tiende a las recaídas. El único germen encontrado en el hombre, un virus, se asemeja al de la varicela. Ambos dan lugar a cuadros clínicos semejantes y sólo pueden ser diferenciados mediante examen de laboratorio. Más del 60% de los individuos contagiados permanecen durante años como portadores del germen. El primer contagio suele realizarse entre los 1 y 5 años, la mayoría de las veces con formación de vesículas en la mucosa bucal; rara vez se presenta en el adulto. El contagio se realiza generalmente por gotitas y, a veces, por contacto directo (besos).

Tratamiento. El tratamiento sintomático puede aliviarse mediante pastas desecantes, violeta de genciana o enjuagues de bicarbonato. El aciclovir, un antiviral específico, ha demostrado buenos resultados

HERPES ZOSTER *(Zona)*

Síntomas. Rápida formación de vesículas agrupadas de contenido al principio claro y más adelante de tono amarillento. Generalmente aparecen sobre una base hinchada y enrojecida. Ésta suele ser unilateral, pero en la cara puede aparecer en ambos lados. El brote se extiende a lo largo de la zona cutánea de inervación de uno o varios nervios vecinos. La lesión suele ir acompañada de dolor nervioso más o menos intenso, de hipersensibilidad al contacto con la piel, parálisis, tendencias a la sudoración y disminución en la eliminación de orina. A veces pueden aparecer infecciones del sistema nervioso central con el cuadro clínico de una meningitis. Si los ojos se ven afectados, existe el peligro de ceguera en el lado lesionado.

Naturaleza. La enfermedad se extiende, con frecuencia a modo de cordón, por la mitad de la espalda. El herpes zoster es una enfermedad infecciosa producida por un virus. Su evolución es violenta, desagradable y de peores consecuencias que el herpes simple. Aparentemente es una forma de aparición secundaria de la varicela que ha quedado alojada en el huésped después de que éste sufrió por primera vez un brote de la enfermedad.

Herpes zoster (zona)

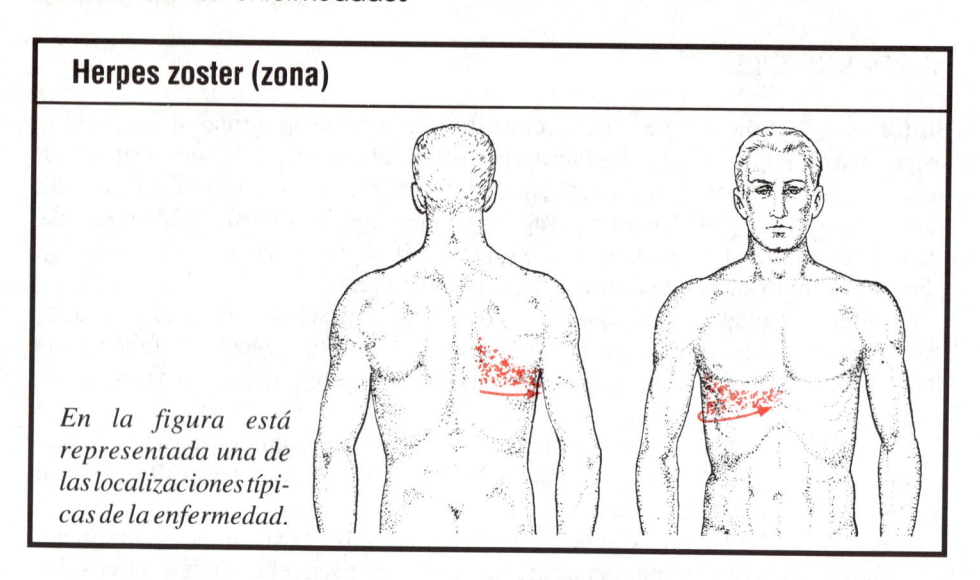

En la figura está representada una de las localizaciones típicas de la enfermedad.

Tratamiento. El tratamiento médico es imprescindible. Las partes afectadas deberán ser cubiertas mediante un vendaje, con el fin de evitar el contacto. Los polvos y pomadas favorecen el secado de las ampollitas. Se han utilizado también altas dosis de preparados salicílicos, cuya administración se hace a veces necesaria por vía intravenosa. El reposo es recomendable cuando el paciente tiene mucho dolor. Puede usarse aciclovir, aunque la eficacia de este medicamento no está comprobada, algunos analgésicos y la tiamina (vitamina B-1) como antineurítico. Tras la curación persisten pequeñas cicatrices, que adquieren mayor tamaño cuando la base de las vesículas está muy destruida. El herpes zoster puede confundirse, en ocasiones, con algunas formas de erisipela, la cual se presenta también en las extremidades, aunque generalmente sea la cara su lugar de aparición.

TUBERCULOSIS DE LA PIEL

Síntomas. De las formas cutáneas de tuberculosis la más frecuente se manifiesta como aparición de manchas color marrón rojizo a cuyo nivel los tejidos aparecen quebradizos. Los cuadros clínicos son muy diferentes; se observan intensas proliferaciones, formaciones en placas, elevaciones verrugosas o ulceraciones. En las extremidades, el proceso puede extenderse a los vasos linfáticos, de tal forma que, debido al estasis, se pueden originar proliferaciones de extensa superficie. No aparece dolor. Los tejidos profundos, cartílagos y huesos pueden estar también afectados.

Origen y causa. El agente productor, bacilo tuberculoso, penetra del exterior o desde los vasos sanguíneos, y llega hasta la piel. La reacción de defensa de ésta consiste en neoformaciones nodulosas que se localizan en la epidermis y subcutis. Casi siempre, estos nódulos de la superficie curan, pero se desarrollan otros en la profundidad; de aquí que sean frecuentes las recaídas. La enfermedad comienza, a menudo, durante la juventud y, no raras veces, al final de una enfermedad febril grave como, por ejemplo, el sarampión.

La piel y sus enfermedades

Tratamiento. La tuberculosis de la piel deberá ser tratada, en todos los casos, por un especialista. Se administrarán tuberculostáticos (medicamentos específicos contra la tuberculosis), así como vitamina D.

Parásitos

Todos los parásitos pueden transmitir enfermedades; de aquí que la lucha contra ellos revista gran importancia. En muchos casos es suficiente la utilización de insecticidas de contacto, fáciles de obtener en droguerías o farmacias, pero con frecuencia son necesarios métodos radicales.

El **piojo** habita casi exclusivamente en la cabeza, agarrado a la piel. La hembra sujeta sus huevos (liendres) a los cabellos, a su salida de la piel, por medio de una vaina de quitina; los fija a veces uno tras otro en el mismo cabello, de tal forma que el huevo situado en la parte más inferior es siempre el primero.

Al lavar el cabello se van desprendiendo paulatinamente estas liendres vacías de la piel de la cabeza; de no hacer este lavado, se fijarán nuevos huevecillos en la piel, ya que la capacidad de reproducción del piojo es extraordinaria. Una hembra pone en ocho semanas, si no es molestada, unos 5 000 huevecillos. Los piojos de la cabeza, así como los de la región púbica, adquieren el mismo color de la raza humana invadida: en los esquimales, blanco; en los europeos, grisáceo; en los chinos y japoneses, amarillo marrón, y en los negros, negro.

La existencia de piojos produce, en primer lugar, picor intenso, debido a la picadura del animal y a sus movimientos. De aquí que los individuos que los tengan se rasquen; pueden complicarse, posteriormente, los arañazos producidos con infecciones de la piel. Se presentan en diferentes zonas de la cabeza y nuca, y por debajo de los límites del pelo aparecen pequeñas zonas húmedas. Si estos parásitos no son eliminados, las zonas cutáneas afectadas se extienden, adhiriéndose los pelos unos contra otros y dando lugar a un olor característico muy desagradable. Los niños se ven muy frecuentemente afectados. La infestación por piojos se trata con champús especiales; en caso de dificultad para erradicarlos, debe raparse al paciente.

El **piojo de la ropa** no se adhiere habitualmente a la piel solamente en ocasiones, con el fin de alimentarse. Estos piojos pueden ocasionar también intensas infecciones cutáneas, pues al picar para extraer sustancias alimenticias producen picor y, al rascarse el individuo, dan lugar a manifestaciones cutáneas idénticas a las descritas para el piojo de la cabeza. El piojo de la ropa es peligroso, ya que por su picadura puede transmitir el tifus exantemático. Para el tratamiento es suficiente bañar al individuo con agua a temperatura elevada y lavar sus ropas con agua entre los 70 y 100°C. Los vestidos que no soporten estas temperaturas se espolvorearán con insecticidas.

El **piojo del pubis** vive prácticamente en todas las partes del cuerpo cubiertas por pelo, con excepción de la cabeza. La localización más frecuente y casi exclusiva es la región púbica; a veces también se encuentra en la axila, barba y cejas. La transmisión se efectúa mediante la cópula. Se recomienda el empleo de champús medicados o el rasurado de las áreas infestadas.

La **garrapata** habita generalmente en los bosques. Su hembra perfora la piel con su cabeza y mediante la succión de la sangre se hincha hasta adquirir el tamaño de una cereza. Mediante toques con trementina se consigue su desprendimiento, ya que, si se realiza de forma brusca, es fácil que la cabeza quede introducida en la piel, pudiendo dar lugar a infecciones de larga duración. Es aconsejable ponerse en manos de un médico, ya que las garrapatas transmiten la fiebre recurrente. La **pulga** produce por su picadura un abultamiento de la piel, generalmente a nivel de las articulaciones. Este abultamiento pica intensamente, pero desaparece con gran rapidez. Lesiones semejantes produce la picadura de la **chinche**. Las pulgas y chinches deberán buscarse entre las ropas y mantas. Contra todos los parásitos de este grupo actúan los polvos insecticidas. Las chinches son igualmente transmisoras de enfermedades, de aquí que deban ser atacadas intensamente. La habitación donde haya chinches deberá ser desinfectada.

Numerosas enfermedades infecciosas (tifus, paratifus, cólera, disentería bacilar o amibiana, etc.) son transmitidas por las **moscas**. Los alimentos, heridas, enfermos graves y niños deberán ser apartados de ellas. Los criaderos de moscas han de ser atacados y destruidos (zonas donde se depositan los desperdicios, botes de basura, excusados). En estos casos se utilizarán los insecticidas.

SARNA

Síntomas. Aparecen nódulos y vesiculitas infectadas, de color rojizo, que provocan picores muy intensos, sobre todo durante la noche, al calor del lecho. Por el rascado de la piel, provocado por los picores, pueden presentarse costras, infecciones de los folículos pilosos, pústulas y forúnculos de la piel.

En la capa córnea viven los ácaros (**Sarcoptes scabiei**), que forman conductos en la piel, fáciles de reconocer, a modo de surcos con bordes algo elevados. Junto a la demostración de los ácaros, es muy importante para el diagnóstico la localización de los focos. Los nodulitos, pústulas y arañazos que se encuentran situados en el tronco quedan limitados casi exclusivamente a un triángulo cuya base son las clavículas y cuyo vértice se encuentra situado entre las rodillas. La cara, cuello, espalda, así como piernas y pies, están libres de esta afección. Por el contrario, no es raro encontrar lesiones en los bordes laterales de los dedos, superficie de flexión de la muñeca, codo y parte anterior de la axila. Los alrededores del pezón, la región umbilical y piel del pene pueden también afectarse.

Naturaleza. La sarna es la más frecuente de las enfermedades de la piel debidas a parásitos animales. El agente productor, el ácaro de la sarna, vive en la piel. El primer foco de la sarna es el conducto producido por el ácaro, que sólo recorre la capa córnea. La hembra de los ácaros y sólo ella se mantiene constantemente en los conductos. Con la ayuda de la lupa se puede observar su forma, semejante a la de una tortuga, con cuatro pares de patas, de las cuales las dos anteriores están provistas de ventosas, mientras que las posteriores terminan en una larga cerda. El contagio de la sarna se realiza la mayoría de las veces de hombre a hombre. Lo favorece la utilización de las mismas ropas por varias personas, etc.

Tratamiento. Deben utilizarse lociones de baño medicadas especialmente para lograr eliminar el ácaro. Después de tomar un baño, el individuo se vestirá con ropas limpias, debiendo hervirse las sucias. Los ácaros mueren rápidamente fuera de la piel.

La piel y sus enfermedades

Micosis cutáneas o dermatomicosis

MICOSIS DE LAS UÑAS U ONICOMICOSIS

MICOSIS INTERDIGITAL DEL PIE

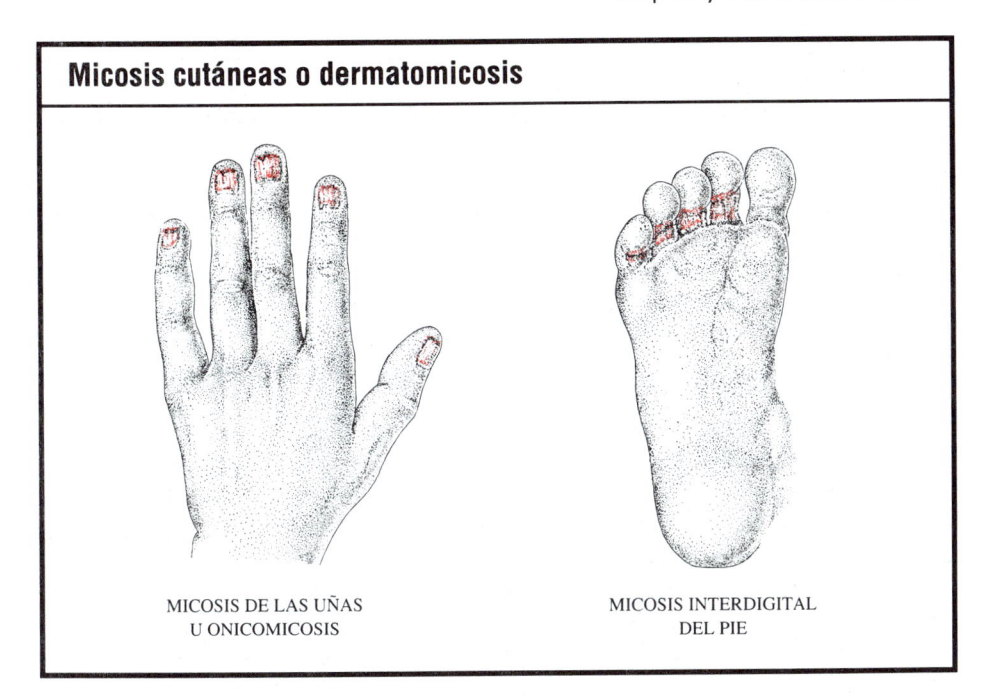

MICOSIS CUTÁNEAS

Las micosis son enfermedades producidas por hongos; se pueden distinguir las superficiales, que afectan la piel y sus anexos (uñas, pelos) y que rara vez penetran más adentro (suelen ser bastante contagiosas), y las profundas. Se trata, en este último caso, de lesiones del tejido subcutáneo, de los ganglios linfáticos, huesos y órganos internos, muy poco contagiosas y que son estudiadas entre las enfermedades infecciosas.

Se han identificado más de cien hongos diferentes capaces de provocar reacciones cutáneas. Las infecciones por hongos más importantes son las llamadas tricoficias y las microsporias. El contagio puede ser directo de hombre a hombre, como ocurre en escuelas, piscinas, ambientes familiares, etcétera; es muy importante el contagio a través de ropas y objetos contaminados, como los instrumentos de la peluquería. Cabe el contagio entre animal y hombre, como ocurre con algunas micosis en ambientes rurales, que se transmiten de las vacas, perros y gatos. Muy a menudo, el contagio se realiza a través del suelo; de ahí la frecuencia en la presentación del llamado pie de atleta o micosis del pie.

Las manifestaciones cutáneas producidas por los hongos dependen en gran manera de una reacción alérgica. De la contaminación con hongos apenas escapa alguna persona, pero su presencia no siempre condiciona una enfermedad cutánea. Se establece una especie de inmunidad local y sobreviene una inflamación cuando se altera el equilibrio y se favorece la multiplicación de los hongos con la sudoración, maceración y aumento de tejido muerto (entre los dedos, repliegues de la piel). Existe una predisposición individual; así, son más atacados los varones que las mujeres, y los niños más que los adultos. En los diabéticos es particularmente agresivo este tipo de infecciones.

Examen de las enfermedades

Síntomas. Las micosis cutáneas producen alteraciones sumamente variadas. A veces los hongos vegetan en las capas más superficiales de la piel y no provocan síntoma subjetivo alguno. Sólo aparecen unas manchas de color marrón o blanquecino pardusco y de forma redondeada en el tronco y muslos (eritrasma), que son muy difíciles de curar.

Otras veces la micosis provoca manchas pequeñas; luego, placas enrojecidas, cubiertas en su centro de pequeñas escamas y en sus bordes de vesículas, que después se inflaman con supuración. La formación vesicular se extiende marginalmente, mientras que en el centro se secan los focos. La evolución es rápida, y pronto adquieren un diámetro de 3.5 cm. A veces las placas pueden llegar a tener el tamaño de un plato de café o de la palma de la mano. Pueden ser únicas o coexistir varias placas, todas ellas muy irritadas, que causan un picor más o menos intenso. Se afecta la cara, el cuello, los antebrazos y los dorsos de la mano. En los niños a menudo queda afectado el cuero cabelludo, con caída del cabello (tiña); en los adultos, la región de la barba (querion de Celso). Más corriente es la micosis de los pies o pie de atleta, con lesiones en los pliegues de los dedos o un espesamiento de la capa córnea de la planta. Con frecuencia, la micosis afecta a las uñas, que se «apolillan».

En las micosis profundas, las lesiones asientan en el tejido subcutáneo, con induraciones dolorosas que llevan a la aparición de abscesos superficiales o incluso situados más interiormente. Como en una esponja, en estos casos se puede exprimir un líquido espeso, purulento, con numerosas y anfractuosas vías de drenaje.

Tratamiento. Hace todavía unos años, la terapéutica de las micosis cutáneas ponía a prueba la paciencia de médicos y enfermos. Hoy el problema se ha resuelto con la administración de un antibiótico, la griseofulvina, por vía oral, que debe ser tomado durante una larga temporada para evitar recidivas y erradicar totalmente tan rebelde afección. Aparte de ello pueden emplearse tratamientos tópicos con pomadas, según criterio del médico. Además de la griseofulvina, se cuenta con varios antimicóticos de reciente descubrimiento, llamados de amplio espectro, que pueden ser administrados en forma oral o sistémica.

El lavado concienzudo y la ventilación de la ropa son esenciales. Es imprescindible la higiene y aseo adecuado de los pies y mantenerlos libres de humedad con la ayuda de talcos medicados. Es fundamental no rascarse, ya que casi siempre se propaga la infección o se contagian las uñas. Se evitará el contacto de los pies desnudos con los tapetes de baño, maderas enmohecidas y alfombras. Hay que cuidar especialmente la sudoración de los pies, mediante lavado con agua fría, secado y frotado riguroso y posterior aplicación de polvos secantes. En los ambientes húmedos, los hongos encuentran las mejores condiciones de vida. En plena efervescencia de la enfermedad pueden aliviarse las molestias con baños de pies en soluciones de permanganato potásico al 1 por 10 000.

El profano debe saber que los antibióticos están totalmente contraindicados, a no ser que exista una infección bacteriana sobreañadida o secundaria. Por lo tanto, deberá renunciarse a la aplicación de polvos de sulfamidas o pomadas con antibióticos. Además, como ya hemos dicho anteriormente, los antibióticos producen las condiciones ideales o abonan el terreno para que estas enfermedades por hongos sean más frecuentes e intensas. Esto se debe a que los antibióticos eliminan algunos factores de defensa contra los hongos como pudieran ser algunas bacterias.

Reacciones cutáneas

Junto a las dermitis citadas, de causas bien precisadas, existen numerosas enfermedades de la piel cuya clasificación resulta más difícil, ya sea porque aún se desconoce su origen o porque en la aparición de un determinado síntoma o erupción intervienen diferentes factores.

Ya hemos señalado que la reacción cutánea más común es el **prurito**. La sensación cutánea de picor acompaña a muchas erupciones, pero el diagnóstico de prurito se reserva comúnmente para el picor, general o localizado, que no se acompaña de signos físicos en la piel, con excepción de los producidos por el rascado. El prurito puede obedecer a una lista interminable de causas, desde las de origen psíquico hasta las producidas simplemente por la presencia de parásitos. Numerosos estados, que nada tienen que ver con la piel, se acompañan de tan molesta sensación. Así el prurito es habitual acompañante de las enfermedades del hígado con ictericia; es frecuente en el último trimestre del embarazo (probablemente también en relación con el hígado) y su presencia obedece a menudo a la diabetes o a la insuficiencia renal. Un picor generalizado muy común es el llamado **prurito senil** que, una vez descartadas las causas, de las que hemos citado algunas, se debe posiblemente a una atrofia general de la piel. De tipo localizado es el **prurito anal** (producido por parásitos en los niños —oxiuros generalmente— o por lesiones hemorroidales en los adultos) y el **prurito genital,** que afecta a muchas mujeres y que se debe a infecciones genitales casi siempre por hongos (**Candida albicans** o **tricomonas**).

El alivio del picor es algo que pone a prueba tanto al que lo padece como al que lo trata. Como medida general, desde luego lo más eficaz es la aplicación de frío (hielo, compresas húmedas con vinagre diluido, etcétera). Es necesario sedar al enfermo, pues no hay nada que le ponga tan «nervioso» como un prurito prolongado. La administración local —y, en determinados casos, general— de corticosteroides o antihistamínicos debe ser efectuada siempre bajo vigilancia médica. Pero, por supuesto, la medida más eficaz estriba en diagnosticar y tratar adecuadamente la causa desencadenante. Muchas veces al rascarse, pero también sin razón aparente, el prurito se relaciona con el llamado **liquen**, el cual consiste en una lesión cutánea eruptiva, que cursa con unas pápulas inconfundibles.

URTICARIA

Síntomas. Aparición de placas, cuyo tamaño oscila entre el de una lenteja y el de la palma de la mano, de color rosa claro o blancas (habones), que producen un picor intenso y tienen una consistencia firme. Estas placas pueden ser discoidales, en forma de anillos o estriadas, y no es raro que adquieran forma de guirnalda. Suelen aparecer súbitamente y en brotes, variando en número y tamaño. El brote es más frecuente en el cuello, en el abdomen y en los pliegues de las extremidades, así como en las cercanías de las articulaciones.

El cuadro clínico tiene una presentación súbita, generalmente durante la noche; a veces viene precedido de dolor de cabeza, malestar, abatimiento y fiebre. De la misma forma súbita con que se presenta, puede desaparecer.

Naturaleza y causas. La urticaria es una reacción cutánea que aparece como camino final de muy diversos procesos. Es un error suponer que la mayoría de las urticarias tienen origen alérgico —por una hipersensibilidad de la piel— simplemente porque las enfermedades alérgicas de la piel siempre acaban por manifestarse como una urticaria. Desde luego los casos de urticaria de corta duración son siempre alérgicos, estrechamente relacionados con lo que ocurre en el asma bronquial y en la fiebre del heno. Pero en los casos crónicos la situación se complica; al igual que en un asma bronquial inveterado, tampoco «todo» es alérgico. En la urticaria aguda debe saberse que quizá no exista ningún alimento o condimento alimenticio que, en individuos predispuestos, no pueda producirla. Numerosos medicamentos, como la aspirina, los preparados salicílicos, algunos somníferos y sobre todo los nuevos antiinfecciosos específicos y los antibióticos, pueden tener el mismo efecto. Por ello es fundamental que el enfermo explique al médico qué alimentos ingirió y qué medicamentos le fueron administrados.

En las formas crónicas recidivantes, la causa puede estribar en la repetida exposición al sol, al frío o calor ambiental, en traumatismos, en determinados tipos de ejercicios físicos, en focos sépticos dentarios o sinusíticos, parásitos intestinales, enfermedades del hígado e intestinos, e incluso en problemas psicológicos. Nunca debe olvidarse el factor profesional, el medio de trabajo.

Tratamiento. Es fundamental averiguar la causa, lo que a menudo no resulta nada fácil. Se han preconizado numerosas pruebas diagnósticas, mediante la inyección intradérmica de la sustancia sospechosa, pero aun así es difícil, a veces, llegar a una conclusión positiva. Puede excluirse la causa medicamentosa. En las urticarias de origen alimenticio se recomienda permanecer —si fuese necesario— 48 horas a dieta sin alimentos alergénicos como huevo, chocolate, leche, pescados y mariscos, conservas y colorantes. Si la urticaria regresa durante este periodo, la causa es evidentemente intestinal.

En principio, el tratamiento médico de la urticaria, a veces sólo paliativo, consiste en la administración de sustancias químicas antihistamínicas y, en casos de gravedad, de los llamados corticosteroides. En los casos de urticaria por frío es muy útil un simple baño de sol, que «endurece» la piel. Por el contrario, cuando las radiaciones solares influyen en la aparición de la urticaria, debe huirse de toda exposición a la luz ultravioleta.

ECZEMA

Síntomas. El eczema agudo comienza la mayoría de las veces con enrojecimientos y picor. Más adelante brotan pequeños nódulos rojizos que pueden transformarse en vesículas. Éstas se rompen fácilmente, dando lugar a la formación de superficies húmedas rojizas. Esta zona húmeda después se seca, formándose entonces las costras. En otras partes de la piel, una vez desaparecido el enrojecimiento, se presentan unas escamas secas. Si en las partes sanas de la piel surgen nuevas manifestaciones y si en la parte afectada no aparece piel sana tras la caída de las costras y escamas, hablamos entonces de eczema subagudo, el cual puede dar lugar a un eczema crónico. En estos últimos casos faltan las manifestaciones agudas de inflamación, pero predominan alteraciones de la piel, como prurito, escamación, pigmentación y fragilidad. Todas estas alteraciones de la piel suelen presentarse al mismo tiempo, aunque también pueden surgir, una tras de otra, en progresión.

El eczema se distribuye de forma irregular; se presenta en cualquier parte del cuerpo, pero en ningún caso afecta a las mucosas. Los lugares predilectos son, sobre todo, las manos y zonas de flexión de las extremidades. Es clásica su presentación en brotes, y evoluciona con frecuencia de forma crónica.

Naturaleza. El eczema es quizá la enfermedad más importante de la piel. Se comprende bajo esta denominación la inflamación superficial de las capas dérmicas. Hace años se establecía una gran distinción entre eczema e inflamación de la piel. Se pensaba que en los casos de eczema, aun en aquellos producidos por un agente externo, había de existir una zona de piel especialmente sensible a la inflamación. Por el contrario, en la inflamación cutánea producida por quemaduras o cauterización se trataba solamente de la influencia de una irritación que podía presentarse en cualquier piel normal. En realidad una separación estricta no es posible; el paso de una a otra forma es muy fácil, y se ha comprobado que el eczema se produce generalmente por irritantes externos. Gradualmente, debido a estas irritaciones continuas, se desarrolla una hipersensibilidad de la piel (se conoce una larga serie de sustancias animales, vegetales y minerales que pueden sensibilizarla).

El eczema se puede observar a cualquier edad de la vida. Sobre todo se ven muy afectados aquellos individuos que tienen contacto con ciertos metales (cromo, níquel, etc.). Por otro lado existen también personas con tendencia congénita a los eczemas; los presentan ya en la niñez, principalmente en la cabeza, y continúan con estas lesiones durante el resto de su vida. El eczema no es solamente una enfermedad localizada, sino, sobre todo, un estado patológico que afecta a toda la piel. En resumen, es una forma peculiar de reacción inflamatoria. Los eczemas por irritantes externos se denominan **dermatitis de contacto,** mientras que aquellos en los que predomina el factor predisposición se denominan **eczemas endógenos.**

Tratamiento. La mayoría de los casos deben ser tratados por el dermatólogo, ya que el tratamiento del eczema es difícil y precisa una gran experiencia; no puede utilizarse ningún esquema general. Se utilizan lavados, baños, fomentos, polvos, tinturas, suspensiones, pomadas y pastas. En términos generales, en el eczema húmedo agudo podrán utilizarse paños húmedos (con manzanilla, agua boratada) y de ninguna forma se emplearán polvos, ya que éstos favorecen las costras, con lo cual la infección no encuentra salida y se favorece la proliferación de los gérmenes. Una vez mejorado el eczema, dan buenos resultados las fricciones con aceite o pasta de cinc. Si el eczema evoluciona hacia la cronicidad, se recomiendan los baños de brea. Como norma general se prohíbe a este tipo de enfermos el lavado con agua y jabón, sobre todo con aguas duras. En el eczema congénito dan buenos resultados los cambios de ambiente, la permanencia al aire libre y la práctica del deporte, ya que todo ello favorece la circulación de la piel, actuando de forma indirecta sobre la evolución de la enfermedad. En una parte de los eczemas, sobre todo en los de origen profesional, se recomienda el cambio de ambiente y hasta de trabajo.

Pronóstico. Si existe una causa clara productora del eczema, es con frecuencia suficiente su supresión para obtener la curación. En los eczemas que aparecen desde el nacimiento las perspectivas son bastante malas, ya que en estos casos no suele encontrarse una causa externa determinada. La curación no va seguida de cicatriz.

PSORIASIS

Síntomas. Comienza con una mancha rosada o color salmón cubierta de escamas blanquecinas o plateadas. Si se araña la superficie de la mancha con la uña se rasga la piel como la superficie de una vela, con amplio desprendimiento de las escamas. Si se descama la mancha, como si se quisiera pelarla, aparecen pequeñas hemorragias puntiformes sobre la mancha subyacente. Generalmente el enfermo no aqueja molestias; sólo se preocupa por el aspecto estético. Los focos psoriásicos son múltiples y están diseminados por todo el organismo, aunque aparecen más frecuentemente en las zonas en las que la ropa produce compresión y fricción. En las palmas de las manos y en las plantas de los pies suele faltar el elemento escamoso, y se encuentran placas blanquecinas de diversos tamaños. En las uñas se observan pequeñas excavaciones o depresiones. Cuando el proceso afecta al cuero cabelludo, la formación de escamas es muy abundante, pero no suele caerse el cabello.

Naturaleza. A pesar de ser una de las dermatosis más frecuentes y de haber sido objeto de muy numerosas investigaciones, se desconoce su origen. Puede afectar a personas de cualquier edad, aunque aparece con preferencia entre los 20 y 30 años. Afecta a los dos sexos y parece segura la intervención de factores hereditarios. La enfermedad es eminentemente crónica, aunque los periodos de relativa calma pueden prolongarse hasta que son interrumpidos, sin causa aparente, por brotes que presentan una intensidad variable.

Tratamiento. Es sumamente complejo, y de modo empírico se han empleado multitud de medicamentos. Se le debe prestar gran valor a la dieta. Las pomadas con alquitrán y corticosteroides merecen ser ensayadas.

ÚLCERAS EN PIERNAS Y PIES *(Ulcus cruris)*

Síntomas. La mayoría de las veces estas úlceras se encuentran en el tercio inferior de la pierna. En otras asientan en el pie. Al principio se trata de pequeñas úlceras unidas entre sí, cuya base no es demasiado profunda. Si permanecen sin tratarse, y además se inflaman, se van extendiendo cada vez más. Su base se hace cada vez más profunda y a veces se encuentran cubiertas por una masa sucia, de color gris verdoso. Los bordes de la úlcera se infectan fácilmente, dando lugar a su excavamiento. Su forma puede ser irregular o redondeada. No es raro que aparezca un dolor intenso, que puede irradiarse a toda la pierna, incluso en las más pequeñas úlceras.

Con frecuencia las úlceras segregan un líquido claro purulento y en sus alrededores se presentan diversas lesiones inflamatorias.

Algunas veces la enfermedad va acompañada de fiebre e hinchazón a nivel de la pierna afectada. Los enfermos no suelen estar dispuestos a soportar un fuerte vendaje y sólo pueden caminar con dificultad, o incluso no pueden hacerlo.

Naturaleza. Son muchas las influencias nocivas que conducen a la aparición de estas úlceras. La causa principal consiste en una debilidad congénita de las paredes de los vasos que, sobre todo en los casos desfavorables, trae como consecuencia la formación de várices. Al mismo tiempo se producen alteraciones en la nutrición cutánea, de tal forma que el rascarse la piel situada por encima de las várices o la presencia de pequeñas heridas dan lugar a la rápida aparición de zonas abiertas. Se cree que los agentes productores de la infección, situados en la herida, juegan un papel muy importante en el origen de la úlcera. Numerosas circunstancias propician la formación de las várices, tales como determinadas profesiones que exigen una larga permanencia en pie, y embarazos repetidos.

La enfermedad puede durar años, sobre todo cuando no se logra interrumpir las influencias nocivas. Tras la curación no es raro que aparezcan cicatrices pigmentadas, y el peligro de que vuelvan a abrirse es muy grande. Para establecer el diagnóstico es indispensable el consejo médico, ya que si se tratase de una úlcera sifilítica, que es muy semejante, se podría implantar a tiempo el tratamiento correspondiente.

Tratamiento. Masaje del tejido conjuntivo, vendajes elásticos y, en su caso, injertos de piel. Se evitarán las largas permanencias sentado o de pie. Caminar es un ejercicio imprescindible para estos enfermos. A veces sólo la corrección quirúrgica de las várices cura el proceso.

Enfermedades de los anexos de la piel
(glándulas, pelos y uñas)

En primer lugar cabe considerar la tan molesta hiperactividad de las glándulas sudoríparas. Esta **hiperhidrosis** puede ser general o estar localizada en las palmas, plantas de los pies, axilas, zonas inframamarias (sobre todo en las mujeres obesas) o ingles y genitales externos. El sudor puede ser de mal olor (bromidrosis). Las causas son muy complejas, desde psíquicas a las más variadas enfermedades internas. Lo importante es que la producción excesiva de sudor puede ser motivo de infecciones o reacciones cutáneas.

El tratamiento es difícil en muchos casos. Localmente pueden ser útiles las soluciones de clorhidrato de aluminio o de permanganato potásico. En algunos casos son también eficaces los baños de pies o manos con una solución de formaldehído al 5%, con el inconveniente de que puede condicionar una reacción de sensibilización. Una vez mejorada la hipersecreción se deben usar profusamente polvos de talco con una cuarta parte de ácido bórico, espolvoreando bien los pies, incluso entre los dedos. En los casos más generalizados se deberá adoptar una dieta que no favorezca la sudoración (pobre en sal, carne, alcohol, café y especias).

Hay medicamentos que actúan sobre la sudoración, pero sólo deben emplearse bajo control médico. Recientemente, en uso local, ha demostrado ser muy eficaz el glutaraldehído, sustancia química que se emplea en el curtido de cueros. Por supuesto, es absolutamente necesaria una estricta higiene personal con cambio muy frecuente de ropa y zapatos.

El aumento de secreción de las glándulas sebáceas, denominado **seborrea,** afecta a muchísimas personas, creando sobre todo problemas de tipo estético. La seborrea, que torna la piel mucho más untuosa, basta, pastosa y ligeramente amarillenta, afecta desigualmente a las distintas partes del cuerpo. La forma más frecuente es la del rostro (en ambas mejillas, sienes, etcétera).

Cuando se ocluye el conducto excretorio de la **glándula sebácea,** ésta puede transformarse en una formación quística benigna —**quiste sebáceo**— que a veces alcanza gran tamaño. Se palpa una masa firme, globular y movible debajo de la epidermis. A veces se infectan y, al abrir, aparece pus junto a la clásica formación sebácea. En todo caso el tratamiento de estos quistes es muy sencillo. Con una pequeña incisión puede vaciarse su contenido.

Pero, con mucho, el mayor problema que plantea la secreción sebácea es el acné, que siempre asienta sobre una piel con seborrea.

ACNÉ VULGAR

Síntomas. Al principio aparecen pequeños nódulos infectados, que generalmente se originan a partir de un comedón (tapón de materia sebácea, polvo y elementos epiteliales acumulados en el conducto excretor de las glándulas sebáceas), en el centro del cual se observa una pequeña pústula enrojecida. Las paredes de piel desprovistas de glándulas sebáceas, como la palma de la mano y la planta del pie, permanecen libres de estos nódulos.

Aparte de estas zonas, el acné puede presentarse en cualquier parte del cuerpo, aunque muestra especial predilección por la piel de la cara, que, con excepción de la de los párpados, puede quedar afectada en su totalidad. También es frecuente en la parte central del pecho y en la espalda. Es raro observarlo en las partes de piel de la cabeza cubiertas de pelo.

Si la infección se extiende a los tejidos vecinos, los nódulos se engruesan y pueden llegar a tener el tamaño de una lenteja o incluso más. Los nódulos pueden alterarse debido a un reblandecimiento purulento. Además cuando exteriormente todavía no se observa la presencia de pus, ya lo contienen, aunque sea en pequeñas cantidades, pero pueden expulsarlo al ser puncionados. Con frecuencia estos nódulos pueden transformarse en forúnculos. En los casos más graves la piel de la parte afectada se cubre de cicatrices.

Naturaleza. Los comedones se deben, en primer lugar, a un exceso de actividad de las glándulas sebáceas, con espesamiento del sebo que producen, seguido de infección del conducto excretor de las glándulas. Las alteraciones del metabolismo y de la digestión, una alimentación insuficiente, el mal estado de desarrollo y el descuido en la higiene de la piel pueden ser causas de esta afección. La aparición del acné suele comenzar, por regla general, durante la adolescencia, entre los 15 y 20 años, pero no antes. También puede presentarse más adelante, pero entonces en forma crónica, durante años e incluso, en los casos graves, hasta decenios. En estos casos aparecen nuevos focos, y la piel, debido a las cicatrices que quedan, se va deformando cada vez más. La enfermedad no influye en el estado general.

Tratamiento. Limpieza diaria de la piel con jabón. Tratamiento con polvos que contengan azufre. Se deberá evitar la limpieza de la piel con éter, acetona y agua de colonia con alto porcentaje de alcohol, ya que estas sustancias dan lugar a irritaciones, que aumentan la secreción sebácea y empeoran el cuadro. Los comedones pueden exprimirse siempre que se haga cuidadosamente.

Numerosos medicamentos y métodos diferentes —incluidos los antibióticos— han sido utilizados en distintas épocas. El tratamiento es siempre muy difícil y debe dejarse en manos del especialista.

En la dieta se deberán evitar las carnes grasas, el jamón, pescado ahumado, tocino, embutidos, especias, vinagre, mostaza, bebidas alcohólicas concentradas, chocolate, café y pan blanco. El consumo de azúcar y dulces se deberá restringir. Permitidos y aconsejables son los jitomates, verduras, frutas, requesón, carne blanda, mantequilla, aceite y pan integral.

Cuando el tratamiento es precoz y largo, los focos van desapareciendo. Si no se realiza a su debido tiempo, se produce una gran deformidad de la cara. El acné también se puede presentar, en el sexo femenino, a nivel del pecho y espalda.

ALOPECIA AREATA

Síntomas. Consiste en la aparición de zonas de unos 2 cm de diámetro desprovistas de pelo, a nivel de determinadas partes de la cabeza o en otras zonas del cuerpo.

El color de la piel permanece normal o se torna ligeramente rosáceo. Con frecuencia existe un ligero picor. Los focos aumentan progresivamente y junto a ellos aparecen otros nuevos, que al unirse constituyen grandes manchas. La caída del pelo se produce principalmente en la barba y cabeza, raras veces en las cejas, axilas y pubis.

Naturaleza. Es una enfermedad muy frecuente, pero su verdadero origen sigue siendo hasta ahora desconocido. Según algunas opiniones, la causa es inflamatoria y según otras se debe a una afección nerviosa. La caída del pelo en forma circular se observa rara vez en la edad madura.

Ataca por igual a ambos sexos. Aparte de la jaqueca no se ha observado ninguna otra relación con afecciones internas. A veces se producen curaciones o remisiones súbitas. Los nuevos pelos son, la mayoría de las veces, blancos, pero adquieren posteriormente su color normal.

Tratamiento. El tratamiento consiste en la producción de una intensa irritación de la piel a nivel de los focos mediante radiaciones con lámpara de cuarzo y pincelaciones con alcohol sublimado al 1%. Los corticosteroides por vía general y local son también eficaces.

CAÍDA CRÓNICA DEL CABELLO

Síntomas. Intensa producción de caspa, acompañada de picores más o menos intensos. Posteriormente, con frecuencia años después, caída progresiva del cabello. Al principio crecen nuevos cabellos de menor grosor que los normales, que se caen pronto. Finalmente se produce la calvicie, que afecta, en principio, a la parte anterior de la cabeza, y alcanza, más adelante, todo el cráneo con excepción de una pequeña franja a nivel de las sienes y nuca.

Naturaleza. La producción de caspa es una expresión de la seborrea, es decir, de una hiperproducción y alteración química de la producción de las glándulas sebáceas. Resulta difícil decidir si se trata de una enfermedad o solamente es consecuencia natural del sistema de vida civilizada. Existe además en determinadas personas una predisposición a la pérdida precoz del cabello.

Tratamiento. La predisposición hereditaria a la caída del cabello resulta generalmente imposible de evitar. Igualmente sobre la calva ya constituida, a pesar de los tratamientos, no se puede influir. En estos casos existe una destrucción de los folículos pilosos que imposibilita la reaparición del cabello.

Cuanto antes se trate la caída del pelo, los resultados serán tanto mejores. El agua de colonia, pese a la opinión popular, no tiene ningún efecto específico, aparte de la estimulación de la circulación y la consiguiente mejoría de la nutrición de la piel. Últimamente se ha intentado, con éxito, el trasplante de cabellos.

El tratamiento de la seborrea del cuero cabelludo, con o sin producción de caspa, puede efectuarse con numerosos champús que existen en el mercado. Los más conocidos son los preparados a base de selenio. Cuando el cuero cabelludo está inflamado y enrojecido es mejor usar un champú con solución yodada.

CAÍDA DEL PELO TRAS ENFERMEDADES

La caída del pelo se produce como consecuencia de algunas enfermedades infecciosas graves febriles (erisipela, escarlatina, gripe, tifus, sarampión), algunas afecciones crónicas (tuberculosis, enfermedad de Basedow, sífilis), intoxicaciones metálicas y desnutriciones severas.

En estas formas se puede esperar casi siempre la nueva aparición de pelo, aunque después de varios meses de tratamiento, tan pronto como la enfermedad causante haya desaparecido. Las medidas para fortalecer la circulación en la piel de la cabeza, tales como masaje, lámpara de cuarzo y pincelaciones con sustancias adecuadas, pueden actuar favorablemente.

INFECCIÓN DE LOS BORDES DE LA UÑA

Síntomas. En forma aislada, y rara vez en todas las uñas, la piel de los bordes aparece hinchada y brillante; es dolorosa a la presión y adquiere un color rojo azulado. A este nivel existe un reblandecimiento que permite introducir una sonda varios milímetros entre la piel y la uña. No es raro encontrar por debajo algo de pus. Alteraciones semejantes se observan en las uñas de los pies, sobre todo en la del dedo gordo. Mientras el pus no sea drenado, el paciente acusa dolor.

Naturaleza. Se trata de una afección, hoy día muy frecuente, debida a los cuidados incorrectos y exorbitantes de las uñas, la mayoría de las veces por una extirpación demasiado radical de las cutículas que puede dar lugar a infecciones purulentas.

Tratamiento. Debe ser efectuado por un especialista. Se recomiendan los baños diarios con solución de ácido bórico o con agua jabonosa, así como los vendajes con pomada de ictiol al 10%. Quirúrgicamente basta con apretar con el borde de un bisturí para obtener la salida del pus.

UÑA ENCARNADA

Una de las enfermedades más frecuentes de las uñas es la llamada uña encarnada. Debido a la presión lateral de los bordes de la uña sobre su surco se produce una hinchazón de esta zona, que puede llegar a la producción de pus. La causa más frecuente por la que se produce esta afección es la utilización de calzado inadecuado, y se observa casi exclusivamente su presencia en los dedos pequeño y gordo de los pies. La hinchazón aumenta naturalmente la presión, y si no se adopta ninguna medida, la infección progresa. La afección resulta muy dolorosa y puede llegar a impedir la deambulación normal del paciente.

El tratamiento se debe llevar a cabo por el médico. Con ayuda de un esparadrapo se procurará abrir el surco e introducir en él una torunda de algodón impregnada en el medicamento adecuado.

Sólo en los casos graves se hace imprescindible la extracción de la uña. El crecimiento anormal de las uñas de los pies se puede evitar cortándolas horizontalmente.

MICOSIS DE LAS UÑAS

Síntomas. Las uñas se hacen frágiles, con aspecto agrietado y, en determinadas zonas, adquieren un color amarillo sucio. El lecho de la uña aparece con frecuencia hinchado y enrojecido. La mayoría de las veces está afectada una sola uña; rara vez todas presentan la enfermedad a un tiempo. A veces el lecho y los bordes de la uña se infectan también.

Naturaleza. De igual forma que la micosis cutánea, esta enfermedad es debida a la presencia de hongos.

Tratamiento. El tratamiento deberá ser efectuado por un médico.

Discromías cutáneas

Comprende este apartado las distintas alteraciones que la coloración de la piel puede presentar. Ya se ha indicado que el color normal se debe al pigmento melánico propio de la piel y a otros factores diversos. Por ello también habremos de señalar que los trastornos de la coloración pueden deberse tanto a un exceso o defecto en la producción melánica como a otras causas.

Ya hemos dicho que una célula especial, el melanocito, se encarga de producir el pigmento melánico. A veces se aglomeran estas células, y aparecen unas manchas o **nevus** pigmentarios. Éstos carecen de importancia, pero existen proliferaciones tumorales en las que sólo cabe una escisión quirúrgica.

CLOASMA

Consiste generalmente en manchas pigmentarias en forma de lentejas, también más extensas, y, en casos excepcionales, del tamaño de la palma de la mano. Su color es amarillento pardusco. Aparecen a menudo durante el embarazo y en mujeres con trastornos menstruales.

Tratamiento. Las pequeñas manchas pueden tratarse con nieve carbónica. Las sustancias «aclaradoras» a base de agua oxigenada no sirven para nada. Más útiles son los preparados con hidroquinona.

Examen de las enfermedades

EFÉLIDES *(Pecas)*

Síntomas. Son pequeñas manchas de color marrón claro u oscuro que aparecen en las partes descubiertas de la piel, especialmente en cara y brazos, sobre todo durante el verano, y palidecen total o parcialmente durante el invierno. Las manchas grandes, circunscritas, de color amarillento o pardusco que aparecen en la piel normal reciben el nombre de manchas de sol. Si confluyen pueden extenderse. La localización y la extensión de estas manchas, así como su duración, dependen primordialmente de la causa que las motiva.

Naturaleza. Se trata de una malformación del sistema de pigmentación de la piel. Sin duda existe una predisposición para que aparezcan, principalmente en los rubios y pelirrojos. Una de las causas principales es, con seguridad, la acción de los rayos ultravioleta de la luz solar. Tras la producción de quemaduras o una larga aplicación de fomentos calientes pueden también presentarse, pero desaparecen largo tiempo después de su nacimiento.

Tratamiento. Antes de comenzar el tratamiento se determinará la causa. La piel deberá protegerse de la acción de la luz. Últimamente se emplea con buenos resultados una pomada para la depigmentación. En los casos graves pueden utilizarse maquillajes, que sólo cubren temporalmente las manchas.

VITÍLIGO Y ALBINISMO

Síntomas. Aparecen zonas de piel sin pigmentación, extendidas por todo el cuerpo o sólo en determinados sitios. Los alrededores de estas manchas están intensamente coloreados, como si el color se hubiese desplazado. Cuando afecta a todo el cuerpo (albinismo), los ojos tienen un brillo rojizo y son hipersensibles a la luz (fotofobia). Los albinos poseen, además, cabellos blancos, finos y sedosos.

Naturaleza, origen y causa. Existe una falta de pigmentación de la piel, que conduce a una tonalidad pálida. Esta afección puede ser congénita o adquirida. La depigmentación parcial de la piel se presenta entre los 10 y los 40 años.

TATUAJE

Por regla general se entiende como tal la representación, en uno o varios colores, de letras o figuras en la piel, producidas mediante la punción con una aguja mojada en un colorante. Es frecuente en marinos, soldados, etc. El tatuaje puede también emplearse como tratamiento de pequeñas partes anómalas de la piel. En estos casos se utilizan mezclas de color ocre, rojo, amarillo y marrón. El tatuaje puede producirse también en las explosiones, debido a la penetración de sustancias colorantes en la piel (polvos, trozos de carbón, etc.).

La supresión de un tatuaje no deseado resulta difícil, e imposible de realizar si se trata de grandes superficies. En los tatuajes superficiales se emplea con buenos resultados la nieve carbónica, pero siempre y cuando se trate de pequeñas zonas. También se ha intentado su extirpación con rayos láser.

Tumores de la piel

Son sumamente frecuentes los tumores benignos de la piel, entre los que adquieren importancia práctica los llamados **nevus,** malformaciones circunscritas, congénitas o adquiridas, que crecen con extremada lentitud. Pueden ser pigmentados, y entonces pueden crear un gran problema de tipo estético, sobre todo cuando en la superficie manchada, más o menos grande, asientan abundantes pelos o adquiere un aspecto verrugoso. Los llamados **antojos** o el **lentigo** son manchas de color café con leche, de menor trascendencia estética. El tratamiento de los nevus es de tipo quirúrgico cuando lo aconseja el médico con fines estéticos.

CÁNCER DE LA PIEL

Síntomas. El cáncer de piel se presenta principalmente en los dos tercios superiores de la cara, a veces en los ángulos de los ojos, en las sienes, en las alas de la nariz y en el mentón. En el resto del cuerpo aparece raramente. Comienza en forma de una pequeña infiltración, a modo de perla. En el transcurso de varios años, esta zona de piel se agranda. La parte central, a consecuencia de la formación de cicatrices se aplana y se hunde en la piel, mientras que los bordes crecen en forma de rodetes. En otras ocasiones, la parte central puede tomar el aspecto de una verruga plana o dar lugar a ulceraciones superficiales que sangran con facilidad al menor contacto.

Origen y causa. Se trata, como su nombre indica, de una infiltración cancerosa a nivel cutáneo. La mayoría de las veces se extiende en sentido horizontal, pero rara vez invade grandes superficies. El proceso puede propagarse también en profundidad y dar lugar a grandes destrucciones de los tejidos situados a nivel inferior.

Tratamiento. Deberá implantarse, de ser posible, precozmente. No se diferencia de las líneas generales trazadas para el resto de las afecciones oncológicas.

Pronóstico. El de piel pertenece a uno de los tipos de cáncer en los que se pueden obtener buenos resultados con la terapia adecuada. El tratamiento precoz ofrece grandes posibilidades de curación.

SARCOMA DE KAPOSSI

Esta enfermedad tumoral de la piel ha adquirido importancia en la última década debido a que se presenta más frecuentemente como manifestación del sida. Aunque puede asentarse en otros sitios, como el estómago o algunas otras mucosas (boca o recto), su aparición es más frecuente en la piel, y su manifestación puede ser desde una simple mancha hasta vegetaciones de gran tamaño.

La alergia y sus enfermedades

Conceptos de alergia e inmunidad

A medida que el ser animal asciende en la escala zoológica, los organismos disponen de sistemas defensivos, cada vez más complejos, para imponer su individualidad o preservar la integridad corporal en un mundo hostil.

Examen de las enfermedades

Contra las agresiones físicas, químicas y biológicas existe tal cantidad de dispositivos de repulsión, los mecanismos protectores son tan variados y actúan de modo tan dispar, que su comprensión se hace muy difícil. La posición privilegiada del hombre en la naturaleza ha exigido también que sus barreras defensivas frente a estímulos extraños se hayan desarrollado de una manera casi perfecta. Decimos «casi», pues en su celo de conservar el cuerpo humano quizás se haya sobrepasado: existen estados de hipersensibilidad en que la respuesta resulta desproporcionada o desmesurada.

Los mecanismos de defensa pueden ser físicos, como la capa córnea de la piel, que constituye una frontera muy eficaz, o como también el epitelio vibrátil, que con su acción de barrido defiende las vías respiratorias. Numerosas sustancias, segregadas por diversas células y glándulas, se encargan de la defensa química. En las lágrimas, la lisozima combate algunos microorganismos. Como ya se ha dicho, para poder multiplicarse los virus necesitan penetrar en las células, donde a las pocas horas provocan la aparición de una sustancia, el interferon, capaz de evitar el crecimiento virásico. En la sangre y demás humores forman legión las sustancias antibacterianas. También adquiere gran importancia la defensa biológica mediante el fenómeno llamado fagocitosis, en que unas células (leucocitos y otras) engullen, en el sentido literal de la palabra, las bacterias y los cuerpos extraños. El pus no es más que una colección de leucocitos que han acudido al sitio de invasión para atrapar las bacterias y los detritus celulares. La respuesta biológica, una vez lesionado un tejido, generalmente entraña una reacción inflamatoria con sus cuatro signos cardinales: rubor, calor, dolor y edema. Sin embargo, estas defensas tienen en común que son inespecíficas; son respuestas que, indiscriminadamente, se ponen en marcha ante cualquier tipo de agresión. Las sustancias químicas de los gérmenes provocan en el organismo la aparición de otras que reaccionan contra aquéllas. Se llaman **anticuerpos** las sustancias producidas por el organismo, y **antígenos** las sustancias extrañas que provocan la formación de anticuerpos.

Los antígenos son proteínas de otra especie animal o vegetal que penetran en el organismo por cualquiera de las numerosas vías de acceso al mismo —por inhalación a través del aparato respiratorio, por vía digestiva, por vía hemática, por contacto con la piel, etcétera—. En general, cada bacteria posee un mosaico de antígenos que pueden ser todos específicos de ese único germen o ser comunes con otras bacterias. Los anticuerpos, por su parte, pueden ser —según su modo de atacar a los antígenos— aglutinantes y precipitantes. Los primeros neutralizan al antígeno mediante su íntima unión con él; los segundos lo destruyen deshaciendo sus cadenas proteínicas por la acción de enzimas.

Inmunidad

La inmunidad es un proceso de defensa del organismo contra los gérmenes, sus productos solubles (toxinas) o las sustancias proteínicas extrañas que ingresan en él. Es, en definitiva, un fenómeno de irritabilidad, al constituir una reacción o respuesta del organismo frente a las sustancias que pretenden modificarlo.

Se denomina refractario a un organismo cuando resiste completamente a un germen o a una proteína tóxica. Si esta propiedad es congénita o hereditaria se llama **inmunidad natural.** Si sólo aparece después de una enfermedad o de la entrada, accidental o voluntaria, del germen, se llama **inmunidad adquirida.** Se denomina **inmunidad activa,** respecto a una enfermedad, a la que se obtiene al sufrir la enfermedad (caso de la fiebre tifoidea, por ejemplo), una enfermedad similar (por ejemplo la fiebre del ganado bovino que, inoculada al hombre, lo protege de la viruela) o un tratamiento previo con el mismo germen vivo y atenuado (casos de la vacuna antirrábica, anticarbuncosa y BCG, contra la tuberculosis), con gérmenes muertos o disueltos en soluciones apropiadas (la propia vacuna antitífica) o con toxinas atenuadas o modificadas (vacuna antidiftérica). La inmunización activa por estos medios permite evitar muchas enfermedades infecciosas.

La inmunidad es **pasiva** cuando se recibe por transmisión de un animal que la adquirió activamente. Así, la inyección de toxina antidiftérica a un caballo, en dosis crecientes, lo inmuniza activamente y produce la aparición de antitoxina en su plasma, a partir del cual se fabrica un suero antidiftérico que se administra al hombre.

Alergia

Se entiende por tal una reacción anormal del organismo humano frente a una sustancia extraña que se le incorpora; su manifestación más importante, desde un punto de vista clínico, es la de hipersensibilidad. Muchas personas resultan hipersensibles hacia un antígeno específico (alergeno); sin embargo, la supersensibilidad o idiosincrasia alérgica a uno o varios antígenos se observa con frecuencia. No se hereda la sensibilidad, pero sí existe en un cierto porcentaje de sujetos una predisposición hereditaria para su adquisición y para la presentación de fenómenos alérgicos.

Un gran número de productos derivados de los vegetales y animales poseen latente una gran capacidad alérgica, tales como los pólenes y residuos de diversas plantas, las harinas, las escamas epidérmicas de diferentes animales, el polvo de las habitaciones y de los muebles, los pelos, las plumas y la caspa de roedores, caballos u otros mamíferos, aves y peces.

Sustancias normalmente utilizadas en la alimentación humana, como la leche, huevos, carnes, pescados, frutas, etc., de ordinario son transformadas por los procesos de asimilación y producen fenómenos de alergia digestiva. También tienen capacidad de producirla diversos elementos y productos microbianos que habitualmente funcionan como antígenos. Y cabe contar, por último, la acción alergénica de los agentes físicos (sol, radiaciones ultravioleta, bajas temperaturas).

Los sujetos sensibles a un alergeno cualquiera lo son por regla general a otros, muy distintos entre sí, fenómeno que es característico de la alergia.

La **anafilaxia,** proceso biológico que se considera contrario al de protección y viene a ser también sinónimo de «hipersensibilidad», se produce por invasiones repetidas de un antígeno. La primera invasión puede ser rechazada y el organismo aprende la manera de fabricar anticuerpos precisos contra el invasor. Al ser invadido por segunda o tercera vez por el mismo antígeno, el organismo puede responder exageradamente. Los accidentes (por regla general graves y que pueden llegar a producir la muerte del sujeto) que esta hipersensibilidad específica puede provocar, se llaman **choques anafilácticos.** Durante su transcurso se libera histamina en cantidades apreciables, por lo que el uso de antihistamínicos es una medida profiláctica, igualmente utilizada para la contención de diversos fenómenos alérgicos.

Examen de las enfermedades

En la anafilaxia, el «choque» local motivado por la hipersensibilidad del paciente que lo sufre se presenta en forma brusca y se caracteriza por una marcada intensidad del edema, vasodilatación, etc. En cambio, en la alergia el fenómeno local difiere según cuál sea el tejido sensible; es de evolución lenta y de cuantía también diferente.

Los **anticuerpos** son proteínas que pertenecen al grupo de las llamadas inmunoglobulinas y que se sintetizan en ciertas células especiales repartidas por todo el cuerpo (células plasmáticas, linfocitos, tejido conjuntivo, etc.). En la sangre circulan formando parte de las gammaglobulinas, pero se encuentran en todos los líquidos intratisulares. El hombre adulto sano produce unos 3.5 g diarios de estas globulinas, pero ante una agresión antigénica (enfermedad infecciosa o trasplante de órgano) esta cantidad puede subir de siete a ocho veces más.

Durante la vida de un individuo, cientos de miles de sustancias pueden actuar de antígenos, por lo que es imposible que el cuerpo mantenga en circulación otros tantos anticuerpos. Así se explica uno de los más importantes fenómenos inmunobiológicos: ante un nuevo contacto con el antígeno, el organismo «memoriza» la información recibida e inmediatamente produce el anticuerpo correspondiente. En poquísimo tiempo es capaz de poner en marcha esta forma de defensa. Este mecanismo todavía no está aclarado del todo y, para explicarlo, han sido postuladas numerosas teorías. Parece que en el primer encuentro en que el agente extraño ha comenzado a actuar de antígeno, creando el estado de reactividad alterada, el cuerpo se enriquece poco a poco de anticuerpos, que desaparecen cuando el antígeno ya no se encuentra presente. Sin embargo, alguna célula guarda el recuerdo y queda en reserva. Cada vez que el mismo antígeno penetra de nuevo en el organismo, esta célula, que actúa de guardián alerta, lanza de nuevo inmediatamente los anticuerpos correspondientes, se multiplica y crea numerosas células de la misma estirpe, polarizadas sólo hacia esta misión, que acuden en masa al sitio de la agresión.

En la reacción alérgica por hipersensibilidad, el anticuerpo correspondiente al agente que actúa como antígeno se encuentra circulando en la sangre, pero a menudo está unido a ciertas células fijas en diferentes órganos. El encuentro entre antígeno y anticuerpo se realiza entonces en dichas células, y se liberan algunas sustancias muy activas, sobre todo histamina, responsables de las alteraciones patológicas que se producen (urticaria, fiebre del heno, asma bronquial, etcétera).

En el caso del trasplante de tejidos u órganos, el tejido ajeno actúa de antígeno y pronto se forman anticuerpos contra él. La reacción consiguiente es la invasión del implante por células defensivas (linfocitos, células plasmáticas, etcétera) que se encargan de su destrucción, o sea, de su rechazo. Esta repulsión será tanto más rápida y violenta si el receptor ya ha estado previamente en contacto con el antígeno correspondiente, pues en este caso ya tenía anticuerpos dispuestos. Por ello, un injerto de piel repetido, usando el mismo donante, es rechazado mucho más vigorosamente la segunda o sucesivas veces que la primera.

Este esquema que hemos trazado dista mucho de ser completo y en realidad todavía se desconocen muchos factores que intervienen en la reacción inmunológica. La simple existencia de un feto en el seno materno ya es un enigma inmunobiológico. ¿Por qué no rechaza la madre al hijo, que en su parte paterna le es extraño? ¿Por qué el feto no forma anticuerpos contra su madre? Otro enigma es la existencia de los tumores, al menos los malignos, pues las células cancerosas parecen ser ajenas o extrañas al huésped que las «padece». Existen, pues, casos de tolerancia inmunobiológica. Este campo abre perspectivas fascinantes para la medicina del futuro. Se sabe que en el caso del embarazo la placenta actúa a modo de «zona desmilitarizada», evitando un contacto demasiado íntimo entre madre e hijo, previniendo, por así decirlo, el intercambio de antígenos y anticuerpos. En el caso de los trasplantes de órganos, la única solución encontrada hasta ahora es la supresión de la reacción inmunológica. Esto se consigue mediante la administración al receptor de sustancias químicas (citostáticos) que destruyen o inhiben las células encargadas de formar los anticuerpos, y de suero antilinfocitario. Lo mismo se consigue irradiando con rayos X o bomba de cobalto al sujeto en cuestión. Pero estas soluciones son muy drásticas, pues, al fin y al cabo, estas sustancias o radiaciones también lesionan otros órganos y reducen considerablemente las defensas generales del organismo.

Patología general de las enfermedades alérgicas

Resulta imposible reproducir la reacción de hipersensibilidad fuera del organismo, por ejemplo mezclando en un tubo de ensayo el alergeno con el anticuerpo. Siempre es necesaria la presencia de un tejido u órgano en el que se manifiesta la capacidad de reacción alterada. Además, numerosos factores que nada tienen que ver con la hipersensibilidad en sí la modifican. Así, interviene fundamentalmente el sistema nervioso, hasta tal punto que acertadamente se han atribuido factores psicosomáticos a la génesis del asma bronquial. Que desempeñan un papel estos mecanismos constitutivos o genéticos lo prueba el hecho de que las enfermedades alérgicas se desarrollan sólo en personas determinadas, con una predisposición especial.

Como estímulos sensibilizantes o alergenos actúan los más variados agentes o sustancias, y son también sumamente diversas las alteraciones producidas. En algunas personas, la respuesta está vinculada a la piel (urticaria, habones, prurito, eczemas, etc.); en otras, las manifestaciones son respiratorias (fiebre del heno, asma bronquial, etcétera); son frecuentes las inflamaciones oculares (conjuntivitis) y las digestivas, que se acusan en forma de intoxicación alimenticia. Hay procesos morbosos alérgicos que lesionan la médula ósea formadora de glóbulos sanguíneos con la consiguiente pobreza de hematíes o leucocitos, a veces de graves consecuencias. También pueden aparecer espasmos de los vasos sanguíneos por contracción brusca de los músculos de fibra lisa; en casos más excepcionales, la hipersensibilidad puede revestir suma gravedad, con colapso circulatorio (choque anafiláctico), circunstancia que puede ocurrir, por ejemplo, tras una inyección de penicilina en personas sensibilizadas a este antibiótico.

Una persona alérgica puede ser sensible a un solo alergeno, pero la regla es que sus reacciones de hipersensibilidad sean múltiples. Estos alergenos pueden clasificarse, según la puerta de entrada, en:

1. **Alergias por inhalación.** Están producidas por pólenes, hongos, vapores, polvos cosméticos, perfumes, secreciones volátiles de origen vegetal o animal, etc.

2. **Alergias por ingestión.** Los alimentos capaces de actuar de alergenos son muy variados. Los más corrientes son el trigo, huevos, pescados, mariscos, nueces, chocolate y fresas.

3. **Alergias medicamentosas.** Por supuesto, es fundamental subrayar que no todas las reacciones secundarias de las drogas, medicinas o hierbas medicinales, aplicadas por vía oral, cutánea o en inyección, se deben a una reacción alérgica. Muchas veces el problema radica en dosificaciones excesivas o inadecuadas, mezclas incompatibles de medicamentos, idiosincrasias y otras razones que nada tienen que ver con la alergia. Las manifestaciones alérgicas de origen medicamentoso son multiformes: pueden aparecer en cualquier órgano del cuerpo y su gravedad varía entre límites muy amplios. Un choque anafiláctico puede ser mortal en segundos, del mismo modo que una simple urticaria pasajera carece de importancia. Pero para evitar cualquier confusión ha de recordarse que es dificilísimo que un medicamento aplicado por vez primera pueda desarrollar tal reacción de hipersensibilidad. En casi el 100% de los casos ha habido un contacto previo o, mejor dicho, varios contactos. Una reacción alérgica no aparece de repente. Siempre hay algún antecedente. Por ello, un enfermo que alguna vez, tras haber tomado cierto medicamento (aspirina, antibióticos, vitaminas, etcétera), ha experimentado cualquier reacción anormal debe advertirlo al médico ante todo tratamiento ulterior.

4. **Alergias de origen infeccioso.** Cualquier contaminación con microorganismos, parásitos, hongos y otros seres vivos inferiores puede condicionar reacciones alérgicas. Muy frecuente, por ejemplo, es la urticaria en casos de parasitosis intestinales.

5. **Alergias por contacto.** Las llamadas dermatitis de contacto son algo frecuente hoy en día. Los alergenos actúan sobre la piel o mucosa respiratoria y se incluyen en cosméticos, plásticos, caucho, metales, sustancias químicas, insecticidas, joyas, pieles, cueros, flores, detergentes, etcétera.

6. **Alergias físicas.** Los agentes físicos, como el calor, frío, luz y presión, pueden ocasionar enfermedades alérgicas, sobre todo en piel y aparato respiratorio.

Ante toda manifestación alérgica adquiere importancia capital el establecimiento de un diagnóstico exacto. La misma historia clínica puede ser decisiva: época más frecuente del ataque alérgico, lugar de las manifestaciones y otra multitud de informaciones. Hay personas que son alérgicas a los gatos (a causa de ciertas sustancias segregadas por dichos animales), del mismo modo que las hay que manifiestan un asma bronquial siempre que duermen sobre un colchón de lana. En ciertas profesiones, las alergias hacia ciertos productos químicos naturales o sintéticos son muy frecuentes. En las mujeres es fundamental controlar con la mayor exactitud posible todo contacto con cosméticos, perfumes o maquillajes. Muchas veces, el médico se ve obligado a realizar una verdadera labor de detective. Como complemento de esta cuidadosa historia clínica se recurre a menudo a las llamadas pruebas alérgicas. Es necesario poner en contacto al enfermo con las sustancias más sospechosas. En esto consisten las pruebas cutáneas, que se realizan en el dorso o antebrazo del paciente. Se le inyectan o aplican en forma de emplastos las sustancias sospechosas para observar la reacción. Una reacción positiva —formación de un habón o enrojecimiento— constituye un índice de hipersensibilidad.

Como es natural, en el tratamiento general de las enfermedades alérgicas, la primera medida consistirá en evitar todo contacto con el alergeno. Desgraciadamente, esto no es siempre posible. Pero existen métodos de desensibilización; en ellos, muy paulatinamente, se introducen en el organismo cantidades infinitesimales del alergeno que se van haciendo progresivamente mayores una vez identificado. Poco a poco el cuerpo va tolerándolo en mayor cuantía, hasta que admite un contacto «normal» con la sustancia en cuestión. Existen numerosas autovacunas, vacunas especialmente preparadas y otras formas de administración que, muy a menudo, consiguen el resultado que desean los médicos y los pacientes.

Se cuenta con otros medios para evitar o paliar la enfermedad alérgica, por ejemplo un tratamiento medicamentoso (antihistamínicos y corticosteroides). También es posible influir favorablemente en el estado de reactividad alterada con medidas generales (curas termales, curas climáticas, supresión de los factores de tipo neurovegetativo, etcétera).

Principales enfermedades alérgicas

ENFERMEDAD DEL SUERO

Junto a las enfermedades alérgicas generales existen algunas de origen artificial que, por tanto, pueden aparecer en ciertas condiciones, no sólo en personas predispuestas, sino en todos los individuos. Esto ocurre como reacción a una inyección de un suero heterólogo (de otra especie animal) utilizado en el tratamiento de determinadas enfermedades infecciosas.

Si en la vacunación pasiva contra la difteria se le inyectan a una persona anticuerpos antidiftéricos obtenidos del caballo (el caballo es infectado con difteria, con lo que su sangre se hace muy rica en antitoxina diftérica y su suero sanguíneo puede salvar la vida de un niño diftérico al aportarle las defensas suficientes), las proteínas del suero equino pueden actuar de antígenos e influir en la producción de anticuerpos específicos en el organismo humano contra estas albúminas ajenas. La persona ha sido sensibilizada contra el suero del caballo, lo que puede ser motivo de enfermedad si esta misma persona vuelve a recibir suero equino, por ejemplo para quedar inmunizada contra el tétanos (antitoxina tetánica también obtenida previamente en el caballo contagiado). La reacción alérgica generalmente es leve, pero puede ser gravísima; cursa con fiebre, urticaria violentísima, dolores articulares y otros síntomas locales o generales. El tratamiento consiste en la administración de antihistamínicos y corticosteroides, pero mucho más importante es la prevención. Para las diferentes vacunaciones puede disponerse de sueros procedentes de diversas especies animales: los anticuerpos contra el suero de caballo no actúan contra los contenidos en el de cordero o ternera. De ahí la importancia de que, después de toda vacunación, se efectúe una anotación cuidadosa del tipo de inmunización que se haya recibido.

RINITIS ALÉRGICA
(Fiebre del heno, polinosis)

Síntomas. Inflamación (enrojecimiento, hinchazón y tumefacción irritante) de la mucosa nasal, con abundante secreción acuomucosa, lagrimeo, estornudos y sensación de pesadez de cabeza. Este estado empeora durante ciertas épocas del año, sobre todo cuando existe un ambiente seco, soleado o hay rachas de viento, mientras que durante el invierno con lluvia y frío, en habitaciones cerradas o durante la noche se producen evidentes mejorías.

Naturaleza y causa. El origen siempre es una reacción alérgica. Como sustancia desencadenante actúa el polen de hierbas y cereales, flores, rastrojos y árboles que no son fecundados por insectos; el polen es diseminado por el viento. Por ello, la época habitual de aparición de esta enfermedad es la primavera. Por razones desconocidas afecta mucho más al hombre que a la mujer.

Tratamiento. La desensibilización hacia los alergenos causantes es siempre posible, pero difícil, y exige suma paciencia. Lo importante es comenzar a realizar esta cura por lo menos de dos a tres meses antes de la época usual de aparición de la reacción alérgica. Existen vacunas especiales para estos casos, que siempre deben ser ensayadas bajo vigilancia médica. Una vez declarada la enfermedad, las gotas nasales descongestionantes pueden ser útiles, pero los antihistamínicos resultan más eficaces.

La prevención ocupa también un lugar importante: durante la época de ataques el enfermo no debe salir al campo; deberá, asimismo, evitar las visitas a jardines o parques y dormirá con la ventana cerrada.

URTICARIA

En muchas personas, la hipersensibilidad contra determinadas sustancias específicas provoca enrojecimiento de la piel, prurito y, a menudo, la aparición de habones. Los alergenos causantes son sumamente variados (alimentos, medicamentos, contacto con flores, harina, cueros, aceites, cosméticos, etc.). En sí, el problema médico es mínimo, pues la manifestación cutánea cede poco tiempo después de haberse evitado el contacto con el alergeno productor. Adquiere únicamente importancia su prevención, y esto sólo es posible con una precisa delimitación del alergeno causante.

Sexo y embarazo
(obstetricia)

La obstetricia o tocología (del griego *tokos*, parto) es la rama de la medicina que trata de todo lo relacionado con el embarazo, parto y puerperio. Por razones didácticas es útil englobar todo lo referente a la conservación de la especie.

La reproducción humana tiene lugar de forma sexuada, o sea, por la unión de dos células germinales: el óvulo con el espermatozoide. Esta unión se denomina fecundación y en ella participan los órganos masculinos y femeninos de la reproducción. Entre fecundación y concepción no existe diferencia alguna; el término de fecundación se reserva a la participación activa masculina y el de concepción a la parte pasiva femenina. Esta pequeña diferencia se hace más clara cuando hablamos en los hombres de capacidad de fecundación y en las mujeres de capacidad de concepción. Para una mejor comprensión de estos términos es preciso el estudio, tanto estructural como funcional, de los órganos sexuales.

Glándula sexual masculina o testículo

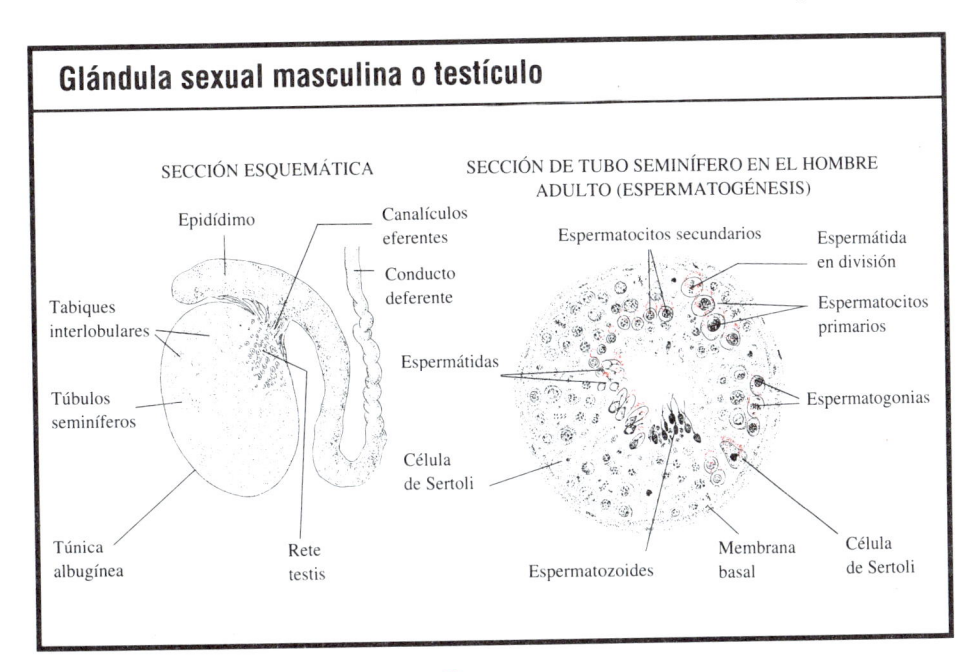

SECCIÓN ESQUEMÁTICA

- Epidídimo
- Canalículos eferentes
- Conducto deferente
- Tabiques interlobulares
- Túbulos seminíferos
- Espermátidas
- Célula de Sertoli
- Túnica albugínea
- Rete testis

SECCIÓN DE TUBO SEMINÍFERO EN EL HOMBRE ADULTO (ESPERMATOGÉNESIS)

- Espermatocitos secundarios
- Espermátida en división
- Espermatocitos primarios
- Espermatogonias
- Célula de Sertoli
- Espermatozoides
- Membrana basal

Aparato genital masculino

Estructura. En el hombre los órganos sexuales están, en parte, situados fuera del abdomen: los órganos de la cópula —o sea, el pene, también llamado falo— y el escroto con los testículos y epidídimos. Como órganos internos figuran las vesículas seminales y la próstata.

Este contraste entre la situación intraabdominal de la mayor parte de los órganos sexuales femeninos y la que acabamos de citar de los masculinos corresponde a una adaptación del desarrollo.

Es conocido el hecho de que en casos de anomalías del desarrollo, que tienen como efecto la permanencia intraabdominal de los testículos, se producen graves alteraciones de su función.

Se piensa, por tanto, que las glándulas germinales masculinas necesitan de una temperatura ambiental más baja que las femeninas, de ahí el efecto estimulante que ejercen las duchas de agua fría sobre la capacidad fecundante del varón.

El pene es el órgano masculino de la cópula y se encuentra situado por debajo y delante de la sínfisis del pubis, sujeto a ella por los ligamentos suspensores. Su forma es alargada, cilíndrica y algo aplanada; en su extremidad anterior se aprecia una eminencia cónica que recibe el nombre de glande. En él se pueden observar: una hendidura o meato urinario; un rodete limitado en su base por el surco balanoprepucial; un repliegue en su cara inferior, que es el frenillo, y el repliegue cutaneomucoso que recubre el glande, al cual se denomina prepucio. En su estructura interna se distinguen dos formaciones: los órganos eréctiles y las cubiertas del pene. Los órganos eréctiles son los llamados cuerpos cavernosos y cuerpo esponjoso; las cubiertas envuelven concéntricamente a los anteriores y son: una cutánea, una muscular, una celular laxa y una elástica.

Examen de las enfermedades

Los testículos son dos órganos, derecho e izquierdo, colocados a cada lado de la línea media, que están destinados a la producción de las células sexuales masculinas o espermatozoides. Caracterizan estas glándulas al género masculino, del mismo modo que los ovarios al femenino. Como después veremos, no sólo son los órganos de la espermatogénesis, sino que son, además, importantes glándulas de secreción interna, cuya hormona desempeña un importante papel en el desarrollo de los caracteres sexuales masculinos.

Íntimamente ligado al testículo se halla el epidídimo, que no es más que el primer segmento de las vías espermáticas, las cuales están constituidas por los conductos deferentes (prolongación de la cola del epidídimo), las vesículas seminales (receptáculos del líquido espermático) y los conductos eyaculadores.

Entre las glándulas ajenas al aparato genital masculino merece citarse por su importancia la próstata, un órgano impar, situado debajo de la vejiga, al cual atraviesa la uretra. Su función es segregar un líquido que en la eyaculación se mezcla con el contenido de las vesículas seminales.

Función. En los testículos se producen las hormonas sexuales masculinas, llamadas andrógenos (testosterona y androsterona). Estas hormonas, especialmente la testosterona, influyen en el desarrollo y en el mantenimiento de caracteres específicos del sexo: los órganos sexuales, la constitución masculina con su musculatura desarrollada, el tono de voz, la distribución del vello, etcétera.

Los espermatozoides se forman en los testículos y cada uno de ellos es el resultado de una serie de transformaciones celulares, de las que es preciso conocer el esquema para comprender la fecundación. Estas transformaciones sucesivas reciben el nombre de espermatogénesis.

El testículo adulto está formado por numerosos tubos seminíferos, cuyo corte histológico presenta diversas formaciones celulares. Existen las llamadas células de Sertoli o en candelabro, debido a su forma, que reposan sobre la pared del tubo y avanzan hacia su interior. Tienen una misión trófica y sirven de soporte a las células de la línea seminal en estado de espermátides. Entre las células de Sertoli se hallan las células germinativas en diferentes estados de desarrollo. Cada tubo está rodeado por una pared fibromuscular.

La transformación celular, en síntesis, se establece así: una célula sexual o espermatogonia, nacida del epitelio germinativo, crece y se convierte en espermatocito de primer orden; éste se divide en dos para constituir el espermatocito de segundo orden que, a su vez, se dividirá en dos para llegar a espermátide; la espermátide, por último, se transforma en espermatozoide.

A partir de la espermátide, el espermatozoide adquiere sus características. El núcleo de la célula se sitúa junto a la membrana y la cola se alarga. Aparecen dos corpúsculos atractivos o ásteres.

El protoplasma se reduce y se forma el flagelo; el espermatozoide adulto normal comprende: cabeza, porción intermedia y cola. La cabeza, de cinco micras de longitud, oval, vista de frente, se deprime por delante y adopta un perfil piriforme. La parte anterior está recubierta por el capuchón cefálico. La porción intermedia, cilíndrica, se compone de un filamento axial envuelto por una formación espiral que une las mitades anterior y posterior del centrosoma distal. La cola o flagelo es, ni más ni menos, el filamento axial.

Sexo y embarazo

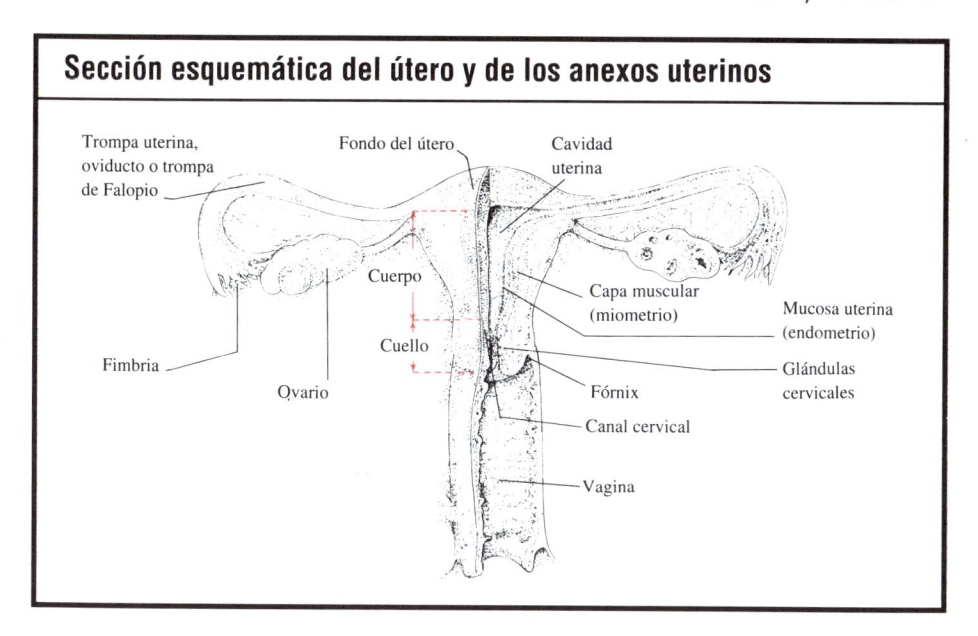

Sección esquemática del útero y de los anexos uterinos

(Trompa uterina, oviducto o trompa de Falopio; Fondo del útero; Cavidad uterina; Cuerpo; Capa muscular (miometrio); Mucosa uterina (endometrio); Fimbria; Cuello; Ovario; Fórnix; Glándulas cervicales; Canal cervical; Vagina)

Aparato genital femenino

Los órganos genitales de la mujer se dividen en dos grupos: los órganos externos, como la vulva, el clítoris, el vestíbulo y el himen, y los órganos internos, como el útero, los ovarios y las trompas; sirve de puente de unión a ambos grupos una formación que, por su origen, pertenece en parte a cada uno de ellos: la vagina.

De fuera a dentro iremos encontrando las siguientes formaciones:

Monte de Venus. Se da este nombre al cojín graso, situado por delante de la sínfisis púbica, de forma triangular, con base superior y cubierto de vello. En la vulva se diferencian varias formaciones. Unas son repliegues cutáneos, como los labios; otros, órganos o regiones anatómicas, como el clítoris o el vestíbulo.

Labios mayores. De arriba abajo y de delante atrás, desde el monte de Venus se extienden dos pliegues redondeados de tejido adiposo cubierto de piel. Su forma es algo romboide y se estrechan en sus extremidades inferiores. Son la continuación directa del monte de Venus y se desvanecen en el periné. Su misión es proteger la entrada al canal genital y se encuentran en oposición en la mujer que no ha tenido partos por vía vaginal, y algo entreabiertos en el caso contrario. Cada labio presenta dos caras: la externa, cubierta de vello, y otra interna, rica en glándulas sebáceas. Cuando se apartan los labios mayores se ven dos pliegues planos y algo rojizos que se unen en la porción superior de la vulva: son los labios menores o ninfas, que se unen en su parte superior, formando un capuchón que cubre el clítoris.

El **clítoris** es un cuerpecillo de forma algo cilíndrica y con capacidad eréctil. Está situado en la parte más anterior de la vulva y se debe a la fusión, en la línea media, de los cuerpos cavernosos. La porción incluida entre los labios menores, y que se extiende desde el clítoris hasta la horquilla perineal, recibe el nombre de vestíbulo. En él desembocan los siguientes orificios: meato urinario, orificio vaginal y los conductos excretores de sus glándulas, la más importante de las cuales es la de Bartholino. El

Examen de las enfermedades

Anomalías de posición del útero

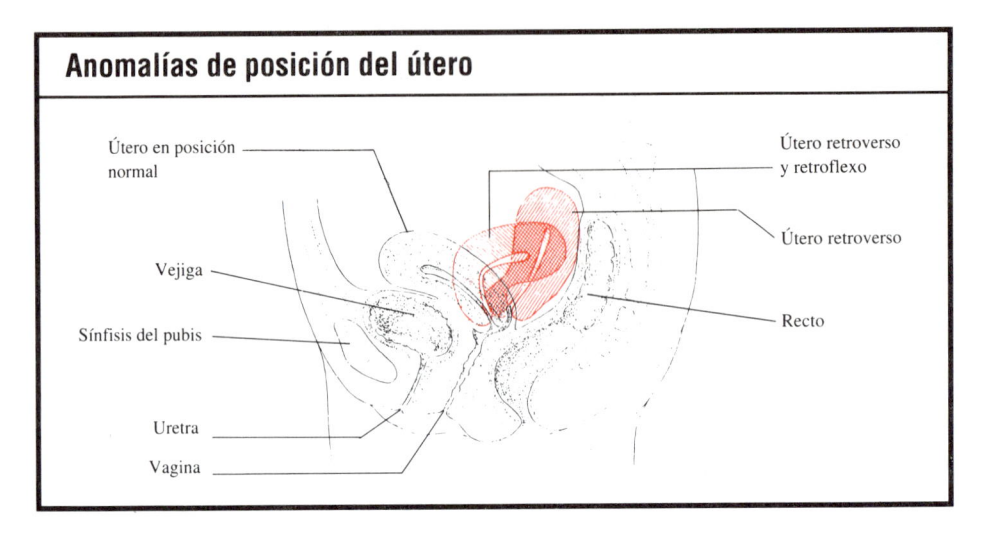

- Útero en posición normal
- Vejiga
- Sínfisis del pubis
- Uretra
- Vagina
- Útero retroverso y retroflexo
- Útero retroverso
- Recto

orificio vaginal ocupa la porción inferior del vestíbulo; es de tamaño y forma muy variable en las diferentes mujeres.

A modo de frontera entre los genitales externos y la entrada a la vagina se halla el **himen**, formado por un repliegue membranoso de la mucosa vaginal con un orificio o perforación en su centro. Esta perforación tiene como objeto dar salida a la sangre menstrual; se amplía por desgarro con la desfloración y desaparece casi totalmente después del primer parto.

La **vagina** es un tubo o conducto musculomembranoso que se extiende desde la vulva hasta el útero y se halla entre la vejiga urinaria por delante y el recto por detrás. Desempeña tres importantes funciones: es el conducto excretor de la matriz por el cual salen sus secreciones y el flujo menstrual; es el órgano femenino de la cópula y, por último, forma parte del canal blando que ha de atravesar el feto en su progresión hacia el exterior durante el parto.

La vagina se inserta en su extremo superior en el cuello del útero, de forma circular, dando lugar a unos fondos de saco, tanto anterior y posterior como laterales. Tiene especial importancia la existencia de estos fondos de saco, sobre todo el posterior, ya que en él se coleccionan los productos de secreción del útero y las células descamadas, y sirve de receptáculo para el semen masculino.

El **útero** es un órgano muscular hueco, con forma de pera achatada, cuya porción más delgada está dirigida hacia abajo y se encuentra situado en la pelvis, entre la vejiga y el recto. Pueden distinguirse en él tres partes: el cuerpo, el cuello y el istmo. En las nulíparas —es decir, aquellas mujeres que no han tenido hijos— el útero tiene una longitud de 6 a 7 cm, una anchura de 4 cm y un grosor de 2.5 a 3 cm. El cuerpo constituye la porción muscular más rica y activa del conjunto y en él se distinguen las caras anterior y posterior, los bordes laterales y el fondo, que es la parte superior del útero, situada por encima de la inserción de las trompas.

El cuello representa la parte más inferior del útero. Entran en su constitución mayor número de fibras elásticas que musculares, lo cual favorecerá durante el parto el proceso de dilatación necesario para la salida del feto. La inserción vaginal divide al cuello en una porción supravaginal y otra intravaginal (portio u hocico de tenca).

Sexo y embarazo

El istmo es una franja de aproximadamente 1 cm de longitud, que separa el cuerpo del cuello y su importancia estriba en su capacidad de distensión para formar el segmento en el parto.

Estructuralmente el útero se compone de tres capas, que de fuera a dentro son: el peritoneo visceral o serosa uterina, el miometrio o músculo uterino y el endometrio o mucosa uterina que recubre la cavidad. Esta mucosa o endometrio es rica en glándulas y está sometida a variaciones cíclicas dependientes del ovario en forma inmediata. El peritoneo no recubre totalmente el útero, sino que se refleja a nivel del istmo, para recubrir la vejiga por delante y el recto por detrás, dando lugar a un repliegue anterior o plica vesicouterina y a un fondo de saco que recibe el nombre de Douglas. En la unión del fondo uterino con sus bordes laterales se insertan las trompas u oviductos, dos conductos que comunican por uno de sus extremos con la cavidad uterina y por el otro con la cavidad peritoneal; este extremo libre está situado en las proximidades de las gónadas femeninas u ovarios.

Anatómicamente se dividen en tres porciones: intramural, ístmica y ampular. La zona intramural se encuentra en el espesor de la pared uterina y mide aproximadamente 1 cm; se continúa en la zona ístmica que mide de 2 a 4 centímetros.

La porción ampular siguiente se extiende en forma de embudo hacia la cavidad abdominal, para formar el pabellón con sus fimbrias. Su función principal es la de recoger del ovario el óvulo, cuando es expulsado, y transportarlo hasta la cavidad uterina. Más adelante veremos cómo, si es fecundado el óvulo, se añade a estas misiones la de nutrirlo durante su paso hacia la cavidad uterina, donde se desarrollará, ya que la fecundación tiene lugar en la trompa.

Los **ovarios** son dos órganos aplanados en forma de almendra que se encuentran situados a los lados del útero y unidos a él por ligamentos y por su pedículo, y al ligamento ancho en su cara posterior. Sus funciones principales son la elaboración de hormonas femeninas y la producción y expulsión del óvulo. Su superficie es blanquecina; al corte, presentan una zona medular con vasos y tejido de sostén y una zona cortical, en la que se encuentran los folículos con las células germinales.

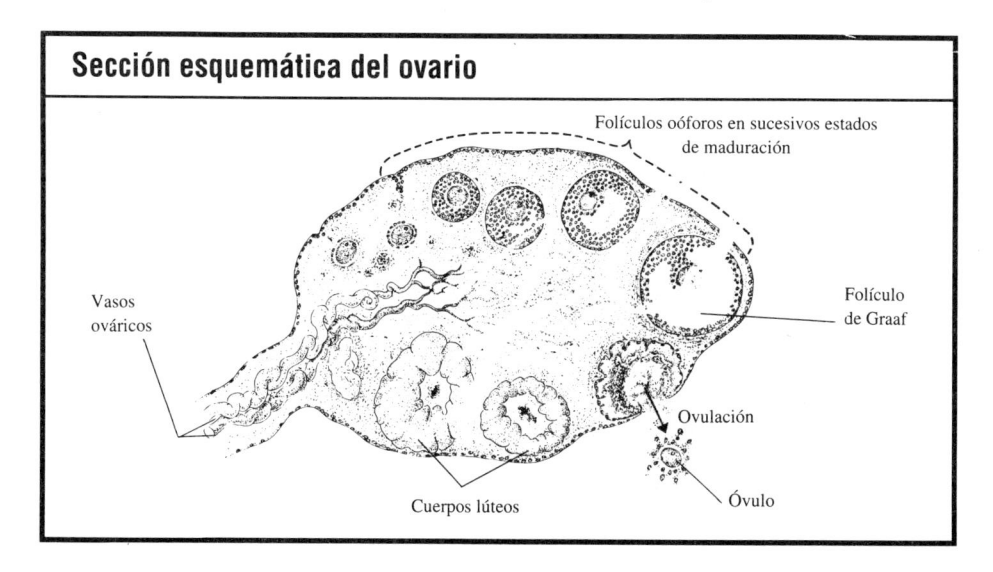

Sección esquemática del ovario

Folículos oóforos en sucesivos estados de maduración

Vasos ováricos

Folículo de Graaf

Ovulación

Óvulo

Cuerpos lúteos

Relaciones topográficas. En la pelvis femenina quedan contenidas las siguientes vísceras: vejiga urinaria, útero y anexos, y el recto. Estos órganos están, a su vez, rodeados de tejido conjuntivo y puede distinguirse un espacio perirrectal o paraproctio, un espacio periuterino o parametrio y un espacio paravesical o paracistio. El tejido perivisceral pelviano se condensa en determinadas zonas, y da lugar a láminas conjuntivas que delimitan estos espacios. Sus expansiones desempeñan un importante papel funcional en la estática de las distintas vísceras, al tiempo que sirven de sostén a los vasos y nervios.

El peritoneo pelviano ofrece en la mujer una disposición especial: cubre el útero y forma lateralmente dos tabiques, denominados ligamentos anchos, que alcanzan a las paredes pelvianas. En el borde superior se alojan las trompas, desprendidas de los ángulos laterales del cuerpo uterino.

El aparato genital femenino queda, pues, interpuesto entre el aparato urinario y el aparato digestivo (vejiga y recto, respectivamente), y cubierto por el peritoneo, en lo que respecta a gran parte del útero y a las trompas. Los ovarios quedan contenidos en la cavidad pelviana, pero no están recubiertos por el peritoneo.

En cuanto a la sujeción del aparato genital en la pelvis, se realiza por medio de ligamentos. Los ligamentos redondos son cordones conjuntivos que, en número de dos, se desprenden de la parte anterior del cuerpo uterino y, dirigiéndose hacia delante y a los lados, alcanzan el orificio del canal inguinal, para perderse en el tejido celular subcutáneo de los labios mayores, en la vulva. Los ligamentos uterosacros están constituidos por una condensación de tejido celular del espacio pelvirrectal superior y se dirigen, desde la cara posterior del útero, casi a nivel de su istmo, hacia atrás, para rodear el recto y llegar hasta el peritoneo parietal posterior. Los ligamentos anchos, de los cuales ya hemos hablado, constituyen dos tabiques frontales que alcanzan la pared pélvica y por los que pasan vasos importantes y los uréteres.

El conjunto de ligamentos citados mantiene en su posición correcta al útero, pero el verdadero aparato de sostén de los órganos pelvianos lo constituyen los músculos que forman el suelo de la pelvis.

De fuera a dentro se consideran tres planos: plano superficial, formado por los músculos isquiocavernoso, transverso superficial, bulbocavernoso y esfínter del ano; plano medio, formado por el diafragma urogenital, reforzado por fibras musculares del transverso profundo que rodean a la uretra, constituyendo su esfínter; y plano profundo, formado fundamentalmente por el músculo elevador del ano.

Más adelante veremos la importancia que tienen estos medios de fijación del aparato genital interno en el mecanismo del parto y en la etiología de los descensos o de los prolapsos genitales.

La vascularización arterial del aparato genital femenino está asegurada fundamentalmente por las arterias uterinas, ramas de la arteria hipogástrica, y por las arterias ováricas, ramas de la aorta abdominal. En cuanto a los vasos venosos, la vena iliaca o hipogástrica es el tronco que recoge la sangre pélvica y perineal.

Los linfáticos de los genitales externos se dirigen hacia los ganglios linfáticos inguinales; los de la parte inferior del útero desembocan en los ganglios hipogástricos y obturadores; los de la porción superior del útero, ovario y trompa, se dirigen hacia los ganglios iliacos primitivos y aórticos y los de la cara posterior desembocan en los ganglios presacros.

En la inervación del aparato genital femenino se combinan los sistemas nerviosos: el simpático, con fibras que proceden del ganglio celiaco, y el parasimpático, con el nervio pélvico. Ambos se unen en un plexo nervioso situado a la altura del orificio interno del cuello uterino (plexo de Frankenhaüser). Los genitales externos y la porción inferior de la vagina están, a su vez, inervados por el abdominogenital mayor, el genitocrural y el pudendo.

Fisiología de los órganos de la reproducción

Hemos presentado, en primer lugar, la estructura del aparato genital femenino y las razones de su existencia. A continuación analizamos el ciclo reproductor y examinamos la fisiología de cada uno de los órganos que intervienen en dicho proceso.

Ya hemos insistido con anterioridad en que la vagina cumple un importante cometido como órgano de la cópula, como tubo excretor y como parte del canal del parto; además de estas funciones posee la de ser un medio depurador del tracto genital.

Gracias a la hormona estrogénica se fija el glucógeno en su epitelio, el cual, al descamarse, desprende glucógeno en el interior vaginal. La flora vaginal, formada en su mayor parte por los bacilos de Döderlein, utiliza el glucógeno para producir una fermentación láctica, con lo cual se acidifica el medio vaginal y se hace incompatible con la proliferación de la mayoría de las bacterias patógenas.

Esta capacidad autodepuradora de la vagina se mantiene en ausencia de alteraciones del fisiologismo vaginal. Conviene hacer, en este aspecto, una llamada de atención sobre el uso, bastante generalizado e indiscriminado, de los lavados vaginales internos: cuando no existe alteración del medio vaginal, aunque exista un aumento del flujo fisiológico, pueden ser causa de verdadera patología por alcalinizar el medio y dejar vía libre a la proliferación de gérmenes patógenos. Cuando existe de verdad una infección no constituyen terapéutica etiológica, pues no actúan sobre las verdaderas causas y, por lo tanto, resultan ineficaces.

La función de los distintos órganos internos genitales (ovarios, trompas y útero), se estudia mejor en conjunto, observando cómo cada órgano participa en el llamado ciclo genital femenino. La madurez sexual abarca un amplio periodo de la vida de la mujer. No puede tener límites precisos, y se inicia con la terminación de la pubertad para finalizar con el climaterio.

Aparentemente, la aparición de la primera hemorragia menstrual, denominada menarquia, y su desaparición o menopausia marcan los límites de la madurez sexual; pero, tanto en su periodo inicial como en el terminal, existe una fase más amplia, en la cual la mujer no ha alcanzado su madurez o ha perdido, al menos parcialmente, su capacidad funcional. La duración aproximada de este periodo es de unos 30 a 35 años, aunque varía, no sólo según los individuos, sino también según las razas, latitudes, género de vida, etcétera.

En el periodo de madurez sexual, existen en la mujer unas características permanentes, las cuales se refieren a su grado de desarrollo genital, al resto del organismo y a su capacidad funcional, ligada fundamentalmente a su capacidad de reproducción. Se acostumbra, sin embargo, destacar la existencia, dentro de esta permanencia funcional, de una actividad cíclica, a la que está ligada directamente su capacidad de generación. El ciclo genital en la mujer puede ser de dos tipos. Uno, denominado ciclo menstrual o infértil, determinado por la aparición de una hemorragia originada en el endometrio, la cual se presenta con un ritmo aproximado de 28 días. Y otro ciclo, gravídico o fértil, que corresponde al periodo completo del desarrollo de un óvulo fecundado y que dura, aproximadamente, 280 días. Los fenómenos observables más representativos de ambos ciclos son: por parte del ciclo menstrual, la ovulación y la menstruación, y por parte del ciclo gravídico, un fenómeno que no sólo lo representa sino que lo condiciona: la fecundación. Del ciclo menstrual surgen las condiciones precisas para la iniciación del ciclo gravídico.

Ciclo menstrual. Este apartado y los siguientes se dedican al estudio de la sucesión de fenómenos íntimamente relacionados y admirablemente sincronizados, que se efectúan de ordinario en el ovario y en el endometrio, cada mes, durante la etapa reproductiva de la vida de la mujer. Estudiaremos, por lo tanto, un ciclo ovárico y un ciclo endometrial; ambos ciclos están tan íntimamente ligados que virtualmente constituyen uno solo: el ciclo sexual o menstrual de la mujer. No obstante, para mayor claridad, analizaremos por separado cada uno de ellos, para terminar con una exposición de las relaciones íntimas que hay entre ambos ciclos, sobre todo en lo que atañe al factor cronológico.

Ciclo ovárico. Consiste en la maduración del folículo (fase folicular), la liberación del óvulo apto para ser fecundado (ovulación), y la formación y regresión del cuerpo amarillo (fase luteínica).

Fase folicular. Duración: en un ciclo de 28 días, la fase folicular dura del primero al decimocuarto día, aproximadamente, contando a partir de la última menstruación.

Maduración de folículos. En la zona cortical del ovario encontramos de unos 200 000 a 400 000 folículos primarios, constituidos por una célula control (óvulo) rodeada de una capa de células epiteliales cuboideas (caja granulosa), que, a su vez, está envuelta por una reacción conjuntiva del estroma ovárico (teca).

En un momento determinado, un folículo empieza a crecer (folículo en crecimiento), y se distingue del primario en los siguientes puntos: el óvulo permanece en el centro, pero la capa granulosa se ha multiplicado; en el interior de esta acumulación celular

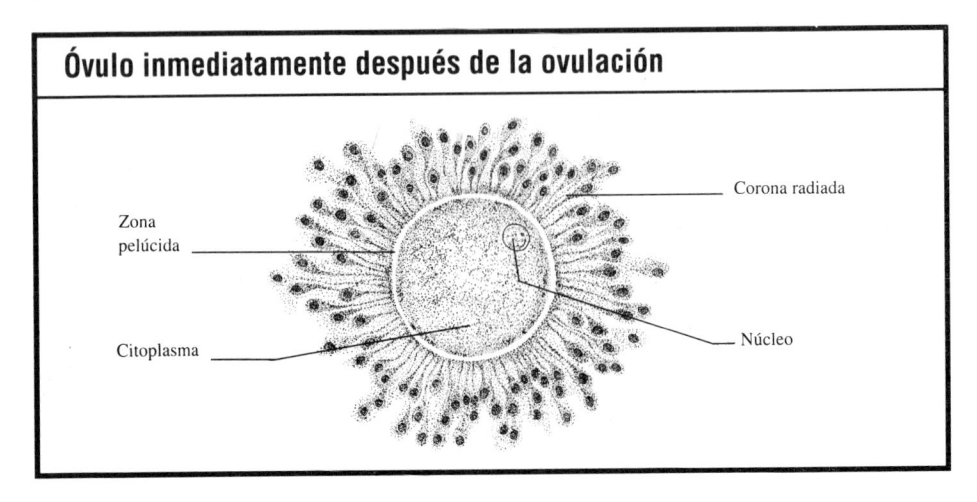

Óvulo inmediatamente después de la ovulación

- Zona pelúcida
- Citoplasma
- Corona radiada
- Núcleo

Folículo oóforo en vía de maduración

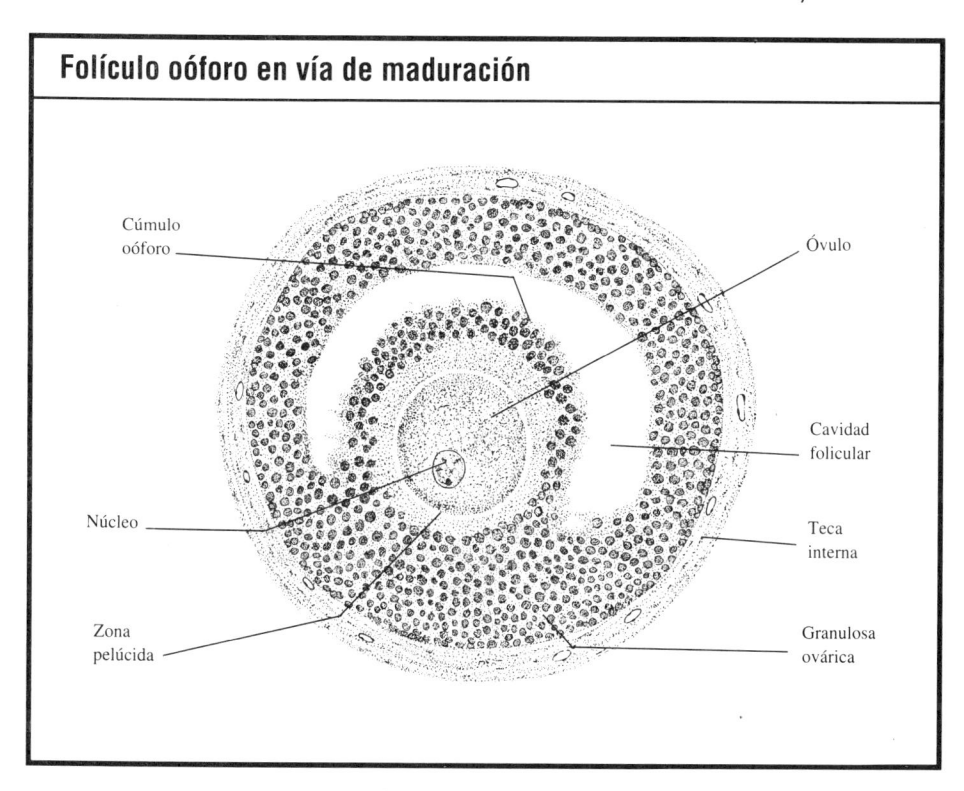

Etiquetas: Cúmulo oóforo, Óvulo, Cavidad folicular, Núcleo, Teca interna, Zona pelúcida, Granulosa ovárica

aparece una cavidad que almacena la secreción hormonal. La teca se divide en una capa interna vascularizada y una externa rica en fibras conjuntivas. El folículo sigue aumentando de tamaño; aumenta su cavidad folicular hasta formar un folículo maduro o de Graaf.

En general, en cada ciclo sólo un folículo alcanza la madurez completa, y se transforma en un folículo de Graaf. El folículo elegido hace hernia en la superficie del ovario; al aumentar la tensión intrafolicular, la teca se adelgaza y, por tanto, está a punto de romperse. Durante esta fase, en el folículo se segregan estrógenos.

Ovulación. La apertura del folículo maduro y la liberación del óvulo constituye el proceso de la ovulación. El folículo de Graaf, completamente maduro, se desgarra ligeramente en su porción más prominente, para dar salida al líquido folicular que arrastra consigo al óvulo.

En relación con el ciclo endometrial, la rotura del folículo se produce con mayor frecuencia en la mitad del ciclo, alrededor del decimocuarto día a partir del primero de la última regla.

Fase luteínica. En un ciclo de 28 días, dura del 15 al 28 aproximadamente, y comprende la fase evolutiva y la fase regresiva del cuerpo amarillo menstrual. Al salir el óvulo, la capa granulosa se pliega, se produce una hemorragia en su interior al romperse la teca. Pronto las células de la granulosa van transformándose en las células del cuerpo amarillo; la teca vascular penetra entre estas células en forma de tabique; la hemorragia central se va organizando y termina por desaparecer. La regresión del cuerpo amarillo, convertido en tejido conjuntivo, determina el cuerpo albicans.

Examen de las enfermedades

Producción hormonal característica de esta fase son la progesterona más los estrógenos que se continúan segregando. Durante el periodo preovulatorio o folicular del ciclo se produce una cantidad creciente de estrógenos. Durante el posovulatorio o luteínico del ciclo, además de estrógenos se produce progesterona, y en los últimos días del luteínico se experimenta la regresión del cuerpo amarillo y cesa la producción de ambas hormonas.

Como consecuencia de estos tres estados hormonales, y coincidiendo aproximadamente con ellos, se presentan las tres fases principales del **ciclo endometrial:** la de regeneración o de proliferación, debida a la estimulación estrogénica; la de secreción, causada por la acción combinada de estrógenos y progesterona, y la de menstruación, que tiene origen en la desaparición de estas hormonas y en el colapso del estrato endometrial que ayudaron a formar.

La primera fase de esta modificación endometrial comienza en seguida después de la regla, y se extiende hasta el cuarto o quinto día. Es el periodo de reparación, durante el cual tiene lugar la regeneración del epitelio descamado durante la última menstruación, que se inicia a partir de los fondos de saco glandulares de la capa basal. A éste sigue la fase de proliferación (folicular o estrogénica), en la cual la mucosa aumenta de espesor y la irrigación sanguínea es mayor. Se forma una nueva capa en el endometrio (capa funcional).

El crecimiento de las glándulas supera al del estroma, por lo que comienzan a plegarse, dando lugar a que se distingan en la capa funcional otras dos: una profunda (capa esponjosa) y otra superficial (capa compacta). En su relación con el ciclo ovárico, el final de la proliferación corresponde a la madurez del folículo y a la puesta ovular. A esta fase sigue la progestacional o de secreción (luteínica o **foliculoluteínica**), de una maduración de 14 días. Las glándulas están dilatadas por su secreción, para facilitar la anidación del óvulo fecundado.

Si el óvulo no ha sido fecundado, el cuerpo amarillo entra en regresión; sobrevienen hemorragias en la mucosa, que destruyen gran parte de ella, descamándola y expulsándola del cuerpo, lo que constituye la menstruación o regla.

Aspectos clínicos de la menstruación

Se puede decir que la menstruación es el flujo periódico y natural de sangre, moco y fragmentos celulares de la mucosa uterina, que se efectúa normalmente con intervalos regulares y con un ritmo propio para cada mujer, excepto en el embarazo y la lactancia, desde la pubertad hasta la menopausia.

La edad en que de ordinario aparece la primera regla es entre los 12 y los 14 años, y varía según las razas, el clima, etc. El término menarquia sirve para indicar el comienzo de la primera regla. La duración del flujo menstrual es también variable: en promedio es de tres a cinco días. Cuando pasa de ocho días se debe consultar al médico, ya que el origen puede ser una alteración orgánica.

En el primer día de la regla, la sangre no es muy abundante, pero sí son evidentes los trastornos dolorosos que la acompañan en muchos casos. Estos trastornos, que revisten generalmente una sintomatología cólica en el bajo vientre, cuando no son acusados ceden fácilmente con baños de asiento templados y con la aplicación de una

El ciclo menstrual

MODIFICACIONES DEL ENDOMETRIO DURANTE EL CICLO OVULATORIO

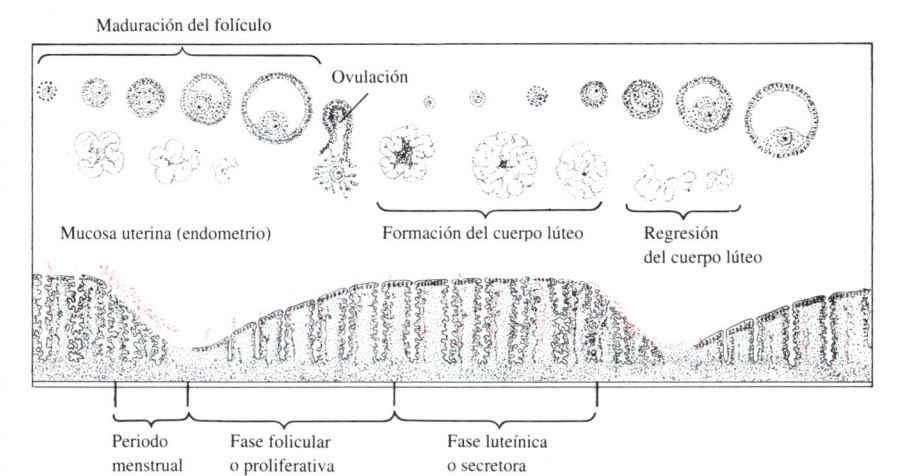

Maduración del folículo
Ovulación
Mucosa uterina (endometrio)
Formación del cuerpo lúteo
Regresión del cuerpo lúteo

Periodo menstrual | Fase folicular o proliferativa | Fase luteínica o secretora

El ciclo menstrual se compone de 28 días, y se divide en una fase folicular y otra luteínica. La ovulación se produce hacia el día 14 del ciclo, que termina con la menstruación o pérdida, a través de los genitales externos, de desechos celulares de la mucosa del útero mezclados con sangre.

MODIFICACIÓN DEL ENDOMETRIO POR LA FECUNDACIÓN Y EL EMBARAZO

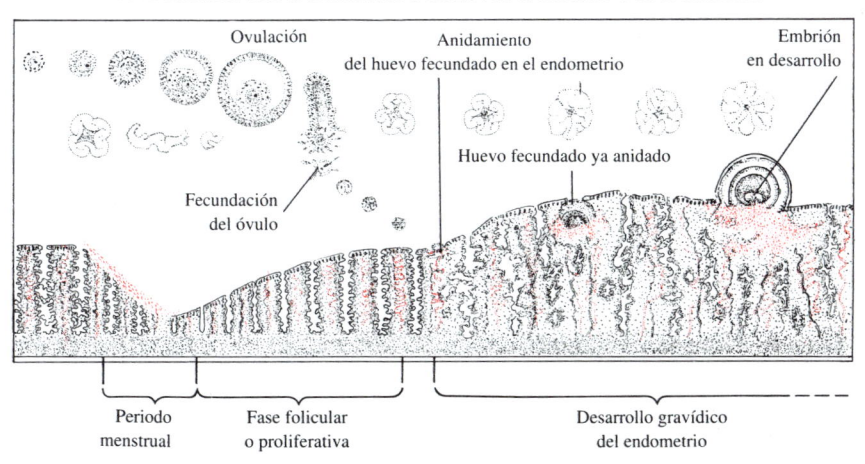

Ovulación
Anidamiento del huevo fecundado en el endometrio
Embrión en desarrollo
Fecundación del óvulo
Huevo fecundado ya anidado

Periodo menstrual | Fase folicular o proliferativa | Desarrollo gravídico del endometrio

Si es fecundado, el huevo anida en la mucosa uterina y no se producirá menstruación (amenorrea gravídica) sino posterior desarrollo de la mucosa uterina para acoger al nuevo ser.

bolsa de agua caliente. Por otro lado, es frecuente ver la desaparición de estas molestias a partir del primer parto.

El segundo día es más abundante la sangre, que además presenta un color rojo vivo, y a partir de este momento comienza a decrecer la hemorragia, para seguir fluyendo dos o tres días, cada vez en menor cantidad. En total, la pérdida de sangre viene a ser de unos 50 cc, aproximadamente.

Determinismo hormonal del ciclo. Vamos a resumir en unas líneas los fenómenos que se suceden a lo largo del ciclo menstrual, relacionándolos con la hipófisis. Por el estímulo del factor de maduración folicular de la anterohipófisis (gonadotropina A) se producirá la maduración de un folículo en el ovario, el cual segregará hormonas estrogénicas que, a su vez, estimularán la proliferación del endometrio.

La secreción folicular llega al grado máximo alrededor del decimocuarto día del ciclo. En este momento, debido a la acción inhibitoria que ejerce sobre el lóbulo anterior de la hipófisis, esta elevada producción estrogénica dará lugar a la secreción de progesterona y provocará la fase secretoria en el endometrio. Al final del ciclo, el elevado nivel de estrógenos provocará una nueva inhibición de la anterohipófisis, con la consecuente caída de ambas hormonas; el endometrio, carente de estímulos, sufrirá un proceso de necrobiosis, y se producirá la menstruación.

El climaterio de la mujer

El climaterio es la época del tránsito entre la madurez sexual y el reposo genital de la vejez. Es una etapa vital en cuyo centro está aproximadamente la última menstruación, o sea, la menopausia. Hay, por lo tanto, en el organismo de la mujer una fase premenopáusica y otra posmenopáusica.

El climaterio empieza cuando los ciclos ovulatorios terminan y decae la fertilidad. Pero la transición de los ciclos ovulatorios a los anovulatorios no es brusca, sino gradual. La fertilidad decae bastante rápidamente por esta causa de los 36 a los 37 años. Debemos, por tanto, considerar el climaterio como el proceso normal de una transformación que experimenta toda mujer. No tiene relación alguna con un proceso patológico y es una fase transitoria que intercala la naturaleza entre la madurez sexual y la senectud.

La causa del climaterio la encontramos en la disminución de la función del ovario, con la consiguiente disminución de sus hormonas (especialmente los estrógenos). La menopausia o cese de la menstruación es, como la menarquía o aparición de las primeras reglas, el hito más visible del climaterio. En la actualidad sobreviene entre los 45 y los 52 años, aunque puede observarse un retardo que parece consecuencia del alargamiento de la vida.

Los cambios que imprime el proceso de envejecimiento en el aparato genital de la mujer son de carácter regresivo y así se observa que en el ovario, al comienzo del climaterio, aparecen ciclos anovuladores, que se van alternando con los ovuladores. Al final de la fase premenopáusica, la mayoría de los ciclos son anovuladores. La tasa de estrógenos va disminuyendo paulatinamente después de la menopausia. El útero también disminuye de tamaño hasta hacerse tan pequeño como el de una niña, lo cual constituye una de las etapas finales del climaterio.

La vagina se acorta, se borran los fondos vaginales y sus paredes se hacen lisas y pierden elasticidad. Las mamas disminuyen de tamaño y además pierden su turgencia característica.

En la premenopausia son frecuentes las alteraciones de las reglas, las cuales se hacen más espaciadas o con intervalos más cortos, más abundantes o más escasas, o sencillamente no se presentan. Algunas manifestaciones clínicas son muy características del climaterio. Así, los bochornos experimentados principalmente en la cara, acompañados de enrojecimiento y seguidos de sudoración, se repiten a veces en el curso del día. Se trata probablemente de contracciones vasculares del territorio visceral, acompañadas de vasodilatación periférica.

La conducta se torna inestable. No es raro que las mujeres se hagan muy sensibles, fácilmente impresionables y sugestionables. En general la mujer siente el climaterio como una fase de «pérdida». Se observa un descenso apreciable de la vitalidad, de la capacidad de trabajo y de estímulo. La contemplación en el espejo muestra que desaparece el encanto femenino. Los hijos salen de la casa y con frecuencia la mujer queda sola en esta fase de su vida.

Ayuda a sobrellevar esta época y a disminuir sus síntomas una buena adaptabilidad de su sistema vegetativo a la disminución de hormona ovárica, y el conocimiento de que los trastornos son transitorios y que no constituyen una enfermedad. Por otro lado, las modernas terapéuticas hormonales de carácter **sustitutivo** colaboran a que el tránsito del climaterio no imprima un carácter de tragedia en la mujer y en los que la rodean.

La forma del cuerpo

La estructura del cuerpo está determinada en el hombre por su esqueleto óseo; la forma, a su vez, la determinan los grupos musculares y el tejido graso subcutáneo. La diferencia sustancial entre la forma del cuerpo femenino y la del masculino se debe al distinto desarrollo de los músculos y a la distribución del tejido adiposo, que puede ser modificada en cierto grado por el ejercicio (fisicoculturismo, natación, etcétera).

El desarrollo de la forma corporal femenina y el de la masculina son parte de los caracteres sexuales secundarios; por ejemplo, la aparición de vello en la cara del hombre es un signo de la próxima madurez sexual. La disposición del vello en el bajo vientre (pubis) es diferente en cada caso: en la mujer está delimitado, en su parte superior, por una línea horizontal, mientras que en el hombre se prolonga del pubis hacia el ombligo. El pecho de la mujer no está cubierto de pelo, mientras que en el hombre sí lo está, en mayor o menor medida.

Una disposición del vello de tipo masculino en la mujer indica que ha aumentado su producción de hormona masculina, por regla general, o que padece un trastorno hormonal de otra índole.

La voz también está influida por las glándulas sexuales y su tonalidad depende del tamaño de la laringe. En el muchacho, con la pubertad, la laringe se desarrolla bastante, la voz se hace más baja de tono y profunda; en la muchacha el desarrollo de la laringe es leve, su timbre de voz adquiere solamente un carácter más o menos sonoro y se conserva su tonalidad aguda.

Examen de las enfermedades

El impulso sexual

El impulso sexual es un medio instintivo de atracción natural para asegurar la continuidad de la especie. La intensidad del instinto sexual cambia a lo largo del curso de la existencia humana. Independientemente del hecho de que pueda ser mayor o menor como consecuencia de un estado de salud, es escaso en la infancia, aumenta y alcanza su máximo en la madurez, para declinar en la vejez. El estímulo para el centro sexual del sistema nervioso parte de los órganos de los sentidos y depende de las hormonas sexuales.

Determinadas células nerviosas del centro sexual controlan la concentración de las hormonas sexuales en la sangre, y transmiten, según el estímulo, impulsos más o menos intensos a la hipófisis.

De este modo se regula la producción de hormonas sexuales (gonadotropinas) del lóbulo anterior de la hipófisis. Las gonadotropinas son hormonas con acciones específicas sobre las glándulas sexuales: regulan los procesos de maduración folicular, de ovulación y de formación del cuerpo amarillo en el ovario, y también la producción de espermatozoides y de hormonas masculinas en el testículo.

Todo sexo posee potencialmente la capacidad de reaccionar en sentido masculino o femenino (se habla de bisexualidad), razón por la cual la sexualidad, antes de la pubertad, es todavía oscilante.

Esta potencialidad puede ser inclinada hacia un sentido equivocado por una influencia desfavorable del ambiente y conducir a la homosexualidad. En situaciones forzadas el hombre se libera de la tensión sexual recurriendo a prácticas homosexuales, pero esta práctica sustitutiva no es una verdadera homosexualidad; la atracción hacia un individuo del mismo sexo es considerada como una anomalía, de carácter esencialmente psicológico, del instinto sexual.

Tensión sexual en el joven

En los seres humanos de todo pueblo socialmente organizado existe un periodo, entre la pubertad y el matrimonio, durante el cual madura la personalidad del individuo. Esta etapa servirá para el desarrollo de la independencia, de la educación profesional y de la incorporación a la comunidad. Pero como en el hombre joven y sano estos aspectos se desarrollan al mismo tiempo, pueden aparecer tensiones sexuales que no sean del todo naturales.

En esta época de dualismo psíquico es cuando las desviaciones son más frecuentes y pueden revestir gravedad para el porvenir. Los traumas psíquicos y las influencias dañinas pueden afectar la fina estructura psicosomática, muy sensible, en forma profunda, sobre todo cuando falta la protección de un ambiente comprensivo y no son sanas las condiciones familiares. La ignorancia total en el campo sexual, la educación muy puritana y los ejemplos vulgares pueden causar gran daño. Estas dificultades no deben ser atribuidas exclusivamente al proceso de maduración biológica, ya que frecuentemente son la consecuencia de errores educativos, de miedos imaginarios y de falta de fe de los jóvenes en sí mismos. La conversación razonable con los jóvenes puede ser una gran ayuda en este aspecto.

El problema del onanismo

Todo niño descubre lentamente su propio cuerpo y se interesa por sus órganos genitales. Hacia la pubertad, entre los 12 y los 15 años, aparece, tanto en la muchacha como en el joven, el instinto sexual. Los jóvenes encuentran en esta época el modo de procurarse una sensación placentera mediante manipulaciones. Esta forma de autosatisfacción (onanismo) no tiene ningún significado morboso en este periodo juvenil, y puede considerarse, simplemente, como una fase transitoria hacia la experiencia sexual. La autosatisfacción se vuelve anormal pasada la pubertad, si se convierte en hábito, lo que constituye un gran peligro para el desarrollo sexual ulterior del individuo. Opresión, sentido de culpa y autocondena, nerviosismo y, por último, la insatisfacción, pueden ser la consecuencia.

Los jóvenes son conscientes de la inmoralidad de estas prácticas. Pasado el acto les queda una sensación privada de sentimiento que viene seguida de vergüenza y pena, y del propósito de cambiar. Se establece una lucha entre la razón y el instinto y si vence la razón, el joven queda liberado. En primer lugar es necesario reforzar la voluntad, no condenándolo, ya que esta actitud puede ser causa de un complejo de inferioridad. Se sabe que la estimulación erótica de la fantasía conduce a estados de hiperexcitación nerviosa y que la falta de ejercicio, una alimentación muy rica en proteínas, el alcohol, el tabaco y las lecturas pornográficas contribuyen a acentuar la excitación.

En ocasiones, las aberraciones sexuales se presentan en forma esporádica, sobre todo en los adolescentes, como resultado del ambiente en que viven, y no representan una desviación de sus instintos, todavía poco definidos. Algunos muchachos, por ejemplo, buscan en ciertas prácticas sexuales una sustitución con la cual satisfacer sus impulsos nacientes. En este caso no debe ni pensarse en una anormalidad. Lo más probable es que cuando crezcan, se desarrollen y se casen, regresen automáticamente a las prácticas consideradas como normales, y olviden las antiguas. En cualquier otro caso, no debe tratarse de resolver la situación mediante amenazas, castigos u otros medios coercitivos.

No se olvide que la aberración sexual es casi siempre la manifestación de una causa mental, emocional o endocrina, que debe erradicarse si se quiere regresar a la normalidad. Sólo con la ayuda de un tratamiento médico y psicoterapéutico adecuado será posible lograrlo.

Son medidas útiles: reducir al mínimo la vida sedentaria, sustituyéndola con deportes y paseos al aire libre, el uso de baños fríos, el sueño sobre materiales duros en locales bien aireados, una alimentación variada y balanceada y evitar las excitaciones nerviosas.

Excepto en casos claramente delimitados, es en ocasiones difícil determinar dónde acaba la normalidad de los actos sexuales y dónde comienza la aberración porque, casi siempre, las aberraciones son manifestaciones de trastornos mentales, de desviaciones emocionales o de desajustes endocrinos.

Tanto los padres como los educadores deben ser capaces de guiar al joven de un modo natural hacia ideales éticos, ayudándolo a reforzar el sentido de su propio valor. Hace falta, para esta labor, una gran comprensión, y proceder con prudencia para no provocar la obstinación del joven y, con ello, un mayor daño. Lo ideal es obtener la armonía del cuerpo y la mente.

Examen de las enfermedades

La determinación del sexo

Las células germinales comprenden originariamente 46 cromosomas, de los cuales dos son llamados cromosomas sexuales por ser los responsables de la determinación del sexo del nuevo ser. El hombre posee dos cromosomas sexuales distintos entre sí, llamados X e Y, mientras que la mujer posee dos cromosomas XX. Antes de la fecundación, mediante una particular división celular (mitosis reduccional o meiosis), las células germinales reducen a la mitad su dotación cromosómica, por lo que, después de dicho proceso, contendrán siempre un solo cromosoma X si son femeninas, y un solo cromosoma X o un cromosoma Y si son masculinas. Por la fecundación podrá formarse una célula con dos cromosomas XX (femenina) o una células con cromosomas XY (masculina), según lo muestra el siguiente esquema:

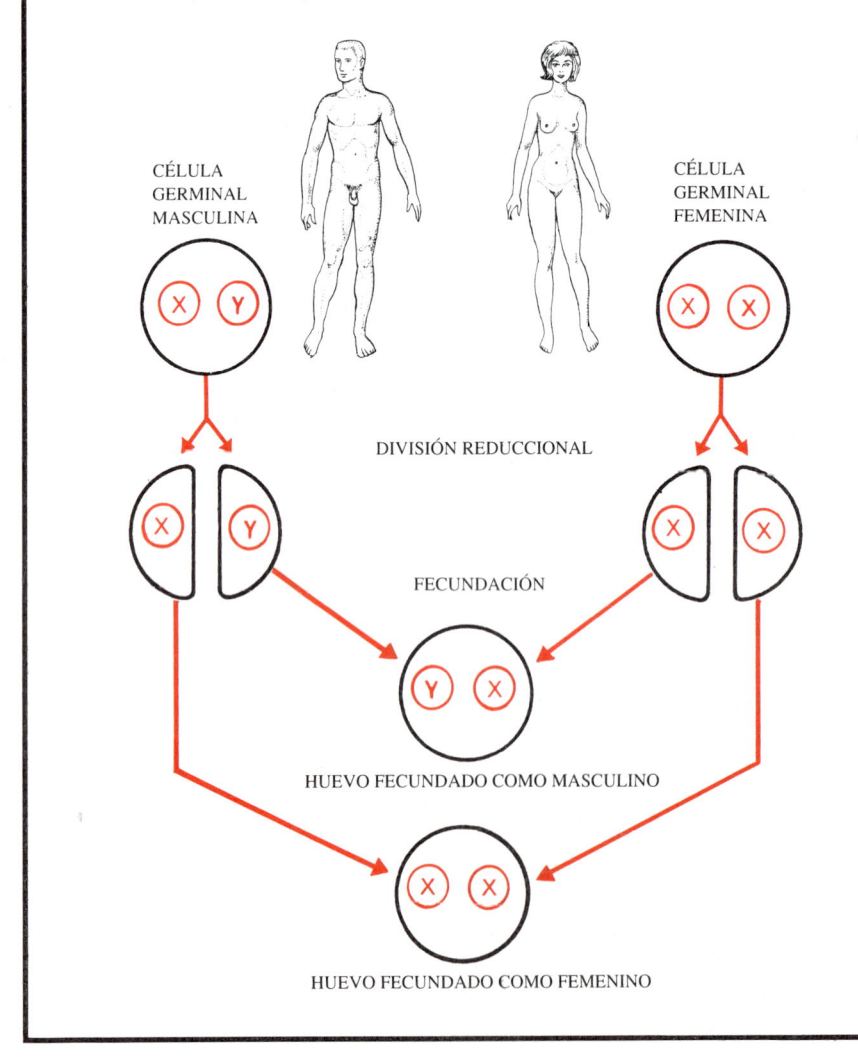

CÉLULA GERMINAL MASCULINA

CÉLULA GERMINAL FEMENINA

DIVISIÓN REDUCCIONAL

FECUNDACIÓN

HUEVO FECUNDADO COMO MASCULINO

HUEVO FECUNDADO COMO FEMENINO

718

La regulación de nacimientos

Un matrimonio que, por motivos particulares, necesite evitar en un periodo determinado un embarazo, que quiera la regulación o el control de los nacimientos, debe recurrir a medios que impidan a los espermatozoides masculinos encontrarse con el óvulo femenino. Muchos de estos medios no son inocuos y conviene poner en guardia en cuanto a su uso.

El coito interrumpido o incompleto es uno de los medios anticonceptivos de mayor difusión. Consiste en la separación del miembro viril de la vagina poco antes de la eyaculación. Este método no es seguro y presenta muchos inconvenientes, porque la satisfacción sexual no es completa y las consecuencias para la salud de la pareja pueden ser dañinas. Otro tanto ocurre, a pesar de su aparente seguridad, con el preservativo o los dispositivos intrauterinos.

Los anticonceptivos químicos tienen la acción de conferir a la secreción vaginal una acidez netamente superior a la normal, de forma que matan a los espermatozoides. Estas sustancias tienen el inconveniente de alterar el ambiente químico de la vagina, favoreciendo la multiplicación de gérmenes, y no ofrecen una garantía absoluta.

Tanto los medios mecánicos como los químicos citados, aparte de no ofrecer una seguridad absoluta, pueden provocar lesiones inflamatorias del aparato genital, de carácter progresivo con lesiones de las trompas y una esterilidad no deseada, como epílogo. Actualmente el problema de la regulación de nacimientos está orientado hacia dos soluciones.

La primera es la continencia periódica, es decir, la abstención de la unión sexual durante los días en que la mujer es fecunda. En la mujer, entre una regla y la siguiente hay determinados días en los que puede suceder la fecundación y otros días en los cuales la mujer es fisiológicamente estéril.

La mujer sólo puede ser fecundada cuando en la trompa exista un óvulo dispuesto para la fecundación. El óvulo se encuentra en ella cuando ha sido expulsado del ovario, o sea cuando ha tenido lugar una ovulación. Es necesario, por lo tanto, conocer el momento de la ovulación. Este momento no se manifiesta en la mujer con signos claramente advertibles, pero hay posibilidades de determinarlo.

Una de ellas es el método de Ogino-Knaus. Según los estudios de estos autores, se pueden calcular con una cierta precisión los días estériles en el lapso que media entre una regla y la siguiente. Debido a que la fecha de la ovulación está ligada a la menstruación siguiente, el concepto fundamental del método consiste en tomar como punto de referencia de la ovulación la fecha inicial de la menstruación siguiente, y ésta está en relación con la fecha de la ovulación que la precede. Según esta teoría la ovulación sobreviene entre el 16° y el 12° día antes de la próxima regla. Se deben, por lo tanto, considerar estos días como fecundos. En este punto es necesario considerar otra cuestión: la vitalidad del espermatozoide. Se puede afirmar que esta vitalidad es de 48 horas, pero se deben añadir estos dos días a los cinco anteriores; el periodo fecundo será entonces de siete días.

Resumiendo: de los 28 días entre una menstruación y la sucesiva, 21 se pueden considerar como estériles y 7 fecundos. Indicando con un 1 el día en que se inició la menstruación, serán estériles los días del 1 al 10; fecundos los días del 11 al 17; de nuevo estériles los días del 18 hasta la próxima regla.

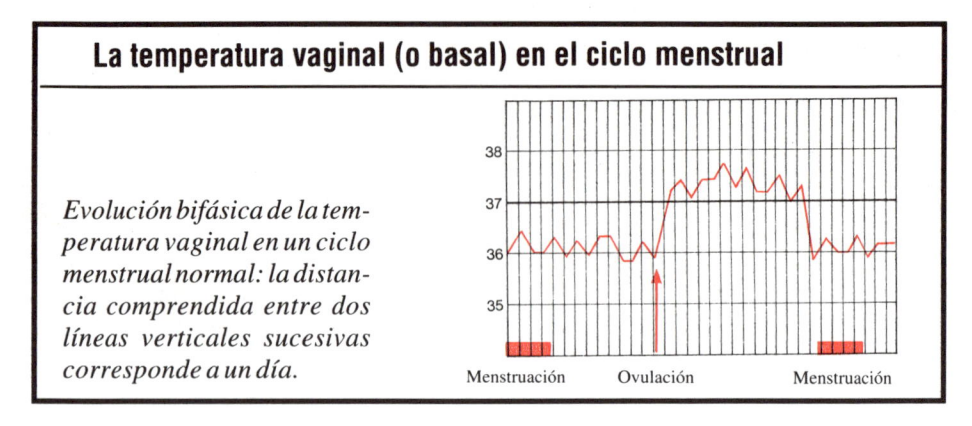

La temperatura vaginal (o basal) en el ciclo menstrual

Evolución bifásica de la temperatura vaginal en un ciclo menstrual normal: la distancia comprendida entre dos líneas verticales sucesivas corresponde a un día.

Sin embargo, en la práctica no resulta tan sencillo, porque las menstruaciones no vienen siempre cada 28 días de forma regular, sino que son notables las diferencias entre una mujer y otra, y variables cada mes en la misma mujer. Por tanto, la mujer que quiera regular su vida conyugal según la teoría de Ogino-Knaus, deberá, primero, establecer el tipo particular de su ciclo. Sus observaciones deberán extenderse por un periodo no inferior a 12 meses.

Se han propuesto varios métodos para el cálculo de los días fértiles e infértiles teniendo como base el ciclo menstrual. El reconocimiento del momento de la ovulación puede también realizarse con la determinación de la temperatura basal, esto es, con la medición de la temperatura, mejor en toma vaginal, por la mañana, antes de levantarse de la cama y siempre a la misma hora. En el momento de la ovulación la temperatura corporal, que anteriormente siempre se ha mantenido unas décimas por debajo de los 37°C, sube bruscamente de 3 a 5 décimas sobre los 37°C y así permanece hasta la próxima menstruación. Este aumento de temperatura se debe a un efecto de la progesterona, que interviene en el fenómeno de la ovulación. Conociendo así el día de ésta, se puede calcular el periodo de días fecundos de la mujer con mayor precisión que con el método del calendario según Ogino-Knaus. El método de Billings es el que se ha constituido como el más seguro método de abstención periódica y se basa en el análisis del moco cervical (del cuello uterino), ya que éste se vuelve muy elástico durante la ovulación y es muy espeso y poco elástico cuando no hay óvulo presente; para utilizar este método se necesita algo de adiestramiento.

La continencia periódica difiere sustancialmente de los métodos de regulación de nacimientos antes citados. Las relaciones conyugales se mantienen en el plano de las leyes naturales y, además muy importante, la mujer se beneficia del acto sexual completo, mientras que la mayor parte de las otras prácticas contraceptivas repercuten con daño en el sistema nervioso sin procurar una satisfacción plena.

Habíamos dicho que actualmente la regulación de nacimientos está orientada hacia dos soluciones, la primera de las cuales es la continencia periódica. La segunda, a su vez, se basa en la administración oral, a la mujer, de píldoras anticonceptivas (asociación hormonal de estrógenos y gestágenos), las cuales tienen como efecto la inhibición de la ovulación. En otros términos, actúan bloqueando los óvulos en el ovario. Procuran, por lo tanto, una suspensión de la ovulación, una condición de «reposo ovárico» idéntica a la de la mujer embarazada.

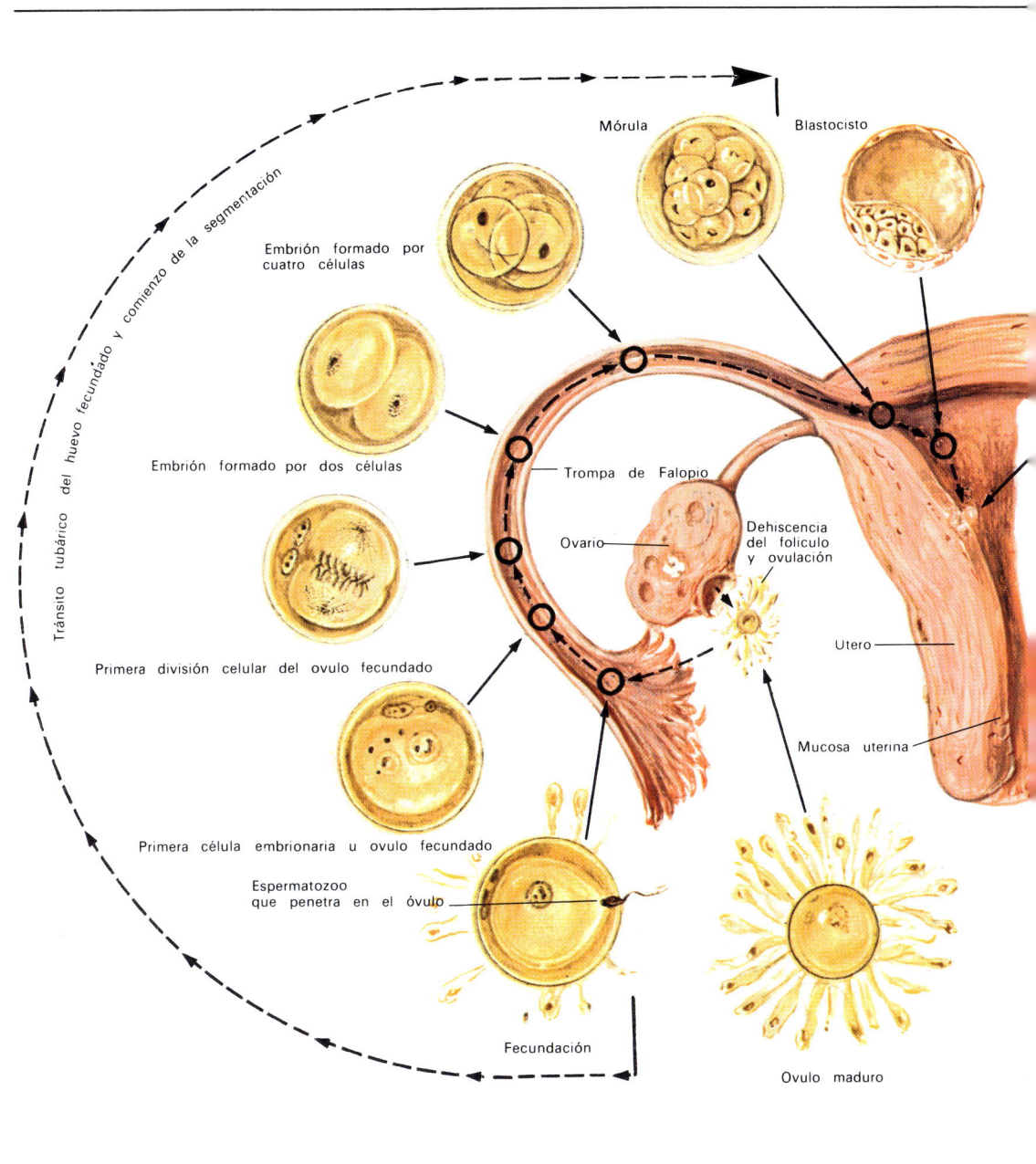

ANIDACION DEL HUEVO FECUNDADO EN LA MUCOSA UTERINA Y PRIMERA FASE DE SU

Tránsito tubárico del huevo fecundado y comienzo de la segmentación

- Mórula
- Blastocisto
- Embrión formado por cuatro células
- Embrión formado por dos células
- Trompa de Falopio
- Ovario
- Dehiscencia del folículo y ovulación
- Primera división celular del óvulo fecundado
- Utero
- Mucosa uterina
- Primera célula embrionaria u óvulo fecundado
- Espermatozoo que penetra en el óvulo
- Fecundación
- Ovulo maduro

La fecundación, es decir, el encuentro de la célula sexual masculina o espermatozoo con la célula sexual femenina u óvulo, se produce normalmente en el conducto de la trompa. Después de ser fecundado el óvulo recorre toda la trompa en, aproximadamente, unos ocho días, al final de los cuales pasa a la cavidad uterina. Allí se implanta en su mucosa que, durante este tiempo, ha sufrido modificaciones especiales que la adaptan para alojar el huevo, es decir, se ha transformado en decidua. Entre tanto, el óvulo fecundado inicia el proceso de segmentación embrionaria o de sucesivas divisiones celulares, por las que al final de los 9 meses de embarazo el feto estará maduro.

5º MES

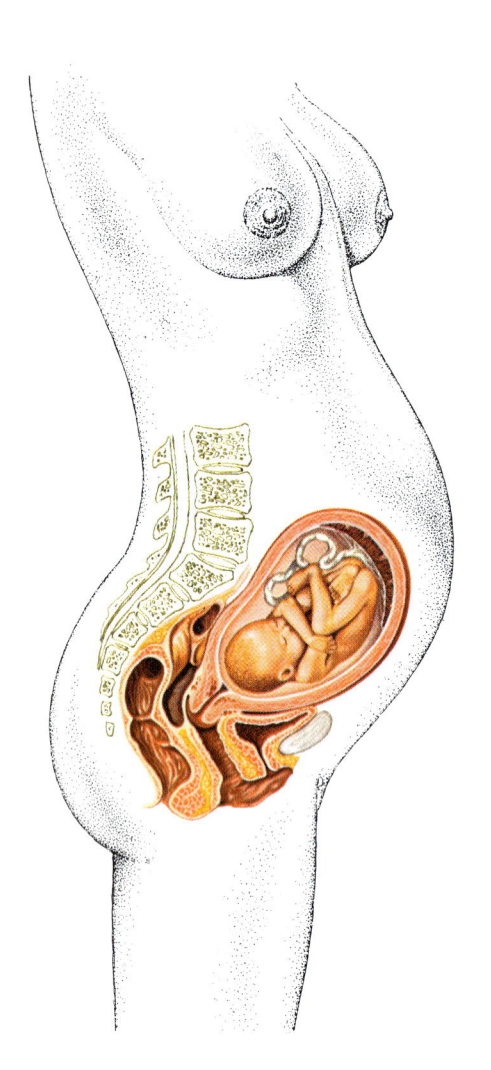

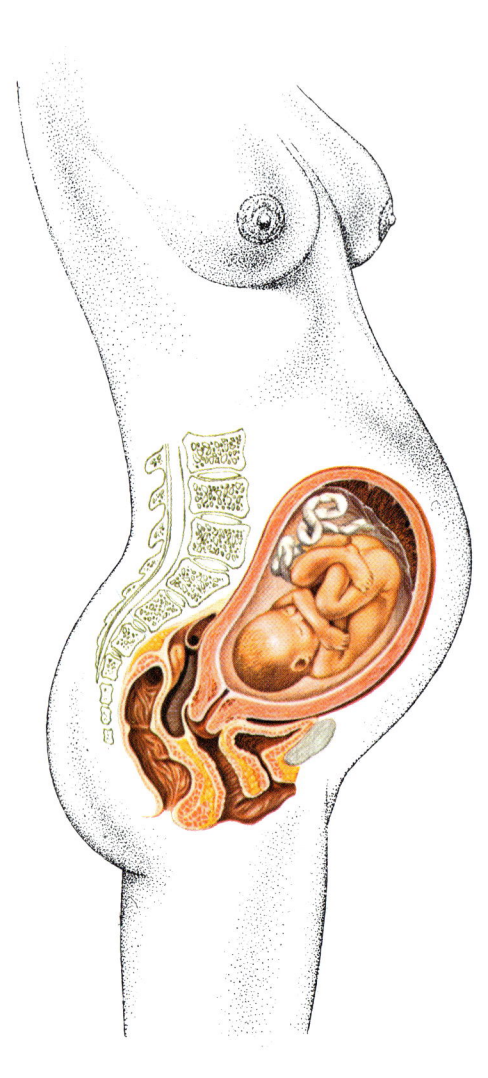

6º MES

Longitud del feto 25 cm.; peso 350 g. Se percibe el latido cardiaco. Se completan los surcos y circunvoluciones cerebrales, a la vez que las fibras nerviosas empiezan a recubrirse de la vaina mielínica. En los dientes, que saldrán pasado el sexto mes después del nacimiento, se depositan el esmalte y la dentina.

Longitud del feto 30 cm.; peso 800 g. A cargo del sistema nervios se completa el proceso de mielinización de las fibras; la corte cerebral y la retina se diferencian en sus diversas capas celula res. Se forma la hendidura o fisura palpebral, constituida por l pliegues palpebrales con el esbozo de las pestañas.

DESARROLLO DEL FETO DURANTE EL EMBARAZO

3º MES

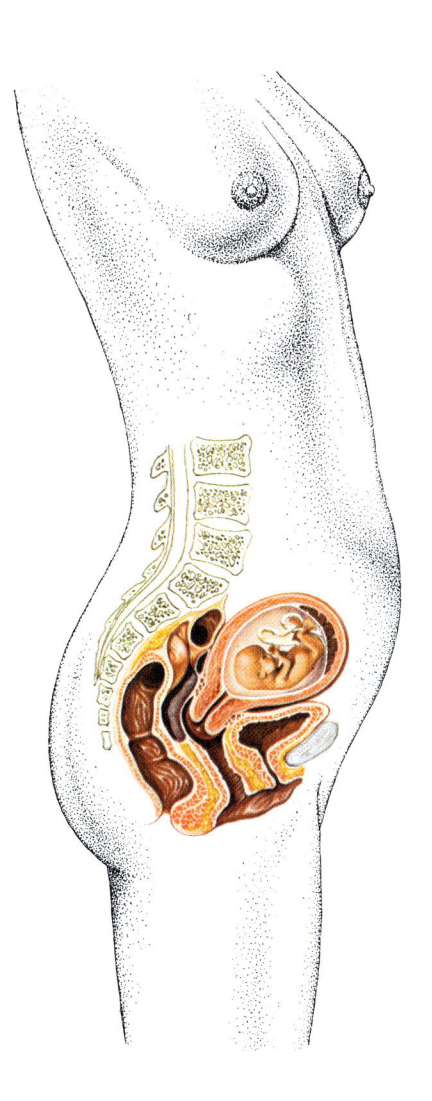

Longitud del feto 15 cm.; peso 20 g. En este periodo se inicia la formación de la sangre y de la secreción biliar, la estratificación de la epidermis y la conformación definitiva de los pulmones. En el páncreas aparecen los islotes de Langerhans secretores de insulina. En el cráneo se forman el paladar y el tabique nasal.

4º MES

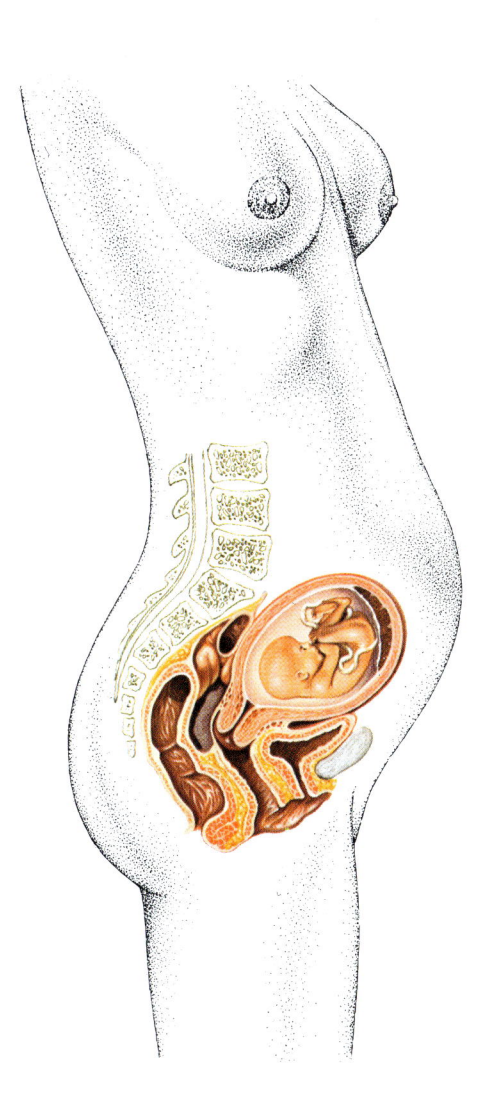

Longitud del feto 20 cm.; peso 115 g. En el corazón se completa la tabicación de la cavidad cardiaca. En los tejidos cutáneos aparecen las glándulas sebáceas y sudoríparas; empiezan a aparecer pelos. Los huesos, en los que se va depositando el calcio, apenas son visibles al examen radiológico.

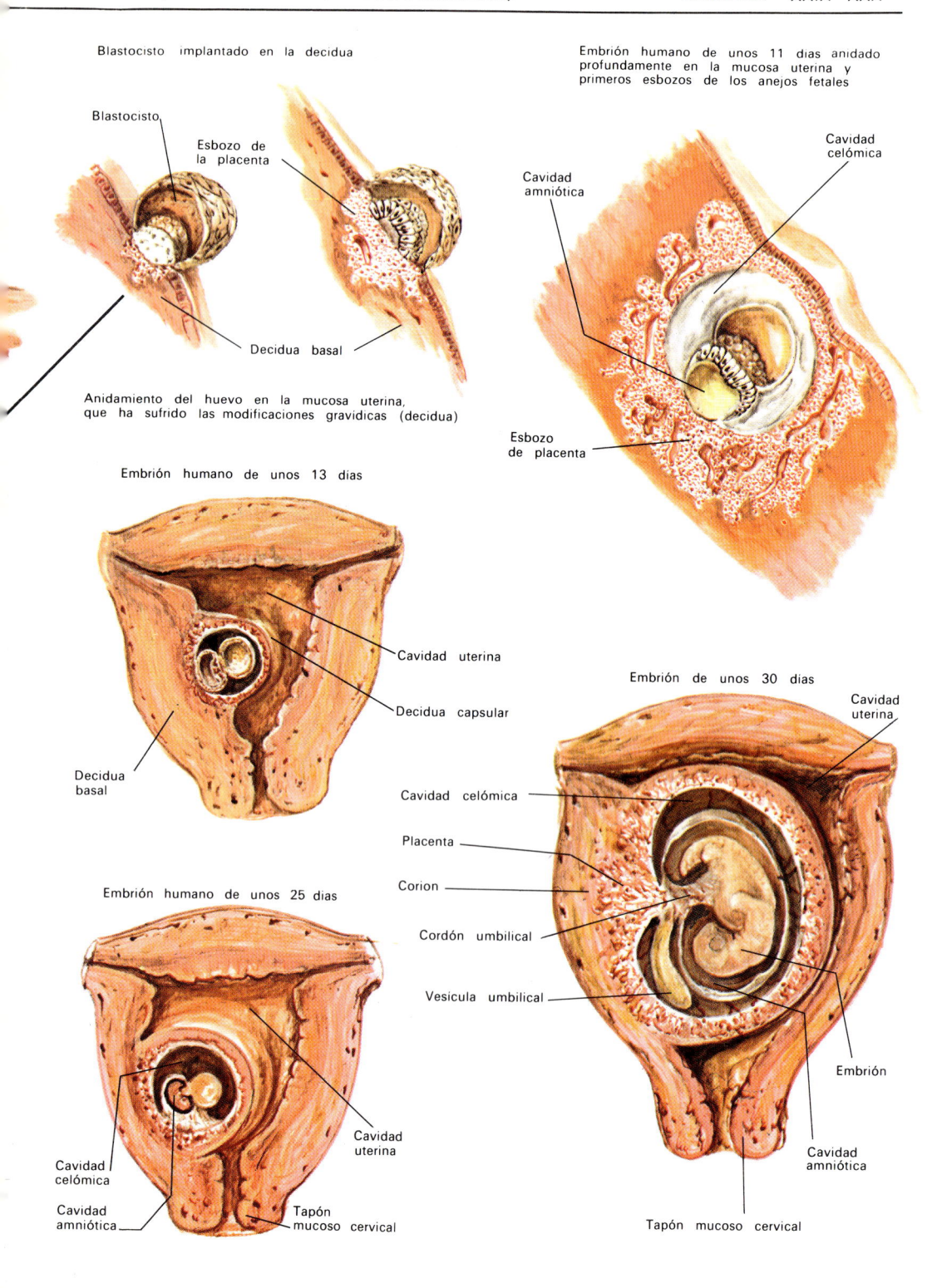

DESARROLLO (REPRESENTACION ESQUEMATICA)   LAMINAS XXIX - XXX

PLACENTA - CIRCULACION - PARTO

PLACENTA HUMANA AL FINAL DEL EMBARAZO

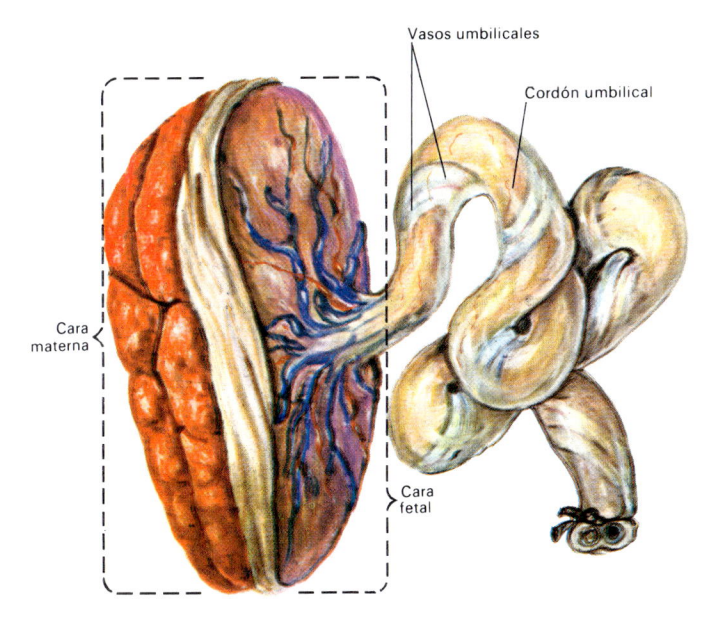

Vasos umbilicales

Cordón umbilical

Cara materna

Cara fetal

La placenta es un órgano que se forma durante el embarazo y que se expulsa al fin de éste con el alumbramiento. Está unida a la mucosa uterina por medio de las vellosidades coriales que penetran profundamente, y al embrión por medio del cordón umbilical, que será cortado al nacer dejando una cicatriz que constituirá el ombligo. La placenta proporciona la nutrición y respiración al feto y elabora hormonas especiales necesarias para regular el desarrollo del embarazo.

LA CIRCULACION EN EL FETO Y EN EL RECIEN NACIDO

Antes del parto la vena umbilical lleva sangre arterial de la placenta al feto, donde, por la particularidad anatómica de su circulación, la sangre arterial está mezclada a la venosa.

Después, al nacer, la vena umbilical se corta junto con el cordón, y con los primeros movimientos respiratorios útiles del recién nacido el aprovisionamiento de oxígeno se efectúa a través de los pulmones. Se establece así la circulación neonatal, en la cual se cierran algunas vías de paso de sangre fetal, como el conducto venoso de Arancio, el conducto arterioso de Botal, y la comunicación interauricular, y ya no se mezclan la sangre arterial y la venosa.

Vena umbilical —

Placenta —

Arteria umbilical —

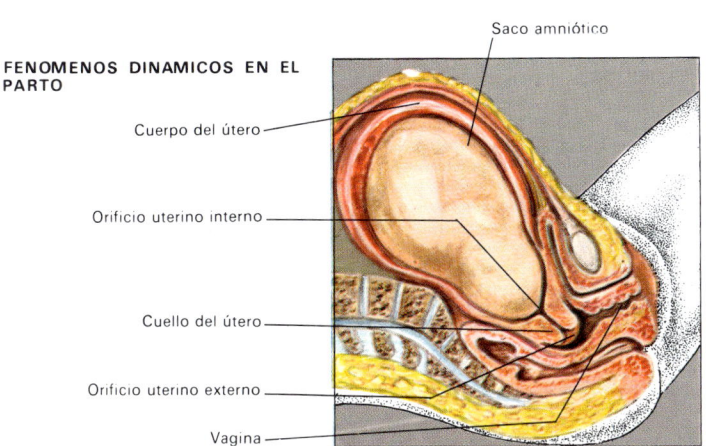

FENOMENOS DINAMICOS EN EL PARTO

Cuerpo del útero

Orificio uterino interno

Cuello del útero

Orificio uterino externo

Vagina

Saco amniótico

Bolsa de las aguas

PERIODO PRODROMICO. Alargamiento del segmento inferior del útero

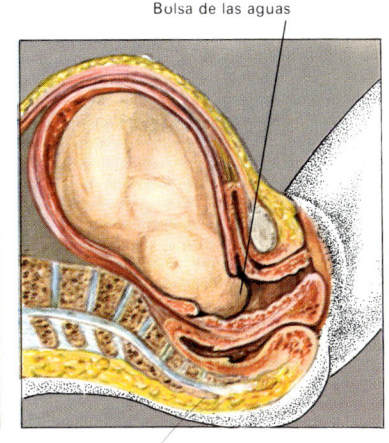

PERIODO DE DILATACION. Dilatación del cuello del útero y formación de la «bolsa de las aguas» o parte anterior del saco amniótico.

LAMINAS XXXV-XXXVI

CIRCULACION FETAL

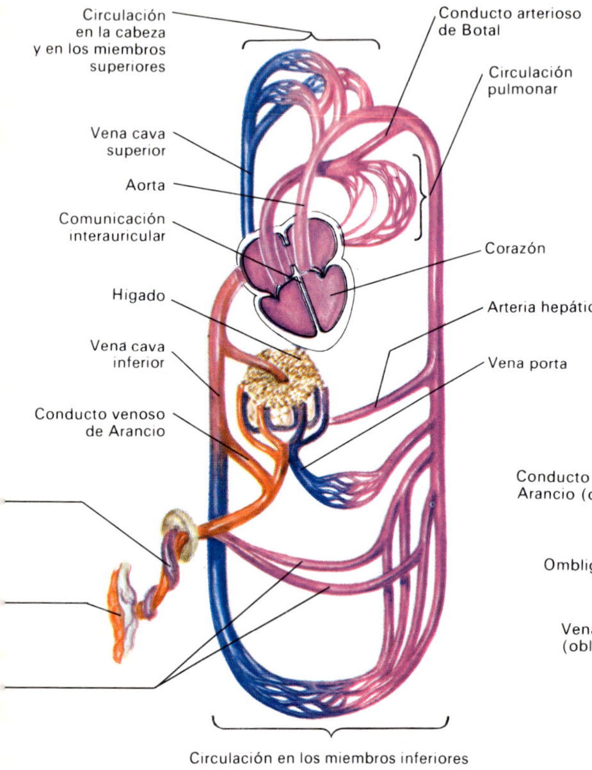

- Circulación en la cabeza y en los miembros superiores
- Conducto arterioso de Botal
- Circulación pulmonar
- Vena cava superior
- Aorta
- Comunicación interauricular
- Corazón
- Hígado
- Arteria hepática
- Vena cava inferior
- Vena porta
- Conducto venoso de Arancio

Circulación en los miembros inferiores

CIRCULACION NEONATAL

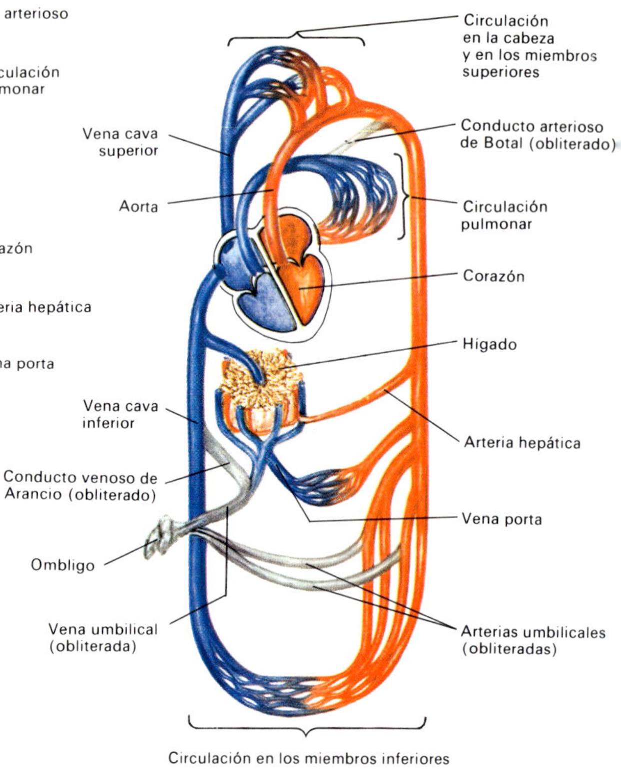

- Circulación en la cabeza y en los miembros superiores
- Conducto arterioso de Botal (obliterado)
- Vena cava superior
- Circulación pulmonar
- Aorta
- Corazón
- Hígado
- Vena cava inferior
- Arteria hepática
- Conducto venoso de Arancio (obliterado)
- Vena porta
- Ombligo
- Vena umbilical (obliterada)
- Arterias umbilicales (obliteradas)

Circulación en los miembros inferiores

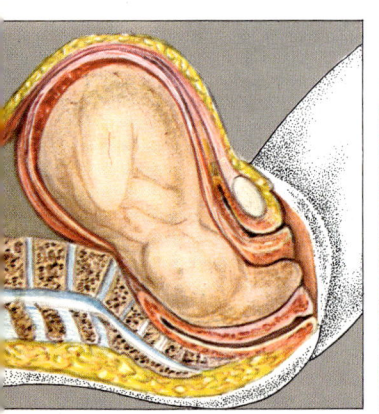

PERIODO DE DILATACION. Dilatación completa del orificio uterino externo y progresión de la «bolsa de aguas».

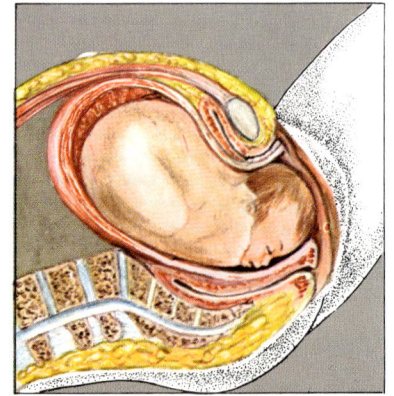

PERIODO EXPULSIVO. Progresión del feto y rotura de la membrana.

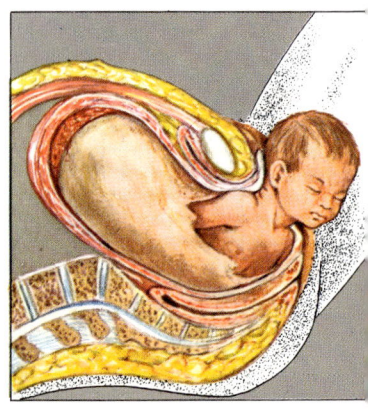

PERIODO EXPULSIVO. Salida de la cabeza fetal por los genitales externos.

Durante el tiempo de administración de la píldora debe existir un control y vigilancia por parte del ginecólogo, ya que su uso indiscriminado puede dar lugar a accidentes graves. En cada caso el médico deberá establecer el tratamiento ideal y el medicamento apropiado. Constituyen contraindicaciones formales para su administración la presencia de trastornos vasculares, hipertensión y enfermedad hepática principalmente.

En cuanto a los trastornos de carácter leve, se trata de aumento de peso y meteorismo intestinal, cefaleas y alteraciones del ritmo menstrual. Estos trastornos se reducen mucho si el tratamiento se selecciona en cada paciente. Respecto a sus efectos a largo plazo no parece que exista contraindicación formal a su uso, y la capacidad de concebir se establece al suspender la administración de esta medicación. La esterilidad definitiva puede lograrse mediante procedimientos quirúrgicos como salpingoclasia (ligar las trompas de Falopio) en la mujer, o vasectomía (ligar los conductos deferentes) en el hombre; se recomienda esterilizar definitivamente sólo a parejas muy estables en el matrimonio que no desean más hijos.

El embarazo

Fecundación

Cuando el óvulo está maduro, es decir, cuando ya se ha reducido a la mitad la sustancia cromática de su núcleo, se une al espermatozoide, célula sexual masculina, que también ha perdido la mitad de su cromatina. Éste es el hecho esencial de la fecundación. Con la unión se restaura el número normal de cromosomas (46 en la especie humana). Un solo espermatozoide de los muchos que van a rodear el óvulo es el que penetra en él y, una vez que ha penetrado, la membrana ovular se opone a la entrada de otros espermatozoides. El óvulo se ha transformado en huevo. La fecundación, por tanto, se realiza por la penetración de un espermatozoide en el óvulo maduro y la fusión de sus componentes nucleares y citoplasmáticos.

El camino que cada uno de ellos sigue para encontrarse en el tercio externo de la trompa es el siguiente: el espermatozoide depositado en la vagina se dirige hacia el cuello uterino, donde encuentra un ambiente alcalino favorable para su vitalidad, y recorre la cavidad uterina para, en pocas horas, alcanzar el pabellón de las trompas (1.5 a 3 mm por minuto). Su movilidad es proporcionada por la cola. Por otra parte el óvulo puesto en libertad penetra a través del ostium abdominal de la trompa. La fecundación se realiza normalmente en la región ampular; con ella se establece un ciclo gravídico.

Anidación

Una vez realizada la fecundación, en la porción ampular de la trompa (tercio externo), el huevo es transportado, en un periodo de ocho a diez días, a la cavidad uterina. Debido a que el huevo no posee mecanismo locomotor propio, es la trompa la encargada de este transporte, gracias a la actividad peristáltica de la musculatura. Se ha demostrado, de forma manifiesta, el escaso valor que puede representar en este transporte la acción del movimiento de las pestañas vibrátiles del epitelio cilíndrico que recubre la trompa, dada la desproporción entre el huevo y la longitud de las pestañas.

Examen de las enfermedades

Desarrollo y aspecto definitivo del espermatozoide

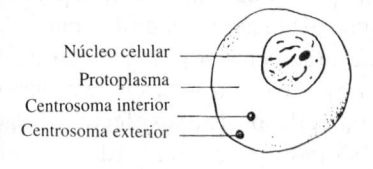

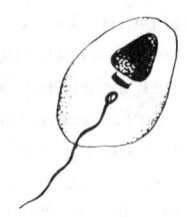

a) Célula preespermática y sus dos centrosomas
- Núcleo celular
- Protoplasma
- Centrosoma interior
- Centrosoma exterior

b) Partiendo del centrosoma externo crece un filamento en forma de cola

c) El núcleo de la célula va adquiriendo la forma cilindrocónica típica de la cabeza del espermatozoide. El centrosoma interno adopta la forma discoidea, aproximándose al núcleo, el cual se coloca junto a la membrana celular.

d) El núcleo se halla separado de la membrana por una delgada capa de protoplasma. El centrosoma interno, en forma de disco, se halla unido a él. Del centrosoma exterior se desprende un anillo que se dirige al otro extremo de la célula.

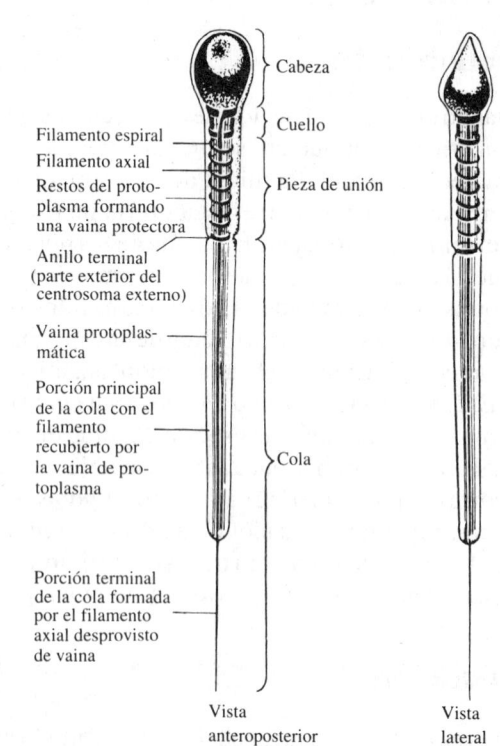

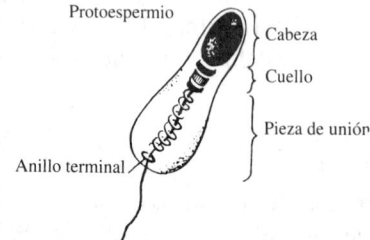

Protoespermio
- Cabeza
- Cuello
- Pieza de unión
- Anillo terminal

Vista anteroposterior:
- Cabeza
- Cuello
- Pieza de unión
- Filamento espiral
- Filamento axial
- Restos del protoplasma formando una vaina protectora
- Anillo terminal (parte exterior del centrosoma externo)
- Vaina protoplasmática
- Porción principal de la cola con el filamento recubierto por la vaina de protoplasma
- Porción terminal de la cola formada por el filamento axial desprovisto de vaina
- Cola

Vista lateral

Imagen definitiva del espermatozoide

e) La parte interior del centrosoma externo se halla unida al centrosoma interno; el anillo terminal se encuentra en el polo opuesto de la célula, en el lugar de donde arranca el filamento. En el protoplasma se forma una espiral alrededor del filamento.

La mucosa del útero, como vimos al estudiar la menstruación, sufre una renovación cíclica bajo la acción de las hormonas producidas por el folículo en crecimiento y cuerpo amarillo. Es el cuerpo amarillo, con su hormona **progesterona,** el que produce la fase de secreción dentro del ciclo uterino. La fase de secreción tiene como finalidad la producción de elementos nutricios para que el embrión pueda anidar y desarrollarse a expensas de ella. La mucosa uterina en fase de secreción, si se ha producido una gestación, recibe el nombre de **decidua.**

El huevo está recubierto exteriormente por una membrana llamada pelúcida, que permite el paso de la cabeza del espermio en el acto de la fecundación, pero que se engruesa para impedir la penetración de nuevos espermios y que persiste durante las primeras etapas de división celular. Durante su recorrido a través de la trompa, la zona pelúcida va desapareciendo y al llegar el huevo a la cavidad uterina ha desaparecido totalmente; entonces se ponen en contacto directo las células que forman la **blástula** con la mucosa (decidua) que recubre la cavidad uterina.

En el conglomerado celular que forma la blástula se van a distinguir dos porciones funcionales, totalmente distintas: una zona periférica que se pone en contacto con la mucosa uterina (recibe el nombre de **trofoblasto** y a ella debe el huevo su poder de penetración gracias a su gran actividad proteolítica y capacidad fagocitaria); otra zona profunda, **zona embrionaria,** de la cual se forman parte de los anexos fetales y se iniciará el desarrollo del embrión.

La anidación sería la penetración del huevo fecundado dentro de la mucosa uterina en fase de secreción, gracias al poder citolítico de su capa más externa: el **trofoblasto.** En el trofoblasto vamos a distinguir inmediatamente dos capas: una superficial, gruesa, en contacto con el endometrio, formada por células mal delimitadas, que recibe el nombre de «sincitiotrofoblasto», y otra más profunda formada por células de mayor tamaño con grandes vacuolas, mejor delimitadas, que recibe el nombre de «citotrofoblasto» o capa de células de Langhans. El trofoblasto no sólo cumple una misión importantísima en la anidación, sino que es el órgano encargado de suministrar las sustancias nutricias para el desarrollo del embrión.

El sitio de penetración del huevo en la mucosa del útero (**operculum**) se recubre primitivamente por un coágulo que desaparece por crecimiento de la mucosa de los bordes. Con el crecimiento y desarrollo del huevo anidado se divide la decidua en tres porciones: la parietal, que tapiza la pared interna del útero, excepto el lugar de la inserción del huevo; la capsular, que rodea la superficie ovular que hace relieve dentro de la cavidad uterina, y la basal, encontrada entre la zona de implantación del huevo y la pared uterina.

El desarrollo embrionario

Dejemos la zona superficial o trofoblasto y ocupémonos de lo que ocurre en el conglomerado celular interno o zona embrionaria. En ella, excéntricamente, se va a diferenciar una zona que constituye el **enclave embrionario** donde pronto, por vacuolización celular, se forma una cavidad: el **amnios.** Revistiendo esta cavidad aparece un epitelio monoestratificado, el cual recibe el nombre de epitelio amniótico, que en la porción más cercana al centro del huevo se diferencia y engruesa constituyendo la primera hoja blastodérmica: el **ectodermo.**

Membranas ovulares

MEMBRANAS OVULARES DEL EMBRIÓN

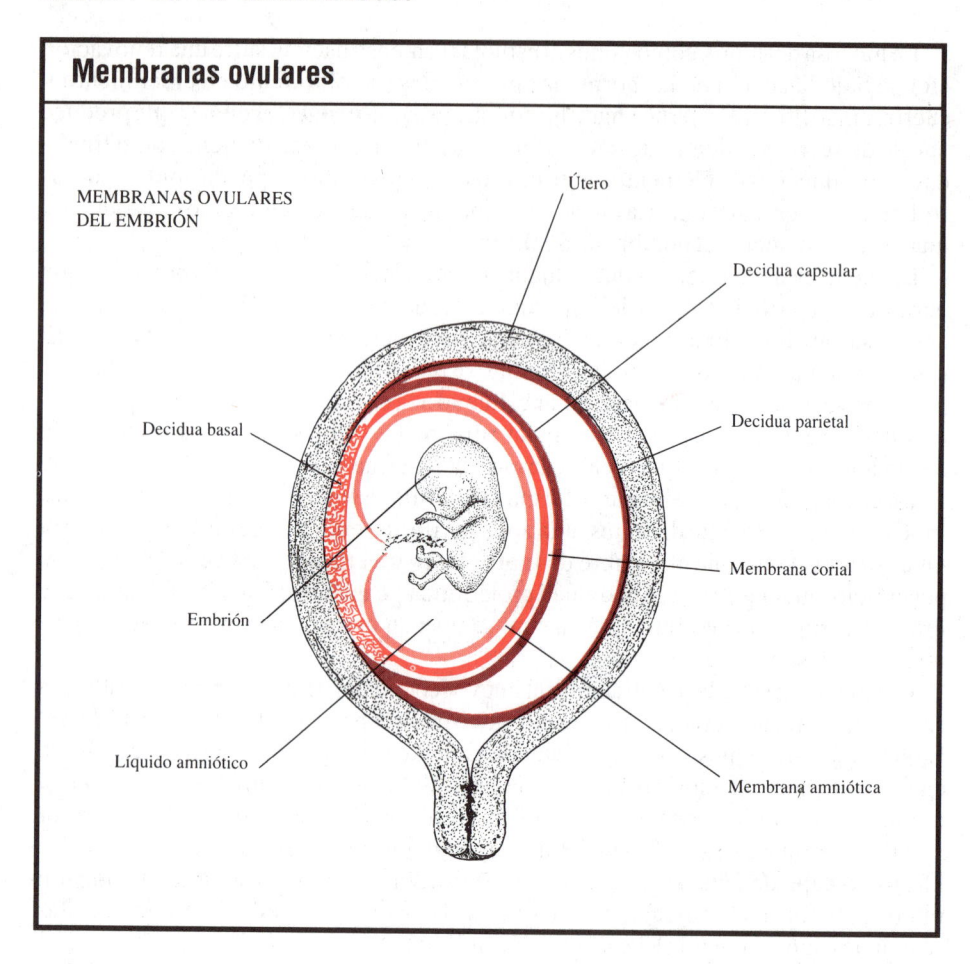

- Útero
- Decidua capsular
- Decidua basal
- Decidua parietal
- Embrión
- Membrana corial
- Líquido amniótico
- Membrana amniótica

Debajo del ectodermo y muy próximo a él aparecen unas células que extendiéndose formarán una nueva cavidad denominada **vitelina.** La porción correspondiente a este epitelio relacionada con el ectodermo constituye la segunda hoja del disco embrionario o **endodermo.** Si observamos la superficie externa del ectodermo podemos comprobar una depresión, el **surco primitivo,** en uno de cuyos extremos se encuentra el **apéndice cefálico,** del cual se derivará el cuerpo del embrión. Pero antes, a partir de este surco primitivo, se van diferenciando una serie de células que ocuparán el espacio comprendido entre el ectodermo y el endodermo dando lugar a la hoja media del embrión: el **mesodermo.**

El resto de las hojas que constituían la **zona embrionaria** es lo que se llama mesodermo extraembrionario. En su crecimiento va convirtiéndose en un tejido laxo reticular, cuya misión parece ser la de permitir el paso de las sustancias nutricias del trofoblasto al **enclave embrionario** y, por otra parte, ejercer una protección mecánica. En este mesodermo extraembrionario existen dos zonas de condensación: una periférica, que se une íntimamente al trofoblasto, que al recibir este refuerzo mesodérmico se denomina **corion primitivo,** y otra que rodea las formaciones primitivas embrionarias. Entre las dos zonas existe un puente de unión o pedículo de fijación.

Sexo y embarazo

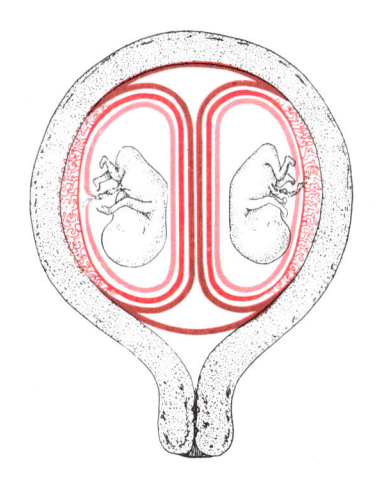

Gemelos separados por todas las membranas ovulares, que se estratificaron separadamente. Se trata de gemelos originados al mismo tiempo en dos óvulos distintos.

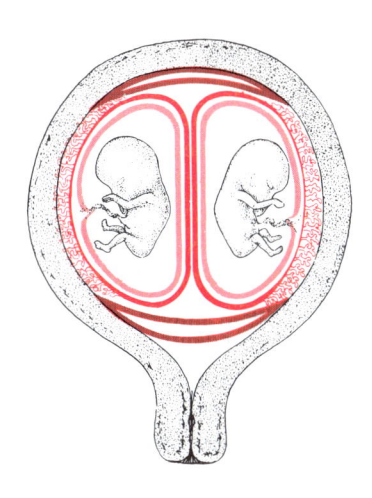

Gemelos separados por la membrana corial y amniótica; también en este caso se trata de gemelos biovulares.

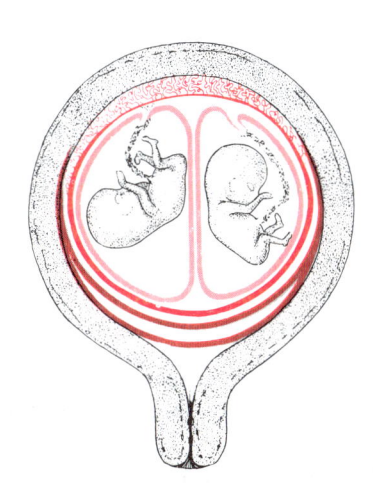

Gemelos separados por la membrana corial en común: son los llamados uniovulares o idénticos, que proceden de un solo óvulo, que en un cierto estadio de su desarrollo ha dado origen a dos embriones.

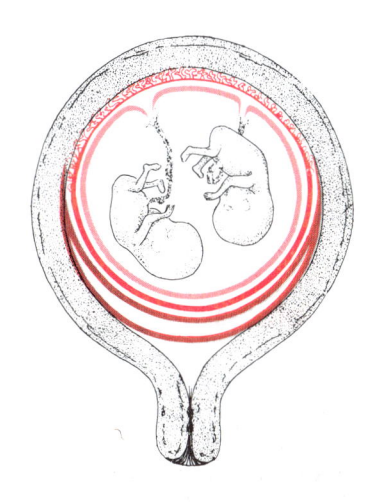

Gemelos con todas las membranas ovulares en común: también en este caso son gemelos uniovulares. Pertenecen siempre al mismo sexo, son parecidísimos y tienen el mismo patrimonio genético.

Examen de las enfermedades

Existen métodos basados en reacciones inmunitarias. Éstos dan la respuesta en pocos minutos y su certeza es del 99%, con lo cual permiten un diagnóstico muy precoz, al quinto o sexto día del comienzo de un embarazo. En la segunda mitad del embarazo podemos ya encontrar signos de certeza como la percepción de latidos fetales, los movimientos activos del feto, la palpación de las distintas partes fetales y la aparición del esqueleto fetal en una radiografía.

Sin embargo, un método de gabinete más seguro y que puede utilizarse más tempranamente es el ultrasonido. También se pueden encontrar en las farmacias diversos productos que, con certeza aceptable, indican la presencia del embarazo, pero su utilización no debe excluir la visita al médico.

Embarazo gemelar

En algunas especies animales es normal el embarazo de múltiples fetos. En otras, como la humana, lo corriente es que haya un solo feto, pero algunas veces hay embarazos de dos (gemelos o mellizos), de tres (trillizos), de cuatro (cuatrillizos), de cinco (quintillizos) y hasta de seis y siete.

En los humanos hay cierta proporción matemática en el número de embarazos y viene a ser la siguiente: un parto gemelar cada 80 embarazos; un parto de trillizos cada 6 400 embarazos, y un parto de cuatrillizos cada 512 000 embarazos. Los partos de un núnero mayor de bebés son muy escasos.

Origen del embarazo gemelar. Hay que distinguir los gemelos monovulares de los biovulares. Los biovulares son los más frecuentes y representan del 70 al 80% de los embarazos gemelares. Derivan de la fecundación contemporánea de dos óvulos por parte de dos espermatozoides.

Este hecho se explica del modo siguiente: en la ovulación son expulsados simultáneamente dos óvulos (provenientes de sendos folículos que han madurado al mismo tiempo), que son fecundados. Los gemelos biovulares pueden ser del mismo sexo, y desde el punto de vista hereditario parecen sólo dos hermanos, pero cada uno posee características hereditarias diferentes.

En el caso de los gemelos monovulares, un solo óvulo es fecundado, pero después se divide en dos partes iguales y da origen a dos embriones. Los dos, por tanto, tienen un patrimonio genético idéntico. Son siempre del mismo sexo y se confunden por su semejanza. Tienen huellas digitales, grupo sanguíneo y disposición psíquica similares, amén de la estatura, la complexión y otras características.

La placenta y las membranas ovulares en los gemelos. Para establecer si se trata de gemelos biovulares o monovulares se deben examinar la placenta y las membranas ovulares, inmediatamente después del parto. Este examen no es necesario cuando los fetos son de sexo distinto ya que, en tal caso, siempre se trata de gemelos biovulares. En los gemelos monovulares la placenta es única, mientras que en los biovulares se forma una para cada gemelo.

Además, los gemelos monovulares, al contrario de los biovulares, poseen siempre el corion y la membrana basal en común.

Modo de presentarse los gemelos. En la mayor parte de los casos se encuentran en situación longitudinal; la presentación más frecuente es la cefálica en ambos fetos

Presentación de los gemelos

MEMBRANAS OVULARES EN EMBARAZOS GEMELARES

AMBOS EN PRESENTACIÓN CEFÁLICA

PRESENTACIÓN CEFÁLICA Y PODÁLICA

AMBOS EN PRESENTACIÓN PODÁLICA

PRESENTACIÓN CEFÁLICA DE UN GEMELO Y SITUACIÓN TRANSVERSAL DEL OTRO

PRESENTACIÓN PODÁLICA DE UN GEMELO Y SITUACIÓN TRANSVERSAL DEL OTRO

AMBOS EN SITUACIÓN TRANSVERSAL

(45%), pero también son importantes la cefálica de un feto y podálica de otro (30-35%), y la podálica de ambos (10%). Más raramente se encuentra la posición transversal de uno de los fetos (3-6%) o la de los dos (1%). Estas últimas situaciones pueden dar lugar a un obstáculo en la progresión de los fetos en su camino hacia el exterior.

La existencia de embarazos gemelares es hereditaria en algunos casos. No es sólo la madre quien transmite esta posibilidad; en otros casos el embarazo gemelar puede deberse a la aplicación de tratamientos hormonales para combatir algunas formas de esterilidad femenina.

Examen de las enfermedades

Las enfermedades generales durante el embarazo

Cinco son las enfermedades crónicas que precisan de una atención médica asidua, aunque parezcan curadas o estén compensadas.

Enfermedades cardiacas. En el caso de no ser vigilada por el médico, la enfermedad cardiaca, bien sea congénita o adquirida, puede conducir a graves complicaciones en el embarazo o la lactancia.

Sin embargo, un corazón no normal puede adaptarse progresivamente a las nuevas condiciones, ya que conserva y utiliza en este caso sus energías de reserva. Tanto las mujeres que han sufrido intervenciones quirúrgicas sobre el corazón como quienes sufren cardiopatías congénitas no graves, pueden llevar a término sus embarazos sin grandes riesgos, siempre que sean vigiladas por el cardiólogo y el ginecólogo de una forma conjunta.

Hipertiroidismo. El embarazo es un estado que aumenta el metabolismo y el hipertiroidismo, fenómenos que acarrean consecuencias cardiacas severas, por lo que es necesario el control de estas pacientes por parte del médico.

Tuberculosis. Con las terapéuticas modernas específicas, la tuberculosis, salvo raras excepciones, no es un motivo para interrumpir el embarazo. Son, sin embargo, recomendables los controles médicos pertinentes.

Diabetes. La mujer diabética precisa ser asistida tanto por el obstetra como por el internista. En general, el embarazo es bien soportado y llega a buen término. La terapéutica con insulina puede continuarse normalmente en este periodo.

Sífilis. En el niño, la infección puede provenir del contagio de la madre a través de la placenta. La reacción de Wassermann negativa en una mujer bien curada puede volverse positiva; por ello el control médico debe ser continuo y deben aplicarse las terapéuticas específicas. Con un tratamiento antibiótico suficiente, en más del 90% de los casos se obtiene el nacimiento de un niño sano.

Manifestaciones patológicas del embarazo

Existen afecciones cuyo origen es la propia presencia del embarazo, pero desaparecen después del parto. En el primer trimestre se presentan vómitos incoercibles, y en el tercero, edema (retención de líquido en los tejidos), hipertensión arterial, albuminuria (presencia de albúmina en la orina) con todas sus posibles consecuencias graves (toxemia gravídica).

Vómito matutino. Entre ciertos límites el vómito es un fenómeno casi habitual del embarazo en sus primeros meses. La causa reside en la reactividad alterada del sistema neurovegetativo en la mujer embarazada. En la mayor parte de los casos no es necesario su tratamiento. Eventualmente se pueden prescribir fármacos sedativos que pueden eliminar completamente esta alteración.

Vómitos incoercibles (hiperemesis gravídica). Se trata de vómitos casi continuos, independientes de las comidas, que se presentan en cualquier momento del día. Aparece la lengua pastosa, el pulso débil y acelerado, pérdida de peso continua, olor de acetona en el aliento, agitación y hasta delirio. Su causa son alteraciones importantes del equilibrio hormonal, con cambios de la condición química de la sangre, por lo que resulta un aumento anormal de la excitabilidad de los nervios gástricos y del centro del vómito, generalmente causado por una hipofunción de la cápsula suprarrenal, por una falta de vitamina C y por una disposición constitutiva negativa respecto al embarazo. Suele acompañar al embarazo molar, que es aquel en el que se desarrolla únicamente placenta anormal. El tratamiento deberá efectuarse en medio hospitalario con vitamina C, complejo vitamínico B y glucosa.

Son útiles también los medicamentos con acción sedante sobre el sistema nervioso central y conviene recomendar al paciente que tenga calma y paciencia, asegurándole que se trata de un trastorno transitorio que se corrige espontáneamente al pasar el tercer mes de embarazo.

Edema. Se debe a una retención de líquido que provoca hinchazón en las piernas. Cuando se presenta sin hipertensión ni albuminuria cede a la terapéutica con diuréticos y después del parto regresan espontáneamente los edemas.

Eclampsia. Es el estadio final de una gestosis no tratada durante el embarazo. Comienza con edemas en las piernas y pies, en las manos y la cara; aumento de la tensión sanguínea, albuminuria y dolor de cabeza; continúa con pérdida de conciencia y la aparición de convulsiones seguidas de coma. Su origen parece encontrarse en el aumento de formación de sustancias con acción vasoconstrictora e hipertensora, que provocan alteraciones circulatorias e insuficiencia renal.

La presencia del feto es la productora de este disturbio del equilibrio químico hormonal. La estación fría y húmeda del año con cambios bruscos de temperatura, la fatiga, una alimentación pobre en proteínas y sales, la ingestión excesiva de líquidos y la vida sedentaria son factores predisponentes. La mejor terapéutica preventiva es el control médico durante el embarazo, especialmente la exploración de la presión sanguínea, de la presencia de albúmina en orina y de la aparición de edemas. Es útil reducir la ingestión de sal común, ya que ésta favorece la retención de agua y los edemas; también se ha demostrado la utilidad de intercalar días de dieta a base de arroz y fruta. En el caso de ataque eclámptico hay que procurar que la enferma no se haga daño; debe introducírsele una pieza de goma entre los dientes para evitar las mordeduras de la lengua. En cualquier caso se debe avisar con urgencia al médico. Un 80% de las eclampsias acontecen a primíparas y su repetición en sucesivos embarazos es rarísima. Un tratamiento médico oportuno y la pronta solución del parto son las mejores medidas en este caso.

ABORTO

Entendemos por aborto la interrupción de la gestación antes de que el feto haya adquirido condiciones de viabilidad para continuar su desarrollo fuera del claustro materno (aproximadamente las 28 primeras semanas). Puede ser espontáneo o provocado, y éste puede considerarse profiláctico, terapéutico o criminal.

Etiología. El aborto puede deberse a **causas maternas** (proceso patológico del huevo, consecutivo a afecciones maternas). Dentro de éstas, a **causas generales,** en las que cabe distinguir: **causas orgánicas** (enfermedades generales, agudas o crónicas), **causas funcionales** (trastornos metabólicos generales y endocrinopatías), **causas psicodinámicas** (traumatismos emocionales conscientes o subconscientes, como influencias nerviosas, corticales o subcorticales del tálamo o hipotálamo, que, al actuar sobre la hipófisis, retrohipófisis y el sistema neurovegetativo, originan influjos hormonales, humorales y nerviosos que modifican la hormonología, el metabolismo y el tono circulatorio de los órganos genitales, conduciendo al aborto), **causas tóxicas** (intoxicaciones generales endógenas o exógenas) y **traumatismos de todo orden.**

Causas locales. Éstas pueden originarse por alteraciones del endometrio (inflamación) o del miometrio (inflamaciones, tumores, etc.), por anormalidades en el desarrollo, por alteraciones de la posición uterina o prolapsos, y por desgarros cervicales, amputación de cuello, etc.

Existen también **causas ovulares** (huevos genéticamente anormales incapaces de sobrevivir) y **causas paternas** (alteraciones del espermatozoide).

Mecanismo. Consiste en una hemorragia que se produce en el espacio coriodecidual. Si esta hemorragia es muy ligera, sólo se desprende una pequeña porción del huevo, que puede continuar su crecimiento normal. En caso contrario, el huevo muere y es expulsado tarde o temprano.

En abortos precoces la expulsión suele verificarse en un solo tiempo, mientras que en los de más edad la expulsión se verifica como en un parto, es decir, primero el feto y después la placenta con sus membranas.

Síntomas y formas clínicas. Pueden distinguirse la **amenaza de aborto** (metrorragia, dolores hipogástricos y lumbares, ausencia de dilatación cervical), el **aborto inminente** (aumento de intensidad de los signos anteriores), el **aborto inevitable** (se agrega a lo anterior la dilatación del cuello uterino), el **aborto en curso** (aumentan los dolores, se intensifica la hemorragia, se acentúa la dilatación y el huevo íntegra o parcialmente es expulsado al exterior), el **aborto incompleto** (quedan restos en el interior del útero), el **aborto completo** (regresión de los signos locales), el **aborto diferido** (retención del huevo como cuerpo extraño) y el **aborto infectado** (infecciones endógenas o exógenas ascendentes).

Diagnóstico. El primer problema parte de la misma dificultad que existe en el diagnóstico precoz de la gestación. La seguridad de una gestación, hasta entonces normal, hace fácil el diagnóstico de un aborto. El diagnóstico directo se hace por los signos y síntomas: dolor, hemorragia, dilatación, examen de restos, etc. En el diferencial se deben excluir las enfermedades ginecológicas con metrorragia y las obstétricas con metrorragia al principio de la gestación (el **embarazo extrauterino** y la llamada **mola vesicular**).

Tratamiento. En todos los casos de aborto se debe avisar al médico. La paciente debe acostarse en la cama, y guardar el más absoluto reposo; todo aquello que expulse por la vagina se guardará hasta la llegada del médico para ser observado por él mismo. Siempre se tomarán las medidas necesarias para evitar la infección y el médico será advertido de cualquier variación en la temperatura y en el número de pulsaciones que presente la paciente.

El **tratamiento profiláctico** se lleva a cabo mediante reconocimientos prematrimoniales, dietética e higiene adecuadas, exploración del aparato genital, tratamiento de procesos patológicos, etc. La finalidad del tratamiento de la **amenaza de aborto** es detener su curso evolutivo. Esto puede conseguirse mediante reposo, con administración de antiespasmódicos y sedantes, y con tratamiento hormonal, mediante preparados de progesterona y estrógenos, que inducen a la placenta a producir progesterona.

En el **aborto inevitable,** si el estado de la paciente lo permite, cabe la ayuda médica; por el contrario, si hay hemorragias y fiebre, será necesario acelerar la expulsión (mediante las técnicas de dilatación y extracción digital o instrumental). En la gestación de más de cuatro meses deben extremarse las precauciones en los medios de evacuación, pues la conducta activa es peligrosa (perforación del útero).

En caso del **aborto infectado** se recurre, como medidas, con el reposo, a la administración de hielo y de antibióticos, a la realización de transfusiones si existe un cierto grado de anemia, y a la prescripción de oxitócicos. Rápidamente se logran las condiciones óptimas para intervenir.

Para el **aborto incompleto** son útiles las mismas medidas aconsejadas en el caso del aborto inevitable.

La práctica del aborto es siempre ilícita para el médico católico por oponerse al derecho natural y al derecho divino. No hay realmente ninguna enfermedad que justifique la interrupción de una gestación y actualmente se cuenta con medios para que no exista una indicación absoluta.

El **aborto criminal** es un hecho castigado por ciertos códigos penales. Se entiende como tal el aborto practicado clandestinamente. Conviene en este contexto aclarar que, si bien en la literatura o en ciertos dramas se ha planteado el problema moral del médico que ha de optar entre la vida de la madre y la del hijo, en la vida real estos casos no se registran. La medicina actual puede evitar este terrible dilema, pues siempre son salvables los dos.

PARTO PREMATURO

Se denomina así el parto que tiene lugar después de la vigésima octava semana y antes del término normal de embarazo. Hoy entendemos por fetos prematuros los que al nacer presentan un peso por debajo de los 2 500 g, independientemente del tiempo de gestación. En relación con el pronóstico de vida puede establecerse una nueva clasificación dentro de la prematuridad: **previables** (peso, 400 a 999 g; longitud, 28 a 35 cm; tiempo de gestación de 22 a 26 semanas) y **viables** (peso, 1 000 a 2 499 g; longitud, de 35.1 a 47 cm; tiempo de gestación de 27 a 29 semanas).

La frecuencia del parto prematuro puede establecerse en 8% de todos los partos. Suele presentarse en los embarazos múltiples. Su importancia radica en que el 54% de los nacidos muertos y el 70% de los muertos neonatos son prematuros: las cifras indican una clara relación de causalidad.

Etiología. El parto prematuro puede producirse a causa de procesos patológicos en el desarrollo del embrión o en relación con su implantación en el útero y por causas que dependen de la madre, como enfermedades (gestosis, lesiones cardiacas, nefritis, etcétera), traumatismos físicos, traumatismos psíquicos, intoxicaciones exógenas y ginecopatías.

En cuanto a su evolución, puede observarse en el parto prematuro una mayor lentitud en el periodo de dilatación y más rapidez en el de expulsión. Son frecuentes, asimismo, las presentaciones anormales.

Tratamiento. Éste puede ser profiláctico (tratar la amenaza del parto prematuro) y expectante. Durante el parto deben extremarse las medidas que conducen a una correcta asistencia del parto. El feto soporta mal cualquier tipo de intervención. Se recomienda la oxigenoterapia.

Examen de las enfermedades

EMBARAZO ECTÓPICO

Se entiende por embarazo ectópico la anidación del huevo fuera del cuerpo uterino. Las variedades habituales de implantación son: tubárica, tuboovárica, ovárica, abdominal, intraligamentaria y cervical. La más frecuente es la tubárica (95%), la cual, a su vez, puede ser intersticial, ístmica o ampular.

Las causas más frecuentes del embarazo tubárico son los antecedentes de ligadura de las trompas y sus alteraciones congénitas. La evolución es, por lo general, hacia el aborto o la rotura de la trompa grávida. El huevo, en su desarrollo, acaba pronto con las posibilidades nutritivas de la trompa y termina desprendiéndose y siendo expulsado por el pabellón (aborto) o perforando la pared tubárica (rotura). Una y otra forma ocasionan una hemorragia interna más o menos aguda. La muerte del huevo ocasiona una caída hormonal que desmorona la decidua crecida en el útero, ocasionando la pequeña pérdida exterior.

La sintomatología está, pues, caracterizada por amenorreas de corta duración, con metrorragia de escasa cantidad y color oscuro. Existe dolor permanente sobre una de las fosas iliacas. El examen genital revela un tumor parauterino alargado y doloroso y un útero pequeño, junto a la existencia de una tumoración en el fondo de saco de Douglas, más delimitada, correspondiente a la sangre acumulada. El tratamiento consiste en la resección de la trompa grávida durante los primeros meses de la gestación. Además debe tratarse la hemorragia.

Las posibilidades de que una gestación ectópica llegue a término (implantación de la placenta en órganos abdominales) es remota.

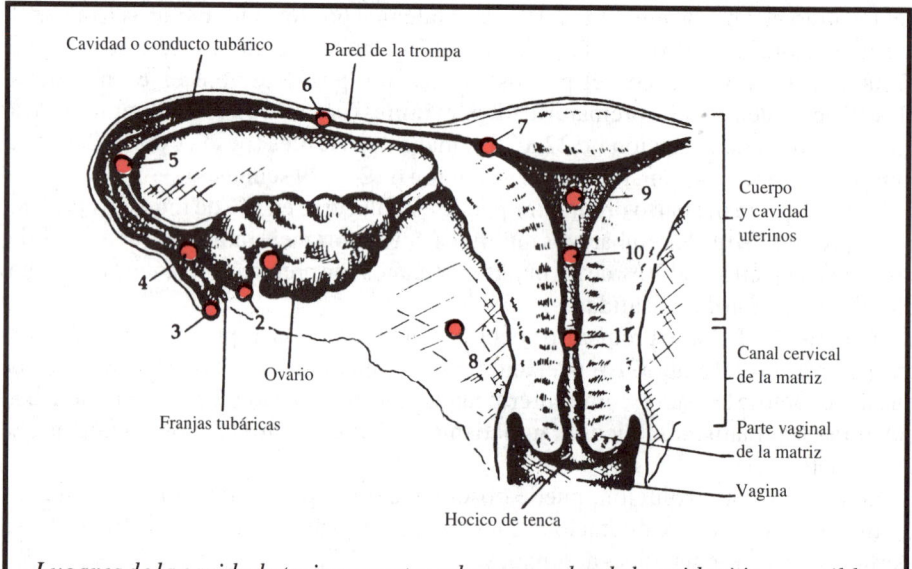

Lugares de la cavidad uterina y partes adyacentes donde la anidación es posible: dentro de la matriz (9, posición normal; 10 y 11, baja); en la trompa (4, 5 en la ampolla tubárica; 6, 7 en el istmo); en la cavidad abdominal (2, 3 y 8); en el ovario (1).

MOLA HIDATIFORME

Es una degeneración quisticoedematosa de las vellosidades coriales, que abarca la placenta y el resto del complejo ovular. La placenta queda transformada en una agrupación de vesículas claras que se asemeja a un racimo de uvas. Las vellosidades hipertróficas, en ocasiones, invaden la pared uterina, destruyen músculos y vasos, y llegan hasta el peritoneo. Frecuentemente la mola se acompaña de quistes ováricos bilaterales, de naturaleza luteínica, que son producidos por un exceso de secreción de la hormona hipofisaria.

Sintomatología. Generalmente lo primero que llama la atención son las metrorragias variables, la ausencia de signos fetales, las radiografías negativas y las anemias progresivas. La expulsión de vesículas aclara el diagnóstico.

Existe una mayor posibilidad de gestosis, por incremento de toxinas gravídicas. Las reacciones de embarazo cuantitativas positivas están por encima de 300 000 u. i. La expulsión espontánea suele producirse alrededor del cuarto o quinto mes. El pronóstico es fatal para el feto y grave para la madre. Su tratamiento consiste en la evacuación natural o artificial de la mola hidatiforme por medio de un goteo intravenoso de oxitócicos. Es importante llevar un control posterior con cuantificación de gonadotrofinas por el riesgo de presentar un coriocarcinoma como consecuencia.

PLACENTA PREVIA

Es un proceso caracterizado anatómicamente por la inserción de la placenta en el segmento inferior del útero o en la región retrocervical, y clínicamente por la producción de hemorragias. La implantación de la placenta previa puede ser baja, lateral, marginal o central, según su relación con el orificio cervical. Únicamente aparece una vez cada 100 partos; fundamentalmente se produce por capacidad tardía de anidación del trofoblasto o por capacidad anormal de nutrición del endometrio.

Sintomatología. Produce metrorragias al final del embarazo, de carácter intermitente y con sangre líquida y roja, debidas, fundamentalmente, a la falta de paralelismo existente en los últimos meses de la gestación entre el crecimiento de la placenta y la distensión del segmento uterino inferior. La palpación denota falta de encajamiento; se encuentra una masa blanda que entorpece el reconocimiento de la presentación fetal. La radiografía puede facilitar su diagnóstico.

Durante el parto, por tacto vaginal se aprecia la presencia de la placenta. La hemorragia es copiosa y progresiva, más grave cuanto mayor sea la proximidad de la placenta al orificio del cuello del útero. La placenta central es, en términos generales, de mayor gravedad que la marginal y ésta, a su vez, más que la lateral. A causa de la pérdida de sangre aparecen signos de anemia progresiva. El pronóstico es muy poco halagador tanto para la madre como para el feto.

Tratamiento. Durante el embarazo se prescribe reposo absoluto en cama, sedantes uterinos y transfusiones sanguíneas. Durante el parto, con situación fetal favorable y placenta marginal o lateral, se practica rotura amplia de la bolsa de las aguas. En casi todos los casos se indica la solución del parto por cesárea —con mayor razón si se presentan hemorragias masivas—, con excepción de la placenta marginal, en la que puede darse oportunidad a la vía natural.

Examen de las enfermedades

Higiene de la gestación

Aunque consideramos la gestación dentro de la fisiología de la mujer, es indiscutible que muchas de las modificaciones y alteraciones que sufren sus órganos y sistemas rozan los límites de la patología, razón por la cual son indispensables ciertas medidas elementales en su higiene, método de vida y dietética que prevengan el paso de esta frontera, para que la gestación no se transforme en un proceso patológico.

No podemos dejar de señalar la repercusión importantísima que en el embarazo y parto ejercen el método de vida, medio ambiente, enfermedades, etc., de las épocas anteriores a la concepción.

Higiene durante el embarazo. La embarazada debe continuar el mismo género de vida que seguía antes de su gestación, siempre que éste no implique alguna grave contraindicación. Puede proseguir las labores propias de su casa, cocina, compras, etcétera. Debe reposar de ocho a diez horas diariamente en habitación lo mejor aireada y soleada posible. Es recomendable un paseo sistemático al día. Debe intentarse lograr una tranquilidad psíquica, evitando disgustos, contrariedades, sobresaltos, etcétera.

El trabajo manual o intelectual profesional puede ejercerse, siempre que su interrupción oportuna sea señalada en cada caso por el tocólogo, amparado en la legislación vigente.

En relación con el problema de los viajes, tema frecuente de consulta, añadiremos que, tal como evoluciona el medio de transporte moderno, puede viajar libremente, pero siempre valorando una serie de puntos importantes: historia obstétrica anterior, curso y momento del embarazo actual, medio de viaje, lugar de destino, importancia del viaje, etcétera.

En su higiene corporal, son aconsejables las duchas con agua templada, y por tanto se desaconsejan los baños de inmersión. Requiere un especial cuidado la dentadura, no sólo en su limpieza, sino en periódicas visitas al especialista. Los lavados vaginales están proscritos por innecesarios y peligrosos. Los pechos deben ser rigurosamente cuidados y preparados para la lactancia.

Los vestidos de la embarazada deben abrigar, pero no agobiar. Existen fajas especiales para las gestantes, que se acomodan al aumento progresivo del volumen del abdomen; por otra parte, se prohíbe el uso de ligas o prendas que dificulten la circulación sanguínea.

Las relaciones sexuales significan un trauma físico considerable, peligroso por la congestión pélvica y el arrastre de gérmenes que originan. Por ello es importante aconsejar abstinencia durante los primeros tiempos de la gestación y aproximadamente mes y medio antes de la fecha probable del parto.

Los deportes, sobre todo en personas acostumbradas a practicarlos, son aconsejables e incluso útiles, siempre que se realicen bajo conocimiento y consejo del tocólogo. Se evitarán, como es lógico, aquellos que requieran movimientos violentos o que encierren peligro, y por supuesto los intentos de implantar marcas, que implican sobreesfuerzo.

Dietética durante el embarazo. Es sabido que durante el embarazo en general no se produce ni un gran aumento ni una disminución del consumo de calorías. La comisión técnica de la Organización de las Naciones Unidas fijó en unas 2 800 calorías las necesidades diarias de la mujer adulta embarazada. Esta cifra puede elevarse a 3 000

Sexo y embarazo

calorías, sobre todo en personas que ejerzan una profesión que requiera un ejercicio superior al de las labores domésticas.

Aunque después del cuarto mes de embarazo, evidentemente se eleva el metabolismo basal, es muy probable que esta subida quede neutralizada por la reducción de la actividad muscular. Este superávit metabólico, que queda a disposición del feto, le sería arrebatado a la mujer por la hemorragia menstrual, con lo que las necesidades calóricas estarían equilibradas en realidad, tanto en el embarazo como fuera de él. Lo dicho anteriormente demuestra que es por completo innecesario un aumento notable de la cantidad de alimentos. La construcción del protoplasma fetal exige sustratos alimenticios que deben ser suministrados por el cuerpo materno. Para llenar estas funciones deben considerarse los alimentos primordialmente desde un punto de vista cualitativo antes que cuantitativo.

La alimentación en el embarazo debe lograr un óptimo energético y no un excesivo aumento de aporte de calorías. Por otra parte, existe un principio de «primacía ovular», es decir, evidentemente, tanto el régimen de sobrealimentación como de hipoalimentación influyen poco sobre el peso del feto. El feto toma del organismo materno lo que necesita para su desarrollo, sin perjuicio para la madre; por tanto, una dieta inadecuada traería consecuencias fatales para la gestante, sin influencia para el feto.

La embarazada retiene nitrógeno en gran medida, sobre todo en la segunda mitad del embarazo. Esto representa en proteínas una cifra seis veces mayor. Por tanto la demanda de éstas durante el embarazo se encuentra aumentada.

La comisión de la Organización de las Naciones Unidas fijó las necesidades proteínicas en 1.5 g por kilogramo de peso; es decir, calculando el peso medio, se necesitarán diariamente 100 g de proteínas, que proporcionarán de 400 a 500 calorías, lo que equivale al 15% del total calórico.

Recordemos que 100 g de carne proporcionan 20 g de proteínas, y 100 g de leche 3.1 g de proteínas. Hay, en el organismo, necesidades específicas de ciertos aminoácidos, sobre todo de cisteína y triptófano (por ello la mitad de las proteínas, por lo menos, debe ser de origen animal).

La importancia de las grasas se debe a que facilitan la absorción de ciertas vitaminas, sobre todo la vitamina A. Se fijarán las necesidades diarias de una embarazada de peso medio en 1.1 g por kilogramo de peso, es decir, unos 65 g en total, lo que equivale al 30% de la dieta y proporciona unas 400 calorías.

Los hidratos de carbono son el elemento energético más importante de la alimentación. Son requeridos en cantidades crecientes conforme la gestación progresa. El consumo óptimo viene a ser de unos 450 g al día, cantidad necesaria para completar, junto al aporte calórico proporcionado por las proteínas y las grasas, las 3 000 calorías necesarias cada día, es decir, constituirían aproximadamente el 60%. Por ello, en un régimen mixto habitual es difícil que exista deficiencia.

De todas formas no hay que olvidar que el feto forma su grasa a expensas de los hidratos de carbono, porque la grasa no penetra a través de la placenta. Este consumo hidrocarbonado fetal empobrece a la madre que, secundariamente, aumenta su excedente de grasas sin metabolizar. A la madre le sobran grasas y le faltan hidratos de carbono, y al feto le ocurre lo contrario.

Mucho más importante que las cantidades de principios inmediatos es la adecuada provisión de sustancias inorgánicas en la dieta, especialmente calcio, fósforo, hierro y vitaminas. Durante el embarazo existe una gran necesidad de sales cálcicas y de fósforo para la formación del esqueleto fetal. Según la Organización de las Naciones Unidas serían necesarios 1.5 g de calcio y 1 g de fósforo al día. Por ello, a menos que los alimentos proporcionen suficiente cantidad de estos elementos, se obtendrá lo necesario, en tanto sea posible, de las reservas del esqueleto materno. La leche es el alimento más rico en calcio (un litro de leche contiene 2 g de calcio).

La mujer, desde la pubertad a la menopausia, posee una particular predisposición a padecer anemia, lo que se debe, en parte, a sus continuas pérdidas hemáticas fisiológicas. A esto se añaden, durante el embarazo, las exigencias de hierro por parte del feto. El hígado del recién nacido contiene, en igualdad de peso, cinco veces más hierro que el del adulto, lo que parece representar un almacenamiento para los primeros meses de la vida extrauterina, ya que la leche es pobre en dicho factor. Esta reserva de hierro se realiza principalmente en el último trimestre de vida extrauterina, y es precisamente entonces cuando la anemia puede ser más acusada, por lo cual, en este periodo sobre todo, se necesita un adecuado aporte de hierro.

Una dieta deficiente en yodo podría provocar la aparición de bocio en la mujer, porque el feto consume sus reservas. Son necesarios 0.1 mg de yodo diariamente en la embarazada, lo que se consigue fácilmente consumiendo pescado unas dos veces por semana o aceite de hígado de bacalao.

Parece ser que los consumos habituales de magnesio, sodio, potasio y azufre son suficientes para cubrir las necesidades fetales. La sal debe restringirse, sobre todo al final del embarazo y, de manera muy especial, en las gestantes que acusen signos de toxemia en cualquier grado.

Necesidades vitamínicas en la embarazada. Las enfermedades carenciales se manifiestan más fácilmente en el embarazo. Pequeñas molestias en el curso de la gestación, incluso algunas consideradas como normales, se deben a importantes deficiencias vitamínicas.

La vitamina A es necesaria para el desarrollo. Por sus propiedades antiinfecciosas, su carencia puede ser un factor predisponente en la etiopatogenia de la infección puerperal. Sus necesidades ascienden a 10 000 o 15 000 unidades por día.

El consumo de vitamina B está aumentado debido a la acumulación de ácidos tricarbonados en la sangre de la grávida. Su carencia origina las polineuritis gravídicas. Sus necesidades ascienden a 800 o 1 000 u. i. diarias.

La carencia de vitamina C durante el embarazo puede ser causa de todo tipo de infecciones. Sus necesidades ascienden a 70 u 80 mg por día. Es interesante complementar la dieta, sobre todo en primavera e invierno.

El déficit de vitamina D ocasionaría una tendencia al raquitismo en el feto. Sus necesidades, que pasan de 400 u. i., son fácilmente cubiertas en nuestro país.

La carencia de vitamina E puede producir abortos. Por esta razón, la vitamina E se administra en caso de aborto habitual.

La administración de vitamina K aumenta la protrombina fetal y disminuye las hemorragias del recién nacido.

La placenta constituye una reserva de estas vitaminas con relación al feto, el cual raramente, salvo en las grandes carencias, se ve privado del mínimo necesario. No ocurre así con la madre, que parece experimentar una desviación en todo su metabolismo en beneficio del feto.

Durante el embarazo es necesaria la ingestión diaria de un litro de agua simple o en forma de naranjada, limonada, etc., además de los líquidos empleados en las comidas. Se debe vigilar el peso y el rendimiento urinario de la embarazada con objeto de que el posible edema oculto pueda ser descubierto. Si existe alguna manifestación de toxemia, debe reducirse el consumo de líquidos y deben evitarse siempre las bebidas alcohólicas, el tabaco y cualquier tipo de droga.

Preparación psicofísica. Una preparación durante la gestación, tanto física como mental, que proporcione a la gestante un conocimiento completo del estado fisiológico en que se encuentra, es en extremo conveniente. Todo médico está en condiciones de aconsejar, explicar e indicar normas relacionadas con la fisiología de la gestante. Esto lleva a considerar la gran conveniencia, pero no la absoluta obligatoriedad, de recurrir a un centro especializado para la preparación psicofísica del parto. El método psicoprofiláctico abarca tres puntos. El primero estriba en eliminar el temor y la angustia y, por tanto, aliviar el dolor por la destrucción de viejos reflejos condicionados. Esto se consigue con una serie de clases teóricas en las que se expone la fisiología del parto de forma clara y sencilla, utilizando láminas y películas muy elementales que presentan los hechos tal como son, sin dejar dudas.

El segundo se refiere a la necesidad de ejercicios físicos de entrenamiento en posiciones de relajación y contracción, junto a movimientos gimnásticos que tienen como fin aumentar el poder muscular y la elasticidad, particularmente de la musculatura del abdomen, periné y extremidades inferiores. Se completan con ejercicios respiratorios, con explicación y práctica de los diferentes tipos de respiración.

Como tercero cabe considerar que en las últimas clases de preparación para el parto se haga un ensayo general, aplicando las enseñanzas de las prácticas y acoplándolas a sus distintos periodos.

El parto normal y sus diferentes periodos

Se denomina parto la terminación fisiológica del embarazo mediante la expulsión del huevo del claustro materno, una vez que el feto alcanza el desarrollo suficiente para poder vivir extrauterinamente; esta condición no se cumple antes del sexto mes. La falta de viabilidad es la separación entre lo que denominamos aborto y parto. Sabemos que el límite normal de un embarazo es de 280 a 282 días; la expulsión de un feto antes de esta fecha, habiendo alcanzado la época de viabilidad, se denomina parto prematuro. En condiciones normales, la expulsión es espontánea, sin peligro, tanto para la madre como para el feto (parto eutócico). En condiciones opuestas sería un parto patológico o distócico. Se llama simple si existe un solo feto y múltiple cuando el parto es la terminación de una gestación de este nombre.

Si en la iniciación han intervenido agentes externos, se denomina parto provocado y si hay intervención manual o instrumental, parto artificial. Por último, el parto puede ser dirigido, si se controlan artificialmente todos sus periodos.

Causas del parto. La duración del embarazo, incluso en circunstancias normales, varía dentro de ciertos límites, pero en la gran mayoría de los casos el parto se inicia a los 280 días. Se han formulado gran número de teorías para explicar las causas que motivan la puesta en marcha del parto y por tanto la limitación de la gestación a estos

Examen de las enfermedades

Gimnasia durante el embarazo

Antes de empezar la gimnasia y entre un ejercicio y otro situarse cinco minutos en posición totalmente relajada boca abajo, el brazo derecho a lo largo del cuerpo, el brazo y la pierna izquierdos doblados en ángulo y la cabeza hacia la izquierda. Poner un cojín bajo la cabeza y bajo la pierna flexionada, porque todas las partes del cuerpo deberán estar apoyadas.

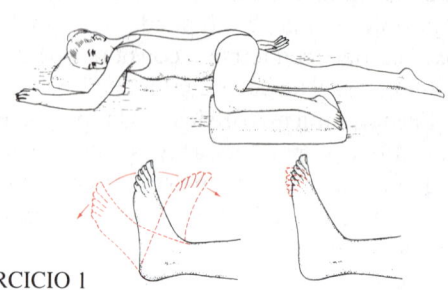

EJERCICIO 1

En posición supina, los brazos a lo largo del cuerpo, flexionar y extender el pie y contraer los dedos, extender los dedos de las manos; después cerrar el puño. Repítase en el orden siguiente: pie izquierdo, pie derecho, mano izquierda y mano derecha (6 veces).

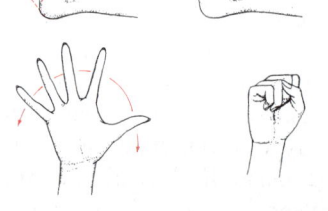

EJERCICIO 2

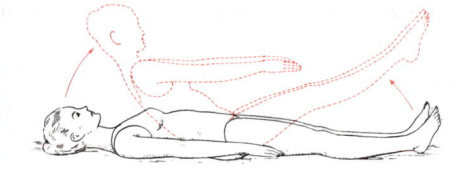

En posición supina, levantar a la vez las piernas, rectas, y el busto con los brazos hacia delante; balancearse sobre los glúteos, y volver lentamente a la posición de partida.
Este ejercicio sirve para tonificar los músculos del abdomen y mantener la elasticidad de la columna vertebral. Repetir 6 veces.

EJERCICIO 3

En posición supina, los brazos rectos y las manos sobre los muslos, flexionar las piernas; de este modo, sosteniéndose sobre los pies y sobre la espalda, levantar lentamente la pelvis. Este ejercicio sirve para tonificar los músculos dorsales y glúteos. Repetir 6 veces.

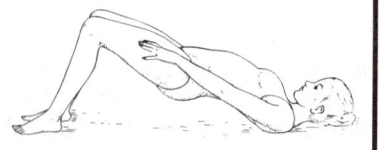

EJERCICIO 4

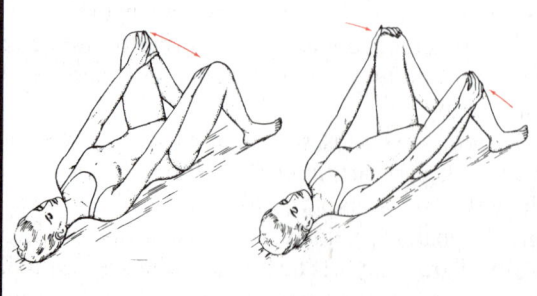

En posición supina, manteniendo las piernas flexionadas y abiertas y con los pies apoyados sobre el suelo, ejercer una presión hacia afuera con las manos apoyadas en la parte interna de los muslos, con los que se opondrá resistencia. Repetir llevando las manos a la parte externa y haciendo la presión hacia dentro. Tonifica los glúteos, músculos internos de los muslos y el periné. Repetir 6 veces.

Sexo y embarazo

EJERCICIO 5 *Sentada en el suelo, flexionar las piernas, juntando las plantas de los pies y, apoyando las manos sobre las rodillas, ejercer una presión hacia abajo. Sirve para tonificar los glúteos, los músculos internos de los muslos y los del periné. Repetir 6 veces.*

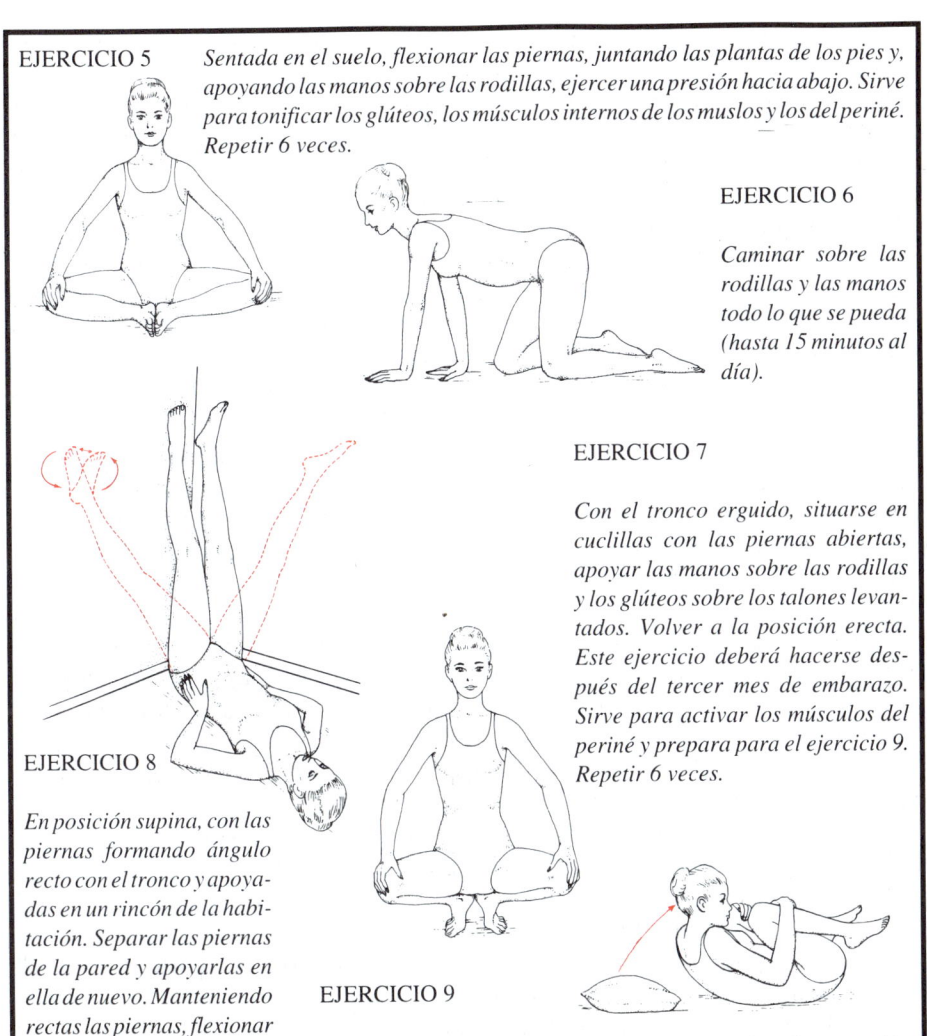

EJERCICIO 6

Caminar sobre las rodillas y las manos todo lo que se pueda (hasta 15 minutos al día).

EJERCICIO 7

Con el tronco erguido, situarse en cuclillas con las piernas abiertas, apoyar las manos sobre las rodillas y los glúteos sobre los talones levantados. Volver a la posición erecta. Este ejercicio deberá hacerse después del tercer mes de embarazo. Sirve para activar los músculos del periné y prepara para el ejercicio 9. Repetir 6 veces.

EJERCICIO 8

En posición supina, con las piernas formando ángulo recto con el tronco y apoyadas en un rincón de la habitación. Separar las piernas de la pared y apoyarlas en ella de nuevo. Manteniendo rectas las piernas, flexionar y extender los pies con un movimiento circular. Con este ejercicio se mantienen controladas las várices y se tonifican los músculos internos de los muslos. Repetir 6 veces.

La gestante puede hacer todos estos ejercicios en casa, siempre antes de las comidas, pero para obtener un buen resultado es necesario que siga el programa diariamente y con mucha constancia.

EJERCICIO 9

Tumbada sobre la espalda, la cabeza apoyada sobre un cojín, flexionar la cabeza y la espalda hacia adelante y los muslos sobre el abdomen; sujetar las piernas por debajo de las rodillas teniendo los codos afuera. Inspirar, detener la respiración por 20-40 segundos, después espirar lentamente y volver a la posición de reposo. El ejercicio se repite 4 veces al día sólo en los últimos 15 días de embarazo. Sirve para la preparación de la fase final del parto, que se desarrollará del siguiente modo: sobre la camilla del parto las piernas están flexionadas sobre los muslos y las manos cogiendo las manillas; al aparecer las contracciones, inspirar profundamente y, conteniendo la respiración (respiración de bloqueo), doblar la cabeza sobre el pecho con la boca cerrada y la espalda arqueada; con los codos abiertos lo más posible tírese de las manillas y oriéntese el empuje en la expulsión.

días. Teorías de orden físico, químico, humoral, etc., pero en el momento actual no existe una explicación totalmente satisfactoria.

De todas las teorías, es la «neuroendocrinodinámica» la más interesante. Según sus postulados, la oxitocina, hormona específica de la contracción uterina, producida por las células ganglionares de los núcleos supraópticos y paraventriculares del hipotálamo, pasa por los cilindroejes de dichas células ganglionares al lóbulo posterior de la hipófisis y de ahí al torrente circulatorio. La progesterona ejerce, por su parte, una acción sedante sobre la musculatura lisa del útero; por el contrario, los estrógenos parecen ejercer una acción sensibilizante para la acción de la oxitocina. Podría explicarse la puesta en marcha del parto por un desequilibrio hormonal al final de la gestación en favor de los estrógenos.

Pero parece ocurrir que la producción de estrógenos se estabiliza en los últimos tiempos del embarazo y cesa su acción sensibilizadora y estimulante sobre el crecimiento de la fibra muscular lisa del útero. Ello trae como consecuencia la distensión excesiva de las paredes uterinas por el feto. Esta distensión produce un reflejo que, a través de los nervios centrípetos del sistema neurovegetativo excitaría los centros hipotalámicos, y se produciría oxitocina. Puesto en marcha el parto la acción de la presentación sobre el cuello mantendría el reflejo.

Factores del parto. Definimos el parto como la expulsión del feto viable (objeto del parto) del claustro materno gracias a la contracción uterina (motor del parto). Pero para que esto se realice en forma espontánea, los diámetros del objeto del parto tendrán que adaptarse a los diámetros de la pelvis ósea y partes blandas o **canal del parto**. Éste se encuentra formado por partes óseas y blandas.

El canal óseo está constituido por el anillo pelviano; el canal blando, por el segmento inferior, cuello del útero, vagina y periné.

El anillo pelviano lo forman el sacro, cóccix y los dos iliacos; el sacro se articula con los iliacos a los lados y con el cóccix por su extremidad inferior; los iliacos se articulan a su vez entre sí, en la sínfisis del pubis.

El llamado **estrecho superior** está formado por las líneas innominadas de ambos huesos iliacos, y se continúa hacia atrás con el promontorio y en la parte anterior por el borde superior de la sínfisis del pubis. Distinguimos tres diámetros anteroposteriores: conjugado anatómico, desde el promontorio al borde superior de la sínfisis; conjugado obstétrico, que abarca desde el promontorio a la cara posterior de la sínfisis; y conjugado diagonal, desde el promontorio al borde inferior de la sínfisis del pubis. Este último diámetro puede medirse por pelvimetría interna y sus medidas son, respectivamente, de 11.5, 11 y 12 cm.

La cara posterior de la excavación pelviana está formada por la concavidad del sacro y cóccix; la anterior, por la sínfisis del pubis y por las ramas longitudinales y descendentes del pubis, y las caras laterales por las superficies que corresponden al fondo de la cavidad cotiloidea y la cara interna del isquion. Los diámetros de la excavación son: 12.5 cm anteroposterior, por 12.5 cm transverso.

Desde el sacro hasta las espinas ciáticas se extienden los poderosos ligamentos sacrociáticos, que se continúan con las fibras musculares insertas por una parte en la tuberosidad del isquion y por otra en el cóccix, constituyendo el músculo isquiococcígeo. De esta forma, entre las ramas isquiopubianas por delante y estos ligamentos y músculos por detrás queda limitado un espacio —el estrecho inferior— en forma de

Pelvimetría externa

Mediante el pelvímetro, compás especial con escala graduada en centímetros, es posible medir los principales diámetros de la pelvis. En la figura está ilustrada la medición del diámetro biespinoso, que se determina centrando las extremidades del compás sobre las dos espinas iliacas anterosuperiores.

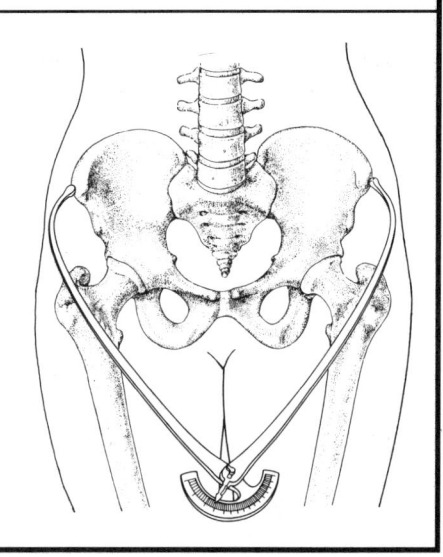

rombo que tiene sus vértices en las dos tuberosidades isquiáticas: la parte inferior de la sínfisis del pubis y la punta del cóccix. Se distingue el diámetro transverso, que separa las tuberosidades del isquion y mide 11 cm, y el diámetro anteroposterior, desde la parte inferior de la sínfisis del pubis a la punta del cóccix, que mide 9 cm pero que, como la articulación del sacro con el cóccix es móvil, puede ampliarse 2 cm más en el momento del parto.

Los diámetros internos, que realmente son los que interesan en el mecanismo del parto, no pueden medirse fácilmente; en cambio los diámetros externos de la pelvis sí son susceptibles de medición.

La normalidad de los internos se explora, generalmente, por los datos recogidos en la pelvimetría externa, ya que existe una proporción relativa entre los externos e internos de la pelvis. La medida se verifica por medio de un compás o pelvímetro, del que existen diversos modelos.

Estos diámetros internos son: el biespinoso, que separa las espinas iliacas anteroposteriores de uno y otro lado y mide 24 cm; el bicrestal, entre ambas crestas iliacas, que mide 26 cm; el bitrocantéreo, de uno a otro de los trocánteres mayores del fémur, que mide, aproximadamente, unos 30 cm, y el conjugado externo, desde la apófisis espinosa de la quinta vértebra lumbar a la sínfisis del pubis, que mide 20 cm.

El **rombo de Michaelis** es una figura geométricamente perfecta, que tiene sus vértices en la apófisis espinosa de la quinta vértebra lumbar, en el comienzo del surco interglúteo y en las espinas iliacas posterosuperiores. Su observación es un dato importante en el diagnóstico de la pelvis normal.

Las partes blandas forman un canal tubular incurvado hacia adelante que prolonga el canal óseo y que acentúa la curvatura anterior del canal del parto. Se forma por la distensión del segmento uterino inferior, el cuello del útero, la vagina y el periné. En el comienzo del parto el segmento inferior, al no contraerse, forma la primera porción;

Examen de las enfermedades

su límite superior en relación con la parte contráctil del útero recibe el nombre médico de **anillo de Bandl.**

La dilatación del cuello se efectúa de manera distinta en las primíparas que en las multíparas. La vagina no ofrece dificultades en su dilatación, salvo que estuviera afectada por algún proceso patológico, congénito o adquirido. El suelo perineal está constituido, anatómicamente, por tres planos musculares: el plano superficial, formado por los músculos isquiocavernoso, bulbocavernoso, transverso superficial del periné y esfínter del ano; el plano medio, formado por el diafragma urogenital que es reforzado por el transverso profundo del periné, y el plano profundo, constituido por el músculo elevador del ano.

El objeto del parto está constituido por la totalidad del contenido uterino. Su expulsión se verifica en dos tiempos completamente distintos; primeramente es el feto el que sale y, después de un intervalo variable en cada mujer, se expulsan la placenta y los anexos fetales.

El feto es el componente más interesante, pues no sólo constituye la parte más voluminosa, sino la menos deformable. Sin embargo, es factible un cierto acoplamiento gracias a la gran cantidad de agua contenida en sus partes blandas y a que la parte esquelética está compuesta de distintas piezas unidas por articulaciones móviles. Existen, pues, unos puntos en el feto, en que la flexión está facilitada anatómicamente: el cuello fetal se incurva mejor en sentido anteroposterior, pues la elevación de los hombros impide los movimientos laterales. En el tronco la flexión máxima es lateral, pues las extremidades inferiores flexionadas sobre el abdomen impedirían una flexión en sentido anterior. Dentro de las medidas fetales interesa especialmente recordar las correspondientes a la cabeza, ya que es la parte más voluminosa del feto: el diámetro occipitofrontal mide unos 12 cm; el suboccipitobregmático, 9.5 cm, y el biparietal, aproximadamente 9.5 cm.

En el mecanismo del parto no sólo tiene interés el estudio del feto como tal, sino que es importantísimo el considerar la situación, presentación, posición y actitud fetal dentro del claustro materno.

Se entiende por situación la relación existente entre el eje longitudinal del feto y el de la madre, y se llama presentación aquella parte del feto que se encuentra en contacto con el estrecho superior de la pelvis. La posición es la relación que existe entre el dorso del feto y la pared del útero de la madre. La actitud es la relación que guardan las distintas partes del feto entre sí.

La situación puede ser longitudinal, si los ejes coinciden, y oblicua o transversa si los ejes se cruzan. La presentación puede ser cefálica, o de cabeza, podálica o de pies, o de cualquiera de las partes del tronco. En la posición el dorso puede estar hacia adelante o hacia atrás y hacia la izquierda o hacia la derecha; esto significa que tendremos cuatro posiciones, a saber: izquierda anterior, izquierda posterior, derecha anterior y derecha posterior.

El motor del parto lo constituye la contracción uterina. La onda contráctil se inicia en unas zonas denominadas «marcapasos» que se encuentran situadas cerca de la inserción de las trompas en el cuerpo uterino. Está caracterizada por un triple gradiente descendente (T. G. D.): el sentido descendente de la propagación de la onda, el de la intensidad de la onda y el de su duración. Las ondas son involuntarias, rítmicas y dolorosas.

Presentación del feto en el parto

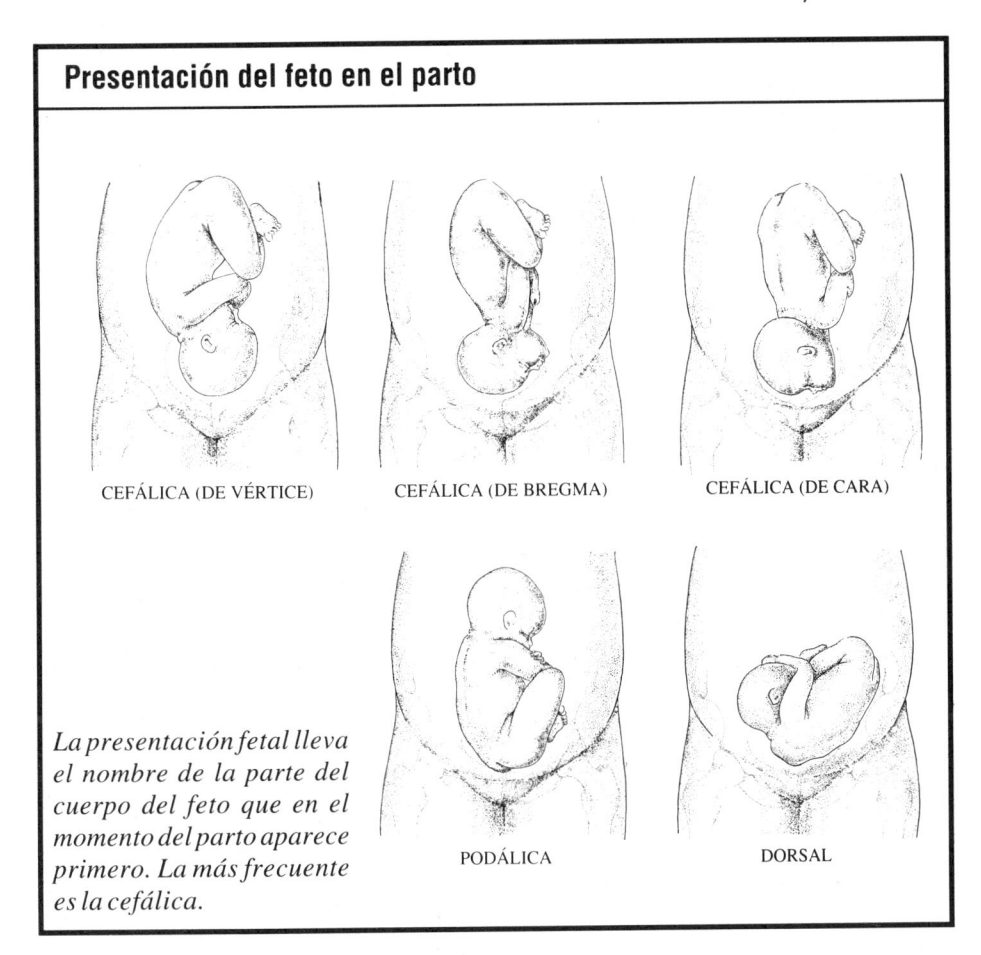

CEFÁLICA (DE VÉRTICE)   CEFÁLICA (DE BREGMA)   CEFÁLICA (DE CARA)

PODÁLICA   DORSAL

La presentación fetal lleva el nombre de la parte del cuerpo del feto que en el momento del parto aparece primero. La más frecuente es la cefálica.

La acción de la prensa abdominal, acción voluntaria, constituye el llamado motor auxiliar del parto. No es indispensable, pero sí importante, esta colaboración de la enferma en el periodo expulsivo.

Curso fisiológico del parto normal. El parto se divide en tres periodos: de dilatación, de expulsión y de alumbramiento. Antes de comenzar el primero se presentan en las mujeres signos anunciadores de que el parto va a iniciarse. El **periodo de dilatación** comprende desde el comienzo de las contracciones eficaces hasta que el cuello uterino se ha dilatado totalmente. **El de expulsión** se inicia al completarse la dilatación y termina en el momento en que el feto sale totalmente. El periodo **de alumbramiento** comienza en la salida del feto y termina con la total expulsión de la placenta y de los anexos fetales.

Unos días o unas horas antes del parto se inicia una serie de manifestaciones que hacen suponer que el parto va a iniciarse: descenso del fondo del útero, pequeñas contracciones o dolores, insomnio o intranquilidad psíquica y síntomas por compresión de órganos vecinos al descender.

Periodo de dilatación. El parto se inicia realmente por la comprobación de la eficacia de las contracciones en relación con la dilatación del cuello. Estas contracciones se diferencian de las del periodo anterior por que se suceden en intervalos regulares. Al principio se suceden entre grandes pausas, unos 20 min, y su duración alcanza de 15 a 30 seg. Según progresa el parto, la contracción va aumentando su duración e intensidad —45 a 60 seg— y el intervalo entre una y otra se acorta de 10 a 5 minutos.

El contenido uterino u objeto del parto resulta sometido, por la acción de la poderosa contracción del cuerpo del útero, a una presión elevada. El líquido amniótico busca una zona «de menor resistencia» para compensar esta presión; es decir, ejerce una presión uniforme en todas las direcciones, encontrando esa zona de menor resistencia en el orificio cervical interno. Aquí encuentra únicamente la resistencia que le ofrecen las membranas que lo envuelven, y al introducirse éstas en el orificio cervical interno, originan la formación de la bolsa de las aguas.

Durante cada contracción la tensión aumenta, la bolsa desciende y, por tanto, la dilatación del canal cervical va aumentando. A medida que prosigue la ampliación de este conducto, el vértice de la bolsa alcanza al orificio cervical externo. La dilatación del cuello se efectúa de manera distinta en las primíparas que en las multíparas: en las primeras tiene que «borrarse el cuello», y es entonces cuando comienza la dilatación del orificio cervical externo; en las multíparas, la dilatación del orificio cervical interno, canal cortical y orificio cervical externo es simultánea.

A la acción de la bolsa de las aguas se une, en el mecanismo de dilatación, una tracción excéntrica de abajo arriba, por la especial disposición en espiral de las fibras musculares situadas en un sentido horizontal a nivel del cuello y en plano más oblicuo según van alcanzando el fondo del útero.

Cuando la dilatación es completa, por la diferencia de presiones existentes entre la que ejerce la contracción sobre el líquido amniótico y la de la vagina, se rompen las membranas que constituían la bolsa de las aguas. Por especial fragilidad o resistencia de estas membranas, la rotura puede anticiparse o retrasarse respecto al momento fisiológico ideal.

Durante este periodo, la cabeza puede mantenerse sobre el estrecho superior o bien encajarse, fijándose de forma que su sutura sagital coincida con el diámetro transverso u oblicuo del estrecho superior. Al encajarse la cabeza, se flexiona, con el fin de presentar el diámetro suboccipitobregmático en vez del frontooccipital, movimiento muy favorable por la diferencia de medidas que, como vimos, existe entre uno y otro. Otras veces no sólo se encaja, sino que además puede descender y rotar incluso hasta el cuarto plano.

Periodo de expulsión. Cuando el orificio uterino está completamente dilatado, aunque la bolsa siga íntegra, comienza el periodo de expulsión. Se caracteriza por que las contracciones uterinas aumentan en intensidad y duración, a intervalos más breves (duración hasta de dos minutos, intervalos de tres, dos o un minuto). La presentación de las contracciones sobre el suelo de la pelvis produce en la parturienta un deseo evidente de colaborar en la expulsión utilizando la prensa abdominal; este deseo induce a la mujer a adoptar una postura adecuada para facilitar esta acción muscular: abre las piernas, coloca los talones sobre la cama y, agarrándose a algún objeto fijo y resistente que esté a su alcance, «empuja».

Como consecuencia de este trabajo, la cabeza fetal va progresando hasta el suelo pelviano. El cambio de dirección del canal obliga a la cabeza a realizar, junto al movimiento de descenso, una rotación de forma que su occipucio se dirija hacia la sínfisis del pubis, y su sutura sagital se coloque exactamente en dirección al diámetro anteroposterior.

Para salir del seno materno, la cabeza fetal inicia un movimiento de flexión. Con él alcanza el suelo pelviano y provoca un fuerte abombamiento en la región perineal, contra la cual entabla una lucha para vencer la resistencia. Posteriormente, atraviesa el anillo y queda fija o coronada.

Por último sale completando el movimiento de flexión; aparece por la hendidura vulvar seguida del occipucio, el sincipucio, la frente, las arcadas orbitarias, la nariz y el mentón.

Una vez asomada, la cabeza realiza una rotación externa para que puedan salir los hombros. Para ello es necesario que el diámetro biacromial del feto se sitúe en relación con el diámetro anteroposterior de la hendidura vulvar, y se coloque el hombro anterior debajo de la sínfisis del pubis. De este modo, el punto máximo de flexión del tronco, situado lateralmente, se corresponde con el sentido de la acodadura del canal del parto. Asoma primeramente el hombro anterior, se desliza el posterior por el periné y sale el resto del feto sin ninguna dificultad (en condiciones normales), junto al líquido amniótico que quedaba en la cavidad.

A veces, durante este periodo, la cabeza experimenta una alteración en su forma variable, dependiente de múltiples factores: presentación, posición, duración del parto, etc. Consiste en el cabalgamiento de los huesos del cráneo o en la presencia de un tumor, bolsa serosanguinolenta, que se forma por una infiltración edematosa y sanguínea de la piel y tejido celular subcutáneo.

Si el trabajo del parto es laborioso, puede ocurrir que se desprenda el periostio del hueso subyacente y se presente la rotura de algún vaso perióstico, causa de un cefalohematoma, que se distingue del simple tumor del parto porque no puede rebasar los límites del hueso, mientras que el primero se suele localizar en el punto más bajo de la presentación y se extiende a sus partes vecinas. La formación de ambos se debe a la diferencia de presión producida por la contracción y la presión vaginal. El tumor del parto desaparece a las 24 o 48 horas, mientras que el cefalohematoma puede mantenerse hasta seis semanas.

Periodo de alumbramiento. Después de un corto periodo (cinco a diez minutos) de reposo clínico, puesto que el útero sigue contrayéndose de forma insensible, aparecen nuevamente contracciones dolorosas y la placenta, junto con los anexos fetales, sale acompañándose de una pérdida de sangre que puede alcanzar los 500 cc.

El plano de desprendimiento asienta a nivel de la capa esponjosa. Normalmente, el desprendimiento se inicia en el centro de la superficie placentaria (mecanismo de Schultze), y se forma un hematoma que aumenta de volumen progresivamente, ampliando la zona de desprendimiento; otras veces, el desprendimiento se inicia por uno de los bordes de la placenta (mecanismo de Duncan).

Una vez desprendida la placenta, pasa al segmento inferior y, por la acción de las contracciones y del peso, a la vagina y por último al exterior. El descenso de la placenta, ya desprendida, se reconoce por el cambio de forma del útero.

Al terminar la expulsión del feto, el fondo uterino está a nivel del ombligo; cuando se desprende la placenta, el útero contraído se apoya en ella elevándose por encima del ombligo y dirigiéndose hacia la derecha; cuando sale, el útero desciende de 2 a 3 cm por debajo del ombligo y está duro, fuertemente contraído, pues, por la íntima relación de las fibras musculares con los vasos, esta contracción actúa como un conjunto de ligaduras vivientes formando un globo de seguridad.

Nociones sobre el puerperio

Se denomina puerperio al periodo que se extiende desde la terminación del parto hasta la completa normalización del organismo femenino. El puerperio comienza en el momento en que termina la expulsión de la placenta y de los anexos fetales. Podríamos decir que, así como la gestación se caracteriza por una serie de procesos de crecimiento, el puerperio está caracterizado por una serie de procesos de regresión. Naturalmente esto no resulta válido para las mamas, que alcanzan un máximo desarrollo precisamente en este periodo, ni para la función ovárica que, interrumpida durante la gestación, reanuda su función cíclica.

Igualmente es interesante mencionar que esta regresión nunca es total. Todas las mujeres guardan vestigios de sus embarazos anteriores que hacen que podamos distinguir a una primigesta de una multípara.

La duración es de seis a ocho semanas, pero desde el punto de vista de la asistencia clínica se consideran como puerperio inmediato los ocho o diez primeros días, pasados los cuales la mujer puede reintegrarse a sus ocupaciones. Resulta interesante recordar que la regresión se realiza tanto más aprisa y mejor cuanto menos maniobras inútiles se han realizado durante el parto.

Involución del aparato genital. De la misma manera que durante la gestación era el útero el órgano que más profundas modificaciones sufría, durante el puerperio es también ahí donde los fenómenos de regresión se producirán de forma más intensa. Inmediatamente después del parto, el fondo uterino queda situado a una altura que viene a ser la del punto medio entre la sínfisis del pubis y el ombligo, pero en las 24 horas siguientes al parto, el fondo del útero se eleva y llega a nivel del ombligo. Esta primera disminución del tamaño está explicada por la intensa contracción de las fibras musculares, necesaria para realizar una hemostasia inmediata, dada la íntima relación de estas fibras con los vasos.

Una vez que en estos vasos se han formado trombos, estas «ligaduras naturales» (ligaduras vivientes de Pinard) no son necesarias; por ello cede la contracción y el fondo uterino se eleva hasta el ombligo.

En los días siguientes, los procesos de regresión se efectúan a gran velocidad, de tal manera que cada día el fondo desciende 2 cm y queda, al final de la segunda semana, oculto detrás de la sínfisis del pubis. La involución se va a realizar en unas seis a ocho semanas. El peso del útero grávido, unos 1 000 g, descenderá a los 60 g del útero normal, gracias, fundamentalmente, a la regresión y a la desaparición de las fibras musculares por un proceso de degeneración albuminoidea, grasa o hialina. Mientras se realizan estos procesos, existen contracciones (cuyo origen principal es la succión durante la lactancia) más o menos molestas para la puérpera, que reciben comúnmente el nombre de **entuertos**.

El tejido conjuntivo participa en la involución, pero siempre el útero resulta más rico en ese tejido que antes del embarazo. Los grandes vasos obstruidos por los trombos y proliferaciones endovasculares, son reemplazados por un cordón fibroso y, a su vez, se reabsorben mientras disminuyen y desaparecen las fibras musculares. La regeneración del endometrio tiene lugar lentamente a expensas de los fondos de saco glandulares; los restos de decidua son fagocitados por los leucocitos que existen en toda la herida puerperal y, junto con sangre, restos necrosados, suero, linfa, secreciones del cuello, de la vagina y de la vulva, salen formando en conjunto una secreción que recibe el nombre de **loquios.**

La herida placentaria evoluciona más lentamente. La epitelización de esta zona se realiza por el crecimiento de los bordes hacia el centro, igual que la epidermización de una herida cutánea.

La reconstrucción del cuello del útero comienza a nivel del orificio cervical interno y va progresando hacia abajo. Al tercer día permite todavía el paso de un dedo; a los 12 días, el orificio interno ya no es practicable, y a los 21 días el conducto está restablecido. Aquí la involución no es completa, el cuello de una multípara se distingue fácilmente del de una primípara, pues el orificio cervical de aquélla queda rasgado lateralmente.

La vagina recobra pronto su estructura. Su involución dura unos ocho o diez días. En los inmediatos al parto está muy edematosa y friable, por lo que existe gran facilidad para la hemorragia y el desgarro (contraindicación de intervenciones). Sus paredes anteriores y posteriores quedan sin coaptar.

El ovario va a comenzar su ciclo y, como consecuencia, aparece de nuevo el ciclo uterino. La primera menstruación en las mujeres que no lactan (que no amamantan a su bebé) tendrá lugar unas seis semanas después del parto. Las trompas disminuyen de grosor y se acortan. La ligera modificación decidual desaparece junto con la hiperemia o imbibición serosa.

En los genitales externos, la vulva está edematosa y congestiva; no es raro observar en ella pequeñas heridas en los labios menores y en la horquilla perineal. Su estado primitivo no llega a recuperarse del todo; del himen sólo quedan unos restos (carúnculas mirtiformes).

Después del parto los músculos perineales y abdominales han perdido su tonicidad, que se va recuperando poco a poco. La firmeza del periné no será igual que antes del parto. La restitución depende de múltiples factores: obesidad, preparación anterior, régimen de vida, etcétera.

Durante el embarazo, las mamas se preparan para la lactancia. Por la acción de las hormonas sexuales (estrógenos y progesterona) se produce una activa proliferación con aumento del volumen de los senos y secreción de calostro.

La lactogénesis se origina por la acción de una hormona específica del lóbulo anterior de la hipófisis: prolactina (a su acción se suma una serie de hormonas glicolíticas: ACTH, somatotrofina, corticoides, etcétera). Durante el embarazo, las hormonas sexuales, estrógenos y progesterona, impiden la lactogénesis al frenar la salida de la prolactina del lóbulo anterior de la hipófisis, y actúan localmente sobre la mama inhibiendo la acción de la prolactina. Con la expulsión de la placenta, fuente de la hormona, cesa esta acción.

La lactopoyesis o mantenimiento de la secreción se debe al reflejo neurohormonal provocado por la estimulación sobre el pezón al mamar el recién nacido. La succión estimula al lóbulo anterior con producción de prolactina y al lóbulo posterior con producción de oxitocina, que actúa sobre la musculatura lisa de los canalículos mamarios originando la excreción de la leche.

Se considera como fisiológica la elevación de la temperatura hasta 1°C. No hay acuerdo para explicar esta elevación. Se admite el paso, por las venas incompletamente obturadas, de productos de desintegración; quizá la depleción del abdomen ocasione un brusco aflujo de sangre a los órganos abdominales con circulación periférica deficiente; el estreñimiento puede, asimismo, ocasionar fiebre, sobre todo por la oclusión que el recto, distendido, ocasiona al flujo loquial; también cabe considerar la invasión de gérmenes en la cavidad uterina, la subida de leche, etc. La persistencia de la fiebre es indicio de que se inicia una infección.

El pulso es bradicárdico (60 a 70 pulsaciones por minuto). Podría explicarse por la hipertrofia del corazón durante la gestación, al tener, en el puerperio, que impulsar un volumen de sangre menor; quizás se origine por la depleción brusca del vientre que causa una reacción vagal, la cual hace más pausado el ritmo del corazón; también por el menor aporte sanguíneo debido a dilatación venosa abdominal.

El peso desciende inmediatamente después del parto (expulsión del feto, placenta, membranas, líquido amniótico, etc.) en unos 6 kg. La primera semana, por reabsorción de edemas e involución uterina principalmente, desciende 1.5 kg. Desde la segunda a la octava, por involución del resto del organismo pierde 0.5 kg.

El corazón vuelve a su posición normal, y desaparecen los soplos accidentales. La tensión se normaliza. Las várices, tanto de extremidades inferiores como de aparato genital, desaparecen rápidamente. En los primeros días, la volemia es elevada, los eritrocitos están disminuidos, y la hemoglobina aparece ligeramente reducida; existe leucopenia linfocitaria con aumento de eosinófilos. La velocidad de sedimentación continúa alta. Posteriormente hay leucocitos y por lo general se incrementa la cantidad de plaquetas.

La respiración no se altera mucho en el puerperio; la capacidad vital aumenta después del tercer día. En el aparato digestivo se produce un discreto estreñimiento, fácilmente explicable por el reposo en cama, falta de tono en la musculatura abdominal, evacuación del recto en el parto, etc. En las primeras horas suele haber retención de orina debida a cierta atonía vesical y a la incapacidad para orinar en posición horizontal. Luego, el riñón recibe una gran oferta de líquidos y se inicia una eliminación forzada (2 000 cc en 24 horas). La retención de orina junto a la distensión y edematización de los uréteres puede originar con cierta facilidad una cistitis y una pielitis.

Las puérperas traducen también su estado en su sistema nervioso, con síntomas de irritabilidad que se manifiestan por cambios bruscos de carácter. Son más sensibles a la luz y tienen agudizado el oído y el olfato. En la piel desaparecen las pigmentaciones; las soluciones de continuidad del abdomen por el aumento en el tamaño del útero dejan como secuelas unas estrías marcadas. Las articulaciones vuelven a su rigidez primitiva, recuperan el estado físico.

Afortunadamente, el gravísimo problema de la llamada fiebre o septicemia puerperal, que antes constituía el mayor azote de la maternidad, ha sido resuelto casi totalmente. Se produce casi siempre por una infección de estreptococos, de origen interno (gérmenes presentes en el organismo) o externo (falta de asepsia durante el parto y después de él). Estas infecciones responden muy bien a los antibióticos, pues éstos tienen una acción eficaz sobre las bacterias.

Higiene puerperal

Inmediatamente después del parto, la puérpera debe guardar reposo. Si sus condiciones son buenas, podrá darse de alta, a criterio del médico, 12 horas después del parto (como lo acostumbran instituciones de seguridad social con sobrepoblación) o, si fue cesárea, uno, dos o más días.

La paciente ingerirá líquidos a las seis a ocho horas después del parto y posteriormente se sujetará a una dieta blanda o normal, en la que aumentará la cantidad de líquidos (leche, jugos de frutas, etcétera).

Se vigilará la evacuación intestinal y vesical. Si el intestino en las primeras cuarenta y ocho horas fuera perezoso en su evacuación, se administrará un laxante suave y estaría indicado un enema. Si hubiese retención vesical, se intentaría la eliminación espontánea utilizando diversos métodos de sugestión: colocación de cuña, abriendo grifos, etc. Si no se lograra la evacuación, deben emplearse catéteres con sonda blanda y rigurosa asepsia.

Un simple lavado diario de los genitales externos con agua estéril es suficiente (se puede igualmente emplear cualquier tipo de solución desinfectante). Debe procurarse que el líquido, al caer, lo haga en sentido de arriba abajo, para facilitar el arrastre de gérmenes en dirección favorable.

Los genitales se cubrirán con un apósito de gasa estéril que será renovado cuantas veces sea necesario.

Las mamas no requieren una gran atención, pero sí el cumplimiento de unas medidas elementales importantísimas que tienden a evitar la aparición de grietas, complicación penosa del puerperio que dificulta la lactancia natural y que, por otra parte, constituye puerta de entrada de los gérmenes en la etiopatogenia de las mastitis.

Estas medidas elementales comprenderán: horario y duración de las tetadas (pausa de tres horas con descanso mínimo de ocho horas y una duración máxima de veinte minutos, diez en cada pecho, alternando la iniciación de la tetada); medidas elementales de asepsia, tanto por parte de la madre como hacia el recién nacido; empleo de vaselina estéril o de pomadas apropiadas después de cada tetada; evitar el roce utilizando gasas estériles.

Puede bañarse desde el primer día posterior al parto. Si los entuertos fueran molestos, se calmarán con cualquier tipo de analgésicos o espasmolíticos.

Es conveniente que la puérpera se levante en cuanto se sienta capaz de hacerlo. Iniciará una serie de movimientos activos, sobre todo con los miembros inferiores, en la propia cama, a partir del segundo día (flexión, extensión, etcétera; en las páginas 754 y 755 se ilustran algunos ejercicios que la puérpera puede ejecutar). Es aconsejable, para ayudar a recuperar el tono muscular abdominal, la utilización de una faja.

Se aconseja, para después del puerperio inmediato, una serie de ejercicios de gimnasia muy elementales, pero muy importantes para la correcta involución de los órganos y sistemas, normalización del tono muscular y estética. Las relaciones sexuales no deben reanudarse hasta pasados los cuarenta días.

No resulta conveniente la utilización sistemática de medicación antibiótica; puede estar indicada profilácticamente en casos de amplias episiotomías, desgarros, lesiones por uso de fórceps, etc. Por otra parte, está indicada la utilización de oxitócicos en los primeros días, convenientes por facilitar la involución del útero. Se hace imprescindible,

Examen de las enfermedades

Gimnasia después del parto

EJERCICIO 1

En posición supina con las manos detrás de la nuca; levantar alternativamente la pierna recta y cuando se halle en posición vertical, flexionar y extender el pie. Sirve para prevenir las várices y para tonificar los músculos abdominales. Repetir 6 veces.

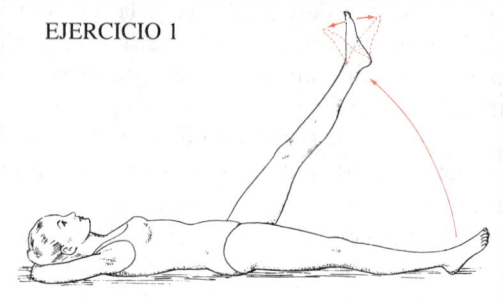

EJERCICIO 2

Sentada sobre un lecho duro, las piernas rectas, las manos juntas detrás de la nuca, mover el codo derecho como si se fuera a dar masaje al seno izquierdo. Sirve para aumentar la elasticidad de la columna vertebral y fortalece los músculos pectorales. Repetir 6 veces.

EJERCICIO 3

Sentada sobre un lecho duro con las piernas rectas, manos juntas a la altura del pecho, efectuar una fuerte presión palma contra palma; después asirse las muñecas y realizar una fuerte tracción, tirando con fuerza de los brazos en sentidos opuestos. Sirve para tonificar y desarrollar los músculos pectorales. Repetir 6 veces.

EJERCICIO 4

En posición supina, levantar poco a poco el busto hasta encontrarse sentada; descansar y levantar después las piernas juntas y rectas balanceándose sobre los glúteos. Sirve para tonificar los músculos abdominales. Repetir 6 veces.

Sexo y embarazo

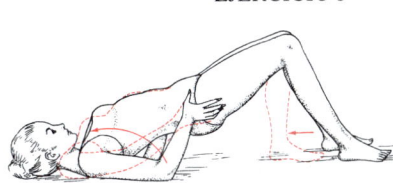

EJERCICIO 5
En posición supina, doblar las piernas teniendo los pies en el suelo, levantar la pelvis manteniendo hombros y codos apoyados. Andar apoyándose alternativamente sobre el pie izquierdo y sobre el hombro derecho, y viceversa. Sirve para mantener la elasticidad de la columna vertebral. Hacer 6 movimientos completos.

EJERCICIO 7
En posición supina, los codos en el suelo, levantar la pelvis sujetándola con las manos; realizar con las piernas alzadas movimientos de pedaleo. Sirve para mantener la elasticidad de las piernas y activar la circulación pélvica. Repítase continuamente durante 15 minutos.

EJERCICIO 6
En posición supina, piernas flexionadas, hombros apoyados, codos en tierra, las manos sosteniendo el talle, alzar la pelvis y oscilar lentamente a derecha e izquierda. Sirve para mantener la elasticidad de la columna vertebral y pared abdominal. Repetir 3-4 veces.

EJERCICIO 8
Andar sobre pies y manos todo lo que se pueda (hasta 15 minutos al día).

EJERCICIO 9
De rodillas, doblar el busto hacia delante con los brazos rectos, tocar el suelo con la frente y con las palmas de las manos, encogiendo lo más posible el abdomen y contrayendo los músculos. Después levantar lentamente el busto abriendo los brazos e inspirando profundamente. Sirve para tonificar los músculos del abdomen y de la espalda. Repetir 6 veces.

La madre hará los ejercicios según este orden: 1, 2 y 3 en el segundo y tercer día después del parto; ejercicio 4, más los anteriores, desde el cuarto al décimo; y los restantes, más los anteriores, del décimo día en adelante.

EJERCICIO 10
En posición supina, manos detrás de la nuca, levantar los hombros y al tiempo flexionar la pierna derecha y aproximar la rodilla derecha al codo izquierdo y viceversa. Tonifica los músculos dorsales y abdominales. Repetir 6 veces.

por último, realizar una revisión médica del aparato genital y del resto del organismo al final del puerperio.

Patología de las mamas en el puerperio

En este periodo pueden presentarse, o ponerse de relieve, una serie de afecciones. Así, **malformaciones congénitas,** unilaterales o bilaterales, raras, que abarcan desde la ausencia total de la mama (amastia) hasta el desarrollo incompleto (micromastia) y el desarrollo insuficiente del pezón (atelia y microtelia). Estos casos tienen como consecuencia la ausencia absoluta de producción de leche (agalactia) y, por ello, incapacidad total para el amamantamiento.

Alteraciones en la lactogénesis. La hipogalactia es la producción láctea insuficiente; su mejor tratamiento es la succión vigorosa del lactante, junto a una alimentación adecuada con abundancia de líquidos. El tratamiento hormonal (prolactina) no produce generalmente resultados favorables. La hipergalactia es rara y se tratará con supresión de líquidos, vendaje de senos y administración de estrógenos.

Alteraciones de la lactopoyesis. La ingurgitación se origina cuando falta la permeabilidad de los conductos galactógenos o cuando no hay succión suficiente. La galactorrea es la salida espontánea, continua o intermitente, de leche. Suele producirse por insuficiencia del músculo areolopapilar; es molesta y facilita la aparición de grietas por maceración.

Alteraciones de los pezones. Pueden ser congénitas (pezones aplanados, cóncavos) y adquiridas. Las grietas son soluciones de continuidad de la piel del pezón y su areola; se originan en el acto normal de mamar por mala técnica de lactancia (horario, duración, etc.). Su gran importancia radica en constituir la puerta de entrada de los gérmenes en la formación de las mastitis. Éstas son infecciones producidas generalmente por estafilococos o estreptococos que llegan a la mama desde el exterior (falta de asepsia de la propia madre o boca del recién nacido) penetrando a través de las grietas y encuentran en la leche un medio de cultivo ideal.

Se distinguen las siguientes formas clínicas: al penetrar los gérmenes afectan los conductos galactóforos (galactoforitis), y al llegar a los acinos dan lugar a una mastitis parenquimatosa. Otras veces, los gérmenes llegan al tejido interglandular originando una mastitis intersticial. La localización superficial mamaria conlleva la producción de un absceso subareolar, y su propagación entre pectoral y mama se acompaña de un absceso retromamario.

La mastitis bilateral es rara, pero posible. Los síntomas más importantes son: dolor localizado y a la succión, tumor, calor y rubor en la mama y zonas afectas, así como empeoramiento del estado general con subida de la temperatura.

Se realizará una profilaxis eficaz evitando grietas e ingurgitación, junto a las normas ya dadas. El tratamiento precoz con antibióticos origina la localización del proceso e incluso su regresión. Cuando se ha formado un absceso bien delimitado, está indicado un tratamiento quirúrgico consistente en su incisión radial, en evitación de fístulas, desbridando totalmente con el dedo el absceso.

Durante el puerperio la mujer usará un sujetador apropiado. Debe evitarse la compresión excesiva, aunque ha de sujetarse la mama en su totalidad.

Gimnasia puerperal

Deberá efectuarse durante seis meses, dos veces al día por la mañana y por la tarde si es posible. No debe iniciarse antes del segundo día del puerperio; naturalmente se hará bajo control médico.

Día a día los ejercicios se aumentarán en número, de forma que la puérpera conozca al décimo día del puerperio todos los ejercicios que deberá practicar diariamente durante los seis meses sucesivos.

Alteraciones en el organismo femenino (ginecología)

Los procesos del organismo femenino no siempre se efectúan sin contratiempos. Por lo pronto pueden presentarse molestias en los periodos de transición, como son la pubertad y el climaterio. En tales casos se debe consultar al médico; entre tanto, será útil conocer la información que aquí proporcionamos.

Significación del calendario menstrual

De la presentación periódica de la regla, su intensidad y duración se pueden sacar conclusiones acerca de la actividad, tanto normal como patológica, de los órganos femeninos. Indican al médico la dirección en que ha de buscar. Es comprensible que unos datos inexactos acerca de las hemorragias menstruales dificulten considerablemente el trabajo del médico. No basta con los simples recuerdos. Interesan mucho los detalles: si la hemorragia era fuerte en los primeros días y luego disminuyó paulatinamente; si días antes de la presentación de la regla propiamente dicha hubo una pequeña hemorragia, aunque fueran sólo indicios, o si, habiendo comenzado la regla con gran intensidad, hubo una disminución para volver a intensificarse al cuarto o quinto día. Tales detalles hacen necesario llevar un calendario menstrual bien hecho. Para ello ha demostrado ser muy útil marcar un punto en un calendario ordinario los días de poca hemorragia, una raya horizontal cuando la hemorragia es de mediana intensidad y una raya larga cuando es intensa. Anotaciones de este tipo, concienzudamente llevadas a lo largo de todo un año, pueden ayudar extraordinariamente al médico. En la página 759 aparece un modelo de calendario que puede ser de gran utilidad en este sentido.

En términos generales, la regla se presenta cada 28 días, aunque puede suceder que, en alguna ocasión, aparezca un día antes o después. Llama la atención que entre las reglas, es decir, en los días libres de hemorragia, hay un día de pequeña pérdida sanguínea, siempre el día 14 de cada ciclo, contando éste a partir del primer día del periodo. Esta hemorragia intermedia de poca intensidad es un fenómeno que no se ve todos los días, pero que tampoco es muy raro. Tales hemorragias intermedias tienen relación con la rotura del folículo ovárico. Si, por ejemplo, estas pequeñas hemorragias no se hubiesen anotado exactamente y el médico tuviera que basarse exclusivamente en datos verbales imprecisos, posiblemente se vería obligado a efectuar una serie de exploraciones buscando otras causas. Tales exploraciones, entre otras el tacto bimanual, la exploración vaginal con espéculo, la citología exfoliativa, exámenes bacteriológicos, etc., a las que el médico está obligado a recurrir para descartar causas más serias que pueden dar lugar a hemorragias, son motivo siempre de una cierta incomodidad para la mujer.

También en los casos de embarazo el médico ha de saber exactamente el primer día de la última regla para poder determinar con cierta aproximación la fecha probable del parto. De lo contrario, sólo puede basarse en los datos de la exploración, que no le permiten predecir dicha fecha con la misma seguridad, ya que el desarrollo del niño, en el que el médico se basa para estimar el tiempo del embarazo, varía de unas personas a otras. Aun al principio del embarazo pueden presentarse hemorragias que recuerdan mucho a una regla.

Tales hemorragias suelen ser más débiles y más cortas que una verdadera menstruación. Esta «regla de embarazo» puede ser causa de que la gestante se equivoque en un cuarto de año en la fecha probable del parto, cuando es ella quien hace el cálculo, una vez que le falte el periodo. Pero si se ha llevado correctamente un calendario menstrual, tras la correspondiente exploración el médico reconocerá el error y podrá indicar correctamente la fecha aproximada del parto.

Un calendario menstrual bien llevado ayuda también en el diagnóstico precoz de enfermedades no dependientes de los órganos sexuales. Así, existen enfermedades graves que ejercen una influencia sobre todo el cuerpo, como son, por ejemplo, la fiebre tifoidea, la tuberculosis, enfermedades de la sangre, enfermedades avanzadas del metabolismo, etc. En tales casos se suspende la menstruación (o la función menstrual), lo que ha de considerarse como una autodefensa del organismo, que no puede permitirse la pérdida de sustancias de importancia vital, como son el hierro sanguíneo y las proteínas, entre otras.

La actividad ovárica, que determina la menstruación, sufre desequilibrios con relativa facilidad. Más de una mujer sana habrá observado la falta de una regla debido a un cambio de trabajo, de ambiente, de clima, o por causa de un trauma psíquico. Suele tratarse, en tales casos, de mujeres muy sensibles y con gobierno hormonal de la actividad ovárica más lábil. Si el médico dispone de un calendario menstrual bien llevado, podrá formarse una idea clara de la actividad anterior de los ovarios e indicar un tratamiento en consecuencia.

También podrá deducir de un buen calendario menstrual si las alteraciones del periodo obedecen a disfunción ovárica o a anormalidades en la misma matriz. Hay tipos de hemorragia que permiten sospechar una alteración benigna o maligna del útero. El calendario menstrual puede asimismo resultar un elemento de juicio sumamente útil a la hora de conceptuar una infertilidad conyugal, al éxito de cuyo tratamiento puede contribuir efectivamente.

Antes de la menstruación, la mujer comienza a notar la proximidad de la regla. Existe un trastorno específico que se llama tensión premenstrual, acompañado de nerviosismo, cefalea, irritabilidad, edemas y dolor de mama, que desaparecen con el comienzo del periodo. No se conoce bien la causa, pero es evidente la acumulación de líquidos. Resulta eficaz el tratamiento con diuréticos.

Alteraciones en el organismo femenino

Calendario de las menstruaciones

NOMBRE _____   NACIDA EL _____

AÑO	Comienzo de la regla	Días que faltan para la iniciación de la próxima regla o duración del ciclo	Días fértiles
		1 2 3 4 5 6 7 8 9 10 11 12 13 14 15 16 17 18 19 20 21 22 23 24 25 26 27 28 29 30 31 32 33 34 35	

Algunas condiciones especiales, como enfermedades, emociones, cambios de clima, variaciones repentinas del modo de vida o del matrimonio, pueden influir notablemente sobre el ciclo menstrual y deben ser anotadas en este calendario. En caso de ausencia de la menstruación o de irregularidades incomprensibles debe consultarse al médico.

Examen de las enfermedades

Alteraciones del ritmo de las menstruaciones

El ser humano tiene cierta tendencia a no prestar atención a pequeñas incomodidades o a pequeñas molestias mientras no causen dolor. No es ésta una actitud correcta, y menos aún cuando se trata de los órganos genitales de la mujer. Cualquier anormalidad en este campo debe ser motivo de consulta médica inmediata. Hay mujeres que durante toda su madurez sexual tienen un ciclo no de cuatro, sino de seis semanas. En estas mujeres, que tienen reglas «demasiado espaciadas», puede considerarse que éstas son, por así decirlo, «congénitas». Mientras una mujer no tenga un conocimiento exacto de la naturaleza de la desviación de la norma que puede observar en su ciclo menstrual, conviene que acuda al médico para poder tener certeza acerca de la benignidad de dicha desviación y evitar problemas posteriores.

Las reglas demasiado espaciadas generalmente no son seguidas de maduración folicular, como ocurre normalmente. De ello resulta que no se producirá suficiente hormona folicular para hacer crecer adecuadamente la mucosa de la matriz. Por tanto, ovario y endometrio están en reposo completo. Al cabo de catorce días, tres semanas o más, puede iniciarse una maduración folicular normal. Al final de este proceso de maduración, tardíamente comenzado, se verifica una menstruación normal. Como se ve, el proceso de maduración folicular va precedido, en estos casos, de una pausa en la actividad ovárica. Estas pausas, y con ellas la alteración del ritmo, tienden a ser cada vez más largas, de modo que reglas que inicialmente se presentan cada cinco, seis o siete semanas tienden a espaciarse tres meses o más e incluso a ausentarse por completo. Es deber del médico corregir precozmente este reposo ovárico patológico.

Otra alteración del ritmo cursa con menstruaciones demasiado largas y abundantes. Después del último periodo madura un folículo normalmente. El folículo no se rompe —lo cual debería suceder aproximadamente el día 14, contado a partir del primer día de la última menstruación—, sino que sigue creciendo patológicamente. Esto trae por consecuencia que, bajo el estímulo de la hormona folicular, el endometrio siga creciendo hasta alcanzar una altura anormal.

Este estado de cosas puede perdurar en el ovario, y con ello en el útero, cuatro semanas y más, hasta que la producción hormonal del folículo descienda. Entonces, cuando ya no se produce bastante hormona para mantener la mucosa endometrial anormalmente crecida, ésta se colapsa, y finalmente, cuando el folículo cesa por completo de producir hormona, la mucosa muere y es expulsada. Esto da lugar a una hemorragia tardía, larga y fuerte. Esta alteración se presenta más cuando la madurez sexual está declinando pero el cambio definitivo no se ha producido aún. El médico puede corregirla extirpando el útero. Al hacerlo se dejan los ovarios para no privar al cuerpo de estos dispensadores de hormonas.

En contraposición a las reglas demasiado espaciadas, en mujeres jóvenes es corriente encontrar reglas demasiado frecuentes, que suelen tener causa nerviosa. Pero otras veces la causa está en la interrupción prematura del proceso de maduración folicular. El endometrio es expulsado poco después de iniciado su crecimiento, lo que origina la hemorragia precoz.

Con esta actividad del ovario la menstruación se presenta cada diez o catorce días; el embarazo es imposible; existe infertilidad. Las hemorragias demasiado frecuentes pueden debilitar extraordinariamente a una joven o a una mujer madura. En los casos más desfavorables, las hemorragias pueden durar hasta ocho días, de forma que no hay sino dos días libres de ella. Mientras se trate de disturbios de origen nervioso, se puede intentar volver a un ritmo normal con métodos sencillos (cambios de clima, movimientos, etcétera). Toda hemorragia que requiere más de seis compresas al día, que dura más de una semana y que se presenta fuera de una regla o a continuación de una relación, cualquier flujo pardo, sanguinolento o de aspecto de agua de lavar carne, aunque sea mínimo, es sospechoso. Todos estos tipos de hemorragia requieren, sin excepción, tratamiento de un especialista.

Todas las alteraciones de ritmo, sean alargamientos o acortamientos, están condicionadas por la función ovárica. Las reglas con escasa pérdida de sangre no tienen mayor importancia, sobre todo cuando se puede admitir cierta inmadurez que con el tiempo se corregirá (las muchachas muy jóvenes suelen tener hemorragias menstruales muy escasas).

Debemos subrayar que ante toda alteración del ritmo menstrual, la mujer se ha de abstener de prescribirse a sí misma preparados hormonales, sobre todo las inyecciones de estrógenos. Esto es especialmente importante en el caso de las metrorragias, o hemorragias no menstruales, que a veces son síntoma de tumor. Sólo el médico podrá prescribir estos medicamentos.

Alteraciones del ritmo a consecuencia de insuficiente desarrollo de los ovarios

Puede suceder que no se produzca maduración folicular en los ovarios por insuficiente desarrollo de éstos desde la juventud. El organismo no es sometido entonces a la acción de la hormona folicular, que normalmente comienza ya antes de la pubertad, y por consiguiente dejan de desarrollarse los caracteres sexuales secundarios o se desarrollan incompletamente. Las mujeres con este tipo de alteración hormonal tienen mamas muy pequeñas, caderas estrechas y escaso vello pubiano y axilar, que en los casos graves falta por completo. Todo el desarrollo corporal queda detenido a nivel de una niña o de una muchachita antes del comienzo de la pubertad. En los casos más pronunciados no se alcanza la maduración sexual y por tanto no se producen reglas. En los casos de mediana intensidad se presenta alguna que otra regla, muchas veces acompañada de grandes dolores y afectación del estado general. En los casos leves de desarrollo ovárico insuficiente pueden presentarse hemorragias anormalmente largas y fuertes. La causa de ello está no solamente en la insuficiente producción hormonal, sino además en la debilidad de la musculatura uterina.

La matriz, por su insuficiente desarrollo, no dispone de la fuerza necesaria para cerrar los vasos sangrantes contrayéndose y detener así la hemorragia. De modo que es muy posible que se produzcan hemorragias muy cuantiosas precisamente en muchachas con órganos genitales insuficientemente desarrollados, hasta el punto de requerir la ayuda del médico. Pueden, sin embargo, alternarse periodos con hemorragias intensas y con débiles, y ciclos con hemorragias frecuentes y con espaciadas. Como base del desarrollo insuficiente de los ovarios se consideran, aparte de factores congénitos, enfermedades graves acaecidas en la infancia, enfermedades crónicas, así como alimentación deficiente o inadecuada.

REGLAS DOLOROSAS *(Dismenorrea)*

Muchas jóvenes y mujeres se quejan de menstruaciones dolorosas. Se trata de dolores que se manifiestan por una tirantez o una sensación de presión en el bajo vientre antes de comenzar la hemorragia, y de dolores de riñones que se presentan con la hemorragia y sólo se mantienen los primeros días o pueden durar hasta el final de ésta. Los dolores más desagradables para la mujer son sin duda éstos de tipo cólico, que pueden intensificarse de tal manera que la obliguen a solicitar ayuda médica. Como fenómenos acompañantes se presentan: malestar que puede llegar al vómito, palpitaciones, disminución del rendimiento, etc.

La regla dolorosa puede tener múltiples causas, por ejemplo retroversión del útero, de modo que la sangre que llena la matriz durante la menstruación se estanca en ella. Si éste es el caso, cada vez que hay una menstruación, la cavidad uterina se distiende y esta distensión se transmite a la superficie y al tejido circundante cubierto de peritoneo. Los estímulos se transmiten por el sistema nervioso autónomo, no sometido a la voluntad, y se traducen predominantemente por dolores del bajo vientre, de riñones y de espalda. Estos dolores, naturalmente, no cesan hasta que la menstruación declina y la sangre acumulada puede salir.

Enderezando la matriz con un instrumento, introduciendo un soporte, por ejemplo un pesario, o por medio de una operación, el médico muchas veces consigue eliminar estos dolores que acompañan a la menstruación.

Otra posibilidad del origen de una regla dolorosa es la **insuficiencia ovárica,** que impide que se produzca hormona suficiente. Esta clase de alteración se encuentra tanto en muchachas como en mujeres jóvenes. Casi constantemente va acompañada de insuficiente desarrollo de la matriz. Con las reglas se distiende la cavidad relativamente pequeña que en estos casos existe, de modo análogo a lo que sucede en la retroflexión del útero, sobre todo cuando está dificultada la salida de la sangre a través de un cuello uterino insuficientemente desarrollado. También en estos casos se transmite la tensión interior hasta el peritoneo. El dolor puede ser constante o de tipo cólico. Pero quizá la causa más frecuente de dismenorrea sea la endometriosis, padecimiento en que el endometrio sale de la cavidad uterina y posteriormente sangra, causando dolor muy intenso por irritación del peritoneo.

El deporte y la gimnasia permiten lograr una mejoría. Además, la mujer que padece regla dolorosa debería tomar vitamina E natural (aceite de germen de trigo) unida a vitamina A (cápsulas de aceite de hígado de pescado). Si con estos medios sencillos no se logra el efecto deseado, será necesario que el médico prescriba un tratamiento hormonal. Otras veces no se encontrará ninguna alteración orgánica ni desarrollo insuficiente. En tales casos suele tratarse de una hipersensibilidad del sistema nervioso vegetativo. En general, se ha visto que las reglas dolorosas que no estén condicionadas por una retroflexión del útero mejoran o se curan con el nacimiento del primer niño, o simplemente por una vida sexual regular. No obstante, siempre habrá mujeres que no puedan ser liberadas de las reglas dolorosas.

Este dolor suele ser tan intenso y duradero que la mujer no puede efectuar sus tareas durante este tiempo. Cualquier sacudida en el autobús, por ejemplo, o simplemente el andar, desencadena dolores intensísimos. A estas mujeres sólo se les puede aconsejar que se protejan y, si es posible, incluso que guarden cama durante los primeros días.

Se les puede procurar alivio mediante la colocación de bolsas de agua caliente, infusiones de efecto espasmolítico (infusión de cominos) y analgésicos. En casos particularmente dolorosos se ha recurrido a la extirpación de un plexo nervioso de la pelvis menor; la mujer así intervenida queda libre de dolor, y puede quedar embarazada y dar a luz como cualquier otra mujer.

La regla dolorosa es un fenómeno muy molesto y una causa de impedimento que no se debe menospreciar. Muy especialmente las chicas jóvenes pueden sufrir mucho por esta causa, sobre todo cuando va unida a estados depresivos. En estos días críticos, la mujer, y muy especialmente la joven, debería ser tratada con la máxima consideración por las personas que la rodean.

MADURACIÓN SEXUAL PRECOZ *(Pubertad precoz)*

El comienzo de la maduración sexual (pubertad) así como la primera regla (menarquia) están condicionados a grandes variaciones, racial, climática e individualmente. En nuestras latitudes, la pubertad comienza aproximadamente hacia los once años. Entre los 16 y los 18 años se completa la maduración sexual. Puede ocurrir que la madurez sexual tenga lugar antes de los once años, en cuyo caso ha habido una aceleración de la evolución. En estas ocasiones se habla de madurez sexual precoz. Es más frecuente en el sexo femenino. Se admite que en nuestros días no sólo se va alargando la estatura, sino que la madurez sexual precoz se presenta con mayor frecuencia. La caracterizan el desarrollo prematuro de las glándulas mamarias, la aparición del vello pubiano y del axilar, la presentación precoz de las reglas y, por último, un acelerado crecimiento corporal, que va adquiriendo contornos de mujer adulta. Pero como el crecimiento en longitud no puede guardar paralelismo con este desarrollo, estas niñas con madurez sexual precoz aparecen, por decirlo así, como «pequeñas adultas».

Las investigaciones han demostrado que los ovarios de estas muchachas ponen en libertad óvulos fértiles, con lo que existe naturalmente la posibilidad de que queden embarazadas. No obstante, la madurez sexual antes de los diez años sigue siendo una extrema rareza. En la mayoría de los casos no hay alteraciones orgánicas demostrables. Más adelante, estas muchachas no se diferencian en nada de las jóvenes ni de las mujeres de su edad.

Alteraciones en la vida sexual de la mujer

No es nuestro propósito detallar las aberraciones que pueden existir en la vida sexual. Pero sí queremos mostrar que la vida amorosa humana no siempre transcurre sin contratiempos; que pueden existir perturbaciones y dificultades.

AVERSIÓN PSÍQUICA HACIA EL HOMBRE

Con la educación, durante los primeros años de la niña, se colocan las primeras piedras de su actitud de adulta frente a la vida sexual. Esto es válido muy especialmente para el comportamiento de la futura mujer, que en algunas circunstancias puede expresarse por una aversión hacia el hombre. En general, se puede decir que los niños en cuyo hogar la diferencia entre el hombre y la mujer es considerada como algo natural, tendrán una vida sexual armónica. Otra cosa sucede en el caso de los niños cuyos padres presentan todo lo referente al sexo como algo de lo que está prohibido hablar. Muy especialmente los niños únicos que han recibido este tipo de educación se sienten inseguros y se comportan con timidez frente al otro sexo, ya en la juventud. Ocurre con alguna frecuencia que una muchacha muy protegida rechaza «a priori» todo pensamiento o idea de contacto sexual como algo repugnante y aberrante, cuando no pecaminoso. La constante lucha contra los «bajos impulsos» acaba por anquilosar toda la personalidad.

Una vez ancladas tales representaciones, resulta muy difícil liberar a una muchacha o mujer joven de la carga de tensiones interiores y de los conceptos morales errados y hacerla observar una conducta normal y natural.

ESPASMO VAGINAL *(Vaginismo)*

De igual modo que una educación inadecuada durante la niñez puede condicionar en la futura mujer una aversión psíquica hacia el hombre, puede también desencadenar un miedo consciente o inconsciente ante la relación sexual, que a su vez puede dar lugar a un espasmo vaginal. Hablamos de miedo «consciente» cuando la mujer es incapaz de efectuar la unión por temor al dolor, lesiones o contaminación. En estos casos, la vagina se cierra espasmódicamente al primer contacto. El mismo fenómeno puede presentarse también cuando la mujer no abriga ningún temor en su consciente, sino en el subconsciente: miedo «inconsciente». Cuando se trata de miedo consciente, es tarea, ante todo, de la pareja vencerlo con tacto y paciencia; cuando el miedo es inconsciente, sólo un tratamiento psicoterapéutico podrá despejar el camino hacia una vida sexual normal y placentera.

FRIGIDEZ

También la frigidez figura entre las anomalías de la vida sexual de la mujer. Hoy día se encuentra en un porcentaje asombrosamente elevado de mujeres. Estamos tentados a concluir que las nuevas circunstancias que la civilización ha traído consigo en la vida de la mujer, contribuyen en gran manera a que muchas mujeres pierdan la capacidad de sentir un impulso sexual normal, por no hablar ya del orgasmo. A este respecto es preciso aclarar que la frigidez de la mujer es un estado de impotencia análogo a la impotencia masculina; la diferencia fundamental consiste en que, mientras el hombre se ve incapacitado de efectuar una unión sexual, la mujer, incluso en el estado de frigidez más absoluto, es capaz de efectuarla.

Los fracasos de la mujer en la vida sexual, que pueden ser condicionados tanto somática como psíquicamente, se agrupan, de mayor a menor gravedad, en tres categorías:
1. Ausencia de sensaciones, de impulsos sexuales y de un deseo de satisfacción sexual (libido) = anestesia.

Alteraciones en el organismo femenino

2. Frialdad sexual con ausencia de la culminación de la relación sexual, de este intensísimo placer seguido de relajación que es el orgasmo = frigidez propiamente dicha.
3. Incapacidad de la mujer de llegar al orgasmo durante el coito al mismo tiempo que el hombre.

La perturbación más profunda en este terreno, la ausencia de sensaciones e impulsos sexuales y del deseo de satisfacción sexual, o sea, del impulso sexual, casi siempre tiene condicionamiento exclusivamente orgánico. En primer lugar se debe considerar el intenso hipodesarrollo de los ovarios y de los órganos sexuales en general; en segundo lugar la causa puede estar en lesiones graves nerviosas o de la médula espinal o en enfermedades del sistema nervioso central, en graves enfermedades generales o en tumoraciones. Menos veces se pueden encontrar signos de intersexualidad. En un caso de éstos la mujer presenta un desarrollo predominantemente femenino, pero muestra también rasgos masculinos, a veces en un grado elevado. Los órganos sexuales femeninos existen, pero escasamente desarrollados, y hay una tendencia a la evolución en sentido masculino. Estas mujeres, que pueden reconocerse ya por su voz grave, poco femenina, pertenecen al tipo intersexual constitutivo, en el que no existe prácticamente la posibilidad de corregir la falta de interés sexual. El grado inmediatamente inferior de las alteraciones en este terreno, la frigidez durante la unión con el hombre, se traduce por la ausencia completa de orgasmo. Aquí pueden intervenir factores tanto psíquicos como orgánicos.

Las causas orgánicas que conducen a frigidez son muchas veces anomalías en el desarrollo de los órganos sexuales o están determinadas por lesiones nerviosas. Pero también pueden originar frigidez pequeñas heridas en el introito vaginal, estrechamientos de la vagina, inflamaciones de la pelvis menor y enfermedades graves como la diabetes sacarina y el cáncer —especialmente el cáncer genital—. Se calcula que el 10% de la frigidez femenina tiene condicionamiento orgánico. Otras causas que pueden conducir a una frigidez de base somática son: la extenuación física, la alimentación inadecuada o insuficiente, los estados de intoxicación crónica, las enfermedades profesionales, el abuso de medicamentos y, ante todo, el tabaquismo y el alcoholismo.

Mucho más frecuente es la frigidez psíquicamente condicionada. Vivencias sexuales desagradables que originaron temor, rechazo y defensa pueden ser causa de que una mujer que antes reaccionaba normalmente ante los estímulos sexuales, resulte incapaz de sentir emoción sexual en presencia del hombre. Ante todo la conducta poco caballeresca, grosera y desconsiderada del hombre e imputaciones bajas y antinaturales son las que pueden acabar por extinguir la emoción sexual en la mujer y hacer que el amor que antes sentía por su esposo sea sustituido por la aversión. En la frigidez psíquicamente condicionada es muy característico el ver acudir a la consulta a mujeres que, habiendo estado felizmente casadas durante varios años, buscan consejo porque desde hace algún tiempo se han vuelto completamente insensibles hacia su esposo y peligra su matrimonio. Las más de las veces, estas mujeres no tienen conciencia de la causa de este cambio de disposición que experimentan.

La exploración física no suministra prácticamente nunca ningún dato que pudiera explicar esta aversión, que muchas veces es descrita incluso como repugnancia a todo contacto corporal. Después de la separación de tales matrimonios, uno asiste muchas veces al sorprendente hecho de que esta misma mujer vuelve a vivir en su plenitud la vida amorosa con otro hombre, hacia el que es plenamente capaz de volcar toda la capacidad de amar que posee.

El grado menor de las anomalías de la vida sexual de la mujer consiste en la incapacidad de ésta para llegar al orgasmo coincidiendo con el orgasmo del hombre, es decir, con la eyaculación. Es preciso distinguir aquí la verdadera anomalía de una aparente. Puede suceder que durante el coito el marido llegue en seguida al orgasmo, mientras que la mujer, que por naturaleza necesita un tiempo más largo, quede insatisfecha. En este caso, el fallo no está en la mujer, sino evidentemente en el hombre. Si este fenómeno se repite con regularidad en el acto matrimonial, habrá que sacar la conclusión de que se están presentando los primeros signos de una pérdida de potencia en el cónyuge masculino.

Tratándose sin embargo de un varón en la plenitud de sus fuerzas, que posiblemente por su actividad profesional sólo a intervalos tiene la posibilidad de practicar las relaciones matrimoniales, una eyaculación prematura no será una rareza; pero en tales casos la mujer no ha de temer en lo más mínimo una pérdida de potencia de su esposo; antes bien, podrá comprobar que en un segundo y un tercer encuentro sexual, inmediatamente subsiguientes, el orgasmo del marido se acerca cada vez más al suyo propio e incluso llega a coincidir con él.

La auténtica anomalía consiste en que en la unión sexual la mujer requiere un tiempo anormalmente largo para llegar al orgasmo. Aquí la regla será que, siendo absolutamente normal el proceso de excitación de su esposo, ella se verá privada de la satisfacción sexual (o del «placer que relaja», como dicen los alemanes). En este caso, la causa está en la disminuida sensibilidad de la mujer, que para llegar al orgasmo requiere estímulos más intensos y durante más tiempo.

Con frecuencia, esto trae por consecuencia una disminución de la energía vital, pasividad y tristeza. Fuera de esto, esta situación tiene el interés médico de que muchas veces hay también una disminución de la fertilidad.

NINFOMANÍA

Mencionemos todavía aquí esta otra anomalía del campo sexual femenino, que afortunadamente se presenta pocas veces y pertenece ya al terreno de lo claramente patológico. Se trata de la exageración del impulso sexual, estado en el que la mujer que la padece vive sometida por completo a su instinto. En ocasiones se han encontrado ovarios de un tamaño que duplica al normal. En casos aislados se ha logrado curar a algunas de estas mujeres reduciendo sus ovarios a un cuarto de su tamaño original.

COITO DOLOROSO *(Dispareunia)*

No pocas mujeres se quejan de que la unión les causa dolor. Para poder evitar esta situación, lo primero es averiguar dónde está localizado el dolor. La mujer unas veces lo refiere al introito vaginal y otras veces al bajo vientre. La diferente localización se relaciona con diversas causas.

Alteraciones en el organismo femenino

Es un hecho conocido el que la mujer se queje de dolor tras el primer contacto sexual con el hombre, y en ocasiones aun varias veces después. Esto no es nada extraordinario, ya que el camino hacia la intimidad ha de ser despejado poco a poco. Si el marido ha procedido con poca cautela durante el primer encuentro, de modo que éste constituyó una vivencia dolorosísima para la mujer, resulta lógico que ella sienta angustia ante las futuras relaciones y eche atrás la cadera sin querer en un movimiento de huida. Simultáneamente se produce una contracción de la musculatura vulvar, que trae por consecuencia el estrechamiento del introito vaginal, lo que explica que en estas circunstancias la convivencia marital resulte dolorosa. Si el proceso se repite, la mujer adopta una postura defensiva y termina por rechazar las relaciones sexuales.

Afortunadamente, es fácil remediar esta situación si la mujer corrige la falta fundamental de echar atrás la cadera en la técnica amorosa; ella debe procurar ir al encuentro de su esposo en un estado de completa relajación y recibir así el órgano reproductor masculino.

Un coito también puede resultar doloroso para la mujer porque su estado de excitación sexual no sea lo bastante avanzado al comenzar la unión matrimonial. El alcanzar cierto grado de excitación es condición para que se produzca la descarga de una secreción mucosa en el introito vaginal y en el interior de éste, que sirve para lubricarla. Si este grado de excitación no se alcanza, la mujer sentirá una sequedad desagradable y dolor durante la unión.

Por tanto, la falta está en la deficiente técnica amorosa del hombre. Debe saber estimular la excitación sexual de la mujer antes de la unión corporal, de tal manera que no haya dificultades en este sentido. Si no consigue esto desde un principio, puede servirse de un medio auxiliar: aumentar la capacidad deslizante con una pasta lubricante que contenga glicerina. El lubricante no debe contener aditivos, como, por ejemplo, perfume, ya que esto podría ocasionarle una irritación sumamente molesta a la mujer en la vagina.

Naturalmente, también una inflamación vaginal que se extienda hasta el introito puede ser causa de coito doloroso. Los dolores pueden hacerse tan intensos que prácticamente imposibiliten toda relación. En tales casos, la mujer debe acudir al médico para determinar la causa de la inflamación vaginal y curarla mediante el tratamiento oportuno.

En ocasiones, la mujer se queja de dolor en el bajo vientre durante la relación. Pero es típico que esta clase de dolor no se presente inmediatamente al comienzo de la unión sexual, sino cuando se acerca el orgasmo. Los dolores, que son desencadenados por la penetración más profunda del miembro masculino en el fondo del saco vaginal, suelen señalar la existencia de un proceso patológico de la pelvis menor. Generalmente se trata de una inflamación de la matriz o de su vecindad inmediata, de una retroversión, de adherencias inflamatorias, tumoraciones u otras enfermedades. Es preciso insistir en que la mujer debe acudir lo antes posible a consulta con el médico para determinar la causa de estas molestias.

Como puede apreciarse, si prescindimos de los casos en que la dispareunia obedece a causas orgánicas, en multitud de ocasiones el hombre desempeña un papel fundamental en los coitos dolorosos. En estos casos es necesario que ambos cónyuges consulten con el médico y reciban la información adecuada. Ni la mujer debe adoptar una actitud de resignación, ni el hombre puede rechazar un consejo por orgullo.

Examen de las enfermedades

Enfermedades de los órganos reproductores femeninos

El aseo no solamente es la mejor manera de evitar malos olores, sino también la de prevenir enfermedades de los órganos reproductores. Deberían ser lavados regularmente por las mañanas o por las noches con agua tibia y jabón suave, no con mayor frecuencia ni empleando desinfectantes fuertes.

De las enfermedades venéreas se ha hablado ya en el capítulo «Enfermedades infecciosas» (páginas 508 y 523).

AUSENCIA DE REGLAS *(Amenorrea)*

Causa primaria. Oclusión de la vagina o de la matriz a consecuencia de inflamaciones, lesiones o malformaciones. Ausencia (aplasia) de la vagina, de la matriz o de los ovarios. Alteraciones funcionales de los ovarios a consecuencia de deficiente formación de hormonas sexuales primarias o secundarias, muchas veces como resultado de enfermedades infecciosas graves, grandes traumas psíquicos, agotamiento físico e hipotiroidismo.

Causa secundaria. Embarazo, climaterio.

Tratamiento. En amenorreas no condicionadas por un embarazo o el climaterio, se recomienda el de la enfermedad de fondo. Aplicaciones de calor en el bajo vientre (vendajes de Priessnitz, arco voltaico, onda corta, baños de asiento, etc.), gimnasia o ejercicios en el taburete, dieta cruda de frutas y verduras como estímulo. Baños de asiento calientes: en una bañera de asiento se vierte agua de 40 a 42°C y se agrega el ingrediente prescrito. El baño debe durar 20 minutos y la paciente ha de taparse con mantas para evitar que se escapen los vapores calientes. Estos baños han de tomarse por la noche para que la paciente pueda ir inmediatamente después a la cama, que ha de calentarse previamente con bolsas de agua caliente. En el caso de hipotiroidismo o de otros problemas hormonales, deberá consultarse al especialista.

Pronóstico. Se corrige el 80% de las disfunciones ováricas, exclusivamente con métodos fisioterapéuticos, cuando la amenorrea es de menos de dos años y la aplicación se hace regularmente durante tres a seis meses.

FLUJO

La vagina está revestida de un epitelio plano poliestratificado y no contiene ningún tipo de glándula ni, por tanto, una excreción. Las secreciones que la vagina normalmente contiene resultan de una mezcla de la secreción procedente del cuello uterino y de células epiteliales descamadas y parcialmente destruidas por la actividad bacteriana. Para protección contra infecciones ascendentes, la vagina está colonizada por bacilos lácticos, que producen ácido láctico a partir del glucógeno de las células epiteliales descamadas. Por ello la secreción vaginal sana es blanquecina y ácida, a veces un tanto grumosa. Los lavados de la vagina sana con soluciones jabonosas o, peor aún, con desinfectantes, destruyen los gérmenes vaginales normales y favorecen la presentación de inflamaciones.

Puede producirse un aumento del flujo vaginal debido a un aumento de la secreción cervical por causas puramente nerviosas. Como la secreción cervical tiene reacción alcalina, la intensificación de ésta conduce a la disminución de la acidez o a la neutralización del quimismo vaginal y, por ello, favorece el desarrollo de gérmenes patógenos procedentes del exterior, y esto a su vez provoca la exudación de leucocitos que se transforman en piocitos: el flujo se torna amarillento y adquiere un olor desagradable. Las ulceraciones (erosiones) en el hocico de tenca (cuello uterino) prestan un color pardusco o hasta claramente hemorrágico a la secreción vaginal. La invasión de tricomonas o de cándidas provoca un intenso prurito vaginal y muchas veces también el enrojecimiento y la hinchazón de toda la vulva. Como también tumores malignos de las trompas y de los ovarios pueden dar lugar a un aumento de flujo (por ejemplo, el flujo amarillo ambarino del cáncer de la trompa), todo flujo anormal ha de ser investigado por el médico. Si hay un prurito intenso en la región vulvar, piénsese primero en la diabetes.

El tratamiento de los flujos no derivados del cáncer varía según los casos. Las mujeres, después del climaterio, deberían tomar dos baños de asiento de manzanilla por semana. En mujeres más jóvenes se obtienen buenos resultados con medicamentos tranquilizantes e inhibidores de las secreciones cuando no se presenta ningún tipo de inflamación de la vagina.

Las erosiones han de ser cauterizadas; las inflamaciones, tratadas con antibióticos; y la candidiasis y la tricomoniasis, con medicamentos específicos. Si los bacilos lácticos están ausentes, hay que aportar ácido láctico.

INFLAMACIONES DE LAS TROMPAS Y DE LOS OVARIOS *(Anexitis)*

Sintomatología. Flujo intenso, generalmente purulento, dolores de tipo cólico que semejan dolores de parto en el bajo vientre; con frecuencia fiebre, en ocasiones también escalofríos; sensación de presión en el hipogastrio, meteorismo, alteraciones de la menstruación.

Patogenia y causa. Infección ascendente desde la vagina (por ejemplo blenorragia) facilitada por la menstruación, el aborto y el puerperio. Por vía sanguínea pueden llegar bacterias tuberculosas. Las etapas de la enfermedad son: inflamación del cuello de la matriz y del endometrio, de las trompas, luego del peritoneo (pelviperitonitis), con participación de los ovarios, obstrucción de las trompas y formación de abscesos en las trompas y en los ovarios. La anexitis aparece con frecuencia como fenómeno acompañante de la apendicitis.

Tratamiento. Según el diagnóstico del médico, se guardará reposo en cama, se aplicarán bolsas de hielo y se administrarán antibióticos.

Pronóstico. Curable, sin secuelas importantes. Sólo en la forma más severa descrita pueden quedar obstrucciones totales o parciales de las trompas, que facilitan después un embarazo extrauterino o dan lugar a esterilidad. En los casos en que se sospeche que las trompas han quedado obstruidas o semiobstruidas por el proceso de cicatrización, conviene realizar una radiografía (salpingografía) para comprobar que existe el estado de permeabilidad.

ESTERILIDAD

Sintomatología. Ausencia de embarazo, pese a relaciones regulares, durante dos años como mínimo; es normal la capacidad procreativa del esposo, lo cual puede comprobarse mediante pruebas especiales.

Patogenia. Está obstruido el camino de la célula germinal masculina hacia el óvulo, no hay óvulo disponible o el óvulo fecundado no puede anidar en la matriz.

Causa. Malformaciones de la vagina, obstrucción del cuello uterino, incompatibilidad entre el semen y la constitución química del tapón mucoso del cuello uterino; deficiente preparación de la mucosa uterina, miomas, obstrucción de las trompas a consecuencia de abortos espontáneos o provocados, enfermedades venéreas, tuberculosis; deficiente desarrollo del óvulo, a consecuencia de producción insuficiente de hormonas sexuales primarias o secundarias.

Tratamiento. Según la causa: fisioterapia, tratamiento medicamentoso (antibióticos, hormonas, aporte vitamínico, muy especialmente vitamina E) o quirúrgico (liberación de adherencias, plastias de la matriz o de las trompas). En todo caso, el tratamiento estará a cargo del especialista.

Pronóstico. Varía de acuerdo con la enfermedad base. Los trastornos hormonales, si llevan menos de dos años de existencia, pueden ser corregidos, en el 80% de los casos, merced a un tratamiento intensivo y constante, mientras que las operaciones pueden solucionar el 20-35% de los casos que por su naturaleza requieren una urgente intervención quirúrgica.

En casi la mitad de los casos, la esterilidad depende del hombre, por lo que en todos los matrimonios infértiles es necesario considerar antes la causa masculina. Generalmente se encuentra azoospermia (ausencia de espermatozoides en el semen) por obstrucción de los conductos seminíferos, u oligospermia (el eyaculado contiene insuficiente número de espermatozoides) por defectos en la formación de las células sexuales en los testículos.

INFLAMACIÓN DE LA MUCOSA DE LA MATRIZ
(Endometritis)

Sintomatología. Sensación de presión en el bajo vientre, hemorragias menstruales intensas y con frecuencia también de mayor duración, hemorragias demasiado frecuentes. Si el comienzo es agudo, también fiebre.

Patogenia. Infección ascendente desde la vagina, o descendente, a partir de una infección primaria de los ovarios o de las trompas. Como los primeros síntomas son indistinguibles para el lego, de los de un cáncer del aparato genital, se requiere en todo caso la exploración y el tratamiento por el especialista.

Causa. Piógenos, gonococos, tricomonas, bacilo tuberculoso; consecuencias de aborto provocado.

Tratamiento y pronóstico. En todo caso se orientan según el diagnóstico establecido por el especialista. El médico decidirá entonces entre prescribir reposo en cama, analgésicos, envolturas frías o calientes, baños de asiento, onda corta y otras medidas terapéuticas.

Cambios de posición de la matriz

RETROFLEXIÓN DEL ÚTERO

Sintomatología. Los síntomas que con mayor frecuencia se presentan en la retroflexión del útero son: dolores de riñones, estreñimiento, dolores durante el coito, cansancio doloroso en las piernas; esterilidad; hemorragias menstruales intensas y prolongadas, que también pueden ser dolorosas (intensificación de la pérdida sanguínea después de incorporarse de la posición sedente o de decúbito).

Patogenia y causa. Insuficiente desarrollo del aparato genital, debilidad del tejido conjuntivo, adherencias peritoneales.

Tratamiento y pronóstico. Si no hay molestias, no es necesario efectuar ningún tratamiento. De lo contrario, se efectuará corrección de la posición eventualmente bajo anestesia, introducción temporal de un pesario por el médico, o intervención quirúrgica en algunos casos.

DESCENSO DEL ÚTERO

Sintomatología. Sensación de presión hacia abajo, tirantez dolorosa en el bajo vientre, generalmente bilateral; emisión de orina frecuente y muchas veces dificultosa, estreñimiento, sensación de presión en el intestino, dolores de espalda.

Patogenia y causa. Se presenta con consecuencia de debilidad congénita del tejido conjuntivo, partos difíciles, falta de ejercicios musculares de la pared abdominal y del suelo de la pelvis después del parto.

Tratamiento y pronóstico. El médico puede intentar hacer la colocación transitoria de un anillo. La operación da buenos resultados; no obstante, las recaídas son posibles si no se evita el levantamiento de objetos pesados.

PROLAPSO DE LA MATRIZ

Sintomatología. Salida de la matriz por la vagina, estreñimiento, frecuente emisión de orina con vaciamiento incompleto de la vejiga.

Patogenia y causa. Las principales causas son el relajamiento completo del suelo de la pelvis por debilidad del tejido conjuntivo, trabajo físico duro, vuelta prematura al trabajo después de un parto difícil.

Tratamiento y pronóstico. Se recomienda operar a la enferma, pues así se logra eliminar por completo las molestias.

Enfermedades tumorales

Los miomas son tumores benignos del tejido conjuntivo que se presentan como más temprano hacia los 20 años, pero generalmente sólo después de los 35. Pueden estar asentados en el cuerpo o en el cuello de la matriz, y desarrollarse hacia la cavidad abdominal o hacia la cavidad de la matriz. Suelen ser múltiples y tienen un crecimiento lento, pero pueden llegar a alcanzar el tamaño de la cabeza de un adulto y aun más. En casos raros, pueden degenerar en un tumor maligno (sarcoma); un crecimiento muy acelerado y mal estado general son síntomas alarmantes.

Los miomas deben operarse cuando crecen rápidamente, cuando son causa de hemorragias menstruales prolongadas e intensas que conducen a anemia secundaria, cuando de una manera brusca originan dolores y mal estado general (a veces fiebre y escalofríos), cuando provocan alteraciones demasiado intensas en los órganos vecinos (vejiga, intestino, uréteres, nervios) y cuando existe sospecha de deficiente irrigación (necrosis, secreción fétida). Los miomas reconocidos deben someterse al control periódico del especialista.

TUMORES MALIGNOS: CÁNCER *(Carcinoma)*

El cáncer es un crecimiento desenfrenado de células con destrucción de su vecindad. Los tumores cancerosos provocan que las células aisladas transportadas por la sangre o la linfa a otro territorio se desarrollen en su nuevo ambiente, donde dan lugar a un nuevo tumor, que destruye asimismo los tejidos sanos circundantes. Estos nuevos tumores, que aparecen en órganos completamente distintos, reciben el nombre médico de metástasis.

CÁNCER GENITAL DE LA MUJER

El cáncer crece oculto durante largo tiempo, cuando no está situado en la superficie del cuerpo o cuando su crecimiento no se traduce en alguna manifestación visible en la superficie. Además de los cánceres superficiales —de la piel—, existe la posibilidad de reconocer relativamente temprano la existencia de tumores malignos (como son los cánceres de la boca, de la faringe y de los últimos tramos del intestino, que pueden verse por medio del rectoscopio, así como los del cuello uterino y de la vagina), situados en aquellos órganos que pueden visualizarse directamente o por medio de instrumentos. Gracias a ello, muchos de los cánceres genitales de la mujer pueden curarse. Como además se da la circunstancia de que la vagina, el cuello y el cuerpo de la matriz con su cavidad y las trompas constituyen un sistema canalicular único cuyas secreciones se vierten al exterior, es posible observar precozmente secreciones y hemorragias que no guardan relación con las menstruaciones.

Las hemorragias que se sitúan entre las menstruaciones y flujos pardoamarillentos o sanguinolentos y malolientes pueden ser los primeros síntomas que denuncian la existencia de un cáncer genital en las mujeres.

La peligrosidad de los cánceres genitales varía según el asiento del tumor. Es muy peligroso el situado en el conducto cervical, en la trompa y en el ovario. Pero el cáncer de trompa es sumamente raro y el cáncer del conducto cervical suele manifestarse precozmente mediante hemorragias independientes de las menstruaciones, por lo que puede tratarse al comienzo. La gran peligrosidad del cáncer de ovario deriva del hecho de que puede ir creciendo durante mucho tiempo y extenderse considerablemente sin que la mujer experimente la menor molestia. Para descubrir precozmente un crecimiento oculto de esta índole se hace necesario que toda mujer acuda al ginecólogo cada seis meses para hacerse reconocer, pasados los 35 años.

Toda pérdida de sangre entre las menstruaciones debe considerarse patológica. Aunque no sea la causa única, puede estar provocada por un cáncer. Fuera de la época de la madurez sexual, una vez presentado el climaterio o cuando éste está pasado, la mujer no tiene más menstruaciones. En el ejercicio de la profesión médica, se ve constantemente que en la consulta se presentan mujeres que hace bastantes años dejaron atrás el climaterio, y dan noticia de la vuelta de las «reglas». En cuanto se quiere averiguar lo que hay en el fondo del asunto, uno se encuentra con que se trata de hemorragias completamente irregulares, que nada tienen que ver con una supuesta reanudación de la actividad ovárica. La presentación reiterada de hemorragias durante el climaterio y después de él son siempre sospechosas y hacen temer la presencia de una tumoración cancerosa.

No obstante, puede suceder realmente que se vuelvan a presentar hemorragias regulares cada 28 días. Este fenómeno es patológico y está en relación con una tumoración ovárica, que no siempre es maligna, pero que puede serlo. Es de notar que no solamente la hemorragia entre las reglas o después del climaterio es un indicio de algún proceso patológico, sino que basta un flujo parduzco sanguinolento para ponernos en guardia. También en este caso es preciso consultar inmediatamente al médico; muchas veces resulta que este flujo es ya indicio de un cáncer que se encuentra en pleno desarrollo.

La mujer jamás debe pasar por alto un flujo de esta clase. Muchas se dicen: «No voy al médico, pues no me duele». Es de sobra conocido que la mayoría de las enfermedades se inician con algún síntoma de alarma, como son el dolor, la laxitud y la postración, fiebre, gran cansancio con molestias digestivas y vómitos, etcétera; ninguno de estos síntomas anuncia el cáncer. Precisamente porque al principio se desarrolla y crece sin darse a conocer por dolor u otro síntoma, es peligroso. Y por esa misma razón pasa inadvertido con tanta frecuencia.

El cáncer sólo puede diagnosticarse con seguridad en el mismo sitio en que crece. Si se ha encontrado un sitio sospechoso, la naturaleza, concretamente la malignidad o benignidad de este tumor, sólo puede determinarse mediante el estudio microscópico. Sólo entonces queda confirmada o desechada la sospecha de cáncer.

Desgraciadamente se ven demasiados casos en que uno no puede menos que decirse: «¿Por qué no se habrá descubierto este cáncer a tiempo?» o «¡Qué lástima que esta mujer haya acudido tan tarde al médico!»

Localización de los cánceres en los órganos genitales femeninos

1) En los labios y en el clítoris

Pequeños nódulos o tumoraciones con base firme. Con frecuencia infarto precoz de los ganglios inguinales. La enferma siente generalmente prurito, a veces dolores, u observa hemorragias.

2) En la vagina

Suelen ser tumores parecidos a una coliflor o tumoraciones irregulares con bordes festoneados. Se presenta infarto precoz de los ganglios inguinales. El cáncer de vagina se manifiesta por hemorragias irregulares, pérdidas sanguíneas después de las relaciones y flujo pustuloso, sanguinolento o sanioso. En cambio, no produce dolores.

Dirección del crecimiento: hacia afuera o hacia adentro, como el carcinoma de epitelio plano, o el adenocarcinoma que parte de la mucosa del cuello de la matriz. El diagnóstico precoz sólo es posible mediante el control periódico preventivo (citología, colposcopia). Presentación más temprana en el segundo, generalmente en el tercer decenio de la vida. Molestias, como flujo, pérdidas de sangre anormales y dolores, aparecen generalmente en el grado segundo.

3) En el cuello y en el cuerpo del útero

Casi siempre se producen en mujeres de más edad (en el quinto decenio de la vida). Muchas veces aparecen sobre pólipos. Síntomas típicos son las hemorragias fuera de las reglas o flujo sanguinolento («agua de lavar carne») o purulento.

Mediante el establecimiento de un diagnóstico precoz, el tratamiento quirúrgico y radioterapéutico siempre puede ser eficaz y curativo. Es de importancia capital que toda mujer que haya cumplido más de cuarenta años se someta periódicamente a la prueba de Papanicolaou, o estudio citológico de la secreción vaginal. Esta prueba es positiva incluso en casos incipientes, cuando el tratamiento resulta siempre curativo.

4) En las trompas

Puede presentarse a cualquier edad, incluso en niñas pequeñas, con tumoración de rápido crecimiento, nódulos diseminados por todo el abdomen, ascitis. Es preciso operar a cualquier edad.

EL CÁNCER DE MAMA

Si existe una sospecha de cáncer, todo órgano ha de ser explorado de una manera sistemática. Afortunadamente, en la mujer esto es posible tanto en los órganos genitales como en el pecho. Sólo con una cuidadosa observación puede la mujer determinar si su pecho ha sufrido alguna alteración patológica o está libre de ella. Naturalmente, ha de saber cuáles son los síntomas precoces que indican la posible existencia de un cáncer. Por ejemplo, si nota la existencia de un nódulo en el pecho, no debe pasar por alto este descubrimiento. Es indispensable, entonces, consultar al médico. Él tiene la obligación de decidir si es necesario extraer el nódulo para determinar si se trata de un cáncer o no. Las más de las veces habrá necesidad de decidirse a favor de la biopsia, justamente porque sólo el examen microscópico puede aclarar la naturaleza maligna o benigna de la tumoración.

Muchas mujeres se quejan al final de la madurez sexual, o sea, antes del climaterio y después de él, de la existencia de nódulos dolorosos en el pecho. Suele tratarse de una

Alteraciones en el organismo femenino

hinchazón mayor o menor del tejido glandular de las mamas, o de quistes de los conductos excretores de las glándulas lácteas. Éstos pueden degenerar en cáncer. Por ello, se impone la constante y estrecha vigilancia. Con la ilustración de nuestros días no debería suceder que unas tumoraciones del pecho, que no muestran tendencia a la regresión espontánea, se abandonen de tal manera que acaben por destruir por completo el pecho de su portadora. Además, las alteraciones histológicas en el seno de un cáncer de mama producen un olor fétido. Resulta verdaderamente incomprensible que todavía hoy se encuentren mujeres que durante meses, e incluso años, observen este crecimiento tumoral tan evidente en el pecho y no acudan al médico.

Hay un síntoma que invita a tener mucho cuidado: es el que se aprecia cuando uno de los dos pezones empieza a humedecerse e incluso a segregar un fluido sanguinolento. En ocasiones, el cáncer se manifiesta en sus comienzos por que el pezón, hasta entonces normal y bien conformado, ensanchándose suavemente hacia su base, se deprime e incluso se invierte, y queda una depresión o cavidad en su lugar. Tampoco es raro observar que todo el pecho cambie de forma, que una de las mamas esté más elevada que la otra, lo que se reconoce muy bien por la distinta altura y orientación de los pezones. Si esto no era el caso antes, entonces es preciso considerarlo como un síntoma de alarma y acudir al médico inmediatamente. Aun cuando el cáncer de mama no ocasiona dolor en sus comienzos —al igual que los demás cánceres— y durante mucho tiempo crece inadvertido y no da síntomas de alarma, el autocontrol permite reconocer su existencia en sus comienzos y, en consecuencia, el tratamiento a tiempo. Según su origen, puede ser un cáncer de epitelio plano, de epitelio glandular o mucoso. Las más afectadas son mujeres en el cuarto y quinto decenio de la vida; pero también muchachas de 16 años (y hombres) han sucumbido por esta enfermedad. Una cuarta parte de los cánceres que padecen las mujeres se localizan en la mama.

Los niños y sus enfermedades (pediatría)

Peso y talla

En estas páginas, dedicadas al niño, el lector encontrará muchas cifras. Conocerlas y consultarlas en un caso determinado quizás pueda ser de gran utilidad. Sin embargo, conviene aclarar que estos datos no se deben tomar demasiado al pie de la letra. La naturaleza es siempre multiforme y no puede englobarse bajo un esquema rígido. Los valores que vamos a citar no corresponden a cifras «normales» que han de cumplirse en todo niño sano; ni siquiera son valores ideales que todo niño debería alcanzar. Se trata siempre de promedios, obtenidos estadísticamente a partir de multitud de medidas aisladas, tomadas en muy distintas circunstancias ambientales.

El peso medio del niño recién nacido equivale a unos 3 380 g, con una ligera diferencia a favor del varón (3 500 g en números redondos en relación con los 3 300 g de la mujer). Esta cifra, en los recién nacidos a término, oscila entre los 2 500 y los 4 600 g, pero puede sobrepasar estas cifras en casos aislados o no llegar a ellas. Según

Examen de las enfermedades

una estadística estadounidense, en el 94% de los nacimientos normales, el peso de los niños oscilaba entre 2 630 y 4 580 g, y el de las niñas entre 2 630 y 4 260 g. Si se toma en consideración sólo el 80% de todas las medidas, las cifras correspondientes son: niños, 2 860 y 4 130 g; niñas, 2 810 y 3 900 g.

Si sólo se toman en cuenta la mitad de los recién nacidos sanos a término, los valores respectivos son: niños, 3 130 y 3 760 g; niñas, 3 130 y 3 670 g. En esta misma estadística, los valores promedio, pesados todos los recién nacidos, son de 3 400 g para los niños y de 3 360 g para las niñas.

Si en condiciones normales el peso del recién nacido a término oscila entre límites tan amplios, se comprenderá que igual sucede en relación con la estatura. En general, el valor promedio de esta medida oscila alrededor de los 50.4 cm, también con ventaja para el sexo masculino.

A los niños que al nacer pesan menos de 2 500 g se les designa convencionalmente como niños inmaduros. La expresión «prematuros», usada generalmente, adolece de un gran defecto, al menos si se prescinde del fenómeno cronológico del parto. Puede ocurrir que un niño nazca a término y pese menos de 2 500 g. Esto incluso es lo habitual cuando se trata de gemelos. Pero estos niños no son prematuros, aunque quizás puedan ser inmaduros, concepto que define un problema diferente.

En los primeros momentos de su vida, el niño pierde peso, a veces en cantidad bastante acusada: la eliminación de residuos fecales y urinarios, la sudoración, no se compensan por el ingreso, todavía inexistente o insuficiente, de sustancias alimenticias. La pérdida puede ser de hasta 300 g. Las cifras medias de pérdida de peso son las siguientes: primeras doce horas, 80 g; en la segunda mitad del primer día de vida, 60 g; y en el segundo día, 66 g.

A partir del tercer día comienza un aumento de peso. En general, a las dos semanas el bebé ha recuperado su peso inicial. Si cumplido este plazo no se ha conseguido la restauración ponderal, cabe pensar que algo, casi siempre en relación con la dieta del lactante, no marcha bien. En las primeras semanas de vida todo se realiza aceleradamente, por lo que incluso los riesgos son mayores en esta época. El peso del recién nacido es, pues, una medida que siempre debe tenerse en cuenta.

A partir del tercer día o del cuarto el recién nacido comienza a ganar peso: inicialmente a razón de 10 a 15 g diariamente; a partir del quinto o sexto día con un promedio de 20 a 25 g, para luego descender al séptimo día a unos 20 g. Después del primer mes de vida, el niño pesa unos 600 g más que al nacer; 800 g más en el segundo y tercer mes, respectivamente; 500 g más en el cuarto, quinto y sexto mes; 400 g en el séptimo, octavo y noveno mes; y 350 g en el décimo, undécimo y duodécimo mes. De este modo, el niño duplica su peso inicial entre el quinto y el sexto mes aproximadamente, y lo triplica al cabo del año. Estas cifras son sólo aproximadas, lógicamente, y dependen de muchas circunstancias.

Hay niños frágiles que tardan en ganar peso, pero que maduran perfectamente, al igual que hay otros que sobrepasan los valores señalados, sin ser por ello «más sanos». Los lactantes que aumentan de peso en forma desproporcionada, muy superior a las cifras medias, en general han sido «cebados»; también se convierten en «niños problema» muy a menudo.

El contorno craneal del recién nacido es de unos 35 cm, como puede verse en la tabla adjunta. Este perímetro equivale al torácico, e incluso puede superarlo. Al año de edad, en las niñas, el perímetro cefálico es el mismo que el torácico (entre 45 y 46 cm). En los varones ya comienza a predominar el perímetro torácico en uno o dos centímetros, predominio que se hace gradualmente más ostensible. Al término de la edad del juego, a los cinco o seis años, la diferencia a favor del perímetro torácico es de aproximadamente 5 cm.

Tabla I. Perímetro cefálico durante los primeros siete años de vida

(Valores promedio en la raza blanca, en cm)

Edad	Niños	Niñas
Nacimiento	35.2	34.6
1 mes	37.3	36.5
3 meses	40.7	39.8
6 meses	43.6	42.5
9 meses	45.7	44.6
1 año	46.8	45.6
18 meses	47.9	47.0
2 años	49.1	48.0
30 meses	49.8	48.8
3 años	50.4	49.5
42 meses	51.0	50.1
4 años	51.2	50.7
54 meses	51.6	51.0
5 años	51.8	51.2
7 años	52.7	52.2

La fontanela mayor, la laguna ósea craneal del lactante, conocida y palpada por todas las madres, se cierra, en ocasiones, al término del primer año de vida; al cabo del año y medio debe ser poco evidente. Aunque pueda palparse la abertura en épocas posteriores tampoco tiene mayor significación. Sólo si a partir del tercer año permanece invariable puede constituir motivo de preocupación, ya que es síntoma, por ejemplo, de raquitismo.

Desarrollo de la dentadura

A muchas madres les preocupa la dentición, y viven demasiado pendientes de los días en que sus hijos «echan los dientes». Existe también la opinión errónea de que la dentición se acompaña siempre de trastornos o, a la inversa, de que ciertos síntomas se deben siempre a este fenómeno.

La **primera dentición** comienza entre el sexto y el octavo mes de vida, con los dientes incisivos centrales inferiores. Al final del primer año de vida salen los incisivos

Examen de las enfermedades

centrales superiores, los incisivos superiores laterales y los inferiores laterales. Alrededor del decimoquinto mes aparecen los primeros molares superiores e inferiores. Antes del segundo año salen los cuatro caninos; a partir del segundo año los demás molares. La primera dentadura se compone de cuatro incisivos, cuatro molares y dos caninos en cada maxilar, es decir, veinte dientes en total.

7	5	6	3	2	2	3	6	5	7
7	5	6	4	1	1	4	6	5	7

Esquema de la primera dentición. Los números indican el orden en que aparecen los dientes (véase lámina XVII).

La salida de los dientes de leche, en especial de los molares, sobreviene en el niño sano, bien alimentado y protegido contra el raquitismo, sin dificultad alguna, y nunca se acompaña de fiebre o convulsiones. Si bien alguna vez se presentan unas décimas de grado C coincidentes con una inflamación de la encía, y el niño acusa algún dolor, llora, o manifiesta una salivación excesiva, quizás con inflamación de los ganglios linfáticos del cuello, irritabilidad, intranquilidad, insomnio e inapetencia, jamás se producen convulsiones por esta razón. El profano relaciona la espasmofilia con la aparición de la primera dentición; esta creencia obedece a un error, debido a que, en esta edad, son frecuentes otras enfermedades, entre ellas, precisamente, esta predisposición a las contracciones musculares convulsas, pero no existe relación de causa a efecto. Cuando esta primera dentición va acompañada de los síntomas señalados (irritación de las encías) puede ser muy útil que la madre frote las encías de su hijo con jugo de limón puro varias veces.

La primera dentadura debe ser cuidada con esmero, pues incluso los dientes de leche pueden ser portadores de focos de infección. Las visitas periódicas al dentista son obligatorias, y desde muy temprano se debe educar a los hijos a limpiarse los dientes, por lo menos una vez al día, con un cepillo blando.

La **segunda dentición** comienza, en la mayoría de los niños, con la irrupción de los primeros molares permanentes, generalmente entre el sexto y el séptimo año de vida. Después se caen los dientes de leche aproximadamente por el mismo orden con que han aparecido, aunque mucho más lentamente, para ser sustituidos por los permanentes. El esquema de esta dentición definitiva es el siguiente:

6-7 años de edad:	primeros molares
7-8 años de edad:	incisivos centrales
8-9 años de edad:	incisivos laterales
9-11 años de edad:	primeros premolares
11-12 años de edad:	caninos
11-13 años de edad:	segundos premolares
12-14 años de edad:	segundos molares
a partir de los 18 años:	terceros molares (muelas del juicio)

La dentadura permanente se compone, pues, de 4 incisivos, 2 caninos, 4 premolares y 6 molares en cada maxilar; en total, 32 dientes.

Desarrollo corporal y psíquico

A partir de numerosas observaciones y experiencias han podido establecerse, con relación al desarrollo y crecimiento de los lactantes, una serie de valores medios que pueden servir como guía para juzgar sobre la normalidad o anormalidad en esta importante época de la vida.

Primer mes:

El peso oscila entre 3 600 y 4 500 g al final de las primeras cuatro semanas de vida. Todavía no se han presentado movimientos coordinados de los brazos y piernas, sólo existen reflejos de aprehensión de los objetos. El niño acusa el dolor y manifiesta sensibilidad de tacto y gusto. Reacciona a la luz cerrando los párpados; responde también a los sonidos estridentes. Su mirada es todavía vaga e indirecta, emite sonidos guturales y, en posición de decúbito prono (sobre el vientre), puede levantar la cabeza momentáneamente.

El lactante sano de esta edad duerme de 16 a 18 horas al día y se despierta por sí mismo para ser alimentado.

Segundo mes:

El peso oscila entre 4 300 y 5 500 g al final de la octava semana de vida. El lactante comienza a ejercitar un juego mímico, puede sonreír y emite sonidos de balbuceo. Sigue con los ojos las fuentes de luz y los ruidos, pero su musculatura ocular no es aún potente: padece, a esta edad, un estrabismo fisiológico que carece de importancia y que, con el tiempo, cede completamente. Al final de este periodo de su vida, el niño puede mover sus miembros agitadamente y es capaz de sostener la cabeza levantada al estar en posición prona.

Tercer mes:

El peso oscila entre 4 800 y 6 800 g. Los movimientos se hacen progresivamente más coordinados. Instintivamente, el niño agarra cualquier objeto que esté a su alcance y su mirada se dirige directamente al objeto que le llama la atención. Comienza a distinguir sonidos diferenciados.

Cuarto mes:

Pesa entre 5 500 y 7 000 g. Ya muestra claros progresos; sostiene la cabeza estando sentado; sus movimientos de aprehensión son totalmente coordinados y mantenidos. Comienza a desarrollarse su memoria y sabe reconocer a las personas.

Quinto mes:

Pesa entre 6 000 y 7 500 gramos. Realiza los primeros ensayos para sentarse y efectúa movimientos de gateo. Muestra sentimientos de placer o de aversión. Analiza detenidamente los objetos mediante el tacto, y también con el gusto.

Sexto mes:

Pesa entre 6 500 y 8 000 g. El niño se apoya sobre sus piernas cuando se le sitúa en posición erecta. Puede sentarse ya libremente. Manifiesta acusado interés por las personas y objetos. Responde a su nombre. Juega con los pies y se los lleva a la boca. Puede tomar alimentos sólidos. Pasa un objeto de una mano a otra.

Tercer trimestre:

Peso al final del séptimo mes: 7 000 a 8 000 g
Peso al final del octavo mes: 7 500 a 8 700 g
Peso al final del noveno mes: 7 800 a 9 500 g

El niño rueda por el suelo y avanza gateando. A partir del séptimo mes repite ya algunas sílabas simples y comprende algunas palabras. A partir del octavo efectúa los primeros ensayos para mantenerse de pie. Comienza a obedecer en situaciones placenteras para él.

Cuarto trimestre:
Peso al final del décimo mes   :   8 000 a   9 600 g
Peso al final del undécimo mes   :   8 500 a 10 500 g
Peso al final del duodécimo mes :   8 900 a 11 500 g

A los diez meses ya son posibles los primeros pasos, aunque al principio con ayuda. Se perfeccionan sus movimientos de aprehensión y se acrecienta su vocabulario de palabras comprensibles. Comienza a inventar palabras. Al duodécimo mes camina tomado de la mano, entrega un objeto que se le pida expresamente, puede cooperar cuando lo visten. Manifiesta claramente sus sentimientos de simpatía, afecto o ira, y su vocabulario, todavía muy reducido, ya le permite expresar esos sentimientos en casos aislados.

Quinto y sexto trimestres:
El niño anda solo y puede permanecer de pie sin apoyo alguno. Comienza a repetir algunas frases sueltas.

Séptimo y octavo trimestres:
Hacia el final del segundo año el niño efectúa grandes progresos en el lenguaje, puede construir algunas oraciones y usa pronombres, pero generalmente se refiere a sí mismo por su nombre. Todo esto es, lógicamente, variable en cierto modo: existen niños completamente normales que tardan uno o incluso dos años más para adquirir soltura en el lenguaje. Por otro lado, a los dos años el niño imita en el juego las actividades de los mayores, y puede ya construir una torre con cubos.

Segundo a cuarto año:
A partir del segundo año, el niño debe ser educado para la evacuación voluntaria de la orina y de las heces, proceso formativo que debe estar completado al tercer año. El niño usa ya los pies alternativamente para subir una escalera, puede dibujar un círculo, dice si es varón o niña y es capaz de sacar los botones de sus ojales. Su léxico se hace cada vez más rico y al cabo de los 4 años de edad conoce todos los objetos y personas de su mundo ambiental con el nombre correcto. Su memoria ya está bien desarrollada, por lo cual puede repetir canciones, o números de tres y cuatro cifras.

Quinto y sexto años:
Se completa el proceso formativo del niño; es la edad en que, generalmente, ya puede ir al colegio (jardín de niños), pues se hace receptivo para algunas enseñanzas. Comienza a formarse también conciencia de que pueden existir diferentes idiomas e incluso puede hablarlos simultáneamente.

La estatura y el peso de los niños y adolescentes

En el niño y en el adolescente, hasta bien pasada la pubertad no se puede hablar de tipo constitutivo o de complexiones robustas y pequeñas, como en el adulto. Sería casi imposible encuadrar el caso aislado en un determinado grupo. Sin embargo, las variaciones completamente normales de peso y estatura entre los diferentes niños son

Los niños y sus enfermedades

Tabla II. Estaturas (en cm) y pesos (en kg) en niños sanos de 2 a 16 años

Edad en años	Niños Nórdicos Estat.	Niños Nórdicos Peso	Niños Latinos Estat.	Niños Latinos Peso	Niñas Nórdicos Estat.	Niñas Nórdicos Peso	Niñas Latinos Estat.	Niñas Latinos Peso
2	85.5	12.6	81.5	11.0	84.5	12.3	79.5	10.8
2.5	90.0	13.4	86.0	12.1	89.0	13.0	85.0	11.9
3	94.3	14.1	89.0	13.1	93.3	13.8	88.0	12.8
3.5	98.2	15.1	93.0	13.9	97.2	14.8	92.0	13.7
4	101.0	16.1	97.0	14.8	101.0	15.8	96.0	14.6
4.5	105.0	17.1	100.0	15.7	104.0	16.8	99.0	15.6
5	108.8	18.1	103.0	16.6	108.2	17.8	103.0	16.8
5.5	112.2	19.2	106.0	17.7	111.6	18.8	106.0	17.7
6	115.6	20.4	109.0	18.8	115.0	20.0	109.0	18.6
6.5	118.9	21.6	112.0	20.0	118.3	21.3	111.0	19.2
7	121.8	22.8	115.0	21.3	121.2	22.6	113.5	19.8
7.5	124.5	24.0	117.0	22.4	123.9	23.9	116.0	21.0
8	127.0	25.4	120.0	23.6	126.5	25.3	118.5	22.2
8.5	129.6	26.9	122.0	24.7	129.1	26.7	121.0	23.5
9	132.2	28.4	125.0	25.8	131.6	28.0	124.0	24.7
9.5	134.8	29.9	127.0	26.9	134.2	29.4	126.0	25.8
10	137.4	31.4	130.0	28.0	137.0	31.1	129.0	27.0
10.5	140.0	33.0	132.5	29.5	140.0	33.1	131.0	28.5
11	142.6	34.6	135.0	31.0	143.0	35.1	133.0	30.0
11.5	145.0	36.3	137.5	32.5	146.0	37.1	135.5	32.5
12	147.4	37.9	140.0	34.0	149.1	39.4	138.0	35.0
12.5	149.9	39.7	142.5	35.5	152.1	41.8	140.5	36.0
13	152.8	41.8	145.0	37.0	154.8	44.3	143.0	37.0
13.5	156.0	44.4	146.5	38.0	157.3	46.8	144.5	38.5
14	159.3	47.3	148.0	39.0	159.2	49.1	146.0	40.0
14.5	162.8	50.4	150.5	41.0	160.8	51.1	148.0	42.5
15	165.9	53.5	153.0	43.0	162.1	52.8	150.0	45.0
15.5	167.7	55.8	155.5	45.5	163.3	53.1	152.0	46.5
16	169.6	57.9	158.0	48.0	163.8	53.3	155.0	48.0

bien manifiestas. En estas oscilaciones intervienen multitud de factores, unos hereditario-congénitos y otros ambientales (clima, alimentación, desarrollo general, enfermedades infantiles benignas previas, etc.). Hemos considerado oportuno publicar unos datos promedio hallados en un gran número de observaciones efectuadas en el norte de Europa y que también se corresponden con cifras publicadas en Estados Unidos relativas a niños de origen sajón. Por otro lado también aportamos valores medios hallados en niños normales, medidos en el sur de Italia, y que son muy semejantes a los que se encuentran en muchos países de América Latina. Quizás estos promedios expresen algunos valores extremos, y para el niño «promedio» deberían tenerse en cuenta los valores intermedios. Esto es tanto más cierto puesto que todas las estadísticas publicadas pierden pronto actualidad, debido a un fenómeno que recibe el nombre de **aceleración.** Los niños de nuestra época crecen más de prisa y tienen mayor estatura y peso que el promedio infantil de hace unos años. Por ejemplo, los jóvenes de 14 años tienen ahora una estatura 16 cm superior a la de hace 50 años. También se ha anticipado la pubertad, lo que ejerce decisiva influencia sobre las formas corporales. Esta aceleración no sólo se debe a factores alimenticios. En realidad, no se conoce bien todavía la razón de su existencia, ni sabemos si este proceso se está deteniendo ya o persiste con la misma intensidad.

Lo evidente es que el proceso de la aceleración también ha afectado ya a los niños que llamamos latinos, aunque algo más tardíamente que a los nórdicos. Éstos, a su vez, parecen no conservar ya el mismo ritmo de aceleración que en la primera mitad de este siglo. Dicho de otra manera: los latinos se van aproximando a los valores promedio válidos para los nórdicos. Por ello, las cifras que publicamos pueden servir de guía como valores que comprenden a la mayor parte de los niños. Sólo manifiestas desviaciones pueden considerarse como patológicas: cuando la estatura o el peso a una determinada edad exceden en más de un año a las cifras máximas y mínimas que hemos señalado para el niño en esta edad.

Higiene del lactante

El ambiente en que vive el lactante deberá estar bien aireado y soleado; la humedad de la habitación debe oscilar entre el 52 y 56%. Deberá dormir en una cuna sólo hasta el sexto mes de edad; más tarde ya es necesaria una cama con un tamaño aproximado de 50 por 100 cm, bien hundida y protegida en los laterales. Adquiere gran importancia la calidad del colchón, para que el lactante pueda descansar sobre él de una manera estirada y recta; es decir, el colchón no debe plegarse ni ahuecarse. Existen en el mercado colchones de hule espuma de todos los tamaños. Para estos colchones no son necesarios los tambores de tela metálica o de muelles. Este mismo colchón de fibra sintética también es el más apropiado para la carreola del niño. Por último, la almohada debe ser muy baja.

Cuando el niño ya puede realizar movimientos espontáneos con las piernas debe prescindir de los pañales (a partir del segundo mes); el niño necesita tener las piernas libres, y para ello es necesario que lleve sólo unos pantaloncitos. No se debe abrigar en exceso al lactante; directamente sobre la piel llevará sólo una camiseta de algodón, para evitar irritaciones de la piel sudada o mojada y del contacto con la lana. No es necesario que use una fajita, que, en general, es incluso perjudicial, pues comprime el tórax y no permite una buena ventilación de los pulmones.

Protegiendo el ombligo para evitar contaminaciones o infecciones, puede procederse al primer baño. Conviene bañar al niño todos los días; la hora más conveniente es la última de la tarde, por el efecto sedante que ejerce el baño. La temperatura del agua debe ser controlada exactamente y ha de oscilar entre los 35 y 36°C. En el baño hay que

Los niños y sus enfermedades

El baño del lactante

Durante los primeros días, se bañará al lactante con mucho cuidado, protegiendo el ombligo para evitar contaminaciones e infecciones. Durante este tiempo se le lavará diariamente con algodón hidrófilo empapado en agua ligeramente jabonosa. El baño se dará en una pila apropiada de zinc, goma rígida o plástica, llena de agua a 36-37°C, temperatura que deberá controlarse con un termómetro de baño.

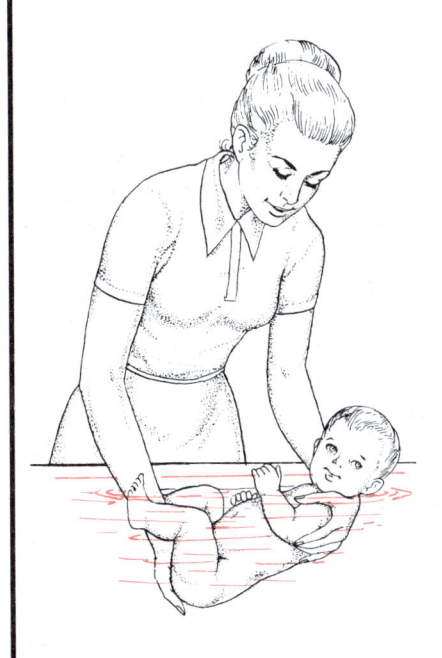

La madre, o quien se encargue de lavarlo, sumergirá al niño completamente en la pila y le pasará el antebrazo izquierdo alrededor de los hombros; para que la cabeza quede levantada y apoyada, lo sujetará por la axila.

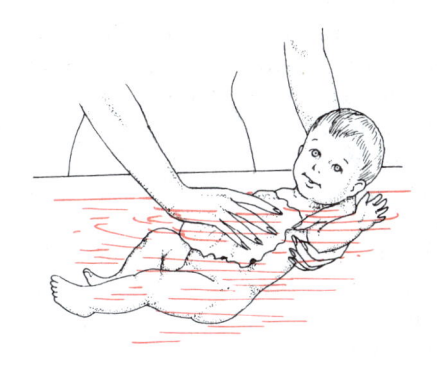

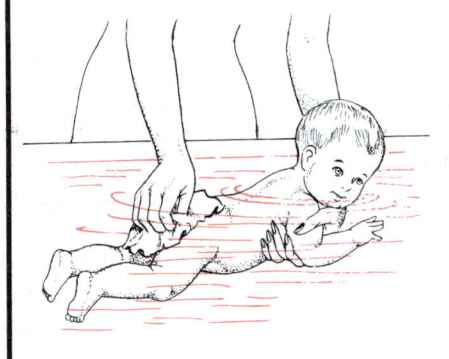

Luego, manteniendo el busto del niño fuera del agua, con la mano derecha lo enjabonará y lavará de arriba hacia abajo.

Finalmente, para lavarle la espalda lo volteará, le pasará el antebrazo izquierdo bajo el cuello y lo sujetará por un hombro de modo que el niño pueda sostenerse apoyado con la barbilla en el antebrazo que lo sujeta.

cuidar que al niño no le entre agua en la boca, para evitar infecciones. No es necesario usar tapones especiales para lavarle las orejas y la nariz; basta efectuarlo con la punta de la manopla. La cabeza se debe lavar dos veces por semana usando un champú neutro.

Bases para un sano desarrollo físico y psíquico

Para el desarrollo feliz de los niños pequeños son muy importantes: luz, aire y juego libre de tronco y extremidades, bondad y armonía en la educación, alimentación adecuada y mucho sueño. Entre estos factores no existe un orden de preferencia. Así, es totalmente equívoco vivir pendiente de la nutrición en detrimento de lo demás.

Las madres se preguntan muchas veces si el niño sale suficientemente al aire libre. La pregunta está mal planteada en muchas ocasiones. Es de importancia capital, desde luego, sacar al lactante al aire libre, es decir, a lo que se entiende por una atmósfera no viciada ni contaminada por polvos industriales o humos. Pero más importante es la exposición a la luz.

Sobre la influencia de la irradiación solar en el organismo humano todavía sabemos poco, pero, en cambio, conocemos muy bien la acción de la radiación ultravioleta en el espectro de la luz solar. Bajo su actividad, en la piel se transforman determinadas sustancias precursoras de la vitamina D en esta vitamina, lo que explica el efecto profiláctico de la luz para impedir la aparición del raquitismo. Pero, sin lugar a dudas, la luz diurna no tiene solamente esta acción. Otros muchos factores deben jugar un papel primordial.

Dicho de una manera esquemática, los niños son como las plantas y las flores: merman en la oscuridad y florecen a la luz. Según experiencias recientemente comprobadas, el ojo tiene un valor nada despreciable, al transmitir excitaciones luminosas sobre el resto del organismo, en forma de estímulos positivos, a través del sistema nervioso vegetativo. Hay médicos que están convencidos de que esta forma de estimulación indirecta tiene, incluso, una importancia decisiva en el desarrollo del niño. El lactante debe ver la luz solar o la diurna natural al aire libre, todos los días, durante un mínimo de tres horas. Es necesario sacar al niño desde las primeras semanas. En el verano se debe evitar, naturalmente, la irradiación solar directa. Siempre habrá sitios para el paseo entre árboles o en praderas. El niño debe salir aunque haga mal tiempo (a menos que esté diluviando); siempre hay alguna manera de protegerlo contra las inclemencias atmosféricas. Su cabeza debe estar cubierta, pero sus ojos han de alcanzar todo el cielo. No sólo se evita así el raquitismo, sino también se garantiza un óptimo desarrollo fisicopsíquico.

También en la edad del juego o segunda infancia (dos a seis años) el niño debe estar el máximo tiempo al aire libre, y siempre con la menor ropa posible. Durante la edad escolar es mucho más importante esta exposición al sol y al aire, puesto que el niño está confinado en las aulas del colegio durante algunas horas del día. Sólo así se consigue que el niño adquiera una resistencia contra multitud de infecciones que le acechan desde un comienzo, además de fomentar favorablemente su identificación con el medio ambiente.

Desgraciadamente, en nuestras ciudades las posibilidades de movimiento corporal son muy limitadas. En el lactante este problema no es, lógicamente, demasiado acuciante. La actividad muscular que necesita la puede conseguir en su cunita, durante el baño o en sus juegos con la madre. A partir del quinto mes es fundamental contar con andadores o corralitos de juego, donde el niño debe pasar un máximo de tiempo. Poco a poco aprenderá a erguirse, a trepar, mover brazos y piernas, rotar el cuerpo, andar, buscar apoyo; sobre todo, estos medios auxiliares le estimularán en su afán de independencia y le harán comprender que puede valerse por sí mismo.

Durante la segunda infancia el problema se torna más difícil en un ambiente citadino. ¿Cómo pueden jugar los niños al aire libre en la ciudad si muchas veces el simple hecho de salir a la calle ya lleva aparejado un evidente peligro? Todo lo que se haga en este sentido por los ayuntamientos (creación de jardines, espacios verdes, parques infantiles, zonas acotadas para los juegos infantiles, etcétera) será poco ante lo acuciante del problema.

Para la selección de los ejercicios físicos y gimnasia del niño a diferentes edades han de considerarse las siguientes premisas: la actividad corporal no se puede cumplir con unas simples reglas gimnásticas, efectuadas de una manera esquemática o rígida, por imposición. La educación física de los niños debe entrañar siempre una faceta de juego, de placer o de distracción. Los niños lo han de pedir; no se les puede obligar a ello. Cualquier extremismo puede ser sumamente peligroso.

Son muy favorables los juegos con pelotas o balones muy grandes. Con las manos solamente no se pueden dominar y todo el cuerpo entra en actividad. Desde el punto de vista médico el futbol es un juego rudo, viril, sumamente útil; sin embargo, a esta edad han de preferirse los juegos de pelota que entrañan el uso de las manos. La razón es obvia: durante su ejercicio el cuerpo tiende a estar más erecto; se desarrollan más el tronco, cintura escapular y brazos, que en los niños necesitan mayor atención. El niño correrá o jugará de modo que tenga que forzar su marcha. No se trata ya sólo de competiciones de tipo deportivo o correr con obstáculos y jugar al futbol, hockey, etc. Sumamente eficaces son los patines de ruedas (o para hielo), que imprimen al niño un sentido de armonía muscular emparentado con la danza. También hay que insistir en que los bailes y ejercicios de ballet en las niñas tienen una extraordinaria eficacia: son la mejor manera de estimular en ellas el sentido del ritmo, gracia y atractivo.

En tercer lugar convendría hablar de los juegos en tierra, en los que intervienen factores de habilidad, equilibrio y destreza muscular. Se trata, sobre todo, de ejercicios gimnásticos, como dar vueltas de campana, poner el cuerpo boca abajo en posición vertical, sobre la cabeza o sobre las manos, etc. Estos ejercicios —de equilibrio más que de fuerza y que requieren un entrenamiento— son muy útiles. Nada hay que oponer a que los juegos infantiles a veces acaben en peleas. Sin embargo, debe hacerse una seria advertencia: el boxeo o la lucha competitiva, con o sin reglas deportivas, no están indicados en la edad juvenil. La especial vulnerabilidad del cerebro infantil es incompatible con cualquier deporte que entrañe golpes en la cabeza.

En la actividad deportiva del niño o del adolescente debe considerarse un factor primordial: hay que evitar todo exceso. El organismo en desarrollo puede soportar violentos rendimientos musculares momentáneos, a veces incluso de una manera sorprendente, pero no está construido para unos rendimientos continuos. Esto se refiere, sobre todo, a los deportes atléticos. Aquí los adultos deben imponer toda su

Examen de las enfermedades

Gimnasia del recién nacido

Los ejercicios propuestos en los dibujos constituyen uno de los métodos más sencillos para fortalecer al niño y para hacerlo menos caprichoso librándolo de la tensión nerviosa.

EJERCICIO 1

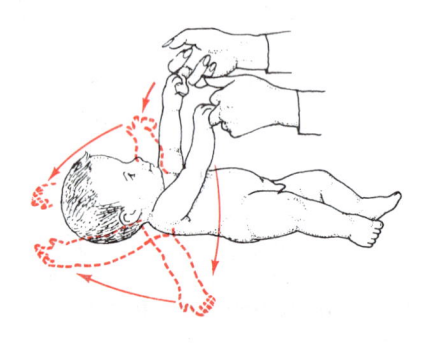

El niño boca arriba. Tomándole las manos llevarle los brazos hacia adelante a la altura de los hombros; desde allí trasladarlos hacia afuera a los lados del cuerpo, hasta tocar el plano de la mesa; volver a la posición de partida; después llevar los brazos sobre la cabeza. Repetir 5 veces.

EJERCICIO 2

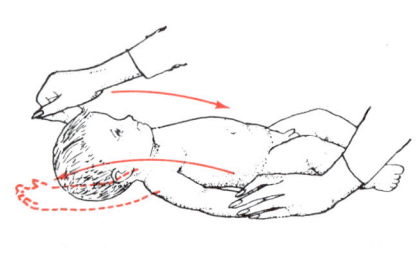

El niño boca arriba. Llevarle el brazo izquierdo arriba y al lado de la cabeza y el brazo derecho abajo a lo largo del cuerpo. Teniendo los brazos bien rectos, invertir la posición de los miembros (derecho arriba, izquierdo abajo) y repetir 10 veces.

EJERCICIO 3

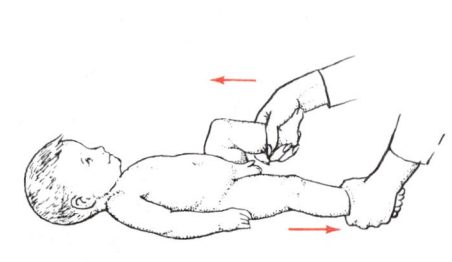

Sujetar los tobillos del niño apretando ligeramente sobre la parte externa de la pierna; después flexionar la pierna y el muslo izquierdos y estirar la derecha. Invertir el ejercicio y repetir 10 veces.

EJERCICIO 4

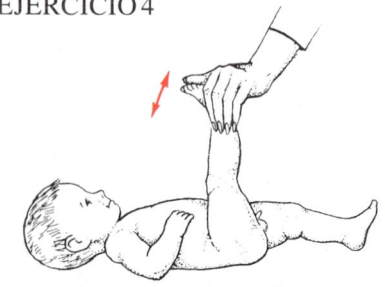

El niño boca arriba; sujetarle la pierna derecha por encima del tobillo y alzarla en ángulo recto; después flexionar y extender el pie 10 veces. Repetir el ejercicio con la pierna izquierda.

Los niños y sus enfermedades

EJERCICIO 5

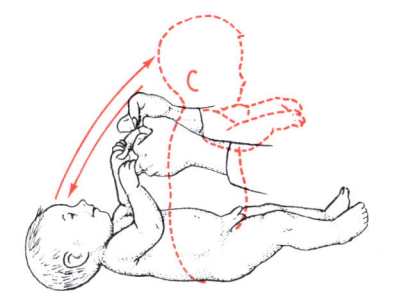

El niño boca arriba. Sujetarle las manos y alzarlo suavemente hasta sentarlo. Volver a la posición de partida y repetir 5 veces.

EJERCICIO 6

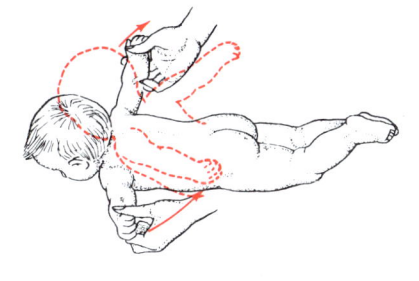

El niño boca abajo; extenderle los brazos hacia afuera, a la altura de los hombros; entonces levantar el tronco tirando suavemente de los brazos. Repetir 3 veces muy lentamente.

EJERCICIO 7

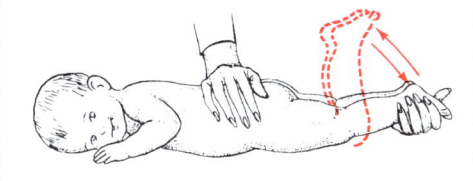

El niño se coloca boca abajo. La mano izquierda ejerce una suave presión sobre la región lumbar, mientras que la derecha flexiona y extiende las piernas. Repetir 10 veces.

EJERCICIO 8

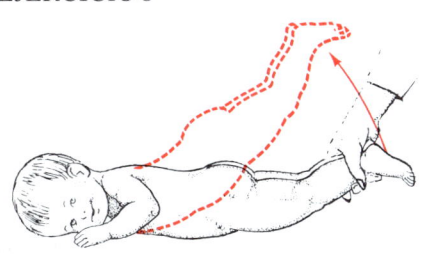

El niño boca bajo; tomarle las piernas por los tobillos y levantarlas verticalmente, de modo que permanezca apoyado sólo con la parte superior del pecho. Detenerse unos instantes en esta posición y después volver lentamente a la posición de partida. Repetir 10 veces.

EJERCICIO 9

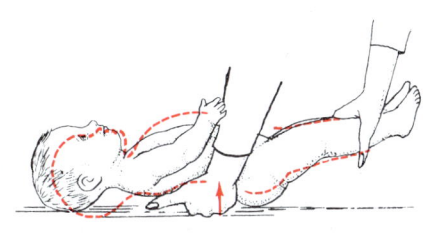

El niño boca arriba; sujetarle con una mano las piernas y con la otra el tronco a la altura de la cintura; levantarlo de manera que doble bien hacia adentro de la espalda. Sujetarlo unos segundos, y volver lentamente a la posición de partida. Repetir 5 veces.

La gimnasia del niño en la edad escolar

EJERCICIO 1

En la edad escolar es fácil que se manifiesten deformaciones adquiridas o que se instauren posturas viciadas del esqueleto a causa de hipotrofias de los músculos y de los ligamentos (paramorfismos). Para prevenir tales deformaciones, el niño deberá hacer ejercicios gimnásticos especiales con el fin de fortalecer el sistema musculo-ligamentoso de los miembros y de la columna vertebral.

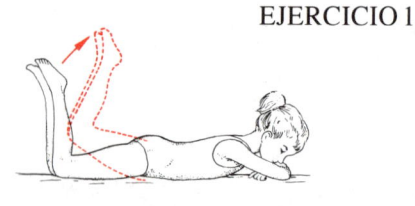

Boca abajo, el niño apoya la cabeza sobre los brazos y levanta los miembros inferiores con las piernas ligeramente dobladas sobre los muslos. Este ejercicio fortalece los músculos del abdomen y los glúteos.

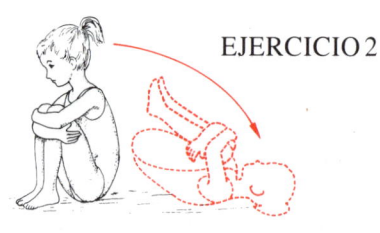

EJERCICIO 2

Sentado, el niño se abraza las rodillas, se deja caer hacia atrás y vuelve a la posición de partida, sin soltar las rodillas. Este ejercicio fortalece los músculos lumbares.

EJERCICIO 3

Sosteniéndolo por los tobillos, hacer caminar al niño sobre las manos, con las palmas vueltas hacia adentro. Durante este ejercicio, que fortalece los músculos de la columna vertebral, la espalda del niño no debe doblarse, sino permanecer recta.

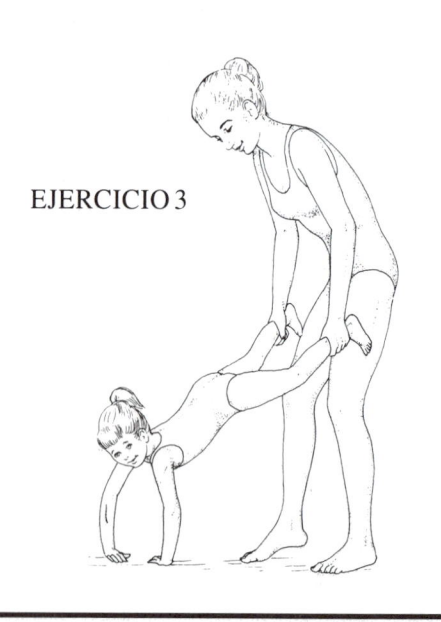

autoridad e impedir que, por un orgullo mal entendido, todo juego se convierta en competencia. Antes de los diez años de edad debería estar prohibido el entrenamiento en general para conseguir «marcas», ya fueran de atletismo, natación, tenis, gimnasia sueca, etc. Hasta pasada la pubertad, jamás debe permitirse a un niño correr, en competencia, más de 100 metros, y 75 metros a las niñas.

No sólo son razones orgánicas las que nos impulsan a dar estos consejos; también, desde el punto de vista del desarrollo intelectual, los psicólogos están de acuerdo en que con frecuencia los niños «precoces» son luego jóvenes o adultos inadaptados.

Los niños y sus enfermedades

EJERCICIO 4

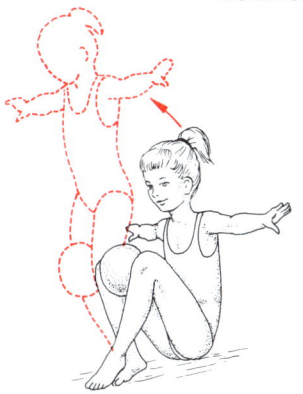

EJERCICIO 5

El niño sujetará dos palitos con los dedos de los pies y paseará apoyándose sobre los talones sin dejar caer los palitos. Este ejercicio fortalece los músculos de las piernas y de los pies.

Hacer sentar al niño con las piernas cruzadas y dobladas contra el busto; colocar una pelota entre las rodillas y hacerlo levantarse de modo que se apoye sobre el borde externo de los pies y que no deje caer la pelota. Este ejercicio fortalece los músculos de los miembros inferiores y previene los pies planos.

EJERCICIO 6

El niño colocará las plantas de los pies sobre un libro voluminoso, de modo que queden fuera los talones; se levantará y bajará sobre los metatarsos varias veces. Este ejercicio sirve para fortalecer los músculos de las piernas y de los pies.

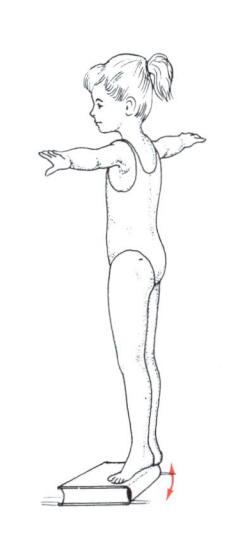

Higiene mental

En el lactante, y en la primera infancia del niño, el cuidado por parte de los padres es esencialmente importante. Hoy sabemos que la negligencia en esta época puede conducir a muy graves problemas psicológicos en años ulteriores. La opinión, antes tan generalizada, de que el lactante debe ser dejado en paz una vez que se hayan cubierto sus necesidades alimenticias y de aseo, es completamente errónea. Aunque el niño no comprenda nada, hay que hablarle, contarle cuentos, hacerle oír música o canciones:

debe participar en la vida familiar. La educación tiene dos fines: en primer lugar ha de garantizar el despliegue más favorable de todas las posibilidades existentes. Además, como segundo fin, la educación ha de ayudar al niño para que su paulatina introducción en el mundo de las cosas y de las personas se realice de un modo natural, sin ser forzado, sin que cualquier nuevo acontecimiento signifique un choque psíquico. Nuestro mundo actual de objetos y sujetos es sumamente complejo y está lleno de contradicciones. La convivencia sólo se consigue con mucha comprensión y respeto mutuo. Al ser los niños pequeños sumamente egocéntricos, les cuesta mucho trabajo tener estas consideraciones mutuas. Con gran paciencia hay que hacerles comprender cuán necesario es dar para luego recibir, prestar para después pedir, compartir antes de acaparar.

Esta fase tan difícil de desarrollo del hábito de la convivencia humana constituye una época particularmente delicada. Es la llamada edad de la contradicción. Suele comenzar alrededor de los dos años y medio de edad, algunas veces incluso antes. El niño, previamente dócil y conformado, empieza a ser rebelde, desobediente, por los motivos más incomprensibles.

Los padres recurren en estos casos a las más diversas «recetas» pedagógicas; hay quien incluso preconiza el empleo de la fuerza. Pero la contradicción, en ciertos límites, es una forma de conducta, normal a esta edad, que conviene comprender. El niño comienza a notar la capacidad de «querer» por sí mismo, se siente capaz de imponer su voluntad e inmediatamente surge en su interior la necesidad de ejercitar esta capacidad como todas las demás. De aquí su comportamiento, a veces tan irrazonable. No quiere algo en concreto, sólo quiere en general o en abstracto; quiere por sí y para sí. Debe ponerse en guardia a los padres antes de emplear métodos pedagógicos drásticos para romper esta aparente rebeldía. A menudo hay que ser tolerante, otras veces diplomático o simplemente abandonar al niño a sí mismo cuando tiene un ataque de ira, una rabieta.

Lo que resulta inútil, y a veces perjudicial, es intentar convencerlo, y es totalmente erróneo el recurrir a métodos punitivos.

Quizás lo más importante que unos padres pueden transmitir a sus hijos es la llamada buena educación, la suma de las costumbres y hábitos, de los ejemplos y comportamiento que el niño ve, recibe, acusa y adopta en el seno familiar. Empezando por el aseo y la limpieza, el orden y la puntualidad, hasta la manera de vestirse o de sentarse a la mesa, pasando por el modo de exteriorizar alegrías, contrariedades o sufrimientos, todo ello conforma el bagaje que el niño conlleva para el resto de su vida, imprimiéndole características indelebles. Los ejemplos que ven y aprecian tienen un significado primordial, tanto en sentido positivo como en negativo. Este ejemplo de padres, hermanos mayores, educadores, etc., es mucho más importante que toda regañina, palabras punitivas, castigos o amenazas. Entre los elementos formadores del carácter infantil hay que mencionar también el ambiente familiar de felicidad o infelicidad, la alegría, la convivencia armónica. Desde la más temprana infancia los niños quieren reír, y esta tendencia hay que fomentarla a toda costa. Una atmósfera de buen humor que irradie confianza y bienestar es una de las varitas mágicas para una buena educación. En este sentido cabe añadir que el adulto debe reírse con el niño y no a costa de él. Existe la costumbre absurda de muchos padres o familiares mayores de contar sucedidos, preguntas o comentarios jocosos en presencia del protagonista de estos acontecimientos. Pero el niño toma muy en serio sus expresiones o actitudes; considera que tomarlas a broma es una especie de traición, o estima que su confianza ha sido engañada. A su manera, quiere que se le respete. Se ofende si es objeto de burla o se le confunde con un payaso. La autovaloración, uno de los instintos dominantes en la existencia humana, si no el más importante de todos, juega un gran papel incluso en el niño más pequeño.

Mientras el desarrollo de las funciones físicas se presta a determinaciones cuantitativas, es más difícil medir el grado alcanzado en las diferentes edades del desarrollo psíquico. Sin embargo, existen normas que permiten valorar el progreso en sus cuatro esferas: actividad motora, lenguaje, adaptación y conducta personal o social. Desde hace ya algunos años, los psicólogos y educadores han establecido una serie de pruebas o «tests» para medir esta capacidad mental y fijar un coeficiente intelectual.

Las primeras medidas fueron verificadas a fines del siglo pasado por el inglés Galton, para probar su teoría de que la inteligencia, o la falta de ella, es fenómeno hereditario. Experimentando con padres e hijos, quiso analizar con pruebas sencillas procesos mentales como la capacidad de asociación, memoria, tiempo de reacción, discriminación perceptual, etc. Un psicólogo francés, Alfredo Binet, a principios de este siglo estableció normas para la realización práctica de estos «tests», generalmente en orden creciente de dificultad. Planteó estos problemas con la máxima sencillez para evitar que el aprendizaje tuviera alguna influencia sobre ellos. Con un lápiz, un papel y muy pocos objetos comunes, llevó a la práctica tales ideas, y con los resultados obtenidos clasificó a los niños y personas mayores con arreglo a lo que llamó su «edad mental». Por ejemplo, si un niño es capaz de resolver la prueba correspondiente a los ocho años, pero no la de los nueve, se estima que el niño en cuestión tiene una edad mental de ocho años, con total independencia de su edad cronológica. El procedimiento de Binet para diagnosticar la profundidad de los niños subnormales atrajo atención universal, y se usó más tarde en todo el mundo. Después, el psicólogo estadounidense Terman desarrolló aún más estos conceptos: creó el concepto de **coeficiente intelectual,** que es una cifra obtenida mediante la división entre la edad mental y la cronológica, multiplicada por 100 para evitar cifras decimales. Así un niño de 9 años con una edad mental de 12 tendría una relación de 1.33, o un coeficiente intelectual de 133. En la actualidad existen numerosas pruebas, pero el resultado suele corresponder a estas cifras del coeficiente intelectual: por debajo de 70, subnormal; 70-80, casos límites; 80-90, inteligencia reducida; 90-100, normalidad o promedio corriente; 100-120, superior a lo normal; 120-130, muy superior a lo normal; 130-140, muy inteligentes, y más de 140, potencialmente geniales.

Los «tests» usados para esta determinación varían según el autor o el psicólogo en cuestión. En general, las pruebas están concebidas para verificar cuatro aptitudes: la verbal (por ejemplo, ¿qué palabra es la opuesta a triste?); la numérica (un número está equivocado en la siguiente serie: 1, 6, 2, 6, 3, 6, 4, 6, 5, 6, 7, 6, ¿cuál es?); la espacial (¿cuál de los cinco dibujos siguientes no se parece a los otro cuatro?), y la de raciocinio (si Pepe es más alto que Paco y Paco es más alto que Juan, ¿qué es Pepe en relación con Juan?). Por supuesto, estos «tests» son sumamente discutibles y han sido objeto de muy severas críticas, pues en su realización intervienen muchos factores que nada tienen que ver con la inteligencia.

Pero, dejando a un lado evidentes extremismos, no existe hoy ningún otro método más eficaz para evaluar el desarrollo psíquico de los niños.

Examen de las enfermedades

La alimentación del niño

Alimentación natural del lactante sano

Los médicos están de acuerdo en que la mayor parte de las mujeres son capaces de amamantar a sus hijos; sólo difieren las opiniones sobre la proporción de mujeres que pueden hacerlo sin complemento artificial alguno. Pero esta alimentación natural exclusiva no es necesaria ni siempre aconsejable. La imposibilidad de dar el pecho en muchas madres obedece, en general, a razones externas, casi siempre de tipo psicológico y ocupacional que, en términos amplios, podría explicarse diciendo que la mujer no se concentra bien o no puede dedicarse a amamantar al niño. Sólo hay un medio seguro para que el pecho materno trabaje a pleno rendimiento: agotar sus posibilidades de producción. No es suficiente alternar un pecho con otro hasta la saciedad del niño. Por ello es aconsejable, desde un comienzo, dar ambos pechos en cada una de las tomas habituales (cada 4 horas). Por la mañana se comienza con el pecho izquierdo, dando de mamar al lactante durante 5 o 6 minutos. Después se continúa durante otro tanto tiempo con el pecho derecho. Para terminar se vuelve a dar el pecho izquierdo otros 2 o 3 minutos. En conjunto, la toma nunca debe exceder los 20 minutos. Los pediatras recomiendan una toma de 10 minutos por cada pecho.

A la siguiente toma se invierte el orden, pero se procede del mismo modo. De esta forma se alimenta al niño durante las primeras 5 a 6 semanas, o sea, hasta que el órgano mamario se ha desarrollado bien por este sistema de entrenamiento. Más tarde ya es posible efectuar la toma sólo en un lado. Pero incluso así, en la última toma de la noche siempre se deben dar ambos pechos, para que cada lado entre en actividad por lo menos tres veces al día. Durante la noche, tanto la madre como el lactante deberían dormir. Si el niño muestra intranquilidad puede ser útil darle alguna infusión de hinojo (con una cuchara, no con biberón). Si no es suficiente, quizás no pueda prescindirse de otra toma durante las horas nocturnas. A este consejo del amamantamiento bilateral alternativo en cada toma se le opone algún criterio demasiado dogmático, que postula la necesidad de agotar totalmente el reservorio lácteo de un pecho, y esto sólo se consigue en la toma unilateral. Pero la experiencia médica ha demostrado que tal concepto es erróneo; que se aumenta mucho el rendimiento con la técnica descrita.

En casos de duda sobre el rendimiento es mejor pesar al niño antes y después de cada toma, al menos en ciertos días de prueba. Para ello es necesario saber que un lactante sano ingiere la siguiente cantidad de leche materna:
- en los primeros días de vida: 200 a 300 gramos al día
- a la semana: aproximadamente 400 gramos al día
- al mes: aproximadamente 600 gramos al día
- a los dos meses: aproximadamente 800 gramos al día

Más tarde, la cantidad diaria sube muy poco y muy paulatinamente. Algunos niños llegan al litro, pero esto no es la regla.

Si merced al pesaje se comprueba que la leche materna no es suficiente o que el lactante no aumenta de peso como sería de desear, no tiene sentido forzar el rendimiento del pecho mediante una prolongación de la toma. Se debe recurrir, sin perder mucho tiempo, a la alimentación suplementaria. Es erróneo sustituir una toma de leche

Los niños y sus enfermedades

El niño al pecho

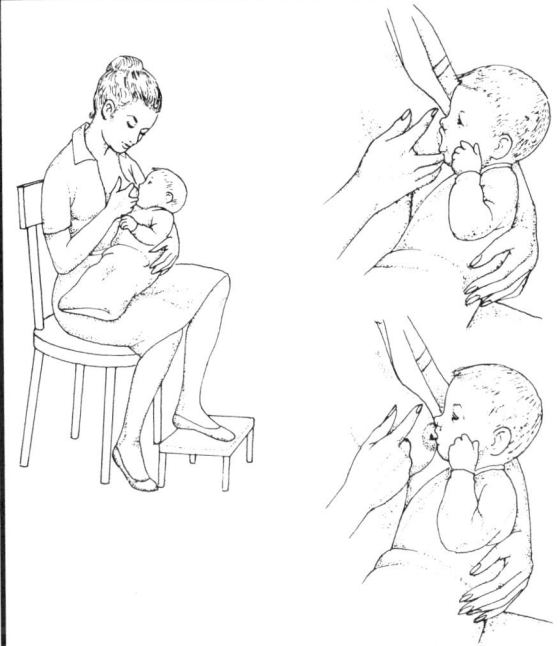

Para una lactancia correcta, la madre debe estar sentada con la rodilla alzada y tener al niño oblicuamente en el regazo, sujetándole además la cabeza y los hombros.

El seno se sujeta entre el dedo índice y el medio, poniendo al lactante junto a la areola mamaria, de modo que ésta entre casi por completo en la boca del niño. Durante la tetada se cuidará de no obstruir con el pecho la nariz del lactante. Terminada la tetada debe colocarse al niño en posición vertical durante 10 minutos; después se le pondrá en la cama sin mecerlo.

Modo incorrecto de lactar. El niño chupa sólo el pezón: así se puede producir la ingestión de gran cantidad de aire a la vez que toma la leche (aerofagia), y la aparición de grietas en el pecho de la madre.

materna por un biberón, precisamente cuando baja el rendimiento. Es necesario, en todos los sentidos, utilizar ambos pechos en cada toma de alimento. El suplemento hay que dárselo al niño después, a modo de postre. Si es posible debe evitarse entonces la utilización de un biberón, pues la comodidad del chupete o tetina de goma hace al niño poco inclinado a mamar el pecho. Más eficaz resulta un pequeño postre de sémola muy diluida: una media taza de leche mezclada con media taza de agua y dos cucharaditas de té poco colmadas de sémola y la misma cantidad de azúcar. Se hierve durante 10 minutos hasta formar una papilla ligera. Se le administra al niño con una pequeña cuchara de plástico. Se puede dar en cada toma o cuando, según la experiencia, el niño no haya saciado su apetito. Si es necesario, se le puede dar más papilla, pero no más de cinco cucharaditas de las de té en cada toma. Si no basta esta cantidad por toma, puede hacerse esta misma papilla con leche entera no diluida. Una vez que se haya restablecido el rendimiento del pecho, lo cual ocurre a menudo, no ofrece dificultad alguna prescindir de esta papilla; esto resulta casi imposible de conseguir si se recurre al biberón. Si se presenta algún problema para alimentar al bebé, deberá consultarse con un pediatra para que se verifique la técnica de amamantado o de alimentación, o se indique una fórmula complementaria.

Examen de las enfermedades

Si a pesar de todo hay que utilizar el biberón, debe darse el pecho siempre antes. La total sustitución del pecho por el biberón sólo debe efectuarse cuando no exista otra posible solución.

Resulta habitual dar a los lactantes, a partir del mes y medio o dos meses, pequeñas tomas de jugos de fruta fresca. Esto es necesario sólo en los niños alimentados con biberón, ya que reciben alimento hervido en el que la vitamina C ha sufrido un proceso de destrucción.

Si es la madre la que alimenta al niño, total o casi totalmente, y ella come suficiente fruta, verdura cruda o toma vitamina C directamente, esta adición de jugos a la dieta del lactante no es necesaria. A los tres meses de edad, o quizás también algo más tarde, se puede administrar al lactante su primera papilla en única toma. La papilla se prepara en forma muy sencilla: se desmenuza una galleta (más tarde dos o tres) en una taza en la que se vierte media taza de leche hirviendo; se tritura la papilla resultante con un tenedor hasta su total desmenuzamiento. A esta mezcla se le añade medio plátano (más tarde un plátano entero) y unas 25-30 gotas de jugo de naranja o limón. También puede usarse una manzana rallada. Más tarde puede utilizarse en vez de galleta una papilla de sémola u hojuelas de avena, que también se preparan con leche, a la que se añade un poco de fruta como en el caso anterior.

A los cuatro meses se introduce una nueva papilla, esta vez de verdura, también como sustitución de una toma de leche materna. Para hacer la papilla más apetecible se le añade una cucharadita pequeña de mantequilla y otra de harina. Se puede comenzar con zanahorias, pero pronto se debe hacer más variado el menú (espinacas, coliflor, zanahoria, jitomates, etcétera). La industria prepara estas papillas en multitud de formas y calidades ya homogeneizadas, en envases especiales y con la máxima garantía de higiene.

Así pues, el lactante entre los 4 y 5 meses de edad toma los siguientes alimentos:

- dos o tres veces el pecho materno
- una vez papilla de verduras
- una vez papilla de leche con galletas, jugo de frutas y fruta fresca.

Después del quinto mes se puede sustituir la papilla de verduras por el llamado almuerzo del lactante. Se trata de una papilla en la que, junto a papas, alguna verdura, fruta, jugos de fruta, mantequilla o un poco de aceite de oliva, hay un poco de carne magra o pescado blanco, bien triturados con un tenedor. Al principio la cantidad de carne picada sólo debe ascender a dos cucharadas de té, luego a 4 o 5. No es necesario que sea ternera o pechuga de pollo; también puede usarse vaca magra o jamón cocido. En vez de carne o pescado blanco también puede usarse requesón o una yema de huevo, y aumentar progresivamente las cantidades.

Entre el quinto y el noveno mes el niño toma:

- dos veces el pecho materno
- 1 almuerzo de carne o pescado
- 1 papilla de galletas y leche con fruta y jugo de frutas.

A partir del décimo mes debe abandonarse del todo la lactancia materna (hablamos, por supuesto, de casos teóricos; a veces el destete ocurre mucho antes). Entonces la dieta del niño es, aproximadamente, la siguiente:

Los niños y sus enfermedades

desayuno : 150-200 g de leche tomada en vaso, con un pedazo de pan blanco untado de mantequilla en ligera capa (en vez de pan, también galletas)
almuerzo : plato de carne o pescado como los señalados anteriormente
merienda : fruta a discreción con galletas
cena : papilla de leche (200-250 g) con sémola, galletas, hojuelas de avena, hojuelas de arroz o fideos; papilla de fruta y jugos de fruta.

Alimentación artificial del lactante

Se ha escrito mucho sobre las ventajas de la leche materna, aunque no siempre objetivamente. No es lugar éste de entrar en discusión, pues a menudo existen factores imponderables que obligan a la madre a prescindir de la alimentación natural. No hay acuerdo general sobre cuál es la mejor alimentación artificial. Prescindiendo de opiniones extremas —por ejemplo hay quienes preconizan el uso de leche de almendras—, sólo persiste el problema de cómo se adapta la leche de vaca, única utilizada en nuestro medio, a las necesidades del lactante, pues existen notables diferencias entre la materna y la de vaca (las cifras se refieren a porcentaje):

	Proteínas	Grasas	Azúcares	Sales minerales
Leche materna	1.3	3.8	6.7	0.28
Leche de vaca	3.5	3.5	4.8	0.75

La diferencia más importante radica en que la leche de vaca tiene tres veces más proteínas y sales minerales que la de mujer. La razón estriba en que el ternero se desarrolla más de prisa que el lactante humano, por lo cual la naturaleza le proporciona una alimentación más rica en estas sustancias decisivas para el crecimiento. Véase el cuadro siguiente:

Clase de leche	Días que tarda la cría en duplicar el peso que tiene al nacer	Composición de la leche respectiva	
		Proteínas (%)	Sales minerales (%)
Mujer	120	1.30	0.28
Yegua	60	2.14	0.35
Vaca	47	3.50	0.75
Cabra	22	3.76	0.85
Oveja	15	5.15	0.93
Cerda	14	6.20	1.07
Perra	9	9.72	0.91

Examen de las enfermedades

Actualmente se cuenta con numerosos preparados industriales que se adaptan mejor al grado de madurez del aparato digestivo del lactante, y permiten dejar la leche de vaca como último recurso o para casos muy especiales.

La experiencia demuestra que es muy favorable comenzar con leche de vaca diluida a la mitad, es decir, una mezcla de mitad de leche, mitad de un mucílago (mucílago de avena, arroz o semolina) y 5% de azúcar (una cucharadita de las de té por cada 100 gramos de la mezcla).

Cuando el niño tiene dos meses se pasa a la leche diluida al 2/3 (dos partes de leche de vaca, una parte de mucílago y azúcar al 5%). Tanto la leche al 1/2 como la leche al 2/3 deberían ser acidificadas un poco, sobre todo esta última, usando, por ejemplo, citrosemolina o añadiendo pastillas acidificantes. Así son más fácilmente digeribles. Las cantidades que se han de tomar son las siguientes, teniendo en cuenta que se puede dar leche al 2/3 desde el principio:

Cantidad de leche al 1/2 que ingiere un lactante

Periodo	Cantidad
En la primera semana	5 veces al día, 30-90 g
En la segunda semana	5 veces al día, 110-130 g
En la tercera y cuarta semanas	5 veces al día, 130-150 g
En el segundo mes	5 veces al día, 150-180 g

Cantidad de leche al 2/3 acidificada que ingiere un lactante

Periodo	Cantidad
En la primera semana	5 veces al día, 20-70 g
En la segunda semana	5 veces al día, 90-100 g
En la tercera y cuarta semanas	5 veces al día, 110-130 g
En el segundo mes	5 veces al día, 140-160 g
En el tercer mes	5 veces al día, 170-180 g

Las leches en polvo tienen la ventaja de que se pueden obtener maternizadas, semidescremadas o descremadas y enteras, además de que son estériles; pueden usarse en los primeros meses sólo en el caso de que exista un impedimento para que la madre amamante al hijo, o como complemento.

Al segundo mes de vida, el lactante criado artificialmente debe comenzar a tomar jugos de fruta fresca o de verdura cruda (naranjas, limones, zanahorias, betabel, etc.). Se empieza con dos tomas al día de media cucharadita de las de té, que se añaden al biberón todavía no calentado. Se mezcla bien para calentar luego. A los pocos días se sube la cantidad a 3-5 cucharaditas colmadas.

Al tercer mes de vida conviene dar al niño la primera papilla (galleta-leche-verdura-jugo de fruta), como se ha descrito en el apartado anterior. Esta toma sustituye completamente a un biberón. Más tarde se alterna la galleta con sémola u hojuelas de avena. Los cuatro biberones restantes siguen conteniendo las cantidades indicadas de leche al 2/3.

Al cuarto mes se da la primera papilla de verdura, también en sustitución de un biberón. Entonces quizás el niño se contente con sólo tomar cuatro comidas diariamente (dos biberones de 200 g, una papilla de verdura y una papilla de leche con galleta y jugo de fruta).

A partir del quinto mes hay que darle un almuerzo de carne o pescado como el descrito anteriormente. En total, el niño toma dos veces biberón de 200 a 220 g de leche al 2/3, un almuerzo de carne o pescado y una papilla de leche y galleta con jugo de fruta.

A partir del décimo mes debe abandonarse el biberón para dar los alimentos en vaso o a cucharadas. Las calidades y cantidades de los alimentos son iguales que en el caso ya descrito anteriormente.

Bajo ningún concepto el lactante debe beber más de 600 g de leche de vaca al día durante el primer año de vida. Al final del primer año incluso esta cantidad será menor, si se siguen los consejos anteriores: aproximadamente 400-450 g de leche al día. Como sustancias nutritivas suplementarias se emplean carne, pescado, requesón, yemas de huevo, queso, etcétera.

También conviene recordar que no se debe dar más de un litro de líquido al día, incluyendo naturalmente las papillas. No se consigue nada con forzar la alimentación. Un niño ha de ganar peso, pero a su debido tiempo.

La alimentación del niño en la segunda infancia

Los consejos aportados anteriormente tienen como finalidad conseguir un paulatino y acompasado cambio entre la edad de la primera infancia, hasta los dos años, y después, entre los dos y seis años (segunda infancia o edad del juego). Poco a poco el niño va participando de la comida familiar común. Conviene darle pan duro integral o cortezas para que vaya ejercitando su recién estrenada dentadura. Si no existen reglas cualitativas para la alimentación en esta época, tampoco pueden darse normas cuantitativas. Sólo tiene sentido dar las cantidades necesarias para saciar el apetito del niño. Un niño alimentado adecuadamente conoce sus límites. Prescindiendo de épocas de penuria, tampoco hay peligro de que su ración sea demasiado escasa.

Los niños que juegan tienen mucha sed, sobre todo en el verano. Es provechoso darles, entre horas, agua natural, té, infusiones y limonadas diluidas, pero bajo ningún concepto leche. La leche no aplaca la sed; por el contrario, al poco tiempo de ingerirla la aumenta. En unión del jugo gástrico, la leche forma unos grumos caseosos en el estómago que tardan de tres a cuatro horas en ser digeridos. Durante este tiempo, naturalmente, el apetito desaparece por completo.

Una vez al día, el niño debe comer fruta fresca y verdura cruda de cualquier clase. Es muy conveniente que aprenda a comer manzanas y peras con cáscara, ya que ésta contiene gran cantidad de vitaminas.

Examen de las enfermedades

El sueño del niño

No se debe preguntar qué mínimo de sueño es necesario en el niño para que no comience a mostrar trastornos, sino cuántas horas necesita dormir para el desarrollo normal y para descansar debidamente tras juegos, estudios y actividades diversas. En todo caso, el niño necesita dormir más que el adulto, tanto más cuanto más pequeño sea. Un recién nacido duerme casi todo el día. Después de seis meses de vida se contenta con 15 a 16 horas; y cuando cumple un año, con 14 horas diarias. En la segunda infancia son necesarias 12 horas de sueño; entre los 6 y 9 años, de 10 a 11 horas; entre los 9 y 12 años, de 9 a 10 horas. A partir de los 12 años son suficientes 8 horas y media de sueño al día. Sobre el valor de la siesta hay muchas opiniones divergentes. Hasta la edad del colegio quizás sea necesaria en todos los casos; después es muy dudoso que un niño bien descansado durante la noche la necesite. Es totalmente erróneo y contraproducente obligarlo a dormirla.

Enfermedades de los niños

Enfermedades producidas por el parto y enfermedades presentes en el periodo neonatal

CEFALOHEMATOMA

La tumefacción del cuero cabelludo es muy corriente; se manifiesta como una hinchazón circunscrita generalmente a nivel de un parietal (sobre todo el derecho). Se debe a una congestión de los líquidos tisulares en las partes blandas pericraneales debido a la presentación, preferentemente cefálica, del niño antes del parto. Aunque todavía puede apreciarse algunos días después del parto, la tumefacción se absorbe pronto para no dejar huella.

En el cefalohematoma también existe una tumefacción análoga, pero formada por sangre (hematoma); se debe a que durante el parto se rompe un pequeño vaso que provoca un derrame sanguíneo, mayor o menor, entre el hueso craneal y la piel. Estos hematomas suelen durar más tiempo, pero también acaba por reabsorberse la sangre acumulada. Solamente en muy raras ocasiones es necesario puncionarlos para drenar su contenido.

HEMATOMA DEL MÚSCULO ESTERNOCLEIDOMASTOIDEO
(Tortícolis secundario)

Síntomas. Se manifiesta en la segunda semana de vida como una tumoración del tamaño de una avellana o una nuez en un lado del cuello, que quizás pueda confundirse con la inflamación de algún ganglio linfático. Estas tumoraciones tardan mucho tiempo, incluso meses, en desaparecer. Pero también puede desarrollarse a nivel del músculo lesionado una retracción o reacción fibrosa que condiciona al llamado tortícolis, con rotación del mentón hacia el lado sano e inclinación simultánea de la cabeza hacia el lado enfermo.

Naturaleza y causas. De la misma manera que el cefalohematoma, la hemorragia en el músculo esternocleidomastoideo se debe a la rotura de un vaso sanguíneo durante el parto. Lo corriente es que este derrame sea reabsorbido y no aparezca el tortícolis. El tortícolis congénito se debe a un trastorno del desarrollo fetal durante el embarazo y no guarda relación con esta lesión muscular.

Tratamiento. Algunas fricciones con pomadas o irradiaciones pueden ayudar a que la sangre extravasada sea reabsorbida. El tortícolis hay que operarlo más tarde, sin dejar pasar demasiado tiempo, pues la inclinación de la cabeza puede alterar el desarrollo normal del cráneo.

ICTERICIA DEL RECIÉN NACIDO

La palabra ictericia se deriva del griego *íkteros*, que significa amarillez y consiste precisamente en un amarillamiento de la piel, de las mucosas y de las secreciones debido a la existencia de pigmentos biliares en la sangre.

En la ictericia fisiológica del recién nacido, que aparece generalmente durante el segundo o tercer día de vida, no existe un trastorno de la bilis o del hígado; en realidad no hay enfermedad alguna. Es un estado pasajero de cierta inmadurez hapática que tiene como siguiente etapa la conjugación de bilis, y que se corregirá en pocos días con la ayuda de fototerapia (la luz fomenta la conjugación de bilis).

En caso de persistir o ser muy severa, debe consultarse al pediatra, ya que puede tratarse de una enfermedad importante de las vías biliares, del hígado o de incompatibilidad sanguínea.

Lesiones umbilicales

La pequeña herida originada por la ligadura del cordón umbilical debe desinfectarse con algunos polvos antisépticos, para después cubrirla con una gasa estéril y una venda apropiada. El reducido muñón del cordón se seca por sí mismo y se desprende espontáneamente como la costra de una herida.

Esto suele ocurrir al duodécimo día. Hasta entonces la gasa no debe tocarse, aunque haya que cambiar a diario la venda. El niño no ha de ser bañado con el ombligo desprotegido, hasta la total cicatrización. Unos pocos días después de haberse desprendido el resto del cordón umbilical, la herida puede rezumar todavía algunas gotas de exudado seroso.

Si al cabo de unos días esta exudación persiste, puede existir algún trastorno, generalmente una granulación exuberante (granuloma umbilical), nada peligrosa pero que ha de ser cauterizada por el médico. Tampoco tiene importancia si la herida umbilical sangra un poco, pues se trata de un síntoma que no tiene mayores complicaciones ni requiere muchos cuidados.

Más trascendencia tiene que el ombligo y sus inmediaciones se inflamen con hinchazón, rubor y calor. En estos casos la herida se ha infectado, generalmente por gérmenes piógenos (estafilococos o estreptococos). Se afecta el estado general del niño, que mama mal, no aumenta de peso o incluso lo pierde. No siempre se presenta fiebre, pero puede haber algunas décimas de grado C. Hasta que el médico disponga el tratamiento adecuado, pueden emplearse unas compresas tibias de manzanilla. Una infección umbilical, con los antibióticos modernos, tiene un tratamiento muy eficaz.

HERNIA UMBILICAL *(Onfalocele)*

Síntomas. Protrusión del ombligo, que aumenta de tamaño cuando el niño llora o tose. Si se presiona con el dedo, esta protrusión cede y en el fondo umbilical se aprecia una pequeña abertura entre los músculos del vientre.

Tratamiento. Una o dos tiras de esparadrapo se adhieren horizontalmente sobre la piel del vientre, de tal manera que la hernia, reducida previamente, se encuentre escondida en un pliegue longitudinal de la pared abdominal. Este método no es difícil de aplicar y casi siempre conduce al resultado esperado. Este defecto suele cerrar por sí solo al cuarto o quinto año de vida.

TUMEFACCIÓN MAMARIA DEL RECIÉN NACIDO
(Mastopatía neonatal)

Síntomas. Se presenta en ambos sexos y se manifiesta por un endurecimiento y engrosamiento de un pecho o de ambos. A veces, el pezón correspondiente rezuma unas gotas de un líquido que el profano suele calificar de «leche de bruja».

Naturaleza y causas. En la inmensa mayoría de los casos no se trata de una inflamación, sino de una reacción motivada por la supresión brusca de las hormonas maternas que el feto ha recibido durante el embarazo.

Tratamiento. La tumefacción suele desaparecer a los pocos días. Bajo ningún concepto debe exprimirse esta «leche de bruja». Sólo en caso de que se presente una verdadera inflamación con enrojecimiento, calor y sensibilidad dolorosa debe consultarse al médico.

MUGUET

Estas aftas son provocadas por unos hongos que han colonizado la mucosa bucal (hongos parásitos del género *Oidium, Monilia* y *Saccharomyces*). Especialmente en la cara superior de la lengua, en la bóveda palatina y en las encías aparecen unos puntitos o placas blancas, como unos grumos de leche que permanecieran en la boca después de la toma del pecho. Estas aftas se encuentran firmemente adheridas a la mucosa. El trastorno no tiene gran importancia, pero resulta muy molesto e impide que el niño efectúe una buena succión al mamar. El tratamiento será a base de nistatina, pero debe indicarlo el pediatra.

Debe evitarse la aplicación local de antibióticos, entre otras razones porque los hongos son resistentes a estos agentes terapéuticos. Los antisépticos en solución alcohólica son igualmente peligrosos.

FIMOSIS

La verdadera fimosis, es decir, la retracción manifiesta del prepucio que tiende a estrangular el glande del pene infantil, es poco frecuente. En estos casos no cabe sino el tratamiento quirúrgico. Mucho más frecuente es el caso del niño cuyo prepucio no puede ser desplazado sobre el glande. A menudo, esto puede efectuarse normalmente más tarde, cuando el pene haya adquirido cierto desarrollo. Algunas veces, en estos casos sobrevienen irritaciones o inflamaciones entre el prepucio y el glande, con formación de bridas o adherencias que parecen «pegar» ambas estructuras anatómicas.

La Iglesia celebra solemnemente la circuncisión del Señor, fiesta que recuerda que Jesucristo quiso cumplir con uno de los más importantes ritos del pueblo hebreo. El recién nacido sufría esta intervención (eliminación del prepucio) al octavo día de vida, para demostrar su ingreso en el pueblo elegido. Pero este proceder tenía un origen mucho más antiguo y no sólo obedecía a motivos religiosos. Es más, su práctica fue abolida cuando Jesús la sustituyó por el bautismo, pero permaneció en muchos otros pueblos no judíos o cristianizados. En la actualidad no sólo se practica sistemáticamente entre judíos y árabes; en Estados Unidos el 95% de los recién nacidos son circuncidados con total independencia de cualquier factor social o religioso. En otros países, esta proporción es infinitamente menor, pero siempre queda la duda del porqué de la circuncisión masiva no ritual en uno de los países rectores del mundo. Sin embargo, nuevamente tiende a efectuarse la circuncisión sólo en caso de indicación anatómica o higiénica en el paciente que la necesite. Conviene aclarar que la circuncisión se puede practicar tanto en el hombre como en la mujer. La ablación del prepucio ha sido la regla, pero la del clítoris sólo en algunos países africanos se aplica.

Hay quien preconiza la circuncisión masculina por razones médicas. Junto a los casos evidentes de verdadera fimosis, en los que la circuncisión siempre está indicada, su práctica generalizada sólo puede deberse a motivos profilácticos o higiénicos. Entre prepucio y glande se acumula una sustancia espesa, caseosa, incluso maloliente, producto de secreción glandular y residuos celulares, que recibe el nombre de esmegma (esta misma sustancia también se produce en los labios menores de la mujer). El circunciso también la produce, aunque en menor cantidad, y no se acumula o retiene entre los pliegues del prepucio. Pero esto es un problema de higiene o de aseo, pues dicho esmegma es muy fácil de eliminar mediante el lavado, y muy rara vez es causa de inflamación o infección. La mera existencia de esta secreción no justifica, pues, la circuncisión profiláctica. Pero aparecen dos nuevos factores. Estadísticamente se ha demostrado que en los judíos es mucho menos frecuente el cáncer de pene y, además, parece que las mujeres que sólo han tenido relaciones sexuales con hombres circuncisos tienen menos posibilidad de enfermar de cáncer del cuello de matriz que las mujeres casadas con hombres no circuncisos. Dicho de otra manera: el esmegma parece tener un efecto cancerígeno. Si esto fuese cierto, la ablación preventiva del prepucio estaría más que justificada. Sin embargo, las estadísticas no son totalmente convincentes. Como ocurre siempre, en estos casos intervienen tantos factores hereditarios, ambientales y circunstanciales que es muy difícil llegar a conclusiones definitivas. En el estado actual de los conocimientos médicos puede afirmarse que la circuncisión no ritual, profiláctica, no está justificada. Una buena higiene o el aseo diario del niño y del hombre son suficientes para evitar la acumulación del esmegma.

CRIPTORQUIDIA Y HERNIA INGUINAL

Durante el desarrollo embrionario, tanto los testículos como los ovarios se encuentran en el interior del abdomen. Sólo en el varón, pocas semanas antes del nacimiento, las gónadas descienden por el llamado conducto inguinal, para bajar hacia la bolsa escrotal. Sin embargo, esto no ocurre en todos los casos; uno o incluso los dos testículos pueden quedar detenidos, ya en el vientre, ya en el propio conducto citado. Resulta fácil apreciar por palpación si los testículos tienen su posición normal en el escroto. Sin embargo, es conveniente aclarar que en la mayoría de los casos se trata de retrasos, no de imposibilidades de descenso. Algunas veces el médico puede ayudar con ciertos medicamentos para acelerar este proceso. Y no es raro el tener que intervenir quirúrgicamente para lograr el descenso testicular.

Puede ocurrir que la apertura muscular por donde los testículos descienden desde la cavidad abdominal hacia el escroto no se cierre del todo en uno o en los dos lados una vez realizada la traslación. También en las niñas, en este mismo sitio, la musculatura muestra un punto especialmente débil. Existe entonces una predisposición hacia la hernia inguinal. Por la pequeña abertura pueden hacer protrusión algunos órganos abdominales, en primer lugar el intestino, para aparecer bajo la piel y abombarla de tal manera que pueda ser no sólo palpada sino incluso apreciada a simple vista: se trata de una hernia. Es siempre preferible evitar una operación correctora de la hernia inguinal en el lactante, intentando primero su reducción mediante la aplicación de un braguero sencillo que puede estar hecho de lana elástica.

En general, toda hernia debe ser objeto de consulta al médico, pues alguna vez esta alteración puede llevar al estrangulamiento intestinal, circunstancia que encierra un riesgo de suma gravedad.

Malformaciones

Con el término de malformación se designa el desarrollo anormal prenatal de algún órgano o sistema orgánico. Se trata, pues, de alteraciones morfológicas apreciables debidas a trastornos del desarrollo en la fase embrionaria. Relativamente frecuente es el llamado **labio leporino,** una hendidura o fisura, más o menos acusada, del labio superior. Este defecto puede extenderse en profundidad e incluir el paladar óseo del maxilar superior. Se habla entonces de **fisura palatina** o boca de lobo, en términos populares. La división de la bóveda palatina o cielo de la boca dificulta mucho más la succión del lactante que el simple labio leporino, pero siempre es posible encontrar algún método para que el lactante se nutra. El único tratamiento es el quirúrgico, cuyo momento más oportuno habrá de ser decidido por el especialista en cirugía maxilofacial. Los resultados suelen ser óptimos.

Las malformaciones más importantes, por desgracia nada infrecuentes, son las cardiacas. Pueden presentarse de múltiples maneras, por ejemplo en forma de lo que recibe el nombre de «enfermedad azul», con cianosis como síntoma de una anormal mezcla sanguínea. Otras veces, los síntomas son menos aparentes, pero los signos son siempre manifiestos y el médico puede detectar fácilmente soplos cardiacos. La mayoría de estas anomalías congénitas pueden operarse actualmente y con ello cambiar positivamente el destino de estos niños. Sin embargo, el diagnóstico exacto y la oportunidad de la intervención están reservados a las clínicas especializadas, pues los métodos exploratorios en estos casos son sumamente complejos.

Entre las malformaciones de las extremidades cabe señalar las sindactilias por fusión de los dedos; la ausencia o el exceso numérico de dedos, el pie equino, las luxaciones congénitas de la cadera, etc. En todos estos casos, la cirugía correctora consigue excelentes resultados. La hidrocefalia, a menudo —por el gigantesco desarrollo craneal— puede ser motivo de obstáculo para el parto. Esta lesión prenatal, que cursa con acúmulo de líquido cefalorraquídeo en los ventrículos cerebrales o en la superficie externa del encéfalo (hidrocéfalo interno y externo), entraña suma gravedad, pues lleva consigo trastornos cerebrales. Sin embargo, también estas malformaciones cerebrales tienen un tratamiento quirúrgico eficaz.

El niño prematuro

Ya hemos dicho que todo recién nacido que pese menos de 2 500 g recibe el nombre de prematuro, aunque haya nacido a término (nueve meses). Es, pues, mejor llamarlos niños inmaduros, pues manifiestan determinados desarrollos incompletos. En la actualidad, muchos niños inmaduros tienen grandes posibilidades de sobrevivir, prescindiendo de los casos extremos.

Las incubadoras, la alimentación adecuada y otras medidas clínicas son capaces de «sacar adelante» a estos niños tan frágiles. Los mayores problemas con que se enfrenta el médico están en relación con la conservación de su temperatura corporal, su nutrición y su facilidad para contraer infecciones.

Enfermedades en los lactantes

DERMATITIS DEL LACTANTE

Síntomas. Enrojecimientos banales, que pueden llegar hasta inflamaciones más graves con exudación, que aparecen sobre todo alrededor del ano y de la zona genital, como también en cuello y axilas.

Naturaleza y causas. No siempre la dermatitis del lactante radica en la falta de aseo o higiene. Muy a menudo juegan papel importante factores congénitos de hipersensibilidad cutánea.

Tratamiento. Los niños que están predispuestos a estas irritaciones dérmicas deben ser aseados más a menudo que los demás. Deben eliminarse de su vestuario las telas de goma, aunque pueden usarse debajo de las sábanas para proteger los colchones. El baño diario, sin embargo, debe ser sustituido por un baño bisemanal. Es favorable añadir al agua un cocimiento de salvado con borato sódico: dos manos llenas de salvado de trigo se meten en un saquito de tela, que después se ata. Se hierve en dos litros de agua durante 20 minutos y se añade tanto el saquito como el agua de cocción al baño, al que se agrega una cucharada colmada de borato sódico. Existen en el comercio algunos preparados ya listos para añadir al agua del baño. Según los casos, hay que averiguar si para el cuidado de la piel conviene usar una pomada suave o unos polvos secantes o antisépticos; pero siempre debe ser sólo uno de los dos productos, extendido en una capa muy fina.

COSTRA DE LECHE

Este término, frecuente en el lenguaje llano, se utiliza para definir diversos trastornos que tienen en común una mayor irritabilidad de la piel y una peculiar tendencia a la descamación y humidificación de las superficies cutáneas. Es mejor hablar de una diátesis exudativa en el sentido de una predisposición constitutiva hacia la inflamación de la piel y mucosas. Muchas veces la causa desencadenante radica también en los errores alimenticios, sobre todo en el exceso de comida en general y de leche en particular. La «costra de leche» más corriente es la que aparece en el cuero cabelludo del lactante y que cursa con formación de escamas y secreción grasa sebácea; se conoce como seborrea del lactante.

Para estos casos es útil la siguiente receta: se compra en la farmacia una pequeña cantidad de vaselina salicílica al 2%. Con ella se embadurna bien por las noches la parte del cuero cabelludo afectada; se cubre la cabecita del niño con un gorro lavable. A la mañana siguiente debe engrasarse la cabeza de nuevo, frotándola continuamente durante unos minutos. A las dos o tres horas se quita la vaselina con raspado a contrapelo, operación que debe efectuarse con suma delicadeza. La capa de costra ablandada se desprende fácilmente. Como instrumento se usa un cuchillo romo de mesa o una espátula de madera (por ejemplo, un depresor de lengua). Después la cabeza se lava bien en el baño con un champú muy suave especial para bebés. Una vez seca la cabeza, se pueden quitar las últimas escamas al peinar al niño. Este método puede repetirse cuantas veces sea necesario.

RAQUITISMO

Síntomas. Los primeros suelen aparecer a la mitad o hacia el final del primer trimestre de vida. Son sospechosos una sudoración excesiva en la nuca y un olor fuerte a amoniaco en la orina. Típico en el raquitismo precoz del lactante es la blandura del cráneo óseo (tabes del cráneo). Se coloca al niño acostado sobre la cuna, y entre las dos manos, con las palmas colocadas algo por delante de las orejas, se le rodea la cabeza, para que los diferentes dedos puedan palpar y ejercer una suave presión sobre los diversos huesos craneales. Hay que prestar atención si uno u otro hueso cede y muestra una especial blandura. Existen otros síntomas que sólo el médico puede juzgar, como la presencia de rodetes grasos en las articulaciones del pie y de la mano.

Naturaleza y causas. El raquitismo se debe a una falta de exposición a la luz; en los lactantes mayores, también a la falta de movimientos y a la sobrealimentación. Para su prevención es suficiente tener al niño expuesto a menudo a los rayos solares. La dieta adecuada y algunos ejercicios físicos también juegan un gran papel preventivo. Sólo el médico puede juzgar si, además, hay que dar vitamina D al niño profiláctica o curativamente.

La regurgitación y los vómitos del lactante

«Los niños que escupen son niños sanos». Así reza un antiguo aforismo. En cierto sentido esto es, además, cierto. Se trata de lactantes criados al pecho que maman demasiado, por lo que su estómago regurgita parte de la leche. Claro que estos niños se desarrollan perfectamente, no porque escupen sino a pesar de que lo hacen. Por regurgitación se entiende la eliminación bucal de alimentos en cantidad no superior a un buche. Se habla de vómito cuando la expulsión excede a esta cantidad y la eliminación se realiza en forma brusca. Si un lactante regurgita después de su toma de leche materna o del biberón, pero no pierde peso y no tiene otros síntomas, no cabe hacer nada, no existe peligro. Sólo cuando la regurgitación se convierte en norma y el niño no se desarrolla bien, hay que tomar cartas en el asunto inmediatamente.

El medio más sencillo y eficaz para el niño de pecho consiste en espaciar menos las tomas de alimento, darle de mamar durante menos tiempo, y administrarle, antes del pecho, dos o tres cucharaditas de una papilla como la descrita en el capítulo dietético, en que se preconizaba como «postre». En estos casos hay que dar la papilla antes y no después de amamantarlo.

Al poco tiempo ya se sabe si este método da el resultado apetecido. En los niños criados con biberón puede procederse del mismo modo, aunque es preferible dar desde el principio una papilla más sólida.

El vómito verdadero, con pérdida de toda o casi toda la toma, tiene mayor significado. Un lactante que vomita regularmente o a menudo, debe ser visto en seguida por un médico. Si aparecen estos vómitos desde los primeros días puede tratarse de una estenosis o espasmo de píloro, que requiere siempre tratamiento competente, aunque conviene aclarar que éste es muy eficaz, ya sea abordado el problema de modo clínico, ya sea de modo quirúrgico.

Trastornos de la nutrición del lactante

La expresión «trastorno nutritivo» o «toxicosis alimenticia» es preferible, ya que las enfermedades del tracto digestivo del lactante son siempre más que simples alteraciones locales, pues afectan todo su cuerpo.

Por un mejor conocimiento de las alteraciones digestivas del niño, la pediatría ha conseguido dominar uno de los mayores males que afligen al lactante y que ha sido causa predominante para que en otras épocas la mortalidad infantil excediera todas las cifras imaginables. Si hace todavía 75 años, de cada 100 recién nacidos 25 lactantes morían antes del primer año de vida, en la actualidad en el mundo civilizado las cifras correspondientes no pasan del 30 por mil. Este éxito arrollador de la medicina se debe fundamentalmente a la conquista de las enfermedades infecciosas y nutritivas.

En relación con los trastornos alimenticios, el lactante criado al pecho tiene una evidente ventaja sobre el alimentado artificialmente. La evacuación de heces blandas en el niño de pecho bajo ningún concepto puede calificarse de trastorno digestivo, pues la leche materna siempre provoca deposiciones más frecuentes y menos espesas que la leche de vaca. Cuando en un lactante amamantado se producen de repente siete evacuaciones o más al día, en lugar de las tres o cuatro normales, las heces adoptan una coloración verdosa, aparece moco entremezclado con los residuos y, sobre todo, se cambia el olor, antes algo ácido, para hacerse francamente desagradable; esto indica que algo no marcha bien. Estos niños, además, casi siempre muestran trastornos del estado general y tienen dolores abdominales, por lo que están intranquilos y manifiestan su incomodidad llorando en exceso.

En el lactante sometido a alimentación artificial, unas heces blandas o semilíquidas casi siempre son señal de alteraciones digestivas. Más importante que el color de la evacuación es el grado de digestión. Cuando existe algún impedimento digestivo, las heces no son uniformes, tienen una consistencia desigual. Junto a restos fecales bien elaborados, aparecen grumos o partículas indigeridas. Desfavorable es siempre la presencia de moco y sobre todo de sangre.

También adquiere gran valor el cambio de olor. Las heces de un niño criado al biberón, que sufre trastornos alimenticios, despiden un olor putrefacto inconfundible, aunque por sí mismas huelen siempre más que las de un lactante criado al pecho, caracterizadas por el olor ácido.

Bajo ningún concepto resulta aconsejable tratar con métodos caseros la diarrea de los lactantes. En general no se trata de limitar la toma, es fundamental el cambio de la dieta prescrita por un médico. Además, muchas veces el trastorno se debe a problemas infecciosos que sólo pueden abordarse con un tratamiento adecuado. Se trata de un campo sumamente complejo que ha merecido que los pediatras dediquen gran parte de sus investigaciones a resolver estos problemas. El éxito de tantos esfuerzos se ha visto coronado por un brillante resultado: la mortalidad infantil por trastornos digestivos ha descendido de una manera radical.

EL ESTREÑIMIENTO

Los niños criados al pecho frecuentemente se estriñen. La razón puede estribar a veces en el simple hecho de que comen muy poco: no hay suficiente cantidad de alimentos para que las heces se formen adecuadamente. Este caso entraña un peligro cierto para el desarrollo futuro del niño. Conviene, antes que nada, vigilar el peso del lactante, en general y en relación con las tomas de alimento. Otra causa radica en el hecho de que la leche materna es muy pobre en sustancias de lastre. Naturalmente, esto no implica que el niño no se desarrolle bien ni gane peso. Si el lactante tiene una evacuación sólo cada 2 o 3 días, no es necesario recurrir a medidas terapéuticas especiales. Basta quizás con darle algo más de jugo de frutas y, sobre todo, incluir más azúcar en la papilla adicional. Si el problema persiste, el niño deberá ser visto por un médico, quien indicará el tratamiento adecuado; debe evitarse cualquier maniobra en el recto del niño, ya que la inexperiencia puede causar severos daños.

En el niño estreñido criado al biberón también se debe preguntar primero si la alimentación es suficiente y adecuada: muy a menudo se resuelve el problema con añadir a la dieta más jugos de frutas o de verduras. Sumamente útiles son los extractos de malta que se encuentran en el mercado. En el niño ya algo mayor un buen plato de espinacas quizás sea lo más racional. Lo último, desde luego, es recurrir a laxantes, que, en general, están contraindicados por provocar alteraciones intestinales que crean posteriormente una dependencia difícil de controlar.

Enfermedades particulares en la segunda infancia y durante la edad escolar

El campo de la pediatría se extiende, sobre todo, a las alteraciones de la primera infancia, en las cuales su intervención puede ser decisiva. En muchos niños mayores, los problemas posibles se asemejan a los que ocurren en otras edades. Sin embargo, todavía existen diferencias sustanciales que se tratarán aquí no desde el punto de vista diagnóstico, sino desde el de sus síntomas peculiares y sus formas terapéuticas diferenciadas.

Síntomas generales. Cuando un niño parece cansado, abatido, sin razón aparente; cuando de improviso deja de comer, está irritado en exceso o se muestra especialmente desobediente, habrá que pensar en primer lugar en una enfermedad. Lo primero, por supuesto, es la determinación de la temperatura corporal, pues la mayoría de los procesos morbosos en la infancia cursan con fiebre o febrícula. En los niños hay que medir esta temperatura en el ano, durante dos minutos, para evitar errores. La medida debe ser efectuada antes de las comidas y sólo después de un reposo de, por lo menos, media hora (para evitar una elevación debida a excesos de movimiento corporal o al sobreesfuerzo alimenticio). La temperatura rectal oscila durante el día entre 36.8 y 37.2°C; por la mañana disminuye y por la tarde aumenta. También puede ocurrir a la inversa, sin que esto tenga mayor trascendencia.

Cuando hay hipertermia (aumento de los valores citados) lo primero que hay que hacer es meter al niño en la cama.

Los **productos antipiréticos** gozan de una enorme popularidad, pero siempre debe tomarse en cuenta que, prescindiendo de los casos extremos, la fiebre como tal no entraña riesgo alguno. De ahí que la administración de drogas que bajan la temperatura (aspirina, paraacetamol, salicilamida, etc.) no debe ser habitual, pues se corre el peligro de que se enmascaren los síntomas y el médico confunda la situación. La madre ha de saber que las sustancias antifebriles (en gotas, supositorios, pastillas, etc.) no se deben administrar sólo para calmar su nerviosismo o propia preocupación, sino cuando el niño se torna nervioso e intranquilo por la fiebre. Para bajar una fiebre excesiva existen muchos medios: baños, envolturas, fricciones con alcohol, medicamentos, etc. Lo que debe evitarse en un principio son las cataplasmas o las medidas demasiado rígidas en relación con la dieta (ayuno total) o la evacuación intestinal (purgantes o enemas intempestivos).

Las **convulsiones febriles** no muestran sino que el niño está más predispuesto a las contracciones musculares violentas que el adulto. En las fiebres extremas estas convulsiones son relativamente frecuentes. En los niños impresionables, de sistema nervioso central o vegetativo lábil, estas convulsiones pueden aparecer incluso por elevaciones febriles no demasiado exageradas. Tampoco para el médico resulta siempre fácil distinguir entre una convulsión febril y otros estados espasmódicos más serios. En general, la espasmofilia no tiene relación directa con la fiebre, cursa independientemente.

Cuando un niño está en pleno ataque convulsivo hay que acostarlo de modo que sus movimientos musculares no sean causa de lesiones (debe evitarse, sobre todo, que estos niños estén demasiado arropados). Unos fomentos fríos sobre la frente, intercambiados

Examen de las enfermedades

a menudo, pueden ser asimismo útiles. Hay que bajarles la fiebre, pero nunca en forma de medicamentos tomados por vía oral, pues el niño convulso puede atragantarse para derivar la sustancia administrada hacia el aparato respiratorio, con grave peligro de asfixia. Si no hay a mano un supositorio antitérmico, es muy fácil administrar una irrigación con una aspirina u otro antidoloroso y antitérmico, disueltos en un poco de agua. En estos casos de emergencia se debe emplear una dosis de estos fármacos casi doble que la utilizada en las mismas circunstancias por vía oral. Resulta obligatorio avisar al médico en todo caso de convulsiones febriles, pues éstas pueden entrañar un evidente riesgo.

La **insuficiencia circulatoria** o **cardiaca** en la segunda infancia es siempre motivo de seria preocupación. El niño pierde su aspecto normal y el comportamiento habitual. Su cara es pálida, con labios muy azulados, ojos hundidos y cercados por una sombra evidente; su nariz se hace afilada. La superficie cutánea aparece fría, sobre todo en pies y manos, y se altera la frecuencia y la calidad del pulso (aunque este síntoma se presta a equívocos por parte de la madre). En estos casos ha de llamarse al médico familiar con urgencia.

Además, deberá ponerse al pequeño en absoluto reposo, y se le abrigará perfectamente; sólo debe dársele lo recetado por el médico.

En el niño es común el resfriado, siempre de origen infeccioso. El moqueo de nariz, la tos, el estado febril, el evidente malestar general, el dolor de garganta y de oídos, etc., es algo que ocurre con frecuencia en los meses de invierno. No se trata siempre de una gripe (enfermedad producida por un virus específico); el resfriado o catarro común obedece a muchas otras causas, aunque casi siempre el agente causante sea un virus que, precisamente por ello, recibe el nombre de virus respiratorio, y del que existen multitud de variedades o géneros. En el niño estos cuadros catarrales son mucho menos definidos que en el adulto que padece una gripe, un catarro nasal o una bronquitis aguda. En la infancia los síntomas son más difusos y menos precisos: se afectan casi todas las estructuras respiratorias a la vez. Ante estos catarros no debe exagerarse el cuidado terapéutico.

El niño tarda mucho en desarrollar una inmunidad ante estos agentes causales. La aplicación de antibióticos (en supositorios, gotas o jarabes) se observará siempre con la máxima prevención. Sólo el médico puede juzgar la necesidad de su indicación al apreciar alguna complicación o al querer prevenir algún mal mayor. No debe olvidarse, a la hora de administrar antibióticos sin consejo médico, sobre todo en forma de los tan populares supositorios, que la inmensa mayoría de los virus, por no decir todos ellos, son resistentes a la acción de estas drogas. Estos consejos también se extienden a la práctica tan irrazonable de aplicar gotas nasales ante cualquier moqueo; hay pocos hábitos más nocivos que éste.

Por otro lado llama la atención el hecho de que un número muy elevado de madres se resistan a operar a sus hijos de vegetaciones o amígdalas, cuando la permanencia de estas estructuras, crónicamente infectadas, encierrra un verdadero riesgo no de catarros de repetición, que quizá no revistieran mayor importancia, sino de una fiebre reumática, que estadísticamente es una posibilidad cercana en cualquier niño que tenga una inflamación estreptocócica de la garganta o la faringe.

La **infección tuberculosa** en el niño se produce, casi siempre, por contagio directo entre un adulto afectado de una tuberculosis pulmonar activa y abierta, y un niño virgen ante esta agresión. Es un típico caso de contagio a través de las gotitas infectadas que flotan en el aire tras un golpe de tos o un estornudo de un enfermo adulto. La primoinfección (primer contacto con el bacilo tuberculoso) intestinal por bacilo bovino que se transmite a través de la leche de vacas infectadas es algo excepcional en nuestro ambiente. Para más detalles, sobre todo en relación con la vacunación antituberculosa o las consecuencias de esta primoinfección, véase el capítulo correspondiente a la tuberculosis pulmonar.

Aquí sólo debemos insistir en que este problema está casi resuelto y que la erradicación de la tuberculosis podrá conseguirse, al menos en el mundo civilizado, en muy pocos años. Lo efectuado en el mundo en este sentido por la Organización Mundial de la Salud excede en mucho a las más optimistas esperanzas.

Alteraciones nerviosas y psíquicas durante la infancia

En la primera infancia, el niño puede mostrar una labilidad constitucional del sistema nervioso y de la mente. Estos niños son intranquilos, asustadizos, lloran sin razón y en exceso. En la segunda infancia, las manifestaciones son similares, aunque se acentúan los componentes afectivos y somáticos. Es típica así la mezcla entre irritabilidad y fácil cansancio. Se habla en estos casos, en forma muy expresiva, de «fatiga excitable». Pero no siempre esta labilidad tiene una motivación congénita; la causa puede ser posnatal en muchísimos casos.

Existen situaciones de conflicto personal, familiar, ambiental o producido por enfermedades que nada tienen que ver con la herencia. Es al médico a quien corresponde analizar estos factores y delimitar exactamente el origen de los trastornos. Hay alteraciones que se deben simplemente a un exceso de estímulos (televisión, por ejemplo) y otras veces a que el ambiente familiar no es el más adecuado (las desavenencias conyugales son percibidas por los niños de modo sorprendente; se ha dicho que tienen un sexto sentido sumamente desarrollado para estos acontecimientos). Muchas alteraciones infantiles se deben solamente al abandono de ciertos hábitos (la mesa familiar, el beso de ambos padres antes de dormir, etcétera). De ahí que, ante ciertos trastornos nerviosos infantiles, habría que preguntarse, en primer lugar, por la situación familiar o ambiental en que vive.

Hay otro factor muy importante. Ante un nerviosismo peculiar en la edad escolar, ante unas malas calificaciones, hay que reaccionar con especial cuidado, mostrando comprensión hacia las dificultades surgidas.

TRASTORNOS DEL SUEÑO, TERROR NOCTURNO

Muchos niños padecen de insomnio, tardan mucho en dormirse o se despiertan a menudo durante la noche y muestran un sueño francamente intranquilo. Otras veces padecen de terror o pavor nocturnos, aparentemente motivados por pesadillas. Hablan de noche y si se les despierta tardan mucho en tranquilizarse. En general, en estos casos de excitación hay que preservar al niño de todo estímulo psíquico desproporcionado

Examen de las enfermedades

para su edad. En caso de terror nocturno hay que tener especial cuidado con las lecturas, programas televisivos, discusiones familiares, etcétera. Además, es mucho mejor administrar a estos niños sedantes e hipnóticos suaves que tratar de recurrir a métodos caseros (baños, infusiones, etcétera). Existen en el mercado, a disposición del médico, multitud de preparados totalmente inofensivos y que no producen hábito, que pueden y deben ser ensayados.

ENURESIS NOCTURNA

Muy rara vez la micción involuntaria durante el sueño se debe a una enfermedad de la vejiga urinaria u otra causa orgánica. En la inmensa mayoría de los casos se trata de un trastorno psíquico o nervioso. Hay que tener en cuenta que un niño comienza a ser totalmente consciente de sus evacuaciones hasta, por lo menos, los dos años y medio; toda educación forzada anterior puede ser contraproducente. Cuando aparece la enuresis nocturna, generalmente en la segunda infancia, la madre ha de comprender que se trata de algo involuntario que tiene muy complejas motivaciones. Por lo tanto, son totalmente erróneas las actitudes punitivas o de crítica. Tampoco sirve el método casero de levantar al niño durante la noche para que orine, pues así se consigue, precisamente, que el niño se habitúe a la micción nocturna. La drástica reducción de líquidos, sobre todo a partir del mediodía, tampoco lleva a resultado alguno. Mucho más puede esperarse de ciertos sedantes o de otros medicamentos específicos, que el médico puede recetar en estos casos. Otra causa frecuente de enuresis puede radicar en una infección urinaria de fondo, que el médico podrá tratar en caso necesario.

ONANISMO

La masturbación es una práctica muy corriente en los niños, y tampoco deja de ocurrir en las niñas. En muchos casos se trata de que el niño recurre a sí mismo para satisfacer excesivos estímulos instintivos, por lo que no puede hablarse de trastorno patológico. Desde el punto de vista médico, exclusivamente corporal, el onanismo ocasional no es motivo de preocupación. No deben fomentarse, en estos casos, excesivos sentimientos de culpabilidad ni recurrir a castigos desmesurados. Se debe, en cambio, vigilar bien al niño hasta la edad de la pubertad, para sorprender, quizás, una degeneración viciosa de tal costumbre, en cuyo caso el tratamiento psicoterapéutico estará indicado en todas las circunstancias. Ante la masturbación no habitual no hay más que la distracción del niño mediante ejercicios físicos, juegos deportivos, sedantes y, sobre todo, evitar todo estímulo que aumente la fantasía y la vida instintiva del niño: lecturas, televisión, películas, etcétera.

Otras enfermedades de la infancia

Otros trastornos morbosos, habituales en los niños, podrán encontrarse en diferentes capítulos de este libro. Sobre todo las enfermedades infecciosas específicas, como las infecciones exantemáticas (sarampión, escarlatina, rubéola, varicela) y otras (difteria, tos ferina, paperas, poliomielitis, gripe, anginas, bronquitis, dermatitis), podrán consultarse en los apartados correspondientes. Sólo cabe mencionar también la tan frecuente parasitación del intestino por lombrices (oxiuros y ascárides), que también se trata en otras páginas.

Enfermedades genéticas

Conviene añadir unas palabras más sobre las llamadas enfermedades genéticas. Ya hemos hablado de las malformaciones congénitas en general. Repetimos aquí que se trata de alteraciones morfológicas o anatómicas apreciables a simple vista o al microscopio (o sea, no se trata, primariamente, de alteraciones funcionales), y se originan durante el crecimiento embrionario por desarrollo deficiente de uno o varios órganos. Se trata de estados permanentes, irreversibles, que menoscaban la vitalidad y la capacidad de desarrollo ulterior del organismo. Una malformación que afecta sólo a un miembro pocas repercusiones funcionales puede tener, pero una alteración anatómica del corazón o cerebro lleva inherentes graves trastornos, si no inmediatos al menos potenciales, cuando el crecimiento posnatal pone a prueba dichos órganos. Cuando estas malformaciones son excesivas, el feto no es viable y el aborto es la regla. Otros embriones quizás sigan creciendo, pero no llegan a nacer vivos (caso de muchos recién nacidos prematuros o inmaduros con evidentes malformaciones). La frecuencia de estas malformaciones es apreciable y se calcula que toda concepción humana tiene un riesgo del 1 al 1.5% de generar una malformación congénita, compatible o no con un parto a término. Si se considera sólo al niño nacido vivo y que sobrevive al primer año de vida, esta proporción es aún mayor, aproximadamente el 5% de todos los niños muestran antes o después alguna desviación anatómica de lo que podría considerarse como normal. Las causas de estas malformaciones son muy complejas. Los factores teratógenos (teratismo: deformidad o anomalía de formación) pueden ser hereditarios, ambientales o circunstanciales. Todavía hace unos años los médicos daban quizá excesiva importancia a las causas hereditarias, transmitidas de padres a hijos. Hoy se sabe que los factores que actúan sobre el propio feto durante su desarrollo son mucho más importantes. Se conoce que la mayoría de las malformaciones en el ser humano se originan por lesiones que afectan al embrión entre el vigésimo y el cuadragésimo día después de la concepción. ¿Cuáles son las causas? Ya hace unos años se descubrió que las radiaciones ionizantes (rayos X, rayos gamma, radiaciones atómicas, etc.) eran capaces de provocar alteraciones congénitas. Más tarde, el médico australiano Gregg pudo demostrar que una madre infectada durante el primer trimestre de su embarazo con el virus de la rubéola tenía muchísimas posibilidades de dar a luz un niño con diversas malformaciones. Hace años surgió el escándalo de la talidomida. Esta droga es un excelente hipnótico, sin apenas efectos secundarios. Sin embargo, tomada por las embarazadas durante los primeros meses, provoca en los fetos trastornos en el desarrollo de las extremidades (amelias, micromelias, focomelias, etc.), aparte de otras malformaciones del corazón y cerebro. Tenemos, pues, que está demostrada la acción teratogénica de las radiaciones físicas, de las sustancias químicas y de los agentes biológicos (virus). A medida que avanza la ciencia médica se van adquiriendo más conocimientos sobre estos extremos e incluso estableciendo una cierta prevención de estos trastornos. Estas malformaciones o embriopatías no son realmente enfermedades hereditarias, sino congénitas, pues se nace con ellas, pero se originan durante la gestación. Un niño con labio leporino o con una malformación cardiaca no tiene por qué dar origen a hijos también deformes.

Las enfermedades hereditarias o genéticas van más allá de los trastornos del desarrollo. Su base es mucho más profunda: radica en las propias estructuras de la reproducción. Sus alteraciones están marcadas desde un comienzo y se transmiten de generación en generación, sean manifiestas (porque la característica heredada sea dominante) o no lo sean (porque la herencia sea recesiva). Ocurre que muchas enfermedades hereditarias son incompatibles con la vida y el feto se malogra: el aborto o el recién nacido muerto es la consecuencia inevitable. Pero también estas enfermedades genéticas tienen muchas maneras de expresarse. Hay alteraciones en el número de cromosomas (normalmente 46): por ejemplo, el síndrome de Down reside en una trisomía 21 (el par cromosómico número 21 no es tal, sino un trío, con lo cual existe un cromosoma de más). Estas enfermedades hereditarias pueden ser asimismo más «íntimas», afectar sólo a algunos genes de los cromosomas. Con lógica indudable puede pensarse que si para tener el cabello rubio hay que tener unos determinados genes transmitidos de padres a hijos, también para digerir una determinada sustancia se requiere un fermento específico, producido sólo hereditariamente por un gen específico. Si falta dicho gen no habrá tal fermento y, sustituido por otro inoperante en este sentido, la sustancia no podrá ser digerida, lo que implicará que se acumule en el organismo al no poder ser degradada. Ésta es en síntesis la base de los trastornos congénitos del metabolismo. Fue ya establecida por el médico inglés Garrod en 1908, pero la importancia de estos factores no ha podido valorarse hasta hace muy poco tiempo. En la actualidad forman ya legión las enfermedades hereditarias con base metabólica. Algunos de estos trastornos ya se conocían de antiguo (porfirias o trastornos en los que, por defectos genéticos, los pigmentos hemáticos o hemoglobina no se metabolizan debidamente y derivan a la producción de estos otros pigmentos llamados porfirinas). Mucho más reciente es el conocimiento del trastorno conocido con el nombre de fenilcetonuria. Aproximadamente 4 personas de cada 100 000 la padecen; esta enfermedad es exteriorizada en forma de graves trastornos mentales (oligofrenia fenilpirúvica) como origen de retraso mental.

En la persona normal, el aminoácido fenilalanina se convierte en tirosina mediante la actividad y presencia de un fermento específico. Éste puede faltar por un trastorno genético, transmitido de manera recesiva. Al faltar dicha enzima, cada vez que se comen proteínas y se ingiere el aminoácido fenilalanina, éste no resulta escindido o degradado durante el proceso del metabolismo proteínico. La consecuencia es su acumulación en el organismo, que para almacenar tal avalancha de fenilalanina no puede más que convertirla en ácido fenilpirúvico, sustancia sumamente tóxica para el cerebro, pues impide su desarrollo. La solución es relativamente fácil: dar una dieta totalmente exenta del aminoácido fenilalanina (se dan hidrolizados de carne y leche en los que este aminoácido ha sido eliminado), pero lo más importante reside en comenzar con esta dieta antes de que el daño cerebral haya tenido lugar. Y esto sólo es posible al momento mismo de nacer. De ahí se deriva el hecho de que se preconice hacer unas pruebas en este sentido en la orina de todos los niños al poco tiempo del nacimiento para evitar la posibilidad de subnormalidad.

Pueden aducirse otros muchos ejemplos de enfermedades metabólicas hereditarias; para no ir más lejos, la gota es un caso típico. El gotoso no es capaz de metabolizar el ácido úrico, el cual acaba por depositarse en articulaciones y tejidos. El gotoso es un sujeto que tendrá muchos dolores y una deformidad articular; sin embargo, su mente no es afectada como en el caso de la fenilcetonuria.

También las enfermedades hereditarias basadas en trastornos cromosómicos o de los genes pueden deberse a cambios inducidos física, química o biológicamente. Cuando se altera la composición de los genes se habla de mutaciones. Naturalmente, no todas las mutaciones son nocivas: mutación es que cambie el color del pelo de los padres y sus familiares con respecto al hijo, por ejemplo. Lo importante es saber cómo se transmite esta nueva característica. Cuando la herencia es dominante, lo que ocurre en el caso de la polidactilia (exceso del número de dedos en la mano o pie), el riesgo de que lo presente un hijo, padeciéndolo uno de sus progenitores, es de uno sobre dos (50%); cuando es recesivo, como la sordomudez, la probabilidad es de uno de cada cuatro (25%). Sin embargo, en líneas generales, si se casan dos sujetos que tienen una característica dominante, su progenie ya no la presenta al 50%, es casi seguro que la tenga al 100%. De la misma manera que un sordomudo que se casa con una sordomuda, lo sea en realidad o sólo tenga este antecedente familiar, ya no tiene la posibilidad de tener un hijo sordomudo de cada cuatro engendrados: la proporción ha subido, por lo menos, a la mitad. De ahí el problema de la consanguinidad y la eficacia del consejo prematrimonial.

Todo esto resulta difícil de comprender, pero debe entenderse que, así como hace años toda anomalía o malformación era fácilmente achacada a la sífilis, a la epilepsia o al alcoholismo de los padres, hoy se sabe que, precisamente, estas causas son las menos habituales. Los genes tienen una composición química definida. Si sus alteraciones provocan tales trastornos también cabe que algún día la medicina encuentre el medio de reemplazar los genes patológicos, sustituyéndolos por moléculas genéticas que sólo transmiten características normales.

La identificación, el diagnóstico y el tratamiento del retraso mental en el niño (niños subnormales) es todavía uno de los mayores problemas con que se enfrenta la medicina. Se sabe que dicho retraso puede deberse a más de 200 causas (alteraciones cromosómicas, como el síndrome de Down; enfermedades genéticas de causa metabólica, como la citada oligofrenia fenilpirúvica, o malformaciones congénitas del cerebro por deficiencias en el desarrollo encefálico). El concepto del retraso mental está referido a un rendimiento intelectual inferior al promedio general, que se manifiesta durante el periodo del crecimiento del niño y se caracteriza por una inadecuada conducta adaptativa. La naturaleza de la merma psíquica varía con arreglo a la edad. Por debajo de la edad escolar existe una falta en ayuda propia, trastornos en la locomoción, alimentación y comunicación. En la edad escolar la merma consiste, primordialmente, en defectos de aprendizaje. En el adolescente y en el adulto el retraso se manifiesta como inhabilidad para permanecer independiente o para ejercer una profesión liberal. Todo esto refleja la dificultad para establecer una clasificación de los niños subnormales. Puede intentarse una diferenciación con relación al coeficiente intelectual (a lo que se llama edad mental). Un niño muy retrasado tendría un coeficiente inferior a 50; uno moderadamente retrasado, del orden de 50 a 70. Paralelamente al potencial educacional, los niños retrasados pueden ser descritos como «educables», «entrenables» y «totalmente dependientes». La magnitud del problema sólo puede compararse con la triste realidad de que el 3% de todos los recién nacidos van a manifestar a lo largo de sus vidas algunos síntomas propios de la subnormalidad. Estos síntomas pueden ser compatibles con una vida útil y fecunda, o también totalmente incompatibles con la lógica independencia vital. No hay misión tan elevada como la de los médicos, pedagogos, educadores y sociólogos que tratan de ayudar a estos seres y de obtener el máximo rendimiento de sus siempre presentes posibilidades.

Actualmente es posible identificar algunas malformaciones congénitas mediante la paracentesis (obtención y estudio del líquido amniótico), lo cual es de gran importancia diagnóstica, aunque aún no hay mucho avance terapéutico.

Las enfermedades tumorales (oncología)

La leyenda negra del cáncer

El cáncer ocupa el tercer lugar en la lista de causas de muerte en el hombre, después de las enfermedades del corazón y de las alteraciones circulatorias. Hoy, una de cada cinco muertes es ocasionada por este mal, que no respeta edad, sexo, raza o ambiente. Sobre él se ha extendido una leyenda negra que lo identifica como el terrible tributo del hombre a la naturaleza, humillada por la civilización y por la técnica. Sin embargo, el cáncer no es una enfermedad de nuestra época: ha existido en todos los tiempos y ni siquiera afecta exclusivamente a la especie humana; también los vegetales y los animales sufren sus consecuencias. Hace una o dos generaciones el cáncer no era de tan frecuente aparición como ahora, pero esto se debe tanto al aumento de duración de la vida media, que permite que más personas lleguen a desarrollarlo, como a que, en la actualidad, con el perfeccionamiento de los métodos diagnósticos, es posible reconocer la naturaleza tumoral de muchas enfermedades de imprecisa manifestación.

El cáncer, la enfermedad más temida, es también la que más prejuicios y conceptos equívocos soporta, pues si bien puede condicionar grandes sufrimientos al final de su evolución y sólo en algunos casos, otras muchas enfermedades crónicas menos «populares» producen desde un principio terribles estragos. Se olvida fácilmente que es curable en un gran porcentaje de los casos y que resiste cualquier comparación con la multitud de afecciones que tienen asegurado un pronóstico mortal. Esto se debe, en gran parte, a que muchos ex cancerosos no saben que lo han padecido, pues tanto médicos como familiares parecen conjurarse en el silencio cuando se trata de semejante mal. Por otro lado, no hay ninguna otra enfermedad que haya promovido tantas investigaciones científicas, tantos estudios costosos, ni originado tantas teorías e hipótesis para tratar de averiguar su naturaleza y condicionamientos, el porqué de su aparición y los caminos que sigue en su desarrollo.

Otra causa de la llamada leyenda negra del cáncer estriba en el radicalismo de todo tratamiento eficaz. Por supuesto, nunca es agradable someterse a una operación mutilante o a una irradiación con evidentes efectos locales o generales, pero no debe olvidarse que toda medida terapéutica implica un riesgo.

Naturaleza de los tumores

Las tumoraciones no respetan casi ningún tejido del organismo humano; todas comienzan por un crecimiento localizado, al principio microscópico, luego visible, y pueden adquirir un tamaño gigantesco. Originadas en el seno de un órgano, de un tejido, acaban por desplazar a éste y desfigurar completamente su primitiva estructura. Esta excrecencia, que aparece de pronto, no obedece a las leyes imperantes del desarrollo celular. En una herida, por ejemplo, la solución de continuidad es pronto evitada por un crecimiento, o regeneración celular, que termina justamente en el momento en que el defecto es cubierto, con cicatriz o sin ella. El organismo tiene control sobre este crecimiento, pues lo regula en tiempo y espacio. En las tumoraciones ocurre algo diferente: el organismo pierde esta facultad de control. Las células crecen y crecen sin someterse al plan general de ordenación morfológica. Es como si, de pronto, una célula se volviese loca y, abandonando los convencionalismos sociales, «viviese su vida», se multiplicara incesantemente para crear células hijas, también tan independientes e ingobernables como ella, y olvidara todas sus obligaciones como partes integrantes de un organismo.

La tumoración se comporta como un crecimiento celular extraño, autónomo, parásito e independiente. Dos consecuencias están a la vista: en primer lugar, la neoformación desplaza paulatinamente los tejidos circundantes creando, antes que nada, un conflicto de espacio. En segundo lugar, este crecimiento se mantiene mediante un metabolismo propio que se resta al general del organismo. Éste ha de aportar al tumor sustancias nutritivas no constructivas y recibe a cambio tan sólo un exceso de sustancias de desecho. Estas alteraciones locales y generales son comunes a todas las tumoraciones.

La benignidad de un tumor lleva aparejado un crecimiento lento, que sólo desplaza los tejidos circundantes, sin irrumpir en estructuras vecinas, lo que implica que puede ser extirpado totalmente al estar bien localizado. Los tumores malignos o cánceres, por el contrario, crecen rápida y agresivamente; no sólo desplazan los tejidos circundantes sino que los invaden, desintegran y destruyen. Se ha dicho, gráficamente, que son verdaderos «gangsters» celulares. Su desmesurado y anárquico desarrollo condiciona una segunda característica de la malignidad: una vez agredidos los vasos sanguíneos o linfáticos, su débil conexión intercelular, en el seno del tejido invadido, permite que se desprendan células que, utilizando la corriente vascular, se trasladan para crear nuevas colonias cancerosas filiales, tan agresivas como en su localización primitiva. Son las temidas **metástasis,** que señalan la generalización del proceso tumoral y el fracaso próximo del organismo ante semejante proliferación nociva.

Clases de tumores

Si la oncología es la ciencia que trata de los tumores en general, la cancerología alude solamente a los de actividad maligna. Como todas las tumoraciones comienzan a originarse en un determinado tejido, se suelen clasificar con arreglo a un criterio morfológico en relación con el tejido de que proceden. Así, en cancerología se denominan **epiteliomas** los tumores originados en el tejido epitelial, sea piel o mucosa; los llamados **carcinomas** crecen en el seno del tejido glandular (mama, estómago, páncreas, tiroides, etcétera). Por último, hablamos de **sarcomas** cuando toman su origen en el tejido conjuntivo. En el caso de tumores benignos, la terminología es un poco más heterogénea. Se llaman **adenomas** en las glándulas; **fibromas** en el tejido conjuntivo; y son los conocidos pólipos, las verrugas, miomas, etc.

Sistema de clasificación

La clasificación de los tumores y su diagnóstico se basa en un criterio anatomicohistológico, ya que toda tumoración proviene de un determinado tejido normal, y por lo tanto puede ser reconocida por las características que conserve de este tejido. Por su más rápida reproducción, tendrá muchas más divisiones celulares; por su crecimiento desmesurado, que no deja lugar a diferenciaciones y funciones supeditadas al bien del organismo, las células son atípicas e inmaduras, es decir, no se parecen a las normales del tejido donde proliferan ni pasan por sus etapas; pero siempre delatan su origen al microscopio.

El análisis microscópico de los tejidos que se creen afectados puede asegurar así la presencia de un tumor. Por ello resulta de vital importancia que, ante la mínima sospecha de existencia de una tumoración cancerosa, el médico se vea obligado a extirpar una pequeña porción del tejido en cuestión, y efectúe lo que se denomina **biopsia** para que luego el anatomopatólogo establezca la naturaleza tumoral del producto obtenido y, en su caso, diagnostique su malignidad. Hasta ahora no existe otro método comprobado de diagnóstico del cáncer. Todavía no se ha señalado ningún cambio físico, químico o biológico que distinga el crecimiento tumoral y no se conoce ninguna otra clase de análisis que permita detectar la presencia de un cáncer en el organismo o sentar el criterio clínico de su malignidad.

Causas del cáncer

Las causas del cáncer continúan siendo desconocidas; hoy por hoy los especialistas se mueven, prácticamente, en el campo de la especulación científica, a pesar de las incesantes investigaciones que se han realizado en este ámbito. Se ignora si el cáncer es una alteración local de los tejidos que luego se generaliza o es, por el contrario, una enfermedad general en que, por ciertos fallos del mecanismo central de control del crecimiento, algunas células se escapan para siempre de la regulación global. En ambos casos se llegaría a la misma conclusión.

La teoría local tiene muchos partidarios que se basan en numerosas experiencias animales y clínicas. Está demostrado que es una sola célula la que inicia el proceso tumoral para transmitirlo ya indefinidamente a toda su incontrolada descendencia. Resulta obvio pensar que algún trastorno del mecanismo hereditario, por cambio o mutación genética, pueda provocar la transformación. Efectivamente, la radiactividad (por ejemplo, el caso de los supervivientes de Hiroshima y Nagasaki expuestos a los

Las enfermedades tumorales

efectos de la bomba atómica) y ciertas sustancias químicas capaces de producir cambios hereditarios en el animal experimental y en el hombre, determinan también tumoraciones en los tejidos lesionados. Esta teoría puede englobarse en una mucho más antigua: la teoría irritativa, ya postulada hace más de 100 años. Continuas irritaciones sobre determinados grupos celulares acaban por inducir la transformación tumoral, cuya peculiaridad se transmite irrevocablemente a las células descendientes. Esta hipótesis tuvo brillante confirmación cuando los japoneses Yamagiwa e Ichikawa consiguieron provocar crecimientos cancerosos en las orejas de conejos sometidas a continuas pinceladas con una sustancia tóxica e irritante para los tejidos: el alquitrán. Desde entonces, han sido numerosas las sustancias químicas descubiertas cuya aplicación prolongada induce la aparición de un cáncer.

En el hombre también ha podido comprobarse el fenómeno. En algunas profesiones el manejo y manipulación de ciertos compuestos químicos termina por provocar un cáncer en el sitio más expuesto. Así, se producen el cáncer del escroto en los deshollinadores, o el de vejiga en los trabajadores de la industria de las anilinas o colorantes sintéticos. Puede servir de ejemplo un hecho ocurrido en Estados Unidos. En determinadas fábricas, los números de las esferas de los relojes se pintaban con una sustancia radiactiva (torio) para hacerlos fluorescentes. Las operarias encargadas de esta labor afilaban los pinceles con la boca e ingerían al cabo de la jornada una cantidad respetable del elemento radiactivo. Por su afinidad con el tejido óseo, el torio se almacenaba en él y al cabo de algunos años comenzaron a darse, entre aquellas operarias, casos de cánceres en diversos huesos.

El tan temido cáncer de pulmón, casi la más frecuente causa de muerte tumoral en el hombre, también es achacado a una irritación crónica, la producida por la inhalación continua del humo de cigarro. Se ha llegado a afirmar que un consumo de 35 cigarros diarios hace aumentar la frecuencia de cáncer pulmonar en una proporción de tres veces a una con relación a los que fuman solamente 10 cigarros al día.

Por último, otra teoría local sobre el origen del cáncer, ya establecida hace años, propone otra explicación: el crecimiento tumoral comienza en ciertas células embrionarias que, por un motivo u otro, han quedado «olvidadas», es decir, desplazadas, en el seno de los tejidos en que luego se desarrollan. Existen ciertos tumores o teratomas en los que, efectivamente, se encuentran elementos embrionarios con toda clase de posibilidades de desarrollo que abonan este criterio, y otros tumores, de ovario o de otras localizaciones, con tan inverosímiles potencias de futura diferenciación que en ellos se encuentran tejidos, e incluso órganos, casi completamente organizados, como el esbozo de un brazo, pelo, rudimentos de ciertas partes corporales, etc. Un investigador de estos fenómenos llegó a ironizar afirmando que la excrecencia de Adán en una costilla (que, siguiendo literalmente el relato bíblico, llevó a la aparición de la mujer) era, en realidad, un cáncer.

Sin embargo, las teorías locales no explican la esencia de la enfermedad cancerosa, ni sirven para comprender la multitud de posibles formas y evoluciones. La alternativa más fácil es pensar en una enfermedad infecciosa. Numerosos investigadores han creído ver en un determinado microbio o bacteria la causa primera del cáncer, pero sus pretendidos descubrimientos no han podido ser confirmados.

Como no cabe duda de que algunos tumores vegetales o animales son producidos directamente por algunos virus (las agallas de algunas plantas, determinados cánceres en las gallinas, verrugas tumorales en los conejos, etc.), y se sospecha idéntica causa para ciertos tumores humanos (leucemias agudas y el tumor de Burkitt, que aparece en África Central en el maxilar superior de niños y adolescentes), se ha querido, por extensión, encontrar un virus —o varios— responsable de todos los tumores. Hasta ahora, sin embargo, las pesquisas han sido infructuosas. El cáncer, por otro lado, no se estima contagioso, y en cuanto a su transmisión genética, diferentes trabajos científicos demuestran que, si bien existe una cierta predisposición local para que aparezca un cáncer en determinado sitio, la influencia de la herencia en su aparición es prácticamente despreciable. Dado que el cáncer es mucho más frecuente a edades avanzadas, se pensó también que fuese una enfermedad degenerativa que acompañaba al natural envejecimiento tisular, pero esta teoría no explicaba la existencia de tumores en edades juveniles, ni tampoco servía de mucho al desconocer la ciencia por qué envejecen e involucionan los organismos.

Aunque en muy contados casos se ha producido la curación espontánea de una tumoración cancerosa, últimamente se ha sugerido la intervención de fenómenos inmunológicos en la génesis y evolución tumoral. Efectivamente, ni el cáncer ni los tumores en general crecen uniformemente en tiempo y espacio, y existen ritmos alternantes en que predominan la agresividad o la relativa tolerancia. Entre la extirpación quirúrgica de un cáncer y su recidiva (su manifestación posterior) o la aparición de metástasis distantes —puntos del organismo que se infectan por células cancerosas procedentes del tumor maligno inicial— a veces transcurren muchos años. Todo esto demuestra que el organismo puede resistir y tiene medios, que a veces fallan, para controlar el crecimiento desordenado. El mismo hecho de que los cánceres de mama y de próstata obedezcan al tratamiento con hormonas sexuales, generalmente del sexo contrario, obliga a pensar que en esta enfermedad existen, además, fenómenos relacionados con la fisiología general del organismo.

En síntesis, sólo puede afirmarse hoy que **el cáncer no es contagioso ni hereditario** —aunque en el cáncer del seno se ha comprobado cierta predisposición génetica—; que posiblemente se trata de una enfermedad general, de muy amplio alcance, y que ocasiona fallos en la regulación del crecimiento local. Se ha abandonado la idea de que el cáncer sea un crecimiento por completo autónomo, que no obedece a ninguna regla, y se especula sobre si es, simplemente, un desarrollo celular en circunstancias diferentes, todavía desconocidas. Si llamamos, aplicando un símil hípico, caballo a la célula y jinete a la regulación de su desarrollo, el cáncer puede producirse al fallar el caballo o el jinete, pero, muy posiblemente, la causa primera sea que se desboca el caballo por falta de riendas.

Diagnóstico del cáncer

A falta de un conocimiento preciso y exhaustivo sobre sus causas, y disponiendo de muy limitadas posibilidades de prevención (ya que únicamente los cánceres profesionales pueden evitarse, y quizá sólo se reduzca el número de cánceres de pulmón el día en que la humanidad deje de fumar), queda por exponer un aspecto fundamental del cáncer. Si hace muchos años un médico francés llegó a decir que el cáncer es tan difícil de definir como de curar, hoy día estamos mucho más cerca de curarlo que de saber en qué consiste. Para ello el diagnóstico precoz, la indicación terapéutica precisa antes de que el cáncer haya llevado su agresividad o malignidad a límites ya incontrolables, adquiere una importancia decisiva y vital.

Resulta trágico comprobar que si, teóricamente, de cada cuatro cánceres tres pueden ser curados por completo, en la práctica, por la desidia de unos y otros, por demoras incomprensibles, la cifra de curados desciende notablemente. En la clase media, debidamente informada, todavía el 50% de los cancerosos son diagnosticados cuando el tumor primitivo ya es inextirpable o existen metástasis; mientras que en la población rural esta proporción asciende nada menos que al 75%. En las manos de todos está, o puede estar, el arma más precisa contra el cáncer.

Etapas de la enfermedad

La medicina dispone de algunos medios para llegar a establecer la presencia de un cáncer y con ello efectuar el tratamiento oportuno antes que sea demasiado tarde. Al principio de la enfermedad faltan, generalmente, todas las sensaciones dolorosas, que sólo aparecen cuando, durante su evolución, el tejido canceroso desplaza o invade los troncos nerviosos, sensaciones que, en las fases finales, pueden predominar en el cuadro clínico. Es raro también que el cáncer comience con fiebre, pues las infecciones no suelen aparecer hasta que el enfermo ha manifestado un evidente deterioro, o sea, cuando ya es demasiado tarde. Muchos cánceres crecen tan aprisa que el aporte nutritivo por parte de los vasos sanguíneos se hace insuficiente: en la superficie o en el mismo interior del tumor aparecen zonas ulceradas, degeneradas e incluso necróticas (es decir, muertas).

Es entonces cuando sobrevienen, secundariamente, infecciones que condicionan un característico mal estado general y fiebre. Muy sospechoso es un progresivo adelgazamiento que, en casos avanzados, lleva a la llamada **caquexia** o derrumbamiento general del organismo. Este adelgazamiento, unido a una continuada fatiga y apatía, no es sino una señal más de que el cáncer ha comenzado a sustraer de la totalidad del organismo una gran parte de las sustancias nutritivas y que, por otro lado, lo inunda de sustancias tóxicas. Este fenómeno discurre paralelamente a una progresiva anemia, que aumenta si aparecen hemorragias, por invasión de algún vaso sanguíneo. La caquexia, junto a la anemia y la lenta intoxicación, provoca un característico color terroso de la piel.

Técnicas de diagnóstico precoz

Dada la importancia de un diagnóstico precoz, incluso en fases preclínicas, es decir, antes de que el enfermo haya experimentado algún síntoma, la importancia del llamado chequeo o examen de personas aparentemente sanas adquiere gran valor. Existen, junto al examen general, unas pruebas de detección (*screening tests*) muy útiles para un examen por su rapidez, economía y seguridad. Entre ellos ha adquirido gran importancia el estudio citológico desarrollado hace algunos años por el médico griego Georgios N. Papanicolau.

Mediante un simple raspado a frotis de alguna superficie mucosa, o por centrifugación de algún líquido secretado por ciertos órganos (secreción bronquial, jugo gástrico, etc.), se obtiene una preparación celular que, examinada al microscopio después de complejos métodos tintoriales, puede mostrar células atípicas y otras desviaciones de la norma celular, que constituyen signos extremadamente sospechosos de cáncer. Este método ha servido sobre todo para detectar el cáncer de cuello de la matriz, tan frecuente, y que gracias a este examen puede ser diagnosticado en una fase en que la curación todavía se consigue en casi todos los casos.

Muchos países tienen asociaciones o instituciones que cuidan de la lucha contra el cáncer, realizan campañas de divulgación médica, facilitan los exámenes clínicos para el diagnóstico precoz, y también aportan recursos para la investigación científica. Por desgracia, un gran número de mujeres comparten todavía los prejuicios heredados de sus padres, para los cuales el cáncer era una enfermedad terrible cuyo nombre apenas se atrevían a pronunciar.

A esas mujeres no parece interesarles saber si tienen cáncer o no. Viven en la ignorancia del cambio radical que ha sufrido el tratamiento de la enfermedad gracias a los progresos realizados en el diagnóstico precoz y a los perfeccionamientos de la terapéutica quirúrgica y radiológica.

Tratamiento del cáncer

El cáncer es una enfermedad curable. **Siempre y cuando se diagnostique precozmente y el tratamiento se implante a su debido tiempo, el cáncer puede curarse totalmente.**

Hoy día se cuenta con tres armas principales para luchar contra esta enfermedad: la cirugía; la radioterapia, el radio y los isótopos radiactivos; y la quimioterapia, la cual es cada vez más variada y de mayor efectividad, aunque su toxicidad secundaria aún no puede eliminarse por completo.

El tratamiento del cáncer debe efectuarse siempre por un especialista, y solamente él, basándose en su experiencia, podrá determinar cuál es el método adecuado en cada caso. Para obtener los mejores resultados el tratamiento ha de ser lo más radical posible, buscando respetar al máximo los tejidos sanos.

Las medidas quirúrgicas estarán destinadas a extirpar el tumor en toda su extensión, hasta llegar a tejido sano, así como los ganglios linfáticos correspondientes, ya que éstos, mediante su comunicación a través de los vasos linfáticos, son las principales vías de propagación de los tumores malignos.

Los rayos X y las radiaciones atómicas son también utilizados ampliamente y con excelentes resultados en el tratamiento del cáncer. Estas ondas electromagnéticas tienen la capacidad de destruir las células cancerosas, sin afectar demasiado a las células sanas. Los radioisótopos se emplean en medicina desde 1939, pero no alcanzaron su gran significado terapéutico hasta diez años después, como consecuencia del desarrollo médico de la posguerra.

Los citostáticos, sustancias que bloquean el metabolismo de las células cancerosas inhibiendo su crecimiento, son medicamentos con los que se han obtenido esperanzadores resultados en algunas clases de cáncer, pero su dosificación, siempre en manos

Las enfermedades tumorales

Ante la aparición de estos síntomas debe acudirse inmediatamente al médico

Piel:	Color gris amarillento. Aparición de manchas pigmentadas de color marrón oscuro, así como de verrugas. Zonas de lenta curación y presencia de úlceras, sobre todo de bordes duros.
Cabeza:	Dolores frecuentes e intensos, visión doble.
Ganglios:	Hinchazón de uno o varios ganglios linfáticos, en el cuello, axila o ingle.
Boca:	Engrosamiento o cambio de coloración de los labios, mucosa de la boca o lengua.
Faringe:	Ronquera prolongada, dificultad al tragar, sensación de presión en el cuello.
Cuello:	Aumento de su diámetro. Engrosamiento o endurecimiento de la tiroides. Resalte de las venas.
Órganos de la respiración:	Expectoración de color marrón o mezclada con sangre, tos irritativa crónica, mal olor de boca sin causa aparente.
Esófago:	Molestias al tragar, dificultad para ingerir alimentos sólidos, sensación de presión detrás del esternón, dolor de espalda.
Mama:	Retracción del pezón, salida de sangre por él, úlceras superficiales, zonas o nódulos endurecidos, con o sin dolor.
Estómago:	Falta de apetito, eructos frecuentes, sensación de plenitud, repugnancia hacia la carne, mal olor de boca.
Intestinos:	Diarreas y estreñimientos, en forma alternante; expulsión de sangre o mucosidades por las heces, frecuentes flatulencias de olor a huevos podridos.
Órganos sexuales de la mujer:	Todas las siguientes manifestaciones son sospechosas de cáncer mientras no se demuestre lo contrario: Hemorragias fuera del término de la menstruación. Menstruaciones de más de una semana de duración. Hemorragias al final del coito, aunque sólo sea en pequeñas cantidades. Todo flujo marrón rojizo o como agua de lavar carnes, así como todo flujo abundante durante o después de la menopausia.
Órganos sexuales del hombre:	Frecuentes ganas de orinar, emisión involuntaria de orina, sensación de presión en el recto, endurecimiento a nivel del testículo, toda úlcera que pueda aparecer a nivel del pene, eyaculación de color rojizo o sanguinolenta.
Vías urinarias:	Orina sanguinolenta.

del especialista, ha de ser cuidadosa, ya que pueden dar lugar a reacciones tóxicas generales, principalmente de los órganos hematopoyéticos (productores de la sangre). Gran número de investigadores tratan de perfeccionarlos para que actúen exclusivamente sobre las células cancerosas, sin que, al mismo tiempo, se produzcan como hasta ahora reacciones nocivas para el resto del organismo.

El tratamiento general de los cancerosos tiene gran importancia para obtener un fortalecimiento del organismo, ya de por sí debilitado. Mucho se ha discutido sobre el valor de una determinada dieta en estos enfermos, aunque los experimentos clínicos han dado resultados negativos. Por lo tanto podemos afirmar que no existe una dieta para la curación del cáncer. Se recomienda únicamente una alimentación sana, rica en vitaminas, hierro y calcio.

Finalmente, cabe añadir que, en cancerología, se acepta convencionalmente como criterio de curación que el enfermo no presente síntomas de recaída o metástasis a los cinco años de haber sido tratado. Durante este periodo el enfermo debe ser vigilado estrechamente, pues la elaboración del diagnóstico precoz de una recaída todavía le puede salvar la vida.

Una enfermedad tan grave, que tantos prejuicios, temores, obsesiones o supersticiones crea en el profano, ha despertado siempre un interés desorbitado fomentado por el sensacionalismo de ciertos medios de información o por desaprensivos, fanáticos y explotadores de la desdicha ajena. El canceroso, y sobre todo sus familiares, deberá depositar su confianza únicamente en la ciencia médica, para evitar así la pérdida de un tiempo precioso, irrecuperable y quizá decisivo.

Las enfermedades de la vejez (geriatría)

El envejecimiento como proceso biológico natural

La medicina ha experimentado, en los últimos años, grandes cambios que, entre otras resultantes, han condicionado la prolongación de la vida y un alejamiento de la vejez. Hoy nadie habla de los «viejos» de 50 años, como sí ocurría hace tan sólo medio siglo. El tratamiento eficaz de muchas enfermedades; la erradicación de epidemias como la peste, viruela o tuberculosis, que antes causaban terribles estragos; la lucha victoriosa contra la mortalidad infantil; las medidas higiénicas que comprenden desde el baño diario y la canalización de las aguas residuales hasta el estudio científico de la alimentación son factores que se reflejan positivamente en las estadísticas demográficas. Si se suma la edad que tienen al fallecer los habitantes de una zona y se divide la cifra obtenida por el número total de fallecidos, se obtiene un índice —el promedio de vida—, que si hace un siglo apenas pasaba de los 30 años, en la actualidad ya ha superado los 70. Es decir, la esperanza de vida de un ser humano al nacer ha subido más de 40 años en un siglo. En las mujeres, por razones todavía no esclarecidas suficientemente, este índice se eleva a más de 72 años. Pero este aumento del promedio de vida —que se debe fundamentalmente a la gran reducción de la mortalidad infantil y, en segundo término, a la disminución de la mortalidad general que crea, en la historia natural de una población, una fase inicial de fuerte expansión demográfica, como ocurre actualmente en los países subdesarrollados— no quiere decir que para el individuo aislado haya aumentado la duración de la vida. Sólo significa una mayor posibilidad de llegar a ser longevo. La esperanza de vida a una determinada edad en el adulto o viejo se ha incrementado realmente muy poco. Por ello, las variaciones estadísticas se miden mejor por otro índice: el dado por el número de ancianos dentro de la población total. Estamos asistiendo a un progresivo envejecimiento de la población, pero resulta curioso señalar que este fenómeno no se debe al descenso de la mortalidad general, como se había creído, sino a la disminución de la fecundidad, pues es un hecho probado que, durante el desarrollo de los países, a aquella intensa fase expansiva sucede, como proceso compensatorio todavía inexplicado, un periodo en el que es menor el número de nacimientos.

Si todavía en 1940 tres de cada cuatro personas tenían 30 años, hoy en día existen tantos individuos de 30 años como de 65. Incluso el mismo grado de desarrollo de un país no sólo ha de medirse por su renta «per capita», sino también por la proporción de personas con más de 65 años: a partir de la existencia de un 10% de éstos, puede hablarse de país desarrollado. Cada vez hay más países en los que esta cifra se sobrepasa y en algunos se acerca ya al 15%. A medida que aumenta el promedio de vida se incrementa el número de personas que llegan a la vejez y permanecen en este periodo del transcurrir vital durante más tiempo. También esto ha contribuido a cambiar el aire de la medicina; si antes predominaban las enfermedades infecciosas y las carenciales, ahora el médico ha de enfrentarse, cada vez más frecuentemente, con las enfermedades crónicas, caracterizadas por una larga fase sin síntomas, por una evolución lenta y progresiva y también por su gran facilidad para provocar secuelas o mermas físicas y psíquicas. No quiere ello decir que vejez equivalga a enfermedad, merma, incapacidad o cruel espera de un final inexorable. Hoy sabemos que los fenómenos involutivos pueden ser compatibles con una longevidad fecunda, relativamente libre de achaques o sufrimientos. La geriatría no quiere dar edad a la vida, sino vida a la edad.

Causas del envejecimiento

¿Cómo se define la vejez? Si consideramos la vida como lucha continua contra la muerte inevitable, la senectud no es sino la manifestación de las heridas sufridas durante el combate. Sin embargo, el envejecimiento, proceso natural irreversible que comienza con el nacimiento (en cierto sentido ya desde la concepción) y finaliza con la muerte, no se traduce únicamente en las transformaciones de ciertos tejidos, que degeneran y se muestran incapaces de cumplir su función. Todo el organismo muestra las consecuencias del paso del tiempo, sin que se sepa su motivación, aunque sus efectos sean de sobra conocidos.

Podrán predominar las manifestaciones de un órgano u otro, y de hecho los órganos afectados por la vejez suelen ser varios a la vez, por lo que las alteraciones y las enfermedades se imbrican, se relacionan íntimamente unas con otras, condicionando una especial patología, multifacética, en la que cuanto más viejo es el organismo aparece mayor número de tejidos involucrados.

Examen de las enfermedades

No puede medirse la vejez bajo el patrón del órgano aislado que se desgasta: si la senectud afecta en menor o mayor grado a todos los tejidos, según las circunstancias de cada persona, es el organismo en su totalidad el que involuciona. Nadie se muere de viejo, sino por una enfermedad que aparece en la vejez. En las edades avanzadas los procesos de las enfermedades son cada vez menos específicos. Más fácil resulta que fracase definitivamente un órgano cuando todos los demás están también afectados por la involución, que durante la juventud o edad adulta, en que los órganos no agredidos pueden suplir hasta cierto límite la función del afectado.

Abundan las teorías sobre las causas del envejecimiento. Se ha especulado sobre la posibilidad de una progresiva disminución de la capacidad del organismo para repeler las agresiones ambientales, por un desequilibrio relativo de los procesos metabólicos que conduce a que el organismo no aproveche debidamente las sustancias que necesita. Otras veces se ha intentado culpar a la pérdida gradual de la capacidad de regeneración de algunos órganos y tejidos, sobre todo los riñones, los músculos y el sistema nervioso, aunque el hígado, la médula ósea y los intestinos apenas acusen el paso de los años. La hipótesis que relacionaba la pérdida de actividad sexual con la vejez gozó durante algún tiempo de gran predicamento, sobre todo cuando el médico ruso Voronoff pretendió demostrar, ante la credulidad popular, que los injertos de testículos de mono prolongaban en el hombre el vigor físico y psíquico. Luego se demostró cumplidamente que el declive fisiológico del organismo no gira alrededor de la merma de la actividad gonadal, de ninguna manera.

Hoy se aventura la hipótesis de si la vejez se deberá al exceso de oxígeno que existe en la Tierra, lo que implica que en otro planeta o astro, si existe vida, ésta puede ser mucho más larga, y obliga a encontrar en éste sustancias que, reduciendo los procesos oxidativos —la vida gira alrededor de ellos, ya que no es sino una continua combustión para la que se necesita oxígeno—, permitan una prolongación de la existencia, todavía utópica en nuestros días.

Seguramente, en el envejecimiento intervienen tanto factores genéticos como ambientales. Si los cambios sufridos no acontecen al mismo tiempo ni afectan simultáneamente a los mismos tejidos u órganos, las causas, en cada persona, han de ser forzosamente múltiples, tanto internas como externas. Se ha dicho humorísticamente que si se quiere llegar a viejo ha de saberse escoger los padres apropiados. Todos nacemos con una especie de reloj biológico interno, con cuerda para un número determinado de años, aunque el clima, la alimentación, el trabajo y el consumo de excitantes como el alcohol o el tabaco contribuyen a forjar la vejez de cada uno. Pero, sobre todo, el papel principal lo juegan las enfermedades sufridas y las secuelas que hayan dejado. Por ello, la geriatría preventiva, ciencia que estudia las enfermedades en la vejez y la manera de evitar sus peores consecuencias, debe estar precedida de una gerontología preventiva, ciencia que trata de los aspectos de la previsión durante la fase del envejecimiento natural, sin causas morbosas. Con seguridad, muchas enfermedades en la vejez pueden evitarse mediante un control ejercido a poco de comenzar la edad adulta.

En este sentido, los llamados «chequeos» encuentran su principal justificación. También debe subrayarse que toda enfermedad que deje una secuela influye mucho en el envejecimiento. De ahí la importancia de que la rehabilitación sea lo más completa posible en cualquier edad.

Alteraciones orgánicas producidas por el envejecimiento

A continuación se describen someramente las enfermedades que el envejecimiento produce en los diferentes órganos, pero no debe olvidarse que estos trastornos no se presentan, conjunta o aisladamente, en todos los viejos; que no existe una enfermedad específica en la vejez; que suelen ser varios a la vez los tejidos y órganos que muestran mermas y desgastes y que, por ello, el viejo se caracteriza por padecer un complejo patológico, una multiplicidad de desgastes, de deterioros, cada vez más relacionados entre sí a medida que avanza la edad. Al final suele fracasar un órgano vital, como el corazón o el cerebro, del que es responsable algún trastorno determinado, pero las alteraciones son generales y se extienden prácticamente a la totalidad del organismo.

Sistema circulatorio

El continuo desgaste que sufre el aparato circulatorio conduce a estrechamientos de arterias y venas, por el depósito de calcio y ciertas grasas, como la colesterina, en sus paredes. Esto no sólo conduce a una pérdida de elasticidad, sino también lleva a una insuficiente irrigación sanguínea de tejidos y órganos. Sin embargo, la **arterioesclerosis**, tan frecuente en la vejez, no es una enfermedad degenerativa propia de esta edad, sino una afección de tipo metabólico que puede aparecer en jóvenes y adultos, por causas todavía desconocidas. Sólo sabemos que su desarrollo es favorecido por la obesidad, la hipertensión arterial, la diabetes, la gota y la continua intoxicación por el tabaco. El corazón senil —corazón viejo, desgastado— no sólo se origina por una lógica fatiga muscular, que conduce a dificultades en la actividad contráctil, manifestadas, sobre todo, por la falta de reserva en los esfuerzos, sino que la llamada **cardiosclerosis** está también condicionada casi siempre por trastornos de irrigación sanguínea, a consecuencia de estrechamientos de las arterias coronarias. Cuando en el curso de estos estrechamientos sobreviene, brusca y espasmódicamente, un impedimento del aporte de sangre al músculo cardiaco, se origina la **angina de pecho**, con su cortejo de dolor intenso en la región precordial y la característica sensación de angustia extrema. Si la interrupción de la corriente sanguínea es total, al obstruir un coágulo, o trombo, la luz vascular coronaria, toda la zona muscular tributaria del vaso afectado muere al poco tiempo. Este proceso, denominado **infarto de miocardio**, puede afectar a zonas tan extensas que el corazón ya no pueda cumplir con su trabajo y se produzca por tanto la muerte.

Si el corazón sufre por debilidad de su estructura muscular, o por deficiente irrigación coronaria, aparecen los síntomas característicos de la **insuficiencia cardiaca**: disnea —respiración angustiosa, al borde de la asfixia—, edemas —hinchazón de brazos, piernas, vientre o tórax—, hígado hinchado, coloración azulada de la piel, etc., pero todavía es posible un tratamiento eficaz. La **hipertensión arterial** es frecuente entre los ancianos, pero su presencia no debe sobrevalorarse en ninguna circunstancia. Sólo cuando las cifras de tensión alcancen límites excesivos y puedan comprometer algunas funciones, como las cardiacas, renales o cerebrales, aquéllas deberán ser vigiladas y tratadas especialmente.

Examen de las enfermedades

Cerebro

El envejecimiento afecta notablemente al cerebro humano: disminuye su masa (en casos extremos hasta en 30%) y ocasiona la formación de depósitos grasos y calcáreos. El ataque cerebral o **apoplejía (ictus apoplecticus)** es una de las más frecuentes causas de muerte en la vejez. Se origina por una **hemorragia cerebral,** al romperse un vaso lesionado por el proceso arteriosclerótico de endurecimiento de sus paredes; por una **trombosis cerebral,** en que un coágulo se forma dentro de un vaso sanguíneo y lo ocluye; o por una **embolia cerebral,** en que se desprende un coágulo de alguna otra parte (en el corazón, por ejemplo) y es transportado por la sangre al cerebro y determina una obstrucción en algún vaso fino, con el consiguiente infarto de toda la zona irrigada por esta arteria. Muchas veces estos accidentes vasculares ocurren en zonas «mudas» del cerebro o la extensión de la zona del infarto no compromete la vida; pero, desgraciadamente, muy a menudo afectan, en la corteza cerebral, los centros motores y el centro del lenguaje, por lo que resulta frecuente encontrar ancianos con parálisis de la mitad de su cuerpo (hemiplejía) o con trastornos de la palabra hablada (afasia). Sin embargo, aun en estos casos cabe una brillante rehabilitación.

Aparato respiratorio

La **bronquitis crónica,** que no aparece únicamente en los fumadores empedernidos, y el **enfisema pulmonar** (por disminución o relajación de las fibras elásticas, los pulmones son incapaces de contraerse y dilatarse normalmente y aportar oxígeno a la sangre) son consecuencias del envejecimiento pulmonar. Ambas alteraciones conducen a una insuficiencia respiratoria por falta de ventilación, que puede desembocar fácilmente en las temidas infecciones (neumonía o bronconeumonía) que, a pesar de los antibióticos, revisten a estas edades considerable gravedad.

Aparato digestivo

Muchas gastritis crónicas y otras alteraciones intestinales se deben no sólo a una insuficiente producción de jugos digestivos, sino también a la deficiente trituración de los alimentos por unos dientes desgastados. Todos los ancianos deben poseer, por medios naturales o artificiales —prótesis—, una dentadura completa.

Dada la frecuencia de **cáncer de estómago y de intestino grueso** en esta edad, resulta asimismo obligatoria una rápida consulta al médico en caso de que aparezcan molestias digestivas. Más de la mitad de los cánceres de aparato digestivo en la vejez no pueden ser operados por establecerse un diagnóstico tardío.

El estreñimiento no es raro en las edades avanzadas, y requiere especial atención, no sólo para evitar las molestas hemorroides, sino porque es también, frecuentemente, el primer síntoma de un tumor de colon. Las deposiciones sanguinolentas son siempre sospechosas, pues junto a la existencia de las citadas hemorroides señalan, en ocasiones, la presencia del mucho más peligroso **cáncer de recto.**

Las apendicitis agudas no son frecuentes; mucha más importancia adquiere la enfermedad diverticular del intestino grueso. También son frecuentes las hernias inguinales, con su peligro de estrangulamiento.

Aparato locomotor

Adquiere gran importancia el fenómeno de desgaste en las articulaciones y huesos, sobre todo a nivel de la columna vertebral. El reumatismo degenerativo o **artrosis** apenas respeta a algún anciano. La **cifosis senil** —ese encorvamiento progresivo de los ancianos— se origina al ceder los ligamentos y músculos vertebrales.

Los propios huesos involucionan y se hacen frágiles y propensos a la rotura: es la llamada **osteoporosis senil,** producida por una merma de la sustancia ósea, basada a su vez en un trastorno del metabolismo de asimilación de las proteínas y del calcio. También la inmovilidad y el reposo excesivo aceleran este proceso de descalcificación que, en definitiva, es la osteoporosis. Estos fenómenos no siempre forman parte del envejecimiento natural, y deberían aparecer sólo a edades muy avanzadas.

Alteraciones genitourinarias

En los ancianos es muy frecuente el aumento de tamaño o hipertrofia de la **próstata,** que afecta al 80% de los hombres de más de 70 años, pero que no ha de ser operada siempre, al menos hasta que se presenten perturbaciones en la evacuación urinaria. La insuficiencia renal o uremia, que define una especie de intoxicación interna por incompleta eliminación urinaria de productos de desecho, es otra frecuente causa de muerte en la ancianidad, pero no siempre obedece a enfermedades renales sino que puede ser condicionada por otros procesos extrarrenales.

Capacidad visual y auditiva

La capacidad visual no tiene por qué disminuir, pero casi siempre el ojo pierde la facultad de la acomodación para cambiar rápidamente de una visión lejana a otra cercana, lo que hace necesario el uso de gafas. Tampoco se reduce en general la capacidad auditiva, aunque casi siempre disminuye la receptividad para las altas frecuencias. Es decir, los ancianos no suelen percibir con claridad las notas altas del piano, ni el ruido de la bocina de un automóvil.

Alteraciones psíquicas

Especial importancia corresponde, entre los fenómenos derivados del paso del tiempo, a las alteraciones psíquicas. Envejecimiento y deterioro mental no son términos sinónimos. Es más, si la vejez implica, por regla general, una merma física, no está demostrado que, paralelamente, sobrevenga una insuficiencia intelectual. Con los años cambia el horizonte psíquico: es la época de la prudencia y del orden. La capacidad de aprendizaje no disminuye con la edad, sobre todo si se usa como criterio la selección, en lugar de la velocidad, en la adquisición de conocimientos nuevos. Si los ancianos aprenden menos es porque predomina en ellos la falta de interés, de obligación. No existe una personalidad determinada para la vejez y por ella. Presentar al anciano siempre malhumorado o siempre bonachón no se ajusta a la realidad. Si el anciano se vuelve taciturno, melancólico, depresivo, o recurre al alcohol, hay que comprender cuánto influyen en él los factores ambientales, como el progresivo aislamiento social, el ocio o, simplemente, la añoranza de no «estar» ya en el mundo. También llega a la categoría de tópico la creencia de que el anciano tiene una gran memoria para las vivencias remotas, mientras que olvida fácilmente las experiencias más recientes. Sin embargo, tampoco este fenómeno es privativo de la vejez.

Cuando una persona de edad comienza a mostrar alteraciones en su carácter —las llamadas rarezas—, la familia suele conformarse y adoptar una actitud fatalista, atribuyéndolas a esa edad, ya sin remedio. Nada más injusto, pues en muchos casos no son más que manifestaciones debidas a factores externos: reservas ante el desajuste entre las generaciones, incomprensiones ante el continuo cambio de las costumbres, etc. Otras veces son producidas por el sufrimiento moral ante la merma física que el envejecimiento trae consigo. No obstante, cuando la vejez se acompaña de deterioro psíquico por enfermedad mental o por lesiones cerebrales orgánicas, casi siempre de estirpe circulatoria, estos trastornos (con muy variadas y complejas manifestaciones) tampoco resultan específicos de la ancianidad. Son frecuentes las depresiones, los trastornos motores como la **enfermedad de Parkinson** y las **alteraciones del sueño**. La genuina **demencia senil,** con total desestructuración mental, más frecuente en las ancianas y causada por una atrofia cerebral de origen no precisado todavía, es relativamente rara.

Sexualidad

El aspecto sexual en la vejez también ha sido valorado equivocadamente, de más o de menos, según épocas o enfoques partidistas. En la mujer, con el climaterio, cesa de hecho la actividad sexual fisiológica; puede hablarse de que al no producirse más evoluciones ya no puede tener más hijos, pero esto no tiene por qué influir, ni influye, de hecho, en la esfera erótica. Si en el hombre a partir de los 50 años disminuye el vigor y la apetencia sexual, tampoco este proceso, debido muchas veces a factores ambientales, es paralelo a su declive natural.

Ya hemos dicho que la teoría endocrina del envejecimiento no ha podido ser demostrada y que su consecuencia práctica (antes el injerto glandular, ahora las inyecciones de hormonas sexuales sintéticas) no tiene efecto alguno sobre la merma física o mental. Naturalmente las hormonas hoy utilizadas tienen sus indicaciones terapéuticas e incluso pueden colaborar, con otros medicamentos, en la creación de un estado de bienestar o vigor físico que secundariamente puede reflejarse en la recuperación de una vida sexual sana y acompasada con la edad. En definitiva, son los factores psicológicos los que determinan los problemas sexuales de la vejez con mayor intensidad que los puramente fisiológicos.

Previsión, higiene y tratamientos de la vejez

Siempre serán insuficientes las palabras para expresar la importancia de las medidas preventivas en el logro de una vejez fecunda. En primer lugar, ha de plantearse la necesidad de una continuada actividad intelectual. La persona que ha adquirido una determinada posición profesional, que quizá haya alcanzado la cúspide de sus ambiciones o que, como ama de casa, haya asistido a la ordenada incorporación de sus hijos al ciclo social, no debe cesar bruscamente en toda actividad física o psíquica. No se trata de sustituir, de pronto, un ritmo activo por otros quehaceres más pasivos como leer los periódicos, ver la televisión o arreglar el jardín. El cambio de papeles, de protagonista a espectador, suele realizarse de modo intempestivo, y es capaz de producir un trauma psíquico. La previsión de las consecuencias en esta situación no se reduce sólo a la esfera psíquica. La actividad física adquiere capital importancia. La fatiga o astenia es el factor limitante más importante en la consecución de una vejez feliz y útil. La fatiga general es un estado en el que intervienen tanto circunstancias orgánicas como psíquicas y emocionales, y no siempre está determinada por enfermedades o deterioros seniles. Tampoco puede decirse que este abandono se corrige mediante un continuado y obligado ejercicio físico, pues si el reposo no debe comprender más de ocho horas de sueño, también los ejercicios físicos han de amoldarse a las circunstancias de cada uno. Por otra parte, resulta erróneo considerar que el anciano no es capaz de realizar entrenamiento muscular; precisamente una actividad bien dirigida favorece la capacidad adaptativa del aparato circulatorio, respiratorio y digestivo.

Importancia de la dieta

La higiene de la vejez incluye, lógicamente, las necesidades nutritivas. Pero la importancia de una dieta bien equilibrada y fácilmente asimilable, para evitar los tan frecuentes estados de mala nutrición, no debe ser supervalorada. Con la edad disminuye el consumo energético, el metabolismo basal declina a partir de los 50 años de 3 a 5% al año. Junto a esta disminución fisiológica, la menor actividad física obliga a reducir la ingestión calórica en 5% entre los 35 y los 45 años de edad; en otro 5% entre los 45 y 55; en 8% por década entre los 55 y 75 años, y en 10% después de los 75 años. En total, una baja de 36% en un periodo de 50 años a partir de los 35 años de edad.

Si cuantitativamente, durante la vejez, deben evitarse tanto una obesidad como un adelgazamiento progresivo, también cualitativamente hay que observar algunas reglas: la alimentación ha de ser rica en proteínas e hidratos de carbono; relativamente pobre en grasas, sobre todo en lípidos animales (mantequilla, quesos, huevos, manteca, etc.), y abundante en potasio, calcio y vitaminas, es decir, en frutas y vegetales. Una dieta unilateral, por ejemplo, casi exclusiva en yogur, también carece de sentido. Por supuesto, ante cualquier enfermedad (diabetes, gota, etc.) la dieta habrá de variar según criterio médico.

Aspectos psíquicos

En el campo preventivo han de considerarse igualmente los aspectos psíquicos del anciano; es necesario dar un contenido a su vida. Si permanece en su propio hogar, deberá huir de la apatía y del aislamiento. Cuando, por razones económicas, sociales, familiares o médicas, el anciano no pueda continuar conviviendo con los suyos, los asilos cumplen con su misión asistencial. En ellos, afortunadamente, se ha producido un cambio radical: si antes estos establecimientos benéficos eran verdaderas antesalas del cementerio que integraban a los asilados de una forma totalmente pasiva, hoy el anciano, con derecho reconocido a una vejez fecunda, acude a establecimientos abiertos, que tienen habitaciones individuales o en régimen conyugal, según los casos, donde los residentes gozan de la debida asistencia médica y del asesoramiento laboral, dietético, legal, religioso o social. Ya no son asilos, sino verdaderas **unidades geriátricas,** centros asistenciales de profundo contenido humano.

Utopía y realidad

Desde tiempos inmemoriales se ha buscado encontrar la sustancia capaz de rejuvenecer al organismo envejecido, de devolverle su vigor perdido. La lista de mejunjes, productos semimágicos y fórmulas terapéuticas, casi siempre hábilmente explotados, se haría interminable. Algunos años atrás la terapia con hormonas sexuales era casi obligada durante la vejez; está perdiendo hoy su vigencia la terapia tisular o celular (inyecciones de células vivas o muertas procedentes de diferentes tejidos, embrionarios o adultos). Aún sigue en vigor, aunque ya vaya declinando el fervor, la denominada terapia procaínica, preconizada con cierto éxito publicitario por la geriatra rumana Dra. Aslan, y que consiste en la inyección continuada de novocaína o procaína. La terapia con colágeno y los métodos naturistas también tuvieron su auge durante la década de los ochenta, pero todavía los médicos no se han puesto de acuerdo sobre su valor científico real, aunque predominen voces autorizadas que le niegan todo poder rejuvenecedor.

Pero aunque la medicina no logre jamás una fórmula rejuvenecedora, sí podrá lograr, y de hecho ya se encuentra en camino, que la vejez deje de ser un periodo vital negativo, infeliz, inactivo. El uso racional de vitaminas y hormonas específicas, el tratamiento adecuado de las enfermedades que se acumulan durante esta etapa y la debida orientación psicológica no consiguen una prolongación del límite de vida, pero sí una vejez positiva y útil. En este sentido la medicina rehabilitadora o recuperatoria ha alcanzado lisonjeros éxitos: hoy no existe prácticamente merma ni deterioro físico o psíquico que no pueda ser mejorado, corregido, suplido o compensado. Por muy grave que sea la incapacidad orgánica o mental de un anciano, siempre el fisioterapeuta o médico rehabilitador encontrará el medio para aligerar la pesada carga de los años.

Tratamientos especiales

La alimentación (dietética)

El hombre no «come» para nutrirse. Comer es algo mucho más complejo que un simple aporte de alimentos. Quizá algún día la humanidad ajuste sus necesidades energéticas y plásticas al ingreso de ciertos productos sintéticos elaborados científicamente; pero hoy por hoy, una buena paella (proteínas + grasas + hidratos de carbono + condimentos) o una ensalada de lechuga (sales minerales + agua + condimentos + vitaminas) no pueden ser sustituidos por sus equivalentes químicos y calóricos. Hace cientos de años que los médicos prestan su atención a los problemas dietéticos, pero sólo desde hace muy poco estos conocimientos han pasado a la categoría de ciencia. Si actualmente se puede estudiar de modo experimental la dieta más adecuada para cada ser humano en relación con sus circunstancias (actividad, sexo, edad, estado, clima, enfermedad, etc.), quizá el mayor inconveniente que todavía encuentra el especialista es la enorme cantidad de prejuicios transmitidos durante muchas generaciones. Se ha dicho que los alimentos son el elemento más estable en el devenir de las civilizaciones. Un emigrante cambiará primero su vivienda y su modo de vestir, para luego adaptar su lenguaje. Su hábito alimenticio será lo último que cambie; tardará varias generaciones en acoplarse a su nuevo ambiente.

Pero no sólo cada hombre tiene su propio hábito alimenticio; cada núcleo social establece de manera rutinaria o empírica una dieta, que además obedece —como la moda— a los más irracionales caprichos.

No puede olvidarse que en un principio el hombre era un cazador nato; fue trascendente su conversión en agricultor, pues con ello surgió el urbanismo, el comercio y el trabajo organizado. También marcaron un hito en la evolución de la especie humana los descubrimientos casuales que mediante fermentaciones permitieron obtener pan, cerveza y vino, lo mismo que el ingenio del hombre pronto supo aprovecharse de las posibilidades de la conservación de los alimentos. Se concibe un animal, especialmente un antropoide, que tenga ciertas características humanas, pero ni el simio más «inteligente» se convierte en agricultor ni piensa que puede conseguir sus sustancias nutritivas después de una salazón, conserva o fermentación. Sin embargo, la agricultura también condicionó una servidumbre todavía imperante en la gran mayoría de la población del mundo; la base de la ración alimenticia asienta sobre un consumo predominante en cereales (trigo, arroz, maíz, centeno, etc.), y son muy escasos los pueblos que tienen una alimentación unilateralmente grasa y carnívora (esquimales), que tiene además su razón de ser por factores climáticos. Pero en la actualidad, en la era tecnológica, estamos asistiendo a un nuevo cambio en la dieta cuya importancia para el futuro humano no podemos apreciar todavía.

En décadas pasadas se incrementó el consumo de azúcares refinados, grasas animales, carnes y «comida chatarra», producto de la industria y el consumismo, pero una corriente de racionalización en el comer está promoviendo una dieta más balanceada, con proteínas de origen animal y vegetal, así como grasas y azúcares en cantidad equilibrada.

Quizá como recuerdo de su antepasado ancestral —que comía con arreglo a su fortuna cazadora, es decir, que a intervalos irregulares sometía su aparato digestivo a una sobrecarga alimenticia— muchos hombres, y no sólo los miembros de ciertos estamentos sociales, han presumido de estómago privilegiado. Por ejemplo, hace algunos siglos, en la boda de una hija de un panadero en Augsburgo, en Baviera, 720 invitados consumieron en una semana 28 bueyes, 49 cabras, 300 aves, 30 ciervos, 1 500 perdices, 46 terneras, 95 cerdos, 900 salchichas y 15 000 truchas, aparte de pan, verduras y ensaladas.

Los banquetes reales de épocas pasadas tampoco se quedaban cortos, y las crónicas nos han transmitido menús verdaderamente asombrosos. Aunque en la actualidad hay muchísimas personas que sólo viven para comer, aquellos excesos han pasado a la historia. Desconocemos las razones de este hecho indudable, pero hoy es muy fácil que cualquier individuo que sobrepase en una comida las 4 000 calorías reaccione mediante una gastroenteritis aguda (intoxicación alimenticia).

Por otro lado, siempre ha habido épocas de hambre y de penuria, que en general no han «sentado» muy mal, no ya sólo porque no hay nada que agudice más el ingenio humano que un estómago vacío, sino también porque hicieron disminuir radicalmente la incidencia de ciertas enfermedades (obesidad, gota, diabetes, hipertensión arterial, arterioesclerosis, etc.).

Por supuesto, no nos referimos a las carencias globales, casi siempre unidas a condiciones higiénicas desastrosas, por lo que suelen cursar con una altísima morbilidad y mortalidad por enfermedades infecciosas. Pero si el viejo proverbio nos dice que «de hambre a nadie vi morir, de mucho comer cien mil», la dietética nos enseña actualmente que el factor cualitativo en la alimentación tiene más importancia que el cuantitativo. Las enfermedades deficitarias (por falta de proteínas, por avitaminosis, por ausencia en la dieta de ciertos aminoácidos esenciales, etc.) se definen de una manera precisa en la clínica, como asimismo se sabe qué tipo de alimentación conviene más en cualquier circunstancia que pueda concurrir en una persona determinada.

La historia de las costumbres alimenticias es una de las más curiosas y quizá menos conocidas. Las supersticiones, los mayores dislates y las más rebuscadas teorías han imperado en la dietética y siguen todavía confundiendo a muchas personas. Mencionaremos que los jitomates sólo se conocen en Europa desde hace poco más de dos siglos, pues se consideraron en un principio como un producto afrodisiaco que no podía presentarse en la mesa de una familia honorable. Se ha afirmado que las plantas de existencia longeva alargaban la vida, y que las de ciclo vital corto la abreviaban. Hubo un estadounidense, Fletcher, que no hace muchos años se erigió en apóstol de una teoría tan original como absurda: todo dependía de una buena masticación. La costumbre de consumir casi exclusivamente pan integral o yogur, sin negar el magnífico poder nutritivo de ambos productos, no tiene base científica alguna. Las vitaminas son absolutamente imprescindibles para el hombre, que no puede sintetizarlas en su mayoría, por lo que han de ingresar con la ración alimenticia. Pero de ahí a que sólo sea sano comer alimento crudo existe un abismo. Hace unos años, para remediar la obesidad se preconizó una dieta especial afirmando que «las calorías no cuentan», una hipótesis que, naturalmente, no resiste una crítica objetiva. Pero más trascendencia tiene que todavía haya quien predica sobre la llamada alimentación «natural» como premisa para la salud cuando el adjetivo «natural» puede ser interpretado de muy distinto modo. Desde luego, no es «natural» una alimentación unilateral. Si partimos de la base de que el hombre es un ser animal que estructural y funcionalmente ha sido creado para la nutrición mixta, tanto vegetal como animal (es decir, es un omnívoro), el vegetarianismo cae por su propia base. Esto lo demuestra ya su dentadura; tiene los incisivos y colmillos de los carnívoros y los molares propios del herbívoro. Su tubo digestivo está acoplado a una alimentación mixta; sus fermentos son capaces de digerir los productos tanto de origen vegetal como animal, y el intestino del hombre no es tan largo como el de un herbívoro ni tan corto como el de un carnívoro.

También en el experimento metabólico se demuestra este carácter mixto: el aparato digestivo aprovecha al máximo una ración alimenticia diaria que contenga aproximadamente de 70 a 80 g de proteínas, 50 a 70 g de grasas y 300 a 500 g de hidratos de carbono. En ella, junto a productos animales de inmediato aprovechamiento, existen vegetales ricos en fibra (celulosa), necesarios para estimular la función motora del intestino. La alimentación unilateralmente vegetal es pobre en proteínas, y aunque pueda suplirse el mínimo requerimiento energético, sobre todo con la adición de aceites y otras grasas, no se cumple el mínimo de aminoácidos esenciales que en buena parte han de ser aportados por las proteínas de origen animal.

Se ha dicho que el vegetarianismo puede ser una teoría aceptable de la vida (al postular que el hombre no debe destruir nada vivo, ni animales ni otros hombres), pero como doctrina de la alimentación carece de toda base científica; además, las plantas también son seres vivos.

Los alimentos: composición y valor nutritivo

La alimentación ha de aportar al organismo sustancias plásticas o formativas y sustancias energéticas. Las primeras sirven para la construcción, renovación y reposición de la materia viviente. Durante el crecimiento se origina un gran número de elementos celulares nuevos y las necesidades en sustancias plásticas son muy grandes. En el adulto predominan los factores de renovación y reposición. Existe un equilibrio entre las funciones formativas —anabólicas— y las destructivas —catabólicas—. Sólo durante el declive consiguiente a la edad avanzada predomina el desgaste, es decir, el metabolismo catabólico. En cada una de estas fases de la vida, la alimentación ha de variar de acuerdo con estas necesidades. Desde el punto de vista energético, la aportación nutritiva no ha de ser tan diferenciada en el sentido cualitativo. Las exigencias energéticas se cumplen con la combustión de azúcares, ácidos grasos y

Tratamientos especiales

Tabla I

Las siguientes cantidades de alimentos contienen 100 calorías:

Productos cereales y levaduras	28 g Hojuelas de avena 95 g Levadura de pan 26 g Espagueti, fideos 30 g Fécula de maíz 28 g Arroz pulido		30 g Harina de centeno 28 g Harina de trigo 38 g Pan integral 42 g Pan de trigo 24 g Bizcocho o pan tostado
Azúcares o dulces	30 g Miel de abeja 36 g Mermelada 20 g Chocolate 22 g Cacao sin azúcar		25 g Azúcar de uva 25 g Azúcar blanca 26 g Azúcar sin refinar 36 g Melaza
Verduras o legumbres secas	220 g Ejotes (habichuelas verdes) 30 g Alubias, frijoles 500 g Berros 125 g Guisantes verdes 30 g Garbanzos 600 g Lechuga 750 g Pepinos 420 g Chiles verdes 350 g Espinacas 400 g Rábanos		460 g Tomates 220 g Cebollas 230 g Zanahorias 115 g Papas sin cáscara 145 g Col 210 g Coles de Bruselas 570 g Espárragos frescos 330 g Col morada 370 g Coliflor 300 g Betabel (remolacha) 32 g Lentejas
Frutas o jugos de frutas	115 g Piña en conserva 200 g Manzana fresca 145 g Jugo de manzana 200 g Naranjas 220 g Chabacanos (albaricoques) 100 g Plátanos 190 g Peras frescas 36 g Dátiles 250 g Fresas 38 g Higos secos		250 g Toronjas 230 g Frambuesas 200 g Cerezas 200 g Ciruelas frescas 250 g Mandarinas 200 g Duraznos (melocotones) 33 g Pasas 135 g Uvas 135 g Jugo de uva 250 g Jugo de limón
Grasas, aceites y nueces	11 g Palmitina 13 g Margarina 13 g Mantequilla 11 g Manteca de cerdo 12 g Tocino salado		11 g Aceite de oliva 21 g Nueces 15 g Almendras 15 g Avellanas *(Continúa en la página siguiente)*

La alimentación

Carnes	40 g Pato guisado	75 g Hígado de ternera	
y embutidos	40 g Ganso guisado	60 g Conejo	
	95 g Liebre	95 g Venado	
	80 g Pollo	75 g Vaca asada	
	65 g Ternera asada	75 g Hígado de vaca	
	37 g Cerdo	30 g Cordero	
	75 g Hígado de cerdo	100 g Perdiz, paloma	
	35 g Morcilla (moronga)	38 g Pavo	
	85 g Sesos de ternera	33 g Salchicha de Frankfurt	
Pescados	30 g Anguila	50 g Sardinas frescas	
	105 g Trucha	85 g Cangrejos	
	105 g Robalo	44 g Salmón fresco	
	75 g Arenque fresco	135 g Camarones o langostinos	
	65 g Carpa	110 g Lenguado y huachinango	
Leche,	150 g Leche condensada	100 g Queso fresco, requesón	
huevos,	250 g Leche entera	25 g Queso de Roquefort	
productos	260 g Leche pasteurizada	53 g Queso de bola	
lácteos	500 g Leche desnatada	40 g Queso manchego	
	160 g Leche de mujer	50 g Nata al 20%	
	108 g Leche de oveja	145 g Yogur	
	140 g Leche de cabra	135 g Huevo completo	
	25 g Queso Camembert	29 g Yema de huevo	
		200 g Clara de huevo	
Bebidas	200 g Cerveza	154 g Vino tinto	
	200 g Refrescos	67 g Vinos dulces	
	165 g Vino blanco	85 g Vino espumoso	
	140-160 g Bebidas de cola		

algunas proteínas, lo mismo en el niño que en el anciano. Sólo varían, en síntesis, las cantidades por quemar, que dependen de la actividad, temperatura, clima; es decir, de factores predominantemente ambientales.

La totalidad de las sustancias nutritivas del hombre puede clasificarse en:
- Principios inmediatos (hidratos de carbono, proteínas y grasas).
- Sales minerales y oligoelementos.
- Agua.
- Vitaminas y otras sustancias biológicamente activas.
- Condimentos o especias.

Un niño de un año de edad necesita un mínimo diario de 800 calorías; un estudiante,

Tratamientos especiales

requiere 2 400; un ama de casa, 2 600, y un adulto con un trabajo intenso de tipo profesional, 3 000, mientras que el obrero con un trabajo físico muy intenso precisa más de 4 000 calorías diarias. En estas cifras juegan, sin embargo, un gran papel las circunstancias personales de cada individuo. Caben incluso variaciones en el sentido de que algunos aprovechan mejor los alimentos. Por ello, las cifras citadas sólo son aproximadas, tienen únicamente un valor de orientación.

En la era tecnológica también se ha producido un cambio fundamental: en nuestra sociedad, el obrero obligado a efectuar grandes esfuerzos musculares, que antes predominaba, ha sido sustituido por el trabajador sometido a grandes tensiones nerviosas, lo cual implica también un cambio en la ración alimenticia. Incluso con igualdad de calorías, la alimentación ha de ser ahora más rica en proteínas, vitaminas y otras sustancias esenciales y más pobre en grasas y féculas.

Tabla II

Consumo calórico durante las diferentes actividades:

Situación	Calorías/hora en una persona de 70 kg	Calorías/kg de peso
Durmiendo	65	0.93
Sentado	100	1.43
Leyendo en voz alta	105	1.50
Cosiendo a mano	111	1.59
Trabajo de laboratorio	115	1.63
Haciendo punto	116	1.65
Vistiéndose y desnudándose	118	1.69
Cantando	122	1.74
Conduciendo automóviles	133	1.90
Escribiendo a máquina	140	2.00
Lavando platos	144	2.06
Planchando	144	2.06
Lavando ropa a mano	161	2.30
Barriendo	169	2.41
Caminando (marcha pausada)	200	2.86
Carpinteros, plomeros, pintores (trabajando)	240	3.43
Montando en bicicleta	245	3.50
Bailando (baile de salón)	280	4.00
Caminando a marcha forzada (6 km/hora)	300	4.28
Bajando escaleras	364	5.20
Montando a caballo al trote	371	5.30
Serrando	480	6.86
Nadando sin competir	500	7.14
Corriendo (8.5 km/hora)	570	8.14
Caminando en competencia (8.5 km/hora)	650	9.28
Subiendo escaleras, sin saltos	1 100	15.80
Remando en regatas	1 190	17.00

La alimentación

> **Tabla III**
>
> Un hombre de unos 70 kg de peso con un trabajo «normal», o sea, ni sedentario del todo ni muscular intenso, consume un promedio de 3 180 calorías al día. Este consumo se desglosa de la siguiente manera:
>
> | | |
> |---|---|
> | 8 horas de sueño a 65 calorías | 520 calorías |
> | 2 horas de ejercicio casero a 70 calorías | 140 » |
> | 8 horas de trabajo a 240 calorías | 1 920 » |
> | 6 horas de descanso o recreo a 100 calorías | 600 » |
> | Total al día: | 3 180 calorías |

Requerimientos nutritivos en la ración alimenticia

Principios inmediatos

Mediante la alimentación ha de aportarse al organismo la suficiente cantidad de proteínas para que se cubran sus necesidades en aminoácidos (sobre todo los esenciales). Junto a su condición de material plástico, las proteínas constituyen también un elemento de aporte calórico. Esta doble función hace que las necesidades del hombre no puedan fijarse en cuanto a cantidad si no se considera simultáneamente la adecuada aportación calórica de grasas e hidratos de carbono. Así, tampoco resulta «natural» una alimentación exclusivamente carnívora. Si se prescinde de este componente energético al considerarlo suplido en una alimentación mixta normal por los demás principios inmediatos, la cantidad óptima de proteínas diarias es la siguiente:

	Gramos por kilo de peso corporal
Niños entre 0 y 6 meses	3.5
Niños entre 7 y 12 meses	3.5
Niños entre 1 y 6 años	2.5
Niños entre 7 y 9 años	2.0
Niños entre 10 y 14 años	1.8
Adolescentes entre 15 y 18 años	1.5
Adultos hasta los 65 años	1.0
Adultos de más de 65 años	1.2

Por lo tanto, un hombre adulto de 70 kilos debe ingerir unos 70 u 80 g de proteínas al día. En las embarazadas, la cantidad óptima es de 1.5 g por kilo de peso, mientras que en las mujeres que amamantan a sus hijos esta cifra subirá a 2 g.

Tratamientos especiales

Es peligroso no cubrir el aporte proteínico mínimo; las épocas de penuria durante las guerras y en ciertos países subdesarrollados lo han demostrado sobradamente. Resulta curioso que en momentos críticos de nutrición (mermada cualitativa y cuantitativamente de manera definitiva), las personas, en lugar de adelgazar, se hinchan por acúmulo de agua o edema generalizado (anasarca), ya que las proteínas tienen una función primordial en el metabolismo de los líquidos orgánicos. Además, cualquier contingencia excepcional, una infección banal o una herida suponen una merma de la reserva proteínica y precisan un mayor aporte para reponerla. Por el contrario, los excesos de alimentación proteínica son mucho menos peligrosos; sólo la aportación unilateral y caprichosa puede conducir a la larga a perturbaciones orgánicas.

En los **hidratos de carbono** no existe el problema de constituyentes esenciales. Los azúcares que se absorben por el tubo intestinal son muy pocos (concretamente tres: glucosa, fructosa y galactosa) y pueden ser sustituidos entre sí. Las necesidades diarias son las siguientes:

Niños de 2 a 4 años	100-200 g
Niños de 4 a 6 años	200-300 g
Niños de 7 a 10 años	300-400 g
Niños de 11 a 16 años	400-450 g
Adultos	500 g

Ahora bien, es necesario subrayar una vez más que los hidratos de carbono de la ración alimenticia no sólo cumplen una función calórica insoslayable. Algunos polisacáridos, en especial la celulosa, presente en vegetales y frutas, cumplen una misión de lastre y resultan imprescindibles para la función intestinal; además forman parte sustancial de las heces fecales al no ser absorbidos. No termina aquí esta función; incluso para la predigestión es preciso que los alimentos hidrocarbonados tengan ese lastre: la masticación de las fibras vegetales sirve para la autolimpieza de la boca. En síntesis, las frutas y verduras no pueden ser sustituidas en la ración alimenticia por jugos, sin menoscabo de su función.

En los **lípidos** surge de nuevo el problema de los componentes esenciales. Una ración alimenticia ha de adoptar siempre grasas, pero además son imprescindibles ciertas grasas. El hombre cubre sus necesidades calóricas con que su dieta contenga 30-40% de grasas. Las grasas forman un capítulo muy importante en la alimentación; sin embargo, son el principio inmediato que más se presta a abusos. Se ha calculado que un niño de 2 a 4 años necesita diariamente unos 30 g de grasas; el adulto no debe sobrepasar los 75 g, de los que la mitad aproximadamente debe corresponder a la grasa empleada en la preparación y condimentación de los alimentos (aceites, margarina, mantequilla, etc.). Sin embargo, la grasa «invisible» de ciertos alimentos (quesos, chocolate, carne picada, embutidos, salchichas, nueces, aceitunas, entremeses, dulces de nata, café con leche, bombones, etc.) adquiere tal importancia en la nutrición humana que las cifras óptimas son fácilmente sobrepasadas. Como por otro lado el exceso de grasa se acumula y almacena fácilmente en el organismo como reserva para las épocas de penuria, se comprende la tendencia a la obesidad cuando no se cumplen los requisitos. Por último, ya hemos señalado que el problema de la arterioesclerosis gira alrededor de un consumo de grasas cualitativamente inadecuado.

Sales minerales

Además de las sustancias alimenticias de distinto valor calórico y plástico, el organismo depende del aporte de elementos nutritivos no portadores de energía: las sales minerales. El **calcio,** el **potasio,** el **magnesio** y el **sodio** tienen un papel fundamental en el mantenimiento del equilibrio ácido del organismo. Si los alimentos ricos en proteínas (con excepción de la leche no elaborada), las grasas y la mayoría de los hidratos de carbono actúan como acidificantes, las sustancias nutritivas ricas en sales minerales alcalinas, como las papas, verduras frescas y frutas, establecen un equilibrio. El sodio y el potasio son particularmente importantes.

El primero sirve sobre todo para mantener la presión de difusión (osmótica), que facilita el intercambio metabólico entre células y sangre, y juega un gran papel en la excitabilidad de nervios y músculos. El potasio suele encontrarse en el interior de las células, y también tiene un papel fundamental en los fenómenos de excitabilidad nerviosa y motora. Entre sodio y potasio se establece un equilibrio cuya alteración tiene graves consecuencias patológicas.

La mayor fuente de ambos se encuentra en la sal común (cloruro sódico), universalmente empleada como condimento, y en el cloruro potásico, muy abundante en diversos alimentos. Las necesidades diarias en sal común varían en relación con el aporte necesario de líquidos, y corresponden a la intensidad del trabajo corporal, a la constitución y al clima. Como el organismo no puede eliminar más de 15 g de cloruro sódico al día por la orina, la alimentación no debe aportar más de esta cantidad. Cantidades mayores, por ejemplo en las personas que gustan de una alimentación muy sazonada, pueden ser francamente perjudiciales.

El cloruro sódico que usamos comúnmente en nuestra alimentación proviene de la evaporación del agua de mar, que junto a esta sal contiene otros elementos: por kilo tiene 9.938 g de sodio, 1.27 g de magnesio, 0.33 de potasio e indicios de numerosos elementos como hierro, cobre, cinc, yodo y flúor; su mezcla mineral corresponde en gran parte a la de la sangre. Esto es tan importante que en algunos países, en donde la sal común usada en la cocina no proviene del mar, es obligatoria la adición artificial de ciertos elementos, como son yodo y flúor, para prevenir ciertas enfermedades (en especial el bocio y la caries dental).

En los huesos y dientes se encuentra casi el 99% del calcio y magnesio del organismo. Siempre que el cuerpo recibe con la alimentación una cantidad de calcio inferior a la necesaria, compensa el déficit con el de los huesos y dientes; por ello es relativamente frecuente el reblandecimiento óseo y la caries dental, pues el calcio es el elemento aportado por la alimentación que con más frecuencia resulta deficitario, sobre todo en épocas especiales como son las del crecimiento, embarazo o lactancia. Sin embargo, una alimentación rica en leche y huevos equilibra fácilmente estas necesidades.

Las cantidades óptimas diarias de todos estos elementos en la dieta no han podido ser precisadas aún; se calcula una necesidad de ingesta mínima diaria de 3.5 g de sodio, 2-3 g de potasio, 1.5-2 g de calcio y poco más de 0.5 g de magnesio.

El **ácido fosfórico** orgánico suele ir unido a las proteínas, y en menor cuantía figura también en forma de fosfato. Tiene un importante papel celular, especialmente en el tejido óseo. Las necesidades en fósforo dependen de la condición alcalina o ácida de la alimentación; cuando predomina el aporte ácido hace falta más fósforo que cuando abunda el alcalino. El **cloro** sólo aparece en el cuerpo en forma inorgánica, como ácido libre en el jugo gástrico, o en forma iónica, en la sangre, linfa, orina o sudor. La piel es, asimismo, muy rica en cloro.

La importancia de los elementos presentes sólo como indicios (**oligoelementos**) todavía no ha sido suficientemente estudiada en toda su complejidad. Se sabe que un indicio de elemento necesario para el metabolismo vegetal no tiene por qué serlo para el animal. Esto ocurre, por ejemplo, con el boro, del que el organismo humano quizá pueda prescindir. Experimentalmente, son siete los oligoelementos absolutamente imprescindibles: hierro, yodo, cobalto, cobre, manganeso, molibdeno y cinc. En otros (flúor y selenio) la importancia de su función aún se debate; es muy discutible, asimismo, la intervención del aluminio, arsénico, bromo, cadmio, cromo, oro, níquel, silicio, titanio, uranio, vanadio y estaño. Por último, el litio, el rubidio, el estroncio, los gases nobles, bario, cerio, plata y bismuto carecen de toda importancia biológica en el organismo humano.

El oligoelemento más conocido es el hierro, del que el organismo contiene hasta 5 g y que sirve, sobre todo, para formar la hemoglobina de la sangre. La cantidad mínima diaria de hierro que debe figurar en la dieta es de 12 mg para el adulto y de 15 mg para la embarazada o el lactante.

Agua

El agua constituye uno de los elementos nutritivos más esenciales; en cantidad y peso es además el mayor componente del organismo humano. Por regla general, un adulto ingiere de 2 a 4 litros de agua diariamente, tanto en forma de líquidos o alimentos disueltos como con los alimentos sólidos, que siempre contienen una determinada cantidad de ella. Así, las verduras y frutas frescas contienen hasta 90% de agua; la carne magra, 75%; el pan, 40%. El hombre (en cantidad variable, según su constitución, sexo, edad, forma de vida, trabajo y clima) tiene entre 45 y 80% de agua; el promedio aproximado puede establecerse en 65%. La vida como tal sólo se comprende constituida en un medio líquido por la simple razón de que la inmensa proporción de reacciones químicas que definen el fenómeno vital han de transcurrir en él. Al mantener en disolución o dispersión la mayor parte de los constituyentes orgánicos, el agua también asume un papel primordial en los fenómenos de intercambio entre células y humores tisulares.

El agua que bebemos habitualmente contiene hasta 0.6 g de sales minerales disueltas por litro. El agua de manantial con más de 1 g por litro ya se califica de agua mineral. El agua de mar tiene hasta 35 g por litro, en especial cloruro sódico.

Vitaminas

Junto a los principios inmediatos y demás sustancias, con o sin valor calórico, la alimentación humana ha de contar con vitaminas. Es fundamental que éstas no sean consideradas únicamente como medicamentos. Si su definición escapa al rigor

La alimentación

científico necesario, sí podemos precisar que su ausencia en la alimentación conduce a diversos y muy precisos estados patológicos. Su especificidad quizá provenga de que no puedan ser sintetizadas como tales por el organismo, aunque esto último no sea del todo exacto. Su denominación a base de letras del alfabeto sólo está condicionada históricamente; sigue persistiendo la única clasificación útil, la que las divide en solubles en agua (hidrosolubles) y en grasas (liposolubles). La denominación de vitaminas, con sus compuestos precursores o provitaminas, alberga unas 40 sustancias diferentes que actúan biológicamente en cantidades mínimas y resultan imprescindibles para el diario quehacer de la actividad metabólica.

En una dieta variada y balanceada, sobre todo cuando contiene alimentos en estado crudo o natural, todas las vitaminas necesarias para la actividad vital se encuentran en cantidad suficiente. Pero durante la elaboración o conservación de los alimentos, las mínimas cantidades necesarias pueden sufrir importantes mermas. Especialmente la casi imprescindible ebullición de los alimentos antes de su consumición destruye la mayoría de estas sustancias activas, lo cual condiciona la importancia de que, junto a alimentos elaborados (cocidos, fritos, en conserva o congelados), la alimentación humana se componga también de alimentos frescos o crudos. La misma vitamina C expuesta al aire sufre una merma; así sucede cuando los jugos de fruta o las verduras ricas en ella no son consumidos de forma inmediata.

El jugo de naranja pierde la mitad de su contenido en vitamina C a la media hora de haber sido exprimido. Las vitaminas más importantes para el hombre son la A, las del grupo B, la C, la D, la E y la K.

La **vitamina A**, liposoluble, se forma en el hombre a partir de un compuesto precursor (provitamina), colorante vegetal llamado caroteno, muy abundante en plantas y frutos de coloraciones amarillas o rojizas (por ejemplo, en las zanahorias). Inmediatamente después de su ingreso, el caroteno se transforma en vitamina A.

El **complejo vitamínico B** está formado por la vitamina B_1 y el grupo B_2. Todas ellas se integran en un complejo a causa de su común presencia, por ejemplo en la levadura. También se caracterizan por su hidrosolubilidad. La vitamina B_1 (aneurina o tiamina) se une en el organismo con algunos sistemas enzimáticos, activos en el metabolismo de los hidratos de carbono; por ello se necesita más cantidad de esta vitamina cuando aumenta el consumo de féculas, sobre todo de alimentos ya preparados, como la harina blanca, el pan, el arroz descascarillado, etc. Con esta alimentación puede originarse un déficit en vitamina B_1, ya que esas sustancias, sin contenerla, incrementan las necesidad que de ella tiene el organismo. El organismo humano no es capaz de almacenar ni de sintetizar la vitamina B_1.

Junto a la aneurina, sensible al calor, se encontró en los alimentos otro factor termolábil que inicialmente se denominó vitamina B_2. Luego se averiguó que esta sustancia está formada en realidad por un grupo heterogéneo de componentes: vitamina B_2 propiamente dicha o riboflavina; amida del ácido nicotínico o factor PP; piridoxina o vitamina B_6; vitamina B_{12}; ácido pantoténico; vitamina H; ácido fólico, e inosita. A veces se citan otras sustancias como pertenecientes a este grupo, pero no está plenamente demostrado su carácter vitamínico.

La **vitamina C** o ácido ascórbico es la más conocida. En 1928, Szent-György aisló de la corteza suprarrenal una sustancia que, en un experimento llevado a cabo con animales, curaba el escorbuto, enfermedad característica de la falta de esta vitamina.

Tratamientos especiales

Su fórmula química se asemeja a la del azúcar de uva. El hombre no puede sintetizarla; tiene que ingerirla con los alimentos.

Se conocen varias sustancias que actúan como la **vitamina D**. De ellas, sólo las conocidas como vitaminas D_2 y D_3 tienen importancia para el hombre, pues intervienen especialmente en el metabolismo del calcio y del fósforo y en la formación de los huesos. Algunas sustancias químicas como las esterinas (en especial la ergosterina), contenidas en algunos alimentos vegetales y en los huevos, actúan como provitaminas D, al transformarse en la piel humana, con intervención de las radiaciones ultravioleta de la luz, en vitamina D activa.

La **vitamina E** juega un papel todavía muy debatido en la fisiología humana. Si se alimentan ratas con una dieta carente de esta vitamina, las hembras preñadas abortan y los machos se hacen estériles. Además, aparecen atrofias musculares y alteraciones nerviosas paralizantes. Por ello a esta vitamina se la ha llamado también factor antiesterilidad. En el hombre todavía no se ha podido demostrar un verdadero déficit, por lo que se desconoce su función.

Por último, la **vitamina K,** liposoluble, sólo interviene, aunque en forma decisiva, en el proceso de la coagulación sanguínea, pues resulta imprescindible para que el hígado produzca ciertos factores coagulantes.

Vitamina A (axeroftol, vitamina del crecimiento)

Propiedades. Soluble en las grasas, insoluble en el agua, no resiste los ácidos ni la luz y es relativamente resistente al calor y a la acción de sustancias alcalinas.

Función biológica. Colabora en la formación de la púrpura retiniana; regula el metabolismo del hígado y la tiroides; protege el tejido epitelial (piel y mucosas); probablemente aumenta la resistencia contra las infecciones (en especial de las mucosas respiratorias); parece prevenir la formación de cálculos biliares y renales, y es necesaria para el normal desarrollo de los dientes.

Síntomas deficitarios. Trastornos visuales (ceguera nocturna, fotofobia); alteraciones de la córnea (xeroftalmía y queratomalacia); alteraciones de la piel (sequedad, atrofia, abscesos, forúnculos, acné, seborrea, etc.); alteraciones del desarrollo dentario y óseo en general; trastornos del embarazo; tendencia a la formación de cálculos urinarios y biliares; predisposición adquirida a las infecciones, sobre todo de vías respiratorias y digestivas altas (senos, nariz, oído, faringe, laringe, tráquea, etc.).

Necesidades diarias:

	Unidades
Niños menores de un año	1 500
Niños de 1 a 3 años	2 000
Niños de 4 a 9 años	3 000
Niños de 9 a 12 años	4 000
Adultos	5 000
Mujeres en la segunda mitad del embarazo	6 000
Mujeres lactantes	8 000

La alimentación

Fuentes naturales. Aceite de hígado de bacalao (++++); aceite de hígado animal (+++); aceites vegetales (++); espinacas (+); otras verduras, como zanahoria, col, lechuga, brócoli, tomates (+); leche, yema de huevo, algunos quesos (+).

Vitamina B$_1$ (tiamina, aneurina)

Propiedades. Es muy soluble en agua e insoluble en las grasas, bastante resistente al calor y muy sensible a la oxidación.
Función biológica. Entra en la constitución de muchas enzimas; es indispensable para la función nerviosa y necesaria para la absorción de las grasas en el intestino. Interviene en el metabolismo de los hidratos de carbono y en la regulación del apetito, la normal digestión y la actividad motora intestinal, y resulta imprescindible durante el embarazo y la lactancia.
Síntomas deficitarios. Existe una enfermedad específica producida por deficiencia de esta vitamina, el beriberi, que acarrea graves trastornos del aprovechamiento de los hidratos de carbono. Se manifiesta por alteraciones en la función muscular (corazón, músculos esqueléticos) y de los nervios periféricos (polineuritis). Entre los síntomas carenciales nos encontramos con problemas digestivos (atonía gástrica, inapetencia, vómitos, tendencia al mareo en los viajes), depresiones psíquicas, distonías neurovegetativas, excitabilidad, fenómenos de «surmenage», incapacidad para la concentración, dificultad para la deglución y trastornos del desarrollo fetal, principalmente.

Necesidades diarias:

Adultos de unos 20 años	1.6 mg
Adultos mayores de 50 años	1.3 mg
Niños hasta un año	0.30 mg
Niños hasta los 6 años	0.75 mg
Adolescentes	1.00 a 1.20 mg

Fuentes naturales. Levadura de cerveza (+++); germen de grano de cereal (++); pan integral (+); verduras (+); está siempre presente en muy pequeñas cantidades en multitud de verduras frescas.

Vitamina B$_2$ (riboflavina, lactoflavina)

Propiedades. Hidrosoluble, estable al calor en forma seca y ácida, muy sensible a la luz; su importancia como componente de ciertas enzimas (fermento amarillo de Warburg, esencial para la respiración intracelular) es trascendental.
Función biológica. Además de su papel en la composición de los fermentos respiratorios, favorece el crecimiento y el desarrollo corporal, interviene en la absorción intestinal de los hidratos de carbono y es necesaria para el normal metabolismo de la córnea.

Tratamientos especiales

Síntomas deficitarios. En el animal da lugar a retrasos en el crecimiento; en el hombre se producen trastornos del desarrollo del feto (alteraciones del esqueleto), inflamaciones de la lengua y de los labios, como la queilitis, trastornos de las mucosas y de la piel, trastornos nerviosos centrales y depresiones.

Necesidades diarias:

Niños	0.5 mg
Adultos	1.5 a 2.0 mg

Fuentes naturales. Levadura de cerveza (+++); extractos de carne (++); riñones e hígado (+); y cantidades inferiores en las verduras frescas, carnes, pescados, pan, nueces, arroz, etc.

Vitamina PP (niacina, amida del ácido nicotínico, nicotinamida)

Propiedades. Hidrosoluble, permanece estable expuesta al aire, a la luz y al calor, por lo que resulta fácil su conservación.

Función biológica. Compuesto fundamental de los fermentos que intervienen en el metabolismo de los hidratos de carbono y las proteínas; es el factor, por definición, antipelagra, y su presencia reviste una importancia decisiva en ciertas funciones muy importantes de la piel.

Síntomas deficitarios. Su carencia condiciona una enfermedad específica, la pelagra o enfermedad de Casal, descrita por este español en el siglo XVIII, y que se caracteriza por un eritema con descamación de la piel, sobre todo en la parte expuesta a la luz solar, junto con trastornos nerviosos.

Otros síntomas deficitarios incluyen erupciones de la piel, pérdida de apetito, inflamación de la mucosa bucal, diarreas, dolores de cabeza, insomnio, depresiones, pérdida de memoria, algunas anemias.

El aminoácido esencial —triptófano— es un precursor químico de la niacina (60 mg de triptófano equivalen a 1 mg de vitamina PP), lo que explica la frecuencia de ciertas avitaminosis en las dietas vegetarianas.

Necesidades diarias:

Niños de hasta un año	4 mg
Niños de 1 a 3 años	6 mg
Niños de 4 a 6 años	8 mg
Niños de 7 a 9 años	10 mg
Niños hasta 16 años	15 mg
Adultos	18 mg

Fuentes naturales. Levadura de cerveza (+++); cáscara de arroz (+++); carnes y pescados (+); en cantidades inferiores, en el pan, verduras y frutas.

La alimentación

Vitamina B$_6$ (adermina, piridoxina)

Propiedades. Es soluble en agua, alcohol y acetona; inestable a la luz y estable al calor; resistente a los ácidos y álcalis.

Función biológica. Componente fundamental de algunos fermentos que intervienen en el metabolismo de las proteínas regulando los niveles en sangre del ácido úrico y de otras sustancias; interviene además en el metabolismo de los aminoácidos esenciales, sobre todo en el del triptófano.

Síntomas deficitarios. En el hombre se conoce sólo una enfermedad específica por carencia de esta vitamina: una anemia especial. Además, su déficit condiciona en parte trastornos de tipo nervioso y fatiga en general.

Necesidades diarias. No se conocen bien las necesidades óptimas diarias; se cree que oscilan alrededor de 1 mg.

Vitamina B$_{12}$ (factor antipernicioso)

Propiedades. Contiene un oligoelemento, el cobalto; es soluble en agua y presenta resistencia al calor.

Función biológica. Factor imprescindible para la formación de los glóbulos rojos en la médula ósea; actúa también en el sistema nervioso y en las funciones metabólicas generales.

Síntomas deficitarios. Su carencia produce una forma especial de anemia, calificada de perniciosa, y otras anemias parecidas, en las que no hay falta de hierro, sino cierta inmadurez de los hematíes. También aparecen alteraciones del sistema nervioso central y periférico, trastornos sensitivos y motores. Es típica en los sujetos de hábitos vegetarianos.

Necesidades diarias. No se conocen bien todavía, pero basta un microgramo (millonésima de gramo) diario para prevenir la anemia perniciosa.

Fuentes naturales. Todos los alimentos animales, en especial el hígado y la leche, la contienen, aunque en cantidades muy pequeñas.

Ácido pantoténico

Propiedades. Es una sustancia hidrosoluble que tiene aspecto aceitoso; es inestable al calor, a los álcalis y a los ácidos.

Función biológica. El ácido pantoténico es muy importante como factor protector de la piel y de las mucosas contra las infecciones; interviene además en el metabolismo de las grasas y de las féculas.

Síntomas deficitarios. Los principales síntomas que su deficiencia provoca son: trastornos cardiovasculares, disturbios emocionales y depresión, lentitud en los movimientos, trastornos digestivos, predisposición a las infecciones y trastornos en las glándulas de secreción interna (tiroides y suprarrenales).

Necesidades diarias. No se conocen con precisión todavía, pero se cree que oscilan entre los 10 y los 50 mg.

Tratamientos especiales

Fuentes naturales. Levadura de cerveza (+++); hígado (++); pescados, cáscaras de frutas y arroz (+); en pequeñas cantidades, tomates, leche y verduras.

Vitamina H (biotina)

Propiedades. Hidrosoluble, resistente al calor, inestable ante la acción de álcalis y ante el contacto con ácidos.
Función biológica. Imprescindible para la formación de los fermentos metabólicos que intervienen en las funciones de la piel.
Síntomas deficitarios. Aparece seborrea, eczema seborreico, atrofia de piel y mucosas, inflamaciones escamosas de la piel, alopecia, vértigos, vómitos y depresión nerviosa.
Necesidades diarias. No se conocen bien, pero se estima que son muy pequeñas.
Fuentes naturales. Levadura de cerveza (+++); chocolate, legumbres, yema de huevo, plátanos, leche, arroz y carnes en general.

Ácido fólico

Propiedades. Poco soluble en agua, resistente al calor y poco estable a la luz.
Función biológica. Participa en la formación de los hematíes en la médula ósea y favorece la multiplicación de numerosos microorganismos necesarios para la vida humana (flora intestinal).
Síntomas deficitarios. Produce anemias de tipo pernicioso, es decir, no carentes de hierro, y trastornos de la actividad intestinal.
Necesidades diarias. Entre 0.1 y 0.2 mg.
Fuentes naturales. Se encuentra en las levaduras, hígado y otras vísceras animales, leche, carnes, quesos y espinacas.

Vitamina C (ácido ascórbico, factor antiescorbútico)

Propiedades. Es soluble en agua y tiene sabor ácido. En forma sólida es muy estable, pero su estabilidad disminuye cuando está en solución; es sensible al calor, por lo que se destruye al hervir los alimentos.
Función biológica. La vitamina C acompaña a todas las sustancias activas del organismo, estimulando prácticamente todo el metabolismo. Es la vitamina de la «energía y vitalidad» por excelencia (antiestrés); colabora en la formación de la sangre y del tejido óseo; es imprescindible para aumentar la resistencia del organismo a las infecciones, y favorece la absorción del hierro en el tubo digestivo.
Síntomas deficitarios. La ausencia de esta vitamina produce una enfermedad específica, el escorbuto, antaño de frecuente aparición en los largos viajes por mar, en que no se consumían alimentos frescos. Se caracteriza por la aparición de frecuentes hemorragias en las encías y por un debilitamiento de las defensas contra toda clase de infecciones. Su déficit también produce anemias, trastornos del crecimiento y desa-

rrollo, sobre todo óseo, debilidad general y fragilidad de los vasos sanguíneos, que facilita la aparición de cardenales o manchas hemorrágicas (púrpuras y petequias).

Necesidades diarias mínimas:

Lactantes	30 mg
Niños de 1 a 9 años	50 mg
Niños de 10 a 12 años	65 mg
Niños de 13 a 15 años	90 mg
Jóvenes de 16 a 20 años	100 mg
Adultos varones	75 mg
Hembras	70 mg
Embarazadas	100 mg
Madres lactantes	150 mg

Fuentes naturales. La vitamina C se encuentra en casi todas las frutas y plantas verdes, sobre todo en los cítricos (toronjas, limones y naranjas). Algunas plantas la contienen en gran cantidad (coles de Bruselas, berros, pimientos verdes, moras, rábanos, perejil). En menor cantidad, en peras, ciruelas, remolachas, setas, leche fresca y jitomate.

Vitamina D (ergosterina irradiada, calciferol)

Propiedades. Liposoluble, poco resistente al calor. Existen varias sustancias químicas diferentes con actividad de vitamina D, pero sólo la llamada D_3 se encuentra en los animales superiores.

Función biológica. Su actividad para la regulación del metabolismo del calcio y del fósforo es imprescindible, y así interviene fundamentalmente en el metabolismo óseo (desarrollo, crecimiento y formación de tejido óseo).

Síntomas deficitarios. Su escasez produce una enfermedad específica: el raquitismo infantil y su forma adulta, la osteomalacia. Además, conduce a un desarrollo deficiente de huesos y dientes.

Necesidades diarias mínimas:

Niños y mujeres embarazadas o lactantes	400 a 800 unidades
Adultos	200 a 400 unidades

Hay que tener en cuenta que el organismo sintetiza vitamina D en la piel por efecto de la luz solar, por lo que las cantidades mínimas de la dieta varían en relación con la exposición solar a que se somete cada individuo. También hay que tener en cuenta que la vitamina D es de las poquísimas vitaminas que pueden ser tóxicas si se administran en cantidad excesiva.

En este sentido, hay que tener precaución con las llamadas dosis de choque de esta vitamina, en que se administran de una vez hasta 50 000 o 100 000 unidades, generalmente unidas a dosis muy altas de vitamina A, que a su vez no es tóxica.

Tratamientos especiales

Vitamina E (tocoferol)

Propiedades. Liposoluble, en ausencia de oxígeno resiste la acción del calor y de la luz; es destruida por los álcalis, por el oxígeno y por la luz ultravioleta.

Función biológica. No se conoce con exactitud la función de la vitamina E; se sabe que en ciertas especies animales es indispensable para la reproducción, de ahí el nombre de vitamina contra la esterilidad; pero esta acción no se ha demostrado suficientemente en el hombre. En él, esta vitamina se encuentra en todos los órganos, por lo que se piensa, lógicamente, que ha de tener algún cometido relacionado con las funciones metabólicas, sobre todo del agua, grasas e hidratos de carbono. Al parecer, también interviene en la actividad muscular.

Síntomas deficitarios. No se han podido determinar con certeza carencias específicas de esta vitamina en el hombre; las conocidas parecen corresponder a ciertas deficiencias musculares y glandulares, así como arterioesclerosis, várices y trastornos respiratorios.

Necesidades diarias. No se conocen bien; parecen ser del orden de los 20 mg, pero aumentan durante el embarazo y la lactancia.

Fuentes naturales. Se encuentra especialmente en el aceite de germen de trigo (+++) y, además, en el pan, aceites vegetales, yema de huevo, arroz integral y leche.

Vitamina K (vitamina antihemorrágica)

Propiedades. Liposoluble, es inestable a la luz y a la acción de los álcalis y resistente al efecto del calor.

Función biológica. Indispensable para la formación de la protrombina, posiblemente a nivel del hígado, que a su vez es un factor fundamental en el proceso de coagulación de la sangre. No se le conocen otras funciones.

Síntomas deficitarios. Su ausencia (por deficiencias de absorción en algunas enfermedades intestinales o por lesiones hepáticas —con escasa protrombina—) condiciona graves problemas hemorrágicos.

Necesidades diarias. Son muy pequeñas, aunque se desconocen las cantidades mínimas, que aumentan en los días de calor.

Fuentes naturales. Se encuentra en las espinacas, col, col de Bruselas y, en menor cantidad, en otras verduras, en la leche y en las carnes. Se sintetiza en el interior de las asas intestinales con intervención de la flora intestinal.

Vitamina P
(citrina, rutina, vitamina de la permeabilidad)

Propiedades. En realidad no se trata de una sustancia única, sino de una mezcla de sustancias pertenecientes al grupo de los llamados flavonoides o pigmentos orgánicos, muy poco solubles en agua.

Función biológica. En combinación con la vitamina C, estos factores mantienen la normal permeabilidad de los vasos capilares.

La alimentación

Síntomas deficitarios. Alteraciones de la resistencia capilar con tendencia a las hemorragias cutáneas y mucosas, formación de edemas, debilidad muscular y a veces recrudecimientos de los trastornos reumáticos que pudieran presentar las personas con carencia de esta vitamina.

Necesidades diarias. Se desconocen.

Fuentes naturales. Son, especialmente, los cítricos (naranjas, limones y toronjas), los pimientos verdes y la leche. Suele figurar en todos los alimentos ricos en vitamina C, como la fruta.

Valor biológico de los alimentos

Para sobrevivir, el hombre precisa un aporte continuo de multitud de sustancias diferentes. La investigación ha podido dilucidar, en gran parte, estas necesidades cualitativas y cuantitativas. En las tablas de las páginas 856-875 se especifica la composición química de las principales sustancias nutritivas. Pero la alimentación es algo más que el resultado de las investigaciones químicas; es necesario un enfoque biológico que caracterice la «naturalidad» de aquellos aportes insoslayables. Del mismo modo que el organismo humano es algo más que la suma de sus órganos y de los procesos metabólicos que en ellos discurren, también su alimentación tiene que ser algo más, y además diferente, que una suma científicamente elaborada de proteínas, grasas, hidratos de carbono, sales minerales, vitaminas y agua. El hombre no necesita elementos nutritivos aislados, sino alimentos en el más amplio sentido de la palabra: compuestos orgánicos del reino vegetal o animal que todavía conserven su primitiva estructura orgánica. Cuanto más naturales sean estas estructuras biológicas y, por lo tanto, cuanto más inalterables sean sus propiedades y armazones constitutivas, más valor tendrá un alimento.

Por supuesto, deben desecharse todos los componentes no digeribles que actúan de lastre inaprovechable o incluso tóxico, pero es fundamental que un alimento no sea transformado más allá de lo que el organismo pueda tolerar durante la digestión y satisfaga sus naturales instintos de gusto, vista y olfato.

El problema de la alimentación de una población está también unido a factores economicosociales. En los países poco desarrollados y en algunos ambientes rurales de los países industrializados existe una economía de «ciclo cerrado», en la que el hombre consume lo que produce localmente. Esto tiene consecuencias sumamente graves, derivadas de una nutrición unilateral (arroz en Asia, maíz en América, trigo en Europa, etcétera).

Esta alimentación tampoco aporta la suficiente cantidad de proteínas, que siempre son más «caras», y de ahí que la capacidad productiva del habitante en estas condiciones sea muy inferior.

Por desgracia, si bien es cierto que la mitad de la población del mundo soporta dietas carenciales, también lo es que la otra mitad, la que tiene los recursos adecuados, carece de educación sanitaria y come lo que la moda o las circunstancias le obligan de una manera rutinaria: exceso de grasas animales, dietas prácticamente unilaterales, poca armonía en la proporción de los alimentos entre sí, una serie de alimentos «chatarra» y, en general, excesivo aporte de calorías.

Tratamientos especiales

Alimentos vegetales

Cereales

El trigo, el centeno, el arroz y el maíz son los principales cereales que en todo el mundo forman la parte esencial de la alimentación humana. La avena y la cebada juegan un papel mucho menor, y en ciertos países africanos aún se emplea el grano de mijo. Por su gran proporción en hidratos de carbono, el valor calórico de los diferentes tipos de cereales es alto. Sin embargo, el cereal de avena ha adquirido gran relevancia en la alimentación, debido a que contiene un balance más adecuado de las fuentes de calorías necesarias con relación con los demás cereales.

Composición de los granos de cereales (%)

	Agua	Proteínas	Grasas	Hidratos de carbono	Celulosa
Trigo	13	13	2	61	2
Centeno	13	10	1.5	70	2
Avena	10	12	6	60	2
Cebada pelada	13	8	1	76	0.8
Harina de maíz	13	9	2.5	70	1.4
Arroz molido	12	7	1	79	0.5

El grano íntegro de cereal también es muy rico en vitaminas y sales minerales. Durante la molturación (transformación en harina) pierden en gran parte sus valiosos componentes. Si el grano contiene alrededor de 2% de sales minerales, una molturación de 75%, o sea, una producción de salvado de 25%, que apenas se usa ya, hace perder la mayor parte de las sales minerales (hierro, cobre, manganeso, potasio y ácido fosfórico) que se encuentran en el germen y en las capas situadas inmediatamente debajo de la cáscara, es decir, en la parte destinada para salvado. La pérdida de vitaminas con la molturación puede llegar a 100%. En las harinas blancas faltan todas las vitaminas del complejo B, y la vitamina E desaparece con una molturación de 75%. En la producción habitual de harina de trigo, en que se moltura con un aprovechamiento del 60%, la harina blanca producida es, pues, prácticamente un producto carbohidratado puro. Esto quiere decir que el grano de cereal integral tiene un valor biológico muy superior a la harina fina.

El pan es uno de los alimentos más valiosos y digeribles. Durante su elaboración, la levadura inicia su digestión transformando la fécula en glucosa. En la saliva (por la enzima ptialina) y en el jugo intestinal y pancreático se completa esta transformación casi por completo gracias a una enzima llamada amilasa. Las pastas (fideos, macarrones) también son muy digeribles, pero tienen menor valor biológico al estar elaboradas con harina más blanca que el pan en general.

En el grano de cereal sin molturar la composición química es parecida a la de la leche, con respecto a la proporción que observan entre sí los carbohidratos, grasas y proteínas. Por ello, junto a la leche, los alimentos preparados con granos integrales son muy convenientes en las fases de crecimiento y desarrollo del organismo humano. Aunque en el grano existe una desproporción relativa en el índice calcio-magnesio, que la leche no tiene, el alimento ideal es el que combina ambos productos.

Por otro lado, así como la leche tiene una digeribilidad extrema (es aprovechada casi en 100%), el grano sin moltuar no resulta tan fácil de digerir, por lo que una alimentación única a base de grano integral tampoco es practicable. Lo ideal es incluir, una vez al día por lo menos, una porción de grano sin moltuar (pan integral), y dejar para las demás comidas las harinas blancas, de fácil digestión, en forma de pan blanco, papillas, sopas, etcétera.

Papas

Siempre se cita a la papa como alimento básico, aunque realmente no es esencial. Al ser portador de carbohidratos, es un alimento de primera clase. Su contenido en grasas y proteínas tiene, sin embargo, menor importancia, aunque sea relevante su contenido en vitaminas.

Contiene mucha vitamina C, que se destruye en gran parte durante la cocción, mientras que su elevado contenido en vitaminas del grupo B y en sales minerales suele conservarse durante este proceso. El almidón de papa, sobre todo después de la cocción, es atacado fácilmente por las enzimas digestivas, por lo que el aprovechamiento es prácticamente total.

En algunos países una persona consume hasta 450 g de papas por día, lo que equivale al aporte de 5 g de sustancias minerales. En nuestros medios este consumo es muy inferior, pero no debe olvidarse que después de una comida acidificante (carnes, pescados, huevos y productos de trigo) es conveniente tomar algún plato de papas, que, por así decirlo, desintoxica al alcalinizar el medio ambiente. La fécula preparada de papa, aun teniendo multitud de aplicaciones culinarias, no posee el valor alimenticio de la papa natural.

Las legumbres

Las lentejas, alubias, frijoles, garbanzos y semillas de soya son legumbres que han constituido tradicionalmente buena parte de multitud de raciones alimenticias. Se caracterizan por su elevado valor nutritivo, pues contienen gran cantidad de proteínas (por unidad de peso, casi la mitad que la carne), aunque su valor biológico sea inferior a las de origen animal. Si 100 g de proteínas de leche equivalen, en valor nutritivo, a 100 g de proteínas de carne (o pescado), el equivalente de 100 g de proteínas de las legumbres sólo tiene un valor biológico de 58 g (en las nueces, 56 g). La razón no sólo estriba en el mayor contenido de aminoácidos esenciales en las carnes, sino también en que en las legumbres, estas sustancias son mucho más difíciles de digerir que en las proteínas animales.

Por ello, el consumo frecuente de legumbres debe reservarse para las personas con un aparato digestivo sano.

Tratamientos especiales

Verduras

La generalidad de las verduras arroja un balance muy reducido en sustancias nutritivas básicas, ricas en calorías, pero su escaso contenido proteínico tiene un alto valor biológico. En ellas es muy importante la clorofila (pigmento verde, emparentado con la hemoglobina de la sangre), las sales minerales, las vitaminas y, sobre todo, los llamados oligoelementos (elementos químicos que actúan en cantidades mínimas, es decir, indicios). La verdura es más valiosa ingerida en estado crudo o natural. De ahí que en toda ración alimenticia deban incluirse verduras que habitualmente se ingieran en estado crudo. La cocción disminuye su contenido de vitaminas, sobre todo el de vitamina C.

El agua que se emplea para cocerlas retiene la mayor parte de su contenido en sales minerales y algunas vitaminas. Por ello debe ser usada en sopas y salsas. Las verduras se digieren cuando son hidratos de carbono relativamente poco complejos, aunque su armazón vegetal, la celulosa, no es atacado por los fermentos digestivos. Ya hemos mencionado en varias ocasiones que esta celulosa, como sustancia de lastre, también cumple la función de prestar consistencia a las heces y facilitar el peristaltismo intestinal. Tan equívoco, desde el punto de vista nutritivo, es prescindir de las verduras como basar unilateralmente la alimentación en ellas. Las verduras, por su contenido en proteínas, sales minerales y vitaminas, son imprescindibles, sobre todo cuando se ingieren crudas, pero nunca pueden constituir base única de la alimentación humana. El vegetarianismo carece de base científica.

Frutas y jugos de fruta

Son indispensables las diversas frutas o sus jugos. Como aporte calórico sólo adquiere importancia su contenido en hidratos de carbono. Los jugos son bien aprovechados por contener fructosa o glucosa, que inmediatamente pasa al torrente circulatorio. Su contenido en vitamina C y otros ácidos orgánicos no se encuentra en ningún otro alimento. Las frutas, consumidas en cantidades moderadas, son el complemento ideal de toda alimentación. Además, las ciruelas, las peras, las manzanas y los higos favorecen la actividad intestinal. Como la fruta no contiene sal común, pero es rica en potasio, con cierta acción diurética, los días de dieta exclusivamente a base de frutas hacen descansar el sistema circulatorio y favorecen la deshidratación.

Siempre es preferible comer la fruta en estado fresco, maduro, ya que cocida pierde las vitaminas sensibles al calor (sobre todo la vitamina C). Por ello las ensaladas de frutas son preferibles a las mermeladas. Sin embargo, ha de resaltarse que la industria de conservas ya ha conseguido que algunas frutas enlatadas «al natural» conserven todas sus vitaminas.

Los **jugos de fruta** son de fácil asimilación ya que contienen la totalidad de los componentes de las frutas. Las dietas de frutas o jugos de fruta son útiles para las curas de adelgazamiento. En caso de estómagos delicados pueden calentarse algo, pero nunca más de 50°C. También debemos repetir que los jugos deben consumirse muy poco tiempo después de haber sido obtenidos, pues al cabo de unas horas comienzan a perder su contenido en vitamina C.

La alimentación

El **jugo de manzanas** contiene bastante hierro, fósforo y potasio, que le atribuyen una acción diurética, reconstituyente y favorecedora de la formación de sangre y la actividad intestinal. El jugo de manzanas calentado y mezclado con limón y miel es útil como medida terapéutica en la gripe.

El **jugo de peras** es relativamente rico en calcio, por lo que es útil su administración a los niños. También tiene efecto diurético. No se ha demostrado la acción antihipertensiva que le atribuye la medicina popular.

El **jugo de moras** también es rico en magnesio y calcio, y asimismo tiene bastante hierro, potasio y sodio. Es muy eficaz contra la ronquera y los catarros. Endulzado con miel, el jugo de moras tiene una acción diaforética (favorece la sudoración).

La **fresa** contiene calcio, potasio, fósforo, hierro y ácido silícico; es útil en las enfermedades del hígado.

El **arándano** es rico en calcio, potasio y en ácido tánico y eficaz en las inflamaciones. Es sumamente útil en diarreas, meteorismo y procesos fermentativos de putrefacción en el intestino. Tiene un efecto positivo contra algunos parásitos intestinales (oxiuros y áscaris) y también es útil en el caso de hemorroides.

El **jugo de frambuesas** es rico en calcio, potasio, ácidos cítrico y málico; tiene un efecto favorable sobre los procesos febriles.

El **saúco** tiene gran cantidad de vitamina A. Su jugo contiene hierro, sodio, potasio y ácidos málico y tartárico. Si se toma caliente, el jugo provoca la sudoración y es muy útil en estados catarrales.

La **grosella roja** es sumamente alcalina por su gran contenido en potasio; contiene también fósforo, ácido málico y ácido cítrico. Es muy útil en las enfermedades del metabolismo, así como en la reuma, en la gota y en la ciática. Además de tener propiedades diuréticas, es muy eficaz en el estreñimiento.

La **mora** tiene mucha vitamina C; es sumamente útil en la gota.

El **jugo de cerezas** es muy rico en hierro, potasio y fosfatos (curas de cerezas); de ahí su utilidad en ciertas enfermedades del riñón.

El **membrillo** tiene mucho potasio y otras sales. Según la opinión popular, parece ser uno de los mejores depuradores de la sangre. Científicamente es útil en los catarros, tos y ronquera.

El **jugo de ruibarbo** es una bebida refrescante. Médicamente se aplica para activar la función intestinal.

El **jugo de betabel,** rico en azúcares y en determinados pigmentos, con abundantes sales minerales, es muy útil como reconstituyente después de enfermedades crónicas o en las convalecencias.

El **apio** tiene mucho potasio y aceites etéreos; su acción diurética es manifiesta.

El **jugo de uva,** tanto blanca como negra, tiene multitud de sustancias minerales y es particularmente rico en glucosa, fósforo y potasio. En la medicina naturista se señala su efecto sobre la sangre y su acción tonificadora muscular y nerviosa. Se le ha atribuido un efecto antiarterioesclerótico, aunque esto no se haya podido comprobar científicamente.

Las curas unilaterales de uvas deben, pues, ser tomadas con cierto escepticismo. Lo que no ofrece dudas es su utilidad como reconstituyente en enfermos convalecientes. Es necesario, a menudo, diluirlo con agua, ya que su alto contenido en azúcar puede provocar alteraciones gástricas.

Tratamientos especiales

Frutos secos

Las nueces de cualquier tipo sólo juegan en la alimentación un papel muy secundario, ya que contienen grasas, que pueden ser nocivas si se consumen en exceso. Su valor nutritivo es muy grande: contienen 500 a 600 calorías por 100 g. Las castañas tienen mayor digeribilidad por poseer más hidratos de carbono. Los frutos secos suelen utilizarse para algunos pacientes con problemas de riñón y en las fístulas bajas, en las llamadas «dietas secas».

Grasas vegetales

Los lípidos de origen vegetal aparecen en la naturaleza en forma de aceites de semilla, que se liberan de muy diferente manera. Las más valiosas son las que se exprimen en frío. Para su solidificación sufren un proceso que reduce su valor nutritivo, lo cual se compensa a veces mediante la adición de los aceites correspondientes. La margarina vegetal tiene una composición muy diferente que la de origen animal. Esto tiene bastante importancia desde el punto de vista práctico, pues no cabe duda de que la diferente composición de las grasas, a base de ácidos grasos saturados y no saturados, adquiere gran valor en relación con la evolución de la arterioesclerosis. Si se analiza la composición de las diferentes grasas vegetales, se comprobará que el aceite de girasol es el más valioso desde el punto de vista médico y, efectivamente, se ha demostrado que su consumo regular reduce el nivel de colesterol en sangre. El aceite de coco es el más desfavorable, de ahí la importancia que tienen las margarinas comerciales ricas en esta grasa. El aceite de oliva se encuentra entre las grasas idóneas desde este punto de vista. No es exagerado afirmar que si en los países mediterráneos las enfermedades circulatorias tienen menor importancia estadísticamente es porque el consumo de aceite de oliva supera al de margarinas y grasas animales.

Azúcar y miel

El azúcar común, que se obtiene del betabel o de la caña, prácticamente sólo contiene sacarosa. Las demás sustancias de valor biológico se pierden durante el refinado. Sólo en el azúcar morena suelen conservarse estas sustancias adicionales, aunque no siempre. El alto consumo del azúcar que caracteriza a nuestra sociedad ha creado también sus problemas. El azúcar es un elemento de alto valor energético que se absorbe en seguida, pero en grandes cantidades es nocivo si no se aportan al mismo tiempo alimentos ricos en vitaminas del grupo B (hígado, yema de huevo, levadura, germen de trigo, etc.). Además, puede alterar el equilibrio ácido-base, ya que favorece la formación de un ambiente ácido. Biológicamente sería más favorable consumir melaza, que contiene los elementos nutritivos restantes del betabel; también sería más lógico consumir azúcar de uva o glucosa, pero por tener menor capacidad edulcorante no se ha visto favorecido por el hombre.

Sumamente positiva desde el punto de vista dietético es la miel, por su fácil digeribilidad y por su contenido en sustancias activas. Pero ha de tenerse en cuenta que hablamos sólo de la miel natural de abeja, pues en el comercio se encuentran casi siempre productos adulterados.

La alimentación

Condimentos, especias

Todos los alimentos tienen un sabor específico que se debe a sustancias gustativas características. No son necesarias desde el punto de vista nutritivo, pero su carencia condicionaría una monotonía en la comida, incompatible con los factores emotivos y sociales de la alimentación. Además, el hombre ha tendido desde siempre a aumentar el gusto, cualitativa y cuantitativamente, de sus alimentos mediante la adición de condimentos especiales, ricos en aceites etéreos, alcaloides o glucósidos que, en su mayoría, estimulan la formación de jugo gástrico.

Entre las especias figuran la canela, pimienta, chile, nuez moscada, vainilla, jengibre, etc. Otros condimentos utilizan en lugar de especias el ajo, cebolla, perejil, cebollitas de Cambray, pepinillos y rábanos. Todos ellos, aparte de su valor gustativo, tienen un evidente efecto sobre la secreción gástrica. En caso de hipersecreción, sólo el apio y el perejil deben ser utilizados. En el hombre sano, el uso de las especias no presenta inconveniente alguno; se ha exagerado su efecto nocivo sobre el hígado. Únicamente deben evitarse en los enfermos crónicos de riñón, ya que su forzosa eliminación por este órgano puede ser nociva en algunas circunstancias.

Entre las sustancias gustativas que han de contarse como elementos nutritivos se encuentran el café, el té y el cacao. Estos productos también adquieren propiedades aromáticas a través del tostado. Una taza de café ligero contiene de 0.06 a 0.08 g de cafeína; una taza de café fuerte hasta 0.1 g y una taza de café exprés hasta 0.2 g. Estas cantidades, en el hombre sano, no producen efecto alguno ni hábito o efectos secundarios, incluso después de un consumo habitual muy prolongado. Sólo en los excesos aparecen palpitaciones cardiacas, aceleración del pulso, intranquilidad y nerviosismo. En los enfermos de estómago, hipertensos, en enfermos renales y en los hepáticos, estos productos deben ser restringidos y, en su caso, prohibidos totalmente. Pero su sustitución por café sin cafeína presenta también problemas, pues el grano de café contiene sustancias que pueden excitar el sistema nervioso vegetativo y que en algunas personas provocan una especial sensibilidad que nada tiene que ver con el efecto de la cafeína. Se ha demostrado que las cantidades excesivas de café pueden llegar a provocar problemas de índole coronaria, aunado a ciertas condiciones y hábitos del paciente (fumar, por ejemplo). También la cafeína es un estimulante menor que no produce hábito y aumenta la secreción de jugos gástricos, por lo que se prohíbe en el paciente ulceroso.

En el cacao también se forman sustancias aromáticas tras el tostado. Su alcaloide principal es la teobromina (hasta en 4%), que actúa como la cafeína, aunque más débilmente. En el chocolate de uso común existe sólo de 20 a 25% de la teobromina que contiene el cacao; sin embargo, al chocolate, que posee alcaloides de efecto parecido a la cafeína, no se le achaca ser causa de insomnio. El valor nutritivo del cacao es muy alto, pues 100 g de polvo sin azúcar tienen de 400 a 500 calorías.

El té negro o verde contiene un alcaloide, la teína, químicamente emparentada con la cafeína. Una taza de té contiene tanta teína (es decir, cafeína) como una taza de café, pero excita menos, pues el té contiene, además, ácido tánico, que retrasa la absorción de la cafeína. El té es, por ello, una bebida mejor tolerada. El ácido tánico del té produce un ligero estreñimiento, cuyo efecto puede aumentarse al hervirlo durante mucho tiempo para que sea más oscuro.

Tratamientos especiales

Todos los valores se refieren a 100 gramos de sustancia comestible, o sea, sin desperdicios o residuos. Se expresan en gramos (g), miligramos (mg) y microgramos (μm) (un microgramo es igual a una millonésima de gramo). Algunas cantidades no se expresan en fracciones de gramo sino en unidades internacionales (U.I.). En el caso de la vitamina D, una U.I. equivale a 0.025 μg de vitamina D_3. Una U.I. de vitamina A = 0.3 μg. El símbolo 0 indica que la sustancia en cuestión no existe en el alimento. Un punto (•) precisa que la sustancia posiblemente está presente, pero se desconocen más detalles. Una cruz (+) indica que con toda seguridad la sustancia existe, aunque su cantidad se desconoce.

Cuando no existe ningún símbolo no hay datos concretos.

SUSTANCIAS NUTRITIVAS POR CADA 100 g DE ALIMENTOS

100 g contienen	Calorías	Proteínas g	Grasas g	Hidratos de Carbono g	Celulosa g	Agua g	Cloruro sódico (sal común) (NaCl) mg	Potasio (K) mg	Sodio (Na) mg	Calcio (Ca) mg	Magnesio (Mg) mg	Hierro (Fe) mg
Cereales, harinas, pan												
Sémola de trigo	354	6.3	1.1	79	1	12	20	130	1	10	48	8
Hojuelas de trigo	360	7.9	0.7	80.3	0.2	4	•	160	660	10	•	1
Grano de cebada	353-357	7.3-10	1-1.2	75-76.2	0.8	13	35	160	3	16	37	2
Cebada (germen de malta)	228	12	1.2	41	12	35	740	1 700	85	130	100	7
Centeno	345-366	8.9-11.6	1.8-2.7	67-76.3	0.6	17	40	500	26	70	140	4
Hojuelas de avena	360-395	12-13	5-6.8	58-66.5	1.9	10	203	350	2	70	80	5
Harina de avena	360-395	12-12.5	5-6.8	62-66.5	1.9	10	203	350	60	70	80	5
Levadura	105	13	1.2	6.7	0.3	71	•	0.6	34	25	•	4
Pastas alimenticias	360-385	11.6-14.3	0.6-5	70-75	0.4	11	65	175	12	22	35	1
Grano de maíz pelado	320	8	3.2	63	2.2	12	18	310	10	19	120	7
Harina de maíz	345	9	2.5	70	1.4	12	•	140	2	26	53	6
Fécula de maíz	342-362	0.5-1.2	0-0.3	81-86.9	0.1	12	66	7	4	0	2	0.5
Pastas alimenticias con huevo	380	14.3	5	68.7	0.3	9	500	•	•	24	•	2
Arroz con cáscara	320	4.6	1.2	71	4	12	54	560	•	110	250	5
Arroz descascarillado	362	7	1	79	0.5	12	0-indicios	80	2	24	28	1
Fécula de arroz	345	0.5	0	84	0.1	14	31	60	9	17	20	0.5
Harina de centeno al 94%	320	8.9	1.5	70	1.6	13	•	439	2	23	83	•
Harina de centeno al 70%	340	8	1.4	75	0.4	13	•	•	61	•	•	•
Harina de soya (grasa)	375	40	18	12	•	9	•	•	•	195	223	12
Germen de trigo	390	25	10	50	2.5	11	•	800	5	84	•	8

La alimentación

Sólo se indican las sales minerales y vitaminas más importantes. Para más detalles véase el texto correspondiente en este capítulo.

Los valores correspondientes al ácido úrico indican la cantidad de éste que se forma en el organismo a partir de los compuestos purínicos de los alimentos, ya que éstos no contienen ácido úrico, sino sólo sustancias purínicas que son sus precursoras.

Todos los valores están tomados de las obras y trabajos científicos más recientes, a modo de recapitulación. En muchos habrá que contar con variaciones, pues a medida que la ciencia cuenta con métodos más perfeccionados de análisis los resultados de las mediciones serán más perfectos. Las letras debajo de los minerales corresponden a sus símbolos químicos.

Cobre (Cu) mg	Manganeso (Mn) mg	Fósforo (P) mg	Azufre (S) mg	Cloro (Cl) mg	Vit. A Caroteno (Car) U.I.	Vit. B$_1$ µg	Vit. B$_2$ µg	Niacina mg	Vit. B$_6$ mg	Vit. C mg	Vit. D U.I.	Vit. E mg	Exceso ácido (−) o alcalino (+)	Colesterol (colesterina) (Co) o ácido úrico g
0.7	•	300	110	12	0	300	80	2.1	0.4	0	0	•	−	
•	•	120	•	•	0	160	80	1.6	0.07	0	0	•	−5	
0.8	1.6	780	(38)	(21)	0	120	80	3.1	•	0	0	•	−10- −14	
•	•	1 700	(26)	450	0	1 000	•	•	•	0	0	•	−22	
•	•	770	110	24	•	•	•	•	•	•	•	•	− −5	
0.5	5	460	410	49	0	300-500	140	1	0.75	0	0	2	−10	
0.5	5	460	410	120	0	300	140	1	0.2	0	0	2	−10	
•	•	605	•	•	450	2 000	28	0.8	0	•	•	•		
•	•	190	290	50	0	130	70	2.2	•	0	•	0	−5- −10	
0.5	1	570	(9)	(11)	500 Car 0.09 -0.48	250	240	1	•	0	0	9	(−5)	
•	•	•	•	•	1 000 Car 0.24	400	130	1.9	1	0	0	•	•	
•	•	270	170	6	•	•	8	0.03	0.005	•	•	•	−6- −7	
•	•	250	•	•	200 Car 0.12	130	120	2.1	•	0	•	0	−5.1	
•	•	1 600	(33)	23	50	250	130	5	0.3	0	0	•	−18	
0.1	1	135-180	2	6	0	50	50-80	1.2-4	0.15	0	0	0.4	−5.9- −39	Co 0.27
•	1	140	150	•	0	•	•	•	•	•	•	•	(−5)	
•	•	362	•	73	0	300	350	1.3	0.35	0	0	3	•	
•	•	•	•	40	0	•	225	•	•	0	0	•	•	
•	•	910	640	25	140	770	280	2.2	•	0	•	•	−	Ácido úrico +
•	•	2 000	•	•	0	2 000	800	4.6	3.7	0	•	27.8	−	

Tratamientos especiales

SUSTANCIAS NUTRITIVAS POR CADA 100 g DE ALIMENTOS

100 g contienen	Calorías	Proteínas g	Grasas g	Hidratos de carbono g	Celulosa g	Agua g	Cloruro sódico (sal común) (NaCl) mg	Potasio (K) mg	Sodio (Na) mg	Calcio (Ca) mg	Magnesio (Mg) mg	Hierro (Fe) mg
Grano de trigo integral	350	13	2	61	2	13	60	0.5	7.8	44	170	3
Sémola de trigo	325-369	7-12.2	0.2-0.8	7.2	0.6	13	76-96	140	1	17	45	1
Harina y sémola de trigo integral	350	13	2	71	2	13	•	480	2	38	122	2
Harina de trigo al 90%	350	12	2	73.6	1.8	13	70	440	2	19	20	5
Harina de trigo al 80%	360	11.3	1.6	69	0.4	13	60	170	3	20	•	2
Harina de trigo al 60%	370	10.5	1.4	74	0.1	13	40	108	2	15	20	2
Pan de centeno integral	260	9.5	3.5	47.9	1.2	37		450	600	60	150	2.6
Pan de centeno (90% de molturación)	270	7.6	1	50	1	40	800	250	600	27		2.6
Tortillas	227	5.6	1.1	48.6	0.86	41		134	20	111		2.2
Pan de trigo (94% de molturación)	240	8	0.5	57	0.3	34	750	200	440	45	24	0.5
Pan de trigo (70% de molturación)	245	8	1	51	1	37	800	150	440	40	19	0.3
Pan de trigo	250	7	0.4	57.8	•	37	800	100	440	25	16	0.3
Panecillos sin sal	235-265	6-7.1	0.4-0.5	51.5	•	36	16	120	•	14	8	0.3
Pan de caja tostado	352-420	8.6-9.8	1-9.9	70.5	•	6	200	150	250	50		1.6
Pan moreno	220	4.5	0.6	48	0.8	45	800	320	+	11	7	9
Azúcares, dulces												
Miel de abeja	294-320	0.3	0	75-79.5	0	20-21	0-indicios	10	5	5	6	0.9
Gelatina de fruta	260	0.2	0	65	1	35	0	•	12	•	•	0.3
Mermelada de fruta estilo inglés	280	0.5	0	70	3	28	0	13	13	12	•	0.3
Chocolote	540-541	6-6.5	27.5-34	54-63	1.5	1	70-500	420	10-86	80	•	0.9
Cacao en polvo sin azúcar	400-500	25	13-28	35-40	6.7	5	53-120	980	60	140	370	4
Azúcar de uva (glucosa)	400	0	0	100	0	0	0	0	0	0	0	0
Azúcar refinado blanco	400-410	0	0	99.5-99.8	1	0	0	0.5	0.3	0	0	0
Azúcar moreno	390	0.2	0	98	3	1	0	230	24	10	•	•
Melaza	280	1	0	70	•	18	•	1 238	43	200	•	•
Verduras, legumbres, papas, setas												
Apio blanco	21	1.2	0.1	3.6	1.2	92	50	500	45	100	12	16

La alimentación

obre (Cu) mg	Manga- neso (Mn) mg	Fósforo (P) mg	Azufre (S) mg	Cloro (Cl) mg	Vit. A Caroteno (Car) U.I.	Vit. B₁ µg	Vit. B₂ µg	Niacina mg	Vit. B₆ mg	Vit. C mg	Vit. D U.I.	Vit. E mg	Exceso ácido (–) o alca- lino (+)	Colesterol (colesterina) (Co) o ácido úrico g
•	2	400	•	55	0	600	50	4	5.1	0	0	3.2	–	
•	•	250	480	•	0	150	40	3	0.08	0	0	1.8	–10.2	
0.4	12	385	124	177	0	400	230	5	0.4	0	0	2.6	•	
0.6	7	271	120	170	0	360	120	5	•	0	0	•	•	
•	•	160	•	•	0	300	60	3	•	0	0	•	–3.0	
0.1	2	•	•	71	0	70	40	0.7	•	0	0	•	•	
•	•	700	220	+	0	280	150	3.5	+	0	0	1.3	–6- –7	
0.4	4	•	•	+	0	210	280	1.1	•	0	0	•	–	
0.19		184	•		0.06	190	60	0.9	•	0	0	•	•	
0.1	1.2	450	250	621	0	300	130	3.5	0.36	0	0	1.8	–11	
0.1	2	400	250	621	0	80	90	•	•	0	0	•	–10	
0.1	1	150	200	621	0	70	30	0.8	0.14	0	0	0.2	–6.7- –8	
0.1	1	100	150	•	0	70	30	0.9	•	0	0	0.2	–6	
0.2	•	250	98	621	0	16	•	1.3	0.09	•	0	•	–6- –10	
•	•	280	180	+	0	110	15	3.5	0.3	0	0	•	–12	
0.2	0.2	16	5	19	0	indicios	40	0.2	•	4	•	•	•	
•	12	10	•	•	10	20	20	0.4	•	4	•	•	•	
•	•	20	•	•	10	20	20	0.2	•	6	•	•	•	
•	•	550	•	71-151	180	20	280	1	•	0	•	3	–8	
•	•	1 500	140	51	100	75	110	1.9	•	0	•	•	+50	
0	0	0	0	0	0	0	0	0	•	0	0	0	0	
0	0	0	0	0	0	0	0	0	•	0	0	0	+6.0	
•	•	indicios	•	76	•	3	1	0.03	•	•	•	•	0	
•	•	•	•	500	•	130	41	5	•	•	•	•	•	
•	5	150	150	30	0	30	40	0.3	•	7	•	•	+11	Ácido úrico 0.015

Tratamientos especiales

SUSTANCIAS NUTRITIVAS POR CADA 100 g DE ALIMENTOS

100 g contienen	Calorías	Proteínas g	Grasas g	Hidratos de carbono g	Celulosa g	Agua g	Cloruro sódico (sal común) (NaCl) mg	Potasio (K) mg	Sodio (Na) mg	Calcio (Ca) mg	Magnesio (Mg) mg	Hierro (Fe) mg
Ejotes (habichuelas verdes) frescos	39-50	2.4-5	0.1-0.3	6.6-7	2	84-89.1	50-59	300	1.2	40	16	1
Ejotes en lata	20	2	0	3.8	0.6	90	460	120	400	30	•	1.5
Alubias o frijoles	350	22	2	48.4-55.6	3.9	11	•	1 200	1	150	159	10
Alubias en lata	100	6	0.4	19	1	75	•	200	300	60	•	2
Habas secas	280	22	1	44	8	23	90	1 000	25	110	130	10
Coliflor	30-32	2.4-2.5	0.34	4.55	0.91	90.89	48.50	120	16.24	40	17	1
Berros	20	1	0.5	4	0.5	94	100	300	60	180	30	3
Setas	24	2.5	0.15-0.2	2.6	0.8	83	41	440	5.5	8.2	2	•
Endibias	19-20	1.5-1.8	0.1	2.6-4	0.6	92	280	400	20	100	15	25
Chícharos (guisantes) frescos	80-90	6.4-6.7	0.4-0.5	12-17	0.2	75	60	400	0.9	25	30	2
Chícharos (guisantes) en lata	70	3.4	0.4	13	1.3	80	•	300	270	25	25	2
Chícharos (guisantes) secos	350	25	1	45.8-60	4.5	7	60	800	50	80	120	6
Pepino	12-15	0.7-1.2	0.17	0.89	0.3	97.66	13-610	170	5	10	10	0.3
Zanahorias y nabos frescos	40-45	1-1.2	0.29	9.06	1.67	86-88	60-61	300	48	40	17-20	0.9
Zanahorias y nabos en lata	30	0.5	0.3	6	0.6	91	•	110	280	25	•	0.6
Papas sin cáscara	80-96	2-2.1	0.1-0.2	20	0.4	77	55-70	410-450	0.8	17	30	0.8
Col	65-72	4	0.7-0.9	10-11.6	2	81	90-98	560	4	110	30	20
Coles de Bruselas	45-50	4.4-4.8	0.4-0.5	6-6.2	1.6	86	66-70	380	12	25	20	6
Col morada	27-33	1.4-1.8	0.17	4.78	1.05	91.61	125-165	250	40	30	15	18
Repollo	23-33	1.4-1.8	0.15	4.17	1.17	91.11	90-125	480	15	50	23	6
Calabacitas	19	1.8	0	3	0.5	92.2	•	150	0.2	14	•	16
Colinabo	36-40	2.5-3	0.2	6.2	1.2	86-90	•	230-340	37-40	40-74	15-47	1
Lechuga	15-18	1.3-1.4	0.2-0.3	1.88	0.64	94.88	130-200	300	12	30	30	0.5
Hojas de poro (puerro)	27	1.8	0.4	4	1.3	90	80	260	40	120	20	2
Tallos de poro (puerro)	37	2.4	0.3	6	1.5	87	40	200	80	60	15	41

La alimentación

bre (u)	Manganeso (Mn)	Fósforo (P)	Azufre (S)	Cloro (Cl)	Vit. A Caroteno (Car)	Vit. B₁	Vit. B₂	Niacina	Vit. B₆	Vit. C	Vit. D	Vit. E	Exceso ácido (−) o alcalino (+)	Colesterol (colesterina) (Co) o ácido úrico
mg	mg	mg	mg	mg	U.I.	µg	µg	mg	mg	mg	U.I.	mg		g
.1	•	90	110	33	700-1 000	60-80	80-120	0.6	0.2	12.20	•	3.6	+10.2	Ácido úrico 0.006
•	•	60	•	•	400	30	50	0.3	•	5	•	•	+	
.5	1	1 500	600	35	0	600	240	2	0.28	2		•	−4.3	Ácido úrico 0.054
•	•	500	350	•	0	130	120	0.9	•	0	•	•	+3	
•	•	1 200	100	60	•	•	250	•	•	15	•	•	−10	
.1	•	130	80	30	50	150	125	0.6	0.2	60	•	2	+3	Co 0.02 Ácido úrico 0.024
•	5	170	400	109	5 000	110	250	0.7		60	•	•	+5	
.6	0.07	84	130	25	+	150	440	6.2	0.05	5	200	0.8	+2	Ácido úrico 0.015
.1	0.2	100	100	71	3 000	100	100	0.7	•	15	0	2	+5	
.2	1	280	150	33	700	300	180	2	0.18	25	•	2	+5	Ácido úrico 0.054
.1	0.5	220	130	+	550	120	60	1	•	8	•	•	+1	Ácido úrico +
1	2	900	300	40	400	200	300	3	•	2	•	+	−3.4	Ácido úrico +
.06	•	10	30	30	200	70	50	0.2	0.03	7	•	+	+8-+32	Ácido úrico 0.008
.1	0.2	34	21	42	2 000-12 000	80-130	60-80	0.6	0.2	4-5	•	0.5	+9-+9.5	Ácido úrico +
•	•	80	40	30	4 500	30	20	0.3	0.19	2	•	0.45	+	
.2	0.2	58	29	35	40	100	40	1	0.2	30	0	0.06	+4-+7.3	Co 0.003 Ácido úrico 0.006
•	•	260	450	60	7 000	60	140	0.26	0.1	80	0	•	+4	Ácido úrico 0.006
•	•	300	500	+	3 000	125	75	0.3	0.1	100	0	•	−9.9-−10	
•	•	65	160	100	30	80	50	0.4	•	40	0	•	+6-+6.3	
.05	•	220	160	40	0	100	15	0.3	0.29	30	0	0.1	+8.2	
.03	•	53	•	•	290	3	80	0.56	•	8.8	•	•	+1.4	
0.1	0.1	130	180	50	indicios	60	60	0.5	0.1	30	0	•	+6-+8.5	Ácido úrico 0.033
0.1	1	110	40	73	500	60	100	0.2	0.2	10	0	0.5	+14.1	
•	•	80	60	50	6 500	120	50	•	0.25	25	0	2	+11	Ácido úrico 0009
•	•	130	70	25	40	90	60	•	0.25	20	0	•	+7	

Tratamientos especiales

SUSTANCIAS NUTRITIVAS POR CADA 100 g DE ALIMENTOS

100 g contienen	Calorías	Proteínas g	Grasas g	Hidratos de carbono g	Celulosa g	Agua g	Cloruro sódico (sal común) (NaCl) mg	Potasio (K) mg	Sodio (Na) mg	Calcio (Ca) mg	Magnesio (Mg) mg	Hierro (Fe) mg
Lentejas	310-339	22-25.9	1-2	44.6-59.2	3.9	10-12.3	130	1 200	3	100	40	9
Alcachofa	29	2.7	0.2	5.9	2.2	90.2	•	•	•	44	•	0.8
Acelgas	27	1.6	0.4	5.6	1	90.8	•	•	•	110	•	3.6
Melones, sandías	30	0.7	0.25	6	0.5	90	13	75	0.3	11	3	1
Pimientos verdes	24	1.2	0.2	5.3	1.4	90	•	190	1	11	12	0.4
Perejil	18	3.7	0.2	2.9	0.7	91	•	900	30	190	•	3
Hongos	27	2.3	0.35	3.4	1	91	indicios	340	18	7	9	•
Rábanos	21-22	1.1-1.2	0.1-0.2	3.8-4	0.8	93	70-71	130	8	50	8	9
Calabaza	36	1.7	0.2	8.1	0.9	89.1	•	•	•	32	•	2.3
Flor de calabaza	16	1.4	0.3	2.7	0.6	94.8	•	•	•	47	•	1
Betabel (remolacha)	35	1.2	0.1	7	1.1	89	60	100	11	30	•	5
Choucroute	20-24	1.1-1.5	0.2-0.7	2.9-3.4	1.4	91	730-3 000	500	730	50	10	0.5
Apio verde	20	1.1	0.2	4.4	1	92	400	300	100	50	30	0.5
Apio (tallos)	45	1.7	0.3	9	1.4	85	250	340	110	90	35	•
Espárragos frescos	15-20	1.5-1.8	0.1-0.3	2-2.6	1.3	93	69-200	240	2	25	12	1
Espárragos en lata	16	1.6	0.1	2	1.0	93	200	130	400	20	•	1
Espinacas frescas	22-38	2.2-3.5	0.27	3.9	0.5	93	90-210	500	85	90	55	3
Champiñón	40	4.6	0.3	4.6	1.0	87	36	580	20	27	15	•
Tomates frescos	20-22	0.9-1.0	0.2	3.5-4	0.8	92	110	280	4	12	12	0.6
Tomate en conserva	21	1.0	0.2	3.9	0.6	92	•	130	18	11	•	0.6
Jugo de jitomate en lata	23	1	0.2	4	0	93	•	240	230	8	10	0.5
Cebolla	40-52	1.4-1.7	0.1-0.2	9-10.8	0.8	87	45	130	1	32	15	0.5
Frutas, jugos de fruta												
Jugo de piña en lata	60	0.3	0.08	13	•	84	71	140	0.5	20	•	0.5
Piña en su jugo	87	0.4	0.1	21	0.3	75	71	120	1	30	•	1

La alimentación

obre (Cu) mg	Manga- neso (Mn) mg	Fósforo (P) mg	Azufre (S) mg	Cloro (Cl) mg	Vit. A Caroteno (Car) U.I.	Vit. B$_1$ µg	Vit. B$_2$ µg	Niacina mg	Vit. B$_6$ mg	Vit. C mg	Vit. D U.I.	Vit. E mg	Exceso ácido (−) o alca- lino (+)	Colesterol (colesterina) (Co) o ácido úrico g
0.7	•	1 200	700	60	175	500	320	3	•	0	0	+	17.8	Co 0.04 Ácido úrico 0.162
•	•	58	•	•	95	60	70	0.8	•	5	•	•		
•	•	29	•	•	876	30	90	0.4	•	34	•	•		
•	•	10	30	8	120	60	35	0.2	0.04	7	0	•	+2	Co 0.017
0.1	0.1	22	19	15	630	70	40	0.4	•	120	0	•	+2	
•	•	200	•	156	18 000	100	90	2	0.23	190	0	2.5	+	
•	•	97	90	indicios	+	20	230	6.5	•	•	80-300	•	+4	Ácido úrico 0.054
0.1	•	60	40	37	100	80	25	0.1	0.06	25	0	•	+6	Ácido úrico 0.015
•	•	28	•	•	1 145	70	50	0.8	•	11	•	•		
		86	•	•	200	20	110	0.6	•	18	•	•		
•	•	70	20	61	50	50	110	0.2	0.2	8	0	•	+11	
0.1	•	60	•	•	indicios	30	200	0.2	•	20	0	•	+5.5	
•	•	40	30	140	0	30	40	0.3	0.1	8	0	0,5	+8	Ácido úrico 0.015
•	•	120	50	+	18	50	35	0.3	0.2	15	0	•	+11	Ácido úrico +
0.1	0.2	150	100	36	800	120	170	1	0.06	35	0	•	+1.5	Co 0.01 Ácido úrico 0.024
•	•	100	•	•	600	60	90	0.8	0.03	15	0	•	+	Ácido úrico +
0.1	0.8-5	45-190	27-100	65	6 000 -9 000	80	200	0.5	0.08- −0.5	20	0	6	+13.1	Co 0.006 Ácido úrico 0.072
•	•	250	120	22	•	125	60	•	•	5	5	•	+4	Ácido úrico 0.05
0.1	0.2	100	70	40	1 100	60	40	0.6	0.06	25	0	0.3	+5- +13	
•	•	100	70	•	1 000	50	30	0.6	•	16	0	•	+13.7	
•	•	80	•	55	1 000	50	25	0.7	•	16	0	•	+	
0.1	0.3	180	250	24	50	30	20	0.1	0.06	12	0	0,3	+1- +3	
•	•	28	•	•	80	50	20	0.2	•	9	0	•	+	
•	•	25	1.5	•	80	70	20	0.2	•	9	0	•	+	

Tratamientos especiales

SUSTANCIAS NUTRITIVAS POR CADA 100 g DE ALIMENTOS

100 g contienen	Calorías	Proteínas g	Grasas g	Hidratos de carbono g	Celulosa g	Agua g	Cloruro sódico (sal común) (NaCl) mg	Potasio (K) mg	Sodio (Na) mg	Calcio (Ca) mg	Magnesio (Mg) mg	Hierro (Fe) mg
Manzanas	50-58	0.3-0.4	0.3	8-15	0.9-1.0	84	2-2.5	100-116	2	8	3-6	0.3-0
Jugo de manzana	50-70	0.1	0	13-15	•	87	•	100	4	6	•	•
Manzanas secas	350	2	1	85	4	8	•	•	•	24	•	4.1
Naranjas	45-61	0.8-1	0.1	6-13	0.45	80-87	7	200	0.3	40	15	2
Jugo de naranja natural	49	0.5	0.1	12	0	85	•	190	0.5	33	10	0.4
Chabacanos (albaricoques)	37-50	0.8-0.9	0.1	8-10.5	1	86	1.3	300	0.6	15	8	2
Chabacanos (albaricoques) secos	300	5	0.4	67	3	23	•	1 700	11	86	•	4.9
Chabacanos en lata	89	0.6	0.1	22	0.4	76	•	65	2	10	•	0.3
Plátanos	90-100	1-1.3	0.2-0.4	15-24	0.5-1	73-76	200	400-420	0.5-1	8-10	32	0.6-1
Peras	51-61	0.4-0.5	0.3-0.4	13.5-15.5	1.5-2.58	82.75	31	140	3	15	10	2
Peras en lata	75	0.2	0.1	19	1.5	80	•	52	2	8	•	0.2
Moras	50	1.2	1	5.7	2	85	5	170	4	30	30	0.8
Dátiles	280	1.6	0.4	66	7	21	205	700	0.9	50	50	2
Fresas	40	0.6	0.2	7.76	4	84.41	23-25	100	2	30	15	1
Fresas en almíbar	115	0.5	0.2	30	0.7	67	25	80	1	25	12	1
Higos secos	260	3.4-3.6	0.8-1.3	56.7-60	6	26	259-350	750	34	200	80	4
Toronjas (pomelo)	40	0.6	0.2	10	0.5	85	•	200	2	15	10	0.4
Mango maduro	59	0.5	0.2	15.4	0.8	83.5	•	•	•	12	•	0.8
Chico zapote	93	0.5	1.1	23	1.6	75	•	•	•	24	•	1
Frambuesa	27-60	1.1-1.4	0.2	5.2	3	77	3	180	3	40	25	1
Jugo de frambuesas	50-239	0.2	0	11-58.4	•	87	•	130	5	20	16	•
Grosellas rojas	40	0.7	0.1	6.4-7.54	4.33	83.8	8	100	2	10	5	0.4
Grosellas negras	40	0.7	0.1	13.7	6	82	3	260	2	10	10	0.4
Cerezas	50-60	0.8-1.2	0.4	14.6-16	0.33-0.5	81-83	100	100	2	16	1	2
Coco	296	3.5	27.2	13.7	3.8	54.6	•	•	•	13	•	1.8
Cerezas en almíbar	230	0.6	0.1	21	•	76	•	70	2	12	•	0.3
Mandarinas	40	0.8	0.1	5.4	7	80	8	460	2	120	38	•
Aceitunas verdes	132	1.5	13.5	4	8	75	5	55	2 400	87	+	+
Duraznos (melocotones)	42-55	0.7-0.9	0.2	8.1	0.6	85	3	160	0.5	8	10	0.6
Melocotón en lata	75	0.4	0.1	18	0.2	80	160	31	5	5	•	0.4

La alimentación

Cobre (Cu)	Manganeso (Mn)	Fósforo (P)	Azufre (S)	Cloro (Cl)	Vit. A Caroteno (Car)	Vit. B$_1$	Vit. B$_2$	Niacina	Vit. B$_6$	Vit. C	Vit. D	Vit. E	Exceso ácido (–) o alcalino (+)	Colesterol (colesterina) (Co) o ácido úrico
mg	mg	mg	mg	mg	U.I.	µg	µg	mg	mg	mg	U.I.	mg		g
07-0.1	0.084-1	10-40	5-20	4	90-120	40	20-35	0.2-0.4	0.045	3-30	0	0.72	+0.9-+3	Co 0.007
•	•	10	•	4	60	20-30	30-50	0.5	0.16	3-30	0	•	+	
•	•	40	•	•	0	50	80	0.5		11	0	•	+	
0.08	•	80	20	4	250	100	40	0.2	0.12	50	0	0.23	+8-+10	Co 0.014
0.08	0.03	23	8	4	100-190	70-80	20-30	0.2	0.05	42-49	0	•	+6.5	
0.2	•	40	10	2	500 -3 000	30	50	0.7	•	8	0	•	+6-+7	
•	•	120	•	47	7 430	10	160	3.3	•	12	0	•	+60	
•	•	15	•	•	1 350	20	20	0.3	•	4	0	•	+	
0.2	0.64	28-70	12-50	120	350-430	70-90	60-70	0.6	0.5	10-12	0	0.37	+4-+5	Co 0.008
0.1	0.06	30	15	4	15-20	20-40	40-50	0.1	0.15	4-5	0	•	+3-+3.5	Co 0.014
•	•	10	•	•	indicios	10	20	0.1	•	2	0	•	+1.5	
0.2	•	60	17	15	500	40	40	0.3	0.05	5	0	•	+6	
0.4	2	250	400	283	200	60	50	2	0.13	0	0	•	+6	
0.08	0.2	90	30	11	100	30	100	0.3	0.06	60	0	•	+1.8	
0.06	0.1	80	25	10	•	•	•	•	•	1	0	•	+3	
•	•	260	80	105	60	120	80	0.5	0.3	5	0	•	+27.8	Co 0.01
•	•	50	20	3	indicios	50	20	0.23	0.045	50	0	•	+4	
•	•	12	•	•	630	50	60	0.4	•	53	•	•		
•	•	10	•	•	10	10	10	0.2	•	15	•	•		
•	•	100	40	20	200	30	50	0.3	0.1	30	0	•	+5	
•	•	25	20	10	100	30	•	•	•	25	0	•	+	
1	•	25	70	13	400	50	100	0.25	0.03	20	•	•	+1	
1	•	50	110	13	400	30	30	0.3	0.03	130	0	•	+5.9	
•	•	40	50	3	1 000	50	60	0.14	0.045	8	0	•	+4	
•	•	83	•	•	0	40	30	0.6	•	4	•	•		
•	•	40	•	+	850	30	20	0.2	•	3	0	•	+	
•	•	110	30	2	520	70	30	0.2	•	25	•	•	+20	
1.6	1.2	17	32	1 877	300	30	80	0.5	•	•	0	•	+34	
0.1	•	22	7	5	880	20	50	0.9	0.032	8	0	•	+5-+6.4	Co 0.006
•	•	14	+	•	450	10	20	0.7	0.015	4	0	•	+5	

Tratamientos especiales

SUSTANCIAS NUTRITIVAS POR CADA 100 g DE ALIMENTOS

100 g contienen	Calorías	Proteínas g	Grasas g	Hidratos de carbono g	Celulosa g	Agua g	Cloruro sódico (sal común) (NaCl) mg	Potasio (K) mg	Sodio (Na) mg	Calcio (Ca) mg	Magnesio (Mg) mg	Hierro (Fe) mg
Duraznos (melocotones) secos	295	3	0.6	70	3.5	21	•	1 100	12	45	•	7
Ciruelas	48-53	0.7-0.8	0.1	16	1	83	2-3	170	0.6	17	11	0.5
Ciruelas en lata	85	0.4	0.1	20	0.3	77	•	110	18	8	•	0.3
Ciruelas pasas	260	2	0.5	60	•	28	•	840	5	60	40	4
Guanábana	52	0.4	1.6	10.3	3.8	86.8	•	•	•	52	•	2.3
Pasas	300	2.3	0.5	71	2	21	160	700	31	80	60	4
Uva fresca	72-75	0.7-0.8	0.4	16.9-17	2	77	24-25	254	2	17	7	0.6
Jugo de uva	75	0.4	0	18	0	80	•	120	1	10	•	0.3
Jugo de limón	40	0.3-0.9	0.6	8.5-9.7	•	89	•	150	6	40	9	0.6
Grasas vegetales, aceites												
Margarina	790	0.5	85	0.4	0	13	1 500	50	450	0	0	0
Mayonesa	700	1.5	78	3	0	16	1 500	20	600	20	•	1
Aceite de oliva	930	0	100	0	0	0	0	0	0	0	0	0
Aceite de coco	900	0	97	0	0	2	0.1	4	4	3	0.2	1
Mantequilla vegetal	800	0.7	86	0.6	0	11	•	•	•	•	•	•
Frutos oleaginosos												
Cacahuates tostados	560	30.6	46.1	18.2	3.3	5.2	198	740	2	74	167	2
Avellanas	645-683	14-17.4	66.47	6.1-9.3	3	3.77	110	620	19	286	140	5
Castañas frescas	215	3.5	2	33.5	1.6	45	10	410	7	30	40	0.7
Nueces	666-680	15-16.7	62.86	7.89-11	3	4.68	170	450	2	83	134	2.1
Carnes y sus derivados												
Asado de pato	242	21	16	0	0	62	140	285	82	10	•	2.3
Asado de ganso	345	16	30	0	0	53	200	•	•	10	•	2
Asado de liebre	107	23	1.1	0.5	0	74	160	•	•	10	•	3
Pollo	125	20	4.5	0.8	0	70	99	470	75	11	37	4

La alimentación

Cobre (Cu)	Manganeso (Mn)	Fósforo (P)	Azufre (S)	Cloro (Cl)	Vit. A Caroteno (Car)	Vit. B$_1$	Vit. B$_2$	Niacina	Vit. B$_6$	Vit. C	Vit. D	Vit. E	Exceso ácido (–) o alcalino (+)	Colesterol (colesterina) (Co) o ácido úrico
mg	mg	mg	mg	mg	U.I.	µg	µg	mg	mg	mg	U.I.	mg		g
•	•	130	•	•	1 500	10	200	5.4	0.15	20	0	•	+	
0.1	•	20	5	2	350	50	30	0.6	0.04	5-6	0	•	+5.8	
•	•	12	•	•	230	40	25	0.4	•	1	0	•	0	
•	•	85	30	9	1 900	100	100	1.6	0.15	3	0		–	
•	•	24	•	•	155	40	70	0.6	•	21	•	•		
0.2	•	350	125	100	50	150	80	0.5	0.1	indicios	0	•	+15	
0.1	•	21	9	2	80	50	30	0.4	•	4	0	•	+7	Co 0.006
•	•	10	•	•	100	30	30	•	0.04	2	0	•	+4	
•	•	22	8	4	0	40	indicios	0.1	0.08	50	0	•	+–+4	
0	0	40	•	900	+	0	•	•	•	0	•	•	–7.3	
•	•	120	•	900	10	20	20	0.3	•	5	•	•	–3.5	Co •
0	0	0	0	0	300	0	0	•	•	0	•	8	0	Co •
0	0	2	500	0.1	20 000	•	•	•	•	•	•	•	–11.4	Co 0
•	•	•	•	•	0	0	•	•	•	0	•	•	•	Co 0
0.27	1.51	393	377	41	360	300	150	21.6	12	0	•	16	–17	Co 0
1.2	35	810	500	67	440	400	200	1	1	3	•	•	–0.2	
0.06	2.7	90	50	10	80	230	210	2	•	6	•	•	+7	Co 0.02
0.31	1.8	380	146	36	30	260	140	1	1	3	•	•	–7.7	
0.5	0	200	•	85	+	360	410	8	•	8	•	•	–24	Co 0.07 Ácido úrico 0.081
0.3	0	180	•	120	•	150	240	•	•	13	•	•	–8	Co Ácido úrico 0.099
•	0	•	•	•	•	•	500	60	12	•	•	•	–15	Co 0.08 Ácido úrico +
0.3	•	580	730	79	+	400	200	15	•	16	+	0.21	–24	Co 0.09 Ácido úrico 0.087

Tratamientos especiales

SUSTANCIAS NUTRITIVAS POR CADA 100 g DE ALIMENTOS												
100 g contienen	Calorías	Proteínas	Grasas	Hidratos de carbono	Celulosa	Agua	Cloruro sódico (sal común) (NaCl)	Potasio (K)	Sodio (Na)	Calcio (Ca)	Magnesio (Mg)	Hierro (Fe)
		g	g	g	g	g	mg	mg	mg	mg	mg	mg
Pollo asado	199	20	13	0	0	66	•	•	•	14	•	•
Carne de ternera	164	19.5	9	0	0	70	+	•	•	11	•	2.9
Sesos de ternera	117	9-10	8.3-8.6	0	0	78-81	•	305	110	11		1.5
Hígados de ternera	130	20	3.7-4.9	3.3	0	70	147	250	87	11	22	8
Mollejas de ternera	85-110	15.5-20	2.3-3	0	0	75	•	•	•	11	•	1.6
Riñones de ternera	132	17	7	0	0	73	320	•	•	9	•	4.1
Conejo	173	21	9	0.7	0	67	84	390	40	10	4	3.1
Caballo	117	22	2.5	0.8	0	73	100	176	175	4	4	50
Venado	105-109	20-21.1	1.9-2.5	1	0	76	66-110	340	70	11	29	10
Vaca cocida	136-167	20	6-9	0	0	68-70	+-110	•	•	12	•	3
Vaca asada	200-345	20	13-25	0	0	53-65	+	•	•	•	•	2.3
Corned beef	240	25	15	0	0	56	7 000	400	1 700	30	•	4
Filete de vaca	300	17	25	0	0	55	•	•	•	10	•	2.5
Hígado de vaca	130	20	4.2	3.6	0	71		300	87	8	22	12
Riñones de vaca	136	15	8	1	0	75	•	238	246	10	22	6
Cordero	335	17	28	0.3	0	64	170-182	350	84	11	20	3
Cerdo magro	224-270	18	15-21	0	0	58-67	79-100	280-330	60-69	11	25	3
Hígado de cerdo	130	19.6	4.8	2	0	72		•	•	10	•	•
Jamón serrano	340	15	31	0	0	53	3 300	350	700	9	15	2.3
Jamón ahumado	178-400	20-25.1	8.1-33	0	0	45	4 000	610	2 400	10	20	2.5
Palomo o pichón	102-103	22-22.1	1	0.5-0.8	0	73	150	•	•	•	•	•
Pavo	262	20	21	0	0	67	180	610	66	23	28	4

La alimentación

obre (Cu) mg	Manga- neso (Mn) mg	Fósforo (P) mg	Azufre (S) mg	Cloro (Cl) mg	Vit. A Caroteno (Car) U.I.	Vit. B$_1$ µg	Vit. B$_2$ µg	Niacina mg	Vit. B$_6$ mg	Vit. C mg	Vit. D U.I.	Vit. E mg	Exceso ácido (−) o alca- lino (+)	Colesterol (colesterina) (Co) o ácido úrico g
•	•	•	•	•	+	110	180	8	0.5	2	•	0.21	−	Co 0.09 Ácido úrico +
•	•	210	•	•	0	180	280	6.4	0.2	0	•	0.9	−9- −23	Co 0.1 Ácido úrico 0.112
•	•	510	•	140	•	200	200	4.5	0.16	18	•	•	−	Co 2 Ácido úrico 0.075
4	0.3	360	390	100	15 000	400	2 500	15	1	35	10	1	−8	Co 0.4 Ácido úrico 0.26
•	•	•	•	120	•	60	270	4.1	•	•	•	•	−	Co 0.3 Ácido úrico 0.99
•	•	250	•	190	1 000	260	2 400	7.4	0.5	11	•	•	−	Co 0.5
•	•	220	+	+	•	50	60	8	0.3	4	•	•	−15	Co •
•	•	110	24	260	•	110	150	5	0.5	1	•	•	+3	Co • Ácido úrico 0.117
•	•	570	530	40	•	250	250	•	•	•	•	•	−23	Ácido úrico 0.117
•	•	330	•	•	30	130	160	6	0.5	0	10 000	0.3	−37.3	Co 0.1 Ácido úrico 0.112
•	•	240	•	•	0	100	120	4	•	0	•	0.4	−	Co 0.1
•	•	170	•	•	•	20	190	3	•	0	•	•	•	Co •
•	•	250	•	•	0	100	130	5	•	0	•	0.5	−	Co •
3.5	0.3	460	370	100	19 000	270	2 800	16	1	30	+	1.4	−8.5	Co 0.32 Ácido úrico 0.279
•	•	340	260	250	100	250	2 100	7	0.4	11	•	•	−7.6	Ácido úrico 0.240
0.4	•	400	470	85	50	200	270	6	0.2	2	•	0.8	−9	Co 0.07 Ácido úrico 0.078
0.5	•	430	270	50	25	1 000	200	5	0.1	3	•	0.6	−12	Co • Ácido úrico 0.123
•	•	350	•	•	2 700	430	2 700	16	1	27	+	0.5	−	Co 0.42 Ácido úrico
•	•	164	200	•	0	960	190	4	0.3	0	•	0.4	−12	Co 0.1
•	•	182	225	•	0	•	210	3	0.4	•	•	•	−	Co 0.15 Ácido úrico 0.073
•	•	•	•	91	•	•	•	•	•	•	•	•	−	Co + Ácido úrico 0.174
•	•	600	420	123	+	120	190	8	•	•	•	•	−	Co+

869

Tratamientos especiales

SUSTANCIAS NUTRITIVAS POR CADA 100 g DE ALIMENTOS

100 g contienen	Calorías	Proteínas g	Grasas g	Hidratos de carbono g	Celulosa g	Agua g	Cloruro sódico (sal común) (NaCl) mg	Potasio (K) mg	Sodio (Na) mg	Calcio (Ca) mg	Magnesio (Mg) mg	Hierro (Fe) mg
Pato silvestre	124	23	3	0.5	0	73	•	•	•	•	•	•
Morcilla (moronga)	188-370	9.9-15	8.9-35	0-15.8	0	47	2 500	•	1 100	10	•	2
Salchicha ahumada	457-460	19	40.8-41	0	0	36	2 000	•	•	•	•	•
Salami	420-564	23-27.8	37-48.4	0	0	31	8 000	•	•	10	•	3.5
Salchicha de cerdo	380	13	34	2	0	50	2 000	900	•	•	•	•
Salchicha Francfort	240	15	21	0	0	62	2 000	900	•	10	•	2
Pescados y sus derivados												
Anguila cocida	306	12	27.5	0	0	60	30	8	50	•	•	•
Anguila ahumada	325	18	28	0	0	50	•	20	80	95	50	0.7
Trucha	95-98	19-19.2	2-2.1	0	0	78	•	335	80	140	26	1
Gallo	65	15	0.5	•	0	83	•	300	105	20	25	1
Camarones frescos	81	19.3	0.4	0	0	73	•	•	•	96	•	4
Arenque fresco	136	19	6-12	0	0	73	•	•	100	20	26	1
Bacalao	68	16	0.3	0	0	81	160	340	100	20	22	0.9
Huevas	•	•	•	•	0	•	•	•	•	•	•	•
Carpa	149	16.7	8.7	0	0	73	86-100	220	40	35	15	1
Cangrejos	115	25	1	0.2	0	72	•	•	•	•	•	•
Ostiones	50	6	1	4	0	87	•	200	460	•	40	7
Sardinas en aceite	200	26	11	1.2	0	57	•	300	800	35	•	1.8
Sardinas frescas	250	22	17	0	0	55	•	•	•	•	•	•

La alimentación

obre (Cu) mg	Manga- neso (Mn) mg	Fósforo (P) mg	Azufre (S) mg	Cloro (Cl) mg	Vit. A Caroteno (Car) U.I.	Vit. B$_1$ µg	Vit. B$_2$ µg	Niacina mg	Vit. B$_6$ mg	Vit. C mg	Vit. D U.I.	Vit. E mg	Exceso ácido (−) o alca- lino (+)	Colesterol (colesterina) (Co) o ácido úrico g
•	•	•	•	•	•	•	•	•	•	•	•	•	−	Co +
•	•	240	•	1 600	•	•	•	•	•	•	•	•	−	Co •
•	•	•	•	•	•	200	150	3	•	•	•	•	−	Co • Ácido úrico 0.030
•	•	280	•	•	•	240	210	3	•	•	•	•	−	Co • Ácido úrico 0.069
•	•	•	•	1 280	•	•	•	•	•	•	•	•	−	Co •
•	•	250	•	1 200	•	60	120	1	•	•	•	•	−	Co •
•	1	300	480	1	1 200	200	300	1.5	•	0	+	•	−7	Co •
•	0.03	220	•	•	2 500	140	300	2	0.3	0	5 000	•	−10	Co •
•	•	330	390	105	12	90	250	3.5	•	•	500	•	−9	Co • Ácido úrico 0.165
•	•	240	310	150	•	80	20	4	0.25	•	•	•	−7	Co •
.07	•	241	•	•	•	60	160	•	•	•	•	•	−11.5	
•	•	220	202	122	100-700	10	330	3.9	0.4	0	+	+	−	Co • Ácido úrico 0.207
•	•	400	500	170	10	90	170	3	0.2	0	+	•	− − −5	Co 0.05 Ácido úrico 0.115
•	•	•	•	•	•	1 000	900	1.5	2.3	30	5 000		•	Co •
•	•	250	730	60	1 000	100	40	1.5	•	1	•	•	−14- −17	Co • Ácido úrico 0.165
•	•	•	•	•	60	70	45	1.2	0.1	2	•	•	•	Co •
3	0.3	350	350	630	320	180	230	1.2	0.2	3	•	•	−15	Co 0.2
•	•	700	•	•	290	60	120	5	0.2	0	+	•	−	Co • Ácido úrico 0.354
•	•	•	•	•	800	35	400	•	•	0	9 000	•	−	Co 0.8 Ácido úrico 0.246

Tratamientos especiales

SUSTANCIAS NUTRITIVAS POR CADA 100 g DE ALIMENTOS

100 g contienen	Calorías	Proteínas g	Grasas g	Hidratos de carbono g	Celulosa g	Agua g	Cloruro sódico (sal común) (NaCl) mg	Potasio (K) mg	Sodio (Na) mg	Calcio (Ca) mg	Magnesio (Mg) mg	Hierro (Fe) mg
Pescadilla	72-79	16.9-17	0.3	0	0	77	•-390	540	480	20	25	0.9
Langostinos	110	25.4	1	0	0	70.8	•	•	•	96	•	1.76
Lenguado	89-96	16-19.4	1.5-1.8	0	0	81	--200	•	•	•	•	•
Salmón	231	21	15.5	0	0	78	460	260	130	80	70	10
Atún en lata	215	28	11	0	0	57	•	500	500	35	•	1.7
Lubina	80	18	0.3	0.6	0	80	70	240	80	25	18	1.5
Grasas animales												
Manteca de ganso	900	0.5	97	0	0	0.5	0	0	0	0	0	0
Aceite de hígado de bacalao	930	0	100	0	0	0	0	0	0	0	0	0
Manteca de vaca	910	0.5	98	0	0	0,5	0	•	•	•	•	•
Manteca de cerdo	920-925	0.3	99	0	0	0	indicios	1	10	0.6	0.2	4
Panceta	820	90	90	0	8	8	4 000	•	1 600	2	•	0.6
Leche y productos lácteos												
Leche de vaca	65-69	3-3.4	3	4.5-4.9	0	87.5	160	140	50-58	120-125	12-13	0.1
Leche descremada	36-41	3.5-3.8	0.1-0.5	3.7-4.8	0	90.5	165	150	60	100	15	0.2
Suero de leche	18-23	0.4-0.5	0.1-0.2	3.7-5	0	93	110-150	110	45	60	5	0.2
Nata	205	2.5	20	3.5-4	0	73	100	130	30	90	10	0.2
Yogur	69	3.4	4	3.5-4.3	0	88	160	140	50	120	12	0.1
Cacao con leche al 100%	100	3.3	4.3	12	0.5	80	•	•	•	110	•	0.3
Cacao con 50% de leche y 50% de agua	68	1.8	2.5	10	0.5	85	•	•	•	60	•	0.2
Leche descremada en polvo	360	35	1	52	0	3.5	•	•	525	1 300	•	0.6
Leche en polvo	500	25	26	38	0	3.5	•	1 100	400	900	•	0.6
Leche condensada con azúcar	325	8	8.5	55	0	27	•	340	140	275	•	0.2
Leche condensada sin azúcar	140	7	7.5-7.9	9.9-10.9	0	73	•	270	100	240	•	0.2
Mantequilla	760-790	0.7-0.8	82-84.4	0.5-0.7	0	15.5	700	20	10	20	4	0.1

La alimentación

obre (Cu) mg	Manganeso (Mn) mg	Fósforo (P) mg	Azufre (S) mg	Cloro (Cl) mg	Vit. A Caroteno (Car) U.I.	Vit. B₁ µg	Vit. B₂ µg	Niacina mg	Vit. B₆ mg	Vit. C mg	Vit. D U.I.	Vit. E mg	Exceso ácido (−) o alcalino (+)	Colesterol (colesterina) (Co) o ácido úrico g
0.2	0.01	400	500	1 000	•	90	120	0.9	•	0	•	0.4	−16−−20	Ço • Ácido úrico 0.115
.57	•	171	•	•	•	165	130	•	•	•	•	•	•	
•	•	•	•	120	•	100	200	4	0.2	1.5	•	•	•	Co •
•	•	260	500	280	300	90	350	4	•	•	500	•	−8	Ço • Ácido úrico 0.072
•	•	500	•	•	70	40	130	10	•	0	•	•	−	Co •
•	•	360	600	40	•	160	250	3	•	1	•	•	−20	Ço 0 Ácido úrico 0.135
0	0	0	0	0	•	0	0	0	•	0	•	50	0	Co 0.3
0	0	0	0	0	80 000	0	0	0	•	0	10 000	3	0	Co •
•	•	•	•	•	+	0	0	•	•	0	•	1	•	Co 0.2
•	6	8	190	•	+	0	0	•	•	0	2 800	2	−4	Co 0.2
•	•	100	•	2 400	•	180	40	0.9	0.35	0	•	200-500	−8.6	Co 0.3
0.07	•	90	30	100	130-280	40	160-170	0.09-0.1	0.05	1.7-1.8	+	0.1	+4.2	Ço 0,01 Ácido úrico 250 mg
•	•	90	30	100	0	35	150	+	0.04	0.6	•	0.05	+−+2	Co 0
•	•	40	•	70	•	35	140	0.2	•	1	•	•	−	Co 0
•	•	80	•	80	1 250	30	130	•	0.04	1	+	•	0	Co 0.5
0.07	•	100	30	100	280	100	170	0.1	0.05	2	+	0.1	+3	Co 0.1
•	•	110	203	51	170	50	160	0.1	•	0	+	•	+5	Co 0.1
•	•	70	•	•	85	20	80	0.1	•	0	+	•	+5	Co 0.05
•	•	1 100	300	1 100	160 000	350	2 000	1	0.3	7	0	•	+5	Co 0
•	•	800	220	800	50 000	300	1 200	1	0.2	10	+	•	+5	Co 0.8
•	•	230		•	430	50	400	0.2	0.06	1	+	0.3	+5	Co 0.2
•	•	200		•	400	50	360	0.2	0.04	15	+	0.3	+5	Co 0.2
0.02	0.04	16	9	•	3 000	8	10	0.1	0.04	0.2	100	2.5	−4	Co 0.28

873

Tratamientos especiales

SUSTANCIAS NUTRITIVAS POR CADA 100 g DE ALIMENTOS

100 g contienen	Calorías	Proteínas g	Grasas g	Hidratos de carbono g	Celulosa g	Agua g	Cloruro sódico (sal común) (NaCl) mg	Potasio (K) mg	Sodio (Na) mg	Calcio (Ca) mg	Magnesio (Mg) mg	Hierro (Fe) mg
Queso graso	400	25.68	28.134	2	0	37	2 000	•	•	•	•	•
Queso poco graso	165	34	1.5	3.5	0	58	2 000	•	•	800	•	•
Requesón graso	162-210	15-26	4.6-15	4	0	65	250	180	30	60	3	1.2
Requesón poco graso	97	17	1.2	+	0	76	250	180	30	60	3	1.2
Leche de mujer	62	2.01	3.8	6.5	0	87.6	350	45	13	35	5	0.7
Leche de oveja	93	5.2	6.83	4.73	0	81.31	•	190	33	200	8	•
Leche de cabra	71	3.8	3.94	4.39	0	87.33	•	180	35	125	13	0.2
Huevos												
Huevo de pato (sin cáscara), 60 g	112	8	8.5	0	0	42	10	•	•	•	•	•
Huevo de gallina (sin cáscara), 45 g	72-75	5.7-6	5-5.5	0.3	0	33	84	60	60	30	5	0.6
Huevo de gallina, 100 g	100-166	12.6-13	11-12.1	0.6-0.7	0	74	210	150	130	54	13	7.4
Yemas de huevo de gallina, 100 g	350	16	31.71	0.3	0	50.93	120	140	100	140	15	7.1
Claras de huevos de gallina, 100 g	50	13	0.25	1	0	85.61	180	160	170	30	12	0.3
Huevos en polvo, 100 g	590	48	43	2.5	0	2	•	•	•	180	•	9
Bebidas												
Cerveza	50-51	0.6	0	4-4.6	3.9-4.49	90	15	40	8	6	7	1
Levadura de cerveza	120	0.9	0	10	1	84	•	•	•	•	•	•
Aguardientes	250	0	0	0	38-40	60	0	0	0	0	0	0
Caldo de carne (extracto)	33	1	3	0	0	94	1 500	•	•	•	•	0
Limonada y bebidas de cola	50	0.5	0	12	0	86	•	5	2	•	•	•
Sidra	45	0.5	0	0.6	10	88	•	100	50	10	8	2
Vino tinto	65	0.5	0	0.1-1	7-9	90	•	100	4	13	11	0.5
Ron	310-410	0	0	0.2	38-60	56	0	0	0	0	0	0
Vino dulce	150	0	0	17	15	67	•	100	5	8	5	0.2
Vino espumoso	100-129	0.1	0	10-12.1	7-10.2	82	•	100	2	11	10	0.1
Vino blanco	60	0.2	0	2	8	90	•	85	2	12	10	0.3
Whisky	300	0	0	0	42	58	0	0	0	0	0	0

La alimentación

obre (Cu) mg	Manganeso (Mn) mg	Fósforo (P) mg	Azufre (S) mg	Cloro (Cl) mg	Vit. A Caroteno (Car) U.I.	Vit. B$_1$ µg	Vit. B$_2$ µg	Niacina mg	Vit. B$_6$ mg	Vit. C mg	Vit. D U.I.	Vit. E mg	Exceso ácido (–) o alcalino (+)	Colesterol (colesterina) (Co) o ácido úrico g
•	•	•	•	2 000	500	60	350	0.1	•	+	+	•	•	Co •
•	•	•	•	1 200	+	+	+	•	•	•	•	•	•	Co 0
•	•	440	150	100	•	80	•	0.1	•	1	•	•	–17.3	Co 0.3
•	•	440	150	100	45	40	310	0.1	•	1	•	•	–17	Co 0
.06	•	80		50	350	48	45	0.26	0.011	6	+	•	+5	Co 0.01 Ácido cítrico 150 mg
•	•	350		100	•	•	230	0.45	•	4	•	•	+5	Co • Ácido cítrico 130 mg
•	•	103		15	170	60	70	0.25	0.027	1	+	•	+5	Co •
•	•	•	•	•	•	•	•	•	•	•	•	•	–	Co 0.6
.12	0.02	200	240	50	700	120	170	+	+	0.1	+	+	–10	Co +
0.2	0.03	500	600	120	1 100	120-150	300-340	0.1	21	0.3	200	1	–22.3	Co 0.46
23	•	1 300	450	70	3 000	350	400	0.06	0.3	0	400	3	–25	Co 2
8	•	50	700	110	0	0	300	0.08	•	0.3	•	•	–8	Co 0
•	•	1 600	•	•	4 500	350	1 200	0.2	0.08	0	200	+	–	Co 2.2
.04	•	25	•	•	0	4	30	0.8	0.3-0.7	0	•	•	–0.2	
•	•	•	•	•	0	4	50	0.8	•	0	•	•	+2.1	
0	0	0	0	0	0	0	0	0	•	0	0	0		
0	•	0	0	0	0	0	0	0	•	0	0	0	–20	
•	•	0.5	•	•	•	•	•	•	•	•	•	•		
•	•	•	•	•	•	+	•	•	•	•	•	•	+1.6-4.4	
0.2	0.2	37	25	3	•	5	20	0.2	0.05	•	•	•	+0.3-1.1	
•	0	•	•	•	0	0	0	•	0	0	0			
0.2	0.2	30	30	4	•	•	0	0	•	0	0	0	+0.5-3.0	
0.1	0.2	36	31	3	•	3	0	0	•	0	0	0		
0.1	0.1	32	31	3	•	5	20	0.2	0.03	•	•	•		
•	•	•	•	•	0	0	0	0	•	0	0	0		

Tratamientos especiales

Ración alimenticia en una familia (promedios semanales mínimos)

Miembros de la familia	Papas (g)	Legumbres (g)	Frutas, tomates, etc. (g)	Verduras (g)	Otros vegetales y frutas (g)	Huevos (núm.)	Carne, pesca, caza (g)	Pan, harinas (g)	Aceites, grasas (g)	Leche (l)	Azúcar (g)
Niños de 9 a 12 meses	225	—	910	680	225	5	55	225	30	6.5	30
» » 1 a 3 años	450	—	795	680	450	5	225	680	115	4.75	55
» » 4 a 6 »	680	55	680	680	680	5	455	1 135	170	4.75	225
» » 7 a 9 »	1 135	55	680	680	1 135	5	580	1 650	285	4.75	225
» » 10 a 12 »	1 360	55	680	680	1 135	5	910	2 350	340	5.50	285
Varones: » 13 a 15 »	1 815	225	795	910	1 360	5	910	3 350	510	5.50	340
» » 16 a 20 »	2 270	340	795	910	1 360	5	910	4 250	623	5.50	340
Mujeres:» 13 a 15 »	1 590	115	795	680	1 135	5	910	2 500	400	5.50	285
» » 16 a 20 »	1 360	115	795	680	1 135	5	910	2 400	340	4.75	285
Hombre; de trabajo:											
Sedentario	2 270	170	680	680	1 135	4	910	2 400	340	4.75	340
Moderadamente activo	2 270	340	680	680	1 135	4	910	3 250	455	4.75	340
Muy activo	2 720	455	680	680	1 135	4	910	5 500	740	5.50	340
Mujer; de trabajo:											
Sedentario	910	115	680	680	1 135	4	910	1 650	340	4.25	340
Moderadamente activo	1 360	170	680	680	1 135	4	910	2 400	340	4.25	340
Muy activo	1 815	340	680	680	1 135	4	910	3 250	455	5.25	340
Embarazo	910	170	910	910	1 135	6	1 050	2 000	340	6.50	285
Lactancia	1 815	170	1 360	1 360	1 590	6	1 050	2 000	340	10.0	285

Bebidas alcohólicas

El problema del alcohol en relación con su valor alimenticio se presta a multitud de posiciones desorbitadas. El doctor Marañón pronunció una conferencia magistral al respecto (Jerez de la Frontera, inauguración de la cátedra del vino, 1955). Afirmó que había dos escollos desde el punto de vista médico: el cinismo y la pedantería. Un médico puritano y pedante hablará de las innegables estadísticas que informan de los trastornos producidos por el alcohol, que han culminado incluso con la intervención de la ley en algunos países para prohibir su consumo (en Estados Unidos la «Ley Seca» ocasionó hace unos 60 años un problema político de primer orden). El polo opuesto se encuentra en los cínicos, como por ejemplo el doctor Besançon, quien decía que nunca había probado el agua más que cuando no sabía que era agua lo que bebía. Ecuánime en esta materia fue Cervantes cuando dijo que el vino que se bebe con mesura jamás hace daño. Pero hay que resaltar que esta mesura varía de una persona a otra. Y aquí es donde comienza el problema: que todo individuo sepa por sus reacciones dónde se encuentra su medida.

El valor calórico del alcohol es bastante alto, de 7 calorías por gramo, o sea, superior al de los hidratos de carbono y proteínas, y sólo inferior al de las grasas. En otras palabras, los vinos corrientes proporcionan entre 600 y 900 calorías por litro, por lo que el valor calórico del vino equivale, más o menos, al de la leche. Esto es tan cierto que se ha llegado a decir, exageradamente, que el vino es la leche de los viejos. Con esto llegamos al capítulo del llamado «vino medicinal», es decir, que las bebidas alcohólicas tienen propiedades terapéuticas. Es incuestionable que el vino contiene vitaminas (grupo B y C) y sales minerales de gran valor biológico aparte de alcohol, y que además su digeribilidad es algo asombroso, de tal manera que podría decirse que es el alimento más «natural», pues en poco más de una hora se completa su absorción total, incluso durante una comida abundante. Desde el punto de vista terapéutico no cabe duda de que el vino, como tónico, vasodilatador, portador de energías, tiene su eficacia. Así, en la gripe, a falta de otras medidas todavía por descubrir, una copa de coñac y un antipirético, como la aspirina, con leche caliente resultan más racionales que un antibiótico, cuya eficacia antiviral es más que dudosa. También es cierto que una copa de bebida alcohólica fuerte en caso de crisis vascular (síncope, angina de pecho, etc.) no puede hacer daño y quizá tenga un efecto estimulante. Pero también hay que decir que el alcohol no tiene efectos terapéuticos como tal, en ninguna enfermedad específica. Se sabe que la comida acompañada con vino en cantidad moderada, disminuye la absorción de grasas en el tubo digestivo.

En resumen, el vino ingerido en cantidades moderadas no ofrece problema alguno; está sólo contraindicado, por regla general, en los enfermos de estómago y de hígado. Se ha exagerado mucho el valor nocivo de los destilados: no es cuestión de calidad, sino de cantidad de alcohol. La razón estriba en que el alcohol, al asimilarse, se acumula rápidamente en la sangre (alcoholemia) y que, pasado cierto límite, se llega a la intoxicación, con síntomas predominantemente nerviosos. No es ya el problema del alcoholismo agudo, con anulación total de la personalidad, sino de cifras de alcoholemia muy inferiores, que merman la capacidad de reflejos y el estado de alerta. Es error de conceptos el que impera en muchas personas cuando piensan en los problemas planteados por la bebida. En primer lugar, toda persona normal, aunque no haya bebido alcohol, tiene una alcoholemia reducida, pero real, debido a que el alcohol es un producto normal del metabolismo. En segundo lugar, los trastornos psíquicos comienzan a un nivel que varía de persona a persona y en relación con multitud de circunstancias. Hay sujetos que con una alcoholemia de 1.2 g por litro de sangre (cifra que el código penal admite en muchos países como valor incompatible con una actitud cívica para poder conducir automóviles) pueden ser completamente responsables de sus actos, mientras que otros con cantidades inferiores cometen los mayores disturbios. En Estados Unidos, por ejemplo, se admiten índices menores de alcoholemia debido al incremento de accidentes automovilísticos asociados al alcohol. Los valores peligrosos que se citan son, pues, sólo un promedio que se cifra, en una población como la nuestra, en 0.8 g por litro de sangre.

Conducir un automóvil con un nivel de alcohol de 0.80 g por litro de sangre es ya bastante peligroso; pero este límite, todavía tolerable en ciertos aspectos y que permite una conservación de los reflejos, condiciona sin embargo, en ciertos casos, una euforia que insensiblemente lleva a la imprudencia. El accidente se hace posible no por intoxicación verdadera, sino por un estado psíquico especial. Aunque la legislación

Tratamientos especiales

varía en cada país, desde el punto de vista científico esta tasa de 0.80 g de alcohol por litro de sangre es la que no debe sobrepasarse. Hay que recordar que después de consumir alcohol su concentración en sangre aumenta rápidamente. El máximo aparece a la media hora o a la hora y cuarto, según que haya alimentos o no en el estómago. El nivel sanguíneo disminuye lentamente a razón de 0.17 a 0.20 g por litro de sangre y hora. En la tabla adjunta se exponen detalles concretos en este sentido, pero para concretar más todavía, suponiendo que el límite máximo tolerado sea de 1 g por litro, un conductor de 60 kg de peso no debe circular inmediatamente después de haber bebido tres cuartos de litro de vino de 10°GL, un litro de cerveza o un aperitivo. Para conducir tiene que esperar por lo menos una hora. Los sujetos que pesen más de 60 kg quizá puedan tolerar un poco más de alcohol, pero, en todo caso, tienen que esperar una hora antes de ponerse al volante, para evitar obvios riesgos.

Ejemplo de ingestión moderada de bebidas alcohólicas*

Horas	Bebidas	Cantidades en cc	Volumen de alcohol en cc
21:00	Whisky de 45°GL	30	13.5
21:30	Vino blanco de 12°GL	50	6
22:30	Vino tinto de 12°GL	50	6
23:00	Champaña de 12°GL	100	12

* Sin licores o aguardientes.   37.5 = 30 g de alcohol

Nivel de alcohol en sangre con arreglo al peso (g/litro)

Si se tiene un peso de:	40 kg	50 kg	60 kg	70 kg	80 kg	100 kg
El nivel de alcohol máximo en sangre es de	0.75	0.60	0.50	0.43	0.37	0.30
Alcoholemia después de 30 minutos	0.65	0.50	0.40	0.33	0.27	0.20
Alcoholemia después de una hora	0.55	0.40	0.30	0.23	0.17	0.10

La alimentación

Ejemplo de ingestión media de bebidas alcohólicas

Horas	Bebidas	Cantidades en cc	Volumen de alcohol en cc
21:00	Whisky de 45°GL	50	22.5
21:30	Vino blanco de 12°GL	60	7.2
22:30	Vino tinto de 12°GL	110	13.2
23:00	Champaña de 12°GL	120	14.4
00:30	Aguardientes o licores de 60°GL	30	18.0
			75.3 = 60 g de alcohol

Nivel de alcohol en sangre con arreglo al peso (g/litro)

Si se tiene un peso de:	40 kg	50 kg	60 kg	70 kg	80 kg	100 kg
El nivel de alcohol máximo en sangre es de	1.5	1.2	1.0	0.85	0.75	0.60
Alcoholemia después de 30 minutos	1.4	1.1	0.90	0.75	0.65	0.50
Alcoholemia después de una hora	1.3	1.0	0.80	0.65	0.55	0.40
Para conducir, esperar un mínimo de horas	3	2	1	–	–	–

El problema del alcohol ha sido exagerado, no sólo en relación con el aspecto concreto de la alcoholemia y los reflejos necesarios para superar la difícil prueba de sortear los peligros viales, sino que también, en cuanto se refiere al peligro del consumo habitual —más o menos moderado—, no siempre impera la objetividad. A la hora de enfocar este asunto no debe olvidarse que el hombre actual está amenazado por multitud de riesgos, el tabaco y el alcohol entre ellos; pero para ser ecuánimes debe considerarse que los tóxicos no sólo actúan cuantitativamente. Intervienen factores personales de tolerancia, idiosincrasia, constitución, etc. Indudablemente, tanto en ciertos individuos, como en el plan terapéutico de algunas enfermedades, el alcohol está totalmente contraindicado; sin embargo, hay enfermos del hígado que toleran algo de alcohol, y otros que no deben conducir un automóvil ni siquiera después del consumo de un simple botella de cerveza.

Ejemplo de ingestión excesiva de bebidas alcohólicas

Horas	Bebidas	Cantidades en cc	Volumen de alcohol en cc
21:00	Whisky de 45°GL	100	45.0
21:30	Vino blanco de 12°GL	120	14.4
22:30	Vino tinto de 12°GL	220	26.4
23:00	Champaña de 12°GL	240	28.8
00:30	Aguardientes o licores de 60°GL	60	36.0
			150.6 = 120 g de alcohol

Nivel de alcohol en sangre con arreglo al peso (g/litro)

Si se tiene un peso de:	40 kg	50 kg	60 kg	70 kg	80 kg	100 kg
El nivel de alcohol máximo en sangre es de	3	2.4	2.0	1.7	1.5	1.2
Alcoholemia después de 30 minutos	2.9	2.3	1.9	1.6	1.4	1.1
Alcoholemia después de una hora	2.8	2.2	1.8	1.5	1.3	1.0
Para conducir, esperar un mínimo de horas	12	10	8	6	4	2

Alimentos animales

Del mismo modo que la naturaleza ofrece al hombre plantas o semillas en su unidad orgánica, también en los alimentos animales hay que considerar tanto su contenido aislado en proteínas, grasas e hidratos de carbono como su conjunto equilibrado, que presta el valor biológico real a estos elementos nutritivos. Por ello, al comer productos alimenticios de origen animal, el hombre debe procurar que sean lo más naturales posible, y evitar que por la manipulación culinaria se destruyan las sustancias con valor biológico que poseen.

Por razones evidentes el hombre se resiste a comer carne o pescado crudos, aunque desde el punto de vista médico esto sería lo idóneo.

La alimentación

Carnes

La carne aporta proteínas (aunque no las más valiosas) y grasas. A medida que mejora el nivel de vida, su consumo sustituye cada vez más a la alimentación unilateralmente hidrocarbonada de los pueblos menos desarrollados; esto significa que la carne es un signo de buen nivel económico en nuestros días, aunque no siempre indica que quienes ingieran mucha carne sean personas sanas.

La carne «roja» se digiere más difícilmente que la «blanca», que contiene menos tejido conjuntivo y se degrada con mayor facilidad. Además, excita menos la producción de jugo gástrico, lo que ocurre también con las ricas en grasas. La carne cruda, poco frita o cocida estimula también la actividad gástrica más que las «pasadas». Las carnes, aun siendo muy ricas en proteínas de gran valor plástico, tienen poco contenido en sales minerales, por lo que su consumo debe unirse siempre al de verduras y frutas. Además, unilateralmente consumida, produce un exceso de ácidos que puede llegar a provocar lesiones.

Durante la cocción, la carne pierde parte de su volumen por la precipitación de las proteínas; parte de su contenido se transforma en líquido tisular y grasas. El contenido calórico de los caldos de este alimento es muy escaso; abundan las sustancias llamadas purínicas, de reducido valor biológico. La carne permanece bastante tiempo en el estómago para su digestión, dependiendo del contenido en grasa, de la forma de preparación y de su masticación. La carne cocida llega al intestino delgado después de 3 o 4 horas; la frita, a las 4 o 5, y las muy grasas (de pato o ganso, cerdo o cordero), varias horas más tarde.

Por su valor biológico, el jamón equivale a la carne roja. Se ha exagerado sobre su digestibilidad y no cabe duda de que un filete de ternera a la plancha es mucho más nutritivo que una lonja de jamón, incluso del más magro. También las salchichas ofrecen ciertas dudas desde el punto de vista nutritivo. Muy a menudo su elaboración entraña un excesivo contenido en sal común, o la presencia excesiva de grasa (hasta el 70 u 80%), y un contenido en carnes de poco valor energético, que son ricas solamente en tejido conjuntivo.

Pescados

Los pescados tienen un valor nutritivo parecido al de la carne, pero su valor biológico es muy superior, pues contienen numerosos elementos minerales. Los llamados blancos son de fácil digeribilidad, pero ha de tenerse en cuenta que fritos pierden esta cualidad. En los azules hay que considerar su contenido en grasas y sobre todo en sustancias purínicas, formadoras de ácido úrico.

Huevos

El huevo es una unidad biológica que contiene todas las sustancias necesarias para el desarrollo de un ser vivo. Por ello no es sólo la suma de 6 g de proteínas y 5 g de grasas, las cuales, después de restar su contenido en agua, no representan más que 75 calorías, equivalentes a las que proporcionan 30 g de pan, sino que su contenido en fosfátidos,

Tratamientos especiales

lecitina y otros lípidos le presta especial valor. La yema es muy rica en vitaminas; contiene sustancias activas sumamente raras en otros alimentos. En el sentido dietético, el huevo adquiere especial valor, por ejemplo en los gotosos, al carecer de sustancias purínicas, y también en los diabéticos, por su escasez de hidratos de carbono. En el intestino se aprovecha totalmente. La forma de presentación culinaria más digerible de los huevos es la cocción ligera —pasados por agua o tibios (tres minutos)—. Los huevos crudos o en tortilla permanecen, para su digestión, más tiempo en el estómago: este tiempo es el máximo (más de tres horas) en el caso de huevos que se consumen duros, rebozados o fritos.

Grasas animales

El tocino, la manteca y otras grasas animales son fuentes de energía que han perdido gradualmente su estimación en el consumo alimentario. Son pobres en ácidos no saturados, por lo que su valor biológico es inferior al de las grasas vegetales. También son más difíciles de digerir. Es necesario advertir que en general las grasas deben ser calentadas lo menos posible. Las sobrecalentadas (ennegrecidas) plantean serios problemas en los enfermos de hígado y vesícula biliar. Los alimentos grasos son, en general, más difíciles de digerir que los alimentos a los que se añaden estas sustancias sin mezcla íntima. Por ello resulta aconsejable usar algún tipo de grasa adicional en vez de los primeros.

Leche

La leche es, como anticipamos, un producto alimenticio de primer orden. Habitualmente sólo empleamos la de vaca (muy rara vez la de cabra). Su contenido en proteínas, acompañadas de valiosos aminoácidos esenciales, y su equilibrada proporción en grasas, junto a altos niveles de calcio y otras sales minerales, la hacen especialmente valiosa durante las épocas de crecimiento. Sin embargo, no todas las personas la toleran bien.

Este factor reside en que las proteínas lácteas (caseína) se separan por procesos fermentativos para precipitarse en grumos. En personas sensibles estos grumos pueden condicionar trastornos digestivos. Pero ha de tenerse en cuenta que estos grumos son mucho más pequeños si se añade té o café a la leche.

La proporción grasa de la leche de vaca es del orden del 3.5 al 4.5% y a veces incluso más. El mayor inconveniente de la leche es su difícil conservación, ya que es un excelente medio para el cultivo de bacterias. La pasteurización ha resuelto este problema, pero sólo en parte, pues el calentamiento a 65 o 75°C no mata todas las bacterias. La cocción lo resuelve por completo, pero resta elementos nutritivos. Lo que sí se ha eliminado totalmente es la contaminación con bacilos tuberculosos bovinos, pues la ciencia veterinaria ha evitado que esta enfermedad siga produciendo víctimas en el ganado.

El **yogur** es una forma especial de leche acidificada que se forma a partir de leche hervida por adición de una levadura especial. Su valor nutritivo es equivalente al de la leche natural. Su mayor campo de aplicación dietética lo representan los enfermos del aparato digestivo, que toleran mal la leche natural. El **kefir** es una leche que ha sufrido una fermentación alcohólica y tiene, prácticamente, el mismo valor biológico que la leche natural.

La **leche magra** o descremada, con muy escaso contenido graso, se utiliza poco en la alimentación humana, aunque es una fuente de proteínas, lactosa, sales minerales y vitaminas de primerísimo orden. Su uso está indicado en personas con trastornos agudos del aparato digestivo (enterocolitis, gastritis) o en personas muy sensibles a la leche natural.

La leche en polvo ya ha sufrido un proceso de elaboración que merma su valor nutritivo; está especialmente indicada en ciertos casos, por ejemplo, cuando interesa administrar un producto lácteo exento de grasas (individuos con exceso de colesterina en sangre). Por el contrario, la nata o leche enriquecida en grasas (hasta en 50%), aunque siempre es de fácil digestión en cantidades moderadas, debe evitarse por su excesivo contenido en ácidos grasos saturados.

Mantequilla

La mantequilla ocupa el primer lugar entre los productos lácteos. Contiene la grasa de la leche y muy escasos residuos de proteínas y carbohidratos. Como una emulsión muy fina de grasa en una solución acuosa, se digiere muy bien. Su color depende de la alimentación de la vaca: muy amarilla, con pienso verde; pálida, con pienso seco. La adición de colorantes sintéticos (amarillo manteca) está prohibida por la ley. Como la leche, es un excelente medio de cultivo para las bacterias. El enranciamiento se debe a una transformación química iniciada por bacterias. El consumo de mantequilla se presta a evidentes abusos, pues pertenece a esa clase de grasas que hemos llamado «invisibles»: nadie parece advertir que se pone tanto sobre el pan como se añade al puré de papa o a las salsas y dulces habitualmente, y sin embargo su valor calórico es muy alto y contiene, además, bastante colesterina.

Cuajo y quesos

Con las proteínas de la leche precipitadas se elaboran el cuajo y los quesos que, como alimentos, han sido usados siempre en gran cantidad. El cuajo, producto de la precipitación reciente de la caseína, tiene un valor biológico muy alto si se considera elemento nutritivo.

Su contenido calórico corresponde al de la carne, pero tiene mayor valor biológico, se digiere excelentemente y se presta incluso a la alimentación de personas muy enfermas. Sin embargo, debe consumirse inmediatamente después de su elaboración; debe conservarse, ya que su valor nutritivo se pierde en gran parte debido a la contaminación por hongos.

Mediante la sucesiva elaboración del cuajo se producen los quesos. Existen quesos grasos con más del 20% de lípidos en el residuo seco (Camembert, Roquefort); semigrasos, con aproximadamente 20% de grasas (manchego, bola, etc.), y poco grasientos (requesones). Todas las clases de queso tienen un gran valor biológico por su contenido en proteínas, además de la grasa, aunque falten la lactosa, las vitaminas y las sales minerales de la leche. También tienen un excesivo contenido en sal común, que puede resultar perjudicial para los enfermos del riñón o para los cardiacos con edemas. El queso es un alimento excelente para los diabéticos por su escasísimo contenido en hidratos de carbono.

Composición de los alimentos en la ración alimenticia

Para una nutrición sana deberán tenerse en cuenta las 10 reglas siguientes:

1ª. Coma moderada pero regularmente. Coma con la suficiente parsimonia; la buena masticación de los alimentos ayuda mucho a conseguir una digestión adecuada.

2ª. En la distribución de la cantidad diaria de alimentos no se debe olvidar que el desayuno es una comida que demasiadas veces se menosprecia. Es mucho más lógico y sano tomar un desayuno de tipo inglés o americano —más abundante— que beber café. Por último, es necesario que la cena se tome bastante antes de ir a la cama (2 o 3 horas antes de dormir).

3ª. Es perjudicial una alimentación monótona; se debe comer con regularidad una amplia representación de todos los alimentos para que el cuerpo reciba todos los elementos nutritivos necesarios.

4ª. Las proteínas imprescindibles se encuentran en forma especialmente valiosa en la leche, carnes y pescados. Es necesario beber hasta medio litro de leche al día, descremada si fuera necesario prescindir de las grasas.

5ª. Las grasas son los alimentos que se prestan a los mayores abusos; no olvidemos que en la ración alimenticia diaria no debe haber más de 75 g. Sólo los trabajadores manuales, con un gran consumo calórico (superior a las 3 500 calorías), deben comer más grasas. En aquella cifra están incluidas las llamadas grasas invisibles (aceite para freír o asar, mantequilla, aceite para condimentar verduras o ensaladas, chocolate, nueces, aperitivos en general, aceitunas, quesos, etc.)

6ª. Es preciso comer todos los días algo de verdura y frutas, sobre todo en estado crudo, no ya sólo por su contenido en vitaminas y sales minerales, sino porque estos productos frescos son necesarios para la conservación de la dentadura.

7ª. Un panecillo de harina blanca no presenta inconveniencia, pero hace falta de vez en cuando comer pan integral o pan elaborado con harinas menos molturadas.

8ª. Los niños y los ancianos han de tomar algún alimento al mediodía y a media tarde, pero la práctica de la merienda es perjudicial en adultos, con excepción de las embarazadas o mujeres lactantes.

9ª. La comida tiene un componente emotivo y social de primer orden que jamás debe olvidarse. Una buena preparación «apetitosa» de la mesa y de los platos es importante, como lo es evitar comer solo.

10ª. Aun admitiendo que el factor económico de los alimentos tiene muchísima importancia en el presupuesto familiar, no se debe olvidar que una ración alimenticia sana y variada es perfectamente posible en todas las esferas sociales.

Regímenes especiales

El trabajador intelectual necesita un aporte calórico más reducido a causa de su actividad más bien sedentaria. Por ello debería comer sustancias muy nutritivas, aunque en pequeñas cantidades. Para activar la función intestinal, su alimentación constará una vez al día de una ración adecuada de frutas y verduras, pero nunca debe sentir la sensación de plenitud. Lo más importante es la reducción en alimentos grasos. El contenido nutricional en personas con actividad preferentemente intelectual debe ser de 1.0 a 1.2 g de proteínas por kilo de peso, mientras que no deben tomar más de 70 g de grasas (en las mujeres, 60 g).

Muy importante para el intelectual es un desayuno abundante, pues es la comida que sobrecarga menos al estómago. Lo ideal sería comer en la mañana hasta el 30% de la ración alimenticia diaria, incluyendo siempre frutas o jugos de fruta por su contenido en vitaminas. El almuerzo suele ser la comida más rica, pero nunca debe importar más del 40% de las necesidades diarias.

La cena debe ser más parca; es fundamental efectuarla dos o tres horas antes de ir a descansar. En la cena deben evitarse alimentos con mucho lastre o que produzcan exceso de gases.

En la persona de edad cambia la ración alimenticia, que en general debe ser algo más limitada que en el adulto y tener un consumo calórico reducido. El hombre de 70 años sólo necesita unos tres cuartos de las calorías normales por kilo de peso al día, pero, cualitativamente, la alimentación debe ser más rica en proteínas (unos 80 g al día). Para ello debería beber leche o comer productos lácteos. También debe el anciano comer más frutas y verduras para ingerir mayor cantidad de vitaminas. Es necesario que sea muy parco en su cena, para no sobrecargar su aparato digestivo durante la noche. De ahí que el viejo proverbio que dice «No lo quiere mal quien hurta al viejo lo que ha de cenar» mantenga todo su valor médico.

En síntesis, todos los médicos están de acuerdo en que la alimentación sana de un adulto normal debe incluir las siguientes directrices:

1. Reducción intensa del consumo de grasas, limitándolas a las grasas naturales como la leche y los aceites vegetales.
2. Reducción intensa de dulces.
3. Limitación de las harinas refinadas o blancas, aportando a menudo pan integral u otras fuentes de fibra.
4. Aumento del consumo de leche y derivados, papas, verduras y frutas, especialmente.
5. El clásico café de tantísima gente a la hora del desayuno es totalmente anticientífico y antinatural. Esta primera ración matutina debería aportar al menos el 20% de las necesidades alimenticias totales del resto de la jornada; una bebida estimulante no aporta nada.
6. La cena debería ser la más parca de las comidas o, al menos, sería conveniente permanecer levantado un periodo mínimo de 2 a 3 horas después de la cena y antes de retirarse a descansar.
7. No hay inconveniente en tomar un bocadillo a media mañana o algún alimento en la merienda, si hubiera hambre.

Tratamientos especiales

Se recomienda para el adulto medio la siguiente ración:

Alimentos	Cantidad	Aprovechable	Frecuencia de consumo
Leche	400 g	400 g	diaria
Carne	160 g	100 g	cuatro veces por semana
Pescado	250 g	150 g	tres veces por semana
Pescado en aceite	80 g	80 g	una vez por semana
Huevos	4 unidades	4 unidades	4 unidades a la semana
Legumbres	80 g	80 g	seis veces por semana
Papas	350 g	300 g	diaria
Verduras	200 g	145 g	diaria
Frutas	200 g	140 g	diaria
Pan y tortillas	400 g	400 g	diaria
Arroz y pastas	50 g	50 g	tres veces por semana
Azúcar	30 g	30 g	diaria
Aceite	50 g	50 g	diaria

La cosmética

La palabra cosmética o cosmesis proviene del griego; se denomina así el arte de preservar, aumentar o restituir la belleza del cuerpo humano. En este sentido, la cosmetología es una parte de la higiene médica que trata específicamente de los cuidados necesarios para conseguir un aspecto esmerado, retrasar las manifestaciones del envejecimiento, disimular los defectos físicos y moderar las desviaciones del ideal de la hermosura. La cosmética no es ningún invento de nuestra época. En todas las culturas antiguas encontramos un extraordinario interés por resaltar armoniosamente los rasgos físicos. En la actualidad, la estrecha unión de los conocimientos médicos, la aplicación de ciertas artes «decorativas» y el uso razonado de medidas higiénicas forman la base de esta ciencia.

La cosmética se practica a todas las edades y en todas las clases sociales. Hasta los hombres han reconocido el valor de un prudente uso de productos cosméticos para el baño, el pelo y el diario afeitado. Para la mujer, la cosmética significa ocuparse de sí misma, conservar un espíritu joven y aumentar su atractivo personal. Llegada cierta edad es especialmente importante mantener una apariencia agradable; se puede envejecer sin perder la gracia del cuerpo. Esto no quiere decir que su finalidad sea que las abuelas se parezcan a sus nietas o que aparenten una juventud falsa y forzada; a cada época de la vida corresponden determinados cuidados.

La gimnasia y los ejercicios físicos

La elasticidad de los tejidos puede conservarse hasta una edad muy avanzada, siempre que se introduzcan precozmente, en el programa diario de cuidados cosméticos y aseos higiénicos, unos cuantos ejercicios gimnásticos; se practique con frecuencia algún deporte (sobre todo la natación y la bicicleta fija), y se dé diariamente un paseo.

Bastan unos cuantos ejercicios. La experiencia demuestra que la falta de tiempo y de voluntad son los mayores enemigos del «mantenerse en forma». No vale la pena proponerse, con la mejor intención, dedicar media hora diaria a la gimnasia si al cabo de una semana se averigua que ni se dispone del tiempo necesario ni se emprende tan loable propósito con la suficiente tranquilidad y relajamiento físico y psíquico. Resulta más útil escoger, entre la multitud de ejercicios gimnásticos posibles, unos pocos bien estudiados para practicarlos consecuentemente. En las figuras adjuntas pueden estudiarse los ejercicios gimnásticos más corrientes, que comprenden, prácticamente, los movimientos necesarios para entrenar a diario todo el cuerpo.

Como es natural, nunca debe sobrepasarse la capacidad física personal. Quien nunca haya dejado de hacer gimnasia puede realizar un programa mucho más amplio que quien la empieza a edad madura. En casos de duda debe consultarse al médico. Pero cuando se trata, además, de combatir algunos pequeños defectos, como por ejemplo eliminar depósitos de grasa en ciertas zonas o «mejorar la línea», puede seguirse un simple programa especial. He aquí algunos casos concretos:

Las caderas demasiado pronunciadas pueden reducirse mediante ejercicios que consisten en arrodillarse en el suelo con los brazos cruzados sobre el pecho para,

Tratamientos especiales

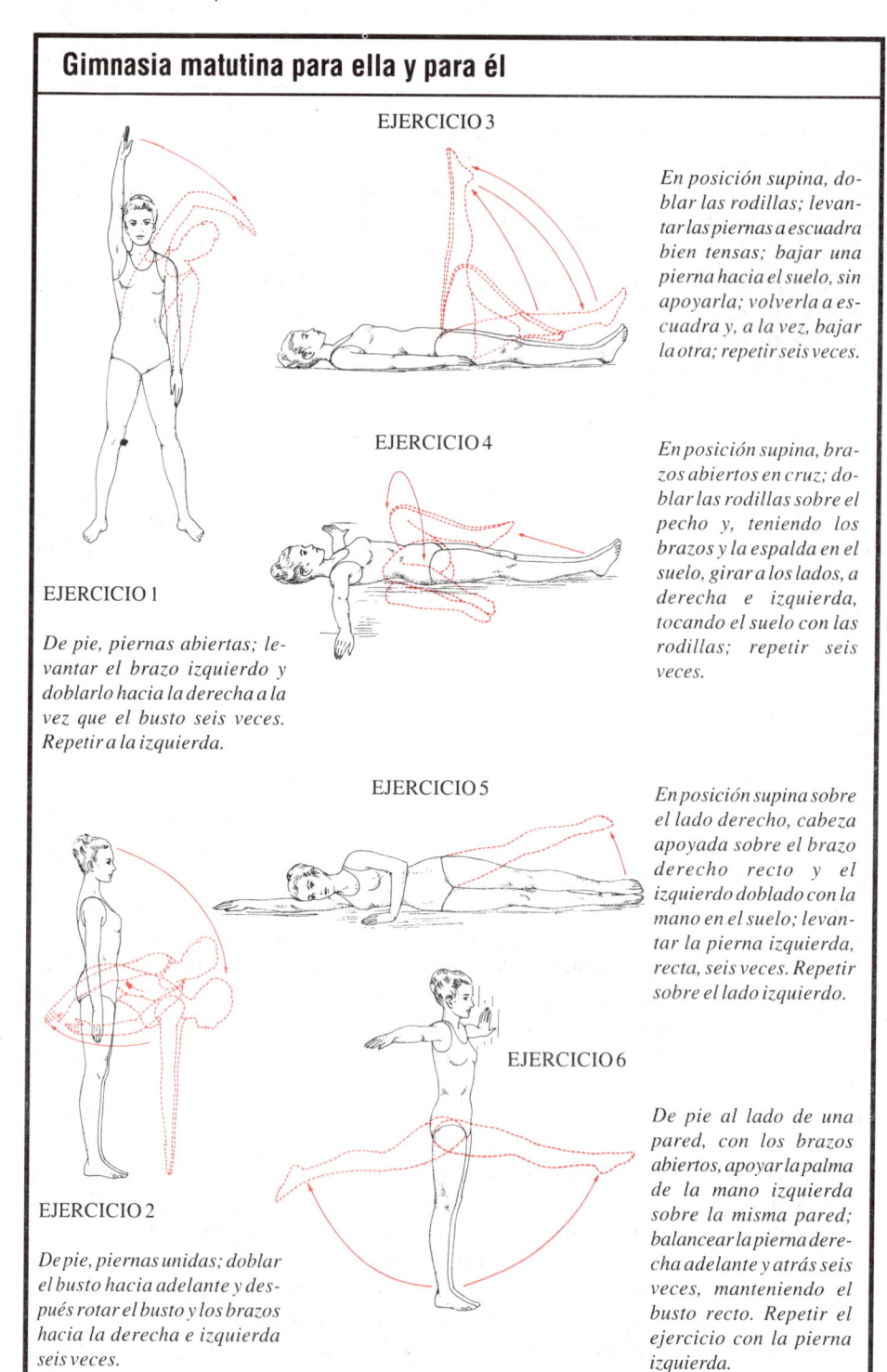

Gimnasia matutina para ella y para él

EJERCICIO 3

En posición supina, doblar las rodillas; levantar las piernas a escuadra bien tensas; bajar una pierna hacia el suelo, sin apoyarla; volverla a escuadra y, a la vez, bajar la otra; repetir seis veces.

EJERCICIO 4

En posición supina, brazos abiertos en cruz; doblar las rodillas sobre el pecho y, teniendo los brazos y la espalda en el suelo, girar a los lados, a derecha e izquierda, tocando el suelo con las rodillas; repetir seis veces.

EJERCICIO 1

De pie, piernas abiertas; levantar el brazo izquierdo y doblarlo hacia la derecha a la vez que el busto seis veces. Repetir a la izquierda.

EJERCICIO 5

En posición supina sobre el lado derecho, cabeza apoyada sobre el brazo derecho recto y el izquierdo doblado con la mano en el suelo; levantar la pierna izquierda, recta, seis veces. Repetir sobre el lado izquierdo.

EJERCICIO 6

EJERCICIO 2

De pie, piernas unidas; doblar el busto hacia adelante y después rotar el busto y los brazos hacia la derecha e izquierda seis veces.

De pie al lado de una pared, con los brazos abiertos, apoyar la palma de la mano izquierda sobre la misma pared; balancear la pierna derecha adelante y atrás seis veces, manteniendo el busto recto. Repetir el ejercicio con la pierna izquierda.

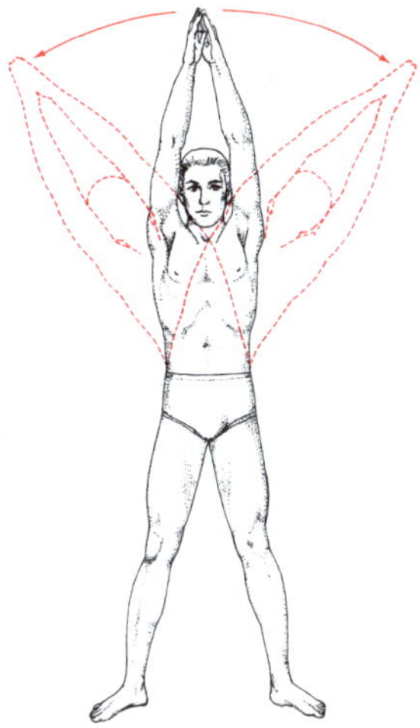

La cosmética

EJERCICIO 3

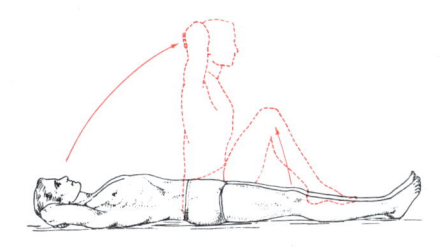

En posición supina, manos enlazadas bajo la nuca, levantar el busto a escuadra; doblar alternativamente las piernas aproximando lo más posible la rodilla al pecho seis veces.

EJERCICIO 4

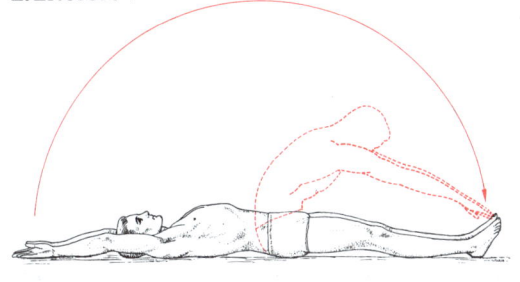

En posición supina, brazos rectos detrás de la cabeza, levantarse con fuerza y doblarse hacia adelante hasta tocar los pies con la punta de los dedos. Repetir seis veces.

EJERCICIO 1

De pie, piernas abiertas; brazos alzados, manos juntas; doblar el busto a derecha e izquierda. Repetir seis veces.

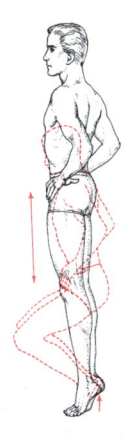

EJERCICIO 5

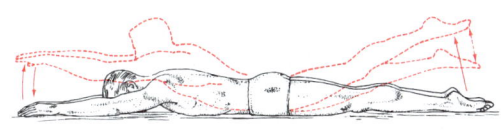

Boca abajo, brazos rectos hacia adelante; levantar los brazos y el busto seis veces. Después levantar alternativamente las piernas en tijera seis veces.

EJERCICIO 6

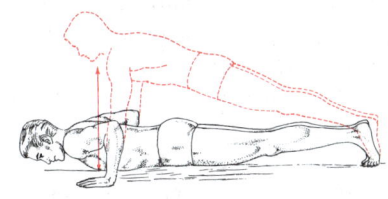

Boca abajo, doblar los brazos a la altura de los hombros, apoyando las palmas de las manos en el suelo; extender los brazos y levantar el cuerpo seis veces manteniendo las piernas rectas.

EJERCICIO 2

De pie, manos sobre los costados; levantarse sobre la punta de los pies y, con el busto recto, doblar las rodillas seis veces.

889

Tratamientos especiales

después, sentarse junto a los pies sin ayuda de las manos; el ejercicio se ejecuta alternativamente a un lado y a otro.

Unos glúteos recubiertos por un exceso de panículo adiposo se reducen si, una vez sentado sobre el suelo con las piernas extendidas, se dan saltos, progresando y retrocediendo a lo largo de una habitación alternativamente de 3 a 5 veces al día, usando sólo la superficie de asiento como resorte para efectuar el movimiento.

La excesiva prominencia del vientre se corrige mediante sencillas contracciones musculares del abdomen. Se contrae la musculatura del vientre como si se quisiera «pegar» la pared anterior del abdomen a la columna vertebral. Inmediatamente después hay que contar hasta 10 para, acto seguido, relajar dichos músculos bruscamente. Este ejercicio hay que repetirlo de 5 a 10 veces y debe realizarse sentado, acostado o de pie, siempre que se disponga de tiempo. En general, no sólo sirve para fortalecer los músculos del abdomen; también tiene utilidad en cualquier otra parte del organismo (glúteos, muslos, brazos, pecho, etc.). Es importante únicamente el entrenamiento consecuente y constante, sin perder el hábito.

Los senos de la mujer fláccidos y caídos prematuramente pueden fortalecerse mediante los siguientes ejercicios:

1. Con los brazos extendidos horizontalmente, efectúense rítmicamente movimientos bruscos hacia atrás.
2. Con los brazos extendidos horizontalmente, realícense movimientos circulares de adelante hacia atrás, trazando círculos cada vez mayores.
3. Colocando las manos ante el pecho, tóquense las puntas de los dedos de ambas manos, pero manteniendo los codos en un plano horizontal. Una vez que estén en contraposición los dedos se deben presionar lo más fuertemente posible entre sí. A continuación se debe reducir la presión; se repite unas 20 veces.

La sotabarba, doble barbilla o papada se puede evitar o disminuir simplemente mediante dos ejercicios fáciles:

1. Rotación circular de la cabeza a la izquierda o a la derecha (lo que también mantiene el cuello delgado y flexible).
2. Montando el labio inferior sobre el superior y flexionando la cabeza hacia atrás. Esta postura se mantiene durante unos 10 segundos para luego relajar y flexionar la cabeza hacia adelante. Repítanse estos movimientos de 5 a 10 veces. Para que sean eficaces ha de notarse la tirantez de los músculos del cuello.

Los ejercicios respiratorios forman parte esencial del diario programa gimnástico. Ante una ventana abierta deben efectuarse una serie de respiraciones o ventilaciones profundas durante 2 o 3 minutos. La inspiración será lenta y siempre a través de la nariz, con el abdomen lo más fláccido posible. La espiración se realiza por la boca, contrayendo progresivamente los músculos abdominales hasta que la pared anterior se «pegue» a la columna vertebral. Lo importante de toda ventilación es una buena técnica espiratoria, pues la inspiración sobreviene luego correctamente por sí misma. Es conveniente elevar los brazos horizontalmente durante la inspiración para luego bajarlos al expulsar el aire.

Con el tiempo, el organismo se acostumbra a una ventilación profunda, que comporta necesariamente una mayor actividad del diafragma. De modo habitual nuestra respiración es demasiado superficial. Conseguir un aspecto saludable requiere aprender a usar debidamente **todos** los músculos que ayudan a tan esencial actividad funcional del cuerpo.

El **paseo diario** es otra de las actividades imprescindibles, sobre todo ante la profusión de enfermedades de tipo circulatorio, que en gran parte se deben a la actual forma de vida, en exceso sedentaria. El aspecto externo de una persona muchas veces se ve envejecido por la falta de un esfuerzo físico tan elemental como la simple marcha. Muchos insomnios y nerviosismos se deben a un abuso de los medios de transporte. No puede olvidarse jamás que un buen paseo todas las noches antes de cenar o de acostarse, durante una hora, es mucho más sano y eficaz que un somnífero. Dar un paseo no significa «ir de compras» o ver escaparates; entraña realizar una marcha acompasada pero enérgica con una distancia fijada. Si no se dispone del tiempo necesario se puede ir o volver del trabajo andando. En casos extremos es muy fácil abandonar el medio de transporte unas 2 o 3 paradas antes de la más cercana al domicilio para continuar el camino a pie. Afortunadamente para el género humano, hoy día es tan difícil la circulación viaria que cada vez será mayor el número de personas que recurran a una simple marcha para no perder tiempo antes de ocupar un automóvil o un medio de transporte colectivo.

Los ascensores deberían ser considerados como uno de nuestros mayores enemigos, pues el subir una escalera es una de las mejores formas de conservar la línea, siempre que el médico no lo haya prohibido expresamente.

La marcha revela más de lo que nos imaginamos sobre nuestra edad y temperamento. Caminar correctamente no es fácil, pues se ha de fijar la atención en algunos extremos. Así, es preciso mover las piernas desde las caderas, no sólo desde las rodillas. La espalda ha de formar una línea recta, los glúteos han de estar contraídos conscientemente y la pelvis debe desplazarse ligeramente hacia delante (es decir, al caminar se debe imitar la posición militar).

La cabeza también debe estar levantada, y no inclinada hacia adelante. La armonía al caminar puede disimular muchos defectos que acompañan al envejecimiento pero que también existen en edades más jóvenes, en las que un porte adecuado hace olvidar la presencia de unas piernas quizá no demasiado perfectas.

La celulitis

Si nos atenemos a su etimología, la palabra celulitis define una inflamación de alguna agrupación celular. Pero en el uso corriente de este término, tanto entre profanos como entre médicos, la celulitis se refiere a una alteración peculiar del tejido subcutáneo que, por desfigurar la línea del contorno corporal, constituye una verdadera pesadilla para muchas mujeres.

Se caracteriza este trastorno por una hinchazón no inflamatoria con acumulación de líquido intercelular debajo de la dermis, cuya sustancia fundamental conjuntiva muestra signos de degeneración fibrosa irregularmente distribuida. Ambos factores condicionan un empastamiento y engrosamiento de la piel en forma de nódulos o placas, con incremento de la consistencia y disminución de la normal elasticidad y de la posibilidad de desplazamiento. La induración presenta diversa extensión, y por ello la piel adquiere una apariencia acolchada que al tacto se asemeja a la piel de la naranja.

Tratamientos especiales

A veces, estas alteraciones son dolorosas, pero siempre son imprecisas las molestias. Las causas de la celulitis son todavía poco claras. Se sabe que afecta casi exclusivamente a la mujer y que intervienen tanto factores hormonales como metabólicos (sobre todo la tendencia a la obesidad), pero que también son muy importantes las influencias locales de posturas inadecuadas o forzadas (por ejemplo por defectos de curvatura de la columna vertebral), la existencia de pies planos, de trastornos circulatorios (sobre todo de várices) y un cierto descuido de algunas mujeres al no realizar determinados ejercicios físicos de importancia básica.

La celulitis suele aparecer con mayor frecuencia en ciertas épocas críticas, como después de la pubertad, a raíz de los embarazos y en el climaterio. Su localización es también muy variable; unas veces en los tobillos y pantorrillas, otras en la parte superior de los muslos, en las caderas, en el cuello y, sobre todo, en las glándulas mamarias se presenta esta irregularidad.

El tratamiento de la celulitis plantea problemas muy complejos. Es sumamente optimista el criterio de algunos institutos de belleza, según el cual «basta un poco de masaje». En primer lugar, la mujer debe pesarse y combatir con una dieta adecuada la obesidad u otros factores metabólicos que pueda presentar. En segundo lugar, el médico deberá averiguar si existe alguna causa local (várices, defectos posturales) u hormonal (trastornos ováricos casi siempre, pero también tiroideos). El tratamiento con diuréticos (para eliminar el exceso de agua tisular) no debe realizarse, bajo ninguna circunstancia, sin vigilancia médica.

Mucho más útiles son las inyecciones de enzimas (quimotripsina y sustancias fibrinolíticas) en el propio tejido indurado que naturalmente sólo pueden ser efectuadas por el especialista. El masaje, los ejercicios gimnásticos, las aplicaciones de lodos, baños u otros métodos complementan el tratamiento. En general, las pomadas y pastas llamadas desengrasantes tienen un valor muy limitado. En resumen, la presencia de una celulitis exige un plan racional meditado que ha de prolongarse con paciencia durante algunos meses.

La cosmética femenina

Se puede ser bella siempre. Pero cada edad tiene sus problemas estéticos. Primero hay que orientar la belleza, más tarde defenderla en determinados momentos críticos o delicados y, por último, prolongarla en lo posible cuando la juventud haya quedado atrás. La niña, la adolescente, la futura madre, la mujer en el cenit de su feminidad y la dama madura pueden ser guapas con pocos cuidados fundamentales. A menudo, las reglas de belleza coinciden con las normas de la salud; una mujer bien maquillada no es hermosa si presenta alguna enfermedad.

La niña

Desde hace algunos años la industria de la cosmética se ocupa de los niños; estudia series enteras de productos adecuados para el bebé; prepara champús que no irritan los ojos, dentífricos con un sabor agradable a frambuesa o fresa, jabones rigurosamente neutros para las pieles delicadas, sales de baño para disolver en el agua y polvos de talco especiales. Precisamente durante los años de la primera infancia deben iniciarse la educación y el hábito de la higiene diaria, base indispensable para futuros tratamientos estéticos... y para convivir en una sociedad civilizada.

La higiene diaria

Conforme el niño crece debe aprender, sin embargo, a ocuparse de su propia persona y, sobre todo, debe hacerlo con satisfacción. Chapotear en el baño, lavarse los dientes y peinarse deben convertirse en otras tantas costumbres, pero no menos atractivas que un juego. Cada niño, tanto varón como mujer, debería poseer sus accesorios higiénicos personales y acostumbrarse a mantenerlos limpios. En el «neceser de belleza» de la niña no deberá faltar especialmente la crema para aplicarse en la cara cuando la piel se reseque por el viento, el sol o el frío. Son indicadísimas, con este fin, las cremas emolientes para el bebé que fabrican las mejores marcas.

El cuidado de los dientes

Los dientes representan tal vez el problema estético más importante durante la infancia. Precisamente a esta edad, en efecto, pueden presentarse deformaciones (dientes superiores sobresalientes, colmillos torcidos o superpuestos, etc.) que, si se descuidan, pueden alterar, más o menos profundamente, la propia fisonomía, a la vez que son causa de otros graves inconvenientes, como defectos de masticación. Por lo tanto, es muy importante vigilar con atención la caída de los dientes de leche y el crecimiento de los dientes definitivos, y también es útil controlar algunas actitudes frecuentes en los niños, como el chuparse el dedo, morder objetos duros u otros que pueden, a largo plazo, alterar la perfección de la dentadura.

Naturalmente las causas de estas deformaciones pueden tener orígenes diferentes, pero éste es un tema de estricta competencia médica y precisamente el médico es quien debe controlar y eventualmente corregir, con los aparatos adecuados, los dientes defectuosos. La misión de la madre consiste simplemente en someter sus hijos a periódicas visitas al dentista y, tal vez, en hacer comprender con dulzura al niño (y a la niña) que los tan odiados «aparatos para los dientes» son necesarios no sólo para tener una bonita sonrisa, sino también para masticar bien, y de esta forma hacérselos aceptar sin malestar e incluso sin dramatismos.

El pelo

El cuidado del pelo es igualmente importante para la futura belleza de la niña. Los peinados infantiles deben ser, ante todo, sencillos y fáciles de conservar. Cada madre y cada niña pueden escoger, según su gusto, entre el pelo largo o corto, suelto o recogido en la nuca, con o sin flequillo, pero en cualquier caso resultarán válidas estas sencillas reglas higiénicas: cada noche un cepillado para quitar el polvo; cada 7 días un lavado con champú (los champús para niños son neutros y no escuecen los ojos); cada 15 o 20 días un buen recorte de puntas, aunque el pelo sea largo, para regular el corte y facilitar el crecimiento. Serán suficientes estos pocos cuidados para que el pelo de la niña y del

Tratamientos especiales

niño se mantenga sano y se fortifique, transformándose, de la leve pelusa de la primera infancia, en la melena espesa y fuerte de la pubertad.

La adolescente

Hasta hace algunos años, los únicos medios de que disponían las niñas entre los 13 y los 17 años para conservarse frescas y lozanas eran el agua y el jabón. Pero esta situación se ha transformado considerablemente.

Revisemos apresuradamente los «complementos» de belleza de la adolescente normal, sin problemas particulares. En su «toilette» puede haber una barra de labios de color tenue, una base ligera, unos polvos claros, una buena lavanda y, a lo sumo, un lápiz para subrayar apenas la línea de las pestañas. Pero, sobre todo, deberá disponer de un jabón neutro o una crema-jabón para lavarse con agua la cara todas las mañanas; una leche limpiadora y un tónico ligero para aplicar por la noche, antes de acostarse, y liberar la piel del polvo y del levísimo maquillaje; una crema a base de aceites vegetales vitamínicos o de extractos de hierbas para facilitar el mínimo de nutrición y de protección que requieren incluso los cutis normales y muy jóvenes.

El acné

No siempre la extrema juventud es garantía de un cutis perfecto. Precisamente las adolescentes se sienten a menudo afligidas por una tez impura: su piel tiene un aspecto granuloso y espeso, con los poros dilatados; siempre está brillante por la secreción excesiva de grasa, salpicada de puntitos negros o espinillas; se inflama fácilmente y «florece» periódicamente con pústulas de acné. Una piel tan estropeada puede originar complejos verdaderamente dolorosos en la jovencita.

Las causas del acné son múltiples. Suelen estar relacionadas con los malos hábitos alimenticios (comidas grasas, picantes, chocolate, etc.), que siembran la piel de granitos. También están relacionadas, a menudo, con la tendencia de las adolescentes a pintarse demasiado sin limpiar bien la piel todas las noches. Los residuos de colorete y de polvos, mezclados con la suciedad ambiental y con la secreción grasa del cutis, se depositan en los poros, los dilatan y forman espinillas duras y profundas que se infectan fácilmente.

Es suficiente, en efecto, con que uno de los numerosos gérmenes que se depositan sobre la piel entre en contacto con un granito infectado o con una espinilla reventada para que se inicie un proceso infeccioso capaz de propagarse rápidamente, transformándose en una erupción de acné. Malas costumbres alimenticias y mala utilización de los cosméticos suelen ser tan sólo causas agravantes: la causa principal y primera del acné reside casi siempre en una secreción anormal de las glándulas sebáceas debida a desequilibrios hormonales típicos de la edad, relacionados con el desarrollo sexual. En muchos casos, en efecto, las manifestaciones más violentas del acné suelen acompañar a irregularidades en los ciclos de la menstruación, pero no es la norma esta combinación.

Los remedios contra el acné están evidentemente vinculados con sus causas. Será útil una dieta rica en proteínas, verdura, fruta y alimentos compuestos de leche pero pobre en grasas y elementos picantes y fermentados. Será indispensable una limpieza regular y escrupulosa de la piel. En el «ajuar de belleza» personal podrá sustituirse el tónico por una loción desinfectante y añadir durante la noche una crema curativa compuesta por sustancias sulfuradas y antibióticas. Sin embargo, cuando el acné resulta rebelde a todas las curas dietéticas y cosméticas normales hay que consultar a un médico especialista, dermatólogo o endocrinólogo, sin pérdida de tiempo. A él le corresponderá descubrir las causas de la enfermedad, que casi siempre se presentan muy complejas, y recetar los remedios externos e internos adecuados para resolverla o al menos mitigarla.

Cuanto antes inicie la adolescente los exámenes y la terapéutica precisa, tanto menor será el riesgo de prolongar la desagradable compañía del acné durante años y las probabilidades de estropearse la piel para siempre.

El vello

Son muchas las adolescentes que, en la llamada «edad del desarrollo», ven surgir en pocos meses un vello oscuro en las piernas, en los brazos y por encima de los labios. En la mayoría de los casos son factores hereditarios los que determinan la aparición de un vello abundante a esta edad. Es decir, sufren este defecto las chicas hijas de madres o padres muy peludos. Algunas veces, sin embargo, la herencia no tiene nada que ver y la «hipertricosis», o el exceso de vello, está relacionada con auténticos desequilibrios endocrinos. En este caso le corresponde al médico hallar el remedio adecuado.

Sin descuidar la intervención del médico, algo, o mucho, se puede hacer desde el punto de vista estético para eliminar o disimular el odiado vello superfluo. Si se trata de simple pelusa en los brazos o en la cara, suave pero lo bastante oscura para resaltar sobre la piel, no es necesario, sino que por el contrario puede resultar perjudicial, eliminarla: basta aclararla. Se encuentran a la venta excelentes cremas.

Para el vello poco tupido pero fuerte, que desfigura el rostro, existe la depilación eléctrica, única que quema el pelo en la raíz y lo elimina definitivamente. Se practica en los institutos de belleza especializados. Finalmente, para eliminar el vello tupido de las piernas o de los brazos, o para depilar las axilas, el sistema más práctico y rápido es el uso periódico de una buena crema depilatoria o incluso, para una depilación más duradera, la cera caliente.

Las piernas y los pies

Muchas mujeres que cuidan con esmero su cara y sus manos descuidan completamente sus pies. En el verano y en la playa vemos cuadros lamentables: pies con callos, durezas y deformidades que producen un efecto deplorable.

Casi todos los niños nacen con los pies sanos, pero casi todos los adultos padecen malformaciones y enfermedades como consecuencia de calzados inadecuados, sobre todo zapatos muy estrechos o tacones demasiado altos. Las personas que tienen que caminar mucho o estar largo tiempo de pie necesitan un calzado práctico y cómodo a la vez que fuerte. Por otra, parte llevar durante todo el día zapatos tenis o sandalias viejas es del todo contraproducente, ya que el pie necesita un soporte adecuado para no perder su forma correcta.

Tratamientos especiales

Gimnasia de pies. Camínese unos 10 metros, sin zapatos, apoyando el peso del cuerpo alternativamente sobre las puntas y sobre el talón. Los movimientos circulares con los pies, levantándolos y bajándolos, ayudan a mantener la flexibilidad. Las personas con pies planos o con el arco transverso caído necesitan consultar a un ortopedista, que les indicará la clase de plantillas que deben utilizar.

El baño con sales. Algunas sales alivian el ardor y los dolores de los pies cansados: los polvos de talco evitan irritaciones entre los dedos (séquense siempre bien) y los «sprays» especiales producen sensación de bienestar durante todo el día.

Las personas con fuerte transpiración deben usar todas las mañanas polvos desodorantes y desinfectantes. Después del baño se aplica un masaje.

La pedicura no es ningún lujo, sino la base de los cuidados de los pies. Si visitamos regularmente a un callista no sufriremos de durezas ni callos y evitaremos dolores inútiles. Las durezas en los talones se eliminan durante el baño con piedra pómez, aplicando posteriormente una crema. Las uñas de los dedos de los pies se cuidan tan rigurosamente como las de las manos, pero no se les da una forma ovalada, sino que se liman horizontalmente. Tampoco en las uñas de los dedos de los pies es recomendable que se corte la cutícula.

Las piernas delgadas significan el sueño y a veces la pesadilla de toda mujer, sobre todo en los tiempos de la «minifalda». Pero no todas las mujeres pueden tener las medidas ideales (tobillos, 17 cm y pantorrillas, 32 cm). Además, no podemos cambiar la estructura ósea sin una intervención quirúrgica. La gimnasia continua y sistemática puede reducir la grasa y fortalecer la musculatura.

Gimnasia para pantorrillas y rodillas gruesas

1. Sáltese sobre las puntas de los pies levantando en resorte la pierna derecha e izquierda alternativamente.

2. Póngase lentamente de puntillas y vuélvase a asentar todo el pie sobre el suelo.

3. Tendida boca arriba en el suelo, muévanse las piernas como si se «montase en bicicleta». Primero más lentamente, aumentando poco a poco la velocidad. Este ejercicio es aconsejable para rodillas gruesas. Procúrese extender las piernas completamente después de una flexión máxima.

4. Practíquense diariamente 10 a 20 flexiones de rodillas, permaneciendo de puntillas. Este ejercicio es eficaz tanto para las pantorrillas gruesas como para las muy delgadas, ya que fortalece los músculos y reduce las grasas en la corva.

Tobillos gruesos. Si el tejido adiposo en los tobillos está demasiado desarrollado se aplicará diariamente un masaje de pellizcamiento, usando el dedo pulgar y el índice, desde el talón hasta la pantorrilla. A continuación se hace un masaje de presión con la palma de la mano (con la mano cerrada) encima del tobillo. Durante la noche se aplica una compresa empapada en agua fría salada, que se fijará con una venda elástica. Hay que cuidarse de dificultar la circulación sanguínea.

Si existen o se inician várices no se deben aplicar jamás masajes. En caso contrario se pueden dar fricciones con alcohol de romero para conservar una forma bonita de las piernas, prevenir las várices y estimular la circulación sanguínea. En posición sedente se levantan las piernas horizontalmente y comienzan las fricciones por el talón. A continuación se «sacuden» las piernas, siempre en la misma posición.

La cosmética

El desarrollo armónico de la línea

Para la armonía de la línea femenina es decisivo un desarrollo armónico del pecho. El pecho está constituido por la glándula mamaria y por el tejido adiposo y conectivo que envuelve la glándula. Todo ello reposa, sostenido por frágiles ligamentos, sobre un tejido muscular que reviste especial importancia, pues de él depende en buena parte la firmeza del busto. Sabemos que el pecho, junto a factores constitutivos, está influido también, en medida decisiva, por las modificaciones hormonales típicas de la pubertad: en esta edad de transición se decide, en efecto, su línea futura. El desarrollo normal del pecho se puede estimular eficazmente llevando siempre un sujetador adecuado, que no apriete ni comprima; aplicando todas las mañanas una esponja fría en la parte superior de las mamas; practicando, en fin, regularmente una gimnasia y un deporte que ejerciten especialmente los músculos pectorales.

Si, pese a todo, el pecho continúa siendo infantil o, por lo contrario, muestra propensión a tornarse demasiado pesado, es conveniente recurrir al médico especialista (endocrinólogo).

La futura mamá

No existe una mujer joven que, una vez asimilado el feliz descubrimiento de que espera un niño, no se sienta oprimida, en mayor o menor grado, por el miedo, ante todo al parto, pero también a ver deformado su cuerpo, manchada la piel y marchitada la propia belleza. En otras palabras: marcada para siempre. Para algunas futuras madres este temor se convierte en auténtica angustia. Pues bien: es innegable que con el embarazo la belleza femenina corre algunos riesgos. Sin embargo, se puede hacer mucho por alejarlos: basta con seguir escrupulosamente unas pocas reglas. Y cuando haya nacido el niño será necesario que la madre se organice de forma que disponga de algún tiempo para ella, para no abandonarse demasiado una vez superada la «prueba». Para mantener una relativa elasticidad y agilidad físicas es conveniente un poco de movimiento durante el embarazo.

Un paseo diario favorece particularmente la oxigenación de los tejidos, aunque el secreto para que resulte ciertamente beneficioso consiste en andar con zapatos cómodos, de tacón mediano y más bien grueso, y en sentarse «antes» de sentirse cansada. La mujer que esté acostumbrada a hacer gimnasia o deporte puede seguir practicándolo con moderación, incluso cuando esté esperando un niño, con tal de que no se trate de ejercicios cansados y violentos como el tenis, la equitación, el esquí y el alpinismo. La natación se permite, e incluso la aconsejan algunos médicos, a condición de que el agua no esté demasiado fría.

El abdomen

Con el embarazo aumenta de volumen el abdomen, el pecho, las caderas y a menudo incluso los muslos. La piel se dilata más allá del límite de elasticidad y al final cede y origina «estrías» en los puntos de mayor tensión: antiestéticas vetas claras que es casi imposible hacer desaparecer luego. Esto les sucede a muchas mujeres, no a todas. Las

Tratamientos especiales

estrías, sin embargo, se pueden evitar si la futura madre comienza a preocuparse inmediatamente, cuando las medidas del cuerpo son aún normales. Desde el principio del embarazo los tejidos tienden, en efecto, a deshidratarse, y pierden elasticidad. Por lo tanto es indispensable que todas las noches, regularmente, hasta el momento del parto, se extienda en el pecho, estómago, abdomen, caderas y muslos un producto emoliente, haciéndolo penetrar con un ligero masaje. Se encuentran a la venta excelentes cremas para prevenir la aparición de estas estrías, aunque puede muy bien servir el simple aceite de almendras.

El cutis

Otro inconveniente al que están sujetas algunas mujeres embarazadas, generalmente en la segunda parte del embarazo, es la aparición de manchas oscuras en el cuello y en la cara, debidas a una excesiva concentración del pigmento cutáneo llamado «melanina». Estas manchas no constituyen por supuesto un fenómeno inquietante desde el punto de vista médico: están únicamente relacionadas con una determinada acción de las glándulas endocrinas durante el embarazo. Pero no siempre desaparecen después del parto. Para prevenirlas, una conocida casa francesa de cosmética ha estudiado una crema especial, que se debe aplicar por la noche alternándola con la habitual crema nutritiva; forma parte de una serie de productos creados para la futura madre y para el niño. Quien no padezca las antiestéticas «manchas del embarazo» debe dedicar también un cuidado especial a la piel de la cara y del cuello, ya que en este periodo todos los tejidos tienden a deshidratarse y a marcarse con arrugas finas. Existen para ello excelentes cremas vitamínicas e hidratantes.

Convendrá evitar, en cambio, los preparados que contienen hormonas, para no perturbar con aportaciones externas el delicado equilibrio endocrino en que se encuentra el organismo de la futura mamá.

Los senos. A los senos se le deben prestar cuidados especiales si se quiere evitar comprometer definitivamente su línea, y para eludir esas dolorosas ulceraciones —las llamadas «grietas»— que hacen penosísima la crianza. Durante los meses de espera, las futuras mamás se lavarán mañana y noche con agua templada y jabón neutro y después extenderán sobre los pezones una crema emoliente (en el mercado se encuentran unas estudiadas con ese fin) para mantener elástica la epidermis. A menudo, aún hoy, se suelen aconsejar, para prevenir las grietas, las fricciones de alcohol. Es ésta una práctica errónea, pues el alcohol, al endurecer la piel, le resta elasticidad. Es indispensable, sin embargo, llevar un sujetador más suave y cómodo, que asegure sin apretar, porque durante el embarazo el volumen del pecho aumenta y se torna más pesado, consecuentemente.

En cuanto a su higiene personal, la mujer embarazada no debe tener miedo a bañarse en tina, con agua templada, todos los días, pero no debe permanecer en ella demasiado tiempo. Sólo en las seis últimas semanas de embarazo el baño de tina se sustituirá por el de regadera.

Cuando el niño ha nacido. El retorno a casa con el niño de pocos días constituye siempre un trauma: los horarios del día se revolucionan; se acumulan las nuevas obligaciones y preocupaciones; las horas de sueño son escasas, precisamente cuando el organismo necesitaría mayor reposo por haberse enfrentado con una prueba difícil como es el parto. Cada madre joven, críe o no críe a su hijo, llega a la convicción de que nunca más tendrá derecho a un momento para ella. Pero esto es erróneo. Podrá, tal vez, prescindir de pintarse durante algunas semanas, pero debe disponer inexcusablemente al menos de 10 minutos por la mañana y por la noche para limpiar, hidratar y nutrir la piel de la cara (y del cuerpo) en un momento en que ésta se halla particularmente empobrecida. Para que el abdomen recupere su línea hay que fajarlo fuertemente tras el parto y, más tarde, llevar una faja completa, con refuerzo anterior. Unas dos semanas después del nacimiento del niño, puede volver a bañarse en tina. Transcurridos dos meses le serían de gran utilidad unas 20 sesiones de masaje, también con el fin de recuperar la línea del abdomen.

Los 30 años

Si antes de los 30 años los cuidados de la persona, de la cara y de la piel admitían alguna negligencia, ahora exigen como condición esencial mucho escrúpulo, regularidad y constancia. Sólo de esta forma la belleza y la juventud se pueden prolongar en el grado que la naturaleza puede permitir.

    La primera condición para mantenerse jóvenes después de los 30 años consiste en conservar joven, ágil y armoniosa la línea del cuerpo. El tratamiento básico para la estética de la figura es el masaje. El masaje sienta bien a todos —a los obesos, a los delgados, a quien ha perdido tonicidad en músculos y tejidos, a quien padece dolores reumáticos, a los temperamentos nerviosos— porque reactiva la circulación de la sangre, mejora la nutrición natural de la piel, disuelve las bolsas de grasa y los nudos de celulitis, devuelve elasticidad y eficacia a los músculos relajados, distiende los nervios y proporciona una sensación general de bienestar. El masaje resultará todavía más provechoso si se combina con ejercicios gimnásticos que ayudarán a conservar el cuerpo ágil.

    Naturalmente, el masaje debe practicarlo una persona experta, capaz de adaptar el tipo de tratamiento a las diferentes exigencias: estimulante, para devolver tonicidad; calmante, para distender los nervios y eliminar el cansancio; profundo y sostenido, para disolver la adiposidad y facilitar el adelgazamiento. Durante el primer mes de cura, si se quieren obtener resultados duraderos, hay que someterse a estos masajes por lo menos un día sí y otro no. Muchas señoras no encuentran, sin embargo, tiempo para ir a la masajista o temen afrontar un gasto excesivo. No obstante, se ha hallado una solución para ellas, consistente en aparatos vibradores para masaje, poco voluminosos y de precio razonable, que pueden utilizarse en casa durante 10 minutos por la mañana o, mejor aún, al final del día. Estos aparatos disponen de una banda vibratoria que se aplica a las diferentes partes del cuerpo (caderas, glúteos, cintura, muslos) y produce un masaje de vibraciones longitudinales, más o menos profundas según la intensidad deseada. Como todos los masajes bien realizados, también los de vibrador son muy eficaces para estimular la circulación, eliminar el cansancio y, con el tiempo, disolver las bolsas de grasa.

    Cuando existe un serio problema de línea, el masaje manual o con vibrador no resulta suficiente. Es indispensable seguir una dieta moderada, adecuada para las exigencias individuales y sugerida por el médico. Resultan también muy útiles los

Tratamientos especiales

preparados externos de acción «adelgazante». El baño de espuma, que adelgaza y combate la celulitis, es particularmente eficaz: dos de ellos a la semana son suficientes para adelgazar o no aumentar de peso.

La piel. Los años que exceden de la treintena son denunciados por la piel de la cara y del cuello, que, si no se cuida oportunamente, hidratándola y nutriéndola, comienza a aparecer surcada por pequeñas arrugas. La arruga es un surco cutáneo, más o menos profundo, debido a la pérdida de elasticidad de los estratos superficiales de la epidermis y a la progresiva deshidratación de los estratos más profundos. Las causas de estas alteraciones son numerosas: la piel, en efecto, es una defensa sensibilísima contra los agentes externos, las enfermedades y los repetidos movimientos mímicos. Si no se protege diariamente y no se cura con productos adecuados, un rostro expuesto a menudo al viento y al sol queda marcado más fácilmente por las arrugas que un rostro resguardado siempre de los agentes atmosféricos. Además, un rostro muy móvil y expresivo se arruga más rápidamente que un rostro estático (esto no significa que recomendemos no reír o no manifestar las emociones con la expresión del rostro).

Un tratamiento racional, preventivo y curativo, tanto para las arrugas de la expresión como para las auténticas del envejecimiento de la piel, se basará, de todas formas, en la aplicación diaria y alternada de tres tipos de crema: una hidratante, una nutritiva y una estimulante. La cura se completa aplicando una vez a la semana una máscara de efecto distensivo y tonificante.

La edad madura

El periodo del climaterio, comúnmente entre los 45 y 50 años, suele compararse a menudo con la pubertad. El climaterio (del cual la «menopausia», es decir, el cese de las menstruaciones, es sólo una de sus manifestaciones) cierra, en efecto, el ciclo que la pubertad había iniciado. El organismo femenino se somete de nuevo a violentas alteraciones del equilibrio hormonal y, como la adolescente, la mujer de 45 a 50 años es también psíquicamente inestable: ya no se siente segura de sí misma ni de sus posibilidades y necesita ser tranquilizada. La primera fuente de seguridad en sí misma consiste en aplazar y evitar los daños de la decadencia física. Desde el punto de vista médico se pueden conseguir resultados favorables. Se ha hablado mucho, por ejemplo, del «elíxir de la juventud», consistente tan sólo en prudentes dosis de «estrógenos», es decir, de las hormonas femeninas cuya producción va reduciendo en este periodo el organismo y que poseen la virtud de conservar al menos parte de la frescura y elasticidad juveniles en los tejidos, la figura y la piel, al mismo tiempo que reducen de manera notable las verdaderas molestias de la menopausia. Es una cura que en la actualidad muchos médicos aconsejan, siempre que, naturalmente, se aplique bajo su directo control, por la seguridad del paciente.

Las arrugas. Desde el punto de vista cosmético se puede hacer mucho también para aplazar el ocaso de los atractivos femeninos. El enemigo que se debe combatir con más saña son las arrugas, que, si ahora se abandonan, corren el riesgo de invadir el rostro y el cuello. En la edad crítica el ritmo vital del organismo disminuye y los tejidos superficiales se ven también afectados profundamente por esta pérdida de vitalidad: se secan; la renovación celular se torna más lenta y se reducen el panículo adiposo y la secreción grasa del cutis. Las pieles secas y delicadas se arrugan con más facilidad que las de tipo grasiento. Al aproximarse la edad crítica, los tratamientos cosméticos deben, por tanto, intensificarse. Se emplean sobre todo productos más activos, capaces de estimular auténticos procesos reconstituyentes de los tejidos: cremas a base de hormonas, de extractos tisulares, placentarios, embriocitinas, fitoestimulinas y de colágeno. Dos veces al año, además, en primavera y en otoño, resulta muy útil una enérgica cura con ciertos productos ofrecidos a la venta en ampolletas que reactivan los procesos vitales de la piel y aportan al estrato más superficial las sustancias hidratantes y nutritivas necesarias para restituir parte de la frescura y de la elasticidad perdidas debido a los factores ambientales.

El procedimiento es sencillo: se limpian escrupulosamente la cara y el cuello con crema y tónico; se vierte reiteradamente el líquido contenido en la ampolleta en la punta de los dedos y se extiende con un ligero masaje en las zonas más afectadas por las arrugas y la relajación: las comisuras de la boca y los contornos de los ojos, la cara y el cuello. La aplicación puede realizarse de noche, y se conserva el producto durante todas las horas de descanso; o de día, dejando actuar el líquido durante media hora por lo menos antes de pasar con delicadeza un poco de loción tonificante y proceder a la aplicación del maquillaje.

Nunca deberá olvidarse un principio importante: en la batalla contra las arrugas existen muchas probabilidades de vencer si se empieza a combatirlas pronto. Puede decirse que la piel comienza a decaer a los 20 años, y sólo quien siempre la haya cuidado y protegido de la violencia del sol y del viento, quien no la haya deteriorado con una dieta irracional, podrá mantenerla fresca y joven cuando la juventud haya pasado y ya ninguna medida sea útil para embellecerlo.

El peso. El mismo razonamiento «preventivo» que se ha indicado para la piel se puede aplicar a la línea: quien haya mantenido su justo peso hasta los 40 o 45 años fácilmente consigue permanecer en límites discretos más tarde, cuando se acentúa la tendencia a engordar. Una ligera redondez de las facciones y de la figura resulta, por otra parte, estéticamente agradable. Hemos visto, en efecto, que la piel sostenida por un simple apoyo adiposo se conserva lisa y elástica durante más tiempo. Los procedimientos para mantenerse dentro de unos límites correctos de peso son siempre los mismos: una dieta razonable, masajes, aplicaciones para reducir la grasa y algo de ejercicio físico y gimnasia.

Las canas. Con la edad madura llegan las canas. Las canas envejecen irremediablemente un rostro aún fresco. Pero aún lo envejece más un pelo mal teñido, desordenado o de un color que no armoniza con la tonalidad de la piel. Hay que recordar, en efecto, que con los años no sólo el pelo se torna blanco, sino que el cutis se vuelve también más diáfano y pálido y que, con él, la bella melena de los 20 años produciría un contraste demasiado violento y artificial.

Una mujer de 40 o 45 años obra bien al teñirse los cabellos grises, con tal de que elija un color ligeramente más claro que su antiguo color natural, especialmente si éste era oscuro. Todas las gamas de rubio, incluso las más claras y casi rosadas, resultan adecuadas para las señoras de mediana edad, cuya tez sea blanca o tienda a ser clara, ya que confieren luminosidad y una mayor frescura a cualquier rostro. En cambio, si las canas son escasas en una melena todavía oscura, morena o castaña intensa, se pueden mimetizar muy bien con mechones muy claros.

Tratamientos especiales

La edad avanzada

Cuando la juventud ha quedado irremediablemente atrás se puede seguir siendo guapa. Pero, naturalmente, la belleza tiene un significado distinto: se convierte en orden, limpieza, dulzura de actitud, frescura de espíritu. Y también aceptación, serena y tranquila, de la propia edad y de las propias limitaciones físicas. En gran medida, el cuidado de la propia persona coincide con el cuidado de la propia salud. Comer sobriamente y hacer un poco de ejercicio sirve no sólo para mantenerse ágiles, sino también, y sobre todo, para mantenerse sanas.

No obstante, también la señora de edad dispone de sus auténticos «productos de belleza» y se somete a tratamientos estéticos: una cosa es, en efecto, saber envejecer y otra dejarse devastar por la vejez. El enemigo que más se debe combatir, en ésta como en todas las edades, es la pereza, el abandonarse.

No es posible detener el tiempo más allá de ciertos límites. Después de los 60 años ni siquiera la cirugía estética puede hacer algo contra las arrugas: sólo consigue transformar el rostro en una máscara antinatural. Por lo demás, las arrugas poseen una dulzura propia si se aceptan con serenidad. Se puede a lo sumo reducirlas, manteniendo la piel suave y suficientemente elástica. A edad avanzada se usan productos muy fluidos para poderlos extender sin necesidad de estirar la piel de la cara y del cuello: emulsiones hidratantes como protección diurna y cremas emolientes por la noche. Convendrá, en cambio, evitar las máscaras astringentes, incluso para quien tenga la piel grasienta, porque tienden a secar excesivamente la epidermis.

Maquillaje. La dama de edad será tanto más «juvenil» cuanto su estilo sea más comedido y sencillo, tanto en el maquillaje como en el peinado. El maquillaje debe ser ligerísimo y claro: un velo de emulsión hidratante y una ligera capa de polvos de matices luminosos, rosa o beige dorado, según el color natural de la tez. Nada de maquillaje en los ojos, aunque una ligera sombra muy clara sobre los párpados, azul celeste o blanco, prestará luminosidad al rostro. También la barra de labios habrá de ser de un tono pastel: los rojos intensos o amoratados envejecen aún más y dan al rostro un aspecto de máscara. Se puede, en fin, aplicar con mucha discreción un poco de colorete en las mejillas, escogiendo uno en crema, fácil de extender.

Las manos. Las manos son un detalle importante de la belleza femenina. A menudo, sin embargo, envejecen antes que cualquier otra parte del cuerpo: su epidermis, en efecto, está expuesta a toda clase de traumas y con el curso de los años se arruga y se mancha. Todas las mujeres deberían dedicar escrupulosos cuidados a sus manos, pero especialmente las señoras que han abandonado la edad juvenil. Bastará con darles un masaje por lo menos una vez al día con una crema nutritiva: extender diariamente una crema para aclarar, a base de limón (si, a pesar de ello, la piel tiende a cubrirse de manchas oscuras, hay que pedir consejo al médico), y tener las uñas perfectamente cuidadas, aplicándoles, si se quiere, un esmalte blanco o rosa transparente, pero nunca de color o madreperla.

A una cierta edad, tampoco el pelo blanco se oculta: limpio y bien peinado «envejece» menos que cualquier cabeza teñida. Los cabellos cortos son indudablemente más fáciles de mantener ordenados. Ahora bien, peinados según una línea suave y ligera, con puntas dobladas hacia arriba, equilibran la tendencia de los contornos del rostro a relajarse. Apliquese al cabello un ligero reflejo plateado.

La cirugía estética

Toda mujer se habrá preguntado alguna vez si la cirugía estética podría mejorar algún aspecto de su figura o de su rostro. Afrontemos este problema con realismo: ¿hasta qué punto la cirugía plástica puede mejorar el rostro y el cuerpo? ¿cuáles son las intervenciones más frecuentes? y sobre todo ¿cuándo conviene operar y cuándo no? «El cirujano plástico debe ser ante todo un buen psicólogo», afirma un conocido especialista, «porque sólo de esta forma puede conocer los pacientes a quienes conviene operar».

¿Qué es, en efecto, lo que impulsa a una mujer o a un hombre a consultar al especialista en cirugía estética?: el deseo de mejorar su fisonomía; de deshacerse de un defecto; un sentido de inferioridad o de inseguridad.

Pongamos un ejemplo, quizás el más común: el de la chica agradable afligida por una nariz fea. Es lógico que, al eliminar el defecto, su seguridad y su convicción de gustar aumentarán y, en consecuencia, aumentarán su alegría de vivir y su sociabilidad. Pero si acaso su complejo de inferioridad tuviera raíces más profundas que la simple imperfección de nariz, la intervención quirúrgica, aunque felizmente culminada, muy difícilmente podría resolver su problema. Esta chica sería el típico caso de paciente insatisfecha que el cirujano debe saber reconocer «antes» y por lo tanto no operar, porque es casi seguro que el resultado de la intervención no satisfaría sus anhelos. La cirugía plástica puede dar buenos resultados, puede hacer casi milagros, pero sólo en quien esté dispuesto a aceptar sus limitaciones.

La nariz

En cirugía dermatológica, la intervención más frecuente es la de la rinoplastia. La nariz es, en efecto, una característica de tan gran evidencia que condiciona completamente no sólo la armonía del rostro, sino su misma expresión. ¿Se puede elegir la propia nariz? No, en sentido absoluto. Sólo el cirujano, tras atentos exámenes radiográficos y fotográficos, medidas y un eventual calco en escayola de la nariz, puede decidir su configuración «futura».

Al estudiar el planteamiento de una operación de la nariz, el cirujano debe tener presente la armonía de todo el rostro; si un rostro es largo, la nariz no debe ser corta; si el rostro es ancho, la nariz no debe ser demasiado estrecha. Lo importante es que la nariz reconstruida no revele la intervención a primera vista y no aparezca en la cara como un elemento extraño. Esto explica que no sea posible inspirarse en un modelo ideal sino en una línea individual, diferente en cada caso, aunque pueda conducir a un resultado sólo parcialmente bello.

La operación, en sí misma, es indolora: puede realizarse con anestesia general o local y exige aproximadamente de uno a dos días de permanencia en la clínica. Es muy importante subrayar que el paciente no debe tener miedo a sufrir, ni siquiera cuando haya transcurrido el efecto de la anestesia. Después de la intervención, que dura unos 40 minutos, a la nariz se le colocan unos taponcitos, esparadrapos y una pequeña funda de metal que sirve para proteger y mantener inmóvil toda la zona operada. La sensación puede ser de molestia, pero no dolorosa.

Tratamientos especiales

En un plazo de cinco a ocho días se retiran los tapones nasales y se quita la protección, dejando sólo unas telas adhesivas de sostén, las cuales se quitarán poco después. En el plazo de 10 días la hinchazón y la sombra azulada alrededor de los ojos han desaparecido y la paciente puede volver a sus ocupaciones. La nariz, sin embargo, seguirá lentamente su proceso de estabilización durante los dos meses sucesivos, hasta adquirir su línea definitiva.

Existe otro punto importante que aclarar: la operación de rinoplastia no puede comprometer el buen funcionamiento de la nariz (como algunos creen), pues no afecta a la zona respiratoria. Por el contrario, en los casos de narices que junto a imperfecciones estéticas presenten también dificultades respiratorias por defectos anatómicos en cornetes o en el tabique nasal, se pueden resolver favorablemente ambos problemas con una única intervención que restablezca el buen funcionamiento de la zona ventilatoria y remodele la nariz. La edad mínima para realizar la operación es de 15 a 16 años, pues es entonces cuando ha culminado el desarrollo de los huesos y de los cartílagos.

Las bolsas bajo los ojos

Después de la rinoplastia, la intervención que más se practica es la reducción de las bolsas de los párpados, o blefaroplastia. A menudo se piensa que la operación es complicada y difícil, pero en realidad es sumamente sencilla y de mínimo riesgo. Se realiza con anestesia local y requiere poco tiempo de permanencia en la clínica, más algunos días de reposo.

Toma de 7 a 10 días para que desaparezcan las huellas. En la mayoría de los casos, esta simple intervención es suficiente para devolver 10 años de juventud a personas que, por exhibir bolsas en los párpados desde la edad juvenil, representan inevitablemente más años de los que en realidad tienen.

Las bolsas de los párpados pueden ser superiores (cuando la abundancia de cutis sugiere la impresión de un doble párpado) e inferiores (cuando el párpado fláccido, forma una bolsa más o menos llena de grasa). La técnica operatoria es la misma: el cirujano practica una incisión a lo largo del pliegue del párpado, elimina el eventual depósito de grasa y tensa el cutis para eliminar lo que sobre. La sutura permanece invisible, porque es finísima y se esconde en el pliegue del párpado. Importante: el resultado de esta intervención suele perdurar muchos años.

El estiramiento cutáneo

La «operación juventud» por excelencia es el estiramiento facial, o sea, el tensado y elevación del cutis. Esta intervención, en sus dos versiones, parcial y total, sigue suscitando muchas dudas en quienes desearían someterse a ella. Muchas mujeres se preguntan cuál es la edad más adecuada. Sobre esta cuestión los cirujanos se dividen en dos bandos: los preconizadores del estiramiento precoz —hacia los 40 años— y los que no consideran oportuno intervenir antes de los 50 años. Pero las personas que desean someterse a esta medida, desean hacerlo cuanto antes.

De todas formas, no parece ser puramente una cuestión de edad, sino más bien del estado de la piel: un rostro precozmente envejecido, en efecto, reclama ayuda. Además, no siempre las diferentes zonas del rostro decaen en la misma proporción. Hay quien tiene el contorno muy fláccido y la frente lisa; quien tiene arrugas bajo los ojos y no en la parte inferior de la cara. Así, el estiramiento puede practicarse parcialmente, en la zona superior o inferior de la cara, o totalmente. En este último caso, la piel se incide en el área de las sienes —justamente ante la unión del cabello— y en la zona anterior y posterior del oído.

El cirujano procede luego a despegar la piel, hasta alcanzar los pliegues existentes entre la nariz y la boca; el cutis despegado se tersa convenientemente y la porción que sobra se elimina. La intervención no deja cicatrices visibles, ya que las suturas son finísimas y gran parte de ellas quedan ocultas en la unión del cabello.

La operación es, efectivamente, bastante delicada y compleja, pero gracias a ella se consigue un rostro más juvenil. Los resultados perduran durante cinco o seis años, e incluso más, y una vez transcurrido este periodo es posible repetir la intervención.

A menudo las mujeres escogen el periodo de las vacaciones para someterse a esta operación, que exige de cuatro a seis días de permanencia en la clínica. La operación no es dolorosa, porque se realiza con anestesia general. Transcurrido el periodo de cama, son necesarias unas dos semanas antes de que el paciente pueda retornar a sus ocupaciones. Calculando unas «vacaciones» de 25 días, la mujer dispone del tiempo necesario para su «operación rejuvenecimiento».

Cirugía plástica del pabellón auricular

Entre las intervenciones de menor entidad que afectan a la cara se encuentra la plástica del pabellón auricular, que corrige las llamadas «orejas separadas». Es una intervención muy sencilla, rápida y de resultado definitivo. Se realiza eliminando una tira de piel detrás de la oreja, fijando el pabellón a la región auricular y cosiendo. La cicatriz es invisible si la operación se hace correctamente.

A pesar de su sencillez, la operación requiere anestesia general, porque a menudo los operados son niños. Es oportuno, en efecto, que los padres tomen en consideración este tan común defecto de las «orejas separadas» y adopten medidas para corregirlo quirúrgicamente antes de que el niño o la niña hayan alcanzado la edad escolar. Evitarán de esta forma que el defecto, subrayado por los compañeros, suscite un mortificante complejo de inferioridad.

El «perfil de pájaro»

Igualmente sencilla es la operación que corrige el retrognatismo (que consiste en un desarrollo deficiente del maxilar inferior) o posición de la barbilla por detrás del plano de la frente. Se trata de un injerto de silicones que da a la barbilla un relieve armonioso respecto al de la nariz. A menudo esta corrección se puede decidir simultáneamente con la rinoplastia: reduciendo la nariz y aumentando el volumen de la barbilla el llamado «perfil de pájaro» encuentra su completo equilibrio.

Tratamientos especiales

Síntesis de la cirugía plástica

	Anestesia	Permanencia en clínica	Desaparición de huellas evidentes	Duración de los efectos	Edad aconsejable	Observaciones
Párpados	local	24 horas	7-10 días	varios años	Cuando las ojeras son bastante evidentes	La intervención elimina las bolsas de los ojos. Puede repetirse.
Orejas	total	24-48 horas	15-20 días	definitiva	Antes de los seis años	La intervención reduce las «orejas separadas»
Estiramiento facial	total	4-6 días	25 días	5-6 años	Después de los 40-45 años	La intervención elimina las arrugas. Se puede repetir.
Nariz	local o total	24-48 horas	10 días	definitiva	Después de los 15-16 años	Si no resulta satisfactoria, la intervención puede repetirse.
Barbilla	local o total	1-3 días	10-30 días	definitiva	Después de los 15-16 años	A menudo se corrigen de una sola vez las líneas de barbilla y nariz.
Pecho	total	24-48 horas	un año	definitiva	Después de los 20 años	Los senos pueden reducirse, aumentar de volumen o levantarse.
Vientre	total	3-4 días	10-15 días	definitiva	Según las circunstancias personales	Es aconsejable la operación cuando no se prevén otros embarazos.
Muslos	total	3-4 días	10-15 días	definitiva	Según las circunstancias personales	Se elimina adiposidad en el interior y en el exterior de los muslos.

Eliminación de cicatrices

Entre las intervenciones más corrientes de la cirugía plástica se encuentran las que tienen como finalidad eliminar cicatrices más o menos señaladas o extendidas. La perfección del resultado sólo puede pronosticarla en cada caso el cirujano. En general, se pueden eliminar quirúrgicamente las cicatrices de aspecto rojizo, duras, en relieve, e igualmente los lunares, esas manchas oscuras en que el cutis parece ser más espeso. Para las pequeñas cicatrices, vestigios del acné o de la varicela, puede ser útil también la técnica de la dermoabrasión o «peeling», equivalente a una auténtica «peladura» de la piel realizada con pequeñas fresas que giran a altísima velocidad. En la actualidad existen medios de abrasión química, pero son de utilización sumamente delicada.

Los senos

Del rápido panorama que hemos esbozado sobre las posibilidades de la cirugía estética facial podemos deducir que, efectivamente, el bisturí puede hacer mucho en favor de la belleza. Pero donde la técnica operatoria ha evolucionado con progresos sorprendentes en los últimos años es en el campo de la plástica de los senos. La reducción de senos demasiado desarrollados y el levantamiento de pechos fláccidos y caídos se practican desde hace tiempo en el campo de la cirugía estética. La novedad reside, en cambio, en los injertos de un material plástico especial para devolver volumen al pecho que lo haya perdido, o simplemente para otorgárselo cuando no se haya desarrollado adecuadamente. El material plástico que se inserta para crear o aumentar el volumen del pecho está constituido por los llamados silicones, que fueron sintetizados por vez primera en Japón y Estados Unidos en 1948. Más recientemente se han desarrollado sustancias más inertes que proporcionan mejores resultados; incluso existen prótesis de distintos tamaños cuya consistencia es más parecida a la de los senos.

Los silicones tienen características muy particulares: son materiales inertes que no irritan la piel, y cuando se introducen en los tejidos vivos no suscitan especiales intolerancias, aunque no son del todo innocuos. La operación de inserción es bastante sencilla, pero delicada. Se practica una incisión en el surco inferior de la mama y se despegan los tejidos hasta el nivel de los músculos pectorales, bajo la glándula mamaria y sin tocarla, para preparar la cavidad en que se insertarán las prótesis.

El abdomen

Quedan aún por mencionar dos intervenciones de cirugía plástica que incluyen la zona abdominal y las piernas: la reducción del vientre y la de los muslos. La primera se efectúa cuando el vientre, debido a las estrías cutáneas causadas particularmente por embarazos y en algún caso por adelgazamientos considerables y repentinos, se presenta fláccido, con grandes pliegues que a veces llegan a formar el llamado «delantal». La labor del cirujano consistirá en practicar una incisión en la piel por debajo del ombligo y, tras un tensado cutáneo, eliminar lo que sobre, y hacer desaparecer también los panículos adiposos que pudieran existir.

Tratamientos especiales

Los muslos rollizos

En cuanto a los muslos, la cirugía opera con mayor frecuencia en la zona interna, cuando los panículos adiposos son tan considerables y voluminosos que provocan, al andar, un roce doloroso. Recientemente, sin embargo, se han empezado a realizar también operaciones de plástica en la zona lateral externa de los muslos para eliminar los antiestéticos «rollos» adiposos que ningún masaje ni tratamiento consigue vencer. Las técnicas de intervención son adecuadas a cada caso: generalmente se trata de incidir la epidermis, extirpar el panículo de tejido adiposo y un trozo de piel (que sobraría una vez eliminada la sustancia adiposa). Luego se vuelve a coser, y con ello se devuelve al muslo una línea y una esbeltez juveniles.

Liposucción

Esta técnica, que ha venido a revolucionar la cirugía estética, sirve para eliminar las acumulaciones excesivas de grasa en la cintura («llantitas») y muslos («pistolas»). Consiste en la aspiración de la grasa sobrante, a través de pequeñas incisiones, metiendo una sonda metálica que raspa y aspira, logrando así una reducción de estos depósitos. Los resultados son muy buenos, aunque no definitivos, ya que puede haber nueva acumulación de grasa si el paciente no vigila su dieta.

La liposucción ha eliminado la necesidad de otras cirugías más cruentas, como lo era la reducción de muslos, que sólo se utilizan ahora en casos excepcionales.

PRIMEROS AUXILIOS

CONSEJOS GENERALES

En el presente capítulo, elaborado en forma esquemática y ordenado alfabéticamente, se describen las medidas que deberán adoptarse ante las diferentes situaciones críticas en que el lector necesite prestar los primeros auxilios, mientras llega el médico, o el accidentado o enfermo ingresa en un hospital.

El conocimiento y la puesta en práctica de las normas que exponemos a continuación constituyen un deber, tanto para usted mismo como para su prójimo, ya que de su forma de actuar puede depender la vida de una persona.

En presencia de cualquier accidente o situación grave, antes de actuar se deberá reflexionar, conservando la tranquilidad.

En cualquiera de estas situaciones se tendrán en cuenta las siguientes normas generales:

1°. Reconocer cuidadosamente al herido o enfermo.

2°. Permanecer tranquilos, infundirle confianza dándole a entender que se está haciendo todo lo necesario y lo posible para salvarlo.

3°. Avisar rápidamente al médico u hospital más cercanos, informándoles la situación, para que puedan indicarnos las medidas por seguir.

De ser posible, transmitiremos aviso a otra persona, con el fin de que el enfermo no permanezca solo.

4°. Antes de movilizar a un lesionado, se considerará la gravedad de las lesiones que presenta.

5°. Se le mantendrá abrigado, pero sin utilizar calor artificial.

6°. No se ha de olvidar la posibilidad de un «shock».

7°. Deberá evitarse terminantemente la administración de líquidos por vía oral a personas con pérdida de conocimiento, debido al peligro de asfixia.

8°. En ningún caso se le darán bebidas alcohólicas.

9°. Se deberá actuar con especial celeridad en casos de envenenamiento, hemorragias y paro cardiorrespiratorio.

ABORTO

En caso de aborto o de hemorragia de los genitales externos, se colocará a la mujer en posición horizontal y se le cubrirá la parte genital con gasa esterilizada o bien con un paño limpio de lino, apenas estirado. En cualquier caso se llamará inmediatamente al médico.

Un parto normal no requiere cuidados especiales. Quien por causa de fuerza mayor tenga que prestar ayuda en un parto debe lavarse concienzudamente las manos, liberar a la parturienta de cualquier indumentaria apretada y tenderla sobre una tela limpia (preferiblemente un hule), en un lugar tranquilo.

Deben cubrirse, desde el ombligo, unos 10 cm del cordón umbilical del niño con una compresa esterilizada (como si se tratase de una herida). No es urgente cortar el cordón umbilical y se puede esperar a que lo haga el médico o la partera. Se debe mantener caliente al recién nacido y acostarlo al lado de su madre, asegurándose de que respira libremente. Por lo general, la placenta se expulsa después de unos 20 minutos, y debe conservarse para que el médico compruebe que está entera. Se colocará una gasa esterilizada o un paño de lino bien limpio entre las piernas cruzadas de la madre, a la que se mantendrá en una postura cómoda. También se le dará una bebida refrescante.

En cuanto el aborto espontáneo se deberá guardar reposo absoluto y posición horizontal sin almohada hasta que llegue el médico. No deben ponerse bolsas de agua fría ni caliente sobre el vientre.

ACCIDENTES DE TRÁNSITO

Normas:

1°. Actuar con tranquilidad, dominando la situación.

2°. Cerrar el paso de la gasolina del automóvil.

3°. Extraer con cuidado al accidentado del automóvil (vea figura 1).

4°. Avisar al médico más cercano, a una ambulancia y a la policía.

5°. Si el accidentado está inconsciente, se le tenderá sobre uno de sus costados (vea figura 2).

6°. Comprobar si las vías respiratorias están o no abiertas.

7°. Si el accidentado ha perdido el conocimiento, debe extraérsele de la boca la dentadura postiza, en caso de que la tuviera.

8°. Evitar las movilizaciones intempestivas del accidentado.

9°. Apartar al individuo del lugar del accidente, hasta la llegada del transporte.

10°. No olvidar que son frecuentes las lesiones múltiples y la presencia de «shock».

11°. Siempre que fuese necesario, aplicar respiración artificial y masaje cardiaco.

12°. Prestar cuidado especial a las lesiones de columna vertebral y cabeza.

13°. Inmovilizar los miembros fracturados, mediante férulas y vendajes.

14°. El transporte no se efectuará de forma precipitada. De preferencia, debe ser realizado en ambulancia, con personal entrenado; si no, se procurará transportar al accidentado como se indica en las figuras 3-5.

Botiquín de urgencia para automóviles:

Tijeras, esparadrapo, gasas, vendas y algodón; férulas para miembros superior e inferior (una de cada tipo); mercurocromo, alcohol y torniquete.

Del exacto conocimiento y realización de las medidas anteriormente expuestas dependerá, en gran número de casos, la supervivencia del accidentado. Para evitar intervenciones precipitadas e incorrectas es conveniente tener siempre presente un esquema de actuación, con el fin de ponerlo en práctica ante cualquier

Primeros auxilios

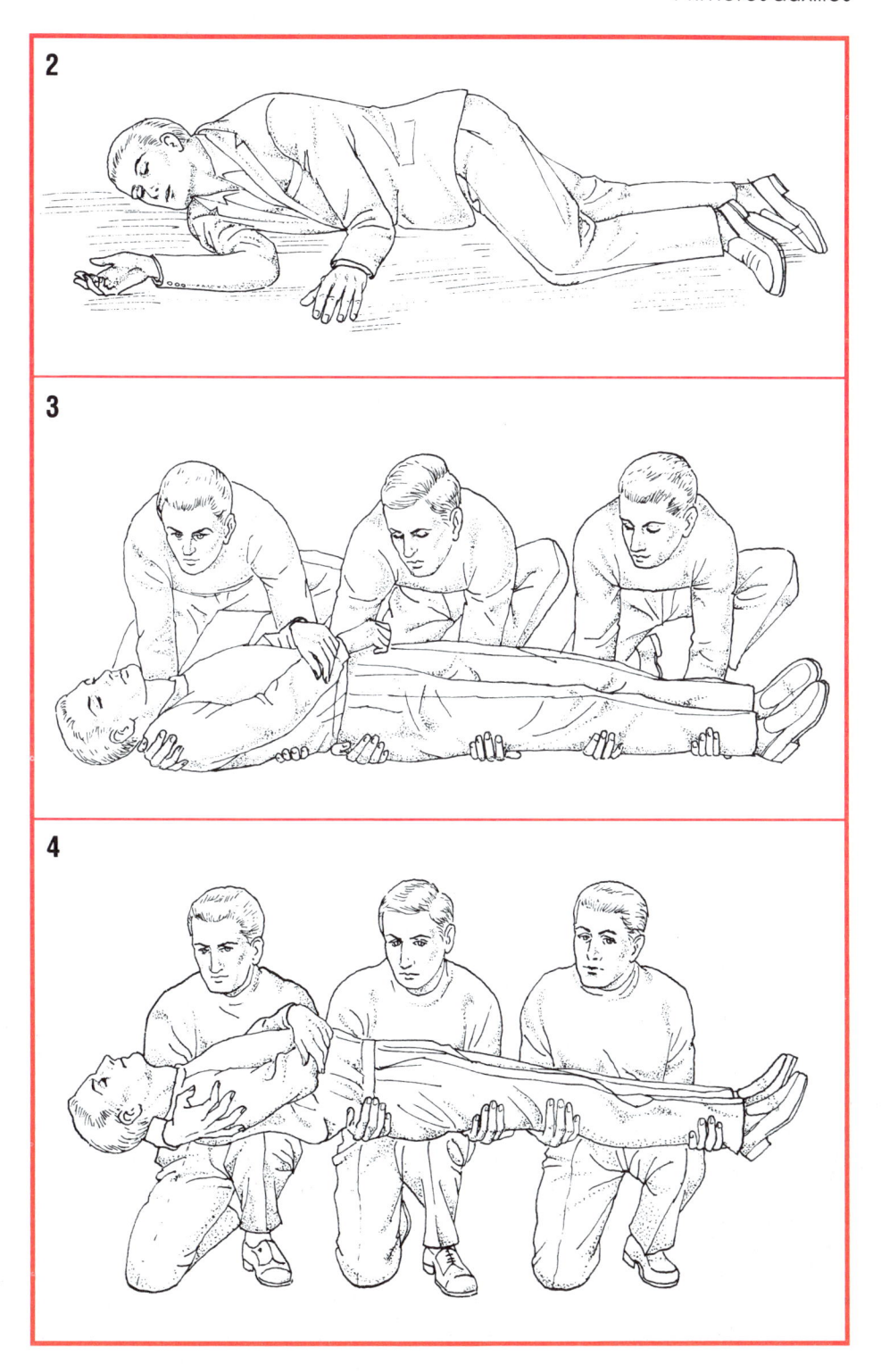

Primeros auxilios

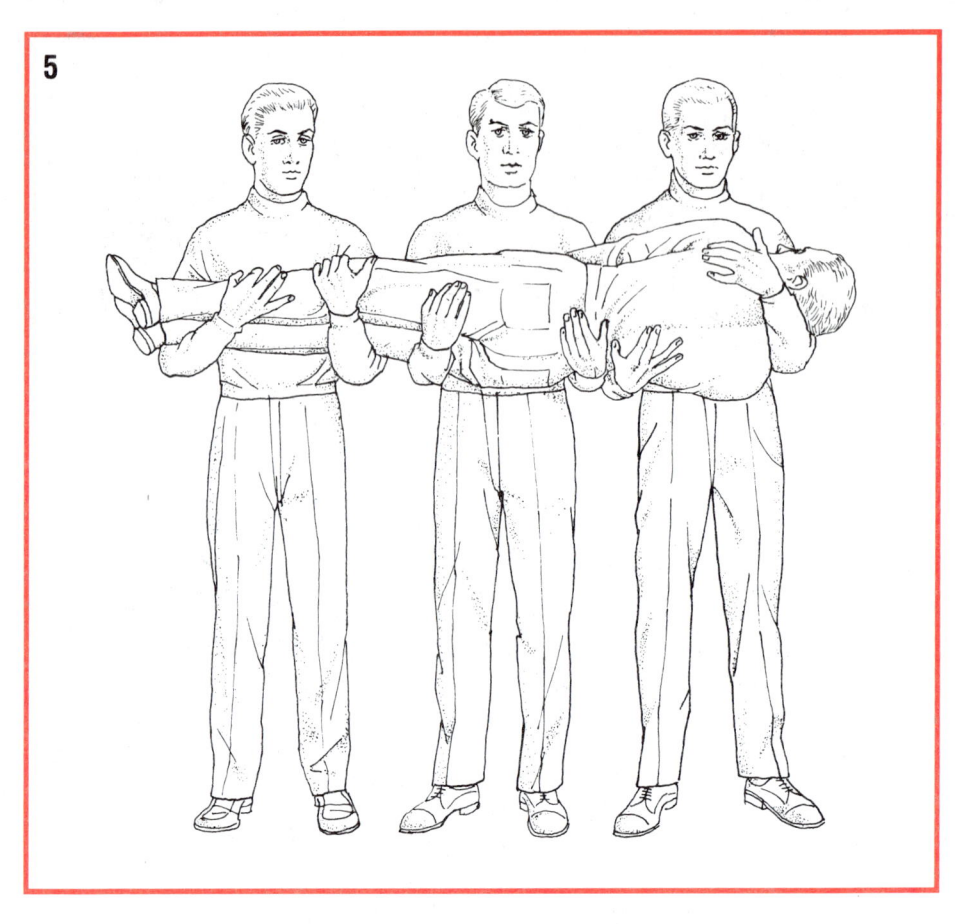

accidente de tránsito. La primera medida consistirá en colocar nuestro propio vehículo en posición adecuada. Se recomienda estacionarlo delante del lugar del accidente y únicamente en caso de producirse durante la noche lo situaremos detrás, con las luces encendidas, para iluminar el lugar del accidente y avisar al resto de la circulación.

Aseguraremos la zona del accidente mediante la colocación de señales de aviso (triángulos rojos, lámparas intermitentes, linternas, etc.) a una distancia de 100 m o mayor, por la zona anterior a la del accidente.

Una vez adoptadas estas precauciones, nos ocuparemos del accidentado, considerando, en primer lugar, su gravedad y estado. Indudablemente, si contamos con la ayuda de otras personas, éstas podrán poner en práctica las medidas de precaución anteriormente expuestas, y nosotros podremos de esta forma atender exclusivamente al lesionado.

El control de la respiración, pulso y reacción de las pupilas pueden proporcionarnos datos fundamentales para establecer un diagnóstico aproximado. En caso de que el individuo haya perdido el conocimiento, se le colocará de costado, con el fin de evitar el peligro de que aspire sus propias secreciones.

Mientras se aplican los primeros auxilios, se podrá solicitar a otra persona que avise a la policía, a un médico y a la ambulancia.

Primeros auxilios

AHOGADOS

1. El socorrista no deberá ponerse en peligro (vea figura 6).
2. Expulsión del agua tragada (vea figura 7); proceda según núm. 7.
3. Respiración artificial.
4. Séquese al accidentado y cúbrasele con mantas.
5. Transporte inmediato hasta un consultorio médico u hospital.
6. Debe insistirse en la respiración artificial y en el masaje cardiaco cuanto sea necesario.
7. Mientras llega asistencia médica debe procurarse evacuar el agua aspirada poniendo al paciente boca abajo, la cara hacia un lado y hacer compresiones enérgicas en el tórax.

APENDICITIS
(Vea Dolor abdominal)

ASFIXIA
(Vea Respiración artificial)

ATAQUES

Epiléptico

Características:

a) Caída al suelo, emitiendo un grito ronco, seguido de pérdida del conocimiento.

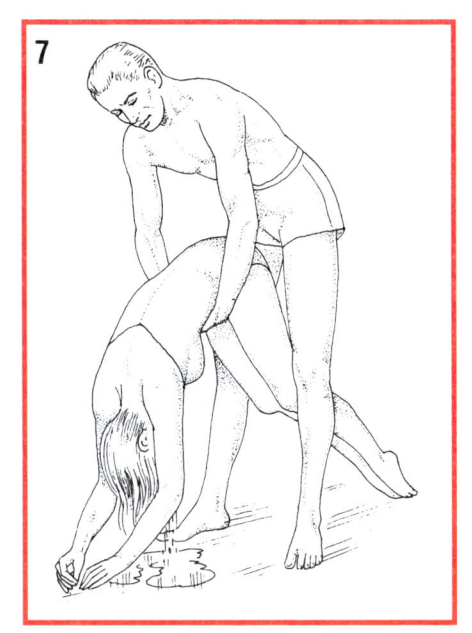

b) Contracciones de los miembros, rigidez del cuerpo, respiración agitada, mirada fija y desviada.

c) Pasados unos minutos, gesticulaciones de la cara, coloración azulada de la piel, expulsión de espuma por la boca, a veces acompañada de sangre, debido a la mordedura de la lengua.

d) Cese posterior de las contracciones; el enfermo durante algunos minutos queda relajado y entra posteriormente en un sueño profundo.

e) Es frecuente que los enfermos se orinen durante el ataque.

Normas:

1. Proteger al enfermo para que no se lastime durante las convulsiones.
2. Evitar las mordeduras de la lengua mediante la introducción en la boca de un lápiz, llave, mango de cuchara, corcho, trozo de madera, etc. De ninguna manera se introducirá el dedo, ni siquiera protegido por un pañuelo.
3. Desabrochar las ropas y aflojar el cinturón.

Primeros auxilios

4. Evitar la aglomeración de personas curiosas.

5. No se administrarán en ningún caso bebidas alcohólicas.

6. Avisar a un médico o transportar al enfermo a un hospital.

Histérico

Características:

a) A veces es difícil diferenciarlo del ataque epiléptico.

b) El enfermo rara vez se lesiona al caer, pues lo hace de forma cuidadosa.

c) No hay mordedura de la lengua, ni se orina espontáneamente.

d) Las contracciones son muy aparatosas y de más larga duración que en la epilepsia.

e) El ataque suele terminar con risas o con llantos.

Normas:

Dada la dificultad del diagnóstico diferencial para el profano con respecto a la epilepsia, se actuará como si se tratase de un ataque epiléptico, dejando al médico establecer la diferenciación.

Demencial

Características:

a) Se presenta cuando las facultades mentales se encuentran debilitadas; pueden ser numerosas las enfermedades mentales que los provocan.

b) El enfermo no suele comprender lo que se le dice y responde de forma incoherente.

c) Suele estar exaltado e incluso puede llegar a ser peligroso.

1. Avisar inmediatamente al médico o policía.

2. Mientras tanto, intentar tranquilizarlo, no contrariarlo.

3. Retirar de su alcance cuchillos, armas u objetos contundentes.

4. No dejar al demente en ningún momento solo, ya que existe el peligro de suicidio.

5. Las maniobras bruscas para sujetarlo suelen ser contraproducentes.

6. Tratar de hablarle con voz suave y entretenerle hasta la llegada del médico.

Cardiaco

Características:

a) Sus causas más importantes son la angina de pecho y el infarto que se presenta en el miocardio.

b) Dolor súbito e intenso a nivel del corazón, que puede irradiarse al brazo y mano izquierdos.

c) El enfermo está asustado; presenta respiración superficial y una sudoración considerablemente fría.

d) El pulso suele ser rápido y difícil de palpar.

Normas:

1. Avisar inmediatamente al médico.

2. Colocar al paciente en la cama, en reposo absoluto.

3. Desabrocharle las ropas.

4. En caso necesario, aplicarle masaje cardiaco y respiración artificial.

COLAPSO (Vea Shock)

CÓLICOS (Vea Dolor abdominal)

COMAS

Coma diabético

Características:

a) En la fase de precoma hay: Cansancio, apatía, tendencia a quedarse dormido, dolor de cabeza, falta de apetito, náuseas y vómitos.

b) Coma: Pérdida del conocimiento, respiración entrecortada, olor a acetona, sequedad de piel y lengua, pupilas dilatadas, pulso acelerado y cara enrojecida.

Normas:

1. Avisar al médico inmediatamente.
2. Hasta la llegada del médico, averiguar por los familiares el tipo y cantidad diaria del antidiabético empleado por el enfermo. Lo mejor es buscar y tener dispuesto el envase.
3. Ya que para el profano es difícil establecer el diagnóstico diferencial entre un coma hipo o hiperglucémico, abstenerse de aplicar insulina.
4. Administración de 1 a 2 litros de líquidos (té, agua mineral, agua corriente), siempre y cuando el sujeto no haya perdido el conocimiento.

Coma hepático

Características:

Desorientación, somnolencia, casi siempre color amarillento de la piel (ictericia), antecedentes de enfermedad hepática (cirrosis hepática).

Normas:

1. Avisar urgentemente al médico.
2. No administrar calmantes o hipnóticos de ningún tipo.
3. No administrar bebidas alcohólicas por ligeras que sean.

CONGELACIÓN

Características:

a) Entumecimiento, somnolencia, pérdida del conocimiento.

b) Al principio, coloración roja de la piel; posteriormente blanca o azulada. En los casos graves, ampollas.

c) Dolor inconstante.

d) Las partes más afectadas son la nariz, orejas y dedos de manos y pies.

Normas:

1. Quitar las ropas húmedas.
2. Llevar al accidentado a una habitación caliente; evitar colocarlo al lado de la estufa o calefacción.
3. No frotar nunca los miembros congelados, ni aplicar nieve sobre ellos.
4. Introducir la zona congelada en agua tibia (de 35 a 38°C).
5. No utilizar agua hirviendo, bolsas de agua caliente o mantas eléctricas.
6. Administrar bebidas calientes, pero no alcohólicas.
7. No permitir que se duerma.
8. En caso necesario, aplicarle respiración artificial.
9. El transporte se efectuará protegiendo las zonas lesionadas.

CONTUSIONES

Características:

Todo golpe encierra en sí el peligro de una fractura o de lesiones internas (órganos, músculos, nervios, etc.). Localmente existe dolor, derrame sanguíneo (hematoma), disminución de la función de la parte afectada y, en ocasiones, inflamación.

Normas:

1. En las contusiones simples resulta indicada la inmovilización de la parte contusa mediante férulas o vendajes, aplicación de fomentos y vendajes compresivos para evitar la formación de grandes hematomas.
2. En las contusiones de cabeza, vigilar la aparición de dolor intenso, intranquilidad, pérdida de conocimiento, alteración del pulso y elevación de la temperatura, en cuyo caso se recurrirá inmediatamente al médico.

Primeros auxilios

3. En las de abdomen, el pulso rápido, la respiración superficial, las náuseas o la presencia de un vientre duro son síntomas de rotura de órganos internos o peritonitis. La aparición de orina rojiza indica rotura o desgarro de las vías urinarias. En estos casos, procúrese el ingreso rápido en un centro hospitalario.

4. Las contusiones de tórax, con dolor intenso al respirar (fractura costal), esputo sanguinolento (desgarro del pulmón) o alteraciones del pulso, exigen asistencia médica inmediata.

CONVULSIONES (Vea Ataques)

CUERPOS EXTRAÑOS

Garganta

1. Toser inmediatamente, ya que a veces esto es suficiente para eliminarlos.
2. El sujeto se colocará doblado por la cintura y con la cabeza baja para favorecer la expulsión.
3. Si se trata de niños, cogerlos por las piernas, golpear firmemente en la espalda, entre las dos escápulas (vea fig. 8).
4. En el caso de los adultos, sujetar por atrás rodeando con los brazos el tronco a la altura de los diafragmas y oprimir con fuerza.
5. Los cuerpos extraños puntiagudos (agujas, alfileres, huesos, etc.) son peligrosos. En estos casos se recomienda que sean examinados por el especialista de garganta.
6. Los cuerpos extraños redondeados suelen ser eliminados en la deposición pasados unos días. Es conveniente administrar en estos casos puré de papa, espárragos, etc.

Nariz y oído

Deberán ser extraídos por el médico los cuerpos extraños.

Ojos

1. No frotar el ojo, ya que con ello sólo se consigue aumentar la irritación.
2. A veces, la sola apertura y cierre del ojo es suficiente para que se consiga la salida del cuerpo extraño.
3. Si de esta forma no se logra, se efectuará la siguiente maniobra: si se trata del párpado superior se le dará la vuelta (vea figura 9), y si es en el párpado inferior, en la manera que se indica en la figura 10.
4. Una vez localizado, se extraerá con la ayuda de la punta de un pañuelo limpio.
5. No se aplicarán gotas calmantes sin consultar previamente al médico.
6. Puede usarse agua hervida o purificada para el lavado, aunque nunca debe aplicarse con presión.

Primeros auxilios

9

A

B

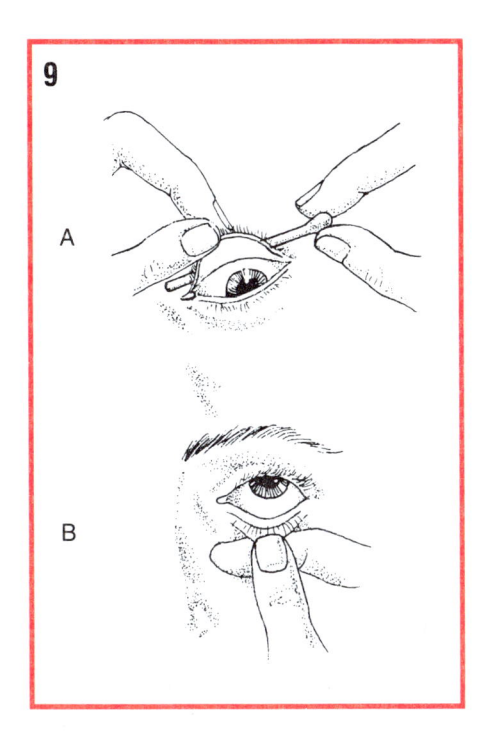

DESVANECIMIENTO
(Vea Pérdida del conocimiento)

DOLOR ABDOMINAL

Nos referimos en este lugar a los dolores abdominales de aparición generalmente brusca e intensidad variable y no a aquellas molestias debidas a enfermedades o alteraciones crónicas de los órganos abdominales.

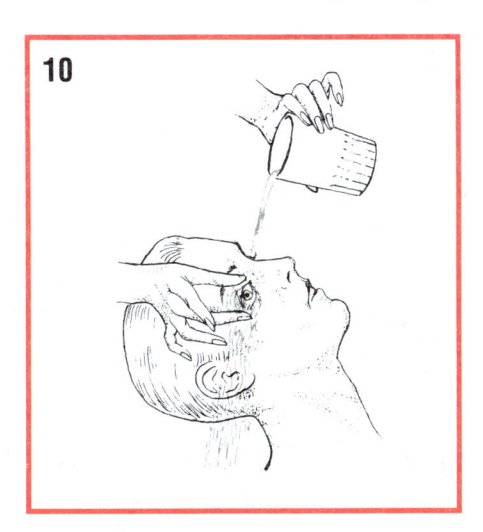

Normas generales:
1. Determinar si el dolor se presentó súbitamente o de forma progresiva; lugar de comienzo y hacia dónde se corre (irradiación).
2. Explorar el vientre con la mano, estando el paciente echado, con las piernas dobladas (relajación de la musculatura del vientre), en busca del lugar de mayor dolor a la presión y, sobre todo, de la contractura o endurecimiento permanente de la pared abdominal, signo de capital importancia, ya que indica un proceso agudo que exige la hospitalización inmediata y, en gran número de casos, la intervención quirúrgica.
3. No administrar calmantes hasta la llegada del médico. Los calmantes enmascaran los síntomas, y dificultan el diagnóstico exacto.
4. La presencia de vómitos, náuseas, diarreas y dolores cólicos se considerará alarmante.

Procesos abdominales de presentación frecuente que cursan con dolor

Cólico intestinal. Generalmente tras comidas incorrectas o abundantes. Dolor de retortijón, cambiante, acompañado de ruidos intestinales, vómitos, diarrea y náuseas. En la mayoría de los casos es suficiente la aplicación de calor (bolsa de agua caliente) y dieta de 24 horas.
Cólico de hígado. Dolor en el costado derecho, por debajo de las costillas, con irradiación generalmente a la espalda y paletilla derecha, e incluso hasta el hombro. Vómitos. Dolor a la presión manual en la zona indicada. Calor. Tratamiento médico.

10

Primeros auxilios

Cólico de riñón. Dolor que comienza en el costado derecho o izquierdo y que se corre hacia adelante al vientre y en dirección a los genitales. Escozor al orinar. Orina sanguinolenta. Vómitos. Calor. Tratamiento médico.

Cólico ginecológico. Dolores en el bajo vientre, por encima del empeine. Su aparición brusca, acompañada de defensa muscular, puede indicar la torsión de un quiste de ovario o la existencia de un embarazo extrauterino, casos que requieren la inmediata hospitalización.

Apendicitis aguda. Comienza el dolor en la zona del estómago, acompañado de náuseas o vómitos. A las pocas horas, el dolor pasa a la parte derecha e inferior del vientre, que resulta dolorosa a la presión de los dedos. Puede existir fiebre.

Perforación de estómago. Suelen existir antecedentes de úlcera de estómago. Dolor súbito como de puñalada, pulso débil, sudor frío, dureza del vientre a la presión. El enfermo deberá ser hospitalizado inmediatamente.

Perforación intestinal. Menos frecuente; cursa con síntomas semejantes a los anteriores y requiere asimismo el ingreso inmediato en la clínica.

Oclusión intestinal. Dolor súbito, vómitos intensos, falta de evacuación, así como de expulsión de gases. Avisar inmediatamente al médico.

ELECTROCUCIÓN

Normas:
1. Las corrientes de bajo voltaje pueden también producir accidentes mortales. La lesión dependerá de la clase, intensidad y duración de la corriente.
2. Interrumpir la corriente (vea la figura 11).
3. Administración de 4 a 6 g de bicarbonato sódico, disueltos en tres cuartos de litro de agua, por vía oral, que se repetirán al cabo de una hora si el paciente no ha sido puesto en manos de un médico.
4. En caso de paro cardiaco, aplicar masaje cardiaco.
5. Respiración artificial.
6. Vendaje estéril de las quemaduras.
7. El socorrista evitará tocar al electrocutado, ya que también puede resultar afectado (vea figura 12).
8. Al desconectar la corriente, si el accidentado se encuentra subido a una escalera, habrá de prevenirse la caída.
9. Transporte inmediato.

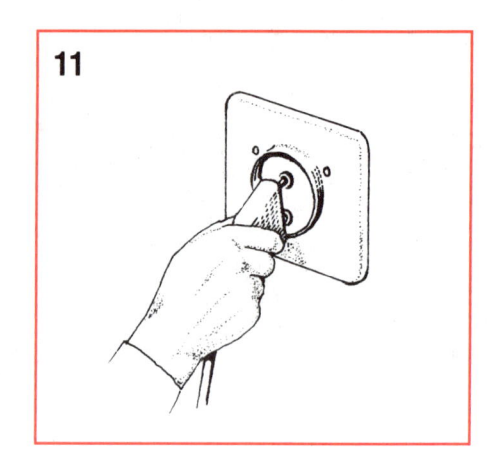

EMBRIAGUEZ
(Vea Intoxicaciones)

ESCALOFRÍOS

Causas principales:
 a) Como reacción del cuerpo ante enfermedades infecciosas.
 b) Por acción del frío.
 c) De tipo emotivo.

Normas: (Vea Fiebre)

ESGUINCES

En los esguinces del tobillo son frecuentes las fracturas; por lo tanto, estará

Primeros auxilios

12

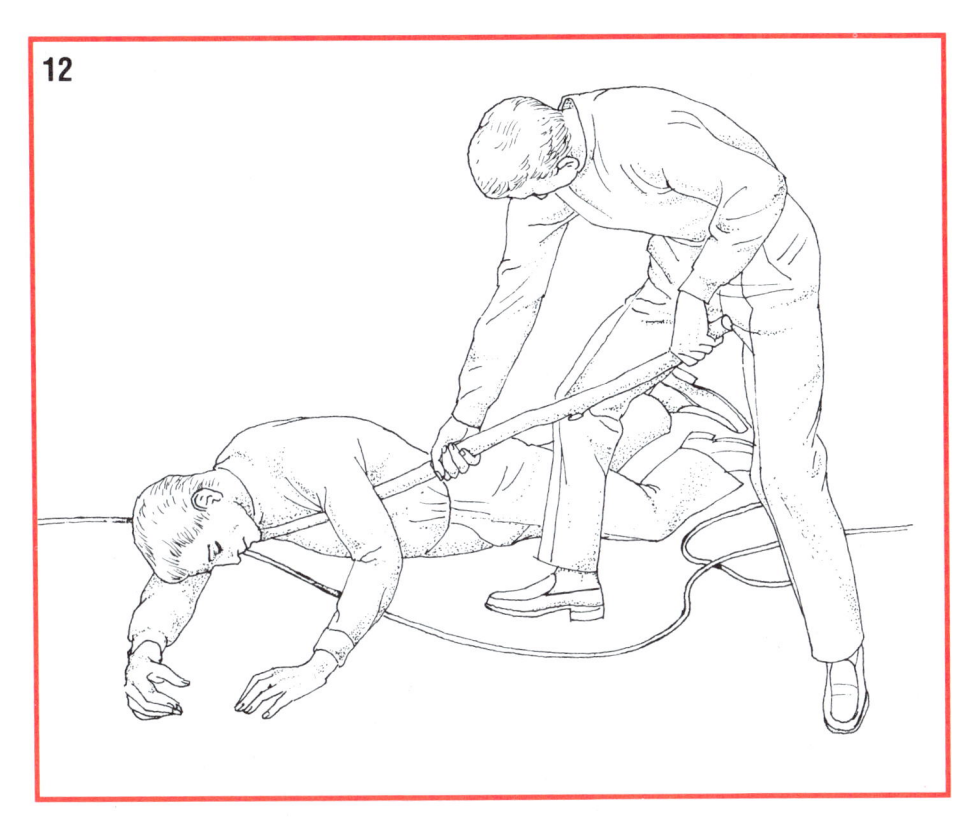

siempre indicado efectuar una radiografía. Generalmente se deben a movimientos bruscos incontrolados.

Normas:

1. Colocar la articulación lesionada en posición cómoda, procurando su reposo durante las primeras horas.

2. Contra el dolor y la inflamación se aplicarán compresas frías. Pueden administrarse calmantes.

3. Más tarde se efectuarán movimientos cuidadosos y progresivos del miembro lesionado; se pueden aplicar compresas calientes y dar masaje ligero que active la circulación sanguínea.

FIEBRE

Se consideran patológicas las temperaturas mayores de 37.5°C; el límite compatible con la vida son los 42°C.

Causas más frecuentes:

a) Enfermedades infecciosas y bacterianas.

b) Lesiones nerviosas (tumores cerebrales, hemorragias meníngeas, etc.).

c) Insolación.

d) Quemaduras.

Normas:

1. Avisar al médico.

2. La fiebre encierra especial peligro para el enfermo si va acompañada de vómitos y diarrea.

3. Envolver los miembros inferiores en paños húmedos y fríos.

4. Descubrir al paciente mientras cede la fiebre.

5. Los medicamentos se administrarán por prescripción médica.

FORÚNCULO

Características:

Consiste en una elevación dolorosa y de color rojo en cuyo centro se encuentra un pelo. Pueden abrirse espontáneamente, y dar lugar a la salida de pus. Suelen ir acompañados de fiebre.

Normas:

1. En ningún caso deberán exprimirse.
2. Mantener en reposo la zona afectada por el forúnculo.
3. Mientras no se produzca la supuración podrá aplicarse calor húmedo en forma de compresas; se suprimirá en el momento en que se haya abierto.
4. Los antibióticos, de gran eficacia en estos casos, solamente se aplicarán bajo prescripcion médica.

FRACTURAS

Las llamadas fracturas abiertas, es decir, las que se acompañan de heridas de la piel y de tejidos blandos, se pueden apreciar a simple vista. En muchas ocasiones asoman los fragmentos óseos por la herida. En tales casos no debe intentarse colocar el hueso en su sitio ni cualquier otra maniobra, como lavar la herida, etcétera; debemos limitarnos a colocar un apósito estéril y a inmovilizar el miembro por medio de férulas o similares.

Una somera exploración de los movimientos activos (que realiza el mismo paciente cuando conserva el conocimiento) o pasivos (efectuados por el que lo asiste), puede hacernos denotar la existencia de fracturas, sobre todo en las extremidades. Dos signos orientadores son la movilidad anormal y la deformación anatómica.

Fracturas del cráneo. Se sospecharán por la pérdida total o parcial del conocimiento, pulso rápido y débil, pupilas dilatadas o desiguales, así como por la salida de sangre por oídos, boca o nariz. La asistencia en estos casos deberá reducirse a mantener al paciente acostado y bien arropado hasta la llegada del médico. Se le moverá lo menos posible y, si está sin conocimiento, se le volverá suavemente la cabeza hacia un lado para que la sangre o mucosidades puedan salir por el ángulo de la boca.

Fracturas de tórax (costillas, esternón, etcétera). Suelen delatarse por el dolor al respirar profundamente, al toser y al comprimir suavemente el tórax con la mano.

No se intentará maniobra alguna en ellas. Transporte cuidadoso.

Fracturas de pelvis. Generalmente pasan inadvertidas al profano; no obstante, la emisión de orina sanguinolenta y los dolores del paciente al moverse pueden delatar su existencia. No debe intervenirse.

Fracturas de columna vertebral. El movimiento entorpecido de los dedos de las manos, hormigueos o acorchamiento en brazos, hombro y espalda, así como el dolor localizado en el cuello, son indicios de fracturas de la columna cervical.

La dificultad en los movimientos de los pies, el hormigueo y el acorchamiento de las piernas y el dolor en la espalda son sospechosos de fractura de la columna dorsal.

Los sujetos con fractura o sospecha de fractura de la columna vertebral no deberán moverse hasta que se pueda efectuar un transporte adecuado por personal competente. En caso de que sea necesario transportarla sin la presencia de personal adecuado o del médico, se colocará cuidadosamente a la persona accidentada con el cuerpo estirado sobre una tabla, camilla o superficie plana y dura. No hay que olvidar que la médula espinal atraviesa las vértebras del cuello y espalda y que una compresión de la misma

Primeros auxilios

13

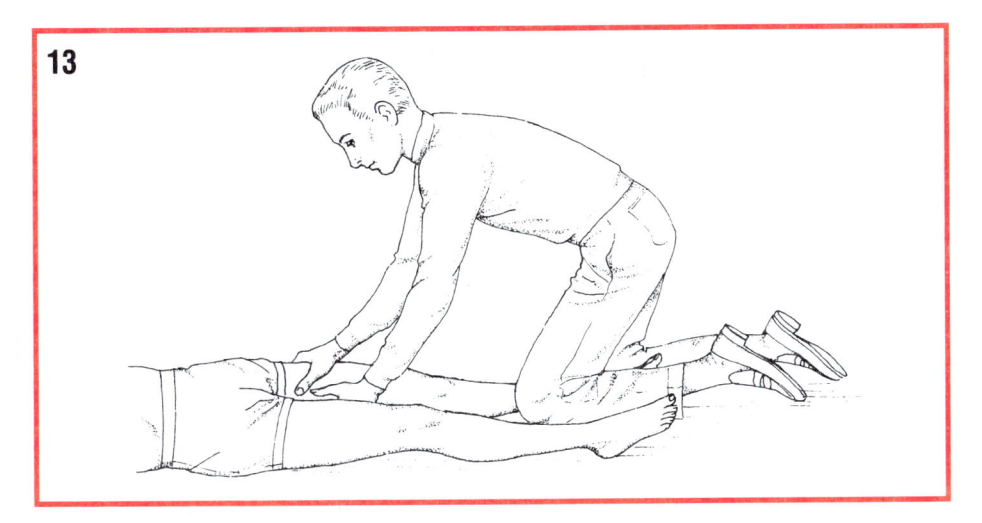

puede causar una parálisis irreparable. Por ello debe procurarse no mover al accidentado si se ignora cómo hacerlo correctamente.

Fracturas de los miembros. Se ha de evitar siempre que los fragmentos, por su movilidad o desviación, lesionen las partes blandas, vasos, nervios, etc. Al mover la extremidad para establecer su inmovilización, habrá que hacerlo sujetándola por arriba y por debajo de la fractura y ejerciendo una ligera tracción en el sentido de su longitud (vea figura 13). Sea cual fuere el sistema seguido para inmovilizar el miembro, no hay que olvidar que es fundamental mantener fijas las dos articulaciones contiguas a la fractura.

Las fracturas del brazo pueden inmovilizarse colgando simplemente un pañuelo del cuello; también puede sujetarse al tórax mediante un vendaje o pañuelo (vea figura 14).

Las del antebrazo y mano se inmovilizarán mediante una férula de alambre o cualquier otra improvisada con cartones o periódicos doblados, palos, etcétera, debidamente acolchadas, fijándolas posteriormente con una venda floja (vea la figura 15).

Las fracturas de la pierna y del pie han de ser inmovilizadas mediante férulas o similares, en la forma ya descrita (vea la figura 16).

Para combatir el dolor pueden colocarse bolsas de hielo, paños fríos, etc., sobre el foco de fractura, siempre que se trate de fracturas cerradas, o administrar algún calmante. En estos casos convendrá informar al médico cuando llegue,

14

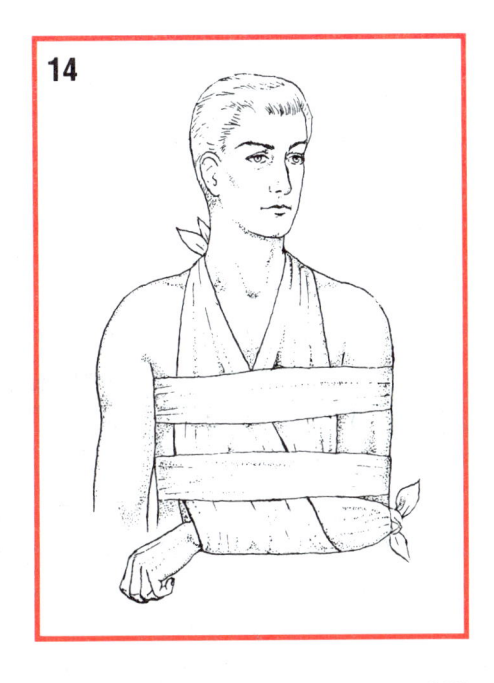

923

Primeros auxilios

bien verbalmente, bien mediante nota escrita, los medicamentos administrados, así como la cantidad de ellos.

Si el accidentado se encuentra en «shock», éste habrá de combatirse.

Las hemorragias en las fracturas abiertas ceden generalmente con apósitos y vendajes compresivos. En caso necesario, realícese la compresión manual de la arteria correspondiente o apliquese un torniquete, si se sabe cómo hacerlo correctamente.

HEMORRAGIAS

Hemorragia arterial: Sangre de color rojo vivo, que sale de forma pulsátil.

Hemorragia venosa: La sangre fluye continuamente, adoptando una coloración roja oscura.

La hemorragia puede producirse hacia adentro (tórax, abdomen) o hacia afuera, pero en ambos casos origina disminución de la cantidad de sangre circulante.

Normas para la cohibición de las hemorragias

1. La mayoría de las veces se consigue mediante la elevación de la extremidad sangrante y un vendaje compresivo (vea figuras 17 y 18).

2. Si se trata de una arteria superficial, su simple compresión con el dedo es suficiente.

3. Los puntos en color de la figura 19 indican los lugares donde se puede efec-

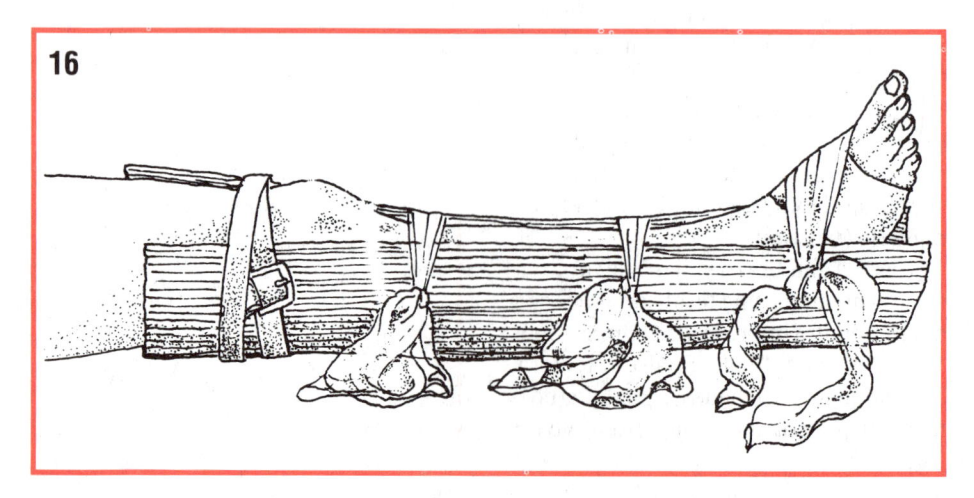

Primeros auxilios

tuar una presión directa sobre la arteria. La figura 20 muestra las zonas adecuadas de compresión en las que se puede cohibir las hemorragias del cuello y de las sienes.

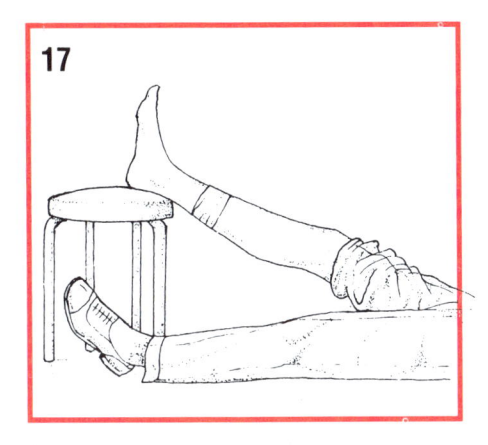

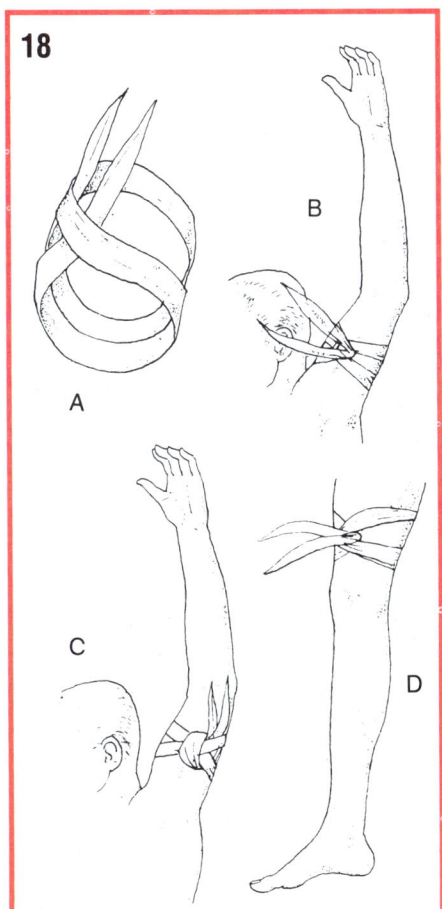

4. Se evitará colocar un torniquete si no se posee un exacto conocimiento de su empleo.

5. Las pérdidas de más de 1 litro de sangre pueden traer graves consecuencias; son especialmente peligrosas las hemorragias arteriales en el cuello, axila y parte superior del muslo.

6. Solamente en caso de que, a pesar de la elevación de la extremidad, vendaje compresivo y presión digital no se obtuviese el cese de la hemorragia, se utilizará el torniquete, que de ningún modo se efectuará con una cuerda, alambre o cinturón, ya que ello puede originar lesiones duraderas de los nervios.

7. El torniquete no se aplicará a nivel del codo, de la rodilla o del tercio superior de la pierna.

8. El tiempo de aplicación del torniquete no deberá sobrepasar una hora y media; cada media hora ha de ser aflojado durante aproximadamente un minuto.

925

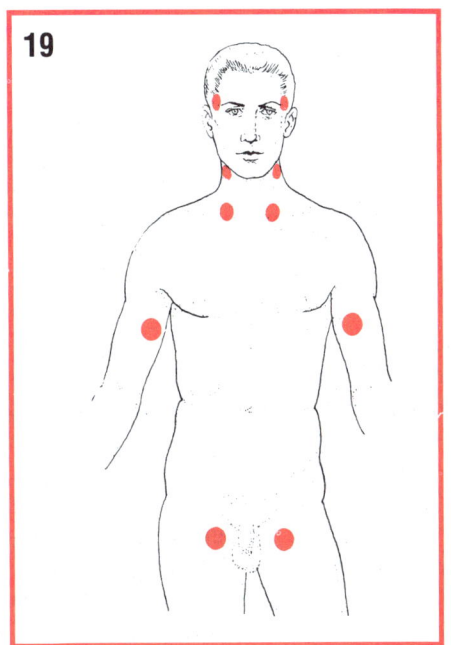

Primeros auxilios

9. El torniquete más aconsejable es una venda ancha de goma; se puede utilizar en caso de necesidad un pañuelo triangular, en la forma que se indica en la figura 21.

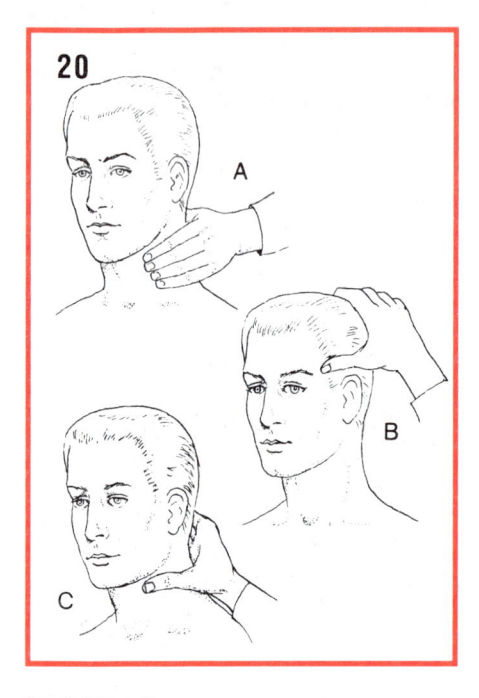

presa estéril. Si disponemos de un desinfectante, se aplicará después de lavada la herida en la forma descrita. El agua oxigenada, aparte de ser un excelente desinfectante, tiene la ventaja de que, por la espuma que produce, lleva a cabo una limpieza mecánica de la herida, arrastrando consigo las partículas de polvo y suciedad.

Finalizada la limpieza de la herida, se aplicará un apósito, de ser posible estéril (vea figura 22), y un vendaje compresivo en caso de hemorragia.

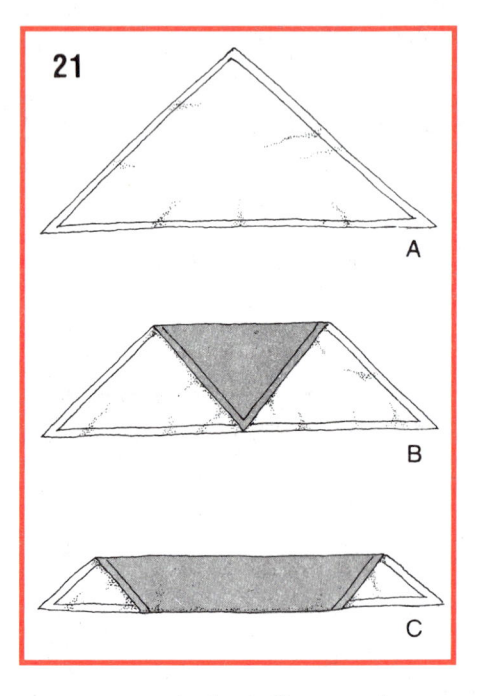

HERIDAS

Normas generales:

Lo fundamental en la asistencia de toda herida es evitar cuanto pueda dar origen a una infección. Antes de proceder al cuidado de una herida habrá que lavarse las manos con agua y jabón y se efectuará una desinfección más a fondo con alcohol o cualquier otro antiséptico, en caso de tenerse a mano. Los apósitos que se empleen para cubrir las heridas deberán ser estériles o, en su defecto, se utilizarán pañuelos, tela o trozos de ropa lo más limpios posible.

Si la herida contiene tierra o sustancias extrañas, con objeto de luchar contra la posible infección se lavará con agua corriente y jabón, utilizando una com-

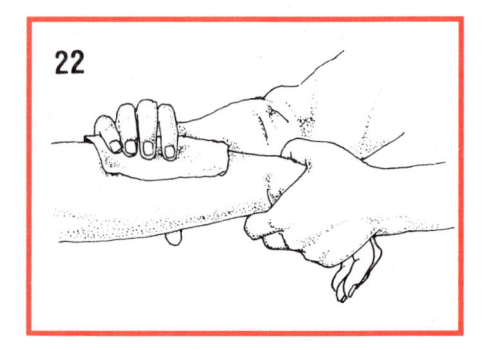

Principales tipos de heridas

1. **Heridas del cuero cabelludo:** limpieza, colocación de apósito y a veces compresión.

2. **Heridas de los ojos:** si existe un cuerpo extraño superficial no enclavado en la córnea, procurar su extracción suavemente con una compresa estéril o el pico de un pañuelo limpio. Si no se consigue su extracción, se debe aplicar un apósito y trasladar al herido a un consultorio o a un hospital.

3. **Heridas de oídos:** abstenerse de cualquier manipulación. Colocación de apósito estéril y envío del accidentado al consultorio médico.

4. **Heridas de la nariz:** apósito; en ocasiones, para evitar la hemorragia, se hace un taponamiento de urgencia mediante gasa estéril.

5. **Heridas de cuello:** si sangran abundantemente, se hará compresión digital hasta la llegada del médico o hasta que se presente la ambulancia.

6. **Heridas en el pecho:** apósito estéril. Si al respirar sale aire por la herida significa que existe un desgarro de pleura o de pulmón; en dicho caso, si es factible, tapar la herida con un trozo de papel de goma o plástico, sujeto a la piel con esparadrapo en toda su periferia. Traslado inmediato a una clínica.

7. **Heridas en el vientre:** si la herida es profunda, no dar líquidos a beber; tampoco alimentos sólidos. En todos los casos, traslado urgente al hospital para su revisión por el cirujano.

8. **Empalamientos:** no intentar jamás extraer el objeto clavado, ya que puede afectar a órganos internos. Traslado urgente al hospital.

9. **Aplastamiento:** la hemorragia puede ser abundante y grave. Es necesario, en este caso, que se efectúe urgentemente al traslado al hospital.

HERNIA ESTRANGULADA

Características:
1. Abultamiento doloroso generalmente a nivel de una de las ingles o del ombligo.
2. El dolor está localizado a nivel de la hernia.
3. Vómitos.
4. Falta de deposiciones así como de ventosidades.
5. Estado general malo.

Normas:
a) No intentar uno mismo la reposición del saco herniario.
b) No aplicar calor local.
c) Acudir inmediatamente al médico.

INSOLACIÓN

Características:
1. Coloración intensa de la cara y del cuerpo.
2. Sed intensa.
3. Mareos y sensación de opresión.
4. Lengua seca.
5. Pérdida del conocimiento.

a) Colocar al accidentado en lugar fresco y a la sombra.
b) Refrescar con paños fríos la cabeza y la nuca.
c) En caso necesario, debe darse respiración artificial.
d) Una vez recuperado el sujeto, se le administrará cada cuarto de hora un vaso de agua fría, a la que se añadirá un poco de sal (no más de 3 o 4 vasos).
e) No administrar agua helada ni hielo, para no aumentar la sudoración.

INTOXICACIONES

Tipos principales:
a) Suicidio (medicamentos, insecticidas, limpiadores).

Primeros auxilios

    b) Intoxicaciones profesionales.
    c) Accidentales (sobre todo en niños).

Normas generales:

1. Determinación del tipo, de la cantidad y del momento en que se produjo la intoxicación.

2. Son especialmente peligrosas las intoxicaciones que van acompañadas de «shock», trastornos gastrointestinales (dolor abdominal, vómitos, diarrea), pérdida del conocimiento, aparición de convulsiones y coloración azulada de labios y piel.

3. Si el tóxico ha penetrado por la boca, el paciente, si está consciente, deberá beber agua salada (3 cucharaditas llenas de sal y disueltas en un vaso del líquido caliente), para provocar el vómito.

4. En los niños, la provocación del vómito se obtiene mediante la introducción de un dedo en la boca, irritando la pared posterior de la faringe, pero actuando con cautela, ya que puede provocarse aspiración del contenido gástrico.

5. En los sujetos con pérdida del conocimiento, así como en las intoxicaciones por estricnina y corrosivos (ácidos, álcalis, amoniaco) está contraindicada la provocación del vómito.

6. Conservar el envase del recipiente que contiene el tóxico.

7. Avisar inmediatamente al médico.

8. Todo intoxicado necesita asistencia médica y en gran parte de los casos tratamiento hospitalario.

Principales intoxicaciones

Ácido acetilsalicílico (aspirina):
Las dosis elevadas producen vómitos, dolor de vientre y vértigos.
Tratamiento: Provocar el vómito, abundante administración de líquidos y respiración artificial, en caso necesario.

Ácidos corrosivos:
Se caracteriza por la quemazón intensa de la boca, vómitos y «shock».
Tratamiento: Están contraindicados los lavados de estómago y la provocación del vómito. Administre bicarbonato sódico, disuelto en agua. También es eficaz la administración de leche.

Aguarrás:
Vómitos, náuseas, dolor de vientre y «shock».
Tratamiento: Provocación del vómito. Dar de beber leche y líquidos en abundancia.

Álcalis cáusticos (cal, lejías):
Vómitos, diarrea, «shock».
Tratamiento: Está contraindicada la provocación del vómito.
Se recomiendan las naranjadas, limonadas o vinagre diluido.

Alcanfor:
Convulsiones, enrojecimiento de la cara, náuseas.
Tratamiento: Provocación del vómito. No dar alcohol, grasas ni aceite.

Alcohol:
La tolerancia de los niños al coñac, vino, anís y cerveza es muy pequeña. Este tipo de intoxicación es fácil de diagnosticar por el olor típico, congestión de la cara y habla incoherente del individuo.
Tratamiento: Provocar el vómito. Arropar al paciente. Administrar agua con bicarbonato (2 cucharadas en un vaso de agua). Café fuerte.

Alimentos en mal estado:
Dolores cólicos en el vientre, diarrea, vómitos.
Tratamiento: Provocación del vómito. Conservación del envase.

Primeros auxilios

Anestésicos (éter, cloroformo, etc.):
Pérdida del conocimiento, dilatación de las pupilas, respiración irregular.
Tratamiento: Colocar al paciente al aire libre. Respiración artificial. Para algunos anestésicos existen antídotos específicos que de preferencia deben aplicarse.

Arsénico (insecticidas, raticidas, pinturas, colorantes):
Dolor de cabeza, náuseas, vómitos, dolor abdominal.
Tratamiento: Provocación del vómito. Administración de leche o de aceite de oliva.

Bencina, benzol:
Dolor de cabeza, convulsiones, olor a gasolina, pérdida del conocimiento.
Tratamiento: Está contraindicada la provocación del vómito. La boca se lavará con agua. Respiración artificial.

Cafeína:
Vómitos, dolor de estómago, palpitaciones, pulso acelerado, temblor de manos.
Tratamiento: Provocar el vómito. Respiración artificial.

Cianuro:
Sensación amarga en la boca, náuseas, vómitos, convulsiones, coma.
Tratamiento: Provocar el vómito. Respiración artificial.

Cocaína:
Dar asistencia ventilatoria de inmediato. Trasladar al intoxicado a la unidad de urgencia para que le apliquen el antídoto.

Crack (Vea Cocaína)

D.D.T.:
Agitación, convulsiones, temblor, colapso.
Tratamiento: Lavar la piel con agua y jabón, en caso de que la intoxicación haya sido por la piel. Respiración artificial. Provocación del vómito.

Fósforo (cerillos, insecticidas, etc.):
Dolor de vientre, náuseas, vómitos y «shock».
Tratamiento: Provocación del vómito. No se administrarán grasas.

Gasolina (Vea Bencina)

Hongos (setas):
Dolor abdominal, vómitos, diarrea, convulsiones, coloración azulada de los labios.
Tratamiento: Provocar el vómito. Administración de carbón mineral y leche. Tratamiento del «shock».

Insulina:
En los diabéticos, las dosis elevadas de insulina pueden conducir a una caída extrema de las cifras de azúcar en la sangre; tal estado se caracteriza por enrojecimiento de la cara, temblores, sudoración, sensación de hambre, convulsiones. Puede llegar incluso al coma.
Tratamiento: Administración de agua azucarada.

Medicamentos hipnóticos:
Somnolencia, pulso lento, pérdida del conocimiento, coma.
Tratamiento: Se conservará el envase, para que el médico pueda determinar la dosis total del medicamento ingerido y su clase. No administrar bebidas alcohólicas. Provocación del vómito. Arropar al paciente.

Morfina (opio):
Respiración superficial, coloración azulada de piel y mucosas, coma.
Tratamiento: Si no hay pérdida del conocimiento, provocar el vómito. Respiración artificial.

Monóxido de carbono:

Esta intoxicación se produce generalmente por los gases de escape de los automóviles, gas del alumbrado, braseros, etcétera.

Tratamiento: Alejar al accidentado de la zona donde se ha producido la intoxicación, haciéndole respirar aire puro. Respiración artificial y masaje cardiaco, si es necesario. Deberá procurarse la administración de oxígeno en cuanto sea posible.

Perfumes, agua de colonia:

Dolor de cabeza, respiración dificultosa, vómitos.

Tratamiento: Provocación del vómito. Beber líquidos en abundancia (agua, café). Colocar al intoxicado al aire libre.

Plomo:

Dolor abdominal, náuseas, calambres, dolor de cabeza.

Tratamiento: Provocar el vómito. Administración de leche.

Pescado en mal estado:

Vómitos, diarrea, dolor abdominal, mareos, colapso.

Tratamiento: Provocación de vómito; administrar carbón mineral o café; dar respiración artificial.

Raticidas (Vea Arsénico)

Setas (Vea Hongos)

Yodo:

Sensación quemante en la boca, vómitos, diarrea, colapso.

Tratamiento: Administración de bicarbonato sódico y de líquidos abundantes (agua, leche).

LUXACIONES ARTICULARES

Las maniobras de reducción de luxaciones por manos inexpertas pueden acarrear, a veces, desgarros de ligamentos, así como lesiones en vasos y nervios. Puede establecerse, por lo tanto, como ley general el abstenerse de tales manipulaciones y poner al accidentado en manos de un médico. Cuando se trate de grandes articulaciones como la cadera, hombro, etc., en que el traslado ofrece dificultades, es preferible la asistencia del médico en el lugar del accidente. El miembro afectado se inmovilizará mediante una férula (vea Fracturas). Las aplicaciones de bolsas de hielo para combatir la inflamación y la administración de calmantes del dolor se hallan indicadas. Siempre es conveniente la exploración radiográfica (peligro de fracturas o arrancamientos óseos).

MASAJE CARDIACO

El masaje cardiaco se efectuará colocando al sujeto sobre una superficie dura y echado sobre la espalda. Se apoyará la mano izquierda a nivel del esternón, es decir, a la mitad del pecho, y se colocará la mano derecha encima de la izquierda en la forma que indica la figura 23.

Se aplicarán unas 70 a 90 presiones por minuto. En los niños será suficiente

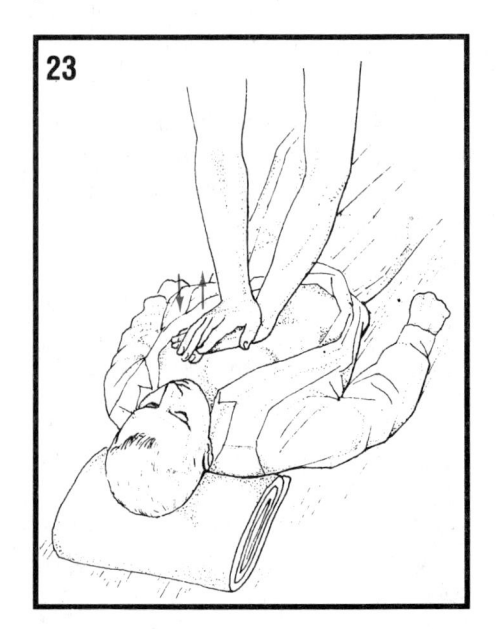

Primeros auxilios

efectuar el masaje cardiaco con una sola mano, y en los recién nacidos, incluso con dos dedos.

El masaje cardiaco por sí solo no es suficiente para mantener la ventilación de los pulmones, de aquí que sea necesario combinarlo con la práctica de la respiración artificial.

Si son dos las personas que asisten, se seguirá esta pauta:

1. Colocar al paciente en posición adecuada para recibir masaje y respiración boca a boca (vea más adelante).
2. Dar una insuflación de aire.
3. Dar tres compresiones de masaje.
4. Continuar así en forma alternada.

Si la persona que asiste está sola, por cada seis compresiones de masaje deberá dar dos insuflaciones. Estos movimientos deberá hacerlos ininterrumpidamente hasta lograr la recuperación del paciente.

MORDEDURAS

Serpientes

Características de las víboras:

Pupilas verticales, mientras que en las serpientes no venenosas son circulares. Entre la parte inferior del ojo y las gruesas escamas que rodean el labio superior se observan unas pequeñas escamas.

La mordedura de la víbora se caracteriza por dos puntos rojos, con 1 cm de separación. Tras la mordedura se presentan inmediatamente dolores intensos, cosa que no ocurre en las mordeduras de serpientes no venenosas.

Normas:

1. Si la mordedura se ha producido a nivel de un miembro, se colocará un torniquete por encima de la mordedura, fuertemente aplicado si se trata de mordedura de cobra y algo más flojo cuando ha sido por víbora.

2. Con la punta de una cuchilla (vea figura 24-A) se hará una pequeña incisión a nivel de la mordedura; se succiona con la boca para obtener la extracción de gran parte del veneno (vea figura 24-B).

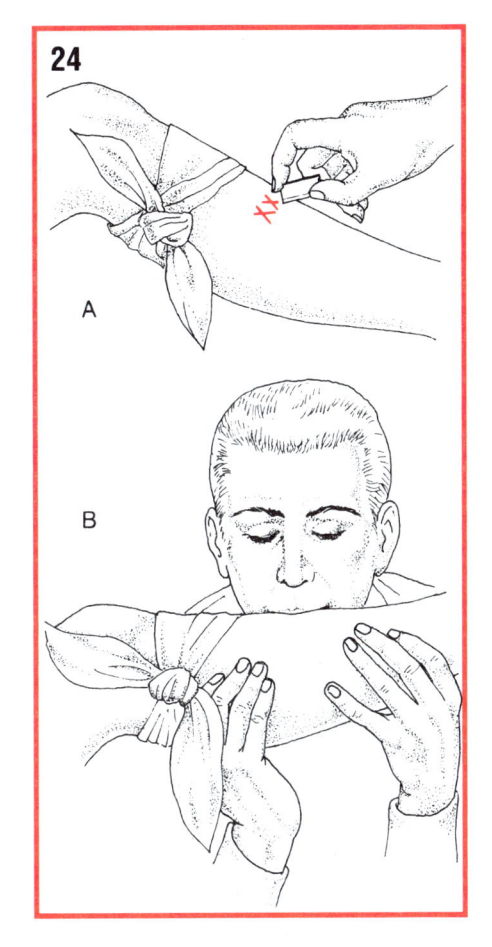

Hemos de asegurarnos antes de que no tenemos ninguna erosión en la boca ni en los labios.

3. Tranquilizar al lesionado.
4. No se le darán bebidas alcohólicas.
5. Administración de un litro de agua.
6. Transporte inmediato a un hospital o avisar a un médico.
7. Si se consigue matar la serpiente, se llevará consigo, con el fin de identificarla y conocer su peligrosidad.
8. A los excursionistas, alpinistas, etcétera, se recomienda que incluyan en

Primeros auxilios

su botiquín el suero anticrotálico y una pequeña navaja para efectuar las incisiones necesarias en caso de mordedura.

Perros, gatos y otros animales

1. Su mayor complicación son el tétanos y la rabia.

2. Lavar la herida con agua y jabón en forma intensa entre 20 y 30 minutos.

3. Cubrir la herida, de ser posible, con un vendaje estéril.

4. No se deben aplicar pomadas; eventualmente, pincelar la herida con mercurocromo.

5. Averiguar, de ser posible, a quién pertenece el animal que ha producido la mordedura. De esta forma se podrá determinar si está o no vacunado contra la rabia. En caso de que el animal haya desaparecido, se deberá administrar el suero antirrábico. En todos los casos de mordedura se deberá aplicar el suero antitetánico.

PARO CARDIACO

Características:

a) Falta de la respiración.

b) Falta del pulso.

c) Se presenta dilatación máxima de ambas pupilas.

d) Coloración palidogrisácea o azulada de la piel y mucosas.

Normas:

1. Mantener libres de cuerpos extraños las vías respiratorias.

2. Respiración artificial.

3. Masaje cardiaco externo.

PARTO

La mayoría de las veces, el parto inesperado evoluciona por sí solo, sin ser necesaria gran ayuda. Lo fundamental en estos casos es conservar la calma y tranquilizar a la parturienta.

Normas:

1. La mujer ha de colocarse boca arriba, con las piernas flexionadas y separadas. Se le convencerá de que se mantenga relajada y solamente durante los dolores haga presión con los músculos del vientre.

2. Si es posible, lavarse las manos con agua y jabón.

3. Cuando la cabeza del niño asoma, contener ligeramente la parte posterior de la vulva para evitar desgarros.

4. En ningún caso deberá el profano jalar al niño.

5. Cuando el niño ha nacido, se atará fuertemente el cordón umbilical por dos sitios, a una distancia de tres o cuatro dedos entre sí, cortándolo entre ambas ligaduras. En caso de poder esperar, esta operación será efectuada por el médico o la partera.

6. Si el niño no respira o tiene color amoratado, debe ponerse cabeza abajo, sujetándolo por los pies y dándole golpes en la espalda con la palma de la mano, con objeto de que expulse las mucosidades que le impiden respirar. En caso necesario, hay que limpiar las mucosidades en la boca del niño introduciendo los dedos en ella. En caso extremo, debe meterse un tubito de goma o plástico en la garganta para aspirar, procurando no causar ningún daño.

7. La expulsión de la placenta suele efectuarse por sí misma, unos 20 minutos después del parto. Si la mujer no sangra en demasía, no se impaciente. En caso contrario, déle un poco de masaje en el bajo vientre. No jale jamás el cordón umbilical para facilitar la salida de la placenta.

8. Expulsada la placenta, coloque compresas estériles o algún paño limpio sobre los genitales. Abríguela convenientemente y espere la llegada del médico o de la partera.

PÉRDIDA DEL CONOCIMIENTO

Características:

a) Sus causas pueden ser muy variadas (corazón, circulatorias, nerviosas, tóxicas, cerebrales, etc.).
b) Piel fría y pálida.
c) Sudoración.
d) Pulso débil y difícil de palpar.

Normas:

1. Colocación horizontal del paciente, con la cabeza más baja que el resto del cuerpo.
2. Desabrochar las ropas y abrir las ventanas.
3. Avisar urgentemente al médico.
4. No administrar ningún tipo de medicamento sin consultar previamente al médico.
5. Controlar el pulso y la respiración.
6. En caso necesario, masaje cardiaco y respiración artificial.

PICADURAS

Insectos y arácnidos

1. Los más frecuentes son de abeja, avispa, hormiga, tábano, garrapata, tarántula, alacrán, viuda negra.
2. Extracción cuidadosa del aguijón, con ayuda de unas pinzas.
3. Aplicación de agua fría o hielo sobre la picadura.
4. Aplicar solución acuosa de bicarbonato sódico.
5. Las picaduras de araña no son peligrosas, pero sí muy dolorosas.
6. La picadura de la garrapata puede transmitir algunas enfermedades.

Animales marinos

1. Las picaduras más frecuentes son las producidas por la medusa o aguamala y el erizo de mar.
2. Estas picaduras son muy dolorosas y puede existir el peligro de infección.
3. Aplicar pomada antihistamínica.
4. Las espinas de los erizos de mar serán extraídas cuidadosamente mediante unas pinzas.

QUEMADURAS

Las quemaduras extensas o profundas constituyen una de las lesiones más graves, ya que, aparte de la lesión local, suelen ir acompañadas de «shock» y pueden complicarse si se infectan, además de quedar graves defectos de cicatrización en la parte afectada.

La mayoría de las veces se producen en casa, y son muy frecuentes en los niños, ya que a esta edad desconocen los peligros circundantes.

En toda quemadura hay que considerar su extensión, profundidad y gravedad. Estos factores resultan difíciles de determinar en el lugar del accidente. De todas formas, el porcentaje de superficie quemada se podrá calcular mediante la siguiente regla: cada palma de la mano corresponde a 1% de la superficie del cuerpo. Toda quemadura de más del 10% del cuerpo hay que considerarla como peligrosa y requiere el ingreso del paciente en un hospital.

De las medidas que expondremos a continuación y del exacto cumplimiento de ellas dependerá en gran parte la suerte del accidentado.

Normas:

1. En caso de que la quemadura se haya producido por la acción del fuego, apagar las ropas que aún sigan ardiendo, cubriéndolas con paños, abrigos o mantas húmedos.
2. Abandonar lo antes posible el lugar donde se haya producido el fuego, ya que

Primeros auxilios

los gases y humos pueden ser peligrosos, tanto para el lesionado como para el que efectúe el salvamento.

3. De ser posible, meter al paciente bajo el chorro frío de la regadera para disminuir el tiempo de acción del calor.

4. Colocar al accidentado acostado sobre las partes no quemadas.

5. No debe tratarse de despegar los trozos de ropas adheridas a la quemadura, ya que ello sólo aumentará los dolores y puede dar lugar a cicatrices deformantes.

6. Cubrir las quemaduras, de ser posible, con compresas estériles, secas y, en caso de no disponer de ellas, con pañuelos, sábanas o toallas limpios.

7. No se aplicarán sobre la quemadura pomadas, pulverizaciones, harina, sal u otras sustancias, ya que ello puede ocasionar la infección de la herida y dificultar la cicatrización.

8. Avisar al médico o transportar urgentemente al lesionado al hospital más cercano.

9. La administración de preparados contra el dolor será determinada y aplicada exclusivamente por el médico, debido a que la mayoría de las veces se hará por vía intravenosa.

10. En caso de que no exista ninguna lesión concomitante del aparato digestivo, se administrarán inmediatamente líquidos por vía oral, en forma de agua con sal (1 cucharada de sal por litro de agua). No se recomienda el agua corriente, el café ni el té.

11. Si el pulso es rápido y el accidentado presenta palidez y sudoración, habrá que pensar en la posibilidad de un «shock».

12. Las quemaduras en cuello, cara, manos y genitales son muy peligrosas.

13. En las quemaduras leves, producidas por agua hirviendo u otras sustancias, el dolor puede calmarse dejando correr agua de la llave sobre ellas.

14. En las quemaduras leves, los ojos se lavarán con agua, de ser posible estéril, cubriéndolos a continuación con una venda. Además, se debe avisar inmediatamente al oculista.

15. En las quemaduras por el sol, si no se han formado ampollas, se aplicará aceite de parafina, y se evitarán las pomadas grasas. Si, por el contrario, se han formado ampollas, se cubrirán con compresas estériles mojadas en solución acuosa de bicarbonato sódico (2 cucharadas en 1 litro de agua).

RABIA

Esta enfermedad es producida por la mordedura de animales rabiosos (perros, gatos, zorros, lobos, caballos, etc.). Para evitarla, se deberán vacunar los animales.

Las manifestaciones de enfermedad suelen presentarse semanas o meses después de la mordedura.

Normas:

1. Ante toda mordedura sospechosa, acudir inmediatamente al médico.

2. Investigar el nombre del dueño del animal para solicitar el reconocimiento de éste.

3. Los animales rabiosos cambian con rapidez en su forma de actuar.

4. Vacuna antirrábica.

RESPIRACIÓN ARTIFICIAL

Tipos:
 a) Boca a nariz.
 b) Boca a boca.

Indicaciones:
 Accidentes.
 Ahogados.
 Electrocutados.
 Gases venenosos (peligro para el socorrista).
 Enfermedades cardiacas.
 Lesiones cerebrales.

Si el lesionado está tendido sobre la espalda, la mandíbula inferior y la lengua se desplazan hacia atrás, dando lugar esta última a la obstrucción de las vías respiratorias. Si además de ello el sujeto, con pérdida del conocimiento, vomita o, a consecuencia de las lesiones, la sangre invade la nariz o la laringe, la respiración se ve aún más dificultada.

La posición de costado evita el peligro de aspiración; por otro lado, la hiperextensión de la cabeza hacia atrás y la elevación de la mandíbula inferior facilitan la penetración del aire. Si la nariz, debido a las lesiones o a otra causa, se encuentra obstruida, debe mantenerse la boca del accidentado ligeramente abierta para posibilitar la respiración.

En caso de que la boca esté llena de vomitado, sangre, mucosidades, etc., se deberá efectuar una limpieza rápida de la misma, con la ayuda de un pañuelo, con el fin de que la respiración artificial sea más eficaz.

Para abrir la boca efectuaremos la siguiente maniobra: con los dedos de una mano dirigiremos la mandíbula inferior hacia adelante, mientras que con el dedo gordo abriremos la boca.

a) Respiración boca a nariz

Se realizará siempre y cuando la nariz se encuentre libre. La mano derecha del socorrista sujetará la cabeza del accidentado a nivel de la frente, extendiendo el cuello todo lo posible hacia atrás; la mano izquierda se colocará en la barbilla, manteniendo cerrada la boca del sujeto y elevando la mandíbula inferior hacia adelante. El dedo gordo mantenido sobre los labios asegura el cierre de la boca. El socorrista aspira aire profundamente y en seguida coloca su boca sobre la nariz del sujeto, introduciendo en ella el aire. Al mismo tiempo se observará si el pecho se hincha, lo que nos confirmará que el aire entró en los pulmones.

Terminada la insuflación del aire, el socorrista desviará la cabeza hacia un lado, para tomar nuevamente aire.

Esta técnica sólo deberá emplearse en casos muy especiales; es decir, cuando los demás procedimientos resulten imposibles.

b) Respiración boca a boca
(Vea figuras 25-29)

La colocación de las manos del socorrista se efectuará de igual forma que en

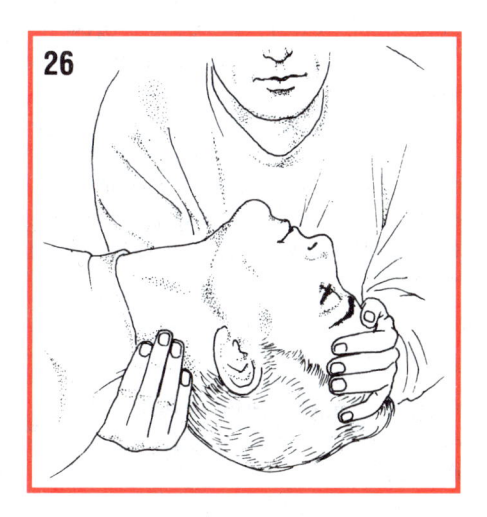

Primeros auxilios

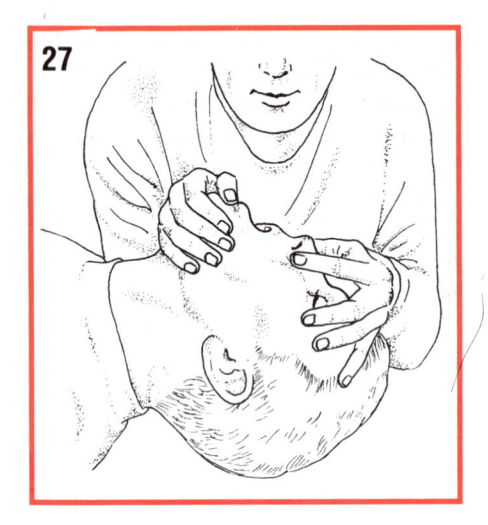

el caso anterior. La insuflación del aire se hará, en vez de por la nariz, por la boca del accidentado. Se evitará hacerlo en forma brusca, para que el aire no penetre en el estómago.

Es recomendable comenzar con 5 a 10 insuflaciones, rápidamente, una detrás de otra. Posteriormente se continuará con insuflaciones periódicas, cada 5 segundos, aproximadamente, manteniendo este ritmo hasta la recuperación espontánea de la respiración o hasta la llegada del médico o de la ambulancia.

La respiración artificial tiene el mismo efecto si delante de la boca del accidentado se coloca un pañuelo abierto, con lo que se evita el contacto directo con la boca del sujeto.

El conocimiento exacto de las técnicas descritas traerá como consecuencia, en muchos casos, la normalización de la respiración, recuperándose de esta forma las funciones vitales, que salvarán al individuo.

RETENCIÓN DE ORINA

Generalmente se produce en individuos de edad avanzada, debido al crecimiento de la próstata.

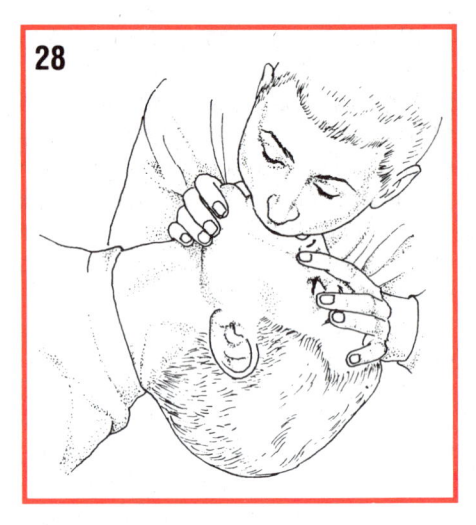

Normas:
1. Baños de asiento.
2. Avisar al médico para que efectúe la extracción de la orina, mediante el empleo de una sonda.

SHOCK

Características:
   a) Palidez de la piel y mucosas.
   b) Frialdad de las extremidades.
   c) Sudoración.
   d) Respiración rápida.
   e) Pulso acelerado y muy débil.
   f) Intranquilidad.

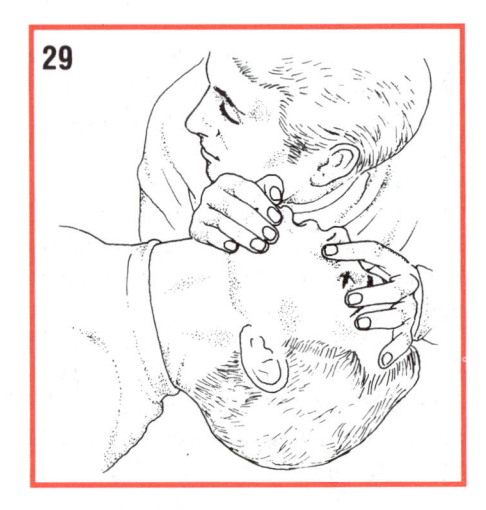

Primeros auxilios

Normas:

1. Todo paciente en «shock» deberá ser vigilado y controlado.
2. Actuar contra la hemorragia, en caso de que exista, mediante vendaje compresivo.
3. No administrar bebidas alcohólicas o estimulantes.
4. Colocar al paciente en posición horizontal, con la cabeza más baja que los pies.
5. Cubrir al sujeto con mantas, abrigos, chaquetas, etc.
6. Avisar inmediatamente al médico.
7. Transporte cuidadoso.

TÉTANOS

Los bacilos del tétanos son los agentes productores de esta enfermedad. Se encuentran principalmente en objetos contaminados por excremento de vaca y de perro; también en la tierra, polvo y maderas antiguas.

Por toda herida sucia o sospechosa se deberá aplicar el suero antitetánico. Como medida preventiva se recomienda la vacuna antitetánica.

TORCEDURAS (Vea Esguinces)

TRANSPORTE DE LOS ACCIDENTADOS

1. Mover el cuerpo en el sentido de su longitud, con la ayuda de mantas, vestidos largos, etc. No levantarlo cogiéndolo de pies y hombros, sino manteniendo el cuerpo recto. De ser posible, entre 3 o 4 personas (vea figura 30).

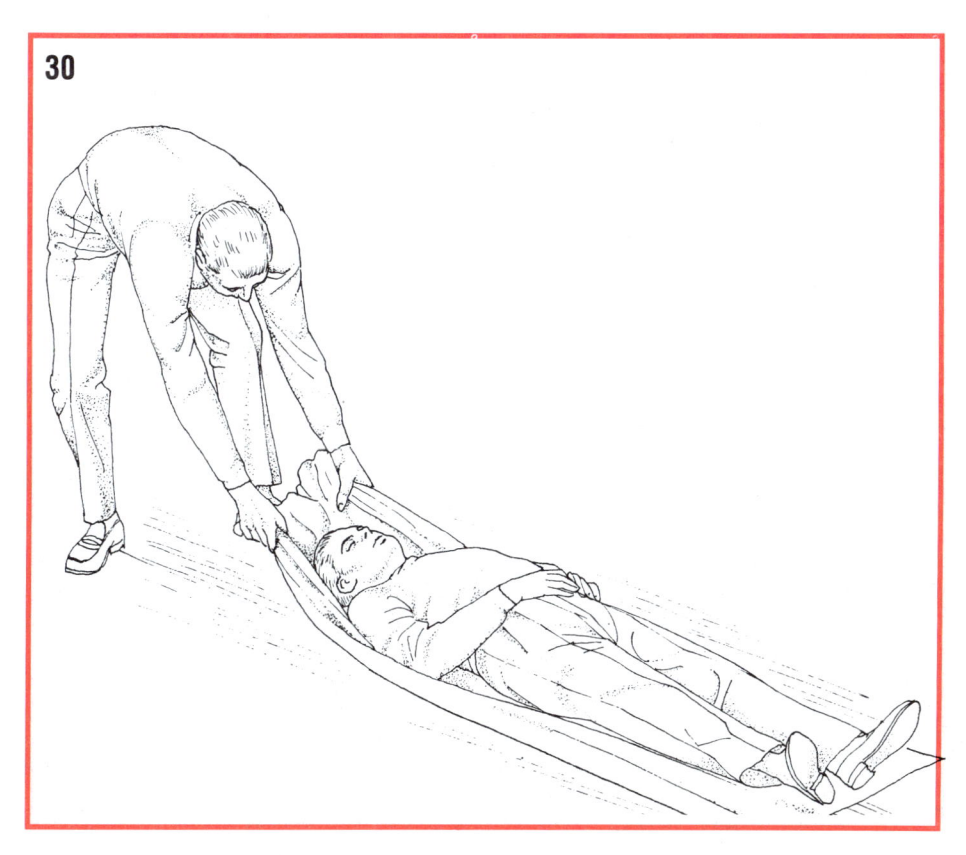

30

Primeros auxilios

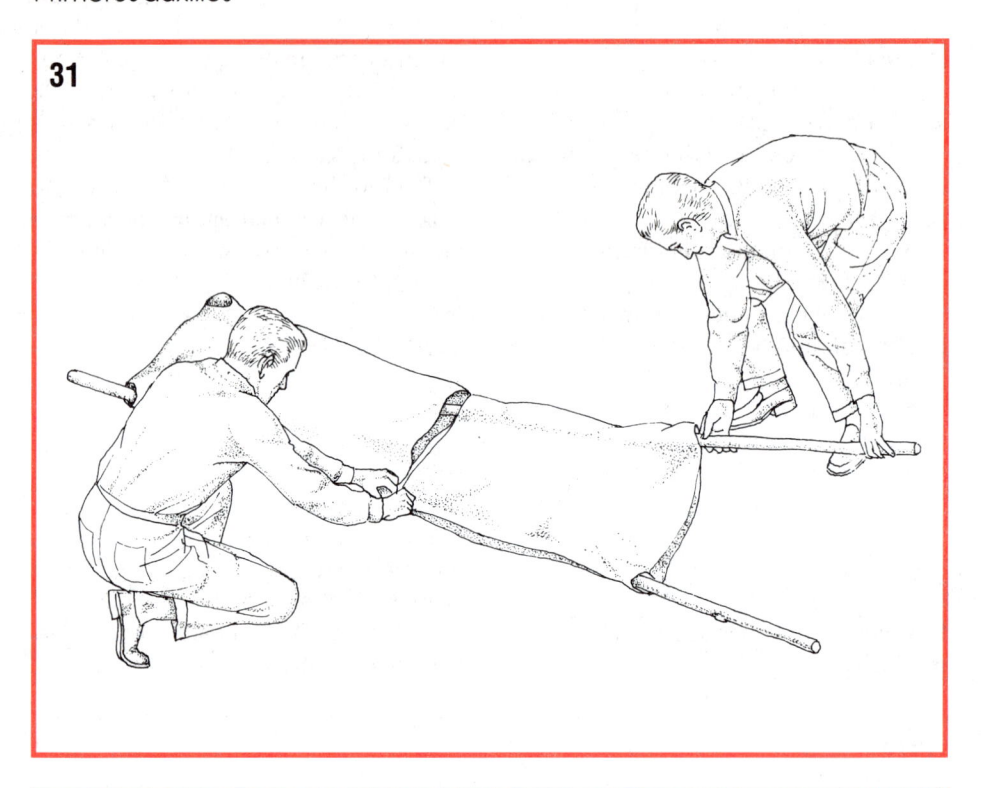

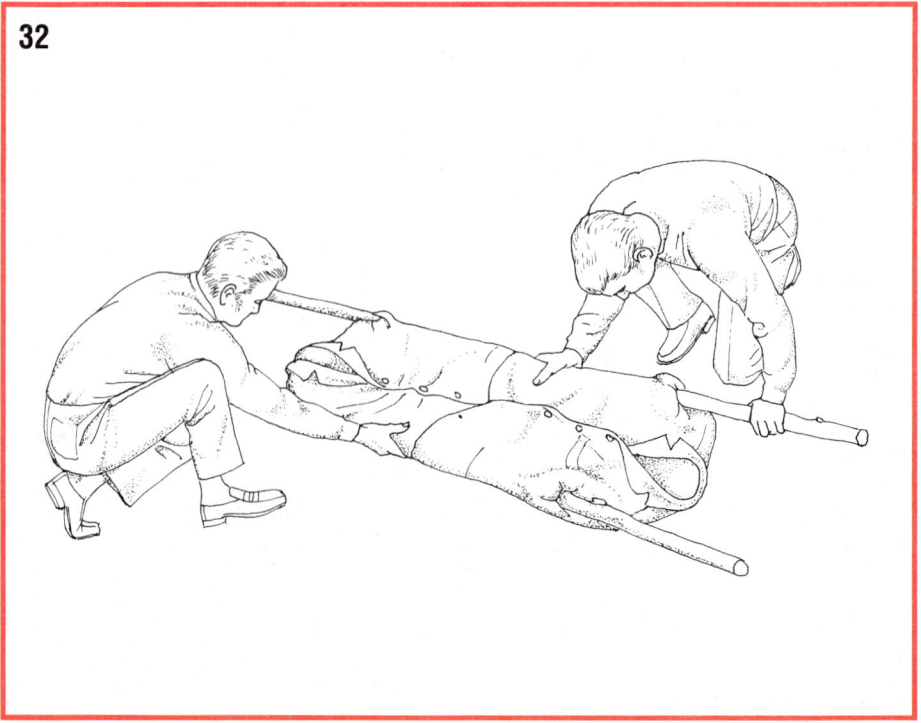

31

32

Primeros auxilios

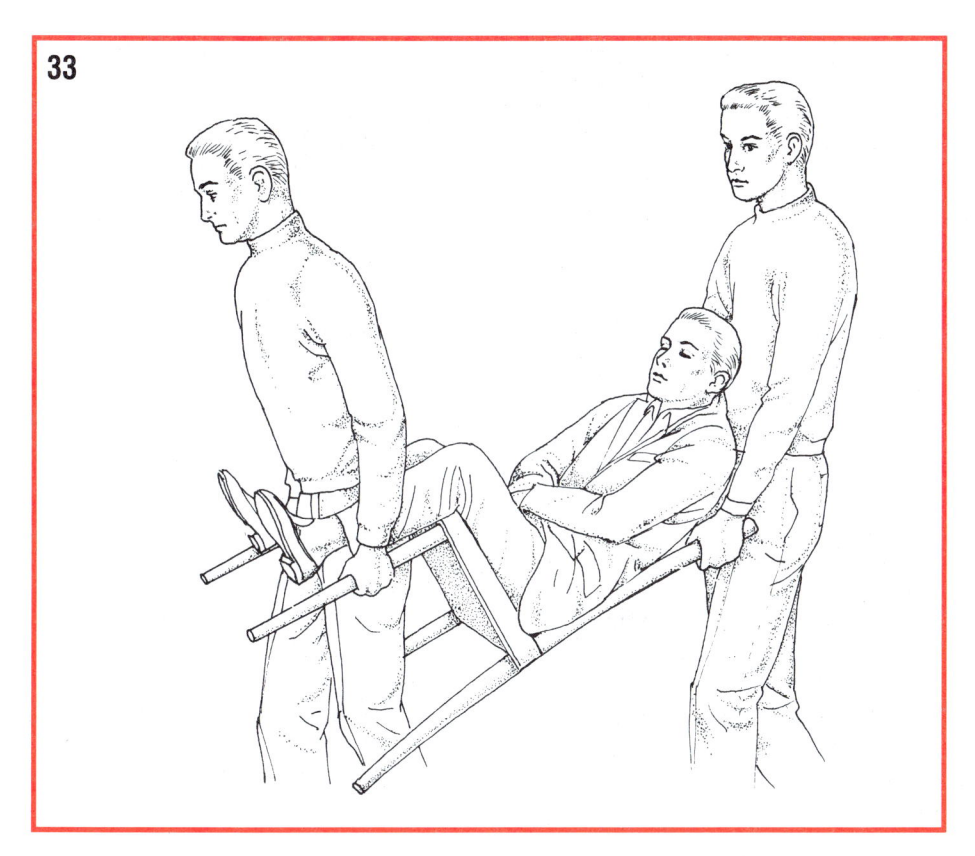

33

2. Si no se dispone de camilla, improvisarla con palos, chaquetas, etc. (vea figuras 31 y 32).

3. No transportar al accidentado sentado, sino acostado o semiacostado. Es preferible, a menos que se trate de un caso extremadamente urgente, esperar la llegada de la ambulancia (vea figura 33), en la cual viajará en mejores condiciones.

4. Sujetar convenientemente al paciente durante el transporte sin comprometer sus funciones vitales e inmovilizando las extremidades fracturadas.

5. Sobre todo en pacientes con pérdida del conocimiento, ha de procurarse la presencia de un acompañante, encargado de la vigilancia y cuidados necesarios, capaz, si es posible, de efectuar ciertas maniobras urgentes, tales como respiración artificial, masaje cardiaco, etc.

6. Conducir con suavidad evitando sacudidas, frenazos y movimientos bruscos, perjudiciales para el enfermo. Transporte rápido en caso de hemorragias internas, «shock» y pérdida del conocimiento.

Posición del paciente durante el transporte:

Horizontal: Fracturas o sospecha de fracturas de columna vertebral o pelvis.

Inclinada, con la cabeza y tórax altos: Fracturas abiertas o cerradas de cráneo, sin pérdida del conocimiento o «shock»; heridas de tórax, disnea, asma.

Inclinada, con la cabeza baja y los pies elevados: Colapso, «shock».

Horizontal, con las rodillas flexionadas: Traumas y cuadros abdominales.

Sobre el vientre: En caso de haber hemorragias del rostro.

Primeros auxilios

De costado: Fundamentalmente para el transporte de pacientes con pérdida del conocimiento (posición que evita la aspiración de sangre, exudados, etc.).

VENDAJES

Los vendajes han de ser de fácil aplicación, utilizándose vendas de 5 a 10 cm de ancho. El extremo de la venda se sujetará con la mano izquierda y la parte enrollada con la derecha.

Los vendajes pueden emplearse bien para cubrir heridas o bien para inmovilizar una extremidad.

Principales tipos de vendaje:

1. Vendaje de dedo (vea figura 34).
2. Vendaje para las manos (vea figuras 35 y 36).
3. Vendaje de cabeza (vea figura 37).
4. Vendaje para inmovilizar el hombro (vea figura 38).
5. Vendaje para inmovilizar el codo (vea figura 39).

BOTIQUÍN DE URGENCIA

El material indispensable en todo botiquín de urgencia casero estará constituido por:

1. Tijeras.
2. Pinzas.
3. Jeringas desechables estériles con capacidad para 3 y para 5 cc.
4. Termómetro.
5. Frasco de alcohol.
6. Algodón.
7. Esparadrapo.
8. Caja de compresas estériles.
9. Vendas de por lo menos dos anchos diferentes (5-10 cm).
10. Caja de «curitas».
11. Frasquito de mercurocromo u otro antiséptico.
12. Bicarbonato sódico.

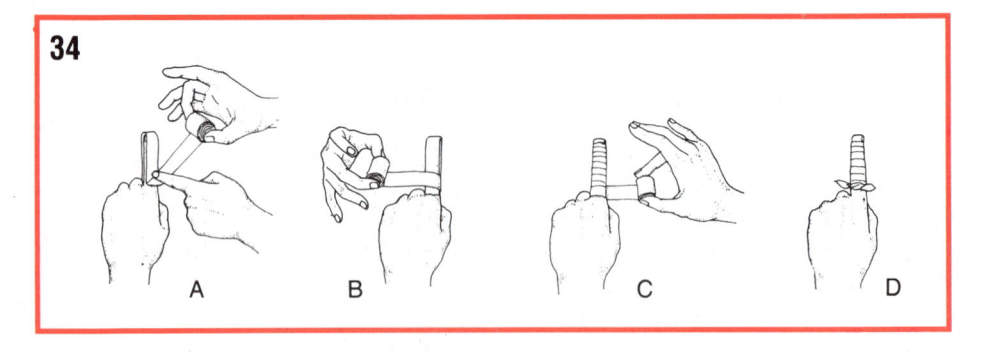

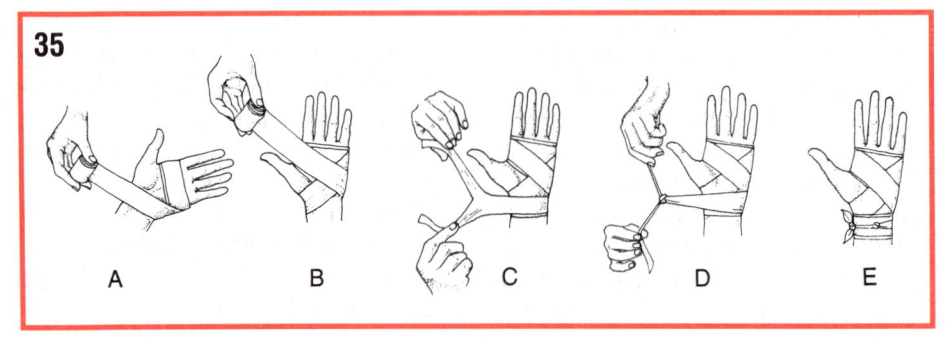

34
A   B   C   D

35
A   B   C   D   E

Primeros auxilios

36

A

B

37

A

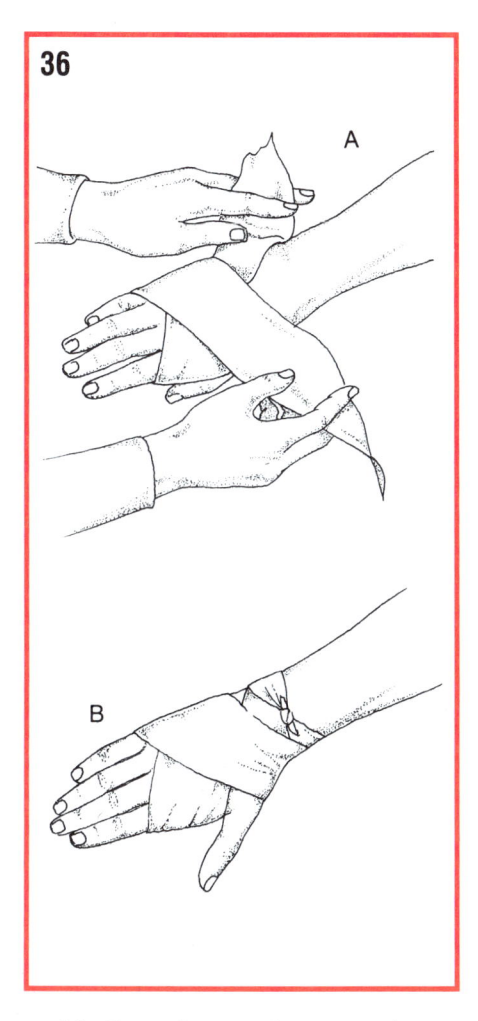

B

C

13. Pomada contra las quemaduras.
14. Pomada antihistamínica.
15. Linterna.
16. Una sonda de goma.
17. Un frasco de agua oxigenada.
18. Vendas elásticas.
19. Gotas anestésicas para el oído.
20. Analgésicos y antipiréticos.
21. Antiespasmódicos.

Es importante verificar que las fechas de caducidad de los medicamentos no hayan transcurrido. Además, todos estos materiales se mantendrán alejados de los niños y en lugares frescos, secos y no muy iluminados.

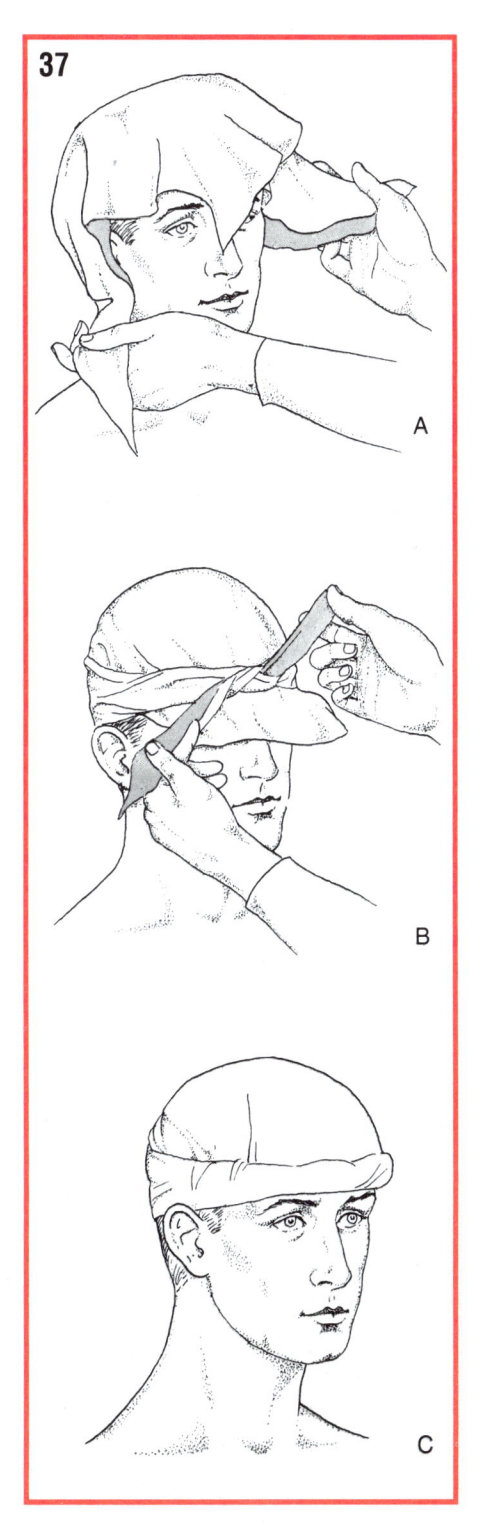

941

Primeros auxilios

38

A

B

C

D

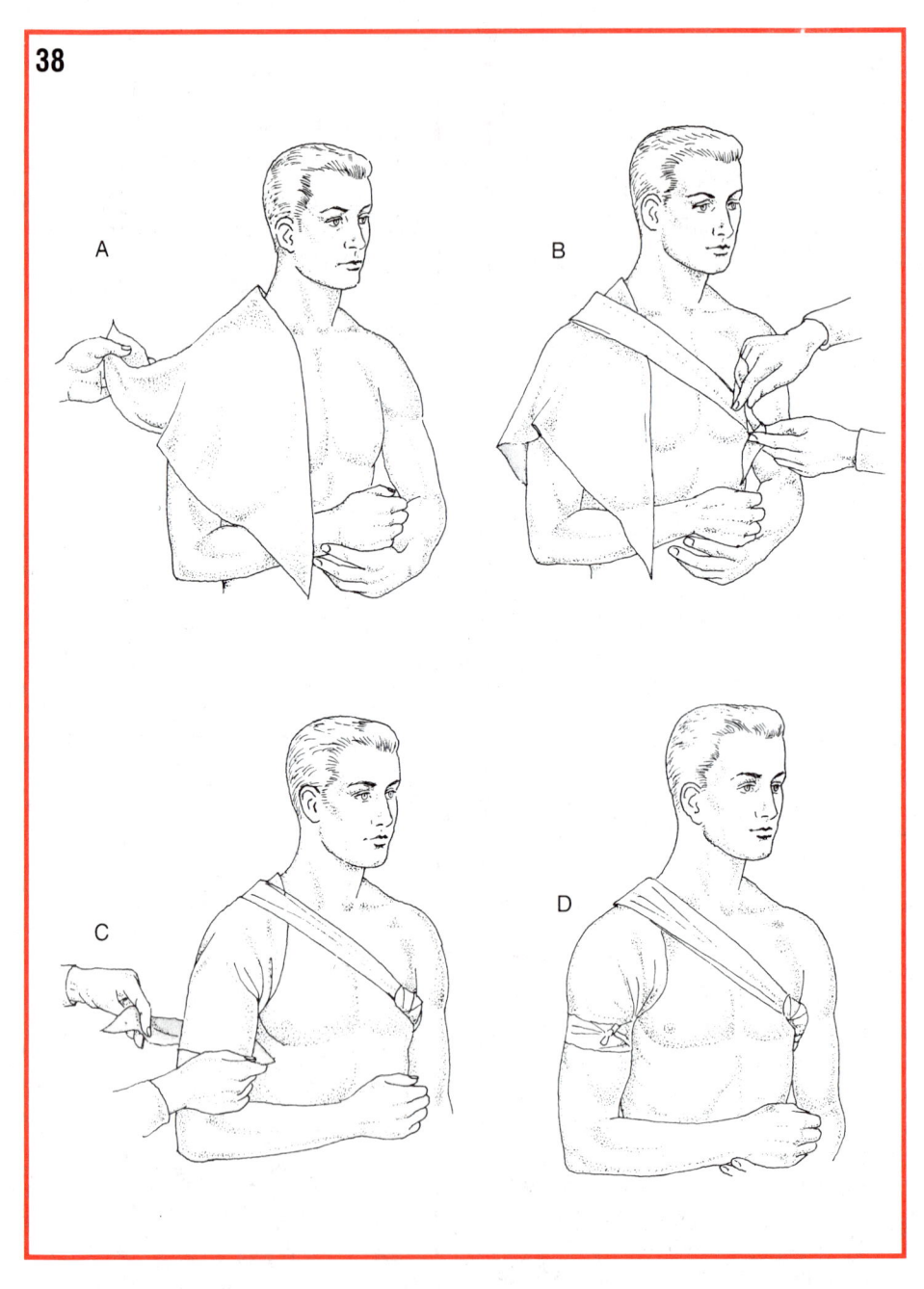

Como resumen de esta sección acerca de los primeros auxilios, convendrá tener presente que cuando una persona se hiere o cae enferma repentinamente hay un tiempo crítico —hasta que logra recibir asistencia médica— de extrema importancia para la víctima. Lo que durante tal intervalo se haga o se deje de hacer puede significar la vida o la muerte de la persona accidentada.

Primeros auxilios

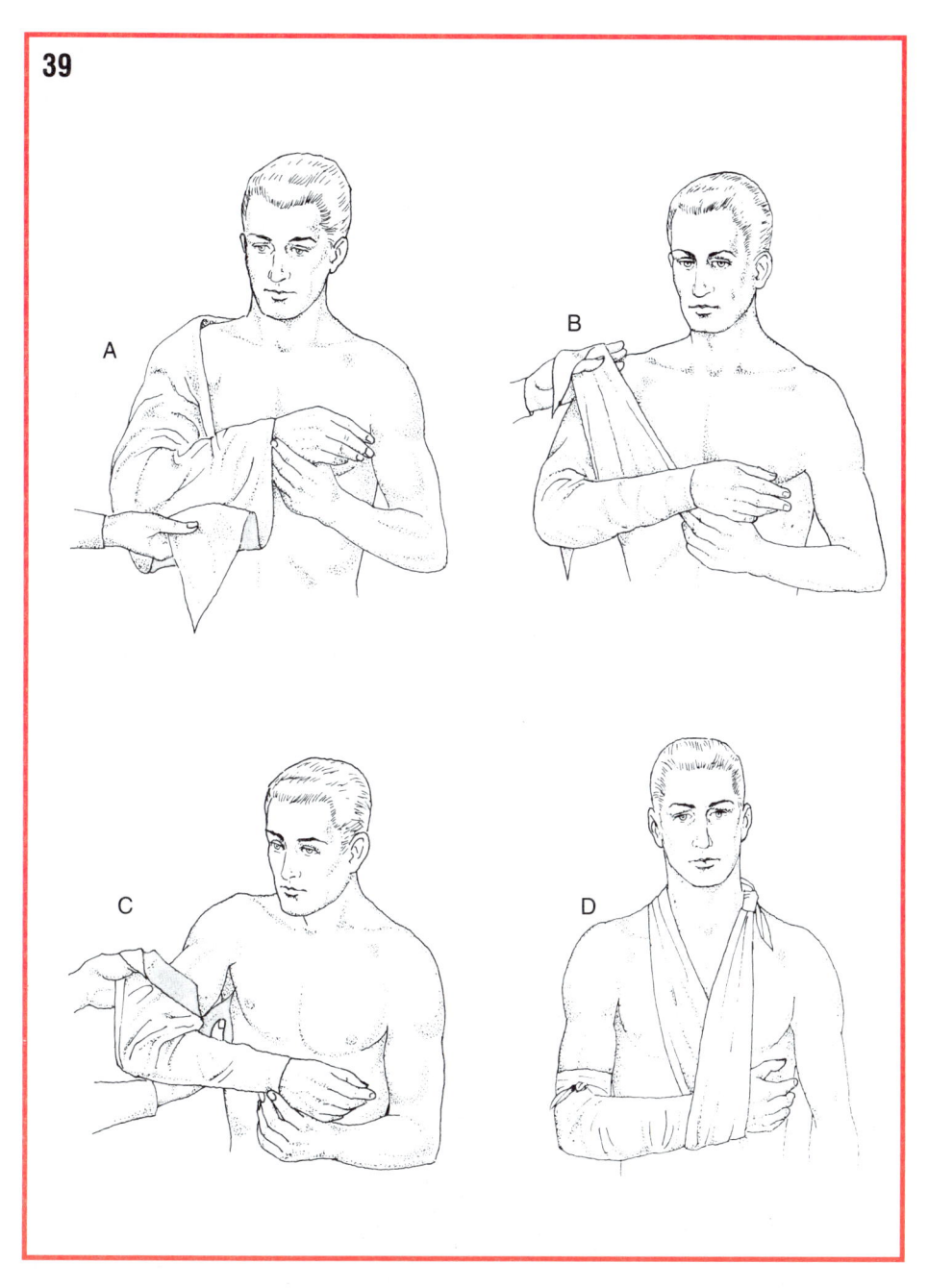

Los primeros auxilios suponen el conjunto de ayudas que pueden proporcionarse a una víctima hasta que sea posible la intervención de un médico. Por tanto, es un deber para toda persona, tanto en bien propio como en el ajeno, conocer y saber ejecutar las sencillas maniobras que deben ponerse en práctica, pronta e inteligentemente, en caso de accidente o de enfermedad súbita.

943

ÍNDICE ANALÍTICO

A

Abdomen agudo 115, 262
Aberraciones sexuales 717, **763**
Abluciones 196
Aborto 733
   —amenaza de 734
   —ayuda en caso de 911
   —completo 734
   —criminal 735
   —en curso 734
   —diferido 734
   —espontáneo 911
   —incompleto 734, 735
   —inevitable 734
   —infectado 734, 735
   —inminente 734
Abrasión dental 246
Absceso
   —amigdalino 389, 390
   —apendicular 292
   —cerebral 590
   —dentario
     perimaxilar 250
     bajo el periostio 249, 250
     submucoso 250
   —hepático 527
   —periamigdalar 390
   —perirrenal 433
   —de la piel 214
   —pulmonar 132, 402
   —renal 433
   —retromamario 756
   —subareolar 756
Abscesos fríos 558
Absorción intestinal 257
Abulia 130
Acalasia, *v*. Dilatación del esófago
Acariosis, *v*. Ácaros
Ácaros 682
Accidentes de tránsito 912
Aceites
   —etéreos 215, **227**, 229-237
   —mucilaginosos 234
   —vegetales 83
     valor nutritivo de los 854
Aceleración 59, 782
Acetonemia 133
Acidismo (hiperacidez) 270

Ácido
   —acetilsalicílico, *v*. Aspirina
   —ascórbico, *v*. Vitamina C
   —barbitúrico, derivados del,
     v. Barbitúricos
   —bórico 215
   —carbónico 187
   —clorhídrico 45, 222, 258,
     274, 276, 286, **840**
   —dietilaminolisérgico, *v*. LSD
   —fenilpirúvico 812
   —fólico 841, 846
   —fosfórico 839
   —isonicotínico 417, 418
   —láctico 40, 42, 473
   —lisérgico, *v*. LSD
   —nicotínico, *v*. Vitamina PP
   —pantoténico 841, 845
   —paraaminosalicílico 417
   —silícico 227
   —tánico 855
   —úrico 106, 181, 440-442,
     489, 813
     contenido en los alimentos
     856-875
     determinación en sangre 106
Ácidos
   —corrosivos, intoxicación por
     928
   —grasos 83, 257
Acné 182, 191
   —juvenil 894
   —vulgar 690
Acomodación visual 628
Acrocianosis 364
Acromatopsia, *v*. Daltonismo
Acromegalia 451
Acroparestesias 129
ACTH, *v*. Hormona
     adenocorticotrófica
Actinomicosis 355, 530
Actinomyces israelii 530
Actividad hormonal 57
Acupuntura 160
Achicoria 153, 229
Adelgazamiento 111, 479
Adenoides 388
Adenoma 816
   —de próstata 446
Adenopatías 112, 335

   —hiliares 415
Adermina, *v*. Vitamina B_6
ADH, *v*. Hormona antidiurética
Adiadococinesia 577
Adrenalina 217, 224, 454
Aerización, *v*. Ventilación
Aerofagia **112**, 128, 263, **264**, 793
Aerosol 190
   —terapia con 155
Afasia 363, 574, 826
Afecciones oncológicas 814
Afonía **112**, 393, 394, 132
   —ligera 394
   —prolongada 394
   —total 392
Aftas bucales 266, 800
Afusiones 199
Agalactia 756
Agenesia 646
Aglutinación 326
   —reacciones de 106
Aglutininas 326
Agnosia 576
Agorafobia 617
Agranulocitosis, *v*. Leucopenia
Agua 178, 261, 324, 835, 840
   —contenida en los alimentos
     856-875
   —boricada, *v*. Ácido bórico
   —de manantial 840
   —del mar 179, 840
   —oxigenada 215
   —potable 178, 179, 181
Aguarrás, intoxicación por 928
Aguas
   —acídulas o carbónicas 180,
     184, 187
   —alcalinas 180
   —amargas 180, 183
     bicarbonatadas 183
     bicarbonatadas sulfatadas
     184
     sulfatadas 183, 188
   —arsenicales 180, 182, 187
   —bromuradas 180
   —clorurosódicas 183, 188
   —ferruginosas 180, 182
   —frías 179
   —hipertermales 179
   —hipotermales 179

—isotermales 179
—de mar, v. Talasoterapia
—medicinales 179, 180, 186
—minerales 178-180, 186, 840
—mineromedicinales 178, 179 de mesa 185
—oligominerales 179-181, 184, 186
—radiactivas 180, 184, 187
—salinobromoyódicas 186, 188
—semiminerales 179, 180, 182, 186
—sulfatadas 183, 188
—sulfatadoalcalinas 188
—sulfúreas 188
—sulfurosas o sulfuradas 180, 182, 187
—termales 178, 179
—yoduradas 180
Agudeza visual 629
—disminución de la 635, 645
—grado de la (tabla) 631
Agujetas 536
Ahogados 915, 934
Aire
—complementario 378 residual 378
—respiratorio 48
Ajo 229
Alastrim, v. Viruela blanca
Albinismo 625, 694
Albúmina 425, 429, 470
—determinación en la orina 106, **426**
Albuminuria **426**, 429
Álcalis cáusticos, intoxicación por 930
Alcaloides 227
Alcanfor, intoxicación por 928
Alcohol 215, 216, 613
—bebidas con 876
—diluido 557
—etílico 220
—e hígado 311, 312
—intoxicación por 928
Alcoholemia 105, 877-880
Alcoholismo 219, **606**, 813, 877
—e hígado 311-313
Aldosterona 451, 453

Alergenos 386, 400, 697
Alergias 400, 697, 702
—por contacto 700
—cura de 182, 184
—físicas 700
—por ingestión 699
—por inhalación 699
—medicamentosas 700
—de origen infeccioso 700
Alfombrilla, v. Rubéola
Aliento
—mal, v. Halitosis
—olor a acetona del 455
Alimentación 140, 831-886
—del anciano 885
—mixta 835
—del niño
 artificial 795
 natural 792
 suplementaria 793
—proteínas en la 837
—reglas para una sana 884
—sustancias nutritivas en la 835
—del trabajador intelectual 885
—unilateral 833
—vegetal 833
Alimentos
—absorción 45
—acidificantes 839
—alcalinos 840
—animales 880
—aporte calórico 87
—cantidades que contienen cien calorías (tabla) 834, 835
—combustión 473
—composición y valor nutritivo 833
—digestión 45
—fermentación y conservación 831
—en mal estado, intoxicación por 928
—en la leche 882
—valor biológico 849
—vegetales 850
Almidón de papa 851
Almorranas, v. Hemorroides

Alopatía 137
Alopecia 112
—areata 691
Alquitrán 817
Alteraciones
—gastrointestinales de origen psicovegetativo 298
—en la lactogénesis 756
—en la lactopoyesis 756
—en el organismo femenino 757-775
—de los pezones 756
Alucinaciones 220
—auditivas 600
—de tipo visual 607
Alucinógenos, v. Medios que provocan seudopercepciones
Aluminio 840
—hidróxido de 222, 274
Alvéolos 48, 370
—dentales 251
 degeneración e inflamación de los 251
—maxilares 249
—pulmonares 370, 371, 373
Amastia 756
Amelia 537, 811
Amenorrea 713, 768
Ametropías 633
Amiba 18, 293
—coli 307
—histolítica 307, 527
Amibiasis 527, 307
Amida del ácido nicotínico, v. Vitamina PP
Amidoprocaína 217
Amígdalas, Lám. XVII
—adenoides 374
—linguales 374
—palatinas 374, 388
—rinofaríngeas 388
Amigdalectomía 391
Amigdalitis
—aguda 388, 390
—crónica 389, 390
Aminoácidos esenciales 85, 257, 837
—en la leche 882
Aminofenazona, v. Piramidón
Amnesia 618

Amnios 723, 727
Amniótico, v. Líquido amniótico
Ampolla 667
Anabolismo 60, 472
—celular 21
Anactínicos, cristales 631
Anafilaxia 697
Analgésicos 208, 220-222
Análisis
—anatomopatológico 108, 816
—citológico 109
—clínico 103
—coprológico, v. Análisis de heces
—de esputos 107, 381
—de heces 108, 304
—histopatológico 108
—de orina l06, 424, 425
—de sangre 104-106, 324
—de semen 108
Anamnesis 92
Anasarca 478, 838
Anatomía
—humana 68
—topográfica, Lám. I
Anatoxina 503
Andrógenos 704
Anexos uterinos 705, 708
Anemia 104, 290, 294, 328
—aguda 329
—por carencia de vitamina B$_6$ 845
—cura de 182
—del embarazo 740
—ferropénica 329, Lám. XXI
—hemolítica 328-330
—por infecciones crónicas o tumores 329
—de los jóvenes 328
—megaloblástica 845
—perniciosa 328-330
—poshemorrágica 328, 329
Anestesia 509, 582
Anestésicos 218
—intoxicación por 929
Aneurina, v. Vitamina B$_1$
Aneurisma de aorta 524
Anexitis 212, 769
Anfetaminas 217, 218, 609
Angina de pecho 356

—en geriatría 825
Anginas 214, 335, v. Amigdalitis
—catarrales 389
—crónicas 390
—foliculares 389, 391
—de Plaut-Vincent 388
Angiografía 102
Angiología 333
Angustia 113, 616
—neurosis de 619
—sensación de 399
—sentimiento de 600
—síntomas de 619
Anhídrido carbónico, v. Carbónico, anhídrido
Anidación 721, Lám. XXIX, XXX
Anillo
—de Bandl 746
—de Waldeger 374
Anís estrellado 229
Anisometropías 636
Ano 261
—artificial 296
—fisura del 296
Anorexia 113
—nerviosa 480
Anosmia 386
Anoxia 380
Anquilostoma duodenal 306
Ansiedad, v. Angustia
Antebrazo 77
—músculos del 78
Antiácidos 222, 277
Antianémicos 217
Antibiograma 212, 381
Antibióticos 214, 215, 381
—sensibilidad a los 212-214
Anticoagulantes 217, 325
Anticolinérgicos 277
Anticonceptivos
—orales 720
—químicos 719
Anticuerpos 50, 216, 325, 493, 696, 699, 701
Antidiarreicos 223
Antieméticos 223
Antiespasmódicos 289, 221
Antígenos 493, 696
Antihipertensivos 217, 361

Antihistamínicos 211, 386, 697, 701
Antiinflamatorios 210
Antimetabolitos 214
Antipiréticos 495, 807
Antisepsia 215
Antitoxina 697
—diftérica 503
—tetánica 513
Antitusígenos 224
Antojos 695
Antracosis 408
Antraquinonas 223
Ántrax 502
Anuria 425, 428
Aorta 334, 357
—válvula de la 352
Aparato
—circulatorio 49-51, 333-337, Lám. VI
en el ayuno terapéutico 143
enfermedades del 340-369
—digestivo 45-46, 257, Lám. XV, XIX
enfermedades del 264-322
—excretor o urinario 52-53, 422-424
enfermedades del 421-449
—genital 53-54
enfermedades del 757-775
femenino 705
masculino 703
—locomotor 531-532
enfermedades del 536-572
—respiratorio 47-49, 370-378, Lám. XVI
enfermedades del 379-421
Apéndice inflamado, Lám. XX
Apendicectomía 291, 292
Apendicitis 291
—aguda 285, 922
Apetito, falta de, v. Anorexia
Apicectomía 249
Apófisis
—articulares 533
—coracoides 543
—espinosa 103, 533, 545
—mastoide 123, 656
—transversa 70, 533, 545
Apomorfina 223, 224

949

Apoplejía 363, 589
   —en geriatría 826
Apraxia 576
Aquilia 274, 286
Árbol bronquial 376, 401
Arborización bronquial 371. *v.* Árbol bronquial
Arbutina 215
Ardor 113, 263
Ardores
   —de estómago 269. *Véase también* Acidismo
   —de pies 571
Arenillas 439, 440
Árnica 229
Arritmia 337
   —total 351
Arrugas 901
Arsénico 180, 182, 187, 428, 840
   —intoxicación por 929
Arterias 333, 334, Lám. XXV
   —enfermedades de las 360
Arterioesclerosis
   —cerebral 610
   —concepto 362
   —coronaria 357
   —y dieta 83
   —estenosante 364
   —y geriatría 825
   —obliterante 365
Arteritis 365
Articulación
   —de la cadera 73, 534
   —del codo 77, 534
   —de los dedos (manos) 77
   —escapulohumeral 76
   —del hombro 76, 378, 534
   —de la muñeca 77
   —sacroilíaca 549
   —del tobillo 73, 567
Articulaciones
   —clases de 534
   —enfermedades de las 551
Artritis
   —infecciosa 554
   —reumatoide 552
   —úrica, *v.* Gota
Artrosis 171, **554**, 827
   —de cadera 556
Asbestosis 408

Ascariasis, *v. Ascaris lumbricoides*
Ascaris lumbricoides 306
Ascitis 312, 478
Asepsia 215
Asfixia 372, 915
Asimilación 47
Asistolia 348
Asma
   —bronquial 210, 224, **399**, 698
   —cardiaco **348**, 403
Aspirina 221
   —intoxicación por 928
Astenia 113, 496
Astigmatismo 634
Astringentes 223
Ataque
   —asmático 399
   —cardiaco 916
   —cerebral, *v.* Apoplejía
   —demencial 916
   —epiléptico 603, 915
   —de histeria 618, 916
Ataxia 577
Atebrina 529
Atelectasia 401
Atelia 756
Atlético, tipo constitutivo 66, 67
Atonía gástrica 191
Atrición dental 246
Atrofia
   —cerebral 529
   —del esqueleto óseo y de la mucosa nasal, *v.* Rinitis atrófica
   —gástrica 273
   —muscular 42, 536, **562**, 582
   —ósea aguda 545
Atropina 221-227, 665
Audición, trastornos de la 574
Audiometría 658
Aura 603
Aurículas 334
Auscultación 93
Ausencia de reglas, *v.* Amenorrea
Autoclisis 252
Autofagia 258
Autohemoterapia 15
Autopsia 108
Autoqueratoplastia 642

Autorrelajación concentrativa 163
Autotrasplante 168
Autovacuna 387
Avitaminosis 479
Axeroftol, *v.* Vitamina A
Ayuno terapéutico 141
Azoospermia 770
Azúcar 854
   —de caña, *v.* Fructosa
   —común, *v.* Sacarosa
   —de leche, *v.* Glucosa
   —de remolacha, *v.* Fructosa
   —de uva, *v.* Glucosa
Azul de metileno, *v.* Colorantes sintéticos

B

Bacilo 500
   —anthracis 502
   —de Bordet 513
   —coli 500, 508
   —de Doderlein 500, 709
   —de Eberth 505, 508
   —del género *Brucella* 501
   —del grupo *Shigella* 508
   —de Hansen 509
   —de Koch 413-418, 434
   —de Loffler 503
   —de Nicolaier 512
   —de Yersin 511
Bacitracina 215
Bacteremia 510
Bacterias 491
   —enfermedades infecciosas producidas por 500-513
Bactiuria 445
Bagazosis 410
Baile de San Vito 593
   —del adulto 593
Balneario, elección del 190
Bálsamos 225
Bancos de sangre 166, 327
Baño de sol 147, 207
Baños 203-205
   —de brea 687
   —especiales y aromáticos 206

—de espuma 206
—de sal 206
Barbitúricos 218, 221, **223**, 339, 604, 609
Baricentro 12
Bario 840
Bastones 626
Bazo 333, 501
Bebidas alcohólicas 876, tablas 878-880
Belladona 221, 222, 224, 230
Bencina, intoxicación por 929
Benzol (benceno), intoxicación por 929
Beriberi 843
Beriliosis 408
Betatrón 173, 174
Bilharziosis 530
Bilirrubina, *v.* Pigmentos biliares
Bilis 45, 260, 308, 315
—extracto seco de 223
Biocatalizadores 86
Biomorfosis 61
Biopsia 98, 108, 540, 816
Biotina, *v.* Vitamina H
Bisexualidad 716
Bisinosis 410
Bismuto 390, 840
—nitrato de 222
Bizquera, *v.* Estrabismo
Blancoforenas 675
Blástula 723
Blefaritis 638
Blefaroespasmo 639
Blefaroplastia 904
Blenorragia 439, 508
Boca 69, 70, 374, 380, Lám. XVII
—cielo de la 388, 802
Bocio 469, 839
Boldo 230
Bolo alimenticio 257
Bolsa
—de las aguas 748, Lám. XXXV, XXXVI
—sinovial 536 inflamación de la 566
Borborigmo 114
Botiquín de urgencia 940
Botón de Oriente, *v.* Leishmaniosis

Botriocéfalo 305
Botulismo 507
Bóveda
—craneal 35
—palatina 802
Bradicardia 337
Braquidactilia 537
Braquimorfo, *v.* Pícnico, tipo constitutivo
Brazo 77. *Véase también* Extremidades superiores
Brevilíneo 67, 134
Bromidrosis 689
Bromo 180, 186, 840
Bromuros 218
Bronconeumonía (bronconeumonitis) 212, 394, **405**
Bronconeumopatías 397
Broncoscopia 100
Bronquiectasias 132, 212, **398**
Bronquiolitis 396
Bronquios 48, 375, 378, Lám. XVI
—enfermedades de los 132, 394-401
—principales 376
Bronquitis 212
—aguda 395
—crónica 397
—en geriatría 826
Brucella
—*abortus* 501
—*melitensis* 213, 501
—*suis* 501
Brucelosis, *v.* Fiebre de Malta
Bruxismo 246
Bubones 512
Buftalmía 646
Bulimia 114

C

Cabello 661, 663, 893
—caída del 112, 691
—cuidado del 893
Cabeza 70
—dolor de **116-122**, 592, 595 como síntoma 122

Cadera
—articulaciones de la 73
—artrosis de la 556
—luxación congénita de la 556, 537, 803
Cadmio 840
Cafeína 160, 217, 218, 855
—intoxicación por 929
Calacio, *v.* Chalazión
Calambre 114
—del escribiente 621
—muscular 562
Cálamo aromático 230
Calciferol, *v.* Vitamina D
Calcio 183, 210, 325, 428, 471, **839**
—cantidades óptimas diarias 822
—falta de 123, 839
—en la leche 882
—metabolismo del 453, 470
—tablas 856-875
Cálculos
—biliares 313
—renales 439-442
—salivares 253
Calor 207
Calorías 87, 473
—en los alimentos, tablas 856, 875
—necesidades diarias 835
Calvicie, *v.* Alopecia
Callo óseo 545
Callos 668, 669
Callosidades 668
Cámara hiperbárica 157
Campo visual 630
—disminución del 645, 646
Canas 901
Cáncer 814-822
—de escroto 817
—de esófago 269
—de estómago 280, 826
—de huesos 817
—intestinal 294, 826
—de laringe 394
—de mama 774, 818
—en los órganos genitales femeninos 100, 772-774
—de piel 695

951

—de próstata 446, 818
—de pulmón 411, 817
—de recto 826
—de riñón 433
—tratamiento del 214
—de vejiga 446, 817
Candida albicans, v. Moniliasis
Cannabosis 410
Capacidad
　—auditiva 652
　—de concepción 702
　—de fecundación 702
　—vital 378
Capilares, *v.* Vasos linfáticos y Vasos sanguíneos
Cápsula
　—articular 515
　—glomerular 423
Cápsulas suprarrenales, *v.* Glándulas suprarrenales
Caquexia 478
　—cancerosa 819
　—hipofisaria (de Simmonds) 452
　—malárica 529
Cara
　—cuidado de la 898-901
　—dolor de la 120, 121
　—forúnculos en la 677
　—del lactante 68
　—sensibilidad de 579
Caracteres sexuales 53, 454
Carbónico, anhídrido **47**, 184, 185, 322, 323, 334, 370, 372, 473, 536, 665
Carbono, bióxido de, *v.* Carbónico, anhídrido
Carbono, hidratos de 45, **82**, 247, 257, 833, 835, 837, **838**
　—en los alimentos 856-875
　—durante el embarazo, necesidades de 739
　—necesidades de 838
　—tabla de alimentos para el cálculo del contenido de 458, 459
　—trastornos del metabolismo de los 454
Carbono, monóxido de (intoxicación por) 930

Carbunco 502
Carcinoma 772, 816
Cardenal 332, 667
Cardioesclerosis 825
Cardiología 333
Cardiotónicos 216, 343
Carditis 353
Carencias alimenticias 478
Caries 247
Caroteno 841
　—contenido en los alimentos 856-875
Cartílago 33
Carvacol 215
Caseína 882
Caspa 691
Castración 60, 454
Catabolismo 472
　—celular 21
　—y envejecimiento 60, 824
Cataplasmas 199, 225
Cataratas 61, 644
Catarro
　—bronquial, *v.* Bronquitis aguda
　—conjuntival 640
　—habitual descendente 396
　—intestinal 287
　—tubotimpánico 655
Catatonia 601
Catéter 100, 353
Cateterismo cardiaco, *v.* Corazón, cateterismo
Caverna pulmonar 416
Cavidad
　—abdominal 258, 261, 707
　—amniótica 726
　—bucal 69, 257, Lám. XVII, XVIII
　—cotiloidea 69
　—nasofaríngea, Lám. XVIII
　—ósea 36
　—pelviana 708
　—pulpar 248
　—uterina 707, 721, 723
Cefalalgia 116
Cefalea 116, 594
　—secundaria 122
　—vasomotora 122
Cefalohematoma 798

Célula 18-26
Celulitis 891
Celulosa 46, **82**, 83, 838, 852
　—contenido en los alimentos 856-875
Centelleo ocular 114, 119
Centro
　—auditivo 651
　—del equilibrio 651
　—de gravedad 42
　—del habla 574
　—nervioso respiratorio 379
Cereales 832, **850**, tablas 856-858
Cerebelo 573, 575, **577**
　—tumores del 592
Cerebro 573-578
　—lesiones del 589
Cerebrósidos 84
Cerio 840
Cerumen 650
　—tapones de 653
Cestodos 305
Cianosis **114**, 340, 342, 380, 662
Cianuro, intoxicación por 931
Ciática 114, 559
Cicatriz 668
Ciclo menstrual 710-714
　—anovulador 714
Cifosis 546, 547
　—del adolescente 549
　—senil 827
Cinesiterapia 191
Cinetosis 133
Circulación
　—fetal, Lám. XXXV
　—linfática 335
　—mayor 334
　—menor 334
Circuncisión 800
Circunvoluciones cerebrales 573
Cirrosis hepática 311, 312
Cirugía 166
　—estética (plástica) 652, 903-908
Cisticercos 305
Cistitis 212, 445
Citología 18-26
Citoplasma 20
Citoscopia 100
Citrina, *v.* Vitamina P

Claudicación intermitente 114, 364
Claustrofobia 617
Clavícula 76, 78, Lám. II, III
Clavo 572, 668
Clavus, *v.* Ojo de pescado
Cleptomanía 621
Clima 176
— y constitución física 61-63
Climas, clases de 176-177
Climaterio femenino 714
Clisma, *v.* Enema de retención
Cloasma 693
Cloramfenicol 215
Cloro 80, 840, tablas 856-875
Clorofila 47, 852
Cloroformo 218
Cloroquina 529
Clorosis, *v.* Anemia de los jóvenes
Clorpromacina 219
Clostridium
— *botulinum* 507
— *tetani, v.* Bacilo de Nicolaier
Coagulación sanguínea 325
— y trombosis
arterial 365
cerebral 589, 826
coronaria 359
venosa 368
Coágulo sanguíneo 325
Cobalto 840
— bomba de 168, 175
Cobre 840
— en los alimentos, tablas 856-875
Cocaína 222
Cocimiento 228
Cocos 500
Codeína 224
Codo de tenis 555
Coeficiente intelectual 791
Coito doloroso 766
Colágenas, fibras 32
Colagogos 223, 317
Colangitis 212, 317
Colapso 114, 349. *Véase también* Shock
Colchicina 490
Colecistitis 212, 313
Colecistografía 102
Coledisquinesia 313

Colelitiasis 313
Cólera 502
Coleresis 183
Coleréticos 223, 317
Colestasis 309
Colesterol (colesterina) 84, 315, 339
— contenido en los alimentos 856-875
— determinación en sangre 106
— en insuficiencia coronaria 360
Colibacilos 46, 212, 444, 541
Cólico
— ginecológico 920
— de hígado 315, 919
— intestinal 919
— miserere 292
— de riñón 439, 920
Colirios 225
Colitis
— crónica 289
— espástica 298
— mucosa 298
— ulcerosa 293
Coloides, *v.* Dispersión coloidal
Colon 261, Lám. XX
— divertículos del 294
— inflamación 293
— irritable 298
— tumores de 294
Colorantes sintéticos 215
Colostomía 296
Colposcopia 100
Columna vertebral 544
— enfermedades de la 544-551
Coluria 309, 315
Coma 127, 882
— apoplético 589
— diabético 455, 916
— hepático 311, 917
— urémico 429
Combustión interna 22, 47
Comedón 690
Compensación cardiaca 342
Complejo tuberculoso primario 415
Complexión 134
Composición de la sangre 323, 324
Compresas de Priessnitz 197

Comprimidos 225
Computadores, diagnóstico con 109
Concepción 702
Condensación pulmonar 404
Condilomas 678
Condroitina 82
Conducto
— aéreo, *v.* Trompa de Eustaquio
— auditivo externo 650
— colédoco 260
— deferente 703, 704
— eyaculador 704
— de Havers 37
— hepático 260
— inguinal 53, 71, 802
— lacrimal, *Véase.* Canal lacrimal
— pancreático 260, Lám. XIX
— semicircular 651
— seminífero 53
— torácico 46, 335
Conductor
— y alcohol 877
— y corazón 340
Congelación 671, 917
Congestión
— pulmonar 349, 402
— pulpar 248
— venosa 343
Conjuntivitis
— aguda y crónica 640
— blenorrágica 640
— enrojecimientos oculares análogos a la 641
— con inclusiones de tejido linfático, *v.* Tracoma
Conmoción cerebral 591
Conocimiento, pérdida del 933
Consanguinidad 659, 813
Constipación
— intestinal, *v.* Estreñimiento
— nasal, *v.* Resfriado
Constitución física 61
Consunción del organismo 495
Contagio 492
Contaminación atmosférica 63
Continencia periódica 719

953

Contracción
　—muscular 39, 40, 115, 122, 201, 561
　—uterina 744, 746-747
Contractura muscular 470, 562
Contratransferencia 164
Control de la natalidad, *v.* Regulación de nacimientos
Contusión
　—cerebral 591
　—muscular 561
Contusiones 917
Conversión 618
Convulsiones
　—epilépticas 603
　—febriles 807
Cópula 703
Coqueluche, *v.* Tosferina
Corazón
　—anatomía del, Lám. XXII, XXIII
　—y aparato circulatorio 50, 51, 333
　—en el ayuno terapéutico 143
　—cateterismo 353
　—el conductor y el 340
　—de configuración
　　　aórtica 93
　　　mitral 93
　—en coraza 343
　—enfermedades del 351-360
　—estenosis valvular del 352
　—estructura y función del 51, 333, Lám. XXII, XXIII
　—infarto 357, 826, Lám. XXVI
　—patología general de las enfermedades 340-351
　—presión sanguínea del 336
　—pulmonar 407
　—pulsaciones del 51, 336, 337
　—rendimiento del 337-339
　—senil 825
　—trasplante del 169
　—válvulas del 352
Cordón umbilical 727, 799
Corea mayor o de Huntington, *v.* Baile de San Vito del adulto
Corea menor, *v.* Baile de San Vito
Corion 727

　—frondoso 726, 727
　—primitivo 724, 726
Coriorretinitis 643
Coriza 384
Cornezuelo de centeno 595
Coroiditis 643
Corpúsculo
　—central 24
　—de Meissner 661
　—de Pacini 661
　—renal, *v.* Glomérulo renal
　—de Ruffini 661
Corriente
　—alterna, *v.* Faradización
　—continua, *v.* Galvanización
　—diadinámica 172
Corticosteroides 210, 453
Cortisona 210, 451, 453
Corynebacterium diphteriae, *v.* Bacilo de Löffler
Cosmesis, *v.* Cosmética
Cosmética 887-908
Costras 667
　—de leche 804
Cráneo
　—de adulto 41
　—anatomía del 68-70
　—osificación del 35, 36
Crecimiento, ritmo de 59
Creosol 224
Cretinismo 468
Criptococosis 530
Criptorquidia **452**, 802
Crisis asmática 399
Crisoborina 215
Cristalino 625
Cromatopsia 118
Cromo 840
Cromosomas **20**, 24, 25, 64, 65, 812
Croniosepsis 511
Crup 393
　—diftérico 503
Cuadro clínico 110
Cuarentena 498
Cuates, *v.* Gemelos
Cuatrillizos 730
Cuello, anatomía del, Lám. XVII
Cuerdas vocales 374, 392, 394
Cuerpo extraño 918

　—articular 558
　—en células 18
　—ocular 648
　—en oído externo 653
　—en vías traqueal y bronquiales 100
Cuerpo humano
　—anatomía del 68-80
　—biología del 17-68
　—bioquímica del 80-88
　—forma del 714
　—movimiento del 74, 75
　—posición del 42
Cuerpo vítreo 626
Cumarina 325
Cuñas 566
Curas
　—de adelgazamiento 484, 852
　—para engordar 481
　—de Guelpa 144
　—de Just 144
　—de Kneipp 147, 195
　—de Schroth 146
　—de sed 145
　—termales, *v.* Métodos balneoterapéuticos
　　　por baño 186
　　　por bebida 181
　　　por fango o peloides 188
Cutirreacciones 400
Cutis 898

CH

Chalazión 639
Chancro 524
Chepa cardiaca 352
Chequeo 91, 109, 824
Chinches 682
Choque (shock)
　—anafiláctico 697, 698
　—cardiazólico 601
　—eléctrico 601
　—insulínico 465, 601, 602

D

Dacrioadenitis 637
Dacriocistitis 638

954

Daltonismo 629
Danza arterial 352
DDT, intoxicación por 929
Debilidad
—mental 611
—muscular 563
Decocción 228
Decusación (cruzamiento) de las pirámides 574
Dedos
—articulaciones de los 77, 78
—azules 363
—flexionados 565, 566
—en martillo 570
—músculos, tendones y vainas de los 79, 80
—en palillo 352
—de los pies 567, 568
—en resorte 565
Deglución 257, 258, Lám. XVIII
—dificultad para la 388.
V. también Disfagia
Dehidrocorticosterona 453
Delgadez 479
Delirios 602
Delirium tremens 607
Demencia 603, 605, 607
—alcohólica 607
—y arterioesclerosis, *v.* Arterioesclerosis cerebral
—del epiléptico 603
—paralítica 524, 610
—precoz 599
—senil 611, 828
Dengue 514
Depauperación del organismo 495
Depilación 895
Deporte 203, 204
—y gimnasia 194
—y el problema del onanismo 717
Depresión endógena 598
Dermatitis (inflamación de la piel o dermitis)
—de contacto 687
—infecciosas 675
—inflamatorias 668
—del lactante 803
—mecánicas 668
Dermatología 660-695

Dermatomicosis 683
Dermatosis 668
—alérgicas 660
Dermis 662
Desarrollo
—corporal 59, 60
y psíquico 779, 780, 784, 785
—de la dentadura 777, 778
—embrionario 723
—trastornos del 537, 538, 812
Descompensación cardíaca 342
Desgarros musculares 561
Desinfección 498
Desinfectantes 215
Desmayo, *v.* Conocimiento, pérdida del
Desoxicorticosterona 453
Desvanecimiento, *v.* Conocimiento, pérdida del
Determinación en sangre
—de ácido úrico 106
—de colesterina (colesterol) 106
—de glucosa 106
—de hemoglobina 104
—de proteínas 106
—de urea 106
Dextrosa, *v.* Glucosa
Diabetes
—insípida 452
—mellitus 454
Diaforesis (perspiración) 145, 385, 853
Diafragma 258, 279, Lám. XVI
Diagnóstico 89
—diferencial 109, 110
Diálisis 429
—de la sangre 430
Diámetros obstétricos 744
Diapedesis 494
Diarrea **115**, 223, 285, 290
—del lactante 806
—de los turistas 287
Diástole 95, 336
Diatermia 171
Diátesis 392
—exudativa 804
—hemorrágica 332
Diente de león 231
Dientes 245, Lám. XIII

—desarrollo 777, 778
—enfermedades 246-253
—higiene 255
—muertos 248
—como problema estético 893
—prótesis de los 254
—sustitución 254
—uso del cepillo 256
Dieta
—astringente 240
—a base de frutas 852
—hipoproteínica 447
—lactovegetal 140
—laxante 240
—de sobrealimentación 240
—vegetal cruda 140
—vegetariana integral 140
—de yogur 141, 833
Dietas
—en la colelitiasis 316
—en las curas para engordar 481
—en la diabetes 457-465
—en las enfermedades del hígado y las vías biliares 318-320
—para enfermos con cálculos de ácido úrico y uratos 444
renales 447-449
—especiales 141
—en las gastritis crónicas 282
—para después del parto 753
—en el tratamiento de la obesidad 485-488
—en la úlcera gastroduodenal 283-285
—en la vejez 829
Dietética 831
Diferenciación celular 24
Difteria 503
Digestión 45, 257
—estructura y función de los órganos de la 257-262, Lám. XVII, XIX, XX
Digital 216, 227, 231
Digitalis lanata, lutea, purpurea 216
Dilatación del esófago 267
Dioptría 628
Diplopía 584, **637**

Disacáridos 82
Disco intervertebral 533, 535
   —enfermedades del 548, 549
Disentería bacilar 508
Disfagia **115**, 267-269, 280
Disfonía 392, 394
Dismenorrea 762
Disnea 115, 379, 399
Disoluciones 225, 226
Dispareunia 766
Dispepsia 264, 285
Dispersión coloidal 81
Disquesia 301
Distimias 604
Distorsión articular 557
Disuria 115, 425
Diuresis 424
Diuréticos 153, 223, 224
Diverticulitis 294
Divertículos
   —de colon 294
   —de esófago 268
Diverticulosis 294
División celular 25
Dolor
   —abdominal
      agudo 115, 919
      crónico 116, 919
   —articular 116
   —de cabeza **116-122**, 592, 595
   —características del 111
   —de espalda 122
   —de estómago 262
   —en las extremidades 123
   —en el hipocondrio izquierdo 123
   —de hombro 123
   —lumbar 123
   —muscular 123
   —de nuca, *v.* Dolor de cabeza
   —de oído 123
   —de pecho o costado 123
   —de piernas 124
   —de pies 124
   —precordial 124, 357
   —en la rodilla 556
Donante de sangre 166
   —universal 326
Duchas 206

Duodeno 45, 259, Lám. XIX
   —corte de la pared vista al microscopio 260

E

ECG, *v.* Electrocardiograma
Eclampsia 438, 733
Ectopia renal 431
Ectoplasma, *v.* Célula
Eczema 400, 617
   —agudo 636, 687
   —congénito 687
   —crónico 686, 687
   —cura termal del 182
   —endógeno 687
   —por irritantes externos 687
   —del oído externo 653
   —rebelde 173
   —subagudo 636
   —vacunal 522
Edad, *v.* Crecimiento
   —alteraciones orgánicas producidas por la (envejecimiento) 825-828
   —escolar, enfermedades en la 807
   —ósea 451
Edema 124
   —cardiaco 342
   —del embarazo 733
   —de hambre 478
   —de pulmón 403
   —de Quincke 393
   —renal 434
Efedrina 224
Efélides, *v.* Pecas
Eflorescencias 666
Eje corporal 42, 43, 70
Ejercicios
   —en el agua l94
   —físicos (gimnásticos), *v.* Gimnasia
Electrocardiógrafo 98
Electrocardiograma 98, 99, 110
Electrocoagulación 334

Electrocución 348
   —ayuda en caso de 920
Electrochoque, *v.* Choque eléctrico
Electroencefalograma 98, 604
Electroforesis 106
Electroterapia **171**, 545, 561
Elefantiasis 530
Elementos químicos (del cuerpo humano) 80
Embarazo 72l
   —alteraciones renales durante el, *v.* Nefropatías gravídicas
   —cosmética en el 897
   —desarrollo del feto durante el Lám. XXXI-XXXIV
   —diagnóstico del l07, 729
   —ectópico 736
   —extrauterino 734. *V. también* Embarazo ectópico
   —gemelar 730
   —toxemia del 438
   —vómitos del 732
Embolia
   —arterial 365
   —cerebral 368, 589
   —pulmonar 365, 403
Embriaguez 606, 920
Embrión 536, 723, 724
Eméticos (vomitivos) 223
Emisión del lenguaje 245
Emolientes 228
Empacho 272
Empiema 419
Emplastos 225
Enanismo 451
Encefalitis
   —epidémica 513
   —posvacunal 522
Encéfalo 573-578
   —enfermedades del 589
Encías 251, 252, Lám. XVII
   —sangre en las 127
Enclave embrionario 723, 724
Endemia 493
Endocardio 335
Endocarditis 213, 853
Endocrinología 450
Endometrio 707

Endometritis 770
Endoplasma, v. Célula
Endurecimiento arterial, v. Arterioesclerosis
Enebro junípero 231
Enema 150
— de retención 152
Enfermedad 39
— de Addison 453
— azul 802
— de Basedow 128, 453, **466**, 692
— de Bechterew 549
— de Buerger 364
— de Casal 844
— celiaca 291
— congénita 529
— de Cushing 451,453
— de Chagas 526
— de los ejecutivos 339
— de Down 64, 612, 812
— de Dupuytren 565
— del hambre 478
— de Hansen 509
— de Heine-Medin 517
— hemolítica del recién nacido 327
— historia natural de la 91
— de Hodgkin 331
— de Kwashiorkor 62, 479
— de Little 590
— de Menière 657
— negra 527
— de Paget 539
— de Parkinson 577, **594**, 828
— de Raynaud 363
— de Recklinghausen 453
— de Sheuermann 549
— de Simmons 452
— de Sudeck 545
— del sueño 211, **526**
— del suero 701
— tuberculosa 415
— tumoral 814
— venérea 508, 523
— de Weil 525
— de Werlhof 332
— de Winiwarter 364
Enfermedades
— contagiosas

— de declaración obligatoria 497
— diagnóstico de las 89
— genéticas o hereditarias 63, 611, **811-814**
— infecciosas 491
— reconocimiento de las 92-110
— síntomas de las 110
— de la vejez 825-828
Enfermo
— asistencia del 239
— cuidado del 240, 241
— dieta del 240
— habitación del 239
Enfisema
— pulmonar 397, 406
— senil 826
Entamoeba
— *coli* 307
— *histolytica* 307, 527
Enteritis 212
— difusa
    aguda 287
    crónica 289
Enterocolitis 212, **287**
Enterolisis 190
Enteroptosis 297
Entrenamiento
— autógeno 163
— cardiaco 338
— muscular 40
Entuertos 750
Enuresis nocturna 439, 445, 810
Envejecimiento, v. Geriatría
— del cuerpo humano 60, 61
Envoltura de Priessnitz 197
Enzimas **86**, 222, 223, 257, 350-852
Epidemia 493
Epidermis 28, 660, 661
Epífisis (glándula pineal) 57, 534, 575, Lám. VIII
— ósea 35
Epifora 638
Epigastrio 113
— molestias en el 269, 274
Epiglotis 258, 374, Lám. XVII, XVIII
Epilepsia 603, 813
Epiplones 262

Epistaxis 124, 384
Epitelio 27
— pavimentoso 29
— de revestimiento 29
— de transición 30
Epiteliomas 816
Epizootia 492
Equilibrio
— ácido-base 839, 854
— centro regulador del 651
— pérdida del 657
Equimosis 667
Equinococosis 530. *V. también* Hidatidosis
Ergosterina irradiada, *véase* Vitamina D
Ergotamina 595
Erisipela 504
— por luz solar 676
Erisipeloide 504
Eritema 666
— calórico 671
— solar 673
Eritrasma 684
Eritroblastosis fetal 327
Eritrocitos, v. Glóbulos rojos
Eritromicina 215
Eritroprosopalgia 122
Erosión dental 246
Erotomanía, v. Ninfomanía
Eructo 112
Erupción 666
— de escarlatina 504
— de rubéola 519
— de sarampión 520
— de varicela 520
— de viruela 521
Escafoides 566
Escalofríos 124
Escamas 653, **667**, 686, 688
Escarlatina 213, **504**
Escayola (yeso), vendaje de 42, 537-569
Escíbalos 302
Escisión fermentativa 222
Esclerosis
— coronaria 356, 357
— múltiple (en placas) 586
— pulmonar 402
Escoliosis 546

957

Escopolamina 223
Escorbuto 332, 846
Escrófula 412
Escroto 53, 703
   —cáncer del 817
Esfigmomanómetro 96
Esfínter vesical 447
Esfínteres, educación de los 780
Esguinces 557, 920
Esófago 45, 258, Lám. XI, XVII-XIX
   —cáncer del 269
   —enfermedades del 267-269
Esofagoscopia 100
Espalda, dolores de 122
Espasmo 122
   —de los músculos de la masticación 132
   —vaginal 764
Espasmofilia 807
Espasmolíticos (supresores del espasmo) 217, 224
Espasticidad muscular 582
Esperma, *v.* Semen
Espermatogénesis 703, 704
Espermatozoide 50, 54, **702**, **704**, 721
   —desarrollo del 722
Espermatozoo, *v.* Espermatozoide
Espino albar 232
Espiración 378
Espiramicina 215
Espirilos 500
Espirometría 378
Espiroquetas, infecciones por 388, 390, **523**, 525
Espiroquetosis 523
Esplenomegalia 331, 528
Espondilartritis anquilopoyética, *v.* Enfermedad de Bechterew
Espondilartrosis 123
Espondilolistesis 550
Esprue tropical 290
Espundia 527
Esputos 381
Esqueleto 34, 532
   —en estado cartilaginoso 34
   —huesos del, Lám. II, III
   —piezas del 534

Esquirla ósea (costilla desprendida del hueso fracturado) 542
Esquizofrenia 599
Estado
   —asmático 399
   —crepuscular 618
   —tensional de los músculos 40
Estafilococos 212-215, 272, 388, 541, 564
Estaño 840
Estapedectomía 658
Estasis (estancamiento)
   —cardiaca 342
   —hígado de 313
   —de orina 424, 427, **438**, 445
   —pulmonar 402
   —sanguínea 313
   —venosa 313
Estatura y peso 780-782
Esteatorrea 290
Estenocardia, *v.* Angina de pecho
Estenosis
   —aórtica 352
   —esofágica 267
   —intestinal, *v.* Obstrucción intestinal
   —mitral 352
   —pilórica 279
   del lactante 805
Esterilidad 770
Esterilización 215
Esternón 77, 375, 534, Lám. II
   —ayuda en caso de fractura 922
   —punción en el 108
Esteroides 84
Estetoscopio 93
Estimulantes 218, 219, 609
   —adicción a los 609
   —baños de vapor y medios 148
   —consumo excesivo de 361
Estímulo
   —anímico 351
   —apreciación del 55
   —capacidad de percepción del 55
   —elaboración del 55
   —emetizante, *v.* Vómito
   —externo 139
   —físico 171

   —irritativo 664
   —luminoso 360
   —odorífero 373
   —sobre la piel 147
   —psíquico 171
   —térmico 561
   —transmisión del 55
Estómago 45, 258, Lám. XVIII
   —ardor de 113
   —autofagia del 258
   —en el ayuno terapéutico 143
   —cáncer del 280, 826
   —y duodeno, enfermedades del 269-277
Estomatitis 265, 266
Estomatomicosis, *v.* Muguet
Estornudo 126, 386
Estrabismo 579, 584, 635
Estradiol 454
Estrangulación herniaria 298
Estrechamiento glótico 392
Estreñimiento 126
   —habitual 300
   —del lactante 806
Estreptococos 212-215, 354, 388, 390, 405, 434, **500**, 504, 541, 564, 676, 752
Estreptomicina 215
Estribo 650, 651
   —extirpación del 658
Estricnina 218
Estridor (sonido semejante al silbido) 392, 393
Estriol 454
Estrógenos 454
Estrona 454
Estroncio 840
Estruma 469
Estudio citológico 774
Estupor 601
Eter 218
Etilismo, *v.* Alcoholismo
Etilo, cloruro de 218
Etiología 89
Eucalipto 232
   —aceite de 224
Euforia 587
Eugenol 215
Eunucoidismo 454
Eupépticos (digestivos) 222

Evacuación intestinal 257
Examen
— citológico, *v.* Análisis citológico
— ginecológico **107**, 729
— del jugo duodenal y de la bilis 107
— del jugo gástrico 107
— del líquido cefalorraquídeo
— médico, *v.* Chequeo
— visual 631
Exanguinotransfusión 328
Exantema 505
Excoriaciones (erosiones) 667
Exhibicionismo 622
Existencialismo 164
Expectoración 125, 381
Expectorantes 224, 396
Exploración
— clínica directa 92
— complementaria 92
— instrumental de cavidades orgánicas 98, 100
— radiológica 101
— del sistema nervioso 94
Expulsión del feto, periodo de 747, 748
Extrasístoles 351
Extremidades
— dolor en las 76-80
— inferiores 72-74
ulceraciones persistentes en las 132
— malformaciones de las 803
— musculatura de las 70, 71
— superiores 76-80
Eyaculación 53, 54
— precoz 766

F

Facies
— adenoide 388
— leonina 509
Factor
— antiesterilidad 842
— antipelagroso, *v.* Vitamina PP
— antiperniciosio, *v.* Vitamina B_{12}
— antiseborreico 846
— H_3, *v.* Terapia procaínica
— PP, *v.* Vitamina PP
— Rh 327
Factores
— ambientales 61, 63
— climáticos 176
— constitutivos 65
— hereditarios 63
Fagocitosis 19, 324, **494**, 696
Falanges 566, Lám. II
Fangos 180
Fangoterapia 187. *V. también* Curas termales por fango
Faradización **171**, 545, 561
Faringe 374, Lám. XVII, XVIII
— enfermedades de la 388-392
Faringitis 214, 388
— aguda 391
— crónica 392
Farmacología 170
Farmacopea 170
Fármacos 170, 208
Fase
— anal 164
— fálica 164
— folicular 710, 713
— genital 164
— luteínica 710, 711, 713
— oral 164
Fatiga 114, 126
Febrícula 95, 495, 807
Fécula (almidón) 83, 247, 851
Fecundación **54**, 64, **702**, 718, **721**
Fémur 73, 534 Lám. II
— fractura del 543, 544
Fenestración 658
Fenilalanina 812
Fenilcetonuria 812, 813
Fenotiazinas 675
Fenotipo 63
Feocromocitoma 454
Fermento
— amarillo de Warburg 843
— lab (renina) 45
Fermentos, *v.* Enzimas
Férula 542
Fetichismo 623

Feto 727, 729, 741
— circulación sanguínea en el, Lám. XXXVI
— crecimiento del 54
— desarrollo del, Lám. XXXI, XXXIV
— expulsión del 748, 749
— en el parto, presentación del 747
Fibras
— colágenas 32
— elásticas 32
— motoras 94
— musculares 38, 39
— nerviosas 574, 587, 661
— sensitivas 94
Fibrinógeno 325
Fibrocaseosis 416
Fibroma 816
Fibrosis pulmonar 402
Fiebre **95**, **126**, **495**, 807
— amarilla 497, **514**
— del campo 525
— canícola 525
— cuartana 528
— dumdum 527
— entérica 505
— glandular de Pfeiffer, *v.* Mononucleosis infecciosa
— del heno **386**, 400, **701**
— japonesa de los ríos 523
— de Malta 213, **501**
— medida de la 95
— de las Montañas Rocosas 523
— en los niños 807
modos de bajar la 807
— ondulante 501
— palúdica 527
— papataci 514
— paratifoidea 212, 497, **507**
— peligros de la 495
— puerperal 511, 752
— Q 523
— recurrente 213, 497, **525**, 682
— séptica 511
— terciana **528**
— tifoidea 212, 497, **505**
— tratamiento urgente de la 921
— Wolhynica 523
Fierro, *v.* Hierro

959

Filarias 307
Filariosis (filariaris) 530
Fimosis 800, 801
Fisioterapia 170
Fístula 102, 259
Fisura
— anal 296
— ósea 542
— palatina 802
Fitoterapia 226
Flato, *v.* Eructo
Flatulencia, *v.* Meteorismo
Flavonoides 848
Flebitis 132, 213
Flebotomía 159
Flemones
— de la boca 250
— de la mano 564
Flictena 667
Flora bacteriana
— de la faringe 374
— intestinal **46**, 83, 85, 129, 261, 308, 846
— vaginal 709
Flujo 768
Flúor 210, 248, **839**, 840
Fobias 617
Foco
— de infección
  dentario 250
  tuberculoso 416
— séptico 510, 511
Focomelia 537
Foliculina, *v.* Estrona
Foliculitis, *v.* Sicosis
Folículo
— de Graaf 707, 711
— inflamación del 676
— oóforo 707, 710, 711
— ovárico 451
— piloso 661, 692
— primario 710
— tiroideo 452
— del tracoma 640
Fomentos 225
Fomites 498
Fonación 48, 375
Fondo de ojo 100, 625
— en el embarazo 729
Fonendoscopio 93

Fontanelas 35, 68
Formaldehído 689
Formas medicamentosas 224-226
Fórmula
— de Broca 474
— de Lorentz 474
— de von Noorden 474
Forúnculo 214, 677, 690, **924**
— nasal 384
— del oído externo 654
Forunculosis 677
Fosa nasal, Lám. XVI, XVII
Fosfatos 839
Fosfolípidos 84
Fósforo 39, 84, 210, **839**, 840
— contenido en los alimentos 856-875
— envenenamiento por 929
— metabolismo del 539
Fotoalergia 675
Fotodermitis 673
Fotofobia **126**, 646, 694, 842
Fotosíntesis 47
Fracaso
— cardiaco, *v.* Insuficiencia cardiaca
— hepático, *v.* Insuficiencia hepática
— renal, *v.* Insuficiencia renal
Fracturas 542
— de la columna vertebral 550
— tratamiento urgente 922
Frenastenia, *v.* Retraso mental
Frenicectomía 417
Frigidez 764
Frío 207
Fructosa **82**, 83, 257, 449, 455, 838
FSH, *v.* Gonadotrofina
Fuente, *v.* Bolsa de las aguas
Función
— auditiva 652
— metabólica 472

G

Galactoforitis 756
Galactorrea 756
Galactosa **82**, 455, 838

Galvanización 171, 545
Gameto sexual 63
Gamma (microgramo) 468, 856
Gammaglobulina **498**, 513, 517, 520, 698
Gammagrafía 103
Ganglios linfáticos 324, 335, Lám. XXVII
— tumefacción de los 92, 331, 503, 798
Gangrena 362
— pulmonar 402
Gargarismos 225
Garrapatas 525, 681
Gas
— envenenamiento por, *Véase* Carbono, monóxido de
— hilarante 219
Gases nobles 417, 840
Gasolina, *v.* Bencina, intoxicación por
Gastritis 272
Gastroenteritis 287
— aguda 832
— infantil, *v.* Lactante, trastornos de la nutrición del
Gastroptosis 201, **297**
Gastroscopia 100
Gayuba 232
Gemelos 730
— presentación de los 731
Genciana 233
Genes 64, 812
Genética 63, 811-814
Genotipo 63
Geriatría 822-830
Gérmenes, *v.* Bacterias
— piógenos 677
— purulentos 564, 676, 678
Gerontología 824
Gestosis 732
Giardias 307
Gigantismo 451
Gimnasia 887-891
— cardiaca 345-347
— correctiva 201
— y deporte, *v.* Deporte y gimnasia
— durante el embarazo 741-743

—del niño en edad escolar 788, 789
—después del parto 754, 755, 757
—para prevención de las várices 368, 369
—del recién nacido 786, 787
—respiratoria 153, 420, 741, 890
—terapéutica 193
Ginecología 757
Gingivitis 253, 266
Glándulas 30-32
    —de Bartholino 54, 705
    —ceruminosas 650, 653
    —cervicales 705
    —compuestas 31
    —de Cooper 53
    —endocrinas (de secreción interna) 31, 210, **450**
        enfermedades de las 454-471
    —exocrinas (de secreción externa) 31
    —lagrimales 624, 637, Lám. X, XI
    —mamarias 54, 452
    —de Meibomio 639
    —odoríferas 31, 131
    —parótidas, Lám. X, Xl
    —salivales 257
        inflamación de las 517
    —sebáceas 30, 639, 660, 661, **664**, 689, 691, 705
    —sexuales
        femeninas 54, 705
        masculinas 53, 703
    —simples 30
    —submaxilares, Lám. X, Xl
    —sudoríparas 30, 660, 661, **664**
        hiperactividad de las 689
        inflamación de las 678
    —suprarrenales 56, 453, Lám. VIII, X, XI
Glaucoma 118, 645
Globo ocular 627, Lám. X, Xl
Glóbulos 225
    —blancos (leucocitos) 323, 324
        aumento de 331
        disminución de 330
        recuento de 104

—rojos (hematíes) aumento de 330
    destrucción de 333
    disminución de 328
    recuento de 104
    velocidad de sedimentación de 105
Glomerulonefritis difusa aguda 434
Glomérulos renales 423, 424, 428
    —afección de los 426, 434
Glositis 265
Glotis 375
    —espasmo de la 392
    —obstrucción de la, *v.* Laringitis obstructiva
Glucemia 82, 455
Glúcidos, *v.* Carbono, hidratos de
Glucógeno 39, **82**, 455, 709
Glucogenolisis 455
Glucosa **82**, 83, 257, 324, 425, 455, **838**, 854
    —determinación
        en orina 107, **426**
        en sangre 106
    —falta de 119
Glucósidos 227
Glucosuria 427
Glutaraldehído 689
Golgi, aparato de, *v.* Célula
Golondrino 678
Gomas sifilíticos 524
Gónadas, *v.* Glándulas sexuales
Gonadotrofinas (gonadotropinas) 107, **451**, 714, 716
Gonococo 212, 213, 508
Gonorrea 508
Gota 489
Grageas 225
Gravidez, *v.* Embarazo
Granulocitos 324
Granuloma
    —dental 249
    —umbilical 799
Gránulos 225
Grasa
    —de depósito **33**, 478, 479
    —plástica (constructiva) 33
Grasas, *v.* Lípidos
Grietas del pezón 756, 793, 898
Gripe 515

—intestinal 287
Griseofulvina 684
Grupos sanguíneos 325, 326
Grutas termales 180, 189
Guayaco 233, 524
Guayacol 224
Gusto, trastornos del 574

H

Habón 667, 685
Hachís, *v.* Mariguana
Halitosis 129, 265
Hallux valgus 570
Hamamélide (hamamelis) 233
Hambre
    —edema de 578
    —enfermedad del 578
Hebefrenia 601
Heces **46**, 83, **257**, 288, 289, 301, 505, 852
    —acólicas **309**, 315
    —análisis de 108
    —caprinas 302
    —color de las 128, 261
    —del lactante 805, 806
    —líquidas 115
    —sangre en las 128, 277, 294, 297
Helioterapia, *v.* Baño de sol
Helmintiasis (enfermedades producidas por helmintos), *v.* Helmintos
Helmintos 530
Hematemesis **126**, 269, 277
Hematíes, *v.* Glóbulos rojos
Hematomas 332, 653, 798
    —del músculo esternocleidomastoideo 798
Hematomielia 588
Hematopoyesis **323**, 532
Hematuria
    —microscópica 427
    —visible 427
Hemiplejia 363, 582, 826
    —espástica 590
Hemisferio cerebral 573

Hemocultivo 511
Hemodiálisis 430
Hemofilia 332
Hemoglobina **323**, 324, **371**, 799, 840
—determinación de la 104
Hemolisis 326, 327
Hemophilus pertussis, v. Bacilo de Bordet
Hemoptisis **126**, 417
Hemorragia 325, 363
   —cerebral 589
    en geriatría 826
   —conjuntival 641
   —gástrica 277
   —tratamiento urgente 924
Hemorroides 297, 367, 369
Hemotórax 419
Heparina 217, 325
Hepatitis
   —aguda infecciosa 309
   —agudas no infecciosas o tóxicas 311
   —amibiana 527
   —crónica 310
Hepatocito 308
Hepatomegalia 313
Herencia, *v.* Genética
Herida encefálica abierta 591
Heridas
   —ayuda en caso de 926
   —infectadas 214
   —principales tipos de 927
Hermafrodita 305
Hernia
   —abdominal 299
   —cicatricial 299
   —crural 71, 298
   —diafragmática 279
   —del disco intervertebral 548
   —escrotal 71, 299
   —estrangulada 298, 300, 929
   —hiatal 279
   —inguinal 71, 298
    infantil 802
   —umbical 298, 800
Herpes
   —corneal 642
   —labial 679
   —simple 679

—zoster 123, 586, 679
Heteroqueratoplastia 642
Heterotrasplante 168
Hexosas 257, 455
Hiato 279
Hibernación 165, 222
Hidatidosis 530
Hidrocefalia **594**, 803
Hidrocortisona 210, 453
Hidrofobia, *v.* Rabia
Hidrógeno 82, 83
Hidrología médica 178
Hidronefrosis 438
Hidropesía 436, 437
Hidrorrea 384
Hidrosadenitis 678
Hidroterapia, *v.* Terapéutica del agua
Hidrotórax 419
Hierbas medicinales 226-238
Hierro 180, 182, 187, 210, 217, 324, **840**
   —contenido en los alimentos 856-875
   —falta de 328
Hígado **45**, 46, 143, **260**, 855, Lám. X, XI, XIX, XXVIII
   —en el ayuno terapéutico 143
   —dieta en las enfermedades de vías biliares e 318-320
   —y embarazo 729
   —enfermedades del 308-313
   —graso 313
   —y plasma 324
   —punciones en el 108
Higiene
   —dental 255, 256
   —del embarazo 738
   —de la gestación 738
   —del lactante 782
   —puerperal 753
   —de la vejez 828
Higroma 566
Hilio 132, **375**
Himen 705, **706**, 751
Hiperalimentación 482
Hiperclorhidria 183, 270
Hiperemesis gravídica, *v.* Vómito incoercible
Hiperemia 173

—cutánea, *v.* Eritema
Hiperestesias 582
Hiperfunción del tiroides 466
Hiperhidrosis 689
Hiperinsulinismo 453
Hipermetropía 634
Hipernefroma 433
Hiperparatiroidismo 453
Hipersensibilidad 386, 400. *V. también* Alergias
   —de la piel 687
Hipertensión
   —arterial 360
    en geriatría 825
   —esencial 360
   —intracraneal 592
   —portal 312
Hipertermia 495, 807
Hipertiroidismo, *v.* Hiperfunción de la tiroides
Hipertricosis 895
Hipertrofia
   —adenoidea 388
   —cardiaca 342
   —muscular 536
   —prostática 439, 447
Hipnosis 163
Hipnóticos 218
Hipo 127, 270
Hipoalimentación 124, **478**
Hipoclorhidria 270
Hipocondría 622
Hipodermis 660-662
Hipofaringe 374
Hipófisis 56, 60, 224, **451**, 575, 716, 751
Hipofunción tiroidea 124, 453
Hipogalactia 756
Hiponutrición, *v.* Hipoalimentación
Hipoparatiroidismo, *v.* Tetania
Hipoproteinemia 437
Hipotálamo 577
Hipotensión arterial 362
Hipotermias 95
Hipotiroidismo, *v.* Hipofunción tiroidea
Hipovitaminosis 302
Hirsutismo 127
Hirudina 217

Histamina **107**, 211, 698
Histeria 618
Histología 27-43
Histoplasmosis 530
Hombro
   —articulación del 77
   —dolor del 123
   —rigidez dolorosa del 555
Homeopatía 161
Homeostasia 52, 322
Homoqueratoplastia 642
Homosexualidad 622, 716
Homotrasplante 168
Hongos
   —enfermedades producidas por 529
   —intoxicación por 929
Hormona
   —antidiurética 452
   —adenocorticotrófica 451
   —del crecimiento 451
   —estimuladora de los melanocitos 452
   —luteinizante, *v.* Gonadatrofinas
Hormonas
   —corticales 451
   —gonadotrópicas (gonadatrofinas) 451
Hospital de día 243
Huesos **34-38**, **532**, 651 817
   —enfermedades de los 538-545
   —del oído 650
   —tipos de 534
Húmero 76, 77
   —fractura del 543
Humor acuoso 625
Huso celular 25

I

ICSH 452. *V. también* Gonadotrofinas
Ictericia **308**, 662
   —epidémica 525
   —del recién nacido 799
Ictiol 692

Ictus apoplético, *v.* Apoplejia
Idiocia 611
Idoxuridina (IDU) 642
Íleo, *v.* Obstrucción intestinal
Ilion 259, Lám. XX
Iluminación 630
Imbecilidad 611
Impétigo 676
Implantación 169
Impotencia
   —femenina, *v.* Frigidez
   —masculina 764
Impulso
   —nervioso 574, 579, 580
   —sexual 716
   —de la voluntad 535
Inapetencia, *v.* Anorexia
Inconsciencia 127
Índice de Katz 105
Indigestión 263
Induraciones musculares 128
Infarto
   —cardiaco 357, Lám. XXVI
      en geriatría 825
   —de miocardio, *v.* Infarto cardiaco
Infección
   —de los bordes de las uñas 692
   —focal 251
   —puerperal, *v.* Fiebre puerperal
   —tuberculosa en el niño, *v.* Tuberculosis del niño
Infertilidad 770
Inflamación 494
   —de la bolsa sinovial 567
   —del borde palpebral, *v.* Blefaritis
   —de los folículos pilosos de la barba 676
   —de las glándulas sudoríparas 678
   —del tímpano, *v.* Tímpano, inflamación del
Influencias climáticas 62
Influenza 515
Infusiones 228
Infusorios 18
INH, *v.* Ácido isonicotínico
Inhalaciones 155
Injerto de córnea 642

Inmunidad
   —activa 696
   —adquirida 696
   —congénita 493
   —natural 493, 696
   —permanente o duradera 518-521
Inmunización
   —activa 216, 493, 494
   —pasiva 216, 494
Inmunoglobulinas 698
Inseguridad en la marcha, *v.* Ataxia
Insolación 927. *V. también* Quemaduras de sol
Insomnio 128, 623
   —en los niños 809
Inspiración 378
Instilaciones 225
Insuficiencia
   —aórtica 352
   —cardiaca
      aguda 348
      crónica 342
      en el niño 808
   —circulatoria 43, 349
      en el niño 808
   —coronaria 356
   —hepática 311
   —mitral 352
   —ovárica 761, 762
   —renal 106, 427
      aguda 427
      crónica 428
   —respiratoria 379, 380
   —valvular 352
Insulina 219, **452**, 453, 456, 465
   —ausencia de 454
   —disminución de 454
   —falta de producción de 455
   —intoxicación por 929
Interferon 696
Intestino
   —en el ayuno terapéutico 143
   —delgado 45, 259, Lám. X, XI
      enfermedades del 269-285
   —derivación a través del 150
   —grueso 46, 261, Lám. X, XI, XX
      enfermedades del 285-304

Intoxicación
—por álcalis cáusticos 928
—alimenticia 212, **507**, 832, 928, 930
—por ingestión 928-932
—por inhalación 929
Inyección
—ciliar 641
—conjuntival 640
Inyecciones 208-210
Iontoforesis 173
Ipecacuana 224, 233
Iridociclitis 643
Iris 625
Iritis 463
Irrigación
—nasal 190
—vaginal 190
Isoniacida, *v.* Ácido isonicotínico
Isótopos radiactivos 102, **173**, 330, 820
Isotrasplante 168
Isquialgia, *v.* Ciática
Istmo 706, 707
—de las fauces 374

J

Jabones 225
Jadeo 374
Jaqueca 122, 595
Jarabes 225, 228
Jorobas, *v.* Cifosis
Juanete, *v. Hallux valgus*
Jugo
—entérico 45, 259
examen del 107
—gástrico **45**, 257, **258**
examen del 107
—pancreático 45, 260

K

Kala-azar, *v.* Leishmaniosis
Koplik, signo de 520
Kwashiorkor, *v.* Enfermedad de Kwashiorkor

L

Laberinto 650
—irritaciones en el 133
Labio, Lám. XVII
—leporino 802
Laborterapia 597
Lactante
—alimentación artificial del 795
—alimentación natural del 792
—enfermedades del 803
—gimnasia del 786
—higiene del 782
—regurgitación y vómitos del 805
—seborrea del 804
—trastornos de la nutrición 805
Lactoflavina, *v.* Vitamina B$_2$
Lactosa **82**, 152
Lamblias 307, 526
Lambliasis 307, 526
Laringe 48, **375**, Lám. X, XVII, XVIII
—enfermedades de la 392-394
Laringitis 393
Laringoespasmo 393
Laringoscopia 98, 100
Laringotraqueítis 212
Laringotraqueobronquitis 394
Lavado intestinal 151
Lavanda 234
Lavativa, *v.* Enema
Laxantes 152, 303
Lecitina 84, 210
Leche **795-797**, 835, 850, 872, 873, **882**, 883
Lecho ungueal 663, 664
Legumbres 834, **851**
Leishmaniosis 527
Lengua, Lám. XVII, XVIII
—inflamación de la 265
—saburral 128, 264
Léntigo 695
Lepra 509
Leptosómico, *v.* Longilíneo, tipo constitutivo
Leptospirosis 525
Lesiones umbilicales 799

Leucemia
—linfoide 331
—mieloide 331, Lám. XXI
Leucocitos, *v.* Glóbulos blancos
Leucocitosis 331
Leucoma 642
Leucopenia 330
Leucorrea 126
Leucotomía 618
Levadura 841, 850
—de cerveza 843, 844, 846
Levulosa, *v.* Fructosa
Libido 164, 764
—disminución de la 455
Liendres 681
Ligamentos
—de las articulaciones 76, 535
—del útero 707, **708**
Limonadas 225
Línea de fractura 543
Linfa 335, 374, Lám. XXVII
Linfocitos 324, 333
Linfogranulomatosis 331
Linimentos 225
Lino 234
Lípidos (grasas) 45, 83, 257, 473, 833, **835-838**, 884, 885
—contenido en los alimentos 856-875
—necesidades de 838
Lipotimia 349, 350
Liquen 685
Líquido
—amniótico 724, 726, **727**
—cefalorraquídeo 103, 510, **577**
examen de 107, 570
—espermático, *v.* Semen
—laberíntico 651, 652
—sinovial 83, **534**
Lisosoma 19
Lisozima **373**, 696
Litiasis urinaria 439
Litio 840
Lóbulos cerebrales 573
Lociones 225
Locura circular 599, 600
Longilíneo, tipo constitutivo 66-68, 134
Loquios 751

Lordosis 426, 546, 548
LSD 220, 609, 659
Lúes venérea, *v.* Sífilis
Lumbago 123, 559
Lúpulo 234
Lupus, *v.* Tuberculosis de la piel
Luteína, *v.* Progesterona
Luxaciones
   —articulares 557, 932
   —de cadera 556

LL

Llaga, *v.* Úlcera

M

Maceración 228
Mácula 666
Maduración
   —del folículo 713
   —sexual precoz 763
Magnesio 180, 183, 839
   —contenido en los alimentos 856-875
   —sulfato de 183, 184
Magrosis 479
Mal
   —del bazo 527
   —de los gitanos (del bronce) 453
   —gran 603
   —de lombrices, *v. Ascaris lumbricoides*
   —de Parkinson, *v.* Enfermedad de Parkinson
   —pequeño 603
   —de Pott 558
Malaria, *v.* Paludismo
Malformaciones congénitas 536, 756, 802, **811**
Malnutrición 478
Malposiciones digestivas 297
Maltosa 82
Malva 235
Mama

—cáncer de 774
—cirugía estética de 907
—cosmética de 898
—patología en el puerperio 756
Mancha amarilla 626
Manchas de la piel, *v.* Mácula
Mandíbula 36, 41
   —articulaciones de la 69
   —movimientos de la 69
Manganeso 840
   —contenido en los alimentos 856-875
Manía persecutoria 601
Mano en garra 585
Manos
   —cuidado de las 902
—frías 363
   —huesos de las, Lám. II
Manzanilla 222, 223, 235
Marcha de borracho, *v.* Ataxia
Mareo 132, 657
   —en el embarazo 729
Mariguana **220**, 659, **609**
Masaje cardiaco 348, 930
Masoquismo 623
Masticación 41, 45, 69
Mastitis 753, 756
Mastoidectomía, *v.* Trepanación
Mastoiditis 123, 656
Mastopatía neonatal 800
Masturbación, *v.* Onanismo
Mate 235
Matrimonio consanguíneo 813
Matriz, *v.* Útero
Mediastino 375
Medicamentos
   —citostáticos 820
   —y enfermedades infecciosas 211-216
   —y enfermedades de la sangre y del aparato circulatorio 216, 217
   —formas de 224
   —hipnóticos, intoxicación por 929
   —mecanismo de acción 208
   —y los órganos del aparato digestivo y urinario 222-224
   —y el sistema nervioso 217-222

   —y el útero 224
   —y las vías respiratorias 224
Medio interno 52
Medios
   —de acción amortiguadora 219
   —aplicados en la hipertensión arterial 219
   —con efecto amortiguador de la psique 219
   —estimulantes psíquicos 219
   —de inducción del sueño 218
   —paliativos del dolor 220
   —profilácticos 140
   —que provocan seudopercepciones 219
Médula
   —espinal 94, 573, **578**
   enfermedades de la 586-589
   —y hematopoyesis 174, 323, 532, 534
   —ósea 35
Megalomanía (delirio de grandeza) 599
Mejorana 235
Melanina 662, 898
Melanocitos 662
Melanotrofina 452
Melena 128
Melisa 236
Melitococia 501
Mellizos, *v.* Gemelos
Membrana
   —celular 19
   —nuclear 25
   —del tímpano 651
   —vitelina, *v.* Corion
Memoria, trastornos de la 611
Menarquia 59, 709, 712
Meninges 573
Meningitis 510, 573
Meningococos 213
Meniscos 74, 535
   —de la rodilla, lesiones 557
Menopausia 709, 714
Menorragia (reglas demasiado abundantes) 760
Menstruación
   —alteraciones de la 760
   —ausencia de 768
   —ciclo de la 710, 713

—dolores de la 762
—y gimnasia 194
Mentha piperita 236
Mentol 215
Mescalina 220, 609
Mesenterio 262
Metabolismo 472
   —basal 88, 473
   —celular 21
Metástasis 540, 772, **815**
Metazoos (metazoarios) 18
Meteorismo 128, 263
Método
   —de asociación 164
   —de Ogino-Knaus 719
Métodos
   —balneoterapéuticos 178
   —clínicos 163-176
   —de diagnóstico 89-110
   —dietéticos 140
   —fitoterapéuticos 226-228
   —quirúrgicos 166
     de implantación y trasplantes de órganos 167
Metritis, *v.* Endometritis
Metrorragia 761
Mezquinos, *v.* Verrugas
Mialgia 561
Miastenia 563
Miatrofia, *v.* Atrofia muscular
Micción 422
   —involuntaria 810
Micosis 529
   —cutáneas 682
   —del pie 572
   —de las uñas 693
Micra 18
Microgramo, *v.* Gamma
Micromastia 756
Microorganismos 212-214, 491
Microtelia 756
Midriasis 579
Mielina 574
Migraña, *v.* Jaqueca
Minerales (sales), necesidades de 839
Miocardio 334
Miocarditis 354
Miofibrillas 38
Miogelosis 171

Mioglobina 39
Mioma 771, 772, 816
Miopía 632
Miositis 123
Miotonía 563
Miringitis, *v.* Tímpano, inflamación del
Mirto 236
Mitocondria, *v.* Célula
Mitosis 24
Mixedema 468
Moco gástrico 272
Mola hidatiforme 737
Molibdeno 840
Moniliasis 530
Mononucleosis infecciosa 516
Monosacáridos 82
Morbilidad 395, **413**, 518, 523
Morbus gallicus, v. Sífilis
Mordeduras 931
Moretón, *v.* Cardenal
Morfina 227
   —intoxicación por 929
Morfinomanía 608
Mortalidad 413
Moscas 682
Movimientos
   —coordinados 577
   —pendulares 46, 259
   —peristálticos 46, 259
MSH, *v.* Hormona estimuladora de los melanocitos
Mucosas 28
Muérdago 237
Muerte negra, *v.* Peste
Muguet 266, 800
Muscarina 221
Músculos
   —clases de 39, Lám. IV
   —del cuerpo, Lám. IV, V
   —enfermedades de los 559-566
   —entrenamiento de los 40
   —estriados 30
   —de la frente 70, 579
   —lisos 39
   —de la mano 79
   —masticadores 41
   —mímicos 69
   —movimientos de los 75
Mutación 65, 813

Mycobacterium leprae, v. Bacilo de Hansen
Mycobaterium tuberculosis, v. Bacilo de Koch

N

Naranjo dulce 237
Narcosis 222
Narcoterapia 165
Narcóticos 218
Nariz 48, 373, 906
   —enfermedades de la 384-388
Natalidad, control de la, *v.* Regulación de nacimientos
Náusea, *v.* Vómito
Nebulizaciones 155, 190
Necrosis 292
   —tisular 670
   —tubular 428
Nefritis 434
Nefrolitiasis 441
Nefrona 422
Nefropatías gravídicas 438
Nefroptosis 433
Nefrosis 437
Neisseria gonorrhoeae 508
Nematodos 306, 307
Neomicina 215
Neostigmina 563
Nervio
   —auditivo 652
   —ciático, neuritis del, *v.* Ciática
   —óptico 120, **626**
Nervios **55**, 56, 570, **579**, 581, 624, 650
   —craneales 583
   —enfermedades de los 583-586
   —estructura de los, Lám. IX
   —periféricos 585
Neumococos 212, 404, 405
Neumoconiosis 408
Neumonía, *v.* Pulmonía
Neumonitis, *v.* Pulmonía
Neumoperitoneo 417
Neumotórax
   —espontáneo 410

—terapéutico 417
Neuralgia 583
— del trigémino 584
Neuritis 583
— del ciático, *v.* Ciática
— del nervio trigémino 121
Neurología 574
Neurona 574
Neurosífilis 524
Neurosis 615
— de angustia 619
— cardiaca 339
— gástrica 298
— de histeria 618
— de indemnización 620
— obsesiva 616
Neuroterapia 160
Nevus 695
Niacina, *v.* Vitamina PP
Nicotina 221, 357
Nicotinamida, *v.* Vitamina PP
Nicturia 342
Ninfomanía 766
Niños
— alimentación de los 792-797
— alteraciones nerviosas 809
— desarrollo corporal, físico y psíquico 779, 784
de la dentadura de los 777
— enfermedades 798, 807, 810 genéticas de los 811
— gimnasia de los 788
— higiene mental de los 789
— malformaciones de los 802
— peso y talla de los 775, 780, 781
— prematuros 776, 803
— sueño de los 798, 809
Níquel 840
Nistagmo 592
Nitrógeno 84, 789
Nódulo
— dérmico 92, 667, 678
— gomoso, *v.* Gomas sifilíticos
— hemorroidal 297, 367
— miliar 414
— sinusal 351
— vocal 394
Noradrenalina 454

Núcleo celular, *v.* Célula
Nucleolo, *v.* Célula

O

Obesidad 129, 482
Obnubilación 130
Obsesiones 616, 617
Obstetricia 702
Obstrucción intestinal 292, 293
Ocena, *v.* Rinitis atrófica
Oclusión intestinal 920
Odontología 245
Oftalmía simpática 647
Oftalmopatía purulenta, *v.* Conjuntivitis blenorrágica
Oftalmoplejia, *v.* Parálisis de los músculos oculares
Oftalmoscopia 100
Oído 649, 452
— cuerpos extraños en el 918
— enfermedades del 652-660
Ojo 624-632
— enfermedades del 632-649
— inspección interior del, *v.* Oftalmoscopia
— de pescado 572, 668
Oleandomicina 215
Olfato
— órgano del 373
— trastornos del 574
Oligoelementos 80, 210, 835, **840**, 852
Oligofrenia 611
— fenilpirúvica 812
Oligohemia 328
Oligospermia 770
Oliguria 425, 428
Olor corporal 129
Ombligo, enfermedades del, *v.* Lesiones umbilicales
Onanismo 717, 810
Oncología 814, 815
Ondas electromagnéticas, clasificación 174
Onfalocele, *v.* Hernia umbilical
Onicomicosis 683
Opio 221, 223

— envenenamiento por, *v.* Morfina, intoxicación por
Optométricas, tablas 631
Optotipos 630
Órbita ocular 624
Orégano 237
Orejones, *v.* Paperas
Órgano de Corti 651
Organografía 43, 57
Órganos
— de la digestión, *v.* Aparato digestivo
— hematopoyéticos, *v.* Hematopeyesis
— sexuales **53-54**, 559, 622, **703**
— urinarios, *v.* Aparato excretor
Orgasmo 764, **765**, 766
Orina 52, 422-424
— análisis de 446
— colúrica 309, 315
— composición y características 438
— estasis de 427, **438**
— incontinencia de 439
— retención de 446
Ornitosis 514
Oro 840
Orofaringe 374
Ortodoncia 254
Orzuelo 638
Osificación 37
Osmosis 181, 839
Osteína 532
Osteítis 213. *V. también* Enfermedad de Paget
Osteocondrosis intervertebral 548
Osteomalacia 539
Osteomielitis 213, 541
Osteoporosis 123, 538, 827
Otalgia 123, 655
Otitis 214, 655
Otohematoma 653
Otolitos 651
Otomicosis 654
Otosclerosis 658
Otoscopia 100
Ovarios **54**, 454, 705, **707**, 708, 710, 736, Lám. VIII
— cáncer de 772, 773

967

—desarrollo insuficiente 761
—inflamación de 768
—tamaño anormal de 766
Ovaritis, *v.* Ovarios, inflamación de
Ovulación 710, **711**
—y fecundación 713, 719
—y regulación de nacimientos 719, 720
Óvulo 50, 51, 707, **710**, 711, 719
Óvulos 225
Oxígeno 47, 83, 334, 370, 665
—aporte de 372
Oxigenoterapia 157
—hiperbárica 157
Oxitócicos (sustancias que aceleran el parto) 735
Oxitocina 452, 744
Oxiuros 306

P

Pabellón de la oreja 649
Palabra escandida 587
Paladar, velo del 258, 374
—parálisis del 584
Palo santo 524
Palpación clínica 92
Palpitaciones 129
Paludismo 527
Panadizo 564
Páncreas 31, **45**, 259, 450, **453**, Lám. VIII
—endocrino 56
—enfermedades del 321-322
—enzimas del 84
Pancreatitis
—aguda 321
—crónica 321
Pandemia 493
Panmielopatía 331
Panmieloptisis 331
Pantorrilla
—gimnasia 896
—músculos de la 76
Paperas 517
Papilas
—dérmicas 28, 661, 664

—linguales 265
Papilomas, *v.* Pólipos, verrugas, miomas
—vesicales 446
Papaverina 217, 224, 227
Pápula 667
Paradentosis 251
Paradontitis 251
Parafina líquida 224
Parálisis 582
—agitante 594
—cerebral infantil (espástica) 590
—facial 584
—general 524
progresiva 610
—infantil 517
—de los músculos oculares 584, 637
—de los nervios 585
—palpebral 633
—del velo del paladar, *v.* Paladar, parálisis del velo del
Paramorfismo 788
Paranoia 601
Paraplejia 550, 582
Parásitos
—intestinales 304
—de la piel 681
Paratifoidea, *v.* Fiebre paratifoidea
Paratiroides 450, 453
—enfermedades de las 470, 471
Paresia 582
Parestesias 129
Parkinson, *v.* Enfermedad de Parkinson
Paro cardiaco 932
Paroniquia, *v.* Panadizo
Parótidas 31, 257
Parotiditis epidémica 517
Párpados 624, 625
—enfermedades de los 638-639
Parto
—ayuda en caso de 932
—fenómenos dinámicos en el, Lám. XXXV, XXXVI
—normal 741
—periodos del 747
—prematuro 735
—psicoprofiláctico 741

PAS, *v.* Ácido paraaminosalicílico
Pasteurella pestis, v. Bacilo de Yersin
Pastillas 225
Paternidad, determinación de la 327
Patogenia (patogénesis) 89
Pecas 667, 694
Pectina 83
Pecho
—de quilla 538
—de zapatero (en embudo) **538**, 588
Pelagra 844
Peloides 179
Pelos 650, 661, **663**. *V. también* Cabello
Pelvimetría externa 745
Pelvímetro 745
Pelviperitonitis 769
Pelvis 70-73, 76, 748
—menor 54
—renal 422
infección de la, *v.* Pielitis
Pene 54, 703
Penetración 278
Penicilina 215
Pepsina 85, 276, 286
Percepciones sensoriales 593
Percusión 92
Pérdida del conocimiento, *v.* Conocimiento, pérdida del
Perforación
—gástrica 278, 920
—intestinal 920
Perfumes, agua de colonia, intoxicación por 930
Periartritis escapulohumeral 555
Pericardio 335
Pericarditis 213, 355
—constrictiva (calcárea) 356
Perímetros 630
Periodo
—de alumbramiento 747, 749
—de dilatación 747, 748
—de expulsión 747, 748
— foliculoluteínico 712
—de incubación 492
Periodontitis 249, Lám. XIV
Periostio 68, 534

Periostitis 540
Perirradiculares, inflamación de los tejidos 249
Peristalsis (peristaltismo) intestinal 46, 302
Peritoneo 28, 262, 422
—inflamación del, *v.* Peritonitis
Peritonitis 300
Perlas 225
Perniosis, *v.* Sabañones
Perrilla, *v.* Orzuelo
Persistencia de las imágenes 632
Personalidades psicopáticas 612-614
—tratamiento de las 615
Persuasión 163
Pertussis, *v.* Tos ferina
Perversiones sexuales 622
Pesadillas 809
Pescado 881
—en mal estado, intoxicación por 930
—sustancias nutritivas del 870-873
—valor nutritivo del 881
Peso
—aumento de 129. *V. también* Obesidad
—disminución de 129. *V. también* Adelgazamiento
—ideal 134, 474, 475
—de los niños 781
Peste 511
—bubónica 512
Petequias 332, 667
Piamadre 573
Picaduras 935
Pícnico, tipo constitutivo 66, 378
Pie 74, 566
—abierto 568
—de atleta 572
—calcáneo 568
—cavo 568
—equino 568, 569, 803
—huesos del, Lám. II
—micosis interdigital del 683
—normal 571
—plano 570, 571
—en talón 562, 569

—valgus 568
—varus 568
—zambo 537, 569
Piel 660, 900
—anexos de la 663, 664
enfermedades 689-694
—en el ayuno terapéutico 143
—cáncer de la 675, 695
—color de la 662
—coloración aguda, *v.* Cianosis
—derivación a través de la 148
—enfermedades de la 668-689
—estratos de la 661
—estructura anatómica de la 660, 661
—funciones de la 665
—de gallina 665
—hipersensibilidad de la 687
—lesiones primarias de la 666
—como órgano sensorial 666
—tratamientos a través de la 147
—tumores de la 695
Pielitis 212, 444
Pielografía 102
Pielonefritis 212, 444
—aguda 438
Piernas
—cuidado de las 895, 896
—dolor de 123, 124
—extensión de las 75, 76
—en "O" 537
—ulceraciones persistentes en las 132
—en "X" 537
Pies
—ardores de 571
—cuidado de los 895, 896
—dolores de 124
—fríos 363, 571
—hinchazón de 572
—gimnasia de los 896
—sudoración excesiva de los 572
Pigmento cutáneo 662
Pigmentos biliares 261, 308, 662
Píldoras 225
—anticonceptivas 720
Píloro 258, 275

—estenosis del 279, 805
Piodermitis 675
Piojos 681
Pionefrosis 438
Piorrea 251
Piramidón 221
Piridoxina, *v.* Vitamina B$_6$
Pirogalol 215
Pirosis 263, 275, 279
Piroterapia 158
Piuria 427
Placa terminal 535
Placebo 162
Placenta 726, 749, Lám. XXXV
—y membranas ovulares en los gemelos 730
—previa 737
Placentación, tipos de 726
Plantas medicinales 226-238
Plaquetas 323, 324
Plasma sanguíneo 323
Plata 840
Pleura 28, 376, 377
—enfermedades de la 419
—localizaciones dolorosas 382
Pleuresía 419
—húmeda 419
—seca 419
Pleuritis, *v.* Pleuresía
Plexo
—de Frankenhauser 709
—hemorroidal 367
Plomo 428
—intoxicación por 930
Pociones 225
Podalgia, *v.* Pies, dolor de
Podograma 568
Polaquiuria 425
Polenosis, *v.* Fiebre del heno
Poliartritis crónica primaria, *v.* Artritis reumatoide
Policitemia 330
Polidactilia 537, 813
Polidipsia 130
Poliesclerosis, *v.* Esclerosis múltiple
Polifagia, *v.* Bulimia
Poliglobulia 330
Polimixina B 215
Polineuritis 586, 843

969

Poliomielitis 517
Pólipos
— intestinales 294
— de laringe 394
— nasales 384
— vesicales (de vejiga) 446
Polisacáridos 82, 838
Poliuria 424, 425
Pomadas 225
Porfiria 812
Postración 130
Postura corporal 72
Potasa, intoxicación por, *v.* Álcalis cáusticos, intoxicación por
Potasio 39, **80**
— alteraciones del contenido en la orina 428
— contenido en los alimentos 856-875
— necesidades diarias 839
Predisposición alérgica 699
Presbiacusia 658
Presbicia 628, 635
Presbiopía, *v.* Presbicia
Presión
— arterial 95, 336
— diastólica 95, 336
— intraabdominal 71
— osmótica, *v.* Osmosis
— sistólica 95, 336
— venosa 98
Primoinfección 415
Principios inmediatos 87
Proctitis 296
Profilaxis, *v.* Medios profilácticos
— de las enfermedades infecciosas, 496, 497
Progesterona **452**, 454, 712, 721
Prolactina 452, 751
Prolapso *v.* Ptosis
— de la nariz 445, 771
Pronóstico 89
Próstata 53, 703
— cáncer de 446
— hipertrofia de la 446, 827
Prostatismo 446
Proteínas 39, **84**, 257, 739, 835
— determinación en orina 107
en sangre 106

— necesidades de 837
Proteinoterapia 158
Prótesis 907
— dentaria 254
— del estribo 658
Prótidos, *v.* Proteínas
Protoplasma 18
Protozoos (protozoarios) 18
— enfermedades provocadas por 526
Protrombina 325
— tiempo de 105
Provitaminas 841
Prueba
— de Ascheim-Zondek 730
— de Galli-Mainini 107, 730
— de Mantoux 415
— de Papanicolau 820
— de Paul-Bunnell 517
— de Tine 415
— de la tuberculina 415
Prurito 666, 685
— anal 130, 685
— cutáneo 130
— genital 685
— senil 685
Pseudoartrosis 545
Psicastenia, *v.* Neurosis obsesiva
Psicoanálisis 163
Psicofármacos 219
Psicolépticos 219
Psicopatías 612
Psicosis
— endógenas 598
— exógenas 605
— maniacodepresiva 598
— senil 690
Psicosomática, medicina 619
Psicoterapia 163, 619
Psicotónicos 219
Psiquiatría 595-624
Psitacosis 514
Psoriasis 688
Ptialina 257
Ptosis (caída o prolapso)
— gástrica, *v.* Grastroptosis
— palpebral 579
— renal, *v.* Nefroptosis
Pubertad 712
— precoz 763

Puerperio 750
Pulgar 78, 80
Pulgas 682
Pulmón del granjero 410
Pulmones 48, **375**, 378
— enfermedades de los 401-420
— localizaciones dolorosas en las enfermedades de los 382
Pulmonía 404
— senil 826
Pulpa dentaria 249
Pulpitis 248, Lám. XIV
Pulsaciones
— frecuencia normal de 336
— por minuto 51
Pulso 336
— arterial 241
— bradicárdico 752
— irregular 337
— lento 337
— saltón 352
Pulverización 190
Punción 108, 578
— abdominal 430
— lumbar 103
— de la piel 105
Punto
— ciego 621
— de Lanz 292
— de Mac Burney 292
Pupila 625
— dilatada 591
— estrecha 591
Purgantes 152
Púrpura 332, 667
Pus 323, 494, 696
Pústula 667
— maligna, *v.* Carbunco
— variolosa 522

Q

Queilosis 266
Queloides 668
Quemaduras 669
— ayuda en caso de 933

—oculares 648
—de sol 673, 936
Queratinocito 661
Queratitis 641
Queratomalacia 842
Queratoplastia 642
Queratosis senil 675
Querion de Celso 684
Quiasma óptico 626
Quilo, Lám. XXVII
Quimioprofilaxis 499
Quimioterapia 138, 211
Quimioterapéuticos 211
Quimo 45, 258
Quinidina 217
Quinina 227
Quintillizos 730
Quiste
   —hidatídico, *v.* Hidatidosis
   —sebáceo 689
   —sinovial de la mano 565

R

Rabia 518, 934
Radiaciones
   —gamma 103, 175
   —ionizantes 173
   —ultravioleta 631
Radiactividad 103
Radio 175, 820
Radiodermitis 673
Radiodiagnóstico 101, 102
Radiografía 102
Radioscopia 102
Radioterapia 175, 820
Rágade (fisura) 266
Raquitismo 804, 847
   —del adulto, *v.* Osteomalacia
Raticidas, intoxicación por, *v.* Arsénico, intoxicación por
Rauwolfia serpentina 217, 219, 237
Rayos
   —beta 175
   —gamma, *v.* Radiaciones gamma
   —infrarrojos 172, 174

—Roentgen (X) 101, 174, 175
—ultravioleta 172, 174, 784
Reacción
   —de aglutinación 106
   —alérgica 23, 697-702
   —de Casoni 531
   —de Kahn 524
   —paranoica 602
   —de Wassermann **106**, 524
   —de Widal 507
Reacciones
   —carcelarias 620
   —de conversión, *v.* Neurosis de histeria
   —fototóxicas y fotoalérgicas 675
   —vivenciales 621
Recaída, *v.* Recidiva
Receptor universal 327
Recidiva (recaída) 501, 504, 505 528, 678
Recto 46, **296**, 301, 367, 706
   —enfermedades del 296, 297
   —tumores en el 100, 294
Rectoscopia 100
Reflejo 582
   —patelar 94
Refracción ocular 632
Regeneración tisular 30
Regiones
   —de las caras del cuerpo humano, Lám. I
Regla, *v.* Menstruación
Regulación
   —de nacimientos 719-721
   —de la temperatura 131, **665**
Regurgitación 130
   —en lactantes 805
Rehabilitación 242
Reinfección tuberculosa 416
Rendimiento cardiaco 51
Renina, *v.* Fermento lab
Represión 164, 615, 619
Reproducción
   —celular 24
   —órganos de la 702-714
Reserpina 219
Resfriado 384, 515
Resorcina 215
Respiración 22, 47, 373-376

—artificial 934
—diafragmática o abdominal 154, 378
—torácica o costal 154, 378
Retención de orina 936
Retina 626, 430, 632
   —enfermedades de la 643-644
Retinitis 643
Retinopatías 644
Retraso mental 813
Reumatismo
   —articular degenerativo, *v.* Artrosis
   —muscular, *v.* Mialgia
   —poliarticular agudo 551
Revulsivos 149
Rh, *v.* Factor Rh
Riboflavina, *v.* Vitamina B$_2$
Rickettsiosis 523
Rigidez
   —muscular 563
   —pupilar 589
Rinitis
   —aguda, *v.* Resfriado
   —alérgica, *v.* Fiebre del heno
   —atrófica 385
   —crónica (hipertrófica) 385
Rinoplastia 903
Rinoscopia 100
Riñón
   —artificial 169, **429**
   —ectópico 432
   —móvil 432
Riñones
   —en el ayuno terapéutico 143
   —enfermedades de los 431-449
   —funcionamiento 52, 422
   —trasplante 430
Risa sardónica 512
Ritmo-circadiano 60
   —cardiaco
      alteraciones del 350
      trastornos del 348
   —respiratorio 154
Rodilla 73, 74
   —cuerpo extraño articular de la 558
   —dolor en la 556
   —lesiones del menisco de la 557

Roentgenoterapia, *v.* Rayos Roentgen
Romero 237
Roncha 667
Ronquera, *v.* Afonía
Roséola tífica 506
Rotura
 —muscular 561
 —del tendón de Aquiles 562
 —del tímpano 654
Rubéola 519
Rubidio 840
Ruidos
 —efecto de los 659
 —de oído 656
Rutina, *v.* Vitamina P

S

Sabañones 672
Sacarina 454
Sacarosa 82, 854
Saco
 —amniótico, Lám. XXXV
 —lagrimal 624
   inflamación del 638
Sadismo 623
Sal común, *v.* Sodio, cloruro de
Sales
 —biliares 223
 —minerales, *v.* Minerales
   absorción intestinal de las 46
Saliva 45, 257
Salmonella typhosa, v. Bacilo de Eberth
Salmonellas 212, 213, 505-507
Salmonelosis 507
Salpingitis (inflamación de una trompa) 769
Salpingografía 769
Sangre 49, 322-328
 —análisis de 104, 106
 —circulación de la 334, Lám. XXIV
   en el feto, Lám. XXXVI
   en el recién nacido, Lám. XXXVI

 —coagulación de la 50, 324, 325
 —distribución de la 337
 —elementos de la, Lám. XXI
 —enfermedades de la 328-332
 —extensiones (frotis) de la, Lám. XXI
 —formación de la, *v.* Hematopoyesis
 —presión de la 336
Sangría 158
Sanguijuelas 159
Sarampión 519, 520
 —alemán, *v.* Rubéola
Sarcoma 772, 816
Sarna 682
Sarro 252
Sauna 148
Seborrea 653, 689
 —del lactante, *v.* Lactante, seborrea del
Secuestros óseos 541
Selenio 840
Sellos 225
Semen (líquido espermático) 53, 704
Semiología 89
Sen 238
Senescencia, *v.* Geriatría
Senos paranasales 36, 68, 304
Sensibilidad
 —auditiva 660
 —al dolor 666
 —táctil 666
Sepsis generalizada, *v.* Septicemia
Septicemia 355, 510
 —puerperal 752
Seroaglutinación 507
Setas, intoxicación por, *v.* Hongos, intoxicación por
Sexo
 —determinación del 64, 718
Shigella 508
Shigelosis, *v.* Disentería bacilar
Shock 166, 936
 —anafiláctico, *v.* Choque anafiláctico
 —ayuda en caso de 937
 —cardiazólico *v.* Choque cardiazólico

 —eléctrico, *v.* Choque eléctrico
 —insulínico **465**, 601, 602
Sialorrea 729
Sicosis 219, 676
Sida 520
Sífilis 106, 212, **523**
 —congénita 523
 —de Koplik 520
 —de Lasègue 559
 —de Musset 352
 —de Pastia 505
 —de Rovsing 292
Signos de las enfermedades 89, 91
Silencio cerebral 98, 583
Silicio 840
Silicosis 408
Simulación 618
Síncope 349
Sindactilias 803
Síndrome
 —de Down, 64, 612, 812
 —de malabsorción 290
 —meníngeo 510
 —psíquico exógeno 605
 —de transición 605, 606
 —de Waterhouse-Friderichsen 510
Síntomas de las enfermedades 89, 91
Sintomatología 89
Sinusitis
 —aguda 386
 —crónica 387
Siringomielia 582
Sistema
 —de defensa celular 50
 —endocrino 56-57, Lám. VIII
 —de láminas óseas 37
 —linfático 335, Lám. VII, XXVII
 —locomotor 532
 —muscular, Lám. IV, V
 —nervioso 21, **54-56**, 139, 450, **573**-**595**, Lám. IX
   en el ayuno terapéutico 143
   parasimpático, Lám. XI
   simpático, Lám. X
 —orgánico 20, 43, 44
 —reticular 576

972

—vascular 335
Sístole 95, **336**. *V. también* corazón, pulsaciones del
Sodio
   —bicarbonato de 183, 222
   —borato de 803
   —cloruro de 183, 839
   —contenido en los alimentos 856-875
   —sulfato de 183
Sodomía 622
Sofoco 130
Soluciones, *v.* Disoluciones
Somníferos 218
   —intoxicación por *v.* Medicamentos hipnóticos, intoxicación por
Sonido, percepción del 652
Soplos cardiacos 94
Sopor 130
Sordera 657
   —adquirida 658
   —congénita 658
   —hereditaria, *v.* Otosclerosis
   —senil, *v.* Presbiacusia
Sordomudez 658, 813
Sosa, intoxicación por, *v.* Álcalis cáusticos, intoxicación por
STH, *v.* Hormona del crecimiento
Subictericia 310
Subnormalidad psíquica 813
Sudor 55, **131**, 449, **665**. *V. también* Diaforesis
Sueño
   —eléctrico 165
   —hipnótico 165
   —terapia mediante el 165
   —trastornos del 809
Suero 216
   —antidiftérico 503
   —antipertussis 513
   —antitetánico 513
   —de Bogomoletz 161
   —contra el cólera 502
   —contra el sarampión 520
Sueroprofilaxis 499
Sugestión 163
Sulfamidas (sulfonamidas) 211
Supositorios 225
Supuración de la piel 675

Sustancias
   —citostáticas 214, 330, 820
   —de contraste 102
   —de desecho 49, 53
   —energéticas 49, 833
   —esenciales 836
   —fibrinolíticas 325
   —hidrosolubles 156
   —inorgánicas 324
   —intercelulares 18
   —de lastre 83
   —mucilaginosas 228
   —nutritivas 49, 835
   —orgánicas 21, 324
   —plásticas (formativas) 833
   —purínicas 857
   —quimioterapéuticas 211
   —de reserva 838
   —tánicas 227
   —tóxicas 53
   —volátiles 156
Suturas de crecimiento 68

T

Tabaco 351, 359, 411
   —y aparato circulatorio 339
   —y cáncer de pulmón 817
Tabes
   —dorsal 589
   —del cráneo 804
Tabletas 225
Talasemia 329
Talasoterapia 191
Talidomida 357, 659, 811
Tamarindo 238
Taninos 223, 224, 227
Taquicardia 336
   —paroxística 351
Taquifagia 282
Tatuaje 694
Teína 855
Tejidos, clases de 27-42
Televisión
   —y los niños 809
   —y los ojos 631
Temblor 131

—de los globos oculares, *v.* Nistagmo
Temperatura
   —medida de la 95
   —en los niños 807
   —regulación de la 131, 665
Tendones 71, 79, 536
   —enfermedades de los 559-566
Tendosinovitis, *v.* Tendovaginitis
Tendovaginitis 564
Tenesmo 288, 508
Tenia saginata 305
Tenia solium 305
Tensión arterial 95, 336
Teobromina 855
Teofilina 224
Terapia (terapéutica) 137
   —del agua 195-206
   —alopática 137
   —de ayuno 141
   —causal, *v.* Terapia etiológica
   —citoplasmática 161
   —climática 176
   —de derivación
     del aparato urinario 153
     a través del intestino 150
     de la piel 148
     de las vías respiratorias 153
   —dietética 140
   —mediante ejercicio físico 199
   —específica 138
   —etiológica 137, 208
   —mediante fármacos 170
   —física 170
   —homeopática 161
   —inespecífica 158
   —inhalatoria 155
   —marcial 329
   —mediante oxígeno 157, 158
   —procaínica **160**, 830
   —mediante radiaciones 173
   —respiratoria 153
   —sintomática 137, 139, 208
   —mediante el suero 165
   —sustitutiva 139
   —termal 178
   —tisular 161
Teratismo 811
Teratoma 817
Termómetro 95

Termorregulación, *v.* Regulación de la temperatura
Termoterapia sudoratoria 189
Terror nocturno 809
Testículos 53, 454, **703**, 704, Lám. VIII
— retraso en el descenso 802
Testosterona 454, 704
Tetania 470
Tétanos 214, 512, 937
Tetraciclina 215
Tetrayodotironina 452
TGD (triple gradiente descendiente) 746
Tiamina, *v.* Vitamina B
Tiempo
— de coagulación 104
— de hemorragia 105
— de protrombina 105
Tifus exantemático 523, 681
Tila 238
Timo 57, Lám. VIII
Timol 215
Tímpano 650
— inflamación del 654
— rotura del 654
Timpanoplastia 656
Tinnitus, *v.* Ruidos de oído
Tinturas 225, 228
Tiña 684
Tipos constitutivos 66
Tiroglobulina 452
Tiroides 56, 452, Lám. VIII
— enfermedades del 466-471
— gammagrafía del 102, 103
Tirosina 663, 812
Tirotricina 215
Tiroxina 22, 88, 187, 452
Titanio 840
Tobillo hipogenital 672
Tocoferol, *v.* Vitamina E
Tocología, *v.* Obstetricia
Tofos 489
Tono muscular 39, 577, 582
Tonsilas, *v.* Amígdalas
Tonsilectomía, *v.* Amigdalectomía
Tonsilitis aguda, *v.* Anginas
Toracentesis 420
Toracoplastia 417
Tórax

— dolor de, *v.* Dolor de pecho o costado
— en embudo, *v.* Pecho de zapatero
— radiografía del 101
Torceduras, *v.* Esguinces
Torio 817
Tortícolis 560
— secundario 798
Torulosis 530
Tos 131, 380
— convulsiva 513
— ferina 513
Toxemia 510
— del embarazo 438
Toxicomanías 608
Toxicosis alimenticia 805
Toxina 492, 493, 503, 696
— botulínica 507
— tetánica 512
Toxoide
— antidiftérico 504
— antitetánico 513
Trabajo muscular 39
Tracoma 640
Tranquilizantes 219
Transexualidad 623
Transfusión de sangre 166, **326**, 327
Tránsito intestinal 259, 301
Transporte de accidentados 937
Tráquea 48, 375
— enfermedades de la 394
Traqueítis 394
Traqueobroncoscopia 100
Traqueobronquitis 394
Traqueotomía 393, 503
Trasplante 23
— de cabello 692
— cardiaco 26, **344**, 582
— corneal 642
— cutáneo 26, 698
— de órganos 167-168
— rechazo de los 168, 430, 698
— de riñón 26, 430
— de tejidos 26, 168
Tratamientos de choque 601, 602
Traumatismos psíquicos 615
Travestismo 623

Trepanación 656
Treponema 212, 213, 523, 524
Tricocéfalos 307
Tricoficias 683
Tricomonas 526, 685
Tricomoniasis 526
Trichinella spiralis 531
Trigémino, neuralgia del, *v.* Neuralgia del trigémino
Trillizos 730
Tripsina 85
Triptófano 844
Triquinosis 531
Trismo 132
Triyodotironina 452
Trombina 325
Trombocitos, *v.* Plaquetas
Tromboflebitis 368
Tromboplastina (tromboquinasa) 325
Trombos (coágulos), formación de 325
Trombosis 325
— arterial 365
— cerebral 363, 826
— coronaria 357
— venosa 368
Trompa
— de Eustaquio 36, 650
— de Falopio 705, Lám. XXIX
Tronco, anatomía del 70
Trypanosoma 526
TSH, *v.* Hormona tireotropa
Tsutsugamushi, *v.* Fiebre japonesa
Tuberculosis
— articular 558
— miliar 414
— del niño 808
— de la piel 680
— ósea 558
— pulmonar 412-418
— renal 434
Tuberculostáticos 417
Tumefacción hepática 309
Tumor
— de Burkitt 818
— cerebral 592
— de la médula espinal 588

—naturaleza del 815
—óseo 540
—de la piel 695
—renal 433
—vesical 446
Tumores, clases de 815

U

Úlcera
 —corneal 641
 —por decúbito 241, 669
 —de estómago y duodeno 274
 —de piernas y pies 688
 —sifilítica 689
Ulcus cruris, v. Úlcera de piernas y pies
Ulcus gastroduodenal, *v.* Úlcera de estómago y duodeno
Ultrasonidos 171, 657
Ultravioleta, luz 693
Umbilicales, lesiones 799
Uncinariasis, *v.* Anquilostomiasis
Unidades geriátricas 830
Uña 663
 —encarnada 692
 —infección de los bordes de la 692
 —micosis de la 683, 693
Uñero, *v.* Uña encarnada
Uraco, *v.* Ligamento umbilical medio
Uranio 840
Urea 128
 —determinación en sangre 106
Uremia 427
Uréteres, inflamación de los 438
Uretra 422
Uretritis 212
Urobilina 308
Urticaria 695, 702
Uta 527
Útero 706
 —malposiciones del 706, 771
 —tumores del 774
Úvea 625
Uveítis 643

V

Vacuna 216
 —activa 507, 513
 —antipoliomielítica 518
 —antirrábica 518
 —antivariólica 522
 —BCG 413, 418, 509
 —de Calmette-Guérin, *v.* Vacuna BCG
 —DPT o triple 499
 —específica 503
 —de Jenner 522
 —obligatoria 499, 504
 —preventiva 513, 516
 —Sabin 518
 —Salk 518
Vacunación 498, 409. *V. también* Inmunización
Vacuolas 19
Vagina 54, 705, 706
 —cáncer de 774
Vaginismo 764
Vaina tendinosa 79, 536
 —inflamación de la 80, 564
Valeriana 238
Vanadio 840
Vapores 205
Vaporizadores 156
Varicela 520
Várices 366
 —esofágicas 269
Variola, *v.* Viruela
Varioloide 522
Vaselina salicílica 804
Vasoconstricción 665
Vasodilatación 665
Vasodilatadores 217
Vasopresina, *v.* Hormona antidiurética
Vasos
 —linfáticos **335**, 375
 —sanguíneos 50, 333, **334**, 375, Lám. XXV
 —renales 153
Vegetaciones, *v.* Hipertrofia adenoidea
Vegetarianismo 140, 833, 852
Vejez, *v.* Geriatría

Vejiga
 —neurógena 439
 —urinaria **53**, **422**, 428, 439, 444, 706
 cálculos de la 440
 cáncer de 446
Velo del paladar 258
Velocidad de sedimentación 105
 —en el embarazo 729
Vello 663, 895
Venas 333, 334, Lám. XXII-XXIV, XXVI-XXVIII
 —enfermedades de las 366-370
 —hemorroidales 377
 —pulmonares 334, 375
 —válvulas de las 337
 —varicosas 297, 375
Venda 923
 —elástica 366, 367
Vendaje
 —de cabeza 941
 —de dedo 940
 —de mano 940, 941
 —para inmovilizar
 el codo 943
 el hombro 942
 —para las várices 366
 —de yeso, *v.* Escayola, vendaje
Venenos, *v.* Intoxicación
Ventilación respiratoria 47, 48
Ventrículos
 —cerebrales 578
 —del corazón 51, **99**, 334, Lám. XXII-XXIV, XXVI
Vermes 304
Verrugas 667, 678, 816
Vértebras 70, 545
 —apófisis de las 70. *V. también* Apófisis
 —disco intervertebral 103, 545
Vértigo laberíntico 657
Vesícula 667
 —biliar 260
 —papilomas o pólipos de 446
Vesículas seminales 53, 703, 704
Vestíbulo 651
Vías
 —biliares 261, **308**
 en el ayuno terapéutico 143
 enfermedades de las 313-318

975

    dieta de las enfermedades de las 318-320
— espermáticas 704
— respiratorias 48, 373-375
— urinarias 422
    enfermedades de las 438-445
    tumores de las 446
Vibraciones 652
Vibrio comma 502
Vida, promedio de 822
Vientre
— en batracio 312
— en tabla 300
Vino medicinal 223
Violeta de genciana, *v.* Colorantes sintéticos
Viriasis 513
Virosis, *v.* Viriasis
Viruela 521
— blanca 522
— loca 520
Virus 23, 212-214, **491**, 696
— enfermedades infecciosas producidas por 513-522
— de la psitacosis 212
— respiratorios 212
Visión
— binocular 628
— cromática 629
— doble 133, 592, **637**
— trastorno de la 574, 592
Vitamina A 210, 338, 396, 440, 740, **841**, **842**
— contenido en los alimentos 856-875
— hipovitaminosis de 302
Vitamina antihemorrágica, *v.* Vitamina K
Vitamina B$_1$ 843
— contenido en los alimentos 856-875
Vitamina B$_2$ 843
— contenido en los alimentos 856-875

Vitamina B$_6$ 217, **841**, **845**
— contenido en los alimentos 856-875
Vitamina B$_{12}$ 217, 333, **845**
— carencia de 290, 329, 372
Vitamina C 210, 390, 396, 417, 740, **841**, **845**
— carencia de 266, 332
— contenido en los alimentos 856-875
Vitamina del crecimiento, *v.* Vitamina A
Vitamina D 210, 740, 784, **842**, **847**
— contenido en los alimentos 856-875
— hipovitaminosis de 302
Vitamina E 740, **842**, **848**
— contenido en los alimentos 856-875
— hipovitaminosis de 302
Vitaminas del grupo B, carencia de 266
Vitamina H 846
Vitamina K 325, 740, **842**, **848**
— carencia de 290
— hipovitaminosis de 302
Vitamina P 848
Vitamina de la permeabilidad, *v.* Vitamina P
Vitamina PP 844
— contenido en los alimentos 856-875
Vitaminas 45, 210, 739, 740, 835, **849**
— hidrosolubles 841
— liposolubles 261, 841
Vitíligo 667, 694
Vivencia delirante 600
Vómito 133, 223
— incoercible 732
— del lactante, *v.* Lactante, regurgitación y vómitos del
— matutino 732

Voracidad, *v.* Bulimia
Voz, *v.* Fonación
— disminución de la, *v.* Afonía
— pérdida de la, *v.* Afonía
— tonalidad de la 715
Vulva 705, 706

X

Xantomatosis 662
Xeroftalmía 842

Y

Yeso, *v.* Escayola
Yodo 180, 186, 188, 210, **466**, 467, 839, **840**
— alimentos que contienen 468
— intoxicación por 930
— radiactivo 102
    aplicado en enfermedades de la tiroides 102
Yogur 882
— dieta de, *v.* Dieta de yogur

Z

Zapatos ortopédicos 570
Zinc 840
Zona, *v.* Herpes zoster
Zona embrionaria 723
Zonas de Head 147, 666
Zondek, prueba de, *v.* Prueba de Ascheim-Zondek
Zoonosis 492, 501, 512
Zumbido de oídos 133

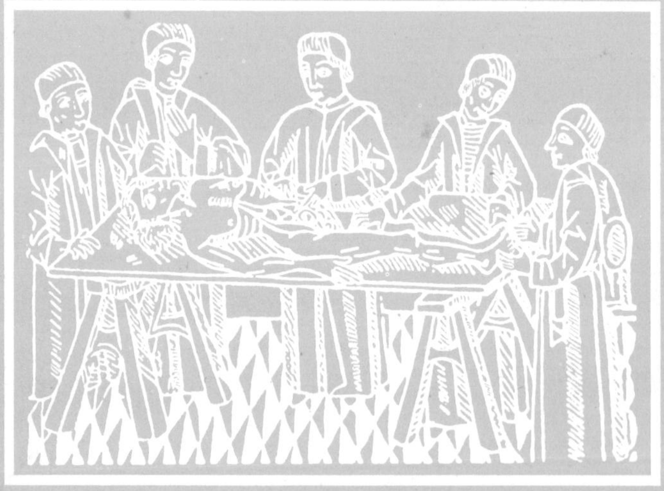